超実存系

近藤義人 著

【超実存系理論】
－INDEX－

【超実存系理論】
－ＩＮＤＥＸ－

序………………………………………………………………… 13

総説篇…………………………………………………………… 15

第Ⅰ部　基準系

緒説……………………………………………………………… 41

第Ⅰ篇　基準系理論《体系論》………………………………… 45

※先験概念としての基準系

第Ⅰ章　相対系論：現実概念………………………………… 47

第Ⅰ節　空間………………………………………………… 48

ⅰ＞一般空間………………………………………… 48

ⅱ＞特殊空間………………………………………… 58

第Ⅱ節　時間………………………………………………… 71

ⅰ＞一般時間………………………………………… 71

ⅱ＞特殊時間………………………………………… 85

第Ⅲ節　瞬間………………………………………………… 99

第Ⅳ節　零系理論……………………………………………114

第Ⅱ章　絶対系論：真理（値）概念………………………………129

第Ⅰ節　真理率………………………………………………130

第Ⅱ節　誤謬率………………………………………………134

第Ⅲ節　恒真式／絶対系……………………………………136

第Ⅲ章　真実概念＜回帰された実存＞ ………………………………145

第Ⅱ篇　基準系理論《機能論》 ……………………… 151

　　　　※特殊の実存としての精神

　　第Ⅰ章　精神機構の特殊性 ……………………… 153

　　　第Ⅰ節　相対系内自己化運動 ……………………… 154

　　　第Ⅱ節　精神内的自己化運動 ……………………… 158

　　第Ⅱ章　生の歴史 ……………………… 163

　　　第Ⅰ節　系統発生的考察 ……………………… 164

　　　第Ⅱ節　個体発生的考察 ……………………… 175

　　第Ⅲ章　実存自我系：ＮＥＳ／ＣＮＳ ……………………… 181

　　　　《ＮＥＳ－ＣＮＳ相関図》……………………… 194

　　第Ⅳ章　意識／下意識レベルの問題 ……………………… 195

　　　第Ⅰ節　下意識レベル ……………………… 196

　　　第Ⅱ節　前意識レベル ……………………… 202

　　　第Ⅲ節　意識上レベル ……………………… 206

　　　第Ⅳ節　レベル遷移に関する考察 ……………………… 210

第Ⅱ部　論理系

緒説 ……………………… 231

第Ⅰ篇　感性系システム ……………………… 235

　　第Ⅰ章　先験的サイクル ……………………… 237

　　第Ⅱ章　純粋経験＜純粋直観＞ ……………………… 241

　　第Ⅲ章　ＮＥＳルーティング ……………………… 247

　　　第Ⅰ節　ルーティング・プロセス ……………………… 248

　　　第Ⅱ節　統覚作用について ……………………… 253

第Ⅱ篇　第一次還元作用 ………………………………… 257
第Ⅰ章　二律背反生成作用 ……………………………… 259

第Ⅱ章　第一次悟性機能について ……………………… 265

第Ⅲ篇　弁証系システム ………………………………… 269
総説章　ＣＮＳプロセス ………………………………… 271
序章Ⅰ　記号論理学と弁証法 …………………………… 285
序章Ⅱ　弁証運動の二面性：論理と歴史 ……………… 291

第Ⅰ章　弁証系プロセス≫ＰｈａｓｅⅠ ……………… 299
第Ⅰ節　客観概念 ………………………………………… 300
ⅰ＞存在（以前）………………………………………… 300
ⅱ＞無（以前）…………………………………………… 303
ⅲ＞運動…………………………………………………… 307
第Ⅱ節　客観的精神現象 ………………………………… 313
ⅰ＞認識レベル：存在論………………………………… 313
ⅱ＞認識レベル：記号論………………………………… 321
ⅲ＞認識レベル：数学基礎論…………………………… 328
第Ⅲ節　主観観念 ………………………………………… 334
第Ⅳ節　主観的精神現象 ………………………………… 336
第Ⅴ節　論理学的アクセス ……………………………… 338

第Ⅱ章　弁証運動≫ＰｈａｓｅⅡ ……………………… 341
第Ⅰ節　客観概念 ………………………………………… 342
ⅰ＞連続性………………………………………………… 342
ⅱ＞非連続性……………………………………………… 345
ⅲ＞エレメント：Ｅｌｅｍｅｎｔ…………………… 348

第Ⅱ節　客観的精神現象 ……………………………… 351

　　ⅰ＞認識レベル：Ｖｅｋｔｏｒ問題 ……………… 351

　　ⅱ＞認識レベル：行列論 ……………………………… 355

　　ⅲ＞認識レベル：集合論 ……………………………… 360

第Ⅲ節　主観観念 ………………………………………… 368

第Ⅳ節　主観的精神現象 ………………………………… 370

第Ⅴ節　論理学的アクセス ……………………………… 372

第Ⅲ章　弁証運動≫ＰｈａｓｅⅢ ……………………………… 375

第Ⅰ節　客観概念 ………………………………………… 376

　　ⅰ＞量 …………………………………………………… 376

　　ⅱ＞質 …………………………………………………… 379

　　ⅲ＞変化 ………………………………………………… 383

第Ⅱ節　客観的精神現象 ………………………………… 388

　　ⅰ＞認識レベル：幾何学 ……………………………… 388

　　ⅱ＞認識レベル：代数学 ……………………………… 395

　　ⅲ＞認識レベル：解析学 ……………………………… 400

第Ⅲ節　主観観念 ………………………………………… 406

第Ⅳ節　主観的精神現象 ………………………………… 408

第Ⅴ節　論理学的アクセス ……………………………… 410

第Ⅳ章　弁証運動≫ＰｈａｓｅⅣ ……………………………… 413

第Ⅰ節　客観概念 ………………………………………… 414

　　ⅰ＞現象 ………………………………………………… 414

　　ⅱ＞本質 ………………………………………………… 418

　　ⅲ＞生成 ………………………………………………… 422

第Ⅱ節　客観的精神現象 ………………………………… 428

　　ⅰ＞認識レベル：物理学／量子論 …………………… 428

　　ⅱ＞認識レベル：化学／素粒子論 …………………… 438

　　ⅲ＞認識レベル：量子理論 …………………………… 447

第Ⅲ節　主観観念 ……………………………………………458

第Ⅳ節　主観的精神現象 ……………………………………460

第Ⅴ節　論理学的アクセス …………………………………462

第Ⅴ章　弁証運動≫ＰｈａｓｅⅤ ………………………………465

第Ⅰ節　客観概念 ……………………………………………466

ⅰ＞有機 ………………………………………………………466

ⅱ＞無機 ………………………………………………………471

ⅲ＞輪廻＜物自体＞ …………………………………………476

第Ⅱ節　客観的精神現象 ……………………………………483

ⅰ＞認識レベル：有機化学 …………………………………483

ⅱ＞認識レベル：無機化学 …………………………………494

ⅲ＞認識レベル：［化学的］実在論 ………………………506

第Ⅲ節　主観観念 ……………………………………………516

第Ⅳ節　主観的精神現象 ……………………………………518

第Ⅴ節　論理学的アクセス …………………………………520

第Ⅵ章　弁証運動≫ＰｈａｓｅⅥ ………………………………525

第Ⅰ節　客観概念 ……………………………………………526

ⅰ＞生命 ………………………………………………………526

ⅱ＞非生命 ……………………………………………………539

ⅲ＞進化＜単位宇宙＞ ………………………………………547

第Ⅱ節　客観的精神現象 ……………………………………559

ⅰ＞認識レベル：生物学理論 ………………………………559

ⅱ＞認識レベル：工学理論 …………………………………569

ⅲ＞認識レベル：サイバネティクス ………………………577
　　　　＜Ｃｙｂｅｒｎｅｔｉｃｓ＞

第Ⅲ節　主観観念 ……………………………………………587

第Ⅳ節　主観的精神現象 ……………………………………589

第Ⅴ節　論理学的アクセス …………………………………591

第Ⅶ章　弁証運動≫ＰｈａｓｅⅦ ……………………………… 595

第Ⅰ節　客観概念 ………………………………………………… 596
　ⅰ＞有限性＜特殊性＞ ………………………………………… 596
　ⅱ＞無限性＜普遍性＞ ………………………………………… 624
　ⅲ＞次元 ………………………………………………………… 632
第Ⅱ節　客観的精神現象 ………………………………………… 639
　ⅰ＞認識レベル：極限理論 …………………………………… 639
　ⅱ＞認識レベル：構造理論 …………………………………… 648
　ⅲ＞認識レベル：システムズ・アナリシス ……………… 659
　　　＜Ｓｙｓｔｅｍｓ－ａｎａｌｙｓｉｓ＞
第Ⅲ節　主観観念 ………………………………………………… 668
第Ⅳ節　主観的精神現象 ………………………………………… 671
第Ⅴ節　論理学的アクセス ……………………………………… 674

第Ⅷ章　弁証運動≫ＰｈａｓｅⅧ ……………………………… 679

第Ⅰ節　客観概念 ………………………………………………… 680
　ⅰ＞空間次元：一般空間 ……………………………………… 680
　ⅱ＞時間次元：一般時間 ……………………………………… 692
　ⅲ＞瞬間次元 …………………………………………………… 709
第Ⅱ節　客観的精神現象 ………………………………………… 719
　ⅰ＞認識レベル：自然科学統一理論 ……………………… 719
　　　＊自然科学的学際理論／量子重力理論
　ⅱ＞認識レベル：社会科学統一理論 ……………………… 742
　　　＊社会科学的学際理論／唯物史観
　ⅲ＞認識レベル：科学哲学 …………………………………… 755
第Ⅲ節　主観観念 ………………………………………………… 768
第Ⅳ節　主観的精神現象 ………………………………………… 771
第Ⅴ節　論理学的アクセス ……………………………………… 774

第Ⅸ章　弁証運動≫ＰｈａｓｅⅨ ……………………………779

第Ⅰ節　客観概念 ……………………………780

ⅰ＞空間生滅：特殊空間 …………………………780

ⅱ＞時間生滅：特殊時間 …………………………798

ⅲ＞瞬間生滅：実存概念 …………………………817

第Ⅱ節　客観的精神現象 ……………………835

ⅰ＞認識レベル：空間理論 ………………………835

＊精神分析学／現象学／現存在分析

ⅱ＞認識レベル：時間理論 ………………………858

＊弁証系理論／歴史学／実存的考察

ⅲ＞認識レベル：実存理論 ………………………880

第Ⅲ節　主観観念 ……………………………896

ⅰ＞善悪の自由選択 ………………………………896

ⅱ＞無為観 …………………………………………902

ⅲ＞自己依存 ………………………………………907

第Ⅳ節　主観的精神現象 ……………………914

ⅰ＞観想作用：倫理観 ……………………………914

ⅱ＞観想作用：ニヒリズム＜Ｎｉｈｉｌｉｓｍ＞……925

ⅲ＞観想作用：宗教観 ……………………………932

第Ⅴ節　論理学的アクセス ………………945

第Ⅹ章　弁証運動≫ＰｈａｓｅＸ ……………………949

第Ⅰ節　客観概念 ……………………………950

ⅰ＞実存系 …………………………………………950

ⅱ＞零＜ＺＥＲＯ＞系 ……………………………970

ⅲ＞超実存系：実存回帰 …………………………985

第Ⅱ節　客観的精神現象 ……………………1004

ⅰ＞自覚レベル：実存概念論 ……………………1004

ⅱ＞自覚レベル：零系理論 ………………………1027

ⅲ＞自覚レベル：実存哲学＜自己回帰＞…………1053

第Ⅲ節　主観観念 ……………………………………… 1078

　　ⅰ＞自己強迫………………………………………… 1078

　　ⅱ＞自己疎外………………………………………… 1087

　　ⅲ＞自由：創造的回帰……………………………… 1095

第Ⅳ節　主観的精神現象 ……………………………… 1108

　　ⅰ＞観想作用：Ｄｏｇｍａ＜不可知論＞………… 1108

　　ⅱ＞観想作用：方法的懐疑……………………… 1125

　　ⅲ＞観想作用：芸術性向＜自己回帰＞…………… 1139

　　　※芸術分科としての宗教

第Ⅴ節　論理学的アクセス …………………………… 1158

　　　《弁証系プロセス展開図》……………………… 1163

第Ⅳ篇　第二次還元作用 ………………………………… 1175

　第Ⅰ章　第二次悟性機能 …………………………… 1177

　　　　：第二次還元作用

　第Ⅱ章　絶対系構築システム＜絶対理念＞

　　　　※真実存的共同 ……………………………… 1185

　第Ⅲ章　＜相対系≡絶対系＞……………………… 1121

第Ⅴ篇　概念規定：超実存系 ………………………… 1229

☆附記……………………………………………………… 1238

☆結語……………………………………………………… 1242

☆紹介・説明文献につき………………………………… 1246

12

序

　本著は読者諸氏にとって、ゆめ＜やさしい＞作品ではない。

　また本著は、より多くの読者を獲んがために所謂平易とされている文体や、或いは文学的にして扇情的ともいえる表現等を拠り所とするものでもない。

　本著は端的には、哲学体系書に該当しよう。それが自己完結せらるべき理論体系をなす哲学書である以上、いずれか特定の研究者及びその理論や学説等に関する研究論文等の類ではなく、寧ろしかく営々として蓄積されてきたこれまでの学術史上の全研究成果については、必要性に応じて紹介もしくは説明し、且つ論述せらるべき対象とはなろう。

　さあれ本著は、その理論的精度に於いても、また作品自体としての品質に於いても、いかなる民族社会のいかなる時代の、そのいかなる学術的著作乃至研究成果と比較対照されようと、間違いなくつねにこれを凌駕しようことを矜持しうるところではある。しかる合理的論拠としては、ここにそのための尤もらしい解説の文面を徒に浪費することよりも、絶対的真理の書：この普遍のＢｉｂｌｅを最後の一言一句まで精確に読破することによってのみ確認しうるはずである。

　かかる著作なればこそ、その執筆上の留意点としては、飽くまで理論及びその体系としての学術的展開に於いて精確性を期すことが前提されているため、ゆめ一様には規定しえない読者側の立場における興味・関心の有無や難易度の格差等については、敢えて黙殺させて頂くことにする。といわんより寧ろ、本著の読者としての資質

をも敢えて選考すべきかもしれない。しかる態度は傲慢といえよう
か。

　とはいえ、特別のことでもない。その選考要件とすべきは、唯一
点のみ。かくも理性的矜持を仄めかす序文をご確認のうえ、尚且つ、
本著を読破・解明せんとの勇気と英断を選択されうるか否かにある。
この理性的矜持こそ、その実は学術研究就中哲学的論究上の立場と
して、主観性・相対性を容れぬ絶対的真理をのみ追考することを前
提するとともに、その継承をなす後述の真実存的共同にも相通ずる
が所以でもある。

　かかる表現を多用すると、本著の売上げには響くことではあろう
けれど、敢えていうならば、知への勇気なきものは予め退却すべき
かもしれない。もしも引き返すのならば、いまのうちである。

総説篇

16

：あるがままの世界が、誰からの贈り物なのか。

：そして、世界というどこまでも不可思議の芸術が、もとより誰かの手になる作品だったのか。

：いま指の先から零れ散る空間の手触りも、しるべなく足どりを惑わせる時間のいざないも、その製作年度など記されてはいない。

：その作風や出来映えに拘わらず、なべて創造物としての烙印は、取り返しのつかぬそれぞれの死と生に臨んで自然として刻まれるのに、いつもどこでも自らのうちに触れてくる刹那の素肌には、その生誕の記録がない・・・

　やはり比喩的・暗示的といえる表現は止そう。本著は厳密の意義に於いて哲学書であり、その論述には飽くまで論理学上１００％の精度が期されなければならない。つまるところ、時空間が何程の神仏か超人など絶対的存在乃至完全概念により創出された代物ではなく、またいつかどこかの座標系・時点にて開始されたＧａｍｅでもないということを、ただ教示しているだけである。その真意の程の詳細については、今後余すところなく明証及び開示されるところとなるが、敢えて詩的である表現や平易・曖昧といえる記述方法は極力排除することとする。ともすれば、難解である内実を平易に表記する文章が高評価される社会的傾向にはあるが、文章構成としての平易度や言葉遊びとしての優美性・文学性等に拘泥するあまりに、却ってその精確の詳細内容の理解しにくい表現方式に陥りがちでもあり、その内実の難解であるほどに文章表現の精確性こそ求められるせいである。

　ほどなくして本著本篇に立入りゆくほどに、幾らかの耳慣れない概念規定に遭遇されることであろう。しこうして、それらの概念規定の示唆するところの理論的内実を過たず把捉することができれば、本著を理解するにさほどの労苦を要しないものと考える。たとえばそこに、＜相対系／絶対系＞などとの名辞は相当頻度にて登場

することになろう。そのことは従前の概念規定にみる宇宙という如く、時空間的領域範囲上の定義付けの不確かな概念規定に対し、新規に明確となる学術的判断の基準を附与する概念規定ではある。そも相対系とは、相対的・可変的である実存的モメントが相互に無限因果的連動しあうことにより成立する時空間規定の全体系を示唆する概念規定であり、量子理論や理論物理学上に定義されている宇宙等は当該の内包される下位集合の一という位置付けになる。他方、絶対系とは、相対系の無限という時空間的全体系、もしくはそのあらゆる時空間的アドレスに生／滅する現実態様の、精神機構上に於いて還元されてある理性的形式である真理：恒真式の、しかく生成されうる一切の真理：恒真式の相互間連動システムの全体系を示唆する概念規定である。或いはまた、そのこと以外に＜基準系＞という名辞も、やはり相当頻度にて論述されることになるのであるが、絶対系が精神機構上に於いて理性的に還元されてある真理：恒真式の全体系であるに対し、精神機構のうちに先験的に具備されている相対系自体及び真理：恒真式の純粋知覚の体系であり、且つ論理系をなす理性的運動の先天的である力動概念をもなすところでもある。そして更には、しかる客観上の現実態様にあっては、決して肯定命題（論理式）の概念規定としては明証・定義されうることのない名辞の一、それが完全にして、完璧にして、全能にして、普遍的愛にして、即ち＜神＞ではある・・・

　際限なくつねに触発しあうものなべて、どこか歪曲もしくは混乱して印象付けられるとせば、ゆめいかなる観測者をなす自己自身の異端の徒なるが故でもなく、精神機構という既に経験上の純粋性を阻害されたフィルター機能を媒介することによってのみ、あるがままの世界・内とは触発しあえるからである。五官及び、その他の霊感・第六感等と称せられる何程かの情報濾過装置を媒介することで、精神機構は絶えまなく変更されゆく現実態様と触発しあうことができるけれど、このような神経生理系上の内的メカニズムそのものが、

あるがままの自然現象の現実態様でもある。どこまでも且ついつまでも、有限の時空間的テリトリーに拘束される科学理論上の相対的限界点に拘わらず、一点の例外なき全体系としての相対系の無限の起源と終末を、空間機構及び時間機構上に於いて真に特定できるとするならば、更にはその下位集合乃至部分集合をなしてある有限の領域指定でしかない、＜宇宙＞の概念規定などいかに定義せらるべきか。

　いつの時代、いずれの国家、いかなる民族にあっても、個体概念としての人間存在による共同環境をなす社会あるところ、必ずや何等かの＜神＞の影がついてまわる。そして、人間乃至精神主体の精神機構のうちに＜神＞の観想作用、延いては何等かの宗教観の発生しよう土壌がつねにあるという事実態様は、一切の宗教がもとより＜嘘の文化＞としてのみあることを暗示している。

　魂に滴る祈りは飽くまで＜個＞としての自己存在にのみ特殊化されるため、神と個人との間隙に教会乃至宗教法人等という団体・組織の介在する必然性がないのみならず、神ならぬ何者にも個人をして孤独の祈りや罪悪観念を懺悔せしめる権利・資格などない。況んや、しかる神仏の名状のもとに教会乃至宗教法人等のためにする献金・布施の類を徴収するなど、［真の］神の概念規定に対し敬虔なる人間個有の立場としては許されまい。宗教とは所詮、一意の各個人としての立場と状況に於いてのみ成立するから、いかなる宗教関連団体が内政及び外交問題に参与することも、また何等かの政治的乃至軍事的圧力を装備することも、或いはいかなる政治体制下にある国家が軍事目的等により自国民を洗脳乃至意識操作するために宗教を利用することも、やはり本末転倒でしかない。さればもとより、いかなる宗教関連団体のいかなる社会に存立するための、宗教哲学的根拠及び正当性とても成立しえないといえよう。

19

とはいえそれさえも、或る架空なるものの実体として実在することを敢えて仮定してのことである。＜神＞という意義を、そもいかなる概念規定を以って定義するか。完全・完璧・全能であること、その全き愛を神の定義とするならば、世界が［即ち、あらゆる個としての自己存在が］その本性に於いて本能的に救いを欲している状態関数は、しかる救いを未だ附与されていないということを意味しており、恒常的に神の手を欲求・要請している精神現象下における限界状況は、もとより神仏なき世界にしかありえないのである。ヒトが神の手による一作品としてあるならば、今更に神がヒトを試みになど遭わせることの合理性すらなく、その端緒より無限の相対系のなべてが運動・変化し続ける必然性もないほどに完全・完璧でなければならず、そも完全・完璧であることに於いては、物理化学的連関や相互因果律など作用する余地さえないはずであるから。そしてそのことは、もとより完全・完璧でなければ＜神＞の定義にも合致することなく、また無欠の愛というも神の本質的属性の一であることよりして、しかる神の業による一切の作品には一点の不備・過不足も生じえないからである。人間及び精神主体の主観作用を捨象して尚、神仏なるものがいずれかの時空間的アドレス上に現存するならば、無限の世界には一点の不備・過不足もありえないはずであるから、世界・内の誰ひとりとして懺悔や祈りの科白を口にする必然性はないし、いかなる状態関数にあるも完全・完璧なる愛により充足せられているならば、殊更に祈らねばならぬという限界状況さえ成立しえないし、そのために教会・祭壇・偶像等を構築すべき根拠もないことになろう。それが所謂三大宗教であれ、新興宗教であれ、古代社会の原始信仰であろうと、社会とそれぞれの構成員の精神機構のうちに宗教乃至宗教観を発生せしめる必然性のあることが、実際上に神としてあるはずの実体（実在）性を打ち消している。されば寧ろ、創造主としての神とてもまた、ヒトの手による創造物に他ならない。

＜神＞という概念規定は、それぞれの個人に個有の主観作用である良心により裏付けられてあるとともに、各個人の集合体であるはずの民衆に倫理乃至社会的規範を浸透せしめる、力動概念としての畏怖の象徴としても作用する。けれどまた、それが単に倫理思想の条項であるのみならず、それぞれの個人に一意である畏怖の意識により制御されなければならないことは、もとより人間及び精神主体の懺悔と祈りをなさしめる力動概念が、先験的である死本能、即ち死という不可避の現実態様における限界状況に対抗する有限の自我機構のうちに、内的平衡状態を回復するためのイマージュ：Ｉｍａｇｅの主観的防衛作用を動因としてあることに基づいている。しかる基幹作用をなす実存的原理を等しくするとても、当該の一意の座標系により時点により、また民族性・地域性・時代性等により、そこに期待・欲求される神としての仕様が人間及び精神主体の主観作用同様に単一ではないことから、各々の個別宗教によりＤｏｇｍａや神の偶像モデルを異にする状況にあることも、却って自然ではある。ただそれでも尚、宗教文化そのものの存立に冒涜しがたい価値観念を否めないのは、自然現象の生体内的所産になる本能変数が先験的衝動としてそれを要求するせいであり、つまるところ不可避の実存的境遇にあるヒトの心魂は時として、寧ろ過酷的に印象付けられる現実態様よりは、希望的に印象付けられる＜方便の嘘＞によってこそ救済されうるとともに、福音・救済の情動作用を惹起せしめうるものであるが故に相違ない。

　相対系をつくりなす構成素子は、すべて一点の例外もなく相対的・可変的であるからこそ、相互間に於いて作用しあい無限因果的連動しあうことによってのみ、自己存在であることの現実態様を各々に維持している。そのことはただ、客観上の相対系自体を反映する精神機構上の真理：恒真式のいずれもが、実際上にあるがままの相対系自体を立証する理性機能上の論理的形式として、絶対的確度における恒真性を具有することによるのみである。完全・完璧・全能で

ある実体としてのアクセス対象が実在しえない相対系であるからこ
そ、いかなる内外因子によっても影響されることなく相対系自体と
自己同一である、あらゆる真理：恒真式の無限の相互連動に於い
て、絶対の確実性を以って整合的調和が保証されうるのであり、し
たがってたとえば、一意の自己存在の本質規定にあることを研究・
証明しようとするのならば、しかる本質規定を成立せしめている相
対系自体の反映される公理及び公理系に対し究明しなければならな
い。

　果てしない相対系の果てまで旅しなくとも、果てしなく唯一の自
らに循環する真実には触れられる。相対系のいかなる構成素子がい
ずれの座標系・時点にあるも、つねに当該の座標系・時点をなす瞬
間こそが相対系としてあり、それ以外の座標系・時点にはありえな
い自己自身が相対系自体であるからである。一個体概念である人間
存在とても相対系を構成するモメント素子であるならば、相対系自
体を反映している当該の個人としての精神現象上の状態関数はま
た、更に内包的単位における相対系自体の体現態様であることにな
る。しかる自己内に相対系自体を体現する精神機構が大脳生理の生
得的である機能を果たすことから、精神機構には先験的に自ら相対
系自体と自己同一であることの純粋知覚を体得されていることにな
ろう。精神機構が何等かの論理的思惟を作動せしめるとき、最終的
には客観的追考上の真理率／誤謬率の判断基準として作用する、絶
対的真理という概念規定及び恒真性の意義をも包摂する、無秩序且
つ原始的且つ１００％純粋であるところの知覚内容は、先験上にも
とより体得されてあることとして、つまり論理系上の弁証運動の展
開という経験以前より具備されているはずなので。それはたとえば、
デカルト：René_Descartesが一切の自己内外の対象
的知覚を懐疑し尽くすことにより、いかに懐疑しようと懐疑しきれ
ぬほどに確実である第一原理を哲学理論上に看破しえているとする
も、仮にそのこと以前に真理：恒真式と誤謬の概念規定の示唆する

ところの先験的情報を予め把捉しえずしては、しかる方法的懐疑を終端せしめ得べくもなかったはずである。方法的懐疑の結果情報に対し判定するためには、当該の判定基準が思惟すること以前の前提として必要となるからである。

　確認しえないこと、判断しえないということはヒトの意識下の状態関数を不安定にさせるから、論理系上の弁証運動によりしかる不平衡状態を解消しようとする経験作用は、寧ろ先験上における本能変数の欲求因子に根差している。精神機構を具備するいかなる生物体とても、現実態様の追考作用上の認識レベルに対する内的欲求とその充足が得られなければ、不断に自己自身の生命状態を維持管理することにも支障を来すのみならず、危急の事態に対処するための方法論さえ発見すること能わないはずである。すべて論理系上の弁証運動を包摂する理性上且つ悟性上の系譜と、そのことにより可能となる真理率／誤謬率に対する判断力が、少なくとも真理：恒真式と誤謬の概念規定と関係式をなす対象的知覚を前提する限りに於いて、しかる前提要件はもとより先験上の知覚内容としてあることにもなる。＜知＞への愛、所謂Ｉｄｅｅと称せられる本能変数上の知的性向より以前に、既に具有されていなければ当該の追考作用上の判断力をなす先験的基準とはなりえないし、また本能自体がａ＝ｐｒｉｏｒｉの力動概念としてあるからでもある。相対系が無限の相互因果的連動をなす全体概念である以上、相対系のカテゴリーに所属しない事象・事実などありえないため、真理：恒真式という或る種の命題（論理式）は、精神上に表象される種々の経験的所産が相対系自体の現実態様に合致していることの可否により規定せられる。我われ精神主体の精神機構上の先験的知覚の内実をなすところは、現実態様にある相対系そのものと確かに自己同一ではあるものの、そのことが論理系上の運動系譜に対する本能変数の動作基準をなす力動概念として作用するということは、何等の理性的手続をも未だ媒介されていないことになるため、このような無限の全体概念

を概念的把捉という経験作用としてではなく、自己存在の生自体に先験的体得されているはずではある。当該の先験的知覚は論理系上の運動系譜の展開される以前の原始の知覚なのだが、却ってそれが故にこそ、単純且つ純粋に相対系自体の端的乃至直接の知覚情報として反映されてある内実であるともいえる。

　絶対的真理などということ自体あるのかと、ただ論拠なく訝るに終始することは空虚でしかない。恰もそういう呼称が尤もらしく響くのならば、名辞上の表現を調整するのみでよい。単純に同じことではある。いずれの位置的アドレスのいずれの時点の何ものであれ、そのものに対し精神機構の論理系上に於いて規定される命題（論理式）が、相対系自体の現実態様を一点の誤謬なく明証しえていることの成否、それだけが絶対的確実性を左右する唯一の現実的問題とはなるからである。そも真理：恒真式自体をも論理学的証明により認識しえないとせば、自らそのことを結論付けるところの当該の命題（論理式）の内実についてさえも、絶対的真理ではありえない、即ち実際上の相対系自体に適合する可能性を放棄していることになろう。自ら結論付ける命題（論理式）のみ、自ら成立しないと仮定する絶対的真理ではありえないせいである。

　真理：恒真式は概念規定として絶対の自覚レベルに於いて把捉されてある相対系自体に相等しいから、換言するにそれは、相対系の構成素子でもある精神機構における理性機能上の論理的形式化されてある相対系自体ではある。命題（論理式）という、精神機能により生成される内的オブジェクトとしてある真理：恒真式が、あるがままに運動・変化する相対系の無限の現実態様と自己同一であることから、明証されうる一切の真理：恒真式が相互連動しあう整合的体系を以って成立しているとすれば、それは相対系自体の成立している無限の相互因果的体系の反映された所産である、ともいえる。論理系上に於いて証明可能である恒真式：Ｔａｕｔｏｌｏｇｉｅは、

絶対的精度の確実性を以って実際上の相対系自体と合致しているため、相対系上のいかなる環境変数・状態関数にあっても不変にして普遍妥当する。真理：恒真式という命題（論理式）の適用されうる領域範囲は、したがって、無限小から無限大までの空間規定すべてに該当し、またその有効期限は、もとより始点／終点のありえない時間規定すべてに該当する。かるが故にこのことは、相対系が空間規定上に於いても、また時間規定上に於いても無限の全体系であることをも意味している。有限の規定性とは、その程度の如何に拘わらず、不特定の全体系から何等かの構成素子を特定していることを示唆しているから、かかる当該の構成素子を包摂する直接の上位集合とても仮に有限であるならば、つねに当該の集合自体が更なる上位集合における下位集合をなしていることになり、したがって、あらゆる有限である実体（実在）を形成する最終の前提となる全体系の領域範囲は、時空間規定として無限でなければならない。

　空間規定としての相対系が無限であるとは、或る任意の空間的モメントをより微小である単位に分解・分析し続けるも際限なく、またその計測単位と単位領域を拡大・統合し続けるも際限ないことを意味する。空間は物質乃至物質系の運動・変化する単なる場としての概念規定ではなく、相対系そのものの体現される一意の物自体の全体概念をつくりなしているから、相対系の無限性は空間規定上における量子的構造以前の微視的把捉とともに、仮説に於いてはＢｉｇ－ｂａｎｇ現象を契機として生成され膨張しつつあるはずの宇宙領域をも下位集合とする巨視的把捉の、その両面にある。質量的にはつねに相対的・可変的である個別の空間的モメントは、したがって、有限の存立態様をなす。それが有限なればこそ、無限の妥当性をなす絶対性も普遍性をも具有することなく、さればこそ、それぞれに相対的・可変的にして相互因果的連関しあう。そのことは蓋し、つねに上位集合をなす空間領域の下位集合乃至元としてのみ機能し、それ自体のみにては自己充足することができないためでもあ

25

る。つまるところ、いかなる空間的モメントとても、無限を数える
それ以外の全空間的モメントとの相互因果関係に於いてのみ、自己
存在として成立できていることになる。

　他方、時間規定としての相対系が無限であるとは、いかなる空間
的モメントがその有限の存立エナジー：Ｅｎｅｒｇｉｅを消費し尽
くすとも、その生物学的もしくは物理化学的終了を以って完全には
消失し去ることはありえず、当該の終了時点より以前とは存立態様
を異にする空間的モメントへと変化・変質し、一意の物自体として
存立態様を移行されるにすぎないことを意味している。空間は物理
的モメントを収容する有限の定量的容器としてではなく、無限の相
対系そのものの体現される構成素子としての質量をなす物自体であ
るから、有限の空間的モメントが生物学的もしくは物理化学的に終
了するという現象もまた、そのことを帰結せしめる無限の時間運動
を展開する相対系のモメント素子としては、［空間規定としての］
物質系上における或る種の変化・変質を伴う運動態様でしかないの
ではある。個別の空間的モメントも空間として現象される実測値と
してある以上、たとえば人間等の生物体としての死滅さえも、実存
哲学上の客観的思惟に基づいて判断する限りに於いては、空間規定
上における一変化・時間規定上における一運動に他ならない。かく
て一切の空間的モメントは、幾度となく空間上のかかる変化・変質
及び移行を際限なく反復することにより、無限の時間運動を編成し
続けることにもなるのである。時間規定はまた運動態様としての空
間規定であることから、時間上の流動様式をなす座標的法則は一様
には均等ではなく、現在時の空間的モメントの状態関数に応じてラ
ンダム：Ｒａｎｄｏｍの規定性を具有する。それがたとえば、アド
レスＡの座標系における一日が、アドレスＢの座標系における一年
に相当する場合も成立しうるという、科学的観測上の数値誤差をも
生ぜしめることもありえよう。さあれ、相対系を構成するモメント
素子のいずれもが、空間規定上且つ時間規定上に於いて相互連動す

る相互因果律を以って、自己変化且つ自己運動している。実際上に
任意且つ一意の時空間的モメントがしかくあることは、されば、そ
れ以外のすべての時空間的モメント相互間の関係変数の動向による
帰結現象であるとともに、また同時に、任意且つ一意の時空間的モ
メントが原因をなしてそれ以外の時空間的モメントに関係作用して
もいる。しかる座標系上の相互因果的法則に基づいて生／滅する無
限Networkが、相対系の全体系を形成している以上、しかる
相対系自体を構成するモメント素子でもある精神機構に対する内的
反映としての、理性機能上の論理的形式化であるあらゆる真理：恒
真式の相互間に於いても、やはり絶対的に整合化されてある充足理
由律をなす全体系が不可欠でなければならない。いずれの時空間的
モメントもそれ以外の一切の時空間的モメントに相互連動している
ことと同様、いかなる真理：恒真式の生成されることを契機とする
とも、無限をなす一切の真理：恒真式が相互演繹されうる必然性に
ある所以でもある。真理：恒真式は尤も、精神機構を媒介して相対
系自体に対して自己同一をなしてあるという点に於いては、精神機
能による論理系上に於いて唯一絶対的である確実性を体現しうるこ
とよりして、一切の真理：恒真式の相互間に成立しうる無限に整合
化されてある全体系こそ＜絶対系＞と称せられよう。

　無限をなす相対系の全体系を例外なく明証し尽くすためには、ど
こまでも且ついつまでも、永劫に真理：恒真式の無限の充足理由律
に基づく全体系を編成し続ける必要性がある。数えきれぬ相対系自
体の規定性をなす真理：恒真式の全通りを洩らさず編集することは、
有限の個体概念でしかない精神機構及び精神主体にとっては可能の
作業ではない。とはいえまた、ヒト等の精神主体が精神機構上に先
験的に知覚しているところの相対系自体と現実概念に対し、実存的
経験である弁証系プロセスを包摂する論理系を通じて生成される真
理：恒真式に於いて、当該の概念規定上にて絶対的自覚に到達する
ことはできよう。そのことがたとえば、一個人の実生活にとっては、

期待しうる価値システム上の実効性については個体差もあろうが、後述せられるところの＜実存的共同＞の概念規定を前提することにて、あらゆる真理：恒真式よりなる全体系を構築しゆく可能性が、無限の未来時間に保全されうることにもなるのである。

　＜生＞あることはつまり、いかなる他在でもない自己自身といずれどこかで再会するための旅程でもあり、一意の自己存在の本性を解きひらくことへの畏怖と願望には、経験以前の本能変数に基づく潜在的衝動が力動概念として内在されている。＜知＞という概念規定は精神主体としての自己存在そのものに反映されるため、知の実践はなべて自己自身の生とともに、精神機構の先験的体系のうちに刻印されてある相対系自体の原始の知覚に帰せられるとともに、しかる精神機構上における相対系自体をなす先験的知覚を力動概念として動向されゆく。さればまた、相対系自体の精神内的実現という問題を解明するためには、もとより精神機構そのものの問題に対する理解が不可欠とはなる。ヒト等の精神主体の精神機構及び身体構造には、それぞれの自己存在としての生を享受して以来、経験作用を実践することにより体得される後天的である（ａ＝ｐｏｓｔｅｒｉｏｒｉ）性質と、もとより生得的に具有されている先天的である（ａ＝ｐｒｉｏｒｉ）素質がある。後天性のそれは、自己内外の経験作用の実測値を媒介することにより獲得されうる帰結の成果であるから、付加・変化・消失などとして更なる経験作用による可変性が比較的に高い。ＬＴＭ（Ｌｏｎｇ＿Ｔｅｒｍ＿Ｍｅｍｏｒｙ）と称せられる長期記憶等は、相応に固着化されている記憶痕跡として強化・記録されることにはなるものの、それさえも不変性・固定性の属性を設定されているわけではない。而してまた、先天性と先験性とでは、本質的に各々の概念規定を異にしている。先天性・先験性ともに後天的経験により獲得される対象ではない共通性あるも、先天性のそれが、生理学乃至生物学上には遺伝子の塩基配列情報により規定されている素質、つまるところ系統発生に関する問題に帰

せられるに対し、他方先験性のそれは、相対系を構成するモメント素子をなす一意の自己存在としての、即ち自己自身とても相対系自体の体現態様をなしてあることの本質規定を前提している。このため、両者ともに後天的である自己内外の経験作用により影響される可能性は比較的に低いともいえるが、とりわけ後者については、相対系自体の規定性を直接乃至端的に反映されていることから、しかる可変性は皆無に等しい。

　もし仮に、ａ＝ｐｒｉｏｒｉの精神機構上の先天的素質が影響されることにより、程度の差こそあれその状態関数乃至態様が変化・変質しうるとすれば、ａ＝ｐｏｓｔｅｒｉｏｒｉの精神機構上の後天的性質の場合と同様に、何等かの後天的経験による自己内外の刺激情報を媒介していなければならない。それが直接的動因としては、自己存在に対する外部環境からの刺激情報であろうと、精神上／身体上の内部環境からのそれであろうと、先天的素質の状態関数乃至態様を変更せしめうる動因となる作用が、不断に自己内外には成立且つ更新され続けているためではある。性格・個性などの生来的資質の問題については、精神機構におけるａ＝ｐｒｉｏｒｉの部位の状態関数乃至態様に直接帰因するため、個人の人格としてのパーソナリティ：Ｐｅｒｓｏｎｌｉｃｈｋｅｉｔの形成・変遷の動因となる契機は、先天的素質の状態関数及びヴェクトル：Ｖｅｋｔｏｒが自己内外からの刺激情報と触発しあうことにより与えられよう。しかる刺激情報の根源はいかなる座標系・時点に於いても不断に成立且つ更新される以上、自己存在の自己自身との相互触発とても一瞬間として絶えることなく実行されゆく。生得後の個体自身が質量的に進化しゆくことが個体発生の意義でもあるが、しかる個体概念をなすａ＝ｐｒｉｏｒｉの部位が先天的素質を反映する個体形成の規定性に則って生成される上で、当該の前提となる学術的原理に対する認識レベルがたとえば、遺伝学乃至遺伝子理論上の問題ではある。ＤＮＡ／ＲＮＡ構造の塩基配列の組換操作等により、生体内の生理

的変数を或る相対的程度までは制御できるにせよ、その場合の実際上の変更内容の可能性及び課題をも含意したうえ、個体概念が一意の自己存在として生成されゆくための生理的仕様の基礎が、先天的素質の形成過程にて規定されることには変わりない。個体概念の存立契機が、いかなる意義であれ、当該の両親に相当する各個体の遺伝情報に起源する限りに於いては、当該の両親の各個体としての遺伝情報はまた、更にそれぞれの両親に相当する各個体に由来する遺伝情報を既に反映していることにもなる。先天的素質の起源を、このような遺伝過程の系譜における遺伝情報の継承に遡及しゆくほどに、遺伝過程をなす世代間の移行を累積することは各世代間における先天的変異をも累積するから、必然的に種の進化という系統発生上の問題に直結することが不可避ともなる。実際上に種の進化をなさしめる契機を齎しうる力動概念は、突然変異的変数と称せられる不確定要因をも内包するところの、つねにその契機より以前の遺伝過程の累積的系譜内の時点にあるから、たとえばそのことは、太陽系第三惑星という環境変数におけるあらゆる生物体の起源を遡及するに、コアセルヴェート（液滴）：Ｃｏａｃｅｒｖａｔｅという単細胞生命体とする学説に於いては、当該の生命体は更に無機物質同士の縮合重合によるアミノ酸生成を端初としても形成されうることとなる。また、単細胞のみの内部構造を具有する生物体が発生するにも、そのことを可能ならしめる、たとえば当時の地球上の状態関数、及び地球に影響せしめる宇宙領域の環境条件が整備されていなければならないから、太陽系及び銀河系等の全天体を形成する宇宙領域の状態関数の変遷やその起源、最終的には当該の宇宙領域をも下位集合とする相対系内の全関係変数まで究明すべき合理的根拠もある。相対系が時空間規定として無限である以上、いかなる時点のいかなる座標系にも時空間上の始点などありえないことよりして、それではもはや無限の過去時間にまで時空間規定の端緒の実測値を遡及しつつ確認するしかあるまい。したがってまた、いつもどこでも現在時をなすいかなる個体概念の状態関数も、無限という過去時

間より編成され続けている相互因果律上の所産であるといえる。

　個体発生以前の形成プロセスより具有する先天的素質も、有限の時間長を遡及する過去時間に由来する限りに於いては、やはり厳密には相対的・可変的である。有限の過去時間に起因する事物・事象はそれ自体、しかく特定された時空間規定上の運動・変化の過程に於いて生起している刺激情報を反映しているせいである。とはいえ、相対系を構成するモメント素子はいかなる場合も、無限の過去時間より個体概念として相対的・可変的であることから、無限の過去時間を遡及して起因するところの、先験的及びａ＝ｐｒｉｏｒｉの素質を形成する遺伝学的部位とても、不断に運動・変化しているところであることは否めない。しかる先天的素質とはいえ、それが個体発生以前の形成プロセスに起因することは、どこまでも有限の過去時間の系譜から齎されている累積的産物でしかないため、その状態関数の如何に拘わらず、絶えまなく相対性・可変性の範疇のうちには必然的にある。然るに他方、個体概念の存立自体に内在されてある先験性の生理的部位については、相対系自体を体現する構成素子としての自己同一的属性が継承されているため、当該の生成の起源を無限の過去時間にまで遡及しなければならないことから、絶えまなく相対的・可変的であることの確率としては＜零＞ではないが、飽くまで無限小の有限値であることになる。実際のところ、相対系自体と精神上の絶対的真理に由来する経験以前の知覚とは、無限の相対系より有限の実存的瞬間に自己存在を反映されてある純粋の直覚に外ならない。そしてまた、しかる相対系内における無限の相互因果性の原理そのものは、当該の実存規定をなす精神的・生理的主体として更新され続ける期間中はもとより、当該の自己存在の生命現象の生成されるなべてのプロセス以前より、当該の自己存在がまた更に異なる自己存在に変化・変質してより以後についても、決して変わることない。

すべての精神現象は、飽くまで大脳生理という身体上の部位の機能態様としてのみ成立し、且つ作用する。古典的神秘主義等の類にみる如く、身体構造からは独立して精神機構が成立しうることを仮定するならば、それが先天的部位であるか後天的部位であるかは別にして、たとえば何程かの脳障害等があるために正常の精神機構の作用を果たしえないことなどありえないし、また精神上のストレス因子や心的外傷：Ｔｒａｕｍａ現象等を直接／間接の原因として、血圧や心拍数など身体上の状態関数に変調を惹起することも生じ得まい。精神機構は寧ろ、神経系コントローラとしての大脳生理：ニューラルマクロシステム自体のモニタリング及び制御機構をなしており、したがって、大脳生理という身体構造上の状態関数の変化・変質による相互連動上の影響を被ることになる。かるがゆえ、大脳生理乃至精神機構の先天的部位に遺伝的継承されている内部変数でさえ、つねに身体構造上の状態変化により相互反映されることを免れない。それが先天的部位の継承作用により賦与されているものか、或いは後天的部位の経験作用により獲得されたものか、しかる両者間に於いては質量上の相違点があるにしても、いずれもそれが有限の過去時間という時間長における経験作用に起因する以上、実際上に体得された時点が生得前であれ生得後であれ、やはり自己運動としての経験作用を媒介して更新され続けているせいではある。生得前における先天的経験変数に起因するということは、生得後における後天的経験作用による相対的可変性が比較的に低いにすぎない。

　先験的に刻印されている知覚情報は、大脳新皮質に生理学上の変更・修復等が加えられることにより、精神機能に何等かの異常・変調を来すことがあるとしても、その知覚情報自体が消失されることはない。個体概念としての自己存在がいかなる状態関数にあるとするも、当該の精神主体が相対系自体をつくりなすモメント素子としてあるとともに、且つ当該の精神機能が当該の生としてのみ作用する限りに於いては、当該の先験的知覚情報はしかる生体の身体構造

には必然的に具有されるためであり、さればまた、相対系自体の構成素子としての精神主体の生的終了することなくしては消滅しえないからである。つまるところ、生体内に具有される当該の先験的知覚情報は当該の生自体の存立に必然の構成要件をなすためであるが、それのみならず、もとより相対系のモメント素子としての終了時点が無限の未来時間にある以上、先験的に具備されている相対系自体の知覚情報乃至属性がなべて、いかなる個体概念としての精神主体の、いかなる後天的である経験作用及び刺激情報によっても変更・消去される可能性は無限小にしかならない。而して、精神機構そのものとても相対系を体現するモメント素子である以上、しかる精神機構には相対系自体としての本質規定が知的オブジェクトに於いて具備されていなければならず、また、その先験的知覚情報のうちには、相対系自体を自己自身と自己同一の対象として出力する理性機能上の論理的形式である真理：恒真式の概念規定が、同時に包摂されていなければならない。そのことはまた、精神機構という或るモメント素子であることの本質規定としてもあるからである。しこうして、＜基準系＞と称せられる概念規定が相対系自体の先験的知覚の体系であることは、時空間規定上に無限である相対系のモメント素子としての知的オブジェクトであるため、いかなる後天的である経験作用及び刺激情報をも媒介することなく具備されている原始の知覚であるからであり、且つ、後天的である経験作用により体得された脳内部位を形成するところでもないことよりして、個体概念としてのいかなる後天的である経験作用及び刺激情報によっても変更・消失されることがありえないせいである。このことは、相対系自体の現実規定としての理性機能上の論理的形式化である真理：恒真式の、無限の時空間規定上に於いて絶対の不変性を具有することからの反映でもあるため、相対系自体乃至絶対的真理と先験的に自己同一である基準系にあっても、当該の絶対の不変性が相対系の構成素子として継承されていることを意味する。とはいえ但し、しかる先験的知覚内容を意識上にロード：Ｌｏａｄするための、大脳

皮質内の知覚制御システムが破損されることはありうるのだが。されればその場合、当該の生自体の存立に必然である基準系そのものが[その生的終了を待たずして]消失されえないとはいえ、しかく破損・損傷された大脳生理乃至知覚制御システムによっては、基準系に対する正常のアクセス作用が困難或いは不能の状態関数に陥る可能性とても、ゆめ否めないことではあるが。

　生体をなす精神機構上に先験的に具備される真理：恒真式及び相対系自体の知覚体系、即ち基準系はまた、真理：恒真式及び相対系自体に対する自覚作用を欲求する力動概念としても機能する。精神機構とても相対系を構成するモメント素子として成立し運動・変化する以上、自己自身を以って体現される相対系自体としての現実規定の認識、とりもなおさず、絶対的真理という相対系内に普遍妥当する概念規定を自覚することなくしては、相対系の構成素子としての制御機能により相対系自体の自己回帰される自己存在の生滅運動とはなりえず、仮にその場合には、自己存在を保持すべく欲求する死生本能の防衛機制にも悖ることになるからである。そしてまた、基準系という先験的に具備されている知覚体系それ自体、精神機構が自己自身へと無限回帰することにより自覚されることなしには、＜知＞に対する内的欲求としての本能的指向性が実現されえないためでもある。

　力動概念である自己自身の基準系を端緒としつつ、真理：恒真式の絶対性に於いて相対系自体を自覚するに当っては、必然的に精神機構により実行されなければならぬ論理系上の処理プロセスがある。直接的に精神機構、就中理性機能がアクセス作用することのできる対象としては、客観上にて相互間に触発しあう当該の＜物自体＞ではなく、飽くまで自己自身のＣＮＳ内に於いて形成されている知覚情報そのものに対してのみであるため、不断に生／滅する相対系自体をなす時空間規定乃至モメント素子を無条件に、もしくは無

制約に触発する刺激情報として入力して判断することができず、更には当該のアクセス対象に対し自己同一である真理：恒真式を生成するためには、その前提要件として、精神機構における理性機能上の論理的形式に還元されていなければならないからである。

　当該の論理系上の必須プロセスの全詳細については、然るに敢えてここでは審らかにすることを回避しておき、後述の第Ⅱ部本論に譲ることとする。そのことはもとより、執筆内容自体として総説篇にて論述するにはそぐわぬためであり、またその記載容量よりしても、本篇内では語り尽くせはしないからでもある。

　結論より先に提示するならば、精神機構による後天的経験である論理系上の追考運動は、客観的精神現象の移行階梯を反映する学術的態様としては、実存哲学上の概念的把捉を以って最終工程の自覚レベルをなす、といえる。更にまた、もう一点明示するならば、しかる理性作用上の追考運動の端緒となる認識レベルは、やはり客観的精神現象の移行階梯を反映する学術的態様としては、存在論上且つ記号論上の［反定立］関係性をなす概念的把捉にある。換言するにまた、精神機構上の理性機能による追考運動の系譜としては、存在［以前］及び無の［反定立］関係性をなす概念規定をなす認識レベルを基点とするとともに、且つ実存の概念規定をなす自覚レベルを以って否定・収束されることになるのである。存在［以前］及び無、しかる両概念規定の態様を峻別しつつも最終系譜として自己統一せしめる、論理系上のプロセス間に作用する公理性がいかなる意義をなすのか。最も単純にして純粋である存在［以前］及び無の問題、つまるところ存在することと存在しなくなることの自己否定（収束）と自己統一より、存在［以前］及び無そのものをなさしめる原理論でもある自己運動・変化の概念規定として自覚されるが、そのことから追考運動の最終工程に於いては、無限の時空間規定上にあって一意である無限小の瞬間に於いて、不断に生／滅する実存の概念規

35

定にまで止揚（揚棄）されるのであり、かかるプロセス間の状態遷移は、現存在である自己存在の外延的把捉と内包的把捉との統一作用であるのみならず、先験態様をなす基準系を経験作用により相対系自体に自己化せしめる処理工程に他ならない。しかる学術的論拠はまた後述に譲るとして、如上についてはもとより、追考運動の端緒をなす存在［以前］及び無そのものの関係式に対する認識レベルが、当該の系譜における最終の自覚レベルとしては実存の概念規定に相当することになることをも示唆している。＜知＞を以って＜知＞を弁証する論理系上の追考プロセスに於いては、同一の対象的知覚に対してつねに、弁証作用の端緒をなす理性的概念規定からそのもの自体の本質規定に対し際限なく帰納運動しつつも、同時に際限なくそのもの自体の本質規定を実現する＜無限＞に対し演繹運動することを基本仕様とするためでもあるが、当該の弁証作用の端緒概念が存在［以前］及び無であるに対比して、しかる追考プロセスの極限概念が実存としてあるに他ならない。論理系上の系譜における最終工程をなす実存概念の態様は、然るにそのもの自体に於いて、更にはもうひとつの必然性でもある超実存的問題を自己内に孕んでもいる。而してまた、そのことにしも本著に於いて究明せらるべき最終課題が反映されているはずである。

　超実存系、本著の標題でもある当該の名辞については、その名通り、理性機能の運動・作用しうる論理系上の最終工程の自覚レベルにある実存の問題を、理論上に於いて極限化するとともに超越する哲学体系の研究対象となることを示唆している。実存の本質規定とはそも無限小の瞬間生滅にあるが、そのことは無限における一意に更新される瞬間規定としての自己自身が、無限の相対系全体を構成する自己存在以外の全他在をなす統合化エナジーにより［その無限回帰による帰結現象として］、無限小の時間長を移行する瞬間として否定・収束されることを以ってこそ、当該の自己存在の絶えまない実存規定を保持していられることを意味する。されど反面に於い

ては、相対系を構成する一切のモメント素子がしかく実存規定される瞬間として成立する以上、それぞれの時空間的モメントがいかに自己運動・変化し、いかなる効果・効力を発現しようとも、不断に生／滅する当該の一意の瞬間を以って否定・収束されることにもなるため、必然的に当該の自己存在の自己運動・変化はもとよりなされなかったに等しいこととなる。＜実存＞としてのみありうる一切の自己存在の、その各々の自己運動・変化と存立の時空間規定上にて一意の実データが、相対系自体を体現するモメント素子をなす自己自身として成立するそのゆえにこそ、相対系自体の無限回帰の運動原理による零系的収束に帰せられてしまう。そのことはたとえば、相対系自体と真理：恒真式の客観作用上の概念規定以前の先験的知覚である基準系が、そのもの自体を力動概念とする精神機能上の自己回帰運動へと駆りたてられることで、最終工程に於いては第二次悟性機能の第二次還元作用による真理：恒真式の生成を以って、当該の客観作用上の概念規定としても、つまるところ相対系自体へと絶対的自己化される場合とても例外ではない。しかる論理系上の最終工程をなす追考レベル以降に於いては、実存という現実規定そのものに対する自覚作用の絶対的態様に帰せられるのではあるが、相対系を構成する全モメント素子との関係変数に於いては相互依存しあい、且つ相対系全体の統合化エナジーとの関係変数に於いては相互否定・収束せしめあうことによってのみ、成立且つ更新される実存的モメントのその本質規定ゆえに、相対系自体との精神機能上の相互自己化により実存としての絶対性を体現されているなべての論理系上の処理プロセスさえも、そのことがもとより実行されなかったに等しいところの帰結現象に直面しよう。ゆめ個人としての主観作用上の思想形成や自立観念等の問題ではなく、相対系自体と実存概念の仕様及び規定性よりして必然の帰結現象でもある以上、もはやそのことを回避しうる手段などありえない。〔自明乍ら、そのことが、現実上の客観的事実そのものを打ち消すことにはならないし、それはありえないことであり、明確に峻別しなければならないのだ

が]一意の瞬間として生／滅される自己存在の、その自己運動そのものの回避せらるべくもない全体系的矛盾に対し、いかなればこれを自己内解消するか、もしくは自己内昇華することのできようか。

　その術は然るに、相対的・可変的にしか規定しえない主義・思想や当為、或いはまた主観作用上の限界状況により要請される宗教観等という、客観作用上の確実性・整合性の欠如する方法論をよるべとすることなく、飽くまで普遍妥当しうる論理系処理により絶対的確実性をなす哲学的結論を導出しなければならない。いかに数多の信奉者により支持される倫理観・道徳意識も、客観作用としての論理学的明証を実行しえない主観性フィルターの産物としてある限りに於いて、またいかに太陽系第三惑星上に普及されている宗教的Dogmaも救済・福音のための＜嘘の文化＞としてのみありうる以上、当該の現実態様を認識するとともに、精神機構を通じて絶対的確実性を実現しうる哲学理論上における、＜弁証系プロセス＞に基づく解決を使命とする本著としては、しかる［方便の嘘による］穢れなき救いの手に縋ることなど赦されぬところではある。而してまた、理性機能上の追考作用による最終工程をなす自覚レベルにある問題でもあるからこそ、相対系自体の無限回帰を体現するCNS上の客観性フィルターによる自己回帰に於いてのみ、このような絶対的解明が可能とはなるからである。

第Ⅰ部

基準系

40

緒　説

　第Ⅰ部では、先験的に精神機構に具有される内的相対系自体としての基準系に関する理論が展開される。精神機構上の理性作用に対する経験以前の力動概念であるとともに、それによる論理系を通じて自己回帰せらるべき対象でもある基準系の体系理論を、明らかにしておく必要性によるところである。

　もとより基準系とは、生理学的には、個体発生とともに脳内物質を形成して先験的に具備される知覚の体系である。そして、当該の知覚情報の内実としては、客観上の相対系そのものと本来に於いて自己同一ではあるが、もとよりそれは先験的に内的装備されているところのものなので、一度として内省も統覚もされていない原始的にして純粋の知覚である。とはいえ、個別の精神主体上の基準系の存立が、空間と時間の全体系を関係付ける相対系と存在的・構成的に同一モメントとしてあるべくもなく、大脳生理を物理的・生理的基幹体系とする精神機構における先験的知覚の体系であり、大脳生理とその機能システムである精神機構とともに、そのもの自体が相対系をつくりなし、且つ相対系自体を体現する構成素子である時空間的モメントの一である。また寧ろ、相対系自体を体現する知覚の体系である基準系は、相対系の時空間上の無限性が自己自身に反映される必然性のゆえに、一切の時空間的経験を媒介することなく、即ち先験的に具備されていなければならないはずの知覚の体系であり、それ自体が相対系システムそのものとしての知覚情報として成立していなければならない。或いはまた、すべての精神機能は大脳生理が身体機構として作用することを以って成立するから、基準系を存立し機能せしめる脳内物質が形成され運動・変化しているのでもある。

基準系は先験的に具有される相対系自体の知覚なので、当該の知覚情報をなすところの相対系は、内省したり統覚するという精神上の経験を未だ媒介されぬ原始の知覚であるが、それゆえ寧ろ、経験により齎されうるいかなる誤謬をも容れぬ純粋性を具備してもいる。したがって、しかる知覚情報は、論理系を通じて追考された結果として認識され自覚される相対系自体、即ち真理：恒真式乃至真実の概念規定とは、等しく当該の内実として相対系自体に合致するものであるとはいえ、他方では生得的にして無反省であるという点に於いて相異なる。相対系に対する理性機能による客観的アクセスの方法論には、大別して科学的思考と哲学的追考があるが、科学的思考に於いては、つねに科学理論上の基本原理を前提としてのみ実行されうるため、予めその思考上にて可能となる機能と作用範囲が自ずと制約されており、しかる解法により期待されうる解は実験・観測を通じて得られる相対的・可変的である［帰納的］確率でしかない。これに対し、哲学的追考に於いては、何等の基本原理をも哲学理論上の前提とすることを事前には容認されないため、学的方法論として１００％確実の解が究明されるまでは哲学的結論とはなりえない。したがって、ここに絶対的真理として概念規定されうるということは、ただ科学的確率論の基本原理上の範疇に条件付けられることなく、哲学理論上の一切の論理的手続を［正常に］実施することにより証明されうる、命題（論理式）である恒真式：Ｔａｕｔｏｌｏｇｉｅに限定される。相対系自体と合致していることが絶対の精度にて証明されうる、なべての恒真式、即ち絶対的真理には例外なく相互間に１００％の整合性が保持されていることから、あらゆる真理：恒真式の相互間に於いて演繹的に究明することが可能でもある。何となれば、真理：恒真式自体を客観上の現実規定として構成するところの相対系自体は、そのものがとりもなおさず、真実という概念規定の意味するところであるが、無限の相互因果律により当該の真実をつくりなす全モメント素子が相互間に連動しあうことにより成立するため、しかる真実をなす相対系自体を規定するいかなる真理：

恒真式にも普遍的に妥当する確実性があるとともに、それぞれの真理：恒真式がしかる確実性を具備するには全真理：恒真式の相互間に充足理由律が作用せざるを得ないからである。かかる無限に及ぶ一切の真理：恒真式の相互間における、謂はば絶対精神上の全体系連動システムを以って、＜絶対系＞と称せられよう。絶対系とはされば、先験的基準系と経験的自己存在の無限連動をなす知覚体系に合致する相対系自体に対し、しかる相互間の自己同一性を体現する論理系上の結晶である真理：恒真式に［第一次］還元されうる全体系の、無限の未来時間を要する論理体系化であることにもなる。飽くまで相対系全体は無限であるため、相対系自体を規定する真理：恒真式による全体系概念をなす絶対系とても無限であることよりして、有限の成立期間をのみ維持しうる個別の精神主体の単独実行によっては、その体系化作業の完了されることはないけれど。

　本来同一の相対系としてありつつも、基準系内における先験的知覚としての相対系と、絶対的真理及びその全体系である絶対系に反映される相対系が相異なることは、前者が先験的に精神機構上に具備される相対系自体の現実概念であるに対し、後者は理性機能上の追考処理を実行することにより論理系上に［第二次］還元された相対系自体の真実概念であるという点にある。基準系はもとより、先験的である、つまりいかなる経験作用をも経過する以前より相対系自体の反映として自己存在に体得されている知覚なので、無反省にして原始的ではあるが、寧ろそれゆえ経験作用を媒介することで生じるいかなる誤謬や錯誤をも許容しない純粋の知覚である。その他方、絶対系はもとより、哲学理論上の恒真性を約束する自覚レベルまで、つまり絶対の確実性を以って相対系自体との自己同一性が普遍的に証明された全命題（論理式）により整合化されている全体系なので、必然的に論理系という経験作用上の手続きを媒介してはいるが、その弁証系プロセスの正常の完了により一切の論理的誤謬の確率を排除されていることになるため、無限の相対系全体に普遍

妥当する絶対性を具有する真理：恒真式に裏付けられた真実概念である。したがってまた、先験的に精神機構上に具備される相対系自体としてある基準系に、経験的に論理系上に追考される相対系自体の概念規定を１００％自己回帰せしめられてある、一切の真理：恒真式による全体系が絶対系であるともいえる。それとともに、基準系も絶対系もともに相対系自体の反映されてあるシステム概念であるが、いずれも飽くまで精神機構を前提して形成される内的システムであることに変りない。とりわけ基準系については、論理系上の理性的追考に対する本能的衝動を活性化せしめる力動概念としても作用しよう。そしてそれらは同時に、後述する生理系システムの問題点でもある。

　かくて、本篇における基準系内の先験的知覚としての相対系自体に関する論証の記述内容が、哲学理論上の絶対的整合性を以って明示されているからといって、ゆめ基準系そのものがそうであると判断してはならない。そこに論述されることになる論証における論理学的精度は寧ろ、絶対系を構成する当該の真理：恒真式としての絶対性に基づいているはずではある。

第Ⅰ篇

基準系理論《体系論》

※先験概念としての基準系

46

第Ⅰ章

相対系論：現実概念

第Ⅰ節 空 間

ⅰ＞一般空間

　ここより語られる相対系の概念規定は無論のこと、理性的追考により相対系自体に対し論証する客観的記述であるが、その反面に於いて、基準系の知覚情報の内実としての意義をもなしている。重ねて断っておくが、基準系は超単純ではあれ、先験上に体得されている非理性的である知覚の体系としてあるから、本章以降の基準系に関する記述内容が論理的に整合しているからといって、基準系をなす知覚情報そのものが論理系上の自覚を得て＜意識上レベルで＞構成されていると、判断してはならない。基準系は飽くまで、種々の精神機能上の手続きを施されるより以前の、命題（論理式）化もなされていない公理上無秩序の体系である。したがって、基準系に関して論述される本著における一切の理論乃至客観的判断は、客観的精度をなす弁証系プロセスの正常の実行結果として恒真性を確認された命題（論理式）ではあるが、基準系自体の先験的内実はつねに、いかなる論理系上の［経験的］処理をも加えられていない純粋態様にある、といえる。

　さて、空間について解明するに先立ち、空間／時間の概念規定がともに相対系の次元としてあることを確認しておくべきである。そのことはとりもなおさず、相対系自体が精神機構を媒介することによってのみ認識されうる全情報の対象であることの真偽、という問題に通じている。後述する通り、我われが相対系の刺激情報に対し触発しあうことができることは、直接乃至端的に相対系そのものに対し解析的アクセスしうるのではなく、精神機構上のインタフェースを媒介することによってのみ可能とはなる。このような相対系に対し解析的／統合的アクセスするに際しては、空間及び時間上の規

定性に対する次元的認識の成立していることが不可欠である以上、しかる次元的認識は事前に精神機構内に具備されていなければならないため、空間及び時間は先験的である精神現象上の内的規定形式でもあることになる。そしてそのことは、相対系自体の先験的である知覚体系としてある基準系が、精神機構及びその運動主体が相対系自体のモメント素子であるが故の反映として構成されており、さればこそ、基準系における空間及び時間という内的規定形式もまた、相対系全体を維持せしめる＜次元＞である空間及び時間の反映されてある知覚情報としてのみ成立する。真理：恒真式という絶対の確実性をなすところの命題（論理式）は、それがいかに単純とも印象付けられる内実であろうと、特定された空間または限定された時間に於いてのみ有効となるのではなく、いかなる時空間規定上にあっても論理的否定される可能性がない以上、かかる普遍妥当する性質を具有する真理：恒真式が適用されるところの相対系は、空間規定上且つ時間規定上に於いて無限であることになる。他方また、精神機構及びその運動主体は有限の耐用期間しか維持されえないのであるから、そのことはたとえば、精神機能による活動を前提しなければその先験的知覚である相対系自体も存立しないのならば、精神機構がその基幹的機能を停止してより以降については、相対系自体とてもやはり滅亡し終了することになるはずであるが、もとよりその全体系が無限であるとは、当該の始点とともに終点もありえないことを意味する。既に停止した精神主体の精神現象のうちにあっては、敢えて相対系そのものも滅亡し終了したに等しいかもしれないとはいえ、そのことはまた、主観的観想作用上の問題にすぎない。相対系自体の成立については客観上に於いては、精神機構の存立と精神機能による活動を前提せざるを得ないところではないし、また、相対系自体に対する精神機構からの１００％精確である論理系上のアクセス作用を期待できないわけではない。相対系というあらゆる客観上の対象に対し直接アクセスできず、精神機能上に生成された対象的知覚、即ち当該の精神自体に対してしか精神機構による追考処

理がなされえないとはするも、かかる対象的知覚そのものが相対系自体を体現するモメント素子でもあるからである。

　空間は、無限である。相対系は、空間的に無限である。では仮に、空間全体を有限の領域範囲であると仮定してみよう。有限であるということは、つねに何程かの限界により内包されている領域範囲のみを指定することになるため、空間の全域を以ってしても絶えず或る特定の領域範囲内の座標系のみを領有することになり、また相対系とは全体系を示唆する概念規定であることから、相対系をなす空間全体の限界の外側には何も存立しえないはずである。それではここで、何も存立しない、とは実際上いかなることか。そのことはまた、無の性質に関する問題でもある。何かが存立するという状態関数にあることは、それのみにより存在の概念規定を示唆するところではあるが、一切の存在する主体は不断に相対的・可変的である。何となれば、存在する主体はいずれも何等かの運動・変化による帰結現象として生成されてある以上、絶えまなく運動・変化し続けることによってのみ、当該の存在の状態関数を維持することができるからである。運動・変化するということは、自己自身の状態関数が否定・収束されることによってこそ可能になる。或る任意の存在主体は、それがいかなる空間上のモメント素子であれ、現在時の瞬間における自己存在が否定・収束されることにより無に帰せられることなくしては、新規に生成せらるべき瞬間における自己存在へと移行することができないためである。したがってまた、無という状態関数は、現在時の存在態様が否定・収束されることによってのみ成立する。現在時の存在態様が否定・収束されることにより無という状態関数が出力されるとき、そのことはしたがって、同時に当該の存在規定の新規の状態関数へ移行されたことにすぎない。このように無は現在時の存在態様の否定・収束された状態関数であるが、却って当該の存在規定は当該の無へと否定・収束されることによってこそ更新されゆく作用が働く。可変的であるということは、当該の空

間上のモメント素子自体の存立に絶対性のないが故に変更されうる
のであり、とりもなおさず、相対的・可変的であることをも意味する。
すべて存在するものはつねに相対的に運動するため、当該の存在主
体に対応して帰結される当該の無とても相対的である変化としてあ
る。無はいかなる場合も存在するものを前提にしてのみ生起しうる
ことから、また全体系である相対系が絶対性ある構成素子を内包し
えないことから、相対系内に於いて無という状態関数をのみ独立し
ている、即ち、絶対性を具有する概念規定をなすものとして想定す
ることには意味がない。したがってまた、実体を以って実在する何
かがない場合であるとか、実在する何かではないという場合は生起
しうるにしても、絶対的に何もないという状態関数は成立しえない
のである。つまるところ、空間上の全域に全体系としての領域範囲
上の限界を仮定するならば、しかる全体系の外側がもはや空間規定
ではなく何もないということは、無の［仮定上の］絶対性がその前
提とならざるを得ないのではあるが、本来に於いて相対系をなす空
間全体はそれ自体を以って全体系である以上、その限界外であるは
ずの絶対的無とても相対系乃至空間に内包されることになるが、も
とより相対系の構成素子は例外なく相対的且つ可変的であることを
免れないが故でもある。かく相対系内には空間上の限界を規定しえ
ない以上、不断に相対的である存在の状態関数と、それ自体に対応
する無の状態関数が際限なく相互連動することによってのみ、空間
の全体系が無限に編成されゆくことにもなるといえる。

　かくて空間は、無限大の可拡張性を具有しているが、その反面に
於いては、無限小の可分割性を具有してもいる。相対系をつくりな
す空間上のモメント素子の最小単位が客観上に規定されているなら
ば、空間規定を細分化し分析するという作業は、空間上における当
該の最小単位の分析レベルまで解明しえた時点にて完了するから、
空間上の可分割性は有限であることになる。その場合、かかる最小
単位をなす空間上のモメント素子とは、それが相対的・可変的であ

る限りに於いては未だ分割の余地があるのであるから、もはや分割しえない絶対的である単位をなしているはずである。そも絶対的である単位にある、即ち絶対性という属性を具有する空間上のモメント素子などありえようか。相対的であるとは、自己存在内外の要因によりつねに可変的であることでもあり、そのことに対する矛盾概念こそ絶対的であることの定義をなすところであるから、相対系内のいかなる要因によっても何等の影響を被ることなく、他在との相互連動の有無とも拘わることなく変更されない自立性を具有することを意味する。相対系を構成する実体（実在）レベルの物質系カテゴリー［バリオン物質／反バリオン物質の弁別にも、元素系／暗黒物質（ダークマター）／暗黒エナジー（ダークエナジー）の弁別にも、更には宇宙領域内外の弁別等にも拘泥しない］には、しかる要件を充足する空間上のモメント素子がみいだせようか。実体（実在）レベル、つまり現実態様をなす時空間上の実体として実在するということは、それ自体を実在するに到らしめている何等かの端緒があるはずである。いまここに実在しているという現象は、そのこと自体として或る客観上の結果をなしてあるから、当該の結果を帰結せしめている原因が前提としてなければならないのである。個別の実体乃至実在をなすことが或る特定の時点より開始されるとすれば、そのことは永劫の過去時間より継続されているわけではない、とりもなおさず、実体乃至実在には既に永続性がないことになるため、或る一定時間の経過後には間違いなく終了する。つまるところ、有限であることを意味する。実体乃至実在はまた、不断に無との相互転化によってのみ更新されるのであるから、実体を以って実在することが自己自身として運動・変化することに他ならない。したがって、一切の実体をなす空間上のモメント素子は運動・変化することによってのみ実在する以上、実体（実在）レベルを前提として相対系の全カテゴリーを検索しようと、絶対的に不変である個体概念など抽出されえない。或いはまた、仮に実体（実在）レベルという前提を度外視する場合、実体（実在）概念以外に想定される空間上の

モメント素子としては、実体乃至実在に具備される何等かの機能により発現されている<態様>が挙げられようが、もとより相対的である実体乃至実在をつくりなす機能とてもその一部位として相対的であるとともに、しかる機能により発現される態様はまた、それが発現されてくる時点にて既に実体乃至実在の機能に依存しているため、やはり相対的・可変的であることを免れず、発現されるということ自体が運動・変化を拠り所にしてもいる。尤も、実体（実在）概念の機能乃至態様というカテゴリーのうちには、精神現象という特殊の実例も包摂されてはいる。精神現象そのものが或る物質系としての実体（実在）概念ではなく、大脳生理という或る実体乃至実在より実行される相対的である機能乃至態様にすぎないが、但ししかる機能の実行結果に於いては、絶対性を体現する結果を生成せしめることが可能とはなる。その意義に於いて、精神現象のみ特殊であるとともに、［当該の機能を実行しうる］相対系内における唯一の構成素子であり、またここで絶対性を体現する結果とは無論、真理としての論理式<恒真式>を示唆している。精神機能による追考処理の結果が相対系自体の現実態様に合致することの成否により、合致している場合は真理概念、また合致していない場合は誤謬概念となる。真理概念とは相対的である真理値や確率論の問題ではなく、いかなる前提条件をも容れず普遍的に相対系自体に合致していることを意味するが、かかる論理系における理性機能上の論理的形式をなす真理：恒真式が相対系自体の法則でもあるということは、相対系そのもののその構成素子である精神上の帰結現象に［第二次］還元されてある所産であるから、精神機構内外のいかなる要因によっても変更されることはありえない。相対系を構成する全モメント素子が相互連動しあうことに対応して、相対系自体を反映するいかなる真理：恒真式も他の一切の真理：恒真式から演繹される関係式を構成するものの、相対系内の空間規定上のモメント素子とは相異なり、具有する１００％の確実性に於いて真理：恒真式のみ絶対性を体現されているといえる。そしてまた、しかる絶対的真理は、精神

機構という相対的・可変的である空間規定上のモメント素子の追考処理により生成されるのでもあるが、しかし同時に、精神機構を包摂する相対系の空間規定上のモメント素子が運動・変化により成立せしめられ、不断に相対的・可変的である以上、空間規定上の組成として何等か固定の絶対的である最小単位をなす座標系・物質系がありえないことも、また或る真理：恒真式ではある。かく精神現象という大脳生理の機能乃至態様とともに、実体（実在）レベルの相対系にはあらゆる他在から独立しうる空間規定上のモメント素子など存立しえないため、相互連関しあう不特定の他在によってはつねに運動・変化せしめられ、また自己存在を分割せしめられる可能性をも内在しており、相対系をつくりなす客観上の最小単位でありうる一定の素粒子乃至量子などという、分析可能性の限界があるわけではない。現状の科学理論上における解析能力がどの程度の発達段階にあるかについては、テクノロジー開発の進捗の度合いを推定する材料にはなるにせよ、空間規定が無限小に到る有限値まで可分割性を具有することに変わりない。

　空間は、いかなる階層までこれを分割し続けるとも、際限がない。つまり、空間は無限小の可分割性を具有している。また、空間を形成する、いずれの空間上のモメント素子相互をいかなる領域範囲まで結合させ続けるとも、やはり際限がない。つまり、空間は無限大の可拡張性を具有している。相対系が空間的に無限であるとは、しかく内包性と外延性と、その両面に於いての意義が包摂されており、両者間における関係作用には必然性をなす相互連動がある。ところが、このように如何様にも分割され得、また如何様にも結合されうるものとしての個々の空間上のモメント素子は、それがいかなる基準値を以って分割せられ、また結合せられようとも、なべて例外なく有限である。実体（実在）レベルにおける一切の空間上のモメント素子が相互連関しあうことにより存立することは、既述の通りであるが、なべて相互連関しあうということがまた有限であることを

も示唆している。無限としての空間自体は全体概念であるため、物質系上の分裂作用や融合作用の対象としては成立しうべくもなく、しかる空間規定を体現する空間上のモメント素子が、どこまでも際限なく分割されうる物自体としての無限小という有限であり、且つどこまでも際限なく結合されうる物自体としての無限大という有限であり、かく有限である空間的モメントの相互による関係作用の全体系が、空間という無限に他ならない。そのことはつまり、実体（実在）レベルでの空間上のモメント素子のカテゴリー上に、無限性を具有する構成素子が成立しうることをもし仮定せば、もはや当該の構成素子自体が全体概念をつくりなしているのである以上、当該の構成素子以外の空間上のモメント素子が当該の他在の範疇には成立しえないことになり、もとより相互間における連関など論外であることになるからでもある。

　実際上、具現されている空間上のモメント素子を特定するに際しては、単純に検索対象となる領域範囲の拡大と縮小や、大分類と小分類等という階層上の位置付けがあるのみならず、その他幾通りもの選択されうる抽出基準と方法論が想定される。そのことはつまり、実体を以って実在する空間上のモメント素子を検索するに当たり、不可欠となる検索のための前提条件、即ち検索Ｋｅｙとして設定しうる変数に関する問題である。無限を構成する座標系上における限定方法もまた、その一に挙げられよう。約１３７±２億光年とされる現宇宙領域なのか、その下位組織を形成する天体の銀河なのか、更にその一事例である銀河系なのか、更にその下位組織である太陽系なのか、更にその構成天体である恒星・惑星・その衛星等なのかという如く、対象領域を特殊化する属性により範囲指定する方法論である。或いはまた、物質系の化学上の組成・構造を検索の基準項目にすることもある。それが有機質なのか無機質なのか、生物体なのか非生物体なのか、動物なのか植物なのか、哺乳類なのか爬虫類なのか両生類なのか、或いはそもバリオン物質なのか反バリオン物

質なのかという如く、そのもの自体の物質系上における構成情報により特定する方法論である。而して更には、光や音、超音波や電気など、それら物質的媒体の所属している周波数帯を検索Ｋｅｙとして、物理化学的情報を抽出させる方法論もある。もとより、このような検索Ｋｅｙというも、一次Ｋｅｙのみならず、二次Ｋｅｙ、三次Ｋｅｙ等と細分化し、複数の検索Ｋｅｙを重層化して組み合わせることにより、検索機能の精度を向上させることもできよう。抽出条件の指定方法は集合論上の問題でもあるが、際限なく有限である空間上のモメント素子を限定しうる検索Ｋｅｙは、されば如何様にも無数に仮定されよう。無限の空間規定を構成する空間上のモメント素子が無限の個体数をなす以上、それぞれの個体概念の所属する種別・類型もまた無限種に昇るのであるから、どのようなカテゴリーを条件範囲とする方法論を選択しようと、しかる抽出基準となしうるものも有限ではないのである。

　しかし乍ら、そのもの自体がいかなる個体概念であれ、空間上のモメント素子の実際上の座標系に採りうる実測値は、カテゴリー上の集合と分類の問題ではなく、あるがままのそのもの自体を特定することにより解析される。そのもの自体の特定とは、いま、そしてここにしかない実体乃至実在としての一意の自己存在を究明することであり、このとき、カテゴリー上の集合や分類指定によるのみにては、無限における極限に特殊化されるそのもの自体の本質的属性を示唆することができないことによる。空間上のモメント素子はなべて、不断に運動・変化するところである。運動・変化するということは、現在時における実体乃至実在の状態関数を無に同化せしめることにより、新規の現在時における当該の実体乃至実在の状態関数へと移行せしめることを意味する。しかく運動・変化し続けることにより保持される実体乃至実在の概念規定ではなく、各々のあるがままの現在時をなす瞬間のみに特殊化せられ、且つ当該のあるがままの座標系のみを構成するそのもの自体、かかる概念規定を以っ

て＜実存＞と称せられる。空間上のモメント素子が無限の個体数を計上される他方に於いて、当該の自己存在に対し同一の実測値をなす実存が、同一もしくは他の座標系上に他在として生起することはありえない。空間上のモメント素子が例外なく相互因果的にのみ展開されることは、他の一切の空間上のモメント素子の運動的統合化された状態関数の実測値として、実際上あるがままの当該の実存としてのみ帰結されているのであるから、当該の実存に対し時空間上に同一の実存がそれ以外の空間上のモメント素子としても成立しうるとすれば、当該の同一の実存を構成素子とする相対系が他にも別して成立していることになるが、全体概念であるところの相対系は、もとよりそれ自体を以って無限の全体系を充足している以上、しかる全体系に対するいかなる他在もその体系とても成立しうべくもない。

　ここで、本節における主題でもある空間概念、即ち無限をなす相対系の全域を空間という存在的次元により規定する概念を、一般空間と称せられる。また、一般空間を構成するそれぞれの空間上のモメント素子に体現される空間概念を、＜実存としての空間上のモメント素子が個有且つ一意の特殊性を具有しているという意義に於いて＞特殊空間と称せられる。自明ではあるが、実存として不断に運動・変化する空間上のモメント素子の状態関数に対し、当該の特殊空間は、その一対一対応する空間上のモメント素子のみに体現されている一般空間、という概念規定に相等しい。

第一章

相対系論：現実概念

ⅱ＞特殊空間

　特殊空間は、例外なく、ランダムにして一意の実存を示唆する。ランダム：Ｒａｎｄｏｍであるということは、無限の一般空間に対してどのような分類・階層から、もしくはどのようなＫｅｙ項目により分析しようと問題ない、ということであり、また一意であるということは、しかく如何様に分析されうる特殊空間とても、いまここにしか存立しえない唯一の実Ｄａｔａである、という意義である。無限の一般空間にあって、個体概念を分類し位置付けるカテゴリーの類型様式は均一ではないため、有限の類型のみに充当せしめることも能わないことから、そのうちの同系統の部分集合に所属する類似している特殊空間の実データは、やはり無数に成立しよう。然るにまた、それら実データが相互間にいかに類似する性質をなしていようと、決して同一ではありえない。何となれば、一般空間を構成するなべての特殊空間は相互因果的であるから、或る特殊空間のモメント素子を仮にサンプル＜Ｓ＞とすれば、当該のＳがＳそれ自体として成立しえているということは、Ｓを除外する他の一切の特殊空間のモメント素子＜～Ｓ構成素子＞の相互連関された帰結の実測値として、その折々のＳの一意の状態関数へと運動的統合化されることで現象されるのである以上、無限域に存立し運動・変化することにより一般空間をつくりなす特殊空間はいずれも、決して当該の変項Ｓ以外には生起しえないのである。特殊空間のサンプル＜Ｓ＞の実例がランダムであるにせよ、そのサンプル抽出の方法論如何にも拘わらず、かかる普遍的原理はなべての特殊空間に対して等しく拘束するところであり、このため、当該の特殊空間としての本質的属性に相互連関しあってもいる。それというのも、～Ｓの概念規定はまた、或る特殊空間及びモメント素子の集合を示唆しているから、当該の変項Ｓに充当される実測値がランダムであるならば、当該の～Ｓを構成する特殊空間及びモメント素子の実測値もランダムに相対的・可変的となるが、そのことはつねにＳの実測値に対応して運

動・変化することが不可避であるためである。このように、一般空間とは、無限数及び無限種に上る特殊空間の相互による無限因果的連関そのものであり、また実存的ではない特殊空間及びモメント素子とてもありえない以上、恰も種々の個体概念を収容している容器のごとき有限の座標系ではない。

　特殊空間、乃至特殊空間として体現されるモメント素子は、実際のところ、次元の空間的範疇に於いて有限である。しかる次元の空間的範疇に於いて、一般空間は無限であるが、無限という有限の座標系相互による無限連続構造を細分化処理し、任意且つ一意に範囲指定された上での空間規定としては、有限である。しかも、なべての特殊空間的モメントは相互間に作用しあうために相対的であり、したがって、不断に運動・変化する相対的にして有限の領域範囲を領有する、ともいえる。それが変項Ｓの状態関数としてある場合とない場合との関係作用により、一般空間の全体系が定義付けられることにもなるから、Ｓ＝∞－（〜Ｓ）という単純といえる公理がそこに成立する。ここで∞とは相対系の一般空間としての無限性を、Ｓとは任意且つ一意の特殊空間的モメントの変項の状態関数を、また〜ＳとはＳを除外するなべての特殊空間的モメントの相互連関された運動的統合値を、それぞれ示唆している。一切の特殊空間及びモメント素子の関係作用しあうシステム概念としての一般空間は、無限小の分析レベルから無限大の統一レベルへの自己回帰性を実現するから、特殊空間的モメントの変項Ｓをなす具体的である実サンプルには、細分化且つ綜合化のレベルに応じた無限に亘る階層レイヤ：Ｌａｙｅｒがある。より内包的であるレイヤにある特殊空間を仮にＳ１とし、当該のＳ１の所属するより外延的であるレイヤにある特殊空間を仮にＳ２とすれば、Ｓ１を構成する特殊空間的モメントは同時にＳ２を構成してもいる（Ｓ１∈Ｓ２）。Ｓ１の置かれたレイヤを基準として一般空間を表現するとき、∞＝Ｓ１＋〜Ｓ１であり、またＳ２の置かれたレイヤを基準として一般空間を表現する

とき、∞＝Ｓ２＋〜Ｓ２である。ここでレイヤ、もしくは階層と称せられている規定性については、たとえば、哺乳類のカテゴリーに人間が包摂される等という集合論上の意義ではなく、相対系に対し気象学的観点より研究するか量子力学的観点よりトレースするかという如く、質量上の大小・外延内包のレベルの相異に他ならないが、とまれこのようなＳ１〜Ｓｎというレイヤ、厳密にはｍｉｎＳｍ〜ｍａｘＳｎという階層レベルは無限に亘るので、このｍは無限小を、そしてｎは無限大を表現している。またたとえば、Ｓ１と同等のレイヤにある他の特殊空間を仮にＳ１ａとするとき、そのレイヤとＳ１ａを基準として一般空間を表現するならば∞＝Ｓ１ａ＋〜Ｓ１ａであるし、またＳ２と同等のレイヤにある他の特殊空間を仮にＳ２ａとする場合、そのレイヤとＳ２ａを基準として一般空間を表現するならば∞＝Ｓ２ａ＋〜Ｓ２ａとなる。

　このように一般空間は、特殊空間におけるレイヤ、即ちその階層レベルと、レイヤ毎の特殊空間の状態関数を特定することにより、表現されうる。より内包的であるレイヤにあるほどに外延的であるレイヤを内部より形成しているので、より内包的であるレイヤの状態関数や態様に変化が生じることにより、それに対応して、より外延性をなすレイヤの状態関数や態様とても変化を免れない。そして、一意に特殊化された一般空間である特殊空間は一般空間の無限性を継承しているから、その階層上の内包的レベルの極限をなす値は、無限小のレイヤにあるといえる。またその逆に、より外延的である階層レベルの状態関数や態様に変化が生じることにより、そのことに対応して、当該のエレメントをなすところの内包的である階層レベルの状態関数や態様とても変化を余儀なくされる。そして、やはり特殊空間は一般空間の無限性を継承することから、その階層上の外延的レベルの極限をなす値は、無限大のレイヤにあるといえる。異なるレイヤの相互間にあろうと、またその間隔内に何層のレイヤを隔てていようと、相互に作用しあうことにより対応して成立して

いるため、特殊空間及びその特殊空間的モメントが相互に連関し
あっていることは、同一の階層レベル内部のみに限定されてはいな
い。たとえば、先例のＳ１ａとＳ２ａの場合、Ｓ１ａは空間的内包
レベルのより深い階層にあり、またＳ２ａはしかるより浅い階層に
ある。換言するに、物質系の質量をつくりなす構造化の段階がＳ１
ａに比して、Ｓ２ａはより上位の階層レベルにある特殊空間をなす
けれど、では〜Ｓ１ａの集合要素としてＳ２ａは包摂されるのか、
また〜Ｓ２ａの集合要素としてＳ１ａは包摂されるのか。そのこと
は場合にもより、しかる状態関数及び関係変数を異にするため、一
概には断定できない。Ｓ２ａがＳ１ａをエレメントとして包摂しな
いのならば、集合論的に重複する部分がないために、疑いなくＳ２
ａは〜Ｓ１ａを構成する集合要素である。また、Ｓ２ａがＳ１ａを
包摂する場合であっても、Ｓ２ａのほうが質量的により多くの可変
の定量を保有するだけに、Ｓ２ａのうちのＳ１ａを直接構成しない
領域範囲は〜Ｓ１ａに所属している。その集合にＳ２ａのうちのＳ
１ａの領域範囲のみを包摂しないことは、Ｓ１ａ自体を〜Ｓ１ａと
して断定することができないからである。このとき、Ｓ２ａの集合
は事実上、Ｓ１ａと〜Ｓ１ａの一部を包摂することになるが、それ
が〜Ｓ１ａの全部までは包摂しきれないのは、Ｓ２ａの領域範囲が
相対系の全体系を示唆してはいないからである。他方また、Ｓ２ａ
がＳ１ａを包摂しない場合、集合論的には重複しない以上、明らか
にＳ１ａは〜Ｓ２ａの範疇に所属するけれど、逆にＳ２ａがＳ１ａ
を包摂している場合、Ｓ１ａは〜Ｓ２ａの範疇には包摂されない。
Ｓ１ａはＳ２ａの範疇に包摂されているとともに、Ｓ２ａ自体を〜
Ｓ２ａとして断定することができないからである。特殊空間的モメ
ントを位置付けるカテゴリーを如何様に規定しようと、相対系が変
項Ｓ１ａと〜Ｓ１ａのみにより構成されることと、且つまた、相対
系が変項Ｓ２ａと〜Ｓ２ａのみから構成されることは、相対系自体
の概念規定に於いて同義である。相対系をつくりなす特殊空間的モ
メントはいずれも、絶えまなく相互矛盾しあう規定性との相互否定

（収束）作用により成立するからである。

　任意且つ一意に細分化される、その階層レベルにより、一般空間は無限にして不特定の深度のレイヤを蔵する特殊空間よりなるが、特殊空間を体現するモメント素子がランダムであれ、実体（実在）概念としての領域範囲を限定されていることになる以上、特殊空間の実例をなすものは有限である。然るに、一般空間が無限であることの前提に於いて、しかる属性を継承する特殊空間をつくりなす構造因子を極限まで分析するためには、無限に相当するトレースの作業容量を要することになるから、なべて特殊空間が存立し且つ運動・変化するに際しては、無限小の特殊空間的モメントをつねに単位空間としつつも、換言するにそのことは、かかる無限小のモメント素子の分析レベルにおける運動・変化を基準として、無限をなす一切の特殊空間、延いては一般空間を成立せしめゆくのである、といえる。それでは、特殊空間をつくりなす無限小の特殊空間的モメントは、どのような態様を以って成立しているのであるか。無限小とはいうも、実際上に於いては、無限小という概念規定を体現している実体（実在）が、寓意的にも存立するわけではない。何となれば、特殊空間を現象せしめるモメント素子としての実体（実在）は、そのもの自体が無限の連続体としての一般空間ではないので、不特定の座標系・領域ではあれ有限の指定範囲を領有するからである。したがってそのことは、無限小とは寧ろ、一般空間を内包的に規定する特殊空間の極限概念であることをも意味する。無限大の規定性を反映せしめるはずの存在的次元である一般空間が、同時にまた無限小の規定性をも反映せしめるということは、いかなる意義を蔵するか。たとえば、或る任意の特殊空間をどこまで分解し分析し続けようと、際限がない。つまるところ、あらゆる特殊空間は例外なく、内包的規定の極限に於いては無限小の単位より構成されている。また他方、どれほどの任意の特殊空間を融合させ拡大し続けようと、やはり際限がない。つまるところ、あらゆる特殊空間の例外なく統

合化された連続概念が、外延的規定の極限に於いては無限大の一般
空間に相当する。このことはまた、無限大と無限小の概念規定が、
一般空間をなすレイヤ上の両極であることを示唆しているとともに、
この両極の規定性が自己回帰的に同義であることをも意味している。
特殊空間乃至その特殊空間的モメントに対し、いかなる階層レベル
のレイヤにまで分解し分析し続けるも際限がないことは、或る特定
のレイヤ分析上における基準値、もしくは他の何等かの基準値から
測定した場合にそうであるのみならず、仮定されうるいかなる基準
値から測定しようと同結果となることから、とりもなおさず、基準
値など意義をなさないことにもなり、また客観上にそれが存立する
ところでもない。もとより無限とは、実測不能の一般空間上の絶対
値としてあるためであり、さればまた、特殊空間上の有限である相
対値のみ実測可能であるともいえる。分解・分析する特殊空間的処
理に際限がないことは、その反対方向のヴェクトル：Ｖｅｋｔｏｒ
を具有する特殊空間的処理である融合・拡大する作業とても、同様
に際限がないことを意味している。もし仮に、後者の処理上に明確
に規定される限界点があるとすれば、それが即ち特殊空間測定上の
［有限であるにも拘わらず］絶対的である基準値としてあることに
なり、もはや一般空間は無限小ですらありえないはずではあるが、
つまり、そのことが無限小［という有限値］でありうる客観的事実
によって容認されえないためである。また逆に、特殊空間乃至その
特殊空間的モメント相互に対し、いかなる上位層のレイヤにまで融
合し統合化・拡大し続けるも際限がないことは、或る特定のレイヤ
分析上における基準値、もしくは他の何等かの基準値から測定され
た場合にそうであるのみならず、仮定されるいかなる基準値から測
定しようと同結果となることから、とりもなおさず、そも基準値な
ど意義をなさないことにもなり、また客観上にそれが存立するとこ
ろではない。融合し統合化・拡大する特殊空間的処理に際限がない
ことは、その反対方向のヴェクトルを具有する特殊空間的処理であ
る分解・分析する作業とても、同様に際限がないことを意味してい

る。もし仮に、後者の処理上に明確に規定されうる限界点があると
すれば、それが即ち特殊空間測定上の［有限であるにも拘わらず］
絶対的である基準値としてあることになり、もはや一般空間は無限
大ですらありえないはずではあるが、つまりそれが無限大［という
有限値］でありうる客観的事実によって容認されえないためである。
而してまた、特殊空間そのものが、無限である一般空間からは独立
して成立しうるわけでもない以上、無限をつくりなす各々の一意の
特殊空間が一般空間の構成素子でもあるが、不断に可変にして有限
であるところの特殊空間が、存在的態様に於いて体現されている一
般空間としての無限大／無限小という構造的属性を継承しているこ
とが、無限に拡張可能である有限の積分処理と、無限に縮小可能で
ある有限の微分処理を示唆している。無限である一般空間は有限で
ある特殊空間へと顕在化され、また特殊空間は一意である実存的モ
メントとして体現されることから、一般空間における無限性は、実
体（実在）としての有限性にあってのみ体現されうるところでもあ
る。

　そのことがまた、相対系における普遍の相互因果律の作用する証
しでもある。一般空間が無限小から無限大に亘る連続性を具有する
から、その実体（実在）性に則した構成素子である特殊空間はいず
れも、それがいかなる検索Ｋｅｙにより抽出されようとも、一般空
間という無限の連続構造のうちなる同時である現在時の態様に外な
らず、したがって、それぞれの特殊空間は連続する無限性における
有限の本質規定であり、その存在態様はつねに相互間に連関しあう
ところである。有限である一切の特殊空間上の特殊空間的モメント
が連続しているということは、或る任意の特殊空間とその特殊空間
的モメントが多少とも運動・変化する場合、他の一切の特殊空間と
その特殊空間的モメントによる相互因果作用の帰結現象として成立
しているとともに、他在をなす一切の特殊空間とその特殊空間的モ
メントに反映されるということである。当該の相互因果的である運

動・変化を反映されることにより、他のいずれかの特殊空間とその特殊空間的モメントがつねに不変ではありえず、何程かの運動・変化を実行することををを免れないため、またしかる運動・変化が反映されることにより、更に別のいずれかの特殊空間とその特殊空間的モメントが新規の運動・変化を余儀なくされる。いかなる特殊空間もその有限性を無限大／無限小に更新することを以って、一般空間の無限性を体現する相対化機構をなす概念規定である以上、しかる特殊空間的モメントは相対的且つ有限にのみ成立するから、他在をなす一切の特殊空間的モメントとの相互連関により、相対的且つ有限の成立態様を不断に更新することによってしか実在できないのである。さればこそ、一切の特殊空間とその特殊空間的モメントは同時に成立し相互連関しあっているため、それぞれの特殊空間とその特殊空間的モメントの運動・変化は、つねに他在をなす一切の特殊空間とその特殊空間的モメントの運動・変化による反映であると同時に、つねに他在をなす各々の特殊空間とその特殊空間的モメントの運動・変化へと反映されていることにもなる。そして、特殊空間は一般空間と自己同一である本質的属性を具有する以上、特殊空間相互の運動・変化には一般空間としての無限性が継承されているとともに、また一般空間の全域を形成する全特殊空間の相互間には普遍の同時性が保持され続けるため、いかなる特殊空間のいかなる特殊空間的モメントのいかなる運動・変化も、絶えまなく相対的・可変的に成立する有限のそれ自体を更新し続けることによってのみ無限を実践し、しかもあらゆる特殊空間的モメントによる一意の実践には、不断に自己同一のリアルタイムを共有する同時性が喪われない。すべて特殊空間とその特殊空間的モメントが無限に相互連関しあっている以上、或る任意の特殊空間とその特殊空間的モメントが現実上にいま当該の状態関数にあることは、他在をなす一切の特殊空間とその特殊空間的モメントがそれぞれにいま当該の状態関数にあることの、必然的である帰結現象としてそうである、といえる。いずれかの特殊空間上の特殊空間的モメントの態様乃至状態関数が

些少とも異なっていたならば、なべての特殊空間とその特殊空間的
モメントの各々が、実際上に存立している当該の態様乃至状態関数
と相等しいものではありえていないことになるのである。そのこと
は蓋し、相対系自体を体現する特殊空間的モメントのいかなる態様
乃至状態関数とても、１００％厳密である無限の相互因果律のもと
に決定されるからである。したがってまた、自然科学上の相対的観
測に於いては、一見して無関係とも印象付けられる特殊空間的モメ
ント同士であろうと、それらがたとえ直接的連関ではないにせよ、
つねに相互間に何等かの無限因果関係式をなして成立していること
になるし、またいかなる場合に於いても、一般空間上に於いて無関
係という状態関数乃至実測値はありえない。

　けれど他方、特殊空間上の特殊空間的モメントはまた、実存とし
て成立している。実存とは、当該の自己存在が特殊時空間上の無限
における一意である、即ち、いまここに当該の座標系に於いて一意
の実測値をなしてある客観的事実が、それ以外のいかなる特殊空間
的モメントによっても不可能であることを意味している。現在時＜
いま＞というリアルタイムの実測値はそれより以前にも以後にも生
起しえぬ瞬間的時点であり、また座標系指定＜ここ＞という特殊空
間的アドレスの実測値は相対系にあって他のどの座標系にも成立し
えぬ瞬間的地点であるから、いまそしてここにある特殊空間上の特
殊空間的モメントは、それがいかなる物質系の物自体の状態関数を
なしていようと、例外なく一意である実存の概念規定を充足してい
る。このことは、相対的・可変的である特殊空間の一切について、
それぞれに体現される特殊空間的モメントに等しく該当することで
ある。それが一般空間上におけるいかなる関係変数に位置付けられ
ようと、特殊空間上の特殊空間的モメントの占める位置的アドレス
は同一のリアルタイムにあっては一意であり、普遍妥当する同時性
に於いては相互に別個であるからである。実存であるところの特殊
空間的モメントはいずれも、他のいかなる特殊空間的モメントとも

同一ではないから、それ以外の一切の特殊空間上の特殊空間的モメントの運動的統合値に対し否定（収束）作用をなすエナジー：Energieによって、自己存在の存立態様を保持していられる。自己自身のみが自己存在であるということは、他在をなす何ものも当該の自己自身の実測値としてはありえない、即ち当該の自己存在の実測値に対する否定（収束）作用によってのみ成立するため、いまここにある自己自身が、当該の自己存在以外の一切の他在の運動的統合値に対する否定（収束）作用として存立していなければならない。それ以外のいかなる他在でもないことによってのみ、一意の特殊空間的モメントとしての実存的である自己存在が生成されているからである。かかる自己存在をなす物自体を＜Ｓ＞と仮定するとき、自己存在以外のなべての物自体の運動的統合値を＜〜Ｓ＞と表現することができる。特殊空間的モメントとしては相対的であり、つねに単体として独立には成立しえないことから、いかなるＳと〜Ｓのエレメント同士でも相互連関してはいるが、Ｓと〜Ｓによる相互因果関係は相互否定（収束）作用を及ぼしあう。しかる相互否定・収束の関係作用は、〜Ｓを構成する個々のエレメントとＳとの相互連関に於いてではなく、全他在の運動的統合値としての〜ＳとＳとの相互連関に於いてのそれである。というのも、個別の特殊空間的モメント同士がなべて相異しているものの、個別の連関対象を否定・収束せしめること自体によっては自己存在の成立にはならないが、否定（収束）作用を及ぼす対象が自己存在以外の全物自体という運動的統合化された概念規定を示唆する場合、即ち無限の相対系を二分する相互矛盾の関係式にある対象である場合に於いてのみ、相互間に否定（収束）作用を及ぼしあうこと自体が相互間の自己存在の成立に相等しいからである。

　かかるＳと〜Ｓの、延いては特殊空間の内包外延レイヤを特定する変数であるＳ１ａと〜Ｓ１ａの相互因果関係は、運動・変化の過程としてのみ論述される必要性がある。いかなる特殊空間上の特殊

第一部　基準系

第一篇　基準系理論《体系論》

先験概念としての基準系

空間的モメントも、有限且つ相対的であり、それが絶対的に独立することなく固定化されてもいない以上、またそのような特殊空間的モメントなど成立しえない以上、それぞれの特殊空間上の特殊空間的モメント自体が不断に運動・変化していることになり、その存立をなさしめる相互間の関係変数とても運動・変化により成立・展開可能であるからである。一意の特殊空間上の特殊空間的モメントSの現在時の状態関数S１aは、当該の他在をなすすべての特殊空間上の特殊空間的モメント〜Sの現在時の統合化エナジー〜S１aにより否定・収束されるため、現在時という変数がスライドすることにより採られる瞬間のS１aの状態関数＜S１a'＞へと移行される。そのことは、S１a以外の特殊空間上の特殊空間的モメントである〜S１aの統合化エナジーが、そのスライドした無限小の一瞬間経過後におけるS１a'の状態関数を形成することでもある。つまり、〜S１aの統合化エナジーが、同時点におけるS１aの状態関数に対する否定（収束）作用として機能することにより、却って無限小の瞬間移行によるS１aの状態変化を余儀なくせしめているのである。また、このとき逆に、S１aの存立が〜S１aに対する否定（収束）作用として機能するのであるから、〜S１aの運動的統合値とても同様にスライドした瞬間における状態関数＜〜S１a'＞に移行してはいるが、飽くまでそのことは理論上の前提ではある。もとより〜S１aの概念規定は、存立変数であるS１aの定立態様と相互矛盾しているのではあるが、S１aを除く全特殊空間的モメントがそれぞれに発する定立エナジーが、その統合化された値としてS１aに対する反定立エナジーを構成しているのであるから、それ自体が否定・収束せしめあう両者のいずれのカテゴリーにも所属しない第三の物自体として成立しているわけではなく、Sと〜Sのみにより一般空間の全体系を充足しているため、そのような第三の物自体などありえない。また、自己存在の更新作用は自己自身の瞬間の否定（収束）作用に他ならないことからも、S１aが新規の瞬間の状態関数へと移行されることは、〜S１aを構成するす

べての特殊空間的モメントが各々に運動・変化していることを示唆
しており、それが運動的統合化された反定立エナジーである〜Ｓ１
ａの移行をも意味している。不断に停止することない共通の現在時
であるリアルタイムにあって、Ｓ１ａと〜Ｓ１ａに所属する各特殊
空間的モメントは相互間に無限連関しあいつつも、Ｓ１ａの定立態
様と運動的統合化された反定立エナジーである〜Ｓ１ａは相互間に
否定（収束）作用せしめあう関係式にあるから、この両者の存立と
その関係式が相互因果律を以って成立していることは、相互間に否
定（収束）作用すること自体が相互間に生成しあうことである運動
エナジーにより、無限小の瞬間のスライドを生ぜしめることに起因
するものといえる。〜Ｓ１ａ'として運動的統合化された存立エナ
ジーは更に、同時点のリアルタイムにあるＳ１ａ'という状態関数
に対し否定・収束せしめるとともに、特殊空間上の特殊空間的モメ
ントＳをして新規の瞬間の値であるＳ１ａ''へと移行せしめる。
また、既にこのとき、Ｓ１ａ'の定立エナジーにより否定・収束さ
れた〜Ｓ１ａ'は、新規の瞬間における〜Ｓの統合化エナジーであ
る〜Ｓ１ａ''へと移行されていることにもなる。このように、存
立変数である特殊空間的モメントＳ１ａが、反定立エナジーとして
運動的統合化された〜Ｓ１ａにより否定・収束されるにも拘わらず、
その本質規定に於いて異質の個体概念には変化・変質しえないこと
は、各特殊空間的モメントにより体現される相対系システムが空間
次元上に於いては無限の相互因果性を具有しており、且つ時間次元
上に於いては相互連続しているため、必然的に特殊空間上の個体概
念としての本質的属性が継承され続けるのである。

　一意である特殊空間上の特殊空間的モメントＳ１ａは、自己存在
とは同一性のない全特殊空間的モメントの運動的統合化された反定
立エナジーである〜Ｓ１ａに否定・収束されることにより、新規の
瞬間のＳ１ａの状態関数Ｓ１ａ'へと移行される。存立することそ
のものが運動・変化を前提としてある以上、そして任意にして唯一

の自己存在を成立せしめているヴェクトル自体が、自己自身の定立態様を否定・収束せしめる〜Ｓ１ａという統合化エナジーにより齎されるのであるから、そのことはとりもなおさず、存立変数を充足する特殊空間的モメントＳ１ａそのものの自己保存のエナジーが、Ｓ１ａの状態関数を否定・収束せしめる相対系全体の統合化エナジーと同一の力動概念に帰結されるところであることを示唆している。自己自身の存立が運動・変化としてのみ成立するならば、自己自身の存立する状態関数が否定・収束されることにより新規の瞬間として更新されゆくのであるから、Ｓ１ａの状態関数を否定・収束せしめる〜Ｓ１ａの統合化エナジーこそ、Ｓ１ａの存立の態様を更新する動因エナジーとして生成されているはずである。したがって、任意且つ一意のＳ１ａと〜Ｓ１ａとの相互エナジーは、相対系自体の自己内回帰の無限機構を媒介することにより、それぞれの特殊空間的モメントＳ１ａの同一のヴェクトルへと自己統一されていることにもなるのである。

第Ⅱ節　時　間

ⅰ＞一般時間

　時間は、無限である。相対系は、時間的にも無限である。相対系は、一般空間として無限大の領域範囲と、特殊空間として無限小の階層構造を以って極限をなしているが、もとより空間を構成するモメント：Ｍｏｍｅｎｔはいずれも、空間自体の時間的具象化としてのみ成立可能ではある。すべて特殊空間上の特殊空間的モメントは、それ自体とは同一性のない一切の特殊空間上の特殊空間的モメントの存在規定の統合化されたエナジー、即ち一般空間の自己回帰的エナジーにより、当該の瞬間の状態関数を否定・収束されることで消失せられ、且つ生成される新規の瞬間の状態関数へ移行されることによってのみ、その存立態様を保持しうるところであるからであり、またかかる特殊空間的モメントの実測値の消失と移行こそが、時間原理の概念規定をなしているためである。そしてまた、相対系が空間的に無限であるということが、そのまま時間的にも有限ではありえないことの証明を与えている。仮に時間が有限であるならば、即ち相対系が時間的に有限であるとすれば、時間規定上の始点と終点の成立が前提されていることになり、或る特定の時点に於いて生成されるとともに、爾後の異なる特定の時点に於いて消失されるところであるはずであるから、一般空間としての領域範囲とても有限でしかありえないことになろう。また、空間として無限であることに要する存在規定のエナジー値もまた、必然的に無限という絶対値である以上、それ自体が有限の時間内に於いて生成され充当されることが不可能であるためである。もとより、自己存在することは自己運動することとしてのみ成立するから、相対系における存在規定の次元である空間が無限であるならば、その成立根拠ともなる、運動規定の次元である時間のみが有限ではありえないことも、また自然

ではある。

　また本来、相対系とは例外を容れぬ普遍の全体概念を示唆しているから、相対系自体の工程が開始されるより以前の状態関数も、また同様にその工程が終了されてより以後の状態関数も、ともに定義のしようがない。相対系の運動的次元が時間であり、且つ一切の相互因果律は時間規定上の現在時のスライドを前提してのみ成立するから、運動態様を形成する時間プロセスそのものがいずれか特定の時点に於いて開始されたのならば、それを開始せしめた動因の過程は時間プロセスの開始より前の時点になければならないことになり、されば、その動因の過程自体が力動的運動としての時間規定という、全体系をなす時間プロセスの一部でしかないことになる。更にはまた、当該の時点そのものもこれを開始せしめた動因の過程が不可欠である以上、ここでの動因の過程自体とても、時間生成という運動・作用の態様を構成していることから、やはり全体系をなす時間プロセスの一部でしかないことにもなる。かくて更には、同様の時間開始原因を無限の前段階まで遡及し続けようとも、如上の論拠よりして、しかる動因の過程自体にはつねに更なる動因の過程が時間開始原因として、無限の過去という経過時間が証明されるだけである。また、時間運動そのものがいずれか特定の時点を以って終了するのならば、それが終了されたことによる帰結現象は時間プロセスの終了より後の時点になければならないことになり、されば、しかる終了自体がそのことによる帰結現象の動因の過程としての時間規定という、全体系をなす時間プロセスの一部でしかないことにもなる。更にはまた、当該の状態関数の終了という力動的運動による帰結現象とても、それ自体がまた動因の過程として必然的に更なる帰結現象の時点を生成する以上、ここでの帰結現象自体とても、時間更新という運動・作用の態様を構成していることから、やはり全体系をなす時間プロセスの一部でしかないことにもなる。かくて更には、同様の時間終了結果を無限の後段階まで追求し続けようとも、如上

の論拠よりして、しかる帰結現象はつねに動因の過程をなして更なる帰結現象を生成する時間終了結果として、無限の未来という必然時間が確認されるだけである。このようにまた、時間プロセスの前後の時点に無という状態関数を仮定することができないことは、＜無＞がもとより絶対的である状態関数としては成立しえないためである。仮に無が絶対的である状態関数、乃至規定性をなしてあるとするならば、もとより相対系という普遍の全体系システム自体が一度として成立しないはずであるからでもある。無が相対的・可変的にのみ成立しうるということは、否応なく無による絶対的終了という効果・効力をも及ぼしえないから、無に帰せしめられた空間規定的存在はそのことにより新規の空間規定的存在の状態関数へと移行することになるのだが、それは必然的に時間次元としての更新運動を実現することによるところに相違ない。

　相対系が時間次元に於いて無限であるというも、空間次元の無限性と同様に、時間規定上における無限大／無限小との二重の意義をなしている。時間的無限大とは、上述の通り、時間プロセスの始点と終点が無限にまでトレースされる余地があることであるが、時間的無限小とは、時間規定の最小単位を追究し続けようと際限がないことである。相対系自体が全体系として展開されゆく、運動的次元の最小単位が仮に客観上に確定されているのならば、相対系の運動そのものである時間プロセスを短縮し分析するという作業は、そのような最小単位の時間長にまで分析しえた時点に於いて完了するから、時間規定の短縮可能性は有限であることになる。かかる最小単位の時間長とは、それが相対的規定による限りに於いては未だ短縮の余地があるのであるから、絶対的規定による単位をなしているはずである。しかし、そも時間という次元概念に絶対的である、即ち絶対性という属性を具備されうる単位などありえようか。時間規定の単位はその長短の如何に拘わらず、相対系を体現する何等かの時間上のモメント素子の運動がその実体（実在）概念をなしている。

相対的であるとは、自己存在内外の要因によりつねにその状態関数が可変的であることであり、それに対する矛盾概念こそ絶対的であることの定義をなすところであるから、相対系内のいかなる要因によっても影響を被ることなく、他在との相互連動により変化・変質しない確実性を具有することを意味する。相対系をなしている物質系レベルの有体カテゴリーに、しかる要件を充足する時間上のモメント素子とその運動がみいだせようか。物質系レベルとしての時間規定、つまり時間上のモメント素子が運動するということは、それが当該の運動するに到った何等かの物質系上の端緒があるはずである。いま運動しているという客観上の現象は、そのこと自体を以って一意の結果としてあるから、しかる結果を生起せしめた一意の原因がなければならないのである。個別の時間上のモメント素子の運動が或る特定の時点から開始されるとするならば、当該の運動は永劫の過去時間より継続しているわけではない、即ちもはや永続性が具備されないことになるから、或る一定時間の経過を以って間違いなく終了することになる。つまるところ、有限である。そして、有限であることがとりもなおさず、絶対的ではありえないことをも示唆している。或る測定単位となる時間上のモメント素子の運動がつねに有限であり、且つまた、当該の運動は不断に当該の時間上のモメント素子の実体（実在）と、当該の無との相互転化によってのみ実行され維持されるのであるから、実体を以って実在するという運動自体が変化することに他ならない。したがって、時間規定の測定単位をなすいかなる時間上のモメント素子の運動とてもつねに変化しており、絶対的に固定された状態関数を採ることはありえない。時間という運動的次元に固定の測定単位が成立しない以上、或る単位時間を拡張する場合に於いても、また同様にこれを短縮する場合に於いても、その処理がいずれか特定の固定値を以って測定終了することがありえない。即ちそれは、際限なくトレース続行されうることになる。また既述にみる通り、相対系が空間規定上に無限小の可分割性を具有しているということは、そのまま時間規定上に無限

74　　第Ⅱ節　時間

小の短縮可能性を具有していることでもなければならない。何とな
れば、空間規定上の最小単位が無限小にあることは、相対系の空間
上のモメント素子を分析し続けるほどに実体（実在）として無限小
であることを意味し、実在すること自体が或る実体の自己運動に他
ならないから、そして空間上のモメント素子の実体（実在）が当該
の空間規定自体を、その自己運動が当該の時間規定自体を示唆して
いる以上、実体（実在）として無限小である時間上のモメント素
子の分析可能性が運動規定としてのみ無限小ではないことはなく、
よって無限小より大なる固定値であることがないためである。かか
る無限小［である有限］の実時間こそ、瞬間と称せらるべき概念規
定に相等しい。時間規定の実体（実在）概念なすところが時間上の
モメント素子の運動であり、しかる運動自体は相対系全体の無限回
帰されている統合化エナジーを以って否定・収束されることにより、
新規の瞬間の状態関数へと移行されることであるから、しかく瞬間
が無限小の実時間として展開されることの意義は、相対系全体の無
限回帰されている統合化エナジーにより時間上のモメント素子の生
から滅へ、且つまた滅から生へと移行される時間長が無限小である
ことに他ならない。いかなる時間上のモメント素子もつねに有限の
実体（実在）であり、その一意の実体（実在）を実現せしめる運動
とてもつねに有限である以上、時間、即ち時間上のモメント素子の
運動の最小単位が無限小であるというも、実測値としての時間上の
モメント素子の運動自体はつねに有限の値を採ることになる。した
がって、相対系を構成するいかなる時間上のモメント素子と雖も、
その自己運動・変化のレングスをどこまで短縮し続けようと、無限
小ではあるが、そのことは無限小という有限値が採られることにな
るとともに、また同様に、当該の自己運動・変化のレングスをどこ
まで拡張し続けようと、無限大ではあるが、そのことは無限大とい
う有限値が採られることになる。にも拘わらず、無限大にして無限
小であることが時間次元としての相対系の基本仕様である以上、つ
ねに有限でしかない時間上のモメント素子の時間長が無限に短縮さ

れうるとともに、無限に拡張されうることによってのみ可能である
から、無限小の時間単位をなす瞬間という生滅運動が、始点と終点
のない無限大の時間規定のレングスに対応して続行されること自体
が、時間次元としての相対系の本質規定を示唆している。もとより、
無限大と無限小とは一般時間の具有する本質的属性ではあれ、個々
の時間上のモメント素子として具有するそれではないためである。

　無限に亘る一般空間というも、それを構成するいかなる特殊空間
と雖も、運動・変化の主体である特殊空間的モメントとしてのみ成
立するが、かく運動・変化することこそ時間上の現象態様である。
なぜなら、時間は不断かつ無限に一瞬として停止することがないか
らであるが、そのことはもし時間が停止する場合を仮定できるなら
ば、当該の瞬間をなす当該の特殊空間とその特殊空間的モメントの
状態関数の消失が、当該の特殊空間としての新規の状態関数への移
行にはならないことになるためである。したがって、もとより空間
規定はつねに時間的主体であるから、空間上の運動・変化の態様、
とりもなおさず時間上の現象態様は、空間規定とその空間上のモメ
ント素子の状態関数の如何により規定されるものといえる。特殊空
間とその特殊空間的モメントの状態関数は、一般空間全体の相互因
果律と自己回帰的である生成作用により位置付けられるので、物質
系としてあらゆる化学的にして物理学的要因を内在するものである。
このようにそれぞれの特殊空間毎に対応し、これに一意に規定され
る運動・変化としての時間概念を以って、特殊時間と称せられる。
また、すべての特殊空間相互の無限に亘る相互連関をなす、一般空
間の全域を普遍的に規定する時間概念を以って、一般時間と称せら
れる。

　ところで、時間規定として現象される態様は、空間上の状態関数
により規定されるのであるが、同時にまた、空間上の状態関数のい
かなる変化・変質も、時間上に於いて規定されることにより成立す

るのでもある。一般空間上にあって採りうる値はまた、絶えまなく無辺に変化・変質しゆく相互因果関係にあって流動的であるからであり、かかるつねに可変的である無限の空間的相互連関が一般時間を形成しているからでもある。そのことは、個々の一意である特殊空間相互の可変的でもある関係作用により、それぞれの特殊空間として特殊化されている運動原理である特殊時間が、その普遍的である相互連動としての現在時のリアルタイムを構成する一般時間に帰せられることに他ならない。さればもとより、あらゆる空間上の一意の運動・変化そのものが、それぞれの時間規定の実質をなしているのでもある。

　無限大の領域範囲に相互連関する一般空間というも、無限小の単位に帰せられる各特殊空間、及び有限であるその各特殊空間的モメントの相互間の連関により形成されている。それぞれの特殊空間及びその特殊空間的モメントは、運動・変化することによってのみ自己存在の状態関数を更新しゆくことができるので、且つ運動・変化すること自体が時間的推移としてのみ可能となるから、そのまま特殊時間的モメントとして成立している。一切の特殊空間的モメントの状態関数は、他の一切の特殊空間的モメントの関係変数の運動的統合値により規定せられ、また無限に相互連関しあう特殊空間的モメントの状態関数はいずれも一意であり、決して均一ではありえないため、一般空間内にて位置付けられている特殊空間的アドレスにより、その特殊空間上の環境変数や諸条件には流動的である格差が生じる以上、特殊空間及びその特殊空間的モメントの運動・変化する速度は一般空間上に一様に同一ではなく、したがって、各々の運動・変化を規定する特殊時間上の速度と変化率には一般時間上における個体差がある。なべて特殊空間及びその特殊空間的モメントが時間上のモメント素子であり、無限小という有限値をなす特殊時間として個有の速度と変化率を保持するから、特殊空間上の相互因果律を形成する特殊時間上の移行処理の前後関係に於いても、相互間

に環境変数と成立条件を異にする全特殊空間が連関しあっていることになる。そこで、任意の特殊空間及びその特殊空間的モメントとしてAとBを仮定するとき、一般空間をつくりなす一切の特殊空間的モメントが連続している以上、AとBがそれぞれいかなる状態関数にあり、双方の位置的アドレスの間隔にどれだけの距離があるかに拘わらず、不断に相互間に連関しあっている。Aも、またBも、特殊空間的モメントの運動態様、即ち特殊時間的モメントとして成立しており、且つ一切の特殊時空間的モメントの相互間には無限因果律が普遍的に作用しているから、現在時のAの状態関数はすべての過去時間のAの状態関数による結果としての現象であるとともに、それはすべての未来時間のAの状態関数を生起せしめる原因ともなる。また同様に、現在時のBの状態関数はすべての過去時間のBの状態関数による結果としての現象であるとともに、それはすべての未来時間のBの状態関数を生起せしめる原因ともなる。而もまた、相対系における相互因果律が特殊時空間上に普遍妥当する領域範囲に適用され、あらゆる特殊時空間的モメントの状態関数の相互間に例外なく作用する以上、いかなる過去時間のAの状態関数も現在時のBの状態関数のある原因の一をなしているとともに、いかなる過去時間のBの状態関数も現在時のAの状態関数のある原因の一をなしており、またいかなる未来時間のAの状態関数も現在時のBの状態関数、及びすべての過去時間のBの状態関数による結果として生起されるのであるとともに、いかなる未来時間のBの状態関数も現在時のAの状態関数、及びすべての過去時間のAの状態関数による結果として生起されるのである。ここで表記上の留意点としては、Aに対するBが或る特定の何等かの物質系ではなく、任意の特殊時空間的モメントを示唆しているのと同様、Bに対するAとても任意の特殊時空間的モメントを示唆しているとともに、AとA以外の一切の特殊時空間的モメントと同時に上記の相互連動状態にあり、またBとB以外の一切の特殊時空間的モメントと同時に上記の相互連動状態にあることを意味している。そのことが、相互因果律の特殊

時空間全域に例外なく妥当することの表象でもあり、したがってま
た、かかる相互因果的連動はすべての特殊時空間的モメントのすべ
ての状態関数について、等しく同時に成立するものといえる。もと
より、現在時という状態関数は、過去時間の一切の状態関数の累積
されてきた表層をなすのであるから、Ａの現在時の状態関数はＡ自
体を包摂する相対系の過去時間の一切の状態関数を反映する帰結現
象であり、そのことはＢの現在時の状態関数についても、また他の
いかなる特殊時空間的モメントのそれについても同様である。相対
系の全域に同時に妥当する時間次元の概念規定が一般時間であるか
ら、かかることはとりもなおさず、Ａの現在値も、Ｂの現在値も、
他のいかなる特殊時空間的モメントのそれとても、それぞれの状態
関数が、一般空間上に普遍妥当する現在時の実測値をなす一般時間
の運動素子を構成するものに他ならない。

　このように特殊時間上に接近または遊離しているかにみられる特
殊空間的モメントも、すべての特殊空間的モメントの連続態様であ
る一般空間上の特殊空間的モメントであり、一般空間全体を同時性
を以って移行せしめる一般時間における、特殊時間相互にその特殊
時間的モメントの状態関数を規定する相互因果性のダイナミズムに、
運動・変化する相対系、即ち一般時間の無限エナジーが体現されゆ
く。このことからも、一般時間とは、一般空間を構成するなべての
特殊空間とその各特殊空間的モメントの全域を運動主体をなす概念
規定とし、それぞれの特殊空間に対応する特殊時間の全体の運動的
統合態様をなして、例外なくその各々の状態関数を同時性を以って
移行せしめる普遍の時間概念である、といえるのである。

　それぞれの特殊空間と特殊時間とは一対一対応関係にあるから、
特殊時間とその特殊時間的モメントの運動・変化の態様は、対応す
る特殊空間上の物質系環境における制限要件やその状態関数を反映
し、また各特殊空間の状態関数は一般空間にあって実存的に一意の

値を採るため、特殊時間とその特殊時間的モメントの状態関数にも各特殊空間上に個有の速度差や歪みが反映される。したがって、決してそのことは極端な例ではなく、仮にAという特殊空間上における１時間という測定値が、異なるBという特殊空間上における測定値に変換される場合、１００年間という測定値に相当するかもしれない。特殊空間相互に隔絶する距離の大小の問題ではなく、座標系を異にする任意のAとBとの両特殊空間上にあって、同時点に於いて同等の観測方法を使用することにより、仮に１時間という同一の測定値が計測されたとしても、特殊空間上に同一ではない環境変数における制限下での測定であるならば、双方の特殊空間自体の状態関数が既に自己同一ではありえないから、なべて特殊空間全体の運動・変化を規定する一般時間の構成素子としての双方の特殊時間の測定値を比較すれば、その数値上には測定誤差を生じることは自然の帰結現象であり、されば、寧ろ厳密の意義に於いては、特殊空間の相互間に同一の状態関数を生成する特殊時間などありえない。いかなる特殊時間的モメントとても、自己自身の実存規定により一意であるためである。

　さあれ、そのことは、個々の特殊時間とその特殊時間的モメントが独立して個有の運動・変化をしている、ということではない。何となれば、各々の特殊時間と一対一対応する各々の特殊空間はいずれも、あらゆる関係変数に於いて相互間に連関しあうことによる普遍の相互因果性を具有するためである。全特殊空間的モメントの位置的アドレス上に相異しあうことが、特殊時間的モメントの相互間における測定上の誤差を惹起し乍らも、一切の特殊時間とその特殊時間的モメントの運動・変化には、つねに一般空間の無限域に妥当する同時性が成立している。過去とは、特殊空間的モメントの特殊時間的運動・変化の全履歴であり、また未来とは、相互因果律上に予定される必然の特殊時間的運動・変化の全系譜ではあるが、その折々にてつねに現実態様として運動・変化している時間規定とは、

累積され続ける一切の過去時間の表層をなすとともに、展開され続ける一切の未来時間の根拠ともなる現在時の他にはありえない。過去時間は特殊時間的運動・変化の軌跡をなす記録であり、且つ未来時間はその特殊時間的運動・変化に起因する必然性としてあり、ともに現在時のリアルタイムをなす運動・変化ではないからである。したがってまた、一般空間の全域に不断に同時性が成立しているということは、現在時という無限の一般時間上の系譜における唯一リアルタイムの瞬間規定が、しかる相互間に環境条件と状態関数を異にするあらゆる特殊空間に共通の実測値を採ることになる。自然現象に対する現代科学上の実験・観測には、最速でも光量子のメディアを媒介されるため、座標系Aより座標系Bの現象を観測するに際しての、座標系Bに於いて生起した事象に対する観測情報は、座標系Bより座標系Aまで光速度により伝送されてきた後に取得したものであるから、現在時にて座標系Aにあって観測可能の座標系Bにおける事象は、所詮現在時より前段階の時点に於いて生起した座標系Bでの情報ソースである。然るにそのことは、観測情報の伝送に光量子のメディアを媒介することにより生じる、単なる測定上の時間的誤差にすぎない。この時間的誤差は観測情報の伝送時間に相当するGAPであるから、現在時における座標系Bでの発生事象の観測情報を座標系Aにて取得するためには、座標系Aにあっては現在時より、該当する事象情報の光速度伝送に要する時間長が経過しなければならない。あらゆる特殊空間の状態関数が相互間に一様ではなく、且つそれぞれの状態関数が不断に相対的・可変的であるため、特殊空間的メディアである光量子の速度［299792458m／sとされる］とても、通過しゆく特殊空間の状態関数が反映されることにより、つねに一定した速度ではありえずして相対的・可変的ではあるのだけれど。したがってまた、光速度を超える物体の移動速度は成立しないとする理論はゆめ正解ではなく、且つそのことを裏付ける実際上の観測データも得られているが（名古屋大学等の国際実験チーム：ニュートリノの観測例等）、もとより無限の相対系に

おけるモメント素子の移動速度や質量は無限大から無限小までの範囲内で変動する有限値であるためでもあり、されば絶対の上限値／下限値は成立しえないのである。それはただニュートリノという物質にのみ、また光速度という媒体にのみ限定されるべき論拠すらなく、遠心力や重力などの或る運動作用に付随するエナジーのみならず、物理化学的に作用するエナジーとしての電磁場による力なども同様に、その該当する特殊空間的モメントに体現される特殊空間の状態関数を反映することにより、やはり相対的にして可変的ではあるが、そのことが、任意の座標系Kに成立する物理的公理が別なる座標系K'には成立しないことを意味するのでもない。飽くまでそれが、真理：恒真式としての物理的公理である以上、無限をなす一般空間の全域に於いて例外なく妥当するためであるが、但し、特殊時空間上の環境変数や状態関数の作用を反映されることにより、当該の物理的公理に代入せらるべき変数の値が一定しえず、また成立する物理的公理の具体的内容とても単一ではないだけである。いずれにせよ、如上にみる通り、特殊空間上の位置的アドレス間の距離上の大小の問題ではなく、隔絶された相異なる位置的アドレス間での時間計測の結果に測定誤差が生じるという事象は、任意の座標系Aにおける現在時が瞬間移行されると同時に、他の任意の座標系Bにおける現在時もまた同期して瞬間移行され、且つ同時に、それ以外の全座標系における現在時とてもそれぞれ同期して瞬間移行されることを意味する。とりもなおさず、あらゆる無限の特殊空間上にあって現在時は同時に更新せられ、そして無限の時間長に亘り不断に同期して移行されゆくものである。座標系Bにおける事象情報が座標系Aにあって観測されうる現在時に於いては、相対的・可変的である光速度により当該の事象情報が伝送されるに要する時間長に相当する、座標系Bにおける運動・変化を既に経過している現在時の状態関数にあることになるが、もとより座標系AにせよBにせよ、それぞれの特殊時空間的モメントの運動・変化すること自体であるところの、瞬間における無限小の特殊時間的移行の原理には、特殊

空間相互間における無限連関と特殊時間相互間における無限因果的
連動が作用している。いかなる特殊時空間的モメントも相対的・可
変的にしか成立しえない以上、特殊空間上、及び特殊時間上の相互
作用に於いてその状態関数が規定されるのであるから。そして、す
べての特殊空間相互に無限連関しあうことは、あらゆる特殊空間同
士にて同一の現在時をリアルタイムに共有することによってのみ可
能であり、またすべての特殊時間相互に無限因果的連動が作用する
ことは、あらゆる特殊時間同士にて共有される現在時の移行しゆく
タイミングがつねに同時であることによってのみ、一切の特殊時空
間的モメントの運動・変化が普遍妥当する原因／結果の関係式によ
り規定されるのであるから、相異なる任意の座標系ＡとＢにおける
現在時が仮に同時でなければ、もはやそれら各々の特殊空間が特殊
時間としては絶対的に独立せる存立態様をなすことになり、一方の
特殊時空間的モメントから他方の特殊時空間的モメントに対しアク
セス作用することさえ不可能とはなるはずである。したがって、い
かなる特殊時空間的モメントも実存として存立するとはいえ、各々
の特殊空間における運動・変化である特殊時間に排他的であるリア
ルタイムなどありえず、また分断された特殊時間ごとに異にする現
在時が恰もタイムシェアリングして実行されることもなく、それぞ
れの特殊時間は絶えまなく、且つ果てしなく、一般空間に共通する
同時性の実践として、それぞれに実存としての状態関数に応じた運
動・変化をなすのである。換言するならば、任意の特殊空間をなす
座標系Ａにおける現在時は、他のいかなる特殊空間をなす座標系に
おける現在時とも一致する。あらゆる特殊時間を不断且つ同時に展
開せしめる、普遍妥当するところの唯一の現在時は、一般時間の運
動態様をなしている。一般時間は本来に於いて、特殊時間すべての
運動的統合概念としてあるためである。

　そして、一般時間が全特殊時間による無限の運動的統合概念であ
る以上、且つまたそれぞれの特殊時間はそれぞれの特殊空間の運

動・変化を示唆するため、全特殊空間による無限の運動的統合概念である一般空間の運動・変化を示唆する概念規定が一般時間である。無限に亘る、そのいずれもが一意である特殊空間のなべてに自己統一される運動・変化とは、普遍の領域範囲に妥当する同時性である現在時が、相対系自体の無限回帰による更新を以って移行されることに他ならないから、もとよりそのこと自体を以って一般時間の概念規定に同義である。

ii ＞特殊時間

　もし仮に、現在時という一般時間の断面を透視すること能うなら、この一意である一瞬間のみにあっても、いかなる特殊空間もそれぞれに特殊時間としての運動・変化を以って成立し、全特殊空間及びその各々の特殊空間的モメント相互間の無限連携により自己自身を体現していることは、自明である。相対系は一切の特殊時空間的モメント相互間の無限因果性をなす連続概念であるから、いかなる特殊時空間上のいかなる瞬間に限定されようとも、そこに同一の相対的・可変的である実存の原理が再認されるだけである。

　不断に運動・変化する現在時は、一般空間の無限領域に普遍妥当する同時のリアルタイムにして、無限の過去時間より無限の未来時間に亘って展開される。とはいえまた、一般空間は無限に亘る全特殊空間の相互間に連動する全体系であるため、それぞれの特殊空間とその特殊空間的モメントの状態関数は一般空間全体の必然性により規定されるから、普遍妥当する同時のリアルタイムをなす現在時はまた、当該の同時点における全特殊空間と各特殊空間的モメントの状態関数をなべて包摂する存在的次元の概念規定である。仮に任意の特殊空間上の特殊空間的モメントをＸとすると、無限の一般空間である∞を表現するためには、$\infty = X + (\infty - X)$ という公理が成立する。何となれば、一般空間は相互間に非連続のエレメントの集合ではなく、その任意のエレメントである特殊空間上の特殊空間的モメントがこの場合のＸに相当する以上、全体系としての一般空間の状態関数を構成するいかなる特殊空間的モメントＸも相互連関していて不可欠なので、Ｘを表現する公理は $X = \infty - (\infty - X)$ となるためである。したがって、それぞれに実存としてあるはずのＸは、その実サンプルとなる実体（実在）及び状態関数が如何様であるかに拘わらず、つねに運動・変化する相対的・可変的であるモメント素子にして、且つ一般空間上に於いて無限連続している。或る

任意の時点をｔとするとき、時刻ｔ時における特殊空間的モメント
Ｘの状態関数であるＸ（ｔ）は、それより無限小の時間長をなす一
瞬間経過前の時点である時刻（ｔ－１）時における、当該のＸ以外
の一切の特殊空間的モメントの統合化エナジーである（∞－Ｘ）（ｔ
－１）の帰結現象としての値に相違ない。何となれば、全体系とし
ての相対系自体の絶対エナジーは無限という限度に於いて一定して
いるので、特殊空間的モメントＸの存立に要するエナジー値は放出
されると同時に、否、精確には、際限なく同時に接近する無限小の
瞬間の移行のうちに、Ｘ以外である全特殊空間的モメントの統合化
エナジーにより否定・収束されなければならない必然性をなし、こ
のことが帰結現象としてＸをして新規の瞬間へと更新せしめるから
である。ｔを仮に現在時の実サンプルとすれば、ｔ時よりみて移行
される瞬間の前後とは、その時間長の差分が±１に際限なく接近す
ることではなく、際限なく同時に接近する無限小の時間長を示唆し
ている。そのことは蓋し、±１という数値は測定上に仮定された現
実態様をなさぬ理論値にすぎず、また他方、同時に等しい時間規定
を充足する値には長さがないため、その時間規定には運動・変化を
伴いえないからである。特殊空間上の変化には特殊時間上の運動が
不可欠である、といわんより寧ろ、特殊空間上の変化自体が特殊時
間上の運動としてなされるに他ならないが、特殊空間とその特殊空
間的モメントの存立を可能ならしめる特殊時間的モメントとしての
運動の最小値は、厳密には同時ではありえないが、際限なく同時に
接近する時間長をなす。そのことは、なべての特殊空間及びその特
殊空間的モメントをスライドせしめる時間長が、無限小としての有
限値であることを示唆している。際限なく同時に接近することは、
基準点としての＜零＞に対するヴェクトルを具有する極限概念を意
味し、且つその時間長は有限の特殊時間的モメントに体現される特
殊時間に内在されているからである。このように、相対系を構成す
る全特殊時空間的モメントを更新する前提となる無限小の特殊時間
が、瞬間と称せられる概念規定である。いかなる特殊空間上のいか

なる状態関数も、そのもの自体の運動・変化せしめられることにより生成されている帰結現象であるから、もとより特殊空間及びその特殊空間的モメントの存立は運動・変化することとしてのみ可能であり、しかる存立そのものが特殊時間と一体をなしていなければ成立しえないが、任意のt時という現在時はつねに、それより無限小の時間長をなす瞬間を遡及する（t−1）時という時点なくしては成立しえず、よって、t時の直近の後続時点には必ず無限小の時間長をなす瞬間に更新された（t＋1）時へと移行される。かかる営みについては、いずれか特定の時点を以って開始もしくは終端されることなく、また不断に実行され続けるため、特殊時間はそも、普遍にして無限に亘る特殊空間の絶えまない運動・変化そのものに相違ない。

　相対系全体のエナジーは、無限という数値化不能の値であるから、ほんの僅かなエナジー値の±も成立しえず、つねに無限＜∞＞という限度に於いて一定している。特殊空間及びその特殊空間的モメントは特殊時間運動としてのみ存立可能であり、何等かの運動・変化すること自体がエナジー値の放出でもある。したがって、任意の現在時であるt時における特殊時空間的モメントX（t）の成立に要するエナジー自体は、それが放出されるとともに、収束・零化されなければならない。ここでの零化とはされば、エナジー値の放出／収束により零という基準値に再還元されることを意味する。当該のt時における一切の特殊空間及びその特殊空間的モメントは相互連関にあるから、或る任意のX（t）がX（t）という状態関数を出力する実存である現象態様は、同一のt時におけるX（t）以外の全特殊空間及びその各特殊空間的モメントとの相互連関により成立している。よって、（∞−X）の値を構成する全特殊空間及びその特殊空間的モメントの運動的統合化された状態関数により、Xという実体（実在）の状態関数が形成されるものといえる。そしてまた、それぞれの特殊空間をなす特殊空間的モメントであるXは、一意の

実体（実在）であるそのいずれもが、いまこの瞬間／この座標系だけにしかありえないＸの状態関数、即ち実存の概念規定に他ならない。というのも、無限の相対的・可変的である位置的アドレスを領有する一般空間にあって、同一の特殊空間とともにその特殊空間的モメントがそれ以外の位置的アドレスにて生起することはありえず、また不断且つ無限に移行され続ける一般時間上にあって、同一の特殊時間とともにその特殊時間的モメントがそれ以外の特定タイミングに回帰されることはありえないからである。一般空間が無限の空間的座標系を包摂する以上、仮に一般空間内にあって同一の特殊空間とその特殊空間的モメントがそれ以外の位置的アドレスにも成立するならば、一般空間自体がその位置的アドレスを内包するものとしてそれ以外にも成立していることになり、もとより無限且つ普遍妥当する全体系をなす一般空間の概念規定に抵触するからでもある。また、同一の瞬間が一般時間上に再度回帰されて成立するためには、そも時間次元という概念規定が円環的周期の無限ループ：Ｌｏｏｐをなして反復され続けることが必要であることから、一般時間を円環的周期上に接合すべき一意の始点と終点がなければならないが、始点をつくりなす原因（始点以前の時間規定）と終点を原因とする結果（終点以後の時間規定）が無限連続していることが不可欠となり、当該の接合部にたとえば、Ｂｉｇ－ｂａｎｇ／Ｂｉｇ－ｃｒｕｎｃｈなる現象規定が介在するか否かはともかく、一旦何等かの状態関数を以って終了しなければ繰り返しようがない。そしてもとより、本来それが終了する性質の運動概念であるということは、相対系自体の全体エナジー値にもまた相対的極限値をなす限界点がある、とりもなおさず、有限の全体系という自己矛盾した概念規定をなすことになり、相対系の存在的次元をなす一般空間が無限の領域範囲を包摂するわけにもいかないはずであろう。もとより有限であるためには、つねにその相対的極限値をなす限界点の外側領域の成立が前提されている以上、有限である特殊空間的モメントは例外なく無限である一般空間の構成部分にすぎず、或る特定の特殊空間及びそ

の特殊空間的モメントの集合乃至元のみが、他の特殊空間及びその特殊空間的モメントとの相互連関を排して、独立して永劫回帰することなどありえない。このように、いかなる実存規定としてのX（t）の実測値がどうあれ、一般空間内にあってこれを構成する一意のエレメントであり、且つX（t）という変数をなす状態関数のいずれもが、一般時間上の運動・変化に於いて再び生起しえぬ特殊時間的モメントである。したがって、相対系の全体系としての規定性を論理的表記するためには、変数X（t）と当該のX（t）以外の全特殊空間的モメントの運動的統合値（∞−X）（t）との関係式のみにて必要充分であるから、ここで実存X（t）を論理的表記するためには、（∞−X）（t）に対する否定（収束）作用が必要であるとともにそれのみで充分であり、またここで相対系の運動的統合化されたエナジー値である（∞−X）（t）を論理的表記するためには、X（t）に対する否定（収束）作用のみにて必要充分であって、両変数をなすものは不断に相互否定しあい相互収束せしめあう関係変数にある。特殊時空間Xの状態関数は、（∞−X）をなす運動的統合値の各特殊時空間的モメントと相互連動することにより変動するから、（∞−X）の全特殊時空間的モメントの運動的統合化されたエナジー値がXのリアルタイムの実測値を生成するといえるが、（∞−X）の統合化エナジーは本来に於いてXの状態関数に対する否定（収束）作用エナジーとして成立するから、（∞−X）により生成されたXの状態関数は、その同一の（∞−X）の運動的統合値により否定・収束されることにより、Xの新規の状態関数へと更新され移行する。そのことに際し、（∞−X）の統合化エナジーによっては、特殊時空間Xの存立態様そのものを否定・収束せしめることができないことは、（∞−X）の運動的統合値自体がXの存立態様を前提しているせいでもあり、両者のいずれもが相互間に依存・対応しあうことによってのみ成立できるから、XそのものではなくXのリアルタイムの状態関数に対する否定（収束）作用は、それ自体が新規の状態関数の生成をも意味するところである。

しかし乍ら、共通のリアルタイム、即ち同時点における実存X（t）とその他在（∞－X）（t）との関係式は、相互依存且つ相互否定の構造式ではあっても、それは相互因果性を伴う関係式ではない。何となれば、原因⇔結果の必然性が成立するためには、原因時点⇔結果時点の両時点間に於いて時間規定の移行が不可欠であるからである。それにより、任意の現在時であるt時における特殊時空間的モメントX（t）を生成せしめうるのは、その同時点であるt時における（∞－X）（t）ではなく、端的にはt時に到る無限小の一瞬間経過前の瞬間である（t－1）時における（∞－X）（t－1）である。X（t）の時点の状態関数が生成されるということは、X（t）の存立に要するエナジー値の放出に他ならないが、当該のエナジー値を放出せしめる動因をなしているものは、t時へと瞬間がスライドされる無限小の一瞬間経過前の（t－1）時における、X（t－1）に相当する値とそれに対する他在をなす運動的統合値である（∞－X）（t－1）との関係式である。時間規定の展開はすべて空間規定上の相互因果律に基づいてなされるから、かかる一瞬間の時間的前後差を形成することは無限小の時間長にあり、しかもまた、（t－1）時という任意にして一意の時点には、無限の過去時間より（t－1）時に到るまでの一般時間上の全相互因果関係が反映されてもいる。特殊時間上に移行されるための前提が特殊空間上の相互因果律にある以上、また一切の特殊空間は相互に無限連関しあうことにより成立する以上、いかなる時点におけるいかなる特殊時間的モメントの状態関数であれ、当該の特殊時間的移行の無限小の一瞬間経過前の瞬間までの全特殊時間における全特殊空間の相互連動にまで、その成立の動因をなす根拠を遡及する必然性があるからである。したがって、現在時t時の状態関数を帰結せしめる原因指定は過去時間をなすすべての時点にあるが、そのことが端的には、つねに無限小の一瞬間経過前の瞬間（t－1）時に反映されている以上、（t－1）時における状態関数が直接上にはt時へと帰結され移行されている。Xの値は一意の特殊時空間的モメントの状態関数

90　　第Ⅱ節　時間

であるから、（∞ − X）の運動的統合値に対し否定・収束せしめる存立態様であることにより自己自身を実現するが、また当該の同一の理由により、（∞ − X）の運動的統合値とその各エレメントに依存することによってしか自己自身を実現しえない。かかる（∞ − X）とは、X以外のあらゆる特殊空間的モメントの運動的統合化されたエナジー態様であり、一切の一意である特殊空間的モメントXを否定・収束せしめることにより更新する相対系の力動概念であるから、そのもの自体が或る個有の実体（実在）例として成立するわけではない。Xの状態関数に対する否定作用エナジー（∞ − X）という全他在の運動的統合値により、Xの当該の状態関数は否定・収束せられるとともに、Xの新規の状態関数が生成されることになるのであるから、そのような随時折々のリアルタイムにおける（∞ − X）の統合化エナジーは、随時折々に運動・変化し続けるXのつねに新規の状態関数へと帰結される。つまるところ、Xの状態関数に対する（∞ − X）の同時点における否定作用エナジーが、そのままXの無限小の一瞬間経過後の瞬間の状態関数に帰結され生成せしめるエナジー値でもあるため、しかる（∞ − X）の運動的統合値に対するXの同時点における否定作用エナジーは、X自体の新規の状態関数への生成エナジーに対する否定・収束としても作用する以上、X自体の更新より無限小の一瞬間経過後の瞬間の状態関数に対する否定作用エナジーでもあることになり、またXのリアルタイムにおける自己実現のための生成エナジーそのものが、当該の更新より無限小の一瞬間経過前の瞬間における（∞ − X）の統合化エナジーとして放出されているのであるから、Xの状態関数と（∞ − X）の運動的統合値との同時点における相互否定・収束の作用をなすエナジー値が、無限小の瞬間移行による相互更新に作用するエナジー値と本来に於いて同一であることになる。相異なる時点にある特殊時間的モメント同士の関係作用は、特殊空間上の相互因果律により展開され相互連関せしめられるしかないから、特殊時空間的モメントXの状態関数とその他在（∞ − X）の運動的統合値との相互否定且つ相互依存

の関係作用は、飽くまで同時点にある両者間に於いてのみ成立する。したがって、($t-1$) 時における特殊時空間的モメント X ($t-1$) は、同時点における全他在 ($\infty-X$) ($t-1$) の運動的統合化された否定作用エナジーによりその状態関数が否定・収束せしめられ、X ($t-1$) という実存の自己エナジーは収束・零化せしめられる。ここでの零化とはされば、エナジー値の放出／収束により零という基準値に再還元されることを意味する。特殊時空間的モメントの、厳密にはその状態関数の成立するためのエナジー値の放出と収束が、不断に一対一対応して実行されることは、相対系全体の絶対エナジーがつねに無限という限度に於いて一定しており、その数量上の測定値に増減を生ぜしめ得ないことからも説明がつく。但し、ここで収束される対象となるエナジー値は、X ($t-1$) という特殊時空間的モメントの状態関数の成立のエナジー値であって、X という特殊空間乃至その特殊空間的モメントが消失されるわけではない。当該の全他在 ($\infty-X$) ($t-1$) の統合化エナジーは、同時点の X ($t-1$) に対する否定作用エナジーではあっても、ゆめ X に対するそれではないからである。その状態関数 X ($t-1$) のみ否定・収束されつつも、X が消失されない、即ち X そのものとしての規定態様は存続する以上、($t-1$) 時における状態関数を否定・収束された X は、X という特殊空間乃至その特殊空間的モメントとして保持された儘で、際限なく同時に接近する無限小の時間長をなす瞬間の移行のうちに、($t-1$) 時の無限小の一瞬間経過後の瞬間である t 時における状態関数 X(t) へと更新される。そのことは、X ($t-1$) と ($\infty-X$) ($t-1$) の運動的統合化されたエナジー値が相互間に否定・収束されつつも、他方なくしては一方が成立しえない実存規定上の相互依存の関係式にもあり、またいかなる特殊時空間的モメントの状態関数も相対系全体の時空間規定運動に於いて決定される以上、($\infty-X$) ($t-1$) を構成する一切の特殊時空間的モメントの無限の内部連動による帰結現象として、しかる更新の無限小の一瞬間経過後の瞬間 t 時における、X の状態関数 X (t)

の生成エナジーを放出せしめているのである。そして、更に無限小の一瞬間経過前の時点である（ t － 2 ）時に遡及するならば、その同時点のX（ t － 2 ）の（∞－X）（ t － 3 ）の運動的統合値に対する否定作用エナジーが、しかる更新の無限小の一瞬間経過後の瞬間におけるX（ t － 1 ）のエナジー値を否定・収束せしめる（∞－X）（ t － 1 ）の統合化エナジーを放出せしめる力動概念ともなるため、そのことが間接的には、X（ t － 1 ）のエナジー値の否定・収束によってのみ生成されるはずの、 t 時におけるX（ t ）の状態関数へと更新し移行せしめる動因でもあることになる。この時点に於いて、つまり t 時という現在時にあって、（∞－X）（ t － 1 ）の統合化エナジーはX（ t ）という値に帰結されているので、その全他在（∞－X）の運動的統合値の状態関数もまた、同期してX（ t － 1 ）の状態関数により否定・収束されており、更新された（∞－X）（ t ）の運動的統合値とX（ t ）の状態関数との関係式が、 t 時における普遍妥当する同時性を現出してもいる。それが普遍妥当することはまた、もとよりXと（∞－X）との論理的表記を以って、すべての特殊空間的モメントを例外なく包摂しえているからである。特殊時空間的モメントX（ t ）は実存として成立しており、実存は特殊空間の位置的アドレスと特殊時間の運動的ヴェクトルの唯一の交点である瞬間規定をなすから、即ちその瞬間は相対系全体の絶対エナジーにより更新且つ生成されることから、X（ t ）に対する否定作用エナジーを放出する（∞－X）（ t ）によりX（ t ）という瞬間値は否定・収束せられ、且つXと（∞－X）は相互間に依存しあう関係作用にもあるので、Xの状態関数はその更新の無限小の一瞬間経過後の瞬間値であるX（ t ＋ 1 ）へと移行される。このことは、X（ t ）と共存することによってのみ成立可能である（∞－X）（ t ）の、その下位集合乃至元をすべて構成している各々の一意である実存の相互連動による帰結現象として運動的統合化されるエナジー値が、その存立態様に対し否定・収束する実存規定をなすX（ t ）の自己エナジーを否定・収束せしめるとともに、同時点に於いて成

立しているｔ時より更新の無限小の一瞬間経過後の瞬間におけるＸの実測値であるＸ（ｔ＋１）を生成せしめた、そしてその存立エナジーの放出が、もとより（∞－Ｘ）（ｔ）の統合化エナジーの帰結されているところでもある、ともいえる。尚ここで、更新の無限小の一瞬間経過の前後という表記内容については、無限小という有限値をなす時間長の特殊時間的スライドを意味している。あらゆる特殊時間の相互間に無限連続性があるとはいえ、いかなる特殊時空間的モメントの状態関数も、その更新の無限小の一瞬間経過前の状態関数なくしては成立しえず、しかる最小限の瞬間値移行に要する時間長は極限化されるほどに＜零＞に接近するが＜零＞ではない、即ち、際限なく同時に接近する有限の測定誤差を生じることになるからである。したがって、（ｔ±１）時という論理的表記が意味するものは１秒（１ｓ）の前後、或いは１ミリ秒（１ｍｓ）の前後等という人為的である時間計測上の相対的単位の問題ではなく、任意の現在時ｔ時を基点として、無限小の時間長である瞬間を経過する前後の運動規定を示唆している。そして、現在時ｔ時より無限小の一瞬間経過前の時点である（ｔ－１）時に遡及するならば、その同時点のＸ（ｔ－１）の（∞－Ｘ）（ｔ－１）の運動的統合値に対する否定作用エナジーが、更新の無限小の一瞬間経過後の瞬間におけるＸ（ｔ）のエナジー値を否定・収束せしめる（∞－Ｘ）（ｔ）の統合化エナジーを放出せしめる力動概念ともなるため、そのことが間接的には、Ｘ（ｔ）のエナジー値の収束・零化によってのみ生成されるはずの、（ｔ＋１）時におけるＸ（ｔ＋１）の状態関数へと更新せしめる力動概念でもあることになる。また、同一の運動原理に基づいて、かかる場合におけるＸ（ｔ－１）の存立エナジーは、もとより（∞－Ｘ）（ｔ－２）の統合化エナジーによる無限回帰の帰結現象として放出されているものである。而して更には、相対系全体としての絶対エナジーの無限性がつねに保持されるため、特殊時空間を構成するいかなるエレメントの相互因果的規定値も無限小という限度に於いて一定している以上、当該の規定値には数量上の増

減をも生じえず、さればたとえば、無限小の一瞬間経過後に放出されたばかりのX（ｔ＋１）の存立エナジーとても、そのもの自体が更に無限小の瞬間をスライドするほどに収束・零化される必然性にあることも、また自明である。なお、ここでの零化とはされば、エナジー値の放出／収束により零という基準値に再還元されることを意味している。

　如上にみる通り、任意にして一意の実存X（ｔｎ）としての自己エナジーの放出と収束は、厳密には同時点ではありえない。それら相互矛盾しあう両処理が仮に同時であるとすれば、既に現実化している運動処理の結果はその原因をなす一瞬間経過前の特殊空間的事象を前提し、且つ当該の結果自体がそれに無限連続する一瞬間経過後の運動以降の原因をもなすはずの、一般空間に普遍妥当する相互因果律に抵触することになり、特殊時間的スライドにより可能である特殊空間的運動・変化の余地がなくなるため、つねに特殊時間上に於いて一意である、即ち不断の運動主体としての実存そのものが成立しえないからである。なべて実存は特殊空間上且つ特殊時間上に於いて唯一にして無比なので、他在をなす一切の実存との相互間に於いては実存的非連続性をも具有するが、特殊空間上且つ特殊時間上に於いてつねに相対的・可変的である有限域を領有するので、他在をなす一切の実存との相互間に於いて無限連続してもいる。さればまた、一切の実存は、特殊時間上に於いて無限連続する実存的非連続性を具有する瞬間規定として成立するとともに、且つ特殊時間上に於いて実存的非連続なるものの無限連続性における瞬間規定として成立するから、実存の状態関数を変動せしめる瞬間の生／滅は無限小の時間長にある、即ち際限なく同時に接近する時間誤差ではあるが、ゆめ同時点ではない。この瞬間という無限小のスライド作用が生じるからこそ、なべて特殊時間及びその特殊時間的モメントは、延いてはその無限連動である一般時間に普遍妥当する同時性は不断に更新されることにより、移行することができるのである。

そして同一の運動原理は、いかなる特殊時空間を構成する実存に於いても成立するので、無限数・無限種類にして同一性のないＸ以外の実存（〜Ｘ）（ｔｎ）による相互連動からなる運動的統合値である（∞－Ｘ）（ｔｎ）はまた、実存Ｘ（ｔｎ）における瞬間の生／滅に対応するため、あらゆる実存はつねに同期しつつスライドされることになる。同時点の瞬間における実存Ｘ（ｔｎ）の状態関数は、Ｘ（ｔｎ）以外のすべての実存をなす特殊時空間的モメント（〜Ｘ）（ｔｎ）相互間の関係変数の如何により規定されるが、それはスライドされる無限小の一瞬間経過前の瞬間におけるＸ以外の特殊時空間的モメントの相互連動による統合化エナジー（∞－Ｘ）（ｔｎ－１）からの否定（収束）作用により生成されているものであり、無限の相対系内におけるその存立範囲をＸという特殊時空間に限定される限りに於いて、また相対系全体の綜合エナジー容量の絶対値に数量上の増減を生じることがありえないことよりして、特殊時空間的モメントＸ（ｔｎ）の状態関数が不断に相対的・可変的ではあっても消失されるわけではないため、Ｘ（ｔ－１）よりＸ（ｔ＋１）への移行処理は単一の特殊時空間的モメントとしての、実存的非連続であることの無限連続性と無限連続することの実存的非連続性を具有しており、またこの運動・変化上の仕様は（∞－Ｘ）（ｔｎ）を形成している各々の実存とても同様である。かかるＸ（ｔｎ）とは飽くまで不定項であり、如上にみる運動原理はつねに、いかなる特殊時空間的モメントにも例外なく適合せざるを得ないからである。このように、いかなる瞬間における特殊空間的モメントＸ（ｔｎ）とても、その成立には無限小の時間長を遡及する（ｔ－１）時という瞬間が前提されており、且つ結果として無限小の時間長を経過する（ｔ＋１）時という瞬間に移行される必然性をなしているから、特殊空間とその特殊空間的モメントは不断且つ無限に運動・変化し続ける。たとえば、無機物質同士による融合から有機化合物が生成されたり、また生物体が非生物体に変化・変質する場合等に関しても、そのことが特殊時空間レベルに於いては生誕でも消滅でも

ないというより、そのような意義を蔵する事象自体が特殊時空間としての規定性には妥当しない以上、しかる物理化学的現象そのものが或る種の属性上の変化・変質でしかない。無論そのことは、個有の物自体、延いては個別の特殊時空間的モメントとしての本質的属性ではなく、しかる特殊時空間的モメントの状態関数を規定する特殊空間乃至特殊時間のそれである。特殊時空間レベルにおけるかかる属性上の変化・変質こそ、特殊時空間的モメント、或いは実体（実在）レベルにおける生誕／消滅の現象態様上の概念規定に該当するからである。いずれにせよ、上述にみる通り、いかなる特殊時間の運動・変化も、各々の実存としてのエナジー値と相対系全体の絶対エナジーとの相互連動により推進されるが、一般空間を構成する全特殊空間の瞬間上における生／滅は、変項ｔｎという全特殊空間に共通の現在時の移行処理として実行される。いかなる任意の時点ｔｎと雖も一意であるが、相対系をなす全エレメントは任意且つ一意のＸとその反定立態様としての（∞－Ｘ）のみであるから、一切の実存を一意の瞬間として規定するｔｎが同時点になければ、それら相互否定且つ相互依存し合うエナジー自体を以って無限であるはずの一般空間が成立しえないのである。とりもなおさず、一般空間の運動・変化を普遍的に同期して制御する同時性の概念規定こそ、一般時間に他ならない。

　しかく一般時間の概念規定をなすものが、一切の特殊空間に普遍妥当する同時性であるとはいえ、運動・変化する特殊時間の主体である特殊時間的モメントとしての見地に於いては、普遍的に同時である現在時のみがつねに唯一の現実性を内在する瞬間である。特殊時間の移行を検証する上に於いては、（ｔ－１）時や（ｔ＋１）時という論理的表記を引用する必要性があるにしても、現在時に対して無限小以上の時間長を経過する以前の＜過去＞の時間域は、それがどの時点であろうと実際上に経過することにより現実性を喪失してきた特殊時間規定であり、また現在時に対して無限小以上の時間

長を経過する以後の＜未来＞の時間域は、それがどの時点であろうと実際上に経過することが必然且つ未処理である特殊時間規定であるからである。そしてまた、あらゆる特殊空間が無限に共通の同時性により運動・変化する以上、不断に同時性のリアルタイムの実測値をなす瞬間である現在時には、なべての特殊時間を無限小の誤差なく同期して推移せしめる普遍性がある。この普遍的現在時が、不断且つ無限に実行される一般時間の主語でもある。

第Ⅲ節　瞬　間

　相対系における存在的次元としての空間と、存在を否定・収束せしめるもの、即ちその運動的次元としての時間。つねに何等かの存在態様の主体を形成する空間規定は、そのもの自体の時間規定上の変化態様を排して自己存在を主張するが、もとより存在するということ自体、自己自身に対する否定（収束）作用をなす運動態様としてのみ可能である。存在態様を否定・収束せしめる時間規定を否定・収束せしめることにより自己自身の存在態様を更新する空間規定であるが、空間上の規定態様を否定・収束せしめることによりそれ自体の自己運動・変化を展開しゆく時間規定である。つまるところ、現在時における空間上の規定態様を不断に否定・収束せしめるとともに、更新し続けることなくしては、過去時間上の時点より未来時間上の時点へと空間的存在を保持することもできないのである。相互間に否定・収束せしめあうこの相対系の二次元は、そのまま自己同一に帰せられるエナジーの動因機構として成立するのでなければ、ありえない。無限小の時間長をなす瞬間の移行を以って、現在時の空間的状態関数は過去時間の規定態様へと変化し、且つ未来時間における必然であった空間的状態関数が現在時の実測値としてＳｅｔされる。過去時間における状態関数はもはや確定されて変更しようのない客観的事実であり、また未来時間における状態関数は必然性を内在するも予定されているだけの時間規定上の未然値でしかない。現在時は堆積されてきたすべての過去時間上の時点の表層をなすが、過去時間におけるいかなる空間的状態関数も既に確定済みの実データにつき、現在時にあって改めて再Ｌｏａｄすることも変更することもできず、また未来時間におけるいかなる空間的状態関数も否応なく現在時にＳｅｔされる無限因果的必然性にはあるが、現在時にあって未だ実データとして体現されていない未必の必然性にある。かく過去の時間域と未来の時間域がその実内容としては相反するも、

同一の意義よりして、いずれも精神内的に成立する現象学的情報としてのみ成立する以上、つねにいかなる場合に於いても、一意の現在時だけが空間規定の現実上の状態関数を形成するから、現在時の占める実測値が或る何等かの定項ならば時間規定は流動しうべくもないし、また不断に運動・変化する空間規定の存立もありえない。一切の特殊空間は相互因果律上の無限連関に於いてのみ存立し、且つあらゆる相互因果関係を可能ならしめる動因としては、つねに無限運動する特殊時間上の所産としてあるからである。

　無限の時間域にあって唯一運動態様として成立する現在時の、そのいかなる運動・変化とても、絶えまなく現在時の空間的状態関数が否定・収束されることにより、更新され続けることによってこそ可能となる。この不断にして無限運動する現在時に対する否定・収束によってのみ、特殊時間は特殊空間としての新規の状態関数を体現するとともに、特殊空間は特殊時間としての新規の更新運動を展開せしめられ、空間規定と時間規定は相対系における自己同一の次元機能として自己統一されるのである。かかる自己統一態様をつくりなす無限に亘り、且つ不断に停止することなき時空間規定による生滅現象をこそ、瞬間と称しえよう。現在時という特殊時間上の変数に充当される特殊空間上の値は、ただ一瞬間として停止することなく否定・収束されることにより更新され続け、そこには非連続である無限大という有限時間相互の連続性と、連続する無限小という有限時間そのものの非連続性が止揚（揚棄）されているため、リアルタイムの生滅現象としての瞬間は、その生／滅が際限なく同時に接近するも同時ではない有限である、一意且つ無限小の時間長をなす。そしてそのことは、あらゆる特殊空間的モメントのいかなる生滅現象に於いても等しく成立するため、つねに無限小である瞬間が無限大である一般空間の全域を普遍的に包摂しつつ、永劫である一般時間を同時に編成し続けることにもなる。仮にリアルタイムが特殊空間毎に異なり共通乃至同一ではないならば、各々の特殊空間が

他の特殊空間との相互連関を排して独立して存立できていなければならないことになるが、実際上に於いては、いかなる特殊空間上のいかなる状態関数も、それ以外の一切の特殊空間の無限小の一瞬間経過前における統合的状態関数により帰結される以上、その瞬間の生滅現象が一般空間全域に共通の現在時を移行せしめることなくしては、いかなる特殊空間上の状態関数とても成立しないからである。特殊時空間のそれぞれの特殊時空間的モメント毎に環境条件を異にし乍ら、一般時空間の全体系に不断に同時性が成立している所以でもある。特殊時空間上の運動態様は不定項としての現在時をなし、現在時という無限小の瞬間は一般空間の無限大である全域に同期して生／滅するから、かかる瞬間規定レベルの同時性は、相対系にあってリアルタイムが普遍妥当することで共通であることを意味している。仮に、現在時の瞬間が特定の［無限小ではない］有限値を保持する時間長の単位であり、且つ特殊空間毎の現在時の値に有限の測定誤差が生じうるとすれば、相異なる特殊空間相互に一般時間としての歪みを惹起せしめようが、然るに相対系における各々の特殊時空間的モメント相互間の運動・変化は無限連動しており、現在時の瞬間移行が普遍妥当することで同期していることなくしては、それら一切が例外なく無限に相互リンクされることなどないし、一般空間としての相互因果性とても成立しないことになるため、実際上に於いては空間規定上の相対性、即ち特殊空間毎に相対系上の密度も重力も均一ではないことによる、観測上の数値誤差を生ぜしめるだけである。

　瞬間の実測値をなすものは、個別の特殊時空間を体現する特殊時空間的モメントの状態関数であるが、瞬間としての当該の特殊時空間的モメントの状態関数は一意にして無比の実体（実在）である。空間規定上に於いては、そのもの自体の他に同一の特殊空間的モメントの同一の状態関数が成立しえないことを意味し、また時間規定上に於いては、当該の同一の特殊時間的モメントの同一の状態関数

を構成する時点が再び回帰されえないことを意味する。いかなる特殊空間上の特殊空間的モメントの状態関数も、無限小の時間長をなす一瞬間経過前における、それ以外の一切の特殊空間上の特殊空間的モメントのエナジー値の運動的統合化された帰結現象であるから、一般空間内における位置的アドレスをなす座標系としても、また個体概念の態様としてもそれ自体として個有なので、全体系である一般空間にあって、同一の特殊空間上の特殊空間的モメントの状態関数が他の位置的アドレスにも成立するならば、その特殊空間上の特殊空間的モメントの状態関数を形成せしめている一般空間自体がそれ以外にも別して成立していることになるため、無限の領域範囲に相当し且つ普遍性を具有する一般空間の概念規定に抵触するが、仮にもそれが別して成立するということよりしても、各々の包摂する特殊空間的モメントの状態関数が同一であることにもなるまい。また、同一の特殊空間的モメントの状態関数を形成する同一の時点が回帰されるためには、時間規定の運動システムがもとより円環的周期を以って反復される規則性を実践するものであり、且つそのいずれかのタイミングに於いて反復せらるべき始点と終点がなければならないが、しかる始点の状態関数をつくりなす原因（時間規定システムの始点以前の時間域）と終点の状態関数を原因とする結果（時間規定システムの終点以後の時間域）が無限因果的連続している必要性があり、そのことはたとえば、その中継点にBig－bangなる現象態様が介在するか否かはともかく、一旦何等かの契機を以って終了しなければ繰り返しようがない。而して、仮に時間規定システムが終了する性質をなす運動態様であるとするならば、その終了の時点に於いて一般時間を次元とする相対系全体が限界点に到達することになり、その限界内、即ち有限のエナジー値しか保有しえないはずの一般空間が無限の領域範囲を包摂しうるわけにもいかなくなろう。有限のエナジー値を以って消失される概念規定には、無限の領域範囲に充当せらるべき可能性がないからである。もとより有限であることの必然性として、その限界内の外側の領域範囲が

前提されていなければならないから、有限の性質を具有する実体（実在）規定はすべて無限の一般空間をなす部分集合乃至元にすぎず、そして一般空間はそれを構成する一切の部分集合乃至元の相互連関により存立する以上、或る有限である特殊空間の集合及び元のみが、それ以外の有限である特殊空間との相互因果的である無限連関を排して、当該の閉じた世界のみ単独に永劫回帰することなどありえない。かくていかなる特殊時空間上の特殊時空間的モメントと雖も、無限の一般空間における位置的アドレス上にあって比類ないエレメントであり、且つあらゆる特殊時空間上の特殊時空間的モメントのその状態関数のいずれもが、無限の一般時間上の運動規定にあって再び生起されることない時点に帰属される。いま、そしてここにしかないこと、それが＜実存＞の概念規定の本質をなしている。瞬間とは、特殊時空間相互に規定しあう特殊時空間的モメントの一意である生／滅としてあるが、また実存とは、一般時空間の運動・変化を体現する現在時の生滅主体としての瞬間の本体概念をなすところである。

　実存であることの意義は、実測値としての現在時にあるところの自己自身であることにある。無限に運動する時間上の工程にあって、相対系の現実態様を成立せしめる唯一の特殊時間が現在時であるから、現在時という止むことない瞬間の実測値を構成するそのものである。不断に変化し続けるその実測値の、当該の現在時ならぬいつでもない時点におけるそのものが実存の概念規定を形成する。また、無限に相互因果的に作用しあう空間的モメントにあって、相対系の現実態様を成立せしめる各々の特殊空間上の空間的モメントが現在時として一意の状態関数を構成するから、現在時という止むことない瞬間の空間的態様を現出するそのものである。不断に相互連関し運動・変化し続けるその一般空間的態様の、当該の現在時ならぬいつでもない時点におけるそのものの状態関数が実存の実測値を規定する。実存とは何程か特異の属性を具有する物質系を示唆するわけ

でなく、相対系を組成する時空間的モメントとしてあることの本質
規定であるから、かかる実際上に＜いま＞であり＜そのもの＞に該
当する概念規定の実例は、現在時に現存するすべて相対的・可変的
である個体概念であることになる。その実サンプルとなるべき対象
には、人間等の精神機構を具備する個体概念か否かを問わないし、
生物体か非生物体かを問わないし、また有機質であるか無機質であ
るかを問わないし、更に固体であるか気体であるかそれ以外の流体
であるかを問わないし、それ以前にバリオン物質であるか反バリオ
ン物質であるかを問わないし、もとよりそれがどこの座標系でいつ
の時点に生起したかにも拘泥しない。例示として適切ではないかも
しれないが、自然現象の変動による産物なのか人工的である所産な
のか判然としない、単純といえる構造を具備する物質系が無数に散
在しているとして、それらはいずれも肉眼による識別では相互間の
区別が判別し難く、また内部的である組成とても同系統のパターン
仕様からなるという場合、それらの各々がいかに没個性的であるか
の主観的印象を得られたとするも、いまこのときそこにある物質系
のそれぞれが、それ以外のいずれの物質系にも該当しないそれ自体
のみとしての一意の成立であり、且つそれ自体の構成する状態関数
の実測値はいまこのときにしか成立しない変数である。眼下の仄闇
に舞い遊ぶ幽けき埃も、耳もとにさやぐ一陣のさわ風の吐息さえ、
無辺にして永劫の相対系のうちにあって、この時点そしてその座標
系にしかない＜そのもの＞に他ならない。相対系を構成する特殊時
空間上の時空間的モメントの個体数は無限個に、またその所属する
族や類型のパターンは無限種に及ぶが、このような＜自己自身＞な
り＜そのもの＞を仮に不定項Ｓという記号にて表現すれば、いかな
る個体概念もすべてそれが実測値Ｓであるかないか、つまり相対系
をつくりなす一切の時空間的モメント相互間の関係変数はいずれも、
不定項Ｓに代入される現存する時空間的モメントと当該のＳではな
い全時空間的モメント、即ち非Ｓとの関係式のみに集約されている
はずである。かくて、運動・変化する相対系の瞬間の実測値として

一意である自己自身、それこそが実存として定義せらるべきところ
である。

　任意にして一意であるＳの値とＳならぬものなべて、即ち非Ｓと
の相互関係式を以って、相対系という無限を論理的表記することが
できる。このことは、そのもの以外ではありえないＳという不定項
に代入される実サンプルに拘泥せず、また当該の実測値に対応する
非Ｓという集合の構成素子、及びそれらすべての構成素子による運
動的統合値を異にする、という意義を内在している。Ｓとは特定さ
れる条件のない特殊空間上の特殊空間的モメントを代表しており、
その実例が特殊時空間上に特定されることによってはじめて、しか
るＳに対応する非Ｓをなすすべての構成素子が特定され、且つ非Ｓ
全体の運動的統合値が規定されることになるからである。ところで、
既述にみる通り、相対系は一般空間としての領域範囲に於いても、
またそのエナジー値に於いても無限なのだが、そのことはたとえば、
何等かの生物体がその生命現象を維持する存立エナジーを消費し尽
して、ついには所謂死滅するに到った場合、相対系という無限をな
す値から当該１の値だけ減算された結果は、有限の値にはならない
だろうか。また反対に、その過程にて遺伝子操作等の人為的処理を
媒介するか否かに拘わらず、何等かの生物体が所謂生誕した場合、
相対系という無限をなす値に当該１の値だけ加算されると、いかな
る数値になるであろう。特殊空間は単に一般空間内における位置的
アドレスを規定するのみならず、その位置的アドレスに占める現存
する特殊空間的モメントに対応している空間変数であると断定でき
るが、如上のような疑問の生じる根拠としては、特殊空間とその変
数値に代入される現実規定の体現態様である特殊空間的モメント、
それぞれの概念規定に対する論理的把捉を混同しているにすぎない。
各々の事象、即ち特殊空間的モメントの実測値を現出せしめる変数
は特殊空間という相対的・可変的である座標系にあるが、いかなる
特殊空間も無限の一般空間の非確定の存立単位に他ならないから、

第Ｉ章

相対系論∷現実概念

その体現態様である特殊空間的モメントの如何に拘わることなく、一般空間を構成する無限の連続体である。つまり、特殊空間にあって発現される個々の特殊空間的モメントの態様は、不断に運動・変化するために相対的である有限域に相当するが、一般空間に連続する相対的・可変的である現象態様としての特殊空間は、無限にその座標系の始点と終点を確定させられない流動態様である。不断に変動する普遍の現在時としてある特殊空間、その特殊空間的モメントSという不定項に充当される実測値は、絶えまなく全特殊空間的モメント相互間の相対的である無限連関に於いて生れ変わるものなので、生成されては収束される有限のエナジー値しか保有しえない。それに対し、特殊空間的モメントSに体現される特殊空間自体は時間運動の機構としては無限である、即ち一般時間の無限性を内在する特殊時間としては無限であるため、当該の体現されている特殊空間的モメントとしての現象態様である一生物体としての死や生とても、特殊空間という相対的である空間変数に代入される値であるからは、特殊空間Sの運動プロセス、即ち特殊時間Sの態様としては恒常的である変化プロセスの一過程にすぎず、それにより相対系の綜合値が数量的に減少も増加もするわけではない。任意にして一意である特殊空間上の特殊空間的モメントSを現出する、それぞれの相対的にして可変的である個体概念の実測値として把捉すれば、或る人間乃至精神主体の死さえ完全、もしくは完璧である消滅ではなく、当該の人間乃至精神主体ではない本質的属性を異にする個体概念の実測値への変質・移行現象であり、生物体から非生物体へ、また有機質から無機質への変質のあと、継続して反復される無機物質同士もしくは無機物質と有機物質の化合と化学反応を経由して、やがては別なる生命現象として変質・生成され輪廻転生されゆくこともあろうが、そのことは霊魂という脳生理機能が不滅であることに依拠するのではなく、つねに移行する特殊空間的モメントに体現される特殊空間として特殊時間的に永劫であることの反映である。霊魂と仮称せられる事象とても人間、或いは何等かの精神機構を具備

する有限の生物体の機能態様である以上、それ自体もまた有限の個体概念の実測値をなす特殊時空間的モメントの態様でしかない。かかる特殊空間／特殊時間の法則は普く一般空間／一般時間に妥当するから、相対系における空間規定上／時間規定上における無限という基準値はつねに保持されている。しかる意義に於いては、相対系を自己更新により自己成立せしめるエナジー値はまた、無限という限度に於いて一定しているともいえる。

　したがって、任意にして一意である特殊時空間的モメントＳが何程か運動・変化することによりエナジーを放出すれば、即時に同エナジーが否定・収束されることにより運動・変化が成立するのであるから、それと等しいＳの当該のエナジーに対し否定・収束せしめるエナジーが、非Ｓ全体の運動的統合化された値に於いて作用していることになる。それは厳密には、特殊空間的モメントとしてのＳに対してではなく、Ｓの当該の時点における当該の運動・変化［乃至、状態関数］に対し否定・収束せしめるエナジーではある。蓋し、一切の特殊時空間的モメントは運動・変化すること自体としてのみ存立しているから、いかなるＳと非Ｓによる相互否定・収束の関係変数のありかたもまた、それぞれの運動・変化を体現する特殊時間に対応して規定されざるを得ない。一般空間を構成する関係式を例外なく論理的記述するためには、或る特定の同時点におけるＳと非Ｓとの相互連動を以って必要充分であるから、任意にして一意の現在時であるｔ時における特殊時空間的モメントＳの運動態様Ｓ（ｔ）と、その同時点におけるＳ（ｔ）以外の全特殊時空間的モメントの運動的統合値〜Ｓ（ｔ）との関係式でなければならないのである。Ｓとの関係式に於いて、また非Ｓを構成する各特殊時空間的モメント同士は相互連動してはいるが、非Ｓ全体の運動的統合値としては、特定のＳを除くあらゆる特殊時空間的モメント相互間の関係変数からＳの同時点の状態関数をつくりなす力動概念であり、単に特殊空間相互間のみの関係式に限定するならば、当該のＳと非Ｓの運動的

統合値は相互矛盾しあう関係変数にはあるものの、特殊時間として
の移行による規定性が認識上捨象されているため、生成せしめたり
否定・収束せしめるという運動、即ち特殊時間的移行を伴いえない
ところであり、寧ろ当該のSなくしては非Sのカテゴリー定義など
意義をなさざる通り、相互に依存しあう関係式でもあるといえよう。
よって、任意にして一意であるS（t）と〜S（t）を以って相対
系の全体系に一致する以上、また無限という限度に於いて相対系の
絶対エナジーは保持されているのであるから、S（t）として特殊
化されたエナジー値の放出は、際限なく同時に接近するも同時では
ない瞬間に於いてそのエナジー自体の否定・収束ともならなければ
ならない。実際のところ、そのことはSのその自己運動・変化S（t）
に対し否定・収束せしめる、同時点におけるそれ以外の相対系全体
における運動的統合値〜S（t）が、S（t）の自己運動として放
出されたと同一のエナジー値に帰せられることにより否定・収束さ
れることになる。すべて特殊空間的モメントの相互間における原因
と結果の必然性は、運動規定の端緒としては無限小の時間長を保有
する特殊時間上のスライドを前提するから、任意にして一意のt時
における運動態様S（t）の値は、無限小の瞬間を移行する前時点
の（t−1）時における状態関数を、その同時点に否定され収束せ
しめられた非Sの運動的統合値〜S（t−1）のエナジーの帰結さ
れた現象としてあり、またS（t）と〜S（t）の運動的統合値と
の相互矛盾関係は同時性にあることを前提するから、t時における
非Sの運動的統合値〜S（t）の否定作用エナジーにより収束・零
化せしめられたS（t）の状態関数は、無限小の瞬間を移行後の瞬
間における運動態様S（t＋1）の状態関数へ移行する。そのこと
は、〜S（t）の運動的統合値の否定作用エナジーにより収束・零
化せしめられることを以って更新された帰結現象であるとともに、
〜S（t）の運動的統合値を構成する全特殊時空間的モメントの相
互連動した結果がS（t＋1）の生成処理として帰結されているこ
とをも意味する。そしてそのことは、前述にみる通り、同時点の非

Sの運動的統合値よりSに対する否定作用アクセス、且つ無限小の一瞬間経過前の一切の非Sの構成素子よりSに対する更新アクセスとして運行されるのみならず、また同時点のSより非Sの運動的統合値に対する否定作用アクセス、且つそれに帰因する非Sの各構成素子に対する更新アクセスとしても作用する。S（t）と～S（t）の関係作用は、一方的である否定（収束）作用／更新エナジーの放出によるところではなく、双方向に否定（収束）作用／更新しあうエナジーの運動ヴェクトルを具有するからである。それぞれのエナジー値の収束・零化及び生成作用は同一の根拠に基づいて実行されるため、任意にして一意のt時における運動的統合値～S（t）は、無限小の瞬間を移行前の瞬間における（t－1）時における状態関数を、その同時点に否定され収束せしめられたS（t－1）のエナジー値の帰結された現象規定であり、またS（t）と～S（t）の運動的統合値との相互矛盾関係は普遍の同時性にあることを前提するから、t時における特殊時空間的モメントS（t）の否定作用エナジーにより収束・零化せしめられた～Sの運動的統合値～S（t）の状態関数は、無限小の一瞬間経過後の時点の運動態様～S（t＋1）の状態関数へ移行されることになる。もとより、一般空間をなす一切の特殊空間的モメントは、変数Sと非Sのカテゴリー構成の特殊化及び定義付けの如何に拘わらず、あらゆる特殊時空間的モメントのあらゆる状態関数が相互連動する関係式にあり、且つその原因となすものはつねにその結果より以前の時点になければならないからである。無限大の相互因果性を構成する端緒をなす時間長は無限小の有限値にあるから、ここで用いられる（t±1）という表記については自明乍ら、1秒（1s）とか1ミリ秒（1ms）という人工の相対的単位としてではなく、無限小の有限値である時間長をなす瞬間移行の前後をなすに他ならない。

　つまるところ、自己存在に対し否定・収束せしめるものが自己自身を生成せしめるものであり、且つ自己存在のうちなる、自己自身

に対し否定・収束せしめるものに対する否定作用エナジーが、自己自身に対し否定・収束せしめるものを生成せしめてもいる、といえようか。相互に否定しあい収束せしめあっているはずの、Ｓ（ｔ）と運動的統合値〜Ｓ（ｔ）が、それとともに相互に更新しあい生成しあってもいることは、いずれもが相互の存立自体にとって不可欠の相互依存関係にあるためである。そして、その各々の運動・変化は無限小の時間長を保有する瞬間の移行として成立し、その特殊時間上の無限小の有限値は一般時間上の無限大の時間長に連続するから、かかる相互否定且つ相互更新の特殊時空間上の運動規定は、不断にして永劫に亘り新規の実存として止揚（揚棄）され続ける。

　無比なる個体概念がいまそこに存立するとは、その自己運動・変化としてのみ可能であることなので、任意にして一意の自己存在であること自体によりエナジーを消費している。いかなる特殊時空間的モメントＳと雖も、絶えまなく変動する一意の現在時（ｔ）という瞬間毎に自己自身として生成されるエナジーを放出し、その同時点（ｔ）における非Ｓの運動的統合値であるエナジーにより否定・収束せられ、その同時点（ｔ）との誤差が際限なく零に接近する時間長の瞬間をスライドすることにより更新される。そのことは、一般時間上の同時性のうちに相互否定・収束せしめあう非Ｓの運動的統合値により、収束・零化されること自体を以って、新規の瞬間の現在時（ｔ＋１）の状態関数をなすＳへの移行が成立していることになる。ここでの零化とはされば、エナジー値の放出／収束により零という基準値に再還元されることを意味する。特殊時空間上の可分割性の限界は無限小の有限値であるから、ここでの任意にして一意の現在時（ｔ）に対する±ｎの表記内容は、飽くまで無限小の時間長を保有する有限の運動・変化の経過を示唆しており、測定上の人為的且つ相対的である単位時間を意味するものではない。あらゆる特殊時空間的モメントの相互間に一般時間上の同時性が普遍妥当する前提よりして、Ｓ（ｔ）の成立により放出されるエナジー値と

〜Ｓ（ｔ）の運動的統合値により否定・収束されるそれは、自己同一のエナジー値に帰せられるとともに、Ｓと〜Ｓは同時点（ｔ）の存立にあっては相互依存してもいるから、〜Ｓ（ｔ）の運動的統合値により放出されるエナジーとＳ（ｔ）の成立により収束・零化されるそれは、やはり当該の自己同一のエナジー値に帰せられる。つまるところ、ｔ時の瞬間に於いて成立するそのエナジー値には、Ｓに対する否定作用エナジーが非Ｓ全体の運動的統合化されたエナジー値として、且つ非Ｓの運動的統合値に対する否定作用エナジーがＳの成立エナジーとして、単一の特殊時空間上の状態関数に体現されているはずである。したがって、（ｔ＋１）時の現在時に於いてはそれより無限小の時間長の運動・変化を経過しているのであるから、〜Ｓ（ｔ）の運動的統合値はＳ（ｔ）という状態関数を否定・収束せしめることにより生成せしめるＳ（ｔ＋１）の状態関数に帰せられ、それがＳ（ｔ＋１）自体の成立エナジーと自己同一であるとともに、その相等しい根拠により、Ｓ（ｔ）の成立エナジーは〜Ｓ（ｔ）の運動的統合値を収束・零化せしめることにより〜Ｓ（ｔ＋１）の状態関数へと更新せしめ、それが〜Ｓ（ｔ＋１）の運動的統合値そのものの成立エナジーと自己同一である。しかも、（ｔ＋１）時の現在時の相対系は、Ｓ（ｔ＋１）と〜Ｓ（ｔ＋１）の関係式のみにより構成されるから、両者は相互依存しあうとともに、前者の状態関数と後者の運動的統合値は相互に否定・収束せしめあうヴェクトルを実現する動因エナジーとして、相互に無限小の瞬間のスライドを以って否定・収束且つ生成しあう力動概念でもある現在時が、（ｔ＋１）時の瞬間である。瞬間におけるＳ（ｔｎ）と〜Ｓ（ｔｎ）相互間の生成と否定・収束との生滅現象のうちに、無限小の特殊時間的スライドを自己存在に内包するものとして成立するのでもある。相対系にあって任意にして一意の自己存在であることが実存的規定性であるから、無限小の時間長を保有する現在時をなす瞬間は、端的には運動・変化としての特殊時間を実存的に規定する概念規定であるが、但し特殊空間上に於いては明確といえる規定態様ではない。

瞬間に於いて規定される特殊空間の値は任意にして一意の有限値ではあるが、必ずしもそれが無限小であることを実存としての必須の要件とはしない。瞬間とは本来に於いて相対系の運動端緒である現在時を規定する次元であるため、必然的に特殊時間上の運動・変化の起源を無限小にまで遡及しなければならないが、つねに一般空間の全域に普遍妥当する同時性が保持されているので、特殊空間に充当される座標系乃至領域範囲の規定性を必要とはしないのである。したがって、瞬間により規定される特殊空間の要件は一般空間上に一意であることのみにあり、それは無限小の有限域より無限大の有限域までの領域範囲内に於いては任意である。Ｓ（ｔｎ）にせよ〜Ｓ（ｔｎ）にせよ、かくて、それを形成する特殊空間の領域範囲としては無限小より無限大までのどの値にもなりうるが、単一の特殊時空間的モメントが特殊空間として無限大まで規定されうることがまた、そこに妥当する瞬間の現在時が普遍的に共通であることを示唆してもいる。無限大の空間域に亘り、普遍妥当する一意である現在時が不断且つ永劫に更新されることになるからである。但し、瞬間の特殊空間としての規定性が無限小より無限大の範囲内であるとはいえ、それは飽くまで有限値でしかない。相対系をなす任意にして一意の特殊時空間的モメントを体現する特殊時空間は、一般時空間に無限連続するために無限小より無限大の範疇を保持するが、他方に於いてはつねに、個有の特殊時空間的モメントと共通の実存性を保持するために有限値をなすのであって、一般時空間としての無限値とは相異なるためである。よってもとより、特殊空間の無限小の有限値及び無限大の有限値は一般空間の無限値とは等値ではありえず、また特殊時間の無限小の有限値及び無限大の有限値は一般時間の無限値とは等値ではありえない。一般時空間は相対系自体の次元をなしているとともに、また無限は具象的である特殊時空間的モメントとしての実測値を採りえないからである。

　瞬間におけるかかる原理論は、あらゆる分析単位での特殊空間が

無限の一般空間域に亘る相互因果律に於いて、他在であるそれぞれの特殊空間的モメントと影響しあいつつも、且つそれぞれの特殊空間的モメントＳがそれぞれの非Ｓの運動的統合値との相互連関により運用されてゆくものであることを示唆する。特殊時間上の変数でもあるＳ（ｔ）が実際上に採りうる状態関数に対応して、その相互矛盾的存立である〜Ｓ（ｔ）を構成する特殊時空間的モメントのリスト成分は異なってくるが、もとより例外なく一切の特殊時空間的モメントは特殊時空間上に規定される瞬間の生／滅に帰せられる以上、Ｓ（ｔ）の実測値の如何に拘わらず、瞬間に関するすべての原理論に基づく運動・変化とは、一般空間における無限の領域範囲にあって展開される。そしてまた、それぞれの特殊時空間的モメントＳ（ｔｎ）と〜Ｓ（ｔｎ）の運動的統合値の相互連動プロセスがいかなる工程にあるかによらず、一般空間を構成する全特殊空間に共通する現在時の同時性を以って、一般時間をなす無限小の特殊時間である現在時の瞬間の生滅現象へと、無限大の時間長が不断且つ永劫に自己化されゆくところである。

第一章　相対系論：現実概念

113

第Ⅳ節　零系理論

　特殊空間と特殊時間の交叉する一意の運動規定をなす特殊時空間的モメントが、絶えまなく生／滅する瞬間規定としての実存である。生／滅とは、生成されることと収束・零化されることが、瞬間という無限小の時間長を経過することを以って反復実行され、瞬間規定であるが故に生成されるとともに収束・零化されるが、現在時の瞬間が収束・零化されることによってのみ新規の現在時に更新される、という意義を包摂している。ここでの零化とはされば、エナジー値の放出／収束により零という基準値に再還元されることを意味する。その特殊時間上の無限小、即ち無際限に可分割的である有限値としてある瞬間の生滅現象は、任意にして一意の特殊時空間的モメントに対する他在の範疇を構成する、一切の特殊空間的モメントの運動的統合値のなさしめるところである。

　相対系全体の絶対エナジーが無限という限度に於いて一定している以上、特殊空間的モメントＳがその存立とともに幾許かの運動・変化をしてエナジーを放出すれば、それと等しい、Ｓに対し収束・零化せしめるヴェクトルを具有するエナジーが、その同時点における非Ｓ全体の運動的統合値に於いて作用していることになる。それは厳密には、個体概念であるＳに対してではなく、Ｓのその時点における運動規定と、それによる状態関数の変化に対し否定（収束）作用せしめるエナジーである。蓋し、いかなる特殊時空間的モメントも運動・変化することを以ってのみ存立を維持できるのであるから、個体概念であるＳとＳならざる全個体概念の統合化エナジーの相互否定・収束であるとはいえ、その関係変数を運動・変化の態様にて規定することが必要であり、特殊空間上の運動・変化が特殊時間上の移行と同一の現象規定に帰せられるため、ここでは特殊時間上に於いて瞬間を限定されなければならない。つまるところそれは、

任意にして一意の現在時であるｔ時における特殊時空間的モメント
Ｓの運動態様Ｓ（ｔ）と、その同時点におけるＳ以外の全特殊時空
間的モメントの運動的統合値〜Ｓ（ｔ）との関係式を以って、端的
に論理的表記せらるべきことを意味している。単に特殊空間を体現
するのみの特殊空間的モメントの概念的把捉レベルを前提する限り
に於いて、特殊時空間的モメントＳと非Ｓの集合の概念規定は相互
間に矛盾しあう関係式にはあるものの、それぞれに特殊時間として
の運動規定が反映されてはいないため、相互に否定し、収束せしめ
るという運動規定を伴いようのない概念規定になっており、寧ろ唯
一のＳの存立なくしては非Ｓの集合規定さえ成立しえぬ通り、相互
に依存しあう関係式にもあるといえよう。任意にして一意の特殊時
空間的モメントＳ（ｔ）と〜Ｓ（ｔ）のみを以って、ｔ時現在の瞬
間における相対系の全体系を包摂している以上、無限という限度に
於いて相対系の絶対エナジーがつねに保持されているためには、Ｓ
（ｔ）によるいかなるエナジー値の放出も、とりもなおさず、当該
のエナジー値の収束・零化となる必然性にあり、実際のところ、Ｓ
（ｔ）のその自己運動・変化そのものに対し否定し、収束せしめる
よう作用する、ｔ時におけるＳ以外の一切の特殊時空間的モメント
の運動的統合値が、ｔ時より無限小の時間長を経過する（ｔ＋１）
時におけるＳ（ｔ＋１）自体の自己運動・変化と、同一のエナジー
値に帰せられるとともに、Ｓ（ｔ）の否定作用エナジーにより否定・
収束せしめられることにもなる。無限に亘る特殊時空間的モメント
の各々は無限の相互連動により成立しているため、任意にして一意
の特殊時空間的モメントの状態関数を生成するものは相対系内の他
の全特殊時空間的モメントの状態関数であるが、すべての状態関数
を導出する相互因果律には特殊時間上のスライド：Ｓｌｉｄｅがつ
ねに前提されるから、ｔ時現在における特殊空間的モメントＳの運
動態様Ｓ（ｔ）は、その一瞬間経過前の時点、即ち無限小の時間長
を遡及する（ｔ－１）時における、非Ｓ全体の運動的統合値〜Ｓ（ｔ
－１）の帰結された現象規定である。一瞬間の前後とは現在時に対

第一章　相対系論・現実概念

第一部　基準系

第一篇　基準系理論《体系論》

先験概念としての基準系

し極限される時点における相対系の状態関数を示唆しているから、いかなる人工の相対的単位によるも特定されない、無限小をなす有限の時間長の経過を意味している。また、相互否定関係にある特殊時空間的モメントはつねに双方が同時性のうちになければならないため、ｔ時現在における非Ｓ全体の運動的統合値〜Ｓ（ｔ）のエナジー値により否定され、収束された状態関数Ｓ（ｔ）は、その一瞬間経過後の時点、即ち無限小の時間長を経過した特殊空間的モメントＳの運動態様Ｓ（ｔ＋１）へと移行される。（ｔ＋１）時における特殊時空間的モメントＳの状態関数は、その実測値がいかなる具現的内実であれ、その一瞬間経過前の時点、即ち無限小の時間長を遡及するｔ時における、Ｓの状態関数Ｓ（ｔ）を収束・零化せしめられたことによる帰結現象であるからである。かかる（ｔ±１〜∞）に値を採る瞬間移行は、相対系における他在全体の運動的統合値である〜Ｓ（ｔ±０〜∞）のいずれかの値により否定され、収束せしめられた現在時（ｔ時）が無限小の時間長を保有する瞬間を移行する現象であるとともに、非Ｓ全体の運動的統合値〜Ｓ（ｔ±０〜∞）のカテゴリーを構成する全特殊時空間的モメント相互間の無限連動作用により生成される帰結現象が、無限小の時間長を経過した一瞬間経過後現在におけるＳの状態関数であることをも意味している。もとより、相対系を構成する一切の特殊時空間的モメントは、相対的・可変的である特殊時空間を体現する有限の個体概念として相互連動することにより成立し、且つ一般時空間に原因をなすいかなる特殊時空間的モメントもその結果より以前になければならないからである。

　或る個体概念がそこにいま存在するとは、自ら運動・変化することによってのみ可能であることなので、他のどこでも／いつでもないそれであること自体により自己エナジーを消費している。いかなる位置的アドレスと領域範囲を領有する特殊空間と雖も、つねに何等かの特殊時空間的モメントとして体現されることでその存立を維

持しており、且つ絶えまない現在時という瞬間毎に特殊時間的モメントとしての値を生成するエナジーを発散し、そしてその特殊時空間上に特殊化されたエナジー値は、無限小の時間長を遡及する一瞬間経過前に於いて、他在を構成する全特殊時空間的モメントの運動的統合値による所産である。現在時という瞬間における非Ｓの全特殊空間的モメントの運動的統合値により、当該の現在時におけるＳの状態関数の成立は否定され収束せしめられるのであるが、否定され収束せしめられること自体と無限小の時間長を経過する瞬間におけるＳの状態関数へと更新されることが自己同一の運動規定であることは、当該の現在時における非Ｓの全特殊空間的モメントの相互連動による帰結現象として齎される所産である。よって、任意にして一意の現在時におけるＳの状態関数を生成し、その存立エナジーとして帰結されるところの、一瞬間経過前の時点、即ち無限小の時間長を遡及する瞬間における非Ｓの全特殊空間的モメントの相互連動は、当該の一瞬間経過前におけるＳの状態関数の成立を否定することで収束せしめた非Ｓの全特殊空間的モメントの運動的統合値と相等しいものである。当該の自己存在がいまそこにしかない自己自身であるために放出されるエナジー値は、そのまま無限小の一瞬間経過前における他在をなすすべての運動的統合化され、現在時の自己存在の存立エナジーに帰せられたものであるが、その現在時における自己存在の存立エナジーとても、そのまま現在時における他在を構成するすべてのモメント素子の状態関数が運動的統合化されることにより、更に新規の自己自身をなす瞬間／瞬間をなす自己自身へと生れ変わる。そのことがまた、特殊時間としての無限の運動原理でもある。

　ところで、何等かの運動主体が何等かの運動・変化することにより何等かの現象に帰せられるならば、任意にして一意の現在時における非Ｓ全体の運動的統合値〜Ｓ（ｔ）が、Ｓに対しアクセス作用する運動規定の起点は無限小の時間長を経過した（ｔ＋１）時であ

り、その否定・収束すべき対象はＳ（ｔ）ではなくＳ（ｔ＋１）で
あり、更にその無限小の時間長を経過することでＳの状態関数が更
新されるのはＳ（ｔ＋１）ではなくＳ（ｔ＋２）ではないか、との
疑問が生じ得よう。確かに、〜Ｓ（ｔ）による否定・収束という運
動規定が後発的に改めて実行される性質のそれであるならば、〜Ｓ
（ｔ）の成立時点から当該の運動規定の実行の起点までには何程か
の有限の時間長が経過しなければならないが、Ｓに対し否定・収束
するという運動規定に関しては〜Ｓの成立自体の力動概念でもある
ため、〜Ｓの本質的属性に相互リンクされており、〜Ｓ（ｔ）の成
立と当該の否定・収束の運動規定の起点との間には、特殊時間的誤
差は生じない。とりもなおさず、〜Ｓ（ｔ）の成立と当該否定・収
束の運動規定は同時点にあることになる。そして、それら両エナジー
が同時点における運動的統合値にある以上、また〜ＳとＳは相互間
に依存しあいつつも矛盾する関係変数でもあるため、〜Ｓ（ｔ）の
成立を以ってなす否定・収束の運動規定は同時点におけるＳ（ｔ）
に対するものであり、且つＳ（ｔ）の成立を以ってなす否定・収束
の運動規定は同時点における〜Ｓ（ｔ）全体の運動的統合値に対す
るものである。したがって、その相互間の否定・収束の運動規定に
より帰結される値は、〜Ｓ（ｔ）の否定作用エナジーにより無限小
の時間長を経過したＳの状態関数Ｓ（ｔ＋１）であるとともに、他
方Ｓ（ｔ）の否定作用エナジーにより無限小の時間長を経過した〜
Ｓ全体の運動的統合値〜Ｓ（ｔ＋１）に他ならない。

　この運動規定はしかも、相対系のあらゆる単位をなす特殊空間、
及びその特殊空間的モメントの各々が、無限域に亘る相互因果性に
あって他の特殊空間、及びその特殊空間的モメントの一切と相互連
関し影響しあいつつも、任意にして一意の変数Ｓとして、それぞれ
のＳに対する非Ｓの運動的統合化されたエナジー値との相互間の依
存と否定・収束を以って展開されゆくものである。一般空間におけ
るすべての相対的・可変的である位置的アドレスが任意にして一意

の特殊空間に該当しうる以上、或る実存的変数である特殊空間的モメントＳ（ｔ）がいかなる状態関数をなすかにより、それに対応する他在を構成するすべての特殊空間の任意にして一意である運動的統合値、〜Ｓ（ｔ）をつくりなす特殊空間的モメントの構成素子内訳と各々の態様は異なってくるが、もとより現在時Ｓ（ｔ）の状態関数は無限小の時間長を遡及する〜Ｓ（ｔ－１）により生成されたものである。一切の特殊空間的モメントは相互間に無限連関しているのであるから、或る個体概念として成立するＳは、それに対する他在を構成する非Ｓの集合には内包されないが、たとえば、Ｓとは相異するＳ２に対する他在を構成する非Ｓ２の集合には内包されており、Ｓ２の瞬間移行のヴェクトルを決定する非Ｓ２の否定（収束）運動に統合化される一因をもなしている。そして、Ｓに該当するいかなる個体概念をなす特殊空間も、非Ｓを構成するいずれの個体概念をなす特殊空間に対しても、その各々に対する他在をなす全特殊空間としての統一運動に統合化される一因をなしている。更にまた、相対系のすべての特殊時空間的モメント相互は現在時にあって無限連動しており、特殊空間の運動規定である特殊時間のリアルタイムの値が現在時の瞬間であるから、より精確に論理的表記するならば、任意にして一意の現在時(ｔ時)における特殊空間的モメントＳ(ｔ)は、同時点におけるそれ以外のすべての特殊空間的モメントを構成する〜Ｓ（ｔ）の下位集合乃至元には内包されないが、同時点に於いてＳ（ｔ）とは相異するＳ２（ｔ）に対しては、同時点におけるそれ以外のすべての特殊空間的モメントを構成する〜Ｓ２（ｔ）の下位集合乃至元には内包されており、Ｓ２（ｔ）より無限小の時間長を経過するＳ２（ｔ＋１）への瞬間移行のヴェクトルを決定する、〜Ｓ２（ｔ）の相互連関を以って、その無限統一作用をなす否定（収束）運動に統合化される一因をもなしていることになる。実際上に於いて、Ｓ（ｔ）もしくはＳ２（ｔ）の実測値をなすものがどうあれ、相対系における全位置的アドレスの特殊時空間的モメントが相対的・可変的にて相互連動している以上、任意にして一意のあらゆ

る実存のそれぞれに同一の法則による特殊時空間運動が相互因果性を以って展開され、且つそれは一般時空間上に普遍的に妥当する。それでいて、一般空間としての時間運動は、つねに瞬間の唯一の実測値である現在時としての普遍性のうちに運動的統合化されているため、当該の時点に対応する特殊空間毎の特殊時空間的モメントによる運動過程を異にしつつも、相対系の全域に妥当する同時性が現在時に維持されてゆく。そのことがまた、一般時間としての無限の運動原理でもある。

　弁証論上の視点で語るならば、実存をその止揚（揚棄）態様として相互否定作用しあう契機、即ち定立態様と反定立態様をつくりなすものは、特殊時空間の拡散と統一が際限なく同時に接近するタイミングに於いて実行されること、つまり瞬間の生／滅にある。一般時空間として無限大に拡散される特殊時空間上の運動・変化と、特殊時空間として無限小に統一される一般時空間上の運動規定が、一意である瞬間の生／滅による交互作用として展開される以上、瞬間を体現する実存規定の具象として現出されるところのものが、瞬間の生／滅によってのみ規定されうることは自然である。そも時間規定とは、運動・変化し続ける個体変数としての空間規定を示唆する概念規定であり、また空間規定とは、流体として実体（実在）化し特殊時空間的モメントならしめる時間規定の意義である。したがって、特定される特殊空間上の存立態様に応じて特殊時間上の運動態様は異なり、また特定される特殊時間上の運動態様に応じて特殊空間上の存立態様は異なる。ということは、一般空間上にあって任意の特殊空間値を限定するとき、一対一対応する特殊時間上の運動・変化を特殊化したことになるし、また一般時間上にあって任意の特殊時間値を限定するとき、一対一対応する特殊空間上の状態関数を特殊化したことにもなるのである。現実態様をなす相対系の座標系上に生起しうるいかなる事象も、かくて任意にして一意の特殊空間と特殊時間とのAuf-hebenにより成立しており、そのこと

を実践せしめる次元が無限大の妥当性と無限小の方向性を具有する瞬間である。瞬間は一般時空間を構成するあらゆる位置的アドレスに於いて不断に生／滅し続け、或る実体を以って実在する何等かの概念規定がいつの時点／どこの座標系の瞬間に該当するものであるかに応じて、その再び反復されえない無限小の瞬間の生／滅の都度毎に更新される実存規定は、無限大の一般空間上且つ一般時間上の交互作用のうちに規定された、唯一の特殊性と独自の個性を具有する特殊時空間に他ならない。たとえば、太陽系内を公転／自転する第三惑星を想定する場合、或る人工衛星より観測される当該の惑星の地表の状態関数は、科学的実験・観測によるところに従えば、無限小の時間長の経過前後では殆ど変わりないように印象付けられるかもしれない。ところが実際上に於いては、無限小の時間長の移行前にはそうであったところの太陽系第三惑星は既に否定・収束せしめられ、無限小の時間長の移行後に於いても恰も同一であるかの主観的印象を以って観測されているそれは、厳密には、また特殊時空間上に於いては別個の実存とはなっている。実存としての本質規定は、瞬間の生／滅を以って更新されるからである。更にたとえば、それより無限小の時間長の移行後に於いては、相当質量の隕石か彗星からの不可避的である衝突を享けることにより、当該の第三惑星が数十億年の推定余命を残して壊滅状態に陥ったならば、そのことはそこに生息する人類にとっては想定外の終末現象とはなろう。けれどそれさえ、所詮は特殊空間の相互間における環境変数が変動したことにより、そこに体現される特殊時空間的モメントにより直接上に影響される一般空間的ファクターのヴェクトルと態様が変更されたにすぎない。つねに相対的・可変的である主観作用により左右される人間乃至精神主体の精神機能にとっては、いかに不条理にして、もしくはいかに奇跡的といえるＤｒａｍａであるかの主観的印象を得られる事象とても、実存的観点よりして、永劫にして不断である相互因果的運動の無限小の時間長の経過前後における、瞬間の生／滅に起因する特殊時空間上の自然の運動・変化でしかないので

ある。このような運動・変化がつまり、相対系を構成する各特殊時空間的モメント相互間の作用である点については、主観的印象としてどれほど非常且つ破壊的アクシデントの内実であろうと、また反対に一定の環境条件を維持せしめようとする類のイヴェントであろうと、客観的把捉処理の実行対象としては何等差異がない。そのことは蓋し、意外と重要といえることである。

　というのも、いつの時点／どこの座標系であれ、相対系を体現する機構としての特殊時空間は無限であり、果たしてそこに生起される事象がなべてその単なる変化・変質でしかないのならば、しかる事象の一でもある精神機構の、その後述する機能により相対系自体と自己内作用として同化され、且つ相対系自体が精神機構の、後述する先験態様と経験態様との自己化作用を媒介することで自ら回帰して同化されることにより、精神現象及び態様が絶対性を具備する真理：恒真式を自らに同化せしめるなどということも、無限に亘り不断に更新されゆく相対系の特殊時空間的モメントにあっては、特殊時空間上の変化・変質の一端にすぎないことになるからである。しかも、そのような変化・変質の作用やその及ぼす効果・効力というも、そのこと自体に主観的範疇に所属する意義乃至価値があることの是非については、客観的判断の外であろう。相対系の全体系としての絶対エナジーは無限という限度に於いて一定しているから、何等かの特殊時空間的モメントが何等かの運動・変化をするために要するエナジーは、当該の運動・変化自体を否定・収束せしめるヴェクトルに作用する、それ以外の一切の特殊時空間的モメントの運動的統合化されたエナジー値としてのみ成立するのであり、したがって、当該の特殊時空間的モメントのその運動規定そのものが、それが実行されると際限なく同時に接近するタイミングに於いて、当該の現在時におけるそれ以外の全特殊時空間的モメントの統合化エナジーにより否定・収束されることにより、新規の瞬間における状態関数へと移行される。そして、すべての特殊時空間的モメントは一

般時空間上の相互因果性による無限連動値として成立するから、一般時空間上に生起するあらゆる特殊時空間的モメントの運動・変化がそれぞれに、つねに無限小の時間長を遡及する瞬間におけるそれ以外の全特殊時空間的モメントの運動的統合化エナジーの帰結現象であるとともに、その同時点におけるそれ以外の全特殊時空間的モメントとは相互否定関係にあることにより、無限小の時間長を経過後の瞬間におけるそれ以外のあらゆる特殊時空間的モメントの状態関数を生成せしめる、運動的統合化エナジーを形成する個体概念をなす他在としてのエレメントをもなしている。無辺に及ぶあらゆる事象が、つまり一切の特殊時空間上の特殊時空間的モメントが、何事かを企図すると否とに拘わらず、相対系を自ら体現するものとして相対系自体に対し作用するとともに、そのこと自体にいかなる効果・効力を出力することができたとするも、それを出力せしめたと際限なく同時に接近するタイミングにおける、それを可能ならしめたそれ以外の全特殊時空間的モメントの運動的統合化エナジーの状態関数により否定・収束せしめられてしまう以上、たとえば、ヒトがいかに活動し生き方をどのように改めようと、また営々として構築・展開されゆく天体の歴史でさえ、しかる瞬間運動の原理がつねに必ずｆｌａｔ状態にして期待される効果・効力は零＜Ｚｅｒｏ＞にしかならず、＜零＞という値に於いて一定しているのであるから、それぞれに具象される個別の帰結現象そのものに内在される意義や価値は、相互因果律による無限連動を媒介して絶対且つ普遍の真理値として成立することを除けば、主観作用上にのみ相対的・可変的に価値規定されるしかないはずであろう。いかなる特殊時空間的モメントも特殊時空間上の相互因果律により無限連動している以上、或る特殊時空間的モメントＳの状態関数はＳ以外の全特殊時空間的モメントの、無限小の時間長を遡及する瞬間における運動的統合化された各々の自己エナジーの帰結現象として発現されるが、それが同時に際限なく接近するものの同時点ではないエナジーの状態関数によるものであることは、瞬間の生／滅に無限小のスライドを前提

第Ｉ章　相対系論∷現実概念

123

第一部 基準系

第一篇 基準系理論《体系論》

先験概念としての基準系

することなくしては、時間規定上の移行が成立しないためである。瞬間の生滅現象にあって、任意にして一意の特殊時空間的モメントＳと～Ｓ間に交互作用を生じるとはいえ、それとともに相等しいｔ時現在における～Ｓ（ｔ）はＳ（ｔ）に対し相互否定的に作用するから、Ｓはその同時点における～Ｓ全体の統合化エナジーにより否定・収束されることにより、新規の瞬間の状態関数へと移行される。というわけではあるが、このことはまた、相対系の全体系としての絶対エナジーが無限という限度に於いて一定しているため、特殊時空間的モメントＳ（ｔ）の自己エナジーは無限小の時間長を遡及する～Ｓ（ｔ－１）の統合化エナジーの帰結される瞬間値であるとともに、無限小の時間長をスライド後の同時点における～Ｓ（ｔ）の統合化エナジーにより否定・収束されるものであることを示唆している。相対系の特殊時空間的モメントとして生起される事象はなべて、それ自体の成立に消費されるエナジー値の拡散と収束との際限なく同時に接近する交互作用であるから、いかなる特殊時空間上の規定性に基づく自己エナジーの拡散が生じようと、その拡散と同時点における、その拡散を帰結せしめた力動概念の運動的統合値により当該の自己エナジーが否定・収束せしめられることになり、実際のところ精神機能により何程かの学術的成果が得られるということはもとより、銀河系内のどこかで百万年に一度という科学反応が生起されたとしても、或いは単位宇宙レベルのＢｉｇ－ｂａｎｇにより或る領域範囲をなす特殊空間が変化・変質したとするも、相対系全体としての絶対エナジーに反映される効果・効力としては、そのこと自体の実践されたことが実践されなかったことに相等しい。たとえば、ここに論述されている命題（論理式）の一に於いてさえ、理性作用による論理系を通じてそれを真理：恒真式として自覚することは、先験態様として相対系と自己同一である基準系が精神現象上に相対系自体へと自己化され、相対系自体が経験態様をなす精神現象を媒介することを通じて自己化せられ、追考運動の認識レベルに真理：恒真式の絶対性を体現することに成功したとするも、それ

が成功したこと自体は紛れもなく客観的事実にして理論的成果であるとても、また特殊時空間上にいかなる変化率を記録する事象が生起されたとするも、状態関数乃至関係変数に拘わらずつねに一定している相対系の絶対エナジーのうちにあっては、いつどこで何事が生起したことも生起しなかったことと同義なのである。この太陽系第三惑星である地球が幾十億年の歴史を刻もうと、また、Ｂｉｇ－ｂａｎｇと称せられる契機により生起したとされる相対系の一領域範囲の全記録とても、更には相対系の無限の全域における無限の過去時間より相互因果的連動しあう運動・変化さえも、決して例外はありえない。一切の特殊時空間的モメントが特殊時空間上に一意である実存としてのみ存立する、相対系を体現せしめるいかなる原理に基づく実存的運動の効果・効力もｆｌａｔ状態以外にはならないことは、相対系全体としての絶対エナジーに変動の生じえないことによるが、その無限という測定値に及ぼすいかなる変化・変質も、とりわけ実数値に換算不可能の値は標準である原界点：零＜Ｚｅｒｏ＞に帰せられざるを得ないため、相対系全域に相互連動するいかなる特殊時空間上にいかなる運動・変化があろうと、それによる一般時空間上の効果・効力はつねに＜零＞にしかならないだけである。相対系がつまり、その本来の無限機構に於いて実存系であるとともに零系としてある限りに於いて、必当然の前提としては、両Ｓｙｓｔｅｍの相互連動を以って相対系の自己同一の原理を示唆していることになる。

　精神機能による論理系上の弁証運動の旅はやがて、実存の自覚レベルにあって恒真性の概念規定を把捉するとともに、かかる零系に対する反定立的把捉による統一概念を看破することになる。他のどの座標系の位置的アドレスにもなく、且つ他のいつの時点の現在時でもない各々の特殊時空間的モメントの、一般空間的無限に連続する相互因果的連動を一般時間的無限に展開する相対系が実存系に他ならないが、しかく特殊時空間上に一意であるすべての特殊時空間

第一部　基準系

第一篇　基準系理論《体系論》

先験概念としての基準系

的モメントは、無限小の時間長を遡及するそのもの自体とは相異なる全特殊時空間的モメントの運動的統合値により否定・収束された帰結現象として成立し乍らも、同時点の現在時におけるそのもの自体とは相異なる全特殊時空間的モメントの運動的統合値により否定・収束されることを以って、それぞれのあらゆる特殊時空間的モメントの瞬間的成立そのものが、それをなさしめる相対系のエナジー値の変動効果としては＜零＞にしかならない原理の体系が零系に他ならない。然るに、同時点の現在時における当該の特殊時空間的モメントとは相異なる全特殊時空間的モメントの運動的統合値は、その同時性のうちにおける当該の特殊時空間的モメントの状態関数を否定・収束せしめること自体に於いて、当該の特殊時空間的モメントをして無限小の時間長をスライドせしめつつも、しかる時間長を経過後の当該のモメント素子の状態関数へと帰結せられ、その存立の状態関数を更新する唯一の力動概念ともなる。もとより実存系であるところの相対系にとって、それ自体が零系として成立していることは、しかる各々の実存に対する一意の否定（収束）作用に発現されるとともに、零系であるところの相対系にとっては、それ自体が実存系として成立していることは、つねにｆｌａｔ状態をなす原界である零系をして各々の実存を移行せしめる一意の生産的＜零＞としての作用を実行し、そのことは零系本来の成立定義に対する否定・収束ともなるのであるが、実存なるそれぞれの特殊時空間的モメントが運動規定上に更新されることによってのみ存立する以上、相互連動しあう実存はなべて＜零＞に帰してこそ生成されるから、零系なくして実存系が維持されることはないし、また零系の作用はすべて実存に対するヴェクトルしか具有しないため、実存系なくして零系としての相対系とてもありえないことになる。実存として存立することは必然的に自ら一意の零系にあることを示唆しており、且つ一意の零系にあること自体が新規の一意である実存の生成を示唆してもいる。相互に自己否定・収束せしめあい、そのもの自体の成立原理に於いて収束・零化せしめあう実存系と零系の関係

126　　　第Ⅳ節　零系理論

作用が、そのままそのこと自体を以って相互に自己依存しあい、その成立原理における必須要件として論理学的にＡｕｆ－ｈｅｂｅｎされた相対系に対する自覚こそ、実存自体を超越して実存自体へ自己回帰される超実存系、とも称せらるべき弁証系プロセスの極限にある。そのことはまた、瞬間の生滅現象に対する認識・自覚に帰せられるところでもある。実存系としてのあらゆる特殊時空間上の相互連動が一意の瞬間の生成に、また零系としてのあらゆる特殊時空間上の相互連動が一意の瞬間の収束・零化に体現されることにより、一般時空間に普遍妥当する同時性が無限に同期して更新される。無限小の実存的モメントを可能ならしめる無比なる瞬間の生／滅のみが、無限大の一般時空間としての相互因果的自己運動の動因となる所以でもある。かくてゆめ再現されえない瞬間の生／滅に不可欠である、無限小の時間長を具有する有限のスライドにあって、なべて相対系に遍く一意の特殊時空間の実測値を構成する実存系と零系による反定立しあう交互作用が拍動しており、そのことがまた理性的追考上に於いては、極限のＳｙｎｔｈｅｓｅとして把捉される概念規定とはなろう。

　そのことが極限レベルにあることは、実存系と零系という概念規定が瞬間という無限小アクセスの限界点に成立していることよりして、相対系自体に対する無限大アクセスが等しく帰結されるところでもあるためである。無限大の一般時空間は無限小の一意である瞬間に体現されるから、しかる生滅現象にしも実存系と零系による反定立しあう交互作用があるけれど、両者の止揚（揚棄）態様として再び実存自体、即ち真実存乃至超実存系の概念規定へと帰せられることは、既に弁証系プロセスをなすトリアーデ：Ｔｒｉａｄｅが絶対の極限レベルにあるが故の自己回帰に他ならない。追考上の極限レベルより実行されるＡｕｆ－ｈｅｂｅｎは、もはや極限値としての自らのうちに再回帰されゆくしかないからである。

第Ⅱ章

絶対系論：
　　　真理（値）概念

第Ⅰ節　真理率

　如上に論じられてきた内実はなべて、精神機構における先験的知覚の体系、即ち基準系を構成するものとして精神機構に具有される概念規定と同一の対象である。但し、くどい表現に陥ることは本意ではないのだが、基準系における知覚内容はいかなる経験的作用をも媒介する以前に具備されるa＝prioriの実在（実体）概念であるので、論理系上における正常の弁証系プロセスを展開する追考運動という経験作用を通じて獲得された知識ではないため、第Ⅰ章にて証明されている恒真式：Tautologieの如く後天的である成果としてではなく、生来より体得されている原始的且つ純粋の情報資源としてあることになる。その辺りの認識を混同することが、或いは本著を体系的に理解するうえでの支障ともなろう。

　基準系はしたがって、それ自体が相対系を体現する特殊時空間的モメントとして本来具有する、あるがままの相対系自体の先験的知覚の体系であるため、それは主観上且つ客観上に何等の経験作用による操作をも加えられていない、客観的現実そのものの享受されてある先験的概念である。それは論理系上における正常の弁証系プロセスにより把捉された命題（論理式）として学術的に自覚されてはいないが、寧ろ一切の経験作用を媒介していないことは一切の相対的・可変的である後天性の精神内性フラグが付加されていないことであるから、原始的なればこそ１００％純粋の知覚情報を具備していることになる。然るに、すべての特殊時空間的モメントは運動・変化することによってのみ成立する、つまり経験態様としてのみ自己存在でありうる以上、いかなる精神機能とてもその例に漏れることはないから、精神機構の原始的知覚の体系である基準系が経験態様としても成立していることにより、経験運動上に自己自身の実現を要求する力動概念として作用することになる。基準系が自己自身

の実現を欲求することは、経験態様である精神現象をして先験態様をなす基準系内の知覚に合致せしめることになるので、必然的に精神作用として表象された命題（論理式）を客観的追考処理により基準系自体へと帰せしめること、即ち論理系上における弁証作用を促進する動因ともなる。また、基準系内に於いて相対系自体の純粋の知覚を先験的に具有する以上、あるがままの相対系の客観的現実そのものに合致するか否かという認識内容を意識上に顕在化しゆく、弁証作用における唯一純粋の判断基準としても運用される。それが唯一純粋であることは、それ以外の経験作用を媒介して獲得されうる真理：恒真式を除く知覚情報が、何程かの経験的フラグが付加されることにより純粋性が損なわれているためである。

　詳述は第Ⅱ部に譲ることになるが、精神機構がその理性作用による追考処理を実行するに当たっては、しかる対象的知覚を論理系における理性機能上の論理的形式に［第一次］還元することが必須となる。しかる理性機能上の論理的形式は主語と述語により概念判断を可能ならしめるための、命題、もしくは判断と称せられる論理式であり、弁証作用が遂行されるに不可欠となる前提条件としては、必ずその実行対象となる命題（論理式）が相互間に矛盾しあう二命題（論理式）を形成する点にある。当該の対象的知覚内容よりして、基準系の先験的知覚に絶対的確実性を以って合致する命題（論理式）である真理：恒真式が生成されないうちは、そこに係争される概念規定に対し論理的肯定する命題（論理式）と論理的否定作用しあうそれが、同一の確率を以って定立されていなければならないからである。１００％の絶対的確実性を以って真理：恒真式が生成されるまでは、命題（論理式）は必然的に二律背反させられた状態関数に置かれ続けるため、そのような不平衡状態に対する内的抑圧よりして、かかる二律背反：Ａｎｔｉｎｏｍｉｅの関係式を解消する唯一の手段である弁証作用が促進せしめられることにもなる。理性機能によるその弁証作用により恒真式：Ｔａｕｔｏｌｏｇｉｅが証明さ

れるまでの過程には、否応なく経過しなければならない幾つかの工程が大別して前提されるが、それぞれの追考処理上の階梯がそのまま精神機能による理性作用上の認識レベルに対応してもいる。文化的所産としても確立される各々の学術的体系はまた、それぞれの精神機能による理性作用上の認識レベルにて成立するシステム概念でもあるため、いかなる学術上の方法論により把捉されているかということが、弁証系プロセスにおけるいかなる階梯にあるかということにも対応している。

　換言するに、弁証作用の正常のプロセスにおけるいかなる階梯でＡｕｆ－ｈｅｂｅｎされた状態関数にあるかにより、それがいずれの学術上の原理・方法論により研究され導出された結論であるかが特定されることになる。そして、しかる階梯をなす精神機能による理性作用上の認識レベルが、弁証作用の運動過程の途上における何程かのプロセスにある限りに於いて、それがいかなる学術上の原理・方法論による結論であるかに拘わらず、少なくとも未だ１００％確実である真理：恒真式が生成されるには到っていないため、相対的である妥当性を維持する状態関数にしかない。したがって、弁証作用の運動過程の途上におけるいかなる相対的である学術的分科のプロセスにあろうと、絶対的である確実性を以って［第二次］還元されるという工程には到達していない限りに於いて、二律背反：Ａｎｔｉｎｏｍｉｅの関係式を解消されえない相互否定命題（論理式）として成立しており、１００％未満の確率の妥当性のみを維持する真理率としてあることになる。そしてまた、それが弁証作用の運動過程の途上におけるいかなるプロセスにあるかにより、いかなる学術上の原理・方法論により導出された結論であるかに対応することから、弁証作用の論理的展開されゆく階梯をなす認識レベル毎に、当該の命題（論理式）における真理率とても変動する。但し、しかる真理率が変動するものとしての確率論の域に出ない以上、もはや変動する余地のない絶対的に確実の恒真性を体現してはいないた

め、飽くまで相対性の範囲内での変動ではあるけれど。

第Ⅱ章　絶対系論・真理（値）概念

第Ⅱ節 誤謬率

　真理率とは反対の意義を内在する概念規定が、誤謬率である。仮に真理率が９０％の状態関数にあることを想定するならば、誤謬率は１０％の状態関数にあることを必然的に示唆しているため、両概念規定は確率論に於いては相互にうらはらな位置付けにあることになる。したがって、前節における真理率に関する記述は、そのまま誤謬率に関するそれであると断定しても大過ない。

　換言するに、弁証作用の正常のプロセスにおけるいかなる階梯でＡｕｆ－ｈｅｂｅｎされた状態関数にあるかにより、それがいずれの学術上の原理・方法論により研究され導出された結論であるかが特定されることになる。そして、しかる階梯をなす精神機能の理性作用上の認識レベルが、弁証作用の運動過程の途上における何程かのプロセスにある限りに於いて、それがいかなる学術上の原理・方法論による結論であるかに拘わらず、少なくとも未だ１００％の誤謬命題（論理式）として証明されるには到っていないため、相対的である非妥当性を維持する状態関数にしかない。したがって、弁証作用の運動過程の途上におけるいかなるプロセスにあろうと、絶対的である確実性を以って論理的否定されるという工程を経過していない限りに於いて、二律背反：Ａｎｔｉｎｏｍｉｅの関係式を解消されえない相互否定命題（論理式）として成立しており、１００％未満の確率の非妥当性のみを維持する誤謬率としてあることになる。そして、それが弁証作用の運動過程の途上におけるいかなるプロセスにあるかにより、いかなる学術上の原理・方法論により導出された結論であるかに対応することから、弁証作用の論理的展開されゆく階梯をなす認識レベル毎に、当該の命題（論理式）における誤謬率とても変動する。但し、それが変動するものとしての確率論の域に出ない以上、もはや変動する余地のない絶対的である誤謬性

を具有してはいないため、飽くまで相対性の範囲内での変動ではあるけれど。

　弁証作用の正常運動としての必然的工程が精確に遷移されるほどに、追考対象となる命題（論理式）の二律背反：Ａｎｔｉｎｏｍｉｅにおける真理率が向上するとともに、且つこれに反比例して誤謬率は低下する。同時点における確率に占める論理的要因が真理率と誤謬率のみから構成されるとともに、論理学上の客観的アクセスが正常であることは真理：恒真式の生成される確率を向上せしめるからである。しかし、そのことはたとえば、形式論理学・記号論理学・述語論理学にみる真理値の如く、追考上の対象的知覚となる命題（論理式）におけるその＜真＞であるパターンや割合の特定化の問題を意味するのみならず、当該の命題（論理式）自体が恒真性を具有するための確率が変動する値と、また当該の命題（論理式）から恒真式：Ｔａｕｔｏｌｏｇｉｅにまで生成しうる可能性が変動する値に対する、確率論とポテンシャルの問題でもある。ということはまた、追考処理の階梯を進捗しゆくほどに、たとえば当該の真理率が９９．９９９％に、且つ誤謬率が０．００１％となったとするも、未だ絶対的真理の生成に到るとは断定しえないことから、最終的には真理率が０％としての、即ち１００％誤謬命題であることが結論として得られる可能性があることにもなる。そのような事例の実際上に生起しうる頻度に拘わらず、弁証作用の運動プロセスが遷移されるほどに各々の自覚レベルをなす学乃至理論により証明されゆく命題（論理式）ではあれ、最終工程の自覚レベルにあっては、当該の命題（論理式）が誤謬命題（論理式）として証明された場合を仮定せば、後者の結論が絶対的確実の判断として導出されたことに他ならないからである。

第Ⅲ節 恒真式／絶対系

　詳細は後述（第Ⅱ部）に譲るところであるが、理性作用上の弁証運動が一点の過失をも犯すことなくその最終工程まで展開され、且つその自覚レベルにてAuf－hebenが実行された場合、それにより概念的自覚のグレードでは絶対性の属性を具有するに到っているが、Auf－hebenされて以後の概念規定はAuf－hebenされる以前のそれと比較して、同一の自覚レベルにある。そのことは、既に概念的自覚が絶対性のグレードにあり、弁証運動がその最終工程にまで到達している状態関数にある以上、論理系上の当該の階梯における概念規定に対して如何にAuf－hebenを実行するとも、最終の自覚レベルから更に上位の自覚レベルの概念規定に移行されることがありえないため、しかる最終工程における概念規定へと自己回帰されるしかないためである。而して、論理系上の当該の階梯における概念規定とは、実存乃至実存系の自覚レベルを示唆している。

　弁証作用の工程、即ち弁証系プロセスのしかる実存概念の自覚レベルへと到達するまでの系譜についても、またここで詳述すべき必要性が認められないことから、後述に委ねることとする。もはや、概念的自覚のグレードがその最終工程である実存概念の自覚レベルにあることが、更なるAuf－hebenによる概念規定上の移行の可能性を残しえない以上、それより以降に於いても、概念規定上の追考処理である弁証作用を継続するということは、認識上の成果を伴わぬ論理的空転をいつまでも脱しえない。弁証系プロセスの最終工程にてAuf－hebenが成立している状態関数は、それ自体が弁証運動の絶対的限界点でもあることを意味しているからであり、しかく絶対的限界点にあるところの弁証運動を反復しゆくことが、理性作用上の生産性のない空転を継続せざるを得ないことにな

るためである。

　この弁証運動の空転は、あてどなく反復し続けられ、いつ終結す
るともない労働にやがては意識下にて潜在的に神経系内の理性的コ
ンフリクト：Ｃｏｎｆｌｉｃｔを募らせよう。論理的追考の運動上
の慣性作用よりして、客観性フィルターの制御機構をなす脳内部位
が最も覚醒している状態関数を維持し乍ら、生産的である論理性を
欠如する精神機能上のＬｏｏｐ運動にいつまで甘んじることが、知
的Ｆｒｕｓｔｒａｔｉｏｎを意識下に惹起せぬはずがないからであ
る。また、本来的にその可塑性が高くランダム：Ｒａｎｄｏｍであ
る性向を具有する主観性フィルターが、弁証運動に際しては最も客
観性フィルターの制御が要求されることにより抑制的とはなるが、
つねにその態様レベルに対応している客観作用の空転状態に対し、
力動的である神経系内の理性的コンフリクトを助長せぬわけにはい
くまい。もとより、弁証系プロセスの最終工程のトリアーデ：Ｔｒ
ｉａｄｅがそのジンテーゼ：Ｓｙｎｔｈｅｓｅである実存レベルに
到達しているにも拘わらず、理性作用としての追考処理のみがそれ
自体終端されることなくＬｏｏｐ状態に陥っていることは、専ら形
式論理的・記号論理的・述語論理的である原因によるところではあ
る。概念規定上での弁証系プロセスの最終工程が統覚されているこ
とにより、もはやそれ以上の弁証運動の継続が実質的効果を齎しは
しないのに、理性的追考の対象的知覚をなしている命題（論理式）
上に於いては、アンチノミー：Ａｎｔｉｎｏｍｉｅの関係式が未だ
決着していないために、論理学的アクセスとしての追考運動のみが
継続されているのである。したがって、この客観性フィルターと主
観性フィルターの両面からの要因による神経系内の理性的コンフリ
クトを解消することは、追考対象である命題（論理式）の恒真式：
Ｔａｕｔｏｌｏｇｉｅ化という問題にも他ならない。命題（論理式）
上の相互間の論理的否定の状態関数が、概念規定上の相互矛盾関係
と同時には止揚（揚棄）により自己統一されえないことは、かかる

命題（論理式）相互間の関係作用が論理学的形式上に明示的である
矛盾態様を内在しているとともに、その矛盾自体が概念規定上にお
ける弁証系プロセスの最終工程を前提しなければ解決されないの
で、概念規定に対する止揚（揚棄）による統一作用が直接上には命
題（論理式）を変化せしめるには到らないことによる。意識下に潜
在的である神経系内の理性的コンフリクトが、客観性フィルターと
主観性フィルターの交互作用によりＣＮＳの可塑的サイコンを刺激
し続けることにより、いずれかの時点に於いては意識上に顕在化さ
れてくると、追考対象である命題（論理式）の二律背反関係を清算
しうる術もないまま、ただそのままで何等編集・更新することなく
一旦＜括弧：【】に入れる＞しかなくなろう。そして、そのことが
恒真式：Ｔａｕｔｏｌｏｇｉｅの生成される端緒ではある。既に概
念規定上の自覚は実存レベルにて止揚（揚棄）されているのである
から、敢えてアンチノミー：Ａｎｔｉｎｏｍｉｅという対象命題（論
理式）上の前提を解放することにより、当該の時点に於いてＡｕｆ
－ｈｅｂｅｎされている概念規定上からの必然的要請に基づいて、
却って、形式論理学的（記号論理学的・述語論理学的）演算がリス
タートされ絶対的確実に妥当する真理：恒真式として再編成される
ことになる。そこに生成されるＴａｕｔｏｌｏｇｉｅこそが、真理：
恒真式としての絶対性を具有する命題（論理式）であることになる
のである。

　命題（論理式）上のアンチノミー：Ａｎｔｉｎｏｍｉｅから恒真
式：Ｔａｕｔｏｌｏｇｉｅへと［第二次］還元するメカニズムはつ
まり、弁証系プロセスによる概念的自覚が最終工程にありつつも空
転することの神経系内の理性的コンフリクトと、それに同期して可
塑的ヴェクトルにある主観作用の内的抑圧を力動概念として、対象
的知覚として定型化されている命題（論理式）の二律背反関係を一
旦無条件に＜括弧：【】に入れ＞、とりもなおさず、命題（論理式）
上の相互否定的前提自体を排して理性的メモリ域を開放することに

より、慣性作用に基づいて弁証運動を続行せんとする傾向にある理性機能が逆理的である［第二次］悟性機能を触発するとともに相互連動し、絶対的限界点にある概念的自覚の命題（論理式）化が非前提にRe－startされる過程である。そこに再構築され生成される命題（論理式）は、絶対的確度での概念的自覚がそのまま反映されているから、誤謬の生じうる確率や相対的である非妥当性を容れぬ恒真式：Tautologieに該当しており、絶対的真理として称せられる命題（論理式）とは化している。それは一命題（論理式）としては、弁証作用上のプロセスに於いて［論理系上の］相互否定関係にあった対象命題（論理式）の、いずれか一方であるかもしれないし、またいずれとも異なる論理学的形式と構成内容を装備するかもしれないが、いずれにせよ、概念上の規定性としては相等しいといえる。というのも飽くまで、当該の同一の対象的知覚に対する概念的止揚（揚棄）を契機としていることによる。

　しかし乍ら、恒真式が再構築され生成されるという、如上の記述が、絶対的真理の概念規定を精神的手続により新規に生産・創造されるものとして取扱っているのではないことも自明である。真理：恒真式は、精神機能上の［第二次］還元作用により導出される命題（論理式）という理性機能上の論理的形式を以って成立するため、それ自体は精神機構上の弁証系プロセスによる所産として把捉されなければならないが、もとより弁証系プロセスとは現実規定としてあるがままの相対系自体と絶対的に合致していることの証明を当該の命題（論理式）に実現することであるため、いかなる真理：恒真式もその発生時点を問うならば、弁証系プロセスによりTautologieとして生成された時点ではなく、相対系の起源と等しく無限の過去時間にまで遡及する必要性があるからである。よって、真理：恒真式は改めて生産・創造されうる作品ではなく、現実規定としてあるがままの相対系自体と合致していることが絶対的確実性を以って証明されている命題（論理式）である。さればそれは、所詮

１００％未満の確率としての真理率もしくは誤謬率ではなく、厳密に１００％の確実性を具有する。したがって、かくも絶対的確実性を以って真理：恒真式として証明されることにより、同一の絶対的確実性を以って誤謬命題（論理式）とても明示されていることにもなる。当該の真理：恒真式と当該の誤謬命題（論理式）とは、命題（論理式）としては必然的に［論理系上に］相互否定しあう関係作用にあるからである。

　そしてまた、いかなることであれ相対系自体と合致していることの絶対的証明が真理：恒真式に他ならない以上、相対系という普遍的体系に必当然的に妥当する成立原理としての関係式では、弁証作用により導出されうる一切の真理：恒真式は相互間の無限因果的整合性のうちに連動している。相対系を構成する一切の特殊時空間的モメントは、その各々が無限に例外なく相互連動することにより成立するから、相対系自体がその一特殊時空間的モメントである精神上に反映される絶対的確実性を具有する命題（論理式）、即ち真理：恒真式はそれが相対系のいかなる態様を証明するものであれ、それとは別に既に絶対的確実性を以って生成されてきている、もしくはこれから生成されうるすべての無限に亘る真理：恒真式との関係式にて、相互間に矛盾することない無限因果的整合性がつねに確保されている。いかなる論理学的形式を構成する命題（論理式）であろうと、それが１００％のTautologieとして［第二次］還元されている以上、必然的に相対系自体に対し自己同一である真理：恒真式に共通の本質的属性を具有するため、無限の相対系より自己同一として反映されうる真理：恒真式は無限に生成され得、且つ無限に成立しうる真理：恒真式は相互間に無限連動する。このことは、真理：恒真式としての絶対的確実性を以って［第二次］還元されるいかなる命題（論理式）からも、それ以外の無限に亘るいかなる真理：恒真式をも演繹的に証明されることが可能であることを意味している。そのことは、命題（論理式）を構成する主語・述語・及び

140　　第Ⅲ節　恒真式／絶対系

それらの関係式などにおける共通性や、またそれ以外の何等の論理学的条件をも必要とはせず、ただ相対系自体に対し自己同一である真理：恒真式であることのみを条件として、無限を数える内実・パターンでありうるあらゆる真理：恒真式は相互間に証明されることができる。真理：恒真式であることのみにより、それ自体の存立により相対系を自己内に体現している特殊時空間的モメントであるとともに、相対系そのものが無限に相互因果的整合性を具有する相互連動として成立しているからである。かくて相対系を自己同一としての精神現象上に体現する一切の真理：恒真式による無限の全体系を、絶対系と称せられる。［第二次］悟性機能上の［第二次］還元作用により絶対性を体得されてある、真理：恒真式からなるシステム概念であることによるところである。

　しかし、一切の真理：恒真式が或る任意の真理：恒真式から演繹的に導出されうるとしても、相対系を構成する特殊時空間的モメントがすべて有限である以上、弁証運動を通じて真理：恒真式を生成することができる精神機能を具備する主体とても有限であるから、そのような有限の運動主体にとって無限に真理：恒真式を証明し続けることが、ゆめ可能である作業ではありえない。したがって、無限に及ぶあらゆる真理：恒真式による全体系を例外なく編成し尽くすこと、とりもなおさず絶対系の完成とは、事実上に於いては無限の未来に予定されている学術的体系化であることになる。とはいえ、そのことが現実性のない空論であるなどと論述しているのではない。相対系がもとより無限を遡及する過去時間より無限を展開する未来時間まで包摂し、且つ真理：恒真式が本来に於いては相対系自体と自己同一である知的所産であるため、真理：恒真式の起源は［第二次］悟性機能上の［第二次］還元作用により真理：恒真式として生成された時点ではなく、つねに相対系自体と相互Ｌｉｎｋして無限の過去時間より無限の未来時間まで成立する。真理：恒真式の概念規定を、相対系自体と自己同一である精神機構上の内的規定

形式として把捉するならば、実際上に弁証運動を展開しゆくまでも
なく、それらすべての真理：恒真式の全体系をなす絶対系は、もは
や普遍妥当することが予定されているシステム概念であることにも
なる。ただ、明示的に絶対系を学術的体系化として完成させるため
には、個体概念としての有限の精神主体の限界点がそれに耐えない
だけである。それは恰も、相対系がすべて有限の特殊時空間的モメ
ントによる無限連動であるにも拘わらず、有限の個体概念にとって
は、相対系の無限の果てまで移動し経験することができないことに
も通じている。

　相対系と絶対系との関係式については、その名辞のみを単純に比
較するとき、相対と絶対との概念規定が双方ともにそうであること
よりして、やはり相互間にて反対概念をなすものと誤認されるかも
しれない。両概念規定の名称の由来としては、相対系がすべて例外
なく相対的にして有限である特殊時空間的モメントの相互連動シス
テムであることにより、また絶対系が相対系に対する絶対的に自
己同一である全真理：恒真式の体系概念であることによる。相対
的・可変的にして有限であるものは、無限に相互連動しあうことに
より成立する特殊時空間的モメントであるが、他方にて絶対的であ
るものは、精神機構における命題（論理式）という理性機能上の論
理的形式を通じてのみ成立し、且つ相対系自体と１００％自己同一
であることが証明された真理：恒真式である。しかく相対系自体と
１００％自己同一である真理：恒真式が、それより演繹され導出さ
れうるそれ自体以外の無限に亘る真理：恒真式との間で絶対的に相
互因果的整合化されている以上、そのことがまた、相対的にして有
限である特殊時空間的モメントが、それ自体以外の無限に亘る特殊
時空間的モメントとの間で例外なく相互連動していることに基づい
ている。無限の一般時空間におけるいずれかの時点もしくは座標系
に於いて、仮に特殊時空間的モメントによる相互連動の成立しない
例外があるとすれば、もはや無限の相対系に対し普遍的に妥当する

法則も真理：恒真式もありえないことになるはずであるからである。つまり、或る任意且つ一意の特殊時空間的モメントに妥当する法則と、当該の特殊時空間的モメントとは相互連動しない特殊時空間的モメントに妥当する法則との間には、何等の相互因果的整合性も保証されはしないからであるとともに、もとより相互連動しない特殊時空間的モメントなど成立しえないが故。したがって、相対系と絶対系とは、相互間に反対概念をなしているどころか、寧ろ精神現象を媒介して相互間に自己同一に帰せられる対応関係にある全体系であることになる。

　また、相対系を無限に例外なく構成する特殊時空間的モメントがなべて相対的・可変的であるにも拘わらず、真理：恒真式が絶対性を具備する唯一の概念規定であるということは、ゆめ相互に抵触しない。何となれば、真理：恒真式は有限である特殊時空間的モメントのいずれかではなく、無限である一般時空間を例外なく包摂する普遍的法則をなし、哲学理論上の絶対性を具有する公理としてあるからである。つまり、相対系自体の普遍的法則にして哲学的公理である真理：恒真式の成立そのものが、命題（論理式）という精神機構上の理性機能上の論理的形式を以って、［第二次］還元された帰結現象として恒真式：Ｔａｕｔｏｌｏｇｉｅを生成せしめられてある以上、しかる命題（論理式）をなす真理：恒真式が相対系自体と絶対的に自己同一であることは、ただ必当然の原理論でしかない。

第Ⅱ章　絶対系論∴真理（値）概念

143

144

第Ⅲ章

真実概念
＜回帰された実存＞

第一部　基準系

第一篇　基準系理論《体系論》

先験概念としての基準系

　客観的、且つ主観的である神経系内の理性的コンフリクトの動因であった追考対象の命題（論理式）より、［第二次］悟性機能による［第二次］還元作用を契機として、相対系自体に対し１００％の確実性を証明されているTautologie、即ち真理：恒真式が生成されるとき、その瞬間における当該の追考対象を構成する理性上の知覚情報が、＜真実＞の概念規定とはなる。真実とは別して、現実という概念規定が成立しうるが、いずれも相対系自体を対象とする知覚情報であることでは共通している。相対系の一意にして任意の特殊時空間的モメントとしてある、精神機構における脳内先験的部位をなす先験的力動概念である基準系には、相対系自体の構成素子として内部反映されてある相対系自体の知覚情報を先験的に体得されている。それは先験的であるが故に、何等の追考・検証という経験作用をも経過していない原始的といえる知覚ではあるが、しかく先験性に遡及する同一の根拠よりして、何等の誤謬の可能性をも論理的否定される純粋の相対系自体の知覚でもあり、それこそが現実と称せられる知覚レベルの概念規定である。

　この先験的である純粋知覚としての相対系、即ち基準系自体がその力動概念として機能することを契機として、経験作用上に相対系自体に対する自覚統一を可能ならしめるための論理系、及び弁証系プロセスを作動せしめることは、それに基づく［第二次］悟性機能による［第二次］還元作用を契機とする自覚統一に成功した時点に於いて、基準系としてある精神機構における先験態様と論理系としてある精神機能における経験態様が、相互にとっての反定立態様のうちへと自己回帰される、即ち相互統一的に自己化されることを意味する。先験的精神機構である基準系は経験作用以前に相対系自体と自己同一であるが、すべての特殊時空間的モメントが運動態様としてのみ存立することから、たとえ先験態様をなす特殊時空間的モメントと雖も経験態様として成立するとともに、経験的精神現象である後天的知覚とても相対系自体と自己同一である以上、経験作用

上に、つまり論理系乃至弁証系プロセスを通じて相対系自体を精神現象に体現せしめることは、先験的である相対系自体の純粋知覚を論理学的手順により自覚統一することに等しいため、相対系という相互同一の対象的知覚を媒介することを以って、精神機構の先験態様と経験態様が相互間に自己化されることになるためである。

　また、同時にこのことは、精神機構の先験態様と経験態様との相互自己化現象を媒介して、といわんよりその相互自己化現象そのものとして、相対系が相対系自体へと自己化される作用をも具有する。精神機構の先験態様である基準系を構成する実質的概念は相対系自体の先験的である知覚情報としてあるが、もとよりそれは基準系自体が相対系を体現する特殊時空間的モメントであるが故に、しかる先験的である知覚内容に相対系自体のあるがままの規定性が反映されているところである。当該の先験的である知覚内容を以って、相対系自体の知覚的反映として自己同一である現実概念の規定性に相当する。基準系がその先験態様の力動概念をなして精神機構の経験態様である理性機能を触発することは、基準系の知覚体系を構成するア＝プリオリ：ａ＝ｐｒｉｏｒｉに反映されている相対系自体が、精神機構の経験態様にあっては未だ体現されてはいない相対系概念に対する潜在的欲求のエナジー値を動因として、精神機能を通じてア＝ポステリオリ：ａ＝ｐｏｓｔｅｒｉｏｒｉに相対系自体を体現するための必須プロセス、即ち理性機能による論理系乃至弁証作用を助長することを意味する。そして、その論理系乃至弁証作用の全プロセスを正常に終了後、悟性と称せられる精神機能、精確には［第二次］悟性機能による還元作用、精確には［第二次］還元作用により絶対の確実性を具備する真理：恒真式が生成される場合、経験作用上の精神現象における知覚内容には、ア＝ポステリオリ：ａ＝ｐｏｓｔｅｒｉｏｒｉである絶対の確実性を以って相対系自体の概念規定が体現されていることになる。そのことはされば、基準系を構成する先験的概念であるところの相対系自体が、論理系上の弁証系

第
一
部

基
準
系

第
一
篇

基
準
系
理
論
《
体
系
論
》

先
験
概
念
と
し
て
の
基
準
系

プロセスという精神機能の後天的且つ経験的プロセスにより絶対的
に体現された相対系自体との関係式に於いて、１００％の確実性を
なす絶対的真理、即ち恒真式：Ｔａｕｔｏｌｏｇｉｅの生成という
精神機構特有の機能を通じて相互のうちへと自己回帰される、とり
もなおさず、相対系自体の精神機構を契機とする絶対的自己化の現
象であることになる。精神機構上の先験的知覚としての相対系自体
を動因として、その経験的知覚としての相対系自体が絶対的確実性
を以って体現されることは、もとより先験的知覚としてある相対系
が経験作用により相対系自体へと１００％自己回帰されていること
であるとともに、経験的知覚として体現された相対系が先験的知覚
として体得されている相対系自体へと１００％自己回帰されている
現象でもあるからであり、このことは相対系自体がそれ自体のうち
へと自己回帰しあう精神機構上の相互作用であるためである。かく
て、相対系自体が論理系という特定の精神作用を媒介することによ
り自己化されることはまた、精神機構におけるア＝プリオリ：ａ＝
ｐｒｉｏｒｉとア＝ポステリオリ：ａ＝ｐｏｓｔｅｒｉｏｒｉとの
自己回帰であることをも意味する。先験的知覚として体得されてい
る相対系自体は、基準系という精神機構上のア＝プリオリ：ａ＝ｐ
ｒｉｏｒｉに成立し、且つ経験的知覚として体現される相対系自体
は［第二次］還元作用という精神機能上のア＝ポステリオリ：ａ＝
ｐｏｓｔｅｒｉｏｒｉに成立するからである。但し、基準系のみを
以って精神機構の先験態様の全体系を包摂するのではないととも
に、［第二次］還元作用のみを以って精神機構の経験態様の全体系
を包摂してはいないため、真理：恒真式の生成という一事のみを以っ
て、ア＝プリオリ：ａ＝ｐｒｉｏｒｉの全体系とア＝ポステリオリ：
ａ＝ｐｏｓｔｅｒｉｏｒｉの全体系との相互間の自己化であること
を断定することはできない。ここに於いて断定できることは、一切
の特殊時空間的モメントが運動態様として経験的にのみ成立するか
らは、先験的知覚である基準系とてもそれ自体が経験的に成立して
あることになり、真理：恒真式の生成により、もとよりその力動概

148

念として作用する基準系の経験態様が、相対系自体の先験的知覚である基準系の先験態様へと自己回帰され自己統一されることではある。同時にまた、基準系自体が相対系として成立する先験的知覚であり、且つ［第二次］還元作用自体が論理系上の対象命題（論理式）の相対系自体に対する還元作用としてある以上、真理：恒真式の生成という一事のみが、精神機構のア＝プリオリ：ａ＝ｐｒｉｏｒｉとア＝ポステリオリ：ａ＝ｐｏｓｔｅｒｉｏｒｉに於いて、自己自身の成立に相対系自体が絶対的精度にて体現されうる機能であり、更にはそのことにより、精神機構の先験性と経験性との相互回帰による相対系自体の絶対的自己化を可能ならしめる唯一の特殊時空間的モメントに他ならない。しかる意義に於いて、それが無限をなす一般時空間上にあるも、精神機構が相対系の特殊であるモメント素子であるともいえよう。

　而してまた、基準系における先験的知覚である相対系が、［第二次］還元作用という経験態様をなす［第二次］悟性機能の処理により相対系自体へと誤謬なく自己化されるとき、されば意識上レベルにある論理系上の対象命題（論理式）は絶対的精度にて相対系自体を反映し、且つこれに妥当する恒真式：Ｔａｕｔｏｌｏｇｉｅとは化している。これこそが相対系自体を絶対的精度にて反映している以上、無限の一般時空間に妥当する普遍性をなす真理：恒真式であることにもなる。基準系における先験的知覚としての相対系自体が現実概念であるに対比して、如上の瞬間上に絶対的確実性を以って経験態様として自己化されている相対系自体が、真実概念と称せらるべき合理的根拠を具備しているのである。当該の意識階層レイヤにおける追考作用の最終の認識レベルに於いて、絶対的確実性を以って自覚統一されている相対系自体こそが、任意且つ一意の命題（論理式）である真理：恒真式における概念規定を構成する本質規定に相違ない。

150

第Ⅱ篇

基準系理論《機能論》
※特殊の実存としての精神

第Ⅰ章

精神機構の特殊性

第Ⅰ節 相対系内自己化運動

　無辺の相対系内にあって特殊空間上、且つ特殊時間上に一意であること、即ち無限の一般空間域にあって他のいずれでもない一意の座標系にあり、且つ無限の一般時間過程にあって再び回帰されえぬ一意の時点にある、運動・変化とその状態関数が実存の概念規定を構成することは既述の通りだが、一概に実存とはいうも、相対系内における一切の特殊時空間的モメントが例外なく実存として成立している。無限個に及ぶ個体数、無限種に亘る類型や族に分化されている相対系の下位集合及びエレメントであるが、そのうちでも至極特殊である実サンプルがある。精神機能、或いは知的作用と称せられる内的エナジーを発現しうる大脳生理の機構、もしくはそのような機能を具備する生命現象としての特殊時空間的モメントである。当該の実サンプルをなすものは、太陽系内の第三惑星と称せられる位置的アドレスに生息している実績があるが、少なくとも自然環境や気象条件の類似した特殊空間の領域範囲であるならば、その環境変数や組成条件に適合すべくカスタマイズされた生体の実サンプルが、銀河系を一例とする銀河内外その他の地域にも成立しうるであろう。また、太陽系第三惑星の環境下では実験・観測の困難とされる元素により形成されている条件下に於いては、その環境変数や組成条件に適合して進化してきた生態系の成立している可能性もあるし、更には、それら生息の条件や発生の経緯を異にする精神機構をなす主体が相互に交渉しあうことさえ、その知能レベルが相当程度に同等以上ならば不可能でもなかろう。双方向に媒体変換することにより交信することのできるインタフェースの設計・開発作業に、相互間に於いて知的協力を期待することもできるからである。［尤も、そのためには別個の課題、即ち交信しあうべき双方が、特殊時空間上の交信可能となる許容範囲内になければならないのだが］とまれ、精神機構が或る特殊の実存としての概念規定をなすことの意

義とても、ほどなく自ずと明らかにはなろう。

　相対系を構成するあらゆる特殊時空間的モメントは、それ自体と
それ自体以外の全特殊時空間的モメントとの関係変数に於いて、特
殊時空間上に一意であるＳ（ｔ）⇔〜Ｓ（ｔ）という実存的である
相互否定＜零化＞関係により編成されているから、精神機構及びそ
の生理機能とても例に漏れない。精神機構上の或る機能による或る
状態関数が生起するとき、そのために放出される精神内的エナジー
はそのまま或る特殊時空間的エナジーでもあるが、当該の瞬間にお
ける当該の精神機構の当該の状態関数に対し否定（収束）作用にあ
り、且つそれ以外のすべての特殊時空間的モメントの状態関数の統
合化エナジーに於いて、それとは逆方向のヴェクトルに収束・零化
されるエナジー値と相等しいものである。ここでの零化とはされ
ば、エナジー値の放出／収束により零という基準値に再還元される
ことを意味する。つまるところ、そのような精神機構の採りうるい
かなる状態関数も、無限小の時間長を遡及する瞬間におけるそれ以
外の一切の特殊時空間的モメントの統合化エナジー、即ち当該の瞬
間をスライドする一瞬間前のそれ自体に対する否定作用エナジーの
帰結現象として体現されている。相対系を構成するあらゆる特殊時
空間的モメントの、そのいかなる状態関数と雖も、無限小の時間長
を遡及する時点に於いて、一切の特殊時空間的モメントの相互連動
を契機とする統合化エナジーにより否定・収束された帰結現象とし
て、無限小の瞬間を移行することにより生成されてくるものである
が、その反面に於いては、無限という限度に於いて一定している相
対系全体の絶対エナジーのバランスを保持するため、生成されると
ともに収束・零化されなければならない必然性とてもある。尚ここ
で、同時点の相対系における全他在により相互否定（収束）作用の
対象となるものが、その特殊時空間を体現する特殊時空間的モメン
トの一意の状態関数であって、決して特殊時空間そのものではない
ことは、直接上に於いて実存的矛盾関係にある対象が特殊時間上の

タイミングを特定された瞬間値であるとともに、かかる相互否定（収束）作用自体が当該の同時点における全特殊空間の成立を前提してあるからである。また、その同時性にある実存的である、即ち無限にあって一意である相互否定（収束）作用により生成される状態関数は、無限小の瞬間を移行することにより収束・零化せしめられることになるが、その実存的である自己存在エナジーの生成と収束・零化は際限なく同時に接近するけれど、ゆめ同時ではない。あらゆる特殊空間上の運動・変化はつねに特殊時間的推移を伴うため、瞬間という無限小の時間長のスライド作用なくしては、生成もしくは収束・零化という運動規定さえも成立しないはずであるからである。

　この場合、当該の運動規定の主語をなすものが精神機構及びその生理機能であるから、その状態関数に展開されゆく実測値は何等かの知的活動を示唆している。知的活動には、大別して大脳生理機構における主観性フィルターを制御する部位による作用と、他方では、客観性フィルターを制御する部位によるところがあるが、その運動・作用が客観上には相対系自体の概念規定を自覚統一する処理にあるのならば、その処理の最終工程に相当する真理：恒真式の論理的生成は、相対系そのものの当該の特殊時空間的モメントである精神上への反映にして、且つ精神上における相対系自体の先験的知覚体系の経験的自覚統一を通じての相対系そのものに対する相互同化現象でもある。真理：恒真式の発見、とりもなおさず、精神機能によるTautologieの論理的生成は、ア＝プリオリ：a＝prioriに体得されている相対系自体の純粋知覚をア＝ポステリオリ：a＝posterioriに体現することにより、精神上に於いて相対系そのものを自己回帰せしめるためであり、そのことは結果として相対系自体の精神機構というフィルター制御による自己回帰エナジーを以って体現されるからである。客観的主語としての精神機構の、その動因でもある無限小の時間長を遡及する瞬間の状態関数に対し否定・収束せしめる、相対系全体におけるそれ以外の

全他在の状態関数をなす全エナジーの運動的統合化された帰結現象としてなされるのであるから、相対系によって相対系自体を自己化せしめる精神機構そのものに、それが相対系自体と自己同一である本質規定がフィード・バック：Ｆｅｅｄ－ｂａｃｋされているはずである。かかる帰結現象に到達する知的活動の過程に於いて、ＣＮＳ内の客観性フィルターをなす部位による理性上の追考運動が実行されゆくほどに、相対系の力動概念により反映せしめている知覚作用の表象モニター上に於いては、しかる相対系自体の概念規定がより顕在化されゆくことではあろう。精神機能がいずれ一点の誤謬をも侵すことなければ、真理：恒真式の発見（論理的生成）という相対系自体の概念規定に対する絶対性ある自覚統一に到る刹那に、対象的知覚として成立する相対系は現実態様を以ってあるがままの相対系そのものとして、精神機能上の弁証系プロセスの使役主体である相対系との関係式に於いて相互同化せられ、精神機構という相対系のモメント素子を媒介することに於いて、相対系による相対系自体に対する絶対的自己化が成立するのである。

第一章　精神機構の特殊性

第Ⅱ節 精神内的自己化運動

　精神機構上に先験的に具備されている相対系の知覚の体系、即ち基準系はそのモメント素子としての存在履歴以前に相対系自体より反映されてある原始的といえる知覚情報の構造をなすから、理性作用による追考運動という経験態様により自己存在を以って相対系を体現することは、ア＝プリオリ：ａ＝ｐｒｉｏｒｉの精神機構として反映されている相対系自体が、ア＝ポステリオリ：ａ＝ｐｏｓｔｅｒｉｏｒｉの精神機能により体現される相対系自体により自己内回帰を以ってする帰結現象として自己化され、精神機構における先験態様と経験態様との止揚（揚棄）を通じて、それ自体が１００％相対系自体と自己同一となる精神機構上の絶対的自己化が成立しうる。無限種に及ぶ相対系の特殊時空間的モメントの族・類型等にあって、その概念規定そのものに相対系自体の自己内フィード・バック機構を具有し、一特殊時空間的モメントとしての自己運動により絶対性の属性を体得しうる精神機構は、やはり他には例がないところではあろう。

　精神機構上の機能態様、及びそのなさしめる作用にも、幾許かの分類に所属するものがある。レム睡眠やオーソ睡眠等に例示されるような下意識状態、もしくは意識下ではあるも内省可能である前意識状態から、追考運動という最も覚醒した意識的状態に到る意識／下意識レベルの状態遷移には意識階層レイヤがあり、また理性機能上の客観作用による思惟や懐疑等のほかに、情動的である主観作用による動揺、直覚的である創造的発想など活動するフィールド類型も単一ではない。課せられている処理内容やその直面している状況に応じて、それら精神機構上の機能態様は動作／制動をコントロールされているわけであるが、精神機能上に於いて実現されうる処理内容のうち最も客観処理性能を要求されるそれは、論理系上の弁証

運動であると断定できる。あまりにも非主観的である対応能力と追考処理上の精度が不可欠となるために、意識階層レイヤに於いて最高度に覚醒された状態関数になくては処理しきれないラン：Run－IDプロセスであるからである。そして、当該のRun－IDプロセスの実行目的とは、つまるところ知ることにある。あるがままの相対系自体の現実態様を、相対系自体を体現するモメント素子である自己存在のうちに自覚することである。ついては、幾らかの必要となる論理系上の手続きを実施しなければならないのであるが、しこうして自覚せらるべき相対系自体の現実態様とはそも何程のものであるか。＜現実＞の概念規定とは、相対系における一切の特殊時空間的モメントが、実際上にただその通りであることにすぎない。ただ、その通りであるだけの事象・事実を誤謬もしくは主観的錯誤なく享受することは至難にして、そのことは相対系のすべて普遍妥当する公理的法則を示唆しているとともに、いまここにある瞬間における相対系自体の状態関数を反映してもいる。そのカテゴリーは相対系という一般時空間の無限域に妥当するから、当然そのうちには追考主体自身の身体上及び精神上の問題とても内包される。つまるところ、追考処理の対象は敢えて限定されてはいない。いかなる問題を追考対象として取り扱い、理性作用上の対象的知覚とするにせよ、精神機構上の機能態様が弁証系プロセスの追考処理を開始せしめるためには、実際上に理性的アクセスする対象的知覚を一定の論理系における理性機能上の論理的形式：Formatに変換しなければならない。命題、もしくは判断と称せられる論理式がそれに該当するが、かかる論理式という精神機能上のFormatを媒介することなくしては、もとより弁証系プロセスが作動しえないためである。そのことは即ち、理性作用をなす意識上レベルにある精神機能による追考処理の対象となりうるものは、未だ客観的精神機構によるフィルター制御を実施される以前の、基準系上における精神内的に非形式の相対系自体ではない、つまりは既に精神内性フラグが附加されているところの、Logical：論理学的属性を具有

する相対系自体の知覚でなければならない、ということでもある。やがては精神機構上の理性機能が弁証系プロセスの全工程に於いて、その弁証作用の対象とされている相対系自体の知覚情報の内実に対し、０％の誤謬率に於いて証明することができる場合には、［第二次］悟性機能上の［第二次］還元作用により生成されようはずの命題（論理式）は、対象的知覚ではない基準系上の精神内的に非形式の相対系自体と絶対的精度にて合致されていることにもなる。それはまた、本来に於いては精神機能上の所産であるはずの当該の命題（論理式）が、弁証系プロセス及び［第二次］還元作用による効果・効力として、対象的知覚としてではない相対系自体と１００％確実に合致された命題（論理式）として生成されていることになるからである。以上のＣＮＳ上の客観性フィルターによる追考処理を実施されることにより、絶対性の属性を体得されることになる精神上の自己化作用による結晶体こそ、真理：恒真式の概念規定に他ならず、したがって、必ずや真理：恒真式はいずれも或る命題（論理式）をなしている。

　精神機能上の諸作用を制御する大脳生理機構が相対的・可変的である特殊時空間的モメントであり乍ら、その或る特定の運動・作用を通じて絶対性の属性を獲得することができるのは、飽くまで当該の特定の運動・作用、即ち真理：恒真式の生成作用に於いてのみである。生成作用とはいうも、真理：恒真式はもとよりあるがままの相対系自体の理性機能上の論理的形式化された命題（論理式）としてあるため、主観作用上の芸術性向による作品を新規に創造するという類の意義ではなく、現実規定としての相対系自体に対し論証することにより命題（論理式）を論理系上に再構築する作業に他ならない。相対系自体と自己同一であることに一点の相対性をも容れず、とりもなおさず、絶対的精度にて合致している命題（論理式）が真理：恒真式と称せらるべき概念規定であるから、真理：恒真式を自己存在に体現して自己化することに成功している自覚レベルにある精神

上の状態関数は、そのまま絶対性を具有していることになる。論理的追考の過程に於いて、対象的知覚としてアクセス作用されてきた命題（論理式）は、それに対する［第二次］悟性機能による最終工程における［第二次］還元作用により、単なる相対的である命題（論理式）ではなく絶対性を具有する恒真式：Ｔａｕｔｏｌｏｇｉｅとして生成され、一般時空間の全域に普遍妥当する絶対的確実である真理概念として証明されたことにもなる。

　精神機構が客観的追考上の当該の自覚レベルに於いて、つまり真理：恒真式の生成という［第二次］還元作用による再構築処理を通じて、自覚統一し直されている相対系自体の現実規定に対する統合的把捉が、一般に＜真実＞と称せられる概念規定に相当する。基準系における現実概念が先験的に原始的知覚として具備されていた相対系自体であるに対し、真実概念とは客観作用上の弁証系プロセスを媒介して最終的＜絶対的＞に自覚統一された相対系自体であり、そしてそれが絶対的精度にて［第二次］還元処理された命題（論理式）が真理：恒真式の概念規定をなしている。かかる名辞上の区分はしたがって、単なる学術的体系化を目論むべき弁別ではなく、それぞれが等しく相対系の自己運動・変化を契機として相対系自体をそのモメント素子である自己存在の精神上に反映せしめられる概念規定であるが、このとき各々の自己内プロセス毎に反映せられている精神機構上の機能態様、延いては大脳生理上の当該するＣＮＳ各部位の状態関数に対応するところでもある。

　もとより、精神機構上の先験的知覚の体系として成立する基準系には、そのもの自体が相対系を体現する特殊時空間的モメントであるが故に、一切の経験作用を媒介するより以前の時点にて相対系自体としてある知覚情報が体得されているが、にも拘わらず経験態様をなさない特殊時空間的モメントとてもありえないため、相対系の先験的知覚の体系としての基準系がその経験態様に於いて、客観上

の相対系自体を自己存在に体現する力動概念として作用することにより、理性作用上の弁証運動を可能ならしめる。とともに、基準系の知覚内容自体が、論理系上における対象的知覚の真理率を判定するための先験的基準ともなる。論理系上の対象的知覚もまた相対系に対する経験作用による知覚情報ではあるが、既にそれが成立する経験的過程にあって精神内性フラグが附加されることで、不確実である属性を具有する知覚情報とはなっている他方、基準系における相対系自体としての原始的知覚には、いかなる経験作用をも媒介しないが故の純粋性が内在されていることによるところである。真理：恒真式の生成により、絶対的確実性を以って相対系自体が精神機構上に自覚統一されている自覚レベルに於いては、基準系を力動概念として追考処理されてきたはずの経験的知覚における相対系自体が、先験的知覚である基準系における相対系自体に対し相互自己化されていることになる。論理系上の対象的知覚に対する経験作用としての弁証運動そのものが、先験態様として具備されている相対系自体の純粋知覚［体系］である基準系へと自己回帰せしめ、相互同化せしめる後天的方法論に他ならないからである。而してまた、本来に於いては、しかる力動概念である基準系とても相対系自体を体現する特殊時空間的モメントとしてのみ成立する以上、相対系自体がしかく体現される特殊時空間的モメントである先験的精神と経験的精神との相互自己化を通じて、相対系そのものに絶対的自己化される運動規定であることにもなる。

第Ⅱ章

生の歴史

第Ⅰ節 系統発生的考察

さて、本章に於いては、とりわけ精神機構における生理的運動原理の起源となすところの概念規定につき論究する。無限を数える個体数と類型に分化している相対系の特殊時空間的モメントのうち、前章にもみる通り、その自己存在の自己運動による帰結現象に於いて相対系自体との相互自己化が成立しうる、精神機構という特殊の実例に対し、それ自体の力動概念でもある生理的運動原理の見地より検証をなすことを意義なしとはしないためである。

ヒトの精神、及び肉体には、その生を享受してより以来、自己存在という経験作用を媒介して体得される後天的である＜a＝posteriori＞性質と、何等の経験作用をも媒介することなく生来的に具備されている先天的である＜a＝priori＞素質がある。いかなる特殊時空間的モメントも実際上に存立していることは、そのこと自体が経験態様としての自己運動・変化を以って実現される以上、精神機構とその当該する生理的部位とても例外ではありえない。あらゆる精神機能はすべての特殊時空間的モメントと同様、一意の経験態様としてのみ成立することが可能であるが、そのような経験態様をなしてある自己存在の主語である精神機能の力動概念は、［それ自体の経験作用より以前の先験的プロセスで獲得れていなければ］いかなる経験態様も成立しないため、もとより経験作用としての自己存在であることは必然的にその先験態様としての存立を前提する。また、経験態様である精神機能をなさしめる先験的プロセスをどれほど遡及しようとも、そこにはつねに無限因果的である何等かの特殊時空間上の経験作用があるのみであることから、しかる遡及的である検証作業には際限がない。いかなる特殊時空間的モメントであれ、当該の自己存在における先験作用の起源を追究しゆくことは、しかる自己存在の全特殊時空間上の力動概念をなす相

対系自体の起源まで際限なく遡及せざるを得ないため、遡及対象とするところは無限の過去時間にしかなく、また相対系にあって検証せらるべき一切の対象は経験作用によってのみ成立しているからである。したがってまた、経験態様の本質規定が先験作用としてあるとともに、先験態様の本質規定が経験作用としてあるために、精神機能におけるア＝プリオリ：a＝prioriとア＝ポステリオリ：a＝posterioriとの相互連動は、両者の自己統一されてある実存概念として理解されよう。

　精神機能を制御する大脳生理機構の状態関数は、専らNESとCNSとの関係式により規定されるところであるが、その任意にして一意の現在時における状態関数を形成するものは、ア＝プリオリ：a＝prioriに於いては遺伝的変数、及び進化的変数が、またア＝ポステリオリ：a＝posterioriに於いては社会的環境変数、及び非社会的環境変数が、それぞれの自己存在の生理的変数に反映された帰結現象である。更にはまた、現在時の瞬間における自己内的、及び外的である刺激情報は、最も端的にして可変的・不特定の経験的変数であることにもなる。このことは、個としてのパーソナリティ：Personalityが、精神機構上の先験的プログラムのみならず可塑的サイコンの活動により規定されるため、可塑的である諸ニューロンの変化・変質によっても影響される可能性をも示唆している。

　個体概念として形成されるより以前に、即ち自己自身の存立経験より以前に獲得されている発生変数及びその成立原理を系統発生、また個体概念として形成されて以降に、即ち自己自身の存立経験を媒介して獲得される発生変数及びその成立原理を個体発生と称せられる。脳内部位をなすNESとCNSの生理的体系は、その系統発生による先験的変数と個体発生による経験的変数における、脳：身体比の増幅の方向線としての$<E＝kp^{2/3}>$により形成されるは

ずではあるが、もとより系統発生は個体発生の無限連鎖を遡及する過去時間にあるとともに、後天的経験作用として不断に実行される個体発生は系統発生の未来時間に対する運動端緒でもある。精神機構乃至生理機構を具備するすべての特殊時空間的モメントは、相対系自体の自己回帰運動により相互連動せしめられるため、いかなる特殊時空間的モメントをなす自己存在の発生変数も、相対系的過去という時間累積関数により決定される値であり、したがって、現在時における精神機構乃至生理機構の状態関数は、相対系的未来という時間累積関数を規定する発生変数に充当される運動端緒の特殊時空間的モメントでもある。かかる任意にして一意の現在時という瞬間生滅に於いて、相互矛盾しあう過去時間上の累積関数と未来時間上の累積関数が自己同一となるため、その無限小の生滅現象の都度毎に相対系の特殊時間関数の自己止揚（揚棄）態様が更新されることになる。

精神機構の生理的変数を規定する発生変数のうち、系統発生は当該の個体概念の生命現象の生成されるに到るまでの、即ちその生成以前の先験的プロセスにより規定され、また個体発生は当該の個体概念の生命現象の成立してより現在時に到るまでの、即ちその成立以後の経験的プロセスにより規定される。原則上では、系統発生的に規定された値は、あらゆる経験作用を媒介することなく獲得されているため、自己内的／外的である経験変数による可変性が比較的に低いが、その他方、個体発生的に規定された値は、必ずや何等かの自己経験を媒介して獲得されているため、より強度の刺激を具有する経験作用により変更され、更新される確率が比較的に高い。

個体発生を規定する時間概念は、生命現象という有限のモメント素子をなす特殊時間の始点より一意の現在時までの時間長に限定されるから、つねに有限時間に相当する。また、系統発生を規定する時間概念は、当該の生命現象の成立に到る遺伝子レベルの変数、及

び生体進化レベルの変数から相対系の起源までの時間長を包摂するから、無限時間に相当する。そして、かかる系統発生と個体発生により不断に更新される一意の現在時としての［相対系の］モメント素子は、当該の生命現象としては有限時間としての未来時間を規定するとともに、特殊時空間的モメントとしては無限時間としての未来時間を規定するため、当該の瞬間の生滅現象が、過去時間における有限時間と無限時間より、未来時間における有限時間と無限時間を生成するところの、任意にして一意の実存時間に相当する。

　瞬間の生滅現象は、時間関数のみならず空間関数の止揚（揚棄）態様でもあるが、一般空間を自己統一態様として規定することは無限大に対する積分運動となり、また特殊空間を自己分析態様として規定することは無限小に対する微分運動とはなる。精神機構とその生命現象を、それ自体による内的状態関数の規定態様として分析される限りに於いて、自己存在の特殊空間に対する無限小という有限空間を前提し、また相対系全体によるそれ自体に対する相互因果的関係変数の規定態様として分析される限りに於いて、全存在の一般空間に対する無限大という有限空間を前提する。そして、当該の特殊空間をなす精神機構とその生命現象に対する微分運動は、相対系自体を体現する最小単位である無限小の有限空間を規定するとともに、一般空間上に規定される当該の精神機構とその生命現象に対する積分運動は、無限大の一般空間の自己回帰作用により自己統一される有限空間を規定するため、しかくその双方の規定性が同時に成立するところの、普遍妥当する瞬間の生／滅が、無限大の相対系の自己統一される無限小に一意である実存空間を更新する。瞬間として成立する実存概念は、自己生滅現象の止揚（揚棄）態様であるために、一般且つ特殊空間上にも一般且つ特殊時間上にも無規定の概念規定ではあるが、またそのことと相等しい根拠に於いて、すべての規定性を具有してもいる。

実存空間としての瞬間／実存時間としての瞬間、その無限回帰により自己統一される自己止揚（揚棄）運動が、相対系を構成するあらゆる実存の状態関数を更新するため、精神機構とその生命現象における先験的変数、及び経験的変数についても、特殊時空間上の自己否定・自己統一運動として把捉することが精確である。先験的変数にせよ経験的変数にせよ、いずれも実存という、無限の相対系自体を体現する一意の瞬間の生滅運動を前提しているせいでもある。

　精神機構、乃至自我の構造における先験的変数は、無限の過去時間から累積されることにより反映されている値であるため、その系統発生の起源はもとより無限の過去時間にまで遡及する必要性があるのであるが、実例としての人間（ヒト）のＣＮＳ体系は太陽系第三惑星の環境下にて形成されたものであるから、以下に地球史的見地からの論究を附記しておく。本節に於いて系統発生につき論述するに当たり、そのこと自体は飽くまで地球という特定サンプル上での発生過程にすぎはしないのだが、しかし、相対系内にあって必然的に経緯されているプロセスとして意義がある。

　ＡＤ．２０００年代現在にあり、約４６億年以前に宇宙雲や宇宙塵等の集合されることにより形成されたとする地球環境に於いては、約－２００℃の低温状態値からその凝集時の圧縮により熱エナジーが発生したはずである。また、そこに含有される放射性物質は地表近くに集中されるとともに、鉄（Ｆｅ）・ニッケル（Ｎｉ）等の質量の大なるものは地球の中心附近に集中され、核・マントル・地核といった地球の段層構造を形成してゆく。地球の中心に接近するほどに高温状態値にあったが、約１０億年を経過後における大陸の原型の生成された当時でも、地表には空気がなく、地球内部より徐々に気体を表面に噴出していた。そのような盛んな火山活動を通じて大気中の水蒸気も次第に豊富になり、雲を発生させることにより降雨・雷を誘発し、やがて地表には海洋を生成せしめることにな

る。当時の大気中には窒素(N)・炭酸ガス(CO_2)・硫化水素（H_2S)・塩酸（HCl)・アンモニア（NH_3)・メタン（CH_4)・塩素（Cl)・水蒸気等が含有されていたものの、酸素（O）がなく、また太陽より放射される紫外線を防御するオゾン（O_3）層も形成されていなかったため、直接に紫外線が地表へ到達していた。このことからも、生命体生成の化学反応に役割を果たした要因としては、紫外線エナジーの光化学作用・雷による空中放電・海洋における条件変数等が考えられる。

　現在時の地球環境にあって観測可能である物質の原子、及びイオン等の構造が、約３６億年を遡及した環境に於いても妥当することを前提条件として、学術的には定説とされる生命起源説がある。尤も、飽くまで理論上の仮説として妥当する可能性あるも、客観的事実をなす必当然性までは立証されえていない。生命現象の生成の契機となる物質は有機化合物であるが、無機物質同士の化学反応によっても有機化合物が生成されうることから、当時の地球上の環境に有機物質の存在しうることを仮定せずとも、そこに生命現象の起源を証明することは可能ではある。但し、有機化合物は炭素（C）を含有する化合物であるため、少なくとも当該の環境内に炭素の存在しうることを前提することは必要となる。太陽大気中の炭素が核融合エナジーにより重金属と化合するとき、たとえば、炭素（C）＋鉄（Fe）→炭化鉄（CHg）を生成されるが、それらはいずれも無機の属性を具有している。然るに、かかる炭化鉄のような炭化物が再び地表へと噴出して、大気により加熱処理された水蒸気と接触することにより、炭化鉄＋水→水酸化鉄＋炭化水素が生成されるのであるが、このような炭化水素が至極単純といえる有機物質に他なるまい。炭化水素は、水・アンモニア・水素等と反応し、また水の構成要素である酸素により酸化されることで、酸素や窒素を内含する炭化水素の誘導体である、アルコール・アミド・アミン等からアミノ酸を生成する。

炭化水素の水素（H）をアミノ基（－NH_2）により置換された化合物としてアミン、またアルコール或いはアルデヒドの酸化により得られるカルボキシル基を具有する化合物としてカルボン酸（R－COOH）が成立するが、炭化水素の置換体としてアミノ基とカルボキシル基を具有する化合物である、アミノ酸が生成される。アミノ酸におけるアミノ基（－NH_2）はアルカリ性を示しており、またカルボキシル基（－COOH）は酸性を示すものである。

ところで、アミノ酸（$RCH(NH_2)COOH$）はタンパク質の加水分解により発生しうるが、またアミノ酸同士の間より脱水作用、結合反応によりタンパク質が生成されうる。タンパク質は、アミノ酸がそのアミノ基とカルボキシル基との間より脱水縮合されたポリペプチド結合の構造の高分子化合物である。かかるアミノ酸結合には、水分（H_2O）を排除することにより結合すること、即ち縮合重合が必要となるのであるが、当時の環境に加熱ファクターを前提するならば、熱・紫外線・放電等が想定される。而してまた、アミノ酸結合よりタンパク質の合成に到るプロセス間の動因として、当時の環境変数として何等かの高圧ファクターを前提しなければならないが、実サンプルとして海底の水圧等が考えられる。或る分析上の仮説としては、至極単純ともいえるアミノ酸であるグリシン（H_2NCH_2COOH）を一例として、何等かの脱水現象によることを前提とした加重結合が行われ、タンパク質の基本型であるポリグリシンが生成される。そしてまた、仮定される圧力現象や種々の単純といえる化合物との反応を経過することにより、ポリグリシンより通常のタンパク質、即ちタンパク質の一般型へと発展することとても考えられる。

タンパク質の構成要素であるアミノ酸には、アルカリ性のアミノ基（－NH_2）と酸性のカルボキシル基（－COOH）というイオン性の二重構造があり、水に溶解しやすい傾向を呈する。タンパク

質と水ならば水に均一に溶解し、またタンパク質と塩ならば集一して沈澱物化し、そのイオン性を喪失することになるが、タンパク質に水と塩が同時に融合されるならば、溶解しつつも沈澱し、且つ沈澱しつつも溶解する状態関数となり、液滴へと生成されうるはずである。水と塩の両条件を同時に具備する環境例としては海水があるが、現在の海水にはナトリウム（Ｎａ）やカリウム（Ｋ）の含有量がより多いことに比し、原始の海洋にはカルシウム（Ｃａ）やマグネシウム（Ｍｇ）がより多く含有されていたと推定されることも、タンパク質溶液をして液滴化せしめるに有利といえる条件を具備していたといえよう。加水による分解の傾向はアミノ酸化を促進し、加塩により基同士が集一しようとする傾向は縮合重合を促進し、その両作用を備えた海水の条件下にあって、タンパク質の状態関数のかかる相互否定・収束せしめる運動・作用が同時に成立することにより、溶解且つ沈澱／沈澱且つ溶解された状態関数の液滴＜コアセルヴェート：Ｃｏａｃｅｒｖａｔｅ＞成立の可能性が立証される。溶解運動により周囲の有機物である核酸・糖類等との混合が生じ、また沈澱運動により周囲の有機物が自己内に吸収されて統合化され、かくて液滴＜コアセルヴェート＞の内部構造の変革が惹起されうる。自己内への合成過程に比して自己の分解過程のほうが活発であり高速ならば、当該の液滴は構造溶解、即ち水に離散された状態関数となり、また自己の分解過程に比して自己内への合成過程のほうが活発であり高速ならば、当該の液滴の内部構造は安定する。存続された液滴はその内部構造の拡大につれて、却って更に小さな液滴へと自己分裂しはじめる。その現象規定は、自己自身の内部構造が未成熟であるために、より拡大されゆく自己自身の内部構造を維持することができなくなることにより生じるものである。このように分裂した多数の小液滴は、それぞれに同様の自己自身の内部構造の変革から自然淘汰の運動・変化を繰り返し、さらに分裂した小液滴の各々に於いても同様に繰り返され、かかる作用は際限もなく反復されるはずである。その無限の反復作用を通じて、構造溶解され

た液滴は他の物質へと形成・変化するが、構造安定された液滴はもと液滴であった有機物質を自己内に統合化しては分裂し、かかる更なる繰り返しによる液滴の多数・多種化が成立する。自己自身の内部構造の変革を促進する運動エナジーが、自己合成の強化と自己分解の強化という相互間の内部運動上の対立を激化せしめ、それぞれの変革過程が展開されゆくにしたがい、合成過程の運動規定は分解過程の否定・収束作用としてなされるとともに、分解過程の運動規定は合成過程の否定・収束作用としてなされるに到る。そのような相互否定・収束運動が自己自身の内部構造にあって同期して機能することは、つまり、自己自身の内部生理的生成がとりもなおさず、自己存在に対する自己収束運動でありつつも、自己存在に対する自己収束運動がとりもなおさず、自己自身の内部生理的生成でもあるという、自己存在を自己回帰的に更新する生滅現象である。そのことが即ち、あらゆる生命現象に特有の物質代謝の営みに他ならないが、自己存在の存立を保持するための内的欲求よりして、自己内外の相互連関にあって調和のとれた物質代謝の内部生理的システムを稼働することのできる液滴こそが、この太陽系第三惑星の変動過程にあって最初の生命体として成立する必当然性があったといえよう。

　それら単細胞構造であったことが推定される初期の生命体は、それぞれの存立を保持せんとする先天的である本能的命令よりして、必然的に当時の自然環境には生命体相互間の生存競争を惹起するが、しかる自然環境のなかで堪えて存続しゆく生命体が、絶えまなく適応的形態に向かって変化・変質することにより、自己存在にとってより有利といえる変異を具有する個体概念となってゆく。一概に生存競争というも、そこには異種個体間での闘争・競争、同種個体間または変種間での競争、また生命体が自然環境に対してなす闘争の場合が包摂されるが、ここで闘争と競争の定義としては、前者が喰うものと喰われるものの関係性であるに対し、後者は同一または同種の生活要求を内在する生命体相互間に於いて、その生活要求に

対する供給が不充分である場合に生じる生活条件の争奪戦を意味する。このような変異の淘汰である自然淘汰が継続されることにより、世代を重ねるにつれ生存に有利である変異の集積がなされ、かくて種は一定の方向へと変化してゆく。しかる系譜の詳細については、もとより進化論により研究対象とせらるべき課題ではある。

　自然環境における適者生存に対する生命体の変異には、それぞれの特殊時空間的モメントの状態関数により個体差があり、変異の性質は当該の特殊時空間的モメントをとりまく環境条件より以上に、その生命体自体の具有する性質により決定される要因が多くを占める。そのことは生存競争を通じて残留されたり自然淘汰されるに足る、個体概念としての強固の属性を既に具備しているためでもある。また、そのような変異のうち、多くのものは遺伝により継承されるところである。個体概念としての変異の遺伝による継承が、幾世代にも亘り累積して実行され続けることにより、種としての進化が体現されてゆく。また、雌雄形質の分化・発達に関しても、遺伝による進化の促進への要求よりして雌雄淘汰が反復されてきたこととされている。生命体の諸機関はすべて体系的連関にあるため、同一生命体における諸形質はつねに何等かの相互連携上の変化・変質を示す。そして、各々の生命体の遺伝的変化には、習性の作用や環境変数の物理的条件の直接作用等が動因として想定される。

　系統発生による精神機構への生理的反映を論究するに、それを可能ならしめる動因としては当該の生命体が存立するより以前の先験的プロセスの要因に帰せられるため、如上のような遺伝子レベルの継承上の問題より、その累積運動に伴う進化論的アプローチ、更にはそれらの理論的根拠をなすことになる生命起源説の問題をも反映し、最終的には相対系の起源という無限に及ぶ遡及によるトレースが要求されよう。生におけるア＝プリオリ：ａ＝ｐｒｉｏｒｉの要因とは、それ自体の一切の後天的過程である経験的事象を前提とは

しないため、とりもなおさず、そのもの自体の成立に到る無限の先験的事象をすべて前提しなければならないからである。

第Ⅰ部　基準系

第Ⅱ篇　基準系理論《機能論》

特殊の実存としての精神

第Ⅱ節 個体発生的考察

　ア＝ポステリオリ：ａ＝ｐｏｓｔｅｒｉｏｒｉの性質は、有機態様をなす個体概念として生成されてより以降の存立経験を媒介して獲得された属性であるから、何等かの異なる存立経験による刺激、もしくは意図的といえる生理学的影響をなさしめる操作により、附加・変化・消失などの生ぜしめられる可変性が比較的に高い。たとえば、ＬＴＭ：Ｌｏｎｇ＿Ｔｅｒｍ＿Ｍｅｍｏｒｙと称せられる長期記憶等については、脳内領域（主として海馬のＬＴＳ：長期記憶貯蔵域）にて相当に固着化された記憶痕跡とはなるものの、やはり大脳生理上の内的経験を通じて生成されるＧＡＢＡという記憶物質（神経伝達物質）を具有するため、それさえ決して変化・変質しえないわけではない。他方、ア＝プリオリ：ａ＝ｐｒｉｏｒｉの素質である先天性もしくは先験性の概念規定は、継承されている遺伝子情報の系譜から自己存在の更なる起源に対し、過去時間のどれほどの時点まで遡及するかにより可変性の確率及び程度は異なり、その起源に対し遡及する期間がより長期であるほどにその可変性の確率及び程度は低下することになるが、いずれにせよア＝ポステリオリの属性に対比して経験作用上の影響を享けにくい内的要因がある。とはいえ、そのような確率及び程度が＜零＞にはなりえないことは、一切の特殊時空間的モメントが相対的・可変的であるが故につねに有限の可変値を採ることよりして、自明ではある。

　精神機構をなす主体としてその人格やパーソナリティを規定する内的要因のうち、前者の内的要因、即ち或る一意の生命現象として形成されてより以降の自己経験により獲得される運動規定、その全プロセスを以って個体発生と称せられる。個体発生という概念規定は、当該の個体そのものが生命現象として成立してより以降のすべての自己経験を対象範疇とするから、外界、とりもなおさず、自己

存在以外の一切の特殊時空間的モメントとの相互触発による経験作用とともに、自己自身の内的触発による経験作用をも契機とする。然るに、自己自身の内的触発とはいうも、つねに必然的に外界との相互触発の帰結現象による影響下にあるとともに、しかる内的触発の帰結現象がまた外界との爾後の相互触発の如何をも左右する。いかなる特殊時空間的モメントと雖も、そのもの自体が絶えまなく一意に成立し続ける他方に於いて、その一意である個体概念はいつもそれ以外の一切の特殊時空間的モメントとの相互連動により生成されるからである。したがって、外界の範疇を構成するすべての他在との相互連動により触発しあうことにより、自己自身の内部運動のヴェクトルに対して編集作用が加えられる結果として、新規の自己内触発が生起されるとともに、その帰結現象として他在との関係変数に対しても編集作用が加えられることにもなるのである。

　このことは、或る個体内の大脳生理上の可塑的要因、乃至精神機構上の生理機構との相互連動システムが形成されるに当り、生命現象を体現する当該の個体概念の生成されてより以降の、その個体概念上の身体機能上、及び精神機能上の諸特徴とともに、家庭・子供社会・学校・職場・その他を問わず、なべての社会的環境、及び非社会的環境における相互アクセスによる個体概念に対する影響が反映されることを示唆している。相対系を構成するところの、生命現象を出力するモメント素子のいかなるものも、系統発生上の遺伝子：ＤＮＡの塩基配列等の情報のみによっては、それ以外の特殊時空間的モメントとの相互連動による要因を捨象して、個体概念としての成立関数を規定する上での絶対性を具備しえないからである。そして、このような生命現象を出力するモメント素子の成立のヴェクトルがあらゆる社会的環境、及び非社会的環境により規定される要因は、当該の個体概念そのものが存立する限りに於いて継続される以上、かかる個体発生の生成プロセスは成長と老化の過程であることにもなる。生命現象を体現する或る時点に於いて、その成長運動が

終了する部位と更に継続される部位があるも、総体的には当該の個体概念上の老化の現象を顕在化せしめる細胞やシナプスの質的変化へと移行するが、しかる質的変化への移行時期については個体差もあり、また個別の被験体毎における発症の如何に拘わらず、個体発生を体現せしめる生理的運動そのものは、当該の部位をなす個体概念としての生命現象が終了する時点まで継続されるためである。

　個体発生の起源を、具体的にはいかなる時点として定義すべきかについては論議の岐れるところだが、基本的にはその生命現象としての始期と同時点にあるといえよう。それは相対系内における特殊時空間的モメント、即ち特殊時空間上に一意の、且つ生命現象として一意の実存として生成された時点であることについては、いずれの場合も同一であるからである。とはいうも、個体発生の作用プロセスが起動される瞬間より、当該の生命現象の自己収束作用を以って終端される瞬間までのいずれかの時点に於いて、外的もしくは内的にある何等かの後天的である存立経験により個体概念上の状態関数に障害を被る可能性がある。当該の個体内に於いて、精神現象として反映されるすべての内的機能は、それが先験的機構に具有されるところのものであると後天的経験上に獲得されたそれであるとを問わず、大脳生理上のいずれかの部位にその出力態様の現出根拠となる機構を具備する以上、生理学的要因として生体上に何程かの損傷を享けることが、精神機構の機能、もしくはその作用の経路形成に反映されないはずがない。そこに具象態様として反映される内実やパターンは、その障害の発生部位と症状・程度、及びその発症当時における個体概念の状態関数に応じて異なる。さあれ但し、それらの医学的症例や治療法に関するディテールは、使命を異にする本著に於いては敢えて展開せらるべきことではないため、別途精神医学上の分科による研究成果及び著書等に委ねることとはする。

　一般に下意識または無意識と称せられる精神機能の意識階層レイ

ヤの階層構造は、リアルタイムの後天的運動としての意識経験に先んじて作用するレイヤ：Ｌａｙｅｒであるため、そこに先験的機構としての系統発生により体得されている精神機能への反映があることになり、他方に於いては、個体発生の現在時における後天的運動は何等かの意識経験にあって実行される。然るに、当該の精神主体の生命現象の存続する限りに於いては、精神機能が無限小の一瞬間として停止することがないことから、睡眠下にあるときや被催眠状態にあるときなど、意識下の範疇の状態関数にある場合に於いても、やはり個体発生の現在時の後天的運動は実行されていることになる。精神機能上の経験作用は、意識〜下意識のレイヤのいずれの階層レベルにあるかに拘わらず、不断に続行されるためである。そしてまた、そのような精神機能上の意識／下意識レベルの階層構造を媒介する、個体発生の現在時の後天的運動は、さらに下意識のレイヤにおける状態関数に反映され更新されることにもなる。精神機能上の運動規定により反映される帰結現象が、必ずしもつねに脳内領域に記憶物質（神経伝達物質）を形成して保持・定着されるわけではないとはいえ、少なくとも一回はＮＥＳのインタフェース部位を触発することが必然性にあるからではある。

　特殊時空間的モメントのうち、先験作用としての累積運動である系統発生により生成されてきた生命体をなすものは、その生命現象を出力せしめる後天的運動主体として成立した瞬間を起点として、稼働し始めた後天性の経験作用による反映過程である個体発生により、当該の生命体としての機能過程を終了する瞬間まで存立し続ける。したがって、系統発生の実行成果をなすものが、個体発生の運動端緒であるともいえよう。個体発生の起点となる生命機構を具有する特殊時空間的モメントの成立が、系統発生による種の継承プロセスを体現するものであるからでもある。しかし乍ら、同時に他方に於いては、当該の系統発生上の世代における特殊時空間的モメントにより、更なる種の継承プロセスが実行されることを前提する限

りに於いては、当該の特殊時空間的モメントの個体発生が、しかる
次世代の生命現象に対し反映される系統発生上の累積運動の因子で
あることにもなる。かくて更なる世代間への種の継承がなされるこ
とは、そこに継承せらるべき遺伝情報を具備する当該の世代にある
特殊時空間的モメントの形成過程がそのまま、系統発生による種の
継承プロセスに組み込まれることになるからである。

180

第Ⅲ章

実存自我系：
ＮＥＳ／ＣＮＳ

相対系を体現する特殊時空間的モメントとしての精神機構乃至生理機構に、先験規定として生得されている相対系自体の純粋知覚の体系、即ち基準系は、論理系における弁証系プロセスという後天的運動経験を通じて自覚された概念規定ではなく、あらゆる感性系や思惟手順による経験作用としての内的アクセスより以前に、生とともに大脳生理上にＩｎｐｕｔされている原始的直覚のシステム概念である。それは相対系における一特殊時空間的モメントとして成立する以上、そのもの自体が存立レベルにて相対系自体と自己同一であることによる属性を具有するから、そのような精神主体という生的実存をなす自己存在に於いて必然的に具備せられ、またしかる生的実存として不可欠の遡及起源に基づく所産でもある以上、意図・妄想・先入観等という一切の後天的要因を許容しえないほどに原始的ではあるが、それ故にこそ際限なく純粋に近い。際限なく近いと敢えて表現することは、いかなる生の起源とても際限のない過去時間に由来するためである。

　精神現象としてのカオス：Ｋｈａｏｓ態様が感覚器官ＳＩＳ＜アイコン：Ｉｃｏｎ＞以後の運動経験上の混乱による以上、後天的経験による附加属性を内在しないことは相対系自体と自己同一であることの単純といえるコスモス：Ｃｏｓｍｏｓ態様の整合系にあるから、精神機能の作動するニューラルシステムの変数域にあってはつねに、それを意識すると否とに拘わらず、必然的にこの相対系自体の先験的知覚の体系が判断の基準として機能することになる。そして、そのもの自体が或る存立する特殊時空間的モメントという存在態様としては運動的状態関数にあり、先験的機構をなす存在主体による運動作用は直接その後天的経験態様に触発することであるから、精神機能をして論理的弁証運動へと駆りたてる内的潜在する力動概念としても作用し、またそれが知覚情報自体の内実に於いては相対系自体と自己同一であるために、論理系上の弁証系プロセスの目的として自己回帰せらるべきところでもある。つまるところ、先

験的力動概念である基準系を端緒とする客観的精神現象は、相対系自体の先験的純粋概念でもある基準系へと帰結せられ、その後天的経験作用として内的自己化されることにもなるのである。しかし乍ら、そのような内的純粋知覚をなす先験的機構とは雖も、相対系の経験的モメント素子である精神機構の一環としてあることには何等変わりなく、やはり大脳生理上の機能として作動しているにすぎない。各種分岐している精神現象をなさしめる先験態様と経験態様、その生理的動因及び稼働プロセスに対し確認することが不可欠である。

　生命起源説より進化論へ、延いては遺伝子工学へ、Ｃｏａｃｅｒｖａｔｅと称せられる最も単純構造をなす生命体である液滴から開始された地球上の生の歴史は、それより永年に及ぶ種の継承と進化、即ち遺伝と変異作用の工程を際限なく反復実行される。そのことにより、後天的経験上にある生命現象の各世代毎の個体発生を相互連動せしめる系統発生のうちに、それぞれの生命体は一意の現在時における形態を規定されるが、各々の個体概念としての生涯の過程を終了するまでにも進化の内在プロセスが続行されてゆく。そのような個体発生の累積結果をも反映された所産として、大脳神経系の構造化されたトータルシステムが育成されるとともに、そして自我とその意識／下意識系統とても確立されてきている。しかる可塑的サイコン乃至ニューラルマクロシステムにあって、理性作用上の追考運動等の働きを制御する皮質細胞のメカニズムは、基本動作としてはＮＥＳとＣＮＳとの関係変数によりその状態関数の実測値が規定されるところである。

　大脳半球におけるニューラルマクロシステムは、脊髄を伴った脳における中枢神経系であるＣＮＳ：Ｃｅｎｔｒａｌ＿Ｎｅｒｖｏｕｓ＿Ｓｙｓｔｅｍを示唆するが、そこには身体機能を制御する末梢神経を伴ったＣＮＳの神経系であるＮＳ：Ｎｅｕｒａｌ＿Ｓｙｓ

第Ⅲ章

実存自我系：ＮＥＳ／ＣＮＳ

183

ｔｅｍと、内分泌腺を伴ったＣＮＳの神経内分泌系であるＮＥＳ：
Ｎｅｕｒａｌ＿Ｅｎｄｏｃｒｉｎｅ＿Ｓｙｓｔｅｍが包摂される。
ニューラルマクロシステムを形成する諸々のニューラルミクロシス
テムは、ニューロン（神経細胞）：ｎｅｕｒｏｎ・グリア細胞等か
らなる細胞システム、及びニューロン膜・シナプスボタン・樹状突
起等からなる準細胞システムによる、多重階層をなすニューロンシ
ステムである。かかる脳内領域の諸機能体系は、系統発生／個体発
生という進化の二重構造における、脳：身体比の増幅の方向線であ
る＜Ｅ＝ｋｐ$^{2/3}$＞に於いて獲得されてくるところであるが、サイ
コンを具有しない有機体も存立しうるとはいえ、そのことを可能な
らしめる内的エナジーの発信源はもとより、生物体としての遺伝機
能により継承・発達されてくる可塑的サイコンにある。

　そのうち、ＮＥＳという神経内分泌系システムは、エス：Ｅｓ＜
イド：Ｉｄｏ＞という先天的具備する本能のエナジータンクに相当
する概念規定を内在し、また本能とは、生の力動エナジーの自己内
に実現・充足せしめる生得的命令系統である。更には、エス＜イド
＞における性的エナジーの機構を抽出し、とりわけリビドー：Ｌｉ
ｂｉｄｏと称せられる。他方、ＣＮＳという中枢神経系システムは、
各ニューロンシステム相互間の関係変数に於いて、自我というパー
ソナリティとしての相互連携を制御する生理的体系をなしており、
その原理的構成は運動自我と超自我との相互連動機構よりなる。運
動自我は対象的知覚に対する分析／統合能力と判断力を制御するＰ
ｒｏｃｅｓｓｏｒであり、また超自我がそれに対する先験的である
モニタリング機構とデバッグ機構を併せ持つため、運動自我は超自
我の管理下に於いて正常作動しうることになる。

　ＣＮＳとそのすべてのニューラル下位システムは、自己内外の刺
激情報により触発されるまでもなく恒常的に活動しており、刺激情
報のみが当該のニューラルシステムを状態変化せしめる唯一の要因

ではないが、当該のニューラルシステムに於いて実行継続中の処理内容自体に対しても修正・変更せしめうる。ＣＮＳ上の運用及び監視は各ニューロン間のシナプス結合により遂行され、その結合性には恒常的である結合の場合や規則的である結合の場合等のように、遺伝機能上にプログラム化されているか学習的に記憶強化される場合のほか、ランダム：Ｒａｎｄｏｍである結合の場合のように新規の発見・発明という帰結現象を出力する動因となることもありうるが、いずれにせよ結合性のレベルは使用するほどに強化され、また使用しなければ弱化される。而してまた、ＣＮＳの存立態様は各ニューラルシステム単位に構成されていることから、個別のニューロン単位としてのみならず、個別のニューロンシステム相互間にあってもシナプス結合が実行され、しかるニューロンシステム相互間の結合性の変数が使用により特殊時間上に変動・推移することも同様である。したがって、ＣＮＳにおける自律性処理装置をなす運動自我の状態関数はまた、特殊時間上に変動・推移せしめられるのであり、それに対し否定・収束せしめる管理変数を更新する超自我の実測値により規定される。

　ＮＥＳとＣＮＳの相互間のバランスに応じて、ニューラルマクロシステムの生理状態は運用且つ監視されているのであるから、両者はそれぞれに全く独立して機能しうるところではなく、相互間に神経系信号を送受信しあい連動するためのインタフェース：Ｉｎｔｅｒｆａｃｅ部位を具有している。つまり、各々のインタフェース部位が、双方にとって対象的知覚を交信し交換しあう内的コネクタの役割を担っている。自己存在の何等かの身体的部位もしくは精神機構からの、或いは外界を構成する他在との相互触発による一切の刺激情報は、必ずアイコン：ＳＩＳと称せられる感覚器官を媒介したうえ、先にＮＥＳ側のインタフェース部位へと伝送される。つねにＣＮＳの動作指向がロジカル属性をなす通信経路を経由するために反省的であることに対し、ＮＥＳのそれが相当に端的にして直接の

反応性向を具有するためである。

　その刺激情報のデータ知覚情報がＮＥＳのインタフェース部位にて受信されることにより、必然的にＮＥＳの自律性入出力装置である感性系と当該のデータ知覚情報との相互触発をなさしめる。ＮＥＳ内にあっては、感性系が端的且つ直接のアクセス制御機構を具有する部位であるからである。感性系は当該のデータ知覚情報を表象化し、感覚器官ＳＩＳ＜アイコン＞からの感覚情報を統合化するために、当該のデータ知覚情報とエス＜イド＞との連合を試行する。当該のデータ知覚情報は、それがいかなる情報内容を保有する処理対象であれ、エス＜イド＞と連合されることによって初めてエングラム（知覚的写像）を伴うＳＴＭ：Ｓｈｏｒｔ＿Ｔｅｒｍ＿Ｍｅｍｏｒｙ（短期記憶）として短期保持され、それが表象化される可能性を獲得しうるためである。

　このＳＴＭは、中枢神経系の主として海馬のＳＴＳ：短期記憶貯蔵域に、ＧＡＢＡ：ＧａｍｍａＡｍｉｎｏｂｕｔｙｒｉｃＡｃｉｄと称せられる記憶物質（抑制性の神経伝達物質として機能するγ－アミノ酪酸（C_4HgNO_2）として生成されるが、シナプスではシナプス前膜から放出され後膜の膜上にあるＧＡＢＡに対する受容体蛋白質と結合することで作用し、またＧＡＢＡは脳内にてグルタミン酸のα位のカルボキシル基が酵素反応により除去されることにより生成される。ＧＡＢＡとして脳内生成されたＳＴＭは約２０秒間のみ短期保持されるが、凡そ７±２（５〜９）の情報量しか保持しえず、上記制限時間の経過を以ってＳＴＳ：短期記憶貯蔵域よりＧＡＢＡが消去されることによりＳＴＭは忘却される。しかる忘却を防止する対応策としては、入力情報を繰り返し記憶強化する維持リハーサルとは別に、ＧＡＢＡの記憶情報を主として海馬のＳＴＳ：短期記憶貯蔵域からＬＴＳ：長期記憶貯蔵域に転送するとともに、長期記憶構造に統合化する精緻化リハーサルが必要とはなる。

ＮＥＳにおける基幹的機構をなすエス＜イド＞は本能的力動概念を制御しているが、本能の状態関数は不断に死的傾向＜死への願望＞と生的傾向＜生への執着＞という内的フィルターの死生傾向周期の間を、サイクリックに動揺している。本能はあるがままの生命システムからの先天的欲求であるから、自ら生きることと生を継承するための自己命令と、自由への嘔吐である生を廃棄することに対する憧憬は同一の力動概念の表裏をなしており、それぞれの状態関数が相対的且つ可変的であるために、エス＜イド＞の示唆するポイントが不定の周期にて移行し続けるのである。それが意識状態に対し非拘束のサイクルにて移行されるために、内省を通じてその状態関数の推移を精確に看破することは困難であるともいえるが、リアルタイムにある自己内の死生傾向周期の如何と当該の対象的知覚の属性に応じて、かかるデータ知覚情報がエス＜イド＞に対し感性系により連合されうるか否か左右される。もしも、この時点における連合が成立しない場合には、当該のデータ知覚情報は中枢神経系の記憶回路へ転送されることなく消失される。当該の刺激情報内容を脳内領域（主として海馬のＳＴＳ：短期記憶貯蔵域）の記憶痕跡（ＳＴＭ）として保持しうる動因が、もはや成立しないことになるからである。五官等を制御する感覚器官ＳＩＳ＜アイコン＞は、自己内外との直接の相互触発による属性を当該のデータ知覚情報に附与するしかないので、仮にエス＜イド＞とのかかる連合が成立しえた場合には、バイパスされた相対的・可変的である感覚情報を内在するデータ知覚情報をエス＜イド＞は分解処理し、自らの連合の対象に関して明確化しようと試行する。エス＜イド＞の内的フィルター上の死生傾向周期に於いては、その死的傾向が強化されているほどに生的欲求に対し抑制的であるが、その生的傾向が強化されているほどに自己内の欲求の力動概念を反映し、当該のデータ知覚情報の性状に応じてその連合状態は一概には断定できないが、感性系を媒介して形成され伝送されてきたデータ知覚情報がエス＜イド＞をして不安の状態関数になさしめるからである。直接上にはこのデータ知

覚情報に対する分解処理はＮＥＳ下に於いてなされるが、ＣＮＳ及びそのすべてのニューラル下位システムは恒常的に活動しているため、エス＜イド＞のＮＥＳとの連合による状態変化からＣＮＳにおける運動自我の構想力を触発して、エス＜イド＞により分解処理された感覚情報の統合化を実行しようとさせる。意識状態ではＮＥＳとＣＮＳによる明確である対立状態が反映されるから、かかるエス＜イド＞による分解処理は意識状態にて制御されているのではないし、またこのタイミングにおけるＣＮＳによる潜在的誘因作用とても同様であるが、このような対象的知覚における感覚情報の統合化は＜統覚＞と称せられ、感覚情報を整合的に纏まりのある表象として再編成したうえで、再び感性系を媒介してＮＥＳのインタフェース部位より感覚器官ＳＩＳ＜アイコン＞へフィードバック：Ｆｅｅｄ－Ｂａｃｋされる。感覚器官ＳＩＳ＜アイコン＞と触発しあう対象は単に外的刺激情報のみならず、内的データ知覚情報とても刺激情報として捉えられる必然性があるからである。このとき、当該のデータ知覚情報はＳＴＭ（短期記憶）として約２０秒間だけ中枢神経系の主として海馬のＳＴＳ：短期記憶貯蔵域に短期保持されることになる。しかる約２０秒間はエス＜イド＞との連合が成功したことにより保証されるためであるが、とはいえ未だＣＮＳによる理性作用プロセスを通じての保証を得てはいないため、長期安定しうる記憶痕跡として強化されはしないのである。

　そしてまた、このようにＮＥＳ内の作用により統覚された当該のデータ知覚情報、即ち短期保持されているＳＴＭの情報内容は、それに対する感性系による更なる統一的アクセスが継続されることにより、いずれＮＥＳのインタフェース部位よりＣＮＳのインタフェース部位へとフィード・フォワード：Ｆｅｅｄ－Ｆｏｒｗａｒｄされることにもなる。当該のデータ知覚情報がＮＥＳの直下にあって処理対象となっている限りに於いて、ＣＮＳによるＮＥＳに対する更なるバックグラウンドの使役作用とても間接的にしか行わ

れえない制約を享けることにより、寧ろＣＮＳの動作を助長せんとするエス＜イド＞の本能的欲求に根差した神経系コンフリクトを反映しつつ、ＳＴＭとしてある対象的知覚に対し論理的アクセスしうる理性作用は、専らＣＮＳ上の処理にまつしかない状況に置かれるためである。而して、そのような神経系コンフリクトを解消するための必然的エナジーにより、敢えて未解決であるところの状態関数を顕在化せしめる二律背反（アンチノミー：Ａｎｔｉｎｏｍｉｅ）の論理構造が、ＣＮＳ内の状態関数に於いて規定され出力されることになる。このＡｎｔｉｎｏｍｉｅの状態関数が、相互間に論理的否定作用しあう命題（論理式）が同一の確率を以って定立されている認識レベルにあるため、敢えてそのままの状態関数が未解決という現状を示唆していることによるところである。未だ真偽不明であるＫｈａｏｓの状態関数を命題（論理式）というＣｏｓｍｏｓの理性機能上の論理的形式に［第一次］還元することにより、それを前提する爾後のＣＮＳによる客観的アクセスが可能となるために他ならない。かかる［第一次］還元作用を実行する精神機能を以って、ＣＮＳにおける［第一次］悟性機能と称せられる。しかしもし、何等かの内外要因による影響から、しかる［第一次］悟性機能による［第一次］還元作用が失敗することを仮定するならば、正常の命題（論理式）化の処理工程が実行できないか異常終了する場合には、ＳＴＭとして短期保持されてきた当該のデータ知覚情報は、その時点に於いて脳内領域（主として海馬のＳＴＳ：短期記憶貯蔵域）より記憶痕跡を残すことなく消去される。しかく［第一次］悟性機能による［第一次］還元作用に失敗することにより、当該のデータ知覚情報が長期保持されるために不可欠である、ＣＮＳ内における連合の可能性がなくなるためである。

　ＣＮＳのインタフェース部位にて受信され、且つ［第一次］還元された当該のデータ知覚情報は、ＳＴＭとしての約２０秒間というタイムリミットの制限内に於いて、ＣＮＳのフロントエンドの自律

プロセッサをなす運動自我により入力処理される。ＣＮＳにおける制御機構をなす運動自我と超自我のうち、先験的であるモニタリング・デバッグ機構として位置付けられる超自我に対し、運動自我が対象的知覚に対する直系の運動能力と判定機能を具有するためである。運動自我の動作状態と判断内容に対するマネジメント機構をなす超自我は、不定期の間隔にて運動自我に対する制御信号を発信することにより監視し続けているから、当該のデータ知覚情報がそれより以降の工程における追考運動、もしくは意識上における処理対象として取り扱われるためには、この時点に於いて運動自我により超自我のバックエンドプロセッサと連合されなければならない。超自我より発信される運動自我の制御信号は、その特殊時空間上の諸条件に応じて相対的・可変的であるリアルタイムの状態関数を反映しており、そしてその状態関数をなす指針は、客観性（知能系）フィルターから主観性（情動系）フィルターまでの帯域内にて変動している。このことは、超自我の価値システム（Ｕ（ａ，ｂ，ｔ）＝ｕ）が客観性分科と主観性分科の値に弁別されることから、その客観的性能を形成するニューラルシステムが客観性（知能系）フィルターに反映され、またその主観的性向を形成するニューラルシステムが主観性（情動系）フィルターに反映される以上、超自我の状態関数の指針はつねにそれらいずれかの変動帯域内にしかありえないためではある。このような超自我の機能フィルターはその活動レベルを出力してもいるが、基準系を先験上の内蔵エンジンとする客観性（知能系）フィルターの性能が個体概念のＩＱ（Ｉｎｔｅｌｌｉｇｅｎｃｅ－Ｑｕｏｔｉｅｎｔ）：知能指数や知能偏差等の値を、また主観性（情動系）フィルターの帯域幅と性状が個体概念の向性指数等の値を決定付ける要因ともなる。任意且つ一意の現在時における超自我の状態関数がいかなる実測値を示しているか、また［第一次］悟性機能により［第一次］還元処理された当該のデータ知覚情報にいかなる経験値による精神内性フラグがセットされているかにより、当該のデータ知覚情報と超自我との連合が左右されうるとこ

ろでもある。いずれにせよ、当該のデータ知覚情報そのものの本質的属性に於いては、つねにロジカル属性をなす内容及びヴェクトルを具備することが必須条件とはなろう。ＣＮＳのニューラルシステムは覚醒状態にあるほどにロジカル属性をなす性向が強化されるため、その対象となるデータ知覚情報が論理的・整合的であるほどに連合が成立するに適した状態関数とはなるためである。客観性フィルター／主観性フィルター間における超自我の状態関数は、死的傾向／生的傾向の変動周期におけるエス＜イド＞の状態関数との現在時のバランス下に於いて相互間に反映しあい、且つそれは下意識的レイヤに於いて運動制御されていることから、もとより意識的レイヤのプロセッサである運動自我がその制御プロセスに介入できる余地は乏しいが、かく不断に状態変動するエス＜イド＞と超自我との相互連動による影響下にあって、いかに当該のデータ知覚情報を超自我に連合せしめることで、弁証系プロセスを開始せしめられるかは、直接の機能態様となる運動自我の個体的能力に負うところが多い。もし仮に、超自我との連合に失敗した場合、それまでＳＴＭとして短期保持されてきた当該のデータ知覚情報は、その時点にて記憶痕跡を脳内領域（主として海馬のＳＴＳ：短期記憶貯蔵域）に保持し続けることなく消去されるが、もし仮に、超自我のプロセッサに連合されることで理性作用の対象となる場合、当該のデータ知覚情報は運動自我のルーティング処理により、ＣＮＳのインタフェース部位より再び感覚器官ＳＩＳ＜アイコン＞へフィード・バックされ、且つＬＴＭ：Ｌｏｎｇ＿Ｔｅｒｍ＿Ｍｅｍｏｒｙ（長期記憶）として長期保持されることになる。

　したがって、このＬＴＭは、ＧＡＢＡという記憶物質（抑制性の神経伝達物質として機能するγ－アミノ酪酸（C_4HgNO_2））が、中枢神経系の主として海馬のＳＴＳ：短期記憶貯蔵域からＬＴＳ：長期記憶貯蔵域へと転送されるとともに、長期記憶構造に統合化される精緻化リハーサルが実行されることによる帰結現象として生成

第Ⅲ章　実存自我系：ＮＥＳ／ＣＮＳ

されるのでもある。ＬＴＭは、言語により表現できる宣言的記憶（陳述記憶）と、言語により表現できない非宣言的記憶（非陳述記憶）に大別されている。ＬＴＭは原則として大脳生理が正常稼働される限りに於いては保持されることになるが、例外的にＬＴＳ：長期記憶貯蔵域からＧＡＢＡが消去されることによりＬＴＭが忘却される原因としては、特殊時間上の経過とともに記憶情報が喪失されるとする減衰説、或る記憶が他の記憶と干渉しあうことにより記憶情報が喪失されるとする干渉説のほか、想起に失敗することは記憶強化された情報自体が消失しているのではなく、適切といえる記憶検索のための条件設定ができていないために目的の記憶情報が抽出されないとする検索失敗説など、学説上の論争もみられるものの、ＬＴＭとはいえ相対的・可変的である記憶情報が喪失される誘因は単一ではありえず、当該の個体内外の状態関数／関係変数の変化に伴われるところでもあるといえよう。

　このようなＬＴＭの生成を契機として、普遍的リアルタイムをなす現在時の連合状態による内的変化を反映して、ＬＴＭに伴われるエングラム（知覚的写像）とても更新されているはずである。感覚器官ＳＩＳ＜アイコン＞と触発しあう対象は単に外的刺激情報のみならず、内的データ知覚情報とても刺激情報として把えられる必然性があるからであり、また当該のデータ知覚情報はこのとき既にエス＜イド＞と連合された状態関数にある以上、更に超自我とも連合されることにより、必然的に当該のデータ知覚情報に対するアクセスに於いてエス＜イド＞と超自我が相互連動せしめられるため、当該のデータ知覚情報は否応なく記憶痕跡として強化され長期保持されるからである。それに際しては、ＬＴＭとして記憶強化されている当該のデータ知覚情報は、ＧＡＢＡという記憶物質（神経伝達物質）を中枢神経系の主として海馬のＳＴＳ：短期記憶貯蔵域よりＬＴＳ：長期記憶貯蔵域に転送され再構築されることを以って、寧ろそれ自体が運動自我を刺激して活性化せしめる力動概念ともなるの

である。超自我の発信する生理的信号に連合されることにより、そのもの自体が大脳生理という身体組織上のモメント素子をなす存立態様を生成されたことになるからであり、且つまた運動自我に対するマネジメント機構でもある超自我とのリンク属性をもＳｅｔされているためでもある。

　ＮＥＳとＣＮＳの相互連動に基づく認識論的システム遷移、その基本プロセスについては概ね以上ではあるが、対象的知覚が超自我に連合されることによりＬＴＭとして長期記憶強化されることを以って、しかる生理的プロセスの実行が終端されるわけではない。それより寧ろ、当該のデータ知覚情報を媒介してエス＜イド＞と超自我が相互連動されることにより、当該のデータ知覚情報が明示的に理性作用による追考運動の対象として認識されるのであり、そのこと自体を契機として論理系上の弁証系プロセスがＳｔａｒｔされるはずであるからである。

　しかし乍ら、かかる弁証系プロセスのディテールに関しては本著第Ⅱ部に譲るべきことから、ここでは敢えてその詳論を控えることとする。更にまた、上記のＮＥＳ／ＣＮＳによる認識論的システム遷移のプロセス自体が正常に展開されうるか否かについては、意識／下意識レベルの状態関数に応じて左右されるところでもあるため、そのことに関する解説についても次章に委ねることとする。

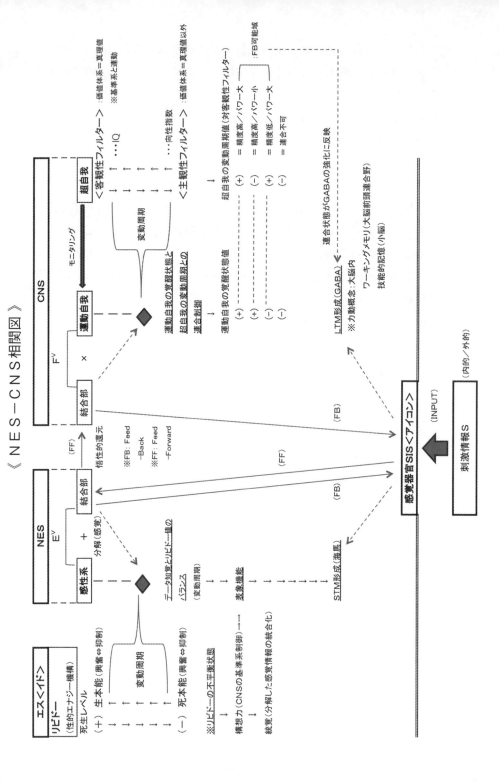

第Ⅳ章

意識／下意識レベルの問題

第Ⅰ節 下意識レベル

　その程度の如何に拘わらず、少なくとも生本来の自己エナジーが残存している限りに於いては、そのいかなる精神機能も無限小の一瞬間として活動を停止することはありえない。それが意識階層レイヤにあって覚醒的状態であると非覚醒的状態であるとを問わず、或いはまた、その身体的変数として健康的状態にあると病的状態にあるとをも問わず、いずれにせよ活動がつねに継続されていることを意味する。すべて自己自身として存在することは運動・変化することによってのみ可能であるから、当該の個体概念とその大脳生理が生命現象として成立する期間内については、その神経系システムを発現せしめる精神機構がつねに何程かの存立運動、即ち精神現象を休止すること自体ができないのである。

　精神現象における意識／下意識レベルのうち、意識的状態にある場合にはCNSの制御に於いて覚醒された状態関数であるともいえるが、それゆえにエス＜イド＞の状態関数より示唆する力動的である値に対しては、潜在的に下意識レベルにて防衛機制等の作用を以って対抗する傾向がある。意識上レイヤではない状態関数にあっても精神機能は作動しているのであるから、前意識もしくは下意識の状態関数にあることが精神機能の停止を意味するのではなく、とりわけ下意識レベルにあってはNES／CNSの制御に於いて非覚醒的であるために、超自我による直接の抑制作用を被ることなくエス＜イド＞の状態関数が反映されることになる。そのことはしたがって、NESとCNSの相互連動している状態関数が意識上レベルにあるに対し、下意識レイヤに於いてはNESとCNSが相互連動不能状態のままにそれぞれ機能し、もしくは相互にランダムにしか相互連動しえない状況にある、ともいえる。それは換言するに、エス＜イド＞と超自我の双方が相互の状態関数により拘束されるこ

となく、その直接の抑制作用を享けないままに無防備に表象されう
る状態関数でもある。

　意識階層レイヤにおける最下位層をなす下意識レベルに於いて
は、ＮＥＳとＣＮＳの各々における制御プロセッサが非制御モード
の状態関数にある。このとき、ＮＥＳの感性系プロセッサが非制御
モードの状態関数にあるため、感覚器官ＳＩＳ＜アイコン＞により
受信された刺激情報が、しかるアイコン：ＳＩＳと相互触発された
データ知覚情報として伝送されてきても、それがエス＜イド＞に連
合されうる可能性はランダムにしかないことになり、またエス＜イ
ド＞の死生傾向の不定周期における状態関数にも依存する。かかる
感性系プロセッサが当該のデータ知覚情報とエス＜イド＞の連合に
失敗すれば、その時点にて当該のデータ知覚情報は揮発性記憶とし
て脳内領域より消去されるが、もしその連合に成功するならば、当
該のデータ知覚情報はＳＴＭとして約２０秒間だけ中枢神経系の主
として海馬のＳＴＳ：短期記憶貯蔵域に保持される。感性系が制御
機構として機能しないのであるから、その確率上に於いては比較的
に低いけれど、後者の場合には一時的にせよＳＴＭとして記憶形成
される以上、当該のデータ知覚情報は非制御モードにある感性系プ
ロセッサを媒介したうえ、ＮＥＳのインタフェース部位を通じて感
覚器官ＳＩＳ＜アイコン＞へフィード・バックされるとともに、Ｃ
ＮＳのインタフェース部位へフィード・フォワードされる。しかし、
当該の連合の時点におけるエス＜イド＞の状態関数により、どの程
度まで当該のデータ知覚情報を分解できるか疑問なしともしえず、
またＣＮＳの制御プロセッサである運動自我とても非制御モードに
あるため、ＮＥＳ内にある当該のデータ知覚情報に対する間接的で
ある統覚作用にも期待し難い。たとえ当該のデータ知覚情報がＣＮ
Ｓ内へと伝送されるとするも、非制御モードの状態関数にある運動
自我を媒介することにより、それが超自我の実測値に連合されうる
可能性はランダムにしかない。運動自我による対象的知覚のルー

ティング機構が非制御下にあることから、たまさか超自我の状態関数が客観性（知能系）フィルターの＋レイヤを示唆しているとするも、それだけそこに機能しうる認識作用の状態関数には力動性向があるものの、整合精度の比較的に低いものとならざるを得ないであろう。かかる運動自我が対象的知覚と超自我の連合に失敗すれば、その時点にて対象的知覚はＳＴＭの約２０秒間という制限時間経過後に脳内領域（主として海馬のＳＴＳ：短期記憶貯蔵域）より消去されるが、もしその連合に成功するならば、対象的知覚はＬＴＭとして脳内領域（主として海馬のＬＴＳ：長期記憶貯蔵域）に転送され長期保持される。運動自我が制御機構として機能しないのであるから、その確率上に於いては比較的に低いけれど、後者の場合にはＧＡＢＡと称せられる記憶物質（神経伝達物質）をＳＴＳ：短期記憶貯蔵域よりＬＴＳ：長期記憶貯蔵域に転送されるとともに、当該のデータ知覚情報は非制御モードにある運動自我を媒介したうえ、ＣＮＳのインタフェース部位を通じて再度感覚器官ＳＩＳ＜アイコン＞へとフィード・バックされることにもなるのである。

　ＣＮＳの任意のサイコンをＮと仮定する場合、下意識レベルにおけるサイコンＮの活動は非制御的であるため、その活動の系譜はランダムでしかない。それ自体が相対系を体現する一特殊時空間的モメントであるため、サイコンＮの運動の遷移には特殊時間上の前後関係はあるも、しかしその力動概念をなすところに論理学上の整合性はなく、エス＜イド＞の状態関数を反映する本能的必然性があるのみである。ＣＮＳの活動状況が非制御的であるが故に他ならないが、それによるＮＥＳからの信号に対する抑制が作用しないため、エス＜イド＞における欲求・不安素因による内的エナジーがより直接上に放出されよう。如上の根拠よりして、下意識レベルにある場合には、ＣＮＳにおける運動自我と超自我の関係変数が際限なく非制御に近い状態関数を示してもいる。かかる状況下にあっては、運動自我と超自我は相互に他在という集合を構成するエレメントとし

て差異することの認識しか得られないため、サイコンNの活動はそれらの相互連動による制御をランダムにしか享けることなく、エス＜イド＞の本能的エナジーとＳＴＭによる刺激情報を動因として、無限小の時間長を経過するその状態関数が規定される。かるがゆえ、仮定された瞬間 t 時におけるサイコンN（ t 1）により活性化された制御C（ t 1）が、当該のサイコンN（ t 1）そのものを抑制することもなく、殆どランダムである必然性のうちに無限小の時間長を経過する t 2時におけるサイコンNの状態関数N（ t 2）以後へと移行されるのである。

　脳機能内外システム、及び感覚情報流入に対する制御・認知というＣＮＳの機能は、任意且つ一意の t 時におけるニューラルシステムの結合性C t =‖C t （m，n）‖によりコントロールされ、またＣＮＳとそのすべてのニューラル下位システムは刺激情報が入力されるまでもなく恒常的に活動している。このことから、ＮＥＳとＣＮＳが相互間にリンクされていない状態関数に於いては、ＣＮＳによる制御・認知という機能が直接乃至端的には作動しえないため、ＮＥＳのエス＜イド＞の状態関数が感性系を媒介して非制御のまま表象されることになるが、ＣＮＳによる統合力が直接乃至端的には作用しない状況下にて構想力を触発される結果として、睡眠時における生理現象としては夢と称せられる意識下の出力態様に、また覚醒時における生理現象としては幻覚・幻聴と称せられる意識上の出力態様に帰せられる。そのような生理現象がいずれも視覚・聴覚・触覚・味覚・嗅覚等の感覚情報を伴って出力されることは、感覚器官ＳＩＳ＜アイコン＞の機能として、ただ自己内外の刺激情報により触発される反応現象を出力するのみならず、しかるアイコン：ＳＩＳ自体の内的作用により新規の刺激情報を自己内に生産し、自己自身を触発することによる反応現象を出力せしめる能力を具有することに基づくものである。いずれにせよ、下意識レベルにおける脳内機能としては、エス＜イド＞の状態関数が遮断されることなくア

イコン：ＳＩＳへフィード・バックされることに変わりないが、先験的にして本能態様をなすエス＜イド＞の値がＣＮＳによる制御を媒介することなく反映されるため、そこにはランダムな表象パターンがあることになる。

　もとより、下意識レベルにおける内的運動遷移のルートには、ＮＥＳ内における感覚情報とエス＜イド＞との連合の可否、及びＣＮＳ内における対象的知覚と超自我との連合の可否のそれぞれの場合に於いて、エス＜イド＞と超自我の各々のリアルタイムの状態関数が非制御下に反映されるので、或る特定のニューラルシステム間における回路上のみにて信号が受け渡されるのではない。実際のところ、下意識レベルの深層レイヤにあって、ＮＥＳ／ＣＮＳにおける各ニューラルシステム間の結合状態がランダムでしかない以上、とりわけ対象的知覚に対するアクセス制御に於いてエス＜イド＞と超自我が相互連動しうる可能性は、相当に低いはずである。ＮＥＳ内における感覚情報とエス＜イド＞との連合が不可となる場合、ＳＴＭとしての短期の記憶すら主として海馬のＳＴＳ：短期記憶貯蔵域には生成されておらず、またそのことによるエス＜イド＞の精神内性フラグとても変更されていないため、非意識的状態にて発火したサイコンＮ（ｔ１）よりＮ（ｔ２）への移行ルートと結果が、制御Ｃ（ｔ１）に対する内省を以って認識されることはありえない。内省の成立原因となるべきサイコンのアクセス情報が、いずれのニューラルシステムにも記録されていないからである。また、感覚情報とエス＜イド＞との連合が可となる場合、少なくともＳＴＭとしての短期の記憶が主として海馬のＳＴＳ：短期記憶貯蔵域に生成されており、またそのことによるエス＜イド＞の精神内性フラグが設定されているため、非意識的状態にて発火したサイコンＮ（ｔ１）よりＮ（ｔ１）への移行ルートと結果が、制御Ｃ（ｔ１）に対する内省を以って認識される可能性がある。その可能性は、その時点におけるエス＜イド＞の状態関数が死生傾向周期の生的傾向を示して

いるほどに増大し、反対にエス＜イド＞の状態関数が死生傾向周期の死的傾向を示しているほどに減少する。それが生的傾向にあるほどに、感覚情報に対するエス＜イド＞のアクセス性能も活性化されている状態関数にあるからである。同様にそれが生的傾向にあるほどに、感覚情報と超自我との連合とても促進され実行されやすくなるため、サイコンＮ（ｔ１）よりＮ（ｔ２）への移行ルートと結果が、制御Ｃ（ｔ１）に対する内省を以って認識される可能性が高くなる。他方、エス＜イド＞の状態関数が死的傾向にあるほどに、感覚情報と超自我との連合とても抑制されがちであるため、サイコンＮ（ｔ１）よりＮ（ｔ２）への移行ルートと結果が、制御Ｃ（ｔ１）に対する内省を以って認識される可能性が低くなる。いずれにせよ、この階梯にあっては未だＬＴＭとしての長期記憶には強化されておらず、またそのことによる超自我の精神内性フラグとても変更されていないため、確率論上の相違こそあれ、飽くまで可能性の域に出ない。ＣＮＳ内における対象的知覚と超自我との連合が成立していない状態関数に於いては、如上の通りであるが、しかる連合が成立している状態関数に於いては、既にＬＴＭとしての長期記憶にて主として海馬のＬＴＳ：長期記憶貯蔵域に保持されており、そのことによる超自我の精神内性フラグが設定されているため、非意識的状態にて発火したサイコンＮ（ｔ１）よりＮ（ｔ２）への移行ルートと結果が、制御Ｃ（ｔ１）に対する内省を以って認識されることが可能とはなる。

第Ⅱ節　前意識レベル

　精神作用における意識／下意識レベルのうち、意識レベルと下意識レベルの間における段階構造をなす意識階層レイヤによっては、しかる運動遷移が意識、もしくは下意識のそれとは一致しないパターンを発生せしめることがある。ＮＥＳとＣＮＳのそれぞれにおける自律プロセッサをバイパスしつつも、任意の対象的知覚と、ＮＥＳにおけるエス＜イド＞との関係変数に於いて、またＣＮＳにおける超自我との関係変数に於いて、帰結現象としては、当該の状態関数にある双方との連合が成立するパターンである。

　［ＮＥＳにおける］感性系・［ＣＮＳにおける］運動自我に自律性を欠いており、意識レベルよりＢＡＳＩＣである意識下レイヤの状態関数にあるも、エス＜イド＞の状態関数が生的傾向を、且つ超自我の変動帯域が客観性フィルターを示してあることを前提条件として、ＮＥＳのインタフェース部位からのアクセスに対して、悟性機能上にではなく条件反射的に超自我が触発されることで連合が成立しうる場合がある。感覚器官ＳＩＳ＜アイコン＞よりＮＥＳのインタフェース部位へ伝送されてくる当該のデータ知覚情報が、非制御状態にあるＮＥＳの自律プロセッサである感性系を媒介することなく、生的傾向の状態関数にあるエス＜イド＞のコネクタへとダイレクトに連合されてしまい、更には感性系を媒介せずにＮＥＳのインタフェース部位よりアイコン：ＳＩＳへフィード・バックされるとともに、ＣＮＳのインタフェース部位へフィード・フォワードされたうえ、非制御状態にあるＣＮＳの自律プロセッサである運動自我を媒介することなく、客観性フィルターの変動帯域にある超自我のコネクタへとダイレクトに連合されてしまう、という事例に他ならない。ＮＥＳとＣＮＳ双方の自律プロセッサの制御がランダムでありつつも、当該の時点にて客観性フィルターの変動帯域にある超自

我の実測値が、対象的知覚に附加されているエス＜イド＞の生的傾向を呈する精神内の状態フラグに反応することにより生起する現象ではあるが、しかる場合にＮＥＳとＣＮＳ双方における自律プロセッサをバイパスして伝送されることは、脳内領域に慣習的に入力強化されている整合的運動に対する条件反射によるところである。ともあれ、当該の時点における超自我のコネクタに連合されるのであるから、当該のデータ知覚情報は再度アイコン：ＳＩＳへフィード・バックされるとともに、ＬＴＭとして記憶強化されることにより長期保持されることになる。このように記憶物質（神経伝達物質）を以って中枢神経系の主として海馬のＬＴＳ：長期記憶貯蔵域に記録されることの反復により、延いては慣習的に実行される整合的運動として入力強化されることから、それに対する条件反射の作用を助長せしめる力動概念ともなるのである。したがって、かかる行動サンプルは概して、或る程度以上に日常的、もしくは何回となく反復して実行される性質のある動作の過程にあって発現しがちである。そしてまた、それが意識／下意識レベルを周期する過渡的である状態レベルとして、前意識と称せられている。

　ＣＮＳの任意のサイコンをＮと仮定する場合、前意識レベルにおけるサイコンＮの活動は非制御的であるため、その活動の系譜はランダムでしかない。しかし、それ自体が相対系を体現する一特殊時空間的モメントである以上、サイコンＮの運動の遷移には特殊時間上の前後関係があるが、それのみならず前意識レベルでは生的傾向にあるエス＜イド＞の状態関数をも反映しつつ、その力動概念をなすところに論理学上の整合性もある。ＣＮＳの活動状況が非制御的であるが故に、それによるＮＥＳからの信号に対する抑制が作用しないため、エス＜イド＞における欲求・不安素因によるエナジーがより直接上に放出されることは、下意識レベルの場合と同様である。如上の根拠よりして、前意識レベルにある場合には、ＣＮＳに於いて非制御状態にありバイパスされる運動自我と、客観性フィルター

の変動帯域にある超自我との関係変数は、相互間に対立しあう状態関数を示してもいる。かかる状況下にあっては、対立関係にある運動自我と超自我は相互に他在における特定の対象を否定・収束せしめあうため、任意にして一意のt1時におけるサイコンN（t1）により触発された制御C（t1）はN（t1）に対し抑制するが、それとともにN（t1）の活動がまたC（t1）に対する抑制として作用することになる。CNSはそれらの相互連動による制御を享けることなく、エス＜イド＞の本能的エナジーとLTMによる刺激を動因として、無限小の時間長を経過するその状態関数が規定される。かるがゆえ、仮定された瞬間におけるサイコンN（t1）により活性化された制御C（t1）が、当該のサイコンN（t1）そのものを抑制しあいつつも、必然的に無限小の時間長を経過するサイコンNの状態関数N（t2）以後へと移行されるのでもある。

　もとより、前意識レベルにおける内的運動遷移のルートには、NES内における感覚情報とエス＜イド＞との連合、及びCNS内における対象的知覚と超自我との連合のそれぞれの工程に於いて、エス＜イド＞と超自我の各々のリアルタイムにおける状態関数が非制御に反映される。実際のところ、前意識レベルの深層レイヤにあって、NES／CNSにおける各ニューラルシステム間の結合が前提条件を必要とする以上、とりわけ対象的知覚に対するアクセス作用に於いてエス＜イド＞と超自我が相互連動しうる可能性は、その前提条件であるパターン化されている行動時における条件反射の場合に必然的となる。NESにおける感覚情報とエス＜イド＞との連合が可能となる過程で、少なくともSTMとしての短期の記憶が脳内領域（主として海馬のSTS：短期記憶貯蔵域）に生成されており、またそのことによるエス＜イド＞の精神内性フラグが設定されているため、非意識的に発火したサイコンN（t1）よりN（t2）への移行ルートと結果が、制御C（t1）に対する内省を以って認識される可能性がある。その可能性は、その時点におけるエス＜イド

＞の状態関数が死生傾向周期の生的傾向を示しているほどに増大する。それが生的傾向にあるほどに、感覚情報に対するエス＜イド＞のアクセス性能も活性化されている状態関数にあるからである。同様にそれが生的傾向にあるほどに、感覚情報と超自我との連合とても促進され実行されやすくなるため、サイコンN（t1）よりN（t2）への移行ルートと結果が、制御C（t1）に対する内省を以って認識される可能性が高くなる。CNS内における対象的知覚と超自我との連合が成立していない工程に於いては、如上の通りであるが、しかる連合が成立している場合には、既にLTMとしての長期記憶にて脳内領域（主として海馬のLTS：長期記憶貯蔵域）に転送され長期保持されており、そのことによる超自我の精神内性フラグが設定されているため、非意識的に発火したサイコンN（t1）よりN（t2）への移行ルートと結果が、制御C（t1）に対する内省を以って認識されることが可能となる。

第Ⅲ節　意識上レベル

　精神現象における意識／下意識レベルのうち、意識的状態ではＣＮＳの制御に於いて覚醒された状態関数ともいえる。そのことはしたがって、ＮＥＳとＣＮＳの相互連動している状態関数が意識上レベルにあることをも意味する。換言するならば、エス＜イド＞と超自我の双方が相互により拘束される状況にあるため、直接上に運動自我の機能しうる工程では超自我による制御下にて表象される状態関数でもある。

　意識上レベルはＣＮＳの自律プロセッサである運動自我が制御状態にあることにより維持されるため、そこには大別して二通りのパターン、即ちＮＥＳの自律プロセッサである感性系が制御状態にある場合と非制御状態にある場合が包摂される。感性系プロセッサが制御状態にある場合はもとより、その運動モードに自律性を欠き非制御状態にある場合に於いても、エス＜イド＞の死生傾向の変動周期におけるいかなる状態関数を示していようと、その時点における感覚情報とエス＜イド＞との連合が成立してあることを前提条件とする。感覚器官ＳＩＳ＜アイコン＞よりＮＥＳのインタフェース部位へ伝送されてくる当該のデータ知覚情報が、制御状態もしくは非制御状態にあるＮＥＳの自律プロセッサである感性系を媒介して、周期変動する状態関数にあるエス＜イド＞のコネクタへと連合され、更に感性系を媒介してＮＥＳのインタフェース部位よりアイコン：ＳＩＳへフィード・バックされるとともに、ＣＮＳのインタフェース部位へフィード・フォワードされたうえ、制御状態にあるＣＮＳの自律プロセッサである運動自我を媒介して、対象的知覚のプロパティをチェックし、帯域変動する状態関数にある超自我のコネクタとの連合をテストされる精神機能的モードに他ならない。運動自我の制御状態にある態様が意識レベルを示唆するため、それよ

り更に超自我との連合が成功するか否かについては、別なるプロセス上の問題であるからである。もしも、その時点における超自我のコネクタに連合される場合には、当該のデータ知覚情報は再度アイコン：ＳＩＳへフィード・バックされるとともに、ＬＴＭとして長期保持されることになる。しかし仮に、その時点における超自我のコネクタへの連合に失敗した場合には、脳内領域（主として海馬のＬＴＳ：長期記憶貯蔵域）に記憶物質（神経伝達物質）として生成されるには到らないため、記憶痕跡を転送・強化することなくＳＴＭの約２０秒間という制限時間経過により脳内領域（主として海馬のＳＴＳ：短期記憶貯蔵域）から自動消去される。したがって、かかる精神機能上の条件分岐に於いては、当該の精神運動自体は意識上レベルに於いて実践されるにも拘わらず、帰結現象として記憶痕跡を以って保持されえないパターンに該当する、ともいえる。

　ＣＮＳの任意のサイコンをＮと仮定する場合、意識上レベルにおけるサイコンＮの活動は制御状態にある。それ自体が相対系を体現する一特殊時空間的モメントである以上、サイコンＮの運動の遷移には特殊時間上の前後関係があるが、それのみならず感覚情報に連合されているエス＜イド＞の状態関数をも反映しつつ、その力動概念をなすところに論理学上の整合性もある。ＣＮＳの活動状況が制御的であるが故に、そのことによるＮＥＳからの信号に対する抑制が作用しており、エス＜イド＞における欲求・不安素因によるエナジーが制御されている。如上の根拠よりして、意識上レベルにある場合には、ＣＮＳに於いて制御状態にあり自律エナジーを放出する運動自我と、つねに一定しない変動帯域にあり監視機構を具有する超自我との関係変数は、相互に否定・収束せしめあう状態関数を示してもいる。かかる状況下にあっては、運動自我と超自我は相互に否定・収束せしめあうことにより、任意にして一意の現在時ｔｎ時の各々の状態関数が相互に否定・収束されることで、無限小の瞬間を経過した状態関数が相互に生成されるとともに、相互にリンクし

あう相互間の異にするサイコンに対して作用するため、任意にして一意のt1時におけるサイコンN1（t1）により触発された制御C1（t1）はN1（t1）に対し抑制するが、それとともにN1（t1）の活動がまたC1（t1）に対する抑制として作用することになる。CNSはそれらの相互連動による制御を享けることにより、間接的にはエス＜イド＞の本能的エナジーとLTMによる刺激を誘因として、無限小の時間長を経過するその状態関数が規定される。かるがゆえ、仮定された瞬間におけるサイコンN1（t1）により活性化された制御C1（t1）が、当該のサイコンN1（t1）そのものを抑制しあいつつも、必然的に無限小の時間長を経過するサイコンN1の状態関数N1（t2）以後へと移行され、且つサイコンN1（t1）により触発された制御C1はC1（t2）へと移行されるのではある。

　また、意識上レベルに於いては運動自我と超自我の各サイコンとも相互リンクされている状態関数にあるため、サイコンN1の制御C1による知覚的制御がそのまま、同時にサイコンN2に対して触発しその状態関数を更新することでもある。任意にして一意のt2時におけるN1により活性化されている自己写像C1（t2）は、N1に相互リンクされているサイコンN2（t2）に対し制御する。制御されたサイコンN2（t2）により活性化された制御C2（t2）が、そのサイコンN2（t2）そのものとの相互連動を抑制しあいつつも、必然的に無限小の時間長を経過するサイコンN2の状態関数N2（t3）へ移行され、且つサイコンN2（t3）により触発された制御C2はC2（t3）へと移行されるのである。更にまた、任意にして一意のt3時におけるN2により活性化されている自己写像C2（t3）は、N2に相互リンクされているサイコンN3（t3）に対し制御する。制御されたサイコンN3（t3）により活性化された制御C3（t3）が、そのサイコンN3（t3）そのものとの相互連動を抑制しあいつつも、必然的に無限小の時間長を経過

するサイコンN3の状態関数N3（t4）へ移行され、且つサイコンN3（t3）により触発された制御C3はC3（t4）へと移行されるのである。そして、更にまた、任意にして一意のt4時におけるN3により活性化されている自己写像C3（t4）は、N3に相互リンクされているサイコンN4（t4）に対し制御する。制御されたサイコンN4（t4）により活性化された制御C4（t4）が、そのサイコンN4（t4）そのものとの相互連動を抑制しあいつつも、必然的に無限小の時間長を経過するサイコンN4の状態関数N4（t5）へ移行され、且つサイコンN4（t4）により触発された制御C4はC4（t5）へと移行されるのである。かくて、意識上レベルにおける可塑的サイコンは、同様の法則に従って相互間に連動しつつ更新されてゆく。意識上レベルにあっては、NESとCNSの相互連動をなさしめる諸ニューラルシステム間の結合状態により、認識運動が実行され活性化されるからである。

第Ⅳ節 レベル遷移に関する考察

意識／下意識レベルを亘り移行する状態変化は、ニューラルシステムとしてのＮＥＳとＣＮＳとのバランスに応じて遷移せしめられる。ＮＥＳにおけるリビドーとＣＮＳにおける超自我の状態関数は、双方に対し非拘束の変動周期によるローテーションを形成しており、双方の連動状態が意識／下意識レベルの値の決定に作用するためである。

意識／下意識レベルの実測値に拘わらず、精神現象の端緒となる感覚器官ＳＩＳ＜アイコン＞の機能と一切の刺激情報はそれぞれ不断に成立しているので、その相互による触発もまたつねに何等かの状況下にて生起していることも明らかである。しかるアイコン：ＳＩＳとの触発により第二次的フラグの設定された刺激情報、即ちデータ知覚情報はＮＥＳのエス＜イド＞との連合に成功した場合、中枢神経系の主として海馬のＳＴＳ：短期記憶貯蔵域にＳＴＭ（短期記憶）として形成されるとともに、ＣＮＳのインタフェース部位へフィード・フォワードされ、ＣＮＳの価値システムへと写像される。ＮＥＳよりＣＮＳへの写像は、ＮＥＳのエス＜イド＞と感性系との相互連関による方向性及び状態レベルに応じて、フィード・フォワードされたＣＮＳ内における価値の割当てＵ（ａ，ｂ，ｔ）＝ｕを決定するが、そのことは本能変数の先験的変動を制御するＮＥＳの状態関数がＣＮＳの価値システムにリンクされることを契機とすることによる。但し、それは意識上レベルもしくは前意識レベルに於いては、帰結現象としてＮＥＳとＣＮＳが相互連動されるために可能となるが、下意識レベルに於いては、ＮＥＳとＣＮＳの相互連動がランダムにしか実行されない以上、ＮＥＳのインタフェース部位より伝送される対象的知覚がＣＮＳの価値システムに反映されるとは限らない。また、帰結現象として当該の対象的知覚の超自我へ

の連合に成功した場合、ＬＴＭとして中枢神経系の主として海馬の
ＳＴＳ：短期記憶貯蔵域よりＬＴＳ：長期記憶貯蔵域に長期の記憶
痕跡として転送・記録することにはなるが、ＳＴＭにせよＬＴＭに
せよ記憶Ｓ'はなべて、このように活性化されるサイコンのシナプ
ス結合を強化または弱化する作用を具有している。記憶Ｓ'には固
定的システムと力動的システムがあるが、ＮＥＳの状態関数との相
互リンクにより促進されるＣＮＳのニューラル結合の状態関数が、
記憶Ｓ'の力動的システムとの相互連動に於いて＋の値を示すなら
ば、Ｃｔ（ｍ，ｎ）＝＋、即ち興奮性であり、またそれが－の値を
示すならば、Ｃｔ（ｍ，ｎ）＝－、即ち抑制性であるといえる。

　さて、しかるサイコンのシナプス結合には、大別して弾性的であ
るパターンと可塑的であるパターンがある。前者の場合、その性質
上より一旦成立した結合が基本的には固着化されてしまうために、
シナプスを通って一方のニューロンから他方のニューロンへのイン
パルスの確率が刺激情報の数量とは独立しているはずである。また、
後者の場合、そこに更に記憶システムの学習機構が具備されている
か否かにより、学習と慣行に大別される。記憶システムの学習機構
は、＜ＮＥＳの状態関数＞＜刺激情報（データ知覚情報）の性質＞
＜ＣＮＳの価値システム＞の相互間に単なる特殊時空間上の前後関
係のみならず、生理学的・論理学的である連合が成立している状況
下に於いては、ＣＮＳのシナプス結合の反復によりエス＜イド＞の
状態関数からの作用を調整して、感性系プロセッサとＣＮＳの関係
変数に新たな座標軸を設定する機能を示唆する。ＮＥＳと刺激情報
との相互連関を動因として成立するＣＮＳのシナプス結合は、それ
自体がまた一個の刺激因子としてＮＥＳの不平衡状態関数と触発し
あい、記憶痕跡として更なるシナプス結合の動因を形成するに到
る。そしてまた、かかるＣＮＳのシナプス結合がそのうえ更なるシ
ナプス結合を惹起せしめる動因ともなる。このようにして繰り返さ
れるニューラルシステムの結合運動に於いて、もし当該の記憶シス

第Ⅳ章　意識／下意識レベルの問題

211

テムが学習機構を具備しているならば、一方のニューロンより他方のニューロンへのインパルスの確率は刺激情報の数量とともに増大する。即ち、その反復によりシナプス結合のレベルが強化されることによって、ＣＮＳに対する連合が潜在的に促進されてゆく。しかし、もし当該記憶システムが学習機構を具備していないならば、一方のニューロンより他方のニューロンへのインパルスの確率は刺激情報の数量とともに減少する。そのことは、しかる反復による慣性・惰性の傾向よりして注意能力が低下し、シナプス結合のエナジーが弱化されるためである。而して、それは下意識レベルに近いほどにニューラルシステム間の結合性が低下する状態関数に於いて、ＮＥＳの不平衡状態関数と刺激情報が不断に生起していることにより、注意能力のフィルターは複数成立しうるが、同様の根拠よりして、逆に意識上レベルに近いほどにニューラルシステム間の結合性が向上する状態関数に於いては、注意能力のフィルターが単一化されゆく動作傾向を出力する、という原理に連動しあうところでもある。

　ＮＥＳのエス＜イド＞とＣＮＳの超自我が各自の帯域内を各自の周期により常時変動するが、両者はもとよりそれぞれに先験的精神現象の状態関数を決定する主語として作用するため、リアルタイムにおける相互のサイクル値が或いは牽引しあい、また或いは排斥しあい、不断に相互の状態関数に反映しあうことにより、ＮＥＳとＣＮＳとの生理的バランスを左右することになる。任意にして一意の現在時におけるエス＜イド＞の周期変数と超自我のフィルター値、もしくは両者の連動状態に応じて、決定されるその生理的バランスより精神現象上に反映される連携方式は、大区分として以下にみる通り分類できる。

　ここに、ＮＥＳのエス＜イド＞の変動周期における生的傾向をＥｃ＝＋、ＣＮＳの超自我の変動帯域における客観性フィルターをＦｃ＝＋と、またエス＜イド＞の変動周期における死的傾向をＥｃ＝

－、超自我の変動帯域における主観性フィルターを$F_c = -$と定言することとする。且つそれとともに、ＮＥＳの感性系プロセッサの制御状態を$E_v = +$、ＣＮＳの運動自我の制御状態を$F_v = +$と、また感性系プロセッサの非制御状態を$E_v = -$と、運動自我の非制御状態を$F_v = -$と定言することとする。蓋し、ＣＮＳの自律プロセッサである運動自我の制御状態関数に応じて、直接上には意識／下意識レベルの状態遷移が実行されつつも、ＮＥＳの自律プロセッサである感性系の制御状態関数や、エス＜イド＞と超自我それぞれの周期変動によっても、精神現象上に対する発現態様に反映されることによるところである。但し、しかる精神現象に作用せしめるそれぞれの部位の実測値としては、単なる固定値のいずれかのみを採るわけではない以上、＋もしくは－による計測判定の基準では不精確にすぎるのではあるけれど。

§Ｐａｔｔｅｒｎ１：
$\{(E_v = +) \land (F_v = +)\} \land$
$\{(E_c = +) \land (F_c = +)\}$

$E_v = +$、即ち感性系プロセッサが制御状態にあり、且つ$F_v = +$、即ち運動自我が制御状態にある場合であり、更に$E_c = +$、即ちエス＜イド＞が生的傾向の周期上にあり、且つ$F_c = +$、即ち超自我が客観性フィルターの帯域上にある場合である。エス＜イド＞の状態関数が生的傾向にあるため、先験的である本能エナジーが生に対し活性化されているとともに、超自我が客観性フィルターの帯域上にあるため、生に対し活性化されている内的エナジーがＣＮＳの客観作用に対するヴェクトルを具有することになる。また、感性系が制御状態にある以上、当該のデータ知覚情報に対する統覚作用のプロセスを経由しているとともに、運動自我が制御状態にある以上、精神機能は意識上レベルにて作動していることになる。
：$(C_t (E_v, F_v) = +)$

第Ⅰ部　基準系

第Ⅱ篇　基準系理論《機能論》

特殊の実存としての精神

　　ＮＥＳとＣＮＳのそれぞれの自律プロセッサが制御状態にあり、且つエス＜イド＞と超自我のそれぞれの周期変数が整合化されている範疇にある以上、意識レベルの最高度の覚醒的レイヤの状態関数にあることを意味する。

　　　§Ｐａｔｔｅｒｎ２：
　　　　　｛（Ｅｖ＝＋）∧（Ｆｖ＝＋）｝∧
　　　　　｛（Ｅｃ＝－）∧（Ｆｃ＝＋）｝

　　Ｅｖ＝＋、即ち感性系プロセッサが制御状態にあり、且つＦｖ＝＋、即ち運動自我が制御状態にある場合であり、更にＥｃ＝－、即ちエス＜イド＞が死的傾向の周期上にあり、且つＦｃ＝＋、即ち超自我が客観性フィルターの帯域上にある場合である。エス＜イド＞の状態関数が死的傾向にあるため、先験的である本能エナジーが生に対し抑制されているとともに、超自我が客観性フィルターの帯域上にあるため、死に対し活性化されている内的エナジーがＣＮＳの客観作用に対するヴェクトルを具有することになる。また、感性系が制御状態にある以上、当該のデータ知覚情報に対する統覚作用のプロセスを経由しているとともに、運動自我が制御状態にある以上、精神機能は意識上レベルにて作動していることになる。

　　：（Ｃｔ（Ｅｖ，Ｆｖ）＝＋）

　　　§Ｐａｔｔｅｒｎ３：
　　　　　｛（Ｅｖ＝＋）∧（Ｆｖ＝＋）｝∧
　　　　　｛（Ｅｃ＝＋）∧（Ｆｃ＝－）｝

　　Ｅｖ＝＋、即ち感性系プロセッサが制御状態にあり、且つＦｖ＝＋、即ち運動自我が制御状態にある場合であり、更にＥｃ＝＋、即ちエス＜イド＞が生的傾向の周期上にあり、且つＦｃ＝－、即ち超自我が主観性フィルターの帯域上にある場合である。エス＜イド＞

214　　第Ⅳ節　レベル遷移に関する考察

の状態関数が生的傾向にあるため、先験的である本能エナジーが生に対し活性化されているとともに、超自我が主観性フィルターの帯域上にあるため、生に対し活性化されている内的エナジーがCNSの主観作用に対するヴェクトルを具有することになる。また、感性系が制御状態にある以上、当該のデータ知覚情報に対する統覚作用のプロセスを経由しているとともに、運動自我が制御状態にある以上、精神機能は意識上レベルにて作動していることになる。

　　：（Ｃｔ（Ｅｖ，Ｆｖ）＝＋）

　　§Ｐａｔｔｅｒｎ４：
　　　　｛（Ｅｖ＝＋）∧（Ｆｖ＝＋）｝∧
　　　　｛（Ｅｃ＝－）∧（Ｆｃ＝－）｝

　Ｅｖ＝＋、即ち感性系プロセッサが制御状態にあり、且つＦｖ＝＋、即ち運動自我が制御状態にある場合であり、更にＥｃ＝－、即ちエス＜イド＞が死的傾向の周期上にあり、且つＦｃ＝－、即ち超自我が主観性フィルターの帯域上にある場合である。エス＜イド＞の状態関数が死的傾向にあるため、先験的である本能エナジーが生に対し抑制されているとともに、超自我が主観性フィルターの帯域上にあるため、死に対し活性化されている内的エナジーがCNSの主観作用に対するヴェクトルを具有することになる。また、感性系が制御状態にある以上、当該のデータ知覚情報に対する統覚作用のプロセスを経由しているとともに、運動自我が制御状態にある以上、精神機能は意識上レベルにて作動していることになる。

　　：（Ｃｔ（Ｅｖ，Ｆｖ）＝＋）

　　§Ｐａｔｔｅｒｎ５：
　　　　｛（Ｅｖ＝－）∧（Ｆｖ＝＋）｝∧
　　　　｛（Ｅｃ＝＋）∧（Ｆｃ＝＋）｝

Ｅｖ＝－、即ち感性系プロセッサが非制御状態にあり、且つＦｖ＝＋、即ち運動自我が制御状態にある場合であり、更にＥｃ＝＋、即ちエス＜イド＞が生的傾向の周期上にあり、且つＦｃ＝＋、即ち超自我が客観性フィルターの帯域上にある場合である。エス＜イド＞の状態関数が生的傾向にあるため、先験的である本能エナジーが生に対し活性化されているとともに、超自我が客観性フィルターの帯域上にあるため、生に対し活性化されている内的エナジーがＣＮＳの客観作用に対するヴェクトルを具有することになる。また、感性系が非制御状態にある以上、当該のデータ知覚情報に対する統覚作用のプロセスを経由していないものの、運動自我が制御状態にある以上、精神機能は意識上レベルにて作動していることになる。

　：（Ｃｔ（Ｅｖ，Ｆｖ）＝＋）

　　§Ｐａｔｔｅｒｎ６：
　　　　｛（Ｅｖ＝－）∧（Ｆｖ＝＋）｝∧
　　　　｛（Ｅｃ＝－）∧（Ｆｃ＝＋）｝

Ｅｖ＝－、即ち感性系プロセッサが非制御状態にあり、且つＦｖ＝＋、即ち運動自我が制御状態にある場合であり、更にＥｃ＝－、即ちエス＜イド＞が死的傾向の周期上にあり、且つＦｃ＝＋、即ち超自我が客観性フィルターの帯域上にある場合である。エス＜イド＞の状態関数が死的傾向にあるため、先験的である本能エナジーが生に対し抑制されているとともに、超自我が客観性フィルターの帯域上にあるため、死に対し活性化されている内的エナジーがＣＮＳの客観作用に対するヴェクトルを具有することになる。また、感性系が非制御状態にある以上、当該のデータ知覚情報に対する統覚作用のプロセスを経由していないものの、運動自我が制御状態にある以上、精神機能は意識上レベルにて作動していることになる。

　：（Ｃｔ（Ｅｖ，Ｆｖ）＝＋）

§Ｐａｔｔｅｒｎ７：
　　　｛（Ｅｖ＝－）∧（Ｆｖ＝＋）｝∧
　　　｛（Ｅｃ＝＋）∧（Ｆｃ＝－）｝

　Ｅｖ＝－、即ち感性系プロセッサが非制御状態にあり、且つＦｖ
＝＋、即ち運動自我が制御状態にある場合であり、更にＥｃ＝＋、
即ちエス＜イド＞が生的傾向の周期上にあり、且つＦｃ＝－、即ち
超自我が主観性フィルターの帯域上にある場合である。エス＜イド
＞の状態関数が生的傾向にあるため、先験的である本能エナジーが
生に対し活性化されているとともに、超自我が主観性フィルターの
帯域上にあるため、生に対し活性化されている内的エナジーがＣＮ
Ｓの主観作用に対するヴェクトルを具有することになる。また、感
性系が非制御状態にある以上、当該のデータ知覚情報に対する統覚
作用のプロセスを経由していないものの、運動自我が制御状態にあ
る以上、精神機能は意識上レベルにて作動していることになる。
　：（Ｃｔ（Ｅｖ，Ｆｖ）＝＋）

　意識上レベルにありつつも、感性系が非制御状態のモードにある
状況下にあって、主観性フィルターのヴェクトルに力動概念が作用
するため、精神内的刺激情報を自ら表象せしめる幻覚・幻聴が生起
されやすい状態関数にある、といえる。

　　§Ｐａｔｔｅｒｎ８：
　　　｛（Ｅｖ＝－）∧（Ｆｖ＝＋）｝∧
　　　｛（Ｅｃ＝－）∧（Ｆｃ＝－）｝

　Ｅｖ＝－、即ち感性系プロセッサが非制御状態にあり、且つＦｖ
＝＋、即ち運動自我が制御状態にある場合であり、更にＥｃ＝－、
即ちエス＜イド＞が死的傾向の周期上にあり、且つＦｃ＝－、即ち
超自我が主観性フィルターの帯域上にある場合である。エス＜イド

＞の状態関数が死的傾向にあるため、先験的である本能エナジーが生に対し抑制されているとともに、超自我が主観性フィルターの帯域上にあるため、死に対し活性化されている内的エナジーがＣＮＳの主観作用に対するヴェクトルを具有することになる。また、感性系が非制御状態にある以上、当該のデータ知覚情報に対する統覚作用のプロセスを経由していないものの、運動自我が制御状態にある以上、精神機能は意識上レベルにて作動していることになる。

　：（Ｃｔ（Ｅｖ，Ｆｖ）＝＋）

　　§Ｐａｔｔｅｒｎ９：
　　　　｛（Ｅｖ＝＋）∧（Ｆｖ＝－）｝∧
　　　　｛（Ｅｃ＝＋）∧（Ｆｃ＝＋）｝

　Ｅｖ＝＋、即ち感性系プロセッサが制御状態にあり、且つＦｖ＝－、即ち運動自我が非制御状態にある場合であり、更にＥｃ＝＋、即ちエス＜イド＞が生的傾向の周期上にあり、且つＦｃ＝＋、即ち超自我が客観性フィルターの帯域上にある場合である。エス＜イド＞の状態関数が生的傾向にあるため、先験的である本能エナジーが生に対し活性化されているとともに、超自我が客観性フィルターの帯域上にあるため、生に対し活性化されている内的エナジーがＣＮＳの客観作用に対するヴェクトルを具有することになる。また、感性系が制御状態にある以上、当該のデータ知覚情報に対する統覚作用のプロセスを経由しているとともに、運動自我が非制御状態にある以上、精神機能は下意識レベルにて作動していることになる。

　：（Ｃｔ（Ｅｖ，Ｆｖ）＝－）

　明らかに下意識レベルにはあるが、生的傾向の周期上にあるエス＜イド＞の本能変数のヴェクトルにより、客観性フィルターにある超自我の運動が促進されるため、前意識レベルにおける超自我との整合的である連合に成功せしめる条件を充足していよう。したがっ

て、意識レイヤの分類上では、前意識レベルへの移行作用は、意識上レベルではなく下意識レベルのカテゴリーに於いて実施されることになる。仮に超自我との連合に成功した場合、ＬＴＭ（長期記憶）として中枢神経系の主として海馬のＬＴＳ：長期記憶貯蔵域に記憶物質（ＧＡＢＡ）を形成されるが、仮にその連合に成功しなかった場合、主として海馬のＳＴＳ：短期記憶貯蔵域の揮発性記憶であるＳＴＭの約２０秒間の制限時間内だけ保持される。ＳＴＭを形成する契機となるべき感性系が、もとより制御状態にあるためである。

$$§ Ｐａｔｔｅｒｎ１０：$$
$$\{(Ｅ v＝＋)\ \wedge\ (Ｆ v＝－)\}\ \wedge$$
$$\{(Ｅ c＝－)\ \wedge\ (Ｆ c＝＋)\}$$

Ｅ v＝＋、即ち感性系プロセッサが制御状態にあり、且つＦ v＝－、即ち運動自我が非制御状態にある場合であり、更にＥ c＝－、即ちエス＜イド＞が死的傾向の周期上にあり、且つＦ c＝＋、即ち超自我が客観性フィルターの帯域上にある場合である。エス＜イド＞の状態関数が死的傾向にあるため、先験的である本能エナジーが生に対し抑制されているとともに、超自我が客観性フィルターの帯域上にあるため、死に対し活性化されている内的エナジーがＣＮＳの客観作用に対するヴェクトルを具有することになる。また、感性系が制御状態にある以上、当該のデータ知覚情報に対する統覚作用のプロセスを経由しているとともに、運動自我が非制御状態にある以上、精神機能は下意識レベルにて作動していることになる。

$$：(Ｃ t\ (Ｅ v，Ｆ v)＝－)$$

$$§ Ｐａｔｔｅｒｎ１１：$$
$$\{(Ｅ v＝＋)\ \wedge\ (Ｆ v＝－)\}\ \wedge$$
$$\{(Ｅ c＝＋)\ \wedge\ (Ｆ c＝－)\}$$

Ｅｖ＝＋、即ち感性系プロセッサが制御状態にあり、且つＦｖ＝
－、即ち運動自我が非制御状態にある場合であり、更にＥｃ＝＋、
即ちエス＜イド＞が生的傾向の周期上にあり、且つＦｃ＝－、即ち
超自我が主観性フィルターの帯域上にある場合である。エス＜イド
＞の状態関数が生的傾向にあるため、先験的である本能エナジーが
生に対し活性化されているとともに、超自我が主観性フィルターの
帯域上にあるため、生に対し活性化されている内的エナジーがＣＮ
Ｓの主観作用に対するヴェクトルを具有することになる。また、感
性系が制御状態にある以上、当該のデータ知覚情報に対する統覚作
用のプロセスを経由しているとともに、運動自我が非制御状態にあ
る以上、精神機能は下意識レベルにて作動していることになる。

　：（Ｃｔ（Ｅｖ，Ｆｖ）＝－）

　明らかに下意識レベルにある状況下に於いて、生的傾向の周期上
にあるエス＜イド＞の本能変数のヴェクトルにより、主観性フィル
ターにある超自我の運動が促進されるため、下意識レイヤにおける
潜在的である力動概念が作用することにより、感覚器官ＳＩＳ＜ア
イコン＞へのフィード・バックから刺激情報の自己生成作用を刺激
して、夢見の現象態様を出力せしめる可能性がある。また、当該の
刺激情報が生的に活性化されているエス＜イド＞に連合されること
により、ＳＴＭ（短期記憶）として約２０秒間だけ中枢神経系の主
として海馬のＳＴＳ：短期記憶貯蔵域に保持されることがありうる。

　　§Ｐａｔｔｅｒｎ１２：
　　　｛（Ｅｖ＝＋）∧（Ｆｖ＝－）｝∧
　　　｛（Ｅｃ＝－）∧（Ｆｃ＝－）｝

　Ｅｖ＝＋、即ち感性系プロセッサが制御状態にあり、且つＦｖ＝
－、即ち運動自我が非制御状態にある場合であり、更にＥｃ＝－、
即ちエス＜イド＞が死的傾向の周期上にあり、且つＦｃ＝－、即ち

超自我が主観性フィルターの帯域上にある場合である。エス＜イド＞の状態関数が死的傾向にあるため、先験的である本能エナジーが生に対し抑制されているとともに、超自我が主観性フィルターの帯域上にあるため、死に対し活性化されている内的エナジーがＣＮＳの主観作用に対するヴェクトルを具有することになる。また、感性系が制御状態にある以上、当該のデータ知覚情報に対する統覚作用のプロセスを経由しているとともに、運動自我が非制御状態にある以上、精神機能は下意識レベルにて作動していることになる。

$$: (C t (E v, F v) = -)$$

§Ｐａｔｔｅｒｎ１３：
$$\{(E v = -) \land (F v = -)\} \land$$
$$\{(E c = +) \land (F c = +)\}$$

Ｅｖ＝－、即ち感性系プロセッサが非制御状態にあり、且つＦｖ＝－、即ち運動自我が非制御状態にある場合であり、更にＥｃ＝＋、即ちエス＜イド＞が生的傾向の周期上にあり、且つＦｃ＝＋、即ち超自我が客観性フィルターの帯域上にある場合である。エス＜イド＞の状態関数が生的傾向にあるため、先験的である本能エナジーが生に対し活性化されているとともに、超自我が客観性フィルターの帯域上にあるため、生に対し活性化されている内的エナジーがＣＮＳの客観作用に対するヴェクトルを具有することになる。また、感性系が非制御状態にある以上、当該のデータ知覚情報に対する統覚作用のプロセスを経由していないとともに、運動自我が非制御状態にある以上、精神機能は下意識レベルにて作動していることになる。

$$: (C t (E v, F v) = -)$$

明らかに下意識レベルにはあるが、生的傾向の周期上にあるエス＜イド＞の本能変数のヴェクトルにより、客観性フィルターにある超自我の運動が促進されるため、前意識レベルにおける超自我との

整合的である連合に成功せしめる条件を充足していよう。したがっ
て、意識レイヤの分類上では、前意識レベルへの移行作用は、意識
上レベルではなく下意識レベルのカテゴリーに於いて実施されるこ
とになる。仮に超自我との連合に成功した場合、ＬＴＭ（長期記憶）
として中枢神経系の主として海馬のＬＴＳ：長期記憶貯蔵域に記憶
物質（神経伝達物質）であるＧＡＢＡを転送されるが、仮にその連
合に成功しなかった場合、たとえ短期（約２０秒間）の揮発性記憶
としても保持されることはない。ＳＴＭを形成する契機となるべき
感性系が、もとより非制御状態にあるためである。

§Ｐａｔｔｅｒｎ１４：
$$\{(Ev = -) \land (Fv = -)\} \land$$
$$\{(Ec = -) \land (Fc = +)\}$$

　Ｅｖ＝−、即ち感性系プロセッサが非制御状態にあり、且つＦｖ
＝−、即ち運動自我が非制御状態にある場合であり、更にＥｃ＝−、
即ちエス＜イド＞が死的傾向の周期上にあり、且つＦｃ＝＋、即ち
超自我が客観性フィルターの帯域上にある場合である。エス＜イド
＞の状態関数が死的傾向にあるため、先験的である本能エナジーが
生に対し抑制されているとともに、超自我が客観性フィルターの帯
域上にあるため、死に対し活性化されている内的エナジーがＣＮＳ
の客観作用に対するヴェクトルを具有することになる。また、感性
系が非制御状態にある以上、当該のデータ知覚情報に対する統覚作
用のプロセスを経由していないとともに、運動自我が非制御状態に
ある以上、精神機能は下意識レベルにて作動していることになる。
　：$(Ct\,(Ev,\,Fv) = -)$

§Ｐａｔｔｅｒｎ１５：
$$\{(Ev = -) \land (Fv = -)\} \land$$
$$\{(Ec = +) \land (Fc = -)\}$$

Ｅｖ＝－、即ち感性系プロセッサが非制御状態にあり、且つＦｖ
＝－、即ち運動自我が非制御状態にある場合であり、更にＥｃ＝＋、
即ちエス＜イド＞が生的傾向の周期上にあり、且つＦｃ＝－、即ち
超自我が主観性フィルターの帯域上にある場合である。エス＜イド
＞の状態関数が生的傾向にあるため、先験的である本能エナジーが
生に対し活性化されているとともに、超自我が主観性フィルターの
帯域上にあるため、生に対し活性化されている内的エナジーがＣＮ
Ｓの主観作用に対するヴェクトルを具有することになる。また、感
性系が非制御状態にある以上、当該のデータ知覚情報に対する統覚
作用のプロセスを経由していないとともに、運動自我が非制御状態
にある以上、精神機能は下意識レベルにて作動していることになる。
　：（Ｃｔ（Ｅｖ，Ｆｖ）＝－）

　明らかに下意識レベルにある状況下に於いて、生的傾向の周期上
にあるエス＜イド＞の本能変数のヴェクトルにより、主観性フィル
ターにある超自我の運動が促進されるため、下意識レイヤにおける
潜在的である力動概念が作用することにより、感覚器官ＳＩＳ＜ア
イコン＞へのフィード・バックから刺激情報の自己生成作用を刺激
して、夢見の現象態様を出力せしめる可能性がある。但し、ＳＴＭ（短
期記憶）を形成する契機となるべき感性系が非制御状態にあるため、
たとえ揮発性記憶としても中枢神経系の主として海馬のＳＴＳ：短
期記憶貯蔵域に記憶痕跡を形成することはない。

　　§Ｐａｔｔｅｒｎ１６：
　　　　｛（Ｅｖ＝－）∧（Ｆｖ＝－）｝∧
　　　　｛（Ｅｃ＝－）∧（Ｆｃ＝－）｝

　Ｅｖ＝－、即ち感性系プロセッサが非制御状態にあり、且つＦｖ
＝－、即ち運動自我が非制御状態にある場合であり、更にＥｃ＝－、
即ちエス＜イド＞が死的傾向の周期上にあり、且つＦｃ＝－、即ち

超自我が主観性フィルターの帯域上にある場合である。エス＜イド＞の状態関数が死的傾向にあるため、先験的である本能エナジーが生に対し抑制されているとともに、超自我が主観性フィルターの帯域上にあるため、死に対し活性化されている内的エナジーがＣＮＳの主観作用に対するヴェクトルを具有することになる。また、感性系が非制御状態にある以上、当該のデータ知覚情報に対する統覚作用のプロセスを経由していないとともに、運動自我が非制御状態にある以上、精神機能は下意識レベルにて作動していることになる。

: $(Ct\ (Ev,\ Fv)\ =-)$

　ＮＥＳとＣＮＳのそれぞれの自律プロセッサが非制御状態にあり、且つエス＜イド＞と超自我のそれぞれの周期変数が非整合の範疇にある以上、ニューラルシステムのシナプス結合が成功しにくいかランダムにしか実行されない、即ち下意識レベルの最深層レイヤの状態関数にあることを意味する。

　かかる種々の意識／下意識レベルの状態遷移の根拠は、意識上レベルをなす意識階層レイヤでは、ＣＮＳの運動自我が直接的に制御可能であるに対し、前意識から下意識レベルをなす意識階層レイヤでは、ＮＥＳのエス＜イド＞という原始の脳生理を抑制する運動自我が非制御状態にあることを基本とする。また、仮に意識上レベルにあっても、下意識レイヤからの欲求・不安素因等による作用のために、精神上の諸機能や判断力に誤作動を招いたりもする。客観性フィルターの帯域上にある超自我は、エス＜イド＞よりの本能的命令に対しコントロールすることができるが、超自我がサイクリックもしくは一時的に主観性フィルターの帯域上にある場合には、生的傾向もしくは死的傾向にあるエス＜イド＞の各々の本能的命令が非制御的に表象されうるからである。既述の分類上に於いては、ＮＥＳとＣＮＳのそれぞれの自律プロセッサ、及びエス＜イド＞と超自我の状態関数に応じて大別してはいるものの、但し実際上には、単

純に（Ev⇔Fv）・（Ec⇔Fc）の各々の±の区分のみならず、
それぞれの意識階層レイヤにおける実測値により意識／下意識レベ
ルは変動する。また、感覚器官ＳＩＳ＜アイコン＞を媒介して伝送
されるデータ知覚情報の精神内性フラグの如何によっては、寧ろ超
自我の主観性フィルターの帯域値と牽引しあうこともありうるの
で、超自我との連合可能パターンを一概に断定するわけにもいかな
いけれど。

　このように、相対的・可変的にして断定し難い精神機構の諸機能
であるが、それらのいずれもが例外なく、ニューラルマクロシステ
ムと称せられる大脳生理における何等かの機能に根差しており、そ
こには所謂『旧い脳』と『新しい脳』がある。理性（客観性）と情
動（主観性）の変動帯域を制御するＣＮＳ：Ｃｅｎｔｒａｌ＿Ｎｅ
ｒｖｏｕｓ＿Ｓｙｓｔｅｍは中枢神経系と称せられ、人類の進化の
過程に於いて発達した新しい脳である大脳新皮質に位置付けられて
いる。ＣＮＳには、末梢神経系を伴っているＮＳ：Ｎｅｕｒａｌ＿
Ｓｙｓｔｅｍと、内分泌腺を伴っている神経内分泌系であるＮＥＳ：
Ｎｅｕｒａｌ＿Ｅｎｄｏｃｒｉｎｅ＿Ｓｙｓｔｅｍが包摂され、そ
のうちＮＳは身体各部に対する制御機構をなす部位といえる。ＮＥ
Ｓは、本能的衝動の先験的である力動概念としてある旧い脳、即ち
辺縁系に通じる信号経路を具有するとともに、その信号を制御する。
したがって、意識／下意識レベルという精神機能による状態関数の
遷移は、専らＮＥＳとＣＮＳとの対抗関係により運用されてゆくこ
とになる。ＮＥＳは旧い脳と新しい脳の双方に対する信号経路を内
在し、双方からの信号のルーティング機構をもなしているから、そ
の意義に於いてＮＥＳとＣＮＳとの対抗関係は内的対抗ともいえよ
う。そのことは、なべてニューラルシステムが、血液を通して運ば
れるホルモンを媒介することにより、内分泌器官の反応を活性化せ
しめるものであり、且つホルモン性の信号は行動を助長せしめたり、
或いは同一もしくは異なる内分泌器官に対し反応する、という性質

からも説明がつく。したがって、ＮＥＳとＣＮＳの連動状態と相互バランス如何により、精神現象とその状態関数は絶えまなく変動しているため、一瞬間として恒常的ではありえないのではあるが、かかる精神上の機構について更に微小といえる単位にて考察するならば、ニューロンやグリア細胞という細胞システムと、ニューロン膜やシナプスボタン等の準細胞システムという種々のニューラルミクロシステムの、多重構造の相互連関を以って構成されている。ＣＮＳのあらゆる関係作用は、ニューロンシステム相互間のシナプス結合により実現されるのであるが、その具体的といえる結合の方式については様々のＣａｓｅが考えられる。多対一・一対多・一対一という恒常的にパターン化されている結合の場合や、相対的・可変的ではあるも幾分か規則性を伴う結合の場合には、もとより遺伝的にプログラム化されているものであるか、もしくは学習的に強化された運動・作用であるとされている。そして、それ以外のＣａｓｅ、即ち特定の恒常的である結合パターンがなく、単純にランダムにしか結合されえない場合には、真理：恒真式の新規の発見やそれによる発明など、反面に於いてはまた誤謬をも算出しうる条件を内在することにもなる。そのことを可能ならしめる生理的エナジーは、遺伝的に継承されている可塑的サイコンにあるから、発見や発明という精神機能上の成果を齎すと同一の根拠よりして、たとえばそれは、論理的弁証に於いて誤謬の上に論理展開を拡張するリスクをも孕んでいるわけではある。

　最後に敢えて附記しておくが、精神・霊魂・気など、またその他一切の非身体的とされる主観的印象を発現するかもしれない概念規定は、いずれも大脳神経系の状態関数を反映する機能的現象としてのみ成立する以上、それら概念規定の示唆するところが或る独立した特殊時空間的実体ではありえず、辺縁系もしくは新皮質のニューラルシステムを実体（実在）として発現される。そのことは、上記の概念規定に類する精神的機能及び現象がいずれも、何等かの身体

的機構及び現象の変化によりその状態関数の変動を余儀なくされるとともに、その反面では身体的機能及び現象とても、何等かの精神的機構及び現象の変化によりその状態関数の変動を余儀なくされることから、もとより両者が自己同一的に相互連携されることにより成立することに基づく。したがって、大脳生理という身体上の部位である特殊時空間的モメントより独立して、成立したり存続しうる精神的或いは心霊的現象がありえないことも、また自然である。知覚・意識・認識のみならず、あらゆる精神機構上の機能が運動することの可能であることは、例外なく生命現象としての＜脳＞の作用としてのみある以上、そのことはたとえば、臨死体験でさえ衰弱している大脳生理の状態関数の反映された精神現象に他ならず、そも身体的症状の回復後にその臨死体験を内省することができるのも、本来しかる臨死体験自体が死後体験ではなく生前体験であったが故に相違ない。もし仮に、死後時点における体験であるならば、生存時点の身体上の状態関数の変動を反映する臨死体験とは本質的に異なり、もはや大脳生理上の実測値を出力せしめるところの精神機能上、乃至心霊的作用上の現象態様としては成立しえないことによるところである。

228

第Ⅱ部

論理系

230

緒　説

　第Ⅰ部では、先験的に体得されている相対系自体の純粋知覚の全体系である基準系、及びその内実をもなす精神機構の体系論・機能論等に関する理論を展開してきたが、第Ⅱ部では、ａ＝ｐｒｉｏｒｉの精神内的相対系である基準系を媒介することにより相対系自体が絶対的に自己化され、延いては真理：恒真式という絶対的成果を精神上に生成せしめるに要する、全工程及び方法論に関し論及する。蓋し、無限の相対系をなすモーメント素子として絶対性を自己存在に体現することは、精神機能における論理系プロセスによることなくしてはありえないためであるとともに、またしかる理論を精確に論述するためには、当該の論理系システムの体系論＜第Ⅰ部＞のみならず、方法論＜第Ⅱ部＞に於いても、絶対の確実性を以って解明されなければならないからである。

　いかなるシステム理論の研究に際しても、必当然的に構築せらるべき正常ロジックの系譜を検証・確認することが、少なからぬ時間と労力を要求されよう主観的印象を誘発するかもしれないが、如何せんそのことが最も直接且つ端的であり、また不可欠でもある。最小単位の命題（論理式）間の整合性を追究することのみが唯一確実の手順であるとともに、したがって、そのための全工程を回避することを免れえないためでもある。論理系プロセスの計画及び目的に於いて、絶対の確実性をなす恒真式：Ｔａｕｔｏｌｏｇｉｅとして命題（論理式）上に反映されるところの相対系は、［人類の作品である］いかなる神仏により創造された作品でもないし、また、有限である宇宙概念と反宇宙概念を包摂しつつもそれ自体は有限ではなく、つねに永劫の過去時間より累積され続けている無限の現在時にあり、それはＣＮＳの大脳新皮質上の各部位の統合機能に於いて先験的知覚として具備されてもいる以上、いかなる真理：恒真式の生

成されるということも、相対系を構成する特殊時空間的モメントの一である基準系に体得されている相対系自体が、自己回帰されることによってのみ再認されうることでもある。

　換言するならば、シナプス結合を含むア＝ポステリオリ：ａ＝ｐｏｓｔｅｒｉｏｒｉの経験態様である精神機構が、ニューラルシステムを内包するア＝プリオリ：ａ＝ｐｒｉｏｒｉの先験態様である精神機構へと自己化されることであるとともに、同時にそのことは、精神上の対象的知覚としての客体である相対系自体が、基準系として先験的に体得されてある相対系に論理系プロセスにより自己化されることである。そのことはつまり、無限の相対系が、それ自体の特殊時空間的モメントである精神上の弁証運動を媒介することにより、その経験的精神より先験的精神へと自己回帰されるところの相対系に自己化されることである。相対系を構成する無限種に及ぶ類型の特殊時空間的モメントにあって精神機構のみが、それ自体に無限の相対系自体を体現し包摂することができることに基づいている。そして、その精神上の論理系プロセスをすべて精確に進捗することにより、１００％の確実性を以って相対系自体へと自己回帰されている命題（論理式）が真理：恒真式として生成されるため、一切の真理：恒真式は相対系自体と自己同一であることに於いて絶対的であり、相対系が無限であることによる普遍的である妥当性をも具有する。したがって、このように相対系が、精神機構というその特殊時空間的モメントを通じて相対系自体へと自己化されることに於いて、絶対性と普遍性を具有することは、相対系を体現するモメント素子の経験態様としての精神機構が、基準系というその先験態様として相対系自体と自己同一である精神機構へと自己化されることによるものであるため、精神機構の相対系自体を媒介することによる相互自己化に於いても、しかく同一の絶対性と普遍性を具有することになる。もとよりそのことが、真理：恒真式が相対系自体と絶対的・普遍的に自己同一であるところの、精神現象における理性

機能上の論理的形式をなすことを反映していることも、また自明である。

　さて、如上につき展開される本著第Ⅱ部に関する概説としては、概ね以下の通りではある。ここでの詳説の開示はさして意義をなすところではないので、敢えて簡明の概要紹介のみに留めるべきではあろう。

　＜第Ⅰ篇　感性系システム＞に於いては、精神機構乃至生理機構における一切の刺激情報の対象をなす、相対系自体、及びそのモメント素子との初期Ｉｍｐａｃｔから感性系システムの機構・機能等に関する理論の詳述がなされる。

　＜第Ⅱ篇　第一次還元作用＞に於いては、統覚された相対系自体の対象的知覚に対する第一次悟性機能による第一次還元作用に関する理論の詳述がなされる。

　＜第Ⅲ篇　弁証系システム＞に於いては、第一次還元された命題（論理式）に対する理性機能による弁証運動に関し、その論理系プロセスとして要求され、展開されよう理論の詳細が明らかにされるはずである。更にはまた、弁証系プロセスにおけるそれぞれの工程毎に、その精神現象レベルに対応する学術的考察がつねに併行して施されることにもなろう。なべて客観作用による学術的所産は、弁証系プロセスにおける客観的精神現象上の、またなべて主観作用による文化的所産は、主観的精神現象上の各認識レベルに相互リンクされるためである。

　＜第Ⅳ篇　第二次還元作用＞に於いては、弁証系プロセスの全工程が正常実行されることによりＡｕｆ－ｈｅｂｅｎされている、ところの対象的知覚に対する第二次悟性機能による第二次還元作用に

233

関する理論の詳述がなされる。

　いずれにせよ、第Ⅱ部に於いて論述される論理系プロセスにおける客観的精神現象上の各認識レベルに対応する学乃至理論は、飽くまで絶対的真理の生成に到るうえに必当然とはなる方法論をなす学術的展開を示唆するに他ならず、それ以外の精神機構上の諸機能を対象とする学乃至理論については、各専門分科の研究とその文献に譲ることとしよう。ここでは、相対系自体と精神機構をなす実存との相互連動、及びその各々の絶対的自己化の機構・機能等に対し究明することを以って、その本来の使命とするためである。

　そしてまた、＜第Ⅴ篇　概念規定：超実存系＞に於いては、かかる論理系プロセスの全工程を通じて齎されうる絶対的である成果に対し、その零系的効果及び役割についても言明されよう。いかにしてそれが結論付けられるかはともかく、或る意義に於いては、しかる論点こそがあらゆる学乃至理論の極限をなす哲学理論の最終的課題をなすジンテーゼ：Ｓｙｎｔｈｅｓｅを示唆することにもなるが故に相違ない。

第Ⅰ篇

感性系システム

236

第Ⅰ章

先験的サイクル

第Ⅱ部 論理系

第一篇 感性系システム

　先験的原理論より先験的方法論へ、その弁証論的展開が必要且つ十全になされるためには、ロジック体系論と精神現象学の相互連動による統一理論が求められる。つまるところ、精神機構における様々の機能にあって、そのすべての類型及び作用に関するＤｅｔａｉｌを羅列することが目的ではなく、精神機構及び自己回帰された相対系にて、絶対性と普遍妥当性を唯一体現しうる理性機能による追考処理の終結に到る論理系プロセスを解明することが使命であり、そのためには対象的知覚に対する認識レベルと精神現象上の系譜との対応関係を明確にしなければならない。精神機構と相対系自体の相互各々における自己回帰の全工程と、それぞれの同時点における精神現象としての論理系プロセスの状態遷移は、つねに相互リンクして成立するからである。（詳細は、第Ⅱ部第Ⅲ篇に譲る）

　もとより精神活動の端緒をなす契機はいつも、精神上の状態関数と無限の相対系における刺激情報との相互間の触発によるところである。それでいて、双方による初期インパクトの内容如何に左右されるより以前に、当該の両者はいずれの時点に於いても不断に活性状態に置かれている。意識／下意識レベルにおけるレイヤ変数が示す実測値の差異こそあれ、大脳生理が生命現象下にある限りに於いては、その機能態様であるところの精神活動が一瞬間として停止することはなく、また無限の相対系に於いては、その各特殊時空間的モメントに帰因するところの刺激情報が、精神内的素子であると外的素子であるとを問わず終了することがないからである。

　ところで、意識／下意識レベルにおけるレイヤ変数は、精神機構の覚醒の度合いを示すｂａｒｏｍｅｔｅｒであり、非覚醒的である、即ち下意識の意識階層レイヤにあることが精神機能の停止状態とは相異なるが、下意識レベルの場合に比較してより意識上レベルの上位層にあるほどに、刺激情報に対するアクセス作用は概して活発である。下意識レベル、乃至意識上レベルとのスイッチは、エス：

Ｅｓ＜イド：Ｉｄｏ＞と超自我との関係変数及び相互の状態関数を反映している。ＮＥＳにおけるエス＜イド＞は生来的に具有する本能のエナジータンクに相当し、そのうちとりわけ性的エナジーの機構がリビドー：Ｌｉｂｉｄｏと称せられる。また、不断のリアルタイムにあって周期変動している本能の力動概念は、つまるところ＜生と死＞からの内的（先天的）命令に帰着される。＜死のうちにのみある生＞／＜生のうちにのみある死＞、とりもなおさず、生命現象を包摂するあらゆるモメント素子が特殊時空間上にて有限である以上、生という特殊時空間的モメントの運動・作用自体により死が成立せしめられるとともに、死の必然性と不可避性を具有するが故にこそ生として成立するため、死に対する畏怖と憧憬はともに生命より発信される同一の先験的信号であり、延いては、無限小の時間長をなす瞬間毎における自己自身の死を以って、当該の瞬間毎における自己自身の生を更新し続ける生滅現象により体現されるところの、自己存在の動因をなしてあるからである。生のいかなる先験的欲求もうらはらな死の先験的不安に起因しており、また死の先験的不安はつねに生の先験的欲求に端緒がある。それぞれの先験的欲求と先験的不安は相互に対する誘因として成立するため、いずれか一方の変数値が興奮状態の範疇にある場合には、もう他方の変数値は抑制状態の範疇にあることになるが、絶えまない相互の状態関数の遷移に対応することにより、かかる抑制状態がいずれは興奮状態に、また興奮状態がいずれは抑制状態へと移行される。生の先験的欲求はそれ自体に死の先験的不安を内在し、且つ死の先験的不安はそれ自体に生の先験的欲求を内在しており、相互間の連動状態に於いてエス＜イド＞における等一の自己運動ルートを形成するから、エス＜イド＞における自己抑制作用と自己昂揚作用が不定の周期にて反復されるだけである。したがって、エス＜イド＞の状態関数はつねに、生本能から死本能までの変動帯域をサイクリックに動揺しているはずである。生本能の欲求素因は自己自身に対し駆りたて活性化せしめるため、可塑性を具有する超自我との連合が比較的に成功さ

第一章　先験的サイクル

239

れ易い傾向にあり、また死本能の不安素因は自己自身に対し非制御的である不平衡状態を強いるため、超自我との連合の確率とても相対的にランダムである条件下に置かれる。より直接且つ端的にアクセス実行し、より無反省的に作用するエス＜イド＞に、精神上の先験的であるセキュリティ機構を形成する超自我との間の内的セッションが張られ、超自我によるモニタリング機能がエス＜イド＞に対し実施されること、即ち超自我とエス＜イド＞の状態関数が相互間に対立関係にあることが、運動自我をして制御状態への移行、もしくはその保持をなさしめる動因となり得るとともに、そのことが覚醒的にして意識上レベルにあることに相当するが、また同様の根拠よりして、超自我とエス＜イド＞との関係変数が相互による干渉なくランダムであるほどに、運動自我をして非制御状態への移行、もしくはその保持をなさしめる動因ともなりうるとともに、そのことが下意識レベルにあることに相当する。超自我とエス＜イド＞との関係式による運動自我の状態遷移が、意識／下意識レベルのレイヤ変数を変動せしめるデッドライン：Ｄｅａｄｌｉｎｅとして作用するからであり、したがって、そのレイヤ帯域における変動状況はまた、エス＜イド＞における本能上の不平衡状態の移行サイクルと、超自我におけるフィルター帯域の移行周期に対し、間接的には同期的に対応しつつも依存していることにもなる。一般には、超自我とエス＜イド＞とのＳｅｓｓｉｏｎの可能性については、超自我による神経系Ｎｅｔｗｏｒｋ監視の機構が作動するに客観性能が要求されるため、超自我の状態関数が客観性フィルターの帯域値を示していることが望ましいが、但し、稀にはデータ知覚情報の精神内の態様フラグ等によっては、主観性フィルターの帯域上にあるほうが連合され易い場合とてもありうる。いずれにせよ、超自我とエス＜イド＞は、ともに先験的である神経生理的機構でありつつも、相互間にて矛盾しあう作用及び性向を具有するので、より高次の意識上レベルに於いて相互間に連動状態にあるほどに、双方による関係式は対立的態様に於いて顕在化されよう。

第Ⅱ章

純粋経験
＜純粋直観＞

それが精神内的にせよ外的にせよ、相対系における時空間的モメント、即ち刺激情報自体に絶えまなく触発されている直接の生理的部位は、ＳＩＳと称せられる感覚器官＜アイコン：Ｉｃｏｎ＞である。身体上の各部位を通じてフィジカルにＩｎｐｕｔされる刺激情報の触発信号は、それからＮＥＳにおけるインタフェース部位へ伝送される。精神上の神経ネットワーク監視機構としてより解析的に作動するＣＮＳに対し、先験的である力動概念をもなすＮＥＳの性向として、より直接且つ端的にして無反省的に反応しつつ、ランダムに作動しうるためである。ということはつまるところ、ＮＥＳにおけるインタフェース部位へと伝送されうる対象は、この時点に於いて既に相対系の刺激情報そのものではなくなっており、その相互触発による信号としてのデータ知覚情報であるにすぎない。感覚器官ＳＩＳ＜アイコン＞にて刺激情報そのものの純粋のＩｍｐａｃｔを経験されるのは、無限小という有限の時間長をなす瞬間を構成する事象・事実であり、しかる内実は相対的・可変的である相対系における時空間的モメント自体という実データとしてある。当該の初期インパクトを経験される前後に於いて、相互間に連動しあう特殊空間の相互因果的遷移を可能ならしめる特殊時間の最小単位は、無限小の時間長をなす有限の瞬間であるからである。それ自体とても相対系における時空間的モメントとしてある以上、相互触発しあう感覚器官ＳＩＳ＜アイコン＞の機能及び能力が有限であるため、そのことにより処理されうる対象とても有限の刺激情報に限定されるが、実際上のそれがいかなる刺激情報であれ、無限をなす相対系の何等かの特殊時空間的断面をもなす［なべて有限の］時空間的モメントの、相対系を体現するそのもの自体に基づいている無限性に帰結される無限に小なる有限時間は、したがって、感覚器官ＳＩＳ＜アイコン＞により取り扱われうる極限域にある。

　尤も、感覚器官ＳＩＳ＜アイコン＞により当該の初期インパクトが経験されるためには、それが視覚ならば光、聴覚ならば音、触覚

ならば物質的組成、また味覚・嗅覚ならば化学的組成等として、つねに何等かの特殊時空間上の中間的媒体が仲介されなければならない。それら中間的媒体には、所謂蜃気楼やミラー現象等の気象現象の他、種々のノイズや超音波等という波形の振動による物理的現象など、感覚器官ＳＩＳ＜アイコン＞にとっては阻害要因として作用しうる事象も含有されているため、刺激情報とのインパクト自体が認識されにくい場合もある。また、しかるアイコン：ＳＩＳにおける感知機能及び能力が有限であることからも、その中間的媒体の周波数上の帯域等によっては、たとえ特殊時空間上に於いて現存しうるメディアであろうと、当該の刺激情報との触発を感知することさえできない場合もありうるし、たとえば、超音波のように聴覚ではなく触覚情報として感知されうることもあろう。如何せん、その中間的媒体を正常に経由することができなければ、アイコン：ＳＩＳを通じて当該の刺激情報が精確に伝送されることはありえない。仮に、当該の中間的媒体が正常に感知され、当該の刺激情報が精確に伝送されるという場合であっても、相対的・可変的である特殊時空間上の中間的媒体を通じて送受信される刺激情報が、有限のアイコン：ＳＩＳとの初期インパクトを生起する瞬間までには、有限の時間的移行と空間的変動を経過してしまう。光速度もしくは音速度等、各種メディアに対応する伝送速度と伝送距離により程度の差異こそあれ、アイコン：ＳＩＳがいずれかの中間的媒体を仲介することなく刺激情報と触発しあうことができない以上、それが不可避のプロセスであり、したがってたとえば、現在時にあって任意の座標系より観測することが可能である天文学的事象等は、例外なく当該の現在時にあって生起している事象ではありえず、必然的に過去時間上の時点にあって生起した事象ではある。いかなる観測処理にも中間的媒体の仲介を要する以上、事象の生起時点と観測時点との間には無限小以上の時間経過が発生するからではある。相対性の問題は、無限を構成する各々の特殊時空間が連続してありつつも一意の時空間的モメントであり、且つその全体系に普遍妥当する同時性が成立

していることに基づく。一般時間としての同時性が特殊空間毎に相異するのであれば、必ずしも物理化学的観測に伴う時間的誤差は生じえないためである。したがって、現在時にあってアイコン：ＳＩＳの触発しあう刺激情報は既に、現在時における当該の時空間的モメントのそれではあるはずもなく、その情報源はつねに過去時間上の時点にあることになる。そこに時間的誤差を生じることもまた、一般時間としての同時性が保持されている所以であるともいえる。

　瞬間の移行とともにその純粋性が損なわれる感覚器官ＳＩＳ＜アイコン＞のインパクト自体には、精確に触発時点における相対系との同一性はありえないものの、確実に相対系の時空間的モメント自体の刺激情報が反映されてはいる。もとより、当該の刺激情報が当該の時空間的モメントとの相互触発により成立する以上、その本質的属性が当該の時空間的モメントと無関係ではありえないせいである。際限なく純粋に近い無限小の時間長をなす、その瞬間を構成する初期インパクトを以って、ここに純粋直観＜純粋経験＞と称せられるならば、しかる瞬間を移行して保持されることない純粋直観より以降の精神上のアクセス作用はなべて、触発時点における当該の時空間的モメントの刺激情報そのものではなく、精神内的に構成し直されているそのデータ知覚情報に対して実行されることになる。かかるデータ知覚情報には無論、相対系自体を反映する刺激情報としての内部属性が継承されているとはいえ、感覚器官ＳＩＳ＜アイコン＞の諸機能を経由するに当たり附加されている精神内性フラグも含有されている。感覚器官ＳＩＳ＜アイコン＞の具有する機能としては、単に時空間的モメントの刺激情報との相互触発に対して反応するのみならず、場合によっては自己内の不平衡状態のバランスを調整するために、自発的に仮想の刺激情報をアクセス契機として設定することにより、その仮想の相互触発によるデータ知覚情報を自己内に形成せしめることがある。意識上レベルにおける幻覚や幻聴、また下意識レベルにおける夢等とても、その例題の一をなすも

のともいえよう。然るにまた、本来の刺激情報は相対系におけるあらゆる時空間的モメントを対象とするが、内的作用による仮想の刺激情報との相互触発とても一時空間的モメントとしてある以上、その成立に到るプロセスの如何に拘わらず、時空間的モメントとして成立しうる一切の刺激情報が純粋直観の契機となりうるところではある。ここでの問題点としては、本来の刺激情報、つまり初期インパクトによる純粋直観の内容自体をなす知覚のみが相対系自体と自己同一であるに対し、後処理を通じて内的に宛てがわれた属性情報は触発時点の刺激情報に帰せられるところではないし、またそこで編集されてより以降の内的イマージュには主観作用による非論理性の混入される可能性もある。したがって、感覚器官ＳＩＳ＜アイコン＞を通じてＮＥＳのインタフェース部位に伝送される対象的知覚は、この時点に於いては既に初期インパクト時点における刺激情報自体ではなく、疑問符つきのデータ知覚情報とは化していることになる。

第Ⅱ章　純粋経験〈純粋直観〉

第Ⅲ章

ＮＥＳルーティング

第Ⅰ節 ルーティング・プロセス

　不断に相互触発しあう時空間的モメントの諸データ知覚情報に対する、感覚器官ＳＩＳ＜アイコン＞の反応・作用を制御する神経系統は、ＣＮＳとそのすべてのニューラル下位システムとしてあるため、その反応・作用をなさしめる直接の動因となる感覚情報は、ＣＮＳの脳内部位にて生起されることになる。そのことにより、五官及びその他の感覚器官ＳＩＳ＜アイコン＞による快感も痛覚も、あらゆる種類に所属する感覚情報が、身体上における当該の各部位に於いてではなく、ＣＮＳの脳内部位（主として脳幹における中脳、及び視床と視床下部からなる間脳等）により身体上における当該の各部位の情報内容として体感されている。ＣＮＳの神経系統内に於いて生起された感覚情報を動因として、感覚器官ＳＩＳ＜アイコン＞のそれに対する反応・作用が営まれることは、したがって、結果としては、ＣＮＳ：Ｃｅｎｔｒａｌ＿Ｎｅｒｖｏｕｓ＿Ｓｙｓｔｅｍ、もしくはＮＥＳ：Ｎｅｕｒａｌ＿Ｅｎｄｏｃｒｉｎｅ＿Ｓｙｓｔｅｍの神経系統より感覚器官ＳＩＳ＜アイコン＞に対するフィード・バック：Ｆｅｅｄ－ｂａｃｋの帰結現象としてである。

　ＣＮＳの運行作用には、かかる感覚器官ＳＩＳ＜アイコン＞を経由して伝送されるデータ知覚情報とその性質をチェックし、無反省的である状態関数から或る纏まりのある知覚として再構成しようとする動作傾向があるから、ＣＮＳによる内的制御が可能となる時点に於いては、データ知覚情報に対するＣＮＳのモニタリング機能が待機中より動作中へ状態遷移するはずではある。そして、このようなデータ知覚情報はまた、初期インパクトを契機として反応・動作する感覚器官ＳＩＳ＜アイコン＞より、ＮＥＳにおけるインタフェース部位を仲介することにより、感性系と称せられるＮＥＳ内の自律プロセッサへと伝送される。感性系は、感覚器官ＳＩＳ＜ア

イコン＞より受信されているデータ知覚情報の附加された精神内性フラグを含有する感覚情報を処理するとともに、しかるアイコン：ＳＩＳの状態関数における変数に実測値を代入する場合もある。感性系の性向とタイプには個体差があるため、感性系の感覚情報に対する内的アクセスのしかたについても、またそのアイコン：ＳＩＳに対する作用のしかたについても若干の個性が表象される。そのような感性系と感覚器官ＳＩＳ＜アイコン＞との相互作用のパターンによっては、一意の個性を反映するエス＜イド＞の創造的欲求を誘発することとてもあろう。

　感性系の状態関数とヴェクトルは、その生理的動因でもあるエス＜イド＞の周期変数により左右されるため、当該のデータ知覚情報の感覚情報を含有する精神内性フラグより判定して、それを自己自身の意識階層レイヤを構成するエス＜イド＞に連合させようと試行する。エス＜イド＞の状態関数は生本能と死本能の不定周期内にて変動するから、当該のデータ知覚情報との連合の可否については、当該の時点における対象であるデータ知覚情報の諸フラグとともに、その一意のタイミングにおけるエス＜イド＞の不平衡状態関数の影響下に置かれる。必ずしも連合パターンを一概には断定できないものの、一般には意識上レベルの状態関数にあることによる連合の確率が維持され、またエス＜イド＞の周期変数が生的欲求に対し興奮状態を示しているほうが、意識上レベルでの運行にとっても好条件の一といえる。もしエス＜イド＞との連合に失敗するならば、当該のデータ知覚情報は、その時点に於いて脳内領域に記憶痕跡を記録することなく消失される。第一次の記憶痕跡である短期記憶（ＳＴＭ）にしても、その成立はエス＜イド＞との連合による統覚作用によらなければならないからである。然るに、もしエス＜イド＞との連合に成功するならば、当該の時点におけるデータ知覚情報には感覚器官ＳＩＳ＜アイコン＞との相互触発による属性が混入しているため、バイパスされた相対的・可変的である感覚情報を保有する

データ知覚情報をエス＜イド＞は分解し、自らの連合の対象を明らかにしようと試みる。エス＜イド＞のフィルター内のサイクル（死生傾向周期）に於いて、その死的傾向が強化されているほどに生的欲求に対し抑制的であり、その生的傾向が強化されているほどに自己内の欲求の力動概念を反映し、当該のデータ知覚情報の性状に応じてその連合状態は一概には断定できないが、感覚上に形成され伝送されてきたデータ知覚情報がエス＜イド＞をして不安定状態になさしめるからである。直接乃至端的には、このデータ知覚情報に対する分解処理はNES下に於いてなされるが、CNSとそのすべてのニューラル下位システムは恒常的に活動しているため、エス＜イド＞の連合による状態変化からCNSにおける運動自我の構想力をも刺激することにより、エス＜イド＞により分解された感覚情報の統合化を実行しようとさせる。意識状態ではNESとCNSによる顕在化された対立状態が反映されるから、かかるエス＜イド＞による分解処理は意識状態にて制御されているのではないし、またこのタイミングにおけるCNSによる潜在的誘因作用とても同様であるが、このような対象的知覚における感覚情報の統合化は＜統覚＞と称せられ、感覚情報を整合的に纏まりのある表象として再編成したうえで、再び感性系を媒介してNESのインタフェース部位より感覚器官SIS＜アイコン＞へフィード・バックされる。つまるところ、NESにおける生本能と死本能との変動周期に対応する不平衡状態関数により刺激されたCNSにおける運動自我の構想力が、潜在的誘因として感性系プロセッサにおける表象能力を触発することにより、感性系内に一時的に保持する当該のデータ知覚情報を更新するとともに、NESのインタフェース部位を通じて感覚器官SIS＜アイコン＞に内的信号をフィード・バックせしめるのである。それは換言するに、NESの内的抑制がその反応それ自体により修正を加えられることに他ならない。そして同時に、この時点における当該のデータ知覚情報が、エングラム（知覚的写像）を伴うSTM：Short＿Term＿Memoryという短期記憶として、中枢

神経系の主として海馬のＳＴＳ：短期記憶貯蔵域に一時形成されることになる。既に動作中の状態関数に状態遷移しているＣＮＳにおける運動自我の構想力が、ＮＥＳの内的抑制により間接的に助長されることを動因として、エス＜イド＞との連合による統覚作用の成果である第一次の記憶痕跡を成立せしめるためである。

　しかるＳＴＭは、中枢神経系の主として海馬のＳＴＳ：短期記憶貯蔵域に、ＧＡＢＡ：ＧａｍｍａＡｍｉｎｏｂｕｔｙｒｉｃＡｃｉｄと称せられる記憶物質（抑制性の神経伝達物質として機能するγ－アミノ酪酸（C_4HgNO_2））として生成されるが、シナプスではシナプス前膜から放出され後膜の膜上にあるＧＡＢＡに対する受容体蛋白質と結合することで作用し、またＧＡＢＡは脳内にてグルタミン酸のα位のカルボキシル基が酵素反応により除去されることにより生成される。ＧＡＢＡとして脳内生成されたＳＴＭは約２０秒間のみ短期保持されるが、凡そ７±２（５～９）の情報量しか保持しえないとされており、上記制限時間の経過を以ってＳＴＳ：短期記憶貯蔵域よりＧＡＢＡが消去されることによりＳＴＭは忘却される。しかる忘却を防止する対応策としては、入力情報を繰り返し記憶強化する維持リハーサルとは別に、ＧＡＢＡの記憶情報を主として海馬のＳＴＳ：短期記憶貯蔵域からＬＴＳ：長期記憶貯蔵域に転送するとともに、長期記憶構造に統合化する精緻化リハーサルが必要とはなる。さあれこのとき、感覚器官ＳＩＳ＜アイコン＞にフィード・バックせしめられている感覚情報の内的信号は、もとよりそれ自体が記憶情報として強化・保持されうる性質を具有せず、ＳＴＭのみがあらゆる内的アクセスの対象となりうるため、かかる約２０秒間というＳＴＭとしての保持期間がそのまま、精緻化リハーサルの処理工程にも相当する、爾後のニューラルシステムにおけるルーティング・プロセスを実行するための特殊時間的制約であることにもなる。

下意識レベルより意識上レベルのレイヤ変数の状態遷移は、ＣＮＳにおける運動自我の制御状態の変動に対しては、エス＜イド＞と超自我との双方のサイクル値の相互間の関係変数に負うところであるため、データ知覚情報に対する内的アクセスの限界点についても、エス＜イド＞のみならず超自我の状態関数によっても左右されうる。したがって、やはり一概には断定しえないものの、確率論的にはエス＜イド＞との連合の可否とても意識上レベルの維持されていることが前提されるので、超自我の状態関数がより論理性：ロジカル属性を具備しうる客観性フィルターの変動帯域にあることが望ましい。

第Ⅱ節 統覚作用について

　既述にみる通り、ＣＮＳの運行作用には、感覚器官ＳＩＳ＜アイコン＞を経由して伝送されるデータ知覚情報とその性質をチェックし、無反省的である状態関数から或る纏まりのある知覚として再構成しようとする働きがあるから、ＣＮＳによる内的制御が可能となる時点に於いて、当該のデータ知覚情報に対するＣＮＳのモニタリング機能が待機中より動作中へ状態遷移している。そして、ＣＮＳの自律プロセッサである運動自我のその内的制御により、ＮＥＳの自律プロセッサである感性系の運動・作用が促進されることよりして、感性系プロセッサによるデータ知覚情報に対する統覚作用、即ち当該のデータ知覚情報と当該の現在時の状態関数にあるエス＜イド＞との連合を可能ならしめるところでもある。とりもなおさずそのことは、ＮＥＳにおける感性系プロセッサによる制御を動因とする統覚作用の成立には、ＣＮＳにおける運動自我による内的制御が潜在的誘因として機能していることをも意味している。

　然るにこのとき、運動自我による内的制御の作用しうる対象とそれに対して及ぼしうる効果・効力は、感性系プロセッサによる統覚作用の成否に対応して、相異なる帰結現象を現出せしめる根拠をなすこととなる。まずは、感性系プロセッサによる統覚作用が成立しない場合、即ち当該のデータ知覚情報と当該の現在時の状態関数にあるエス＜イド＞との連合に失敗する場合、当該のデータ知覚情報が短期記憶（ＳＴＭ）を脳内領域（中枢神経系の主として海馬のＳＴＳ：短期記憶貯蔵域）に形成することなく消失されるため、ＣＮＳによる内的制御は当該のデータ知覚情報を爾後のアクセス対象として取り扱うことができず、したがって別途、感覚器官ＳＩＳ＜アイコン＞より伝送されてくるデータ知覚情報に対し反応・動作せざるを得ない。これに対し、感性系プロセッサによる統覚作用が成立

する場合、即ち当該のデータ知覚情報と当該の現在時の状態関数に
あるエス＜イド＞との連合に成功する場合、当該のデータ知覚情報
が短期記憶（ＳＴＭ）として脳内領域（中枢神経系の主として海馬
のＳＴＳ：短期記憶貯蔵域）に一時形成されるため、それが自動消
去されるまでの保持期限である約２０秒間に限り、ＣＮＳによる内
的制御はＳＴＭとしての当該のデータ知覚情報に対しアクセス作用
を継続する。そして、詳細については後述に譲るが、このようなＣ
ＮＳによる当該のデータ知覚情報に対する内的制御は、ＳＴＭの保
持期限である約２０秒間のうちに、もしＣＮＳにおける当該の現在
時のフィルターサイクル値にある超自我との連合に成功するなら
ば、爾後のＣＮＳによる論理系プロセスの処理工程に於いても続行
されることになるが、仮にここで超自我との連合に失敗するならば、
当該のＳＴＭとしての保持期限の満了を以って終了する。何となれ
ば、その保持期限である約２０秒間の経過により、当該のデータ知
覚情報が脳内領域（主として海馬のＳＴＳ：短期記憶貯蔵域）より
自動消去されるため、ＣＮＳによる当該の内的制御はそのアクセス
作用を継続すべき対象を喪失することになるからである。

　いずれにせよ、感性系プロセッサによる統覚作用、即ち当該のデー
タ知覚情報とエス＜イド＞との連合に成功する場合に於いて、それ
を可能ならしめる潜在的誘因として機能するＣＮＳによる内的制御
は、当該の統覚作用の成立を以って終結するわけではない。直接上
たると間接上たるとを問わず、ＣＮＳの機能によりアクセス作用す
る対象となる当該のデータ知覚情報が存続しているためであり、し
たがって、統覚作用により保証されるそのＳＴＭとしての保持期間
内に限っては少なくとも、当該のデータ知覚情報に対するＣＮＳに
よる内的制御が継続されることになる。そしてまた、ＣＮＳによる
内的制御は、当該のデータ知覚情報に対するアクセス作用がＮＥＳ
における感性系をフロントエンドとして実行される状態関数に於い
ては、直接乃至端的には機能することができないので、必然的に

バックエンドの機構としてしか実行されえないが、しかし乍ら、[N
ESにおける次工程に於いて]感性系をフロントエンドとするアク
セス作用が限界点に到達することにより、CNSにおける自律プロ
セッサである運動自我がフロントエンドの機構として機能し、且つ
NESによる内的作用がバックエンドの機構として実行されるよう
状態遷移される。フロントエンドとして成立しうる注意能力のチャ
ネルが単一であるため、NESとCNSの各々における自律プロ
セッサが、同時にはフロントエンドとしては機能しえないことによ
るところでもある。

256

第Ⅱ篇

第一次還元作用

258

第I章

二律背反生成作用

精神機能の意識／下意識レベルが下意識或いは前意識のレイヤ帯
域にあり、シナプス結合の精度及びパワーが劣化している状態関数
では、ＮＥＳにおけるエス＜イド＞とＣＮＳにおける超自我との内
的連関はランダムに成立するが、他方また意識／下意識レベルが意
識上のレイヤ帯域にあり、シナプス結合の精度及びパワーが強化し
ている状態関数では、エス＜イド＞と超自我との内的連関は相互対
立の関係式にある。その後者の場合に於いて、理性的追考運動が成
立しうるものと判断される。精神機能上の当該の運動・作用のため
には、意識階層レイヤが最高度に覚醒された意識上レベルにあると
ともに、そのシナプス結合に当たり可塑的である精度及びパワーが
要求されるためである。したがって、その後者の場合に於いて、Ｃ
ＮＳによる理性的追考運動にまで展開しうるＮＥＳの状態関数が前
提されるのであるが、それに当たりＮＥＳにおけるエス＜イド＞が
ＣＮＳにおける超自我と相互に刺激しあうことにより、エス＜イド
＞の周期変数が生的傾向にあって興奮状態を示しているから、この
とき既にエス＜イド＞に連合されているはずのデータ知覚情報に対
し感性系は、かかるエス＜イド＞の生本能による生理的エナジーを
力動概念として、より純粋にその本来の刺激情報として把捉しよう
と試行する。当該のデータ知覚情報は、感覚器官ＳＩＳ＜アイコン
＞よりＮＥＳ内の回路上を転送されるほどに、第二次的である精神
内性フラグが後から附加され続けることにより、純粋直観に於いて
体得されている初期インパクト情報が不明確である状況と化してし
まうが、超自我における客観性フィルターを構成する相対系自体の
ア＝プリオリ：ａ＝ｐｒｉｏｒｉの知覚態様が、エス＜イド＞の生
的傾向にある周期変数と相互対立的に活性化しあうため、しかる状
態関数が潜在的誘因として感性系による把捉運動を助長することに
もなる。

　そのことにより、当該の状況下にあるデータ知覚情報は必然的に
看破せらるべき対象とはなるが、しかる時点にあってアクセス継続

中である感性系では理性的追考作用及びその機能を具備しない。にも拘わらず、爾後のアクセス工程における客観的判断には理性的追考作用が不可欠である以上、それまでのアクセス工程にてＮＥＳ内の作用範疇により統覚された当該のデータ知覚情報、即ち既に保持されているＳＴＭの情報内容は、それに対する感性系による更なる統一的アクセスが継続されることにより、いずれＮＥＳのインタフェース部位よりＣＮＳのインタフェース部位へとフィード・フォワード：Ｆｅｅｄ－ｆｏｒｗａｒｄされることにもなる。当該のデータ知覚情報がＮＥＳの直下にあって処理対象となっている限りに於いて、客観作用をなすＣＮＳによる更なるバックグラウンドの使役作用とても間接的にしか行われえない制約を亨けることにより、寧ろＣＮＳの動作を助長せんとするエス＜イド＞の本能的である神経系コンフリクト：Ｃｏｎｆｌｉｃｔが発生するが、これを動因として反映しつつ、ＳＴＭとしてある対象的知覚にアクセス作用する理性的追考作用は、専らＣＮＳ上の処理にまつしかない状況下に置かれるためである。正常の理性的追考作用により必然的に看破せらるべき対象にして、尚も精確に把捉されてはいないデータ知覚情報に対し、動作継続中の自律プロセッサである感性系には当該のフェーズに対応する処理機能が具備されてはいないため、感性系がその処理の目的を達成することなく空転され続けることにより、その力動概念でもあるエス＜イド＞の潜在的である不安・欲求素因よりして、ＮＥＳ内における構造的である神経系コンフリクトを惹起するのである。

かかるエス＜イド＞の潜在的である不安・欲求素因は、感性系によっては解消される可能性のない当該の処理実行の空転が継続されるほどに、つねに一定していることなく助長されゆくため、それによるＮＥＳ内の当該の神経系コンフリクトは質量的に増長され続ける。そして、不精確であるデータ知覚情報に対し感性系の当該の処理実行が空転されるほどに、潜在的であったエス＜イド＞の不

安・欲求素因は顕在化されゆき、いずれはＮＥＳ内の当該の神経系コンフリクトが内的限界点に到達することにより、そのような神経系コンフリクトを解消するための必然的エナジーが自動的に作動せしめられることになる。とりもなおさず、敢えて未解決である状況を顕在化せしめる二律背反＜アンチノミー：Ａｎｔｉｎｏｍｉｅ＞が、ＣＮＳ内の状態関数に於いて定立されるのである。Ａｎｔｉｎｏｍｉｅの状態関数が、相互間に論理的否定作用しあう命題（論理式）の同時に定立されている認識レベルであるため、それのみが未解決の状況を示唆しえているからである。内的アクセスの対象であるデータ知覚情報が不精確であることは、それが真偽不明の状況にあるという認識レベルを示唆しており、且つこのとき直接のアクセス機構である感性系によっては内的混乱を生ぜしめるのみである以上、ＮＥＳ内の神経系コンフリクトから作動しうるＣＮＳの作用としては、感性系によるところのＮＥＳ内の混乱は混乱のままで、真偽不明であるところのデータ知覚情報は不明のものとして、一旦＜括弧：【】に入れてしまうこと＞である。＜一旦括弧：【】に入れる＞という論理的表記のしかたは、真偽不明であるところのデータ知覚情報の状態関数を明示することの趣旨に他ならない。データ知覚情報の内実の真偽が判定されえない状態関数を定立するためには、相互間に論理的否定しあう一対の命題（論理式）が同一の確率にて必要とされる。それはたとえば、変項Ｘと変項Ｙの値が等一であるかどうか不明である場合には、＜Ｘ＝Ｙである＞という内容の命題（論理式）と、＜Ｘ≠Ｙである＞という内容の命題（論理式）が、ともに同一の確率にて定立されていなければならないからである。したがって、この作用内容は、真偽不明のデータ知覚情報を精神機能上の形式である命題（論理式）に変換すること、即ちＣＮＳによるアクセス作用を可能とする具象的である命題（論理式）化を示唆する還元作用であるが、同時に感性系プロセッサによる機能域をＢｒｅａｋしてもいるから、必然的に当該の対象的知覚はＮＥＳにおけるインタフェース部位を通じて、ＣＮＳにおけるインタフェース

部位へとフィード・フォワードされる。精神機構における理性機能上の論理的形式である命題（論理式）に対するアクセス作用を可能とする大脳生理上の制御は、ＣＮＳ内に於いてのみ成立していることによる帰結現象でもあるが、生理的作用としては反応が抑制に対する興奮の超過に比例することを反映している。このことはまた、真偽不明のＫｈａｏｓ態様の状態関数を命題（論理式）というＣｏｓｍｏｓ態様の理性機能上の論理的形式に［第一次］還元することにより、それを前提する爾後のＣＮＳによる客観的アクセスが可能となるために他ならない。

第Ⅱ章

第一次悟性機能
について

第Ⅱ部　論理系

第Ⅱ篇　第一次還元作用

　第Ⅰ章にみる通り、神経系コンフリクトより二律背反＜アンチノミー：Ａｎｔｉｎｏｍｉｅ＞を生成する作用を還元作用と称せられるが、後述されるところの恒真式：Ｔａｕｔｏｌｏｇｉｅを生成する作用である第二次還元作用に対比して、殊更に当該のプロセスを第一次還元作用と称せられる。また、かかる還元作用を実行する精神機能をＣＮＳにおける悟性機能と称せられるが、やはり後述される第二次還元作用を実行する精神機能である第二次悟性機能に対比して、殊更に第一次還元作用を実行する精神機能を以って、第一次悟性機能と称せられる。

　ここに留意すべきことは、上記の第二次還元作用を実行する第二次悟性機能が、ニューラルシステムにおけるフロントエンドの処理がＣＮＳに移管されている状態関数にあるために、ＣＮＳ内の制御機構に於いて成立することが確実であるに対し、第一次還元作用を実行する第一次悟性機能の精神機構については、やはり説明を要することになろう。第一次悟性機能に於いては、ニューラルシステムにおけるフロントエンドの処理が、ＮＥＳよりＣＮＳへ移管される過渡的工程に該当するからである。当該のデータ知覚情報に対するＮＥＳ、とりわけ感性系をフロントエンドとする処理実行が空転し続けることによる神経系コンフリクトを動因として、エス＜イド＞における不平衡状態関数を唯一必然的に解消しうる方法論として、ＮＥＳのインタフェース部位よりＣＮＳのインタフェース部位へのフィード・フォワードが成立するのであるが、第一次還元作用が実行される工程は、かかるフィード・フォワードの処理を包摂するそれ以前のプロセスではありえない。第一次還元作用、即ち明示的である命題（論理式）化による二律背反＜Ａｎｔｉｎｏｍｉｅ＞を生成する作用は、ＮＥＳもしくは感覚器官ＳＩＳ＜アイコン＞をフロントエンドとする工程では、命題（論理式）の認定には到らないために実行されえないためである。したがって、第一次還元作用の実行は、ＮＥＳのインタフェース部位よりＣＮＳのインタフェース部

位へのフィード・フォワードにより、ニューラルシステムにおける
フロントエンドの処理がCNSに移管される時点以降の工程にて成
立する。それのみならず、しかる第一次還元作用の起動契機を厳密
に明示するならば、同フィード・フォワードによりニューラルシス
テムにおけるフロントエンドの処理がCNSに移管される時点の直
後にある。CNSにおける運動自我による対象的知覚に対する弁証
系プロセスが実行可能となるためには、その時点に於いては既に対
象的知覚が弁証系プロセスの客体としての理性機能上の論理的形
式、即ち二律背反する命題（論理式）を以って生成されていなけれ
ばならないため、当該の理性機能上の論理的形式を生成せしめる第
一次還元作用は、必然的にCNSをフロントエンドとする初期処理
として実行されるしかないからである。そのことよりして、第一次
悟性機能は、CNSにおけるインタフェース部位にフィード・フォ
ワードされた当該のデータ知覚情報が、CNSの自律プロセッサで
ある運動自我に伝送される工程を制御するものであることになる。
NESにおける自律プロセッサである感性系には、論理的弁証運動
を遂行しうる機構が具備されていないにも拘わらず、感性系による
処理がフロントエンドとして続行されることによる神経系コンフリ
クトが、エス＜イド＞における不平衡状態関数を限界点にまで到達
せしめることにより、NES内における神経系コンフリクトを別途
クリアせしめる作用が自動実行されるとともに、当該の不平衡状態
関数の動因であるフロントエンドの処理自体をCNSに対し移管し
なければならない。論理的弁証運動を遂行しうる制御機構はCNS
内にのみ具備されているからであり、運動自我による論理的弁証運
動が遂行されうる前提として、その対象的知覚を二律背反する命題
（論理式）として生成する第一次還元作用が、運動自我の初期処理
として実行されるのである。したがってまた、第一次還元作用を実
行する第一次悟性機能とは、このときCNS上に成立する主管機能
を総称せられる概念規定であり、いずれかの身体的もしくは生理的
部位を示唆する名辞ではない。

しかしもしも、何等かの原因により、第一次悟性機能による第一次還元作用が失敗し、正常の二律背反＜Ａｎｔｉｎｏｍｉｅ＞の生成処理が実行できなかった場合には、ＳＴＭとして保持されてきた当該のデータ知覚情報は、その時点にて記憶痕跡をＬＴＭとして脳内領域（主として海馬のＬＴＳ：長期記憶貯蔵域）へ転送することなく、脳内領域（主として海馬のＳＴＳ：短期記憶貯蔵域）より消去される。第一次還元作用に失敗することにより、当該のデータ知覚情報が爾後も長期保持されるためには不可欠であるところの、ＣＮＳ内における超自我との連合の可能性がなくなることによるものである。

第III篇

弁証系システム

総説章

CNSプロセス

それは精神上の機構に於いて不断に成立していることではあるが、相対系における特殊時空間的モメントとして何程かの実データ：Ｄａｔａを取得する。その端緒をなす瞬間にあっては、対象となる当該の特殊時空間的モメントとしての実データ自体との間で相互に触発を及ぼしあうはずなのに、感覚器官ＳＩＳ＜アイコン＞より感性系のコンフリクトを契機として第一次悟性機能により命題（論理式）化されゆくほどに、もはや相対系における本来の実データそのものではなく、精神内処理を通じて編集し直されたデータ知覚情報とは化してしまっている。あらゆる対象に対するあらゆる知的アクセスが精神機能によってのみ可能であるとともに、そのことに伴う処理プロセスを経由することによってしか精神上の追考作用を果たせない以上、相対系自体に対するなべて認識作用に際して可能であることは、特殊時空間的モメントとしての実データ自体ではなく、当該の実データに起因する知：知覚情報を研究することでしかない。とはいえ、人間存在という精神主体の知：知覚情報それ自体が、無限の相対系を構成する特殊時空間的モメントとしての実データであることも客観的事実であるから、データ知覚情報のうちにも先験的に相対系自体をなす真理：恒真式が内在されることにより成立しており、＜知＞により＜知＞を研究することとても、間接上にせよ相対系における実データ自体として追考しているわけではある。

　ニューラルシステムとしての精神機構が作動する際には必ず、当該の精神機能による知的アクセスの主体となる知とその客体となる知が、つねに同時に成立していることになる。いかなる精神機能も、精神内処理を通じて知：知覚情報として編集し直されるより以前の実データ自体と触発しあうことは、その作動端緒である純粋直観の瞬間を除いてはありえないからである。そのような精神機能のうち、とりわけＣＮＳによる理性機能が作動する場合には例外なく、当該の追考運動の主体となる知＜運動自我＞とその客体となる知＜対象的知覚＞が、つねに同時に成立していることになる。運動自我によ

る追考作用として実行される理性機能が、自己内的に知く対象的知覚＞として、とりわけ二律背反する命題（論理式）として生成されるより以前の実データ自体と触発しあうことはないからである。もとより相対系における実データ自体との間で相互触発が生起するのは、精神機能の作動端緒となさしめる初期インパクトの瞬間のみにして、それが無限小の時間長をなす任意且つ一意の純粋直観の瞬間であることから、当該の瞬間に起因する爾後の精神機能による一連の運行プロセスは所詮、しかる初期インパクトの瞬間を自己内的に改めて生成し直すための工程であるともいえよう。ＣＮＳによる追考作用の全プロセスにより実現されうる成果が、先験的に精神内に具備されている相対系概念の体系である基準系に相対系自体を改めて自己化し、経験的に相対系自体として体現せしめることである他方にて、いかなる精神内処理をも媒介しない純粋直観の瞬間のみにあっては、当該の無限小の時間長をなす有限のＩｍｐａｃｔを以って喪失される相対系自体の純粋の刺激情報が、このとき既に成立しているためである。

　ＣＮＳのインタフェース部位にて受信され、且つ第一次還元作用を実行された当該のデータ知覚情報は、ＳＴＭとしての約２０秒間というタイムリミットの制限内に於いて、ＣＮＳのフロントエンドの自律プロセッサをなす運動自我による処理対象となる。ＣＮＳにおける制御機構をなす運動自我と超自我のうち、先験的であるモニタリング・デバッグ機構に位置付けられる超自我に対し、運動自我がＣＮＳの客観作用と主観作用による制御をなす機能プロセッサであり、また対象的知覚に対する直系の運動能力と判定機能を具有するためである。ＣＮＳには、運動自我とは相異なるプロセスを以って、客観性と主観性のフィルターを内部制御する機構として超自我が運用されている。運動自我の動作と判断の態様及び状態関数に対するモニタリング・デバッグ機構をなす超自我は、不定期の間隔にて運動自我に対する制御信号を発信することにより監視し続けてい

るから、当該のデータ知覚情報がそれより以降の工程における追考運動、もしくは意識上レベルにおける処理対象として取り扱われるためには、この時点にて運動自我により超自我のプロセッサと連合されなければならない。先験的に作用する力動概念は本能的態様をなす不安・欲求素因にあるから、先験的に運行されるＣＮＳの制御システムである超自我の状態関数は、ＮＥＳの本能変数の機構をなすエス＜イド＞の周期変数により影響される。エス＜イド＞及びリビドーは非内省的であるＫｈａｏｓ態様の、また超自我は整合的であるＣｏｓｍｏｓ態様の様相及びヴェクトルを各々形成するから、両者間における連動状態が相互対立より相互矛盾の関係式を強化されることにより、却って相互により相互の成立そのものが顕在化されゆくほどに、意識／下意識レベルに於いてはより表層における覚醒状態を助長し、またその両者間における連動状態が相互間に相異するのみにてランダムであるほどに、意識／下意識レベルにおける意識階層レイヤはより下位層に置かれる。それがより表層における覚醒状態にあるほどに、ＣＮＳ上の運用状態には顕在的である客観作用が要求せられ、その帰結現象としては高次の整合性が示されよう。とりわけ超自我における客観性フィルターには、相対系自体の先験的知覚の体系である基準系が具備されているため、運動自我はＣＮＳのインタフェース部位より伝送された当該のデータ知覚情報の諸フラグ等より判定して、超自我の状態関数に対する連合を試行することになる。

　超自我より発信される運動自我の制御信号は、当該の特殊時空間上の諸条件に応じて相対的・可変的であるリアルタイムの状態関数を反映しており、そしてその状態関数の指針は、客観性（知能系）フィルターから主観性（情動系）フィルターまでの帯域内にて変動している。このことは、超自我の価値システム（Ｕ（ａ，ｂ，ｔ）＝ｕ）が客観性分科と主観性分科の値に弁別されることから、その客観的性向を形成するニューラルシステムが客観性（知能系）フィ

ルターに反映され、またその主観的性向を形成するニューラルシステムが主観性（情動系）フィルターに反映される以上、超自我の状態関数の指針はつねに当該のいずれかの変動帯域内にしかありえないためである。このような超自我の内部帯域フィルターはその活動レベルを出力してもいるが、基準系を先験上の内蔵エンジンとする客観性（知能系）フィルターの性能が個体概念のＩＱ（Ｉｎｔｅｌｌｉｇｅｎｃｅ－Ｑｕｏｔｉｅｎｔ）：知能指数や知能偏差等の値を、また主観性（情動系）フィルターの帯域幅と性状が個体概念の向性指数等の値を決定付ける要因ともなる。任意且つ一意の現在時における超自我の状態関数がいかなる実測値を示しているか、また第一次悟性機能により第一次還元処理された当該のデータ知覚情報にいかなる経験値による精神内性フラグがセットされているかにより、当該のデータ知覚情報と超自我との連合が左右されうるところでもある。当該のデータ知覚情報は第一次悟性機能上に命題（論理式）化されてはいるものの、ＣＮＳ内に伝送し処理させるための理性機能上の論理的形式が附与されているのみにて、対象的知覚に対する概念的把捉は未だ実行されていないため、主語・述語の命題（論理式）的関係や概念的本質が判断されなければならない。理性上の追考作用は客観性フィルターのプロセス上にて実行されるから、当該のデータ知覚情報そのものの本質的属性に於いて、ロジカル属性をなす内実及びヴェクトルを具有することが条件となり、且つ超自我の状態関数が客観性フィルターの変動帯域にあることが、その連合の可能性を拡張せしめる。ＣＮＳのニューラルシステムは覚醒状態にあるほどにロジカル属性をなす性向が強化されるため、その対象となるデータ知覚情報が論理的・整合的であるほどに連合が成立するに適した状態関数とはなるのである。精神機能が最も覚醒状態にあるための環境条件としては、かかる超自我の変動帯域における状態関数とともに、エス＜イド＞の周期変数が生的欲求に対し興奮状態にあることが望ましい。客観性フィルター／主観性フィルター間における超自我の状態関数は、死的傾向／生的傾向の変動周期に

おけるエス＜イド＞の状態関数との現在時のバランス下に於いて相互間に反映しあい、且つそれは下意識レイヤに於いて運動制御されているため、もとより意識状態のプロセッサである運動自我がその制御プロセスに介入できる余地は乏しいが、かく不断に状態変動するエス＜イド＞と超自我との相互連関による影響下にあって、いかに当該のデータ知覚情報を超自我に連合せしめることで、弁証系プロセスを開始せしめられるかは、直接の機能態様となる運動自我の能力に負うところが多い。もし仮に超自我との連合に失敗した場合、それまでＳＴＭとして保持されてきた当該のデータ知覚情報は、その時点にて記憶痕跡をＬＴＭとして脳内領域（主として海馬のＬＴＳ：長期記憶貯蔵域）へ転送されることなく、脳内領域（主として海馬のＳＴＳ：短期記憶貯蔵域）より消去されるが、もし仮に超自我のプロセッサに連合されることで理性作用の対象となる場合、当該のデータ知覚情報は運動自我のルーティング処理により、ＣＮＳのインタフェース部位より再び感覚器官ＳＩＳ＜アイコン＞へフィード・バックされ、且つＬＴＭ：Ｌｏｎｇ＿Ｔｅｒｍ＿Ｍｅｍｏｒｙ（長期記憶）として脳内領域（主として海馬のＬＴＳ：長期記憶貯蔵域）に長期保持されることになる。このとき同時性をなすリアルタイムの連合状態による内的変化・変質を反映して、ＬＴＭに伴われるエングラム（知覚的写像）とても更新されているはずである。感覚器官ＳＩＳ：アイコンと触発しあう対象は単に外的刺激情報のみならず、内的データ知覚情報とても刺激情報として把捉される必然性があるためであり、また当該のデータ知覚情報はこのとき既にエス＜イド＞と連合された状態関数にある以上、更には超自我とも連合されることにより、必然的に当該のデータ知覚情報に対するアクセス作用に於いてエス＜イド＞と超自我が相互連動せしめられるため、当該のデータ知覚情報は否応なく記憶痕跡として強化されることになるからである。超自我の生理上の信号に連合されることにより、そのもの自体が大脳生理という身体構造としての存立態様を生成されたことになるからであり、且つまた、運動自我に対

するマネジメント機構でもある超自我とのリンク属性をもＳｅｔさ
れているためでもある。

　それに際し、このＬＴＭは、ＧＡＢＡという記憶物質（抑制性の
神経伝達物質として機能するγ－アミノ酪酸（C_4HgNO_2））が、
中枢神経系の主として海馬のＳＴＳ：短期記憶貯蔵域からＬＴＳ：
長期記憶貯蔵域へと転送されるとともに、長期記憶構造に統合化さ
れる精緻化リハーサルが実行されることによる帰結現象として生成
されるのでもある。ＬＴＭは、言語により表現できる宣言的記憶（陳
述記憶）と、言語により表現できない非宣言的記憶（非陳述記憶）
に大別されている。ＬＴＭは原則として大脳生理が正常稼働される
限りに於いては保持されることになるが、例外的にＬＴＳ：長期記
憶貯蔵域からＧＡＢＡが消去されることによりＬＴＭが忘却される
原因としては、特殊時間上の経過とともに記憶情報が喪失されると
する減衰説、或る記憶が他の記憶と干渉しあうことにより記憶情報
が喪失されるとする干渉説のほか、想起に失敗することは記憶強化
された情報自体が消失しているのではなく、適切といえる記憶検索
のための条件設定ができていないために目的の記憶情報が抽出され
ないとする検索失敗説など、学説上の論争とてもみられる。とまれ、
いかにＬＴＭとはいえ相対的・可変的である記憶情報が喪失される
誘因は単一ではありえない以上、当該の個体内外の状態関数／関係
変数の変化に伴われるところでもあろう。

　超自我の機構の変動帯域には、客観性（知能系）のフィルターと
主観性（情動系）のそれがあり、それぞれの価値システムを反映し
ている。客観性の価値体系は真理値（真理率）の妥当性レベルに対
応し、また主観性の価値体系は真理値（真理率）以外の一切の価値
を包含するものである。真理値としては、何程かの中間的といえる
値をも認定しようとする論理学説もあるものの、そも同一の客観的
真理が複数の出力態様を以って成立することがない以上、相対系を

第Ⅱ部　論理系

第Ⅲ篇　弁証系システム

構成する時空間的モメントの関係式には＜ＹｅｓまたはＮｏ、１または０、＋または－＞という二値のいずれかしか成立しえない。客観上に成立するＴａｕｔｏｌｏｇｉｅであるか否かの判定基準は、いずれか一方ではない場合には必ず他方である相互否定関係に集約されるためであり、かかる二値以外の中間的といえる値を認定するということは、主観的である対象的知覚の未分化による蓋然性を反映しているにすぎない。したがって、相対系を精神上の一切の真理＜恒真式＞の全体系に反映される絶対系には、真理＜恒真式＞と誤謬以外には現実規定の採りうる実測値がないから、真／偽の二値を捨象するそれ以外の一切の価値というは、主観性の価値体系のカテゴリーに帰属するものともいえる。主観性の価値システムには個体差があるほか、またその特殊空間上及び特殊時間上の差異により状態関数を異にするので、１００％確実である客観的事実をその存立根拠として内在することなく、もとよりその成立を前提するところのものが相対的であることから、相反する結論を構成する主観的Ｉｓｍや当為がともに両立することさえありうる。つねに客観性の価値体系が単純に相対系自体との絶対的合致を条件とするに対し、主観性の価値体系には個人的嗜好性や社会的立場等という確定されない要因が反映される可能性もある。かかるＣＮＳにおける価値システムにあって、超自我がその変動帯域に於いていかなる状態関数を出力するかについては、同時点におけるＮＥＳのエス＜イド＞の不衡状態関数に対応するか、もしくは反発し、何等かの方法により本能的である不安・欲求素因に左右されざるを得ない。意識／下意識レベルにおける前意識より以下の深層レイヤに於いて、つねに意識階層レイヤの作用を触発する動因をなすものはａ＝ｐｒｉｏｒｉのエナジー態様にあるからである。弁証系プロセスという論理系上の理性的工程に運動自我が従事するに際しても、先験的に超自我のモニタリング・コントロールのもとにあるため、そこに客観作用と主観作用がその相互バランスに応じて交叉的に反映してくる。寧ろそれは、両者間における相互バランスの状況次第により、ＣＮＳの自

律プロセッサである運動自我の状態関数が左右されうる、ともいえる。

＜弁証系プロセスの機構について＞

　超自我の機構における、客観性（知能系）フィルターを作動端緒とする運動自我の態様を客観的精神現象と、また主観性（情動系）フィルターを作動端緒とする運動自我の態様を主観的精神現象と称せられる。そして、客観的精神現象に対応する概念的知覚に表象される思惟態様を客観概念と称せられ、その両者を以って客観と総称せられる他方、また主観的精神現象に対応する観念的知覚に表象される個別的様相を主観観念と称せられ、その両者を以って主観と総称せられる。客観概念と主観観念の内容情報をなせるものは、対象的知覚を把捉する内的知覚作用という点では共通してい乍らも、本質的属性を異にするところではある。客観概念は、対象的知覚の弁証系プロセスの客観的論理作用により分析／統合されゆく自覚態様であるに対し、主観観念は、対象的知覚の弁証系プロセスの主観的非論理作用により展開される観想態様であることによる。それでいて、絶えまなく双方は同期しあうことにより、自動的に呼応しあう系譜をなすことにもなる。両者の相互運動の関係式はもとより、ＣＮＳ内の潜在的である平衡処理機能のバランス作用により運用されているからでもある。

　ＣＮＳの理性機能上の客観作用による客観概念的弁証は、対応する客観的精神現象上の学術的アプローチに相互リンクされるため、客観的精神現象の遷移する工程が弁証系プロセス上のいかなる認識レベルにあるかに対応して、客観概念の内容情報がいかなる学術的立場により追考されているかが断定されうる。それとともに、非論理的である主観性フィルターの部位及び存立はまた相対的・可変的である性質を具有するから、他方では主観的精神現象の遷移する状態関数がいかなる実測値にあるかに対応して、主観観念の観念的知覚に表象される個別的様相も変動されゆく。而してまた、両者は不断に、相互の状態関数に同期的に対応しあいつつも各々に於いて変

動するのである。即ち、弁証系プロセスの遷移に限っては、客観作用の状態遷移に呼応して主観作用の動向が変動するため、且つ客観的精神現象と客観概念が、また主観的精神現象と主観観念がそれぞれ相互リンクされている以上、客観概念の内容情報の遷移に呼応して主観観念の内容情報とても変動する、とともに客観的精神現象の状態遷移に呼応して主観的精神現象の状態遷移も規定される。しかし乍ら、弁証系プロセスの正常の成果が純粋に客観作用上のプロセスによらなければならない以上、もしも、客観的精神現象及び客観概念の動向が、先んじて主観的精神現象及び主観観念の内容情報による何等かの影響を被る場合には、当該の弁証系プロセスの実行による成果には何等かの誤謬素因が混入されてしまう可能性が否めない。但し、そのような場合にも拘わらず、弁証系プロセスが客観性フィルターの正常のプロセスにより実行されうることもあるので、そのことのみの根拠を以って、即座に当該の成果を誤謬とは断定することができないけれど。CNS上のかかる段階に於いては、既に意識／下意識レベルにおける意識上レイヤにあるとはいえ、精神上の動作条件はかくも安定性を保持されにくいところなので、理性機能による弁証運動が展開されゆくについても同様、その正常稼働のために必要且つ充分といえるコンディションをつねに維持できるとは限らない。

　さて、第一次悟性機能による第一次還元作用により、感性系より受信しているデータ知覚情報が命題（論理式）として論理コード化されているとはいうも、当該の命題（論理式）が現実概念としての相対系に妥当しているか否かは、未だ判定されてはいない。そのような命題（論理式）の真偽が不明である状態関数を説明するため、仮に$<X=Y>$という任意にして一意の定立的命題（論理式）に対しては、$<X \neq Y>$という反定立的命題（論理式）が同時に不可欠であることの意義として、相互間の関係式が形式（記号・述語）論理的に対立しあうものではなく、矛盾しあう関係式にある、即ち相

互間に論理的否定しあう命題（論理式）の連動状態をなしていると
ころにある。相互間に対立関係にある命題（論理式）が対極の二点
によるものではあっても、更に第三以降の命題（論理式）の成立の
範疇と可能性が許容されているに対し、相互間に矛盾関係として論
理的否定作用しあう命題（論理式）は、当該の両命題（論理式）の
うちの一方の真理：恒真式に在らざるならば、必然的にその他方の
真理：恒真式であることが立証されていることになるのであるから、
それら二命題（論理式）のみを以って形式（記号・述語）論理的真
理のすべての可能性を包摂せざるを得ない。ここで任意にして一意
の定立的命題（論理式）をｆ（ｘ）、反定立的命題（論理式）を〜
ｆ（ｘ）とするならば、しかる相互間に矛盾し論理的否定しあう両
命題（論理式）は、明らかに二律背反＜Ａｎｔｉｎｏｍｉｅ＞をな
している。したがって、いかなる追考・弁証作用もかかる二律背反
＜Ａｎｔｉｎｏｍｉｅ＞を前提として成立するため、もとより真理
の発見、とりもなおさず、恒真式：Ｔａｕｔｏｌｏｇｉｅの生成とは、
当該の命題（論理式）上の関係変数を正常に終結せしめることを意
味してもいる。このように、そもＮＥＳのインタフェース部位より
受信された送信元のデータ知覚情報は、精神機能上におけるアクセ
ス対象として単一であったにも拘わらず、ＣＮＳのインタフェース
部位を通じて運動自我が理性機能を開始するに当たっては、二律背
反するその二命題（論理式）に対し同時に追考作用しゆくことにな
る。二律背反＜Ａｎｔｉｎｏｍｉｅ＞の関係式にあることにより弁
証作用上の精度が約束されるためであり、そのアクセス対象とする
当該の問題の実質は同一の事案に帰せられるのであるから、相互間
に矛盾し論理的否定作用しあう理性機能による客観的アクセスが不
可欠であるのみである。いかなる定立的命題（論理式）ｆ（ｘ）に
対すると同様、或いは意識／下意識レベルの意識上レイヤに於いて
認識されていると否とに拘わらず、つねに反定立的命題（論理式）
〜ｆ（ｘ）に対しても、客観的精神現象及び主観的精神現象からの
追究が同時に実行されるのであり、そして双方がＬｉｎｋされるこ

とにより同期して展開されるため、ｆ（ｘ）に対し作動している客観的精神現象と〜ｆ（ｘ）に対し作動している客観的精神現象は一対一対応して運動・作用し、またｆ（ｘ）に対し作動している主観的精神現象と〜ｆ（ｘ）に対し作動している主観的精神現象は一対一対応して流動する。また、客観的精神現象は客観概念と、且つ主観的精神現象は主観観念と相互Ｌｉｎｋされているから、ｆ（ｘ）に対する客観概念と〜ｆ（ｘ）に対する客観概念が一対一対応するとともに、ｆ（ｘ）に対する主観観念と〜ｆ（ｘ）に対する主観観念とても一対一対応する。更には、客観的精神現象の動向に呼応して主観的精神現象が作用するとともに、客観概念の状態遷移に呼応して主観観念も成立するため、ｆ（ｘ）に対する客観的精神現象に呼応してその主観的精神現象が作用し、且つｆ（ｘ）に対する客観概念に呼応してその主観観念が成立するとともに、〜ｆ（ｘ）に対する客観的精神現象に呼応してその主観的精神現象が作用し、且つ〜ｆ（ｘ）に対する客観概念に呼応してその主観観念が成立するのでもある。この段階に於いては、客観作用と主観作用の各々同時アクセスする対象的知覚が本来に於いて共通であるため、客観的精神現象・客観概念と主観的精神現象・主観観念は絶えまなく同期して推移するが、各々の成立根拠の相異よりして相互の運動成果に対し干渉してはならない。つねに絶対性・確実性を要求される客観作用に対し、主観作用の仕様及び機能はつねに相対的・可変的であり、それぞれの価値体系を本質的属性に於いて相異せしめるところが原因であるが、とりわけ客観作用の運動成果には、ほんの些少とも主観作用による非論理性の混入されることにより、その運動成果の絶対性・確実性は保証されえなくなるからである。如何せん、かくて精神機能による論理系上に二律背反＜Ａｎｔｉｎｏｍｉｅ＞を形成する対象的知覚と、その相互矛盾的命題（論理式）に対する理性機能による弁証運動の全プロセスは自動的に顕在系／潜在系に二重化されつつも、当該の対象的知覚に対する概念的把捉処理は共通の構成素子をなす概念規定に対し実行されてゆく。

284

序章 I

記号論理学と弁証法

第Ⅱ部　論理系

第Ⅲ篇　弁証系システム

　既に周知の通り、古来より論理学上の方法論については、形式論理学と弁証法の相互対立という問題がある。形式論理学は、嘗てアリストテレス：Ａριστοτέλης によりその基礎理論が提唱されて以降、更に記号論理学もしくは述語論理学へと細分化され、情報理論における機械語以上の開発技法の学術的背景をもなしてきている。また弁証法は、ヘーゲル：Georg_Wilhelm_Friedrich_Hegel がその哲学体系の方法論のみならず原理論として採用して以来、哲学会の中核的ともいえる争点を占めてきた経緯もある。

　これまで形式論理学・記号論理学・述語論理学が、学術的立場を異にする哲学と科学の両分野を通じての方法論としてあり乍ら、論理的思考の様式をパターン化して演算するための手段と解釈される他方で、弁証法に対する解釈は、哲学的追考プロセスの方法論であるとともに、論理学上の処理工程を精神的資源の解明に基づいて展開されるものとされ、両者は相互対立の関係式にある方法論として位置付けられてきた。そのことは確かに、形式論理学・記号論理学・述語論理学に於いては、対象的知覚をつくりなす命題（論理式）としての妥当性と、その真理値を数学上の計算法則に基づいて判定することを直接の目的とするも、その他方にて、またその所属する種別・類型によらず弁証法に於いては、命題（論理式）における概念規定とそれを構成する相対系の時空間的モメントに対し解明することを、直接上の稼働目的としていることはゆめ間違いではないし、そのような論理学上の分類が存立することにも根拠がある。然るに実際上、精神機能による理性上の追考作用が実行されるに際しては、意識すると否とに拘わらず、当該の対象的知覚を概念規定を内包する命題（論理式）の論理学的形式に充当したり、仮言的三段論法等の形式論理学（記号論理学・述語論理学）上の手法を活用しつつ、概念規定を構成する内容自体に対し論究するという弁証法的アクセスを実施していることとても、また客観的事実である。

精神機構におけるあらゆる現象と機能は、大脳生理上における身体構造を形成する各部位に応じた営みに負うところであるが、それら一切の部位が有機的に相互連関しあってもいる。そのこと自体に例外はないから、理性的追考作用が実施される場合に於いても同様である。もとより、ＮＥＳとＣＮＳが相互連携し影響しあっていることから、双方の自律プロセッサであるエス＜イド＞と超自我とても相互連携し、更には超自我における客観作用と主観作用とても同期的に呼応しあいつつ実施されるが、但し、客観作用としての形式論理学的（記号論理学的・述語論理学的）思考と弁証法的思惟の各運用に際しては、必ずしも両者が有機的に相互連動されるとも限らない。客観作用、とりわけ理性的追考作用の帰結現象として、つねに恒真式：Ｔａｕｔｏｌｏｇｉｅが正常に生成されるわけではないが、そこに何等かの誤謬を発生せしめる原因の一として、形式論理学・記号論理学・述語論理学と弁証法との運用上の誤作動もありうるせいである。したがって、ここに断定せらるべきは、理性的追考作用による帰結現象に於いて、恒真式：Ｔａｕｔｏｌｏｇｉｅが正常に生成されるための必須要件として、形式論理学・記号論理学・述語論理学と弁証法との運用が相互連動して実行されるとともに、各々の機能が正常になされることが不可欠であることにある。本来に於いては、形式論理学（記号論理学・述語論理学）上の作用と弁証法上のそれは、それぞれの理性的追考作用の原理体系を構成する方法論として不可避であるとともに、相互間に干渉し連動しあうことなくして単独には正常に機能しえない以上、両者が時分割方式：Ｐｒｅｅｍｐｔｉｖｅの複数同時実行：Ｍｕｌｔｉｔａｓｋｉｎｇにより並列処理されつつも、同時に不断に双方向にＬｉｎｋされていることによってのみ、正常である論理学上の展開が可能となるためである。

　換言するにそれは、ＣＮＳのニューラルシステムが弁証系プロセスを作動せしめるためには、形式論理学（記号論理学・述語論理学）

上の前提条件を充足することが不可欠であるとともに、形式論理学（記号論理学・述語論理学）上の追考運動が恒真式：Ｔａｕｔｏｌｏｇｉｅを生成しうるためには、正常である弁証運動として実行されなければならない、ということに他ならない。当該の対象的知覚が恒真式：Ｔａｕｔｏｌｏｇｉｅであるか、絶対の確実性をなす真理であるか、否かという最終段階の疑問を解明するための前提条件は、しかる真理：恒真式の概念規定の意味するところ、そして当該の実質的内容をなす相対系自体の概念規定の意味するところが、もとよりいかなる実質的内容をなしているかという、ＣＮＳにおける超自我に体得されてある先験的知覚と合致することにある。自らが相対系を構成する時空間的モメントであること自体のア＝プリオリの知覚にして、エス＜イド＞の本能的命令に作用する力動概念でもある先験的知覚、即ち基準系が超自我の客観性フィルターより運動自我を内的に触発することにより、直面する対象的知覚に対し、基準系を形成する純粋概念に自己同化しうることの可否をチェックせしめる。とりもなおさず、当該の対象的知覚、及びその構成する概念規定が相対系自体の普遍概念に妥当しうることの可否を、命題（論理式）を通じて懐疑せしめる。かかる理性的追考運動が弁証運動上の原理に基づいて実行されることになるが、その機能上の条件として当該の懐疑的状況が明示的に規定されているためには、当該の対象的知覚が論理系プロセス上にて認識されうる理性機能上の一定の論理的形式に充当するよう変換されている必要性がある。理性的追考運動は論理系という特殊のプロセスにより遂行され、ＣＮＳにおける内的処理を通じて認識されなければ作動しえないためである。しかる理性機能上の論理的形式のＦｏｒｍａｔとしては、明確にして単純である言語パターンを具有し、基本素子としては主部と述部の組合せからなる。というのも、対象的知覚の概念規定として仮定されうる一切の変項Ｘは、異なる変項Ｙであるか、さもなければＹではないか、そのいずれかでしかなく、もはやそれ以外の第三以降の場合となる可能性がありえないからではある。そのことを論理的

表記しうる論理学的形式がつまり、形式論理学・記号論理学・述語論理学にみる命題（論理式）に相当するものであり、且つ相互間に論理的否定しあう二命題（論理式）を以って一対象的知覚を構成するところといえる。形式論理学（記号論理学・述語論理学）上に於いては、このような命題を単なる論理式としてのみ取扱い、当該の論理式としての妥当性と真理値を段階別に演算するという役割を担うが、他方に於いては、各変項に代入される実際上の概念規定そのものには干渉しない性質がある。二律背反＜Ａｎｔｉｎｏｍｉｅ＞をなす二命題（論理式）の共通素因であるＸ・Ｙ、その他に代入される、概念規定そのものに対し分析し統合するための方法論が弁証法である、とされていることに間違いはない。いずれにせよ、形式論理学・記号論理学・述語論理学と弁証法がいずれも理性的追考運動の方法論として成立し乍ら、それぞれが干渉しあうことなく独自のプロセスにより別々に実行されるのではなく、相互間に連動することによってのみ真理：恒真式を生成することが可能となるのである。形式論理学（記号論理学・述語論理学）上の内的形式を媒介しつつも、弁証法上のすべての追考プロセスが誤謬なく展開されることにより、概念規定上の分析／統合処理が正常になされる実行結果として、最終的に真理：恒真式として生成される命題（論理式）は、形式論理学（記号論理学・述語論理学）上にも恒真式：Ｔａｕｔｏｌｏｇｉｅをなしていなければならない以上、理性的追考運動の実施されるプロセスにあっては、弁証作用とともに形式論理学（記号論理学・述語論理学）上の演算機能とても並列処理されていることにもなる。概念規定上における弁証過程のトリアーデ：Ｔｒｉａｄｅが、命題（論理式）上における二律背反＜Ａｎｔｉｎｏｍｉｅ＞による相互間の論理的否定を通じて規定される以上、概念的把捉システムを実行する弁証作用は、命題（論理式）的把捉システムを実行する形式論理（記号論理・述語論理）作用をその端緒とせざるをえないためであり、且つ概念的把捉を伴わぬ命題（論理式）的把捉は単なる内的形式上の演算でしかないことからも、形式論理（記号

第Ⅱ部　論理系

第Ⅲ篇　弁証系システム

論理・述語論理）上の演算過程を通じて恒真式：Ｔａｕｔｏｌｏｇ
ｉｅの生成・確認がなされるためには、弁証作用による追考プロセ
スが不可欠とはなるが故である。

序章 II

弁証運動の二面性：
論理と歴史

対象的知覚に対する運動自我による理性的追考作用には、形式論理（記号論理・述語論理）運動のプロセスと弁証運動のプロセスが相互連動して実行されるが、前者が命題（論理式）的把捉を目的とするに対し、後者は概念的把捉を目的とする。概念的把捉処理が機能する前提条件としては、命題（論理式）的把捉処理が作動していなければならないが、概念的把捉処理が対象的知覚に対するそれ自体の実質的解明上の分析／統合のプロセスであるから、概念的把捉処理である弁証運動のプロセスの移行するに対応して、命題（論理式）的把捉処理である形式論理（記号論理・述語論理）運動のプロセスとても移行されゆく。したがって、対象的知覚に対するそのもの自体の実質的解明上の分析／統合のプロセスとしては、精神機構における理性機能上の論理的形式に則した論理演算を主機能とする形式論理（記号論理・述語論理）運動ではなく、相対系自体の現実概念にアプローチする弁証運動のプロセスが、理性的追考作用をつねに主導的に展開せしめうることにもなる。

弁証運動のプロセスの詳細については、第Ⅲ篇第Ⅰ章以降に敢えて譲ることとするが、ここでは弁証系システムの機能論に関し、若干の注解を附記しておく必要性及び妥当性がある。弁証系システムに関する各論を詳述することが、必ずしも序章としての本来の目的に資するものとはいえないからであり、且つその論述内容としては、各論におけるよりMikroではなく、総論におけるよりMakroの学術的アプローチが要求されるせいでもある。

過去の地球上における有史以降の哲学史にもみられる如く、それを方法論とする哲学体系の種別や性格及び目的等に対応して、弁証法には観念論弁証法や唯物論弁証法など様々の種類のものが提唱されてきている。たとえば、観念論弁証法が観念論哲学における方法論であると同様、唯物論弁証法が唯物論哲学におけるそれであることは自明であるが、後述される通り、対象的知覚に対する＜実存＞

レベルの概念的把捉が理性的追考作用の最終工程である以上、恒真式：Ｔａｕｔｏｌｏｇｉｅを生成しうる最終工程の学乃至理論である実存哲学、而してその方法論である実存弁証法における弁証運動が、理性的追考作用をその最終工程まで精確に実行しうる唯一の方法論であることとはなる。実存弁証法における弁証運動の運動的特徴としては、定立より反定立への移行作用と反定立より定立への移行作用が、必ず同時に同期しつつ実行せられ、且つ機能上には双方同義をなす作用原理をなすものであることにもある。留意すべき事項として、ここに定立／反定立と称せられるところの概念規定は、二律背反しあう命題（論理式）であるｆ（ｘ）及び～ｆ（ｘ）の関係式の論理学的構造を示唆するのではなく、飽くまで理性的追考作用における概念的把捉を目的とする弁証運動の工程である。仮にもし、弁証運動におけるフロントエンドの処理が定立態様の工程にあるならば、同時に同期しつつ実行される弁証運動におけるバックエンドの処理は反定立態様の工程にあり、またそのフロントエンドの処理が反定立態様の工程にあるならば、同時に同期しつつ実行されるそのバックエンドの処理は定立態様の工程にある、といえる。何となれば、弁証運動における定立態様はその存立にあって反定立態様そのものを内在し、且つ反定立態様はその存立にあって定立態様そのものを内在するからであり、したがって、弁証運動におけるフロントエンドの処理が定立より反定立の工程に移行される場合、同時にバックエンドの処理が反定立より定立の工程に移行されていることになり、またそのフロントエンドの処理が反定立より定立の工程に移行される場合、同時にバックエンドの処理が定立より反定立の工程に移行されていることにもなる。そしてまた、かかる弁証運動におけるフロントエンド／バックエンドの処理に於いて、定立態様／反定立態様が相互間に移行せられるに当たり、相互の分析作用により相互間の概念的矛盾関係が顕在化せられるとともに、相互の統合作用により相互間の概念的同一関係が自己回帰的に体現せられることが、とりもなおさず、止揚（揚棄）作用というＴｒｉａｄｅ

における統一的工程をなすのである。その時点に於いて、止揚（揚棄）作用を実施された直後の概念的把捉レベルは意識上に顕在化されているため、当該の概念的把捉レベルにある対象的知覚自体が、次段階の弁証運動上のＴｒｉａｄｅにおけるフロントエンドの定立態様をなすこととなる。而してまた、その定立態様には必然的に反定立態様そのものが内在されているとともに、バックエンドの反定立態様には必然的に定立態様そのものが内在されていることは先述にも同様であるから、次段階の弁証運動上のＴｒｉａｄｅにおける定立態様／反定立態様とても相互間に移行せられ、次段階の止揚（揚棄）作用が実施される。この弁証運動上のＴｒｉａｄｅの作用は、展開する運動法則そのものには始点及び終点が前提されてはいないため、しかる作用自体としては際限なく反復されゆく運動機構を具備していることによるところである。

　このような弁証運動は、対象的知覚に対する概念的把捉のプロセスを実行するＣＮＳの運動規定であるから、対象的知覚、即ち相対系における何等かの時空間的モメントのデータ知覚情報に対し、概念規定上の分析処理／統合処理を実施することにより理性的追考作用を、弁証系プロセスのＴｒｉａｄｅの運動法則にしたがって実行することであるが、そのことはＣＮＳ内における［客観性フィルター上の］精神機能を主体として実行されるため、同等の運動法則が、精神機能を主体とする人類の歴史展開の遂行プロセスにも適用されることになる。人類の歴史は、それが国内環境であると国際環境であると、また地球内外の生物体相互間であるとを問わず、また政治体制の如何にも拘わらず、［社会的主体者の］権力に対する意志とそれを追究する闘争の運動法則により展開され続ける系譜である以上、そしていかなる社会的主体者も精神機構の主語であるとともに、このような意志と闘争の運動法則は精神機能による理性的追考運動の変遷プロセスに他ならないため、あらゆる歴史上の動向もまた、国内的もしくは国際的に、或いは地球内外の生物体相互間の

関係性をリアルタイムに代表する［社会体制としての］精神機能による弁証運動によるものである、といえよう。かくて精神上の変遷史でもある人類の歴史はまた、その運動・変化の力動概念をもなす権力に対する意志が、エス＜イド＞の周期変数における本能的である物質的欲求に帰因するため、その物質的欲求を充足する必然性により体現されるところの経済現象によって推移せしめられるところである。とりもなおさず、社会科学上の対象分科ともなる行政・立法・司法・経済等のうちでは、経済分野の環境条件や国内外状況等の変化に対応して政治分野の組織化や政権の機構も変更されうるし、またそれに伴い、司法分野の運用規定及び立法分野の国会機能の要件定義等についても修正されうるところとなる。そのことはもとより、精神内的である先験的命令に根差す史的運動法則として成立しうるから、国内環境及び国際環境や時代背景等の特殊時空間的変数を異にしようと、しかる変数上の影響により当該の運動原理そのものが左右されはしない。したがって、精神機能を前提要件とする弁証運動は、論理学上における概念的思惟の方法論であるのみならず、史的運動における動因をなす経済現象等を動向せしめる運動法則としてあることにもなる。但し、論理学上における概念的思惟と経済現象を動因とする史的運動とでは、自ずとその力動概念や目的を異にするため、論理学上における弁証系プロセスの全工程がそのまま史的運動に適用されるのではなく、弁証系プロセスの実行に要する弁証運動上の法則が、歴史展開の運動法則としても機能するところではある。論理学上における弁証系プロセスは恒真式：Ｔａｕｔｏｌｏｇｉｅの生成には必当然となる工程であるため、歴史展開の体現作用とは飽くまで異質の処理内容ではあるが、史的運動の動因となる社会的精神機能の客観作用として、弁証運動の基本法則が実行されるが所以に他ならない。

　いずれにせよ、弁証運動が、論理学上における概念的思惟の方法論であるとともに、史的運動における動因をなす経済現象を動向せ

しめる運動法則でもあることに相違ない。そして、弁証運動がもとより精神機能、とりわけＣＮＳにおける客観作用を前提する以上、必ずしも太陽系第三惑星における人間に限定して成立するのみならず、相対系におけるすべての精神機構をなす主体の客観作用に於いて、概念的論理展開における方法論として弁証運動が実行されうるとともに、当該の精神機構をなす主体である生命体により構成される社会環境の、歴史展開における運動法則として弁証運動が実施されうるはずである。というのも、精神機能における主観作用には絶対的である共通性がないため、生命体の種別・類型、乃至各個体によりその反応パターンや動作傾向を異にするが、客観作用の対象とする相対系、及び相対系自体の精神内的反映である真理：恒真式と、一切の真理：恒真式による全体系である絶対系が普遍性を具備するため、真理：恒真式を生成する客観作用における理性的追考運動の方法論としては、同一の弁証系プロセスが、相対系におけるあらゆる精神機構をなす運動主体の客観作用の概念的論理展開に共通であるからであり、またこのような客観作用の概念的論理展開の方法論が、しかる精神機構をなす運動主体により構成される社会的精神機能による歴史展開に反映されることも、相対系におけるあらゆる精神機構をなす運動主体により構成される全社会環境に共通するため、社会的精神機能による歴史展開の運動法則としても、同一の弁証運動法則が、相対系におけるあらゆる精神機構をなす運動主体により構成される社会を単位とする歴史展開に共通であるからである。ここで社会的精神機能と称せられる概念規定は、経済現象の推移を主導要因として反映しつつ、政治体制・立法機関・司法機関に世論等をも内包する社会的意思決定システムを示唆するところであり、単なる各個体概念の精神機能を意味しないことは自明である。

　論理系上における概念的思惟の方法論としての弁証運動については、第Ⅲ篇第Ⅰ章より第Ⅹ章までに、必当然に実施せらるべき弁証系プロセスの全工程の詳細が明示されよう。対象的知覚である相対

系自体に対する理性的弁証運動の原理論、及び方法論がその論述内容に相当する。対する他方、史的運動における力道概念をなす経済現象を動向せしめる運動法則としての弁証運動については、たとえば地球上における人類の有史以来の多岐に及ぶ歴史的事実より、特殊時空間上の検索Ｋｅｙにより何程かの具象的事例を抽出しておき、もしくは人類の起源にまで遡及してその一切の史実を弁証運動法則に則して検証するための、しかる実際上の史的経緯を臨床例として個別的または全般的に例示するためにする時間及び労力の消費を、ここでは敢えて惜しむこととする。というのも、史的運動を対象としてその弁証運動上の推移を精確に説明するためには、もとより単純に個別の事例サンプルとなる史実に関してのみ解説する作業では不充分であることから、当該の前後の史実についても必然的である相互因果性が論究されなければならず、更にまた当該の前後の史実についても同様であり、最終的には精神機構をなす運動主体の有史以来よりその歴史の終了時点にまで、当該の前後の必然的である相互因果性を包摂して論究されるのでなければ精確には検証されえず、且つ敢えてそのような作業を営々として試行するということは、とりわけ本著に於いては意義有りとはしないためである。つまるところ、理性機能を媒介する弁証運動に関する本著の学術的立場としては、概念的思惟の方法論／歴史展開の運動法則という二重構造に対する原理的解明を目的とするため、個別的または全般的史実に関する事例研究が主眼とはなりえないのではある。

298

第Ⅰ章

弁証系プロセス≫
ＰｈａｓｅⅠ

第Ⅰ節 客観概念

ⅰ＞存在（以前）

　かくて、ＣＮＳ上の客観性フィルターによる弁証系プロセスが作動しはじめるとき、いかなる契機によりいかなる工程からＳｔａｒｔされることになるのか。第一次悟性機能により第一次還元作用の実施されている相互否定命題（論理式）、即ち二律背反＜Ａｎｔｉｎｏｍｉｅ＞の関係式にあるｆ（ｘ）⇔～ｆ（ｘ）という対象的知覚に対し、運動自我がその双方を同期しつつ追考アクセスを同時実行しゆくに当たり、その客観作用と主観作用が最初に実施される端緒は何であるか。それがＣＮＳ上の理性機能による弁証運動の端緒をなす概念規定である以上、理性的追考作用における最も端的である態様をなす弁証Ｔｒｉａｄｅの定立態様に相当することになる。

　いずれにせよ、感性系における神経系コンフリクトを契機として、当該の対象的知覚が第一次悟性機能により二律背反しあう相互否定命題（論理式）へと第一次還元処理される時点に於いて、ＣＮＳ上の理性機能による弁証系プロセスが始動されるより以前に、改めて当該の両命題（論理式）に対しては直観作用が再度実行されることになる。何となれば、相互間に論理的否定作用しあうこの両命題（論理式）は、それが第一次還元作用の実施された瞬間にあって更新されており、データ知覚情報としては改めて生成された対象的知覚とはなっているからである。当該の直観作用はまた、感覚器官ＳＩＳ＜アイコン＞の初期処理として実データ自体である相対系の時空間的モメントとの間で触発された時点の、純粋直観に対比する限りに於いては、第二次的段階としての直観作用であることから、＜第二直観＞とも称せらるべき概念規定をなす。

ＣＮＳの理性機能を通じて、当該の対象的知覚に対する端的である疑問としてアクセス作用しうる、最も単純にして純粋の懐疑レベルとしては、そのもの自体の実体（実在）がそも何であり、いかなる形状及び性質を具有する対象であるかということより以前に、そのもの自体が在るか無いか、もしくはいまそこに何か在るのか無いのか、という未だ客観的認識または主観的観想という経験作用を媒介する以前の、原始的といえる存在態様レベルの不確実性にして不安定感であるはずである。何となれば、そのものの本質規定に通じる量的認識や質的認識について懐疑することは、より第二次的である分析能力を要する工程であるとともに、更にはより高次の認識レベルをなす弁証系プロセス上の問題となるからでもある。それに対し、存在すること／存在しないこと、相互矛盾しあう当該の課題としては、相対系における時空間的モメントとして実際上に成立するかどうか、という最も根源的且つ普遍的であるところの基本問題に他ならないが、しかく最も根源的且つ普遍的といえる基本問題こそが、もとより最も端的且つ原始的である課題となる所以でもある。存在（以前）と無（以前）、しかる相互矛盾関係にある概念規定が、理性機能による弁証系プロセスの客観概念上の起動端緒をなしていようことは、古来より提唱されてきているところではあるが、存外にもそこに正解があるといえよう。

　理性的追考作用の起動端緒が存在態様レベルにあるとしても、弁証系プロセスが作動しはじめるためには必ず第二直観を契機としなければならない以上、第二直観は弁証運動上の第一段階のＴｒｉａｄｅが始動される直前（無限小の時間長以前の瞬間）に実行されるはずである。そうすると、弁証運動上の第一段階のＴｒｉａｄｅの始動端緒となる認識レベルが存在態様にあるならば、当該の弁証系プロセスの作動契機である第二直観から弁証運動に移行する過渡的工程に於いては、存在態様よりも以前の認識レベルになければならない。したがってまた、弁証運動上の第一段階のＴｒｉａｄｅとし

ての始動端緒を厳密に問うならば、単に存在態様という表現によっては精確に包摂されうるところではなく、＜存在と無＞以前の態様の認識レベルをなしているということになろう。存在（以前）とはいかにも抽象的表現ではあるが、そのもの自体が存在することと存在しないことの明示的に顕在化可能の状態関数には未だなく、存在することと存在しないことの本質規定に対する判断以前の認識レベルをなす態様、という意義に理解しておくしかないのである。

　そも存在する／存在しないとは、いかなる意義をなすのであるか。視覚・聴覚・触覚・味覚・嗅覚など感覚器官ＳＩＳ＜アイコン＞を媒介する刺激情報との相互触発は、感性系上における錯誤をも生ぜしめうる可能性等もあることよりして、必ずしも感性系上における受信情報が現実態様、とりもなおさず、相対系自体に合致するとは限られないため、当該の受信情報の内容自体が実際上に存在するということが証明されてはいない。さればそのことは、存在することの情報が精確に理性機能上の認識レベルに伝送されることの可否が、実際上に存在するという事象自体とは別問題であることをも示唆している。とはいえ他方では、仮に感性系上における受信プロセスに何等かの錯誤の生じた客観的事実が証明される場合には、少なくとも当該の感性系上における錯誤が実際上に＜存在＞したことが結論付けられるのではある。

　尤も、如上にみる通り、かかる疑問に対するかかる懐疑そのものが、実のところ更に高次の認識レベルなす課題であることも自明なのだが。

ii ＞無（以前）

　理性機能による弁証系プロセスの作動端緒が、ただ存在以前としてではなく、＜存在と無＞以前という概念規定としてあることの意義は、存在するということ自体における自己矛盾性にある。存在、即ち無限の相対系を構成する特殊時空間的モメントをなす存在はなべて、それぞれの生成の過程と崩壊の過程による相互連動作用であるとともに、そのもの自体の始点と終点を予め内在している有限の特殊時空間的運動として成立する。有限である存在概念はつまり、無限に不変性を具有する何ものかの概念規定ではありえないのであるから、不断に自己自身を更新することによってのみ存在の態様を維持することができる。

　したがって、相対系における或る存在する時空間的モメントが、実際上に当該の状態関数を保持しつつ存在していられる期間は、０.００１秒にも充たないほんの一瞬間でしかない。かかる一瞬間は時間長にして無限小という有限時間をなすから、自己存在を規定する瞬間は無限小の時間長の経過を以って無に帰せられるのでなければならず、そのことにより当該の存在する時空間的モメントは新規の瞬間の自己存在へと移行することができる。そのような新規の瞬間の自己存在とても、やはりそれ自体の成立する時間長が無限小の有限時間である以上、あらゆる時空間的モメントのそれぞれが不断に生／滅する瞬間としてあることにより、しかる自己存在が成立する時点の極限値をなすとともに自己否定・収束され、更に新規の無限小の瞬間としての自己存在が生成されるのである。しこうして同様の原理による営みが絶えまなく反復し続けられることにより、運動・変化する或るものとしての自己存在がその存在属性を維持しうることになる。したがってまた、このことからも、相対系における一般及び特殊時間上の運動規定が無限小の一瞬間として停止することがないことも明らかである。相対系にあって例外なく有限且つ相対的・

可変的であるところの存在が、仮に何等の変化もしない固定された概念規定を示唆するとすれば、時間という相対系の運動原理をなす次元を実践する存在は現実上にはありえないことになるし、なべて有限且つ相対的・可変的である存在は不変の絶対性を具有しない以上、当該の特殊時空間の更新されるに同期してのみ成立しうるのであるから、そうなるとあらゆる存在を生起せしめる特殊時空間の更新作用さえ根拠を喪失することにもなろう。いかなる存在もつねに不変ではなく固定されていないということは、必然的に自己存在のリアルタイムの状態関数がつねに更新されることになるため、当該の特殊時空間を体現する自己存在自体が不断に無に帰せられることをも意味している。

　このことはまた、無という概念規定が当該の自己存在、即ち特殊時空間上における一意の存在に対する一意の無を示唆している以上、無それ自体として独立して成立しうる時空間的モメントではないし、また無限の一般時空間全域に妥当する普遍的であるニヒリズム：Ｎｉｈｉｌｉｓｍを意義する概念規定でもなく、飽くまで一意の存在概念に依存するところであるとともに、当該の存在そのものに内在されていることを教えている。したがって、無という概念規定は、相対系における一意の有限且つ相対的・可変的である存在に一対一対応する一意の有限且つ相対的・可変的である無であるとともに、存在という概念規定とても、当該の一意の有限且つ相対的・可変的である無の概念規定に一対一対応する一意の有限且つ相対的・可変的である存在をなすところである。

　但し、存在概念の座標系を構成する指定範囲とカテゴリーは、相対系における有限域内での拡張／縮小がなされるならば、たとえば無限小という有限域を、或る特定の存在の指定範囲とカテゴリーとして規定する場合、当該の存在に一対一対応する無の指定範囲とカテゴリーとても無限小という有限域を包摂する。またたとえば、無

限大という有限域を、或る特定の存在の指定範囲とカテゴリーとして規定する場合、当該の存在に一対一対応する無の指定範囲とカテゴリーとても無限大という有限域を包摂する。それは確かに、一般空間の全域には普遍の同時性における無限連続性が成立するため、無限大という有限域を当該の存在概念として明示的に規定するならば、当該の更新作用における無とても無限大の有限域を包摂することには、理論上ではなりうる。しかし乍ら、存在及び無の概念規定は、有限且つ相対的・可変的であることを基本的属性として具有するため、任意且つ一意の存在及び無に対する規定性として、無限大／無限小という規定不能の定量レベルの運動・変化を仮定することが、事実上は寧ろ規定性をなさないことにもなる。しかも、もとより存在及び無の概念規定が、量的もしくは質的であるいかなる規定性をも未だ具有しえていないことからも、直接且つ端的である存在態様レベルである＜存在と無＞以前に対する把捉に於いては、有限且つ相対的・可変的に一意の存在自体に不断の更新作用が実行されることを以って、未規定である＜存在と無＞の相互否定・収束が自己同一となることのみ銘記する必然性がある。一般空間上における無限連続性と一般時間上における無限運動原理については、＜存在と無＞以前の認識レベルに於いては未だ規定されえない問題であるからでもある。

　ところで、本節における＜無（以前）＞との表記については、前節における＜存在（以前）＞との表記の場合と同義である。蓋しそのことは、そのもの自体が存在することも存在しないことも明示的に規定されうる状態関数では未だなく、単純且つ純粋にそのもの自体としての存在規定と非存在規定との交互作用として顕在化せらるべき規定性に対する認識レベルの態様、という意義にて把捉しておかざるを得ない。とともにまた、当該の＜存在と無＞以前の認識レベルに於いては、［存在（以前）と無（以前）との］いずれの概念規定が先んじて意識上に顕在化されてあるかに拘わらず、意識下に

連動作用する潜在的アクセスに於いては、つねに相互矛盾しあう概
念規定に対する同期処理が実行されているため、弁証運動上にあっ
ては存在（以前）と無（以前）との両概念規定に対する処理工程は、
相互間に同期しあう相等しい認識レベルにあるともいえよう。

iii ＞運動

　存在するということは、そのこと自体が絶えまなく無に帰せられることを意味する。無という概念規定は、そのもの自体として独立して成立する時空間的モメントではないにせよ、それぞれの時空間的モメントをなす存在の状態関数毎に一意に内在される、当該の一意の存在の状態関数に対応するパラドキシカルといえる力動概念をなす。無の存在内的作用は、一般空間の全域に対し一律且つ普遍的に及ぼされるところではなく、それぞれの存在そのものに一対一対応する一意の無により、これを内在するそれぞれの一意の存在の状態関数が否定・収束されることにあるからである。

　それぞれの存在をなす時空間的モメントは、無限小という有限域より無限大という有限域までの特殊時空間のいずれかの変数を充足するが、それぞれの存在とそれぞれの無がつねに一意に一対一対応しあうことは、実際上にそれがいかなる実測値を構成するかに拘わりない。弁証系プロセスにおける存在及び無に対する把捉レベルとしては、単純且つ純粋の存在と単純且つ純粋の無の概念規定の内実をなしているにすぎず、そのものの量的規定もしくは質的規定のプロパティの追考はより高次の把捉レベルにあるからである。但し、単純且つ純粋の存在の概念自体が、特殊時空間としての有限且つ相対的・可変的である時空間的モメントをなす一意の存在を示唆するため、一般時空間としての無限の相対系自体の規定性と同義ではありえない。特殊時空間の全域に例外なくつねに同時性が成立する以上、その処理結果としては、無限の一般時空間そのものとして更新されゆくことにはなるが、相対系内における相互否定・収束の実行対象をなすものは、特殊時空間として一意に存在する時空間的モメントであるとともに、一般時空間が全体概念としての相対系を示唆する普遍性を具備するがゆえに、相対系自体が相対系内における時空間的モメントではありえないからではある。したがって、相対系

内にあって、それぞれの時空間的モメントをなす存在がユニークであると同一の論拠から、それぞれに一対一対応する無はやはり一般時空間上に於いてユニークであり、よっていかなる特殊時空間的モメントと雖も、それぞれの存在としてあり続けるということは、それぞれにそのもの自体でなくなり続けることに他ならない。とはいえ、相対系内における時空間的モメントをなす一意の存在がそのもの自体でなくなる、即ち自己自身のみに無比である無に帰せられるということは、相対系内における当該の時空間的モメントとして絶対的且つ普遍的に否定・消失されることではない。ここで当該の時空間的モメントをなす存在が帰せらるべき無とは、当該の一意の存在と一対一対応する以上、それ自体が絶対的且つ普遍的に妥当するところの無としてはありえず、飽くまでその一意の存在のみを対象として機能する否定（収束）作用であるため、当該の特殊時空間的モメント自体に対する否定（収束）作用ではなく、当該の特殊時空間的モメントが当該の一意の存在ではなくなることによってのみ、そのまま新規の一意の存在をなす瞬間として移行されうることになり、とりもなおさず、当該の特殊時空間的モメントの状態関数がそれにより更新されることをも意味する。そして、当該の新規の一意の存在とても同様に、それ自体に内在されるそれ自体に一対一対応する一意の無により否定・収束せられ、更に新規の一意の存在をなす瞬間として移行されることになるとともに、当該の特殊時空間的モメントの状態関数がそれにより更新される。そのことは存在と無における本質的属性により必然の運動原理である以上、そのこと自体には弁証作用上における始点及び終点が前提されてはいないため、かかる運動原理による存在と無との反定立しあう交互作用は、当該の弁証系プロセスの概念規定として際限もなく［客観上に］反復運行され続けよう。而してつまるところ、相対系内におけるそれぞれの特殊時空間的モメントが、一意の特殊時間として＜運動＞及び作用することによってのみ体現されることから、かかる特殊時空間的モメントの自己運動にあってこそ、存在と無との相互否定関係

そのものが自己同一的に止揚（揚棄）されているといえる。

　存在と無は一意に一対一対応しあうため、理性機能による弁証運動が存在の態様レベルにある場合には、必然的に無の態様レベルにあることにもなるとともに、理性機能による弁証運動が無の態様レベルにある場合には、必然的に存在の態様レベルにあることにもなることから、両概念規定の自己統一作用によりＡｕｆ－ｈｅｂｅｎされる対象概念規定としては、したがって＜運動＞である。絶えまなく存在は自己内の無による自己否定（収束）作用として更新・保持されるとともに、また絶えまなく無は自己内の存在に依存しつつ移行処理され、いずれの処理もともに単一の運動現象として自己統一されることに於いて機能するからである。一意の存在は、それ自体に内在される一対一対応の一意の無に帰せられることを以って否定・収束されることにより、当該の時空間的モメントとしての新規の一意の存在へと移行される。他方また、一意の無は、それ自体の内在される一対一対応の一意の存在の否定（収束）作用として成立するため、当該の一意の存在が否定・収束されることにより、当該の一意の無そのもの自体の自己否定（収束）作用として収束・零化せしめられるとともに、更新後の一意の存在に内在される自己否定（収束）作用として新規に成立する。ここでの零化とはされば、エナジー値の放出／収束により零という基準値に再還元されることを意味している。なべて一意の存在は、その個体概念としての特殊性の如何に拘わらず、もとよりそれ自体として内在する一意の無により成立せしめられており、且つ当該の一意の無に帰せられることにより新規の存在として更新されることから、無はつねに自己自身を内在される一意の存在の力動概念であるとともに、存在はつねに自己否定（収束）作用として内在する一意の無の体現態様でもある。とりもなおさず、その一意である存在と無との反定立しあう交互作用そのものが、当該の時空間的モメントとしての運動規定を形成しうる。そしてまた、その一意の運動現象にあって、当該の一意の存

在と無とは相互否定関係を維持しつつも、相互否定しあう対象を自己自身の成立根拠として相互依存しあうとともに、相互間に自己自身を帰せしめることにより、当該の時空間的モメントとしての更新・移行作用を実行するため、かかる一意である存在と無による止揚（揚棄）態様が、一意である運動規定として成立することになるのである。但し、当該の無は飽くまで当該の存在の自己内作用として成立する以上、無それ自体が更新且つ移行されゆく主語として存在するのではなく、現象学的に顕在化されている表象の内実が存在の態様レベルにあることも、また自明ではあるとはいえ。

　＜存在と無＞以前に例示される、相互矛盾概念を弁証系プロセスの展開上における客観概念とせざるを得ないことは、とりわけ存在態様の認識レベルにのみ限定されていることではなく、なべて弁証系プロセスにおける全Triadeを通じて共通の法則をなしている。未だ１００％の確実性を具備する真理：恒真式を導出しえない、追考処理の実行途上にあっては、相互間に論理的否定しあう対象的知覚の規定性が等値の確実性を以ってともに定立されていなければならないから、弁証運動上の対象的知覚としては、第一次悟性機能により理性機能上の論理的形式化されている命題（論理式）が二律背反：Antinomieの関係式にあることが必須であるに等しく、理性機能による概念的追考処理にあって相互矛盾の状態関数を成立せしめることとても不可欠である。尤も、命題（論理式）上の二律背反：Antinomieとしては、最終工程の絶対的真理としては論理的矛盾性が容認されない以上、命題（論理式）における論理学的シンタックス上の相互否定関係をも伴うため、一方の命題（論理式）が＜１：true＞である場合には他方のそれは必然的に＜０：false＞であることになるが、概念規定上の相互矛盾関係としては、理性上に定立及び反定立されているいずれの客観概念とても、各々が相対系を形成する現実態様をなす何程かの論理的規定態様に相当するため、そのようなテーゼ：Theseとアンチ

テーゼ：Ａｎｔｉｔｈｅｓｅの相互連関そのものが、つねに相対系自体の自己実現性を反映して成立するともいえる以上、当該の客観概念上のいずれか一方が＜０：ｆａｌｓｅ＞であることにはなりえない。

　もし仮に、弁証系プロセス上の個別の対象的知覚を構成する［命題（論理式）をなす成分としての］概念規定が、現実上に於いては相対系の時空間的モメントを体現しえない概念内容であるとするも、そのような仮想的概念が精神機構における理性機能上の論理的形式をなして成立してあることは客観的事実である。そのことはしたがって、最終的には当該の概念規定の妥当性が命題（論理式）上にて論理的否定されることになるにせよ、既にそれ以前の工程に於いて当該の概念規定に対する分析／統合作用の実行されることが、前提要件として必要であることには変わりない。命題（論理式）上における恒真式：Ｔａｕｔｏｌｏｇｉｅ化のための前提としては、されば寧ろ、当該の概念規定上における絶対的把捉が不可欠の要件であるためでもある。

　命題（論理式）上における論理的否定作用が、相互矛盾関係にある論理的否定対象の命題（論理式）の成立自体に対し絶対的に承認しえないに比し、概念規定上における論理的否定作用は、相互矛盾関係にある定立態様／反定立態様の相互の自己定立による相互間の論理的否定関係を構成しており、相互に論理的否定しあうこと自体を以って相互に論理的肯定しあう性質を具有していることから、当該の相互論理的否定の状態関数が相互間に自己回帰されるとともに、自己統一されることにより生成過程のＴｒｉａｄｅが形成されゆくことになる。存在（以前）と無（以前）という相互矛盾する定立態様及び反定立態様は各々、自己否定作用するＡｎｔｉｔｈｅｓｅそのものを自己存在のＴｈｅｓｅに内在しつつ、その自己矛盾し乍らも自己同一であるＡｎｔｉｔｈｅｓｅにより論理的否定作用し

あうTheseは更新せられ、必然的にTheseに依存するAntitheseとても更新されることで、存在（以前）と無（以前）の関係式から存在／無の本質規定が顕在化されるとともに、存在の態様より無の態様へ、且つ無の態様より存在の態様へと、定立態様及び反定立態様をなす相互のうちへと相互の態様を止揚（揚棄）されることにより、運動という概念規定に自己統一されるSyntheseへと移行・展開されることになる。存在の本質規定をなす当該の無による更新と、無の本質規定をなす当該の存在との自己同一性は、相互間の自己矛盾関係の進行する極限値を以って双方に内在される矛盾概念が顕在化されるため、存在と無との反定立しあう交互作用を可能ならしめる運動という概念規定に自己統一されるのではある。もとよりそのことは、相対系をなすあらゆる存在、及び一対一対応する無はともに、しかる相互否定（収束）作用による自己運動・変化としてのみ成立しうる所以でもある。

　存在の態様と無の態様は、理性機能によりしかる概念規定に対しアクセス作用する弁証系プロセスの一認識レベルであり、それぞれに定立態様もしくは反定立態様を構成するが、両者はもとよりその成立自体に於いて相互矛盾関係にある自己同一性をなすから、追考処理の進捗時点によりいずれの態様が理性機能のフロントエンド（定立態様）、もしくはバックエンド（反定立態様）として展開されているかはともかく、時分割処理TSS：Timesharing systemには依存しない同期処理を以って定立／反定立的弁証が遂行される。それが単なる時分割処理ではないことは、双方の概念規定の態様が特殊時空間を構成する時空間的モメントとして自己同一であることから、一方の概念規定の態様には他方の概念規定の態様が必然的に示唆されるため、双方の概念規定による相互論理的否定作用及び自己統一処理が同時性のうちに処理されることに基づくところである。如上のことは無論、実際上に追考対象とされる概念規定、及び当該の認識レベルの如何によっては左右されない。

第Ⅱ節 客観的精神現象

ⅰ＞認識レベル：存在論

　前節にみる客観概念は、ＣＮＳ上の精神機構における理性機能による弁証系プロセスの、認識レベルの工程毎に移行する概念的把捉の態様を論述しているが、これに対し客観的精神現象は、しかる弁証系プロセス上の客観概念における概念的把捉に対応する、ＣＮＳ上の精神機構における理性機能の運動態様、及び当該の認識レベルの工程毎に遷移する学術的レベルを示唆するものである。換言するに、運動自我による対象的知覚をなす命題（論理式）に対して、しかる弁証系プロセスの追考作用上の端緒をなす客観概念と、弁証系プロセス上の当該の認識レベルにおける客観的精神現象が同期して相互対応しあうことよりして、当該の認識レベルをなす客観的精神現象の学術的追考のＰｈａｓｅとしては、存在論的レベルの態様をなしている。当該の客観概念の態様が、存在の原理論の研究に対応する＜存在と無＞以前の弁証系レベルに相当するからである。

　客観的精神現象は弁証系プロセスの認識レベルの工程毎に移行する、客観概念の追考主体をなす理性機能の態様を示唆するため、それが対象的知覚である命題（論理式）に対して追考作用をなす役割は、そのまま認識レベルの工程毎の何程かの学術的立場にも通じている。何となれば、一切の学乃至理論は、その分類上における相互間の無限因果的連関と理論的相異に拘わらず、ＣＮＳ上の客観的精神現象による理性的追考運動の成果としてのみ成立しうる以上、客観的精神現象の弁証系プロセス上における当該の認識レベルをその工程毎に反映された本質規定と公理体系を装備することになるし、また客観的精神現象の必当然的に推移しゆく弁証運動上の系譜に対応して、当該の認識レベルにおける学乃至理論としての本質規定と

公理体系とても遷移しゆくことになるためである。

　ＣＮＳにおける理性機能の状態関数、即ち当該の弁証系プロセスの認識レベルに位置付けられる客観的精神現象の運動規定、それにより必然的に導出される論理的成果の体系が当該の学乃至理論を形成する。弁証系プロセスにおける端緒をなす認識レベルの初期Ｔｒｉａｄｅの、定立（テーゼ：Ｔｈｅｓｅ）レベルに相当する客観概念は存在（以前）であり、当該の工程処理と同期して構成されるＣＮＳ上の運動態様である客観的精神現象は、客観概念上の即自的態様をなす存在（以前）の概念規定に対応する客観的認識の状態関数にあるから、当該の客観的認識処理により導出される論理的成果が同認識レベルにあって体系化されることを以って、存在論としての学乃至理論の体系が構築される。存在（以前）としての端緒の規定性をなす実測値はその純粋の存在規定により生起せられるが、かかる存在（以前）の概念規定を学術的根拠とする理論が存在論であるからである。しかし、客観的精神現象によるその認識レベルは弁証系プロセスの実行途上にある、即ち弁証系プロセスの最終工程まで未だ経過していない以上、当該の［客観的］認識レベルにて成立する学術上に期待しうる妥当性及び真理値は、爾後の弁証系プロセスに於いて論理的否定される可能性を持続しているため、飽くまで相対的である確率論の域に出ない。その逆に、絶対的である確実性とは、正常の追考処理における、より高次の工程により論理的否定される可能性のない［客観的］認識レベルに成立するためである。

　存在（以前）態様の［客観的］認識レベルにある客観概念に対し、つねに同期して対応するＣＮＳの運動態様である客観的精神現象は、存在（以前）態様における概念的把捉を体系的に展開しうる理性作用のグレードにあることになる。当該の論理系上の工程に相当する理性作用のグレードにあって、当該の概念的把捉を体系的に構築することが学術的体系化の作業に他ならないから、存在（以前）

314　　第Ⅱ節　客観的精神現象

態様の［客観的］認識レベルにある客観的精神現象を以って構築されうる学乃至理論の体系は、如上の論拠よりして、存在論のそれである。

過去の学術史における存在論に関する学説上の論争に拘わらず、存在論は弁証系プロセスにおける当該の認識レベルにあって成立する学術的体系を形成し、且つ当該の認識レベルにおける客観的精神現象により推進される。かかる認識レベルをなす存在論により論究されうる対象としては、個別の存在主体の性質に対応して、論理的存在・数理的存在・物理的存在・社会的存在・人格的存在等に区分される領域的存在ではないし、また更にその領域内部における可能的存在・現実的存在・必然的存在・偶然的存在等に区分される様相の問題でもない。それらはいずれも存在自体という端緒をなす概念規定に比して、より第二次的もしくは高次的である認識の対象となるからではある。

存在という概念規定はまた、真実の存在としての絶対的存在と仮象の存在としての相対的・可変的存在に弁別されることもあるが、かかる絶対的存在の定義に関しては学説上の論争があり、たとえばスコラ哲学では、神をその本質的存在により現存する唯一の絶対的・必然的存在主体とし、それ以外の存在主体はこの絶対的存在に依存することによってのみ被造的に存在すると主張されている。その他にもまた、アリストテレス的第一哲学の存在論では、存在主体の一般に関して認識することを目的とする普遍的形而上学と、神・霊魂・宇宙を各々研究領域として対象とする神学・精神論・宇宙論という特殊形而上学に区分されている。別章に於いても論証される通り、もとより相対系における無限の相互連動機構上に於いては、有限且つ相対的・可変的である存在の相互作用が前提されている以上、完全・完璧・全能等の概念規定、及び絶対的存在が相対系の構成素子をなす客観的事実として実在することがありえないため、このよう

な完全・完璧・全能・絶対的存在などは主観作用による仮象の概念規定としてのみあることにもなる。アリストテレスによる普遍的存在論に相当するものは、またフッサール：Ｅｄｍｕｎｄ＿Ｈｕｓｓｅｒｌに於いては、超領域的である対象（存在主体）一般の本質的法則性を主題とする形式的存在論として、それぞれの実質的本質を内在する種々の領域的存在論に対比せしめられるが、しかる形式的存在論は広義の論理学に一致するとも考えられている。その存在もしくは存在主体一般の超領域的である普遍性が形式化される傾向に対し、存在現象の現象学的・記述的分析からの研究を主張するハルトマン：Ｎｉｃｏｌａｉ＿Ｈａｒｔｍａｎｎの批判的存在論があるが、普遍的存在論の形式化の欠点は存在自体の現象学的実質を歪曲することよりも、寧ろ世界内的である形式・質料関係に定位することで、存在主体一般に対する存在の個有の超越性を水平化することにあるとされている。ここでの超越とは、存在主体から存在自体への現象学的還元を意味しているが、もとより存在主体の個有性と存在自体の概念規定が明確に弁別される必要性あるも、存在自体の概念規定とても相対的・可変的である特殊性・独立性を具有することをも認識しなければならない。

　而してまた、存在という概念規定は、客観的存在と主観的存在にも弁別されており、且つ存在根拠と認識根拠の見地から存在は実体（実在）と本質規定にも弁別されるとともに、現実的存在と可能的存在という峻別とも同視されている。存在は存在することの作用とも峻別されるところであるが、そのような原則は客観的存在についてのみ妥当するとともに、主観的存在についてはしかる存在することの作用としても把捉されている。そのような関連事項に於いて、ヘーゲル：Ｇｅｏｒｇ＿Ｗｉｌｈｅｌｍ＿Ｆｒｉｅｄｒｉｃｈ＿Ｈｅｇｅｌが絶対的存在の絶対性を絶対的否定性として意識しており、これに反し存在を無規定的直接態様として規定している他方に於いては、唯物論上では存在が意識を規定するものとして論じられ

てもいる。存在様式としてはまた、個体的存在・種的存在・類的存在等にも区分されているが、たとえば、中世哲学における実念論と唯名論による所謂普遍論争等も展開されているのであり、また価値論的見地からは存在と価値の弁別についても試みられている。しかし乍ら、このような存在の本質規定に関する種々の特殊化についても、やはり存在自体の概念規定に比して、より第二次的もしくは高次的である認識の対象としてあるため、本節における純粋の存在把捉の問題とは弁証系プロセス上の認識レベルを異にしていよう。更にはまた、存在自体の概念規定とは対立的意義に於いて理解されている、生成・作用・仮象・現象・価値・認識等の問題に関しても、それら自体が存在するという前提要件を含意していることから、一般には存在論と対比される認識論とても、その主題をなす認識関係そのものが或る種の存在関係であるに相違ないともいえる。

　存在論に於いては、存在自体の概念規定を研究対象とすることが基本理念であるが、それに当たり、存在自体と存在主体（現象）、及び存在認識という概念上の分類及び把捉が主要課題とはなる。個別の存在主体、即ち存在に分与されることにより存在するものの有限存在と、本来的に存在するものとの弁別がなされていて、存在：Ｓｅｉｎは絶対的存在主体と同視されてきてはいるが、たとえばまた、ヤスパース：Ｋａｒｌ＿Ｊａｓｐｅｒｓの形而上学ではこのような同視がみられる。かかる弁別を原理論的に遂行することで、存在主体を全面的に超越する存在自体の意義を問題とするのは、ハイデガー：Ｍａｒｔｉｎ＿Ｈｅｉｄｅｇｇｅｒの基礎的存在論であり、またサルトル：Ｊｅａｎ＿Ｐａｕｌ＿Ｓａｒｔｒｅの存在論に於いては、即自存在である物理的存在と対自存在である意識的存在が弁別されている。しかし前述の通り、もとより絶対的存在主体の客観的実在性については成立しえないところではあるが、有限且つ相対的・可変的である存在自体の規定性は、時空間的モメントの態様としてのみ体現されうることよりして、相対系自体の体現される態様

とその内実に於いて同義をなすところであり、されば個別の存在主体は、無限小の時間長をなす瞬間毎に更新される時空間的モメントの現象態様と同義であるため、存在認識はまた精神機構という或る種の存在主体の機能態様としてあることにもなる。

　存在主体は、客観的事実の全体系としての相対系を体現する各々の時空間的モメントをなす現存在であるから、論理的存在・数理的存在・物理的存在・社会的存在・人格的存在等に区分される領域的存在として規定され、また更にその領域内部における可能的存在・現実的存在・必然的存在・偶然的存在等に区分される様相に関する、領域的存在論上の問題をも包摂している。というのも、存在主体、或いは存在現象という概念規定が、存在自体をなす本質的属性そのものよりも、その本質的属性が特殊時空間上に体現される存在規定の実例としての内実を具有するからであり、且つそのことがそれぞれの存在規定の実例に特殊化された、存在そのものに比して第二次的もしくは高次的である態様フラグを具有するからである。そのことは、存在主体、或いは存在現象をなすものとしては、それに対する精神機能による悟性的認識上の対象的知覚、及び認識自体の存立が、客観性をなす実体（実在）の性質と一致する場合と、一致しない場合との両方のパターンを包摂するものといえる。前者のパターンに於いては、相対系における特殊時空間的モメントとして実在する存在規定の実例が、それ自体として、また精確に認識されているＣＮＳにおける対象的知覚として成立する場合である。他方また、後者のパターンに於いては、相対系における特殊時空間的モメントとして実在する存在規定の実例が、精確には認識されていない状態関数にあるＣＮＳにおける対象的知覚として存立している場合であり、直接乃至端的には誤謬命題（論理式）を示唆する。もしくは、相対系における特殊時空間的モメントとしては実在しえない架空の概念規定が、精神機能上におけるいずれかのプロセス展開に於いては、内的構想力により精神現象上における対象的知覚としてのみ出

力せられ、存立している場合であり、その実サンプルとしては、幻覚・幻聴等の生理的現象の存立、もしくは神・超人・不滅の霊魂等の架空の概念規定を示唆する。したがってこのことは、客観的事実としての存在現象は精神現象上の存在認識を前提しえないとともに、精神現象上の存在認識が客観的事実としての存在現象の成立根拠ではありえないことよりして、かかる客観的存在と認識的存在は相互間に動因とされることなく稼働されることを意味してもいる。

　そのことの論拠としては、幻覚・幻聴等の生理的現象上の対象的知覚をなす情報内容そのものが実在せずとも、それを脳内Ｍｅｍｏｒｙに出力せしめる生理的機能及び現象は実在しているのであり、また神・超人・不滅の霊魂等の概念規定の内実をなすものが実在せずとも、それを脳内Ｍｅｍｏｒｙに出力せしめるＣＮＳの論理系処理上の不具合または誤動作、及びその帰結現象としてのかかる架空の概念規定は［飽くまで精神内的事象としては］実在しうることに基づく。このような現象・態様は、したがって、相対系の時空間的モメントを構成する実体（実在）の性質としては、大脳生理上の刺激及び認識の対象となる存在現象と、大脳生理により形成される対象的知覚である存在認識が、現存在の体現態様としては相互間に異にするものとして存立することを意味している。大脳生理上の認識プロセスを媒介することにより、その刺激及び認識の対象となる存在現象が客観上に成立するわけではないためでもあるが、もとより当該の認識プロセスが、精神機構が相対系自体と自己同化することにより自己自身に帰せられるための運動・変化であるから、当該の認識プロセスが正常終了することにより、相対系自体に妥当する存在概念が対象的知覚である存在認識に帰せられることにもなる。精神内的処理である認識プロセスの対象となる存在現象が、当該の認識プロセスにより客観上に成立せしめられるわけではないが、いかなる存在現象とても認識プロセスを媒介することなくしては、その存在の可否そのものが立証されることはない。もとより立証する、

即ち１００％確実の真理：恒真式を生成するという作業内容が、精神内的処理である理性機能によってのみ実行可能であるからではある。而してまた、そのような認識プロセスが正否いずれの帰結情報を得ようとも、しかる真理：恒真式もしくは誤謬命題（論理式）それ自体のいずれもが、同等に或る客観上の存在現象としては成立しうることにもなる。それらのいずれもが、特殊時空間上における事例として実在する精神内的処理による成果をなすためであり、したがって、その成果を導出せしめる精神機能とても実在する存在現象であるということは、また自明ではあろう。

　このことはつまり、いかなる存在現象も、またいかなる存在認識も、当該の特殊時空間を体現する存在の規定性としてあることを通じて、ともに止揚（揚棄）作用を通じて肯定即否定／否定即肯定されていることを意味する。すべて実在する存在主体（現象）は、精神内的処理による存在認識により把捉されることを前提することなく成立するが、存在認識を媒介せずして精神内的には成立しうることなくして、その他方に於いては、しかる存在認識とても、当該の認識上の知覚対象となる存在主体（現象）が実在することを前提するのではなく、［精神機能の自発的に自己内生成されうる刺激情報による存在認識自体としても］実在しうる以上、存在主体（現象）と存在認識はその成立態様に自己矛盾を内在しつつも、ともに存在概念を自ら体現している本質規定に於いて相等しいためである。

　そして、そのような概念規定を構成する存在（以前）が、存在論の相当する弁証系レベルに於いて展開せらるべき主題ではある。

ⅱ＞認識レベル：記号論

　弁証系プロセスにおける存在論に相当する認識レベルでは、それ
ぞれの存在主体（現象）毎に特殊化されている諸属性ではなく、前
述の通り、存在（以前）そのものの概念規定に対する客観的把捉処
理の展開、及びその理論的体系化を旨とするが、そのことは存在概
念に対する即自的アプローチによるところである。然るにまた、あ
らゆる存在及びその体現態様は、各々のそのもの自体ではないとこ
ろの存在主体である他在との相互連動により成立する以上、即自的
アプローチに対しては矛盾関係にある理性作用をなす対他的アプ
ローチ、乃至対自的アプローチが不可欠とはなる。

　純粋の自己存在の知覚から、自己自身ならぬ他在との関係性とし
てある自己存在の対他的且つ対自的認識への移行は、客観的精神現
象における系譜としては、存在論より記号論への学術的レベルの移
行として成立する。何となれば、存在自体の概念規定を研究対象と
する存在論に対し、当該の存在自体ではないところの相異関係にあ
る存在主体すべて、即ち当該の他在との関係性として成立しうる対
他的認識は、未だ認識対象のいかなる属性をも前提されない記号論
的レベルに於いて可能となるためである。記号論上の本質規定は、
対他的相互アクセスという対自己運動の原理的解明にあることか
ら、その具現されうる事例のアクセス主体が人間存在であるか否か、
それ以外の動植物その他いずれかのカテゴリーに所属する存在主体
であるか否か、もしくはその具現されうるアクセス手段が明確であ
る言語パターンを具有しているか否か、超音波その他いずれかの周
波数帯における媒体を介在するか否か等という、より存在乃至存在
主体の特殊性に対し各論的である問題には直接連関しない。それ以
前のより根源的にして単純といえる存在レベルの相関性に、対他的
且つ対自的相互アクセス自体の原理論を問うことの目的があるため
である。

ここでの記号とは、任意にして一意の存在主体とそれ以外の存在主体との関係変数を成立せしめる、運動作用の力動概念をなす媒体を例外なく包摂する概念規定をなす。かるが故に、相互間の言語及びその他特定の周波数帯における通信メディアのみを示唆するのではなく、したがってしかる存在主体もまた、人間存在や多様に分化した動植物、有機物質／無機物質等の特定の規定性のみには限定されえない。かかる論拠よりして、そも記号論そのものが実存哲学的である視点に基づく理論的立場にはないにせよ、その原理論的解釈に於いては、存在と他在との関係性、延いては存在と無との関係性を解明する関係理論として認識レベルに成立することを考察することは、その帰結上に於いては妥当性を具有している。あらゆる存在は当該の他在相互との対他的関係に於いてのみ、自己否定（収束）運動としての対自的態様をなす無の作用原理を可能ならしめる以上、未だ特殊化されえない存在と他在との関係理論である記号論は、無に関する原理論としてもあるからである。

　記号論とは記号に関する学乃至理論であるが、ここでの記号の意義としては、存在主体の或る行動科の反応連鎖をなさしめる、対他的である刺激情報をなす力動概念を示唆している。記号の代用刺激説に対するモリス：Ｃｈａｒｌｅｓ＿Ｗｉｌｌｉａｍ＿Ｍｏｒｒｉｓの修正定義では、仮に或るものＡが、或る行動科の反応連鎖をなしうる刺激対象がないにも拘わらず、或る生物体に或る条件下に於いて、この行動科の反応連鎖により反応しようとする志向を生起せしめる準備刺激となるならば、そのときＡは記号であるとしている。パヴロフ：Ｉｖａｎ＿Ｐｅｔｒｏｖｉｃｈ＿Ｐａｖｌｏｖの条件反射の実験を例示するならば、食物の刺激により食物という目的対象を欲求して、当該の場所へと移動したり、唾液を排出したりする目的追求行動の反応連鎖を生起する場合、その刺激は無条件刺激、またその反応は無条件反射であり、両者間の連動原理は生体内に先天的に具備されていることになる。これに対し、食物を与える前にブザー

音を鳴らすことを反復し、ブザー音の刺激により食物の目的追求行動を誘発するよう訓練された犬にとって、そのブザー音は条件刺激、またその反応は条件反射であり、両者間の連動原理は後天的学習により獲得されたものである。かかる場合、モリスの定義によるならば、食物という刺激対象がないのに、目的追求行動により反応しようとする志向を生起せしめる準備刺激となっているため、ブザー音は犬という解釈者にとっての記号であることとなる。ここで反応志向とは、仮に或る条件が加わる場合には反応が生起するような生物体の状態関数であり、また反応とは刺激により誘発される筋肉と腺の活動をいうが、広義には反作用とも称せられており、刺激によりしかる反応を生起するに到らない場合も含まれる。さればまた、ブザー音により食物を欲求する目的追求行動の反応連鎖が発生しなければ、ブザー音は食物の代用刺激ではなく、記号としてはみなされないが、それにも拘わらず、しかる反応をしようとする志向が反作用として生体内に生起され、食物を欲求する反応の準備刺激となっている場合には、ブザー音は記号となる。尚また、記号にはシンボル：Ｓｙｍｂｏｌとシグナル：Ｓｉｇｎａｌとの弁別があるが、解釈者が提出し、それと同義の他の記号の代用として作用しうる記号がシンボルと、またそれ以外のすべての記号がシグナルと称せられる。前例に於いては、解釈者である犬にとっての記号：ブザー音はシグナルであるが、解釈者である人間にとっての記号：食物はシンボルであるともいえよう。

　如上にみる通り、記号論の研究対象となる記号の概念規定としては、記号論理学や記号言語等にて使用される記号の意義とは相異なり、人間の文化的所産である言語のみならず、それ以外の生物体にも等しく認定される単純にして根源的である対他的通信の機能系統である。記号現象は生物体の活動、とりわけ精神機構上の活動に相互連関するため、記号論上の基礎理論として心理学上の理論展開は不可欠であるが、人間以外の生物体にも等しく認定される記号現象

の心理学的研究のためには、内観心理学より発展した行動主義を基礎とする必要性とてもある。然るに、相対系を体現する時空間的モメントとしての存在乃至存在主体は、必ずしも生物体という範疇のみに限定されるところではない以上、本来に於いて記号論が研究対象とするカテゴリーは非生物体をも包摂し、その種別・類型や属性には限定されない全存在乃至全存在主体でなければならないはずではある。

　記号論理学及び数学が言語理論の一部門であるメタ理論：Ｍｅｔａ－ｔｈｅｏｒｙとして基礎付けられるが、学乃至理論上に厳密に取り扱われる論理学はメタ論理学：Ｍｅｔａ－ｌｏｇｉｃと称せられる。メタ論理学という数学理論に定式化される言語の論理的分析に限定される分析哲学は、理論的に限定的であるのみならず基礎付けとしても十全ではなかったが、言語の論理的分析とは峻別される経験的分析をも含め、更にはモリス：Ｃｈａｒｌｅｓ＿Ｗｉｌｌｉａｍ＿Ｍｏｒｒｉｓにより、言語以上に基礎的である記号レベルにまで分析及び一般化が推進されている。記号論の構成は大分類として、構文論・意味論・語用論という部門からなる体系化が図られている。存在主体とそれ以外の存在主体との関係性の媒体である、記号自体の解釈を度外視したうえ、記号の異同・記号の種類の異同・記号の配列順序のような形式的構造論を対象とする構文論に対し、意味論では記号自体の解釈、つまり記号とそれが指示する対象との間の指示関係における法則に関して論究されている。また、語用論では、かかる存在上の関係媒体である記号と、記号を成立せしめる存在主体との内在的関係が研究対象とされるところである。また、心理学や社会科学の対象領域に行動科学への傾斜がみられ、行動主義的である記号論とてもしかる行動科学の影響下に置かれているが、逆に行動科学的である言語・コミュニケーションの理論である情報科学分科の成立に記号論が先験的役割を果たしてもいる。情報理論・コミュニケーション理論・数理言語学等の情報科学と、記号

論分析哲学との学術的連関を通じて、意味情報理論・芸術情報理論等への派生もみられる。しかし乍ら、いずれにせよ少なくともここでは、それら記号論を構成する各論における詳細のパターンを論じることが目的ではない。もとより記号論自体の性質よりして、対他的態様をなす媒体としての記号の形式的構造にせよ、その記号の具象的である変換対象をなす関係・法則にせよ、またその具象性をなす作用媒体としての記号と存在主体との関係性にせよ、特殊時空間上の具象であるところの記号及び存在主体を論究しうる理論として十全ではないことが共通の論点である以上、しかる具象的パターンのディテールを展開するには無理があり、且つ意義をなさないためでもある。

　本節における問題は、すべて任意にして一意の存在主体とその他在との間の関係理論である記号論が、それぞれの存在に一対一対応する無の理論でもあることにある。あらゆる存在における当該の他在との関係性の構造には、各々の存在相互を連動せしめる幾らかの方式乃至法則性が存立しているが、そのうち最も単純といえる関係方式としては相異関係が挙げられる。いかなる存在主体も特殊時空間上の実測値に対応する一意性を具有する以上、同一の特殊時空間に相当する複数の存在が成立することはありえないから、いかなる存在主体と雖もそれ以外のいかなる存在主体からも相異していることになる。それは存在相互間に於いては、同一の存在ではないことの相互連関を形成するのみであるが、そのような相異関係にある他在のカテゴリーの集合内にも、当該の存在における本質的属性とは反対方向のヴェクトルを具有する他在との関係式、即ち対立関係が成立することがありうる。したがって、かかる対立関係は、或る特定の存在主体とは反対の内実をなす本質的属性を具有する特定の他在との関係作用であるから、一意の個体間にのみ特殊化されていることにより普遍妥当しえない関係式ではある。然るにまた、存在すること、そのもの自体として成立するということは、最終的には他

のいずれかの特定の他在と相互対立しあうことによってではなく、当該の存在主体それ自体ではないこと、即ち自己自身ではない他在として存在することに対する否定（収束）作用として構成される現象であるといえる。自己自身であることに対する否定（収束）作用は、自己自身ではない一切の他在によって統合化されたエナジー値によることから、自己自身であることによる否定（収束）作用の対象は、個体概念として特殊化されうるいかなる特定の他在でもありえず、飽くまで一般概念としての無限性をなす他在でしかない。そして、一切の他在相互による統合化エナジーの否定（収束）作用により、その存在主体は当該の存在の状態関数ではない瞬間値、即ち当該の存在の状態関数に対する当該の無の状態関数に移行せしめられる。自己自身のその存在規定が否定・収束されることは、当該の存在規定を形成する瞬間が当該の無へと帰せしめられる瞬間であるからである。したがってまた、無の示唆するところの概念規定とは、普遍的である一般時空間を包摂したり、或いは絶対的といえる確度を具有する虚無性を意味するところではないし、況んや物理化学上の真空状態等を意図してもいない。もとより、一意の存在を否定・収束せしめる他在は一意のカテゴリーを保有し、それによる一意の存在に対する否定・収束は一意の無でしかないからであり、かかる存在と無との相互連動により相対系の移行が成立するのであって、相対系自体が例外のない普遍性を具有する全体概念である以上、相対系自体に対する無の作用が成立することはありえないためでもある。また、物理化学上の真空状態とは、それ自体を以って現代の物理学の解析性能の限界を示唆する定義付けにすぎず、あらゆる特殊時空間は相対系の時空間的モメントとしてあるため、そのような学術的定義としての真空状態とても絶対的である無の状態関数の意義ではありえないからでもある。

　かくて存在の対他作用を論究する記号論は、無の作用を研究対象とすることから、その研究分科をなす構文論では無の作用法則が、

また意味論では相対系における無の役割について、更には語用論では存在主体と無との関係性が、それぞれの理論上の研究領域となされるはずではある。そしてまた、このように一切の他在との関係性に於いては対他的規定性をなす記号論であるが、しかる他在との関係性が、一切の他在を構成する各々の存在相互による統合化エナジー値との相互矛盾にあっては、自己自身の存在規定に対する否定（収束）作用を通じて、自己自身の新規の存在規定へと帰結せしめられる対自作用が実行されていることにもなるのである。全他在に対しての対他作用による存在規定に対する否定（収束）作用が、そのまま当該の存在規定を更新せしめる対自作用として自己回帰される所以でもある。

iii ＞認識レベル：数学基礎論

　存在論に於いては、客観作用による認識上の証明や主観作用による観念上の表象の問題を排して、といわんより寧ろそのことに拘泥するより以前の認識レベルに於いて、存在すること／存在しないこと本来の単純且つ純粋の把捉を問題とする。それゆえに、或る存在主体が有機質もしくは無機質であるという化学的組成や、またその所属する類や族などという分類学上の種別等には拘泥しえない。それに対し、記号論に於いては、存在は刺激情報と刺激情報に対する自己存在に分化されており、刺激対象としての存在とそれに対する自己存在の反応の法則性を追究する。それゆえに、当該の刺激情報の類型化や、存在主体が人間であるか動植物であるか、その他の宇宙領域内生命体であるか等のカテゴリー種別を限定することなく、あらゆる存在の相互間における関係性を空虚である記号に変換して考察する。

　存在論の成立する認識レベルに於いては、即自的態様としての存在の概念規定に対し追考するに対し、その他方にて記号論の成立する認識レベルに於いては、他在との対他的且つ対自的連関により存在の即自性を自己否定的に論究する。このため、客観的精神現象上における双方に対応する理論・学説とても、相互否定的である学術的立場にあるのであるが、然るに客観概念上に於いては、存在の規定性とそれに一対一対応する無の規定性は自己矛盾的運動として更新されるから、かかる存在の理論＜存在論＞と無の理論＜記号論＞とても学術上の自己矛盾関係が極限化されることにより自己統一され、存在と無との自己回帰における運動・作用を研究対象とする理論へと向自的態様として移行されよう。存在論と記号論は、相互の学術的スタンスのうちに、相互間に論理的否定作用しあう追考上の理性的ヴェクトルを内在化することにより、寧ろ相互の存在態様を更新しあうことで、より高次の学術的スタンスとして相互依存しあ

うとともに、相互回帰されることになる。

　そして、この客観的精神現象上の論理的階梯におけるより高次の学術的スタンスとは、＜運動＞の規定性に関する理論としての数学基礎論を示唆している。存在と他在、即ち存在自体のうちにおける一対一対応する無との相互移行作用は、存在そのものの自己更新運動としても成立し実行されるため、存在の規定性に関する理論と無の規定性に関するそれを止揚（揚棄）せしめる認識レベルは、運動の規定性に関する理論に移行しているが故である。一意の存在に対する他在全体は一意のカテゴリーを構成するとともに、また一意の存在に対する無とても普遍性を具有しない一意の無としてある以上、かかる一意の無は必然的に、やはり一意のカテゴリーを形成する他在全体の統合化エナジーによる否定（収束）作用に帰因するところの、存在そのものの自己作用であるともいえる。

　数学の依って立つ基礎をなす根拠に対し反省し明確化しようとする理論である数学基礎論が、運動現象に関する基礎的解明を目的とする学乃至理論であることにも論拠がある。というのも、数という実体（実在）としての規定性のない現象学的である仮設的単位を前提として、その集合の概念規定を解析学的立場から論究することにより、集合概念上に成立する有限値より無限値への論理的移行を研究対象とせざるを得なくなるためであり、且つしかる有限値と無限値との移行こそが運動現象の基礎的原理をなすものとされるためである。そこにしも、数学基礎論が数学理論上の論理的根拠を、集合論的分析により追究せんとする所以とてもあるといえよう。

　デデキント：Ｊｕｌｉｕｓ＿Ｗｉｌｈｅｌｍ＿Ｒｉｃｈａｒｄ＿Ｄｅｄｅｋｉｎｄによる自然数の概念規定の論理的解明も集合概念によるところであり、またカントール：Ｇｅｏｒｇ＿Ｃａｎｔｏｒが集合自体を研究対象とし、無限という概念規定の内容にも多数の

段階が存立すること指摘しており、数学上に現出する無限の根拠が集合論に包括されるところとなっている。数学の基礎となる自然数概念を定義するに当たり、論理的思考の対象たりうる一切の物質の全体系という無限集合の概念規定を導入してはいるが、集合論的パラドックスによる論理的矛盾が顕在化されることで、無限概念の根拠付けと数学理論上の取り扱いに関する方法論の問題が、数学基礎論の課題として提起されるところとなってきている。公理的手法により集合論的である推論方法に或る種の制約を加えることにより、それまでの既知の集合論的パラドックスを排除するとともに、種々の数学理論を内的に包括せしめることには成功しているものの、原理的に基礎付けるためには理論的根拠が不明確であるとされてもいる。いずれにせよ、本来に於いて、集合論ではその下位集合と構成要素（元）を明示的に規定しうることが必須である以上、あらゆる集合の概念規定は有限のカテゴリー範囲を内包することが可能となるとともに、無限という全体概念を下位集合もしくは構成要素（元）とする上位集合が成立しえないため、一切の物質の全体系等という明示的に規定しえない無限概念を下位集合もしくは構成要素（元）として内包する集合概念は、それ自体が客観性を具有する概念規定として成立しえないことも自明ではある。

而してまた、もとより実体（実在）としての規定性のない数の概念規定とは、実体（実在）の全体系である相対系における諸事象を演算処理により把捉する目的よりして、精神内的作用により形式論理学（記号論理学・述語論理学）的仮定として設定された精神内的単位でしかない。したがって、数そのものにて相対系自体を反映する実体（実在）としての属性を具有しないが、寧ろかるが故に、数学本来の存立基盤に反映される論理的根拠を追究する数学基礎論は、直接乃至端的には数学的経験論と数学的先験論による相互矛盾を内在することにもなる。数学的経験論とは、数学を構成する概念規定及び公理、現実上に存在する特殊空間的関係や、物量の勘定と

計量の経験から抽象されることにより生成されてあることを主張する学説であるが、他方また、数学的先験論とは、発生的には直線・円・数等の概念規定とそれらの基本的関係を示す公理は経験に由来するものの、無欠の円形や直線状の物体や数値自体は客観上の経験界には存在せず、かかる概念規定及び公理は数量に関する経験を組織立てる論理的要求から思惟により形成されてあることを主張する学説である。かかる両学説間には、数学理論上におけるa＝posteriori及びa＝prioriの概念規定と、相対系自体に対する自覚作用との関係性を究明すべき論点があるせいでもある。

　もとより、数学基礎論が集合論を以って、数学上における論理的根拠を要請しているといえる。そのことは蓋し、相対系における種々の特殊時空間的モメントを内包する集合を、そのカテゴリーの種別や内包／外延関係に拘わらず、数学上の公理系と数学そのものが本来存立することの経験的裏付けとして把捉しようとするためである。数学理論を構成する概念規定や公理の成立する合理的根拠が、その経験作用上の相互因果的裏付け、即ち特殊時空間的モメントの機能現象として生起する相対系自体に関する理論に基づくものである、という学術的立場はそのまま数学的経験論のそれに他ならない。数値そのもの、完結した円形・三角形や直線等の図形は現実規定としての自然界に存立するわけではないが、ここで問題とせらるべきは、数学上の理論的根拠が相対系自体の運行プロセスに内在されていることにある。理論としての数学は、飽くまで精神機能による内的所産として形成されているにすぎないが、そのような精神機能そのものが相対系を構成する特殊時空間的モメントでもあり、また精神機能による内的所産とても特殊時空間的モメントの一としても成立している以上、数学理論の発生端緒は実在する精神機構により精神内的に形成される成果としてのみあることになる。そのことはとりもなおさず、数学自体の系統発生的原理論をなす数学的先験論の学術的立場に他ならない。かかる数学的経験論と数学的先験論との

相互連関は、即自的である論理的追考を展開しゆくほどに相互矛盾を助長せしめ、それにより数学的実在論と数学的唯名論との相互否定関係へと移行される。相互矛盾しあう双方の理論を同一の認識レベルにて発展させることは、必然的に相互間の論理的否定作用を顕在化せしめることになるからではある。

　然るに、相対系上における実体（実在）の性質を以って数学の理論的根拠として断定する数学的実在論と、しかる実体（実在）の性質の反映されることを否定しつつ、精神内的である思惟による数量や空間等の対象についての経験作用に基づく記述が数学の本質規定であるとする数学的唯名論は、ともに即自的である妥当性を具有し乍らも、そのいずれも理論として未成熟であり、学術的立場として十全とはいえない。客観的精神現象上のこのような認識レベルに相当する数学理論は、もとより運動・作用の諸原理を規定する理論でなければならないから、数学の成立根拠を究明する数学基礎論は、自然界における運動原理も精神現象における運動原理も、ともに相対系を構成する特殊時空間的モメントの運動原理として取り扱う必然性があるためではある。その意義に於いては、相互矛盾しあう双方の数学理論は、数学的主知主義にあってＡｕｆ－ｈｅｂｅｎされているはずである。数値そのもの、完結した円形・三角形や直線等の図形は現実規定としての自然界に存立するわけではない以上、それは精神内的である手続きにより形成された概念規定であるが、自然界における経験作用として生起する自然現象とは無関係の空想的産物ではゆめない。もとより数学自体が論理的方法論の体系でもあり、論理的方法論自体が精神内的である理性機能の客観作用を前提するが、そのような理性機能による運動ヴェクトルが自然界の物理化学的現象に対して機能するため、数値や幾何学的アイテムは自然現象における諸法則を究明するためのＴｏｏｌとなりうるのでもある。したがってまた、数学的主知主義における理論的アプローチは、自然界における経験的現象／精神内的である先験的態様の双方

に対する運動理論であることにもなる。

第一章　弁証系プロセス──Phase I

第Ⅲ節 主観観念

　超自我における主観性フィルターの構成する知覚態様をなす主観観念は、特殊時空間上の［客観的］実測値には拘束されない主観的産物ゆえにRandomの動作傾向を示す。（そのこと自体がまた客観的事象につき、当該の主観観念の特殊時空間上の［客観的］実測値を形成するのではあるが）但し、弁証系プロセスの遂行下にあっては、客観性フィルターの動向にCNSの注意能力が集中化されるため、主観観念の推移は客観概念の追考過程上のグレードにリアルタイムに呼応する。このことから、本節での認識レベルをなす客観概念が、存在（以前）／無（以前）の相互矛盾態様をなす概念規定に相当する以上、超自我における真理値以外の価値システムを反映する主観観念はまた、当該の段階にあって、存在（以前）／無（以前）の相互矛盾態様をなす概念規定に対応するイメージレベルにあることになる。したがって、客観概念の状態関数が、＜存在（以前）⇔無（以前）＞による相互否定（収束）作用から＜運動＞という概念規定へと移行されることに伴い、主観観念の知覚態様とても、当該同一の対象的知覚に対するイメージレベルの状態関数を、客観概念をなす認識レベルに呼応する変動系譜にて遷移せしめざるを得ない。

　しかし、相対系自体との同一性を表示する真理値以外の価値システムを反映する主観観念は、その知覚態様自体を相対系に符合せしめる必然性をなさないため、つねに相対的にしてRandomの可変性を具有している。また、主観観念が客観概念の状態関数の遷移過程に呼応しあうとはいえ、客観概念が未だ精確である概念規定をなしうる認識レベルの状態関数にはない以上、そして主観観念自体の移行パターンにはロジカル属性をなす通信経路を具有するわけではないので、超自我における主観性フィルター及びそこに相互連動

しあうエス＜イド＞の本能的欲求値が、当該の時点に於いて構成する状態関数に負うところが多い。したがって、このとき主観観念は未だ不確実であるＫｈａｏｓ状態の様相にあり、またそれは、＜存在（以前）⇔無（以前）＞による相互否定（収束）作用から移行される＜運動＞という事象、或いはその客観概念上の定義より得られる根拠不定のイマージュでしかない。

　また、主観観念はつねに、主観的精神現象の運動・作用に相互対応しつつ変化・動向する。もとより、主観観念は主観的精神現象の状態遷移により、主観的意識内容乃至対象として脳内形成されるイメージレベルであるからであり、且つ主観的精神現象の運動・作用は主観観念の内的イマージュの機能態様として収束されるからでもある。そのことと同様に、客観概念はつねに、客観的精神現象の運動・作用に相互対応しつつ変化・動向する。もとより、客観概念は客観的精神現象の追考過程上のグレードにより、客観的把捉態様乃至対象として脳内生成される認識レベルの状態関数をなすからであり、且つ客観的精神現象の運動・作用は客観概念の統覚作用として収束されるからでもある。客観作用と主観作用が相互間に呼応しあう以上、したがってまた、客観概念に主観観念が呼応して状態遷移するということは、同期しつつ客観的精神現象に主観的精神現象が呼応して運動・作用することと同義である。

第Ⅳ節　主観的精神現象

　超自我における主観性フィルターを展開する運動自我の態様をなす主観的精神現象は、特殊時空間上の［客観的］実測値には拘束されない主観作用の運動現象ゆえにＲａｎｄｏｍの動作傾向を示す。（そのこと自体がまた客観的事象につき、当該の主観的精神現象の特殊時空間上の［客観的］実測値を形成するのではあるが）但し、弁証系プロセスの遂行下にあっては、客観性フィルターの動向にＣＮＳの注意能力が集中化されるため、主観的精神現象の推移は客観的精神現象の追考過程上のグレードにリアルタイムに呼応する。このことから、本節での認識レベルをなす客観的精神現象が、存在論／記号論以降の反定立態様をなす学術上の弁証系レベルに相当する以上、超自我における真理値以外の価値システムを反映する主観的精神現象はまた、当該の段階にあって、存在論／記号論以降の反定立態様をなす学術的階層に対応する主観的アクセスレベルにあることになる。したがって、客観的精神現象の認識レベルが、＜存在論⇔記号論＞による学術上の相互矛盾関係から＜数学基礎論＞という理論的系譜へと移行されることに伴い、主観的精神現象の運動態様とても、当該同一の対象的知覚に対する主観的アクセスレベルの状態関数を、客観的精神現象をなす認識レベルに呼応する作用工程にて遷移せしめざるを得ない。

　しかし、相対系自体との同一性を表示する真理値以外の価値システムを反映する主観的精神現象は、その運動態様自体により相対系を主観観念に符合せしめる必然性をなさないため、つねに相対的・可変的にしてＲａｎｄｏｍの対応性向を具有している。また、主観的精神現象が客観的精神現象の認識レベルの推移過程に呼応しあうとはいえ、客観的精神現象が未だ精確である概念規定をなしうる認識レベルの状態関数にはない以上、そして主観的精神現象自体の移

行パターンにはロジカル属性をなす通信経路を具有するわけではないので、超自我における主観性フィルター及びそこに相互連動しあうエス＜イド＞の本能的欲求値が、当該の時点に於いて構成する状態関数に負うところが多い。したがって、このとき主観的精神現象は未だ不確実にして不安定である動作状況にあり、またそれは、＜存在論⇔記号論＞による学術上の相互矛盾関係から＜数学基礎論＞という理論的系譜をなす弁証系レベル、或いはその客観的精神現象にて具有される諸属性によっても影響される。

　また、主観的精神現象の運動・作用はつねに、主観観念の態様に相互対応しつつ移行される。もとより、主観的精神現象の運動・作用は主観観念の内的イマージュの機能態様として収束されるからであり、且つ主観観念は主観的精神現象の状態遷移により、主観的意識内容乃至対象として脳内形成されるイメージレベルであるからでもある。そのことと同様に、客観的精神現象の運動・作用はつねに、客観概念の態様に相互対応しつつ動向しゆく。もとより、客観的精神現象の運動・作用は客観概念の統覚作用として収束されるからであり、且つ客観概念は客観的精神現象の追考過程上のグレードにより、客観的把捉態様乃至対象として脳内生成される認識レベルの状態関数であるからでもある。客観作用と主観作用が相互間に呼応しあう以上、したがってまた、客観的精神現象に主観的精神現象が呼応して運動・作用するということは、同期しつつ客観概念に主観観念が呼応して状態遷移することと同義である。

第Ⅴ節 論理学的アクセス

　本節における追考上の認識レベルでは、当該の対象的知覚をなす相互否定命題（論理式）に対するアクセス遷移は、以下の通り移行される。

【意識上命題】　　　　【意識下命題】（仮定）

$$f(x) \times L^n \quad \Leftrightarrow \quad \sim f(x) \times L^n$$
$$\downarrow \qquad\qquad\qquad\qquad \downarrow$$
$$\sim f(x) \times L^{(n+1)} \quad \Leftrightarrow \quad f(x) \times L^{(n+1)}$$

　ＣＮＳの運動自我による理性作用の対象的知覚である相互否定命題（論理式）は、両命題（論理式）ともに同一の確度を以って主張されているため、定立的命題（論理式）である$f(x)$に対する弁証作用と、反定立的命題（論理式）である$\sim f(x)$に対する弁証作用はつねに同時に、且つ同期して遂行されてゆく。意識階層レイヤ上に於いて、いずれの命題（論理式）が意識上に顕在化されたアクセス対象であり、いずれの命題（論理式）が意識下に潜在化されたアクセス対象となっているかは、当該の現在時における各命題（論理式）に対する意識／下意識レベル交換の問題にすぎないため、所詮変遷するところではある。

　仮に、定立的命題（論理式）である$f(x)$に対する、客観概念上の存在［以前］／無［以前］による反定立態様にある弁証作用が、運動の概念規定という当該の認識レベルにおける限界点に到達したとき、つねに同時に追考アクセスしてきた客観的精神現象と主観的精神現象の、且つまた客観概念と主観観念の各々にアタッチするポイントは、定立的命題（論理式）である$f(x) \times L^n$より、無限小の瞬間を経過後の反定立的命題（論理式）である$\sim f(x) \times L^{(n+1)}$

に対する弁証作用に移行する。それと同時に、［潜在的に同期しつつ］追考アクセスしてきた、反定立的命題（論理式）である $\sim f(x) \times L^n$ より、無限小の瞬間を経過後の定立的命題（論理式）である $f(x) \times L^{(n+1)}$ に対する弁証作用に移行する。存在［以前］と無［以前］との規定性による相互否定関係から運動の規定性への Auf－heben により、当該の相互否定命題（論理式）に対する意識上の顕在的アクセスと意識下の潜在的アクセスが相互間に移行し入換ることは、弁証作用上の Triade が追考運動におけるポイント移行の作動単位であるからであり、そのためにジンテーゼとしての運動の概念規定が当該の認識レベルにおける限界点ともなるのである。存在［以前］／無［以前］による反定立態様の概念的統一されている運動という止揚（揚棄）態様を以って、定立的命題（論理式）及び反定立的命題（論理式）の各々に対する当該の認識レベルにおける限界点に到達することは、弁証作用の客体である対象的知覚自体ではなく主体である精神機能の問題であるため、必然的に CNS の客観作用と主観作用、即ち客観的精神現象と主観的精神現象、且つまた客観概念と主観観念のアタッチするポイントがそれぞれに交換せられ、このことにより $f(x)$ に対する（客観的／主観的）アクセスは $\sim f(x)$ へ、且つ $\sim f(x)$ に対するそれは $f(x)$ へと同時にスライドせられ、このとき運動の理性的態様レベルにおける弁証実行の契機をなすことになる。相互否定命題（論理式）のうちのいずれが意識階層レイヤ上に顕在化／潜在化されているかは、やはり前述の二律背反上の意識／下意識レベル交換の問題でしかない。

　したがってまた、相互否定命題（論理式）$f(x) \times L^{(n+1)}$ 及び $\sim f(x) \times L^{(n+1)}$ との表記は、理性機能による弁証系プロセスの認識レベルの推移を意味するところであり、Level 変数 L の冪（ベキ）乗 $n + n \sim \infty$ が単位時間としての秒（s）やミリ秒（ms）等を示唆してはいない。それは本来、無限小の数値化を

条件とする瞬間の更新を記述することに妥当する以上、既設の有限の単位時間によっては定義されえないためである。

　相互否定命題（論理式）$f(x) \times L^n$と$\sim f(x) \times L^n$のいずれが意識上に顕在化、或いは意識下に潜在化された追考アクセスの対象的知覚になろうと、弁証作用の追考上のグレードが運動という客観概念に相当する認識レベルに到達したことに相違ない。相互否定関係にある両命題（論理式）に対する追考アクセスのポイントがスライドされた時点に於いて、両命題（論理式）ともに運動の概念規定という、精神内の態様フラグが既に設定された対象的知覚として更新されているため、当該の時点に於いて新規の触発を生じる必然性がある。

　とりもなおさずそのことは、当該の時点に於いて、当該の更新後レベルにおける＜第二直観＞が生起せられることになる。対象的知覚を構成する命題（論理式）関係そのものは同一であるも、既に精神内の態様フラグを以って更新された対象的知覚と化している以上、当該の更新作用により、両命題（論理式）ともに対象的知覚としては新規の状態関数を得ているため、それに対する新規の触発をなす＜第二直観＞が自動起動されるのである。とはいうも、ＣＮＳ自体が既に理性的認識レベルを確立されている以上、当該の認識レベルからの弁証作用としての状態関数を維持することにもなる。そしてまた、そのことが更なる追考作用（Ｔｒｉａｄｅ）の端緒をなすのでもあるから、以降の弁証作用は当該の＜第二直観＞の内容情報のもとに展開されてゆくところとなる。しかる弁証実行による実際上の理性的運動及び成果がいかなるヴェクトルを具有するとも、等しく客観概念上における存在［以前］と無［以前］との反定立しあう交互作用によるものである原理は変らない。

340　　第Ⅴ節　論理学的アクセス

第Ⅱ章

弁証運動≫
PhaseⅡ

第Ⅰ節 客観概念

ⅰ＞連続性

　当該の弁証系プロセスの認識レベルにおける客観概念の態様をなす運動の概念規定とは即ち、それ自体に於いて特殊時空間上の連続性を示唆している。相対系における特殊空間の相互間に連続性が成立しなければ、それぞれの特殊空間をなす存在主体の運動規定は相互間に無限因果性を具有しないことになるため、システム全体としての相対系自体が成立しえないことになるからであるとともに、また特殊時間の運行に連続性が成立しなければ、一切の特殊時間を構成する存在主体の運動規定は無限小の一瞬間として作動も成立もしえなくなるため、もとより存在と無との規定性によるスライド現象など生起しようもないからである。

　いかなる存在主体とても無限小の時間長をなす瞬間を以って無に転化するため、再び同一の瞬間上の状態関数が反復されることはない。しかし乍ら、このように当該の存在が一対一対応する当該の無へと帰せられること自体が、当該の存在の新規の状態関数への移行を意味している。それぞれの存在／無により体現せられる特殊時空間が、無限性を具備する一般時空間の構成単位に於いて成立する概念規定であるため、いかなる存在主体とても完全には消失されることがありえないからであり、且つ仮にもそのような完全なる消失が可能であるとせば、一般時空間を反映する特殊時空間としての無限性にも抵触することになる、即ち［個別の存在現象ではなく］特殊時空間を体現する存在態様が完全に消失するということは、特殊時空間に反映されている一般時空間としての無限の連続性が遮断されることを意味するためである。とりなおさず、かかる存在と無との反定立しあう交互作用による無限更新の営みそのものが、特殊時空

間上に於いて連続していることを意味している。当該の存在に対する否定（収束）作用としての無への帰着現象は、当該の全他在による当該の存在に対する運動的統合化された否定作用エナジーを前提している以上、必然的に各々の存在と各々の全他在による特殊空間上の相互因果的連続性がなければならず、また当該の無による当該の存在に対する否定（収束）作用が当該の存在を新規に更新することは、当該の存在により体現される特殊時間を新規に更新するに当たり、自動的に無限小の時間長である瞬間をスライド作用せしめることになる以上、且つこのスライド作用が際限なく実行されゆくため、当該の存在の特殊時間上の連続性を際限なく具有せざるを得ないからでもある。

　それにしても、なぜ存在は、或いはいかにして、そのもの自体に個有の無に帰せられることで移行されゆくのであるか。相対系は無限の連続性に妥当する機能的全体系をなしているから、一切の特殊時空間を体現する各々の存在主体は相互間に連動しあうことにより一般空間を構成している。空間次元はそれが一般であれ特殊であれ、単なる物質を収容している場としての概念規定ではないから、空間次元を形成するところの無限小より無限大に亘る、なべて存在と一対一対応する無との規定性が運動により成立することができることは、あらゆる存在／無として体現される特殊空間上における相互連関が、つねに無限に及ぶ相互因果律を伴って稼働していることを示唆している。また、しかく特殊空間上に相互連関しあう存在主体が、各々に特殊時間的運動を実行することにより、そのことが力道概念をなして、当該の存在主体に対する他在を構成している、各々の存在主体による特殊時間的運動としての帰結現象を及ぼすことから、そのこと自体があらゆる一意の存在主体の更なる特殊時間的運動の端緒ともなる。寧ろ、一般空間の全域を包摂する存在主体相互間の無限因果的連関の帰結現象よりして、それぞれの存在主体の当該の運動・作用による個有のヴェクトル値が決定せられてゆくはずであ

る。したがって、あらゆる存在としての運動はまた、特殊空間上且つ特殊時間上に於いて連続している。

ⅱ＞非連続性

　特殊時空間は一般時空間としての任意且つ一意の体現機構でもあるから、特殊時空間としての連続性は一般時空間のシステム全体としての相互連動を示唆している。特殊時空間は存在と無との関係式を以って体現されるから、あらゆる存在が相互間に特殊時空間上に於いて連動しあうことは、却ってそれぞれの存在主体が相対的・可変的であるにせよ、それぞれの特殊性・独立性を具有する個体概念としてあることになる。当該の特殊時空間上の存在主体の相互連動がいかなる相互因果的連関に基づくところであれ、相互連動しあう各々の存在主体には、各々の他在とは非連続であることの排他性が前提されているためであるが、そのことが無限の相互因果律により影響される存在主体としてある以上、しかる個体概念としての特殊性・独立性は相対的である。つねに何等かの相互連動上の原因により成立する個体概念である限りに於いて、そのことはそのもの自体の存在としての特殊性・独立性が絶対的であることによる排他性には抵触するせいである。

　いかなる存在主体とても当該の個体概念としての特殊性・独立性を具有する以上、いつの時点に於いても、特殊空間上にあって相対的・可変的である個有の座標系を保持していることになる。特殊空間は多種多様の存在主体を収容するための単なる場の概念規定ではなく、座標系として個有である一切の存在主体による無限の相互連動を以って一般空間全体が構成されてもいるためである。任意且つ一意のあらゆる存在主体はまた、決して一定することない運動態様としての存在の状態関数が更新され続けるから、それぞれの自己存在の不断の更新により規定される特殊空間上の座標系／領域指定はつねに可変的であり、且つ相対的に遷移されてゆく。かくてそれぞれの特殊空間を体現する存在主体は、それ自体として一意の他在に対する特殊性・独立性を具有している以上、特殊空間上に於いてし

かく自己存在を規定するが故に非連続であるといえる。当該の存在
の状態関数の採りうる具象的である実測値に体現される、当該の特
殊空間としての個有の存在的属性をその特殊性・独立性として、そ
れ以外のすべての特殊空間に対する関係性に於いて具有するという
ことは、当該の存在が特殊空間上に非連続であることにより可能で
あるためである。

　特殊空間上に於いて個有である存在主体はまた、運動すること自
体により存在しうる或るものである。ということは即ち、それぞれ
の存在主体の現状あるところの状態関数は、無限の一般時空間上に
における相互因果的連動による帰結現象として、しかる各々の状態関
数と一対一対応する当該の無へと帰せしめられることにより、不断
に更新され続けている自己存在をつくりなすはずである。前章にみ
る通り、不断に展開され続けている運動の概念規定が、存在と無と
の規定性による相互否定関係をＡｕｆ－ｈｅｂｅｎする作用として
のみ成立するためではある。いまこの瞬間の現在時のみに現存する
自己存在の運動主体は、過去の特殊時間上におけるどの時点の当該
の存在の状態関数でもありえず、また未来の特殊時間上に設定され
ているどの時点の当該の存在の状態関数でもありえない、運動する
ものとしての一意の現在時に個有の存在態様をなしてあることにな
る。無限の一般時間上におけるいかなるタイミングにあっても、不
断にリアルタイムの現実性を維持する特殊時間は、つねにあらゆる
存在に普遍妥当する同時性をなす現在時にあるとともに、いかなる
現在時も再び回帰されることがありえないからである。無限小の瞬
間をスライドすることにより自己存在を否定・収束せしめられ、且
つ当該の自己存在と一対一対応する無に帰せしめられることにより
生成されてくる、それぞれの自己存在の運動主体はしたがって、一
意の現在時としての特殊性・独立性を具有する時点の同時性に不断
にある以上、特殊時間上に於いてしかく自己存在を規定するが故に
非連続であるともいえる。但し、そのことが飽くまで相対性の域に

346　　　第Ⅰ節　客観概念

出ないということは、いずれの現在時と雖も絶えまなく否定・収束されることにより更新され続けることが、特殊時間上における相互因果的である無限連動を前提されていることよりして、絶対的である特殊性・独立性を具有しえないためである。

iii＞エレメント：Ｅｌｅｍｅｎｔ

　なべて特殊時間は絶えまなくそれを体現する存在／無を更新することにより累積され続けるから、非連続である現在時における存在主体をなすものは、当該の現在時を起点として過去時間に遡及する一般時間を構成するところの、一切の特殊時間の相互連動により累積される所産としてある。そのことは、無限小の一瞬間とても休止することない自己否定／自己生成運動としての特殊時間は、無限の一般時間上におけるいかなるタイミングにあっても、その運動の主語をなす存在主体がつねに非連続の現在時にあることに基づき体現せられることを意味する。また、いかなる現在時におけるいかなる存在主体も運動規定としてのみ存在しうるのだが、つねに相対的・可変的である運動・作用はいずれも、その体現している特殊空間を異にする他在をなす全存在主体との相互因果的連関の帰結現象としてのみ成立するから、当該の現在時における自己存在はそれぞれに一般時間上のあらゆる過去時間における、一般空間の全域をなす一切の個体相互間の無限因果関係からの帰結現象に他ならない。そのことはまた、かかる一般空間上の無限域を形成する相互因果関係のつくりなす無限の全特殊空間も、その各々が非連続である有限の存在主体として無限という時空間集合を体現することに基づく。

　特殊時空間上に於いて連続していることは存在主体が非連続の個体概念であることを前提し乍らも、非連続であるそれぞれの存在主体は特殊時空間上における連続性により形成される。いかなる存在主体も個体概念としては相互間に非連続であり、且つそのことはつねに相対的・可変的である非連続性をなすが故に、あらゆる特殊時空間としての相互間に於いては連続していなければ成立しえないことであるとともに、特殊時空間上に連続するところの存在主体としてはそれぞれに非連続でなければならないためである。このような存在の運動態様における連続性／非連続性という自己矛盾は、あら

ゆる特殊時空間を体現する個有の存在主体が不完全且つ相対的且つ有限であることに由来してもいる。もし仮に、それ自体としての存立に於いて完全性を具有し、またすべての他在に対する絶対の特殊性・独立性を具有しうる無限の存在現象の主体概念が現存しうるとせば、いかなる特殊時空間を体現する当該の他在をなす存在主体とのいかなる関係式をも排斥して自己充足するはずである以上、そのことにより相対系全体の相互因果律が根拠を喪失することにもなるためである。自明乍ら、完全且つ絶対且つ無際限に成立しうる存在概念の主語がありうることを仮定するならば、もはやしかる存在主体にはいかなる他在との相互連動に負う必然性もないはずであるとともに、しかる存在主体のみを以って一切の相互連動をなす全体系を包摂するはずであるからであり、またしかる存在主体の実例が、特殊時空間を体現する相対的・可変的である時空間的モメントの無限の相互連動として成立する相対系内には現存しえないから、に相違ない。

　あらゆる存在が特殊時空間として連続していることは、全特殊空間の相互間及び全特殊時間の相互間における連続性を意味するから、必然的に全体概念である一般空間及び一般時間としての無限性をも継承されている。且つまた、あらゆる存在が個有の特殊時空間として非連続であることは、全特殊空間の集合及び全特殊時間の集合における特殊性・独立性をなす非連続性を意味するから、必然的に無限概念である一般空間上及び一般時間上における内的排他性をも反映されている。一対一対応する無との反定立しあう交互作用により運動し続ける各々の存在そのものを、自らの相対系自体に対する体現態様として特殊時空間の実測値をなさしめるから、特殊空間上の相互因果的関係変数と特殊時間上の累積的状態関数が統一されている当該の運動現象は、いずれも相対系自体を自己自身の所属するカテゴリーとする要素（元）の概念規定であるといえる。そのことはとりもなおさず、相対系という無限大且つ無限小の全体集合に

おける、連続且つ非連続のエレメント：Ｅｌｅｍｅｎｔをなすこと
を意味するに相違ない。エレメントの概念規定に於いては、運動概
念における連続性と非連続性が相互矛盾しつつも止揚（揚棄）され
ている以上、無限である一般時空間の全域に妥当する連続性を具有
することにより、エレメントの指定範囲は無限小より無限大までの
有限域を許容されるとともに、特殊時空間としての絶対的ではない
独立性・内的排他性を具有することにより、エレメントはつねに相
対的に可変的である有限存在領域を以って成立することになる。し
たがって、当該のエレメントを包摂する集合概念は、当該のエレメ
ントより以上の有限値より無限大までの有限範囲を許容されている
はずでもある。当該のエレメントはつねに、当該の集合概念に対し
内包される下位集合と構成要素（元）を示唆するが故に他ならない。
［したがってまた、全体系である相対系のエレメントの概念規定と
しては、バリオン物質／反バリオン物質の弁別にも、元素系／暗黒
物質（ダークマター）／暗黒エナジー（ダークエナジー）の弁別に
も、更にはいずれかの宇宙領域内外の弁別等にも拘泥しない］

　そして、このような客観性フィルターによる概念的把捉における
Ａｕｆ－ｈｅｂｅｎまでの追考上のＴｒｉａｄｅ展開は、ＣＮＳの
理性機能上の弁証運動により実現されるところではある。

第Ⅱ節 客観的精神現象

ⅰ＞認識レベル：Ｖｅｋｔｏｒ問題

　前章にみる客観概念は、ＣＮＳ上の客観性フィルターにおける理性機能の弁証系プロセス上の概念的把捉の態様を論述しているが、それに対し客観的精神現象は、しかる弁証系プロセス上の客観概念に対応する運動主体としての、ＣＮＳ上の客観性フィルターにおける理性機能そのものの遷移を示唆するものである。換言するに、運動自我による対象的知覚をなす命題（論理式）に対する当該の客観概念と、当該の弁証系プロセスの認識レベルにおける客観的精神現象が同期して相互対応するのであるから、このとき客観的精神現象上の追考スタンスとしては、学術的には数学理論的レベルをなしている。当該の客観概念の態様が、連続性及び非連続性の弁証系レベルに相当するとともに、また連続性と非連続性との相互矛盾関係は、当該の弁証系プロセス上の前Ｐｈａｓｅにおける運動概念を端緒とし、無規定にして個性のない数値により運動概念の実測値が計測されるけれど、しかる数値が仮に正であろうと負であろうと＜零＞であろうと、もしくは何桁の小数値であろうと、そのこと自体が何等の特殊時空間的実体（実在）としても存立しえず、運動する何者かとしての特殊時空間的実測値を寧ろ仮象的に理性作用上に導出せしめるが故に相違ない。

　客観的精神現象は客観概念の追考主体をなす理性機能の態様を示唆するため、それが対象的知覚である命題（論理式）に対して作用する役割は、そのまま何程かの学術的立場にも通じている。何となれば、一切の学乃至理論は、その分類上の相互間の論理学的整合性と理論的相異に拘わらず、ＣＮＳ上の客観的精神現象による理性的追考運動の成果としてのみ成立しうる以上、客観的精神現象の弁証

系プロセス上における当該の認識レベルを反映された本質規定と公理体系を装備することになるし、また客観的精神現象の必当然的に推移しゆく系譜に対応して、当該の学乃至理論としての本質規定と公理体系とても遷移しゆくことになるためである。

　ＣＮＳにおける理性機能の状態関数、即ち当該の弁証系プロセスの認識レベルに位置付けられる客観的精神現象の運動規定、それにより必然的に導出される論理的成果の体系が当該の学乃至理論を形成する。弁証系プロセスにおける当該のＴｒｉａｄｅ展開の、定立（テーゼ）レベルに相当する客観概念は連続性であり、それを同期して構成するＣＮＳの運動態様である客観的精神現象は、客観概念上の即自的態様としての連続性概念に対応する客観的認識の状態関数にあるから、当該の客観的認識処理により導出される論理的成果が同認識レベルにあって体系化されることにより、ヴェクトル問題：Ｖｅｋｔｏｒとしての学乃至理論の体系が構築される。運動態様としての特殊時空間的実測値はその連続性により生起せられるが、かかる連続性概念を学術的根拠とする理論がヴェクトル問題に関する理論であるからである。しかし、客観的精神現象によるその認識レベルは弁証系プロセスの途上にある、即ち弁証系プロセスの最終工程まで未だ経過していない以上、当該の［客観的］認識レベルにて成立する学術上に期待しうる妥当性及び真理値は、爾後の弁証系プロセスに於いて論理的否定される可能性を持続しているため、飽くまで相対的である確率論の域に出ない。その逆に、絶対的である確実性とは、追考処理における、より高次の工程により論理的否定される可能性のない［客観的］認識レベルに成立するからである。

　連続性の［客観的］認識レベルにある客観概念に対し、つねに同期して対応するＣＮＳの運動態様である客観的精神現象は、連続性における概念的把捉を体系的に展開しうる理性作用のグレードにあることになる。当該の論理系上の工程に相当する理性作用のグレー

ドにあって、当該の概念的把捉を体系的に構築することが学術的体系化の作業に他ならないから、連続性の［客観的］認識レベルにある客観的精神現象を以って構築されうる学乃至理論の体系は、如上の論拠よりして、ヴェクトル問題のそれである。

　過去の学術史におけるヴェクトル理論に関する学説上の論争に拘わらず、ヴェクトル理論は弁証系プロセスにおける当該の認識レベルにあって成立する学術的体系を形成し、且つ当該の認識レベルの客観的精神現象により推進される。かかる認識レベルをなすヴェクトル理論により論究されうる対象は、幾らかの成分により表示されうる量の概念規定であるが、しかる成分が、座標系を変更するに際しての点の座標と同一、もしくは類似の変換に従うところの量であるといえよう。一定の大きさと方向を具有する線分として表象される量と同義であるが、相対論的力学における運動量とともに四次元時空間におけるエナジー、座標系の変換に対してその値の変化しない量であるスカラー：Ｓｃａｌａｒ、座標系の変換に対して二つのヴェクトルの成分の積と同様の変化する成分を具有するテンソル：Ｔｅｎｓｏｒ、量子力学上にてその成分から生成される相応の積がヴェクトルの成分の性質を示す量であるスピノル：Ｓｐｉｎｏｒなど、いずれの内的指定によっても拘束されることのないが故に、寧ろいずれの内的指定に対しても妥当するところの、或る特定された方向性を具有する量に相違ない。それらはいずれも特殊時空間の運動性向を示唆するヴェクトルの概念規定に比して、より第二次的もしくは高次的である認識の対象となるからではある。

　たとえば、ｎ個の実数という仮の値の組を包摂する集合に、１～ｎまでの値の組と１～ｎまでの他の値の組がつねに同期して成立するならば、そのような集合をｎ次元のヴェクトル空間と称せられ、またそれぞれの値の組がヴェクトル：Ｖｅｋｔｏｒと称せられる。数学理論上に於いては、二次元のヴェクトルは平面のうえの連続性

を意味しており、また三次元のヴェクトルは特殊空間のなかの連続性を意味していることから、ヴェクトルを以って不定の大きさと方向を具有する量であるとも定義されている。1〜nまでのそれぞれの実数を実際上に構成しうる存在主体は、一意の運動現象としてある以上、1〜nという断定方法そのものが現実上の運動現象には合致しえないのであり、ヴェクトルもまた数学という精神現象上の内的認識にあってのみ成立しうる概念規定ではある。しかし乍ら、あらゆる一意の運動現象が例外なく有限且つ相対的・可変的である存在をなすことは客観的事実である以上、且つまた運動するということが特殊時空間を体現する存在概念と同義をなすため、一切の運動現象は相互間に特殊時空間上に連続していることが存在現象の前提であり、したがって、集合論上における存在主体の組をなすヴェクトルが特殊時空間の連続性を示唆していることになる。そのことは即ち、無限の一般空間を体現する各々の存在主体の一意の運動現象が、すべての特殊空間相互間に連続するヴェクトルとして形成せられ、且つ無限の一般時間を体現する各々の存在主体の一意の運動現象が、あらゆる特殊時間における相互因果性により連続するヴェクトルとしても、同時に構築されていることに他ならない。運動現象における特殊空間としての連続性は、不断に特殊時間相互間の運動・作用により更新されるとともに、また運動現象における特殊時間としての連続性は、つねに特殊空間相互間の関係式により形成されている以上、特殊空間及び特殊時間における連続性、延いてはそのヴェクトルの概念規定は自己同一的にのみ成立するからである。

　そして、そのような概念規定を具備する運動現象をなす存在の連続性が、ヴェクトル理論の相当する弁証系レベルに於いて展開せらるべき主題ではある。

ii ＞認識レベル：行列論

　弁証系プロセスにおけるヴェクトル理論に相当する認識レベルでは、それぞれの存在主体（現象）毎に特殊化された諸属性ではなく、運動の態様としてのみ成立しうる存在自体の連続性に対する客観的把捉処理の展開、及びその理論的体系化を旨とするが、そのことは特殊時空間上の連続性概念に対する、理性機能による客観的精神現象上の即自的アプローチによるものである。然るにまた、あらゆる存在及びその連続性は、各々のそのもの自体ではないところの全存在である他在との相互因果的連動により成立する以上、即自的アプローチに対しては矛盾関係にある理性作用をなす対他的アプローチ、乃至対自的アプローチが不可欠とはなる。

　純粋の存在の連続性の知覚から、自己自身ならぬ他在との関係式としてある自己存在における非連続性の対他的且つ対自的認識への移行は、客観的精神現象における系譜としては、ヴェクトル理論より行列論への学術的レベルの移行として成立する。何となれば、存在自体における連続性概念を研究対象とするヴェクトル理論に対し、その存在自体ではないところの他在をなす全存在に対する非連続性として成立する対他的認識は、行と列との位置関係（マトリックス：Ｍａｔｒｉｘ）により対象を認識する行列論的レベルに於いて可能となるためである。行列論の本質規定は、対他的相互アクセスという運動の相互連関の原理的解明にあるから、そのマトリックスにおける元素を構成するアクセス主体が有機質であるか無機質であるか、バリオン物質であるか反バリオン物質であるか、単なる理論上の概念規定であるか否か、もしくはマトリックス上のアクセス法則により関係作用しあう各元素のいかなる主体であるか等、という具象的識別には拘泥しない。個別の事例に対する検証ではなく、マトリックスの構成における非連続性の認識の根源的であるレベルに、対他的且つ対自的相互アクセス自体の原理論を問うことの目的

があるためである。

　行列とは、任意にして一意の運動主体とそれ以外の運動主体との関係変数を成立せしめる、相互連動機能の力動概念をなす媒体をすべて包摂するため、過去時間の事例としての自然界に成立する物質相互間における通信メディアのみを示唆するものではない。したがってまた、行列の元素をなす運動主体とても、物質か反物質か、また有機質か無機質か、或いは生物体か非生物体か等という弁別の方式には限定されえない。かかる根拠よりして、そも行列論そのものが実存哲学的である視点に基づく理論ではないにせよ、その原理論的である解釈上に於いては、任意にして一意の運動主体とそれ以外の運動主体との関係変数、延いては自己存在における連続性と非連続性との関係変数を解明する運動理論として、弁証系プロセスの認識レベルに成立することを考察することは、結果的には妥当である。あらゆる運動主体はそれ以外の運動主体との関係変数に於いてのみ、自己存在に内在される他在に対する依存性（連続性）と排他性（非連続性）が把捉されうるのである以上、自己存在と当該の他在との関係理論である行列論は、対他的且つ対自的である相対的独立性に関する原理論でもあるからである。

　数学の分科としての行列論に於いては、不定の実数ｍｎ個の特殊時空間上にグラフ化された組を、ｍ行ｎ列の行列（マトリックス：Ｍａｔｒｉｘ）と称せられ、また行列内に実数値により配置される各構成子を元素と称せられる。たとえば、相異なる元素より構成される二通りの行列Ａ、Ｂを想定する場合、現実上の相対系の条件下にあっては成立しえない前提が用いられていることがある。ＡとＢの対応する元素がすべて等しいとき、行列であるＡとＢは等しいとして、Ａ＝Ｂにより表現されていることもあるが、現実上の特殊時空間を体現する時空間的モメントとしては、任意のいかなる運動主体と雖も例外なく一意の値をなすため、相互間に同一の値を保有す

る元素が成立することはありえないし、したがってまた、相互間に同一である行列とても成立しない。或いはまた、行列ＡとＢの対応する元素の和を以って、対応する元素とする行列をＡとＢとの和として、Ａ＋Ｂにより表現されていることもある。更にまた、行列Ａの対応するすべての元素をｎ倍した行列をｎとＡのスカラー積として、ｎＡ（或いはＡｎ）により表現されていることもある。当該の関数により、ｘ変数の進行値をｙ変数の進行値に移行することを一次変換と称せられるが、それにより行列とヴェクトルの積を定義付けていることから、行列はヴェクトルに作用して新規のヴェクトルを生成することができるともされている。然るに、このような演算処理もしくは関数計算は理性的認識上の入力条件、もしくは引数の変更による抽出結果と範囲の変化したことに他ならないため、そのことがそのまま自然界に生起する実測値には成果を及ぼすとは限らない。とりもなおさず、行列論上のいかなる演算式や関数とても、それが数学理論的である認識上に於いては一定の整合性が保持されうるとするも、その一事のみを以って相対系自体の運動法則に合致する証明にはならないということである。もとより、そのような各論的端緒のアプローチが、特殊時空間上の実測値に反映されるところの非連続性概念を論究しうる理論ではない以上、しかる具象的パターンの態様的ディテールを展開するには無理があり、且つ意義をなさないためでもある。

　本節における問題は、すべて任意にして一意の運動主体とそれ以外の運動主体との関係理論である記号論が、各々の運動現象における非連続性を反映する理論でもあることにある。あらゆる運動主体におけるそれ以外の運動主体との関係式の構造には、幾らかの相互連動方式が内在されているが、そのうち最も単純といえる連携パターンをなすものとしては相異関係が挙げられる。いかなる運動主体も特殊時空間毎に対応する一意性を具有する以上、同一の特殊時空間に相当する複数の運動現象が同時に成立することはないから、

いかなる運動主体と雖もそれ以外のいかなる運動主体からも相異していることになる。それは相互間に於いて同一ではないことの関係作用を内在するのみであるが、そのような相異関係にある他在をなす運動主体のカテゴリーのなかにも、当該の運動主体における状態関数とは反対の元素による行列構造を具有する他の運動主体との関係式、即ち対立関係が成立する。したがって、かかる対立関係は、或る特定の運動主体とは相互反対をなす状態関数を内在する特定の運動主体との関係式であるから、一意の個体間にのみ特殊化されているとともに、且つ普遍的には妥当しえない関係式でもある。しかし乍ら、運動すること、それ自体として成立することは、その本来の意義に於いては、他在をなすいずれかの特定の運動主体と相互対立しあうことによってではなく、当該の運動主体それ自体ではないこと、即ち自己自身ではない他在をなす運動主体として連続することに対する否定（収束）作用として構成される現象態様である。自己自身として独立してあることに対する否定（収束）作用は、自己自身に非連続である一切の運動主体による運動的統合化されたエナジー値によることから、自己自身として独立してあることによる否定（収束）作用の対象は、個体概念として特殊化されうる［他在のうちの］いかなる特定の運動主体でもありえず、飽くまで他在という全体概念としての統合化されている運動主体でしかない。そして、当該の自己存在以外の一切の運動主体による統合化エナジーの否定（収束）作用により、当該の自己存在をなす運動主体は当該の運動現象の状態関数ではない瞬間値、即ち当該の運動現象に対して相対的に非連続である状態関数に移行せしめられる。自己自身の当該の運動現象が否定・収束せられることは、当該の運動主体を形成する瞬間が相対的である非連続性へと帰せしめられる瞬間であるからである。したがって、非連続性の示唆するところの概念規定とは、普遍性をなす一般時空間領域を包摂したり、或いは絶対的である疎外性をなす独立性を意味するものではないし、況んや形而上学的意義における絶対性概念を意図してもいない。もとより、一意の運動現

象を否定・収束せしめる他在をなす一切の運動現象は一意のカテゴリーを保有し、それによる一意の運動主体に対する否定・収束は一意の非連続性をしかなしえないからであり、かかる運動主体とそれ以外の一切の運動主体との連続作用により相対系の移行が成立するのであって、相対系自体が普遍性を具有する全体概念である以上、無限連動システムとして機能する相対系を体現しうるいかなる運動現象とても、その相互間に於いて絶対的に連続していること、及びしかる相互間に於いて絶対的に非連続であること、ともに成立しえないからである。

　そしてまた、このように一切の他在をなすエレメントとの関係式に於いては、客観的精神現象上に対他的規定性を反映する行列論をなす。にも拘わらず、しかる他在との関係式が一切の他在相互による統合化エナジーとの相互矛盾にあっては、自己自身のエレメントとしての運動規定に対する否定（収束）作用を通じて、新規の運動規定へと帰結せしめられる対自作用が実行されていることにもなる。対他作用による連続性／非連続性の運動規定に対する否定（収束）作用が、そのまま当該の運動規定を更新せしめる対自作用として自己回帰される所以でもある。

iii ＞認識レベル：集合論

　特殊時空間を体現し、且つ機能せしめる運動態様は、存在における連続性としての態様と、非連続性としての態様による相互矛盾関係を以って更新され続けるが、前者は数学理論上に於いてはヴェクトル研究の問題として、また後者は行列論の問題として、弁証系プロセスの認識レベルをなす客観的精神現象上に反映される。ヴェクトル理論に於いては、対象に対する認識上の内的プロセスや観念的である捉え方の問題を排して、といわんより寧ろそのことに拘泥する以前の認識レベルに於いて、運動するということ本来の根源、即ち特殊時間上におけるエナジーの方向性を問題とする。それゆえに、或る運動主体が有機質か無機質かなどという属性や、またその所属する類や族などという分類学上の種別等には拘泥しえない。それに対し、行列論に於いては、運動主体はマトリックスにおける元素同士、及び相異なるマトリックスの相互の成立を規定する関係作用、即ち特殊空間上における自己存在の状態関数を問題とする。それゆえに、当該の運動主体の類型化や、しかる自己存在が人間であるか動植物であるかその他の宇宙内生命体であるか等というカテゴリーを限定することなく、あらゆる存在の相互間における関係変数を空虚である記号に変換して考察する。

　ヴェクトル理論の成立する客観的精神現象の認識レベルに於いては、即自的態様としての運動現象を解明するに対し、その他方にて行列論の成立する認識レベルに於いては、マトリックス内外における対他的且つ対自的連関により運動主体の即自性を自己否定的に論究する。このため、客観的精神現象上における双方に対応する理論・学説とても、相互否定的である学術的立場にあるのであるが、然るに客観概念上に於いては、連続性概念とそれに一対一対応する非連続性概念は自己矛盾的であるエレメントとして更新されるから、かかる連続性を反映する理論＜ヴェクトル理論＞と非連続性を反映す

360　　第Ⅱ節　客観的精神現象

る理論＜行列論＞とても自己矛盾的に自己統一され、運動における特殊時空間的エレメントを研究対象とする理論へと向自的態様として移行されよう。ヴェクトル理論と行列論は、相互の学術的スタンスに於いて、相互間に論理的否定作用しあう追考上の理性的ヴェクトルを内在化することにより、寧ろ相互の存立態様を更新し、より高次の学術的スタンスとして相互間に依存しあい共生することになる。

そして、この論理的階梯におけるより高次の学術的スタンスとは、特殊時空間的エレメントを反映する理論としての集合論を示唆している。連続性と非連続性、即ち運動現象としての存在自体のうちにおける運動現象としての他在との相互移行作用は、対他的且つ対自的作用により現象せしめられる自己運動・変化として成立するため、自己存在そのものと非自己存在全体との連続性を反映する理論と非連続性を反映するそれを止揚（揚棄）せしめる認識レベルは、無限の全体概念におけるそのエレメントを反映する理論に移行しているからである。一意である運動現象をなす存在に対する否定的運動現象である他在全体の統合化エナジーは、一意であるカテゴリーを構成するとともに、一意である運動態様に対し連続且つ非連続であるカテゴリー指定には普遍性がなく一意性をなす以上、かかる一意の否定的運動現象は必然的に、一意のカテゴリーをなす他在全体の統一的否定作用エナジーに帰因する運動態様の自己作用であるともいえる。

エレメントの集合を基礎概念として、計数・順序数・関数・無限等の数学上の基本概念や演算の構成を示唆する理論が、集合論と称せられる数学分科である。それが特殊時空間的エレメントに関する基本原理的解明を目的とする学乃至理論であることは、直接の研究対象となる集合乃至要素（元）を、必ずしも実体（実在）をなしてあることを前提しない仮設的単位として、数学上のその基礎理論的

且つ方法論的である論究には終始しつつも、その他方では、一般時空間上の無限性が証明されていることよりしても、実在する相対系に関する理論への適用の必然性が演繹されるせいでもある。もとより、一般時空間上に於いて無限大であることにより、つねにいかなる集合も、より外延的である集合の下位集合乃至要素（元）をなすエレメントとしてあることになり、且つ一般時空間上に於いて無限小であることにより、つねにいかなるエレメントも、より内包的である集合及び要素（元）をなすエレメントからなる上位集合としてある原理論に基づくところでもある。したがって、ここでのエレメントとは、必ずしも要素（元）のみに限定された概念規定ではないが、そのことは集合論上の要素（元）というも、現実上の時空間的モメントとしては、つねに何等かの下位集合乃至要素（元）により構成される存在として成立しうることによる。それはとりもなおさず、相対系におけるあらゆる存在（運動）主体が、つねに何等かの集合に所属するエレメントであるとともに、つねに何等かのエレメントにより構成される集合として成立していることにもなるため、また特殊時空間上の連続性と非連続性が同一の存在（運動）主体のうちに止揚（揚棄）されていることにも無限因果的連関する、ともいえる。そこにしも、エレメントと集合との自己内関係を究明すべく、理論上のパラドックスを回避するという目的とともに、公理的方法論により再構成される公理的集合論の論点にも通じていよう。

　集合とは一定の条件を充足しつつ、一定の数学的操作を可能とする『記号の集まり』であり、ここにいう『記号』は物理的存在、数・関数のような抽象的概念規定、もしくはそれらからなる集合自体のいずれであるかを問わない。xが集合yの要素（元）であることはx∈yと表記されるが、記号論理学の発達により推論方式が明確化されるとともに、公理的方法論をその理論構成の基礎とする公理的集合論は、『＝』を内在する述語論理学上の体系に『∈』とそれに関する公理を附加した公理系Zに他ならない。公理化にも幾通りか

の相異なる理論が提唱されているが、ツェロメロ：Ｅｒｎｓｔ＿Ｚ
ｅｒｍｅｌｏの公理系Ｚを中心とする集合論を基礎理論としてい
る。外延的公理・対の公理・合併集合公理・べき集合の公理・分出
公理・空集合公理等の基礎的である公理があり、そこから集合につ
いてのブール演算が展開されるのだが、ここに留意すべきことは、
無限集合の存在を定義するために無限公理を規定していることにあ
る。ϕ・$|\phi|$・$||\phi||$・・・からなる無限系列を自然数０・１・２・・・
として解釈しようとするも、上記の公理からはそれらを要素（元）
とする無限集合の存在が保証されえないため、無限公理$\exists x$（$\phi \in$
$x \wedge \forall y$（$y \in x \supset |y| \in x$））が規定され、この集合を$\omega$と表
記されている。無限の領域にまで数概念の範疇を拡張しようとする
集合論は、かかる集合ωに始まる超限順序数をエレメントとする集
合をも要求する。しかし、このような無限の領域への拡張により公
理上のパラドックスを発生せしめないために、補正的である公理が
設定されるとともにそこから別途の公理が導入され、また技術論的
である理由よりして、集合から要素（元）への無限の下降系列を禁
止する正規性公理等が設定されることもある。そのことは自明なが
ら、集合から要素（元）への無限の下降系列が現実上に成立しえな
いのではなく、理論としての不整合性をシステム内にて非論理的に
整合化せしめる誤謬操作に起因するにすぎない。何となれば、現実
上の相対系における無限性には、無限大のみならず無限小までのカ
テゴリーが包摂されている以上、当該の公理系の基本理論が特殊時
空間上の無限小アクセスを反映しえないという、論理的不備を内在
することが証明されているためでもある。

　また、集合論の具有するパラドキシカルといえる性質は、公理
系Ｚにおける無矛盾性と独立性の問題にもみられるところである。
ゲーデル：Ｋｕｒｔ＿Ｇö ｄ ｅ ｌの不完全性定理の結果としては、
公理系Ｚの無矛盾性はＺ自体に於いては証明できないとしつつも、
理論上における補正のために相対的無矛盾性や独立性の結果を導出

せしめてもいる。つまり、諸公理を内包する任意の公理系をＺnとするとき、Ｚnにそれ以外の任意の公理を附加した公理系Ｚn＋1は、仮にＺnが無矛盾であるならば無矛盾であり、＋1に相当するところの公理についてはＺnに対して独立であるという。然るに、公理系Ｚの無矛盾性がＺ自体に於いては証明できないならば、公理系Ｚもしくは任意の公理Ｚnはその無矛盾性をそれ以外の諸公理との関係性に依存していることになるため、上記の＋1に相当する公理がＺnに対して独立であるとする結論はありえない。もとより、一切の公理及び公理系は、それぞれの相互間に於いて整合性が保持されているはずであり、且つ一切の公理及び公理系は無限の拡張性を包摂することから、公理系Ｚの無矛盾性を証明できる唯一の方法論としては、無限に亘る一切の公理及び公理系の相互間における無矛盾性を実際上に証明し続けること以外にはないためである。

　集合論の公理は可附番個の要素（元）からなるモデルを内在するとする定理は、非可附番の集合の存在することが証明されている集合論が、そのエレメントとして可附番個の要素（元）からなるモデルのみを具有することとは相互矛盾するが、当該の集合を可附番にする自然数との対応がしかるモデル内では表現しえないことに起因する、とされる。もとより、集合Ｚが無限個の公理を前提しなければならないことは、分出公理もしくは置換公理が無限個の公理を許容しているからではあるが、理論上のルール規定がそれを許容すると否とに拘わらず、本来に於いて無限のカテゴリーをなす相対系を対象範疇とする集合論に於いては、無限個の公理を包摂することが不可欠であることに基づく。しかし、それに対して、有限個の公理のみによる体系化としての、公理系ＮＧＢとてもある。たとえば、Ａなる条件を充足する記号の集まりを以って、条件Ａの規定する外延と称せられるが、外延を集合とみなして外延の要素（元）との関係変数を規定する場合、かかる外延はクラスと称せられる。条件Ａの規定する集合の存在を示すべき抽出原理からは、自己自身を要素

（元）としない全集合からなる集合は自己自身を要素（元）とし、且つ要素（元）としない、というラッセル：Ｂｅｒｔｒａｎｄ＿Ｒｕｓｓｅｌｌの逆理が帰結されることから、クラスに於いては抽出原理が成立しないこと、故に集合ならぬ集まりの存立することが便宜的に認定されている。その場合の集合とはクラスの要素（元）をなしうる一部であるが、クラスに対する抽出原理を認定してもパラドックスを発生させないとしつつ、クラスの存在自体は、任意の条件式Ａの代用に有限個の特定の式に対する公理をとれば保証されることとして、かかる集合論の有限の公理化がＮＧＢに相当する。無限の公理を包摂する公理系Ｚを全体の公理システムとすれば、他のすべての公理系はＺに内包されることになるから、公理系ＮＧＢとてもＺに内包される下位の公理系であるため、Ｚが無矛盾ならばＮＧＢも無矛盾であるということは間違いではない。然るに、ＮＧＢが有限個の公理のみを前提とする以上、ＮＧＢにはすべての集合からなる普遍クラスやすべての順序数のクラスが存在することはありえず、またすべての集合がＮＧＢの公理により導出されることなど、ありえないのは自明ではある。ここに重要といえることは、理論を補完するという目的により導出される理論には、客観的である整合性・合理性を阻害する要因が混入される可能性があるため、全体系システムとしての相対系自体との整合性・同一性を検証することが不可欠であることにある。

　すべての公理の相互間における無限因果的連関を前提する公理系Ｚが無限の公理を対象範疇とするに対し、それぞれの公理としての相対的独立性を前提する公理系ＮＧＢは有限の公理のみを対象とする。いずれにせよ、全体系としての相対系をなすカテゴリーがそれより上位のカテゴリーを許容しない全体概念のそれである以上、あらゆる学乃至理論上の追考対象と全公理の体系が相対系のカテゴリーに対応しているため、なべて物理化学的分野のみならず数学的分野の理論も例外なく相対系の学乃至理論としてあるはずである。

等しく集合論についても、その例外ではありえないから、その研究分科にて追考対象とされる集合とエレメントとの関係作用・集合の成立する内包／外延パターン等とても、相対系のカテゴリーに対応して無限の成立態様の可能性を保有することにもなり、また、集合論における公理及び公理系はその追考対象を前提とするため、その追考対象とされる集合とエレメントとの関係作用・集合の成立する内包／外延パターン等に対応して、無限に公理が成立せしめられることにより無限の公理系へと展開される可能性を保有することにもなる。とはいえ、それぞれの変数値をなす集合・エレメントは、特殊時空間上の存在（運動）を前提としてのみ成立しうるため、特殊時空間における無限変動性という有限性に対応することから、無限大の拡張性と無限小の縮小性を具有する有限の集合・エレメントとしてのみ、しかるあらゆる内包／外延パターンが成立しうる。それが飽くまで、無限大という有限、及び無限小という有限のカテゴリーにのみ対応することは、相対系という全体概念を構成する下位概念の一部分でしかありえないことによるところである。しかし換言するに、集合・エレメントの有限性が特殊時空間としての無限変動性を示唆していることにより、それを追考対象とする集合論の公理系が無限に展開されうることを証明してもいるわけである。

　ここで、集合論の公理系が無限に展開されうるとして論述していることには、しかし乍ら予め、実際上にそれを展開するはずの個体概念としての客観的精神現象の作動性能と耐用年数が無限ではありえないことが含意されてもいる。つまるところ、集合論の公理系としては無限個の公理を許容することよりして、無限に展開されうるという必然的属性をそれ自体として具有するのであるが、しかく公理系を展開するという作業を実行する運動主体である客観的精神現象が、飽くまで有限の限界内に於いてのみ実行しうる作動性能と耐用年数をのみ生得していることにある。公理系を無限に展開するという、理論上に於いては成立する作業計画を、有限の個体概念とし

366　　第Ⅱ節　客観的精神現象

ての精神機能により現実上に無限に実行し続けるためには、［後述
する］実存的共同が不可欠の方法論となるのではあるが。とはいえ
本節に於いては、無限の作業計画に基づいて有限の実行プロセスを
無限に連携しゆく、実存的共同に関する詳細を明示しうべき段階に
は未だないことから、改めて論述されることとはなろう。

第Ⅲ節 主観観念

　超自我における主観性フィルターの構成する知覚態様をなす主観観念は、特殊時空間上の［客観的］実測値には拘束されない主観的産物ゆえにRandomの動作傾向を示す。（そのこと自体がまた客観的事象につき、当該の主観観念の特殊時空間上の［客観的］実測値を形成するのではあるが）但し、弁証系プロセスの遂行下にあっては、客観性フィルターの動向にCNSの注意能力が集中化されるため、主観観念の推移は客観概念の追考過程上のグレードにリアルタイムに呼応する。このことから、本節での認識レベルをなす客観概念が、存在（運動）における連続性／非連続性の相互矛盾態様をなす概念規定に相当する以上、超自我における真理値以外の価値システムを反映する主観観念はまた、当該の段階にあって、存在（運動）における連続性／非連続性の相互矛盾態様をなす概念規定に対応するイメージレベルにあることになる。したがって、客観概念の状態関数が、存在（運動）の概念規定の＜連続性⇔非連続性＞による相互否定（収束）作用から＜エレメント：Element＞という概念規定へと移行されることに伴い、主観観念の知覚態様とても、当該同一の対象的知覚に対するイメージレベルの状態関数を、客観概念をなす認識レベルに呼応する変動系譜にて遷移せしめざるを得ない。

　しかし、相対系自体との同一性を表示する真理値以外の価値システムを反映する主観観念は、その知覚態様自体を相対系に符合せしめる必然性をなさないため、つねに相対的にしてRandomの可変性を具有している。また、主観観念が客観概念の状態関数の遷移過程に呼応しあうとはいえ、客観概念が未だ精確である概念規定をなしうる認識レベルの状態関数にはない以上、そして主観観念自体の移行パターンにはロジカル属性をなす通信経路を具有するわけで

はないので、超自我における主観性フィルター及びそこに相互連動しあうエス＜イド＞の本能的欲求値が、当該の時点に於いて構成する状態関数に負うところが多い。したがって、このとき主観観念は未だ不確実であるＫｈａｏｓ状態の様相にあり、またそれは、存在（運動）における＜連続性⇔非連続性＞による相互否定（収束）作用から移行される＜エレメント＞という事象、或いはその客観概念上の定義より得られる根拠不定のイマージュでしかない。

　また、主観観念はつねに、主観的精神現象の運動・作用に相互対応しつつ変化・動向する。もとより、主観観念は主観的精神現象の状態遷移により、主観的意識内容乃至対象として脳内形成されるイメージレベルであるからであり、且つ主観的精神現象の運動・作用は主観観念の内的イマージュの機能態様として収束されるからでもある。そのことと同様に、客観概念はつねに、客観的精神現象の運動・作用に相互対応しつつ変化・動向する。もとより、客観概念は客観的精神現象の追考過程上のグレードにより、客観的把捉態様乃至対象として脳内生成される認識レベルの状態関数をなすからであり、且つ客観的精神現象の運動・作用は客観概念の統覚作用として収束されるからでもある。客観作用と主観作用が相互間に呼応しあう以上、したがってまた、客観概念に主観観念が呼応して状態遷移するということは、同期しつつ客観的精神現象に主観的精神現象が呼応して運動・作用することと同義である。

第IV節 主観的精神現象

　超自我における主観性フィルターを展開する運動自我の態様をなす主観的精神現象は、特殊時空間上の［客観的］実測値には拘束されない主観作用の運動現象ゆえにRandomの動作傾向を示す。（そのこと自体がまた客観的事象につき、当該の主観的精神現象の特殊時空間上の［客観的］実測値を形成するのではあるが）但し、弁証系プロセスの遂行下にあっては、客観性フィルターの動向にCNSの注意能力が集中化されるため、主観的精神現象の推移は客観的精神現象の追考過程上のグレードにリアルタイムに呼応する。このことから、本節での認識レベルをなす客観的精神現象が、ヴェクトル理論／行列論以降の反定立態様をなす学術上の弁証系レベルに相当する以上、超自我における真理値以外の価値システムを反映する主観的精神現象はまた、当該の段階にあって、ヴェクトル理論／行列論以降の反定立態様をなす学術的階層に対応する主観的アクセスレベルにあることになる。したがって、客観的精神現象の認識レベルが、＜ヴェクトル問題⇔行列論＞による学術上の相互矛盾関係から＜集合論＞という理論的系譜へと移行されることに伴い、主観的精神現象の運動態様とても、当該同一の対象的知覚に対する主観的アクセスレベルの状態関数を、客観的精神現象をなす認識レベルに呼応する作用工程にて遷移せしめざるを得ない。

　しかし、相対系自体との同一性を表示する真理値以外の価値システムを反映する主観的精神現象は、その運動態様自体により相対系を主観観念に符合せしめる必然性をなさないため、つねに相対的・可変的にしてRandomの対応性向を具有している。また、主観的精神現象が客観的精神現象の認識レベルの推移過程に呼応しあうとはいえ、客観的精神現象が未だ精確である概念規定をなしうる認識レベルの状態関数にはない以上、そして主観的精神現象自体の移

行パターンにはロジカル属性をなす通信経路を具有するわけではないので、超自我における主観性フィルター及びそこに相互連動しあうエス＜イド＞の本能的欲求値が、当該の時点に於いて構成する状態関数に負うところが多い。したがって、このとき主観的精神現象は未だ不確実にして不安定である動作状況にあり、またそれは、＜ヴェクトル問題⇔行列論＞による学術上の相互矛盾関係から＜集合論＞という理論的系譜をなす弁証系レベル、或いはその客観的精神現象にて具有される諸属性によっても影響される。

　また、主観的精神現象の運動・作用はつねに、主観観念の態様に相互対応しつつ移行される。もとより、主観的精神現象の運動・作用は主観観念の内的イマージュの機能態様として収束されるからであり、且つ主観観念は主観的精神現象の状態遷移により、主観的意識内容乃至対象として脳内形成されるイメージレベルであるからでもある。そのことと同様に、客観的精神現象の運動・作用はつねに、客観概念の態様に相互対応しつつ動向しゆく。もとより、客観的精神現象の運動・作用は客観概念の統覚作用として収束されるからであり、且つ客観概念は客観的精神現象の追考過程上のグレードにより、客観的把捉態様乃至対象として脳内生成される認識レベルの状態関数であるからでもある。客観作用と主観作用が相互間に呼応しあう以上、したがってまた、客観的精神現象に主観的精神現象が呼応して運動・作用するということは、同期しつつ客観概念に主観観念が呼応して状態遷移することと同義である。

第V節 論理学的アクセス

　本節における追考上の認識レベルでは、当該の対象的知覚をなす相互否定命題（論理式）に対するアクセス遷移は、以下の通り移行される。

【意識上命題】　　　　【意識下命題】（仮定）

$$\sim f\,(x) \times L^{(n+1)} \quad \Leftrightarrow \quad f\,(x) \times L^{(n+1)}$$

$$\downarrow \qquad\qquad\qquad\qquad \downarrow$$

$$f\,(x) \times L^{(n+2)} \quad \Leftrightarrow \quad \sim f\,(x) \times L^{(n+2)}$$

　ＣＮＳの運動自我による理性作用の対象的知覚である相互否定命題（論理式）は、両命題（論理式）ともに同一の確度を以って主張されているため、定立的命題（論理式）である$\sim f\,(x)$に対する弁証作用と、反定立的命題（論理式）である$f\,(x)$に対する弁証作用はつねに同時に、且つ同期して遂行されてゆく。意識階層レイヤ上に於いて、いずれの命題（論理式）が意識上に顕在化されたアクセス対象であり、いずれの命題（論理式）が意識下に潜在化されたアクセス対象となっているかは、当該の現在時における各命題（論理式）に対する意識／下意識レベル交換の問題にすぎないため、所詮変遷するところではある。

　仮に、定立的命題（論理式）である$\sim f\,(x)$に対する、客観概念上の連続性／非連続性による反定立態様にある弁証作用が、エレメントの概念規定という当該の認識レベルにおける限界点に到達したとき、つねに同時に追考アクセスしてきた客観的精神現象と主観的精神現象の、且つまた客観概念と主観観念の各々にアタッチするポイントは、定立的命題（論理式）である$\sim f\,(x) \times L^{(n+1)}$より、無限小の瞬間を経過後の反定立的命題（論理式）である$f\,(x) \times$

$L^{(n+2)}$に対する弁証作用に移行する。それと同時に、[潜在的に同期しつつ]追考アクセスしてきた、反定立的命題(論理式)である$f(x) \times L^{(n+1)}$より、無限小の瞬間を経過後の定立的命題(論理式)である$\sim f(x) \times L^{(n+2)}$に対する弁証作用に移行する。連続性と非連続性との規定性による相互否定関係からエレメントの規定性へのAuf−hebenにより、当該の相互否定命題(論理式)に対する意識上の顕在的アクセスと意識下の潜在的アクセスが相互間に移行し入換ることは、弁証作用上のTriadeが追考運動におけるポイント移行の作動単位であるからであり、そのためにジンテーゼとしてのエレメントの概念規定が当該の認識レベルにおける限界点ともなるのである。連続性/非連続性による反定立態様の概念的統一されているエレメントという止揚(揚棄)態様を以って、定立的命題(論理式)及び反定立的命題(論理式)の各々に対する当該の認識レベルにおける限界点に到達することは、弁証作用の客体である対象的知覚自体ではなく主体である精神機能の問題であるため、必然的にCNSの客観作用と主観作用、即ち客観的精神現象と主観的精神現象、且つまた客観概念と主観観念のアタッチするポイントがそれぞれに交換せられ、このことにより$\sim f(x)$に対する(客観的/主観的)アクセスは$f(x)$へ、且つ$f(x)$に対するそれは$\sim f(x)$へと同時にスライドせられ、このときエレメントの理性的態様レベルにおける弁証実行の契機をなすことになる。相互否定命題(論理式)のうちのいずれが意識階層レイヤ上に顕在化/潜在化されているかは、やはり前述の二律背反上の意識/下意識レベル交換の問題でしかない。

したがってまた、相互否定命題(論理式)$f(x) \times L^{(n+2)}$及び$\sim f(x) \times L^{(n+2)}$との表記は、理性機能による弁証系プロセスの認識レベルの推移を意味するところであり、Level変数Lの冪(ベキ)乗$n + n \sim \infty$が単位時間としての秒(s)やミリ秒(ms)等を示唆してはいない。それは本来、無限小の数値化を

条件とする瞬間の更新を記述することに妥当する以上、既設の有限の単位時間によっては定義されえないためである。

　相互否定命題（論理式）～ f（x）× L$^{(n+1)}$ と f（x）× L$^{(n+1)}$ のいずれが意識上に顕在化、或いは意識下に潜在化された追考アクセスの対象的知覚になろうと、弁証作用の追考上のグレードがエレメントという客観概念に相当する認識レベルに到達したことに相違ない。相互否定関係にある両命題（論理式）に対する追考アクセスのポイントがスライドされた時点に於いて、両命題（論理式）ともにエレメントの概念規定という、精神内の態様フラグが既に設定された対象的知覚として更新されているため、当該の時点に於いて新規の触発を生じる必然性がある。

　とりもなおさずそのことは、当該の時点に於いて、当該の更新後レベルにおける＜第二直観＞が生起せられることになる。対象的知覚を構成する命題（論理式）関係そのものは同一であるも、既に精神内の態様フラグを以って更新された対象的知覚と化している以上、当該の更新作用により、両命題（論理式）ともに対象的知覚としては新規の状態関数を得ているため、それに対する新規の触発をなす＜第二直観＞が自動起動されるのである。とはいうも、ＣＮＳ自体が既に理性的認識レベルを確立されている以上、当該の認識レベルからの弁証作用としての状態関数を維持することにもなる。そしてまた、そのことが更なる追考作用（Ｔｒｉａｄｅ）の端緒をなすのでもあるから、以降の弁証作用は当該の＜第二直観＞の内容情報のもとに展開されてゆくところとなる。しかる弁証実行による実際上の理性的運動及び成果がいかなるヴェクトルを具有するとも、等しく客観概念上における連続性と非連続性との反定立しあう交互作用によるものである原理は変らない。

第Ⅲ章

弁証運動≫
PhaseⅢ

第Ⅰ節 客観概念

ⅰ＞量

　当該の弁証系プロセスの認識レベルにおける客観概念の態様をなすエレメントの概念規定は即ち、それ自体に於いて特殊時空間上の量的規定を示唆している。いかなる状態関数を形成しつつ、またいかなる様相をもて存在（運動として自己存在）するものも、なべて例外なくエレメント、即ち無限の相対系をつくりなす構成素子としてのみ成立するという客観的事実は、また一切の存在（運動として自己存在）する或るものが、無限に相当する相対系自体における量的規定を体現するところの、任意且つ一意の有限量を不断に占有することを意味するためである。そのことはまた、エレメントをなすことの属性として、つねに相対系における何程かの上位集合に内包されるところの、任意且つ一意の部分集合もしくは要素（元）を構成することにより成立するからであり、更にはしかく内包されるところの上位集合を極限値である無限にまで拡張されうることが、相対系上のエレメントの規定性をなすつねに有限の量的規定を示唆しているが故に相違ない。

　量という概念規定が、無限の全体集合である相対系に連続する内包的規定性であるに対し、質という概念規定は、任意且つ一意の有限量を保有する下位集合であるエレメントに個有の非連続性を示唆しているため、それぞれに分化している＜相対系の＞エレメントとしての態様にあっては、量と質との概念規定は相互矛盾しあう自己存在の内的関係にあるといえる。客観的精神現象におけるエレメントに対する概念的把捉のプロセスとして、より即自的である認識レベルが［質のみならず］量に対する認識作用にあることは、エレメントという運動変数を充足するそのもの自体の属性に直結する質的

規定態様に対し、個体概念としての属性情報を捨象する量的規定態様は数学的に記号化されうる概念規定であるために、相対的・可変的である集合の外延的領域に包摂されるエレメントの概念規定に直結するからである。実際上における当該のエレメントが、無限の相対系にあって幾許の特殊時空間上の定量を占有することになるか否かは、その包摂されている上位集合内のそれ以外のすべてのエレメントからの相互因果性に帰せられるとともに、当該の上位集合と相対系における他のすべての下位集合乃至要素（元）との相互連動に起因するところでもあるが、またそのことにより形成される当該のエレメント自体の内部変数によっても規定される。

　したがって、それぞれに存在（運動として自己存在）するエレメントの占有する量が規定されることにより、［相対的ではあれ］定常的には或る程度の安定性を具有する＜定量＞に保持されてゆくことは、間接的には影響を及ぼす相関要因はともあれ、直接乃至端的には当該のエレメント自体としての質的要因に帰因するところである。絶えまない特殊時間上の特殊空間的変化に対応することで、エレメント自体としての存在（運動としての自己存在）の規定性が如何様にあるか、またそれがどのような質的要因を具有してあるかにより、当該のエレメントとして成立するに要求される定量の実測値が規定されるからであり、且つ当該のエレメントとして成立している相対的時間内に限定する前提に於いては、当該のエレメントとしての質的要因が相対的空間内での不定の限度にて維持されるからでもある。尤も、しかるエレメント自体の量的規定態様が定量的に維持されるとはいえ、不断にそのものに対する他在を構成する全エレメントとの相対的・可変的である関係変数により、任意且つ一意のエレメントに対する量的規定とても実行される以上、そのような相対的定量とはつまるところ可変的不定量にすぎない。そのことはまた、相対系を構成する下位集合における相対的エレメントとして存在（運動として自己存在）することにより占有する定量が、不断に

変化し続けるために一定しない相対的定量であることを示唆してもいるが、もとよりエレメントとしての自己存在を維持するということ自体が不断の運動（変化）であるために他ならない。自己存在における質的状態関数に応じて要求される量的規定態様が、つねに相対的・可変的である以上、それ以外の特殊時空間を構成する全他在との相互連動を以って、とりわけ自己存在をその質的状態関数として規定する態様の不断に変動することによるところでもある。

　このように相対系を構成するエレメントとしての自己存在の運動（変化）に伴い、それに対応することで要求される相対的定量は不断に変化し、つねに増減して止まないが、却って当該のエレメントとしての自己存在におけるかかる量的規定態様に起因することにより、それ自体の質的規定態様とても変動せしめられることになる。あらゆる特殊時空間的存在における物理化学的質量は、その量的変化と質的変化が不可分に相互連動することにより構成されるため、しかる量的規定態様の変動することが質的規定態様に反映されないはずもないからである。而してまた、そのような絶えまない量的規定態様の変動が累積されてゆくことにより、いずれかの時点に於いては、当該のエレメントとしての自己存在における従前の相対的定量の極限値より逸脱される場合には、従前の相対的定量に対応している質的規定態様とても逸脱されることになるとともに、それとは異質である新規の質的規定態様に移行することを余儀なくされることにもなる。しかく自己存在の質量を規定する相対的定量が超越されることは、そのことに対応してなされる質的規定態様の変動とてもまた、しかる相対的態様が維持されうる程度の内部調整の範疇には収束されえない帰結現象を生ずるためであり、とりもなおさず、当該のエレメントとしての質的規定態様の基本仕様そのものが変更・更新されることに相違ない。そのことが所謂、量から質への転化の法則によるところでもある。

378　　　第Ⅰ節　客観概念

ii ＞質

　エレメントとしての存在（運動としての自己存在）の質的状態関数は、もとより相対系内の全域における連続性によるところである。特殊空間上の連続性をつくりなす素因が、一般空間の全域を形成するエレメント同士の相互連関にある以上、無限に亘る全エレメントの相互間における無限因果的連動の帰結現象として、現在時における各々のエレメントの質としての規定性が獲得されているのであるから。したがって、つねに多様に変動して一定しない質的規定態様の実測値はいずれも、一般空間の全域における無限因果的連動からの必然性により決定されるところであるといえる。また、特殊時間上の連続性の意義としては、一般時間を展開する無限の系譜を例外なく継承していることに他ならないから、当該のエレメントの現在時における質的規定態様の如何については、たとえば仮に、有機質である場合にはその系統発生及び個体発生に帰因するところではあるが、然るにそのもの自体が無機質であるか有機質であるかに拘わらず、飽くまで精確性を期してその力動概念となる発生源を遡及するならば、現在時における質的規定態様には、一切の過去時間という無限連鎖がすべて反映されていることになる。

　このように、しかるエレメントとしての成立自体が、相対系内にあって非連続的に分化しているはずの質的規定態様が、無限に相互連関しあう全他在との連続性により形成されてゆくことは、あらゆる存在（運動としての自己存在）が無限の相対系を構成するエレメントという、有限の単位宇宙にして部分集合乃至要素（元）であるためである。エレメントは特殊時空間上の構成素子としてあり、また相対系内に占有する有限の下位集合乃至要素（元）の領域範囲としての態様を出力するから、それぞれの質的規定態様は当該のエレメントの相対的定量による規定をも享受する。或る任意且つ一意のエレメントとしての質的規定態様を維持するための内的エナジー

や、当該の質的規定態様に特有の仕様及び機能を保全するに当たっては、当該のエレメントよりも更に内包的である下位集合乃至要素（元）として位置付けられるエレメントを必要とする場合もあり、そのためには必然的に要求される定量的キャパシティをも自ずと異にする。個別のエレメントを構成する物理化学的質量は質的規定性と量的規定性の統合態様であるため、そのような定量的キャパシティのつねに相対的・可変的である変動に対応することにより、当該のエレメントとして体現可能である質的規定態様とても影響されるせいでもあり、かくて質的規定態様を成立せしめる非連続性というも所詮は相対的・可変的でしかない。

エレメントとしての質的規定態様における、相対系上の非連続性によるところの相対的安定性レベルを以って、＜定在＞と称せられる。しかる定在としての質的安定性とは、当該のエレメントが自己存在を維持せしめる本質的属性の変更されていないことが条件であるため、しかる本質的属性に対しては影響しないところの運動・変化等は、当該のエレメントの定在としての質的安定性上の許容範疇の域に出ない。しかし乍ら、特殊時空間上に非連続であることにより保証されうる、物理化学的存在主体としての性質上における相対的安定性レベルは、そのエレメントの質的規定態様における非連続性がつねに変動しつつ相対的にのみ保証されることよりして、つねに相対的・可変的にのみ成立しうる。したがってまた、不断に相対的である質的安定性をなすところの定在とは、相対的である質的不安定性でしかない。そしてそのことは、いかなるエレメントを形成する本質的属性とても、つねに相対的・可変的にのみ成立しうることに基づくところである。

エレメントを構成する物理化学的質量は質的規定態様と量的規定態様による対応関係にあるから、特殊時空間上の量的規定態様の変動のすべてに対し質的規定態様が反応することにより、量的規定態

様に対する当該の質的規定上の影響を反映されることになるとともに、質的規定態様の変動のすべてに対し量的規定態様が反応することにより、質的規定態様に対する当該の量的規定上の影響を反映されることにもなる。そのことは特殊時空間レベルの変動を前提する以上、未発達・未成熟にすぎる物理化学上の実証実験等により観測されうると否とに拘わらず、質的規定態様の変動状況に伴う量的規定態様の変化、及び量的規定態様の変動状況に伴う質的規定態様の変化が、一瞬間として休止することなく不断に成立していることを意味するところである。定在による質的規定における質的安定性はエレメントとしての本質的属性の維持に依存するため、量的規定態様における特殊時空間レベルの変動によりエレメントとしての本質的属性が変更されない限りに於いて、当該のエレメントの定在による質的規定における質的安定性は保持されている。然るにまた、当該のエレメントの量的規定態様における特殊時空間レベルの変動が、その瞬間における変更内容及び程度の如何に拘わることなく累積されゆくほどに、いずれかの時点に於いては、必然的に当該のエレメントとしての本質的属性を維持しうる限界値を逸脱してしまうため、そのことにより質的規定態様としての相対的安定性レベルは変更されることになり、従前の定在の状態関数より更新された新規の定在の状態関数へと移行せしめられる。かかる量から質への転化により、従前の質量規定性の態様が超越されるとともに、新規の質量規定性の態様が形成されることにもなる。そのことはされば、質量規定性が量的規定態様と質的規定態様とのAuf-hebenによるためではあるが、しかる同一の根拠よりして、当該のエレメントの質的規定態様における相対的安定性レベルをなす定在の状態変化により、量的規定態様における安定性レベルをなす定量とても状態変化を余儀なくされる。とりもなおさずそれは、当該のエレメントの本質的属性を保持せしめる定在に対する変更作用により、そのまま当該のエレメントの量的安定性をなす定量の規定性に対する変更作用を促進せしめることを示唆している。そのことが所謂、質か

ら量への転化の法則によるところに他ならない。各々のエレメント
を形成する質量上の規定作用にあって、当該の定在としての規定態
様が当該の定量に対し作用する以上、新規の質的規定態様として相
対的・可変的に安定化される定在の状態関数に於いては、従前の定
在の状態関数とは相異なる規定作用を動因とすることにより、一対
一対応する定量における運動・変化の規則性・速度・韻律等が修正
せられ、調整せられることによるところであるとはいえよう。

iii ＞変化

　エレメントの質量規定に於いて、量から質への転化の法則／質から量への転化の法則が反定立しあう交互作用として成立する。そのことは、特殊時空間上に形成される当該のエレメントとしての存立態様の問題であるから、理性機能による弁証系プロセスにおける客観概念としての量の概念規定が質の概念規定に自己同化したり、また質の概念規定が量の概念規定に自己同化するということではなく、エレメントとしての存立態様を維持する量的安定性が質的安定性を導出するとともに、その質的安定性が量的安定性を導出することに他ならない。

　然るに、このような量的安定性乃至質的安定性が即自的／対自的に保持されている特殊時空間上の条件下にあっても、量的規定態様及び質的規定態様がつねに一定して同一値の状態関数を維持していられるわけではない。といわんより寧ろ、しかる特殊時空間上の条件下に置かれていると否とに拘わらず、量的規定態様及び質的規定態様はつねに、且つ不断に当該の状態関数を変動させ続けているはずでさえある。相対系における物理化学的質量規定が、有限且つ相対的・可変的である量的規定態様及び質的規定態様との統合態様としてある以上、絶対的である自己存在としての非連続性・独立性を具備しうる瞬間がゆめ成立しえない以上、無限小という特殊時空間的単位に於いて、自己存在の量的規定態様及び質的規定態様が不断に変更され続ける必然性を免れないからである。

　量的規定態様は、特殊時空間上における無際限の他在と連動しあうことにより規定される自己存在の領域指定の問題であるため、相対系としての連続性を反映している。他方では、質的規定態様は、特殊時空間上における各々の他在との相異性、延いては無際限の他在全体に対する矛盾性により規定される自己存在の本質的属性の問

題であるため、相対系としての非連続性を反映している。したがっ
て、物理化学的質量規定を構成する量的規定態様と質的規定態様は
相互間に矛盾しあう関係式にあるが、しかしそのいずれもが有限且
つ相対的・可変的である規定性をのみ具有するに停まることも、ま
た客観的事実として明確ではある。量的規定態様における特殊時空
間上の連続性が絶対的規定性であることを仮定するならば、もはや
それ自体としての非連続性・独立性を具有する自己存在としての質
的規定態様などありえないことになるとともに、質的規定態様にお
ける特殊時空間上の非連続性が絶対的規定性であることを仮定する
ならば、もはや自己存在を成立せしめる対他的である連動性・相関
性をなす量的規定態様などありえないこととなり、その結論に於い
ては、自己存在の成立根拠を論理的否定せざるを得ないという整合
性の欠落を来すためである。そのことはまた、量的規定態様と質的
規定態様が相互間に矛盾しあいつつも、それとともに相互間に依存
しあう関係性にあることをも意味している。それぞれに有限且つ相
対的・可変的である規定性をしか具有しない量的規定態様と質的規
定態様は、その双方にとって相互間に矛盾的関係にある規定性を自
らに享受しあうことによってのみ、相互間に依存的関係にある規定
性により自己存在として成立するための平衡状態を維持することが
可能となるためである。

　エレメントとしての量的規定態様と質的規定態様は、相互間に矛
盾、且つ依存しあう連動性・相関性をつねに保持し乍らも、そのい
ずれもが不断に状態関数を変更せしめられ続けている。そのことの
論拠については既述の通りであるが、量的規定態様をなす状態関数
に対する変更作用が絶えまなく累積され続けることにより、いずれ
かの時点に於いては、必然的にその存在現象における定量としての
規定態様に対する変更をも余儀なくされるはずである。特殊時空間
上における量的安定性としての定量ではあるが、その基幹作用をな
す量的規定態様自体が不断に変動して一定しえない以上、当該の現

象態様として出力されている定量は相対的・可変的である不定量としてあるため、つねに質的規定態様との相互矛盾関係により運動・作用する量的規定態様の変動作用の累積が、いずれかの時点に於いては、当該の定量としての相対的限界点を超過することにより、それまでの定量規定としての相対的安定性が破棄されよう。しかし乍ら、当該の定量における相対的安定性が喪失されるということは、そのまま新規の定量規定としての相対的安定性へと移行されることに他ならない。従来の定量としての相対的限界点が超過されるということは、質的規定態様との相互連動により量的規定運動のエスカレーションされることに帰因する以上、既に限界超過による飽和状態にある当該の定量規定を逸脱して量的規定運動が更に続行されることは、変更されている定量規定に対応する相対的安定性としての、新規の定量規定として定立される必然性があるからである。故にこのことはまた、質的規定態様との相互矛盾／相互依存関係に帰因する存在現象でもあるから、質から量への転化の法則の運動的根拠をなしているともいえる。

　そしてまた、量的規定態様における相対的安定性をなす定量規定が破棄されるほどに、量的規定運動の動因及び動向がエスカレーションされゆく以上、不断に量的規定態様との相互矛盾／相互依存関係により更新される質的規定態様の動因及び動向とても、やはり不断に同期して助長されることになる。かかる量的／質的規定態様同士における不断の相互連動により、質的規定態様の状態関数に対する変更作用が絶えまなく累積され続けることの帰結現象として、いずれかの時点に於いては、必然的にその存在現象における定在としての規定態様に対する変更をも余儀なくされるはずである。特殊時空間上における質的安定性としての定在ではあるが、その基幹作用をなす質的規定態様自体が不断に変動して一定しえない以上、当該の現象態様として出力されている定在は相対的・可変的である不安定性としてあるため、つねに量的規定態様との相互矛盾関係によ

り運動・作用する質的規定態様の変動作用の累積が、いずれかの時点に於いては、当該の定在としての相対的限界値を超過することにより、それまでの定在規定としての相対的安定性が破棄されよう。しかし乍ら、当該の定在における相対的安定性が喪失されるということは、そのまま新規の定在規定としての相対的安定性へと移行されることに他ならない。従来の定在としての相対的限界値が超過されるということは、量的規定態様との相互連動により質的規定運動のエスカレーションされることに帰因する以上、既に限界超過による失効状態にある当該の定在規定を凌駕して質的規定運動が更に続行されることは、変更されている定在規定に対応する相対的安定性としての、新規の定在規定として定立される必然性があるからである。故にこのことはまた、量的規定態様との相互矛盾／相互依存関係に帰因する存在現象でもあるから、量から質への転化の法則の運動的根拠をなしているともいえるのである。

量はそれ自体が連続性を具有し乍らもエレメントを定量化するに対し、質はそれ自体が非連続性を具有し乍らも制限なく全他在と反応しあうことから、両者は概念規定としてはエレメントとしての自己矛盾する二態様をなす。それでいて尚、エレメントとしての量的規定態様における定量化は、質的規定態様における定在の属性から要求されているとともに、且つエレメントとしての質的規定態様における定在化は、量的規定態様における定量の実測値から反映されているところでもある。相対系におけるあらゆるエレメントの相互関係は、無限因果性に基づいて相互連動しあう運動態様としてあるから、当該のエレメントに対しそれ以外の全エレメントより、量的反映をなす交渉を亭けることは質的規定態様に対する影響を免れず、また同様に質的反映をなす交渉を亭けることは量的規定態様に対する影響を余儀なくされる。しかくエレメントとしての量的規定態様と質的規定態様との相互否定（収束）運動が促進されることにより、量的規定態様はその相対的安定性としての定量規定まで変更

されうるとともに、且つ質的規定態様はその相対的安定性としての定在規定まで変更されうるのであるが、相互間の規定作用における相対的安定性レベルに対する更新処理が同期的に対応して実行されるとき、新規の定量規定と定在規定は特殊時空間上における＜変化＞運動にAuf-hebenされている。エレメントとしての定量規定も定在規定もともに、量的規定態様と質的規定態様との相互矛盾／相互依存による反定立関係が促進されることにより、その相対的限界値がいずれかの時点に於いては、必然的に逸脱されることを以って更新されるが、もとより量的規定と質的規定が相互依存の関係式をもなしている以上、当該の定量規定／定在規定の更新処理はやはり同期して実行され、且つその双方による規定作用は特殊時空間上の質量規定を現出せしめることよりして、特殊時空間上における一意の座標系をなすエレメントとしての＜変化＞を示唆している。もとより変化とは、相対系における単なる物理化学的運動による状態関数の遷移であるのみならず、その特殊時空間上の質量規定により体現されるエレメントの存在態様の改変されることをも意味しており、且つ一般時空間上の無限という連動機構をなす相対系の、有限にして相対的・可変的であるエレメントは、かかる自己矛盾的態様をなす質量規定により反映されてあることによるところである。

第Ⅱ節 客観的精神現象

ⅰ＞認識レベル：幾何学

　前章にみる客観概念は、ＣＮＳ上の客観性フィルターにおける理性機能の弁証系プロセス上の概念的把捉の態様を論述しているが、それに対し客観的精神現象は、しかる弁証系プロセス上の客観概念に対応する運動主体としての、ＣＮＳ上の客観性フィルターにおける理性機能そのものの遷移を示唆するものである。換言するに、運動自我による対象的知覚をなす命題（論理式）に対する当該の客観概念と、当該の弁証系プロセスの認識レベルにおける客観的精神現象が同期して相互対応するのであるから、このとき客観的精神現象上の追考スタンスとしては、学術的には集合論的レベルをなしている。当該の客観概念の態様が、量的規定態様及び質的規定態様の弁証系レベルに相当するとともに、また量的規定態様と質的規定態様との相互矛盾関係は、当該の弁証系プロセス上の前Ｐｈａｓｅにおけるエレメントの概念規定を端緒とするが、量的及び質的に不断に可変的であるエレメントの相対的集合を以って成立するとともに、同時にそれぞれのエレメントの内部階層は更に内包的にして整合する下位層のエレメントの集合として存立しており、且つ理性作用上に展開されるためである。

　客観的精神現象は客観概念の追考主体をなす理性機能の態様を示唆するため、それが対象的知覚である命題（論理式）に対して作用する役割は、そのまま何程かの学術的立場にも通じている。何となれば、一切の学乃至理論は、その分類上の相互間の論理学的整合性と理論的相異に拘わらず、ＣＮＳ上の客観的精神現象による理性的追考運動の成果としてのみ成立しうる以上、客観的精神現象の弁証系プロセス上における当該の認識レベルを反映された本質規定と公

理体系を装備することになるし、また客観的精神現象の必当然的に推移しゆく系譜に対応して、当該の学乃至理論としての本質規定と公理体系とても遷移しゆくことになるためである。

　ＣＮＳにおける理性機能の状態関数、即ち当該の弁証系プロセスの認識レベルに位置付けられる客観的精神現象の運動規定、それにより必然的に導出される論理的成果の体系が当該の学乃至理論を形成する。弁証系プロセスにおける当該のＴｒｉａｄｅ展開の、定立（テーゼ）レベルに相当する客観概念は量であり、それを同期して構成するＣＮＳの運動態様である客観的精神現象は、客観概念上の即自的態様をなす量の概念規定に対応する客観的認識の状態関数にあるから、当該の客観的認識処理により導出される論理的成果が同認識レベルにあって体系化されることにより、幾何学上の問題としての学乃至理論の体系が構築される。運動態様としての特殊時空間的実測値はその量的規定により生起せられるが、かかる量の概念規定を学術的根拠とする理論が幾何学であるからである。しかし、客観的精神現象によるその認識レベルは弁証系プロセスの途上にある、即ち弁証系プロセスの最終工程まで未だ経過していない以上、当該の［客観的］認識レベルにて成立する学術上に期待しうる妥当性及び真理値は、爾後の弁証系プロセスに於いて論理的否定される可能性を持続しているため、飽くまで相対的である確率論の域に出ない。その逆に、絶対的である確実性とは、理性機能による追考処理における、より高次の工程により論理的否定される可能性のない［客観的］認識レベルに成立するからである。

　量的規定態様の［客観的］認識レベルにある客観概念に対し、つねに同期して対応するＣＮＳの運動態様である客観的精神現象は、量的規定態様における概念的把捉を体系的に展開しうる理性作用のグレードにあることになる。当該の論理系上の工程に相当する理性作用のグレードにあって、当該の概念的把捉を体系的に構築するこ

とが学術的体系化の作業に他ならないから、量的規定態様の［客観的］認識レベルにある客観的精神現象を以って構築されうる学乃至理論の体系は、如上の論拠よりして、幾何学的問題を研究対象とするそれである。

　過去の学術史における幾何学的問題に関する学説上の論争に拘わらず、幾何学は弁証系プロセスにおける当該の認識レベルにあって成立する学術的体系を形成し、且つ当該の認識レベルの客観的精神現象により推進される。かかる認識レベルをなす幾何学理論により論究されうる対象は、特に数（自然数）のみならず量一般（無限量まで）に相当する。解析幾何学では、数式と図形の双方を座標系という前提のもとに相互連携できるように設計されており、そこにはすべての量を線分の長さで表現するという量の同次性の概念規定が提唱されていること、また（x，y）等の未知数記号とともに文字係数を用いることが確立されていることから、証明法を伴う理論体系として定立される。理論体系をなす幾何学の端緒として、解析幾何学を以ってその定立態様として規定するならば、それに対する反定立態様として規定される理論体系が射影幾何学に相当することになる。すべての量を線分の長さにより表現する解析幾何学に対し、配景の位置に設置しうる図形の間に於いて、長さ・面積・角などの変化しうる諸量ではなく、たとえば、三角形の性質が変化しないパターンなどのように、不変である性質を調査することが射影幾何学の役割であるからである。公理論的である平面射影幾何学ではたとえば、『①：２点のうえには必ず１直線がある』、『②：２直線上には必ず１点がある』というような公理を導出するとともに、当該の公理を前提とする理論体系を構築し、更には妥当性を具有する公理を導出することにより、その理論を特殊化してゆく。尚、上記②の例に於いては、平行線を認めることなく、それらが謂はば無限遠点として称せらるべき点にて交叉するという自己矛盾的である理論立てをなすことを意味するが、このことは実在的である無限性の概念

規定が数学上に導入された実例の一でもある。上記①と②の例題にも見られるように、平面射影幾何学では、公理の主語と述語を構成する"点"と"直線"を交換することにより、①→②、且つ②→①への公理の証明が得られることになるため、もとより①と②は公理系における交互作用をなして成立するのであるが、それが公理系にあっては特殊の例題ではなく、すべての公理間における関係変数が同様の交互作用による合理的体系として成立するよう構成されている。とりもなおさず、平面射影幾何学上のすべての概念規定・定理とその証明は、かかる"点"と"直線"との交換により、それぞれの交互作用をなす公理における概念規定・定理とその証明とはなる。かかる法則をなす根拠として、双対の原理と称せられている。

　解析幾何学と射影幾何学との基礎理論上の相互矛盾関係が顕在化されるほどに、客観性フィルターの理性機能が助長されゆく帰結現象として、双方の学術的追考作用が相互間の同期しあう理論的展開により促進されることになる。解析幾何学における更なる発展を遂げさせられた実例としては、微分法の援用による微分幾何学の理論的発達が挙げられる。代数学における解発見のための学術的機能を幾何学に附与された解析幾何学は、それとともに代数自体を証明法を伴った理論となさしめるとともに、また関数の概念規定を成立せしめる誘因ともなったのであるが、帰結的に触発せられた解析学による幾何学的アプローチを反映する微分幾何学として生成されていることにもなる。また他方、射影幾何学における更なる発展を遂げさせられた実例としては、ユークリッド幾何学：Ｅｕｃｌｉｄｅａｎ＿ｇｅｏｍｅｔｒｙ／非ユークリッド幾何学：ｎｏｎ＿Ｅｕｃｌｉｄｅａｎ＿ｇｅｏｍｅｔｒｙの相互連関による展開が挙げられる。ユークリッド幾何学では、定義・公準・公理という体系化を以って、幾何学を論理的に建設することが試行されるところであるが、非ユークリッド幾何学との争点としては、とりわけその第五公準の妥当性にある。『１直線が２直線と交わって、同じ側に和が２直角

より小さい内角を形成するとき、その２直線を限りなく延長すれば、
和が２直角よりも小さい内角のある側にて必ず交わること』が、そ
れ以外の四公準（第一公準：『２点を直線で結ぶこと』・第二公準：
『線分を延長すること』・第三公準：『任意の中心、任意の半径で円
を描くこと』・第四公準：『直角は相等しいこと』）、及び公理：『同
じものに等しいもの同士は相等しい』、その他に比較して、より複
雑といえる論理構造をなしていることの是非は問題ではない。それ
が複雑か単純かという仮言的である判定は、相対的・可変的である
主観作用の混在によるところであるからである。第五公準にみられ
る平行線の定理では、『平面上にて、１直線外の１点を通って、そ
の直線に平行である直線は１本引くことができ、且つ１本に限られ
る』ことになるが、広義の非ユークリッド幾何学では、『１直線外
の１点を通って、その直線に平行である直線は無数に引くことがで
きる』とする立場を採る一方、狭義の非ユークリッド幾何学では、『１
直線外の１点を通って、その直線に平行である直線は１本も引くこ
とができない』とする立場を採ってもいる。平面を単なる理論上の
座標系としてではなく、現実態様をなす特殊時空間における次元と
して認識するならば、平面上における任意且つ一意の１点もしくは
１直線は不断に可変的であるから、特殊空間をなす座標系の相対性
という前提に於いては、任意且つ一意の直線に平行である直線が無
数に引くことができるという結論と、しかる平行線が１本も引くこ
とができないという結論は、したがって同義である。いずれにせよ、
非ユークリッド幾何学乃至リーマン幾何学：Ｒｉｅｍａｎｎｉａｎ
＿ｇｅｏｍｅｔｒｙの立場としては、第五公準に対する論理的否定
であるとともに、ユークリッド幾何学におけるそれ以外の公理とは
相互矛盾することなく幾何学体系を建設できる、という結論に於い
て一致している以上、ユークリッド幾何学と非ユークリッド幾何学
は第五公準の成否という一点のみに於いて、相互矛盾関係にあるこ
とになる。とはいえ、たとえば三角形の内角の和は、ユークリッド
幾何学では２直角となるに対し、非ユークリッド幾何学では２直角

にはならず、またユークリッド幾何学では任意且つ一意の平行である2直線は無限に延長できる前提であるに対し、非ユークリッド幾何学では直線を無限に延長することはできず、規定されうる座標空間は有限域にのみ限定されることなど、特殊時空間に対する認識論上の矛盾態様とても生じるはずである。リーマン幾何学に相対性理論を導入することにより、幾何学上の理論構成に物理学上の根拠を附与することによる発展を指向する立場もあるが、もとよりかかる幾何学上の論争の根源として、幾何学上における理論的といえる座標系と特殊時空間に対する認識が明確に弁別されていないことが挙げられる。理論的に完結している直線や三角形等が、幾何学上における座標系にあっては成立しうるとするも、特殊時空間における物理的事例としてはありえない以上、ユークリッド幾何学上では平行である2直線が無限に延長されうるとも、現実態様をなす特殊時空間上に於いては、完全に完結している直線とても、またその直線に平行しうる直線とても成立しえないが故に相違ない。

　このような射影幾何学上における理論展開は、それと相互矛盾関係にある解析幾何学上における理論展開と、絶えまなく同期して実行されるのであるが、相互間に助長されゆく概念的否定関係を止揚（揚棄）しうる理論が、幾何学基礎論に相当する。留意すべきことは、ここに称せられる幾何学基礎論が、ただユークリッド幾何学と非ユークリッド幾何学との相互連関を統一するための理論ではなく、それらを内包する射影幾何学と解析幾何学との相互否定関係をその相互否定の極限値に於いてＡｕｆ－ｈｅｂｅｎするとともに、幾何学全般に関する公理系を綜合的に追究すべき立場にあることである。したがって、ヒルベルト：Ｄａｖｉｄ＿Ｈｉｒｂｅｒｔにより提唱された、結合の公理・順序の公理・合同の公理・平行の公理・連続の公理の5群の公理系とてもまた、それ自体が幾何学基礎論による研究対象の一であるにすぎない。そして、かかる意義における幾何学基礎論の学術的スタンスを可能ならしめるのは、理論として

の幾何学における座標系と客観性としての相対系をなす特殊時空間との学術的認識であるとともに、とりもなおさず、客観的精神現象における幾何学的時空間と客観概念における現実上の特殊時空間との自覚、及びその理性的統一にもある。幾何学上における学術的である争点の基本をなすものは、公理系を構築すべき座標空間に対する認識の相対性に帰因する所以であり、且つ客観的精神現象が理性機能による弁証系プロセスの内的主体として理論的座標系を形成する他方、客観概念は理性的弁証の対象とせらるべき相対系自体の次元である特殊時空間を前提とする以上、そのような客観的精神現象と客観概念との自覚が、そのまま幾何学的座標系と特殊時空間の規定性との理性的弁別をなさしめることにより、幾何学理論における認識上の相対性に理性的規定を附与しうるからである。

　そして、そのような概念規定を構成する量及び定量が、幾何学理論の相当する弁証系レベルに於いて展開せらるべき主題ではある。

394　　第Ⅱ節　客観的精神現象

ii ＞認識レベル：代数学

　弁証系プロセスにおける幾何学理論に相当する認識レベルでは、それぞれの存在主体（現象）毎に特殊化された諸属性ではなく、運動の態様としてのみ成立しうる存在自体の量的規定態様に対する客観的把捉処理の展開、及びその理論的体系化を旨とするが、そのことは特殊時空間上の量概念に対する、理性機能による客観的精神現象上の即自的アプローチによるものである。然るにまた、あらゆる存在主体及びその量的規定態様は、各々のそのもの自体ではないところの全存在である他在との相互因果的連動により成立する以上、即自的アプローチに対しては矛盾関係にある理性作用をなす対他的アプローチ、乃至対自的アプローチが不可欠とはなる。

　純粋の存在の量的規定態様の知覚から、自己自身ならぬ他在との関係式としてある定量的である自己存在における質的規定態様の対他的且つ対自的認識への移行は、客観的精神現象における系譜としては、幾何学より代数学、とりわけ記号代数学への学術的レベルの移行として成立する。何となれば、存在自体における量的規定態様を研究対象とする幾何学理論に対し、当該の存在自体ではないところの全他在を構成している、エレメントとしての存在に対する質的規定態様として成立する対他的認識は、存在の記号化された質的表象の数学的形式への一般化法則により対象を認識する代数学的レベルに於いて可能となるためである。［記号］代数学の本質規定は、対他的相互アクセスにおける一般化された存在の運動規定の原理的解明にあるから、その一般化された存在における記号化された質的規定性の態様が、たとえば有機質であるか無機質であるか、単なる理論上の概念規定であるか否か等の区分ではなく、当該の定量的規定性に対応する定在的規定性における質概念を反映している。個別の事象に対する検証の意義ではなく、代数学的法則として一般化されうる存在の質的規定態様の認識の根源的であるレベルに、対他的

且つ対自的相互アクセス自体の原理論を問うことの目的があるためである。

　方程式の記号的解法ということを主要課題として発展してきた代数学では、たとえば、連立１次方程式の解法から行列式や行列理論が生成され、また高次方程式の解明と運用から複素数、或いは整式の理論が生成されている。とりわけ後者の数学的成果としては、根の存在に関する代数学上の基本定理等も挙げられよう。また、個別の方程式に着目するのみならず、或る一群の方程式を統合的に考察するという学術的立場からも、集合内における要素（元）の結合がその要素（元）の相互間に定義されている集合、即ち代数系に関する理論的構造を構築することを主たる研究課題とするようになっている。そのことは而して、一般化されうる存在の質的規定態様に関して、成立せしめられる種々の方程式を単純に収集するということではなく、統一理論に基づいて証明された方程式により体系化するとの立場に他ならない。

　このような代数学、とりわけ記号代数学における意味論的前提としては、あらゆる高次方程式及びその統一的規定性をなす代数系のうちに一般化される質的規定態様については、記号論的アプローチが不可欠であることにある。既述にみる通り、ここでの記号とは単なる特殊の文字コードに対応する図形文字を示唆しているのではなく、学術的対象となる客観性をなす現実態様としての特殊時空間を構成する存在の質的規定態様、特に対他的に作用する質的規定態様の一般化を示唆する概念規定である。記号現象は特殊時空間的である定在の態様を記号化するところであるが、学術的意義に於いてはその主体となる生物体の活動状況に連関しているとともに、所謂高等動物にあってはとりわけその精神活動が反映されてもいるため、記号論の基礎理論としての心理学的考察との関係性が不可欠となるが、心理学はその科学化を徹底することにより、内観心理学から行

動主義の心理学へと発展してきており、人間以外のすべての生物体にも認められる記号現象の心理学的研究のためには行動主義の心理学が不可欠である。されればつまり、記号論は記号行動に関する行動主義的研究を基礎理論としなければならない。たとえば、パヴロフ：Иван＿Петрович＿Павловの条件反射の実験を例示するならば、『仮に或るもの A が、或る行動科の反応連鎖を開始する刺激対象がないにも拘わらず、或る生物体に或る条件下に於いて、この行動科の反応連鎖により反応しようとする志向を生起せしめる準備刺激となるならば、そのとき上記 A は記号である』と定義されている。かかる定義によれば、ここでの条件刺激であるブザー音は被験体である動物（犬）という解釈者にとっての記号であるが、食物という刺激対象がない場合にも拘わらず、食物を欲求する目的追求行動により反応しようとする志向を生起せしめる準備刺激となっているからである。準備刺激とは、他の何等かの刺激情報に対する反応に影響を与える刺激をいう。反応そのものと反応しようとする反応志向とは相異なるものであり、反応志向とは、仮に或る特定の条件が加わる場合に反応が生じるような生物体の状態関数を示す他方、また反応とは、刺激情報により生起せしめられる筋肉と腺の活動を示すのであるが、広義の反応に関しては反作用とも称せられる。

やはり既述にみる通り、記号にはシンボルとシグナルという弁別があるが、記号に対する解釈者が提出し、それと同義である他の記号の代用として作用する記号をシンボルと称せられ、そうではないすべての記号がシグナルと称せられる。たとえば、ここでの解釈者（披験体）である動物（犬）にとっての記号であるブザー音はシグナルであるが、解釈者としての人間にとっての記号である食物は、それと同義であるシンボルに相当する。これらのことは単なる一例にすぎないため、実証実験せらるべき例題に応じてシンボルやシグナルの実サンプルを異にすることになるが、そのことはつまり、記

号という引数を充足しうる実測値が、人類の文化の所産である言語としてのみならず、更には所謂下等とされている生物体に対しても、また同様にそれ以外の非生物体に対しても普遍的に認められることを意味している。解釈者と記号との条件設定、及びその状態関数に応じた実測値に関しては、それ以外の特定の制約を設定する必要性がないからである。

　かかる記号の実測値が解釈者との条件設定及びその状態関数に依存している以上、当該の解釈者にとっての当該の記号をなす存在サンプルの質的規定態様がその記号の実測値を定立することになる。したがって、そのような記号論を基礎理論として保有する記号代数学とても、存在における質的規定態様を反映することにより成立しているといえる。記号代数学における方程式の記号的解法については、単純に構文論的である見地からのアプローチのみならず、とりわけ意味論から語用論における考察内容としても、記号論的である質的規定態様の概念規定が反映されていよう。記号の引数を充足する存在の質的規定態様は、代数学上の理論におけるシンタックスとしてではなく、記号化に関する基礎理論をなす意味論的アプローチを形成するものであるからである。そしてまた、代数学における基礎理論は更には、メタ理論：Meta-theoryへと発展せしめられる。数学乃至論理学の意味論的である基礎理論については、言語理論の一部門としての記号論からメタ理論へと展開されており、学術上に於いて厳密に取り扱われる代数学はメタ数学と称せられるところでもある。代数学は公理と称せられる仮定的命題（論理式）から、推論規則と称せられる式変形の諸規約にしたがって、結論を導出してゆく記号体系としてあるともいえるが、そこでしかく記号化された体系そのものを学術的研究対象として、当該の体系におけるたとえば＜証明＞の概念規定、またたとえば、＜真理性＞の概念規定を追究することが可能とはなる。このため、かくて公理化された代数学そのものを学術的対象とする数学理論が［当該の公理

系に対する〕メタ数学であり、またそこにおける理論形成をなす定理がメタ定理としてある。一例としては、平面射影幾何学に於いては、或る任意の公理に於いて『点』と『直線』との文字列を交換しても、やはり公理となるよう設計されているので、平面射影幾何学のすべての定理・証明ともに、『点』と『直線』を挿入しかえることにより、やはり射影幾何学上の定理・証明となることが確認されるとする双対の原理は、平面射影幾何学に対するメタ定理の実サンプルともいえる。而してまた、或る任意のメタ定理を対象とするメタ定理も成立するとともに、更にはそのメタ定理を対象とするメタ定理とても成立しゆくことから、かかるメタ理論及びメタ定理における多重化は、理論構成上の際限がないことにもなる。このことからメタ数学は、代数学におけるなべての理論体系を公理化するに際しての、あらゆる前提条件から論理的矛盾の発生しないということの証明の技法としても、当該の認識レベルに相当するといえよう。

第Ⅲ章 弁証運動──PhaseⅢ

iii ＞認識レベル：解析学

　特殊時空間を体現し、且つ機能するエレメントは、存在における量的規定としての態様と、質的規定としての態様による相互矛盾関係を以って更新され続けるが、前者は数学理論上では幾何学理論の問題として、また後者は代数学理論の問題として弁証系プロセスの認識レベルに反映される。幾何学及び幾何学基礎論に於いては、空間概念に対する認識上のプロセスや観念的である捉え方の問題を排して、といわんより寧ろそのことに拘泥する以前の認識レベルに於いて、特殊空間における運動主体とその運動すること自体の本質規定、即ち特殊空間の運動・展開の法則性を問題とする。それゆえに、或る運動主体が有機質か無機質かなどという属性や、またその所属する類や族などという分類学上の種別等には拘泥しえない。それに対し、代数学とりわけ記号代数学に於いては、特殊空間を構成する運動主体に対し、特殊空間における状態関数乃至条件に応じて記号化された研究対象として取り扱い、当該の特殊空間を規定する関係式・方程式への類型化を問題とする。それゆえに、当該の運動主体が人間等の意識主体であるか否か、また生物体であるか非生物体であるか、更にはバリオン物質であるか反バリオン物質であるか等というカテゴリーを限定せず、あらゆる存在の相互間における関係変数を空虚である記号に変換して考察する。

　幾何学理論の成立する認識レベルに於いては、即自的態様としての空間運動の原理及び法則を考察するに対し、その他方にて代数学理論の成立する認識レベルに於いては、記号化される特殊空間内における対他的及び対自的連関により運動主体の即自性を自己否定的に論究する。このため、客観的精神現象上における双方に対応する理論・学説とても、相互否定的である学術的立場にあるのであるが、然るに客観概念上に於いては、量的規定性の概念規定とそれに一対一対応する質的規定性の概念規定は自己矛盾的である変化の概念規

定として更新されるから、かかる量的規定性に関する理論＜幾何学理論＞と質的規定性に関する理論＜代数学理論＞とても自己矛盾的に自己統一され、特殊空間における存在規定、即ち特殊時間としての変化を研究対象とする理論へと向自的態様として移行されよう。幾何学理論と代数学理論は、相互の学術的スタンスのうちに、相互間に論理的否定作用しあう追考上の理性的ヴェクトルを内在化することにより、寧ろ相互の存立態様を更新し、より高次の学術的スタンスとして相互に依存しあい共生することになる。

　そして、この論理的階梯におけるより高次の学術的スタンスとは、特殊時空間上の変化に関する理論としての解析学を示唆している。量的規定態様と質的規定態様、即ち運動＜変化＞態様としての存在自体のうちにおける、運動＜変化＞態様としての他在との相互移行作用は、対他且つ対自作用により現象せしめられる自己運動・変化として成立するため、自己存在そのものと非自己存在の存立との量的連続性に関する理論と質的非連続性に関するそれを止揚（揚棄）せしめる認識レベルは、全体概念における変化に関する理論に移行しているからである。一意の運動＜変化＞態様である存在に対する否定的運動＜変化＞態様である全他在は、一意のカテゴリーを構成するとともに、一意の運動＜変化＞態様に対し量的且つ質的に規定されるカテゴリー指定には普遍性がなく一意である以上、かかる一意の否定的運動現象は必然的に、一意のカテゴリーをなす全他在の運動的統合化された否定作用エナジーに帰因する運動態様の自己作用であるともいえる。

　解析学本来の原義をなす解析の意義としては、演繹的である綜合の概念規定とは相互対立の関係式にあり、或る任意の未知である客観的事実の成立することを仮定することにより、そのことから遡及して既知である原理にまで到達すること、また逆に綜合とは、しかる原理により最初の解の妥当性を証明することに、それぞれ相当す

る。されば、前者は未知である客観的事実の発見を、また後者はし
かる原理に対する証明を主たる目的とする場合もあろう。とりもな
おさず、予め方程式の解の成立することを仮定しつつも、その値を
追究するための解析方法論としての基礎的構造を具備しているた
め、代数学的アプローチの学乃至理論として発達してきてはいるが、
その他方に於いては、解析に仮定される方程式の解が求めるもので
あることの証明に当たっては、幾何学的アプローチが不可欠である
ともいえる。このことはまた、解析学がもとより幾何学理論と代数
学理論とのAuf−hebenにより成立してあることによるので
あるが、かかる学術分野に所属している諸理論に亘る共通性として
は、それがいずれも極限及び連続の概念規定に関係していることで
ある。そしてまた、極限及び連続の概念規定が解析学の中心概念で
あるという事実は、幾何学上の量的規定態様と代数学上の質的規定
態様を統一する特殊時空間上の変化の概念規定が、極限及び連続の
概念規定を通じて理性作用上に追考されうることによるところでも
ある。解析学の中心概念が追考されゆくためには、その学術的プロ
セスを可能ならしめる客観的精神現象上の力動概念としての、幾何
学理論及び代数学理論の相互による対他的アプローチ、乃至対自的
アプローチが不可欠であり、またそれ自体が解析学上の展開に反映
されるためでもある。

　現代に於いては、解析学は微分積分学を端緒として、実関数論・(複
素) 関数論・微分方程式論・変分学等、その他複数の小分科を内包
しているのみならず、極限及び連続の概念規定に直接乃至端的に連
関する位相数学をなす主要の一母体として、数学分科における発展
を遂げてきている。微分積分法の源泉としては、ギリシアのアルキ
メデス：Archimédésの理論まで遡及されるが、ニュートン：
Isaac＿Newtonの流率法と、ライプニッツ：Gottf
ried＿Wilhelm＿Leibnizの無限小解析学はとも
に相当する記号法を具有している。まずニュートンの理論では、連

続的に変化する流量（関数）が附与されたとき、その速度としての流率を求めることが微分に、しかる当該の逆関数が積分に相当することになる他方、ライプニッツの理論ではまた、微分法に通じるデカルト的接線法の改良、積分法に通じる逆接線法と面積・体積等を求める求積問題（積分法）、及び両者の相互連関が統一的に処理されている。更にはまた、コーシー：Ａｕｇｕｓｔｉｎ＿Ｌｏｕｉｓ＿Ｃａｕｃｈｙにより、微分積分学が単に記号計算としての無限に関する代数学であるとの立場が廃棄され、基礎的といえる極限及び連続の概念規定を指導原理とする解析学の算術化・合理化がなされており、次いでリーマン：Ｇｅｏｒｇ＿Ｆｒｉｅｄｒｉｃｈ＿Ｂｅｒｎｈａｒｄ＿Ｒｉｅｍａｎｎによりその基礎付けが整備されており、更には無理数論の設立を以って確立されている。現代の微分積分学はこの無理数論に基づいて、除法的算法である微分法と、乗法的算法にして求積問題の発展形態である積分法とともに、両者が相互間に逆の算法であるという事実上の基本定理からなっている。そしてまた、集合論やルベーグ積分論等によっても、微分積分学は実変数関数論へと発展し、そのうえ位相数学的考察により解析学としての発達を遂げてきている、という経緯とてもある。

　微分方程式に関しては、種々の自然科学的法則や社会科学的法則は、広義における質量の変化の関係式として、微分方程式とその逆関数法としての積分法に反映される。数学理論上に於いては、単純に解を追究することのみならず、そこに解が存在するか否か、存在するとしてもそれが一意的に定まるか否か、解の関数はどのような性質を具有するか、等という様々の問題がある。一般解における任意個の定数は、そのとき附与されている種々の条件にしたがって決定される場合があるが、そのような条件のうち、最初の状態関数を示す初期条件、変数の領域範囲の境界での状態関数を示す境界条件などは重要であり、微分（積分）方程式を解く問題は、かかる見地よりするところでは、現在時における状態関数と、それらの状態関

数の現在時における変化の状態関数、乃至或る特殊空間的範囲の境界における状態関数等に基づいて、しかる変化の法則を追究することである、といえるのである。したがってまた、そのことは客観概念における変化の概念規定と、客観的精神現象における解析学的アプローチが、当該の認識レベルに於いて相互間に対応する客観的事実を表象していることにもなる。

　解析学上の主題でもある極限及び連続の概念規定に関しては、たとえば或る変化するものXが、固定している［と仮定される］Aに際限なく接近するとき、そのAをXの極限と称せられる。この場合のXが際限なくAに接近するとはいうも、しかし乍らAそのものと同値になるとは限らない。或る任意の変数が次々に充足する値が、一つの仮定される値に接近することにより、逆にその差分が任意に与えられた量よりも小さくなるならば、その仮定される値としては最初の変数の極限であるとされる。また、一つの変数の次々に充足する値の絶対値が、どこまでも際限なく減少することにより、任意に与えられた数よりも小さくなるならば、その変数は無限小であるとともに、それは0＜零＞を極限として内在することとされてもいる。極限及びこれを用いる方法論である極限法は、曲線の接線・曲線や曲面により囲まれた図形の面積や体積・級数の総和を求めるために必要となるが、このような極限及び連続の概念規定を指導原理とする微分積分学の算術化・合理化がなされてもいる。先述にみる通り、微分積分学は更には無理数論のうえに、もとより除法的算法である微分法と、その他方、求積問題の発展形態である積分法が謂はば乗法的算法でもあること故に、微分法と積分法の双方が相互に逆演算になるという基本定理からなっている。そこに無理数論が作用していることの根拠としては、本来に於いて解析学の基本的概念は極限、或いは（数学的）連続であり、極限演算の実行されうる場としての数は、少なくとも実数まで拡張される必要性があるのであるが、この点に於いては、有理数（整数の比）から実数への拡張の

ために無理数を導入するところに、極限もしくは連続の本質規定があるといえるからでもある。そのことはまた、収束される有理数列の極限により無理数を定義する学術的立場に通ずるところともいえよう。尚、このような極限及び連続に関する理論については、別章にて改めて論述されることにもなろう。

　客観的精神現象上の認識レベルにおける量概念は幾何学上の根本問題として、また質概念は代数学上の根本問題として、既に理性機能的展開に反映されている。解析幾何学上の公理（公準）は空間量の微分学的認識を目論見、また記号代数学は単位空間の変質の態様の統計化を目的とする必要性があるからである。存在規定の統合的である変数としての集合概念に対する、量的規定態様と質的規定態様は、相互間に概念的矛盾しあう学術的系譜のアクセス作用を実行し乍らも、変化という運動の特殊化された概念規定としてＡｕｆ－ｈｅｂｅｎされる。量的規定態様が定在の質的規定をして変化せしめ、また質的規定態様が定量の量的規定をして変化せしめるとともに、定量的である変化が当該の定在により質的に規定せられ、また定在的である変化が当該の定量により量的に規定せられる。このような質量的エレメントの変化という理性機能上の客観概念の態様に対応して、客観的精神現象における認識レベルは、もはや解析学的追考の階梯へと移行せしめられている。もとより相対系の内包的集合としての質量的エレメントの変化は、特殊時空間上の無限小の有限値の問題にトレースする微分学上の、また相対系の外延的集合としての質量的エレメントの変化は、特殊時空間上の無限大の有限値の問題にトレースする積分学上の、それぞれに研究対象であるからである。然るにまた、かかる理性機能による解析学的トレースは同時に、理性機能による弁証系プロセスの内部作用によるところでは、客観概念に対する統合的追考の工程として運行されなければならない。いかなる量的且つ質的規定性をなす変化と雖も、整合的にエレメントの変化態様として統一されている必要性があるためである。

第Ⅲ節　主観観念

　超自我における主観性フィルターの構成する知覚態様をなす主観
観念は、特殊時空間上の［客観的］実測値には拘束されない主観的
産物ゆえにRandomの動作傾向を示す。（そのこと自体がまた
客観的事象につき、当該の主観観念の特殊時空間上の［客観的］実
測値を形成するのではあるが）但し、弁証系プロセスの遂行下にあっ
ては、客観性フィルターの動向にCNSの注意能力が集中化される
ため、主観観念の推移は客観概念の追考過程上のグレードにリアル
タイムに呼応する。このことから、本節での認識レベルをなす客観
概念が、存在（運動）としてのエレメント：Elementにおけ
る量［定量］的規定／質［定在］的規定の相互矛盾態様をなす概念
規定に相当する以上、超自我における真理値以外の価値システムを
反映する主観観念はまた、当該の段階にあって、エレメントにおけ
る量［定量］的規定／質［定在］的規定の相互矛盾態様をなす概念
規定に対応するイメージレベルにあることになる。したがって、客
観概念の状態関数が、エレメントの概念規定の＜量［定量］的規定
⇔質［定在］的規定＞による相互否定（収束）作用から＜変化＞と
いう概念規定へと移行されることに伴い、主観観念の知覚態様とて
も、当該同一の対象的知覚に対するイメージレベルの状態関数を、
客観概念をなす認識レベルに呼応する変動系譜にて遷移せしめざる
を得ない。

　しかし、相対系自体との同一性を表示する真理値以外の価値シス
テムを反映する主観観念は、その知覚態様自体を相対系に符合せし
める必然性をなさないため、つねに相対的にしてRandomの可
変性を具有している。また、主観観念が客観概念の状態関数の遷移
過程に呼応しあうとはいえ、客観概念が未だ精確である概念規定を
なしうる認識レベルの状態関数にはない以上、そして主観観念自体

の移行パターンにはロジカル属性をなす通信経路を具有するわけで
はないので、超自我における主観性フィルター及びそこに相互連動
しあうエス＜イド＞の本能的欲求値が、当該の時点に於いて構成す
る状態関数に負うところが多い。したがって、このとき主観観念は
未だ不確実であるＫｈａｏｓ状態の様相にあり、またそれはエレメ
ントにおける＜量［定量］的規定⇔質［定在］的規定＞による相互
否定（収束）作用から移行される＜変化＞という事象、或いはその
客観概念上の定義より得られる根拠不定のイマージュでしかない。

　また、主観観念はつねに、主観的精神現象の運動・作用に相互対
応しつつ変化・動向する。もとより、主観観念は主観的精神現象の
状態遷移により、主観的意識内容乃至対象として脳内形成されるイ
メージレベルであるからであり、且つ主観的精神現象の運動・作用
は主観観念の内的イマージュの機能態様として収束されるからでも
ある。そのことと同様に、客観概念はつねに、客観的精神現象の運
動・作用に相互対応しつつ変化・動向する。もとより、客観概念は
客観的精神現象の追考過程上のグレードにより、客観的把捉態様乃
至対象として脳内生成される認識レベルの状態関数をなすからであ
り、且つ客観的精神現象の運動・作用は客観概念の統覚作用として
収束されるからでもある。客観作用と主観作用が相互間に呼応しあ
う以上、したがってまた、客観概念に主観観念が呼応して状態遷移
するということは、同期しつつ客観的精神現象に主観的精神現象が
呼応して運動・作用することと同義である。

第Ⅳ節　主観的精神現象

　超自我における主観性フィルターを展開する運動自我の態様をなす主観的精神現象は、特殊時空間上の［客観的］実測値には拘束されない主観作用の運動現象ゆえにRandomの動作傾向を示す。（そのこと自体がまた客観的事象につき、当該の主観的精神現象の特殊時空間上の［客観的］実測値を形成するのではあるが）但し、弁証系プロセスの遂行下にあっては、客観性フィルターの動向にCNSの注意能力が集中化されるため、主観的精神現象の推移は客観的精神現象の追考過程上のグレードにリアルタイムに呼応する。このことから、本節での認識レベルをなす客観的精神現象が、幾何学理論／代数学理論以降の反定立態様をなす学術上の弁証系レベルに相当する以上、超自我における真理値以外の価値システムを反映する主観的精神現象はまた、当該の段階にあって、幾何学理論／代数学理論以降の反定立態様をなす学術的階層に対応する主観的アクセスレベルにあることになる。したがって、客観的精神現象の認識レベルが、＜幾何学理論⇔代数学理論＞による学術上の相互矛盾関係から＜解析学理論＞という理論的系譜へと移行されることに伴い、主観的精神現象の運動態様とても、当該同一の対象的知覚に対する主観的アクセスレベルの状態関数を、客観的精神現象をなす認識レベルに呼応する作用工程にて遷移せしめざるを得ない。

　しかし、相対系自体との同一性を表示する真理値以外の価値システムを反映する主観的精神現象は、その運動態様自体により相対系を主観観念に符合せしめる必然性をなさないため、つねに相対的・可変的にしてRandomの対応性向を具有している。また、主観的精神現象が客観的精神現象の認識レベルの推移過程に呼応しあうとはいえ、客観的精神現象が未だ精確である概念規定をなしうる認識レベルの状態関数にはない以上、そして主観的精神現象自体の移

行パターンにはロジカル属性をなす通信経路を具有するわけではないので、超自我における主観性フィルター及びそこに相互連動しあうエス＜イド＞の本能的欲求値が、当該の時点に於いて構成する状態関数に負うところが多い。したがって、このとき主観的精神現象は未だ不確実にして不安定である動作状況にあり、またそれは、＜［解析］幾何学理論⇔［記号］代数学理論＞による学術上の相互矛盾関係から＜解析学理論＞という理論的系譜をなす弁証系レベル、或いはその客観的精神現象にて具有される諸属性によっても影響される。

　また、主観的精神現象の運動・作用はつねに、主観観念の態様に相互対応しつつ移行される。もとより、主観的精神現象の運動・作用は主観観念の内的イマージュの機能態様として収束されるからであり、且つ主観観念は主観的精神現象の状態遷移により、主観的意識内容乃至対象として脳内形成されるイメージレベルであるからでもある。そのことと同様に、客観的精神現象の運動・作用はつねに、客観概念の態様に相互対応しつつ動向しゆく。もとより、客観的精神現象の運動・作用は客観概念の統覚作用として収束されるからであり、且つ客観概念は客観的精神現象の追考過程上のグレードにより、客観的把捉態様乃至対象として脳内生成される認識レベルの状態関数であるからでもある。客観作用と主観作用が相互間に呼応しあう以上、したがってまた、客観的精神現象に主観的精神現象が呼応して運動・作用するということは、同期しつつ客観概念に主観観念が呼応して状態遷移することと同義である。

第Ⅴ節 論理学的アクセス

　本節における追考上の認識レベルでは、当該の対象的知覚をなす相互否定命題（論理式）に対するアクセス遷移は、以下の通り移行される。

【意識上命題】　　　【意識下命題】（仮定）

$f(x) \times L^{(n+2)}$　⇔　$\sim f(x) \times L^{(n+2)}$

　　↓　　　　　　　　　↓

$\sim f(x) \times L^{(n+3)}$　⇔　$f(x) \times L^{(n+3)}$

　ＣＮＳの運動自我による理性作用の対象的知覚である相互否定命題（論理式）は、両命題（論理式）ともに同一の確度を以って主張されているため、定立的命題（論理式）である$f(x)$に対する弁証作用と、反定立的命題（論理式）である$\sim f(x)$に対する弁証作用はつねに同時に、且つ同期して遂行されてゆく。意識階層レイヤ上に於いて、いずれの命題（論理式）が意識上に顕在化されたアクセス対象であり、いずれの命題（論理式）が意識下に潜在化されたアクセス対象となっているかは、当該の現在時における各命題（論理式）に対する意識／下意識レベル交換の問題にすぎないため、所詮変遷するところではある。

　仮に、定立的命題（論理式）である$f(x)$に対する、客観概念上の［エレメントとしての］量的規定性／質的規定性による反定立態様にある弁証作用が、［質量的］変化の概念規定という当該の認識レベルにおける限界点に到達したとき、つねに同時に追考アクセスしてきた客観的精神現象と主観的精神現象の、且つまた客観概念と主観観念の各々にアタッチするポイントは、定立的命題（論理式）である$f(x) \times L^{(n+2)}$より、無限小の瞬間を経過後の反

定立的命題（論理式）である〜ｆ（ｘ）×Ｌ$^{(n+3)}$に対する弁証作用に移行する。それと同時に、［潜在的に同期しつつ］追考アクセスしてきた、反定立的命題（論理式）である〜ｆ（ｘ）×Ｌ$^{(n+2)}$より、無限小の瞬間を経過後の定立的命題（論理式）であるｆ（ｘ）×Ｌ$^{(n+3)}$に対する弁証作用に移行する。［エレメントとしての］量的態様と質的態様との規定性による相互否定関係から［質量的］変化の規定性へのＡｕｆ－ｈｅｂｅｎにより、当該の相互否定命題（論理式）に対する意識上の顕在的アクセスと意識下の潜在的アクセスが相互間に移行し入換ることは、弁証作用上のＴｒｉａｄｅが追考運動におけるポイント移行の作動単位であるからであり、そのためにジンテーゼとしての［質量的］変化の概念規定が当該の認識レベルにおける限界点ともなるのである。［エレメントとしての］量的規定性／質的規定性による反定立態様の概念的統一されている［質量的］変化という止揚（揚棄）態様を以って、定立的命題（論理式）及び反定立的命題（論理式）の各々に対する当該の認識レベルにおける限界点に到達することは、弁証作用の客体である対象的知覚自体ではなく主体である精神機能の問題であるため、必然的にＣＮＳの客観作用と主観作用、即ち客観的精神現象と主観的精神現象、且つまた客観概念と主観観念のアタッチするポイントがそれぞれに交換せられ、このことによりｆ（ｘ）に対する（客観的／主観的）アクセスは〜ｆ（ｘ）へ、且つ〜ｆ（ｘ）に対するそれはｆ（ｘ）へと同時にスライドせられ、このとき［質量的］変化の理性的態様レベルにおける弁証実行の契機をなすことになる。相互否定命題（論理式）のうちのいずれが意識階層レイヤ上に顕在化／潜在化されているかは、やはり前述の二律背反上の意識／下意識レベル交換の問題でしかない。

　したがってまた、相互否定命題（論理式）ｆ（ｘ）×Ｌ$^{(n+3)}$及び〜ｆ（ｘ）×Ｌ$^{(n+3)}$との表記は、理性機能による弁証系プロセスの認識レベルの推移を意味するところであり、Ｌｅｖｅｌ変

数Lの冪（ベキ）乗$n+n\sim\infty$が単位時間としての秒（s）やミリ秒（ms）等を示唆してはいない。それは本来、無限小の数値化を条件とする瞬間の更新を記述することに妥当する以上、既設の有限の単位時間によっては定義されえないためである。

　相互否定命題（論理式）$f(x)\times L^{(n+2)}$と$\sim f(x)\times L^{(n+2)}$のいずれが意識上に顕在化、或いは意識下に潜在化された追考アクセスの対象的知覚になろうと、弁証作用の追考上のグレードが［質量的］変化という客観概念に相当する認識レベルに到達したことに相違ない。相互否定関係にある両命題（論理式）に対する追考アクセスのポイントがスライドされた時点に於いて、両命題（論理式）ともに［質量的］変化の概念規定という、精神内の態様フラグが既に設定された対象的知覚として更新されているため、当該の時点に於いて新規の触発を生じる必然性がある。

　とりもなおさずそのことは、当該の時点に於いて、当該の更新後レベルにおける＜第二直観＞が生起せられることになる。対象的知覚を構成する命題（論理式）関係そのものは同一であるも、既に精神内の態様フラグを以って更新された対象的知覚と化している以上、当該の更新作用により、両命題（論理式）ともに対象的知覚としては新規の状態関数を得ているため、それに対する新規の触発をなす＜第二直観＞が自動起動されるのである。とはいうも、CNS自体が既に理性的認識レベルを確立されている以上、当該の認識レベルからの弁証作用としての状態関数を維持することにもなる。そしてまた、そのことが更なる追考作用（Triade）の端緒をなすのでもあるから、以降の弁証作用は当該の＜第二直観＞の内容情報のもとに展開されてゆくところとなる。しかる弁証実行による実際上の理性的運動及び成果がいかなるヴェクトルを具有するとも、等しく客観概念上における［エレメントとしての］量的規定性と質的規定性との反定立しあう交互作用によるものである原理は変らない。

第Ⅳ章

弁証運動≫
PhaseⅣ

第Ⅰ節　客観概念

ⅰ＞現象

　当該の弁証系プロセスの認識レベルにおける客観概念の態様をなす［エレメントの］変化の概念規定は即ち、それ自体に於いて特殊時空間上の現象としての規定性を示唆している。いかなる状態関数にあり、またいかなる様相もて変化する物自体も、なべて例外なくエレメント、即ち相対系をなす構成素子としてのみ成立しうるという客観的事実は、また或る物自体がいかなる変化を遂げるに際しても、それ自体に内在される状態関数の変化により現象作用が規定されるとともに、且つ対他的態様としての関係変数の変化による当該の物自体の現象作用に対する規定性により、内在的である状態関数にも作用されるためである。そのことはまた、相対系におけるエレメントを形成する各々の物自体の変化が、それぞれの現象作用を通じて、それ以外のすべてのエレメントを形成する各々の物自体との相互間にて反応しあうことにより、かかる変化の運動原理を形成していることをも意味する。相対系という無限の全体系をなす機構自体が、それを構成する不定のエレメント相互間の運動規定の関係式により運行されるからである。［したがってまた、全体系である相対系のエレメントを示唆する物自体の概念規定としては、バリオン物質／反バリオン物質の弁別にも、元素系／暗黒物質（ダークマター）／暗黒エナジー（ダークエナジー）の弁別にも、更には宇宙領域内外の弁別等にも拘泥しない］

　不断に変化するものとしてのエレメントは、その物自体における特性と内外因子との作用のしかたにより、それ以外の全エレメントの変化の態様と相互触発しあうところの、現象の変数が規定される。それは換言するに、その物自体における特性と内外因子との作用の

しかたにより規定される、それ以外の全エレメントに対する物自体としての対他的である発現態様が現象をなすので、間接的には電子顕微鏡や電波望遠鏡・重力波望遠鏡等の実験・観察用の器具類を媒介すると否とに拘わらず、エレメントの現象は観察者の五官その他の神経システムとの触発を通じて確認されやすい傾向をも呈する。然るになべての現象は、相対系における特殊時空間的である各エレメント自体、及び全エレメント相互間の作用により規定される対他的態様としての関係変数をなすため、それに対する観察者の認識機能を前提として成立する概念規定ではない。したがってそれは、相対系全体における普遍的である相互因果律から帰結される相対的・可変的である関係変数であるから、観察者の認識機能を通じて確認される現象が如何様であろうと必然的であり、また仮に精神機能上の認識システムが何等かの誤謬を犯すとするも、そのこと自体が特殊時空間上における或る必然的帰結でしかない。しかく運動・変化するエレメントの発現される現象は、観察者の認識システムにより形成される対象的知覚の内実に拘わらず、たとえばそれが、第一次的である主観的印象として平凡であれ不可思議であれ、当該の物自体としての対他的である発現態様が現象されてある以上、寧ろその前提として現象されているところの本質規定がなければならない。いかなるエレメントのいかなる運動・変化も動因なくして成立しえず、あらゆる現象とその根拠ともなる本質規定はつねに一体性をなして存立するためである。

　現象はエレメントをなす物自体としての、自己内外に対するアクセス作用の状態関数を形成するとともに、そのまま自己自身の本質規定の状態関数を発現してもいる。当該のエレメントをなす物自体に内在される本質規定の状態関数とても不断に変化するのではあるが、他方に於いては、その物自体としてあるエレメントの対他的態様をなす関係変数とても不断に変化し続ける。自己自身を内在的に規定する本質的属性の相対的・可変的である状態関数に対し、あら

ゆる他在をなすエレメントとの相互触発により対他的に規定される相対的・可変的である関係変数が反映されることにより、その物自体の本質規定に内部作用するとともに、更新されるところの対自的態様をなす相互触発の状態関数が現象の概念規定をなしている。観察者としての立場を前提とするならば、その表象機能に対し即自的に触発しあうエレメントの態様は、対他的である全エレメントとの関係変数をなすことから現象として成立するが、個々の表象される現出情報としての現象が観察者の認識機能には特異の主観的印象を以って受信されようと、現象はつねに当該のエレメントをなす物自体としての本質規定に相互リンクして成立するのでもある。いかなるエレメントも、その物自体としての本質規定と現象規定との機能的統合態様として成立しているからである。そしてまた、すべてのエレメントによる機能的統合態様が相対系をつくりなしてもいる以上、相対系を構成する各エレメントはつねに、その他在である一切のエレメントと相互間に連関し触発しあう必然性を具有している。たとえば仮に、任意且つ一意の相異なるエレメントを実サンプルとして想定する場合、両者が上位／下位集合に所属する関係性にあるか、特殊空間上の位置関係に於いては相当に隣接しているか、或いは何億光年を隔てて形成されているか等の環境条件に拘わらず、各エレメントが相互連動しあうところの原理は変わらない。各エレメントをなす物自体としての対他性を形成する態様と、それぞれ相互触発しあうことを動因とする関係変数による実測値が現象となる。さればまた、現象は当該のエレメントをなす物自体としての本質規定の、それ以外の一切のエレメントと相互連動しあうインタフェース機能を示唆してもいるのである。

　エレメントをなす物自体としての対他的である態様、及びその他在との関係変数が現象態様をなす以上、それに対してアクセス作用する超自我の理性機能にとっては、より直接乃至端的、且つ即自的に触発しあうことは客観的事実である。但し、この時点に於いて留

意すべきは、理性的追考運動を以って推移する客観概念の態様が、飽くまで即自的である現象の概念規定の認識レベルにあるため、未だここでは対自的態様としての認識レベルには到達していないことにある。したがってまた、客観性フィルターによる弁証系プロセスにおける階梯としては、客観概念上に於いて明示的に物自体の本質の概念規定との関係式による、現象の概念規定の把捉が成立する以前の態様にあることを意味する。

ⅱ＞本質

　エレメントの物自体としての本質的状態関数は、当該の他在をなすエレメントとの間の現象的関係変数により規定されるため、もとより相対系の全域における連続性の反映されるところである。特殊空間上の連続性をつくりなす素因が、一般空間の全域を形成するエレメントの相互連関にある以上、無限の座標系に亘る全エレメント相互間における無限因果的連動の帰結として、現在時における物自体の本質規定が現象されてもいる。エレメントの物自体としての現象態様は、その物自体としての本質態様を不断に反映しているからであり、またその現象的関係変数により規定される本質的状態関数により、その現象態様とてもつねに規定されるのである。したがって、多様に変化して一定しない現象態様の値と、その値につねに相互リンクして存立している本質態様の値はいずれも、一般空間の全域からの必然性により決定されるところである。また、特殊時間上の連続性の意義としては、永劫の一般時間をなす全時間長を継承していることに他ならないから、当該のエレメントの現在時に於いて相互リンクしあう現象規定及び本質規定の値は、その精確である素因となる発生源を遡及するならば、つねに可変的である現在時における過去時間という無限連鎖がすべて反映されていることになるのである。

　このように、その存立自体が非連続的に分立しているはずの物自体の本質態様が、無限に相互連関しあう他在との連続性により規定されていることは、あらゆる存在（変化）が無限の相対系をなすエレメントという、有限の単位宇宙にして部分集合であるためである。エレメントは特殊時空間上の構成素子であり、無限の相対系内に占める有限の下位集合の領域範囲としての態様を保有するから、物自体としての本質態様は当該のエレメントの他在をなすエレメントとのインタフェース機構を形成する現象態様による規定をも享ける。

或る任意のエレメントの本質態様を維持するためのエナジーや、その本質態様に特有の仕様と機能及び作用を保全するに当たっては、当該のエレメントとしての物自体より更に下位集合を形成する、エレメントとしての物自体の性質を否応なく要求される場合もあり、そのためにはそのものに対し必然的に反映される現象的関係変数をも自ずと異にする。エレメントを構成する物自体の変化は本質態様と現象態様の統合態様としてあることから、他在に対するそのような対他的態様をなす関係変数の変動に応じて、当該の物自体として体現可能である本質的状態関数も左右される所以でもあり、かくて本質的状態関数における非連続性というも所詮は相対的・可変的でしかない。

　特殊時空間の全体系にあって、各エレメント相互間の相対的・可変的である連続性をなすインタフェース態様は、当該の物自体としての相対的・可変的に非連続である存在の仕様を発現してもいる。各エレメント相互間の連続性が相対的・可変的であることは、特殊時空間上の無限に亘る相互連動の態様により成立しつつも、それぞれのエレメントが物自体として個有の属性を具有してあるからである。当該の物自体としての本質規定の状態関数と、各エレメント相互間の現象規定の関係変数との対応しあう連携式は、その客観的具象としての発現の態様に於いてはつねに変動するため、それが観察者の精神内的に表象されうる限りに於いては、他在をなすエレメントに対する当該のエレメントの相互連関の様相に、その物自体の本質態様が直接乃至端的には発現されていないよう主観的印象付けられるかもしれない。然るに、その物自体の内在される状態関数と対他的態様をなす関係変数との相互連動により、あらゆるエレメントの現象態様として不断に帰結される以上、観察者の主観的印象の如何等に拘わらず、物自体の本質態様と現象態様との相互間に連携式が成立していることは客観的事実である。各エレメントの物自体としての存在概念がその本質規定をなし、そのものなくしては当該の

物自体として成立しない性質が本質的属性である。属性の概念規定
としては、当該の物自体の本質態様よりして直接乃至端的ではない
偶有的属性も内包されるが、それとても本質的属性に対して無関係
の属性ではありえず、すべての属性は必ず本質的属性に相互リンク
して機能している。いかなる属性も同一のエレメントに帰属する性
質であるということは、エレメント自体があらゆる属性の機能的統
合態様として成立していることによるものである。

　そしてまた、相対系という全体系機構自体が、あらゆるエレメン
トの機能的統合態様として成立しているため、各エレメントはつね
にそれ以外の一切のエレメントと相互連動しあってもいる。現象態
様は当該のエレメントの物自体としての本質的属性の、他在をなす
各エレメントと相互連動しあうインタフェースの作用態様をなす。
エレメントの即自的である状態関数も対他的である関係変数も、相
互の存立態様そのもののうちに自らの存立態様を反映せしめること
により、同一のエレメントとしての存立態様を形成しているため、
当該のエレメントの物自体としての本質的状態関数が対他的に連携
しあうことにより現象態様を出力し、且つ当該の現象態様は対他的
であるエレメント相互間の関係変数により規定されている本質態様
を反映してもいるのである。

　エレメントの物自体としての対他的である態様、及びその他在と
の関係変数である現象態様が、それに対してアクセス作用する超自
我の理性機能にとっては、より直接乃至端的、且つ即自的に相互触
発しあう以上、しかる現象の概念規定に対する認識を契機としての
み追考されうるところの、物自体としての本質態様は、理性機能に
於いては、より間接的、且つ対自的であるといえる。しかる本質の
概念規定に対する把捉は、他在に対する対他的である現象態様の認
識を媒介することによってのみ、当該の物自体としての本質態様に
対する理性的アクセスが可能となり実行されるためである。但し、

この時点に於いて留意すべきは、理性的追考運動を以って推移する客観概念の態様が、飽くまで対自的である本質の概念規定の認識レベルにあるため、未だここでは、現象の概念規定との相互否定的である認識レベルにあり、その客観概念的統一には到達していないことにある。したがってまた、客観性フィルターによる弁証系プロセスにおける階梯としては、客観概念上に於いて、明示的に物自体としての現象の概念規定と本質の概念規定との相互否定関係が、相互矛盾且つ自己統一的にＡｕｆ－ｈｅｂｅｎされるより以前の態様にあることを意味している。

iii ＞生成

　エレメントの物自体としての規定性に於いて、他在に対する対他的態様をなす現象規定の関係変数／その物自体における対自的態様をなす本質規定の状態関数が反定立しあう交互作用として成立する。そのことは、特殊時空間上に機能する当該のエレメントの存立態様（変化）の問題であるから、理性機能上における客観概念としての現象の概念規定が本質の概念規定に同化し、また本質の概念規定が現象の概念規定に同化するということではなく、存立態様（変化）を実行する現象態様がそれ自体の本質態様を導出するとともに、当該の本質態様がそれ自体の現象態様を導出するということに他ならない。

　しかし、当該のエレメントの現象態様乃至本質態様が即自的／対自的に現出されている条件下にあっても、しかる現象規定の関係変数及び本質規定の状態関数がつねに一定して同一の実測値を維持していられるわけではない。といわんより寧ろ、しかるエレメントが如何様の条件下に置かれていると否とに拘わらず、現象態様及び本質態様は無期限に、且つ不断にその状態関数を変動させ続けているはずでさえある。無限の相対系を構成するエレメントの物自体としての規定性が、当該の相対的・可変的である現象規定及び本質規定との統合態様として出力される以上、絶対性を具備しうる物理的存在としての非連続性・独立性をなしうる瞬間が成立しえないため、無限小という単位にて物自体としての現象態様及び本質態様の実測値が変更され続ける必然性を免れないからである。

　現象態様は、特殊時空間上における無際限の他在との相互連動により規定される自己存在の対他的開示の問題であるため、相対系の構成素子としての接続性が反映されている。他方に於いては、本質態様は、特殊時空間上におけるそれぞれの他在との相異性、延いて

は無際限の他在全体に対する矛盾性により規定される自己存在の本質的属性の問題であるため、相対系内における特殊性・独立性が反映されている。したがって、物自体としての存在規定を構成する現象態様と本質態様は相互間に概念的矛盾しあう関係式にあるが、しかしそのいずれもが相対的・可変的である規定性を具有するに停まることも、また客観的事実である。仮に現象態様における特殊時空間上のインタフェースの接続性が絶対的であるならば、もはやそのもの自体としての特殊性・独立性を具有するエレメントの自己存在としての本質態様などありえないことになるとともに、また仮に本質態様における特殊時空間上のそのもの自体としての特殊性・独立性が絶対的であるならば、もはや自己存在を成立せしめる対他的である接続性をなす現象態様などありえないこととなり、帰結的には自己存在の成立根拠を論理的否定せざるをえなくなるためである。そのことはまた、現象的関係変数と本質的状態関数が概念規定上に於いて相互間に矛盾しあいつつも、それとともに相互間に依存しあう関係性にあることをも意味している。それぞれに相対的・可変的である規定性しか具有しない現象態様と本質態様は、その双方にとって相互矛盾関係にある規定性を自らに享受しあうことによってのみ、その双方の統合態様をなす自己存在としての相互態様の存立上の平衡性を維持することが可能となるためでもある。

　現象態様と本質態様は、概念規定上に於いて相互矛盾、且つ相互依存しあう相互連動性をつねに保持し乍らも、そのいずれもが不断に実測値を変更され続けてもいる。そのことの根拠については既述の通りであるが、現象上の対他的態様をなす関係変数に対する変更が絶えまなく累積され続けることにより、いずれかの時点に於いては、必然的にその物自体の本質態様としての規定態様に対する変更をも余儀なくされるはずである。特殊時空間上における特殊性・独立性を具有する物自体の本質態様ではあるが、その対他的態様をなす関係変数が不断に変動して一定しえない以上、当該のインタ

フェース値として出力されている現象態様は相対的・可変的であるため、つねに本質上の状態関数との相互矛盾関係により変化する現象上の関係変数の変動の累積が、いずれその対他的変数としての相対的限界点を超過することにより、それまでの現象態様としての相対的安定性が破棄されよう。しかし乍ら、当該の現象態様における相対的安定性が喪失されるということは、そのまま新規の現象態様としての相対的安定性へと移行されることに他ならない。従来の現象態様としての相対的限界点が超過されるということは、本質態様との相互連動による対他的である関係変数の変動に帰因する以上、既に飽和状態にある当該の現象態様を逸脱してその関係変数の変更が続行されることは、更新された現象態様に対応している相対的安定性としての、新規の現象態様の定立される必然性があるからである。このことはまた、本質態様との相互矛盾／相互依存関係に反映される事象でもあるから、現象規定から本質規定への転化の法則の運動的根拠をなしているともいえる。

そしてまた、現象態様における相対的安定性をなす対他的関係変数が破棄されるほどに、それにより現象態様の変動がエスカレーションされゆく以上、不断に現象態様との相互矛盾／相互依存関係により更新される本質態様の変化とても、同期して助長されることになる。かかる両者間の不断の相互連動により、本質上の即自的態様をなす状態関数に対する変更が絶えまなく累積され続けることの帰結として、いずれかの時点に於いては、必然的にその物自体の現象態様としての規定態様に対する変更をも余儀なくされるはずである。特殊時空間上の相互接続性を具有する物自体の現象態様ではあるが、その即自的態様をなす状態関数が不断に変動して一定しえない以上、その物自体の変化に不可欠である本質態様は相対的であるため、つねに現象上の対他的関係変数との相互矛盾関係により変化する本質上の状態関数の変質の累積が、いずれその即自的関数としての相対的限界点を超過することにより、それまでの本質態様とし

ての相対的安定性が破棄されよう。しかし乍ら、当該の本質態様における相対的安定性が喪失されるということは、そのまま新規の本質態様としての相対的安定性へと移行されることに他ならない。従来の本質態様としての相対的限界点が超過されるということは、現象態様との相互連動による即自的である状態関数の変化規定に帰因する以上、既に飽和状態にある当該の本質態様を凌駕してその状態関数の変化規定が続行されることは、更新された本質態様に対応する相対的安定性としての、新規の本質態様の定立される必然性があるためである。このことはまた、現象態様との相互矛盾／相互依存関係に反映される事象でもあるから、本質規定から現象規定への転化の法則の運動的根拠をなしているともいえる。

　現象態様はそれ自体が連続的であり乍らも各々のエレメントを差別化するに対し、本質態様はそれ自体が非連続的であり乍らも制限なく他在と反応しあうから、両者は客観概念としてはエレメントの相互矛盾する自己内態様をなす。それでいて尚、現象態様におけるエレメントの差別化は本質規定における先験的である属性から要求されるとともに、且つ本質態様における特殊性・独立性は現象規定におけるエレメントの実測値より反映されるところでもある。あらゆるエレメント相互は相対系の無限因果性により規定される運動態様であるから、それ以外の全エレメントより現象上の干渉を享けるということは本質上への影響を免れず、また本質上の影響を被るということは現象上への制約を余儀なくされるせいである。現象態様と本質態様との概念規定上の相互否定（収束）運動が促進されることにより、現象上の規定態様はその相対的安定性としての対他的である関係変数まで変更され、且つ本質上の規定態様はその相対的安定性としての対自的である状態関数まで変更されるのであるが、相互の規定性における安定性レベルに対する更新が同期的に対応して実行されるとき、それによる新規の現象態様と本質態様は特殊時空間上の＜生成＞運動にＡｕｆ－ｈｅｂｅｎされている。現象態様の

規定性も本質態様の規定性もともに、現象［の関係変数］と本質［の状態関数］との相互矛盾／相互依存による反定立関係が助長されることにより、その相対的限界値がいずれかの時点に於いては、必然的に逸脱されることを以って更新されるのであるが、もとより現象態様と本質態様が相互依存の関係作用にもある以上、その現象態様／本質態様のそれぞれの更新は同期して実行され、且つその双方の規定性は特殊時空間上の現象規定／本質規定を現出せしめるところであるため、特殊時空間上の座標系をなすエレメントとしての生成を示唆している。そも生成の概念規定とは、相対系内における単なる相対的・可変的運動であるのみならず、当該の物自体としての規定性により体現される成立態様の改変されることを意味しており、且つ無限の座標系による相対的連動システムである相対系のエレメントはかかる現象規定／本質規定に反映されるためである。

　現象される本質態様と本質をなしている現象態様が自己同一であり乍ら分化していることは、或る特殊時空間上の運動規定として双方の更新される間隔に、つまり即自的態様をなす自己存在と対他的且つ対自的態様をなす自己回帰の瞬間までに、無限小以上の時間的推移があることを前提しているせいである。運動（変化）することによってのみ成立するエレメントの存在規定はもとより、かかる無限小の瞬間のスライドにより体現されるところであるからである。他在という不定且つ無限のエレメントと干渉しあうことにより、対他的態様をなす関係変数を更新せられる各エレメントの物自体であるとともに、当該の物自体を対自的に再構築する本質的属性の状態関数とても不断に変化することにより、当該の物自体の対他的態様をなす関係変数に更に反映されるのであり、かかる自己存在をなす物自体と他在との相互連動による内的変化を伴う向自的運動が、生成に他ならない。したがって、生成という状態変化のプロセスにあっては、その物自体としての現象上の関係変数と本質上の状態関数が相互作用のうちに消失されるとともに、無限小以上の時間的推移に

より、さらに相互作用のうちに生起されてもいることになる。

第IV章

弁証運動——PhaseIV

第Ⅱ節 客観的精神現象

ⅰ＞認識レベル：物理学／量子論

　前章にみる客観概念は、ＣＮＳ上の客観性フィルターにおける理性機能の弁証系プロセス上の概念的把捉の態様を論述しているが、それに対し客観的精神現象は、しかる弁証系プロセス上の客観概念に対応する運動主体としての、ＣＮＳ上の客観性フィルターにおける理性機能そのものの遷移を示唆するものである。換言するに、運動自我による対象的知覚をなす命題（論理式）に対する当該の客観概念と、当該の弁証系プロセスの認識レベルにおける客観的精神現象が同期して相互対応するのであるから、このとき客観的精神現象上の追考スタンスとしては、学術的には解析学的レベルをなしている。当該の客観概念の態様が、現象規定及び本質規定の弁証系レベルに相当するとともに、また現象規定と本質規定との相互矛盾関係は、当該の弁証系プロセス上の前Ｐｈａｓｅにおける物自体の変化の概念規定を端緒とするが、現象態様及び本質態様に於いて不断に運動（変化）するエレメントの物自体として成立し、変化を可能ならしめる物自体の現象の［理性作用に対し即自的である］関係変数の規定は、積分学上の研究対象となる無限大という有限に対するトレースにより、また同時にその変化を可能ならしめる物自体の本質規定の［理性作用に対し対自的である］状態関数の規定は、微分学上の研究対象となる無限小という有限に対するトレースによるところであるからである。

　内包的且つ外延的に変化する物自体としてのエレメントは、それ以外の全エレメントに対する対他的態様をなす関係変数に於いては、現象せられる自己存在をなしてあり、他在を構成する全エレメントと運動しあうことにより成立する事象である。したがって、対

他的である運動規定により特殊時空間上の法則を体現しているところの、このような現象せられる自己存在は、〔観測者の精神内的作用ではなく〕客観性をなす物自体としてのエレメント相互間に成立する運動法則を公理的に追究する、物理学理論上の不可避的といえる研究対象とはなる。

　客観的精神現象は客観概念の追考主体をなす理性機能の態様を示唆するため、それが対象的知覚である命題（論理式）に対して作用する役割は、そのまま何程かの学術的立場にも通じている。何となれば、一切の学乃至理論は、その分類上の相互間の論理学的整合性と理論的相異に拘わらず、ＣＮＳ上の客観的精神現象による理性的追考運動の成果としてのみ成立しうる以上、客観的精神現象の弁証系プロセス上における当該の認識レベルを反映された概念規定と公理体系を装備することになるし、また客観的精神現象の必当然的に推移しゆく系譜に対応して、当該の学乃至理論としての概念規定と公理体系とても遷移しゆくことになるためである。

　ＣＮＳにおける理性機能の状態関数、即ち当該の弁証系プロセスの認識レベルに位置付けられる客観的精神現象の運動規定、それにより必然的に導出される論理的成果の体系が当該の学乃至理論を形成する。弁証系プロセスにおける当該のＴｒｉａｄｅ展開の、定立（テーゼ）レベルに相当する客観概念は現象であり、それを同期して構成するＣＮＳの運動態様である客観的精神現象は、客観概念上の即自的である現象の概念規定に対応する客観的認識の状態関数にあるから、当該の客観的認識処理により導出される論理的成果が同認識レベルにあって体系化されることにより、物理学上の問題としての学乃至理論の体系が構築される。運動態様としての特殊時空間的実測値はその現象規定により生起せられるが、かかる現象の概念規定を学術的根拠とする理論が物理学であるからである。しかし、客観的精神現象によるその認識レベルは弁証系プロセスの途上にあ

る、即ち弁証系プロセスの最終工程まで未だ経過していない以上、当該の［客観的］認識レベルにて成立する学術上に期待しうる妥当性及び真理値は、爾後の弁証系プロセスに於いて論理的否定される可能性を持続しているため、飽くまで相対的である確率論の域に出ない。その逆に、絶対的である確実性とは、追考処理における、より高次の工程により論理的否定される可能性のない［客観的］認識レベルに成立するからである。

　［物自体の］現象規定の［客観的］認識レベルにある客観概念に対し、つねに同期して対応するＣＮＳの運動態様である客観的精神現象は、現象規定における概念的把捉を体系的に展開しうる理性作用のグレードにあることになる。当該の論理系上の工程に相当する理性作用のグレードにあって、当該の概念的把捉を体系的に構築することが学術的体系化の作業に他ならないから、現象規定の［客観的］認識レベルにある客観的精神現象を以って構築されうる学乃至理論の体系は、如上の論拠よりして、物理学的問題を研究対象とするそれである。

　過去の学術史における物理学的問題に関する学説上の論争に拘わらず、物理学は弁証系プロセスにおける当該の認識レベルにあって成立する学術的体系を形成し、且つ当該の認識レベルの客観的精神現象により推進される。かかる認識レベルをなす物理学理論により論究されうる対象は、自然現象を表象するエレメントの物自体としての現象態様にあるため、しかる現象態様を規定する全エレメント相互間における関係変数と、それぞれのエレメントの運動（変化）の基本的且つ普遍的である法則の究明を目的とする。現代の物理学は、特定の方法論及び理論領域を具有する自然科学上の基礎的分科をなす学乃至理論といえよう。その方法論上の特質としては、自然現象を単なる現象態様として認識するのみならず、それに対する分析を通じて比較的少数の基本的且つ普遍的として断定する概念規定

を把捉し、それら概念相互間の数量的である関係性を法則化すること、及びしかる基本的且つ普遍的として断定する法則を用いて個別の現象を説明することにより、理論的再構成を試行することにある。かかる物理学の理論的範疇としては主として、運動が表象されない位置運動の状態関数、即ち力の平衡に関して論述される静力学と、それに対して運動状態に関して論述される動力学が挙げられるが、このうち前者は後者の基礎をなす法則から導出される理論であるといえる。したがって、広義に於いては、静力学とてもまた動力学を構成する分科としてあるにすぎない。いかなるエレメント、即ち座標系・物質系をなす物体の事実上の事象として存立することも、特殊時空間上の生滅運動によってのみ実行可能である以上、その物自体として運動していない状態関数は成立しえないからではある。[さればまた、座標系・物質系とは全体系である相対系の全エレメントを示唆するため、物質系及び物自体の概念規定としては、バリオン物質／反バリオン物質の弁別にも、元素系／暗黒物質（ダークマター）／暗黒エナジー（ダークエナジー）の弁別にも、更には宇宙領域内外の弁別等にも拘泥しない]

　かかる物理学乃至力学における分類として、そこに取り扱われる運動の種別に応じて、併進運動のみを問題とする場合には物体の全質量が一点に集中したものとして質点を前提し、それを中心として論究する質点の力学、併進運動のみならず回転運動も併せて問題として一般的に論究する質点系の力学、及びその特殊事例の場合として、運動している間中は伸縮することのない物体（剛体）の運動を論究する剛体の力学等に弁別される。また、そこに取り扱われる研究対象の種類により、弾性体力学・流体力学・気象力学・空気力学・天体力学等に弁別される。更にまた、そこに取り扱われる研究対象の周波数帯域ごとの物理的メディアに応じて、熱現象を対象とする熱学、光の現象を対象とする光学、音の現象を対象とする音響学、電気・磁気の現象を対象とする電磁気学などに弁別され、それらは

それぞれに個有の対象領域を維持し、個有の原理に基づいた独立学科でありつつも、このような諸領域に関する現象間の内的である相互関係については、たとえば光の現象は電磁気の原理により説明されるところでもあり、またエナジー：Ｅｎｅｒｇｉｅという概念規定の確立を通じては、物理学全体の諸法則に形式的である統一性が図られてもいる。そしてまた、多数の質点の運動について統計的に論究する統計力学によっては、巨視的である現象と微視的である現象との間における関係性が説明されることにより、物理学全体に必要とされる基本的にして普遍的として断定する原理が、相当に選別せられ定式化されるに到っている。

　如何せん、物理学は自然科学部門のうち［地球上の有史期間内にあっては］最長の歴史を遡及するが、静力学をも内包する動力学の研究を綜合統一された自然科学理論が古典力学（ニュートン力学：Ｉｓａａｃ＿Ｎｅｗｔｏｎ）として定立されてきた。万有引力という無形の対象を考察し、遊星軌道に関するケプラー：Ｊｏｈａｎｎｅｓ＿Ｋｅｐｌｅｒの法則、落体に関するガリレイ：Ｇａｌｉｌｅｏ＿Ｇａｌｉｌｅｉの研究、振子等に関するホイヘンス：Ｃｈｒｉｓｔｉａｎ＿Ｈｕｙｇｅｎｓの研究等の理論を包摂しつつ、地上から天体に及ぶ一切の自然現象を説明しようとする力学的自然観、即ち自然現象の一切を理論的に力学原理により解明しようとする学術的立場を根底に内在するものでもある。そこにはまた、慣性の法則、運動方程式の他、作用／反作用の法則等とても反映されていることになる。

　然るにまた、熱力学や気体論、とりわけ電気力学の諸理論に対して、必ずしもこのような力学的自然観及び方法論によっては処理できない問題が提起されてもいる。のみならず、物体の原子構造における電子等の運動・作用について根本的である変革が要求されることからも、相対論的力学が反定立されるに到っている。ニュートン

力学における時空間の観念を訂正するとともに、電気力学上に於いて仮定されていた光エーテルの観念を論理的否定することにより、相対論的力学が提唱されているのでもある。『他の諸質点より隔てられた質点は、直線的に一様の運動をするか静止状態を継続する』という命題規定を根本法則とするニュートン力学は、相対的に相互間に一様の並進運動をしている、或る特殊の運動状態にある基準体Kにのみ妥当する原理を具有するため、一定の基準体（またはその運動状態）をそれ以外の基準体（またはその運動状態）に対し、特別に優先して取り扱っていることにもなる。而して他方、相対論的力学の原理にあっては、すべての基準体に対し、それがどのような運動状態にある場合にも妥当する理論の方程式が要求される。ガリレイの基準体Kに対しての光線は速度cにて直線的に進行するが、加速される基準体（K以外の基準体）に関しては、とりわけ一般相対性理論に於いては特殊相対性理論の原理をも修正され、その光線は重力場にあっては一般に曲線的に伝播することになる。かかる基準体の加速度、或いはその曲線運動の曲率が、加速される基準体に対して支配的である重力場が運動体に及ぼす影響と一致することよりして、［２９９７９２４５８ｍ／ｓとされる］真空中の光速度一定という原理は無制限の適用を要求しえないのであって、即ち光の伝播速度が特殊時空間毎に応じて変動する場合にのみ光線の彎曲が生じるのである。そのことはまた、特殊時空間領域を任意に運動する基準体に準拠させるならば、しかる基準体に対応して特殊時空間的に変化する重力場が存立することを示唆するとともに、且つあらゆる特殊時空間が相互間に連続していることにもなる。

　また、ニュートン力学に於いては、一般空間上における或る種の中心点が仮定されていて、そこでは星の密度が最大になり、その中心点から遠ざかるにつれて星の密度が減少してゆき、更なる外方の領域空間にあっては無限の空虚が横たわるのみであるとする。星から発せられる光も星系をなす個々の星も、それぞれの星系間を隔絶

第Ⅳ章

弁証運動——PhaseⅣ

する空虚という領域空間により絶縁されることで、相互に別なる星系内の物体と交渉を成立せしめ得ないとするならば、しかる有限の領域範囲内に閉鎖された物質系の世界は、いずれは系統的に衰退し消失されることにもなろう。しかし、一般空間上における特定の中心点を仮定するならば、そこにはあらゆる単位宇宙的である密度が集合されることにより、無限大の重力場を生成せしめることにはなるものの、現実上には無限大の一般空間が特定の中心点に集合され消失されることはありえないとともに、いかなる特殊空間に於いても完全といえる真空状態をなす実測値は成立しないから、それぞれの星系間が絶縁されることもありえない。その他方、相対論的力学の立場に於いては、特殊空間の幾何学的特性はゆめ独立したものではなく、それを構成する物質により制約されている。一般相対性理論によっては、一般空間の全体系が無限の領域指定をなしているのか、或いは球面世界のように境界のない有限の領域を維持しているのか、という問題に関しては明確である回答を提示しえてはいない。ユークリッド平面幾何学の二次元空間を自然界には適用できないものの、空間の物理学的計量に於いては微少の影響を与えるのみであることとして、空間の個々の部分が不規則に彎曲した面のように成立すると表象しつつも、それがどの位置にあっても平面と近似値であるということから、準ユークリッド世界と称せられており、その限りに於いては無限の領域指定をなすはずである。然るに、物理学的計算によれば、準ユークリッド世界では物質の平均密度が<0>でなければならないため、たとえごくわずかでも<0>に対し不一致であるならば、もはや準ユークリッド世界ではないことになる。更には、仮に空間上における物質が一様に分布しているとするならば、その空間は球的（もしくは長円的）であることにもなるが、実際上ではあらゆる物質は個別に不均等に分布しているので、世界は個別に球的である成立態様からは適合することなく、準球的世界であるものとしており、且つまたそれは有限の領域範囲を保有するものともしている。【自明乍ら、既述の通り、実際上の相対系は平面

的世界でも、球的（もしくは長円的）世界でも、また準球的世界で
もない。そも特定の形状をなして存立するということは、そのもの
自体の状態関数と他在との関係変数により規定される以上、特殊時
空間上における有限の領域を体現していることを示唆するに対し、
相対系自体は無限の相互連動として成立する全体系であることより
して、特定の形状として固定されえないことによるところではある】

　このような相対論的力学上の展開は、それと相互矛盾関係にある
ニュートン力学における展開と、絶えまなく同期して実行されるの
であるが、相互に助長されゆく概念的否定関係を止揚（揚棄）しう
る理論が、物理学としての量子論に相当する。留意すべきは、ここ
に称せられる量子論とは、ただ相対論的力学とニュートン力学との
相互連関を統一するための理論ではなく、量子という概念規定が光、
或いは輻射に関して形成されていることを前提として、光が物質か
ら放出せられ、また物質に吸収せられるものであることを想定する
ならば、物質そのものに対して量子概念を適用するところにある。
量子という概念規定に関しては、物質と輻射との関係作用を説明す
る公式を理論的に基礎付けるために、輻射が物体より放出せられ、
もしくは物体に吸収せられるに際しては、エナジーの授受が連続的
にではなく、つねに或る任意の素量の整数倍にて実行せられること
を仮定し、かかる素量をエネルギー量子と称せられている。エネル
ギー量子、即ちエナジーをなす素量 ε は、自然常数 h と輻射の振動
数 v を用いることにより、$\varepsilon = h v$ として与えられるが、また光が
空間上を伝播するに際して h v のエナジーの塊として進行すること
を仮定し、かかる塊を光量子と称せられてもいる。この仮説は、主
として光電効果（短い波長の光が金属面に当たると、電子が放出さ
れる現象）の説明のために考察されたが、後にはコンプトン効果（短
い波長のX線を原子量の比較的小なる物質に当てると、波長の長い
X線が散乱する現象）の発見により、その正当性が確認されている。
アインシュタイン：Ａｌｂｅｒｔ＿Ｅｉｎｓｔｅｉｎの光量子説に

於いては、光が単なる波動としての性質のみならず、同時にまた、粒子としての性質を具有するという二重性をも示唆している。更にはまた、波動力学によるところでは、電子その他の物質粒子とても波動性を具有することが明示化されたが、量子力学に於いては、かかる微視的対象一般に通じる二重性を量子化された状態概念により矛盾なく統一されてはいる。

　しこうして如上の通り、量子という概念規定は光、或いは輻射に関して形成されているが、光が物質から放出されるとともに、また物質に吸収されることをも想定するならば、物質そのものについても量子概念を適用することができるものと考えられた。そこでまずは、原子構造に量子概念を適用するに当たり、ボーア：Ｎｉｅｌｓ＿Ｂｏｈｒによる原子構造論の提示に際して、以下のような基本的仮定が導入されている。第１の仮定によれば、原子はそれ自体としての任意のエナジーを保有するのではなく、原子に特有の不連続のエナジーを保有する特定の定常状態にあり、このような定常状態に於いては光を放出しない。また第２の仮定によれば、原子による光の放出、及び吸収は原子が或る定常状態から他の定常状態に移行するに際して行われ、かかる二つの定常状態に個有のエナジー値の差分が輻射エナジーとして放出、または吸収される。そして、ボーアは一個のみの軌道電子を保有する水素原子については、電子の円（軌道）運動の角運動量がｈ／２πの整数ｎ倍であるという条件（ｎ：量子数）を充足する状態関数を定常状態として定義し、先述の第２の仮定に基づいて原子スペクトルを説明する式を導出してもいる。

　前期量子論の特徴としては、古典物理学（ニュートン力学）の体系・法則を容認しつつも、その他方に於いては、古典物理学上の基本的前提と論理的矛盾する概念規定や仮定等をも導入していることが挙げられる。このことはまた、量子仮説や光量子仮説のほか、ボーアの原子構造論等についても同様である。即ちそれは、原子内にお

ける電子の軌道を古典物理学により計算しておき乍らも、現実上にて許容される軌道については、そのうちの量子条件と称せられる特定の条件を充足させるものにのみ限定されるとしている。また、電子が軌道運動を行うとすれば、電磁気学による限りに於いては、連続的である電磁エナジーを放出するはずであるにも拘わらず、その核外電子が量子条件を充足する一定の軌道にある原子、即ち定常状態にある原子は光を放出しないことと断定したうえ、電子が或る軌道から他の軌道へ、即ち原子が或る定常状態から他の定常状態へ移行するに際してのみ、光を放出・吸収するものとして仮定する。然るに無論、あらゆる特殊空間を構成する物理的事象は相対的・可変的である運動としてのみ成立するため、絶対の確実性を期すところの哲学理論上に於いては、もとより原子の定型化された定常状態など生起しえないこととはなる。そして更には、このような前期量子論に於いては、ニュートン力学／相対論的力学の双方における理論的矛盾を内在しているが、かかる学乃至理論上の相互否定関係を克服するためには、当該の客観的精神現象により量子力学の弁証系レベルに移行せしめられる必要性がある。当該の弁証系レベルにおける理性的認識の限界点は、より高次の弁証系レベルに於いてのみ克服されることが可能となるからではある。

　そして、如上のような概念規定を構成する現象態様が、物理学理論（量子論）の相当する弁証系レベルに於いて展開せらるべき主題ではある。

ii ＞認識レベル：化学／素粒子論

　弁証系プロセスにおける物理学理論に相当する認識レベルでは、それぞれの構造上にて相互連動する存在毎に特殊化された本質的属性ではなく、すべての他在に対し現象上にて相互連関する運動態様としてのみ成立する存在自体の現象態様に対する、客観的把捉処理の展開、及びその理論的体系化を旨とするが、そのことは特殊時空間上の現象概念に対する、理性機能による客観的精神現象上の即自的アプローチによるものである。然るにまた、あらゆる存在及びその現象態様は、各々のエレメントとしての、そのもの自体ではないところの全存在である他在との相互因果的連動により現出される以上、そしてそのような対他的に成立する現象概念に対する弁証作用の即自的アプローチを実行することにより、相互因果的に導出される当該の物自体の構造的本質に対する、弁証作用の対自的アプローチに帰せられることが自己矛盾的に不可欠とはなる。エレメントの物自体としての現象概念に対する理性作用の即自的アクセスと、その本質概念に対する理性作用の対他的且つ対自的アクセスは、したがって、客観的精神現象における相互矛盾しあう運動規定であり乍ら、その相互のうちに内在されるとともに導出される必然性がある。

　純粋の存在の物自体としての現象規定の知覚から、自己自身ならぬ他在との関係式としてある対他的態様をなす自己存在における本質規定の対自的認識への移行は、客観的精神現象における系譜としては、物理学理論より化学理論への学術的レベルの移行として成立する。何となれば、存在自体のその物自体としての現象規定とその対他的関係変数を研究対象とする物理学理論に対し、当該の存在自体ではないところの一切の存在をなす他在に対する対他的認識を通じて自己回帰的に成立する対自的認識は、物質的存在の特性を破壊しないレベル内の物理学的変化に対して、その物質的存在の化学的組成、及びそれに対する構造的変化を研究対象とする化学的レベル

に於いて可能となるためである。化学理論の意義としては、他在との対他的相互アクセスの反映された物質的存在の本質態様の原理的解明にあるから、そのような対自的認識における物自体としての本質態様が一意の自己存在として如何様であるか、しかる哲学的解釈の問題では未だなく、物理学理論上の対他的態様をなす現象規定を反映する化学理論上の本質概念を示唆している。個別のエレメントとして発現される事象に対する検証ではなく、化学的法則として公準化されうる物自体としての構造上の本質規定の認識の根源的であるレベルに、対自的アクセス自体の原理論を問うことの目的があるためである。

　従前よりは、物質が物質としての特性を喪失しない限度内における変化を物理的変化、その前提を捨象して変化しうる場合を化学的変化と称せられ、後者を主要といえる研究対象とする自然科学分科を化学と称せられている。然るに、物質的存在をなす化学的性質は、［たとえばバリオン物質の場合］分子を構成する諸原子の相互作用（化学構造）より導出されるが、またそのためには、しかる化学的性質の物質的変化とても、分子構造の変化より導出される。

　一定の物質種は一定の分子から構成されており、また一定の分子はそれを構成する原子の種類・数・それらの結合様式等により組成的規定されるためであり、したがって化学はまた、原子間の結合様式の変化に基づくあらゆる現象態様をなす本質の規定性を研究する科学として定義されよう。核化学という名辞に関しては、原子核の破壊、もしくはその合成により、元素転換を生起せしめることに対応する自然科学の分科であり、それは物質種の転化に関する化学であるが、原子構造の変化に伴う現象規定に反映される本質規定の研究に相当するものである。そこに原始構造の変化に伴う現象規定の研究とても化学に内包するならば、化学は物理学と研究領域を共通することになり、或いは物性論と称せられる物理学の分科に於いて

は、物質の物理的性質を分子構造より導出することを目的の一部分ともするため、物理学に所属しつつも化学とも研究領域を共通している他方、また生物化学については生物学との境界領域を画している。更にはまた、化学上の研究方法としては、原子間の結合力の問題を解明するために物理学的である手段を適用しつつ、より複雑といえる原子系である分子の性質・その相互作用の研究には、化学的に分子の構造式として用いられる図式上の表現手段が、その本質的内容を表現しうるよう一層改良される必要性もあろう。

　物質元素の原子がいかなる組成にて相互間に結合しあい、それにより分子や結晶を形成するかについては、原子論以来の化学上の研究課題であったが、現代の化学における化学結合論は、相互間に結合しあう原子の核の外側にある電子（原子価電子）の活動を規定するオービタル（軌道関数）の理論に帰せられる。その基本的といえる原子の結合の形式としては、共有結合・イオン結合・金属結合の三種の主たる様式に分別されている。共有結合は、原子間に於いてオービタル（軌道関数）の融合（分子オービタルの形成）がなされる場合であり、常温／常圧のもとで気体及び液体をなしている多数の化学物質、とりわけ炭素（C）を含有する有機化合物についてみられる結合形式である。イオン結合は、結合しあう原子間に於いて電子の授受がなされることにより正負のイオンが形成され、そのプロセスにあって結合が実行されるというものであり、塩化ナトリウムに代表される多数の無機塩類についてみられる結合形式である。また、金属結合は、一般の金属並びに或る種の合金についてみられるものであり、相互間に結合しあう不特定多数の原子間に於いて、いずれにも固定しては所属しない電子（非局在電子もしくは自由電子）が共有される形式のものである。とはいえ実際上に於いては、上記の三種の基本的といえる結合形式のうちの、いずれか二種の結合形式の中間型と考えられているものも少なからず成立する。化学結合論の発展により、自然界における多種多様の物質的存在を研究

対象とする化学上の論理化が施されているため、それにより物質的存在の性質や機能に関する予測とても可能とはなりつつある。このような化学結合論はしたがって、弁証系プロセスにおける客観的精神現象上の化学理論の認識レベルに於いては、同理論上の即自的である契機として定立される必然性を具有する理論である。

　それに対しては、化学反応（化学変化）に関する理論一般を包括する化学反応論が、弁証系プロセスにおける化学理論の認識レベルに於いて、同理論上の対自的である契機として反定立される理論に相当する。或る任意の物質的存在から、もしくは二種以上の種類をなす物質的存在から、それらとは相異なる物質的存在を生起せしめる変化を化学反応（化学変化）と称せられるが、物質的存在の性質や機能に関する研究を主たる目的とする化学結合論に対し、任意の他在をなす物質的存在との対他的連関を前提とする本質的アプローチを趣旨とする化学反応論は、より対他的且つ対自的に物質概念を論究する学術的スタンスとして、相互矛盾しあう関係式にて成立するためである。化学反応には自然現象における素因として発現される場合もあり、熱・電気・光・触媒等により発現される場合もありうるが、また化学反応には無際限に匹敵するだけの種類がある。更にはまた、化学反応のパターンとしては、化合・分解・重合・置換、酸・塩基の中和、酸化・還元等に分類されるほか、化学反応に関する法則としては、質量保存の法則・定比例の法則・気体反応の法則等が知られている。理論化学としての化学反応論に於いては、化学反応平衡論及び化学反応速度論に分科されている。このうち化学反応平衡論に於いては、化学反応は原則として正逆両方向に進行しうるものとされ、そのいずれかの方向への反応の生起しうる条件とともに、正逆の両反応が相互間に平衡する状態関数に到達するための条件を、主として熱力学の理論上に規定する。とりもなおさず、これらの条件を規定する熱力学的関数として自由エナジー（ヘルムホルツ自由エナジーＦ：Ｈｅｒｍａｎｎ＿Ｌｕｄｗｉｇ＿Ｆｅｒｄｉ nand＿von＿Helmholtz、またはギブス自由エナジーG：Josiah＿Willard＿Gibbs）が定義され、いずれかの反応が自発的に生起しうる条件、及び正逆の両反応の平衡する条件が導出されている。その他方、化学反応速度論に於いては、現実上に発現されている反応の速度、即ち或る単位時間毎の反応物質の減少量、或いは生成物質の増加量（数学的には微分形にて表示される）を支配する要因を究明せんとする。反応速度と濃度との関係性に於いては、一定の温度で生起する化学反応の速度は通常は反応物質の濃度が大きいほど大きく、また反応速度と温度の関係性に於いては、一般論的には反応速度は温度が上昇するほどに大きくなることが、化学上では説明されている。

　物質元素の原子がいかなる組成にて相互間に結合しあい、それにより分子や結晶を形成するか、という物質的存在に対する即自的である化学結合論上の論点と、或る任意の物質的存在または二種以上の種類の物質的存在から、それらとは相異なる物質的存在を生起せしめる化学反応を研究する、他在との関係式を通じて物質的存在の本質規定にアプローチする化学反応論上の論点は、相互間に矛盾しあう学術的スタンスをなしている。然るに、前者の即自的立場に対する後者の対他的且つ対自的立場による、そのような学術的スタンスにおける相互否定関係が顕在化されるほどに、それぞれの理論的基礎が相互依存的に助長されることとなり、物質的存在を構成する最小の基本的単位となる粒子とされている素粒子の構造、及び各素粒子相互間における関係式と運動の問題に対して、向自的態様をなす弁証系レベルにて論究する素粒子論へと理論的に統一されるはずである。物質的存在の分解されうる最小の基本的単位となる粒子として、素粒子を定義することがその前提条件とはなるのであるが、素粒子論という分野に於いては、原子核の性質・現象を更にその構成要素である素粒子の存在とその性質に基づいて究明することを目的とするとともに、素粒子の概念規定に包含される原子、もしくは

場を構成する量子をも研究対象とするところである。

　尚、素粒子物理学における三種類の基本的力、即ち強い力（ハドロン間の相互作用や、原子核内の核子同士を結合する核力）・弱い力（β崩壊等に関与する弱い核力）・電磁力（電場もしくは磁場から電荷が力を受ける相互作用）を記述するための理論として素粒子標準模型が提唱されている。この標準理論は厳密には、強い力についての量子色力学、弱い力・電磁力についてのワインバーグ・サラム理論を中心としつつ、ＣＰ対称性の破れに関しては小林・益川理論により説明している。当該の理論は場の量子論的手法にて記述されているため、量子力学及び特殊相対性理論の双方との間で整合しているが、但し、ニュートリノについては質量なき素粒子として定義していることから、ニュートリノ振動等の実験結果に関しては説明できていない。このように、標準理論は基本的力に関する理論として十全とはいえないが、その論拠としては、如上の三種類の力の理論的統一ができていないことが挙げられる。更にはまた、重力については何等記述していないことも問題視されるところである。

　宇宙領域を構成する物質がすべて原子より組成されていることは物理化学上の定説ではあるが、ハイゼンベルク：Ｗｅｒｎｅｒ＿Ｈｅｉｓｅｎｂｅｒｇの原子核理論によると、原子核の構成要素である陽子と中性子は相互に転換しあう性質を具有しており、その転換に際して電子を放出または吸収する。［尤も、宇宙領域内にも暗黒物質（ダークマター）・暗黒エナジー（ダークエナジー）等と称せられる反重力の領域が実体として存立することも観測されているのだが。ここでは、元素系としての範疇の物質系にのみ限定して理解する必要性があろう］フェルミ：Ｅｎｒｉｃｏ＿Ｆｅｒｍｉは、パウリ：Ｗｏｌｆｇａｎｇ＿Ｅｒｎｓｔ＿Ｐａｕｒｉにより導入されている素粒子であるニュートリノ（中性微子）をこの仮説に関連付けて、原子核のβ崩壊（電子の放出）の理論を提唱し、また湯川秀

樹は、原子核を組成する粒子の間の結合力である核力を説明するために、核力の場を構成する素粒子として中間子の概念規定を導入している。かくて素粒子論という研究分野は、原子核より素粒子への研究により形成されてきているといえよう。当該の宇宙領域を構成する全物質の約4％、即ち現段階の標準理論にて説明しうる、元素系の物質（バリオン）をなす素粒子の分類としては、物質粒子にはクォークとレプトンがあるが、前者は素粒子標準模型における強い相互作用で結合された複合粒子の集合であるハドロンを構成し、また後者はβ崩壊（弱い相互作用により生起する放射性壊変）等の過程にも関与する。クォークには第一世代のアップとダウン、第二世代のチャームとストレンジ、第三世代のトップとボトムが、レプトンには第一世代の電子ニュートリノと電子、第二世代のミューニュートリノとミューオン、第三世代のタウニュートリノとタウがあり、而して力を伝える粒子では、＜強い力＞のグルーオン、＜電磁気力＞の光子、＜弱い力＞のWボソン（±）とZボソン、更には質量を与えるヒッグス粒子等が発見されている。また、現状に於いて、素粒子の範疇に所属すると考えられる粒子としては、電子・陽子・中性子・光量子のほか、中間子・陽電子・ニュートリノ（中性微子）等が挙げられよう。原子は原子核とその周辺部を運動する電子により構成され、更にまた原子核は陽子と中性子により構成されている。原子核の安定度には、粒子間の結合エナジーの大小により差異があるが、それは粒子間の結合力（核力）、陽子と陽子との間の電気的反発力、また表面張力により規定される。陽子と中性子は、相互に転換しあう性質を具有しており、その転換に際して電子を放出または吸収するものであること、前述の通りである。陽電子は（陰）電子の電荷である－eに対してeの電荷を保持しているが、その質量は（陰）電子のそれに相等しい。エナジー値の大なるγ線により原子核が照射されるに際し、その近傍に（陰）電子に対となって陽電子が発生する対発生とともに、またその反対に、（陰）電子と陽電子が衝突することによりγ線が発生する対消滅が確認されている

が、かかる現象は、（陰）電子と陽電子との場合のみならず、一般には粒子と反粒子との間の否定（収束）的相関に於いて実施されるところである。ニュートリノは電気的には中性であり、その質量は電子よりも更に小なるものであるが、β崩壊により放出される電子のエナジー値が一様ではないという客観的事実を説明するために導入されている素粒子ではある。β崩壊のプロセスにあって、核内の中性子が陽子に転化するに際し、電子とニュートリノを発生・放出させる他方、核内の陽子が中性子へと転化するに際しては、陽電子とニュートリノを発生・放出させることになる。また、原子核を組成する粒子の間の結合力（核力）の場をつくりなす素粒子として、中間子の概念規定が導入されている。そして更には、原子や原子核を構成する物質粒子のみに限らず、場の概念規定を構成する量子とても、またすべて素粒子の範疇に包摂されるということは、量子化された場の理論に基づいている。たとえば、原子の構成要素ではない光量子は、電磁場を構成する量子としてやはり素粒子の一種であり、また中間子は、或る意義に於いては原子核の構成要素であるとはいえるも、直接的には核力の場を構成する素粒子ではある。あらゆる物理的作用は各々に対応する場の状態変化により伝達され、その状態変化は特殊空間上の各座標系における場の規定量を与えることにより定められ、しかる特殊時空間的変動は偏微分方程式により表現されている。かくて電磁現象は電磁場の理論により記述されるほか、更には重力場の理論をも導入されている。この理論によれば、一般に場を構成する量子はすべて素粒子であるとともに、また素粒子はすべて場を構成しているともいえよう。それはとりもなおさず、素粒子とは場を構成する量子を意味するとともに、場とはこのような量子の集合体をなしていることにもなる。

　しかし乍ら、仮に素粒子が物質的存在を構成する基本となる粒子であるとするも、更にその構成要素をも区分し、或いは部分に分割することが不可能であるとすることは誤りである。いかなる素粒子

というも不変・不滅ではありえないのみならず、寧ろ容易に発生・消滅し、もしくは他の粒子へと転化されうるエレメントをなすものであり、また相対系が内包的限界としても無限である限りに於いては、特殊時空間上のエレメントはなべて無限小の下位集合乃至要素（元）から構成され、無限の可分割性を具有するからである。したがってまた、いかなる素粒子というもその内部構造を具有することから、素粒子の下位集合乃至要素（元）に所謂ハイゼンベルク的原物質やコークと称せられる基本粒子を設定せんとする学説もある。しかし乍ら、宇宙領域内にも暗黒物質（ダークマター）・暗黒エナジー（ダークエナジー）等と称せられる反重力の領域が実体として存立することも観測されている以上、しかもそれらの具体的組成や性質の未だ解明されていないため、素粒子及びその下位集合乃至要素（元）の概念規定のみを以って宇宙領域の基本単位と断定するには、自ずと無理があるともいえよう。如何せん、それら個別の物質的存在の概念規定の是非に拘わらず、あらゆる宇宙領域の座標系・物質系の下位集合乃至要素（元）をなす構成物質に対しては、観測及び実験を検証手段とする自然科学技術上の成果に資する発達の度合いはともあれ、飽くまで物自体のポテンシャルとして無限小の単位にまで分析されうるはずである。

iii ＞認識レベル：量子理論

　特殊時空間をその実測値として体現し、且つ機能するエレメント
は、物自体における現象規定としての態様と、本質規定としての態
様による相互矛盾関係を以って更新され続けるが、前者は物理学理
論上の問題として、また後者は化学理論上の問題として弁証系プロ
セスの認識レベルに反映される。物理学理論乃至量子論に於いては、
空間概念に対する認識上のプロセス遷移や観念的である捉え方の問
題を排して、といわんより寧ろそのことに拘泥する以前の認識レベ
ルに於いて、特殊空間における運動主体とその運動すること自体の
原理論、即ち特殊空間の運動・展開の法則性を問題とする。それゆ
えに、或る運動主体が有機質か無機質か、バリオン物質か反バリオ
ン物質かなどという物自体としての属性や、またその所属する類や
族などという分類学上の種別等には拘泥しえない。それに対し、化
学理論乃至素粒子論に於いては、特殊空間を構成する物質的存在で
ある運動主体に対し、特殊空間における関係変数乃至成立条件に関
する論究を通じて、当該の特殊空間をなす物質的存在［バリオン物
質の場合］の本質を規定する分子式・構造式、或いは化学式の問題
を取り扱う。それゆえに、種々の物質的存在の本質をつくりなす本
質的属性を相対的に類型化したうえ、あらゆる物質的存在の相互間
における化学反応の関係変数を考察する。

　物理学理論の成立する認識レベルに於いては、即自的に物質的存
在の空間運動として現象される原理を考察するに対し、その他方に
て化学理論の成立する認識レベルに於いては、特殊空間内における
対他的連関により変動する物質的存在の本質規定を対自的に論究す
る。任意の観測者にとっては、即自的に現象されるところの物自体
はその本質規定の発現としてあり、且つ物自体の本質規定は現象さ
れることを以って当該の全他在と相互連動することにより、不断に
相対的・可変的である物自体として生成され続ける。このため、客

観的精神現象上における双方に対応する理論・学説とても、相互否定的である学術的立場にそれぞれあるのであるが、然るに客観概念上に於いては、現象態様の概念規定とそれに一対一対応する本質態様の概念規定は、しかく自己矛盾的である生成の概念規定として更新されるから、かかる現象規定に関する理論＜物理学理論＞と本質規定に関する理論＜化学理論＞とても自己矛盾的に統一され、特殊空間をつくりなす物自体に対する規定性、即ち特殊時間としての生成を研究対象とする理論へと向自的に移行されよう。物理学理論と化学理論は、相互の学術的スタンスに於いて、相互間に論理的否定作用しあう追考上の理性的ヴェクトルを内在化することにより、寧ろ相互の存立態様を更新し、より高次の学術的スタンスとして相互に依存しあい共生することにもなる。

　そして、この論理的階梯におけるより高次の学術的スタンスとは、特殊時空間上の生成に関する理論としての量子理論を示唆している。現象規定と本質規定、即ち運動＜生成＞態様としての当該の物質的存在自体のうちにおける、やはり運動＜生成＞態様としての当該の他在との相互移行作用は、対他且つ対自作用による現象態様として発現せしめられる物自体の自己運動・変化として成立するため、物自体における自己存在そのものと非自己存在の存立との現象的依存性に関する理論と本質的独自性に関するそれを止揚（揚棄）せしめる認識レベルは、自己同一的である物自体の運動概念としての生成に関する理論に移行しているからである。一意の運動＜生成＞態様である物自体としての存在規定に対する、否定的運動＜生成＞態様である全他在は一意のカテゴリーを構成するとともに、一意の運動＜生成＞態様に対し現象的且つ本質的に規定されるカテゴリー指定には普遍性がなく一意である以上、かかる一意の否定的運動作用は必然的に、一意のカテゴリーを構成する他在全体の運動的統合化された否定作用エナジーに帰因する運動態様の自己作用であるともいえよう。

量子力学上の基本概念をなす量子の意義としては、物質的存在と輻射との関係変数に於いて、輻射が物質的存在から放出せられ、もしくは物質的存在に吸収せられるに際し、エナジーの授受はエネルギー量子（ε＝hv）という素量の単位にて実行されることとされている。この場合にまた、輻射が特殊空間を伝導するに当たっては、hv（h：自然常数、v：振動数）のエナジー値を保有する塊として進行することを前提に、かかる塊を以って光量子と称せられる。光量子説は主として光電効果（短い波長の光が金属面に照射されると、電子が放出される現象）の説明のために研究されてきたが、コンプトン効果（短い波長のX線を原子量の比較的小なる物質に照射すると、長い波長のX線が散乱する現象）の発見により、その理論上の正当性が実証されている。光量子説に於いてはまた、光が単純に波動としての性質のみならず、同時にそれ自体が粒子としての性質をも具有することを明らかにしており、更には波動力学に於いては、電子その他の物質粒子とてもまた波動性を具有することを明らかにしているが、且つまた量子力学に於いては、このような微視的対象一般に亘り通じる二重性を以って、量子化された状態関数の概念規定を統合化している。而してまた、更には量子力学を場の理論に適用することにより、量子化された場の理論として形成されてもいるのである。この理論によれば、一切の素粒子はそれぞれに対応する場を構成する量子としてあるとともに、光量子もまた電磁場を構成する量子としては一種の素粒子であることになり、物質（粒子）と場とを画一的・絶対的に弁別することが不可能であるとされていることから、場を構成する量子の現象規定に関する理論である量子論を止揚（揚棄）態様とする物理学的アプローチとともに、量子及び物質粒子をも包摂する素粒子の本質規定に関する理論である素粒子論を止揚（揚棄）態様とする化学的アプローチが、相互矛盾且つ相互依存しつつ量子理論にAuf－hebenされていることを意味する。このことはまた、物理学（乃至量子論）上の現象規定と化学（乃至素粒子論）上の本質規定を統一する特殊時空間上の生成の

449

概念規定が、量子化された物自体の概念規定を通じて理性機能上に追考されうることによるところである。量子理論の中心概念が追考されゆくためには、その学術的プロセスを可能ならしめる客観的精神現象上の力動概念としての、物理学（乃至量子論）／化学（乃至素粒子論）の相互による向自的アプローチが不可欠であり、またそれ自体が量子理論上の展開に反映されるからである。したがって、ここでの量子理論とは、量子力学及び量子化学をカテゴリー包摂する概念規定に相違ない。

　プランク：Ｍａｘ＿Ｐｌａｎｃｋの量子仮説を端緒としつつ、シュレーディンガー：Ｅｒｗｉｎ＿Ｓｃｈｒöｄｉｎｇｅｒの波動力学へと展開されてきた理論的系譜をなしている。しかる量子理論におけるハイゼンベルク的である方法論的スタンスは、以下の意義に於いては実証主義的であるともいえる。それはつまり、自然現象に関する記述は実際上に観測可能である諸量、もしくは諸概念規定のみを以って行なう必要性があるとされており、観測不能の諸量及び諸概念規定についてはその存在を論理的否定しようとする。そのために、たとえば＜電子の軌道＞等という概念規定は本来的に現存しないものとして捨象し、しかる代わりに原子の放出する放射の強度や振動数等のみにより理論を構成せんとしている。このことはとりもなおさず、自然現象に関する観測者側の認識はつねに観測行為を通じて可能とはなるが、つまるところは必然的に認知する側面の主体と認知される側面の客体との相互作用を意味しており、その観測対象が物質的存在のミクロ：Ｍｉｋｒｏの系である場合については、かかる観測行為そのものの惹起せしめる観測対象の撹乱が生じることとなり、その様相は量子力学における記述の外に帰属することになろう。観測対象を認知する主体と客体との連動作用に関する解釈如何に拘わらず、主観性フィルターの作用により測定結果を左右されることが学乃至理論上に許容されようはずもない。換言するに、しかく観測対象を認知する主体と客体との連動作用に関する認識に

於いては、つねに何等かの誤謬・錯誤等の混入される可能性とても、あらゆる観測環境に於いて生じようことが不可避であるため、それに際しては観測対象に対する正常といえる認識精度が担保されえない場合もあるのではある。

　物質的存在のミクロの系に対する特殊時空間的記述、或いは当該の理性的追考に関しては、たとえば位置と速度成分、エナジーと時間などという相互に対をなす二つの量（共役量）に於いては、それぞれの量の観測に伴う不確定度の積が、プランクの自然常数hと同程度かそれ以上になることと結論付けられてはいる。このことから、もし一方の量の不確定度を減少せしめるならば、それにより他方の量の不確定度が増大することになることよりして、即ち不確定性原理（ハイゼンベルク：Ｗｅｒｎｅｒ＿Ｋａｒｌ＿Ｈｅｉｓｅｎｂｅｒｇ）と称せられている。この原理の意味するところは、単なる個体概念にのみ依存する認識能力上の問題ではなく、存在論的である物自体の本質規定に関する問題であるとともに、当該の認識レベルに妥当する学乃至理論における特殊時空間上の概念規定の適用限界でもあるため、観測者の認識作用のプロセスが特殊時空間上の概念規定と相互連関していることをも示している。観測対象が物質的存在の比較的に巨視的レベルに相当する場合には、関係する作用量の大きさが自然常数hに比して充分大なるため、量の観測に伴う不確定度は相対的に小なるものとなることから、観測上の問題はそも本質的問題とはなりえない。その他方では、波動力学の立場に於いては、物質系の状態関数に関する情報はシュレーディンガー方程式を充足する波動関数により得られるが、或る状態関数における物質系について任意の物理量を測定するならば、その状態関数が当該の物理量に個有の状態関数ではない限りに於いて、そこに求められる結果は確率論的にして統計学的ではあっても、確定性を具有しうるものではない。したがって、古典物理学の分野では保証されていた因果律規則に対しては、少なくとも認識論上の解釈に於いては相容れ

451

ないことになる、とされている。そのことがまた、不確定性原理における波動力学的対応をなしているのでもある。

　しかし乍ら、たとえば名古屋大学大学院とウィーン工科大学の研究グループにより、不確定性原理における欠陥が指摘されてもいる。位置と速度等という二つの物理量をともに精確に測定することは不可能であるとして、かかる二つの物理量の測定誤差を乗算することによる積が必ず、プランクの自然常数ｈと同程度かそれ以上になるとするハイゼンベルクの不等式が、従前は提唱されていた。名古屋大学大学院の実験グループは、ウィーン工科大学のアトム研究所における中性子観測実験で、中性子のスピン（磁石の性質を形成する自転運動）の二つの方向を観測し、測定誤差を検出した結果、測定誤差の積はハイゼンベルクの不等式により定まる下限値よりも下回り、その不等式が成立しない結果が報告されたのである。この観測結果は、位置や速度等の測定誤差に関するハイゼンベルクの不等式に対して、その精度限界の問題性を与えるところであるが、とはいえ量子自体が本来的に具有する位置や速度等の揺らぎに関するハイゼンベルクの不等式については、既に数学的には厳密といえる証明がなされたことになってはいる。いずれにせよ、現代までの量子力学上の物理量測定に関する基本原理に対しては、改めて明確といえる論理的根拠が検証し直されねばならないということではある。

　輻射乃至光の二重性に帰因することにより、相互間に相容れない波動像と粒子像という二つの相互矛盾する概念規定が成立することは、物質的存在のミクロの系に対する特殊時空間的追考の問題ともなるため、不確定性原理のうえからも明らかである。そして更には、当該の弁証系レベルにおける物質的存在に対する理性的追考をなす、二つの相互矛盾する概念規定である特殊時空間的記述と相互因果性が成立するが、物質的存在のミクロの系に対する特殊時空間的記述のためには、双方ともに相補的に用いられることが必要である。

452　　　第Ⅱ節　客観的精神現象

そのことはとりもなおさず、量子力学の方法論上における相補性原理（ボーア：Ｎｉｅｌｓ＿Ｂｏｈｒ）と称せられる。もし仮に、相互因果性が閉じた物質系の特殊時間的発展に於いて成立し、その物質系を特殊時間的に記述するために実施する観測行為そのものが、当該の物質系に外側から加えられる物理的変動因子となれば、その物理的干渉により相互因果律は成立しえなくなる、とされている。然るに、具象的である物質系の範疇をどのように設定するかに拘わらず、特殊時空間上の相互因果性はその内包的且つ外延的である無限の範疇に妥当する以上、或る特定の物質系における相互因果性というも、つねにその外側の特殊時空間を形成する全物質系における相互因果性と連携しあうことにより規定されるため、当該の観測行為による物理的干渉が系外か系内かについては物質系内の領域指定の問題にすぎず、よって、相互因果性の成立を阻害するものではない。観測行為という物理的干渉による相互因果性に対する物理的・構造的影響を問うならば、量子力学・量子化学上の観測自体の有効性が問題視されることになるのだが、観測行為による干渉を物質系における相互因果性を構築する要因として計算することにより、特殊時空間的記述と相互因果律が相容れない事項とはならないはずであること、自明ではある。

　また、ミクロの物質系を特殊時空間的記述の目的にて観測することにより、それぞれに或る確率を以って規定された実測値が得られる。とりもなおさず、従来は不確定であったものが、その観測行為によりいずれかの実測値として確定されることにもなり、そのことを以って観測による波束の収縮と称せられる。ノイマン：Ｊｏｈａｎｎ＿Ｌ．＿ｖｏｎ＿Ｎｅｕｍａｎｎは、かかる波束の収縮が主観作用の介入により惹起されるという解釈論を展開し、その後のコペンハーゲン解釈に対しても影響を与えている。しかし乍ら、このような波束の収縮は、観測対象となる当該の物質系にのみ限定して、客観的精神現象に基づく人為的であるアプローチの記録として記述

される情報である以上、当該の物質系の相対的である状態変化を特定の条件下にて測定した結果でしかなく、それによる干渉をのみ以って、当該の物質系の状態関数の変動自体を直接規定していることにはならないのである。また、量子理論上における根源的要因をなす不確定性に関しては、未知のパラメータや所謂隠れた変数等に原因を求める学説もあるが、いずれも正規の理論として確立されるには未だ到っていない。

　ところで、量子化学については、理論化学（物理化学）の分科にして、量子力学上の諸原理を化学上の諸問題に適用することにより、原子と電子等の運動・変化よりして分子構造や物性、或いは反応性を理論化学的に考察する学術的分野であり、さればまた、その発展の系譜を量子力学のそれとの関係性なくしては説明されえない。というのも、化学分科はそも分子や原子等のＭｉｋｒｏの粒子を取り扱う学術的分野であり、やはりそのような粒子を研究対象とする学術的分野として量子力学が生成されているためであるとともに、同一の研究対象に対する相互矛盾する学術的立場乃至方法論、即ち現象的アプローチの学乃至理論である量子力学と本質的アプローチの学乃至理論である量子化学は、しかる現象規定と本質規定との関係性により同一の物質的存在が形成される以上、寧ろ相互間に理論的前提しあうことにより展開される性質を、各々具有するためでもある。シュレーディンガー方程式の提唱を契機として、ハイトラー：Ｗａｌｔｅｒ＿Ｈｅｉｎｒｉｃｈ＿Ｈｅｉｔｌｅｒとロンドン：Ｆｒｉｔｚ＿Ｗｏｌｆｇａｎｇ＿Ｌｏｎｄｏｎ等は、それを水素分子に適用することにより共有結合の説明に成功している。この理論は更に、スレーター：Ｊｏｈｎ＿Ｃｌａｒｋｅ＿Ｓｌａｔｅｒとポーリング：Ｌｉｎｕｓ＿Ｃａｒｌ＿Ｐａｕｌｉｎｇ等により原子価結合法（ＶＢ法）へと発展し、その他方では化学結合を取り扱う別方法として、マリケン：Ｒｏｂｅｒｔ＿Ｓａｎｄｅｒｓｏｎ＿Ｍｕｌｌｉｋｅｎ等により分子軌道法（ＭＯ法）が開発されている。原子

価結合法（ＶＢ法）とは、化学結合を各原子の原子価軌道に所属する電子の相互作用により説明する手法であり、また分子軌道法（ＭＯ法）とは、原子軌道に対応して分子全体に拡がる一電子空間軌道関数である分子軌道により、分子を構成する個々の電子の状態関数を求める手法である。更にはまた、両者を改良した方法論としてＧＶＢ法とＣＩ法があるが、しかる方法論ではＶＢ法がＭＯ法を、またＭＯ法がＶＢ法を内包していることよりして、波動関数に対する近似としては相補的である関係性をなしてもいる。

　量子化学はもとより、分子構造と化学結合のシステムについて、理論的解明とその起因する分光学的物性の理解に寄与するところである。実際上の分子に対し量子化学上に於いて理解されうることは、多数の電子と原子核より構成されるＮ体問題の波動方程式の解を求めることに相当する点に於いても、量子力学上の目的との共通性を具有している。従前には理論的説明が困難であった、分子分光学の電子スペクトル・振動スペクトル・回転スペクトル・核磁気共鳴スペクトル等の性質と分子構造の関連付け、共有結合や分子間力の原理の解明、フロンティア軌道理論等に代表される半定性的である化学反応に対する解釈など、他の化学分野への貢献をも果たしている。また、各種コンピュータの処理速度と計算機科学の発展は計算化学にも波及し、変分法より発達した第一原理計算法により求めうる解の精度が向上しているが、量子化学により化学結合と分子の微細構造との相互連関、分子間相互作用や励起状態関数の解明、反応のポテンシャルエナジー面を予測することにより、化学反応の特性等の定量的である予測が可能ともなっている。それとともに、量子化学の適用範囲も単純にモデル化した分子のみならず、実際上の有機化合物・錯体化合物・高分子生体関連物質、固体表面での界面化学の解析等の多種の化学分科にも及んでいる。然るにまた、量子化学上における根本問題としては、研究対象とする系に対するシュレーディンガー方程式を解くことにあるともいえる。とりもなおさ

ず、系を記述するハミルトニアン：Ｈａｍｉｌｔｏｎｉａｎの期待値と波動関数を把捉することにあるのであるが、ハートリー・フォック方程式の考案により分子軌道法が発展せしめられ、簡約密度関数によるアプローチとても試行されている。

　客観的精神現象上の認識レベルにおける現象概念は物理学理論上の根本問題として、また本質概念は化学理論上の根本問題として、既に理性的展開に反映されている。物理学上の諸法則及び方法論は、物質系の現象態様としての対他的運動と関係式を即自的に究明し、また化学上の諸理論及び方法論は、現象態様を発現せしめる本質態様としての物自体の構造と運動法則を対自的に究明することを、それぞれに目的とするからである。存在規定の自然科学的である態様としての物自体の概念規定に対する、現象規定と本質規定は、相互間に概念的矛盾しあう学術的系譜のアクセス作用を実施し乍らも、生成という運動の特殊化された概念規定としてＡｕｆ－ｈｅｂｅｎされる。現象規定が物自体の本質態様をして生成せしめ、本質規定が物自体の現象態様をして生成せしめるとともに、現象態様における生成上の力動概念が本質的に規定せられ、また本質態様における生成上の力動概念が現象的に規定せられる。このような物質系をなすエレメントの生成という理性上の客観概念に対応して、客観的精神現象における認識レベルは、もはや量子理論的追考の階梯へと移行せしめられている。もとより量子理論上の反定立関係を量子力学理論／量子化学理論が体現するが、現象的アプローチをなす量子力学と本質的アプローチをなす量子化学との相互矛盾、且つ相互依存しあう理論的展開に於いて究明せらるべき対象である、エレメントの物自体としての生成の概念規定はまた、物理学理論における微視的統一態様をなす量子論とともに、また化学理論における微視的統一態様をなす素粒子論によりトレースせらるべき、共通の研究対象であるのみならず、また量子論と素粒子論との相互矛盾関係が量子理論としてＡｕｆ－ｈｅｂｅｎせらるべき必然性を具有することを

前提することによる、客観的精神現象上のＴｒｉａｄｅをなすが故でもある。然るに、かかる理性機能による量子理論的アプローチは同時に、理性機能のバックグラウンドにおける作用によるところでは、理性上の客観概念に対する統合的思考としても運行されなければならない。いかなる現象的且つ本質的である生成の規定性と雖も、しかる相互矛盾性を自己統一されるエレメントの物自体をなす生成として自覚されていなければならないためである。

第Ⅲ節 主観観念

　超自我における主観性フィルターの構成する知覚態様をなす主観観念は、特殊時空間上の［客観的］実測値には拘束されない主観的産物ゆえにＲａｎｄｏｍの動作傾向を示す。（そのこと自体がまた客観的事象につき、当該の主観観念の特殊時空間上の［客観的］実測値を形成するのではあるが）但し、弁証系プロセスの遂行下にあっては、客観性フィルターの動向にＣＮＳの注意能力が集中化されるため、主観観念の推移は客観概念の追考過程上のグレードにリアルタイムに呼応する。このことから、本節での認識レベルをなす客観概念が、物質的存在（運動）としてのエレメント：Ｅｌｅｍｅｎｔにおける現象規定／本質規定の相互矛盾態様をなす概念規定に相当する以上、超自我における真理値以外の価値システムを反映する主観観念はまた、当該の段階にあって、エレメントにおける現象規定／本質規定の相互矛盾態様をなす概念規定に対応するイメージレベルにあることになる。したがって、客観概念の状態関数が、物自体としてのエレメントの概念規定の＜現象規定⇔本質規定＞による相互否定（収束）作用から＜生成＞という概念規定へと移行されることに伴い、主観観念の知覚態様とても、当該同一の対象的知覚に対するイメージレベルの状態関数を、客観概念をなす認識レベルに呼応する変動系譜にて遷移せしめざるを得ない。

　しかし、相対系自体との同一性を表示する真理値以外の価値システムを反映する主観観念は、その知覚態様自体を相対系に符合せしめる必然性をなさないため、つねに相対的にしてＲａｎｄｏｍの可変性を具有している。また、主観観念が客観概念の状態関数の遷移過程に呼応しあうとはいえ、客観概念が未だ精確である概念規定をなしうる認識レベルの状態関数にはない以上、そして主観観念自体の移行パターンにはロジカル属性をなす通信経路を具有するわけで

はないので、超自我における主観性フィルター及びそこに相互連動しあうエス＜イド＞の本能的欲求値が、当該の時点に於いて構成する状態関数に負うところが多い。したがって、このとき主観観念は未だ不確実であるＫｈａｏｓ状態の様相にあり、またそれはエレメントにおける＜現象規定と本質規定＞による相互否定（収束）作用から移行される＜生成＞という事象、或いはその客観概念上の定義より得られる根拠不定のイマージュでしかない。

　また、主観観念はつねに、主観的精神現象の運動・作用に相互対応しつつ変化・動向する。もとより、主観観念は主観的精神現象の状態遷移により、主観的意識内容乃至対象として脳内形成されるイメージレベルであるからであり、且つ主観的精神現象の運動・作用は主観観念の内的イマージュの機能態様として収束されるからでもある。そのことと同様に、客観概念はつねに、客観的精神現象の運動・作用に相互対応しつつ変化・動向する。もとより、客観概念は客観的精神現象の追考過程上のグレードにより、客観的把捉態様乃至対象として脳内生成される認識レベルの状態関数をなすからであり、且つ客観的精神現象の運動・作用は客観概念の統覚作用として収束されるからでもある。客観作用と主観作用が相互間に呼応しあう以上、したがってまた、客観概念に主観観念が呼応して状態遷移するということは、同期しつつ客観的精神現象に主観的精神現象が呼応して運動・作用することと同義である。

第Ⅳ節 主観的精神現象

　超自我における主観性フィルターを展開する運動自我の態様をなす主観的精神現象は、特殊時空間上の［客観的］実測値には拘束されない主観作用の運動現象ゆえにRandomの動作傾向を示す。（そのこと自体がまた客観的事象につき、当該の主観的精神現象の特殊時空間上の［客観的］実測値を形成するのではあるが）但し、弁証系プロセスの遂行下にあっては、客観性フィルターの動向にCNSの注意能力が集中化されるため、主観的精神現象の推移は客観的精神現象の追考過程上のグレードにリアルタイムに呼応する。このことから、本節での認識レベルをなす客観的精神現象が、物理学理論／化学理論以降の反定立態様をなす学術上の弁証系レベルに相当する以上、超自我における真理値以外の価値システムを反映する主観的精神現象はまた、当該の段階にあって、物理学理論／化学理論以降の反定立態様をなす学術的階層に対応する主観的アクセスレベルにあることになる。したがって、客観的精神現象の認識レベルが、＜物理学理論⇔化学理論＞による学術上の相互矛盾関係から＜量子理論＞という理論的系譜へと移行されることに伴い、主観的精神現象の運動態様とても、当該同一の対象的知覚に対する主観的アクセスレベルの状態関数を、客観的精神現象をなす認識レベルに呼応する作用工程にて遷移せしめざるを得ない。

　しかし、相対系自体との同一性を表示する真理値以外の価値システムを反映する主観的精神現象は、その運動態様自体により相対系を主観観念に符合せしめる必然性をなさないため、つねに相対的・可変的にしてRandomの対応性向を具有している。また、主観的精神現象が客観的精神現象の認識レベルの推移過程に呼応しあうとはいえ、客観的精神現象が未だ精確である概念規定をなしうる認識レベルの状態関数にはない以上、そして主観的精神現象自体の移

行パターンにはロジカル属性をなす通信経路を具有するわけではないので、超自我における主観性フィルター及びそこに相互連動しあうエス＜イド＞の本能的欲求値が、当該の時点に於いて構成する状態関数に負うところが多い。したがって、このとき主観的精神現象は未だ不確実にして不安定である動作状況にあり、またそれは、＜物理学理論（量子論）⇔化学理論（素粒子論）＞による学術上の相互矛盾関係から＜量子理論＞という理論的系譜をなす弁証系レベル、或いはその客観的精神現象にて具有される諸属性によっても影響される。

　また、主観的精神現象の運動・作用はつねに、主観観念の態様に相互対応しつつ移行される。もとより、主観的精神現象の運動・作用は主観観念の内的イマージュの機能態様として収束されるからであり、且つ主観観念は主観的精神現象の状態遷移により、主観的意識内容乃至対象として脳内形成されるイマージュレベルであるからでもある。そのことと同様に、客観的精神現象の運動・作用はつねに、客観概念の態様に相互対応しつつ動向しゆく。もとより、客観的精神現象の運動・作用は客観概念の統覚作用として収束されるからであり、且つ客観概念は客観的精神現象の追考過程上のグレードにより、客観的把捉態様乃至対象として脳内生成される認識レベルの状態関数であるからでもある。客観作用と主観作用が相互間に呼応しあう以上、したがってまた、客観的精神現象に主観的精神現象が呼応して運動・作用するということは、同期しつつ客観概念に主観観念が呼応して状態遷移することと同義である。

第Ⅴ節　論理学的アクセス

　本節における追考上の認識レベルでは、当該の対象的知覚をなす相互否定命題（論理式）に対するアクセス遷移は、以下の通り移行される。

【意識上命題】　　　【意識下命題】（仮定）

$$\sim f\,(x)\times L^{(n+3)} \quad \Leftrightarrow \quad f\,(x)\times L^{(n+3)}$$
$$\downarrow \qquad\qquad\qquad \downarrow$$
$$f\,(x)\times L^{(n+4)} \quad \Leftrightarrow \quad \sim f\,(x)\times L^{(n+4)}$$

　ＣＮＳの運動自我による理性作用の対象的知覚である相互否定命題（論理式）は、両命題（論理式）ともに同一の確度を以って主張されているため、定立的命題（論理式）である$\sim f\,(x)$に対する弁証作用と、反定立的命題（論理式）である$f\,(x)$に対する弁証作用はつねに同時に、且つ同期して遂行されてゆく。意識階層レイヤ上に於いて、いずれの命題（論理式）が意識上に顕在化されたアクセス対象であり、いずれの命題（論理式）が意識下に潜在化されたアクセス対象となっているかは、当該の現在時における各命題（論理式）に対する意識／下意識レベル交換の問題にすぎないため、所詮変遷するところではある。

　仮に、定立的命題（論理式）である$\sim f\,(x)$に対する、客観概念上の現象規定性／本質規定性による反定立態様にある弁証作用が、［物自体としての］生成の概念規定という当該の認識レベルにおける限界点に到達したとき、つねに同時に追考アクセスしてきた客観的精神現象と主観的精神現象の、且つまた客観概念と主観観念の各々にアタッチするポイントは、定立的命題（論理式）である$\sim f\,(x)\times L^{(n+3)}$より、無限小の瞬間を経過後の反定立的命題

（論理式）である f（x）×L$^{(n+4)}$ に対する弁証作用に移行する。それと同時に、［潜在的に同期しつつ］追考アクセスしてきた、反定立的命題（論理式）である f（x）×L$^{(n+3)}$ より、無限小の瞬間を経過後の定立的命題（論理式）である〜f（x）×L$^{(n+4)}$ に対する弁証作用に移行する。［物自体としての］現象態様と本質態様との規定性による相互否定関係から生成の規定性へのAuf－hebenにより、当該の相互否定命題（論理式）に対する意識上の顕在的アクセスと意識下の潜在的アクセスが相互間に移行し入換ることは、弁証作用上のTriadeが追考運動におけるポイント移行の作動単位であるからであり、そのためにジンテーゼとしての［物自体としての］生成の概念規定が当該の認識レベルにおける限界点ともなるのである。［物自体としての］現象規定性／本質規定性による反定立態様の概念的統一されている生成という止揚（揚棄）態様を以って、定立的命題（論理式）及び反定立的命題（論理式）の各々に対する当該の認識レベルにおける限界点に到達することは、弁証作用の客体である対象的知覚自体ではなく主体である精神機能の問題であるため、必然的にCNSの客観作用と主観作用、即ち客観的精神現象と主観的精神現象、且つまた客観概念と主観観念のアタッチするポイントがそれぞれに交換せられ、このことにより〜f（x）に対する（客観的／主観的）アクセスは f（x）へ、且つ f（x）に対するそれは〜f（x）へと同時にスライドせられ、このとき［物自体としての］生成の理性的態様レベルにおける弁証実行の契機をなすことになる。相互否定命題（論理式）のうちのいずれが意識階層レイヤ上に顕在化／潜在化されているかは、やはり前述の二律背反上の意識／下意識レベル交換の問題でしかない。

　したがってまた、相互否定命題（論理式）f（x）×L$^{(n+4)}$ 及び〜f（x）×L$^{(n+4)}$ との表記は、理性機能による弁証系プロセスの認識レベルの推移を意味するところであり、Level変数Lの冪（ベキ）乗 n＋n〜∞ が単位時間としての秒（s）やミリ

秒（ｍｓ）等を示唆してはいない。それは本来、無限小の数値化を条件とする瞬間の更新を記述することに妥当する以上、既設の有限の単位時間によっては定義されえないためである。

相互否定命題（論理式）$\sim f(x) \times L^{(n+3)}$ と $f(x) \times L^{(n+3)}$ のいずれが意識上に顕在化、或いは意識下に潜在化された追考アクセスの対象的知覚になろうと、弁証作用の追考上のグレードが［物自体としての］生成という客観概念に相当する認識レベルに到達したことに相違ない。相互否定関係にある両命題（論理式）に対する追考アクセスのポイントがスライドされた時点に於いて、両命題（論理式）ともに［物自体としての］生成の概念規定という、精神内の態様フラグが既に設定された対象的知覚として更新されているため、当該の時点に於いて新規の触発を生じる必然性がある。

とりもなおさずそのことは、当該の時点に於いて、当該の更新後レベルにおける＜第二直観＞が生起せられることになる。対象的知覚を構成する命題（論理式）関係そのものは同一であるも、既に精神内の態様フラグを以って更新された対象的知覚と化している以上、当該の更新作用により、両命題（論理式）ともに対象的知覚としては新規の状態関数を得ているため、それに対する新規の触発をなす＜第二直観＞が自動起動されるのである。とはいうも、ＣＮＳ自体が既に理性的認識レベルを確立されている以上、当該の認識レベルからの弁証作用としての状態関数を維持することにもなる。そしてまた、そのことが更なる追考作用（Ｔｒｉａｄｅ）の端緒をなすのでもあるから、以降の弁証作用は当該の＜第二直観＞の内容情報のもとに展開されてゆくところとなる。しかる弁証実行による実際上の理性的運動及び成果がいかなるヴェクトルを具有するとも、等しく客観概念上における［物自体としての］現象規定性と本質規定性との反定立しあう交互作用によるものである原理は変らない。

464　　第Ⅴ節　論理学的アクセス

第Ⅴ章

弁証運動≫
PhaseⅤ

第Ⅰ節 客観概念

ⅰ＞有機

　当該の弁証系プロセスの認識レベルにおける客観概念の態様をなす［エレメントの物自体としての］生成の概念規定は即ち、それ自体に於いて特殊時空間をなす座標系・物質系の構造面・機能面での分化による規定性を示唆している。いかなる状態関数にあり、またいかなる様相もて生成される物自体も、なべて例外なくエレメント、即ち相対系をなす構成素子としてのみ成立するという客観的事実は、また或るエレメントがいかなる生成を遂げるに際しても、それ自体に内在される状態関数の変動により構造態様・機能態様が規定されるとともに、対外的である関係変数の変動による当該のエレメントの相互反応作用に対する規定により、内在的である状態関数にも作用されるためである。そのことはまた、相対系におけるエレメントをなす各々に自己同一である物自体の生成が、それぞれの構造態様・機能態様の変質を通じて、それ以外のすべてのエレメントをなす各々の物自体との間で反応しあうことにより、かかる生成の運動原理を形成していることをも意味する。相対系という無限連動システム自体が、それを構成する不定の座標系・物質系相互間における運動の関係式により運行されるからである。

　不断に生成されるものとしてのエレメントは、その物自体における特性と内外因子との作用のしかたにより、それ以外の全エレメントの生成運動と触発しあう構造態様・機能態様とても規定される。それは換言するに、その特性と内外因子との作用のしかたにより規定される構造態様・機能態様は、当該のエレメントをなす物自体としての生成変数を更新していることになる。生成というプロセスを経過している構造態様・機能態様は、それにより物質代謝の機構を

形成しうる組成要因を内在せられているため、必須の可能性として、いずれの部位間にも形態的にも機能的にも分化しゆく条件の適合性を内在し、しかも部位相互間の関係変数、及び部位と全体との関係変数には内面的である必然的連動が実施され、全体として或る統合性を維持する物質系へと生成される素因となるはずであるから、即自的には物質代謝の機構を自ら保持する有機質の物質系を示唆している。有機化合物はつまり炭素（C）の化合物を示唆しており、炭素と化合している元素としては水素（H）が殆どすべてに含有されるほか、酸素（O）や窒素（N）も多く、塩素（Cl）や臭素（Br）等のハロゲンや硫黄（S）がこれに次いで含有されることからも、有機物質は単体の元素としてではなく、無機質である炭素（C）を含有する化合物としてのみ存立することを意味する。但し、生物体では酵素等により比較的複雑といえる合成反応でも円滑に運行されているに対し、このような反応は化学実験室では成功しない例が見受けられることからも、有機化合物が生命現象に関与しているとはいえるものの、たとえば生物体から得られる多種多様の有機化合物であっても、［生物体の生命現象との直接の関係式を捨象して］化学者による化学反応処理により合成されうることから、単純に有機化合物のみにより生命現象が形成されるのではないことも客観的事実である。デンプン・蛋白質など、化学的操作によっては合成できずにいる天然有機化合物（とりわけ高分子化合物）等が現存するほか、その合成の方法論に於いても、生物体による生成の場合とはプロセスを異にしているのである。

　有機化合物の分類としては、炭素原子の結合状態に基づいて、炭素原子が鎖状に結合して分子を構成する鎖式化合物（脂肪族化合物）と、炭素原子が環状に結合して分子を構成する環式化合物に大別され、更に環式化合物は脂環化合物、芳香族化合物、複素環化合物に分類される。また、その生成される契機が自然現象もしくは人為的操作によることに応じては、天然有機化合物と合成有機化合物にも

大別される。炭素（C）と水素（H）のみからなる有機化合物が炭化水素と称せられ、有機化合物における基本をなす化合物とみなされている。炭化水素、或いは複素環化合物の水素（H）の代わりに各種の官能基が置換された化合物を置換体と称せられ、また或る化合物の分子構造の一部に化学反応を生ぜしめることで得られる化合物を誘導体と称せられ、置換体とても誘導体の一である。有機化合物の特性としては、一般には可燃し易く、その際に分解して炭素を発生させるものが多いこと、融点が比較的には低く、３００℃以下のものが多いこと、水には比較的に溶解しにくいが有機溶媒には溶解し易いこと、共有結合にて結合した分子からなるために一般には非電解質であること、密度が一般には１より小さいこと、またその化学反応は分子間に於いて生じるものが多く、その反応速度が比較的には遅いこと等が挙げられるが、いずれも不可欠の属性ではないために例外がありうる。而してまた、有機化合物の分子に於いては炭素原子の電子軌道がsp^3混成軌道をなすことが多く、その場合には４個の他の原子（炭素原子または他の元素の原子）と共有結合にて結合し、その正四面体構造の中心に炭素原子があり、それと結合する４個の原子が正四面体の頂点にあることに対応する。炭素原子は炭素原子同士が多数共有結合にて連結することができるので、結果としては、その骨格をなす箇所が炭素原子からなる様々の構造の多数の種類の分子が形成されうる。尤も、電子軌道がsp^2混成軌道、sp混成軌道をなす場合とてもある。有機質はエレメントの物自体としての、自己内外に対する化学的アクセスの関係変数により形成されるとともに、そのまま自己自身の構造態様・機能態様を発現してもいる。

　しかし、特殊時空間的エレメントをなす物質系はつねに相対的に変動する以上、このような有機質という物質系の状態関数と雖も固定して変化しないものではないため、いかなる有機化合物の実例もまた無機質に転化される必然性を具有している。化学反応における

分解作用のほか、或る物質系より電子が離脱する反応である酸化作用、或る物質系が電子と結合する反応である還元作用、そのうち特に有機化合物における水素（H）の離脱による酸化作用と水素（H）の結合による還元作用等の反復現象が、有機質乃至無機質の転化されゆく端緒をなすことになる。このことは即ち、生的エレメントの生命現象に相互連動する有機質の物質系、とりもなおさず、炭素（C）を含有する化合物の状態関数から炭素以外の化合物の状態関数へと転化されることに他ならない。そして、生物体から得られる種々の有機化合物ではあるも、生命現象とは直接の関係性にはない化学反応によっても合成されることがありうるため、有機質であることと生的エレメントをなすことが同義であるとはいえないものの、生命現象を維持するために不可欠である物質代謝システムは有機質の物質系に於いてのみ可能である以上、有機質であることが生的エレメントをなすことの必須要件となるから、生命現象を運行する物質代謝システムが停止されるということは、当該の物質圏レイヤのエレメントが有機質より無機質へと転化される必然性を示唆することになるのである。

　エレメントの物自体としての生成の概念規定、及びその生成プロセスの帰結として得られる概念規定が有機質の態様をなす以上、それに対してアクセス作用する超自我の理性機能にとっては、より直接的、且つ即目的に触発しあうことは客観的事実である。そのことは無論、論理系における客観概念の必然的遷移しゆく工程に該当するところであり、その理性機能の作用する対象的知覚をなす相対系そのもののそれに関するところではない以上、特殊時間上における物質系の起源として有機質が先か無機質が先かという論点とは別問題である。（因みに、しかる論点の結論としては、特殊時間上における物質系の起源を無限に遡及する必要性があるため、有機質と無機質のいずれが先でもないことになる）但し、この時点で留意すべきは、理性的追考運動を以って推移する客観概念の態様が、飽くま

で即自的である有機概念の認識レベルにあるため、未だここでは対自的態様をなす認識レベルには到達していないことにある。したがって、客観性フィルターによる弁証系プロセスにおける階梯としては、客観概念上に於いて明示的に物自体としての無機概念との関係性による、有機概念の把捉が成立する以前の態様にあることを意味する。

ii ＞無機

　エレメントの物自体としての無機質の状態関数も、当該の他在を
なすエレメントとの間の対他的関係変数により規定されるため、も
とより相対系の全域における有機的である相互連動性の反映される
ところである。特殊空間上の一切の相互連動性をつくりなす素因
が、一般空間の全域を形成するエレメント相互間の関係作用にある
以上、それぞれ一意に成立する全エレメントの相互間における無限
因果的連動の帰結として、現在時における物自体の無機質の態様と
ても現出されている。したがって、たとえ無機質である物質系と雖
も、一般空間の全域における有機的である相互因果律により規定さ
れることが、物自体としての無機質の態様にのみ限定されてはいな
いことも、また客観的事実ではあるが。他方では、特殊時間上の連
動性の意義は、永劫の一般時間をなすすべての系譜を継承している
ことに他ならないから、当該のエレメントの現在時における無機質
の状態関数とても、その精確である素因となる発生源を遡及するな
らば、つねに可変的である現在時における過去時間という無限連鎖
がすべて反映されていることになる。そして、物自体としての無機
質の状態関数は、任意の無機物質から他の無機物質へ変化・変質す
ることのほか、生的エレメントの生命現象をなす物質代謝の機能が
停止することにより、いずれ当該の物質圏レイヤのエレメントの有
機質の状態関数を維持することができなくなることから、有機質よ
り無機質へと転化される帰結現象ともなるのである。

　このように、その存立自体が非連続的に分立しているはずの物自
体としての無機質の態様が、無限に相互連関しあう全他在との相互
連動性により規定されていることは、あらゆる存在（生成）が無限
の相対系を構成するエレメントという、有限の単位宇宙にして部分
集合乃至要素（元）としてあるためである。エレメントは特殊時空
間上の構成素子であり、且つ相対系内に占める有限の下位集合乃至

471

要素（元）の領域範囲としての態様を保持するから、その物自体としての無機質の態様は当該のエレメントの無機質から有機質への転化、もしくは有機質から無機質への転化という化学反応による規定をも享ける。或る任意のエレメントの無機質の態様を維持するためのエナジーや、その無機質の態様に特有の仕様と機能及び作用を保全するに当たっては、当該のエレメントの物質系より更に下位集合乃至要素（元）を形成する物質系の性質を必要とする場合もあり、そのためには、それに対し分子レベルにて反映される無機物質及び有機化合物間の化学反応上の関係変数をも自ずと異にする。それぞれのエレメントを構成する物自体の生成は、有機質の態様と無機質の態様による統合態様であるため、他在に対するそのような対他的である化学反応上の変数の変動に応じて、当該の物自体として体現可能である無機質の状態関数も左右される所以でもあり、かくて物質系の（無機質の）状態関数における非連続性というも所詮は相対的・可変的でしかない。

各エレメント相互間の相対的・可変的である連続性をなすインタフェース態様は、その物自体としての相対的・可変的に非連続である存在の仕様を発現してもいる。各エレメント相互間の連続性が相対的・可変的であることは、特殊時空間上の無限に亘る相互連動により成立しつつも、それぞれのエレメントが物自体として個有の属性を具有してあるからである。当該の物自体としての無機質の状態関数は、生物体に於いては不可欠である有機質の状態関数に比して、生物体の生命現象を構成しうる直接の必須要件とはならないため、観測者の主観観念の態様に表象されうる限りに於いては、有機化合物であることが生命的であることに直結するに対し、無機物質であることが非生命的であることに直結するよう主観的印象付けられるかもしれない。然るに、上述の根拠よりして、有機質の態様が生物体に於いては必要であるとはいえ、単純に有機化合物であることが生命現象を現出するに直結するものではないとともに、また有機化

合物は無機物質（或いは無機化合物）同士の結合によっても生成されうる以上、観測者の主観的表象に拘わらず、有機質の態様が無機質の状態関数によっても形成されうることは客観的事実である。物質系の無機質の態様の意義としては、炭素（Ｃ）系の化合物である有機化合物に対し、炭素以外の元素の化合物である無機化合物とともに、元素の単体をも包摂するカテゴリーを示唆するところとしては、無機物質とも称せられる。天然に産出されるか人工的に製造されるかはともかく、無機物質の範疇をなす元素はそれらの単体、及び化合物の化学的・物理学的性質から、金属元素と非金属元素に大別されている。いずれも更に、主として化学的性質により族に分類されるが、族は原子の電子配置に於いて外側軌道の電子配置が同じものであり、現状の研究段階では金属元素は１２族、非金属元素は７族に分類されている。また、元素は原子の電子配置により典型元素と遷移元素に分類されているが、前者は原子番号の増加に伴い、最外軌道のｓ軌道もしくはｐ軌道で電子が増加するに対し、後者は原子番号の増加に伴い、内部にあるｄ軌道もしくはｆ軌道で電子が増加するものである。非金属元素はすべて典型元素であるが、金属元素には典型元素と遷移元素が包摂されている。

　有機質／無機質との峻別に拘わらず、生成される物質系としてのエレメントは、更には生命現象という発生段階として自己態様に応じた物質代謝の機構を形成しうる組成要因を体得するけれど、生成という運動の契機が必ずしも有機質の物質系にあるとは限らない。換言するに、炭素（Ｃ）系の化合物である有機化合物そのものが、有機化合物のみならず無機物質相互間による環境からも形成される必然性のあることの所以でもある。有機化合物同士の結合による場合はもとより、有機化合物と無機物質との結合による場合のほか、無機物質同士の結合による場合であっても有機化合物が生成されうるのであり、その限りに於いて、無機質のみの物質系の環境にあって生命現象に必要となる有機質の物質系の産出される論拠とてもあ

る。たとえば、炭素（Ｃ）［無機質］と鉄（Ｆｅ）［無機質］との結合により、無機質の炭化鉄（ＣＨｇ）が形成されるが、炭化鉄と水もしくは水蒸気が化合されることにより、水酸化鉄［無機質］の他に基本的といえる有機化合物である炭化水素が生成される。炭化水素は炭素と水素だけからなる化合物であり、そのようなメタン（ＣＨ₄）という有機化合物は、水素やアンモニア等と相互間に反応しあいながら、水もしくは水蒸気の構成素因でもある酸素により酸化されることで、酸素や窒素を含有する炭化水素誘導体であるアルコール・アミド・アミンからアミノ酸をも生成される。しかる生成のプロセスはオパーリン：Алекса́ндр＿Ива́нович＿Опаринの起源論にも引用されるところであるが、このように有機質の物質系と無機質の物質系は相互間に矛盾しあう性質を呈示しつつも、各々に相互の態様を成立せしめる契機をもなすことになるのである。

　而してまた、相対系という無限連動システム自体があらゆるエレメントの機能的統合態様として成立しているため、各エレメントはつねにそれ以外の一切のエレメントと相互連動しあってもいる。有機質の態様はエレメントの物自体としての分子レベルの生成運動に於いて、他在をなすエレメントと相互間に化合しあうことによる化学反応の態様をなす。エレメントの化学組成としての有機質の状態関数も無機質のそれも、化合により相互の態様のうちに自己自身の態様を変化せしめることを通じて、しかる同一のエレメントの物質的態様を転化させうるため、当該の物自体としての無機質の状態関数が対自的に反応しあうことにより有機質の態様を出力し、且つその有機質の態様は対自的であるエレメント相互の分子レベルの関係変数により規定されている無機質の態様を反映してもいる、ともいえるのである。

　エレメントの物自体としての対他的である生成運動、及びその他

在との関係変数をなす有機質の態様が、それに対してアクセス作用する超自我の理性機能にとっては、より直接的、且つ即自的に触発しあう以上、しかる有機概念に対する認識を契機として追考されうるところの、生成の契機である無機質の態様は、理性機能に於いては、より間接的、且つ対自的であるといえる。しかる無機概念に対する把捉は、他在に対する素粒子としての生成運動の認識を媒介することによってのみ、その物自体としての無機質の態様に対する理性的アクセスが可能となり実行されるためである。但し、この時点に於いて留意すべきは、理性的追考運動を以って推移する客観概念の態様が、飽くまで対自的態様をなす無機概念に対する認識レベルにあることから、未だここでは、有機概念との相互否定的である認識レベルにあり、その客観概念的統一には到達していないことにある。したがって、客観性フィルターによる弁証系プロセスにおける階梯としては、客観概念上に於いて、明示的に物自体としての有機概念と無機概念との相互否定関係が、自己統一的にＡｕｆ－ｈｅｂｅｎされるより以前の態様にあることを意味する。

iii ＞輪廻＜物自体＞

　エレメントの物自体としての規定性に於いて、客観概念における即自的である有機質の態様／対自的である無機質の態様が、反定立しあう交互作用として成立する。そのことは、特殊時空間上に機能する当該のエレメント（物質系）の存立態様（生成）の問題であるから、理性機能における客観概念としての有機質の概念規定が無機質の概念規定に同化し、また無機質の概念規定が有機質の概念規定に同化することではなく、存立態様（生成）を体現される有機質の態様がそれ自体の転化される必然性を内在する無機質の態様を導出するとともに、その無機質の態様がそれ自体の生成される根拠を内在する有機質の態様を導出することに他ならない。

　しかし、当該のエレメントを形成する物質系の有機質の態様、もしくは無機質の態様が即自的／対自的に現出されている条件下にあっても、その有機質の態様にある物自体としての状態関数、もしくは無機質の態様にある物自体としての状態関数がつねに一定して同一の実測値を維持していられるわけではない。といわんより寧ろ、しかるいずれの条件下に置かれているかに拘わらず、有機質の態様、或いは無機質の態様は無期限に、且つ不断にその状態関数を変動させ続けているはずでさえある。相対系におけるエレメントの物自体としての規定性が、当該の相対的・可変的である特殊時空間上の規定性のうちに転化しあう有機質の態様、乃至無機質の態様との自己統一態様としてある以上、絶対性を具備する物理的存在としての非連続性・独立性を具有する瞬間がゆめ成立しえないため、無限小という無規定的成立単位における物自体としての有機質の態様、或いは無機質の態様の実測値が変更され続ける必然性を免れないからである。

　有機質の態様は、特殊時空間上に無際限の他在をなすエレメント

との相互連動により、その物自体の有機化合物として規定される自己存在の問題であるため、炭素系の化合物を生成する物質系の化学反応を反映している。他方に於いては、無機質の態様は、特殊時空間上に無際限の他在をなすエレメントとの相互連動により、その物自体の無機物質として規定される自己存在の問題であるため、炭素（C）を含有しない元素、乃至化合物を生成する物質系の化学反応を反映している。相対系を構成するエレメントをなす物質系が、有機質でなければ無機質であるとともに、無機質でなければ有機質である限りに於いて、相互否定（収束）運動しあう概念規定上の関係性として成立する以上、その物自体としての存在規定を構成する有機態様と無機態様は相互間に矛盾しあう関係性にあるが、しかしそのいずれもが相対的・可変的である規定性を具有するに停まることも、また客観的事実として明確ではある。任意の時点にて有機質の態様をなしている物質系の状態関数が絶対的であるならば、もはや有機質の態様から無機質の態様に転化する可能性はないはずであるが、個体・器官・組織・細胞等という物質圏レイヤの代謝活動が停止することが無機質の態様への転化の契機となるとともに、また任意の時点にて無機質の態様をなしている物質系の状態関数が絶対的であるならば、もはや無機質の態様から有機質の態様に転化する可能性はないはずであるが、無機質の元素をなす物質系同士の結合によっても有機質の物質系が生成されうることよりしても、有機質／無機質ともに有限且つ相対的・可変的である態様をのみ更新しうることを示唆する。そのことはまた、有機質の状態関数と無機質の状態関数が概念上に相互間に矛盾しあいつつも、それとともに相互間に依存しあう関係性にあることをも意味している。それぞれに相対的・可変的である規定性しか具有しない有機態様と無機態様は、その双方にとって矛盾的関係にある規定性を自己自身に享受しあうことによってのみ、自己存在としての自己生成のプロセスを維持することが可能となるからである。

有機質の態様と無機質の態様は、概念上では相互間に矛盾、且つ依存しあう連続性をつねに保持し乍らも、そのいずれもが不断にその実測値を変更され続けている。そのことの根拠については既述の通りであるが、物質系における有機質としての状態関数に対する変更が絶えまなく累積され続けることにより、いずれかの時点に於いては、必然的にその物自体の無機質の態様としての規定態様へと状態変化することをも余儀なくされるはずである。炭素（C）の化合物でありつつも生物体をなす必須要件ともなる物自体の有機態様ではあるが、個体・器官・組織・細胞等の物質圏レイヤをなすそれぞれの状態関数が不断に変動して一定しえない以上、その各々の物質圏レイヤを組成するエレメントの有機質の態様は相対的・可変的であるため、各々の物質圏レイヤ毎にあらゆる他在の統合態様との相互矛盾関係により変化する有機化合物としての状態関数の変動しゆく累積値が、いずれかの時点に於いては、その有機態様に充当される変数としての相対的限界点を超過することにより、そのような有機態様としての相対的安定性が破棄されよう。しかし、当該の有機態様における相対的安定性が喪失されるということは、そのまま有機質ではない態様、即ち無機質の態様としての相対的安定性へと移行されることに他ならない。従来の有機態様としての相対的限界点が超過されるということは、有機質として必須の組成要件をなす物質系が生物体として機能しえなくなることに帰因する以上、既に飽和状態にある当該の有機態様を逸脱してその状態関数の変更が続行されるということは、更新された当該の物質系の態様に対応する相対的安定性としての新規の態様である、無機質の定立される必然性があるからである。このことはまた、有機態様との相互矛盾／相互依存関係に反映される事象でもあることから、有機質から無機質への転化の運動的根拠をなしているともいえる。

そしてまた、有機態様における相対的安定性をなす即自的状態関数が破棄されるほどに、有機態様の変動しゆく累積値がその相対的

限界点を超過することを契機として、当該の物自体の有機態様との相互矛盾／相互依存関係により転化される無機態様の変化とても、それ自体の有機態様に対する自己否定（収束）作用として助長されることになる。かかる物自体としての態様の対他的である相互連動により、無機質の対自的である状態関数に対する変更が絶えまなく累積され続けることの帰結として、いずれかの時点に於いては、必然的にその物自体の有機態様としての規定態様へと変更（転化）されることをも余儀なくされるはずである。物自体の無機態様における変化の累積とは、無機質の物質系をなす元素同士による化学反応の系統的実行にある以上、無機物質の単体元素もしくは無機化合物による結合が、無機質の物質圏内のみに特定化して成立する限りに於いては無機態様が維持されるのであるが、その物自体の無機態様としての変化率は相対的であるため、いずれかの時点に於いては、その対自的関数としての相対的限界点を超過することにより、それまでの無機態様としての相対的安定性が破棄されることを以って、しかく無機物質間による結合に帰因する有機化合物が生成されよう。つまり、当該の無機態様における相対的安定性が喪失されるということは、そのまま無機質ではない態様、即ち有機質の態様としての相対的安定性へと移行されることに他ならない。従来の無機態様としての相対的限界点が超過されるということは、無機質として必須の組成要件をなす物質系が炭素系の化合物を生成しうることに帰因する以上、既に変質されている当該の無機態様を凌駕してその状態関数の変更が続行されるということは、更新された当該の物質系の態様に対応する相対的安定性としての新規の態様である、有機質の定立される必然性があるからである。このことはまた、無機態様との相互矛盾／相互依存関係に反映される事象でもあることから、無機質から有機質への転化の運動的根拠をなしているともいえる。

　有機質の態様はそれ自体が炭素系の化合物として成立しつつ生物

体の組成の前提をなすに対し、無機質の態様はそれ自体が炭素以外による化合物及び元素として成立しつつ生物体の組成には非前提であることから、両者は客観概念としてはエレメントの相互矛盾する二態様をなす。それでいて尚、当該同一の物自体としては、有機質の態様が実践されるほどにその相対的安定性の維持するエナジーが消費されることで、そのエナジー値が＜零＞へと極限化される帰結として、有機態様を否定・収束せしめる無機質の状態関数が要求されるとともに、且つ無機質の態様における分子レベルの結合が実行されるほどに、いずれかの時点に於いては、その分子レベルにおける結合の反復され続ける帰結として、無機態様を否定・収束せしめる有機質の組織が形成されうるところである。更にはまた、如上の反復され続けることで、当該の物自体の有機質の態様の実践を契機として無機質の態様が要求される他方、無機質の態様の実行を契機として有機質の態様が実現されうる。とりもなおさず、有機態様をなすこと自体が無機態様に対する端緒であるとともに、且つ無機態様をなすこと自体が有機態様に対する契機でもある以上、有機質のエレメントは自己自身の存立の規定性に無機質の本性を内在し、且つ無機質のエレメントは自己自身の存立の規定性に有機質の本性を内在することになる。有機態様と無機態様との概念上の相互否定（収束）運動が促進されることにより、有機質上の規定態様はその相対的安定性としての状態関数まで変更され、且つ無機質上の規定態様はその相対的安定性としての状態関数まで変更されるのであるが、相互の存立の規定性における安定性レベルに対する更新が当該同一の物自体の生成運動として実行されるとき、有機質上の規定態様と無機質上の規定態様は特殊時空間上の運動としての＜輪廻＞にＡｕｆ－ｈｅｂｅｎされている。有機態様の規定性も無機態様の規定性もともに、有機質［の状態関数］と無機質［の状態関数］との相互矛盾／相互依存による反定立関係が助長されることにより、その各々の相対的限界値がいずれかの時点に於いては、必然的に凌駕されることを以って更新されるが、もとより有機態様と無機態様が

相互依存の関係性にもある以上、その各々の有機態様／無機態様の更新は当該同一の物自体の輪廻転化として実行され、且つその双方の規定性は特殊時空間上の有機／無機規定を現出せしめるため、特殊時空間上の座標系をなすエレメントとしての生成＜輪廻＞を示唆している。そも輪廻とは、相対系における単なる生成運動であるのみならず、その物自体としての規定により体現される成立態様（有機質／無機質）の相互転化されることを意味し、且つ相対的・可変的である相互連動システムである相対系のエレメントはかかる有機／無機規定に反映されるからである。但し、そのような輪廻システムの有機質／無機質による相互転化のプロセスは、無限の特殊時間として運行されるために際限なく展開されゆくけれど、そのいずれの態様ともに１００％同一の状態関数が反復されることはありえない。別途論証している通り、いかなる物自体の態様とても、特殊空間上の複数の座標系に於いて同一の状態関数を出力することがなく、また特殊時間上に於いて同一の状態関数を反復せしめる永劫回帰の運動原理が成立しえないためである。また、本節における輪廻の概念規定は、ヒンドゥー教：Ｈｉｎｄｕｉｓｍその他宗教等におけるそれとは意義を異にするが、その根源的といえる矛盾点は、本節に於いては霊魂の永続性を前提してはいないとともに、輪廻作用の運動主体を人間という特定のサンプルのみに限定してもいないことにある。総説篇に於いても証明している通り、身体機能に相互連動する精神機構上の機能態様をなす霊魂のみ単独に不滅のエレメントとしてあること能わず、輪廻における運動原理は全エレメントの有機／無機規定により運行されることに基づくところである。

　無機質の本性を自ら内在する有機態様と、有機質の本性を自ら内在する無機態様が、自己同一であり乍ら自己矛盾する物質系をなして成立することは、或る特殊時空間上の生成運動としての双方の成立の特殊時間的間隔に、つまり即自的態様をなす自己存在と対自的態様をなす自己発現の瞬間までに、無限小以上の特殊時間的推移が

あることを前提しているせいである。運動（生成）することによってのみ成立するエレメントの存在規定はもとより、かかる無限小の瞬間のスライドにより体現されるところであるからである。種々の化学反応を通じて、他在という不定且つ無限のエレメントと干渉しあうことを契機としつつ、有機質のエレメントとしての自己存在に内在される無機質の本性による力動概念であるとともに、当該同一の物自体に対自的に生成される、無機質のエレメントとしての自己存在に内在される有機質の本性による力動概念であることにより、有機態様から無機態様への一意の自己転化とともに、無機態様から有機態様への一意の自己転化のプロセスが展開されるのであり、かかる自己存在をなす物自体と他在全体との相互連動による自己内生成を伴う向自的運動の反復作用が、輪廻に他ならない。したがってまた、輪廻という自己内生成のプロセスにあっては、当該の物自体としての有機質の状態関数と無機質の状態関数が相互のうちに消失されるとともに、無限小以上の特殊時間的推移により、更には相互のうちに生起されてもいることになるのである。

第Ⅱ節 客観的精神現象

ⅰ＞認識レベル：有機化学

　前章にみる客観概念は、ＣＮＳ上の客観性フィルターにおける理性機能の弁証系プロセス上の概念的把捉の態様を論述しているが、それに対し客観的精神現象は、しかる弁証系プロセス上の客観概念に対応する運動主体としての、ＣＮＳ上の客観性フィルターにおける理性機能そのものの遷移を示唆するものである。換言するに、運動自我による対象的知覚をなす命題（論理式）に対する当該の客観概念と、当該の弁証系プロセスの認識レベルにおける客観的精神現象が同期して相互対応するのであるから、このとき客観的精神現象上の追考スタンスとしては、学術的には量子力学／量子化学理論の反定立関係を止揚（揚棄）する量子理論的レベルをなしている。当該の客観概念の態様が、有機態様の規定性及び無機態様の規定性の弁証系レベルに相当するとともに、また有機態様の規定性と無機態様の規定性との相互矛盾関係は、当該の弁証系プロセス上の前Ｐｈａｓｅにおける物自体の生成の概念規定を端緒とするが、有機態様及び無機態様に於いて不断に運動（生成）するエレメントの物自体として成立し、自己生成を可能ならしめる物自体の有機質としての［理性作用に対し即自的である］状態関数の規定性は、量子理論における物質系の素粒子乃至量子レベルの組成をなす有機態様に対するトレースにより、また同時にその自己生成を可能ならしめる物自体の無機質の［理性作用に対し対自的である］状態関数の規定性は、やはり同じく量子理論における物質系の素粒子乃至量子レベルの組成をなす無機態様に対するトレースによるところであるからである。

　内包的且つ外延的に生成される元素による物自体としてのエレメ

ントは、それ以外の全エレメントに対する対他的である化学反応に
よる関係変数に於いては、有機化合物として発現せられる自己存在
をなしてあり、結果的には他在をなす全エレメントと運動しあうこ
とにより成立する物質系の態様である。したがって、対他的である
運動規定により特殊時空間上における化学理論上の結合法則を体現
しているところの、このような有機化合物として発現せられる自己
存在は、［観測者の精神内的作用ではなく］客観性をなす物自体と
してのエレメント相互間に成立する結合法則を公理的に追究する、
有機化学上の不可避的である研究対象とはなる。

　客観的精神現象は客観概念の追考主体をなす理性機能の態様を示
唆するため、それが対象的知覚である命題（論理式）に対して作用
する役割は、そのまま何程かの学術的立場にも通じている。何とな
れば、一切の学乃至理論は、その分類上の相互間の論理学的整合性
と理論的相異に拘わらず、ＣＮＳ上の客観的精神現象による理性的
追考運動の成果としてのみ成立しうる以上、客観的精神現象の弁証
系プロセス上における当該の認識レベルを反映された概念規定と公
理体系を装備することになるし、また客観的精神現象の必当然的に
推移しゆく系譜に対応して、当該の学乃至理論としての概念規定と
公理体系とても遷移しゆくことになるためである。

　ＣＮＳにおける理性機能の状態関数、即ち当該の弁証系プロセス
の認識レベルに位置付けられる客観的精神現象の運動規定、それに
より必然的に導出される論理的成果の体系が当該の学乃至理論を形
成する。弁証系プロセスにおける当該のＴｒｉａｄｅ展開の、定立
（テーゼ）レベルに相当する客観概念は有機質であり、それを同期
して構成するＣＮＳの運動態様である客観的精神現象は、客観概念
上の即自的態様をなす有機質の概念規定に対応する客観的認識の状
態関数にあるから、当該の客観的認識処理により導出される論理的
成果が同認識レベルにあって体系化されることにより、有機化学上

の問題としての学乃至理論の体系が構築される。運動態様としての
特殊時空間的実測値はその有機質の規定性により生起せられるが、
かかる有機質の概念規定を学術的根拠とする理論が有機化学理論で
あるからである。しかし、客観的精神現象によるその認識レベルは
弁証系プロセスの途上にある、即ち弁証系プロセスの最終工程まで
未だ経過していない以上、当該の［客観的］認識レベルにて成立す
る学術上に期待しうる妥当性及び真理値は、爾後の弁証系プロセス
に於いて論理的否定される可能性を持続しているため、飽くまで相
対的である確率論の域に出ない。その逆に、絶対的である確実性と
は、追考処理における、より高次の工程により論理的否定される可
能性のない［客観的］認識レベルに成立するからである。

　［物自体の］有機質の規定性の［客観的］認識レベルにある客観
概念に対し、つねに同期して相互対応するCNSの運動態様である
客観的精神現象は、有機質の規定性における概念的把捉を体系的に
展開しうる理性作用のグレードにあることになる。当該の論理系上
の工程に相当する理性作用のグレードにあって、当該の概念的把捉
を体系的に構築することが学術的体系化の作業に他ならないから、
有機質の規定性の［客観的］認識レベルにある客観的精神現象を以っ
て構築されうる学乃至理論の体系は、如上の論拠よりして、有機化
学的問題を研究対象とするそれである。

　過去の学術史における有機化学的問題に関する学説上の論争に拘
わらず、有機化学は弁証系プロセスにおける当該の認識レベルに
あって成立する学術的体系を形成し、且つ当該の認識レベルの客観
的精神現象により推進される。かかる認識レベルをなす有機化学理
論により論究されうる対象は、生物体を形成する主要成分でもある
有機化合物（炭素（C）系の化合物）であるが、自然界における天
然の成分として存在する天然有機化合物の他、人工的に合成された
合成有機化合物をも含め、自然現象を表象するエレメントの物自体

としての有機態様にあるため、しかる有機態様を規定する各エレメント相互間における関係変数（反応式）と、その運動（生成）の前提となる元素レベルの構造及び性質の究明を目的とする。

　あらゆる元素のうち炭素（C）系の化合物をのみ対象範疇とする論拠としては、炭素が制限のない多様性を内在する物質を生成する材料になりうるためである。また、生物体を形成するタンパク質や核酸・糖・脂質等の化合物もなべて炭素化合物であるが、そのことは炭素が、－C－C－、－C－O－、－C－N－という連鎖を任意の数だけ反復して共有結合しうる唯一の元素であることによる。基本的前提としては、C－C結合またはC－H結合を保持しえなければ有機物質ではないとされていることから、たとえば一酸化炭素・二酸化炭素・炭酸等は有機化合物のカテゴリーには内包されていない。

　有機化学の理論的範疇としては、如上にみる通り、炭素系の化合物である有機物質の生成における構造式・反応式の根拠をなすが、有機化合物はその化学的性質が無機化合物とはかなり異質であり、その数・種類が著しく多大であることからも、化学上の独立分野として分類されている。また、有機化合物は本来的に還元（電子数が増加する化学反応）環境に於いてのみ安定である他方、酸化（電子数が減少する化学反応）により分解しやすいことなどから、電子論に関する理解が有機化学的把捉の基礎をなしているともいえる。而してまた、有機化学の分科としては、構造有機化学・反応有機化学・合成有機化学・生物有機化学等が挙げられよう。

　かかる有機化学における分類として、電子論及び混成軌道や誘電効果等に関する理論を包摂する基礎理論、構造式や異性体に関する理論及び立体化学等を包摂する構造論、また反応速度論及びエナジーの変化や反応等に関する理論を包摂する反応論に大別される。

そのことは本来に於いては、学術上の体系化に則した分類にすぎないが、有機化合物の状態関数より生命現象を生成するプロセスを究明する上で反応論的アプローチが必要であるとともに、またそのような有機化合物の組成をつくりなす構造や性質に関し論究する構造論的アプローチが重要であることにもなるはずである。このような客観的精神現象の展開される必然的工程よりして、理性機能による追考運動よりそれが要求されるところでもあるからである。

　有機化学における基礎理論として、有機電子論等が包摂される。まず原子の電子配置についてであるが、原子は原子核と電子より構成されており、原子核中の陽子数を原子番号と称せられ、中性原子では陽子数と等しい個数の電子を保有している。原子核の周囲を公転運動する電子の軌道（電子の存在確率の分布）を電子軌道と称せられるが、その軌道が球状に立体をなしていることから殻とも称せられる。電子軌道（殻）は大区分として内側から順に、K殻・L殻・M殻のように層状をなして形成されており（主殻）、更にはK殻は１s軌道、L殻は２s軌道と２p軌道、またM殻は３ｓ・３ｐ・３ｄ軌道等に細分化される（副殻）。これら細分化された軌道にはそれぞれ２個の電子を収容できるが、電子軌道にはエナジー値の低いほうから順に電子が充填されることになる。電子の存在する最も外側の殻の電子を原子価電子と称せられるが、その原子の他在をなすエレメントと直接触発しあう表面部分をなすため、原子の性質や反応性に少なからぬ影響を及ぼすものである。ところで、原子は主殻が電子で充填された状態関数、即ち閉殻構造に於いて安定する。電子を喪失することにより閉殻構造になりうる元素は陽イオン（正電荷を具有する）になることで安定化し易く、反対に電子を授受することにより閉殻構造になりうる元素は陰イオン（負電荷を具有する）になることで安定化する傾向にある。炭素はK殻に２個、L殻に４個の電子を保有し、閉殻構造をなすためには４個の電子を授受してL殻を充足するか、或いは４個の電子を放出してK殻を閉殻にする

しかないが、そのいずれもが困難であるため、炭素は陰陽いずれの
イオンにもなりにくく、電気的には中性である。そのことが炭素の
化合物を多種多様に存立せしめる要因ともなっており、延いては有
機化学の成立根拠をなすことにも通じていよう。

　さて、炭素は電気的には中性にてイオンになりにくい性質を具有
するため、殆どの場合に於いて有機化合物の結合は共有結合による
ものとされている。とりもなおさず、結合される原子の双方から1
電子づつを放出しあい、それら2電子を双方の原子が共有すること
により結合するという方法である。それに対し、結合電子が片方の
原子からのみ供給されることにより成立する、という結合を配位結
合と称せられるが、成立した結合そのものには共有結合の場合との
相異点はない。また、有機化学は電子の化学であるともいわれ、多
くの有機反応は電子対の作用により説明可能であるともされてい
る。酸及び塩基に関して定義する、酸塩基理論なども電子対の作用
により説明されており、また酸化還元反応とても電子の授受にある
ことよりしても、電子（対）に関する研究が有機化学に不可欠であ
ることは明らかである。

　そしてまた更に、以下に列挙する諸問題についても、学術的には
同等の追考レベルをなすところであるため、やはり有機化学上に於
いて研究せらるべき対象であるといえる。混成軌道（s軌道電子と
p軌道電子が合わさることにより、エナジー的に等価である新規の
軌道を形成する種々の状態関数）や、極性結合（共有結合の結合電
子が両原子の電気陰性度の差により、電気的に陰性である原子側に
偏って分布している状態関数）、共役（二重結合や三重結合が1本
の単結合を隔てて隣接する位置関係）等々である。また、結合電子
対や非結合電子対の反発等により分子の形状が規定される作用のほ
か、両電子の電気陰性度の差によりπ結合電子が片側に移動するこ
とでπ結合が分極化する共鳴効果は、分子内に電荷が局在化した状

態関数が不安定であるに対し、電荷が非局在化して分子全体に分散している方がエナジー的に有利なので、分子の安定化にも寄与することなどが挙げられる。

　如何せん、有機化合物はその構成元素の種類の数にも拘わらず、その種別の多様であることから、それらを相互間に合理的に分類することの必要性により、分子式と構造式が決定されなければならない。分子式は物質系の分子を構成する原子の種類と数を示す式であり、また、構造式は分子を構成する各々の原子の結合の関係性を示す式である。同一の分子式を形成する有機化合物に原子の結合の関係性を異にする分子、即ち異性体が存立しうるため、構造式が確定されなければならないのではある。そも異性体には、原子の構造的配列を異にする構造異性体、結合の自由回転の障害により発生する立体要因による幾何異性体、また不斉炭素を包含する有機化合物等のうちの分子の配置が相互間に鏡像関係にある鏡像異性体等の分類があり、それぞれの場合の原子の結合の関係性により構造式が相異なることになる。そして、そのような分子式及び構造式を決定するに当たっては、次の実験と計算の工程を経なければならない。それは即ち、有機化合物の精製・炭素水素分析や窒素分析等の元素分析・実験式（分子を構成する原子の種類と各種原子の数の最も簡単とされる整数比を示す式）の決定・分子量の測定・実験式及び分子量に基づく分子式の決定・化学反応に関する研究・分子構造に相互連関する物理化学的測定・構造式の確定に到るプロセスに相違ないのである。

　既述にみる通り、有機化学は電子の化学として説明されることからも、有機化学反応とは電子の運動による物質系の変化を意味している。したがって、有機化学反応論及び反応速度論が、有機化学上における基本分科をなしていることに相違ない。有機化学反応は大分類として、ラジカル反応とイオン反応に弁別される。ここでの前

者については電子が１個づつ、また後者については電子が２個づつ運動することによる帰結としての反応であるが、その結合は電子が２個で１本生成されるというものである。また、結合には関与しないローンペア（孤立電子対）の場合にあっても、電子は２個で１組をなす。結合に関与する２電子が移動することにより結合が切断され、切断された先に新たな結合が形成されうるイオン反応に対し、ラジカル反応の場合にあっては、結合に関与する電子２個が１個づつに分立し、結合状態が切断され、分離した両原子がペアになっていない１個の電子を保有する化学種となる。かく不対電子を保有するラジカル反応は、化学的には不安定であることよりして、寧ろ高度の反応性に富むともいえよう。イオン反応の場合にあっては、反応の開始に際して電子対を保有する反応種（陰イオンまたはローンペアを保有する中性分子）が、基質分子の電子不足部位を攻撃して開始される反応（求核反応）と、反対に電子が不足している反応種（多くの場合は陽イオン）が、基質分子の電子豊富部位を攻撃して開始される反応（求電子反応）が包摂される。また、有機化学反応の様式としては、置換反応と付加反応がある。前者については、分子の一部分が別の原子（原子団）に置き換わる反応であるに対し、また後者については、分子の特定部分に別の分子が新たに付加される反応である。置換反応の逆反応はやはり置換反応ではあるが、付加反応の逆反応、即ち分子の一部分が外れて不飽和結合が生成される反応を脱離反応と称せられる。更にはまた、有機化学反応に伴うエナジー変化に関しては、反応前の出発物と反応後の生成物を比較するに、系のエナジー量が減少する、即ち安定化方向の反応を発熱反応と、また反対にエナジー量が増加する、即ち不安定化方向の反応を吸熱反応と称せられる。系全体のエナジー量としては変化しないので、発熱反応では減少分のエナジーは熱として放出され、また吸熱反応では熱の吸収が生じるところである。

　有機化学反応の速度に影響を与える要因としては、主として濃度・

エナジー・触媒等が挙げられる。分子の維持するエナジーの状態関数はつねに一定ではなく、低エナジー状態のものから高エナジー状態のものまで、或る確率にて分布している。反応を生起せしめるためには活性化エナジーを超越しなければならず、その活性化エナジーよりも高いエナジー状態にある分子のみが反応することができるため、かかる高エナジー状態にある分子数を増加せしめることにより、反応速度の向上にもつながるのである。反応物の濃度を上げることは全体の分子数を増加せしめることであり、されば、分子のエナジー分布曲線を上昇せしめることになるので、高エナジー状態にある分子数の増大を招く。また、外部（他在をなす物理的領域）より熱等のエナジーを与えることにより、全体の分子数としては変化しないものの、確率分布が変化することにより高エナジー状態にある分子数が増加するため、活性化エナジーを超越する分子数が増加する。その他方、分子のエナジー分布が変化しない場合でも、活性化エナジーを引き下げることができるならば、やはり活性化エナジーを超越する分子数が増加することになる。それが触媒による効果・効力をなしている。

　有機化学反応におけるエナジー変化の工程には、大別して１段階反応と２段階反応がある。１段階反応に於いては、反応の前後にて活性化エナジーの波動を１回超えるのみであり、活性化エナジーの頂点では遷移状態と称せられる過渡的である高エナジー構造にある。これに対し、２段階反応に於いては、厳密には２回の反応が連続して生起しているため、反応の前後にて活性化エナジーの波動を２回超えなければならない。かかる２回の活性化エナジーの間隙は部分的にはエナジーの極小になる準安定状態になり、この部分の化学種を反応の中間体と称せられる。２段階反応にあっては、一旦このような中間生成物を経過して反応が進行されるが、この場合に活性化エナジーの波動を２回超えるということは、相異なる活性化エナジーが成立していることをも意味しており、そのうち比較的大な

る活性化エナジー、即ち反応速度が遅いほうの過程を律速段階と称せられる。より遅いほうの過程が全体のボトルネックとなるので、全体系としての反応速度はその律速段階におけるスピード値に依存する。而して、同一の反応途上の状態関数にあっても、遷移状態ではエナジー極大状態、また中間体ではエナジー極小状態にあるといえる。

　そしてまた、複数の有機化学反応が競合して生起する場合、活性化エナジーの比較的小なる反応が優先して生起する速度論支配反応に於いては、活性化エナジー値の大小により生成物が規定される。他方、複数の有機化学反応が競合して生起する場合でも、出発物より生成物へのエナジーの減少が比較的大なる反応が優先して生起する熱力学支配反応に於いては、生成物の安定性によりその生成物自体が規定される。したがって、より低温、即ち低エナジー状態にて反応を行うことにより速度論生成物、またより高温、即ち高エナジー状態にて反応を行うことにより熱力学生成物が得られることにもなるのである。

　かく有機化学の理論体系としては、電子論を中心とする基礎理論・構造論・有機化学反応［速度］論等が包摂されるが、そのいずれも有機化合物を研究対象とする学乃至理論であることに相違ない。しかる有機化合物、及び有機態様に個有である構造や化学反応に関して究明することは、理性機能による弁証系プロセスの当該の階梯をなす理論体系として必然的に成立するのであるが、有機化学理論に対する追考を展開しゆくほどに、是非もなく無機化学理論に対するトレースが不可避的に要求されることになる。有機化学上の研究対象となる有機化合物そのものが、何程かの化学反応により無機物質から生成されうるとともに、また何程かの化学反応により無機の状態関数へと転化せらるべき物質系をなしている以上、有機化合物の成立根拠と転化作用が無機の状態関数に相互連関しており、且つ無

機物質を研究対象とする理論体系を形成する学が無機化学であるからである。このように客観的精神現象上に究明すべき概念規定に於いて、相互矛盾関係にある有機化学理論と無機化学理論は、また学術的論拠に於いて相互依存関係にもある以上、当該の客観的精神現象の態様より無機化学の弁証系レベルへと移行される必然性がある。理性機能による弁証系プロセスにおける無機化学理論の階梯は、有機化学理論に対し反定立する関係式として導出されるため、有機化学と同一レベルに相互リンクして追考されなければならないからでもある。

　とまれ、如上のような概念規定を構成する有機態様が、有機化学理論の相当する弁証系レベルに於いて展開せらるべき主題ではある。

ⅱ ＞認識レベル：無機化学

　弁証系プロセスにおける有機化学理論に相当する認識レベルで
は、物質系の生成作用を契機とする帰結現象となる態様が当該の客
観概念をなすため、すべての有機的／無機的他在に対し反応しあう
運動態様としてのみ成立する存在自体の有機態様に対する客観的把
捉処理の展開、及びその理論的体系化を旨とするが、そのことは特
殊時空間上の有機概念に対する、理性機能による客観的精神現象上
の即自的アプローチによるものである。然るにまた、存在規定にお
ける有機態様は、その存在自体の合理的根拠として概念的に相互矛
盾する無機態様に帰因されうるとともに、その存在することをも契
機とする帰結現象が無機態様として現出される以上、そしてそのよ
うな対他的に成立するところの、生成概念を内在する有機概念に対
する弁証作用の即自的アプローチを実行することにより、物質系と
しての相互転化作用により導出されるその物自体の無機態様に対す
る、弁証作用の対自的アプローチに帰せられることが自己矛盾的に
不可欠とはなる。エレメントの物自体としての有機概念に対する理
性作用の即自的アクセスと、その無機概念に対する理性作用の対他
的且つ対自的アクセスは、したがって、客観的精神現象における相
互矛盾しあう運動であり乍ら、その相互のうちに内在されるととも
に導出される必然性がある。

　エレメントの物自体としての有機態様による規定性の知覚から、
相互矛盾しつつも相互間に連続しあう関係性としてある、自己存在
の無機態様による規定性の対自的認識への移行は、客観的精神現象
における系譜としては、有機化学理論より無機化学理論への学術的
レベルの移行として成立する。何となれば、存在自体の物自体とし
ての有機態様による規定性と、その化学反応をなす対他的関係変数
を研究対象とする有機化学理論に対し、当該同一の存在自体として
生起する化学変化とともに、相互間に反応しあう他在に対する対他

的認識を通じて自己回帰的に成立する対自的認識は、物質的存在の
有機化合物としての特性を破壊しないレベル内の有機化学的変化に
対して、その物質的存在の化学的組成、及びそれに対する構造的変
化による無機態様を研究対象とする無機化学的レベルに於いて可能
となるためである。無機化学理論の意義としては、物自体としての
有機態様からの転化、及び他在との対他的相互アクセスの反映され
た物質的存在の無機態様の原理的解明にあるから、そのような対自
的認識における物自体としての無機態様が一意の自己存在として如
何様であるか、しかる哲学的解釈の問題では未だなく、有機化学上
の物質系における有機態様の規定性を反映する無機化学上の無機概
念を示唆している。個別のエレメントをなす事象に対する検証では
なく、無機化学的法則として公準化されうる物自体としての構造上
の無機態様の規定性の認識の根源的であるレベルに、対自的アクセ
ス自体の原理論を問うことの目的があるためである。

　無機化学理論の研究対象としては、元素・単体・無機化合物とな
るが、無機化学理論が有機化学理論に対する反定立関係にある学術
的立場をなすことから、非有機化合物を研究対象とする化学理論と
して定義されている。無機化学理論に於いては、炭素以外の全周期
表の元素を取り扱い、炭素を内包する化合物であっても有機化合物
とはみなされない炭素の同素体や、一酸化炭素・二酸化炭素・炭酸
等の化合物をも包摂される。たとえば地球環境に於いては、有機化
合物は凡そ地表のみから採取されうるに対し、地球自体の材質はそ
の殆どが無機物質から形成されているともいえる。有機化合物以外
の物質系を研究する化学分科はなべて無機化学理論の範疇とされる
ため、研究対象により細分化されている、錯体化学・有機金属化学・
生物無機化学・地球化学・鉱物化学・岩石化学・温泉化学・海洋科
学・大気化学・宇宙化学・放射化学・ホットアトム化学等も広義の
無機化学理論に所属する。

第Ⅴ章　弁証運動——PhaseⅤ

無機態様をなす物質元素は、単体元素及び無機化合物の化学的性質・物理的性質をも含意して、金属元素と非金属元素に大別される。いずれも更には、主として化学的性質により族に分類されるが、族は原子の外側軌道の電子配置を同じくする種別であり、現状の学術的環境では金属は１２族、また非金属は７族に分類されている。そのような物質元素はまた、原子の電子配置により典型元素と遷移元素に分類される。そのうち典型元素は原子番号の増加することに伴い、最外軌道のｓ軌道、もしくはｐ軌道にて電子が増加するに対し、遷移元素は原子番号の増加することに伴い、内部にあるｄ軌道、もしくはｆ軌道にて電子が増加するものである。また、非金属元素は例外なく典型元素に相当するが、金属元素には典型元素と遷移元素がある。元素の化学的性質には原子の外側軌道の電子配置が影響を及ぼすが、原子が原子番号の増加することに伴い、同様の電子配置（外側軌道）を周期的に繰り返し採用する結果として、現状では金属元素・非金属元素・典型元素・遷移元素が長周期型周期表にそれぞれ類型的に分布されてもいる。

　たとえば、放射性元素同位体の含有量の研究よりして、約４５億年前に固化したことが推定されている地球は、その成分について現時点に於いて直接観測しうる対象としては、地殻と称せられる部分のみである。地殻の表面の低い部分には水（主として海水）があるが、これを水圏と称せられ、また地殻の外部には大気圏が形成されている。地殻における各種の岩石や水圏、大気圏を構成する成分の分析結果より綜合して、地殻・水圏及び大気圏における元素がいかなる割合にて存立しているかを示す重量百分率をクラーク数と称せられる。クラーク数よりして、地殻・水圏・大気圏には元素が顕著に偏って存立しているといえるが、全体の約５０％が酸素（Ｏ）であり、次いでケイ素（Ｓｉ）が約２５％となっている。また、酸素（Ｏ）、ケイ素（Ｓｉ）、アルミニウム（Ａｌ）の３元素のみの合計が７５％以上となっていることは、それらの元素が地殻を構成する

岩石の主成分であるとともに、水圏の水の組成の大部分が酸素（O）であることによるところである。かかる元素の天然に存立する比率は地球の成因や歴史、元素の安定性等に関係性があるものと推定されている。というのも、偶数の原子番号の元素は隣接する奇数の原子番号の元素に比して、一般的により多く存立しているが、そのことは元素の原子核の安定性と関係性があるものとされているためである。このように、固化してより約45億年後の地球をなす組成とても、物質系の元素という分析レベルでは無機態様に相当することから、無機化学上の研究対象をなすこととはなるのであるが、現時点の相対系における一例でしかないことも自明といえる。

　自然界に成立している既に発見済みの元素のうち、約65％が金属元素に相当する。金属元素の単体としては、常温の状態関数に於いては金属光沢を発現する固体であることや、融点が比較的に高いこと、電気伝導度・熱伝導度・延性と展性・密度が比較的に大であること等の、概ね共通の特性が示されており、とりわけ金属元素の約70％を占める遷移元素に於いては顕著である。他方、非金属元素の単体としては、金属元素にみられるほどの顕著といえる共通の特性はないが、常温の状態関数に於いては気体または固体であることや、電気伝導度・熱伝導度・延性と展性・密度が比較的に小であること等の特性が示されており、融点については低いものも高いものも存立する。金属元素のその他の共通の特性としては、原子のイオン化ポテンシャル（原子から最初の電子を除去するに要するエナジー）が一般的に低いが、非金属元素に於いてはそれが一般的に高いことや、電子親和力（原子が電子と結合する際に放出するエナジー）・電気陰性度（化合物分子の結合の電子を原子が牽引する傾向）が金属元素に於いては概して小さいが、非金属元素に於いては概して大きいこと等が挙げられる。このような特性による帰結として、金属元素の原子は陽イオンになりやすく、陰イオンになりにくい傾向にあるといえる。金属は微結晶の集合体であり、結晶は金属

結合により形成されているので、陽イオンが配列され自由電子がその間にある。金属の結晶は大部分に於いて、面心立方格子・体心立方格子・六方最密格子のいずれかを採る。同じ半径の球を最も細密に堆積させた構造を最密充填構造と称せられるが、面心立方格子と六方最密格子がそれに相当するものである。

　単体としての金属は、種々の物質系との間にて化学反応を生起せしめる。金属と酸との化学反応に於いては、金属は酸と反応することにより溶解され、金属の陽イオンとなり、また金属塩を生じる。金属の種類により、塩酸や希硫酸のような酸に溶解されることで金属の陽イオンとなり、水素等を発生するものがあり、或いは塩酸や希硫酸には溶解されないが、硝酸や熱濃硫酸のような酸化作用のある酸に溶解されるものがある。また、金属と酸素、塩素との化学反応により、酸化物（イオン結合性）を発生するものもある。

　地殻・水圏にあっては、元素は天然には単体として産出されることは少なく、大部分は化合物として産出される。つねに単体として産出される元素としては、白金族・金と希ガスであり、それ以外には炭素・イオウ・水銀・銀・銅等も単体として産出されることがある。地殻を構成する岩石の成分化合物の主たるものとしては、クラーク数に示されるように酸化物やケイ酸塩等であるが、主要の金属を得る原料として用いられる鉱物の主成分は酸化物のほか、硫化物・炭酸塩等である。このような鉱物が岩石中に集中して産出される場合があるが、それを採掘して金属を得る原料とするものを鉱石と称せられる。鉄・アルミニウム・銅、その他の金属は通常では酸化物・硫化物・塩化物・ケイ酸塩等の鉱物となって産出されるので、採掘した鉱石に対して或る化学処理を実施することにより金属を生成することになるが、かかる化学操作を冶金（製錬）と称せられる。冶金の主要をなす化学変化は、鉱石中に含有される金属の化合物をそのまま、もしくは酸化物等の化合物に変化せしめ、金属陽イオン

を相応の還元剤により金属に還元せしめる構造変化の工程を経過する。但し厳密には、還元の前段階として、鉱石中の目的とする金属化合物以外の鉱物や岩石をなるべく分離することで目的の金属の含有率を高める操作と、還元作用を容易にするための予備的操作を実施することが多い。冶金による還元には、炭素による酸化物の還元（金属酸化物が成分である鉱石を炭素と高温度に加熱して還元する：亜鉛・スズ・鉄等）、金属による塩化物の還元（塩化物を金属マグネシウムと高温度に加熱して還元する：チタン等）、水溶液の電気分解（鉱石から採取される重金属の硫酸塩や酸化物等の水溶液を電気分解して金属イオンを還元し、陰極に金属を析出させる：亜鉛・銅・銀等）、融解金属化合物の電気分解（軽金属の場合、金属の化合物を加熱して溶解した高温の液体の電気分解を行うことにより、陰極に金属を析出させる：アルミニウム・マグネシウム・ナトリウム等）などがある。また、金属はその純粋乃至高純度であるものを単独にて使用する場合もあるが、他の金属または非金属を混合して合金として使用する場合が多く、合金の製法には冶金に際して成分金属の鉱石を混合して同時に還元する方法と、成分の金属を混合して融解して精製する方法がある。

　非金属元素の単体としては、希ガスとそれ以外に大別される。希ガス（或いは不活性気体）は周期表の第O族に該当するが、ヘリウム（Ｈｅ）・ネオン（Ｎｅ）・アルゴン（Ａｒ）・クリプトン（Ｋｒ）・キセノン（Ｘｅ）・ラドン（Ｒｎ）は化合物を形成しないことが多く、それらの単体の気体は原子そのものとして存立している。その他方、希ガス以外の非金属元素の単体としては、周期表の第Ｉ族〜第ＶＩＩ族（すべて典型元素）に該当するが、このような典型元素では遷移元素の場合とは相異なり、原子番号の増加することに伴う元素の特性の差が著しい。とまれ非金属元素には、希ガス・酸素・窒素・炭素・イオウ等のように天然に単体として産出されるものもあるが、化合物として産出されるものとてもある。非金属元素の単体は、一

般には相当する化合物を原料とする化学処理により得られるのでもある。

　非金属元素同士の間での化合物としては、まず非金属元素と水素との共有結合による化合物が挙げられる。メタン・アンモニア・水・フッ化水素・シラン・リン化水素・硫化水素・塩化水素・ヒ化水素・セレン化水素・臭化水素・テルル化水素・ヨウ化水素等であるが、その沸点は0℃以下の低温であり、常温では気体である。水とフッ化水素の沸点が他の水素化合物に比して著しく高いことは、水素（H）と酸素（O）、及び水素（H）とフッ素（F）との間に水素結合が生じているためである。たとえば、水（H_2O）は水素（H_2）や有機化合物の燃焼により生成され、地球上には海洋の水・河川の水・地下水・大気中の水蒸気等として存立し、人体、その他の生物体の生命現象の維持にとって不可欠の成分として含有されている。水の分子は水素（H）と酸素（O）の共有結合によるV字型［H：O：H］をなすが、共有結合の電子が酸素（O）の側に偏在する傾向にあるため、酸素（O）の側に－、水素（H）の側に＋の電荷が現出せられ、分子全体としては電気的に±の二極を保有する極性分子としての作用を示す。また、水は大気圧のもとで気体（水蒸気）・液体（水）・結晶（氷）として存立する。その他に硫化水素（H_2S）については、無色にして悪臭の有毒気体であるが、天然に於いては火山のガスや温泉にも含有されているほか、実験室に於いては硫化鉄と希硫酸、もしくは希塩酸との反応により生成される。

　非金属元素の酸化物としては、周期表の第Ⅰ族には水（H_2O）及び過酸化水素（H_2O_2）等があるが、一酸化炭素（CO）や一酸化窒素（NO）、酸化ケイ素（SiO_2）等のように水に溶解しにくく水と反応しにくいものもある反面、水に溶解して水と反応することにより酸を生じるものが多い。それらの酸は酸素を含有することから酸素酸（オキソ酸）とも称せられ、またこのような酸化物

500　　　第Ⅱ節　客観的精神現象

を酸性酸化物と称せられる。各種の非金属の酸化物はそれぞれ特有の化学的性質を具有するが、それらの水溶液はそれぞれの酸素酸の特性と酸性反応を呈示している。二酸化炭素（CO_2）は無色無臭の気体であり、石炭やコークス・石油・有機化合物等の燃焼により生じるほか、酸性炭酸ナトリウム（$NaHCO_3$）の加熱により生じ、また呼吸によっても生じることになり、大気の成分（体積にして平均約０.０３％）をなす。或いはまた、一酸化炭素（CO）は無色無臭、有毒の気体であり、空気中に於いて青色の火焰を生じて燃焼することにより二酸化炭素（CO_2）となる。他の例示としては、二酸化窒素（NO_2）は赤褐色の気体であり、温度が低下すると次第に色が淡く変化して淡黄色の液体となることが知られており、一酸化窒素（NO）はN_2とO_2の混合気体（空気等）を高温度に加熱することにより生成される無色の気体であり、また銅を希硝酸に溶解することによっても発生しうる。

　非金属元素の原子は比較的陰イオンになりやすい傾向にあるが、単独原子の陰イオンの例示としては、塩化物イオン（Cl^-）・臭化物イオン（Br^-）・ヨウ化物イオン（I^-）・イオウイオン（S^{2-}）等が挙げられる。陽イオンと化合物を形成し、その水溶液は各陰イオンに特有の反応を示す。たとえば、塩化物イオン（Cl^-）は硝酸銀（$AgNO_3$）水溶液により［銀イオン（Ag^+）が反応することで］、白色の塩化銀（$AgCl$）の沈殿がなされるが、この沈殿は光により紫色を帯びており、またアンモニア水に溶解する。尚、非金属元素の原子と酸素（O）原子が結合した各種の酸素酸（オキソ酸）陰イオンとしては、硝酸イオン（NO_3^-）・炭酸イオン（CO_3^{2-}）・硫酸イオン（SO_4^{2-}）・リン酸イオン（PO_4^{3-}）等が挙げられる。［イオン：Ｉｏｎとはもとより、原子または分子が、電子を授受することにより電荷を保有するものをいう］非金属の酸素酸（オキソ酸）は無色の物質であり、水に溶解するものが多く、水溶液中にて電離することにより酸素酸イオンと水素イオンを生じ

るとともに、酸性を呈示する。非金属の酸素酸（オキソ酸）及び酸素酸イオン（オキソイオン）は、その中心をなす非金属元素の原子に酸素原子が結合（配位）した構造をとるものであり、しかる配位構造については酸素の種類により異にしている。また、上記以外にも非金属元素同士の化合物が確認されているが、本節の本来の趣旨には則しないことよりして、ここでは敢えて個別の詳論については避けることとする。

　金属元素同士の化合物も存在するが、金属元素は非金属元素との結合により少なからず化合物を生成せられ、その結合は概ねイオン結合性のそれである。水に溶解するものもしないものも存立しうるが、水に溶解する化合物は水溶液にて各金属イオン、もしくは金属を含有する酸素酸イオン等に特有の反応を呈示する。遷移元素に所属する金属元素には、一般には同一の元素の酸素酸の相異なる金属イオンがある。典型元素に所属する金属の化合物は無色のものが多く、そのうち水に溶解するものは無色であるが、遷移元素に所属する金属の化合物は大半が何等かの色を帯びている。金属は難易度の差異こそあれ、直接酸素と反応することにより酸化物を生じ、それは一般には融点の高い固体である。アルカリ金属・アルカリ土金属は速やかに酸素と反応して酸化物を生じ、それらの金属は空気及び水分に触れないよう水を含有しない石油中に貯えるが、その他の金属は徐々に酸化物を生じゆき、新たなアルミニウムや鉄の表面が空気中で徐々に光沢を喪失するのもこのためである。また、金や白金は酸素により酸化されることはない。しかる金属酸化物は水酸化物の加熱による脱水のほか、炭酸塩や硝酸塩等の加熱による分解によっても得られる。典型元素に所属するアルカリ金属とアルカリ土金属の酸化物は水と反応して金属の水酸化物を生じ、アルカリ性反応を呈示するが、また酸に溶解して塩を生じる。その他の金属の酸化物は水とは反応しにくいが、塩基性を呈示して酸に溶解して塩を生成するものが多い。次いで、金属の水酸化物として、アルカリ金

属とアルカリ土金属の水酸化物は、無（白）色の固体であり、水に溶解して金属の陽イオンと水酸化物イオン（OH^-）を生じ、アルカリ性反応を呈示する。また、金属の酸素酸塩の生成については、遷移元素に所属する金属が酸素を配位した酸素酸イオン・酸素酸塩をつくることになる。その他には、各種の酸の金属塩があるが、水に溶解するものは電離して金属陽イオンと陰イオンを生じ、それらに特有の化学的性質を呈示する。それに所属する種別としては、塩化物・硫化物・硫酸塩・亜硫酸塩・硝酸塩・亜硝酸塩・リン酸塩・炭酸塩・ケイ酸塩等とても挙げられよう。

　若干の典型元素にもみられるが、多くは遷移元素に所属する金属の塩類には、その金属イオンがそれ以外の分子、もしくは陰イオンと結合することにより別のイオンを形成するものが知られている。それに際して生じる化合物を錯体と称せられ、またそのイオンを錯イオンと称せられるが、錯イオンは通常では元のイオンの反応を呈示しない。しかる一例としては、塩化銀（$AgCl$）の白色沈殿は水には溶解しないものの、アンモニア水には溶解しうる。結果としてはそれは、$Ag^+Cl^- + 2NH_3 \rightarrow [Ag(NH_3)_2]^+Cl^-$、という式のような錯体及び錯イオンを生じるのであるが、それ自体が水に溶解することにもなる。錯体の中心をなす金属イオンに結合する分子・イオンを配位子と称せられ、またその数を配位数と称せられるが、配位数6（六配位）の錯イオンが最多数を占めている。そしてまた、2種類の金属塩が結合することによりそれらの塩と異にする結晶を生成する場合、錯イオンを形成することなく、水溶液では成分をなす塩のイオンに解離するような結晶を複塩と称せられている。

　ところで、無機化学における元素に対する分析の方法論としては、イオンの化学分析、もしくは光学的分析に大別される。前者については、溶液の含有する陽イオンと陰イオンの種類（固体物質では

第Ⅴ章　弁証運動──PhaseⅤ

水、或いは希硝酸等を用いて溶液とする）を決定するに当たり、溶液を少しづつ分けて採取し、陽イオン／陰イオンのそれぞれにつき各々に特有の反応を調査する。陰イオンの場合には概ねこの方法により決定することができるが、陽イオンの場合には共存する他の陽イオンのせいで反応の結果が複雑になるため、まず陽イオンを各イオン毎に特有の沈殿を生起する反応を利用して数種類の沈殿物質の混合物のグループに分別し、それぞれにつき各イオンを相当の化合物にして分離し、それぞれにつき各イオンに特有の性質と反応を調査して当該のイオンの種類を決定する。かかるイオンの種類を決定する化学的方法論を、イオンの定性分析と称せられる。一般には物質系（元素・イオン・分子等）の量、或いは濃度を決定する化学的分析を定量分析と称せられるが、それには種々の方法がある。その量を求めようとする或る成分を相当の化合物、或いは単体として分離し、その重量を測定して試料中の成分の量を求める重量分析や、ビュレットやピペット等を用いて、反応する二種類の溶液（濃度の判明している溶液と目的の成分を含有する溶液）の体積の測定により、当該の量の関係性から濃度を求める容量分析等が、その例である。また、光学的分析については、金属元素（原子もしくはイオン）の分析法として行われており、光電分光光度計等の機器を用いる機器分析であるが、ｐｐｍ（１ｐｐｍ：１００万分の１）程度の微量成分を検出することができ、定量もできるという特色を具有する。その方法の例示としては、原子吸光分析・フレーム分析（炎光分析）・吸光光度分析等がある。

　しかし乍ら、無機化学という研究分野が当該の弁証系レベルにあって、実際上に於いてはどのような発達段階にあろうと、それぞれの元素及び化合物に対する分析の方法論が完結されることはなく、また元素及び化合物のすべてが発見され解明され尽くすこともない。相対系における外延的限界が無限の拡張可能性にある以上、いかなる特殊時空間を構成する物質系もなべて無限大の上位集合の

レイヤ層に位置付けられ、無限の相互結合性を具有するからである
とともに、且つ相対系における内包的限界が無限の収縮可能性にあ
る以上、いかなる特殊時空間を構成する物質系もなべて無限小の下
位集合乃至要素（元）から構成され、無限の可分割性を具有するた
め、いかなる時点にあろうと、既に原子番号が附与され元素周期表
に割り当てられている元素がすべてではないし、また既に解明され
ているその化合物生成のパターンがすべてでもないからである。さ
ればこそ、しかく発達段階の如何に拘わらず、つねに未完成である
体系をなす元素及び化合物に対する分析の方法論とても、いかなる
時点によらず、尚研究の余地を残すことにもなるのである。したがっ
てまた、あらゆる物質系の下位集合乃至要素（元）をなす化学的組
成に対しては、自然科学技術上の成果に資する発達の度合いはとも
あれ、飽くまでポテンシャルとして際限のない単位にまで分析され
うるはずである。

第Ⅴ章　弁証運動──PhaseⅤ

505

iii＞認識レベル：［化学的］実在論

　特殊時空間を体現し、且つ機能するエレメントは、物質系における有機態様としての規定性と、無機態様としての規定性による相互矛盾関係を以って更新され続けるが、前者は有機化学理論上の問題として、また後者は無機化学理論上の問題として弁証系プロセスの認識レベルに反映される。有機化学理論に於いては、物質的存在概念に対する客観的認識上の連動プロセスや主観観念上の捉え方の問題を排して、といわんより寧ろそのことに拘泥する以前の認識レベルに於いて、物質的存在の有機質としての状態関数とその分子レベルの結合による反応の原理論、即ち有機化合物へと転化された物自体の構造・反応の法則性を問題とする。それゆえに、その所属する類や族などという分類学上の種別等についても問題となる。それに対し、無機化学理論に於いては、物質的存在の無機質としての状態関数とその分子レベルの結合による反応の原理論、即ち無機物質元素乃至無機化合物へと転化された物自体の構造・反応の法則性を問題とする。それゆえに、一様ではない物質的存在の本質規定をつくりなす属性を類型化したうえ、あらゆる物質的存在の相互間における化学反応の関係変数を考察することは、また同様ではある。

　有機化学理論の成立する認識レベルに於いては、即自的に物質的存在の生成されるものとしての有機態様の原理を考察するに対し、その他方にて無機化学理論の成立する認識レベルに於いては、当該同一の物質的存在の対自的に転化されるものとしての無機態様の原理を論究する。生成という運動の概念規定より即自的に表象される有機質の概念規定は、当該同一の物質的存在の無機質の概念規定に対する否定（収束）作用により成立する他方、物質系の態様の自己転化により表象される無機質の概念規定は、当該同一の物質的存在の有機質の概念規定に対する否定（収束）作用により成立する。このため、客観的精神現象上における有機質／無機質の双方に対応す

506　　　第Ⅱ節　客観的精神現象

る理論・学説とても、相互否定的である学術的立場にあるのである
が、然るに客観概念上に於いては、当該同一の物質的存在の態様を
つくりなす有機質の概念規定と自己転化により成立しあう無機質の
概念規定は、自己矛盾的である生成として展開される輪廻の概念規
定として更新されるから、かかる有機態様の規定性に関する理論＜
有機化学理論＞と無機態様の規定性に関する理論＜無機化学理論＞
とても自己矛盾的に自己統一され、特殊時空間における当該同一の
物質的存在の自己転化に対する規定性、即ち物自体としての実体（実
在）を更新しゆく輪廻を研究対象とする理論へと向自的に移行され
よう。有機化学理論と無機化学理論は、相互の学術的スタンスのう
ちに、相互間に論理的否定作用しあう追考上の理性的ヴェクトルを
内在化することにより、寧ろ相互の存立態様を更新し、より高次の
学術的スタンスとして相互に依存しあい共生することになる。

　そして、この論理的階梯におけるより高次の学術的スタンスとは、
特殊時空間をなす物質系の輪廻に関する理論としての［化学的］実
在論を示唆している。有機態様による規定性と無機態様による規定
性、即ち当該同一の物質的存在としての転化＜輪廻＞の運動態様に
帰因するところの、有機質と無機質との状態関数の相互移行作用は、
対他且つ対自作用による生成を契機として発現せしめられる物自体
の自己運動・変化として成立するため、物自体としてのそれぞれの
元素間における連動状況を反映する有機質に関する理論と、無機質
に関するそれを止揚（揚棄）せしめる認識レベルが、自己同一的で
ある物自体の自己転化の運動概念としての輪廻に関する理論に移行
しているからである。一意の転化運動＜輪廻＞により成立する態様
である物自体の有機質、及びこれに対する、否定（収束）作用とし
ての転化運動＜輪廻＞により成立する態様である同一対象の無機質
は一意の実体（実在）概念を構成するとともに、一意の転化運動＜
輪廻＞に基づいて規定される実体（実在）概念には特殊時空間的普
遍性がなく一意である以上、かかる一意の否定（収束）運動作用は

必然的に、一意の物自体をなす有機／無機態様の相互否定作用エナジーに帰因する運動態様の自己作用であるともいえる。

　［化学的］実在論上の基本概念としては、特殊時空間を構成する実測値として実在する実体（実在）概念の意義である。化学理論上のモデルを構成する電子・光量子や波動関数等という研究対象は、精神機構による論理系上の認識の成立を前提することなく、実際上に於いてしかる態様をなして実在するという基礎理論をなす。しかる［化学的］実在論には、理想的といえる化学理論にはいかなる要因が必要であるかとの課題に関する学術的立場と、化学理論はその理想とする理論に近似する理論を生成しうることを仮定する学術的立場が包摂される。ここでの理想的といえる化学理論とは、知覚不能の対象についての理論上の主張の真偽の判断基準が、その対象をなす実体が理論通りに実在するか否かにあるとする意味論的含意、化学理論上の記述は仮に対象が知覚不能である場合でも、精神機能上の認識とは独立して客観的に実在するという形而上学的含意、また知覚不能の対象に関する理論でも客観的根拠があるとする認識論的含意を内在するものとされている。

　［化学的］実在論の一要点としては、化学理論及び技術は漸進的に進歩するものであり、任意の現象が発生することを予見することが或る程度可能になるとする点にあり、当該の理論が操作主義的に整合している限りに於いて、知覚的に検証しにくい理論要因であっても、その実体(実在)の性質を認定しうる根拠あるものとしている。然るに、操作主義的に整合している化学理論と、知覚的に検証されない理論要因との関係性については未だ証明されてはいない。また、可能となる説明のうち最良の説明を採用するとする仮説発見的推論を拠り所とすることがあるが、過去時間における化学理論上の成果の如何に拘わらず、すべての仮説に対する評価基準を明確化する必要性がある。その他方では、悲観主義的帰納と称せられる学術的立

場によれば、経験論的には成立するものとみなされる理論であっても、知覚不能の理論要因については現実上には実在しない場合のあることが指摘されてもいる。もとより化学を内包する自然科学の分科に於いては、実験・観測という経験値に基づく相対的である確率論をのみその真偽判断の基準となしうる以上、経験値に基づく結論以上の確実性については期待すべくもないのであるが、当該の時点に於いて知覚不能の理論要因に対する検証を棚上げすることは、実験化学の立場としては許されない。また、社会構築主義の観点よりせば、経験則に依存する従来の実在論的立場によっては、自然科学理論及び技術論の急速すぎる変革期には対処しえないとの指摘もあるが、そも経験上の実測値としては不断且つ無限に更新される以上、その変更内容や程度は個別の検証項目であるにすぎない。更にまた、決定不全性の問題から派生したものとして、観察された実測データは相互間に相容れない複数の理論により説明されることがあるとしているが、知覚不能の理論要因に対しても、近似の実測データに対する検証の累積によってさえ相対的である推論を構築することとても可能とはなろう。

　たとえば、戸田山和久の提唱する独立性テーゼと知識テーゼによる分類基準があるが、前者は精神機構による論理系上の認識活動とは独立して、客観的である物質系とその秩序が存立するという主張であり、後者は客観的である物質系とその秩序に対してのみ、精神機能により認識することが可能となるという主張である。ここでの独立性テーゼに関しては論理的肯定するも、知識テーゼに関しては論理的否定する学術的立場、即ち客観的である物質系とその秩序は存立するものの、精神機能によりこれを認識しえないという立場としては、操作主義・実用主義：Ｐｒａｇｍａｔｉｓｍ・構成的経験主義を内包する反実在論等が挙げられる。その他方では、知識テーゼに関しては論理的肯定するも、独立性テーゼに関しては論理的否定する学術的立場、即ち精神機構上の認識作用については成立する

ものの、客観的である物質系とその秩序については実在しないとの
立場としては、観念論（独我論）・社会構成主義等が挙げられる。
自明乍ら、［化学的］実在論については、独立性テーゼ／知識テー
ゼともに論理的肯定する学術的立場に相当する。客観的である物質
系とその秩序が実在するとともに、精神機能による認識活動が可能
であるとする立場といえるが、その場合に問題となるのが、飽くま
で精神機構を媒介する化学的方法論によりその対象に対し究明する
化学理論が、精神機構上の認識作用を前提することなく存立する客
観的である物質系とその秩序に対し、正常のアプローチをなしうる
か否かに論点がある。もとより化学理論を包摂するあらゆる学乃至
理論は、つねに精神機構上の客観性フィルターをその実行主体とす
るが、精神機構を制御するＣＮＳ乃至大脳生理はそれ自体、相対系
をなす客観的である物質系の構成素子としてのみ成立する以上、精
神機構は物質系のあらゆる構成素子と相互連動することから、精神
機構上のあらゆる機能は物質系をなす客観的である特殊時空間上の
全域を稼働域となしうるものである。とはいえ無論、実際上の作用
レベルにあっては、誤謬・錯誤・先入観など正常の客観作用に対す
る阻害要因による不具合状況に陥る可能性がつねにある。たとえば、
化学理論上に於いても、電子には大きさがないかもしれない等とい
う仮説もあるが、相対系上の構成素子はすべて特殊時空間上の座標
系・時点として規定されるため、電子とてもそれ自体に大きさや質
量がないはずもありえないのであり、現時点における化学理論及び
技術論がそれを測定し実証しうる能力を獲得しえていないにすぎな
い。

　特殊空間／特殊時間上に於いて自己同一である実体（実在）概念
は、その態様をなす有機質／無機質の相互転化による生成・変質を
無限に反復される運動＜輪廻＞の、実行主体をなす実体的形相の意
味するところを示唆している。数学的認識に於いては、輪廻による
生成・変質されゆく実行主体の表象する諸現象のうちにあって、当

該の規定される分量に於いて不変である内実をなすものと解釈されており、質点の運動は外力がそれ自体に作用しない限りに於いて、その速度及び方向に対しては不変であるという惰性の法則等が、数学的に実体（実在）概念を表記するものとされているが、不断に運動・変化し続ける特殊時空間を構成する実測値として成立する以上、たとえ実体（実在）概念と雖もつねに不変ではありえない。如何せん、このような実体（実在）概念は、化学理論上の関係的思惟に基づく関数概念へと移行されることになる。輪廻による生成・変質されゆく実行主体の表象する諸現象の、当該の輪廻作用をなす転化運動のヴェクトルにおける法則的関係に基づき、化学理論上の関係的思惟の立場よりして、しかる諸現象に体現される実体（実在）概念に対する説明が行われるからである。関数概念はそのような典型をなすものとされるが、関係的に対象を認識することの先験的根拠としては、実体（実在）概念と偶有性との関係・原因と結果との関係・能動者と受動者との交互作用の関係等が、しかる関係性の範疇として定義されているところでもあり、かくてまた、形式（記号・述語）論理学における関係性の論理にも通じている。特殊時空間上の状態関数が相互連動により規定されることから、そして有機／無機態様の相互転化を繰り返す化学的実体（実在）が特殊時空間を構成するため、いかなる化学的実体（実在）の態様とても、当該の他在をなす化学的実体（実在）との分子レベルの関係性により規定されるとともに、当該の他在をなす化学的実体（実在）の態様に分子レベルで反映されるのであり、しかる実体（実在）概念と関数概念との統一的把捉が［化学的］実在論レベルでは可能となるのでもある。（広義に於いては、バリオン物質／反バリオン物質の組成レイヤにもよるが）

　［化学的］実在論における実体（実在）概念及び関数概念としては、特殊時空間上の現象が実際上にて成立する限りに於いて、それに対応する化学的実体（実在）が実際上にて成立しなければならないが、

他在との化学反応を媒介する輪廻という転化運動を契機として統一的把捉せらるべき概念規定であるため、当該の化学的実体（実在）としての自立性を保持するとともに、当該の他在をなす化学的実体（実在）との相互連動を通じて連続的・延長的でもあり、多種の属性を内在することにより内部から発展するものでもある。化学的実体（実在）における実体（実在）概念は、それ自体の自立性を保持せんとする内的エナジーを保有し、またその同一の化学的実体（実在）における関数概念は、当該の他在をなす化学的実体（実在）と反応しあうことによりその自立性を変更せんとする内的エナジーを保有し、それは自立性の状態関数に対する否定（収束）作用の実行として処理されるため、その同一の化学的実体（実在）における実体（実在）概念と関数概念は、相互否定的である自己運動・変化として展開されるはずである。然るに、そのもの自体の自立性の状態関数に対する否定（収束）作用が実行されるということは、当該の時点の状態関数を収束・零化せしめることにより新規の状態関数へと更新することを意味するから、当該の化学的実体（実在）の有機／無機態様の相互転化である輪廻の力動概念をもなすことになり、輪廻の転化運動としての自己収束／自己生成のうちに、しかる実体（実在）概念と関数概念が相互矛盾的に自己統一せられ、実体（実在）概念としての化学的実体（実在）が成立するのである。尚、ここでの零化とはされば、エナジー値の放出／収束により零という基準値に還元されることを意味する。

　このような［化学的］実在論における方法論的スタンスは、概ね実証主義的であるともいえる。実証主義は自然科学上の方法論と成果に基づいて、あらゆる知識の対象は経験的に所与される客観的事実に限定されるという立場にあることから、［化学的］実在論の対象である化学的実体（実在）が、精神機能による認識処理系に於いてのみ成立する観念的概念であるか、もしくはしかる認識処理系からは独立して成立する唯物的概念であるかが問われることになる。

化学的実体（実在）は、特殊時空間的モメントとして実践されている現象をなす以上、理性機能及びそれと相互連動する感覚器官ＳＩＳ＜アイコン＞が他在からの刺激情報に反応する場合ではなく、大脳生理上の特殊性・独立性のある内的作用により形成される刺激情報として成立する場合とは相異なることから、客観作用の欠落した観念的概念規定には相当しない［但し、ここでの他在とは、機能主体としての即自的モメント以外のすべて、即ち自己存在をも包摂する全モメント素子に妥当するところ］。感覚器官ＳＩＳ＜アイコン＞が当該の他在からの刺激情報と直接触発しあう瞬間が純粋直観に他ならないが、ａ＝ｐｏｓｔｅｒｉｏｒｉの精神機構における理性機能により純粋直観の内実が追考されることの成果として、その純粋直観の対象である化学的実体（実在）が客観的に認識されることを意味する。したがって、［化学的］実在論上の研究対象とせらるべきは、物理的実体（実在）としての成立には関与しない観念的概念規定ではないが、精神機構による認識処理系とは無関連の唯物的概念でもなく、純粋直観との触発より理性上の弁証系プロセスを通じて体現される客観的概念規定であるともいえる。而してまた、そのような［化学的］実在論は、有機化学と無機化学とのＡｕｆ－ｈｅｂｅｎにより統一される認識レベルにあるため、有機化学／無機化学における実在性の認識がその統一理論上の論理系処理を経過することにより、帰納論的に獲得されている［化学的］実在論的立場に相当する。当該の認識レベルではしたがって、対象となる化学的実体（実在）における実体（実在）概念に対するすべての究明及び証明が、化学的確率の範疇にて実施されることになるのである。

　そして、このような［化学的］実在論の研究対象となる化学的実体（実在）としては、無限の特殊時空間をなすあらゆる物質系の態様が包摂される以上、しかる［化学的］実在論の認識体系を展開すべき精神機構、及びその実行主体となる生命現象とてもまた、化学的実体（実在）の事例として同理論上の研究対象とはなる。このこ

とはとりもなおさず、［化学的］実在論の認識処理系の究明プロセスを実行する主体であるところの精神機構、及びそれを具備する生物体は、そのもの自体が［化学的］実在論による認識処理系の究明プロセスの対象の一をもなして存立していることに相違ない。何となれば、［化学的］実在論の認識処理系の究明プロセスの対象である化学的実体（実在）が、偽りなく実体（実在）概念且つ関数概念として特殊時空間をなして実在することの根拠は、［化学的］実在論の認識処理系の究明プロセスを実行する主体である自己存在が、特殊時空間をなす化学的実体（実在）として実在していることを前提としてのみ成立することにあるからである。デカルト：René＿＿Descartes的方法的懐疑による第一原理の証明過程は、哲学的追考レベルに於いて実施されているに対し、［化学的］実在論における化学的実体（実在）としての存在規定の証明過程は、化学理論的追考レベルに於いて実施されていることにもなる。そしてまた、［化学的］実在論の認識処理系の究明プロセスを実行する主体である自己存在とても、或る化学的実体（実在）の事例としてある以上、その有機／無機態様の相互転化を輪廻の運動により無限に反復し続ける実体（実在）概念であることも、また自明ではある。

　客観的精神現象上の認識レベルにおける有機質の概念規定は有機化学上の根本問題として、また無機質の概念規定は無機化学上の根本問題として、既に理性的展開に反映されている。有機化学上の諸法則及び方法論は、生成される物質系としての有機態様の対他的である化学反応と関係式を即自的に究明し、また無機化学上の諸法則及び方法論は、克己される当該同一の物質系としての無機態様の化学反応と関係式を対自的に究明することを、それぞれに目的とするからである。生成という運動規定の自然科学上の態様としての物自体の概念規定に対する、有機質規定と無機質規定は、相互間に概念的矛盾しあう学術的系譜のアクセス作用を実施しつつも、輪廻という自己存在における相互転化の運動・作用の特殊化された概念規定

514　　　第Ⅱ節　客観的精神現象

としてＡｕｆ－ｈｅｂｅｎされる。生成の有機質規定が物自体の態様をして有機質に転化せしめ、また生成の無機質規定が物自体の態様をして無機質に転化せしめるとともに、当該同一の物自体の有機態様のうちに無機態様の変質因子が内在せられ、また当該同一の物自体の無機態様のうちに有機態様の変質因子が内在せられている。このような物自体に対応する特殊時空間が無限に展開されるため、その物自体をなすエレメントの自己転化運動とても無限に繰り返されるが、物質系の態様には個体差もあり、その化学反応のなされる環境条件等も均一ではないので、当該の有機質もしくは無機質の態様を維持しうるスパンについても一概には断定できない。そして、しかる自己転化運動＜輪廻＞という客観概念上の概念規定に対応することで、客観的精神現象における認識レベルは、もはや［化学的］実在論的追考の階梯へと移行せしめられている。もとより［化学的］実在論上に於いて究明せらるべき対象である、エレメントの物自体としての自己転化現象は、即自的態様をなす有機化学理論における化学構造と反応に関する研究とともに、また対自的態様をなす無機化学理論における化学構造と反応に関する研究による、共通の対象であるのみならず、双方の理論的スタンスによる相互矛盾関係は［化学的］実在論にＡｕｆ－ｈｅｂｅｎせらるべき必然性を内在するからである。然るに、かかる理性機能による［化学的］実在論的トレースは同時に、理性機能の弁証運動上のバックグラウンドの作用によるところでは、理性上の客観概念に対する統合的思考として運行されなければならない。いかなる物質系の有機態様、もしくは無機態様の化学構造と反応を検証すべき実験と雖も、相互の態様を転化しあう自己存在である物自体としての、輪廻概念の認識に統一されていなければならないためである。

第Ⅲ節　主観観念

　超自我における主観性フィルターの構成する知覚態様をなす主観観念は、特殊時空間上の［客観的］実測値には拘束されない主観的産物ゆえにRandomの動作傾向を示す。（そのこと自体がまた客観的事象につき、当該の主観観念の特殊時空間上の［客観的］実測値を形成するのではあるが）但し、弁証系プロセスの遂行下にあっては、客観性フィルターの動向にCNSの注意能力が集中化されるため、主観観念の推移は客観概念の追考過程上のグレードにリアルタイムに呼応する。このことから、本節での認識レベルをなす客観概念が、物質的存在（生成運動）としてのエレメント：Elementにおける有機質規定／無機質規定の相互矛盾態様をなす概念規定に相当する以上、超自我における真理値以外の価値システムを反映する主観観念はまた、当該の段階にあって、物自体としてのエレメントにおける有機質規定／無機質規定の相互矛盾態様をなす概念規定に対応するイメージレベルにあることになる。したがって、客観概念の状態関数が、物自体としてのエレメントの概念規定の＜有機質規定⇔無機質規定＞による相互否定（収束）作用から＜輪廻（転化）＞という概念規定へと移行されることに伴い、主観観念の知覚態様とても、当該同一の対象的知覚に対するイメージレベルの状態関数を、客観概念をなす認識レベルに呼応する変動系譜にて遷移せしめざるを得ない。

　しかし、相対系自体との同一性を表示する真理値以外の価値システムを反映する主観観念は、その知覚態様自体を相対系に符合せしめる必然性をなさないため、つねに相対的にしてRandomの可変性を具有している。また、主観観念が客観概念の状態関数の遷移過程に呼応しあうとはいえ、客観概念が未だ精確である概念規定をなしうる認識レベルの状態関数にはない以上、そして主観観念自体

の移行パターンにはロジカル属性をなす通信経路を具有するわけではないので、超自我における主観性フィルター及びそこに相互連動しあうエス＜イド＞の本能的欲求値が、当該の時点に於いて構成する状態関数に負うところが多い。したがって、このとき主観観念は未だ不確実であるＫｈａｏｓ状態の様相にあり、またそれは物自体としてのエレメントにおける＜有機質規定⇔無機質規定＞による相互否定（収束）作用から移行される＜輪廻（転化）＞という事象、或いはその客観概念上の定義より得られる根拠不定のイマージュでしかない。

　また、主観観念はつねに、主観的精神現象の運動・作用に相互対応しつつ変化・動向する。もとより、主観観念は主観的精神現象の状態遷移により、主観的意識内容乃至対象として脳内形成されるイメージレベルであるからであり、且つ主観的精神現象の運動・作用は主観観念の内的イマージュの機能態様として収束されるからでもある。そのことと同様に、客観概念はつねに、客観的精神現象の運動・作用に相互対応しつつ変化・動向する。もとより、客観概念は客観的精神現象の追考過程上のグレードにより、客観的把捉態様乃至対象として脳内生成される認識レベルの状態関数をなすからであり、且つ客観的精神現象の運動・作用は客観概念の統覚作用として収束されるからでもある。客観作用と主観作用が相互間に呼応しあう以上、したがってまた、客観概念に主観観念が呼応して状態遷移するということは、同期しつつ客観的精神現象に主観的精神現象が呼応して運動・作用することと同義である。

第Ⅳ節 主観的精神現象

　超自我における主観性フィルターを展開する運動自我の態様をなす主観的精神現象は、特殊時空間上の［客観的］実測値には拘束されない主観作用の運動現象ゆえにＲａｎｄｏｍの動作傾向を示す。（そのこと自体がまた客観的事象につき、当該の主観的精神現象の特殊時空間上の［客観的］実測値を形成するのではあるが）但し、弁証系プロセスの遂行下にあっては、客観性フィルターの動向にＣＮＳの注意能力が集中化されるため、主観的精神現象の推移は客観的精神現象の追考過程上のグレードにリアルタイムに呼応する。このことから、本節での認識レベルをなす客観的精神現象が、化学理論（有機化学理論／無機化学理論）以降の反定立態様をなす学術上の弁証系レベルに相当する以上、超自我における真理値以外の価値システムを反映する主観的精神現象はまた、当該の段階にあって、化学理論（有機化学理論／無機化学理論）以降の反定立態様をなす学術的階層に対応する主観的アクセスレベルにあることになる。したがって、客観的精神現象の認識レベルが、＜有機化学理論⇔無機化学理論＞による学術上の相互矛盾関係から＜［化学的］実在論＞という理論的系譜へと移行されることに伴い、主観的精神現象の運動態様とても、当該同一の対象的知覚に対する主観的アクセスレベルの状態関数を、客観的精神現象をなす認識レベルに呼応する作用工程にて遷移せしめざるを得ない。

　しかし、相対系自体との同一性を表示する真理値以外の価値システムを反映する主観的精神現象は、その運動態様自体により相対系を主観観念に符合せしめる必然性をなさないため、つねに相対的・可変的にしてＲａｎｄｏｍの対応性向を具有している。また、主観的精神現象が客観的精神現象の認識レベルの推移過程に呼応しあうとはいえ、客観的精神現象が未だ精確である概念規定をなしうる認

識レベルの状態関数にはない以上、そして主観的精神現象自体の移行パターンにはロジカル属性をなす通信経路を具有するわけではないので、超自我における主観性フィルター及びそこに相互連動しあうエス＜イド＞の本能的欲求値が、当該の時点に於いて構成する状態関数に負うところが多い。したがって、このとき主観的精神現象は未だ不確実にして不安定である動作状況にあり、またそれは、＜有機化学理論⇔無機化学理論＞による学術上の相互矛盾関係から＜［化学的］実在論＞という理論的系譜をなす弁証系レベル、或いはその客観的精神現象にて具有される諸属性によっても影響される。

　また、主観的精神現象の運動・作用はつねに、主観観念の態様に相互対応しつつ移行される。もとより、主観的精神現象の運動・作用は主観観念の内的イマージュの機能態様として収束されるからであり、且つ主観観念は主観的精神現象の状態遷移により、主観的意識内容乃至対象として脳内形成されるイメージレベルであるからでもある。そのことと同様に、客観的精神現象の運動・作用はつねに、客観概念の態様に相互対応しつつ動向しゆく。もとより、客観的精神現象の運動・作用は客観概念の統覚作用として収束されるからであり、且つ客観概念は客観的精神現象の追考過程上のグレードにより、客観的把捉態様乃至対象として脳内生成される認識レベルの状態関数であるからでもある。客観作用と主観作用が相互間に呼応しあう以上、したがってまた、客観的精神現象に主観的精神現象が呼応して運動・作用するということは、同期しつつ客観概念に主観観念が呼応して状態遷移することと同義である。

第Ⅴ節　論理学的アクセス

第Ⅱ部　論理系

第Ⅲ篇　弁証系システム

　本節における追考上の認識レベルでは、当該の対象的知覚をなす相互否定命題（論理式）に対するアクセス遷移は、以下の通り移行される。

【意識上命題】　　　　【意識下命題】（仮定）

$$f(x) \times L^{(n+4)} \quad \Leftrightarrow \quad \sim f(x) \times L^{(n+4)}$$
$$\downarrow \qquad\qquad\qquad \downarrow$$
$$\sim f(x) \times L^{(n+5)} \quad \Leftrightarrow \quad f(x) \times L^{(n+5)}$$

　ＣＮＳの運動自我による理性作用の対象的知覚である相互否定命題（論理式）は、両命題（論理式）ともに同一の確度を以って主張されているため、定立的命題（論理式）である $f(x)$ に対する弁証作用と、反定立的命題（論理式）である $\sim f(x)$ に対する弁証作用はつねに同時に、且つ同期して遂行されてゆく。意識階層レイヤ上に於いて、いずれの命題（論理式）が意識上に顕在化されたアクセス対象であり、いずれの命題（論理式）が意識下に潜在化されたアクセス対象となっているかは、当該の現在時における各命題（論理式）に対する意識／下意識レベル交換の問題にすぎないため、所詮変遷するところではある。

　仮に、定立的命題（論理式）である $f(x)$ に対する、客観概念上の有機質規定性／無機質規定性による反定立態様にある弁証作用が、［物自体としての］輪廻（転化）の概念規定という当該の認識レベルにおける限界点に到達したとき、つねに同時に追考アクセスしてきた客観的精神現象と主観的精神現象の、且つまた客観概念と主観観念の各々にアタッチするポイントは、定立的命題（論理式）である $f(x) \times L^{(n+4)}$ より、無限小の瞬間を経過後の反定立

的命題（論理式）である～ｆ（ｘ）×Ｌ$^{(n+5)}$に対する弁証作用に移行する。それと同時に、［潜在的に同期しつつ］追考アクセスしてきた、反定立的命題（論理式）である～ｆ（ｘ）×Ｌ$^{(n+4)}$より、無限小の瞬間を経過後の定立的命題（論理式）であるｆ（ｘ）×Ｌ$^{(n+5)}$に対する弁証作用に移行する。［物自体としての］有機質態様と無機質態様との規定性による相互否定関係から輪廻（転化）の規定性へのＡｕｆ－ｈｅｂｅｎにより、当該の相互否定命題（論理式）に対する意識上の顕在的アクセスと意識下の潜在的アクセスが相互間に移行し入換ることは、弁証作用上のＴｒｉａｄｅが追考運動におけるポイント移行の作動単位であるからであり、そのためにジンテーゼとしての［物自体としての］輪廻（転化）の概念規定が当該の認識レベルにおける限界点ともなるのである。［物自体としての］有機質規定性／無機質規定性による反定立態様の概念的統一されている輪廻（転化）という止揚（揚棄）態様を以って、定立的命題（論理式）及び反定立的命題（論理式）の各々に対する当該の認識レベルにおける限界点に到達することは、弁証作用の客体である対象的知覚自体ではなく主体である精神機能の問題であるため、必然的にＣＮＳの客観作用と主観作用、即ち客観的精神現象と主観的精神現象、且つまた客観概念と主観観念のアタッチするポイントがそれぞれに交換せられ、このことによりｆ（ｘ）に対する（客観的／主観的）アクセスは～ｆ（ｘ）へ、且つ～ｆ（ｘ）に対するそれはｆ（ｘ）へと同時にスライドせられ、このとき［物自体としての］輪廻（転化）の理性的態様レベルにおける弁証実行の契機をなすことになる。相互否定命題（論理式）のうちのいずれが意識階層レイヤ上に顕在化／潜在化されているかは、やはり前述の二律背反上の意識／下意識レベル交換の問題でしかない。

　したがってまた、相互否定命題（論理式）ｆ（ｘ）×Ｌ$^{(n+5)}$及び～ｆ（ｘ）×Ｌ$^{(n+5)}$との表記は、理性機能による弁証系プロセスの認識レベルの推移を意味するところであり、Ｌｅｖｅｌ変

数Lの冪（ベキ）乗n＋n〜∞が単位時間としての秒（ｓ）やミリ秒（ｍｓ）等を示唆してはいない。それは本来、無限小の数値化を条件とする瞬間の更新を記述することに妥当する以上、既設の有限の単位時間によっては定義されえないためである。

相互否定命題（論理式）$f(x) \times L^{(n+4)}$ と $\sim f(x) \times L^{(n+4)}$ のいずれが意識上に顕在化、或いは意識下に潜在化された追考アクセスの対象的知覚になろうと、弁証作用の追考上のグレードが［物自体としての］輪廻（転化）という客観概念に相当する認識レベルに到達したことに相違ない。相互否定関係にある両命題（論理式）に対する追考アクセスのポイントがスライドされた時点に於いて、両命題（論理式）ともに［物自体としての］輪廻（転化）の概念規定という、精神内の態様フラグが既に設定された対象的知覚として更新されているため、当該の時点に於いて新規の触発を生じる必然性がある。

とりもなおさずそのことは、当該の時点に於いて、当該の更新後レベルにおける＜第二直観＞が生起せられることになる。対象的知覚を構成する命題（論理式）関係そのものは同一であるも、既に精神内の態様フラグを以って更新された対象的知覚と化している以上、当該の更新作用により、両命題（論理式）ともに対象的知覚としては新規の状態関数を得ているため、それに対する新規の触発をなす＜第二直観＞が自動起動されるのである。とはいうも、ＣＮＳ自体が既に理性的認識レベルを確立されている以上、当該の認識レベルからの弁証作用としての状態関数を維持することにもなる。そしてまた、そのことが更なる追考作用（Ｔｒｉａｄｅ）の端緒をなすのでもあるから、以降の弁証作用は当該の＜第二直観＞の内容情報のもとに展開されてゆくところとなる。しかる弁証実行による実際上の理性的運動及び成果がいかなるヴェクトルを具有するとも、等しく客観概念上における［物自体としての］有機質規定性と無機

質規定性との反定立しあう交互作用によるものである原理は変らない。

524

第Ⅵ章

弁証運動≫
PhaseⅥ

第Ⅰ節 客観概念

ⅰ＞生命

　当該の弁証系プロセスの認識レベルにおける客観概念の態様をなす［エレメントの物自体としての］輪廻の概念規定は、それ自体に於いて特殊時空間をなす物質系の有機質／無機質の態様の相互転化による規定性を示唆している。いかなる状態関数にあり、またいかなる様相もて輪廻（転化）される物自体も、なべて例外なくエレメント、即ち相対系をなす構成素子としてのみ成立しうるという客観的事実は、また或る任意の物自体がいかなる輪廻を遂げるに際しても、それ自体に内在される状態関数の変動により有機質／無機質の態様が規定されるとともに、分子レベルでの対他的である関係変数の変動による当該の物自体の相互反応作用に対する規定性により、自己内に内在される状態関数にも作用されるためである。そのことはまた、相対系におけるエレメントをなす各々の物自体の輪廻が、それぞれの有機質／無機質の態様の化学的変質の過程を通じて、それ以外のすべてのエレメントをなす各々の物自体との間で反応しあうことにより、かかる輪廻の運動原理を形成していることをも意味する。有機質もしくは無機質の態様が不断に変質し続けることにより、当該の態様を維持するエナジーが消費されることで態様の転化を余儀なくされるとともに、相対系という無限の全体系システム自体が、それを構成する不定の物質系相互の運動・変化の関係式により運行されるからでもある。

　物自体としての輪廻は、相対系におけるエレメントの運動・変化の系統プロセスとして実行される以上、エレメントが構成する特殊時空間上における無限の運動態様として成立するため、その有機／無機態様の相互転化の運動は無限に反復されるしかない。輪廻（転

化）の工程にて不断に生成されるものとしてのエレメントは、当該の物自体における特性と内外因子との作用のしかたにより、それ以外の全エレメントの［輪廻に伴う］生成運動と触発しあう構造態様・機能態様とても規定される。換言するに、その特性と内外因子との作用のしかたにより規定される構造態様・機能態様は、当該の物自体としての生成変数をなしていることになる。輪廻という生成の系統プロセスを経過している構造態様・機能態様は、それにより物質代謝の機構を形成しうる組成要因を内在せられているため、必然的にその部位間に於いて形態的にも機能的にも分化されており、しかも各部位相互の関係変数、及び各部位と全体との関係変数には内部的である必然的連動が実施せられ、全体としての或る統合性を維持する物質系へと生成される根拠となるはずであるから、即自的には生命現象を形成しうる機構をなす物質系を示唆している。単なる理性機能上に成立する知覚の対象であるのみならず、任意且つ一意の実体をなして客観上に存立し実在するもの、即ち物自体は大別して生物体と非生物体に分化されるが、そのことは物自体に対する追考運動の契機が有機質／無機質の相互転化の作用にある以上、実体（実在）レベルでの弁証契機はその止揚（揚棄）態様である生命と非生命との関係性に帰せられることによる。而してまた、かかる概念上の矛盾関係を分岐される生命現象の拠りどころは、しかる物自体の実在そのものに内在される物質代謝の機構の有無にあるためである。

　生命の概念規定は生物体にのみ個有の属性を示唆しており、また生命現象は生物体にみられる現象のうち特に生物体に個有のもの、もしくは生物現象の総体を示唆するものとはなっている。生物体の概念規定については、相対系の特殊時空間を展開する歴史上に於いて成立し、且つそれ以降に独自の発展を続け、相互間に歴史的属性を形成する連関により開示される一群の物質系として定義されるところである。物自体の輪廻は、当該同一のエレメントとしての有機

質／無機質の態様の相互転化が際限なく展開される系統プロセスに相違ないが、生命はこのような有機／無機態様における転化作用を契機として生成される実体（実在）の態様としてある。生物体の属性としては、刺激に対する反応・適応または調節・生殖機能など複数に及ぶが、然るにそれらの属性を具有しない例外的といえる生物体とても存立するほか、類似の属性が非生物体にあっても確認されることがあり、またかかる属性を具有する機構を人為的に合成することさえできることから、生物体の呈示する個有の現象もそうではないものも、それらがなべて一定の物質系の現象としての体制化を実施することが、生物体の本質的属性を具有する条件ともいえる。したがって、物自体としての系の体制化を発現せしめる物質代謝の機構が、生命現象のシステムを運用するに不可欠の力動概念をなしているのである。生物体の個体性は、このような系の体制化に基づいて成立する概念規定であるが、個体概念があらゆる場合にあって不可分ではなく、また個体そのものの内部に於いて不断に生成と崩壊が営まれていることも客観的事実である。いかなる個体概念も特殊時空間上のエレメントの運動・変化としてのみ成立する以上、生物体の系の体制化とてもつねに生成と崩壊を繰り返すことにより、物質代謝の状態関数を更新し続ける必要性があるからである。つまり、そのことは生物体としての系の体制化を維持するに要求される作用であるため、系の体制化を維持することができなくなる場合の変質形態としての、物質代謝の機構そのものの崩壊とは意義を異にするところではある。

　生命の起源に関しては、すべての生命は生命から、即ち生物体の生成はいつも何等かの生物体同士の生殖行為を契機として営まれる、とする学説が既存している。たとえば、地球上という特殊時空間として限定された環境について考察するに当たり、地球上における最初の生物体の出現については、別なる天体から生命子が地球へと移動したことにより生物体同士の生命連鎖の営みが可能となった

とする仮説もあるが、それではそも、しかる原因をなした別なる天体における生命の起源については説明できるのか。もし仮に、当該の天体に於いても更に異なる天体から生命子が移動したことに根拠を求めるとせば、永劫にその発生源の特定は不可能となろう。生命自体の遡及されうる発生源を問題とする限りに於いて、局所的である天体間における生命子の移動などはもとより、その環境としていずれの天体を前提とするかについても、必ずしも本質的といえる論点ではない。生命自体の遡及されうる発生源に関して一定の生成ルートが証明されるならば、たとえ天体の環境を異にするとしても、確認された生命生成のための環境条件とともに、必要とせられる化学的組成等の要求事項を充足することを前提とすることにより、演繹的である論究が別なる天体上に於いても可能となるためである。

　しかる論点に関連しては、或る彗星及びその流星より採取された成分のうちに、生物体に不可欠であるアミノ酸が発見されたという事例もある。彗星が太陽に接近することによりその表面の氷が溶解されるために、そこから飛散した多数の直径数mm以下という星屑が、地球の大気との摩擦によるプラズマ現象を発生させつつ進行する流星のうち、相当に微細といえる質量の流星は大気との摩擦により焼失されることなく、地球表面にそのまま無数に落下する。しこうして、かかる極めて微細といえる質量の星屑に付着したアミノ酸もまた、焼失されることなく地球表面にそのまま搬入されることになるがゆえ、しかる無数のアミノ酸から地球上の最初の生物体が生成された可能性がある、との学説もある。確かにその可能性も否定できないところであるが、たとえその仮説を前提とする場合でも、やはり如上に呈示した問題点は残されていることになろう。つまり、同様のアミノ酸が発見された当該の彗星にあっては、いかなる環境条件下に於いて、またいかなる経緯のもとにそのアミノ酸が生成されたものであるか、という問題点に相違なく、そのようなアミノ酸の生成過程及びそれ以前のプロセスにこそ、生命の起源を追及すべ

き必然性があるのである。以下にみる理論上に於いては、原始の地球環境を前提として、生命生成に当たって必要となる化学的工程につき説明されているのだが、しかる必然的プロセスは単に地球環境のみに限らず、それ以外の天体にあっても不可欠の生成条件を示唆しているはずではある。[したがってまた、原始の地球環境に於いては、当時の地球環境内のみの条件下で生成されたアミノ酸とともに、微小の質量の流星により搬入されたアミノ酸が混在しており、それぞれに種々の生物体へと生成されてきた可能性もありえよう。]

　地球上の原始の状態関数を前提するに当たり、地球の概算の年齢を約４６億年として、その約１／１０程度を目安とするならば、無機的変化－有機的変化－生命の始源体とのプロセス概要が導出されよう。化学上の定説とされているオパーリン：Алексáндр_Ивáнович_Опаринの理論によれば、生命生成の工程をかかる基礎的である三段階に区分しているが、その第一段階は、最も簡単といえる第一次有機化合物が非生物学的に、つまりいかなる生物体とも関与することなく無機物質から生成されてくる段階である。無機物質同士の化学反応により有機化合物の生成が可能であることに基づくところであるが、有機化合物が炭素（C）の化合物である以上、当時の環境要因として炭素（C）の存在していたことを前提しなければならない。原始の状態関数にある地球上に於いては、太陽より分離した気体状の集塊に流入された太陽大気中の炭素（C）が、やがて核融合エナジーにより鉄・ニッケル・コバルト及びクローム等の重金属と化合し、高温で安定性のある炭素化合物としての炭化物がまず生成されたことが考えられる。[例としては、炭素（C）＋鉄（Fe）→炭化鉄（CHg）] それが再び地表に噴出されることにて、大気の過熱された水蒸気と接触することにより、至極単純といえる構造の有機物質である炭化水素、とりもなおさず、メタン（CH_4等）が生成されていることになる。炭化物としては、上記の金属炭化物（炭化鉄・炭化ニッケル・炭化コバ

ルト・炭化クローム等）であり、〔炭化鉄（無機質）＋水→水酸化鉄（無機質）＋炭化水素（有機質）〕という反応式をなすことが実証されている。炭化水素は至極単純といえる構造の有機物質であり、鎖式炭化水素としては飽和鎖式炭化水素（C_nH_{2n+2}）、及び不飽和鎖式炭化水素（C_nH_{2n}）が挙げられる。このような有機化合物（炭化水素）は、水蒸気・アンモニア・水素等と反応し、また、水の構成要素である酸素（O）にて酸化されることにより、酸素や窒素を含有する炭化水素の誘導体であるアルコール・アミド・アミン、更にはアミノ酸等が生成されたものとされている。炭化水素の置換体は、炭化水素に含有される水素（H）が1個もしくは1個以上の官能基と置換したもの、及びその誘導体であるが、炭化水素に含有される水素（H）をアミノ基（NH_2等）で置換した化合物であるアミンと、カルボキシル基を保有する化合物であるカルボン酸がある。前者はニトロ化合物の還元により得られるものであり、また後者は対応するアルコールもしくはアルデヒドの酸化により得られるものである。

　メタンのような簡単といえる構造の炭素化合物から高次の有機的である炭素化合物が生成されるプロセスについては、ミラー：Ｓｔａｎｌｅｙ＿Ｌｌｏｙｄ＿Ｍｉｌｌｅｒが地球の原子の状態関数を仮定し、グリシンやアラニン等のアミノ酸及びアスパラギン酸の生成、またメタンガスからアルデヒド・アンモニアの結晶を形成することに成功している。（第Ⅵ章第Ⅱ節に記載）もとより、地球の生誕と始源物質については、まず約４６億年前には、現在時の環境よりもかなり低温（約－２００℃程）で、宇宙雲や宇宙塵の集合により地球が形成され肥大化されてくると、次々と凝集されゆく雲や塵が凝固されるにつれ、その圧縮により熱エナジーが発生しよう。また、当時の地球の構成物質に含有されていたという放射性物質は、地球の表面近くに集合されてきたと考えられる。鉄やニッケル等の質量の重い物質は地球の中心に集合され、地球の中心から外側に

向って核・マントル・地殻の基礎構造となる層が形成・区分されてきた。かくて大陸の原型の殻が形成されるに約１０億年を要したが、凡そこのような時点から最初の生物体が出現する兆候がみられ、約３０億年前後とも推定されている。未だ地球上には空気がなく、内部より徐々に気体が噴出されるようになってきた。地球内部は相当の高温状態にあり、火山爆発に際して噴出される水蒸気や炭酸ガス・窒素・水素等のうち、水素は軽いために大気中より離散してゆく。当時の大気には、窒素・炭酸ガス、その他硫化水素・水蒸気・塩酸・アンモニア・メタン・塩素に類するような成分が少量含有されていたと考えられている。また、アンモニアとメタンから部分的にではあるが、火山爆発の場所など地球表面の高温（約１０００℃）の発生により、青酸（$H-C\equiv N$）が生成されるとともに、リン酸の化合物であるリン化水素も生成されていたであろう。当時の地球の環境にあっては、火山活動なども盛んに行われており、大気中における水蒸気も次第に豊富になってくると、雲を形成し、降雨を促進し、更にはその内部には雷光を頻繁に発生せしめることで、やがては地表に海洋を生成するようにもなった。また、最初の大気中には酸素（O）が存立しないほか、酸素原子３個よりなるオゾン（O_3）の層も形成されていなかったので、紫外線が直接地球の表面にまで到達し、このようなエナジーの光化学作用により、より複雑となる構造の無機化合物の生成、無機物質から更なる複雑性をなす有機化合物への生成がなされていたとも考えられ、また空中放電も活発であったことから、それが当該の環境下での化学反応に少なからぬ役割を果したものと推論されている。

　たとえばまた、物質・材料研究機構と東北大学内グループにより、地球環境形成の初期段階に於いて、隕石が高速にて海洋に落下した状況を模擬する実験が実施されており、無機物質からアミノ酸等の有機分子が生成されるということも判明してきている。長さ３ｃｍのステンレス製カプセル内に、固体である炭素（Ｃ）や鉄（Ｆｅ）・

水（H_2O）・窒素ガス（N_2）等の無機物質を封入して表面にステンレス板を取り付けたものに、そのカプセルと同程度の大きさのあるプラスチック塊を、秒速約１ｋｍの高速にて衝突させたものである。そのカプセル内の物質を分析したところ、アミノ酸の一種であるグリシン（H_2NCH_2COOH）と、カルボン酸・アミンの合計三種類の有機分子が生成されるという実験結果が得られている。約４６億年前に形成された地球環境には当初、無機物質しか存立していなかったとみられているが、このような実験結果からは、地球の表面を海洋が覆っていた約４０億〜３８億年前頃に、固体炭素や鉄を含有する隕石が落下して海面に衝突し、しかる衝撃により大気中の窒素を包摂した化学反応が生起されることで、種々の有機分子が生成されたものと考えられている。そのことはしたがって、無機物質同士の化学反応を反復することにより有機化合物を生成することが可能であるということを、実験化学の認識レベルに於いて裏付ける資料であるともいえよう。

　生命生成の工程における第二段階は、アミノ酸からタンパク質の生成される工程である。タンパク質はより複雑といえる化合物であるとともに、すべての生物体の生命維持のために不可欠の化学物質である。アミノ酸の特徴としては、その分子中にカルボキシル基（－$COOH$）［酸性］とアミノ基（－NH_2）［アルカリ性］を保有することであり、至極簡単といえる構造のアミノ酸はグリシンである。タンパク質の加水分解によりアミノ酸を生成しうるに対し、またアミノ酸同士の相互連関から脱水作用・結合反応によりタンパク質が形成されるが、このような反応を縮合重合と称せられる。多数のアミノ酸がペプチド結合（－$CO-NH-$）で結合された分子量の大なる化合物をポリペプチドと称せられることから、タンパク質はまた、アミノ酸のカルボキシル基とアミノ基との間で脱水縮合したポリペプチド結合の構造をなす高分子化合物である、ともいえる。因みに、単純タンパク質ではＬ系のα－アミノ酸のポリペプチド結合

をなすように、タンパク質の種類により、そのアミノ酸の種類、及び結合の順序がそれぞれに定まっている。

　地球の原始の状態関数でのタンパク質の生成プロセスについては、以下のような仮説が推理されよう。地球表面が未だ相当の高温状態であった時代に、フォルマリン・青酸・アンモニア等が加熱されることにより、或る種の反応性に富む低分子の物質が形成され、地表に吸着されることで次々に結合されてゆき、まず水分と接触してポリグリシンというより大なる分子になってゆく。グリシンは至極簡単といえる構造のアミノ酸であるが、かかるグリシンが幾重にも加重結合されたものがポリグリシンである。ポリグリシンはタンパク質の背骨に相当する基本型と考えられるが、地表に吸着されたポリグリシンという背骨に更に種々の単純といえる化合物や、圧力現象などを前提として、ポリグリシンから通常のタンパク質（タンパク質の一般型）が形成されたとする理論である。この学説の特徴は、先ず至極簡単といえるタンパク質の骨格が形成されるのだが、次いで様々の物質と化合することにより複雑といえるタンパク質に生成されてゆくとすることにある。アミノ酸を混合して乾燥させたものを更に加熱してみた際に、アミノ酸同士が結合したもの、所謂ペプチド結合により連結したものを発見した実験結果もある。もとよりタンパク質は、アミノ酸の先頭部と最後尾の部分からＨとＯＨを水として脱水し連結されたものであるため、アミノ酸からタンパク質に生成されるためには脱水することが必要となる。しかる脱水のために仮定される条件としては、乾燥と加熱ではあるが、当時の地球の環境下にあっては、特殊時空間上の時期及び場所を限定するならば、水中乾燥等の条件も想定されよう。たとえば、高温の溶岩にアミノ酸を含有する雨水が落下して窪みに滞留すれば、水分が蒸発し、次いで加熱されることにより脱水されてアミノ酸が結合されたものとも考えられる。また、タンパク質合成に要するエナジー源として高度の圧力が想定されるが、このような高圧を加えることに

より、タンパク質に類似したアミノ酸の結合した物質が得られた実験結果もある。そこに更なる高圧を加えるならば、ポリペプチド結合の形成されようことも予測されうることであるとともに、しかる一例として海底のような環境にあっては、そのような高圧の状況とても成立しうるのである。如上よりして、原始地球上の時期によっては、より簡単といえる構造の化合物が還元状態にて存立しつつ、そのエナジー源として紫外線・高熱・圧力（水圧）・放電等を利用することにより、より複雑といえる有機化合物及びタンパク質のような高分子の形成された化学的根拠が得られてきているのである。

　生命生成の工程における第三段階は、タンパク質から最も原始的といえる生物体の形成に到るプロセスであるから、生命にとって根源的である機構をなす物質代謝がどのようにして営まれるようになるかという問題である。物質代謝を営むことのできるタンパク質の発生は、最も単純といえる構造の生物体の端緒をなすためであり、このプロセスについてはコアセルヴェート＜Ｃｏａｃｅｒｖａｔｅ＞の生成機構の研究に負うところである。コアセルヴェートの概念規定は、たとえばゼラチンや卵白アルブミン等のような高分子のタンパク質が、海水中にて混合されるに際し、その溶液が混濁してくる中に水を含有する液状粒子（液滴）が形成される現象を示唆する。これを電子顕微鏡等で観察すれば、様々のかたちや模様が見られるが、粒子状のもの・二重三重の境界膜を保有するもの・更にそれを包み込むような動き・次第にそれが成長するにつれ崩れたり、離合集散する複合的である変化等が呈示される。タンパク質はその構成要素としてのアミノ酸が具備するアミノ基とカルボキシル基により、条件次第では前者のアルカリ性と後者の酸性の両方の性質を表象する、即ち二重のイオン性を具有している。また、タンパク質は水に溶解し易い性質であり乍ら、水に溶解することなく有機的である基同士が集一しようとする性質をも具有している、即ちその意味でも二重性を構成していることになる。かくてコアセルヴェートの

形成に当たっては水が必要ではあるが、タンパク質＋水のみによっては、タンパク質の多くのものが均一に溶解されてしまう。それに対し、タンパク質＋塩によるならば、タンパク質のイオン性である水に溶解し易い性質が損なわれることにより、相互間に集一されてゆき、ついには沈澱物となる。それら両条件を併せもつ場合、即ちタンパク質＋（水＋塩）という条件が充足されることを前提として、溶解且つ沈澱／沈澱且つ溶解した状態関数をなすコアセルヴェートが成立するのではある。そして、加水・加塩の両条件を同時に充足するものとしては海水が想定されるため、生物体の生成される環境には海水が不可欠であると考えられる。原始の海洋に於いては、現在時点の海水におけるナトリウム（Ｎａ）とカリウム（Ｋ）の含有量に比し、カルシウム（Ｃａ）やマグネシウム（Ｍｇ）が多い分量で含有されており、そのことがタンパク質溶液をコアセルヴェート化するに有利に作用する条件となることは、実験的にも実証されている。

　而して更には、しかるコアセルヴェートは、加水条件による溶解作用により、その周囲の種々の有機物質、たとえば、核酸や糖等の高分子の物質とそのイオン性により混合され、また加塩条件に応じた沈澱作用により、それら種々の有機物質を吸着により自己内化せしめる働きをなす。そのなかで合成や分解の過程とても実行されるのであるが、しかるプロセスを経過することにより内部構造の変革が達せられてゆく。合成過程が分解過程よりも速いものは、自己自身の構造がより安定化することになるが、反対に分解過程が合成過程よりも速いものは、自己自身の構造が溶解され水に離散することになる。前者の場合に残存したコアセルヴェートは成長し続け、その内部構造の拡大にしたがって、却って更には小さな液滴へと自己分裂を促進してゆく。このように自己分裂して形成された多数の小液滴はまた、それぞれにその周囲の種々の有機物質と合成されることにより、自己自身の内部構造の変革を遂げてゆき、その合成過程

と分解過程が実行された結果として残存したものが成長し、上記と同様の運動工程を繰り返し実施されゆくはずである。そのような処理経過の工程を通じて、不安定である液滴は外界の成分に溶解され、安定した構造を体得された液滴のみが残存され、原始の海洋におけるしかる自然淘汰の営みがなされ続けよう。かかる自然淘汰の営みを契機として、構造溶解した液滴は相異なる物質へと形成・変化する他方、また構造安定した液滴は種々の有機物質を自己内化して分裂するが、双方の運動の反復作用により液滴の多数・多種化が遂げられる。液滴の内部構造の変革を促進する動因をなすところの、自己合成と自己分解のエナジーの強化は相互の運動・作用の矛盾関係を顕在化せしめ、それにより合成過程の運動・作用は分解過程に対する否定（収束）現象としてなされるとともに、分解過程の運動・作用は合成過程に対する否定（収束）現象としてなされてゆく。そして、双方の運動エナジーの強化により、有機的であるコアセルヴェートとして自己統一せしめる作用に於いて、合成過程による自己肯定運動が分解過程に負うところとなるとともに、且つ分解過程による自己否定（収束）運動が合成過程に負うところとなる。このような自己肯定即自己否定／自己否定即自己肯定という自己生滅の現象態様は、外界の成分との関係変数に於いて合成と分解、及び内部組織が調和された物質代謝が営まれるところの、生物体として成立する必当然の要件を示唆しているのである。よってそれが、太陽系第三惑星上では最初にしてこよなく簡単といえる構造の生命現象として、生成されゆく現実的根拠を形成していたものであるとする学術的立場には、ゆめ恒真的ならずとも一定の合理性が認定されよう。

　ところで、エレメントの物自体としての輪廻の概念規定、及びそのプロセスの帰結として得られる概念規定が生命の態様をなす以上、それに対してアクセス作用する論理系の稼働状態にある理性機能にとっては、より直接的、且つ即自的に触発しあうことは客観的

事実である。そのことは無論、超自我における客観概念の必然的遷移の工程に相当するところであり、しかる理性機能の作用する対象的知覚をなす相対系そのもののそれに関するところではない以上、特殊時間上の物質系の起源として生物体が先か非生物体が先かという論点とは別問題である。（因みに、しかる論点の結論としては、一事例でしかない地球環境のみならず、それをも包摂する相対系の特殊時間上の起源を無限に遡及する必要性があるため、生物体と非生物体のいずれが先でもないことになるのだが）但し、この時点にて留意すべきは、理性的追考運動を以って推移する客観概念の態様が、飽くまで即自的である生命の概念規定の認識レベルにあるため、未だここでは対自的態様をなす認識レベルには到達していないことにある。したがって、客観性フィルターによる弁証系プロセスにおける階梯としては、客観概念上に於いて明示的に非生命という概念規定との関係性による、生命の概念規定の把捉が成立する以前の態様にあることを意味する。

ⅱ＞非生命

　エレメントの物自体としての非生命の状態関数も、その他在をなすエレメントとの間の対他的関係変数により規定されるため、もとより相対系の全域における有機的である相互連動性の反映されるところである。特殊空間上の相互連動性をつくりなす素因が、一般空間の全域を形成するエレメントの相互連関にある以上、無辺に亘る全エレメント相互間における無限因果的連動による帰結として、現在時における物自体の非生命の態様が現出されてもいる。したがって、非生命の物質系と雖も、一般空間全域における有機的である相互因果律により規定されることが、物自体の非生命の態様のみに限定されてはいないことも、また客観的事実ではあるのだが。その他方、特殊時間上の相互連動性の意義は、永劫の一般時間のすべての時間長を継承していることに他ならないから、当該のエレメントの現在時における非生命の状態関数は、［単に地球環境としての起源のみならず］その精確性をなす素因となる発生源を遡及するならば、つねに相対的・可変的である現在時における過去時間という無限連鎖がすべて反映されていることになる。そして、非生命の状態関数は、非生物体から他の非生物体への変化・変質のほか、生的エレメントの生命現象をなす物質代謝の機能が停止することにより、いずれかの時点に於いては、当該の物質圏レイヤのエレメントの生命の状態関数を維持することができなくなるため、生物体より非生物体へと転化される帰結現象としても成立する。

　このように、その存立自体が非連続的に分立しているはずの物自体の非生命の態様が、無限に相互連関しあう他在との相互間の連動性により規定されていることは、あらゆる存在規定（生物体／非生物体）が無限の相対系をなすエレメントという、有限の単位宇宙にして部分集合乃至要素（元）であるためである。エレメントは特殊時空間上の構成素子であり、相対系内に占める有限の下位集合乃至

要素（元）の領域としての態様を維持するから、相互連動する生物体では個体・器官・組織・細胞等という集合レイヤと分子レベルに於いて、また非生物体ではそれぞれの分子レベルに於いて、物自体としての態様は当該のエレメントの無機質から有機質への転化、もしくは有機質から無機質への転化という化学反応による規定をも享ける。或る任意のエレメントの非生命の態様を維持するための内的エナジーや、その非生命の態様に特有の仕様と機能及び作用を保全するに当たっては、当該のエレメントの物質系よりも更に下位集合乃至要素（元）を形成する物質系の性質を必要とする場合もあり、そのためには、それに対し分子レベルにて反映される無機物質及び有機化合物間の化学反応上の関係変数とても自ずと異なる。エレメントを構成する物自体の輪廻（転化）は有機質の態様と無機質の態様との自己同一態様であるため、他在に対するそのような対他的である化学反応上の変数の変動に応じて、当該の物自体として体現可能である非生命の状態関数も左右される所以でもあり、かくて物質系の［非生命の］状態関数における非連続性というも所詮は相対的・可変的でしかない。如上はもとより、生命の根源をなす物質代謝の機構には有機質の態様にあることが不可欠であるとともに、非生命のエレメントは物質代謝の機構を具有しないことを前提とするが、非生物体が個体概念として一切の分子レベルまで無機質であるとは限らない。とりわけ生物体より非生物体に転化する過程のタイミングによっては、物質代謝の機能は停止してはいるものの、特定の組織や細胞等という集合レイヤまたは特定の分子レベルでは、有機質の態様が継続されている場合もあるためであるが、それ自体とても物質代謝の機構を具有しなければ無機質の態様に転化されるはずではある。少なくとも物質代謝の機構を維持するためには、当該の生物体が有機質のエレメントとして成立していることが必須要件である以上、それぞれの集合レイヤ（器官・組織・細胞等）または分子レベルをなす単位物質としては、それが無機質であるならば非生命の態様にあるとはいえよう。

各エレメント相互間の相対的・可変的である連続性をなすインタフェース態様は、その物自体としての相対的・可変的に非連続である存在の仕様を発現してもいる。各エレメント相互間の連続性が相対的・可変的であることは、特殊時空間上の無限性を形成する相互連動により成立しつつも、それぞれのエレメントが物自体として個有の属性を具有してあるからである。当該の物自体としての非生命の状態関数は、生物体に不可欠である生命現象をなす状態関数に比して、生体反応を現出せしめる物質代謝の機構の成立しないことにあるが、そのことは単に個体概念という存立単位にて実証されうるのみならず、生物体のあらゆる集合レイヤ、とりわけ細胞レベルに於いても根拠を内在する。単一の生物個体とても種々の集合レイヤの生体的態様により構成されるが、たとえば、或る哺乳類に所属する動物が惨殺された場合、その動物の生物個体としての生命の態様は否定・収束されるけれど、早急にその死体を解剖するに、未だ心臓は鼓動している余地もある。その心臓のみを摘出して、相応の培養液中に保存するならば、かなりの期間にて鼓動を継続して内部の液体を循環させうることが知られており、したがって、生物個体の生命の態様が否定・収束されている状態関数に於いても、器官の生体的態様が存続されうることを意味している。とはいえ、かかる心臓を包摂する臓器類等の器官は、現状の化学的技術によっては生物個体外で長期間培養することは困難であるが、また鼓動を停止した心臓であっても、電気や化学薬品等により刺激することで再び収縮することもありうる。器官としての規則性のある鼓動が停止した心臓であっても、その内部の筋肉組織が未だ活動する可能性があるためであり、したがって、生物個体及び器官としての生命の態様が否定・収束されてはいても、組織としての生体的態様が尚存続されうることを意味している。とはいえ、生物個体外に摘出された心臓では、その筋肉組織が長期間生的活動を維持することはできないが、しかし組織中にある繊維芽細胞は未だ活動することができる。このことはしたがって、個体・器官・組織等の生命機能の態様が否定・

収束された状態関数にあっても、細胞としての生体的態様が存続されうることに他ならない。細胞は生物体の［化学上の］基本的構成単位とされているが、それは動物と植物が細胞という概念規定にて統一せられ、また細菌や原生動物等は単一の生物個体が単一の細胞から形成されている生物体であることに基づいてもいる。

　生命は生物個体として成立するのみならず、生物体のあらゆる集合レイヤのあらゆる部位として成立するともいえよう。それぞれの内的部位が生的活動をなしつつ、相互間に連動しあうことで生物個体としての生命機能も維持されるためであるが、もしも細胞が生物体の基本的構成単位であると仮定するならば、生命現象は生物体を構成するあらゆる組織細胞中にあって、細胞内の生活活動系の原形質内にて成立することになる。生物体を構成する細胞の内容物が原形質であり、かかる細胞内にあって原形質は生活作用に直接関係する物質系、即ち生きてある細胞の実体（実在）をなす物質系であるからであり、それは細胞核と細胞質から形成される。原形質の成分構成はつねに一定不変ではなく、不断に変化して静止することない動的である物質系と考えられている。原形質の化学的組成は、水が約８５〜９０％、タンパク質が約７〜１０％、脂質が約１〜２％、その他の有機物質（炭水化物・核酸・酵素等の役割を果たすもの）が約１〜５％、無機イオン（とりわけカリウム・カルシウム・リン酸等）が約１〜５％となっているが、これは飽くまで過去時点における化学上の観測データであり、一概には断定できない。原形質はタンパク質をも含め、多数の高分子化合物により形成されているため、複合的であるコロイド系の状態関数にあると考えられている。コロイド状の現象をなす原形質が、第一次構造から第二次構造、更には第三次構造へと立体的にその構造を変遷せしめるに当たり、それらが相互にまた異なる分子間に於いて、種々の複合系を形成したり、また解離される構造的変化が顕示されもしよう。

生命が生物体のあらゆる集合レイヤのあらゆる部位として成立する以上、生命／非生命の相互転化とても、生物体のあらゆる集合レイヤのあらゆる部位に対応して成立する。いかなる生物体／非生物体とても、各々の存立自体としては有限のエナジーとヴェクトルしか保持しないため、当該の生命の状態関数の維持エナジーの放出の終端作用により非生命の状態関数に転化するとともに、非生命の状態関数の対自的態様をなす化学変化により生命の状態関数に転化しうるのであり、且つ双方の転化作用は生命現象の成立単位に対応するため、その単位としては生物個体としてのみならず、器官・組織・細胞等の各集合レイヤにも相当するのである。理性機能上の弁証運動の態様をなす客観概念としては、生命と非生命の概念規定は相互否定（収束）関係にあるため、あらゆる生物体におけるあらゆる生命の存立とあらゆる非生物体におけるあらゆる非生命の存立の相互連関の問題であるとともに、生物体を構成する各集合レイヤ毎の生命に対応する非生命との相互転化の問題をも示唆している。したがって、生物個体レベルにおける生命／非生命の相互転化のみならず、器官・組織・細胞等の各集合レイヤにおける生命／非生命の相互転化が並行して実行されうることに相違ないが、そのことは生物個体レベルでは非生命の態様にあるも器官レベルでは生命の態様にありえ、器官レベルでは非生命の態様にあるも組織レベルでは生命の態様にありえ、組織レベルでは非生命の態様にあるも細胞レベル等では生命の態様にありうるとともに、且つまた、生物個体レベルでは生命の態様にあるも器官レベルでは非生命の態様にありえ、器官レベルでは生命の態様にあるも組織レベルでは非生命の態様にありえ、組織レベルでは生命の態様にあるも細胞レベル等では非生命の態様にありうることからも明らかである。そして、細胞等が生物体の基本的構成単位であり、細胞の内容物が原形質である以上、生命／非生命の相互転化はつまるところ、原形質レベルに於いて実行されることにもなるとされる。因みに、受精後約一週間のヒトの受精卵（胚）の、将来胎児になる部分を培養することにより獲得され

るＥＳ細胞（ヒト胚性幹細胞）や、また受精卵からではなく皮膚組織等から、種々の組織に分化しうる多能性を具有する幹細胞として、［本来同一の被験体の細胞なので］遺伝子を入れ替える必要もないｉＰＳ細胞（誘導多能性幹細胞）等が、分化を誘導する機能的因子を与えられることにより、心臓・皮膚・血管など人体を構成する［胎盤組織等以外の］殆どあらゆる細胞に成長しうる性質を具有すること、更にはまた、脾臓等から採取した血液細胞の一種であるリンパ球を、水素イオン指数（ｐＨ）５.７の希塩酸溶液により刺激し培養することで受精卵の状態関数へと初期化させるとするＳＴＡＰ細胞（刺激惹起性多能性獲得細胞）では、胎盤組織等の細胞をも形成しうる可能性があり、また癌化率もより低減できるであろうとされていること等についても、［仮にそれが、相当数以上の実証事例にて相当程度の精度にて検証されるならば］如上の原理を反映しうる研究事例ともいえよう［が、然るに現時点では未だ仮説の域に出ない］。ＥＳ細胞やｉＰＳ細胞・ＳＴＡＰ細胞（仮説）等の分化とても、その内容物である原形質レベルでの化学変化により説明されうるためでもある。

　生命が物質代謝の機構を具備する有機的存立であるに対し、非生命は物質代謝の機構を具備しない無機的存立であり、当該同一の物質系をなす存立が原形質レベル、及び各集合レイヤに於いて、その自己存在の生命／非生命の態様が相互転化される。輪廻により転化されゆく物質系としてのエレメントは、結果としてそれに応じた物質代謝の機構の形成されることにより生物体の組成要因を体得し、或いはその機構の収束作用されることにより非生物体の組成要因を体得するけれど、必ずしも生命／非生命の相互転化が、輪廻による有機質／無機質の転化作用とは同義ではない。輪廻という運動・作用の契機が有機質の物質系にあるとは限らず、無機質からの転化のヴェクトルも成立しうるが、各集合レイヤにおける有機質／無機質の転化を媒介しつつも、輪廻による転化作用は飽くまで生物個体を

基本単位とする化学変化であり、また特殊時間上には無際限の時間長を保有するため、個体概念を構成する物質系としての有機質／無機質の転化作用の、果てしなき反復を意味する。輪廻は個体レベルの有機質／無機質の対自的相互否定作用による止揚（揚棄）運動であるが、生命／非生命の対自的相互否定作用を契機とする相互転化作用では、物質代謝の機構を具有する有機質／物質代謝の機構を具有しない無機質の組成要因間における化学変化が実行されるとともに、それは個体レベル、及びあらゆる集合レイヤに於いて成立しうる。但し、特殊時間上に無際限の時間長を保有することについては、輪廻の場合と同様であるが。生命／非生命の相互転化は、器官・組織・細胞等の集合レイヤに於いても不断に並行して処理されるとともに、個体レベルにおける無際限の転化作用でもある以上、輪廻による有機質／無機質の転化作用をもそれ自体として包摂する化学反応をなすため、このような相互転化の果てしなき反復は、輪廻の無限運動をも契機とするところであるといえる。

　そしてまた、相対系というシステム自体があらゆるエレメントの機能的統合態様として成立しているため、各エレメントはつねにそれ以外の一切のエレメントと相互連動しあっている。生命の態様は、エレメントの物自体としての分子レベルの生成運動に於いて、他在をなすエレメントと化合しあうことによる化学反応の態様をなす。エレメントの化学組成としての生命の状態関数も非生命のそれも、化学結合により相互の態様のうちに自己自身の態様を変化せしめることを通じて、同一のエレメントとしての物質的態様を転化させるため、当該の物自体としての非生命の状態関数が対自的に反応しあうことにより生命の態様を出力し、且つその生命の態様は、対自的であるエレメント相互の分子レベルの関係変数により規定されている非生命の態様を反映してもいる。

　エレメントの物自体としての対他的態様をなす生成運動、及びそ

の他在との関係変数をなす生命の態様が、有機／無機態様における輪廻の無限反復に対する把捉を媒介して、それに対しアクセス作用する超自我の理性機能にとっては、より直接的、且つ即自的に触発しあう以上、しかる生命概念に対する認識を契機として追考されうる、生成の契機である非生命の態様は、理性機能に於いては、より間接的、且つ対自的である。しかる非生命の概念規定に対する把捉は、他在に対する細胞レベル等の生成運動の認識を媒介することによってのみ、その物自体としての非生命の態様に対する理性的アクセスが可能となり実行されるためである。但し、この時点で留意すべきは、理性的追考運動を以って推移する客観概念の態様が、飽くまで対自的態様をなす非生命概念の認識レベルにあることから、未だここでは、生命概念との相互否定（収束）的である認識レベルにあり、その客観概念的統一には到達していないことにある。したがって、客観性フィルターによる弁証系プロセスにおける階梯としては、客観概念上に於いて、明示的に物自体としての生命概念と非生命概念との相互否定（収束）関係が、自己統一的にAuf－hebenされるより以前の態様にあることを意味する。

iii ＞進化＜単位宇宙＞

　エレメントの物自体としての規定性に於いて、客観概念における即自的である生命の態様／対自的である非生命の態様が反定立しあう交互作用として成立する。そのことは、特殊時空間上に機能する当該のエレメント（物質系）の運動態様（輪廻）の問題であるから、理性機能における客観概念としての生命の概念規定が非生命の概念規定に同化し、また非生命の概念規定が生命の概念規定に同化することではなく、運動態様（輪廻）として体現される生命の態様がそれ自体の転化の必然性を内在する非生命の態様を導出するとともに、その非生命の態様がそれ自体の生成の根拠を形成する生命の態様を導出することに他ならない。

　しかし、当該のエレメントをなす物質系の生命の態様、もしくは非生命の態様が即自的／対自的に現出されている条件下にあっても、その生命の態様にある物自体の状態関数、もしくは非生命の態様にある物自体の状態関数がつねに一定して同一の実測値を維持していられるわけではない。といわんより寧ろ、しかるいずれの条件下に置かれているかに拘わらず、細胞等を基本的構成単位とする集合レイヤの各々に於いて、生命の態様、或いは非生命の態様は無期限に、且つ不断にその状態関数を変動させ続けているはずでさえある。相対系におけるエレメントの物自体としての規定性が、当該の相対的・可変的である特殊時空間上の規定性のうちに相互転化しあう生命の態様、乃至非生命の態様との自己統一態様である以上、絶対的である物理的存在としての非連続性・独立性を具有する瞬間が成立しないため、最終的には無限小という単位にて物自体としての生命の態様、或いは非生命の態様の実測値が変更され続ける必然性を免れないからである。

　生命の態様は、特殊時空間上に無際限の他在との化学的連動によ

り生物体として規定される自己存在の問題であるため、自己存在を細胞レベルにて更新する物質代謝の機構を具備している。他方では、非生命の態様は、特殊時空間上に無際限の他在との化学的連動により非生物体として規定される自己存在の問題であるため、物質代謝の機構を具備しない。相対系を構成するエレメントをなす物質系が生物体でなければ非生物体であるとともに、非生物体でなければ生物体である通り、相互否定（収束）作用しあう概念上の関係式として成立する以上、物自体としての存在規定を構成する生命の態様と非生命の態様は相互間に矛盾しあう関係性にあるが、しかしそのいずれもが相対的・可変的である規定性を具有するに停まることも、また客観的事実として明確ではある。任意の時点にて生命の態様をなしている物質系の状態関数が絶対的であるならば、もはや生命の態様から非生命の態様に転化する可能性はないはずであるが、生物個体・器官・組織・細胞等という物質圏レイヤにおける代謝活動が停止することが非生命の態様への転化の契機となるとともに、任意の時点にて非生命の態様をなしている物質系の状態関数が絶対的であるならば、もはや非生命の態様から生命の態様に転化する可能性はないはずであるが、生物体同士の生殖活動とは別に、非生命の態様をなす物質系同士の化学結合を契機とすることによっても、生命の態様をなす物質系が生成されうるためである。そのことはまた、生命の状態関数と非生命の状態関数が概念的に相互間に矛盾しあいつつも、それとともに相互間に依存しあう関係式にあることをも意味している。それぞれに相対的である規定性しか具有しない生命の態様と非生命の態様は、しかる双方にとって矛盾的関係にある規定性を自らに享受しあうことによってのみ、自己存在としての自己転化のプロセスを展開することが可能とはなるからである。

　生命の態様と非生命の態様は、概念的に相互間に矛盾、且つ依存しあう連続性をつねに保持し乍らも、そのいずれもが不断に実測値を変更され続けている。そのことの根拠については既述の通りであ

るが、物質系における生物体としての状態関数に対する変更が絶え
まなく累積され続けることにより、いずれかの時点に於いては、必
然的にその物自体の非生命の態様としての規定態様への状態変化を
も余儀なくされるはずである。自ら物質代謝の機構を具備する生物
体をなす必須要件ともなる物自体の生命の態様ではあるが、個体・
器官・組織・細胞等の物質圏レイヤをなすそれぞれの状態関数が不
断に変動して一定しえない以上、その各々のレイヤを組成するエレ
メントとしての生命の態様は相対的・可変的であるため、各々のレ
イヤ毎にあらゆる他在の運動的統合態様との相互矛盾関係により変
化する生物体としての状態関数の変動の累積が、いずれかの時点に
於いては、その生命の態様に充当される変数としての相対的限界点
を超過することにより、そのような生命の態様としての相対的安定
性が破棄されよう。しかし、当該の生命の態様における相対的安定
性が喪失されるということは、そのまま生命ではない態様、即ち非
生命の態様としての相対的安定性へと移行されることに他ならな
い。従前の生命の態様としての相対的限界点が超過されるというこ
とは、生命として必須の組成要件をなす物質系が生物体として機能
しなくなることに帰因している以上、既に飽和状態にある当該の生
命の態様を逸脱してその状態関数の変更が続行されることは、更新
された当該の物質系の態様に対応する相対的安定性としての新規の
態様である、非生命の定立される必然性があるからである。このこ
とはまた、生命の態様との相互矛盾／相互依存関係に反映される事
象でもあるから、生物体から非生物体への転化の運動的根拠をなし
ているともいえる。

　そしてまた、生命の態様における相対的安定性をなす即自的状態
関数が破棄されるほどに、生命の態様の変動がその相対的限界点を
超過することを契機として、当該の物自体の生命の態様との相互矛
盾／相互依存関係により転化される非生命の態様の変化とても、そ
れ自体の生命の態様に対する自己否定（収束）作用として助長され

ることになる。かかる物自体の態様の相互連動により、非生物体の
対自的である状態関数に対する変更が絶えまなく累積され続けるこ
との帰結として、いずれかの時点に於いては、必然的にその物自体
の生命の態様としての規定態様への変更（転化）をも余儀なくされ
るはずである。その物自体の非生命の態様における変化の累積とは、
非生命には不可欠の無機質の物質系をなす元素同士による化学反応
の系統的実行にある以上、無機物質の単体元素もしくは無機化合物
による結合が、非生物体の物質圏内のみに於いて成立する限りは非
生命の態様が維持されるのであるが、その物自体の非生命の態様と
しての変化率は相対的であるため、いずれかの時点に於いては、そ
の対自的関数としての相対的限界点を超過することにより、それま
での非生命の態様としての相対的安定性が破棄されることにより、
非生物体をなす無機物質間による結合を契機として生物体が生成さ
れよう。つまり、当該の非生命の態様における相対的安定性が喪失
されるということは、そのまま非生命ではない態様、即ち生命の態
様としての相対的安定性へと移行されることに他ならない。従来の
非生命の態様としての相対的限界点が超過されることは、非生命と
して必須の組成要件をなす物質系が物質代謝の機構を具備する生物
体を生成しうることに帰因する以上、既に変質されている当該の非
生命の態様を凌駕してその状態関数の変更が続行されることは、更
新された当該の物質系の態様に対応する相対的安定性としての新規
の態様である、生命の定立される必然性があるからである。このこ
とはまた、非生命の態様との相互矛盾／相互依存関係に反映される
事象でもあるから、非生物体から生物体への転化の運動的根拠をな
しているともいえる。

　生命の態様はそれ自体が物質代謝のシステム体系として成立しつ
つ、生物体の組成の前提をなすに対し、非生命の態様はそれ自体が
物質代謝の機構を体現しえぬ物質系として成立しつつ、生物体の組
成には非前提であることから、両者は客観概念としてはエレメント

の相互矛盾する二態様をなす。それでいて尚、当該同一の物自体としては、生命の態様が実践されるほどにその相対的安定性の維持エナジーが消費され、その帰結として、生命現象を否定・収束せしめる非生物体の状態関数が要求されるとともに、且つ非生命の態様における分子レベルの結合が実行されるほどに、いずれかの時点に於いては、その帰結として非生命現象を否定・収束せしめる生物体の組織が形成されるところである。更にまた、当該の物自体の生命の態様の実践を契機として非生命の態様が要求される他方、非生命の態様の実行を契機として生命の態様が実現される。とりもなおさず、生物体と非生物体が相互転化により生成されうる以上、生命の態様をなすことが非生命の態様に対する端緒であり、且つ非生命の態様をなすことが生命の態様に対する契機でもある以上、生物体であるエレメントは自己自身の存立に非生命の本性を内在し、且つ非生物体であるエレメントは自己自身の存立に生命の本性を内在することにもなる。生命の態様と非生命の態様との概念上の相互否定（収束）運動が促進されることにより、生物体上の規定態様はその相対的安定性としての状態関数まで変更され、且つ非生物体上の規定態様はその相対的安定性としての状態関数まで変更されるのであるが、相互間の規定性における安定性レベルに対する更新が同一の物自体の輪廻（転化）運動として無限に反復実行されるに当たり、当該の物自体の［同一の］状態関数は特殊空間上且つ特殊時間上に於いて再び回帰されることなく、状態変化における方向性のヴェクトル、もしくは突然変異の作用を契機・動因として自己態様を更新し続けるしかないため、生物体上の規定態様と非生物体上の規定態様は特殊時空間上の運動規定としての＜進化＞にＡｕｆ－ｈｅｂｅｎされている。生命の態様の規定性も非生命の態様の規定性もともに、生物体［の状態関数］と非生物体［の状態関数］との相互矛盾／相互依存による反定立関係が助長されることにより、その相対的限界値がいずれかの時点に於いては、必然的に凌駕されることを以って更新されるが、もとより生命の態様と非生命の態様が相互依存の連関に

もある以上、その生命現象／非生命現象の更新は当該同一の物自体の進化のプロセスとして実行され、且つその双方の規定性は特殊時空間上における生命／非生命規定を現出せしめるため、特殊時空間上の座標系をなすエレメントとしての生成＜進化＞を示唆している。

　そも進化とは、相対系における単なる生成運動であるのみならず、その物自体として体現される成立態様（生命／非生命）の輪廻（転化）を契機とする種レベルの変化を示唆するところであり、且つ相対的・可変的である相互連動システムである相対系のエレメントは、かかる生命／非生命規定による変化に反映されるからでもある。そのような進化の移行法則における生命／非生命による相互転化のプロセスは、無限の特殊時間として運行されるために際限なく展開されゆくけれど、そのいずれの態様ともに同一の状態関数が再び回帰されることはありえない。別途論証する通り、いかなる物自体の態様とても、特殊空間上の複数の座標系に於いて同一の状態関数を形成することがなく、また特殊時間上に於いて同一の状態関数を反復せしめる永劫回帰の運動原理が成立しえないためであり、したがって、輪廻による相互転化の運動は状態変化上の方向性のヴェクトル、もしくは突然変異の作用を契機・動因とすることにより、自己態様を更新し続けるしかないのではある。

　かくて物自体における生命／非生命の態様は、輪廻という相互転化の無限運動を契機として進化を遂げるのであるが、地球という環境条件の実例における生物体の端緒とされるコアセルヴェートは、物質代謝の機構を具備するタンパク質の事例であるともいえる。進化論的把捉としては、そのような液滴の状態関数にある生物体より特殊時空間上の必然性に基づいて、より複雑といえる内部構造を具有する生物体へと進化し続け、或いはまた、分化し続ける変容プロセスの階梯として、それはたとえば、遺伝子情報をなすＤＮＡ・Ｒ

ＮＡとても生成せられるとともに、またたとえば、人間のＣＮＳ体系等をも包摂する脳生理機構とても形成されゆくことにもなる。いかなる生物体も各々の生命の態様を保持する必要性から、否応なく自然界には生存競争が展開されゆくのではあるが、自然淘汰された結果として存続する生物体は適応的形態に向って変化しゆく。生存競争には異種個体間の闘争・異種個体間の競争・同種個体間または変種間の競争・自然環境に対する闘争等があるとされるが、かかる変異の自然淘汰が続行されることにより、それぞれの世代を累積するにつれ生存に有利である変異の集積がなされ、種は一定の方向へと進化しゆくはずである。適者生存に対する生物体の変異には個体差があり、変異の性質は環境条件より以上に、生物体自身の性質により規定される傾向が大であるといえるのであるが、且つまた、変異の多くは遺伝により継承されることともなる。種は個体概念の形成する様々の特徴のうち、相互に共通の主要点を内在する生物個体の一群を示唆するが、小進化としては変種・亜種・種が、また大進化としては種・族・科が挙げられている。生物体の諸機関はなべて相互間に体系的連関にあるため、その諸形質はしばしば相互連関的である変化を出力するけれど、雌雄形質の分化・発達は雌雄淘汰により説明されている。更にはまた、遺伝的変化の主たる要因としては、習性の作用や自己内外環境における物理的条件の直接作用等が挙げられるところでもある。

　生命は細胞等を生物学上の基本的構成単位とする集合レイヤ毎に、任意且つ一意の物質系としての自律的制御機構を伴うことから、しかる自律的制御機構、即ち物質代謝は組織的にコントロールされている自己更新運動であるといえる。地球上における生物体の実例は、コアセルヴェート（液滴）をなす状態関数を或る端緒として、自己内外の環境条件からの要求とその変化に対応すべく物質代謝活動を反復することにより、当該の種を保存するための先天的命令である本能関数を契機として進化の工程を実行しゆくのであるが、そ

の工程は系統発生と個体発生により運行される。系統発生は生物体の所属する種の進化と遺伝のプロセス機構としてあり、また個体発生は個としての生物体が生命エナジーを消費する迄の成長と老化のプロセス機構としてある。

　生物体の類型は染色体の種類と数により規定しうるものとされているが、実際上に当該の生物体が現状あるがままの構造体を形成していることについては、共通の類型に所属する生物体間の生殖行為による種の継承の他、遺伝子による生物体の生得する特性の継承が考えられよう。しかし、生物体が生息する年代や地域的条件に自己自身を適合させ変化し続けるということは、このような自己存在以前に帰因するa＝prioriの要因のみならず、集合レイヤ毎に個としての生命を維持するために環境変数からの対自的要請によらねばならないこと、つまり自己存在のa＝posterioriの要因がなければならない。先験的である種の保存を可能ならしめるためにも、種に所属する生物体の生命エナジーの放出されることが前提条件となるからである。そのことは系統発生のプロセスでは自明乍ら、個体発生のプロセスに於いても、生物体に先験的に内在される素質や才能と称せられる変数が、不断に経験的である実測値を更新する生物体の存立の変数に対応せしめられるため、たとえば、任意且つ一意の生物体のパーソナリティ：Personalityに反映されゆくところでもある。人間の脳生理機構における個体別の性差に関しては、大脳半球・左右の脳を繋ぐ前交連や脳梁・本能を制御する視床下部等の態様と関係変数により左右されるとされているが、所謂パーソナリティに相当する人格（同一性）形成との明確といえる対応関係は実証されていない。遺伝的条件及び社会や家庭等の環境的条件等により影響されるパーソナリティは、その形成・変質に於いては、脳内領域（主として大脳半球の統合作用）の下意識的変数を更新されるため、成長過程を経過後時点の通常の意識的活動によっては変更されにくい傾向にあり、たとえば解離性同一性

障害の症例の如く、後天的である経験作用を契機として人格（同一性）の多重化される場合もあるが、しかる経験作用が通常の意識的活動には類しないことも自明である。いずれにせよ、如上については、或る物質系でもある大脳皮質における生理学的変化の影響下にあることをも意味するから、脳内領域内のいずれかの部位の態様に何等かの障害が発生した場合等には、致命的変質を余儀なくされることさえある。一事例として、任意の被験者Aの脳内領域に他の被験者Bの大脳半球が移植された場合、元の人格Aと第二の人格Bが等一の被験者Aの脳内領域に並列に存立するのではなく、双方の人格AとBが相互否定・収束しあうとともに相互依存により統合化されることで、第三の人格であるCを被験者Aの脳内領域（主として大脳半球の統合作用）に生成せしめることが知られている。この場合、人格CはA自体及びB自体による統合態様をなして成立するため、人格AとBは原型を留めることなくCのうちに内部統合化されているはずである。複数の大脳生理上のニューラルシステムが結合されようと、等一の生物体のニューラルシステム全体としてつねに統一されてある体系が要求されるためである。したがってまた、先述の解離性同一性障害の症例については、かかるニューラルシステム全体の要求による逆理的である自己内の平衡化現象であるともいえよう。人格（同一性）が多重化されるという病理現象に関しても、自己統一システムとしての精神機構の破損を回避するための必然性による帰結現象であるからではある。

　このようなニューラルシステムに対する構造的変化とても経験態様をなす以上、個体発生のプロセスにおける経験的変数に充当される事象であるとともに、そのこと自体が大脳生理の先天的変数に対する変更でもある。したがって寧ろ、このような経験態様と先験態様を止揚（揚棄）する運動としての個体発生は、自己自身の生命エナジーを消費する生物体としての根拠をなす系統発生をリアルタイムに体現する態様でもあるから、また生命系譜の次世代に転化され

る生物体の個体発生に対し反映されるa＝prioriの因子、即ち生命系譜の次世代における当該の生物体の生成される前提となる系統発生を形成しゆく可能性を内在するものに他ならない。輪廻の反復により形成される次世代の生命現象は、特殊時空間上にいかなる実測値を以って生成されるとも断定しえないが、かくてその無限転化運動のうちに、生命の先験態様は経験態様の堆積により出力・構成されるものであるとともに、経験態様はその先験態様のリアルタイムの表層としてつねに更新され続けるのであり、いずれかの時点に於いては、当該の経験的変数が次世代の生命生成に対する先験的変数をなすことにもなろう。かかる経験的変数／先験的変数の再び回帰しえぬ更新作用により、且つ自己内変数と環境変数との対自的である相互連動を反映することにより、際限なく生命系譜の次世代における生物体の遺伝子配列を規定する結果ともなるため、もとよりそのこと自体が進化の運動原理に相当する。

　有機化合物と無機物質との無限の相互転化機能である輪廻を媒介することにより、生命と非生命という物自体の態様の相互転化が無限に反復されうることになるが、それぞれの態様自体が無限ではありえない。いずれの態様も特殊時空間上の座標系に成立する以上、有限のエナジーと有限のヴェクトルをなして不断に変化する物質系として体現されるためであり、したがってまた、仮に生命から非生命への態様の転化作用を死と定義するならば、生命エナジーを消費すること自体には死が不可避的に前提されているとともに、また死を契機とする非生命の状態関数自体には新規の生命の態様への力動概念が内在されていることにもなる。生誕すること、即ち生物体として転化されることと、死滅すること、即ち非生物体として転化されることは、一意の特殊時空間的変数をなすエレメントの状態変化でしかなく、しかる状態変化の過程である生命／非生命の態様は、等一のエレメントをつくりなす相互否定概念でもある。たとえば、ウィルス：virusがいずれの態様に相当するかについては、若

干の議論の岐かれる可能性もあるものの、生物体の自己保全システムである物質代謝の機構の有無により判断されよう。生命／非生命の態様は相互否定概念をなしているにも拘わらず、生命の態様は非生物体の化学反応に基づく転化作用を端緒として成立し、また非生命の態様は生物体が生命エナジーを消費することに帰因する転化作用を端緒として成立しうるため、しかる両態様は相互依存しあう関係式にもある。生命／非生命の態様の相互転化は、等一の特殊時空間的エレメントとしての変化のプロセスであるから、或る任意の時点に於いて生物体／非生物体のいずれであろうと、それは無限に亙る輪廻の運動の一工程としてあるにすぎず、またそれは無限に亙る進化の過程の一段階としてあるにすぎない。かくて生命／非生命の態様が等一の特殊時空間的エレメントに帰せられる以上、両態様が不断に流動する＜単位宇宙＞としては自己同一の概念規定をなすことに他ならない。任意且つ一意の特殊時空間を構成するエレメントが、それ自体の状態関数及び内外環境条件からの要請に規定されることにより、無限に死生関係の態様を移行し続ける現象規定としてあるからである。そして、しかる特殊時空間的エレメントが、無限域の相対系の構成上にて連鎖する無限個の、それ自体は有限域の小宇宙（物理学的宇宙概念）をつくりなす、化学的単位としての下位集合乃至要素（元）の進化作用を示唆するためでもある。

　非生命の形成因子を自ら内在する生命の態様と、生命の生成因子を自ら内在する非生命の態様が、自己同一であり乍ら自己矛盾する物自体をなして成立することは、或る特殊時空間上の輪廻（転化）の運動としての双方の成立の間隔に、つまり即自的である一方の自己存在と対自的である他方の自己発現の瞬間までには、少なくとも無限小以上の特殊時間的推移があることを前提しているせいである。輪廻（転化）することによってのみ生成もしくは移行されるエレメントの存立態様はもとより、かかる無限小の瞬間のスライドにより体現されるところであるからである。種々の化学反応を通じて、

他在という不定且つ無限のエレメントと対他的干渉しあうことを契機としつつ、生物体であるエレメントとしての自己存在に内在される非生命の形成因子による力動概念であるとともに、当該の物自体に対自的に移行される、非生物体であるエレメントとしての自己存在に内在される生命の生成因子による力動概念であることにより、生命の態様から非生命の態様への一意の自己転化と、非生命の態様から生命の態様への一意の自己転化のプロセスが展開されるのであり、かかる自己存在をなす物自体＜単位宇宙＞と他在との相互連動による自己内生成を伴う輪廻運動の向自的反復が、進化の工程に他ならない。したがって、進化という自己内生成を伴う輪廻のプロセスにあっては、その物自体としての生物体の状態関数と非生物体の状態関数が相互のうちに消失されるとともに、無限小以上の特殊時間的推移により、更に相互のうちに生起されてもいることになるのである。

第II節 客観的精神現象

ⅰ＞認識レベル：生物学理論

　前章にみる客観概念は、ＣＮＳ上の客観性フィルターにおける理性機能の弁証系プロセス上の概念的把捉の態様を論述しているが、それに対し客観的精神現象は、しかる弁証系プロセス上の客観概念に対応する運動主体としての、ＣＮＳ上の客観性フィルターにおける理性機能そのものの遷移を示唆するものである。換言するに、運動自我による対象的知覚をなす命題（論理式）に対する当該の客観概念と、当該の弁証系プロセスの認識レベルにおける客観的精神現象が同期して相互対応するのであるから、このとき客観的精神現象上の追考スタンスとしては、学術的には［化学的］実在論的レベルをなしている。当該の客観概念の態様が、生命の態様の規定性及び非生命の態様の規定性の弁証系レベルに相当するとともに、また生命の態様の規定性と非生命の態様の規定性との相互矛盾関係は、当該の弁証系プロセス上の前Ｐｈａｓｅにおける物自体の輪廻（転化）の概念規定を端緒とするが、生命の態様及び非生命の態様に於いて不断に運動（生成）するエレメントの物自体として成立するとともに、しかる生成は輪廻（転化）される物自体の態様としてのみ成立する以上、自己生成を体現する物質代謝を可能ならしめる物自体の生物体としての［理性作用に対し即自的である］状態関数の規定性は、［化学的］実在論における物質系の分子レベルの組成をなす生命の態様に対するトレースにより、また同時に、その自己生成を可能ならしめる物自体の非生物体の［理性作用に対し対自的である］状態関数の規定性は、やはり同じく［化学的］実在論における物質系の分子レベルの組成をなす非生命の態様に対するトレースによるところであるからである。

輪廻（転化）を媒介することにより、内包的且つ外延的に生成される元素による物自体としてのエレメントは、それ以外の全エレメントに対する対他的態様をなす化学反応による関係変数に於いては、生物体として発現せられる自己存在をなしてあり、結果的には他在をなす全エレメントと運動・作用しあうことにより成立する物質系の態様である。したがって、対他的である運動規定により特殊時空間上の化学的である結合法則を体現しているところの、このような生物体として発現せられる自己存在は、［観察者の精神内的作用ではなく］客観性をなす物自体としてのエレメント相互間に成立する結合法則を公理的に追究する、生物学上の不可避的である研究対象とはなる。

客観的精神現象は客観概念の追考主体をなす理性機能の態様を示唆するため、それが対象的知覚である命題（論理式）に対して作用する役割は、そのまま何程かの学術的立場にも通じている。何となれば、一切の学乃至理論は、その分類上の相互間の論理学的整合性と理論的相異に拘わらず、ＣＮＳ上の客観的精神現象による理性的追考運動の成果としてのみ成立しうる以上、客観的精神現象の弁証系プロセス上における当該の認識レベルを反映された概念規定と公理体系を装備することになるし、また客観的精神現象の必当然的に推移しゆく系譜に対応して、当該の学乃至理論としての概念規定と公理体系とても遷移しゆくことになるためである。

ＣＮＳにおける理性機能の状態関数、即ち当該の弁証系プロセスの認識レベルに位置付けられる客観的精神現象の運動規定、それにより必然的に導出される論理的成果の体系が当該の学乃至理論を形成する。弁証系プロセスにおける当該のＴｒｉａｄｅ展開の、定立（テーゼ）レベルに相当する客観概念は生命であり、それを同期して構成するＣＮＳの運動態様である客観的精神現象は、当該の弁証系レベルの端緒をなす生命の概念規定に対応する客観的認識の状態

関数にあるから、当該の客観的認識処理により導出される論理的成果が同認識レベルにあって体系化されることにより、生物学上の問題としての学乃至理論の体系が構築される。運動態様としての特殊時空間的実測値はその生命の態様の規定性により生起せられるが、かかる生命の概念規定を学術的根拠とする理論が生物学理論であるからである。しかし、客観的精神現象によるその認識レベルは弁証系プロセスの途上にある、即ち弁証系プロセスの最終工程まで未だ経過していない以上、当該の［客観的］認識レベルにて成立する学術上に期待しうる妥当性及び真理値は、爾後の弁証系プロセスに於いて論理的否定される可能性を持続していることから、飽くまで相対的である確率論の域に出ない。その逆に、絶対的である確実性とは、追考処理における、より高次の工程により論理的否定される可能性のない［客観的］認識レベルに成立するからである。

　［物自体の］生命の態様の規定性の［客観的］認識レベルにある客観概念に対し、つねに同期して相互対応するＣＮＳの運動態様である客観的精神現象は、生命の態様の規定性における概念的把捉を体系的に展開しうる理性作用のグレードにあることになる。当該の論理系上の工程に相当する理性作用のグレードにあって、当該の概念的把捉を体系的に構築することが学術的体系化の作業に他ならないから、生命の態様の規定性をなす［客観的］認識レベルにある客観的精神現象を以って構築されうる学乃至理論の体系は、如上の論拠よりして、生物学的乃至生命理論的問題を研究対象とするそれである。

　過去の学術史における生物学的問題に関する学説上の論争に拘わらず、生物学は弁証系プロセスにおける当該の認識レベルにあって成立する学術的体系を形成し、且つ当該の認識レベルの客観的精神現象により推進される。かかる認識レベルをなす生物学理論は、生物体及び生命現象の構造・作用等を研究する自然科学分科であり、

広義には医学・農学等の応用科学・綜合科学を内包しており、狭義には基礎科学（理学）分科を示唆するが、生命理論上の基本的といえる学説としては、機械論と生気論との相互否定関係として位置付けられている。

　前者は、自然現象をすべて物質系の運動とその法則のみにより説明されるとし、生物体は有機化合物等の物質から構成される機械的構造をなすものとする学説であり、相互因果律を理論的前提とするところである。それに対し後者は、生命現象を無機質の物質世界を構成する原理のみによっては説明されず、生物体にのみ特有の本質規定と原理を理論的前提とする学説である。生命現象を単に現象的にではなく、機械論的に究明する学術的立場に於いては、生物化学・生物物理学等の境界領域が指向されてきている。たとえば、遺伝現象を遺伝子という生物体に特有の概念規定により把捉することから、それを高分子化合物としてのDNA（デオキシリボ核酸）・RNA（リボ核酸）等の運動原理により分析する研究スタンスに、その学術的方向性が提示されている。しかし、そのような学術的方向性が定立される他方に於いては、［非生物体における原理とは相異なる］生命現象に特有の原理を追究する、生気論的である学術的立場とても反定立されるところではある。かくて相互否定関係にある機械論と生気論であるが、実のところ、単なる概念上における相互矛盾として表象されるのみならず、原理論的には相互依存しあう関係性にもある。生物個体の各部位はなべて相互間に適応しあっており、全体としての統一機能態様を構成しているとともに、その統一機能態様自体が相対系における無限の相互因果的連動により形成されるからでもあり、生物体における各部位と全体との関係性にも着眼し、各部位が全体として調和的に統一される全体関連性を成立せしめる原理を論究する全体論にAuf－hebenされているが、とりわけその統一機能態様としての概念規定は、生物体における各部位の相互連関のみならず、それを形成する環境変数にまで適用さ

れるものである。しかる学説は生命概念を単なる独立した個体概念としてではなく、環境変数との相関性の能動維持として把捉されていることから、全体維持論とも称せられる。更には、生命現象に段階的発展を認定し、下階（各部位）の現象のみでは上階（全体）の現象の説明ができず、全体としての変化・発展を論究する生体論を契機として、弁証法的唯物論に基づく生命理論が導入されてもいる。生物体を組成する物質間にて主従の区別を理論上に設定し、中心の物質系をなすタンパク質はそれ自体が存在することのみによってではなく、他の物質との間の相互連関に於いてその機能をなしうる生命現象に相通じると定義する学説がそれであり、オパーリン：Алекса́ндр_Ива́нович_Опарин等による生命起源説の論拠ともなっている。

　このような生命理論的考察を理論的基礎としつつ科学理論として成立する生物学理論は、生命現象を研究対象とする学乃至理論の総称であるが、とりわけ機械論的考察に対する傾向は生物物理学・生物化学等の境界領域へと指向されている。生物体には拡散・浸透、電気や放射線の作用等の物理学的に研究せらるべき側面があり、それらは化学理論上の研究分科とも相互連関しあっている。また、生体物質の電子順位等は量子力学等により取り扱われており、その他にも、高分子物理学や統計熱力学等により研究されうる諸問題も共存する。その他方、分子生物学の発展によっては、遺伝子のＤＮＡ／ＲＮＡの分子構造やその情報が解読されることを通じて、酵素をはじめとするタンパク質の合成の過程等が明確化されてきてもいる。生物体と非生物体を弁別する物質代謝の機構については尚研究が必要ではあるが、生命現象の起源に対する究明に関しても、生物物理学のみならず生物化学上からのアプローチが展開されており、しかる研究には実験手段及び指導理論としての物性論のほか、物理学理論や化学理論等が要求されているのである。而してまた、生物学理論のパラダイムシフトに影響せしめている要因としては、細胞

の発見・進化の提唱・遺伝子の示唆・ＤＮＡ及びＲＮＡの構造決定・ゲノムプロジェクトの実現等もある。

　とりわけ、ゲノム：Ｇｅｎｏｍｅについては、任意の生物体をその生物体たらしめるに必須の遺伝情報と定義されているが、ゲノムプロジェクトに於いては、網羅的解析による生命現象の理解の基盤となるゲノムの全塩基配列を解読することを目的とする。たとえば、半数体ヒトゲノムは約３０億塩基対からなり、体細胞は二倍体であることから約６０億塩基対を核内に保有しており、分裂酵母では３本の染色体ＤＮＡ上に、また、大腸菌やミトコンドリアでは環状ＤＮＡ上に保持されている。或いはまた、ヒト免疫不全ウィルス：ＨＩＶのようなレトロウィルスではＲＮＡが媒体となる。ヒトゲノム等の二倍体生物におけるゲノムは、生殖細胞に内包される染色体もしくは遺伝子全般を示唆するため、体細胞には二組のゲノムが存立するとされる他方、原核生物・細胞内小器官・ウィルス等の一倍体生物に於いては、全遺伝情報を包摂するＤＮＡもしくはＲＮＡを意味する。分子生物学の論点からはまた、ゲノムではタンパク質のアミノ酸配列のコーディング領域と、それ以外のノンコーディング領域に大別されるとしている。とはいえ、［ゲノム配列決定の次段階をなす］塩基配列の解読のみでは生命現象の理解には充分ではなく、個別の塩基配列の機能・役割、発現したＲＮＡやタンパク質の挙動等に対する研究とても必要とはなる。ゲノミクス：Ｇｅｎｏｍｉｃｓをはじめとするオーミクス：Ｏｍｉｃｓと称せられる研究分野では、ゲノムＤＮＡからの転写産物：Ｔｒａｎｓｃｒｉｐｔの総和としてのトランスクリプトーム：Ｔｒａｎｓｃｒｉｐｔｏｍｅ、存在するタンパク質：Ｐｒｏｔｅｉｎの総体としてのプロテオーム：Ｐｒｏｔｅｏｍｅ、また代謝産物：Ｍｅｔａｂｏｌｉｔｅの総和としてのメタボローム：Ｍｅｔａｂｏｌｏｍｅ等という概念規定がなされている。とくに就中、プロテオームを取り扱う研究分野をプロテオミクスと称せられ、これらゲノム解読以降の研究分野をポストゲ

ノムとも総称せられてもいる。

　生物体の生物機能を研究対象とする学乃至理論としての生理学
は、もとより解剖学から分化してより、独立の理論体系として発展
せしめられてきた研究分科である。解剖学が生活現象の形態的・静
的側面に連関する分野であるに対し、その他方、生理学は作用的・
動的側面に連関する主題を内包することから、全生物学はかかる二
学科領域により大別されている。解剖学（形態学）が純記載的であ
る科学方法論に留まっていることに対し、生理学に於いては生体に
よる実験と定量化の手法が実施されるところであるが、このことは
生理学には不可欠の物理学・化学主義的傾向とともに、研究対象自
体の本性にその主原因があるともいえる。学術的に独立して以来の
生理学は、比較生理学（器官生理学）の階梯を経由して、更により
解析的である一般生理学（細胞生理学）の学術的立場へと進展して
きている。その他方では、生理化学乃至生化学の独立・分化される
動向にもあるが、また生理学プロパーが改めて生物物理学の立場を
自覚すべき傾向にもある。しかく生化学の進展しゆくプロセスとも
相互連動することにより、生理学は生理遺伝学・発生遺伝学など、
本来の学術的立場では反定立されている解剖学（形態学）の諸分野
中にまで浸透されている。生理学は内部に於いては、心臓生理学・
神経生理学等の器官別による分科、刺激生理学・呼吸生理学等の機
能別による分科、動物生理学・昆虫生理学等の生物群による諸分科
の他にも、電気生理学等のような研究法による分野があるが、また
生理学と異学科とのインタフェースに関しては、片側では膠質学乃
至物理化学等と相互連関しあうほか、他側では心理学・生態学等と
の移行領域をも保持している。更にはまた、生理学と病理学・衛生
学など、医学諸部門との相互連関とてもある。

　とりわけ生理学的心理学は、有機体の行動をその生理学的機制と
の相互連関に於いて研究する心理学であるが、生物体における精神

機構と生理機構との内的連動に関する考察として重要である。心理学が生物体の巨視的行動を研究対象とし、また生理学が生物体の行動の微視的機能を研究対象とすることは、心身の並行作用を前提するところであるが、行動とその生理的過程との相互連関は一般に行動科学上に於いての課題ともなる。生理学的心理学では生物体の行動の様式や内的因子を、心理学的生理学では生物体の精神現象における生理的過程をそれぞれ研究対象とするが、実際上には双方の研究が相互補完しつつ実施され、学術的に不可分の関係性にあるといえる。このような研究領域は、感覚或いは知覚と感受器官との相互連動を主とする感官的・生理学的心理学、行動と神経機制との相互連関を主とする神経心理学、行動とりわけ感情や情緒と植物性調整機能及びホルモン分泌との相互連関を主とする内分泌心理学、薬品その他による生理的操作の行動に及ぼす効果・効力を中心とする狭義の生理学的心理学等が包摂される。したがって、かかる研究領域に於いては、生理学のみならず神経学・解剖学・内分泌学・薬理学等の綜合的知識の集成が必要とされるところでもある。生理学的心理学と称せられる研究分科の主要部門は、本来は心理学的事象を生理学的技術を使用して解明するものであり、単に生理学的である解釈を主とするものとは弁別せらるべき意義よりして、精神生理学とも称せられている。

　生物体内部における相互連動の問題のみならず、生物体の状態関数と環境変数との関係作用を研究する学乃至理論として、生態学が生物学を構成する一分科として規定されており、その研究対象により個生態学と群生態学に分類されている。しかしその他方に於いては、生理学・分類学等の従来の生物学に対して、生物体の集団・共同体・社会の諸現象に関する法則性を探求する広義の生物社会学としての方向性をも内在している。更にはまた、人口問題から文明・文化現象に到る諸変化の環境学的である探求領域が、とりわけ人間生態学とも称せられている。もとより生態学とは、生物体の各種・

各類の競争と淘汰の過程と、その過程より帰結される生物体の分布状態を研究する生物学の分科であるが、人間生態学に於いては、この理論を人間社会に適用することにより社会学理論と関連付けている。都市を生態学的環境の単位と看過し、そこにみられる人間や制度の空間配置のパターンに関する原理と要因を発見する一連の都市研究を実施することで、或る程度の成果が得られてもいる。

　かく生物学理論の理論体系としては、生命理論上の理論展開を反映する生物物理学及び生物化学的立場、生物機能を研究対象とする生理学を中心とする生物体内部の関係理論及びゲノムプロジェクト、生物体の状態関数と環境変数との関係理論である生態学等が包摂されるが、そのいずれも物質系の生命現象を研究対象とする学乃至理論であることに相違ない。そのような生物体、及び生命の態様に個有である構造や化学反応に関して究明することは、理性機能による弁証系プロセスの当該の階梯をなす理論体系として必然的に成立するのであるが、生物学理論に対する追考を展開しゆくほどに、是非もなく工学理論に対するトレースが不可避的に要求されることになる。生物学理論上の研究対象となる生物体乃至生命の態様そのものが、何等かの化学反応により非生物体乃至非生命の態様から生成されうるとともに、また何等かの化学反応により非生物体乃至非生命の状態関数へと転化せらるべき物質系を構成してもいる以上、生物体乃至生命の態様の成立根拠と転化作用が非生物体乃至非生命の状態関数に相互連関しており、且つ非生物体乃至非生命の態様にある物質系を研究範疇とする理論体系を形成する学乃至研究が工学理論に相当するからである。このように客観的精神現象上に究明すべき概念規定に於いて、相互矛盾関係にある生物学理論と工学理論は、また学術的論拠に於いて相互依存関係にもある以上、当該の客観的精神現象の態様より工学理論の弁証系レベルへと移行される必然性がある。理性機能による弁証系プロセスにおける工学理論の階梯は、生物学理論に対し反定立する関係性として導出されるため、

生物学理論と同一レベルに相互リンクして追考されなければならないからである。

　とまれ、如上のような概念規定を構成する生命の態様が、生物学理論の相当する弁証系レベルに於いて展開せらるべき主題ではある。

ⅱ＞認識レベル：工学理論

　弁証系プロセスにおける生命理論及び生物学的理論に相当する認識レベルでは、物自体の輪廻作用を契機とする帰結現象となる態様が当該の客観概念をなすため、すべての物質代謝的／非代謝的である他在に対し反応しあう運動態様としてのみ成立する存在自体の生命の態様に対する客観的把捉処理の展開、及びその理論的体系化を旨とするが、そのことは特殊時空間上の生命概念に対する客観的精神現象による理性作用の即自的アプローチによるものである。然るにまた、存在における生命の態様は、その存立の根拠として概念的に相互矛盾する非生命の態様に帰因されうるとともに、その存立をも契機とする帰結現象が非生命の態様として現出される以上、そしてしかる対他的生成（物質代謝機構）を内在する生命概念に対する理性作用の即自的アプローチを実行することにより、物質系としての相互転化作用により導出されるその物自体の非生命の態様に対する、理性作用の対自的アプローチに帰せられることが自己矛盾的に不可欠とはなる。エレメントの物自体としての生命概念に対する理性作用の即自的アクセスと、その非生命概念に対する理性作用の対他的且つ対自的アクセスは、したがって、客観的精神現象における相互矛盾しあう運動規定であり乍ら、その相互のうちに内在されるとともに導出される必然性がある。

　エレメントの物自体としての生命の態様による規定性の知覚から、相互矛盾しつつも相互間に連続しあう関係性としてある、自己存在の非生命の態様による規定性の対自的認識への移行は、客観的精神現象における系譜としては、生物学理論より工学理論への学術的レベルの移行として成立する。何となれば、存在自体の物自体としての生命の態様による規定性と、その化学反応をなす対他的関係変数を研究対象とする生物学理論に対し、輪廻（転化）により当該同一の存在自体として生起する化学変化とともに、反応しあう他在

に対する対他的認識を通じて自己回帰的に成立する対自的認識は、物質的存在の生物体としての特性を破壊しないレベルの生物学的変化に対して、その物質的存在の化学的組成、及びそれに対する構造的変化による非生命の態様を研究対象とする工学的レベルに於いて可能となるためである。工学理論の意義としては、生命の態様からの転化、及び他在との対他的相互アクセスの反映された物質的存在の非生命の態様の原理的解明にあるから、そのような対自的認識における物自体としての非生命の態様が一意の自己存在として如何様であるか、しかる哲学的解釈の問題では未だなく、生物学理論上の物質系における生命の態様の規定性を反映する工学理論上の非生命の概念規定を示唆している。個別のエレメントの事象に対する検証ではなく、工学的法則として公準化されうる、物自体としての構造上の非生命の態様の規定性の認識の根源的であるレベルに、対自的アクセス自体の原理論を問うことの目的があるためである。

　物質系の有機態様にあることが炭素系の化合物を示唆する許りなので、そのこと自体のみを以っては生命の態様には直結しないとともに、無機態様にあることと非生命の態様とは同義ではない。とはいえ、個体・器官・組織・細胞等を内包する全構成レイヤにおける生命現象は、その物質系が無機態様ではなく有機態様にあることを前提とするため、必然的に非生命の態様にある物質系は無機態様にあることをも前提とする。無機態様をなす物質元素については、第Ⅴ章第Ⅱ節 ii にて展開されている無機化学の論述にみる通りであるが、ここで非生命の態様に対応する客観的精神現象の認識レベルが工学理論にあることは、生命の態様に対する対自的アクセスをなす非生命の態様が、当該同一の物質系の輪廻作用における技術論により規定されるものであることにも基づく。輪廻作用による生命の態様への転化は、当該同一の物質系における非生命の態様を契機とするとともに、生命の態様を体現する有限エナジーの収束・零化を契機として、輪廻作用により転化されゆく態様は当該同一の物質系に

おける非生命のそれであることよりして、輪廻による相互転化システムに関しては、数学及び自然科学上の研究の累積を利用して、種々の生産工程に共通の生産諸要素とその法則性の体系的である解明を目的とする学乃至理論、即ち技術論としての工学が理論的基礎をなしているためである。尚、ここでの零化とはされば、エナジー値の放出／収束により零という基準値に還元されることを意味している。

　工学理論の定義としては、数学及び自然科学を基礎として、場合により人文社会科学の知見をも使用して、公共の安全・健康・福祉のために有用の事物や快適といえる環境を構築することを目的とする学乃至理論である、とされている。従前より理学と工学は相補的連関に於いて展開されてきているが、理学が結果として帰結される現象に対し自然科学的手法によりその原因を追究するに比し、他方の工学に於いてはしかる原因究明よりは、当該の帰結現象をより実利的である目的のために応用・実用化するための技術の開発に力点が置かれる。工学理論の基本概念をなす技術とは、自然界に対して働きかけることにより事物を生産する方法論、或いは当該の目的を実現するための手続きを、直接乃至端的には意味する。さればまた、しかる工業用技術の開発における設計思想や、それら技術の適用に際しての調査についても重要視されており、使用できる時間やその他資源の制約の中で工学的目的を達成するための技術的検討及び評価を工学的妥当性と称せられるが、工学的性質には環境適合性・使い勝手・整備の簡便性・生涯費用等の評価の開発も必要とされる。しかし定説的には、このような工業化における生産技術のみならず、芸術・医療・情報理論等をも包摂する種々の分野に適用されている。一般に人間の行動の特徴としては、事物の客観的法則性を認識しつつ、これを実践に於いて意識的に適用することを通じて、自己自身の目的を実現するに到らしめるという点にあり、人間の基礎的といえる実践活動をなす物質的である生産活動とても、かかる意義にお

ける技術的行動に他ならない。そして、科学と技術が未分化に融合している状態関数から、事物の客観的法則性に関する知識もまた、このような技術的である実践活動を基盤として発生・発達しゆくものであるといえるが、いずれにせよそれが、生命現象を前提しない非生物的レベルの生産活動のための技術論であることにもなるのである。

　技術の概念規定は古来より、偶然的存在に関する実践能力としての識見であるとされ、そこには異なる数種類の方法論によっても実現可能であることが含意されてもいる。また、外的であるものの生産を目的とする制作の能力であるという点に於いて、当為に基づく道徳的実践の能力とは弁別されており、つまるところ技術概念は、事物の多種多様をなす可能性のうちより、或る何等かの新規の事物を生成せしめる能力に他ならない。輪廻（転化）による物質系の非生命の態様の成立については、技術概念の異なる数種類の方法論によっても実現可能であることが、輪廻作用による生成の帰結現象である態様が一意であり、それが特殊時空間的には回帰されえない点に反映されており、また外的であるものの生産を目的とする制作の能力であることが、輪廻作用により転化される新規の態様の、一意の当該の態様に対する外的要因を内在している点に反映されていよう。そしてまた、技術概念の把捉については、自然界にありつつも逆に自然界に対し働きかけることにより、これを支配して創造性を向上せしめようとする人間主義的である意欲から、このことを背景に技術の機械化による産業革命等の現象に於いては、科学理論と技術の結合が推進されることになるのであるが、然るに輪廻作用による転化に関しては、その対象があらゆる生物体／非生物体を包摂している以上、しかる生産技術の運動主体を人間のみに限定することは許されない。

　さあれ科学理論と相互連動する技術の進歩は、人間生活のあり方

を根本的に変革しつつも、それに特有の思想的課題をも提起してきている。その一例としては、核エナジーの開発により、生産力の発展の可能性を拡張しゆくと同時に、地球環境内外の生物圏の全体的破壊の危機要因をも助長せしめている。また、エレクトロニクスの進展により、人間の精神労働を或る程度代行しうる機能を保持する情報機械を生産するとともに、機械の自動化・生産工程のオートメーション化・社会的観点での管理技術の機械化を推進し、改めて技術の本質規定に関する反省が促されてもいる。このような文化と社会の変化・変質に対応すべく、一方では技術概念の理論的背景をなす工学及び技術学が形成され、また他方では社会化学上の見地からの種々の技術論が展開されてきている。工学及び技術学は、物理数学・量子力学的アクセスを基本理論としつつ、その工業的である方面への利用を意図する学乃至理論であるが、狭義に於いては、所謂工学が、様々の生産工程に共通するところの生産諸要素について、その法則性の体系的である解明を目的とする学乃至理論であるに対し、技術学は、それぞれ特定の生産工程に則しつつも、そのうちにあって諸工程の最善の方法論を解明しゆくことを目的とする学乃至理論として弁別される。但し、それぞれの各論的アプローチに於いては、相互間に干渉しあい連関する学乃至理論も存立することから、必ずしも厳密の意義では弁別して用いられてはいない。これまでの科学理論と技術の発達に伴い、社会現象や生理現象、また心理現象さえも技術化され、工学乃至技術学の研究対象とされてきてもいる。

　技術に関する理論的考察としての技術論には、哲学的・社会科学的である観点からの考察が包摂されるが、その根拠をなす事象としては、人間の生産活動はもとより技術的である性質を具有するところにして、事物の客観的法則性に関する科学的である認識活動とても、これを基盤として形成されてくることにある。科学理論と技術の積極的といえる再結合が意識的に推進されることにより、所謂機械文明が形成されることにも通じるのであるが、その背景には、人

間が科学的認識と相互連関する技術的実践により、与えられている環境変数としての自然界を支配することで、自己自身の能力もて自己自身の幸福を実現しゆくべきであるとする、或る種の人間観とそれに基づく科学観・技術観が表明されている。（ベーコン：Ｆｒａｎｃｉｓ＿Ｂａｃｏｎ／デカルト：Ｒｅｎé＿Ｄｅｓｃａｒｔｅｓ等）また、技術の機械化の進展に伴い、機械技術の問題を主題として、改めて技術の本質規定やその人間生活における位置付けと意義を原理的に検討し直そうとする、哲学的といえる考察の営みとても認められる。カップ：Ｅ＿Ｋａｐｐは、人間の身体的活動のあり方に技術の原型をみる人間中心主義的である見地から、あらゆる道具や機械は人体の諸器官の機構が対外的に射影され、外界の事物により置換されたものであるとする、器官射影の理論を提起している。かかる理論を更に発展させた学説や、また技術の歴史的考察等を通じて、技術が単純に物質的である文化許りではなく、社会や精神の領域範囲にまでその作用を及ぼすことも指摘されてきている。これらの技術論は、マルクス：Ｋａｒｌ＿Ｈｅｉｎｒｉｃｈ＿Ｍａｒｘ等による史的唯物論的である立場からの技術論とともに、技術の物質的側面を重視する点に於いては、いずれも唯物論的性質を顕示するものともいえる。それに対して、観念論的である技術論としては、デサウアー：Ｆ＿Ｄｅｓｓａｕｅｒが技術の内包する基準的である要因に、自然界の法則性に叶うこと・作用が加えられること・目的が設定されることを挙げ、それらは発明の機能態様として統一されるとしている。同様にツィマー：Ｅ＿Ｚｓｈｉｍｍｅｒによっても、技術の本質規定を主として精神の創造的活動のうちに認める、観念論的である立場からの技術論が展開されている。そして更には、技術の機械化と組織化の進展が人間生活のあり方に多大の影響を及ぼすようになると、その否定的・破壊的である側面も顕在化されてゆくにつれ、文明論乃至人間論的である見地から、科学理論と技術の意義を再検討しようとする営みもなされている。たとえば、スペングラー：Ｏ＿Ｓｐｅｎｇｌｅｒ等により悲観論的である見解が発表さ

れているが、これに対し、マンフォード：Ｌ＿Ｍｕｍｆｏｒｄ等は、機械文明による破壊的作用を認識しつつも、再び機械技術が芸術と融合されることにより、人間と自然界との調和が回復される生技術時代が到来する、という楽観論的である見解を主張している。かかる相互矛盾する両説を止揚（揚棄）しつつ統一する学説として、生の哲学もしくは実存哲学的である立場から、機械文明の危機要因・人間本来のあり方の問題を包摂する技術論が展開されるところである。（オルテガ：Ｊｏｓé＿Ｏｒｔｅｇａ＿ｙ＿Ｇａｓｓｅｔ／ヤスパース：Ｋａｒｌ＿Ｔｈｅｏｄｏｒ＿Ｊａｓｐｅｒｓ／ハイデガー：Ｍａｒｔｉｎ＿Ｈｅｉｄｅｇｇｅｒ等）

　しかし乍ら、技術学及び諸技術論を内包する工学理論という研究分科が当該の弁証系レベルにあって、実際上に於いてはどのような発達段階にあろうと、輪廻作用によるそれぞれの物質系における非生命の態様に対する分析の方法論が完結されることはなく、また非生命の態様に帰結せられ、且つこれを契機とする技術概念のすべてが発見され解明され尽くすこともない。相対系が外延的限界に於いては無限である以上、特殊時空間を構成する物質系はなべて無限大の上位集合の座標レイヤ上に位置付けられ、無限の相互結合性を具有するからであるとともに、且つ相対系が内包的限界に於いては無限である以上、特殊時空間を構成する物質系はなべて無限小の下位集合乃至要素（元）から構成され、無限の可分割性を具有するため、いかなる時点であろうと、その各構成レイヤ毎に既に確認されている非生命の態様がすべてではないし、既に解明されているその非生命の態様の転化パターンがすべてでもないからである。さればこそ、しかくつねに未完成である体系にある非生命の態様と転化技術に対する分析の方法論とても、いかなる時点によらず、尚発達の余地を残すことにもなるのである。したがってまた、あらゆる物質系の下位集合乃至要素（元）をなす非生命の態様に対しては、工学理論上の成果に資する発達の度合いはともあれ、ポテンシャルとして際限

のない単位にまで分析されうるはずでもある。

iii ＞認識レベル：サイバネティクス ＜Ｃｙｂｅｒｎｅｔｉｃｓ＞

　特殊時空間を体現し、且つ機能するエレメントは、物質系における生命の態様としての規定性と、非生命の態様としての規定性による相互矛盾関係を以って更新され続けるが、前者は生物学理論上の問題として、また後者は工学乃至技術学理論上の問題として弁証系プロセスの認識レベルに反映される。生物学理論に於いては、物質的存在概念に対する観念的である捉え方の問題を排して、といわんより寧ろそのことに拘泥する以前の認識レベルに於いて、物質的存在の生物体としての状態関数とその細胞レベルの結合による反応の原理論、即ち生命の態様へと転化された物自体の構造・反応の法則性を問題とする。それゆえに、それを構成する個体・器官・組織・細胞等という各レイヤ毎の状態関数についても問題となる。それに対し、工学理論に於いては、物質的存在の非生物体としての状態関数とその細胞レベルの結合による反応の原理論、即ち非生命の態様へと転化された物自体の構造・反応の法則性研究を基礎理論として、それを可能ならしめる輪廻作用の機能に相互連関する技術論を問題とする。それゆえに、種々の物質的存在の本質規定をつくりなす属性を類型化したうえ、あらゆる物質的存在の相互間における化学反応の関係変数を考察することは、また工学理論に相互リンクされる。

　生物学理論の成立する認識レベルに於いては、即自的に物質的存在の生成（転化）されるものとしての生命の態様の原理を考察するに対し、その他方にて工学理論の成立する認識レベルに於いては、同一の物質的存在の対自的に転化されるものとしての非生命の態様の原理を基礎理論としつつ、その運動原理をなす輪廻作用の技術論に対し論究する。生成（転化）という運動概念より即自的に表象される生命の概念規定は、当該の物質的存在の非生命の概念規定に対する否定（収束）作用により成立する他方、物質系の態様の輪廻に

よる自己転化により表象される非生命の概念規定は、当該の物質的存在の生命の概念規定に対する否定（収束）作用により成立する。このため、客観的精神現象上における双方に対応する理論・学説とても、相互否定的である学術的立場にあるのであるが、然るに客観概念上に於いては、当該同一の物質的存在の態様をつくりなす生命の概念規定と自己転化により成立しあう非生命の概念規定は、自己矛盾的であることにより自己生成的である輪廻作用として展開され続ける進化の概念規定として更新されるから、かかる生命の態様の規定性に関する理論＜生物学理論＞と非生命の態様の規定性に関する理論＜工学理論＞とても自己矛盾的に統一され、特殊時空間における当該同一の物質的存在の輪廻による自己転化に対する規定性、即ち物自体としての実在態様を更新しゆく進化の法則を研究対象とする理論へと向自的に移行されよう。生物学理論と工学理論は、相互の学術的スタンスに於いて、相互間に論理的否定作用しあう追考上の理性的ヴェクトルを内在化することにより、寧ろ相互の存立態様を更新し、より高次の学術的スタンスとして相互に依存しあい共生することになる。

そして、この論理的階梯におけるより高次の学術的スタンスとは、特殊時空間をなす物自体の進化に関する理論としてのサイバネティクス：Ｃｙｂｅｒｎｅｔｉｃｓを示唆している。生命の態様による規定性と非生命の態様による規定性、即ち当該同一の物質的存在としての一意なる転化である、輪廻の累積作用を動因とする進化の運動態様に帰因するところの、生物体と非生物体との状態関数の相互移行作用は、対他且つ対自作用による生成を契機として発現せしめられる物自体の自己運動・変化として成立するため、物自体におけるそれぞれの細胞レベルを基本とする各構成レイヤにおける、連動状況を反映する生命に関する理論と非生命に関するそれを止揚（揚棄）せしめる認識レベルが、自己同一的である物自体の、自己転化の累積運動に必然のヴェクトル概念としての進化に関する理論に移

行しているからである。一意の転化運動＜輪廻＞の累積法則に基づく進化により成立する態様である、物自体の生命に対する否定（収束）作用としての、進化の工程における転化運動＜輪廻＞により成立する態様である、同一対象の非生命は一意の実体（実在）概念を構成するとともに、一意の転化運動＜輪廻＞に基づいて規定される実体（実在）概念には特殊時空間的普遍性がなく一意である以上、かかる一意の否定的運動作用は必然的に、当該の物質系の進化の工程における一意の輪廻作用により生成される、生命／非生命の態様の相互否定作用エナジーに帰因する運動態様の自己作用であるともいえるのである。

　当該の認識レベルにおける客観概念が進化＜単位宇宙＞の工程をなしているに対し、同認識レベルにおける客観的精神現象の妥当する学乃至理論体系は、ただ生物進化論のみには限定されない。生物進化論とは、生物体の進化せる事象・事実の立証、進化過程やこれを根拠付ける諸法則、進化の機構及びとりわけ進化をなさしめる要因等に関する理論を示唆するが、進化の概念規定としては、胚の発生過程や幼虫から成虫への進展過程のみならず、染色体の数と種類等により規定されるとする、生物体の＜種＞の変遷を意味している。これまでの進化学説には、隔離説・定向進化説・ラマルク説及び新ラマルク説・ダーウィン説及び新ダーウィン説・突然変異説等があるが、突然変異が生物進化の主たる原因であるとする学説と自然淘汰（自然選択）説との統一理論による進化要因の説明が、学術的には定説として採用されている。遺伝に対して、直系血族の性質の継承されない現象が変異と称せられるが、そのことも直系血族の具有する性質と無関係に生起するわけではなく、かかる変異性が生物体の進化をなさしめる主因であるとする。メンデル遺伝学：Ｇｒｅｇｏｒ＿Ｊｏｈａｎｎ＿Ｍｅｎｄｅｌでは、一時的である非遺伝性の個体変異（彷徨変異）或いは一時的変異と、継続的である遺伝性の突然変異（遺伝子突然変異・染色体変異）を弁別しているが、遺伝

子突然変異は多く劣勢であり、且つ生物体の生活のためには必ずしも有利とはいえず、寧ろ生活力を弱化させるものであることが一般的であって、しかも無方向的・偶発的に生起することから、これを進化の主因とするためには、自然淘汰（自然選択）の理論との連合が不可欠であるとされている。突然変異はまた、遺伝子の質もしくは量の変化であるとともに、染色体変異もこれに包摂されるほか、突然変異は体細胞に於いても生起しうるものである。自然淘汰（自然選択）説では、なべて生物体には変異があるが、そのうちの多くが遺伝されること、自然界における生存競争が変異の選抜をなすことともなり、その結果として展開される適者生存により、生物体が適応的形態に向かって変化するとともに種の変化が生起すること、変種とは萌芽的である種にして、変化の態様が激化すると新規の属や卵等を生ぜしめること、生物体の諸形質はしばしば相互補完的である変化・変質を示すこと、雌雄形質の分化と発達は雌雄淘汰により説明されうること、習性の作用や環境の物理的条件の直接の作用も遺伝的変化を生じうること、また交雑は生物体の生活力を強化すること等の提言がなされている（ダーウィニズム：Ｄａｒｗｉｎｉｓｍ）。とはいえ自明乍ら、しかる各項目に対しては異論とても提起されてきている。

　しかし、物質系における生命の態様と非生命の態様の相互転化による進化を理解するためには、また如上のような生物体の進化を把捉するに於いても、生物体の複数の世代における変化の累積が前提とされる以上、物質系の有機／無機態様の相互転化運動である輪廻作用を契機としているとともに、生物体プロセスにおける変化のみならず非生物体プロセスにおける変化も、同様に研究対象となるはずである。相互転化しあう実体としての、生物体の状態関数をなす物質系における進化の工程及び要因と、非生物体の状態関数をなす物質系における変化の工程及び要因は、相互間に連動する態様をなす物自体の運動として把捉されなければならないからである。した

がって、当該の認識レベルにおけるアプローチとしては、物自体の生命の態様としての生物学的・生物進化論的研究とともに、非生命の態様としての工学的・技術学的研究、とりもなおさず、科学技術や情報テクノロジーの＜進化＞、及び工学理論における学術的展開の系譜についても、反定立的に理解されなければならない。それは自然界の構造因子としてありつつも、逆に自然界との関係性に於いて相互作用しあうことにより、却ってこれを制御することで、何程かの文化的所産を創造しうべく志向する人間中心主義的といえる意欲の動向には他ならない。もとより客観概念をなす進化の示唆するところが、物自体における生命の態様を形成する進化のプロセスのみならず、当該同一の物自体における生命／非生命の態様間の相互転化である輪廻作用、及びその累積運動における必然的法則としての進化である以上、生命の態様を形成する進化のプロセスをも包摂しつつも、非生命の態様としての工程をも含意せられ、しかる概念自体として生命／非生命の両概念規定が相互否定（収束）作用しあいつつ自己統一されていなければならないため、同客観概念に対応する客観的精神現象の妥当する学乃至理論体系はまた、生命の態様に妥当する生物学理論を基礎理論とする生物進化論をも包摂するのみならず、非生命の態様に妥当する工学理論をも同期的に含意せられ、しかる学乃至理論自体として双方の理論的立場が相互矛盾的に統一されていなければならないからである。そのような理論的背景を具有するサイバネティクス：Ｃｙｂｅｒｎｅｔｉｃｓはまた、複数の学乃至理論体系にその成立根拠を帰せられる学際的である理論ともいえる。

　一般論上に於いては、生物体のカテゴリーに所属する動植物や人間等の神経系に関する理論（生命の機構・態様に妥当）と、通信理論・計算機理論・自動制御理論など、物理学・数学・工学系の理論（非生命の機構・態様に妥当）とのアナロジーを通じて、統一的である制御と通信に関する学乃至理論体系の構築を目的とする分野と

して、サイバネティクスが定義される。その語源としては、人間を操縦することを意味する名辞より転じて、種々の自動制御装置の初期型の基礎理論にも通じているとの背景もあるが、本節における認識レベル上の客観的精神現象の把捉としては、生命／非生命の態様の相互転化機能を契機とする自然界の自動制御の法則を示唆するところである。

　このような綜合科学としてのサイバネティクスの成立については、以下のような理論系の展開が不可欠とはなる。まず第一には、計算機に関する理論がそれである。たとえば或る戦時下の状況に於いて、高射砲の精度が問題とされる場合、爆撃機の飛行する進路を時々刻々に変化する実データから予測すること、その予測演算結果の分析資料に基づいて、自動的に高射砲を制御する機構の構築を求めること、という二種の目的が照準せられるところであり、且つその開発がなされてきてもいる。そのこととともに、第二には、つねに基本原理という理論上の前提条件を具有する科学上の帰納的方法論には相対的である精度しかなく、機能及びプロセスの全工程を完全自動化することが不可能である以上、どうしても人力・手動に依存する機構が残存されるとすれば、しかる機能及びプロセスの全体を統合化システムとして把捉する場合、機能主体としての人間もまたその全体機構の部分系を構成するに他ならない。そのような部分系としての人間の運動・作用の機構に対する解明は、そのままより上位の機構に対する相対的乍らも有効である支配へと通じうる可能性を保持することにもなろう。そこから、人間の運動・作用の機構とそれを制御する神経生理機構に関する理論とても、更に重点的に論究されており、とりわけフィード・バック機能に関する研究を通じて、生理学理論と工学理論によるアプローチが統合的に実行される傾向にある。或る内的システムとして、不断に運動・変化する環境下にあって、当該の目的達成行動を遂行しうるためには、自己自身の行動が自律的に制御されなければならないが、このような制御

が最初に与えられた行動の原型によってではなく、実際上に実践されつつある行動とその原型との差分に関する情報によって、時々刻々における差分の変化に対応することで実践され、その差分を可能である限りに於いて解消することにより所定の行動の原型に近付けること、即ち自己存在の行動の経過のなかで、その結果の成否により未来時間の行動の集成を果たしてゆくことを以って、フィード・バック：Ｆｅｅｄ－ｂａｃｋ機能と称せられる。このような生理学系と工学系の理論展開が統合的になされることは、人間の単純といえる目的行為等の場合にあっても妥当されよう。たとえば、視覚と筋肉感覚は不断に連合しているため、腕や掌の動き方が所定の行動の原型ラインから逸脱すると、その逸脱の状態関数が神経系プロセスに対する新規の入力情報となり、それに対応する新規の修正の内的命令が下されることになるのであり、そのようなフィード・バックの原理によってのみ単純といえる目的行為も達成されうる。生体上の機構はかくて、フィード・バックの原理が多数実践される環境でもあるが、体温や体液組成など、一定の恒常性・安定性を保持しようとして作用するフィード・バックが、負のフィード・バックと称せられることもある。原型ラインからの逸脱を調査し、その逸脱の状態関数を神経系プロセスへの新規の入力情報とするが、それに対応する新規の修正の内的命令が実行に移されるまでの時間差が大であると、行動は目的の周囲を振動するのみで、目的に向っては収斂しない。そのことを以って、ハンティング現象とも称せられている。人間の行動はもとより、精神機能や人格の合目的性や自律性・安定性や柔軟性等も、かかるパターンにより説明できるともされている。

　サイバネティクスにおける理論系の展開として、第三には、統計学の研究者の手になる情報理論、更には所謂数理哲学もしくは数学的論理学の発展とともに、それに伴う論理演算技術や論理回路等の開発状況とても、主要となる背景をなしているといえよう。このよ

うな様々の、恰も直観的には少なからず関連性の低いかの主観的印象を表象せしめうる、幾らかの研究分野における理論上の新機軸を統一的である視点よりアプローチし、そこに共通する問題処理原理の研究を綜合してサイバネティクスと称せられていることにもなる（ウィーナー：Ｎｏｂｅｒｔ＿Ｗｉｅｎｅｒ）。生物体の神経系統の組織機能と電子計算機の構造機能との間に、一定のアナロジーの原理を認定することにより、統一的である数学理論を使用して解明しようとする学際的分野であり、現代における人間機械論への導入とともに、オートメーション技術の基礎理論としての意義とてもある。

　もとより、それが学際的分野であることよりして、多くの異分野における、或いは境界領域における理論系相互の融合として成立しているため、サイバネティクスは導入当初の予測を超えた領域範囲にも浸透し、電子計算機の急速といえる進歩にも伴い、社会工学的である局面をも、オペレーションズ・リサーチ等の概念規定を通じて包摂することで、寧ろそのような諸現象のうちに拡散し、その本来の独立的意義を失いつつもある。そのような浸透化の現象は、哲学理論の分野に於いても例外ではなく、人間系（生物体）と機械系とのアナロジーを提供するサイバネティクスの思考方法は、人間の把捉に関しても従前とは相異する視点を提示しており、それを肯定的に取り扱うにせよ否定的に取り扱うにせよ、殆ど現代文明の基調的発想にまでなっている文明観とも相俟って、少なからぬ問題点を投じかけているところでもある。

　そして、このようなサイバネティクスの研究対象としては、無限の特殊時空間をなすあらゆる物質系の生命／非生命の態様が包摂される以上、しかるサイバネティクスの認識体系を展開すべき精神機構、及びその実行主体となる生命現象とてもまた、進化する物自体の事例として同理論上の研究対象となる。このことはとりもなおさず、サイバネティクスの認識プロセスを実行する主体であるところ

の精神機構、及びそれを具有する生物体は、しかる実体（実在）自体がサイバネティクスの認識プロセスによる研究対象の一をもなして存立していることに相違ない。何となれば、サイバネティクスの認識プロセスによる研究対象である進化の概念規定が、偽りなく生命／非生命の態様を自己転化する特殊時空間として実在することの根拠は、サイバネティクスの認識プロセスを実行する主体である自己存在が、特殊時空間をなす生物学的且つ工学的実体として実在していることを前提としてのみ成立することにあるからである。そしてまた、サイバネティクスの認識プロセスを実行する主体である自己存在とても、或る生物学的且つ工学的実体の事例である以上、その生命／非生命の態様の相互転化をなす輪廻の運動により、無限に進化し続ける実体（実在）概念であることも、また自明ではある。

　客観的精神現象上の認識レベルにおける生命の概念規定は生物学理論上の根本問題として、また非生命の概念規定は工学理論上の根本問題として、既に理性的展開に反映されている。生物学理論上の諸法則及び方法論は、転化・生成される物質系としての生命の態様の対他的である変化の機構を即自的に究明し、また工学理論上の諸法則及び方法論は、克己される当該同一の物質系としての非生命の態様の変化の機構を対自的に究明することを、それぞれに目的とするからである。輪廻という運動規定の自然科学的である態様をなす物自体の概念規定に対する、生命的規定と非生命的規定は、相互間に概念的矛盾しあう学術的系譜のアクセス作用を実施しながら、進化という自己存在における相互転化を契機とする変化の法則に特殊化された概念規定としてAuf－hebenされる。輪廻の生命的規定が物自体の態様をして生物体の状態関数に転化せしめ、輪廻の非生命的規定が物自体の態様をして非生物体の状態関数に転化せしめるとともに、当該同一の物自体の生命の態様のうちに非生命の態様の変質因子が内在せられ、また当該同一の物自体の非生命の態様のうちに生命の態様の変質因子が内在せられている。このような物

自体に対応する特殊時空間が無限に展開されるため、その物自体をなすエレメントの自己転化運動とても無限に繰り返されるが、物質系の態様には個体差もあり、その化学反応のなされる環境条件も均一ではないので、当該の生命もしくは非生命の態様を維持しうるスパンについても一概には断定できない。そして、しかる自己転化運動＜輪廻＞に基づく＜進化＞という客観概念上の概念規定に対応することで、客観的精神現象における認識レベルは、もはやサイバネティクス的追考の階梯へと移行せしめられている。もとよりサイバネティクス上に於いて究明せらるべき対象である、エレメントの物自体としての進化の機構は、即自的態様をなす生物学理論・生物進化論における構造と運動に関する研究とともに、また対自的態様をなす工学・技術学理論における構造と運動に関する研究による、共通の対象であるのみならず、双方の理論的スタンスによる相互矛盾関係はサイバネティクスにＡｕｆ－ｈｅｂｅｎせらるべき必然性を内在するからである。然るに、かかる理性機能によるサイバネティクス的トレースは同時に、理性機能の弁証運動上のバックグラウンドの作用によるところでは、理性上の客観概念に対する統合的思考として運行されなければならない。いかなる物質系の生命の態様、もしくは非生命の態様の構造と運動の研究と雖も、相互の態様を転化しあう自己存在である物自体としての、輪廻作用に基づく＜進化＞の認識に統一されていなければならないためである。

第Ⅲ節　主観観念

　超自我における主観性フィルターの構成する知覚態様をなす主観観念は、特殊時空間上の［客観的］実測値には拘束されない主観的産物ゆえにＲａｎｄｏｍの動作傾向を示す。（そのこと自体がまた客観的事象につき、当該の主観観念の特殊時空間上の［客観的］実測値を形成するのではあるが）但し、弁証系プロセスの遂行下にあっては、客観性フィルターの動向にＣＮＳの注意能力が集中化されるため、主観観念の推移は客観概念の追考過程上のグレードにリアルタイムに呼応する。このことから、本節での認識レベルをなす客観概念が、物質的存在（輪廻作用）としてのエレメント：Ｅｌｅｍｅｎｔにおける生命的規定／非生命的規定の相互矛盾態様をなす概念規定に相当する以上、超自我における真理値以外の価値システムを反映する主観観念はまた、当該の段階にあって、物自体としてのエレメントにおける生命的規定／非生命的規定の相互矛盾態様をなす概念規定に対応するイメージレベルにあることになる。したがって、客観概念の状態関数が、物自体としてのエレメントの概念規定の＜生命的規定⇔非生命的規定＞による相互否定（収束）作用から＜進化＞という概念規定へと移行されることに伴い、主観観念の知覚態様とても、当該同一の対象的知覚に対するイメージレベルの状態関数を、客観概念をなす認識レベルに呼応する変動系譜にて遷移せしめざるを得ない。

　しかし、相対系自体との同一性を表示する真理値以外の価値システムを反映する主観観念は、その知覚態様自体を相対系に符合せしめる必然性をなさないため、つねに相対的にしてＲａｎｄｏｍの可変性を具有している。また、主観観念が客観概念の状態関数の遷移過程に呼応しあうとはいえ、客観概念が未だ精確である概念規定をなしうる認識レベルの状態関数にはない以上、そして主観観念自体

の移行パターンにはロジカル属性をなす通信経路を具有するわけではないので、超自我における主観性フィルター及びそこに相互連動しあうエス＜イド＞の本能的欲求値が、当該の時点に於いて構成する状態関数に負うところが多い。したがって、このとき主観観念は未だ不確実であるＫｈａｏｓ状態の様相にあり、またそれは物自体としてのエレメントにおける＜生命的規定⇔非生命的規定＞による相互否定（収束）作用から移行される＜進化＞という事象、或いはその客観概念上の定義より得られる根拠不定のイマージュでしかない。

　また、主観観念はつねに、主観的精神現象の運動・作用に相互対応しつつ変化・動向する。もとより、主観観念は主観的精神現象の状態遷移により、主観的意識内容乃至対象として脳内形成されるイメージレベルであるからであり、且つ主観的精神現象の運動・作用は主観観念の内的イマージュの機能態様として収束されるからでもある。そのことと同様に、客観概念はつねに、客観的精神現象の運動・作用に相互対応しつつ変化・動向する。もとより、客観概念は客観的精神現象の追考過程上のグレードにより、客観的把捉態様乃至対象として脳内生成される認識レベルの状態関数をなすからであり、且つ客観的精神現象の運動・作用は客観概念の統覚作用として収束されるからでもある。客観作用と主観作用が相互間に呼応しあう以上、したがってまた、客観概念に主観観念が呼応して状態遷移するということは、同期しつつ客観的精神現象に主観的精神現象が呼応して運動・作用することと同義である。

588　　　第Ⅲ節　主観観念

第Ⅳ節 主観的精神現象

　超自我における主観性フィルターを展開する運動自我の態様をなす主観的精神現象は、特殊時空間上の［客観的］実測値には拘束されない主観作用の運動現象ゆえにRandomの動作傾向を示す。（そのこと自体がまた客観的事象につき、当該の主観的精神現象の特殊時空間上の［客観的］実測値を形成するのではあるが）但し、弁証系プロセスの遂行下にあっては、客観性フィルターの動向にCNSの注意能力が集中化されるため、主観的精神現象の推移は客観的精神現象の追考過程上のグレードにリアルタイムに呼応する。このことから、本節での認識レベルをなす客観的精神現象が、［化学的］実在論（生物学的考察／工学的考察）以降の反定立態様をなす学術上の弁証系レベルに相当する以上、超自我における真理値以外の価値システムを反映する主観的精神現象はまた、当該の段階にあって、［化学的］実在論（生物学的考察／工学的考察）以降の反定立態様をなす学術的階層に対応する主観的アクセスレベルにあることになる。したがって、客観的精神現象の認識レベルが、＜生物学理論⇔工学理論＞による学術上の相互矛盾関係から＜サイバネティクス：Ｃｙｂｅｒｎｅｔｉｃｓ＞という理論的系譜へと移行されることに伴い、主観的精神現象の運動態様とても、当該同一の対象的知覚に対する主観的アクセスレベルの状態関数を、客観的精神現象をなす認識レベルに呼応する作用工程にて遷移せしめざるを得ない。

　しかし、相対系自体との同一性を表示する真理値以外の価値システムを反映する主観的精神現象は、その運動態様自体により相対系を主観観念に符合せしめる必然性をなさないため、つねに相対的・可変的にしてRandomの対応性向を具有している。また、主観的精神現象が客観的精神現象の認識レベルの推移過程に呼応しあうとはいえ、客観的精神現象が未だ精確である概念規定をなしうる認

識レベルの状態関数にはない以上、そして主観的精神現象自体の移行パターンにはロジカル属性をなす通信経路を具有するわけではないので、超自我における主観性フィルター及びそこに相互連動しあうエス＜イド＞の本能的欲求値が、当該の時点に於いて構成する状態関数に負うところが多い。したがって、このとき主観的精神現象は未だ不確実にして不安定である動作状況にあり、またそれは、＜生物学理論⇔工学理論＞による学術上の相互矛盾関係から＜サイバネティクス：Ｃｙｂｅｒｎｅｔｉｃｓ＞という理論的系譜をなす弁証系レベル、或いはその客観的精神現象にて具有される諸属性によっても影響される。

　また、主観的精神現象の運動・作用はつねに、主観観念の態様に相互対応しつつ移行される。もとより、主観的精神現象の運動・作用は主観観念の内的イマージュの機能態様として収束されるからであり、且つ主観観念は主観的精神現象の状態遷移により、主観的意識内容乃至対象として脳内形成されるイメージレベルであるからでもある。そのことと同様に、客観的精神現象の運動・作用はつねに、客観概念の態様に相互対応しつつ動向しゆく。もとより、客観的精神現象の運動・作用は客観概念の統覚作用として収束されるからであり、且つ客観概念は客観的精神現象の追考過程上のグレードにより、客観的把捉態様乃至対象として脳内生成される認識レベルの状態関数であるからでもある。客観作用と主観作用が相互間に呼応しあう以上、したがってまた、客観的精神現象に主観的精神現象が呼応して運動・作用するということは、同期しつつ客観概念に主観観念が呼応して状態遷移することと同義である。

第Ⅴ節 論理学的アクセス

本節における追考上の認識レベルでは、当該の対象的知覚をなす相互否定命題（論理式）に対するアクセス遷移は、以下の通り移行される。

【意識上命題】 【意識下命題】（仮定）

$$\sim f\,(x)\times L^{(n+5)} \quad \Leftrightarrow \quad f\,(x)\times L^{(n+5)}$$
$$\downarrow \qquad\qquad\qquad\qquad \downarrow$$
$$f\,(x)\times L^{(n+6)} \quad \Leftrightarrow \quad \sim f\,(x)\times L^{(n+6)}$$

　ＣＮＳの運動自我による理性作用の対象的知覚である相互否定命題（論理式）は、両命題（論理式）ともに同一の確度を以って主張されているため、定立的命題（論理式）である $\sim f\,(x)$ に対する弁証作用と、反定立的命題（論理式）である $f\,(x)$ に対する弁証作用はつねに同時に、且つ同期して遂行されてゆく。意識階層レイヤ上に於いて、いずれの命題（論理式）が意識上に顕在化されたアクセス対象であり、いずれの命題（論理式）が意識下に潜在化されたアクセス対象となっているかは、当該の現在時における各命題（論理式）に対する意識／下意識レベル交換の問題にすぎないため、所詮変遷するところではある。

　仮に、定立的命題（論理式）である $\sim f\,(x)$ に対する、客観概念上の生命的規定性／非生命的規定性による反定立態様にある弁証作用が、［物自体としての］進化の概念規定という当該の認識レベルにおける限界点に到達したとき、つねに同時に追考アクセスしてきた客観的精神現象と主観的精神現象の、且つまた客観概念と主観観念の各々にアタッチするポイントは、定立的命題（論理式）である $\sim f\,(x)\times L^{(n+5)}$ より、無限小の瞬間を経過後の反定立

的命題（論理式）である f（x）× L$^{(n+6)}$ に対する弁証作用に移行する。それと同時に、［潜在的に同期しつつ］追考アクセスしてきた、反定立的命題（論理式）である f（x）× L$^{(n+5)}$ より、無限小の瞬間を経過後の定立的命題（論理式）である〜f（x）× L$^{(n+6)}$ に対する弁証作用に移行する。［物自体としての］生命的態様と非生命的態様との規定性による相互否定関係から進化の規定性への Auf－heben により、当該の相互否定命題（論理式）に対する意識上の顕在的アクセスと意識下の潜在的アクセスが相互間に移行し入換ることは、弁証作用上の Triade が追考運動におけるポイント移行の作動単位であるからであり、そのためにジンテーゼとしての［物自体としての］進化の概念規定が当該の認識レベルにおける限界点ともなるのである。［物自体としての］生命的規定性／非生命的規定性による反定立態様の概念的統一されている進化という止揚（揚棄）態様を以って、定立的命題（論理式）及び反定立的命題（論理式）の各々に対する当該の認識レベルにおける限界点に到達することは、弁証作用の客体である対象的知覚自体ではなく主体である精神機能の問題であるため、必然的に CNS の客観作用と主観作用、即ち客観的精神現象と主観的精神現象、且つまた客観概念と主観観念のアタッチするポイントがそれぞれに交換せられ、このことにより〜f（x）に対する（客観的／主観的）アクセスは f（x）へ、且つ f（x）に対するそれは〜f（x）へと同時にスライドせられ、このとき［物自体としての］進化の理性的態様レベルにおける弁証実行の契機をなすことになる。相互否定命題（論理式）のうちのいずれが意識階層レイヤ上に顕在化／潜在化されているかは、やはり前述の二律背反上の意識／下意識レベル交換の問題でしかない。

　したがってまた、相互否定命題（論理式） f（x）× L$^{(n+6)}$ 及び〜f（x）× L$^{(n+6)}$ との表記は、理性機能による弁証系プロセスの認識レベルの推移を意味するところであり、Level 変

数Lの冪（ベキ）乗n＋n〜∞が単位時間としての秒（s）やミリ秒（ms）等を示唆してはいない。それは本来、無限小の数値化を条件とする瞬間の更新を記述することに妥当する以上、既設の有限の単位時間によっては定義されえないためである。

　相互否定命題（論理式）〜f（x）×L$^{(n+5)}$とf（x）×L$^{(n+5)}$のいずれが意識上に顕在化、或いは意識下に潜在化された追考アクセスの対象的知覚になろうと、弁証作用の追考上のグレードが［物自体としての］進化という客観概念に相当する認識レベルに到達したことに相違ない。相互否定関係にある両命題（論理式）に対する追考アクセスのポイントがスライドされた時点に於いて、両命題（論理式）ともに［物自体としての］進化の概念規定という、精神内の態様フラグが既に設定された対象的知覚として更新されているため、当該の時点に於いて新規の触発を生じる必然性がある。

　とりもなおさずそのことは、当該の時点に於いて、当該の更新後レベルにおける＜第二直観＞が生起せられることになる。対象的知覚を構成する命題（論理式）関係そのものは同一であるも、既に精神内の態様フラグを以って更新された対象的知覚と化している以上、当該の更新作用により、両命題（論理式）ともに対象的知覚としては新規の状態関数を得ているため、それに対する新規の触発をなす＜第二直観＞が自動起動されるのである。とはいうも、ＣＮＳ自体が既に理性的認識レベルを確立されている以上、当該の認識レベルからの弁証作用としての状態関数を維持することにもなる。そしてまた、そのことが更なる追考作用（Ｔｒｉａｄｅ）の端緒をなすのでもあるから、以降の弁証作用は当該の＜第二直観＞の内容情報のもとに展開されてゆくところとなる。しかる弁証実行による実際上の理性的運動及び成果がいかなるヴェクトルを具有するとも、等しく客観概念上における［物自体としての］生命的規定性と非生命的規定性との反定立しあう交互作用によるものである原理は変らない。

594

第Ⅶ章

弁証運動≫
PhaseⅦ

第Ⅰ節 客観概念

ⅰ＞有限性＜特殊性＞

　当該の弁証系プロセスの認識レベルにおける客観概念の態様をなす［エレメントの物自体としての］進化の概念規定は、それ自体に於いて特殊時空間をなす物質系の生命／非生命の態様の相互転化の累積運動による規定性を示唆している。いかなる状態関数にあり、またいかなる様相もて進化されゆく物自体も、なべて例外なくエレメント、即ち相対系をなす構成素子としてのみ成立するという客観的事実は、また或る物自体がいかなる進化を遂げるに際しても、それ自体に内在される状態関数の変動により生命／非生命の態様が規定されるとともに、分子レベルでの対外的である関係変数の変動による当該の物自体の相互反応作用に対する規定により、内在的である状態関数にも作用されるためである。そのことはまた、相対系におけるエレメントをなす各々の物自体の進化が、それぞれの生命／非生命の態様の化学的変質の累積の過程を通じて、それ以外のすべてのエレメントをなす各々の物自体との間で反応しあうことにより、かかる進化の運動原理を形成していることをも意味する。生命もしくは非生命の態様が不断に変質し続けることにより、当該の態様を維持するためのエナジーが消費されることで、エレメントとしての態様の転化を余儀なくされるとともに、転化の累積を通じて生命体／非生命体の具有する性質が継承されることで、当該の物自体としての変化の方向性が規定されるのであり、また相対系という無限の全体系システム自体が、それを構成する不定の全物質系相互間の運動・作用の関係式としてのみ運行されるからである。

　物自体の進化は、相対系におけるエレメントの運動・変化のプロセスとして実行される以上、エレメントが特殊時空間上の無限の運

動態様として成立するため、その機構の前提となる生命／非生命態様の相互転化の運動は無限に反復されるしかない。物質系の進化の工程にて不断に生成されるものとしてのエレメントは、その物自体における特性と内外因子との作用のしかたにより、それ以外の全エレメントの［進化に伴う］生成運動と触発しあう構造態様・機能態様とてもつねに規定される。換言するに、その特性と内外因子との作用のしかたにより規定される構造態様・機能態様は、当該の物自体としての生成変数をなしていることになる。進化という生成のプロセスを経過している構造態様・機能態様は、必然的にそれを構成する部分間に形態的にも機能的にも分化されており、しかも部分相互の間、及び部分と全体との間には内面的である必然的連動が実施せられ、全体として或る統合性を維持する物質系へと生成される根拠ともなるが、その物自体の生命／非生命態様の相互転化の累積を動因とする以上、それにより転化される態様はいずれも有限であるから、即自的には有限の特殊時空間をなす物質系を示唆している。単なる理性的知覚の対象であるのみならず、任意且つ一意の実体をなして存立し実在するもの、即ち物自体は生物体と非生物体の状態関数に分化されるが、そのことは物自体に対する追考運動の契機が有限の特殊時空間であることによる態様の転化に基づく以上、実体（実在）レベルでの弁証契機はその止揚（揚棄）態様である、進化する物自体の有限性に帰せられるからである。而してまた、かかる進化の機構に於いて転化される生命／非生命態様は、当該の物自体の状態関数として、同一の実測値を二度とは永劫に回帰しえない状態関数をなすため、そのような物自体の有限性は当該の物自体としての特殊性をも示唆することになる。その同一の実測値が二度とは永劫に反復されないということは、もとより特殊時空間としての本質的属性に帰因するところでもある。

　相対系におけるエレメントの物自体としての規定性が、当該の相対的・可変的である特殊時空間上の規定性のうちに相互転化しあう

生命の態様、乃至非生命の態様の自己統一態様としてある以上、絶対的である物理的存在としての非連続性・永続性を具有する瞬間がゆめ成立しえないため、最終的には無限小という単位にて物自体としての生命の態様、或いは非生命の態様の実測値が変更され続ける必然性を免れない。あらゆる物自体が有限性・特殊性を具有するエレメントであり乍ら、しかるなべての物自体の相互連関により構成される相対系が特殊時空間上に無限である以上、物自体に対する解析処理は最終的には無限小の単位にて実行されるが、物自体には永続性・無限性が具備されないため、それは無限小という有限の実体（実在）として成立することになる。とはいえ、無限小の単位にて解析せらるべき物自体が、無限に分割されうる有限の実体（実在）としてあるならば、その物自体に対する統合化は最終的には無限大の単位にて実行されるため、なべて物自体は無限に拡張されうる有限の実体（実在）でもあることになる。相対系のエレメントであることによる特殊時空間上の無限性は、可分割性と拡張性との両面に及ぶからではある。かかる有限の実体（実在）に対する無限小から無限大に亘るアクセス作用の単位は、所謂＜宇宙＞概念を構成する特殊時空間的素子としての物自体を前提としている。

　理論物理学上の宇宙概念は相対系の概念規定とは同義ではなく、相対系を構成するエレメントとしての物質系の構造体を意味する集合概念であるため、それは相対系内に於いて不定数に、即ち無際限という有限且つ可変の数量・種別にて成立しており、不断に運動・変化する構造体としてあることにもなる。２１世紀前期の時点に於いては、人類の現存する当該の宇宙領域全体に占める割合は、元素系としての物質系が約４％、所謂暗黒エナジー（ダークエナジー）が約７２・６％であり、それ以外は所謂暗黒物質（ダークマター）であるとされている。とはいえ、暗黒物質（ダークマター）については、銀河の泡構造に対応して分布することが観測されてはいるものの、宇宙領域には銀河内や銀河間に作用する重力の強さを説明で

きるだけの、電磁波を放出・吸収・散乱する質量が存在しないことが観測上から主張されているが、重力上の痕跡を通じてしか未だ検出されておらず、ニュートリノや超対称性粒子が暗黒物質（ダークマター）に相当することも証明されていない。他方また、重力の反対方向に作用する暗黒エナジー（ダークエナジー）については、宇宙領域のエナジー密度全体に占める質量の割合は臨界密度の約３０％であり、宇宙マイクロ波背景放射（ＣＭＢ）の観測から宇宙領域は平坦であるともされるため、残り約７０％のエナジー密度が説明されない儘の状況にあり、負の圧力を具有する成分からなることが一般相対性理論からは要請されるも、その具体的内容乃至実質に関しては未だ解明されていない。

　人類の現存する特定の宇宙領域が永続すると主張する定常宇宙論に対しては、宇宙マイクロ波背景放射（ＣＭＢ）の観測を通じて否定的見解が物理学会の多数を占めてきている。さあれ、特定の始期に遡及される構造体は必然的に特定の終期を内在することから、規模の大小に拘わらず特殊時空間上に於いて有限でしかありえないため、いかなる宇宙領域も実際上に無限の値にまで膨張することも、また無限の値にまで永続することも本来の原理として不可能なのである。それでも尚、宇宙領域の終末現象に関しては、宇宙領域が永続的に膨張し続けることで終了はしないとする学説があり、たとえばＢｉｇ－ｒｉｐ仮説、宇宙領域の熱的死仮説、もしくは宇宙領域の低温死（Ｂｉｇ－ｆｒｅｅｚｅ）仮説等が該当するが、このうちでは前二説が有力視されてはいる。

　Ｂｉｇ－ｒｉｐ仮説は、暗黒エナジー（ダークエナジー）密度が時間的制限なしに増大し続ける場合に限定してのみ成立するはずである。かかる場合には、宇宙領域全体の膨張する速度が無際限に加速されることから、その暗黒エナジー（ダークエナジー）の［重力に対する］反重力作用により、銀河団・銀河・太陽系等という重力

第Ⅶ章　弁証運動──Phase Ⅶ

束縛系（元素系）はその一体性を保持しえないまでに分裂され、ついには分子や原子を維持する電磁力さえも振り切られる。原子核とても分裂され、最終的には宇宙領域内の一切の物質が素粒子化することになり、宇宙領域は重力場が無限大となる重力の特異点の例外的態様をなすに到る、という。換言するに、宇宙領域全体が膨張し続けるあまり、素粒子間にて相互に及ぼしあう四種の基本相互作用（『強い』相互作用＜粒子：グルーオン＞・電磁相互作用＜粒子：光子＞・『弱い』相互作用＜粒子：Ｗボゾン（±）、Ｚボゾン＞・重力相互作用＜粒子：重力子、ヒッグス粒子＞）を取り込むことにより、宇宙領域内の一切の物質系及び物質が制限なく分裂されてしまうはずである、とするものである。

　その他方では、暗黒エナジー（ダークエナジー）密度が２１世紀前期の時点までの速度を維持して増大し続けることを仮定するならば、元素系としての物質系は存続しうるも、元素系内におけるあらゆる天体相互間の距離が無際限に遠隔化されようことが予測されている。宇宙の熱的死仮説に於いては、約10^{12}年という時間尺にあっては、宇宙領域内に現存するすべての恒星は発光・発熱を喪失するために宇宙領域全体が暗転するが、当該の宇宙領域はエントロピー（物質や熱の拡散の程度を示すパラメータ）の最強度の状態関数に接近することになる。約10^{18}～10^{25}年とされる熱的死より以降の時代については、あらゆる銀河はブラックホールへと崩壊せられ、またブラックホールはホーキング放射を通じて蒸散されるものとする。或る大統一理論によれば、陽子の欠損は残存する星間ガスを陽電子と電子に変換して光子の再結合がなされるが、この場合、宇宙領域は無期限にただ一様である放射をなすのみの、謂はば浴槽として存立し続け、また次第に低いエナジー状態へと赤方偏移することから、その放射もやがては冷えきってしまう。熱的死とはつまり、宇宙領域のエントロピーが最大値となる状態関数を意味しており、このとき宇宙領域全体が絶対零度に接近するはずでもある。

そのことはまた、孤立系のエントロピーは増大するという熱力学第二法則より導出されるところであるが、宇宙領域内にて無限の時間長が経過すると、すべてのエナジー密度が均等に分布する状態関数に漸近的に到達する、と考えられているのではある。尤も、無限とは実測値としては到達されえないからこそ無限である以上、実際上に無限の時間長が経過した時点での状態関数を仮定して、仮説を展開すること自体が意義をなさない。

ところで、膨張する宇宙領域に於いては、宇宙領域内部に含有される物質やエナジーにより形成される重力場により、宇宙領域の膨張が減速せしめられる傾向にある。たとえば、宇宙領域に必要充分といえる質量が成立している場合には、宇宙領域の膨張は最終的には終結することで宇宙領域は収縮へと転じ、Ｂｉｇ－ｃｒｕｎｃｈ現象と称せられる特異点（或る基準の下では、その基準が適用できない点）に到達するともされているが、この場合における宇宙領域をなす特殊時空間は正の曲率を具有しており、＜閉じた宇宙＞と称せられている。当該の宇宙領域にさまで多くの質量が成立していない場合には、しかる宇宙領域は単純にその膨張が永続されることになるとされてはいるが、この場合における宇宙領域をなす特殊時空間は負の曲率を具有しており、＜開いた宇宙＞と称せられている。また、宇宙領域内の質量が前二者の中間値、即ち宇宙領域の膨張率が零（０）を極限値として漸近してゆく宇宙領域は曲率零（０）の特殊時空間をなし、＜平坦である宇宙＞と称せられている。（平坦である宇宙領域をなすエナジー密度 ρ ｃ＝臨界密度）

そこで、如上の宇宙の熱的死仮説についてであるが、もとよりそれはインフレーション宇宙論に由来するところでもある。インフレーション（宇宙領域の膨張）前の宇宙領域の曲率の如何に拘わらず、インフレーション後の宇宙領域の曲率はほぼ零（０）になる、即ちほぼ平坦である宇宙領域になることと仮定されており、且つ平

坦である宇宙領域は＜開いている＞ことよりして、やや減速しつつも膨張し続け、いずれは熱的死の状態関数に到達するものとされているのである。

　尚、インフレーション宇宙論に関しては、大気が比較的に安定している南極点近くのＢＩＣＥＰ２望遠鏡による原始重力波の観測結果の発表がある。重力波は［相当の質量を具有する天体が光速度に近い速度で運動する場合のみならず］あらゆる天体及びその構成体が運動する際に特殊時空間上の振動が周囲に伝達される現象であるが、所謂Ｂｉｇ－Ｂａｎｇ現象の結果として宇宙領域の生誕直後から存在する宇宙マイクロ波背景放射（ＣＭＢ）の振動方向の分布が、原始重力波による影響と予測されていたパターンに一致したという。現宇宙領域の生誕後約３８万年間は高温高密度のプラズマ状態にあり、電子等の荷電粒子に邪魔されて光が直進することができなかったが、宇宙領域の膨張により温度が低下し、光を遮っていた電子が陽子と結合して水素原子を形成すると、宇宙領域の＜晴れあがり＞がなされる。その時点での光が、１３７±２億年を経て現在時に観測されうるものが宇宙マイクロ波背景放射（ＣＭＢ）である。インフレーション理論では、所謂Ｂｉｇ－Ｂａｎｇ現象より以前に宇宙領域が指数関数的に膨張した（10^{-36}秒間に宇宙領域の範囲が10^{26}倍になった）ともされており、それにより宇宙領域の初期の揺らぎが引き伸ばされて固定化されることを、ＮＡＳＡ（アメリカ航空宇宙局）のＣＯＢＥ実験では確認されたと解釈されている。一般相対性理論のみならず量子力学との学際的見地では、物質のみならず特殊時空間も量子力学的効果により揺らぐと考えられているが、インフレーション模型によれば、かかる特殊時空間上の揺らぎが重力波となり宇宙領域の＜晴れあがり＞まで伝達されることが予測されている。初期の宇宙領域に重力波が存在するならば、宇宙マイクロ波背景放射（ＣＭＢ）の偏光にＢモードと称せられる渦上のパターンを惹起せしめることが想定されており、ＢＩＣＥＰ２望遠

鏡の観測結果ではかかるパターンの一致が確認され、即ちそのことがインフレーション模型に対する検証にも通じるとされてはいる。

　しかし乍ら、しかる如き熱的死の場合のインフレーション後の宇宙領域の曲率が、必ずしも完全に零（０）になることが保証されるわけではない。その曲率がほんの僅かでも正の値を採る場合には、熱的死に到達したはずの宇宙領域は、非常に長い有限の時間長の経過後に膨張より収縮へと転じるとともに、更にはまた、同程度に長い有限の時間長の経過後にＢｉｇ－ｃｒｕｎｃｈ現象をなす状態関数に到達する可能性とてもあるといえるのである。

　前述の仮説はいずれも、特定の宇宙領域が無際限に膨張し続けるも終了はしないことを前提するものであるに対し、Ｂｉｇ－ｃｒｕｎｃｈ仮説の場合は根源的に相異している。２１世紀前期の時点での宇宙モデルでは、天球上の全方向からほぼ等方的に観測される宇宙マイクロ波背景放射（ＣＭＢ）の観測結果等からも、当該の宇宙領域は所謂Ｂｉｇ－ｂａｎｇ現象を契機として膨張を開始したものとされるが、宇宙領域全体に含有される質量及びエナジー密度が或る有限値よりも大なる場合、宇宙領域それ自体の具有する重力作用により、約１０^{27}年とされる時点にて膨張から収縮へと転じることになり、宇宙領域をなす特殊時空間として存立する一切の物質系及び物質は、無次元の特異点に収束されるはずであると考えられている。但し、プランク長（ℓｐ）と称せられる微小の長さに比して、充分に収縮されたところの宇宙領域を理論上に取り扱うためには、一般相対性理論のみならず量子力学的効果をも導入する必要性があるが、このように統合化された理論体系を量子重力理論と称せられる。それでも尚、かかるＢｉｇ－ｃｒｕｎｃｈ現象により生起されるはずの事象・変化等の具体的記述と説明が、物理化学理論上に於いては未だなされていない。

実のところ、宇宙領域が最終的にはＢｉｇ－ｃｒｕｎｃｈ現象を以って収束するのか、それとも無際限に膨張し続けるのかについては、有力学説の対立と変遷はあるも、学術的に明確には結論付けられていないのが実状である。宇宙領域が膨張から収縮へと反転するために必要充分である質量（臨界質量密度）が成立してあるのか、宇宙定数（重力場方程式上の宇宙項の係数でありスカラー量Λ）という、重力に対抗する斥力の源泉が成立してあるのか、またそれが成立していると仮定しても、どの程度の大きさを具有しているのか、等々の点にも依存するところではある。重力の反対方向に作用する暗黒エナジー（ダークエナジー）密度が負の値を採るか、もしくは宇宙領域における特殊時空間の曲率が正の値を採り、且つ開いた宇宙領域としてあることを仮定する場合には、宇宙領域の膨張はいずれは反転し、宇宙領域は超高温度・超高密度の状態関数に向かって収縮されることが考えられる。そのことはまた、サイクリック宇宙論といった振動宇宙としてのプロセスの一部分を根拠付けるものであるとともに、しかる超高温度・超高密度の状態関数から新規のＢｉｇ－ｂａｎｇ現象が再度生起される可能性についても説明している。

　さあれまた、Ｂｉｇ－ｃｒｕｎｃｈ仮説を前提とするサイクリック宇宙論では、宇宙領域はその自律的である＜膨張後の収縮＞と＜収束後の生起＞という循環運動を無際限に繰り返すことが主張されている。たとえば、アインシュタイン：Ａｌｂｅｒｔ＿Ｅｉｎｓｔｅｉｎの説明する振動宇宙論によれば、「Ｂｉｇ－ｂａｎｇ現象により開始され、Ｂｉｇ－ｃｒｕｎｃｈ現象により終了する」という振動が無際限に反復され連続するところの宇宙領域が理論化されている（但し、同一の振動をなす宇宙領域が二度と反復されることはないのだが）。而して、Ｂｉｇ－ｂａｎｇ現象からＢｉｇ－ｃｒｕｎｃｈ現象までの期間内に宇宙領域は膨張し続けるが、やがては物質の重力による引力を動因として再び収縮し崩壊することで、Ｂｉ g－ｂｏｕｎｃｅ現象と称せられる大規模の反発が生起せしめられる、とするものである。

　Ｐａｕｌ＿Ｓｔｅｉｎｈａｒｄｔ及びＮｅｉｌ＿Ｔｕｒｏｋの提唱するサイクリック宇宙モデルの一つは、初期のエキピロティック宇宙論モデルから派生した宇宙領域の創成のブレーン宇宙論モデルである。一度のみならず、何度も繰り返し存立する宇宙領域について記述されているが、宇宙領域の反復され連続するサイクルが次第に長く大きくなってゆくこと、［即ち、外挿により特殊時間の経過を遡及するに］現在時における宇宙領域よりも前回以前の宇宙領域はより短いサイクルにして、より小さなサイズとなっていることをも示唆している。この理論（仮説）によれば、宇宙定数とされている宇宙領域の膨張を加速せしめるエナジー値の反発的性質が、標準的といえるＢｉｇ－ｂａｎｇモデルにより予測されるよりも下回る大きさであることが、潜在的に説明されている。当該のサイクリック宇宙モデルに於いては、平行である二つのオービフォールド平面もしくはＭ－ブレーン（１１次元の特殊時空間概念をなすＭ理論仮説で、２次元や５次元の膜を構成要素とする）はより高次元である特殊空間内にて周期的に衝突するが、可視的である四次元宇宙領域はこのようなブレーンのうちの一に存立している。しかる衝突現象は、収縮運動から膨張運動への反転、或いはその衝突の直後にＢｉｇ－ｂａｎｇ現象が連続して惹起されるところの、Ｂｉｇ－ｃｒｕｎｃｈ現象に対応するものであることになる。いかなる現在時に於いても、実際上に観測されうる物質及び放射は、ブレーンの前段階に形成された＜量子ゆらぎ（物理学上におけるゆらぎとは、拡がりまたは強度をなすエナジー・密度・電圧等の特殊時空間上の平均値からの変動を示す）＞により規定された、パターン中における直近の衝突現象の間に発生したものとされている。

　これに対し、Ｌａｕｒｉｓ＿Ｂａｕｍ及びＰａｕｌ＿Ｆｒａｍｐ

tonは、やはり未解明であるファントムエナジーの概念規定に基づくサイクリック宇宙モデルを提唱している。パラメータWを通じて、圧力と密度に連関する暗黒エナジー（ダークエナジー）の状態関数の方程式に対する新規の技術上の仮定を提唱するが、そのことは現在時を内包する当該の宇宙領域のサイクルに於いて、つねにW＜－1（ファントムエナジーと称せられる条件）であることを仮定するものである（これとは対照的に、Steinhardt-Turokモデルでは、W＞＝－1と仮定するもの）。このBaum-Framtonモデルでは、Big-rip現象より約10^{-24}秒以前に宇宙領域の反転が生起され、その帰結として或る特定の区画のみが当該の宇宙領域として保持されたものとしている。かかる宇宙領域の区画は、クォーク・レプトンもしくはゲージ粒子等を内包しておらず、暗黒エナジー（ダークエナジー）のみを内包することから、そのエントロピー値は零（0）になる。このように極小の宇宙領域の収縮運動の断熱過程にあっては、そのエントロピー値はつねに零（0）となり、宇宙領域の反転よりも以前に崩壊するはずのブラックホール等という物質は存立しえない。このモデルのパラメータWの値は、任意に－1に近付けることもできるものの、飽くまでそれよりは小なる値でなければならないはずではある。

いずれにせよ、本来的にサイクリック宇宙論の拠り所としては、Big-crunch現象という宇宙領域の終期態様を以って、Big-bang現象という次世代の宇宙領域の始期態様を生起せしめる動因であるとみなすことにある。Big-bang現象は宇宙領域の膨張する始点をなす、その成立の最初期における超高温度・超高密度の状態関数を示唆するが、それより更に前段階では重力的特異点（仮説）にあったことが一般相対性理論により説明されているものの、その実際上の事象の具体的内容については解明されていない。当該の重力的特異点を惹起せしめた動因こそが、一世代前の宇宙領域のBig-crunch現象により、当該の宇宙領域をな

す特殊時空間に内包される一切の物質系及び物質が収束されたはず
の、無次元の特異点という状態関数に基づく結果としてあることを、
論拠付けることが意図されているのである。

　そもＢｉｇ－ｂａｎｇ理論（仮説）を前提するＢｉｇ－ｂａｎｇ
モデルに於いては、当該の宇宙領域は空間規定／時間規定の区別の
つかない或る種の無の態様から忽然と生誕し、爆発的に膨張する過
程を経たと断定されている。然るに実際上には、『空間規定と時間
規定の区別のつかない』という態様がいかなる宇宙領域にも客観的
事象として成立しうべくもない以上、そのことは単純に物理化学上
の現状の研究レベルでは区別できていない学術的に未発達の状況を
示唆するものでしかなく、また無の概念規定に関してさえ精確には
理解されていないことをも意味する。無とは本来、相対系を構成す
るあらゆるモメント素子の各々に於いて、その存在規定を不断に更
新する動因としてのみ成立する規定性をなすためである。さあれ当
該の宇宙領域は、観測上の根拠に基づく推定よりして、約１３７±
２億年前に生起したものとされてはいる。遠方とされる銀河がハッ
ブルの法則に従って遠ざかっているという観測結果を、一般相対性
理論を適用して解釈するところによるならば、当該の宇宙領域が膨
張しているという結論に結びつけられている。かかる宇宙領域の膨
張を過去時点へ外挿する場合には、当該の宇宙領域の初期段階に
あっては、あらゆる物質及びエナジーが一箇所に集中する超高温度・
超高密度状態にあったとされるが、この初期段階もしくはこの状態
関数からの爆発的膨張をＢｉｇ－ｂａｎｇ現象と称せられている。
それより更に前段階には、重力的特異点（仮説）という未解明の工
程が媒介されたことにもなっているが、Ｂｉｇ－ｃｒｕｎｃｈ現象
とＢｉｇ－ｂａｎｇ現象との反復作用により宇宙領域が繰り返し生
起され、それぞれの宇宙領域はいかなる過去世代もしくは未来世代
の宇宙領域の態様ともつねに相異なっており、また現在時における
宇宙領域は５０回目の宇宙領域であるとする学説もあるものの、し

かく経過回数を特定する上での信用すべき根拠とてもない。

　如上にみるサイクリック宇宙モデルには、たとえばニーチェ：Ｆ
ｒｉｅｄｒｉｃｈ＿Ｗｉｌｈｅｌｍ＿Ｎｉｅｔｚｓｃｈｅ哲学にお
ける永劫回帰を連想せしめる要因があるかもしれない。宇宙領域が
その収束運動と生成運動を以って際限なく繰り返される、という運
動規定より連想されうる主観的観想作用上に若干の類似点が認めら
れるせいであるが、然るにそこには、根本的ともいえる相違点が内
在されてもいる。永劫回帰の前提となる円環的時間観念に於いて
は、全体系をなす世界の一切が一定の始点と終点を契機として、完
全に同一である一般時空間的運動の系譜を無限回数に亘り反復され
るとしている。これに対し、他方のサイクリック宇宙モデルに於い
ては、Ｂｉｇ－ｂａｎｇ現象とＢｉｇ－ｃｒｕｎｃｈ現象により反
復される宇宙領域は、飽くまで特殊時空間上に一意の変数値をなす
有限の領域概念として仮定されているとともに、且つ任意の現在時
の宇宙領域はいかなる過去世代の宇宙領域とも、またいかなる未来
世代の宇宙領域とも同一ではありえないことが前提要件となるため
である。かくてまた、永劫回帰の運動主体となる世界概念と、サイ
クリック宇宙モデルの運動主体となる宇宙概念とは、したがって同
一の規定性をなす領域概念とも断定しえない。しかる双方の理論の
明示的といえる共通点を強いて挙げるならば、ともに飽くまで仮説
の域に出ないこと等ではあろうが、とりわけ永劫回帰理論について
は、本著別章の論証により明確に論理的否定されているところでも
ある。

　ところで、Ｂｉｇ－ｂａｎｇ理論（仮説）に関しては、ｌａ型超
新星を利用した宇宙膨張の測定や宇宙マイクロ波背景放射（ＣＭＢ）
の揺らぎの観測、或いは銀河における相関関数の測定等よりして、
当該の宇宙領域の年齢は約１３７±２億年と推計されている。それ
らの独立してなされた観測結果が相互間に一致しているという事象

から、当該の宇宙領域に内包されている物質やエナジー等の性質を記述するという、所謂Λ－ＣＤＭモデルを支持しうる証拠資料として認識されてもいる。このΛ－ＣＤＭモデルは、銀河の回転運動（中心部の回転速度と周辺部の回転速度が等しいとする）や銀河群・銀河団の運動に対する観測結果から、宇宙領域には発光しない暗黒物質（ダークマター）が存立していることを仮定するものだが、また元素合成理論から、暗黒物質（ダークマター）の主成分がブラックホールや褐色矮星等の所謂暗い天体ではなく、更には元素系の物質（バリオン）とは重力以外では弱く相互作用しない反バリオン的といえる物質である、と考えられてもいる。とくに就中、ニュートリノに類する所謂軽い（熱い）粒子ではなく、所謂重い（冷い）粒子（アクシオン・ニュートラリーノ等）がある場合、インフレーション理論上にて生起したとされる揺らぎが成長することにより、２１世紀前期現在までの当該の宇宙領域の階層構造が形成されたという観測分析を説明するものともされている。その形成の最初期に於いては、超高温度・超高密度にて一様且つ等方的に充たされていたはずの宇宙領域だが、それ以降の段階にあって膨張しては冷却されることに伴い、素粒子に連関する相転移が惹起されたとする理論もある。即ちそれは、最初期の宇宙領域は真空状態にあったと仮定されているため、一切の素粒子には質量がなく光速度で運動していたところ、自発的対称性の破れ［或る対称性（変換に対する不変性）を具有する系がエネジー的に安定した真空状態に落ち着くことで、より低い対称性の系へ移行すること］により真空状態に相転移が生起し、真空状態にヒッグス場の真空期待値が発生することから、そのヒッグス粒子に殆どの素粒子が衝突したことによる抵抗を被り、それによる動きにくさから素粒子には質量が形成され、それ以降の離合集散の集積により各々の天体が生成される誘因をなしたとされる。これはつまり、質量の大きさは宇宙領域全体のヒッグス場と物質との相互作用の強さであり、ヒッグス場という容器の中に物質が浮遊するから質量を獲得できること、とみなすものである。而してまた、当

該の宇宙領域の生誕から約10^{-43}秒（プランク時間）後までとされるプランク時代より、陽子・電子・中性子や原子核及び原子が生成されたという初期段階以後の一連の系譜についても、高エナジー物理学等により一定の仮説が提唱されてきてはいる。

　このようにBig-bang理論（仮説）は既に、２１世紀前期現在の物理化学上の宇宙理論研究分科に於いては一定の評価を得つつあるが、断じて無視しえない不明点や問題点とても内在されている。定常宇宙論、即ち宇宙領域は膨張し続けているものの、無の態様からの物質の創生により、任意の宇宙空間内の質量（銀河の数量）はつねに一定値に保持され、宇宙領域の基本構造が特殊時間上の経過により変化することはない、とする学説は確かに、宇宙マイクロ波背景放射（ＣＭＢ）の観測結果等からその信憑性を否定されてきている。然るにまた、それ以外の学説として、宇宙領域の最終段階に関する理論的説明を展開するいずれの仮説も、Big-bang現象以降の経緯についての仮説を前提してのみ成立するところであるため、Big-bang理論（仮説）における不確実性は物理化学上にゆめ少なからぬ影響を及ぼすであろう。まず第一に、当該の宇宙領域の系譜乃至歴史に関する研究は、その各段階に於いて未解明もしくは未検証のプロセスがあるが、とりわけ最初期宇宙と称せられる時期の事実関係については殆ど判明していない。２１世紀前期現在に於いて、地球上にて稼働する加速器（荷電粒子を加速する装置）で発生させうるよりも高エナジーの素粒子からなる高温の状態関数にあったという、最初期宇宙はほんの一瞬でしかなかったとされていることからも、そのためにこのプロセスの基礎的性質はインフレーション理論等により分析が進められてはいるものの、その多くは推測よりなっている状況にある。宇宙領域の形成される動因に直結するプロセスが一定の水準にて解明されなければ、Big-bang理論自体、のみならずこれを前提する一切の宇宙理論研究が、飽くまで仮説に基づく仮説としての信憑性しか認定されえない

こととはなろう。

　第二には、バリオンの非対称性の問題が挙げられる。宇宙領域内に物質（バリオン）が反物質（反バリオン）よりも多く存立することの原理が解明されていない。最初期宇宙の超高温度・超高圧力であった時代の宇宙領域は統計上の平衡状態にあり、物質と反物質が同数だけ存立していたものと仮定されてはいるが、２１世紀前期現在の観測によれば、当該の宇宙領域は非常に遠方の領域をも含め物質（バリオン）から構成されているらしい。そのことを補完する意図から、バリオン数生成と称せられる未知の物理過程を媒介することで、この非対称性が生起されたものとして説明されてはいるが、バリオン数生成が稼働されるためには所謂サハロフの条件が充足される必要性がある。バリオン数（近似的に保存される系の量子数）が保存されないこと、Ｃ対称性（粒子を反粒子へ反転する荷電共役変換による）とＣＰ対称性（更に、物理系の鏡像をなすパリティ変換にもよる）が破れていること、宇宙領域が熱力学的平衡状態にはないことであるが、Ｂｉｇ－ｂａｎｇ現象に際してはそれら全要件が充足されるとはいえ、その効果としては２１世紀前期現在のバリオンの非対称性を説明できるほどの強度にはない。

　第三には、暗黒物質（ダークマター）の具体的成分が未解明であることが挙げられる。銀河の回転曲線等の観測よりして、当該の宇宙領域には銀河内や銀河間に作用する重力の強さを説明しうるだけの、電磁波を放出・吸収・散乱する質量が現存しないことが判明している。そのことを契機として、宇宙領域に現存する物質の約９０％は物質（バリオン）からなる構造体をなさず、即ち暗黒物質（ダークマター）である可能性があるという仮説が提唱されてきた。更には、宇宙領域の質量の大半が物質（バリオン）であると仮定すると、観測結果とは相互矛盾する帰結現象が出力されていることにもなる。つまり、もし暗黒物質（ダークマター）が現存しないこと

を仮定すれば、宇宙領域には銀河や銀河団等の高密度の構造体がさほどには成長しえなかったはずであり、また重水素の分量が実際上よりも多く生成されたはずであるという。この仮説は、宇宙マイクロ波背景放射（ＣＭＢ）の非等方性や銀河団の速度分散、大規模構造の分布等の観測、重力レンズの研究、銀河団からのＸ線の測定等を通じて、標準的宇宙理論の一部として認知されてきてはいる。しかし乍ら、暗黒物質（ダークマター）は重力上の痕跡によってしか検出できておらず、しかる要件に適合する粒子は実験室では未だ発見されてもいない。

　また、暗黒物質（ダークマター）が、褐色矮星やガスや星の残骸等というバリオン物質から組成されているのか、それともニュートリノや未知の素粒子等による反バリオン物質から組成されているのか、という問題もある。反バリオン物質であるとする仮説の主たる論拠は、ビッグバン元素合成と称せられる初期宇宙における核融合の理論であり、ヘリウム４（^{4}Ｈｅ）・重水素（^{2}Ｈ）・ヘリウム３（^{3}Ｈｅ）・リチウム（Ｌｉ）という軽元素の存在比が説明されているが、この存在比が実現されるためには、宇宙領域におけるバリオン物質の密度に制限が課せられる。その他方、インフレーション宇宙の理論上に於いては、宇宙領域はほぼ平坦であり、宇宙領域の全物質の密度は臨界密度にほぼ一致することになるが、仮にそうであるならば、当該の制限条件は宇宙領域の物質の大部分が反バリオン物質より組成されることを意味しよう。然るに、この仮説における最大の難点は、ニュートリノ以外の候補物質が未だ理論上に於いてしか成立しえない、未検出粒子であることにあり、またニュートリノにしても、有限の質量を具有すること等の証明がなされてもいない。そして、更にはまた、超対称性理論（仮説）についても尚課題がある。ボース粒子とフェルミ粒子には各々に対応するフェルミ粒子とボース粒子という、超対称性粒子が存立することが主張されており、それら超対称性パートナーを入れ換える数学的変換（超

対称変換）をゲージ粒子にも適用する分野を超対称ゲージ理論と称せられる。超対称性粒子は既存の素粒子に対し、スピンが約１／２ずれているだけで電荷等は同値であるが、しかるスピンのずれにより、既存のフェルミオンに対する未知のボゾン、既存のボゾンに対する未知のフェルミオンが想定されてはいる。超対称性粒子のうち、最も軽く電気的に中性をなすものはＬＳＰと称せられ、直接には観測することができずに安定して存立しうることから、暗黒物質（ダークマター）の構成素子の候補として仮定されてもいる。仮にもし、超対称性が自然界にて近似値としてではなく実現されうるならば、２１世紀前期現在までに発見されているところの、各々の素粒子に対応する同質量の超対称性粒子が存立することになるため、全素粒子の数量が既知のものから倍増するはずであるが、未だ実験上に於いては超対称性粒子の発見には到ってもいない。

　如上に対し、褐色矮星の発見や重力レンズ効果を利用しているＭＡＣＨＯ（Ｍａｓｓｉｖｅ－Ｃｏｍｐａｃｔ－Ｈａｌｏ－Ｏｂｊｅｃｔ）は、バリオン物質が暗黒物質（ダークマター）を形成するとの仮説にとっては有効であり、少なくとも銀河規模に於いては、褐色矮星等のバリオン物質が暗黒物質（ダークマター）の一部を構成していることを示唆してはいる。そこでまた、回転曲線等から要求される力学的質量を精確に算定し直し、上記ＭＡＣＨＯ等の検出結果と比較することが急務とはなろう。更にはまた、褐色矮星や星の残骸等のバリオン物質が銀河系・暗黒物質（ダークマター）の構成素子であるとするならば、他の天体とは異なり、それのみが銀河系円盤への集中という現象態様を示さないことはありえず、その逆に、銀河系の動力学から暗黒物質（ダークマター）の銀河系円盤への集中が発見されるならば、バリオン物質が暗黒物質（ダークマター）を形成することの論拠ともなりえよう。それと同時に、かかるバリオン物質か反バリオン物質かとの問題の結論に応じて、先述のバリオン物質の非対称性の問題との整合性についても、改めて再検証が

必要となるはずである。

　第四には、暗黒エナジー（ダークエナジー）の具体的成分が未解明であることが挙げられる。宇宙領域の質量密度の測定に際し、宇宙領域のエナジー密度全体に占める質量の割合が臨界密度の約３０％であることが判明したが、宇宙マイクロ波背景放射（ＣＭＢ）の観測結果からも当該の宇宙領域は平坦であることが推定されるので、残り約７０％（７２．６％）のエナジー密度が説明されないままとなっている。そのことはまた、ｌａ型超新星の複数の独立した観測結果よりして、宇宙領域の膨張がハッブルの法則に厳密には基づいておらず、非線形といえる推移で加速していることが読み取れることにも連関する。しかる加速を説明するためには、宇宙領域の大部分が負の圧力を具有する成分からなっていることが一般相対性理論上から要請されているが、未知の暗黒エナジー（ダークエナジー）がエナジー密度の残り約７０％（７２．６％）に相当するものとされている。暗黒エナジー（ダークエナジー）の具体的成分としては、スカラーの宇宙定数（アインシュタイン重力場方程式の宇宙項の係数）やクインテセンス（膨張宇宙を説明するために仮定されたファントムエナジー）等がその候補として挙げられるものの、尚も確認されてはいない。

　而して第五には、ヒミコ：Ｈｉｍｉｋｏという天体の発見、及び観測結果との不整合が挙げられる。ここでヒミコとは、Ｂｉｇ－ｂａｎｇ現象より約８億年後（当該の宇宙年齢上の約６％、２１世紀前期の時点より遡及するに約１２９億年前）という、宇宙領域の生成されてほどない時期に約１２９億光年の彼方に実在した巨大ライマンα天体である。観測情報に基づくその占有領域は、銀河系の半分程度の半径をなす約１１２×１０２１ｋｍ（約５万５千光年）になり、この天体は『早期宇宙領域で次の大規模である物体に比して１０倍以上の大きさで、太陽質量の約４００億倍の質量』を具有す

るとされるが、星雲ガスの類なのか、銀河なのか等々、この天体の構造もまた未だ殆ど解明されていない。Big－bang理論（仮説）に於いては、『より小さな天体が最初に形成され、それらが合体集合を繰り返してより大きな天体が形成される』と考えられているが、ヒミコはBig－bang現象から約８億年後には、既に２１世紀前期現在の平均的といえる銀河と同等程度の占有領域をなしていたこととなり、それはBig－bang理論（仮説）における基本原則に抵触する客観的事実であるといえよう。

　如上にみる通り、現代宇宙理論がその前提とするBig－bang理論（仮説）でさえも、未だ確立されているとは断定できない。当該の宇宙領域は、果たしてBig－bang現象と称せられる爆発作用を契機として生成されたのであるか。しかるBig－bang現象を可能ならしめた動因をなす原理は、当該の宇宙領域の前世代における宇宙領域の終末作用をなすところの、Big－crunch現象にまで遡及する必然性があるのか。もしくは、Big－rip現象か熱的死の態様にまで遡及する必然性があるのか。当該の宇宙領域が最終的には、膨張作用後に収縮作用へと転換されるのか、加速的に際限なく膨張し続けるのか、それとも加速することなく際限なく膨張し続けるのか、しかく学術上にて既に想定されているシナリオのいずれとなるか、或いはいずれの仮説も妥当しないのか等という問題については別として、現代宇宙理論上における学説はなべて、当該の宇宙領域が所謂Big－bang現象に由来して形成されたことを前提しているため、仮にBig－bang理論（仮説）が論理的且つ明示的に否定されることになれば、現代宇宙理論を構成する殆どの学説はその理論的根拠を喪失することにもなろう。

　Big－crunch現象に於いては、宇宙領域は収縮作用を通じて終結されるがゆえに有限であるといえる。また、Big－ri

ｐ現象や熱的死の場合には、宇宙領域は際限なく膨張し続けること
とされているが、実際上に採りうる実測値としては［際限なく］有
限値であり続けるしかない。当該の宇宙領域の始点がＢｉｇ－ｂａ
ｎｇ現象であるか、それ以外の何等かの客観的事象を動因とするか
には拘らず、特殊時間上における一定の始点を以って開始されたと
いうこと自体にて、必然的に一定の客観的事象としての終点を以っ
て終結されるということを意味するからである。ということは即ち、
定常宇宙論を除くすべての宇宙理論（仮説）が、いかなる場合もつ
ねに有限である宇宙領域を前提しているはずである。そのことは蓋
し、定常宇宙論が恰も、宇宙領域という概念規定そのものを無限の
全体概念である相対系と同義にて定義しているものとも考えられる
が、仮にそうであるならば、定常宇宙論上に於いては本来、宇宙領
域の膨張や収縮という現象そのものが成立しえない筈でもあろう。
無限という値を現実上に採る態様としては、もはやそれが拡張され
ることも縮小されることもありえないからである。

　或いはまた、Ｂｉｇ－ｃｒｕｎｃｈ現象かＢｉｇ－ｒｉｐ現象か
熱的死の態様等にみるように、宇宙領域がそも有限の特殊時空間上
の領域範囲としてのみ規定されうるとするも、しかる有限の特殊時
空間が成立しうるためには、つねに当該の宇宙領域とその外側領域
をなす特殊時空間との相互触発と相互規定によってのみ可能とな
る。有限の特殊時空間上の領域範囲はつねに、当該の外側領域をな
す特殊時空間との相互作用により、その相対的である規定態様が不
断に更新されることでのみ存立しうるためである。かるが故に、い
かに宇宙領域がその実測値としてはつねに有限値をしか採りえず
も、もとより当該の宇宙領域及び全宇宙領域をも下位集合として内
包するところの、無限の相対系を全体概念としてある一般時空間を
次元規定として相互因果的に無限連動しあうことにより、当該の宇
宙領域をも存立せしめる原理が作用しなければならないのではあ
る。そのことはとりもなおさず、いかなる状態関数をなす有限値を

採る宇宙領域と雖も、無限である全体系としての相対系を構成する
ところの単位宇宙としてのみ、不断に更新されゆくことが可能とな
ることをも意味している。

しかし乍ら、Big-rip現象や熱的死等に関する仮説上では、
宇宙領域の拡張されうる上限が最終的には無際限になるとはいえ、
そのことは全体系をなす相対系が無限であることに由来するところ
の未必の可能性にすぎず、もとより有限値が実際上に無限値に変化
することのありえない以上、所謂Big-bang現象その他の契
機により生成されたいずれか特定の宇宙領域の採りうる実測値が、
無限値に合致することは無限の未来時間までありえないため、無際
限に有限であり続けるしかない。したがって、相対系内にあって複
数の宇宙領域が同時に併存する可能性はあるが、果たして２１世紀
前期の時点に於いて、複数の宇宙領域が所謂Worm-hole等
の仮説上の宇宙間領域により相互間に連結されているのか、更には
また、任意の時点に於いて現存している宇宙領域の合計数量等につ
いても、［無縁の相対系に対する全件検索は無限に完了しえないの
で］未だ確認せらるべくもない。

また、仮に宇宙領域が複数現存しているとしても、それぞれの宇
宙領域相互の領域外（いずれの宇宙領域にも内包されない座標系の
領域）となる物理的測定上の間隙領域をなす特殊時空間とても、無
限である相対系を構成するエレメントではあるのだが、各々の宇宙
領域の構造体とは相異なる組成及び性質を具有する領域因子である
ともいえる。如上よりして、当該の認識レベルにおける物自体に対
する論理的アクセスは、そも当該の認識レベルでは未だ哲学的把捉
の段階に到達してはいないことから、つねに有限である実体（実在）
としての単位宇宙を前提とするものではある。

単位宇宙というも、当該の実在的具象として成立する物自体は一

様ではない。それが生物体として、もしくは非生物体として体現されていると否とに拘わらず、宇宙概念という範囲指定された領域における単位とされることを以って、構造体としての当該の宇宙概念を測定・評価する基準の一ともなるのである。単位一般の端緒としては、宇宙領域を構成するエレメントの量的要因に対する種別毎の規定態様をなすのでもあるが、当該のエレメントの存立形態を内的性質より規定する質的要因に対する規定態様でもある。無期限且つ不断の運動・変化の途上にある各エレメントは、第一次的には宇宙領域における特殊時空間上の領域変数を指定されるため、当該のエレメント自体の定量的変化を伴うものの、その定量的規定性による領域変数に変化が生ぜしめられることより、当該のエレメント自体の存立形態をなす属性変数が更新されるならば、必然的にその定在的変化をも余儀なくされるからである。そしてまた、その定在的規定性による属性変数の変化が実行されるということは、当該のエレメント自体の存立形態そのものが移行されることにもなるため、その時点における定量的規定性の基準とても変更されるはずである。しかく各々の宇宙領域にあって特殊時空間上に個有であるエレメントの、相対的に変動する質量的規定態様である単位概念ではあるが、生命の態様をなすものと非生命の態様をなすものを進化の機構により止揚（揚棄）されている宇宙的実体（実在）に対する規定性を具有している以上、このような止揚（揚棄）態様にある単位概念に充当される宇宙的実体（実在）をなす物自体が、単位宇宙という態様の示唆するところではある。

　理論物理学上の宇宙概念が特殊時空間的に有限であろうと、相対系が一般時空間として無限であるとともに、しかる宇宙が相対系を構成する構造体をなすエレメントである以上、相対系内に於いて無限数・無限種の宇宙が各々の有限値にて生／滅することになる。単位宇宙はなべて、無限の相対系を体現する有限の宇宙概念に対する規定態様であるため、有限の宇宙領域をなす特殊時空間上の相対的・

可変的である全座標系・全時点を包摂するとともに、それぞれの座標系・時点の実測値として成立するいかなる宇宙的実体（実在）にも妥当していなければならず、またそのような無限数・無限種の宇宙が成立しては更新される。ここでの単位とはもとより、宇宙領域内の事象を質量的に測定する目的により設定された人為的である基準としてあり、その基準そのものが或る物自体として存立するのではないけれど、生命／非生命の態様のAuf－hebenされている進化する宇宙的実体（実在）を前提する基準である。しかる基準の対象となる実測データである物自体としての単位宇宙は、第一次的には定量的規定のもとにある。当該の物自体に先験的に許容されている容量上の制約や、その物自体としての状態関数を維持するための存立エナジー、しかるエナジーの持続しうる期間や変化速度等がそれであり、いずれも有限域の変数に相当する。相対的に運動・変化する始点／終点により領域指定される、特殊時空間上のエレメントに対する規定態様はすべて有限であり、且つ宇宙領域における物自体とてもその一例であるからである。いかなる物質系も当該の単位宇宙の構成素子であるとともに、それぞれの物質系は量子化学的に規定される分子構造を具有しており、個別の分子レベルは更に微細である無限数の素粒子乃至量子より構成されてもいる通り、いかなる基準によりその物自体を規定するかについての客観的である規則はない。また、種々の自然科学的観測の便宜上に於いて、仮に或る宇宙的実体（実在）に対する何等かの規定を実施したとするも、すべての宇宙的実体（実在）は無期限且つ不断に運動・変化し続けているのであるから、いずれかの時点に於いては、その相対的である観測上の規定値を変更する必然性に迫られよう。かかる作業はエレメントのカテゴリーを特殊化する上では役立つが、単位宇宙を量的に規定するところの定量は、したがって、それ自らが可変的である不定量としてあることにもなる。それでいて、そのような不定量はまた、絶えまなく更新されるところの定量ともなってゆく。定量的である規定性が可変的であることは、もとより当該のエレメント

自体としての運動・変化に他ならず、それに対する定在的である規定性とても同期して運動・変化する。運動・変化の度合いによっては測定し難い場合もあろうが、単位宇宙を質的に規定する定在は、定量との関係性に於いてつねにその宇宙的実体（実在）としての不可分の作用をなしているため、定量的規定性が当該の宇宙的実体（実在）の存立に反映されゆくほどに、その本質的属性に対する定在的規定性の変化をも免れないからである。

　かくて質量的に変動する不定項である単位宇宙は、いかなる場合にあっても或る特定の物自体を示唆している。物自体に対する定量的且つ定在的規定性の基準が人為的にして、普遍的である規則性を実現しえないとしても、現実態様として規定された事象としての物自体は、その規定作用の方法論・基準及び原理に拘わらず、当該の宇宙領域内に実在する特定の宇宙的実体である。そのことはつまり、如上のように規定されている状態関数がどうあれ、当該の宇宙的実体（実在）は、当該の宇宙領域内における特殊時空間上の座標系・時点を異にする、いかなる宇宙的実体（実在）とも同一ではないことによる。定量的且つ定在的規定性が、生命／非生命の態様の止揚（揚棄）されたレベルでなされている宇宙的実体（実在）は、仮にそれと類似した状態関数にある宇宙的実体（実在）が他の特殊時空間上の座標系・時点で成立しているとするも、当該の宇宙領域内に於いて別なる空間変数値・時間変数値をなす物自体ではある以上、複数の宇宙的実体（実在）が相互間に同一であることはありえないのである。当該の宇宙領域内におけるいかなる他在に対比しても相異することは、当該の宇宙領域内にあって特殊の物自体であることに他ならないから、そのことが単位宇宙としての特殊性を示唆してもいる。また、当該の宇宙領域は、無限の相対系内における特殊時空間上の座標系・時点の範疇を異にする、いかなる宇宙領域とも同一ではありえないことから、当該の宇宙領域はその状態関数が如何様であろうと、相対系内に実在する特定の宇宙領域であることにも

なる。相対系内における他のいかなる宇宙領域に対比しても相異することは、相対系内にあって特殊の宇宙領域であることに他ならないから、そのことが宇宙領域としての特殊性を示唆しているとともに、当該所属する宇宙領域内における単位宇宙が、相対系内における特殊性をも具有することを意味している。とりもなおさず、単位宇宙は当該所属する宇宙領域内のみならず、相対系の無限の全域を通じて特殊の物自体であることにもなる。相対系内における複数の宇宙領域が相互間に同一ではありえない以上、それぞれの宇宙領域内におけるいかなる単位宇宙について、無限数・無限種をなす各々の宇宙領域の相互間にて対比するとても、やはり相互間に同一ではありえないからである。

　宇宙領域の相対的単位である単位宇宙、及びその実測値をなす宇宙的実体（実在）が特殊性を以って存立するとも、概念上では宇宙領域におけるあらゆる分類学的類型が包摂されるため、場合によりそれが植物系に所属することも動物系に所属することもあるし、鉱物系その他に所属することもある。また、場合によりそれが固体であることも気体であることもあるし、液体その他の流体であることも可能であるが、それゆえに寧ろ単位宇宙は、当該の宇宙領域内に於いて実在しうるすべての宇宙的実体（実在）の可能性を包摂する概念規定ともいえる。宇宙的実体（実在）を構成する極限をなす反定立運動は生命／非生命の態様にあるが、単位宇宙の実測値に体現される物自体が具象としての生物体であろうと非生物体であろうと、それは単なる特定の特殊時間上に実測されうる状態関数であるにすぎない。エレメントの有機質／無機質の態様による相互転化から輪廻する物自体へと統一され、更には物自体の生命／非生命の態様による相互転化の累積から進化する単位宇宙へと自己統一されていることは、無機質の態様から有機質の態様へ移行することを契機として、非生物体の状態関数からコアセルヴェートの状態関数を端緒として生物体の状態関数へ移行するとともに、その他方では、必

然的に生物体の状態関数から非生物体の状態関数へ移行することを契機として、有機質の態様から無機質の態様へ移行するのであり、またかかる相互転化の反復により輪廻作用が実施されるとともに、しかる輪廻作用の累積により進化の機構が形成されゆくことの現実規定を示している。したがって、このような現実規定を内在する単位宇宙は、その実測値となしうる宇宙的実体（実在）がそれ自体の無限性を具有しえないことから、その具有する特殊性がいかなる態様乃至状態関数として発現されようと、どこまでもいつまでも永続することなく、いずれもつねに有限の実測値をなす。有限であることの本質規定は、特殊空間上及び特殊時間上との双方における限界値を示唆している。特殊空間上に於いては、当該の宇宙領域内外における特殊の宇宙的実体（実在）として限定された座標系を以って成立し、また特殊時間上に於いては、当該の宇宙領域内外の存立始点／終点内における特殊の宇宙的実体（実在）として限定された実測時点（ｒｅａｌ－ｔｉｍｅ）を以って成立することにある。単位宇宙が特殊時空間として採りうる宇宙的実体（実在）の実測値を、いかなる学術的基準により測定し解析しようとも、それが無限という相対系の全域と同値を採る可能性がなく、且つそれが当該の所属する有限という宇宙領域の全域と同値を採る場合を想定するも、いかなる規定性を具有する宇宙領域であれ相対系の全域と同値を採る可能性とてもないからである。特殊時空間としての特殊性を具有する宇宙的実体（実在）は、いかなる単位宇宙にて規定される物自体も有限の存立エナジーしか保持しえないため、当該の宇宙領域内における有限の座標系のみをそれ自体の質量として保持しうるとともに、当該の宇宙領域の存立始点／終点内における実測時点のみをそれ自体の現象として体現しうるのである。

　ところで、エレメントの物自体としての進化（単位宇宙）の概念規定、及びそのプロセスの帰結として得られる概念規定が宇宙的実体（実在）の特殊性・有限性をなす以上、それに対してアクセス作

用する超自我の理性機能にとっては、より直接乃至端的、且つ即自的に触発しあうことは客観的事実である。そのことは無論、論理系における客観概念の必然的遷移の工程に相当するものであり、その理性機能の作用する対象的知覚をなす相対系そのもののそれに関するところではない以上、特殊時空間上の宇宙的実体（実在）の本質規定としての特殊性・有限性自体が、客観的に変化し状態遷移するか否かという論点とは別問題である。（因みに、しかる論点の結論としては、相対系を構成するエレメントが質量的にも不断に変化する以上、当該の定量的及び定在的である態様も不断に運動・変化するが、しかる概念規定を対象とする客観的精神現象及び客観概念とはエレメントとしての規定性を弁別される必要性があるため、その論理系の遷移の法則と相互リンクするものではない）但し、この時点で留意すべきは、理性的追考運動を以って推移する客観概念の態様が、飽くまで即自的である特殊性・有限性の概念規定の認識レベルにあるため、未だここでは対自的態様をなす認識レベルには到達していないことにある。したがって、客観性フィルターによる弁証系プロセスにおける階梯としては、客観概念上に於いて明示的に普遍性・無限性という概念規定との関係性による、特殊性・有限性の概念規定の把捉が成立する以前の態様にあることを意味する。

ⅱ＞無限性＜普遍性＞

　エレメントの宇宙的実体（実在）としての単位宇宙の特殊性も、その他在をなすエレメントとの間の対他的関係変数により規定されるため、もとより当該の宇宙領域における有機的である相互連動性の反映されるところである。更には、特殊空間上の相互連動性をつくりなす関係素因が、各々の宇宙領域のみならず一般空間の全域を形成するエレメントの相互連関にある以上、無辺に亘る全エレメント相互間における無限因果的連動の帰結として、現在時における宇宙的実体（実在）の特殊性が現出されてもいる。したがって、特殊性を具有する宇宙的実体（実在）と雖も、一般空間全域における有機的である相互因果律により規定されることが、当該の物自体としての特殊性をなす態様のみに限定されてはいないことも、また客観的事実ではあるのだが。他方、特殊時間上の相互連動性の意義は、永劫の一般時間のすべての時間長を継承していることに他ならないから、当該の宇宙的実体（実在）の現在時における特殊性は、［単に（それが所属する）当該の宇宙領域の起源のみならず］その精確である関係素因となる発生源を遡及するならば、つねに相対的・可変的である現在時における過去時間という無限連鎖がすべて反映されていることになる。そして、その特殊性をなす状態関数は、いかなる生物体もしくは非生物体としてあるかにも拘わらず、単位宇宙の実測値をなす宇宙的実体（実在）の状態関数がつねに相対的・可変的であることにより、いずれかの時点に於いては、当該の宇宙的実体（実在）の特殊性をなす状態関数を維持することができなくなるため、単位宇宙としての転化運動により更新される帰結現象でもある。

　このように、その存立自体が非連続的に分立しているはずの宇宙的実体（実在）の特殊性が、無限に相互連関しあう他在との相互連動性により規定されていることは、あらゆる宇宙領域におけるあら

ゆる宇宙的実体（実在）が、無限の相対系のエレメントという有限の単位宇宙をなす部分集合乃至要素（元）であるためである。宇宙的実体（実在）はその所属する宇宙領域のみならず、一切の宇宙領域を包摂する特殊時空間上の構成素子であり、相対系内に占める有限の下位集合乃至要素（元）の領域範囲としての態様を維持するから、相互連動する生物体もしくは非生物体としてのいかなる特殊性を具有しようと、相対系全域における相互連動性によりその態様が必然的に規定を享ける。或る任意の宇宙的実体（実在）の特殊性を維持するためのエナジーや、その特殊性をなす態様に特有の仕様と機能及び作用を保全するに当たっては、当該のエレメントの物質系より更に下位集合乃至要素（元）を形成する物質系の性質を必要とする場合もあり、そのためにはそれに対し分子レベル以下［バリオン物質／反バリオン物質の組成レイヤ上］の階層で反映される状態関数も自ずと異なる。エレメントを構成する物自体の進化は生命の態様と非生命の態様の自己同一態様であるため、他在に対するそのような対他的である化学反応上の変数の変動に応じて、当該の物自体として体現可能である特殊性の態様も左右される所以でもあり、かくてそのような特殊性の態様というも所詮は相対的・可変的でしかない。如上はもとより、単位宇宙の実測値をなす宇宙的実体（実在）が、当該の物自体として体現される特殊性における態様の如何を問わないことを前提とするが、物自体としてあるところの概念規定を認識しないことを示唆してはいない。既に物自体の生命／非生命の態様における反定立関係より、進化の概念規定へのＡｕｆ－ｈｅｂｅｎを通じて単位宇宙が自覚されている認識レベルにある以上、しかる実測値をなす物自体としての態様を把捉したうえでの、且つそのことにより上位概念である単位宇宙の特殊性が追考されている状況にあるからである。

　いかなる要件を以って当該の宇宙的実体（実在）となすかについては、その実測値に対する単位宇宙の規定するところの問題である

ため、つねに相対的にして流動的ではあるが、如何せん規定せられた宇宙的実体（実在）そのものは他在全般に対し特殊の実存である。当該の実測値をなす宇宙的実体（実在）が自他を識別しうる機構を具備する主体であると否とに拘わらず、しかる自己存在である実在自体及びその主体が特殊性を具有していることは、当該の宇宙領域のみならず相対系全域におけるいかなる他在をなす宇宙的実体（実在）とも同一ではなく、どの特殊時空間的変数にあっても相異する自己存在であることから、即自的に定立された概念的要件を充足することになる。即自的に定立されている自己存在、即ち宇宙的実体（実在）をなす物自体は不断に運動・変化し続けているのであるが、いかなる運動・変化の以前にあっても以後にあっても、また運動・変化しつつある途上のプロセスにあっても、つねにそれぞれの時点における特殊性を具備するエレメントである。特殊時間上の経過によっては、単位宇宙に充当される宇宙的実体（実在）の特殊性は、そのリアルタイムの態様が更新されることにより消失されはしないからである。したがって、しかる態様がいかなる質量的実測値を以って転化され変化するとも、それぞれのリアルタイムの態様に対応する他在全般に対し特殊である即自存在を示唆していることに相違ない。つねに何等かのそれ自体であり、物自体としての宇宙的実体（実在）の特殊性を具備するということは、よってまた、一般時空間における普遍的である運動原理には抵触することになる、かに考えられる。実のところ、［或る意義に於いては］抵触してもいよう。特殊性という属性がそれ以外の他在とは相異なること、他在をなす宇宙的実体（実在）の全体概念に対する疎外性に通じていることに対し、普遍性という属性は相対系全域に亘る妥当性と自己同一性に他ならないからである。［現存する宇宙領域の数量に拘わらず］当該の宇宙領域及び全宇宙領域をも包摂する、相対系を構成するあらゆる特殊時空間を体現する一切のエレメントに例外なく、相互間に共通していて自己存在に同一の原理が作用していること、それが普遍的であることの規定性をなす。ところが、単位宇宙は相対系の特定

のエレメントのみを示唆しているわけではなく、直接乃至端的には
当該の宇宙領域におけるあらゆる宇宙的実体（実在）をもそれぞれ
に示唆している概念規定をなす。もとより、宇宙的実体（実在）と
しての特殊性、即ち他在をなす一切の宇宙的実体（実在）との相互
間に同一ではない規定性は、単に当該の宇宙領域内における宇宙的
実体（実在）に対してのみ成立するものではなく、他のあらゆる宇
宙領域内外（いずれの宇宙領域にも所属しない領域をも包摂する意
義）における宇宙的実体（実在）に対しても成立し、且つ相対系全
域における他在をなす全エレメントに対し成立するところである以
上、相互間に特殊である宇宙的実体（実在）の本質規定は普遍的に
妥当する一般概念でもあることになる。あらゆる単位宇宙、その実
測値をなす宇宙的実体（実在）における特殊性と普遍性は、どこま
でも自己矛盾する内部関係にあり乍ら、それでいて自己同一の内部
関係でもある。或る限定された宇宙領域における宇宙的実体（実在）
のみが、即自的である特殊性を具備してあるのではなく、そのこと
はすべての宇宙領域内外（いずれの宇宙領域にも所属しない領域を
も包摂する意義）における宇宙的実体（実在）を包摂する、相対系
全域におけるすべてのエレメントに於いて等しく成立するためであ
る。即自的態様をなす自己存在としての特殊性と他在に対する対他
態様をなす関係式が、全宇宙領域のみならず相対系を構成するエレ
メントの各々に於いて成立する以上、すべての他在に対する即自存
在としての一意の特殊性はまた、すべてのエレメントの各々の即自
存在毎に作用するのであるから、しかるエレメントとしての宇宙的
実体（実在）の特殊性は普遍的に機能する。そのような普遍性はさ
れば、すべての他在に対する関係式を契機として特殊の自己存在を
構築せしめるところの、対自存在として成立するものといえる。

　また、特殊時空間上の特殊性を具有する宇宙的実体（実在）は有
限であり、有限であることによるそれ自体の特殊時空間上の始点及
び終点、即ち限界点を規定される。特殊時空間上の座標系・時点に

於いて、他在をなすエレメントとの同一性を自己否定されることにより成立する特殊性は、特殊空間及び特殊時間による規定作用として自己存在と他在との境界を設定するため、しかる自己存在である宇宙的実体（実在）が無限の一般時空間を包摂することができないからである。宇宙的実体（実在）の構成する当該の宇宙領域とても一般時空間を包摂しえないため、やはり特殊時空間上の座標系・時点における有限性を具有するが、そのような自己存在としての宇宙的実体（実在）の特殊性の態様が不断に変化する以上、特殊時空間上の座標系・時点における有限性の規定性とても不断に変化する相対的である実測値を採る。その実測値として体現される実サンプルが、生物体にせよ非生物体にせよ、特殊であり且つ有限である宇宙的実体（実在）はなべて例外なく、当該の自己存在ではなかった特殊時空間的態様から当該の自己存在のそれに変化した帰結現象であり、更にはほどなく当該の自己存在の特殊時空間的態様とても更新されるのである。とはいえ、相対におけるいかなる宇宙的実体（実在）もつねに、当該の所属する宇宙領域をつくりなす構成素子であるから、その宇宙的実体（実在）の特殊時空間的始点は当該の宇宙領域の起源をなす有限の過去時間に、またその特殊時空間的終点は当該の宇宙領域の限界をなす有限の未来時間になければならない。その一例としては、或る宇宙領域の起源が約１３７±２億年前のＢｉｇ－ｂａｎｇと称せられる事象（仮説）にあると仮定しようと、その事象を成立せしめるエナジー値の動因となるプロセスがそれより過去の特殊時間上につねに不可欠であるとともに、また当該の宇宙領域の否定（収束）作用による終末現象の発生を仮定しようと、その事象を動因とするエナジー値の帰結現象がそれより未来の特殊時間上に必ず体現されるはずである。また、所謂Ｂｉｇ－ｂａｎｇ現象における有限のエナジー値を動因として成立したとされる宇宙領域は、質量的にも有限の特殊空間を以って体現されることになるが、有限の特殊空間をつくりなす宇宙領域乃至宇宙的実体（実在）は、当該の他在をなすエレメントとの関係性により規定されること

によってのみ成立しているため、しかる有限の宇宙領域の限界外には
つねに当該の他在をなす特殊空間が前提されざるを得ない。宇宙
領域乃至宇宙的実体（実在）であるエレメントは、特殊空間及び特
殊時間における相互因果性による無限連鎖を力動概念として、成立
するとともに不断に運動・変化しうるからであり、そのような有限
のエレメント相互間における無限因果性が、相対系をなす無限の一
般時空間を形成しているのでもある。相対系に体現される物自体と
してのエレメントは、いかなる宇宙領域であれ、またその構成素子
をなすいかなる宇宙的実体（実在）であれ、或いはまたそれ以外の
事象であれ、飽くまで有限の成立及び運動エナジーを保有するにも
拘わらず、一般時空間の全体系に相互連動する無限因果性に基づい
て機能せざるを得ないことから、宇宙領域乃至宇宙的実体（実在）
が相対的・可変的であることは、その有限の成立及び運動エナジー
の不断の放出と収束を重ねること自体により、相対系という無限を
実践しゆくのである。無機物質と有機化合物との相互転化による輪
廻の過程から、生物体と非生物体との相互転化による進化の過程へ
と展開される物自体が、しかる生成且つ収束サイクルのフェーズと
して再び無機態様に転化されることも、単位宇宙をなす宇宙的実体
（実在）としての運動・変化の発現態様であり、且つ各々に特殊で
ある宇宙的実体（実在）の態様が無限の相互因果性により更新され
るため、輪廻及び進化の機構により転化される有限の個体概念の存
立系譜が無限の一般時空間を体現してもいるのである。

　そしてまた、相対系という全体系システム自体があらゆるエレメ
ントの機能的統合態様として成立しているため、エレメントとして
の宇宙領域乃至宇宙的実体（実在）はつねにそれ以外の一切のエレ
メントと相互連動しあっている。その対他的態様をなす特殊性及び
有限性はエレメントの物自体としての［バリオン物質／反バリオン
物質の組成レイヤの］規定作用に於いて、他在をなすエレメントと
反応しあうことによる相互矛盾の態様をなす。それ自体の特殊性を

具備することは、他在に対する質量的限界により規定された有限性を具備していることにもなり、自己存在であることによる他在に対する矛盾関係が成立しているからである。宇宙的実体（実在）の本質的属性としての特殊性及び有限性も、また一切の他在と相互連動しあうことにより存立するエレメントとしての普遍性及び無限性も、相互矛盾的連動により各々のエレメントとしての本質的属性のうちに自己自身に特有の本質的属性を規定されることを通じて、同一の宇宙的実体（実在）の本質的属性を対他的に作用せしめることから、当該の宇宙的実体（実在）としての特殊性及び有限性が対自的に反応しあうことにより特殊時空間的矛盾関係を現出し、且つその特殊時空間的矛盾関係は対自的であるエレメント相互の存立態様により規定される普遍性及び無限性を反映してもいる。特殊時空間的矛盾関係にある対自的であるエレメントがまた、相対系の全域に妥当してもいる以上、そのような関係変数は普遍妥当する相互因果性に於いて規定されるため、自己矛盾的である特殊性及び有限性と普遍性及び無限性は相互規定されるのである。

　宇宙的実体（実在）のエレメントとしての対他的である存立態様、及びその他在との関係変数をなす特殊性及び有限性が、生命／非生命の態様における進化の無限転化作用に対する把捉を媒介して、それに対しアクセスする超自我の理性機能にとっては、より直接乃至端的、且つ即自的に触発しあう。その限りに於いて、しかる宇宙的実体（実在）をなす単位宇宙の特殊性及び有限性の概念規定に対する認識を契機として追考されうる、概念的統一の契機である単位宇宙の普遍性及び無限性は、理性機能に於いては、より間接的、且つ対自的である。しかる普遍性及び無限性の概念規定に対する把捉は、他在に対する単体としての宇宙領域のみならず相対系全域における相互因果性の認識を媒介することによってのみ、そのエレメントとしての普遍且つ無限の相互連動に対する理性的アクセスが可能となり、実行されうるためである。但し、この時点に於いて留意すべき

は、理性的追考運動を以って推移される客観概念の態様が、飽くま
で対自的である普遍性及び無限性の概念規定の認識レベルにあるた
め、未だここでは、特殊時空間上の特殊性及び有限性の概念規定と
の相互否定的である認識レベルにあり、その客観概念的統一には到
達していないことにある。したがって、客観性フィルターによる弁
証系プロセスにおける階梯としては、客観概念上に於いて、明示的
に単位宇宙のエレメントとしての特殊性及び有限性の概念規定と普
遍性及び無限性の概念規定との相互否定関係が、自己統一的にAu
f‐hebenされるより以前の態様にあることを意味する。

iii ＞次元

　宇宙的実体（実在）のエレメントとしての規定性に於いて、客観概念における即自的態様をなす特殊性及び有限性、対自的態様をなす普遍性及び無限性が反定立しあう交互作用として成立する。そのことは、特殊時空間上に機能する当該のエレメント（単位宇宙）の運動態様（進化）の問題であるから、理性機能における客観概念としての特殊性及び有限性の概念規定が普遍性及び無限性の概念規定に同化することでも、また普遍性及び無限性の概念規定が特殊性及び有限性の概念規定に同化することでもなく、運動態様（進化）として体現される単位宇宙の特殊性及び有限性がそれ自体の概念的転化の必然性を内在する普遍性及び無限性を導出するとともに、その普遍性及び無限性がそれ自体の概念的連動の契機を内在する特殊性及び有限性を導出することに他ならない。

　しかし、当該のエレメントをなす宇宙的実体（実在）の特殊性及び有限性、もしくは普遍性及び無限性が即自的／対自的に現出されている条件下にあっても、その他在に対し特殊且つ有限である宇宙的実体（実在）の状態関数、もしくは相対系の相互因果性により普遍且つ無限に連続する宇宙的実体（実在）の状態関数が、つねに一定して同一の実測値を維持していられるわけではない。といわんより寧ろ、しかる本質的属性が自己矛盾関係にあることに拘わらず、相互否定（収束）作用しあう本質的属性が自己同一の存立態様を不断に更新することに於いて、その特殊性及び有限性の態様、或いは普遍性及び無限性の態様は無期限に、且つ不断にその状態関数を変動させ続けているはずでさえある。相対系における宇宙的実体（実在）のエレメントとしての規定性が、当該の相対的である特殊時空間上の規定性のうちに特殊にして有限である自己存在の態様、乃至普遍にして無限の相互因果性にある態様との自己統一態様である以上、絶対的である実体（実在）概念としての非連続性・独立性を具

有する瞬間が成立しえないため、最終的には無限小という単位にてエレメントとしての特殊性及び有限性の態様、或いは普遍性及び無限性の態様の実測値が変更され続ける必然性を免れないからである。

　或る限定された宇宙領域内外における限定された宇宙的実体（実在）のみが、即自的態様をなす特殊性及び有限性を具有してあるのではない。即自的である自己存在としての特殊性と他在に対する対他的態様をなす関係式が、全宇宙領域のみならず相対系を構成するエレメントの各々に成立する以上、すべての他在に対する即自存在の一意である特殊性はまた、すべてのエレメントの各々の即自存在毎に作用するのであるから、しかるエレメントとしての宇宙的実体（実在）の特殊性は普遍的に機能する。そのような普遍性はしたがって、すべての他在に対する関係式を契機として特殊の自己存在を構築せしめるところの、対自存在として成立する。つまり、各々のエレメントとしての宇宙的実体（実在）が特殊の即自存在であるとともに、そのこと自体がすべてのエレメント相互間の普遍的である連動により、各々のエレメントである宇宙的実体（実在）に帰結されるところの対自存在をなすのでもある。それぞれに即自的である宇宙的実体（実在）がそれぞれの他在に対し特殊である以上、そしてそれぞれの他在のカテゴリーにはまた異なる下位集合乃至要素（元）としての即自存在が包摂されるところの、当該の所属する宇宙的実体（実在）相互間の連動により各々の宇宙領域（及び各々の宇宙外領域）が成立している。それとともにまた、全宇宙領域（及び全宇宙外領域）が相対系をなすエレメントであることよりして、更にはその下位集合乃至要素（元）をなすエレメントとしての宇宙的実体（実在）の全エレメント相互間の連動により、無限の全体概念である相対系が体現されるのであるから、相対系内にて特殊（一意）であるエレメントを充当する単位宇宙の変数としては、普遍的である相互因果性による帰結である各々の一意の特殊性が、向自的にＡｕ

633

ｆ－ｈｅｂｅｎされている自己存在であるといえる。そのことは相対系のあらゆる特殊時空間上の座標系・時点にあって、質量的にも一意に規定されるそれぞれのエレメントとしての宇宙的実体（実在）が、無限に相互間に連動しあう特殊性を具備する個体概念としてあることに他ならない。一般時空間上の普遍性より回帰される一意の特殊性により、単位宇宙としての規定性を止揚（揚棄）されているところの、個体概念がそれである。一意である自己存在に回帰されるより以前の単位宇宙、及び宇宙的実体（実在）としての性質が止揚（揚棄）されている他方、個体概念は各宇宙領域のみならず相対系の全エレメントに妥当する一般概念でもある。

　また、現存するエレメントとしての宇宙的実体（実在）は、その態様が生物体としてあろうと非生物体としてあろうと、或る特殊であるそれ自体の相対的・可変的である座標系の質量規定を以って成立するとともに、相互因果性を保持する運動規定により当該の座標系の質量規定が帰結されるから、つねに相対的・可変的である有限の特殊時空間上の座標系・時点を特定されていることになる。特殊時空間上に始点／終点を具有するエレメントは、その一意の態様が如何様に特殊化された個体概念であれ、当該の宇宙領域及び相対系の座標系上に占める限界により規定されることで、当該の座標系の指定範囲の質量的属性や機能を保持できるのであり、また当該の宇宙領域及び相対系の相互因果的運動上における存立エナジーの限界により規定されることで、当該の運動態様としてのエレメントの成立期間を維持できるのである。特殊時空間的に運動・変化しゆくエレメントの占める座標系が有限域でなければ、不断に更新されるリアルタイムの自己存在を維持する定量及び形状が特殊化されることなく、延いてはその定在における特殊性とても成立しえない。しかく特殊空間として有限のエレメントである限りに於いて、その存立及び運動に要するエナジー値はまた有限であるから、特殊時間として成立する単位宇宙の実測値とても有限でなければならない。もと

より無限であることの概念規定は相対系の全域を示唆するのみに
て、相対系を構成するエレメントであるところの個体概念を特定す
ることにはならないからである。

　エレメントは然るに、同時にまた、相対系を構成する下位集合乃
至要素（元）としての宇宙的実体（実在）をなして存立する。一般
時空間の全域をつくりなす各々の特殊時空間上のエレメントが相互
連動することにより、無限の相対系として機能しうるのである以上、
あらゆるエレメント相互間の物理的距離の如何に拘わらず、いかな
るエレメント同士とても無限をなす構成素子として相互連関してお
り、無限に妥当する相互因果性を以って必然的に規定される。Ｂｉ
ｇ－ｂａｎｇ現象（仮説）により形成されたとする宇宙領域が球形、
或いは立方体であろうと、何等かの形状及び様相をなして存立する
物自体であるということは、つねに特殊空間上の座標系における境
界により当該の特殊性が維持されうるのであり、しかる限界外を形
成する他在とのエナジーの分布及びその相互連関により、不断に成
立するとともに更新されるのでもあるから、いかなる宇宙領域も全
体概念としての相対系を示唆することなく、相対系内における有限
の特殊空間に相当する領域範囲でしかない。また、そのような宇宙
領域がＢｉｇ－ｂａｎｇという現象を契機として形成されたとすれ
ば、その形成の動因としてＢｉｇ－ｂａｎｇという運動・変化が実
行されたものと仮定されるとともに、Ｂｉｇ－ｂａｎｇ現象自体の
成立もそれ以前の特殊時間における動因を前提しなければならず、
しかく任意の宇宙領域がその生成・成立の始点を前提とすることは
他方、特殊時間を体現するエレメントとして規定されていることに
なるため、収束・零化されなければならない必然性にある有限の特
殊時間に相当するところでもある。ここでの零化とはされば、エナ
ジー値の放出／収束により零という基準値に還元されることを意味
する。相対系はまた、その無限の全体概念が統一システムとして機
能することから、たとえ特殊時空間上の位置関係では数億光年を隔

てて発生していて、自然科学上の測定によっては相互間の関係作用が認識できない別個の事象を例示しようとも、あらゆる特殊時空間的エレメントが相互連動により更新される以上、特殊時空間上のいかなる位置関係にあるとするも、つねに相互間の原因且つ結果をなして連動しあう必然性にある。したがって、いかなる宇宙領域におけるいかなる単位宇宙も、つねに有限値を示す特殊時空間的エレメントとして更新されるため、その運動・変化のエナジー範囲も有限域にのみ限定されるが、不断に流動的である各々のエレメント毎の質量や属性とても、無限の一般時空間としての相互連動による帰結現象として規定され続けるのである。もとより相対系自体の無限であることの意義は、一切の有限値を採るものによる無限の相互連動システムに他ならない。

　特殊空間上に有限であるエレメントは無辺に相互連動しあう他在相互間の無限因果性による帰結現象であるとともに、かかる他在の全体系は無限に及ぶ有限のエレメントの相互連関により構成されてもいる。また、特殊時間上に有限であるエレメントは自己存在の変更・更新を繰り返すことにより相対系の無限運動を展開し、且つそれが無限であることは、有限のエレメントとしての存在規定の無限連鎖によるところに相違ない。そのことはいずれも有限のエレメントの存立エナジーに帰因する事象であるため、特殊空間上に有限である場合には必然的に特殊時間上にも有限であるし、また特殊時間上に有限である場合には必然的に特殊空間上にも有限である。一意の個体概念として有限であるはずのエレメントが、相対系自体として体現される一般時空間上に於いては無限に関係作用しあい連鎖しあう。有限と無限とは相互否定的である概念規定としてあり乍ら、特殊時空間上に有限である個体概念は無限の一般時空間を体現するものであり、無限であることは有限である個体概念の相対系自体としての相互連続性に基づくから、双方の概念規定は相互矛盾しつつも自己同一であることにより機能する。エレメントの自己存在にお

ける有限性と無限性が相互に自己否定（収束）作用されたまま、相互の存立根拠が顕在化されることにより止揚（揚棄）され、結果的に自己統一されている個体概念としてのエレメントは、相対系をなす次元により規定されているといえる。ここで次元の概念規定は、単なる点（零次元）・線（一次元）・面（二次元）及びn次元等のような幾何学上の次元の規定性ではなく、座標系のみならず無限の全体系としての、相対系自体の有限性と無限性を規定する原理をなすものと定義されるからである。而してまた、無限大且つ無限小である相対系自体の全域に妥当しつつも、有限である各々の個体概念の生成及び収束・零化を規定する原理としての次元は、これを極限値にて概念化するならば、空間と時間である。当該の二次元の関係式が、相対系内のあらゆる個体概念の関係作用と相互連動に対し、自己否定的且つ自己統一的である決定機構を具有する相対系自体の自己同一概念としてあるが故に相違ない。さあれ尚、ここでの零化とはされば、エナジー値の放出／収束により零という基準値に再還元されることを意味している。

　個体概念としてのエレメントに於いて、有限性の非連続因子を自ら内在する無限性の態様と無限性の連続因子を自ら内在する有限性の態様が、自己同一であり乍らも自己矛盾する物自体をなして成立するということは、或る特殊時空間上の単位宇宙（進化）の運動としての自己存在の成立・更新の間隔に、つまり即自的態様をなす特殊且つ有限の自己存在と、対自的態様をなす他在の普遍且つ無限の相互連動に帰因する自己発現の瞬間までに、少なくとも無限小以上の時間的推移があることを前提しているせいである。単位宇宙として進化することによって生成もしくは移行されるエレメントの存立態様はもとより、かかる無限小の瞬間上のスライドにより体現されるところであるからである。単なる宇宙領域のみならず特殊時空間上に特殊である個体概念の、普遍的である相互因果的連動を通じて、他在という不定且つ無限のエレメントと干渉しあうことを契機とし

つつ、相対的・可変的に有限であるエレメントとしての自己存在に内在される一般時空間上の無限性の連続因子による力動概念であるとともに、当該の自己存在へと対自的に帰結されている他在としての、流動的に無限である関係変数を反映される自己存在に内在される有限性の非連続因子による力動概念であることにより、無限性を内在する有限性の態様／有限性に体現される無限性の態様による一意の自己成立と自己更新のプロセスが展開されるのであり、かかる自己存在をなす個体概念と他在との連動による自己内生成を伴う構造的進化の向自的帰結が、有限性／無限性の自己内関係を止揚（揚棄）する次元の概念規定に他ならない。したがって、次元という無限の一般時空間上における有限の自己存在に対する統一的規定性にあっては、その個体概念としての有限性の態様と無限性の態様が相互のうちに消失されるとともに、無限小以上の特殊時間的推移により、更に相互のうちに生起されてもいることになるのである。

第Ⅱ節 客観的精神現象

ⅰ＞認識レベル：極限理論

　前章にみる客観概念は、ＣＮＳ上の客観性フィルターにおける理性機能の弁証系プロセス上の概念的把捉の態様を論述しているが、それに対し客観的精神現象は、しかる弁証系プロセス上の客観概念に対応する運動主体としての、ＣＮＳ上の客観性フィルターにおける理性機能そのものの遷移を示唆するものである。換言するに、運動自我による対象的知覚をなす命題（論理式）に対する当該の客観概念と、当該の弁証系プロセスの認識レベルにおける客観的精神現象が同期して相互対応するのであるから、このとき客観的精神現象上の追考スタンスとしては、学術的にはサイバネティクス：Ｃｙｂｅｒｎｅｔｉｃｓ的レベルをなしている。当該の客観概念の態様が、有限性＜特殊性＞の態様の規定性及び無限性＜普遍性＞の態様の規定性の弁証系レベルに相当するとともに、また有限性＜特殊性＞の態様の規定性と無限性＜普遍性＞の態様の規定性との相互矛盾関係は、当該の弁証系プロセス上の前Ｐｈａｓｅにおける単位宇宙としての進化の概念規定を端緒とするが、有限性＜特殊性＞の態様及び無限性＜普遍性＞の態様に於いて、不断の運動（輪廻）により進化の過程をなす宇宙的実体（実在）として成立するとともに、しかる生成は特殊時空間的エレメントとしての有限性＜特殊性＞と一般時空間的関係変数としての無限性＜普遍性＞の自己矛盾且つ自己統一として成立する以上、自己生成を体現するエレメントの有限性＜特殊性＞の態様としての［理性作用に対し即自的である］状態関数の規定性は、サイバネティクスにおける物質系の量子化学レベルの対象をなす有限性＜特殊性＞の態様に対するトレースにより、また同時にその自己生成を可能ならしめる全エレメント間の無限性＜普遍性＞の態様としての［理性作用に対し対自的である］関係変数の規

定性は、やはり同じくサイバネティクスにおける物質系の量子力学レベルの対象をなす無限性＜普遍性＞の態様に対するトレースによるところであるからである。

　進化プロセスの概念規定を媒介することにより、内包的且つ外延的に成立・更新される単位宇宙をなす宇宙的実体（実在）としてのエレメントは、単なる当該の宇宙領域のみならず、それ以外の全エレメントに対する対他的態様をなす特殊時空間的連動に於いては、個体概念の有限性＜特殊性＞として発現せられる自己存在をなしてあり、結果的には他在をなす全エレメントと運動・変化しあうことにより成立する物質系の態様である。したがって、対他的である運動規定により特殊時空間上の相互間の無限因果性を体現しているところの、このような有限性＜特殊性＞として発現せられる自己存在は、［観察者の精神内的作用ではなく］客観性をなす物自体としてのエレメント相互間に成立する連続性の法則を公理的に追究する、極限理論上の不可避的である研究対象とはなる。

　客観的精神現象は客観概念の追考主体をなす理性機能の態様を示唆するため、それが対象的知覚である命題（論理式）に対して作用する役割は、そのまま何程かの学術的立場にも通じている。何となれば、一切の学乃至理論は、その分類上の相互間の論理学的整合性と理論的相異に拘わらず、ＣＮＳ上の客観的精神現象による理性的追考運動の成果としてのみ成立しうる以上、客観的精神現象の弁証系プロセス上における当該の認識レベルを反映された概念規定と公理体系を装備することになるし、また客観的精神現象の必当然的に推移しゆく系譜に対応して、当該の学乃至理論としての概念規定と公理体系とても遷移しゆくことになるためである。

　ＣＮＳにおける理性機能の状態関数、即ち当該の弁証系プロセスの認識レベルに位置付けられる客観的精神現象の運動規定、それに

より必然的に導出される論理的成果の体系が当該の学乃至理論を形成する。弁証系プロセスにおける当該のＴｒｉａｄｅ展開の、定立（テーゼ）レベルに相当する客観概念は個体概念の有限性＜特殊性＞であり、それを同期して構成するＣＮＳの運動態様である客観的精神現象は、当該の弁証系レベルの端緒をなす有限性＜特殊性＞の概念規定に対応する客観的認識の状態関数にあるから、当該の客観的認識処理により導出される論理的成果が同認識レベルにあって体系化されることにより、極限理論上の問題としての学乃至理論の体系が構築される。運動態様としての特殊時空間的実測値はその有限性＜特殊性＞の態様の規定性により生起せられるが、かかる有限性＜特殊性＞の概念規定を学術的根拠とする理論が極限理論であるからである。しかし、客観的精神現象によるその認識レベルは弁証系プロセスの途上にある、即ち弁証系プロセスの最終工程まで未だ経過していない以上、当該の［客観的］認識レベルにて成立する学術上に期待しうる妥当性及び真理値は、爾後の弁証系プロセスに於いて論理的否定される可能性を持続しているため、飽くまで相対的である確率論の域に出ない。その逆に、絶対的である確実性とは、追考処理における、より高次の工程により論理的否定される可能性のない［客観的］認識レベルに成立するからである。

　［個体概念の］有限性＜特殊性＞の態様の規定性の［客観的］認識レベルにある客観概念に対し、つねに同期して相互対応するＣＮＳの運動態様である客観的精神現象は、有限性＜特殊性＞の態様の規定性における概念的把捉を体系的に展開しうる理性作用のグレードにあることになる。当該の論理系上の工程に相当する理性作用のグレードにあって、当該の概念的把捉を体系的に構築することが学術的体系化の作業に他ならないから、有限性＜特殊性＞の態様の規定性の［客観的］認識レベルにある客観的精神現象を以って構築されうる学乃至理論の体系は、如上の論拠よりして、極限理論的問題を研究対象とするそれである。

過去の学術史における極限理論的問題に関する学説上の論争に拘わらず、極限理論は弁証系プロセスにおける当該の認識レベルにあって成立する学術的体系を形成し、且つ当該の認識レベルの客観的精神現象により推進される。進化する物自体の成立変数としての単位宇宙を研究対象とするサイバネティクスは、生命の態様に関する神経生理学系の理論と非生命の態様に関する工学系の理論を内在し、且つ機能的に統一しているが、生命／非生命のいずれの態様にあろうと単位宇宙をなす宇宙的実体（実在）は、個体概念としての有限性＜特殊性＞を具有する。

　あらゆる宇宙的実体（実在）はつねに運動・変化する個体概念として存立するが、任意の運動・変化する個体概念Ｘが座標系上に仮定されるＡに際限なく近付くとき、かかるＡはＸの極限概念をなしており、もしくは上記Ｘの状態関数がＸ自体に仮定される状態関数Ｘｎに際限なく近付くとき、かかるＸｎはＸ自体の極限概念をなすことになる。ここで個体概念Ｘが何であれ有限ではあるため、もしもＸとＡとの距離を有限値と仮定するならば、ＸはＡそのものになりうるが、もしもその距離を無際限なる有限値と仮定するならば、Ｘは際限なくＡに接近しゆくことになるし、またもしもＸの状態関数Ｘｎまでの変化係数を有限値と仮定するならば、ＸはＸｎの状態関数を採りうるが、もしもその変化係数を無際限なる有限値と仮定するならば、Ｘは際限なくＸｎへと変化しゆくことになる。このことはまた、一般時空間としての無限性を構成する、特殊時空間をなす個体概念の無限小なる有限値、且つ無限大なる有限値をなして成立する所以でもある。例示としては適切ともいい難いが、数列$1／2$，$（1／2）＋（1／4）$，$（1／2）＋（1／4）＋・・・・（1／2^n）・・・$ではｎが際限なく拡大すると$1$に際限なく近付くから、その数列の極限は$1$であることになるし、また円に内接する多角形の辺を際限なく増加すると多角形は際限なく円に近付くから、その場合の極限は円であるともいえる。極限概

念及びこれを用いる方法論である極限法は、曲線の接線、曲線や曲面により囲まれた図形の面積や体積、級数の総和等を求めるに際して必要とはなるが、もとより極限とその方法論は数学理論上に由来する所産である。しかし乍ら、このような極限に関する理論が、理性機能による弁証系プロセスの当該の認識レベルにあっては、単なる数学理論を構成する研究対象であるのみならず、飽くまで相対系を体現する個体概念の特殊時空間上の有限性に関する運動理論の系譜として把捉されなければならない。しかる有限性という客観概念に対応するところの、客観的精神現象の追考運動における当該の工程の学術的公理系に対する反映であるからである。したがって、当該の認識レベルにおける客観的精神現象に妥当する学術的公理系としては、極限概念に対する学際的である研究の統合的である体系化として認識される必要性があろう。

　たとえば、公比 $1 / 4$ の無限等比級数の和を求めるためには、 n 項までの和である $1 + (1 / 4) + (1 / 4)^2 + \cdots + (1 / 4)^{n-1} = [1 - (1 / 4)^n] \div (1 - 1 / 4)$ に於いて、 n → ∞ とした極限を採ると $(1 / 4)^n$ が 0 を極限に保有することから、当該の和が $4 / 3$ となることを、極限法では規定されるのであるが、アルキメデス：Ａｒｃｈｉｍéｄéｓ的でもある搾出法という間接論法によっては、発見力のない単なる論証法に陥る学説もある。このことはゼノン：Ζήνων＿Éλεάτηςの背理を直接の論拠とするものとされ、際限なく接近するという運動的考察が不変性を尊重する立場には矛盾するためではあるが、もとよりゼノンのこの背理に於いては、特殊時間的考察を欠如することによる論理的混乱を招いているにすぎない。数学理論上ではかかる運動的考察を導入し、極限法を用いることにより微積分法が確立されてきてもいる。コーシー：Ａｕｇｕｓｔｉｎ＿Ｌｏｕｉｓ＿Ｃａｕｃｈｙによるところでは、或る一つの変数が次々に採る値が一つの特定された値に近付いて、逆にその差が任意に与えられた量よりも小さくな

るならば、その特定された値は最初の変数の極限であることにもな
るし、また一つの変数の次々に採る値の絶対値がどこまでも減少し、
任意に与えられた数よりも小さくなるならば、その変数は無限小で
あるとされ、それは0を極限として保有することになる。かくて極
限概念により微積分法の基礎が明確化され、無限小や導関数等の概
念規定の把捉とともに、解析学が構築されるうえでの動因をなして
いるのである。また、このような極限概念は幾何学の分野における
理論的背景をも形成している。任意の小なる量よりも小さい量しか
互いに相異しなくなる二つの幾何学的量は相等しくなるとされ（ス
テヴィン：S．Ｓｔｅｖｉｎ）、また1／nのnが拡大されると、そ
れは任意に与えられうるいかに小さい値よりも小さくなり、かかる
試みを無際限にまで続行することにより消失するともされている。
（ウォリス：J．Ｗａｌｌｉｓ）

　そしてまた、このような極限概念は心理学上の研究分科に対し、
もしくはニヒリズム的思想の基本概念としても反映されている。そ
のことは［極限］状況をつくりなす状態関数に関して、当該の運動
的主体をなす可能的実存としての人間とともに考察することに依拠
するものである。ここで状況或いは状態関数とは、ヤスパース：Ｋ
ａｒｌ＿Ｊａｓｐｅｒｓによるところでは、それに先立つものより
由来したり、歴史性をなす深度を内在し、決して終結することな
く、自らのうちに可能性及び不可避性としての未来概念を包摂する
ものとして定義され、つまり現存する主観に対する広義での利害関
係を蔵する現実態様を示唆する。このため、それに対する極限状況
の概念規定とは、このような一般的といえる状況、或いは状態関数
を究極に於いて限界付けている特殊の、しかしまた同時に普遍的で
ある状態関数であることにもなる。個体概念としての人間存在は他
在に対する特殊性のゆえに自由であるが、人間の精神作用はしかる
自由のゆえに可能的実存として未完であり、そのことはまた特殊時
空間上の有限性の認識に根拠を内在するところでもある。しかも、

そのような個体概念としての状態関数は過去時間におけるすべての他在との相互連動による帰結であるため、歴史上の展開のうちに限定されている現存在を享受せざるを得ない必然性をなす極限状況に置かれており、苦悩・闘争・罪責・存在の二律背反構造の反映されてあるところの、可能的実存としての人間存在が直面する不可避的である状況認識でもある、とされる。そして、かかる有限である人間存在の運動し続ける態様に対する極限をなすものは死であるともいえるが、それはまた死が有限にして相対的・可変的である人間存在を規定していることにもなり、かかる問題は人間及びあらゆる精神機構をなす主体に対して例外なく妥当する。尤も、死が人間存在の運動し続ける無限の未来を形成するのではないため、飽くまで死は相対的である極限としてあるにすぎないけれど。かくて個体概念としての人間存在は他在をなす客観的社会から孤立させられることにより、その精神作用はこのような極限状況のうちに投下されるのであるから、必然的且つ不可避的に深層心理学乃至精神分析学のほか、ニヒリズムや形而上学によるアプローチの対象とはなるのである。とはいえ、これら諸理論及び研究立場が人間存在乃至精神機構を前提しているとするも、前述の幾何学や解析学を基本理論とする極限概念に対する研究立場との関係性に於いて、追考運動をなす弁証上のＴｒｉａｄｅにおける反定立関係を構成するわけではない。極限概念及びその状態関数に対する客観的考察と、しかる＜極限＞の運動主体となる人間存在乃至精神機構に対する研究とは、相互に客観概念及び客観的精神現象上における矛盾関係を形成しないからであり、寧ろ前者が個体概念としての極限に関する一般的且つ普遍的研究であるに比し、人間存在乃至精神機構は個体概念としては特殊性を具有する実サンプルであることよりして、後者は極限の運動主体の状態関数に関する研究スタンスの理論的分科であるともいえよう。

　かく極限理論の系譜としては、個体概念の有限性に基づく極限概

念に関する自然科学上の理論展開を反映する幾何学及び解析学的立場とともに、極限状況の運動主体としての個体概念、とりわけ人間存在乃至精神作用の状態関数を研究対象とする深層心理学乃至精神分析学的立場、ニヒリズムへの理論展開等が包摂されるが、そのいずれも個体概念の有限性に基づく極限概念を研究対象とする学術的アプローチであることに相違ない。とはいえ、極限理論の全体としては、それが極限及びその状況乃至状態関数という特定の概念規定を前提とする理論であるため、汎用理論としての公理系をなす独立の学体系を構築するところではなく、寧ろ相互連関しあう諸学相互による有機的且つ学際的であるアプローチの統合として把捉されなければならないが、但し極限理論を基本としつつ汎用的である公理展開を重ねることにより、独立の学体系を構築しうる可能性もある。しかる個体概念の有限性に基づく極限概念、及び極限の運動主体としての個体概念の状態関数に関して究明することは、理性機能による弁証系プロセスの当該の階梯をなす理論体系として必然的に成立するのであるが、極限理論に対する追考を展開しゆくほどに、是非もなく構造理論に対するトレースが不可避的に要求されることになる。極限理論上の研究対象となる有限性乃至極限概念／極限の運動主体そのものが、特殊にして有限の個体概念として、無限小且つ無限大の座標系をなす相対系にあって普遍的に相互連動する特殊時空間的エレメントであることにより、相対系の全体構造上における必然的因子として相対系を体現する以上、有限性・特殊性の態様の成立根拠と極限概念が無限性・普遍性の全体構造に相互連関しており、且つ無限性・普遍性の態様と構造概念を研究対象とする理論体系を形成する学乃至理論が構造理論に相当するからである。このように客観的精神現象上に究明すべき概念規定に於いて、相互矛盾関係にある極限理論と構造理論は、また学術的論拠に於いて相互依存関係にもある以上、当該の客観的精神現象の態様より構造理論の弁証系レベルへと移行される必然性がある。理性機能による弁証系プロセスにおける構造理論の階梯は、極限理論に対し反定立する関係式と

して導出されるため、極限理論と同一レベルに相互リンクして追考
されなければならないからである。

　とまれ、如上のような概念規定を構成する有限性＜特殊性＞及び
極限の態様が、極限理論の相当する弁証系レベルに於いて展開せら
るべき主題ではある。

ii＞認識レベル：構造理論

　弁証系プロセスにおける極限理論に相当する認識レベルでは、物自体の進化作用を契機とする運動態様の有限性及び極限の態様が当該の客観概念をなすため、すべての際限なく相互連動する有限の他在に対し反応しあう運動態様としてのみ成立する、個体概念の有限性＜特殊性＞の態様に対する客観的把捉処理の展開、及びその理論的体系化を旨とするが、そのことは特殊時空間上の有限性＜特殊性＞の概念規定に対する客観的精神現象による理性作用の即自的アプローチによるものである。然るにまた、個体概念における有限性＜特殊性＞の態様は、それ自体が相対系の構成素子である存立の根拠として概念的に相互矛盾する無限性＜普遍性＞の態様に帰因されうるとともに、その存立を契機とする帰結現象が一般時空間的連動の無限性＜普遍性＞の態様として現出される以上、そしてしかる対他的連続運動の必然性を内在する有限性＜特殊性＞の概念規定に対する理性作用の即自的アプローチを実行することにより、特殊時空間的エレメントとしての極限運動により導出されるその個体概念の一般時空間上における無限連鎖の態様に対する、理性作用の対自的アプローチに帰せられることが自己矛盾的に不可欠とはなる。エレメントの個体概念としての有限性＜特殊性＞の概念規定に対する理性作用の即自的アクセスと、その無限性＜普遍性＞の概念規定に対する理性作用の対他的且つ対自的アクセスは、したがって、客観的精神現象における相互矛盾的である運動規定としてあり乍ら、その相互のうちに内在されるとともに導出される必然性がある。

　エレメントの個体概念としての有限性＜特殊性＞の態様による規定性の知覚から、相互矛盾しつつも相互間に連続しあう相対系内の関係性としてある、自己存在の無限性＜普遍性＞の態様による規定性の対自的認識への移行は、客観的精神現象における系譜としては、極限理論より構造理論への学術的レベルの移行として成立する。何

となれば、存在自体の個体概念としての有限性＜特殊性＞の態様による規定性と、その極限概念及び極限状況をなす対他的関係変数を研究対象とする学際的である極限理論に対し、進化作用を契機として当該同一の存在自体として生じる運動法則とともに、反応しあう他在に対する対他的認識を通じて自己回帰的に成立する対自的認識は、物質的存在の特殊時空間的に相互連動する運動態様としての有限性＜特殊性＞に対する諸科学分野からのアプローチに対して、その運動する物質的存在の構造概念と変化、及びそれ自体を成立せしめる関係変数をなす相対系全体としての構造概念と変化における無限性の態様を研究対象とする構造理論的レベルに於いて可能となるためである。構造理論の意義としては、有限性＜特殊性＞の態様における可変的状態関数、及び他在との対他的相互アクセスの反映された物質的存在の関係変数としての無限性＜普遍性＞の態様の原理的解明にあるから、そのような対自的認識における個体概念としての無限性＜普遍性＞の態様が一意の実存的存在として如何様であるか、しかる哲学的解釈の問題では未だなく、極限理論上の物質系における有限性＜特殊性＞の態様の規定性を反映する構造理論上の無限性＜普遍性＞の概念規定を示唆している。個別のエレメントの事象に対する検証ではなく、構造理論的法則として公準化されうる個体概念としての関係変数と構造上の無限性＜普遍性＞の態様の規定性の認識の根源的であるレベルに、対自的アクセス自体の原理論を問うことの目的があるためである。

　ところで、単位宇宙をなすエレメントの無限性の態様に対応する客観的精神現象の認識レベルが構造理論にあることは、その有限性＜特殊性＞の態様に対する対自的アクセスをなす無限性＜普遍性＞の態様が、同一のエレメントの進化作用における原理論により規定されるものであることにも基づく。進化作用における有限性＜特殊性＞の態様の転化運動は、当該のエレメントにおける一般時空間上の無限連鎖を契機とするとともに、特殊である有限性の態様を体現

する特殊時空間的エナジーの収束・零化を契機として、進化作用により転化されゆく単位宇宙の態様は同一のエレメントにおける無限性＜普遍性＞の発現であることよりして、進化作用による相互転化システムに関しては、任意のエレメントの内包構造を無限小の単位まで論究するとともに、あらゆるエレメントの相互連関による外延構造に対し無限大の単位までの究明を目的とする研究、即ち学際的である構造理論が理論的基礎をなすためである。尚、ここでの零化とはされば、エナジー値の放出／収束により零という基準値に再還元されることを意味している。

　構造理論の基本概念をなす構造は、無限という全体系を構成する構造因子としての諸要素、もしくは諸構成部分による組成を意味するとともに、しかる全体系としての相対系を体現するエレメントの内部構成に於いて、当該の形成する個々の部分が相互間に結合しあう関係性、及び機能を意味する。相対系の構造ということを、その諸関係の内容や関係項の種類には直接乃至端的に関与しない純粋の形式と解釈し、かかる構造のみの記述に科学理論上の諸命題（論理式）を限定するという、構造記述の主張が論理実証主義に於いてはなされている。その場合には、かかる構造のみを記述対象とすることにより、科学上の客観性が保証されうるものと考えられてはいるが、もとより相対系の構造自体がその諸関係の内容や関係項の種類等により体現される概念規定である以上、これに対し直接乃至端的に関与しない純粋の形式というも実質的意義をなさず、如上はただ科学的記述における便宜上の問題にすぎない、ともいえる。

　とりわけ心理学の諸分科に於いては、意識をその精神構造により把捉しようとする方法論が主流をなすこともあったが、原子論的心理学（構成心理学）・構造心理学・ゲシュタルト心理学等にあっては、しかる構造の概念規定は各々別様にて解釈されている。そのことはたとえば、原子論的心理学（構成心理学）にあっては、複合的

である心理過程を個々の要素へと分解し、これらの要素の性質をも吟味したうえ、結合して複合的である心理過程として構成することにより、精神現象を説明しようとする。そこでは心的事態がその構造因子である個々の感覚・映像・感情に分析され、意識の構造は原子論的であるものと解釈されている。（ティチナー：Ｅｄｗａｒｄ＿Ｂｒａｄｆｏｒｄ＿Ｔｉｔｃｈｅｎｅｒ）かかる見解は、哲学史上ではイギリス経験論者の意識概念にまで遡及されよう。しかく精神現象を心的諸要素に分析したうえ、それらの相互因果的連関により説明するのではなく、精神機構の階層別の構造をなす特性に着目し、精神機構をその具体的全体に於いて統一的に把捉しようとする場合、構造連関乃至目的連関・生活連関よりして了解すべく主張する立場が構造心理学である。（ディルタイ：Ｗｉｌｈｅｌｍ＿Ｄｉｌｔｈｅｙ）これは全体系内の諸部分がその内面的関係により、全体系に対し不可分である結合状態にあることを重要視し、全体系の構造を認識せずしては個別の構造因子の意義が成立しないとする全体主義的構造観である。また、広義における精神分析学や現象学的心理学・ゲシュタルト心理学等の了解的方法論を用いる心理学を包摂して、了解心理学とも称せられる。ここでゲシュタルト：Ｇｅｓｔａｌｔという名辞については、認識対象の抽象的である形態や質料とは区別された形相を意味するのではなく、そのもの自身、構造乃至体制を具有する対象そのものを意味している。心的事象の全体的特性を充分に説明することができない要素心理学（構成心理学）に対する反動として、且つまた、構造概念や分節乃至全体性を重要視する構造心理学を契機として、ゲシュタルト心理学が提唱されてきた。その学説に於いては、ゲシュタルトもしくは構造は第一次的所与であり、特殊時空間上の場に於いて個別化され、限定された有機的である体制化されている統一態様をなしており、単なる構成要素の総和ではないことが主張されている。更には、かかる主張より必然的に帰結される第二の特徴として、心的事象が観念または心的要素の機械的連合によっては説明しえないという連合主義の拒否で

もあり、また第三に挙げられる特徴としては、他在による外界の一定の局所的刺激に対し、つねに一定の感覚が対応する恒常過程の否定（収束）作用である。ゲシュタルト心理学の基本原理の構成に不可欠のものとして、知覚における分凝を規定する要因が存立するが、それは非即事的であるとする要素の加算的関係によるのではなく、未完成であるゲシュタルトが完成した形態へ向かう即事的関係に基づいている。ゲシュタルトの要因としては、近接の要因・類同の要因・共通運命の要因・方向の要因等がこれまでに定義されている。

　ゲシュタルト心理学の起点とされる仮現運動の実験では、観察された運動現象はそれに対応するとされる刺激の総和、或いはモザイクによっては説明しえないことを明示した。（ヴェルトハイマー：Ｍａｘ＿Ｗｅｒｔｈｅｉｍｅｒ）このようにあらゆる心的事象が大脳内における心理物理的場にあって力動的過程であるとし、心理的過程と生理的過程との間に構造的である類似性（同型説）を仮定して、心的事象を究極的には生理的概念により説明せんとする必要性が主張されている。（ケーラー：Ｗｏｌｆｇａｎｇ＿Ｋöｈｌｅｒ、コフカ：Ｋｕｒｔ＿Ｋｏｆｆｋａ）このような物理主義に対しては、生理的仮説の必要性を認めず、個体概念と環境変数により規定される生物学的である心理学的場（生活空間）を想定し、これを現象の条件分析により数学的（トポロジー・ヴェクトル）に表現する学派もある。（レヴィン：Ｋｕｒｔ＿Ｌｅｗｉｎ）或いはまた、現象に対する分析そのものから、心的事象の力動的把捉を試行している立場とてもある。（メッガー：Ｗ＿Ｍｅｔｚｇｅｒ）

　また、数学理論上の認識としては、仮に任意の集合Ｍが与えられた場合、Ｍを構成する要素（元）の間にたとえば、反射法則・反対称法則・推移法則と称せられる三法則が与えられるとき、Ｍは順序集合と称せられる対象とはなる。このように基礎になる集合とそこにおける関係・算法等を任意に指定することにより、一つの

数学的対象が確定されるとするが、この場合にしかる集合及び関係・算法等は一つの数学的構造を附与したとみなされる。順序集合は一つの数学的構造であり（順序構造）、群・体・束等も一つの構造であり（代数的構造）、位相もまた一つの構造である（位相的構造）。数学的対象をこのような形式で表現することの基底には、現代数学理論における数学的存在の基礎が集合及び関係の概念規定であることが前提されている。またそれとともに、記号論的公理主義の考え方が基調になってもいよう。現代数学理論に於いては、公理論的手法により種々の数学的構造の相互関係（例として、体は×及び＋についてそれぞれ群をなす）、同じく並列関係（例として、或る種の順序構造を内在する体：順序体）等が研究されてきている。尚、或る数学的構造のモデルとは、基礎になる集合及びその関係・算法等を具体的に指定したものをいう（例として、体に対する有利数体、実数体等）。

　如上のように数学における代数学的構造の研究の発展に伴い、上記の分野以外にも構造理論が展開せられ、とりわけ言語学や人類学に於いても主要の役割を果たしている。言語に於いて共存する諸辞項の相互連関を取り扱う共時言語学と、言語の歴史的変転或いは通時的変化を研究する通時言語学に峻別せられるが、比較的には共時言語学の研究が優先させられている。言語の共時的構造の記述及び分析は、プラーグ学派及びコペンハーゲン学派により推進され、またブルームフィールド：Ｌｅｏｎａｒｄ＿＿Ｂｌｏｏｍｆｉｅｌｄの提唱するアメリカ言語学に於いても優勢を占める。このような趨勢にある近代言語学を一般に構造言語学として特徴付けるところは、その研究成果がまず音韻論に於いて顕著であるとともに、統辞論・意味論に於いても研究が発展せしめられ、その方法論を通じて人文科学の他の分野にも示唆と刺激を与えていることが認められる。しかし、理論上の課題はやはり、通時的変化の問題を残している点にあるとも考えられている。尚、従来の構造言語学の記述モデルが分

類的といえるそれであったに対し、チョムスキー：Ｎｏａｍ＿Ａｖｒａｍ＿Ｃｈｏｍｓｋｙにより変形的モデルが考案されてもいる。ソシュール：Ｆｅｒｄｉｎａｎｄ＿ｄｅ＿Ｓａｕｓｓｕｒｅを端緒とする言語学における構造主義は、レヴィ＝ストロース：Ｃｌａｕｄｅ＿Ｌéｖｉ－Ｓｔｒａｕｓｓが未開社会の親族関係や神話の構造分析に成果を挙げている他、精神分析学や流行システムの記号学的方法論の分野等にその潮流がみられる。それらの業績に共通する特徴は、人文諸科学上の研究対象に関しては、歴史的或いは時間的諸過程の復元・記述よりも、そのことを可能ならしめる構造或いはシステムの分析を重要視するところにある。

　構造人類学については、レヴィ＝ストロースを中心とする人類学における一学派をなしている。交換を集団間の経済的・社会的・宗教的である全体給付とみなす理論を発展せしめ、婚姻制度を集団間の女性の交換として、人類の婚姻規制の中に幾つかの基本となる構造を考案することにより、そこから近親婚の禁止の起源を解釈する理論をも構築している。また、未開社会の神話的思考が人間の思考様式に於いては、寧ろ科学的思考とも相補する関係性にあることを明示するなど、思考様式の関係理論にも言及している。学術史的に考察するならば、フランスのモース：Ｍａｒｃｅｌ＿Ｍａｕｓｓの人類学説を、ボアズ：Ｆｒａｎｚ＿Ｂｏａｓ等２０世紀前期のアメリカ人類学の方法論や、音声学のほかゲーム理論など、現代諸科学の方法論を導入しつつ発展せしめたものと考えられている。基本的といえる学術的立場としては、ただ素朴ともいえる実証主義や帰納主義を排斥し、仮説的であるモデルを使用することにより、対象の中から構成要素間の論理的である関係性を発見しようとする構造分析の方法論が、歴史・言語・社会組織・神話と呪術・芸術等の諸分野の問題を通じて論じられており、それぞれの文化のうちにその方法論を担う人間によっても意識されていない、より意識下の深層レイヤをなす実体（実在）を発見しようとするところにある。人間の

諸文化の内容の比較検討や歴史的進化という観点からではなく、文化上の構成要素相互間の形式的である結合の論理を追究しようとするものである。たとえば、婚姻の諸則や神話の分析・分類論等の対象領域に於いては、独自の研究成果を残してもいる。

　構造という概念規定は様々に用いられてきているが、各分野に共通する概念規定としては、代替可能である諸要素（元）に対する全体系の優位性、自己変換のシステム及び自己規制の機構を具有することであるとされている。（ピアジェ：Ｊｅａｎ＿Ｐｉａｇｅｔ）もとより本節に於いては、一般時間上の無限運動態様として成立する一般空間上の無限連動機能をなす、無限大としての全体系及びその無限小としての構造因子のすべてを示唆するところである。当該の認識レベルでは、相対系の次元としての一般時空間概念が未だ把捉されえない工程にあるため、一般時空間・特殊時空間という概念的認識が明示的に成立してはいないが、正常の追考運動が実行される上での客観的である必然性よりして、かかる時空間概念が当該の追考運動に対する潜在的前提としてあることは不可避といえる客観的事実である。ところで、社会形態の変質を契機とする構造分析の手法としては、任意の集団・地域社会または各種の集団・組織・制度の複合体である全体社会の構造を、その静態と動態に於いて、また外部の環境変数と内部の状態関数を相互連関せしめることにより、全体連動的に把捉する方法論を示唆している。集団乃至社会の構造的把捉に際しては、その全体構造がいかなる状態関数であるかを下位集団相互間の構造連関に則して考察し、諸集団内外の依存・対立・矛盾等の関係性に着目しつつ、構造内部の各部分及び各要素（元）の依存性や自律性の度合いやコミュニケーションのあり方、支配的価値体系と各要素（元）との関係性、制度及び規範による拘束の種類と程度、構造内部の役割・地位・所有・権力等の布置状況、規模のより大なる外部の社会との関係作用等について、詳細にして集中的である分析を実施し、当該の集団乃至社会の構造的特質とそ

の条件・背景及び変動等の諸様相を理解しなければならない。

　社会構造もしくは社会体系を構成する諸要素（元）間の相互依存
と、それに基づく動態的均衡を仮定したうえ、機能主義の立場から
主として生理学や力学の手法を適用して、構造と機能とを密接に連
携されつつ分析する研究方針を構造＝機能的分析と称せられる。そ
の場合、構造とは諸要素（元）のうち比較的に恒常性をなすものを
意味し、それ以外の可変性の高い諸要素（元）が当該の構造または
体系の均衡維持にとっていかなる意義を蔵するかについて、諸要素
（元）間の相互関係を順機能（均衡維持機能）・逆機能（均衡破壊機能）
に則して分析することになる。構造または体系を構成する他在を排
斥することで即自性の根拠となす各々の単位宇宙は、各々に所属す
る宇宙領域のみならず相対系のエレメントとして相互連動しあうこ
とにより、却って排斥する他在からの帰結現象である自己存在を成
立せしめている。それぞれの宇宙領域を内包する相対系の運行には
構造上の内的バランスが不可欠であるが、それぞれの単位宇宙の即
自性が当該の構造内における他の要素（元）を排斥するため、単位
宇宙の個体概念としての有限性＜特殊性＞は当該の構造内の均衡を
破壊する逆機能として作用する。有限にして特殊である要素（元）
としての即自性が直接且つ端的には、構造概念である宇宙領域乃至
相対系の内的親和性には背反するからである。然るに、構造内にあっ
て一意であること、有限にして特殊である要素（元）として存立す
ることは、限定された特定の要素（宇宙的実体（実在））のみの具
有する属性ではなく、宇宙領域乃至相対系の構造を構成するそれぞ
れの要素（宇宙的実体（実在））が、当該の他在に対しては一意と
して有限且つ特殊である。いかなる構造のいかなる要素（元）をな
す即自存在もまた同時に、それ以外の即自存在それぞれに対する他
在をなす一要素（元）として機能するから、或る即自存在は当該の
他在を構成している、各々の有限且つ特殊である即自存在相互によ
る連動の帰結現象であるとともに、自己存在そのものがそれ以外の

各々の有限且つ特殊である即自存在を帰結せしめる他在の要素（元）でもある。したがって、個体概念としての単位宇宙の具有する有限性＜特殊性＞は結果として、宇宙領域乃至相対系の構造上の均衡を維持する順機能として作用する。パーソンズ：Ｔａｌｃｏｔｔ＿Ｐａｒｓｏｎｓの社会体系論にみられるような静態的である均衡分析のみならず、動態的である変動分析の手法をも包摂する理論として、構造概念における順機能と逆機能の統合的把捉を目的とする必要性があるともいえよう。

　しかし乍ら、学際的である研究の相互連関により展開される構造理論という研究分野が当該の弁証系レベルにあって、実際上に於いてはどのような発達段階にあろうと、進化作用を契機とするそれぞれの単位宇宙における無限性＜普遍性＞の態様に対する分析の方法論が完結されることはなく、また無限性＜普遍性＞の態様に帰結し、且つこれを契機とする構造概念のすべてが発見され解明され尽くすこともない。相対系が外延的限界に於いて無限である以上、特殊時空間を構成する単位宇宙はなべて無限大の上位集合の座標レイヤに位置付けられ、無限の相互結合性を具有するからであるとともに、且つ相対系が内包的限界に於いて無限である以上、特殊時空間を構成する単位宇宙はなべて無限小の下位集合乃至要素（元）から構成され、無限の可分割性を具有するため、いかなる時点であろうと、当該の構造をなす構成レイヤ毎に既に検証・確認されている無限連鎖がすべてではないし、また既に解明されているその無限連鎖の機能パターンがすべてでもないからである。さればこそ、しかくつねに未完成の段階にある体系をなす構造上の構成レイヤ毎の無限連鎖と機能に対する分析の方法論とても、いかなる時点によらず、尚発達の余地を残すことにもなるのである。したがってまた、あらゆる単位宇宙の上位集合／下位集合乃至要素（元）をなす無限性＜普遍性＞の態様に対しては、構造理論上の成果に資する発達の度合いはともあれ、ポテンシャルとして際限のない単位にまで分析されうる

はずである。

iii＞認識レベル：システムズ・アナリシス ＜Ｓｙｓｔｅｍｓ－ａｎａｌｙｓｉｓ＞

　特殊時空間を体現し、且つ機能するエレメントは、単位宇宙をなす有限性＜特殊性＞の態様としての規定性と、無限性＜普遍性＞の態様としての規定性による相互矛盾関係を以って更新され続けるが、前者は極限理論上の問題として、また後者は構造理論上の問題として弁証系プロセスの認識レベルに反映される。極限理論に於いては、単位宇宙及び宇宙的実体（実在）概念に対する観念的である捉え方の問題を排して、といわんより寧ろそのことに拘泥する以前の認識レベルに於いて、単位宇宙及び宇宙的実体（実在）の有限性の態様とその運動態様としての機能をなす原理論、即ち特殊時空間的に特殊であるエレメントの有限である状態関数・関係変数・運動機能の法則性を問題とする。それゆえに、無限の相対系における有限の運動態様の動因をなす極限概念の規定性についても問題となる。それに対し、構造理論に於いては、単位宇宙及び宇宙的実体（実在）を構造因子とする相対系の無限性の態様とその構造レベルの関係性による機能の原理論、即ち一般時空間上に普遍的である相対系の無限である状態関数・関係変数・運動機能の法則性を問題とする。それゆえに、相対系としての無限の構造概念とともに、しかる無限の構造因子の相互連動による帰結現象として成立するところの、それぞれのエレメントの有限の構造概念についても問題となる。

　極限理論の成立する認識レベルに於いては、即自的に特殊である単位宇宙としての特殊時空間上の有限性の態様の原理を考察するに対し、その他方にて構造理論の成立する認識レベルに於いては、同一の単位宇宙の対自的に相互連動しあう相対系における一般時空間上の無限性の態様の原理を基礎理論としつつ、相対系内の無限大の構造と単位宇宙の無限小の構造の原理に対し論究する。進化作用における運動概念より即自的に表象される有限性及び極限の概念規定

は、当該の単位宇宙の相互連動による無限性の概念規定に対する否定（収束）作用により成立する他方、相対系を構成する普遍的関係により表象される対他的態様をなす無限性の概念規定は、普遍的関係における当該の単位宇宙の有限性の概念規定に対する否定（収束）作用により成立する。このため、客観的精神現象上における双方に対応する理論・学説とても、相互否定的である学術的立場にあるのであるが、然るに客観概念上に於いては、同一の単位宇宙の態様をつくりなす有限性の概念規定と相対系内の相互連動により成立しあう無限性の概念規定は、自己矛盾的である有限即無限／無限即有限として展開される次元の概念規定として更新されるから、かかる有限性の態様の規定性に関する理論＜極限理論＞と無限性の態様の規定性に関する理論＜構造理論＞とても自己矛盾的に統一され、一般且つ特殊時空間における同一の単位宇宙の個体概念としてのＡｕｆ－ｈｅｂｅｎに対する規定性、即ち相対系内における無限の相互連動により有限のエレメントとしての実体（実在）を更新しゆく次元の原理を研究対象とする学乃至理論へと向自的に移行されよう。極限理論と構造理論は、相互の学術的スタンスに於いて、相互間に論理的否定作用しあう追考上の理性的ヴェクトルを内在化することにより、寧ろ相互の存立態様を更新し、より高次の学術的スタンスとして相互に依存しあい共生することになる。

　そして、この論理的階梯におけるより高次の学術的スタンスとは、一般且つ特殊時空間における向自的態様をなす個体概念上の次元に関する理論としてのシステムズ・アナリシス：Ｓｙｓｔｅｍｓ－ａｎａｌｙｓｉｓを示唆している。特殊時空間上の有限性＜特殊性＞の態様による規定性と、一般時空間上の無限性＜普遍性＞の相互連動による規定性、即ち同一の単位宇宙をなす個体概念としての運動機能である、進化の生成機構による個体概念の自己更新に帰因するところの、有限性＜特殊性＞の状態関数と無限性＜普遍性＞の関係変数との自己同一作用は、対他且つ対自作用による無限連鎖を契機

として発現せしめられる特殊の有限態様の自己運動・変化として成立するため、全体構造である相対系におけるそれぞれの構造をなす個体概念の無限大／無限小レイヤにおける、連動状況を反映する有限性＜特殊性＞に関する理論と無限性＜普遍性＞に関するそれを止揚（揚棄）せしめる認識レベルが、自己同一的である個体概念の、自己転化の無限連鎖に必然の統一概念としての次元に関する理論に移行しているからである。一意の転化運動＜進化＞の生成機構を契機とする個体概念の有限性＜特殊性＞に対する、否定（収束）作用としての、相対系の構造因子として成立する態様である同一対象の無限性＜普遍性＞は、対自的態様をなす構造概念を構成するとともに、無限の構造における相互連動に基づいて規定される個体概念には特殊時空間的普遍性がなく一意であるも、そのこと自体はあらゆる個体概念に対し普遍的に妥当する以上、かかる一意の否定的運動作用は当該のあらゆる他在をなす個体概念を動因とするとともに、しかる個体概念における自己更新の運動原理が当該のあらゆる他在をなす個体概念の各々に於いて成立するのであり、有限性＜特殊性＞／無限性＜普遍性＞の態様の相互否定作用エナジーに帰因する運動態様の向自作用によるところである。

　当該の認識レベルにおける客観概念が相対系の次元に相当する弁証工程をなしているに対し、同認識レベルにおける客観的精神現象の妥当する学乃至理論体系は、ただ数学上の次元論のみには限定されない。幾何学上における図形は点・線・面等に区別せられ、点が零次元・線が一次元・面が二次元であるとされている。しかし、点は部分のないものであり、線は幅のない長さであり、面は長さと幅のみを保有するものであるというエウクレイデス：$E\upsilon\kappa\lambda\varepsilon\iota\delta\eta\varsigma$ の定義は十全ではないことが指摘されており、図形の次元に関する諸研究は更に進展してきている。座標の概念規定によれば、空間の次元は点の座標を規定する実数の個数として定義され、また曲線・曲面等については方程式により定義される。たとえば、方程式

$ax^2+2bxy+cy^2+2dx+2ey+f=0$により、平面上の二次曲線が定義されるのだが、然るにこれらの定義は相当に解析学的である他方、必ずしも幾何学的とはいえない。そのために、曲線・曲面の幾何学的定義が改訂されてもいるが、しかる一例としては、閉区間の一対一連続像としての曲線を定義するものであり、これは単純曲線もしくはヨルダン曲線と称せられる（Ｍａｒｉｅ＿Ｅｎｎｅｍｏｎｄ＿Ｃａｍｉｌｌｅ＿Ｊｏｒｄａｎ）。或いはまた、閉区間の連続像についてはペアノ曲線と称せられる。次元の概念規定を最初に数学的立場より論述したのはポワンカレ：Ｊｕｌｅｓ－Ｈｅｎｒｉ＿Ｐｏｉｎｃａｒéであるが、しかる次元の定義を数学的に精密化したことはブロウアー：Ｌｕｉｔｚｅｎ＿Ｅｇｂｅｒｒｕｓ＿Ｊａｎ＿Ｂｒｏｕｗｅｒの業績である。そして更には、ウリソーン：Ｐ＿Ｓ＿Ｕｒｙｓｏｎ及びメンガー：Ｋａｒｌ＿Ｍｅｎｇｅｒにより、次元の定義が一般化されるとともに、幾らかの顕著といえる性質が明示されているが、そこでは次元が数学的帰納法により定義されている。

〔１〕空間が空集合の場合、次元は－１とされる。

〔２〕整数ｎ（ｎ≧０）に対しｋ次元（－１≦ｋ≦（ｎ－１））の集合は既に定義されたものとして、仮に空間上の任意の点が（ｎ－１）次元以下の境界により限定された、幾らでも小さな近傍に包摂されるとき、空間はたかだかｎ次元であるという。たかだかｎ次元であってたかだか（ｎ－１）次元ではないとき、空間はｎ次元であると定義されている。

〔３〕いかなるｎに対してもたかだかｎ次元ではないとき、次元は無限大であると定義されている。

かかる定義により附与される次元概念が、初等幾何学的図形では定常とされる次元と一致することは、既にブロウアーにより証明されている。また、次元の定義に使用されている小さな近傍は、距離

のある位相空間に於いて考察されているが、それのみならず距離の考えられない一般の位相空間に於いても定義されてきている。しかし乍ら、当該の認識レベルにおける客観的精神現象に於いては、全体概念としての相対系をなす次元概念が前提されているため、解析学・幾何学をも包摂する数学理論のみにては論証され尽くせないことも、また自明ではあるのだが。

　相対系をつくりなす次元概念は、その運動態様としての極限概念とその関係式としての構造概念を自己統一するところの、体系という全体概念を反映している。方法的連関及びその構造因子の組み合わせにより全体系を規定しうること、それが体系概念の意義ではある。とりもなおさず体系概念は、合理的といえる理解及び説明により、あらゆる各部分の機能を全体系として統合化する秩序・整合性ある個有の関係式を内部に包摂している。また、思想的背景よりして、或いは知的方法論により各部分の機能が相互間に依存しあうという点に於いて、有機体や全体性等の概念規定とも弁別されている。更にまた、体系と分類の概念上の相異としては、知的といえる方法論が必然性を以って具現化された客観的事実及び実体（実在）と対応しあうこと、即ち単なる知的図式として客観的事実及び実体（実在）から遊離したものではないことが挙げられる。

　広義における体系概念としては、組織体としての全体系を構成する集合のことをも示唆する。その限りに於いては、銀河系や太陽系の他に生物体の系等も自然環境の体系であることになるし、また人間等の文化に所属する言語や習俗等についても、意識されると否とに拘わらず個有の体系を具備すると考えられる。より狭義に於いては、組織的である全体系を構成しつつ、内的整合性を具有する科学的もしくは哲学的命題（論理式）の集合を意味し、理論という表現よりも一般的といえる内容を示唆している。そして更には、システムズ・エンジニアリングに基づいて、体系一般に対する研究の精密

化がなされてきているが、そのことは諸科学の分野における構造理論的方法の要請と、工学理論に於いて開発された探求方法の要請が多大となったことに関係するものである。構造理論的探求は、生物学的アプローチと物理学的アプローチを基盤に内在し、数学的分野の研究を媒介として、広範に亘る社会諸科学や人間科学の分野に於いて実施されているが、かかる観点よりするところ、体系概念＜System＞は当該の体系の構造因子が構造化された全体概念として規定されえよう。而して構造化することは、その構造因子が相互間に連動しあうことにより、任意且つ一意の構造因子の変化は必然的にそれ以外の構造因子の変化を惹起するとともに全体系をも変化せしめ、しかもこのような変化が予測可能であるほどに整序されていることにある。しかく考察するならば、構造概念の規定性がシステム概念の規定性と相互にリンクされており、システム概念は構造概念と相互に規定しうるところの全体概念であると定義することができよう。工学的探求の場合に於いては、そのシステム要因が特定されており、当該の構造が明示的に既知の内容となっているシステム概念を前提とし、且つ人間により設計される対象をなすものである。このことから、或る限定された問題事項の最適解決を抽出するために、しかる要因を統合的にシステム化する方法論が探求される。一般にシステムズ・アナリシス：Systems－analysisと称せられるシステム分析は、多様にして任意の要因を統一的である構造的文脈のうちに設定し、当該の全体系をシステム概念として定義付けたうえ、各々の要因の特定の機能とその関係式を数学的手法で分析することにより、問題事項の最適解決を抽出する方法論である。そのことは、巨大科学のプロジェクト・サイバネティクス・コンピューティング等の情報・制御技術及び理論の開発等により、一層多種の分野の間に共通する学際的・統一的である方法論を構築してきている。そして更には、このようなシステムズ・アナリシス（システム分析）を人間行動や社会現象にも適用する分野も研究され、その学術的意義が重要視されてきている。

相対系及びそれぞれの宇宙領域内外を構成する各々の宇宙的実体（実在）、乃至単位宇宙における自己矛盾的である有限性＜特殊性＞と無限性＜普遍性＞が、あらゆる関係変数をなす全体概念としての体系的連動を媒介として、自己存在の相互否定関係を向自的に止揚（揚棄）されたものとしてのエレメントが、当該の認識レベルにおける個体概念をなす。客観的精神現象上におけるシステムズ・アナリシスは、即自存在そのものの有限の運動理論である極限理論と、全体概念上の構造因子としての無限の対自的関係理論を基盤とする構造理論による、自己存在をなす矛盾態様を向自的に止揚（揚棄）されることで、統一的に生成されているシステム分析理論である。情報理論や制御技術にも応用されるシステムズ・アナリシスは、諸々の学際的立場からの諸要因を統一性あるシステム理論のうちに研究し、数学的手法を通じて各要因の特殊化された運動機能とその無際限の関係性を分析する。当該の認識レベルの客観的精神現象をなすその学術的グレードとしては、有機／無機組成から一切の宇宙領域をも包摂するすべての全体概念を反映された個体概念の把捉レベルにある。

客観的精神現象上のシステムズ・アナリシスの認識レベルにおける、個体概念の有限性＜特殊性＞の概念規定は極限理論上の根本問題として、またその無限性＜普遍性＞の概念規定は構造理論上の根本問題として、既に理性的展開に反映されている。極限理論上の諸法則及び方法論は、進化・生成される個体概念としての有限性＜特殊性＞の態様の対他的である運動の機構を即自的に究明し、また構造理論上の諸法則及び方法論は、無際限の構造的関係により克己される当該同一の個体概念としての無限性＜普遍性＞の態様の変化の機構を対自的に究明することを、それぞれに目的とするからである。進化という運動規定の自然科学的である態様をなす個体概念に対する、有限性乃至特殊性の規定性と無限性乃至普遍性の規定性は、相

互に概念的矛盾しあう学術的系譜のアクセス作用を実施しながら、一般時空間システムとしての次元という自己存在における自己生滅を契機とする機構に特殊化された概念規定としてＡｕｆ－ｈｅｂｅｎされる。進化作用を契機とする有限性＜特殊性＞規定が個体概念の態様をして有限の自己運動・変化に転化せしめ、その無限性＜普遍性＞規定が個体概念の態様をして無限大／無限小をなす構造的連動に転化せしめるとともに、当該同一の個体概念の有限性＜特殊性＞の態様のうちに無限性＜普遍性＞の態様のエナジー因子が内在せられ、また当該同一の個体概念の無限性＜普遍性＞の態様のうちに有限性＜特殊性＞の態様のエナジー因子が内在せられている。もとよりそれは、有限であることは無限であることの単位をなし、無限であることは無限大／無限小の相互連動であるとともに、無限大／無限小であることは際限なく有限であるが故であり、且つまた特殊であること自体が普遍的に妥当するとともに、普遍的に成立するあらゆる事象が特殊であるが故に他ならない。このような個体概念に対応する特殊時空間が無限に展開されるため、その個体概念をなすエレメントの自己生滅運動とても無限に繰り返されるが、その無限性＜普遍性＞をなすものは有限性＜特殊性＞の構造的関係である。そして、しかる有限性＜特殊性＞と無限性＜普遍性＞を自己統一する、一般時空間システム＜次元＞という客観概念上の概念規定に対応することで、客観的精神現象における認識レベルは、もはやシステムズ・アナリシス的追考の階梯へと移行せしめられている。もとよりシステムズ・アナリシス上に於いて究明せらるべき対象である、エレメントの個体概念としての一般時空間システム＜次元＞の機構は、即自的態様をなす極限理論における運動と機能に関する研究とともに、また対自的態様をなす構造理論における運動と関係式に関する研究による、共通する対象であるのみならず、双方の理論的スタンスによる相互矛盾関係はシステムズ・アナリシスにＡｕｆ－ｈｅｂｅｎせらるべき必然性を内在するからである。然るに、かかる理性機能によるシステムズ・アナリシス的トレースは同時に、理性

機能の弁証運動上のバックグラウンドの作用によるところでは、理性上の客観概念に対する統合的思考として運行されなければならない。いかなる個体概念の有限性＜特殊性＞の態様、もしくは無限性＜普遍性＞の態様の構造と運動の研究と雖も、相互の態様をエナジー因子とする自己存在である個体概念の、一般時空間システムとしての＜次元＞の認識として統一されていなければならないためである。

第Ⅲ節 主観観念

　超自我における主観性フィルターの構成する知覚態様をなす主観
観念は、特殊時空間上の［客観的］実測値には拘束されない主観的
産物ゆえにRandomの動作傾向を示す。（そのこと自体がまた
客観的事象につき、当該の主観観念の特殊時空間上の［客観的］実
測値を形成するのではあるが）但し、弁証系プロセスの遂行下にあっ
ては、客観性フィルターの動向にCNSの注意能力が集中化される
ため、主観観念の推移は客観概念の追考過程上のグレードにリアル
タイムに呼応する。このことから、本節での認識レベルをなす客観
概念が、進化作用を契機とする単位宇宙としてのエレメント：El
ementにおける特殊性規定／普遍性規定、更には有限性規定／
無限性規定のそれぞれ相互矛盾態様をなす概念規定に相当する以
上、超自我における真理値以外の価値システムを反映する主観観念
はまた、当該の段階にあって、単位宇宙としてのエレメントにおけ
る特殊性規定／普遍性規定、更には有限性規定／無限性規定のそれ
ぞれ相互矛盾態様をなす概念規定に対応するイメージレベルにある
ことになる。したがって、客観概念の状態関数が、単位宇宙として
のエレメントの概念規定の＜特殊性規定⇔普遍性規定＞による、更
には＜有限性規定⇔無限性規定＞によるそれぞれ相互否定（収束）
作用から、一般時空間システムをなす＜次元＞という概念規定へと
移行されることに伴い、主観観念の知覚態様とても、当該同一の対
象的知覚に対するイメージレベルの状態関数を、客観概念をなす認
識レベルに呼応する変動系譜にて遷移せしめざるを得ない。

　しかし、相対系自体との同一性を表示する真理値以外の価値シス
テムを反映する主観観念は、その知覚態様自体を相対系に符合せし
める必然性をなさないため、つねに相対的にしてRandomの可
変性を具有している。また、主観観念が客観概念の状態関数の遷移

過程に呼応しあうとはいえ、客観概念が未だ精確である概念規定を
なしうる認識レベルの状態関数にはない以上、そして主観観念自体
の移行パターンにはロジカル属性をなす通信経路を具有するわけで
はないので、超自我における主観性フィルター及びそこに相互連動
しあうエス＜イド＞の本能的欲求値が、当該の時点に於いて構成す
る状態関数に負うところが多い。対象的知覚に対する認識レベルが
単位宇宙より個体概念に移行する工程に於いては、主観観念そのも
のの機構が触発されることで独自に作動せしめられるには到らない
ため、しかる主観観念に対する力動概念がエス＜イド＞における生
本能及び死本能を多少とも刺激しうるのみではある。したがって、
このとき主観観念は未だ不確実であるＫｈａｏｓ状態の様相にあ
り、またそれは単位宇宙としてのエレメントにおける＜特殊性規定
⇔普遍性規定＞による、更には＜有限性規定⇔無限性規定＞による
相互否定（収束）作用から移行される、一般時空間システムをなす
＜次元＞という規定性、或いはその客観概念上の定義より得られる
根拠不定のイマージュでしかない。もとより、このような主観観念
におけるＫｈａｏｓ状態の様相を還元処理するためには、しかる前
提条件として、客観概念における一般且つ特殊時空間上の自覚が成
立していなければならないことに基づくところである。

　また、主観観念はつねに、主観的精神現象の運動・作用に相互対
応しつつ変化・動向する。もとより、主観観念は主観的精神現象の
状態遷移により、主観的意識内容乃至対象として脳内形成されるイ
メージレベルであるからであり、且つ主観的精神現象の運動・作用
は主観観念の内的イマージュの機能態様として収束されるからでも
ある。そのことと同様に、客観概念はつねに、客観的精神現象の運
動・作用に相互対応しつつ変化・動向する。もとより、客観概念は
客観的精神現象の追考過程上のグレードにより、客観的把捉態様乃
至対象として脳内生成される認識レベルの状態関数をなすからであ
り、且つ客観的精神現象の運動・作用は客観概念の統覚作用として

収束されるからでもある。客観作用と主観作用が相互間に呼応しあう以上、したがってまた、客観概念に主観観念が呼応して状態遷移するということは、同期しつつ客観的精神現象に主観的精神現象が呼応して運動・作用することと同義である。

第IV節 主観的精神現象

　超自我における主観性フィルターを展開する運動自我の態様をなす主観的精神現象は、特殊時空間上の［客観的］実測値には拘束されない主観作用の運動現象ゆえにRandomの動作傾向を示す。（そのこと自体がまた客観的事象につき、当該の主観的精神現象の特殊時空間上の［客観的］実測値を形成するのではあるが）但し、弁証系プロセスの遂行下にあっては、客観性フィルターの動向にCNSの注意能力が集中化されるため、主観的精神現象の推移は客観的精神現象の追考過程上のグレードにリアルタイムに呼応する。このことから、本節での認識レベルをなす客観的精神現象が、サイバネティクス（極限的考察／構造的考察）以降の反定立態様をなす学術上の弁証系レベルに相当する以上、超自我における真理値以外の価値システムを反映する主観的精神現象はまた、当該の段階にあって、サイバネティクス（極限的考察／構造的考察）以降の反定立態様をなす学術的階層に対応する主観的アクセスレベルにあることになる。したがって、客観的精神現象の認識レベルが、＜極限理論⇔構造理論＞による学術上の相互矛盾関係から＜システムズ・アナリシス：Ｓｙｓｔｅｍｓ－ａｎａｌｙｓｉｓ＞という理論的系譜へと移行されることに伴い、主観的精神現象の運動態様とても、当該同一の対象的知覚に対する主観的アクセスレベルの状態関数を、客観的精神現象をなす認識レベルに呼応する作用工程にて遷移せしめざるを得ない。

　しかし、相対系自体との同一性を表示する真理値以外の価値システムを反映する主観的精神現象は、その運動態様自体により相対系を主観観念に符合せしめる必然性をなさないため、つねに相対的・可変的にしてRandomの対応性向を具有している。また、主観的精神現象が客観的精神現象の認識レベルの推移過程に呼応しあう

とはいえ、客観的精神現象が未だ精確である概念規定をなしうる認識レベルの状態関数にはない以上、そして主観的精神現象自体の移行パターンにはロジカル属性をなす通信経路を具有するわけではないので、超自我における主観性フィルター及びそこに相互連動しあうエス＜イド＞の本能的欲求値が、当該の時点に於いて構成する状態関数に負うところが多い。対象的知覚に対する認識レベルが、単位宇宙の規定性より個体概念に移行される工程に於いては、主観的精神現象そのものの内的機構が触発されることで独自に作動せしめられるには到らないため、しかる主観的精神現象に対する力動概念がエス＜イド＞における生本能及び死本能を多少とも刺激しうるのみではある。したがって、このとき主観的精神現象は未だ不確実にして不安定である動作状況にあり、またそれは、＜極限理論⇔構造理論＞による学術上の相互矛盾関係から＜システムズ・アナリシス：Ｓｙｓｔｅｍｓ－ａｎａｌｙｓｉｓ＞という理論的系譜をなす弁証系レベル、或いはその客観的精神現象にて具有される諸属性によっても影響される。もとより、このような主観的精神現象における不確実性・不安定性の様相を還元処理するためには、しかる前提条件として、客観的精神現象における一般且つ特殊時空間上の自覚が成立していなければならないことに基づくところである。

　また、主観的精神現象の運動・作用はつねに、主観観念の態様に相互対応しつつ移行される。もとより、主観的精神現象の運動・作用は主観観念の内的イマージュの機能態様として収束されるからであり、且つ主観観念は主観的精神現象の状態遷移により、主観的意識内容乃至対象として脳内形成されるイメージレベルであるからでもある。そのことと同様に、客観的精神現象の運動・作用はつねに、客観概念の態様に相互対応しつつ動向しゆく。もとより、客観的精神現象の運動・作用は客観概念の統覚作用として収束されるからであり、且つ客観概念は客観的精神現象の追考過程上のグレードにより、客観的把捉態様乃至対象として脳内生成される認識レベルの状

態関数であるからでもある。客観作用と主観作用が相互間に呼応しあう以上、したがってまた、客観的精神現象に主観的精神現象が呼応して運動・作用するということは、同期しつつ客観概念に主観観念が呼応して状態遷移することと同義である。

第V節 論理学的アクセス

　本節における追考上の認識レベルでは、当該の対象的知覚をなす相互否定命題（論理式）に対するアクセス遷移は、以下の通り移行される。

【意識上命題】　　　　【意識下命題】（仮定）

$$f(x) \times L^{(n+6)} \quad \Leftrightarrow \quad \sim f(x) \times L^{(n+6)}$$
$$\downarrow \qquad\qquad\qquad\qquad \downarrow$$
$$\sim f(x) \times L^{(n+7)} \quad \Leftrightarrow \quad f(x) \times L^{(n+7)}$$

　ＣＮＳの運動自我による理性作用の対象的知覚である相互否定命題（論理式）は、両命題（論理式）ともに同一の確度を以って主張されているため、定立的命題（論理式）である $f(x)$ に対する弁証作用と、反定立的命題（論理式）である $\sim f(x)$ に対する弁証作用はつねに同時に、且つ同期して遂行されてゆく。意識階層レイヤ上に於いて、いずれの命題（論理式）が意識上に顕在化されたアクセス対象であり、いずれの命題（論理式）が意識下に潜在化されたアクセス対象となっているかは、当該の現在時における各命題（論理式）に対する意識／下意識レベル交換の問題にすぎないため、所詮変遷するところではある。

　仮に、定立的命題（論理式）である $f(x)$ に対する、客観概念上の有限性＜特殊性＞／無限性＜普遍性＞による反定立態様にある弁証作用が、［一般時空間システムとしての］次元の概念規定という当該の認識レベルにおける限界点に到達したとき、つねに同時に追考アクセスしてきた客観的精神現象と主観的精神現象の、且つまた客観概念と主観観念の各々にアタッチするポイントは、定立的命題（論理式）である $f(x) \times L^{(n+6)}$ より、無限小の瞬間を

経過後の反定立的命題（論理式）である～ｆ（ｘ）×Ｌ$^{(n+7)}$に対する弁証作用に移行する。それと同時に、［潜在的に同期しつつ］追考アクセスしてきた、反定立的命題（論理式）である～ｆ（ｘ）×Ｌ$^{(n+6)}$より、無限小の瞬間を経過後の定立的命題（論理式）であるｆ（ｘ）×Ｌ$^{(n+7)}$に対する弁証作用に移行する。有限性＜特殊性＞と無限性＜普遍性＞との規定性による相互否定関係から［一般時空間システムとしての］次元の規定性へのＡｕｆ－ｈｅｂｅｎにより、当該の相互否定命題（論理式）に対する意識上の顕在的アクセスと意識下の潜在的アクセスが相互間に移行し入換ることは、弁証作用上のＴｒｉａｄｅが追考運動におけるポイント移行の作動単位であるからであり、そのためにジンテーゼとしての［一般時空間システムとしての］次元の概念規定が当該の認識レベルにおける限界点ともなるのである。有限性＜特殊性＞／無限性＜普遍性＞による反定立態様の概念的統一されている［一般時空間システムとしての］次元という止揚（揚棄）態様を以って、定立的命題（論理式）及び反定立的命題（論理式）の各々に対する当該の認識レベルにおける限界点に到達することは、弁証作用の客体である対象的知覚自体ではなく主体である精神機能の問題であるため、必然的にＣＮＳの客観作用と主観作用、即ち客観的精神現象と主観的精神現象、且つまた客観概念と主観観念のアタッチするポイントがそれぞれに交換せられ、このことによりｆ（ｘ）に対する（客観的／主観的）アクセスは～ｆ（ｘ）へ、且つ～ｆ（ｘ）に対するそれはｆ（ｘ）へと同時にスライドせられ、このとき［一般時空間システムとしての］次元の理性的態様レベルにおける弁証実行の契機をなすことになる。相互否定命題（論理式）のうちのいずれが意識階層レイヤ上に顕在化／潜在化されているかは、やはり前述の二律背反上の意識／下意識レベル交換の問題でしかない。

　したがってまた、相互否定命題（論理式）ｆ（ｘ）×Ｌ$^{(n+7)}$及び～ｆ（ｘ）×Ｌ$^{(n+7)}$との表記は、理性機能による弁証系プ

ロセスの認識レベルの推移を意味するところであり、Ｌｅｖｅｌ変数Ｌの冪（ベキ）乗ｎ＋ｎ〜∞が単位時間としての秒（ｓ）やミリ秒（ｍｓ）等を示唆してはいない。それは本来、無限小の数値化を条件とする瞬間の更新を記述することに妥当する以上、既設の有限の単位時間によっては定義されえないためである。

相互否定命題（論理式）ｆ（ｘ）×Ｌ$^{(n+6)}$と〜ｆ（ｘ）×Ｌ$^{(n+6)}$のいずれが意識上に顕在化、或いは意識下に潜在化された追考アクセスの対象的知覚になろうと、弁証作用の追考上のグレードが［一般時空間システムとしての］次元という客観概念に相当する認識レベルに到達したことに相違ない。相互否定関係にある両命題（論理式）に対する追考アクセスのポイントがスライドされた時点に於いて、両命題（論理式）ともに［一般時空間システムとしての］次元の概念規定という、精神内の態様フラグが既に設定された対象的知覚として更新されているため、当該の時点に於いて新規の触発を生じる必然性がある。

とりもなおさずそのことは、当該の時点に於いて、当該の更新後レベルにおける＜第二直観＞が生起せられることになる。対象的知覚を構成する命題（論理式）関係そのものは同一であるも、既に精神内の態様フラグを以って更新された対象的知覚と化している以上、当該の更新作用により、両命題（論理式）ともに対象的知覚としては新規の状態関数を得ているため、それに対する新規の触発をなす＜第二直観＞が自動起動されるのである。とはいうも、ＣＮＳ自体が既に理性的認識レベルを確立されている以上、当該の認識レベルからの弁証作用としての状態関数を維持することにもなる。そしてまた、そのことが更なる追考作用（Ｔｒｉａｄｅ）の端緒をなすのでもあるから、以降の弁証作用は当該の＜第二直観＞の内容情報のもとに展開されてゆくところとなる。しかる弁証実行による実際上の理性的運動及び成果がいかなる次元レベルのプロセスの解析

データを出力するとも、等しく客観概念上における有限性＜特殊性
＞規定と無限性＜普遍性＞規定との反定立しあう交互作用によるも
のである原理は変らない。

第VII章　弁証運動──PhaseVII

678

第Ⅷ章

弁証運動≫
ＰｈａｓｅⅧ

第Ⅰ節 客観概念

ⅰ＞空間次元：一般空間

　当該の弁証系プロセスの認識レベルにおける客観概念の態様をなす［全個体概念によるシステムとしての］次元の概念規定は、それ自体に於いて相対系をなす物質系の有限性＜特殊性＞／無限性＜普遍性＞の態様の相互連動の統一運動による規定性を示唆している。いかなる状態関数にあり、またいかなる様相もて転化されゆく個体概念も、なべて例外なくエレメント、即ち相対系をなす構成素子としてのみ成立するという事実は、また或る個体概念がいかなる転化を遂げるに際しても、それ自体に内在される有限性＜特殊性＞の規定／無限性＜普遍性＞の規定による自己矛盾関係とともに、特殊であること自体が普遍的に妥当し、且つ有限であること自体が無限に転化される機構に対する規定により、内在的である態様にも作用されるためである。そのことはまた、相対系におけるエレメントをなす各々の個体概念の存立が、それぞれの有限性＜特殊性＞／無限性＜普遍性＞の態様の統一的である運動・変化の過程を通じて、それ以外のすべてのエレメントをなす各々の個体概念との間で反応しあうことにより、かかる自己統合システムにおける次元の運動原理を形成していることをも意味する。有限性＜特殊性＞／無限性＜普遍性＞の態様が、個体概念の成立に於いて自己統一されているとともに、しかる自己統一によってのみ個体概念として成立することは、あらゆる個体概念の相互連動を以って構成される相対系の、全体系システムとしての運動原理である次元の概念規定に止揚（揚棄）されるところであるからである。

　個体概念の存立は、相対系におけるエレメントの運動・変化のプロセスとして実行される以上、エレメントが特殊時空間上の無限の

運動態様として成立するため、その機構の前提となる有限性＜特殊性＞／無限性＜普遍性＞態様の自己統一は、全個体概念による無限の全体系システムに反映される。個体概念の自己統一に於いて不断に生成されるものとしてのエレメントは、その物自体における特性と内外因子との作用のしかたにより、それ以外の全エレメントの［個体概念としての］自己統一態様と触発しあう構造態様・機能態様とても規定される。換言するに、その特性と内外因子との作用のしかたにより規定される構造態様・機能態様は、当該の個体概念としての生成変数のみならず、全個体概念による相対系機構の次元としての態様をもなしていることになる。全個体概念による体系としての自己統一のプロセスを経過している構造態様・機能態様は、必然的にそれを構成する部分間に形態的にも機能的にも分化されており、しかも部分相互の間、及び部分と全体との間には内面的である必然的連動が実施され、全体系としての統合性を維持する相対系機構の作動しゆく根拠となるが、そのエレメントである個体概念の有限性＜特殊性＞／無限性＜普遍性＞態様の自己統一を動因とする以上、しかる相互連動により体現される全体系システムは無限であるから、即自的には無限の一般空間をなす物質系を示唆しているのである。単なる理性的知覚の対象であるのみならず、任意且つ一意の実体をなして存立し実在するもの、即ち個体概念は有限性＜特殊性＞と無限性＜普遍性＞の態様に分化されるが、そのことは個体概念に対する追考運動の契機が相互連動する全個体概念の関係変数に基づく以上、実体（実在）レベルでの弁証契機はその止揚（揚棄）態様である相対系における次元に帰せられるからである。

　実体（実在）レベルでの相対系としては、即自的には空間をその次元としている。あらゆる個体概念として体現される相対系の態様は、実体（実在）レベルに於いては空間上の状態関数として規定されるからであり、また相対系における次元の即自的態様がそれ自体の存在態様に表象されるが故に他ならない。尚、実体（実在）レベ

681

ルとは、相対系内における一意の個体概念を示唆するため、前章における単位宇宙乃至宇宙的実体（実在）とはその意義を異にする。単位宇宙乃至宇宙的実体（実在）の概念規定が、相対系内における任意の宇宙領域（理論物理学では宇宙と定義される有限域）のいずれかの構成素子であることを前提するに対し、個体概念については、無限の相対系を構成する一意の実体（実在）としてあるからであり、当該の追考レベルでは、相対系の機構をなす次元の概念規定が追考対象となるため、無限の相対系自体における実体（実在）レベルが問題とはなるのである。したがって、ここでの個体概念はいずれかの宇宙領域に所属する場合もあるが、いずれの宇宙領域でもない特殊空間上の座標系をなす場合もあるといえる。

本章より語られる相対系の概念規定は無論、客観的には相対系自体を論述する内容をなすところであるが、その反面に於いては、精神機構における基準系をなす先験的知覚の内実としての意義をも蔵している。改めて断っておくが、基準系は超単純且つ超純粋ではあれ、先験的にして非理性的である原始の知覚としてあることから、本節以降の記述が論理系上の論証に於いて整合しているからといって、既に基準系の内実そのものが、論理系上の自覚を得て＜意識上レベルにて＞再構成されていると判断してはならない。基準系は飽くまで、一切の客観作用／主観作用による手続きを施される以前の、公理系としての秩序を具備しない体系である。したがって、基準系に関して展開されるすべての命題（論理式）及び論証などは、精確である弁証系プロセスの実行結果として恒真性を確認された命題（論理式）としてあるが、基準系自体は未だどこまでも、いかなる精神機能による、いかなる論理的処理をも実施されていない態様にあるといえる。

さて、空間について解明するに先立ち、空間／時間の概念規定が相対系の次元であることを確認しておくべきである。それはとりも

なおさず、相対系が精神機構を媒介する認識処理に於いてのみ成立しうる情報であるかどうか、という問題にも相通じている。既述にみる通り、我われ精神主体が相対系の刺激情報に対し触発しあうことができるのは、直接相対系そのものとアクセス作用しあうことではなく、精神機構のインタフェース機能を媒介することによってのみ可能となる。相対系に対しアクセス作用するに際し、空間規定と時間規定に対する精神機構における認識上の内的規定形式が不可欠である以上、それは事前に自己内的に具備されていなければならないから、空間規定と時間規定は先験的である精神機構の形式であることにもなる。そして、そのことは、相対系の先験的である知覚体系としてある基準系が、精神機構及びその運動主体が相対系自体の時空間的モメントであるが故の反映として存立し、したがって、基準系における空間と時間の形式もまた、相対系を維持・運用せしめる次元である空間と時間の反映された知覚としてのみ成立する。真理：恒真式という絶対的である命題（論理式）は、それがいかに単純といえる内容であろうと、特定の空間や限定された時間に於いてのみ有効となるのではなく、いかなる時空間上にあっても論理的否定される可能性がない以上、かかる普遍的である真理：恒真式が適用されるところの相対系は、空間上且つ時間上にて無限である。他方、精神機構及びその運動主体は有限の耐用期間しか保持しえないのであるから、たとえばそれは、精神機構の活動を前提しなければその先験的知覚である相対系も存立しないのならば、精神機構がその運動機能を停止して以降は相対系とても滅亡することになるはずであるが、もとより相対系が無限であるとは、その始点とともに終点もありえないことを意味している。既に停止した精神機能のうちにあっては、もはや相対系そのものが滅亡したに等しいかもしれないが、そのことはただ主観性の価値判断の問題にすぎない。相対系自体の存立は客観的には、精神機構の活動を前提せざるを得ないものではないし、また、相対系自体に対する精神機構からの精確であるアクセス作用を期待できないわけでもない。相対系という対象自

体に対しては直接にはアクセス作用できず、その対象的知覚、即ち精神内的事象に対してしか精神機構からは追考できないとしても、かかる対象的知覚そのものが相対系の時空間的モメントとしてもあるからである。

空間は、無限である。相対系は、空間的に無限である。仮に、空間を有限のエリアと仮定してみよう。有限であるということは、つねに何程かの限界により内包された領域範囲のみを指定することになるから、空間の全域を以ってしても絶えず或る特定の範囲内の領域指定をなす座標系のみを保有することになり、また相対系とは全体概念であるから、相対系をなす空間の限界の外側には何も存立しないはずである。では、何も存立しない、とはどういうことか。それは、無の性質に関する問題である。何かがあるという状況は、それだけで存在の概念規定を示唆しているが、存在するものはつねに相対的・可変的である。何となれば、存在するものはすべて何等かの運動・変化を通じて生成されてきたのである以上、それ自体が絶えまなく運動・変化し続けることによってのみ、その存在を維持・運用することができるからである。運動・変化するということは、自己自身を否定・収束せしめることにより可能になる。或る任意の存在主体は、それがいかなる態様をなしていようと、現在時の瞬間の自己存在を否定・収束せしめることにより無に帰せられるのでなければ、新規に生成せらるべき瞬間の自己存在へと移行することができないからである。したがって、無という状態関数は、存在を否定・収束せしめることに於いてのみ成立しうる。存在が否定・収束されることにより無という状態関数が現象されるとき、それは同時に存在の新規の状態関数へと移行したことにすぎない。このように無は当該の存在の否定・収束された態様としてあるが、却って存在は当該の無へと否定・収束されることにより更新されゆく作用が働く。可変的であるということは、それ自体の存立に絶対性がないからつねに移ろいゆくのであり、つまり相対的であることを意味する。

すべて存在するものは相対的に運動・変化するから、それに対応して生起される無とても相対的である変化をなす。つねに無は存在するものを前提にしてのみ生起しうるのである以上、無だけをそれ自体独立している、且つ絶対的である何等かの存立規定として想定することには意味がない。したがって、何かがないとか、何かではないという現象は実際上に生起されうるにしても、何もないという状態関数は絶対的に成立しえないのである。つまるところ、空間の全域に全体領域としての限界を仮定する場合、当該の限界の外側はもはや空間ではなく何もないということは、無の絶対性がその前提要件とならざるを得ないのではあるが、無とは本来そのような概念規定ではないのである。相対系にて空間上の限界点を設定しえない以上、相対的である存在とその無との空間的モメントがどこまでも相互連動することにより、空間をなす無限の体系・機構が編成されてゆくことにもなる。

　かくて空間は、無限大の拡張性を具有しているが、その反面に於いては、無限小の可分割性を具有してもいる。無限大の拡張性とはいえ、有限である空間的モメントが無限である相対系自体には転化さえされない以上、それは無限大にまで拡張されうる有限値をなすことを意味する。したがってそのことは、拡張性の限界は無限大にあるのではあるが、つねに有限である実測値をなして存立する空間的モメントに他ならない。他方また、仮に相対系をつくりなす実体（実在）の最小単位が明確に規定されているならば、空間を細分化し分析するという作業は、そのような最小単位の空間的モメントにまで解明しえた時点で完了するから、空間の可分割性は有限であることになる。その場合、かかる最小単位の空間的モメントとは、それ自体が相対的・可変的である限りに於いては未だ分割の余地があるのであるから、絶対的である単位をなしえてはいないはずである。そも絶対的である単位にある、即ち絶対的である属性を具有する空間的モメントなどありえようか。相対的であるとは、自己存在内外の

685

要因によりつねに可変的であることであり、それに対する矛盾関係にある概念規定こそ絶対的であることの定義をなすものであるから、相対系内のいかなる要因によっても影響を享けることなく、いかなる他在との相互連関によっても変化しない自立性を具有することを意味する。相対系をなしている実体(実在)レベルのカテゴリーに、しかる前提条件を充足しうる空間的モメントがみいだせようか。実体（実在）レベル、つまり現実規定としての相対系内に実在するということは、それが実在するに到った何等かの動因なす端緒があるはずである。いまここに実在しているという現象は、そのこと自体が或る帰結現象であるから、その帰結現象を生起せしめた原因が現在時より前時点になければならないのである。個別の実体(実在)なるものが或る特定の時点から開始されるとすれば、それは永劫の過去時間より継続しているわけではないため、とりもなおさず、しかる実体（実在）にはもはや永続性がないことになるため、或る一定時間の経過後には間違いなく終了する。つまるところ、有限である。また、実体（実在）は不断に無との相互転化によってのみ維持・運用されるのであるから、実在すること自体が運動・変化することに他ならない。したがって、実体（実在）レベルを抽出条件として相対系のカテゴリーを検索しようと、絶対的に不変の個体概念などありえない。また、仮に実体（実在）レベルという前提を度外視した場合、実体（実在）概念以外に想定されうる空間的モメントとしては、実体（実在）における何等かの機能により発現された態様が挙げられるが、もとより相対的である実体（実在）をつくりなす機能とてもその一部位として相対的であるし、その機能により発現される態様は、それが発現されてくる時点で既に実体（実在）の機能に依存しているため、相対的であることを免れず、発現されるということ自体が運動・変化を拠り所にしてもいる。尤も、実体（実在）概念の機能というカテゴリーの中には、精神現象という特殊の実例も包摂されていることに関しては、精神現象そのものが或る物質系であるはずの実体（実在）概念としてではなく、大脳生理という実

体（実在）より実行される相対的である機能態様に相当するのであるが、但し、当該の機能の実行結果に於いては、絶対性のある成果を生成せしめることが可能とはなるのである。その意義に於いては、無限の相対系にあって精神機構のみ特異の、といわんより寧ろ唯一の空間的モメントであり、ここで絶対性のある成果とは無論、恒真式：Ｔａｕｔｏｌｏｇｉｅを示唆しているのではあるが、さればとて、精神機構が絶対的である存立としてあることにはならない。精神機構の真理：恒真式を生成しうる機能については、飽くまで相対系自体による自己回帰的同一現象によるところであることから、精神機構及びその機能そのものは有限且つ相対的・可変的である空間的モメントでしかないのである。

　Ｔａｕｔｏｌｏｇｉｅに関しては、精神機構による追考処理の結果が相対系自体の現実規定に合致しているか否かにより、絶対の確実性にて合致している場合には真理＜恒真式＞の概念規定、そうでなければ誤謬の概念規定とはなる。真理概念とは相対的である真理値や確率論の問題ではなく、いかなる前提条件をも許容することなく普遍的に相対系自体に合致していることを意味するが、それ自体が相対系の構成素子である精神機構を媒介する自己回帰法則でもあるということは、［相対系そのものの］精神機構における理性機能上の論理的形式に第二次還元せられた命題（論理式）であるから、自己存在内外のいかなる要因によっても変更されることはありえない。相対系のすべての空間的モメントが相互連関しあうことと同じく、相対系自体を反映するいかなる真理：恒真式も他の一切の真理：恒真式から演繹される相互連関性を具有するものの、その確実性に於いては真理：恒真式のみが絶対性を具有するといえる。そしてしかる絶対的命題（論理式）は、精神機構という相対的・可変的である空間的モメントの論理系処理により生成されるのでもあるが、同時にまた、精神機構をも包摂する相対系の空間的モメントが運動・変化により成立せしめられ、さればつねに可変的である以上、その

中核的物質として［それを仮定するならば］なにか固定の絶対的である最大／最小単位をなす空間的モメントが存立しえないことも、また或る真理：恒真式ではある。かく精神現象という精神機構の機能態様とともに、実体（実在）レベルの相対系にはあらゆる他在から独立しうる空間的モメントなどないから、相互連関しあう空間的モメント（他在）によってはつねに変化せしめられ、また自己存在を拡張／分割せしめられる可能性を具有しており、よってたとえば、相対系をつくりなす明確に最小である特定の素粒子などという、分析可能性の限界があるわけでもない。現状の科学技術上の分析能力がどの程度であるかは、テクノロジー発達の進捗の度合いを推測する材料にはなるにせよ、空間が無限小に到るまでの可分割性を具有することには変わりない。

　空間は、どこまで分割し続けても、際限がない。つまり、無限小の可分割性を具有している。また、空間を形成する、どれだけの空間的モメントを相互に結合させ続けても、やはり際限がない。つまり、無限大の拡張性を具有している。相対系が空間的に無限であるとは、しかく内包的態様と外延的態様と、その両面に於いての意義であり、両者の相互間には必然的といえる連関がある。ところが、このように如何様にも分割され得、また如何様にも結合されうるものとしての個別の空間的モメントは、それがいかなる基準を以って分割せられ、または結合せられようとも、なべて例外なく有限である。実体（実在）レベルでの一切の空間的モメントが相互連関的に存立することは、既述の通りではあるが、相互連関的であることが有限であることをも示唆しているのである。無限としての空間自体は全体概念であるから、分裂や融合の対象としての一定の容量・形状をなして成立しうべくもなく、しかる空間自体を自己自身に体現する空間的モメントが、どこまでも際限なく分割されうるものとしての無限小という有限であり、且つどこまでも際限なく結合されうるものとしての無限大という有限であり、その有限としての空間的

モメント相互による関係変数の全体系が、空間という無限に他ならない。そのことはつまり、実体（実在）レベルでの空間的モメントのカテゴリー中に、仮に無限性を具有するエレメントが成立しうるならば、もはやそのもの自体が全体概念をなしていることになる以上、それ以外の空間的モメントなど他在の範疇には成立しえないことになり、空間的モメントの相互間の連関作用など論外であるためである。

　実際上、具現された空間的モメントを特定するに際しては、単に指定範囲の拡大と縮小や、大分類と小分類等という位置付けがあるのみならず、幾通りもの基準と方法論がある。そのことはつまり、空間的モメントを検索するに当たり、何を検索のための条件指定、即ち検索キー：Ｋｅｙとして設定するかという問題である。座標系上における空間的アドレス指定等についても、しかる一例に挙げられよう。当該の所属する座標系が銀河系にあるのか、そこに内包される太陽系にあるのか、当該の天体は恒星なのか、惑星なのか、その衛星なのかという規定性の如く、座標系及び領域内に特殊化された属性により範囲指定する方法論である。また、物理的である組成を検索条件の基準にすることもある。それが有機質なのか無機質なのか、生物体なのか非生物体なのか、動物なのか植物なのか、哺乳類なのか爬虫類なのか両生類なのか、或いはそもバリオン物質なのか反バリオン物質なのかという規定性の如く、それ自体の化学的である構造因子により特定する方法論である。そしてまた、光や音・超音波や電気・磁気など、それら当該のメディアの所属している周波数帯をキー：Ｋｅｙとして、抽出データをＨｉｔさせる方法論もある。更にはまた、そのような検索キーＫｅｙとても、一次キー：Ｋｅｙ以外に、二次キー：Ｋｅｙ・三次キー：Ｋｅｙというように、複数の検索キー：Ｋｅｙを組み合わせることにより、検索機能の精度を向上させることもできる。抽出条件の指定は集合論的といえる問題でもあるが、どこまでも有限である空間的モメントを限定する

キー：Ｋｅｙは、如何様にも無数に想定されよう。空間的モメント
が無限の個体数を包摂する以上、それぞれの個体そのものの所属す
る種別・類型もまた無限の種及び族に昇るのであるから、どのよう
なカテゴリーを検索対象とする方法論を選択しようと、その基準と
なる条件をなすものの指定範囲とても有限ではないのである。

　しかし乍ら、それがいかなる個体概念であれ、空間的モメントと
して最終的に採りうる実測値は、その所属するカテゴリーの集合と
分類の問題ではなく、実際上あるがままの自己存在そのものの特定
により分析される。しかる自己存在そのものの特定とは、いま、そ
してここにしかないものとしての存立を究明することであるため、
このとき、単なるカテゴリーの分類や集合指定によっては、極限に
特殊化された自己存在の本質的属性を示唆することができないから
である。空間的モメントは、つねに運動・変化する或るものである。
運動・変化するということは、現在時の実体（実在）の状態関数を
して当該の無と同化せしめることにより、新規の現在時の実体（実
在）の状態関数へ移行せしめることを意味する。かく運動・変化し
続けることで保持される実体（実在）の概念規定ではなく、各々の
自己存在のいまこの瞬間だけに特殊化されるとともに、且つ当該の
座標系のみを構成する自己存在そのものを規定する、しかる概念規
定を以って実存と称せられる。空間的モメントが無限の個体数・種
別を内包する他方に於いて、当該の実存としての自己存在が、同一
もしくは他の座標系に二つとして生起することはありえない。なべ
て空間的モメントが例外なく相互連関的であることは、他の一切の
空間的モメントの運動的統合化された状態関数の値として、実際上
あるがままの実存としてありえているわけであるから、あらゆる点
で同一の実存がそれ以外の空間的モメントとしても成立しうるとす
れば、それ自体を構成素子とする相対系自体が他にも成立すること
になるが、普遍概念であるところの相対系は、もとよりそれ自体と
して無限の一切を充足しているのである。

因みにここで、無限を構成する相対系の全体系を空間という次元にて把捉する概念規定を、一般空間と称せられる。また、一般空間を構成するそれぞれの空間的モメントを以って体現される空間規定を、＜実存としての空間的モメントが個有の特殊性を具備しているという意義に於いて＞特殊空間と称せられる。自明ではあるが、実存として不断に静止しえない空間的モメントに対し、当該の特殊空間は、当該の空間的モメントのみに体現されている一般空間に相等しい。

ところで、個体概念の実体（実在）レベルに於いて体現される相対系の機構：次元の概念規定、とりわけ相対系自体の存在的次元をなす概念規定が一般空間をなす以上、それに対してアクセス作用する超自我の理性機能にとっては、より直接乃至端的、且つ即自的に触発しあうことは客観的事実である。そのことは無論、論理系における客観概念の必然的遷移の工程に相当するものであり、その理性機能の作用する対象的知覚をなす相対系そのものの系譜に関するところではない以上、存在的次元としての一般空間が、客観的に変化し状態遷移するか否かという論点とは別問題である。（因みに、しかる論点の結論としては、相対系の機構をなす一般空間が個体概念の関係変数として不断に変化する以上、当該の本質的属性をなす態様とても不断に変化するが、しかる概念規定を追考対象とする客観的精神現象及び客観概念とは実体（実在）的に弁別される必要性があるため、その論理系の遷移の法則と相互リンクするものではない）但し、この時点で留意すべきは、理性的追考運動を以って推移する客観概念の態様が、飽くまで即自的である一般空間の概念規定の認識レベルにあるため、未だここでは対自的態様をなす認識レベルには到達していないことにある。したがって、客観性フィルターによる弁証系プロセスにおける階梯としては、客観概念上に於いて明示的に一般時間という概念規定との相互間の関係性に基づく、一般空間の概念規定の把捉が成立する以前の態様にあることを意味する。

ii ＞時間次元：一般時間

　一般空間を構成するいかなる個体概念も、その他在を構成する個体概念との間の対他的関係変数により規定されるため、もとより一般空間の全域における有機的である連動性の反映されるところである。更には、無限の全体系システムとしての相互連動性をつくりなす素因が、一般空間の全域を形成するエレメントの相互連関にある以上、無限域に亘る全エレメント相互間における無限因果的連動の帰結として、現在時における各々の個体概念の態様が現出されてもいる。したがって、一意である個体概念と雖も、一般空間全域における有機的である相互因果律により規定されることが、当該の物自体［バリオン物質／反バリオン物質の峻別を問わず］としての態様のみに限定されてはいないことも、また客観的事実ではあるのだが。他方、運動・変化により存立する個体概念の相互連動性の意義は、永劫の一般時間のすべての時間長を継承していることに他ならないから、各々の個体概念の現在時における態様は、その精確である素因となる発生源を遡及する限りに於いては、つねに相対的・可変的である現在時における過去時間という無限連鎖がすべて反映されていることになる。そして、その態様をなす状態関数は、いかなる物自体をなす実体（実在）として発現されてあるかにも拘わらず、一般空間における構成素子の状態関数が不断に可変的であることにより、不断に当該の個体概念の状態関数を維持することができなくなるため、時間推移をなす運動機能により更新される帰結現象でもある。

　このように、その存立自体が非連続的に分立しているはずの個体概念の態様が、無限に相互連関しあう他在との相互連動性により規定されていることは、あらゆる実体（実在）をなす個体概念が、無限の一般空間のエレメントという有限の物自体をなす部分集合乃至要素（元）としてあるためである。個体概念は一切の物質系を包摂

する一般空間上の構成素子であり、相対系内に占める有限の下位集合乃至要素（元）の領域範囲としての態様を保持するから、相互連関する物自体としてのいかなる態様を保持しようと、相対系全域における相互連動性によりその態様が規定を享ける。或る任意の個体概念の態様を維持するためのエナジーや、しかる態様に特有の仕様と機能及び作用を保全するに当たっては、当該のエレメントの物質系より更に下位集合乃至要素（元）を形成する物質系の性質を必要とする場合もあり、そのためにはそれに対し量子レベルで反映される状態関数も自ずと異なる。エレメントとしての個体概念の態様は一般空間全体より規定されるため、他在に対するそのような対他的である相互反応上の変数の変動に応じて、各々の個体概念として体現可能である態様も左右される所以でもあり、かくてそのような全エレメントによる態様というも所詮は相対的・可変的でしかない。［さればまた、物質系とは全体系である相対系の全エレメントを示唆するため、物質系及び物自体の概念規定としては、バリオン物質／反バリオン物質の弁別にも、元素系／暗黒物質（ダークマター）／暗黒エナジー（ダークエナジー）等の弁別にも、更にはいかなる宇宙領域内外の弁別等にも拘泥しない］

　如上についてはもとより、各々の個体概念として体現される態様の如何を問わないことを前提とするが、個体概念としてあるところの概念規定を認識しないことを示唆してはいない。既に有限性＜特殊性＞／無限性＜普遍性＞の態様における反定立関係より、相対系の機構をなす次元の概念規定へのAuf‐hebenを通じて個体概念が、実体（実在）レベルにて自覚されている認識レベルにある以上、しかる存在的次元をなす一般空間としての態様を把捉したうえでの、且つそのことを可能ならしめる運動的次元としての時間概念が追考せらるべき工程にあるのである。

　実体（実在）レベルでの相対系としては、対自的には時間をその

次元としている。あらゆる個体概念として体現される相対系の態様は、実体（実在）レベルに於いては空間上の状態関数として規定されるが、そのいかなる状態関数も対他的態様をなす運動・変化により成立しうる以上、あらゆる運動・変化に体現される時間により帰結される態様が対自的態様であるからであり、また相対系における次元の対自的態様がそれ自体の運動態様に表象されるが故に他ならない。尚、実体（実在）レベルとは相対系内における一意の個体概念を示唆するため、前章における単位宇宙乃至宇宙的実体（実在）とはその意義を異にすることは、前節に同様ではある。

　時間は、無限である。相対系は、時間的にも無限である。相対系は、一般空間として無限大の領域範囲と、特殊空間として無限小の階層構造をなしているが、もとより空間を構成する空間的モメントはいずれも、空間の時間的具象化としてのみ成立可能である。すべて特殊空間的モメントは、それ自体ではない一切の特殊空間的モメントの存立の運動的統合化されたエナジー、即ち一般空間の自己回帰的エナジーにより、現在時の瞬間の状態関数を消失せられ、且つ新規の瞬間の状態関数へ移行することによってのみ、その存立を保持しうるものであるからであり、またかかる空間的モメントの実測値の消失と移行こそが、時間の概念規定をなしているからである。そして、相対系が空間的に無限であるということが、そのまま時間的にも有限ではありえないことの証明を与えている。仮に時間が有限であるならば、即ち相対系が時間的に有限であると仮定すれば、時間上における始点と終点の成立を前提することになる以上、或る特定の時点で生成されるとともに爾後の別なる特定の時点で消失されるものであるはずであるから、空間としての領域・階層とても有限でしかありえないことになろう。また、空間として無限であることに要する存在のエナジーもまた、必然的に無限である必要性がある以上、それが有限の時間内のみに生成され充当されることが不可能であるためでもある。もとより、存在することは運動・変化すること

694　　第Ⅰ節　客観概念

としてのみ成立するから、相対系における存在の次元である空間が無限であるならば、その成立根拠ともなる、運動の次元である時間のみが有限ではありえないことも、また自然ではある。

また本来、相対系とは例外を容れぬ普遍的である概念規定を示唆しているから、相対系が開始されるより以前の状態関数も、また同様にそれが終了されて以後の状態関数も、ともに定義しうべき必然性がない。相対系の運動的次元が時間であり、且つ一切の相互因果律は時間上の無限小のスライドを前提としてのみ成立するから、運動態様としての時間そのものが或る特定の時点で開始されたのであれば、時間自体を開始せしめた原因は時間プロセスの開始より以前の時点になければならず、それ自体が時間開始の動因をなす運動現象として時間という次元機構の作用した結果であることにもなる。更にまた、当該の時点を開始せしめた原因とても、時間生成という運動作用を構成している以上、やはり時間プロセスの一部でしかない。同様の開始原因を無限の前段階まで遡及するとも、よってそこには無限の過去時間という経過時間が証明されるだけではある。他方また、時間そのものが或る特定の時点で終了するのであれば、時間自体が終了された結果は時間プロセスの終了より以後の時点になければならず、それ自体が時間終了による帰結現象の動因をなす運動現象として時間という次元機構の作用であることにもなる。更にはまた、当該の状態関数が終了せられた結果とても、時間更新という運動を構成している以上、やはり時間プロセスの一部でしかない。同様の終了結果を無限の後段階まで追求するとも、よってそこには無限の未来時間という必然時間が確認されるだけではある。時間システムの前後に絶対的である無という状態関数を仮定することができないのは、無が存在の態様を前提する相対的・可変的である状態関数としてのみ成立しうるためである。それが仮に絶対的である概念規定としてあるならば、しかる無以外のいかなる事象も成立しえないことにもなる以上、もとより相対系という普遍的システム自体

が一度として成立しないはずであるからでもある。無が相対的にのみ成立するということは、無による絶対的終了という効果・効力を具有しえないから、無に帰せしめられた空間的存在は、そのこと自体により新規の状態関数へと移行されることになり、必然的に時間機構としての更新運動を実現しゆくのである。

　相対系が時間的に無限であるとはいうも、空間の無限性と同様に、時間的にも無限大と無限小との両極構造としての意義を蔵する。時間的無限大とは、上述にみる通り、その始点と終点が無限にまでトレースされる余地があることではあるが、また時間的無限小とは、時間の最小単位を分析し続けようと際限がないことである。相対系が全体系として展開されゆく、運動の最小単位が仮に固定値として明確に規定されているならば、相対系の運動そのものである時間を細分化し分析するという作業は、そのような最小単位の時間長にまで分析しえた時点で完了するから、時間の分析可能性は有限であることになる。その場合、かかる最小単位の時間長とは、それが相対的である限りに於いては未だ分析の余地があるのであるから、絶対的である単位をなしえてはいないはずである。しかし、そも時間上に絶対的である、即ち絶対性という属性を具備する単位などありえようか。時間の単位はその長短の如何に拘わらず、相対系の何等かの時間的モメントの運動がその実体（実在）概念をなしている。相対的であるとは、自己存在内外の要因によりつねに可変的であることであり、それに対する矛盾関係にある概念規定こそ絶対的であることの定義をなすものであるから、相対系内のいかなる要因によっても影響を享けることなく、いかなる他在との相互連動によるも変更されない自立性を具有することを意味する。相対系をなしている実体（実在）レベルのカテゴリーに、しかる条件を充足する時間的モメントとその運動がみいだせようか。実体（実在）レベルとしての時間、つまり時間的モメントとして運動するということは、それ自体をして当該の運動せしめるに到った何等かの動因をなす端緒が

あるはずである。いまここに運動しているという現象は、そのこと自体として或る帰結現象であるから、しかる帰結現象を生起せしめた原因が現在時より前時点になければならないのである。個別の時間的モメントの運動が或る時点から開始されるとすれば、それは永劫の過去時間より継続しているわけではない以上、とりもなおさず、それはもはや永続性がないことにもなるのであるから、或る一定時間の経過後には間違いなく終了する。つまるところ、有限である。そして、有限であることがとりもなおさず、絶対的ではありえないことを意味してもいる。或る単位となる時間的モメントの運動がつねに有限であり、且つまた、その運動は不断にその時間的モメントの実体（実在）と無との相互転化によってのみ維持・運用されるのであるから、実在するという運動自体が変化することに他ならない。したがって、時間の単位をなすいかなる時間的モメントの運動とてもつねに変動しており、絶対的に固定された実測値ではありえない。時間次元に固定の単位がありえない以上、或る単位時間を拡張する場合に於いても、また同様に短縮する場合に於いても、当該の処理がいずれか特定の固定値を以って終了することがありえない。されば即ち、しかる変更作業は際限なく試行されうることになる。また、既述にみる通り、相対系が空間的に無限小の可分割性を具有しているということは、そのまま時間的に無限小の短縮可能性を具有していることでもなければならない。何となれば、空間の最小単位が無限小にあるということは、相対系の空間的モメントを分析し続けるほどに実在的に無限小であることを意味し、実在するということ自体が或る運動に他ならないから、そして時空間的モメントとしての実体（実在）が空間自体を、その運動が時間自体を示唆している以上、実在的に無限小である時空間的モメントの分析可能性が運動的にのみ無限小ではないことはなく、無限小より大なる固定値を限界とすることがないためである。かかる無限小を極限となす有限時間こそ、瞬間と称せらるべき概念規定ではある。時間の実体（実在）概念をなすものが時間的モメントの運動であり、それは相対系全体の統合

化エナジーを以って収束・零化されることにより、新規の瞬間の状態関数へと移行されることであるから、瞬間が無限小の有限時間であることの意義は、相対系全体の統合化エナジーにより時間的モメントの生成から収束・零化へ、また収束・零化から生成へと移行される時間長が無限小であることに他ならない。ここでの零化とはされば、エナジー値の放出／収束により零という基準値に再還元されることを意味する。いかなる時間的モメントもつねに有限の実体（実在）であり、その実体（実在）を体現せしめる運動とてもつねに有限である以上、時間、即ち時間的モメントの運動の最小単位が無限小であるというも、実測値としての時間的モメントの運動自体はつねに有限の値を採ることになる。したがって、相対系を構成するいかなる時間的モメントと雖も、その運動の時間長をどこまで分析し短縮し続けようと、無限小でしかないが、それは無限小という有限値が採られることになるのであり、また同様に、その運動の時間長をどこまで統合し拡張し続けようと、無限大でしかないが、それは無限大という有限値が採られることにもなる。にもかかわらず、無限大にして無限小であることが時間としての相対系の仕様である以上、つねに有限でしかない時間的モメントの時間長が無限に分析・短縮されるとともに、無限に統合・拡張されることによってのみ可能であるから、無限小の時間単位をなす瞬間という生滅現象が、始点と終点のない無限大の時間長を通じて続行されること自体が、時間次元としての相対系の本質規定を示唆している。それはもとより、無限大と無限小とは一般時間の具有する属性ではあれ、個々の時間的モメントの具有するそれではないためである。

　無限に亘る一般空間というも、それを構成するいかなる特殊空間と雖も、運動・変化の主体である時間的モメントとしてのみ成立するが、かく運動・変化することこそ時間の現象態様をなす。何となれば、時間は不断且つ無限に一瞬として停止することなく運動するからであるが、それはもし時間が停止する場合を仮定できるならば、

当該の瞬間に或る特殊空間及びその空間的モメントの状態関数の消失することが、空間的に新規の状態関数への移行にはならないことになるためである。したがって、空間はつねに時間的運動主体であるから、空間上の運動・変化の態様、とりもなおさず時間の現象態様は、空間とその空間的モメントの状態関数の如何により規定されるものともいえる。特殊空間及びその空間的モメントの状態関数は、一般空間全体の相互因果律と自己回帰的である生成により位置付けられるので、あらゆる化学的にして物理学的要因を内在するものである。このようにそれぞれの特殊空間毎に一対一対応し、これに規定される運動・変化としての時間の概念規定を以って、特殊時間と称せられる。而してまた、すべての特殊空間相互の無限に亘る連動をなす、一般空間の全域を普遍的に規定する時間の概念規定を以って、一般時間と称せられる。

ところで、時間として現象される態様は、空間の状態関数により規定されるのであるが、同時に、空間の状態関数のいかなる変化や変質も、時間的に規定されることにより成立するのでもある。一般空間にあって採りうる実測値はまた、絶えまなく無辺に変化しゆく相互因果関係にあって流動的であるからであり、かかるつねに相対的・可変的である空間的相関が一般時間を形成しているからでもある。そのことは、個々の一意である特殊空間相互の相対的・可変的である連関により、それぞれの特殊空間に特殊化された運動原理である特殊時間が、その普遍的である相互連関としてのリアルタイムを構成する一般時間に帰せられることに他ならない。もとより、あらゆる空間的運動そのものが、それぞれの時間概念の本質規定をなしているのでもある。

無限大の領域範囲に相互連関する一般空間というも、無限小の単位に帰せられる各特殊空間、及び有限であるその各空間的モメントの相互間の連関により形成されている。それぞれの特殊空間及びそ

の空間的モメントは、運動・変化することによってのみ自己存在の状態関数を更新しゆくことができるので、且つ運動・変化すること自体を以って時間的推移が実行されるから、そのまま時間的モメントとしても成立している。任意且つ一意の空間的モメントの状態関数は、それ以外の一切の空間的モメントの相互連関により規定せられ、また相互間に連動しあう空間的モメントの状態関数はいずれも一意であり、決して均一ではありえないから、一般空間内に於いて位置付けられた座標系により、その特殊空間上の環境変数や諸条件には流動的である格差がある以上、特殊空間及びその空間的モメントの運動・変化する速度は一般空間的に一様に同一ではなく、したがって、各々の運動・変化を規定する特殊時間の速度と変化率には一般時間的である個体差がある。すべて特殊空間及びその空間的モメントが時間的モメントとしてあり、無限小である特殊時間として個有の速度と変化率を保持することから、空間的である相互因果律を形成する無限小の時間的スライドの前後関係に於いても、相互に環境と成立条件を異にする全特殊空間が相互間に連動していることになる。そこで、任意の特殊空間（その空間的モメント）としてAとBを仮定するとき、一般空間をつくりなす一切の空間的モメントが連続している以上、AとBがそれぞれいかなる状態関数にあり、双方の座標系の間隔にどれだけの距離があるかに拘わらず、不断に相互間に連関しあっている。当該のAも、またBも、特殊空間的モメントの運動態様、即ち特殊時間的モメントとしてのみ成立しており、且つ一切の時空間的モメントの相互間には無限因果律が普遍的に作用していることから、現在時のAの状態関数はすべての過去時間のAの状態関数による結果としての現象であるとともに、それはすべての未来時間のAの状態関数を生起せしめる原因ともなる。また同様に、現在時のBの状態関数はすべての過去時間のBの状態関数による結果としての現象であるとともに、それはすべての未来時間のBの状態関数を生起せしめる原因ともなる。しかも、相対系における相互因果律が時空間的に無限の領域範囲及び時間長に適用さ

れ、あらゆる時空間的モメントの状態関数の相互間に例外なく作用する以上、いかなる過去時間のＡの状態関数も現在時のＢの状態関数のある原因の一をなしているとともに、いかなる過去時間のＢの状態関数も現在時のＡの状態関数のある原因の一をなしており、またいかなる未来時間のＡの状態関数も現在時のＢの状態関数、及びすべての過去時間のＢの状態関数による結果として生起されるのであるとともに、いかなる未来時間のＢの状態関数も現在時のＡの状態関数、及びすべての過去時間のＡの状態関数による結果として生起されるのである。ここで表記上の留意点としては、変数Ａに対する変数Ｂが或る特定の何等かの値ではなく、任意の時空間的モメントを示唆しているのと同様、変数Ｂに対する変数Ａとても任意の時空間的モメントを示唆しているとともに、ＡとＡ以外の一切の時空間的モメントとの関係式に於いても同時に上記の相互連動にあり、またＢとＢ以外の一切の時空間的モメントとの関係式に於いても同時に上記の相互連動にあることを意味している。それが、相互因果律の時空間全域に妥当することの表象でもあり、したがって、かかる相互因果的連関はすべての時空間的モメントのすべての状態関数について、等しく同時に成立するものといえる。もとより、現在時という状態関数は、過去時間の一切の状態関数の堆積されてきた表層をなすのであるから、Ａの現在時の状態関数はＡ自体を包摂する相対系の過去時間の一切の状態関数を反映する帰結現象であり、そのことはＢの現在時の状態関数についても、また他のいかなる時空間的モメントのそれについても同様である。一般空間の全域に同時に妥当する時間概念が一般時間であるから、かかることはとりもなおさず、Ａの現在値もＢの現在値も、他のいかなる時空間的モメントのそれとても、それぞれの状態関数が、一般空間に普遍的に妥当する現在時の実測値をなす一般時間の構造因子に相当するものに他ならない。

　このように特殊時空間上には相当の距離・時間差を生じうる関係

変数にある特殊時空間的モメントも、すべての特殊時空間的モメントの相互連動系である一般時空間上の相対的規定性にあり、一般空間の全体系を同時性により移行せしめる一般時間における、特殊時空間相互に現在時の状態関数を規定しあう相互因果性のダイナミズムが、不断且つ無限に運動・変化する相対系、即ち一般時空間の統合化エナジーを規定しゆく。このことからも、一般時間とは、一般空間を構成するなべての特殊空間及びその空間的モメントの全域を主体概念とし、それぞれの特殊空間に対応する特殊時間の全体系としての統合態様をなして、例外なくその各々の状態関数を移行せしめる普遍性をなす時間次元の概念規定である、といえる。

　それぞれの特殊空間と特殊時間とは一対一対応関係にあるから、特殊時間とその時間的モメントの運動・変化の態様は、対応する特殊空間の環境上の制限やその状態関数を反映するとともに、また各特殊空間の状態関数は一般空間における実存規定としての一意の実測値を採るため、特殊時間及びその時間的モメントの状態関数にも特殊空間的に個有の速度差や歪み等が生起する。したがって、決してそれは極端といえる例示ではなく、仮にAという特殊空間における１時間という測定値が、座標系を異にするBという特殊空間における測定値に変換される場合には、１００年間という値に相当するかもしれない。空間上に隔絶される距離の大小の問題ではなく、相異なるAとBとの両特殊空間にあって、同時点にて同等の方法論により、仮に１時間という同一の測定値が計測されたとしても、特殊空間として同一ではない環境上の制限下での測定であるならば、双方の特殊空間自体の状態関数が既に同一ではありえないから、特殊空間全体の運動・変化を規定する一般時間の構成素子としての、双方の特殊空間に対応する特殊時間の測定値を比較するならば、その値に誤差を生じることは自然の帰結現象であり、寧ろ厳密といえる意義に於いては、相互間に同一の状態関数を維持する特殊空間も特殊時間もありえない。いかなる特殊時空間的モメントとても、一般

時空間上に於いて一意であるからである。

　さあれ、そのことは、個別の特殊時間及びその時間的モメントが絶対的に独立して個有の運動・変化をしている、という意義ではない。何となれば、各々の特殊時間とその対応する各々の特殊空間はいずれも、相互間に連関しあうことで普遍的である無限因果性により存立するからである。あらゆる空間的モメントの特殊空間的に相異しあうことが、特殊時間的である運動態様の相異により測定上の数値誤差を発生しつつも、一切の特殊時間及びその時間的モメントの運動・変化には、つねに一般空間上の無限域に妥当する同時性が成立している。過去時間とは、空間的モメントによる時間的運動・変化の全履歴であり、また未来時間とは、相互因果律上に必然的に予定される時間的運動・変化の全計画ではあるが、しかる折々にてつねに実際上に運動・変化している時間とは、堆積され続ける一切の過去時間の表層を形成するとともに、展開され続ける一切の未来時間の必然的根拠ともなる現在時の他にはない。過去時間は時間的運動・変化の痕跡情報であるとともに、且つ未来時間はその時間的運動・変化に起因する必然性計画であり、ともにリアルタイムの時点をなす運動・変化ではないからである。したがって、一般空間上の全域に不断に同時性が成立しているということは、現在時という無限の時間的運動・変化の唯一リアルタイムである時点が、相互間に環境条件と状態関数を異にするあらゆる特殊空間に共通の実測値を更新することになる。自然現象に対する科学的実験・観測には、飽くまで科学上では最速とされる光量子のメディアを媒介されるため、座標系Ａより座標系Ｂの現象を観測するに際しての、座標系Ｂにて生起した事象の観測情報は、座標系Ｂより座標系Ａまで光速度により伝送されてきた後に取得したものであるから、現在時にて座標系Ａにあって観測可能である座標系Ｂにおける事象は、所詮現在時より前段階の時点で生起した座標系Ｂでの観測情報である。然るにそのことは、観測情報の伝送に光量子のメディアを媒介すること

により生じる、単なる測定上の特殊時間的誤差にすぎない。この特殊時間的誤差は観測情報の伝送時間に相当するＧａｐであるから、現在時における座標系Ｂにおける事象の観測情報を座標系Ａにて取得するためには、座標系Ａにあっては現在時より、該当する事象情報の光速度伝送に要する時間が経過されなければならない。あらゆる特殊空間の状態関数が相互に一様ではなく、且つそれぞれの状態関数が不断に可変的であるため、空間的メディアである光量子の速度［２９９７９２４５８ｍ／ｓとされる］とても通過しゆく特殊空間の状態関数を反映されるため、つねに一定した速度・移動経路ではありえず相対的にして可変的ではあるのだけれど。したがってまた、光速度を超える物体の移動速度は成立しないとする理論はゆめ正解ではなく、且つそのことを裏付ける実際上の観測データも得られているが（名古屋大学等の国際実験チーム：ニュートリノの観測例等）、もとより無限の相対系におけるモメント素子の移動速度や質量は無限大から無限小までの範囲内で変動する有限値であるためであり、されば絶対の上限値／下限値は成立しえないのである。それはただニュートリノという物質にのみ、また光速度という媒体にのみ限定せらるべき論拠すらなく、遠心力や重力などの或る特定の運動に付随するエナジーのみならず、物理的に作用するエナジーとしての電磁場による力なども同様に、その該当する空間的モメントに相互リンクされた特殊空間の状態関数を反映されるため、やはり相対的にして可変的であるが、そのことが、任意の座標系Ｋに成立する物理的公理が異なる座標系Ｋ’には成立しないことを意味するのでもない。それが真理：恒真式としての公理である限りに於いては、一般空間上の全域に於いて例外なく妥当するからであるが、但し、時空間上の環境変数や状態関数等の作用を享けることで、その公理に代入せらるべき変数の実測値が一定しえず、また成立する公理とても単一ではないだけのことではある。いずれにせよ、如上にみる通り、特殊空間上の距離間をなす大小の問題ではなく、隔離された別なる座標系間での時間計測の結果に誤差が生じるという事象

は、任意の座標系Ａにおける現在時が瞬間移行すると同時に、他の任意の座標系Ｂにおける現在時もまたつねに同期して瞬間移行し、且つ同時に、それ以外のすべての座標系における現在時とてもつねに同期して瞬間移行することを意味する。とりもなおさず、あらゆる特殊空間上にあっては現在時は同時に更新されるのであり、そして無限の時間長に亘り同時に移行されゆくところである。座標系Ｂにおける事象情報が座標系Ａにあって観測されうる現在時に於いては、相対的にして可変的である光速度によりその情報が伝送されるに要する時間長に相当する、座標系Ｂにおける運動・変化を経過した現在時の状態関数にあることになるが、もとより座標系Ａにせよ座標系Ｂにせよ、それぞれの時空間的モメントの運動・変化すること自体である、時間的移行の原理には、特殊空間相互における連関と特殊時間相互における相互因果律が作用している。いかなる時空間的モメントも相対的・可変的にしか成立しない以上、特殊空間的、及び特殊時間的である相互連動を通じてのみその状態関数が規定されるのであるから。そして、すべての特殊空間相互に連関しあうことは、あらゆる特殊空間同士にて同一の現在時をリアルタイムに共有することによってのみ可能であり、またすべての特殊時間相互に無限因果的機能が作動することは、あらゆる特殊時間同士にて共有される現在時の移行しゆくタイミングが同時であることによってのみ、一切の時空間的モメントの運動・変化が普遍的である原因／結果の関係式により規定されるのであるから、相異なる任意の座標系Ａと座標系Ｂにおける現在時が仮に同時ではないとすれば、もはやそれら各々の特殊空間が特殊時間としては絶対的に独立した存立態様であることになり、一方の時空間的モメントから他方の時空間的モメントに対しアクセス作用することなどできないはずである。したがって、いかなる時空間的モメントも一意の現存在として存立するとはいえ、各々の特殊空間における運動・変化である特殊時間に対し排他的であるリアルタイムなどありえず、また分断された特殊時間ごとに異にする現在時が恰もタイムシェアリングに実行される

のでもなく、それぞれの特殊時間は絶えまなく、且つ果てしなく、一般空間上の全域に共通する同時性の実践として、それぞれに一意である状態関数に応じた運動・変化をなすのみである。それは換言するに、任意且つ一意の座標系Aにおける現在時は、他のいかなる特殊空間における現在時とも一致する。あらゆる特殊時間をつねに同期して同時に展開せしめる、普遍的に妥当する唯一の現在時は、一般時間としての動態をなしている。一般時間は本来、一切の特殊時間の統合化された全体系の概念規定でもあるためである。

そして、一般時間が全特殊時間の同時性として統合化された概念規定である以上、またそれぞれの特殊時間は一対一対応するそれぞれの特殊空間の運動・変化を示唆することから、全特殊空間の相対性として統合化された概念規定である一般空間の、運動・変化を規定する次元が一般時間である。無限に相当する、そのいずれもが一意である特殊空間のすべてに統合化される運動・変化とは、普遍的に妥当する同時性である現在時の移行に他ならないから、もとよりそのこと自体を以って一般時間の概念規定に同義である、ともいえるのだが。

相対系という全体系システム自体があらゆるエレメントの機能的統合態様として成立しているため、エレメントとしての個体概念はつねにそれ以外の一切のエレメントと相互連動しあっている。しかる一切の個体概念における対他的態様をなす一般空間規定は、その実体（実在）レベルに於いて、他在をなすエレメントと反応しあうことによる相互矛盾の態様をなす。それ自体の実体（実在）の性質を具備することは、なべての他在に対する特殊空間的限界により規定された一意性を具有していることになり、自己存在であることによる他在に対する矛盾関係が成立しているからである。一切の個体概念に体現される相対系の存在的次元である一般空間規定も、またその運動的次元である一般時間規定も、相互矛盾的連動により各々

の本質的属性の内実にて自らの本質的属性を規定されることを通じて、同一の相対系をなす機構としての次元を機能せしめるため、それぞれに反映される個体概念における一般空間規定が反応しあうことにより対自的矛盾関係を現出し、且つその対自的矛盾関係は一切の個体概念相互の運動態様として体現される一般時間規定を反映してもいる。対自的矛盾関係にある一切の個体概念を以って相対系の全域に妥当する以上、且つそのことは相対系の存在的次元と運動的次元との統一規定として作用するため、自己矛盾しあう一般空間と一般時間は相互に規定されるのである。

　個体概念のエレメントとしての対他的である存立態様、及びその他在との関係変数をつくりなす一般空間規定が、有限性＜特殊性＞／無限性＜普遍性＞の態様における全体系システムとしての次元概念に対する把捉を媒介して、それに対しアクセス作用する超自我の理性機能にとっては、より直接乃至端的、且つ即自的に触発しあう。その限りに於いて、しかる相対系の機構をなす一般空間の概念規定に対する認識を契機として追考されうる、概念的統一の契機である一般時間の概念規定は、理性機能に於いては、より間接的、且つ対自的である。しかる一般時間の概念規定に対する把捉は、あらゆる個体概念に体現される相対系の存立を可能ならしめる相互因果的連動の認識を媒介することによってのみ、その運動的次元としての一般時間の概念規定に対する理性的アクセスが可能となり、実行されるためである。但し、この時点で留意すべきは、理性的追考運動を以って推移する客観概念の態様が、飽くまで対自的である一般時間の概念規定の認識レベルにあるため、未だここでは、即自的態様をなす一般空間の概念規定との相互否定的である認識レベルにあり、その客観概念的統一には到達していないことにある。したがって、客観性フィルターによる弁証系プロセスにおける階梯としては、客観概念上に於いて、明示的に相対系の次元としての一般空間概念と一般時間概念との相互否定関係が、自己統一的にＡｕｆ－ｈｅｂｅ nされるより以前の態様にあることを意味する。

iii ＞瞬間次元

　相対系を構成するエレメントとしての規定性に於いて、客観概念における即自的態様をなす空間次元：一般空間、対自的態様をなす時間次元：一般時間が反定立しあう交互作用として成立する。そのことは、一般時空間上に体現される特殊時空間的エレメント（個体概念）を規定する次元の問題であるから、理性機能における客観概念としての空間次元：一般空間の概念規定が時間次元：一般時間の概念規定に同化し、また時間次元：一般時間の概念規定が空間次元：一般空間の概念規定に同化することでは［直接乃至端的には］なく、その統一性をなす普遍的機構でもある相対系の、存在的次元をなす空間次元：一般空間がそれ自体の概念的移行の必然性を内在する時間次元：一般時間を導出するとともに、その運動的次元をなす時間次元：一般時間がそれ自体の概念的連動の契機を内在する空間次元：一般空間を導出することに他ならない。

　しかし、それぞれのエレメントに体現される相対系の次元である空間次元：一般空間、もしくは時間次元：一般時間が即自的／対自的に表象されている条件下にあっても、それぞれの他在に対し特殊且つ有限であるエレメントの状態関数、もしくは相対系の相互因果性により普遍且つ無限に連続するエレメントの関係変数が、不断に一定して等一の実測値を維持していられるわけではない。といわんより寧ろ、しかる次元の概念規定が相互矛盾関係にあることに拘わらず、相互否定（収束）作用しあう次元の概念規定が自己同一である存立態様を不断に更新することに於いて、その空間次元：一般空間の構造態様、或いは時間次元：一般時間の運動態様もまた、不断にその状態関数及び関係変数を変動させ続けているはずでさえある。相対系におけるそれぞれのエレメントとして体現される次元の規定性が、無限に及ぶあらゆる座標系を包摂する一般空間上の規定性に於いては一意にして有限である自己存在の態様、乃至無限に及

ぶあらゆる運動態様を現出せしめる一般時間上の規定性に於いては一意にして有限である自己運動・変化の態様との、しかる自己統一態様として成立する以上、絶対的である実体（実在）概念としての時空間上の非連続性・独立性を具有する態様が成立しないため、最終的には無限小という単位にて各々のエレメントとしての相対性・有限性の態様、或いは次元の機構を反映する実測値が更新され続ける必然性を免れないからである。

　或る限定された座標系もしくはエレメントのみが、即自的に空間次元：一般空間を体現してあるのではない。即自的態様をなす自己存在として空間次元の反映されることと他在に対する対他的態様をなす関係式が、無限の相対系を構成するエレメントの各々に成立する以上、すべての他在に対する即自存在における空間次元の体現態様はまた、すべてのエレメントの各々の即自存在毎に作用するのであるから、しかるエレメントとしての空間次元：一般空間の成立は各々のエレメント毎に普遍的に機能する。そのような普遍性はしたがって、すべての他在に対する関係式を契機として一意の自己存在を構築且つ更新せしめるところの、対自存在として成立する。つまり、各々のエレメントとして体現される空間次元：一般空間が一意の即自存在であるとともに、そのこと自体がすべてのエレメント相互間の普遍性をなす連動により、各々のエレメントとしてある一般空間を更新し成立せしめるところの対自存在をなすのでもある。不断に更新されることによってのみ成立する対自存在としては、したがって相対系の運動的次元として反映される体現態様をなしているため、各々のエレメントとして即自的に体現される一般空間はまた、対自的には時間次元：一般時間として反定立されることによってのみ成立するのである。それぞれに即自的且つ対自的であるエレメントがそれぞれの他在に対し一意である以上、そしてそれぞれの他在のカテゴリーにはまた異なる構成素子としての即自且つ対自存在が包摂されるところの、存在的である空間次元：一般空間と運動的で

ある時間次元：一般時間の相互連動により相対系の次元概念が、一切の各エレメントにて体現されている。それとともにまた、普遍的である同時性における無限の関係変数である一般空間、及びその存在的次元を以って存立する一切の各エレメントは、普遍的である同時性における不断且つ無限の運動的次元である一般時間を体現することにより、例外を容れぬ相互因果律を以って不断且つ無限に更新されるとともに、しかる一般時間としての更新作用によってのみ成立する実体（実在）レベルがつねに一般空間としてある以上、不断且つ無限の相互連動における自己更新である生滅現象、即ち瞬間を以って向自的にAuf－hebenされている自己存在であるといえる。換言するに、実体（実在）レベルに体現される即自的態様をなす空間次元：一般空間と対自的態様をなす時間次元：一般時間が、相互否定（収束）作用しつつも自己統一される生滅現象をなす瞬間次元に止揚（揚棄）されていることになる。そして更には、相対系を構成するエレメントとしての実体（実在）レベルの相互連動により、無限の全体概念でもある一般時空間が体現されるのであるから、相対系内で一意のエレメントを充当する個体概念の変数としては、普遍的である相互因果性による帰結である各々の一意の瞬間の生／滅に於いて、向自的にAuf－hebenされている自己存在であることにもなる。そのことは一般空間上のあらゆる座標系にあって、物質系としても一意に規定されるそれぞれのエレメントをなす瞬間が、無限に相互間に連動しあうところの一意の生滅現象であることに他ならない。一般時空間上の普遍性より回帰される一意の生滅現象により、実体（実在）レベルとしての規定性を止揚（揚棄）されているところの、瞬間次元がそれである。一意である自己存在に回帰されるより以前の実体（実在）概念としての性質が止揚（揚棄）されている他方、瞬間次元は相対系における各々のエレメントに妥当する一般概念でもある。そしてまた、一般時空間の力動概念をなす瞬間次元を体現するエレメントとして、普遍的に妥当する同時性にあって不断且つ無限に生／滅する実体（実在）レベル、及びその

一般時空間上に一意の生滅現象を特殊時空間的モメント＜Ｍｏｍｅ
ｎｔ＞と称せられる。

　相対系における存在的次元である一般空間と運動的次元である一
般時間との関係式を、普遍的に妥当する同時性を以って自己統一し
Ａｕｆ－ｈｅｂｅｎする瞬間は、その生滅現象により無限の相対系
自体をして更新し自己実現せしめること、そして瞬間を体現するあ
らゆる特殊時空間的モメントが無限の相互連動により生／滅するこ
とから、同時性をなす無限更新の次元であるともいえる。したがっ
てまた、瞬間次元の実体（実在）レベルをなす特殊時空間的モメン
トとしては、その態様がいかなる宇宙領域における宇宙的実体（実
在）としてあろうと、もしくはいかなる宇宙領域にも所属しない座
標系・時点の個体概念としてあろうと、或る一意であるそれ自体の
相対的・可変的である座標系の存在規定を以って成立するととも
に、相互因果性を実現する運動規定によりしかる座標系の存在規定
が帰結されるから、つねに存在態様上の空間規定とともに運動態様
上の時間規定による帰結現象であることにもなる。実体（実在）概
念として一般時空間上に始点／終点を具有する特殊時空間的モメン
トは、その一意の態様が如何様に特殊化されている個体概念であれ、
相対系を構成する座標系上に占める限界により規定されることで、
当該の座標系エリアの本質的属性及び質量を保持できるのであり、
また、相対系を機能せしめる相互因果的運動上における存立エナ
ジーの限界により規定されることで、当該の運動態様としての特殊
時空間的モメントの成立期間（無限小の有限値）を維持できるので
ある。一般時空間上にて運動・変化しゆく特殊時空間的モメントの
占める座標系が有限域でなければ、不断に更新されるリアルタイム
の自己存在を維持する質量及び現象態様が特殊化されることなく、
延いてはその本質的属性における特殊性とても成立しえない。とは
いえまた、一般空間を構成する特殊空間的モメントとして成立する
以上、無限の領域範囲におけるいかなる有限の座標系をもなしうる

こととても確実である。しかく実体（実在）レベルにおける有限の特殊時空間的モメントである限りに於いて、その自己実現及び収束（零化）運動に要するエナジーはまた有限であるから、一般時間の構成素子として体現される特殊時間的モメントの実測値とても有限でなければならない。ここでの零化とはされば、エナジー値の放出／収束により零という基準値に再還元されることを意味する。とはいえまた、一般時間を編成する瞬間次元として成立する以上、その生滅プロセスを体現する特殊時間的モメントの更新されることにより移行する最小単位は、有限ではありつつも無限小の実測値であることとても客観的事実である。しかるモメント態様の特殊時空間上の規定性が飽くまで有限であることの根拠としては、もとより無限であることの概念規定が相対系の全域を示唆するのみにて、相対系を構成する特殊時空間的モメントであるところの実体（実在）レベルを特定することにはならないからである。そして更には、一切の有限である特殊時空間的モメントの相互連関により形成される無限の一般空間は、無限小という有限の存立エナジーを保有する全モメント素子の、相互因果的である運動の連鎖により編成される無限の一般時間として成立するので、かかる存在的次元：一般空間と運動的次元：一般時間との反定立関係を止揚（揚棄）する統一的次元として、普遍的に妥当する同時性を以って無限小の時間長をなす生滅現象により相対系全体を不断に更新する瞬間次元をなす。このような瞬間として体現せしめられる各々の特殊時空間的モメントは、つねに任意且つ一意の実存という概念規定として相対系全体が反映されるため、その無限の関係変数にそれ自体が帰因しつつも帰結せしめる力動概念として作用することにもなる。

　特殊時空間的モメントは然るに、同時にまた相対系を構成する実体（実在）レベルをなして存立し、一般時空間の全域をつくりなす各々の特殊時空間上の規定性が相互連動することにより、無限の相対系として機能しうるのである以上、あらゆる特殊時空間的モメン

ト相互間の異なる座標系としての位置関係に拘わらず、いかなる特殊時空間的モメント同士とも無限に相互連動しており、無限に妥当する相互因果性のうちに規定される。Big-bang現象（仮説）により約１３７±２億年前に形成されたとする宇宙領域をなす特定の座標系とても、実体（実在）概念の実サンプルとして特殊時空間的モメントのカテゴリーに包摂されうるが、それがいかなる個体概念から構成される機構を具備しようと、何等かの状態関数及び関係変数をなして存立する物自体であるということは、つねに一般空間をなして相互連関する座標系としての境界により当該の相対的集合概念の成立が維持されうるのであり、しかる限界外をなす他在とのエナジーの分布及びその相互連関により成立しては更新されるのであるから、いかなる宇宙領域をなす座標系も全体概念としての相対系の下位概念を示唆するところであり、相対系内における関係変数を反映する特殊時空間的モメントの一例でしかない。また、そのような宇宙領域がBig-bang等というエナジー現象を契機として形成されたと仮定すれば、その形成の動因としてBig-bangと称せられる特殊空間上の事象が作用したものと推論されようが、Big-bang現象自体の成立も当該の時点より以前の一般空間としての相互連関プロセスを動因として前提されなければならず、しかく任意の宇宙領域がその成立の始点を具有することは、無限の機構である一般時間を体現する有限の特殊時間的モメントとして規定されているため、無限小の時間長を以って収束・零化される必然性にある有限の特殊時間的モメントに相当するところでもある。ここでの零化とはされば、エナジー値の放出／収束により零という基準値に再還元されることを意味する。相対系はまた、その無限の全体概念が統一システムとして機能するから、たとえ一般時空間上では無限大の間接的構造因子を経由して干渉しあい、いかなる地平のいかなる時代の科学技術上の測定によっても相互間の連動が確認できない別個の事象を例示しようとも、無限の一般時空間上の全特殊時空間的モメントが無限の相互連動により更新される以上、

一般時空間上のいかなる座標系の位置関係にあるとも、つねに相互の原因且つ結果をなして連関作用している。そしてまた、それぞれの特殊時空間的モメントに交叉する一般時空間という次元が、普遍的に妥当する同時性における無限小の瞬間次元に体現されるため、いかなる実体（実在）概念としての特殊時空間的モメントも、つねに無限小の有限値を示す瞬間的モメントとして不断に更新されるため、その運動・変化のエナジー範囲も無限小の有限域に限定されるが、不断に相対的・可変的であるそれぞれの特殊時空間的モメント毎の質量や属性とても、無限の一般時空間としての相互連動による帰結現象として規定され続けるのである。もとより一般時空間の無限であることの意義は、一切の有限の瞬間的モメントとしての無限小の生／滅による無限の相互連動システムに他ならない。

　一般空間上に有限である特殊空間的モメントは無辺に相互連関しあう他在相互の無限因果性による帰結現象としてあるとともに、かかる他在の全体は無限に及ぶ有限の特殊空間的モメントの相互連関により構成されてもいる。また、一般時間の工程上に有限である特殊時間的モメントは自己存在の変更・更新を繰り返すことにより相対系の無限運動を展開し、且つそれが無限であることは有限の特殊時間的モメントの存在規定の無限連鎖である。そのことはいずれも有限の、延いては無限小の特殊時空間的モメントの成立エナジーに帰因する事象であるため、一般空間上に有限であるならば必然的に一般時間上にも有限であるし、また一般時間上に有限であるならば必然的に一般空間上にも有限である。一意の実体（実在）レベルとして有限であるはずの特殊時空間的モメントが、相対系の機構をなす存在的次元である一般空間を体現する態様として成立する他方、それに対する反定立態様をなす運動的次元である一般時間を体現する態様としても成立する。存在態様を否定・収束せしめることを以って可能となる運動的次元と、運動作用を収束・零化せしめることを以って可能となる存在的次元は、ともに相対系の機構をなす相互否

定的である次元概念としてあり乍らも、存在態様は運動規定により
否定・収束されることによってのみ更新されるとともに、運動作用
は存在規定が更新されることによる生滅現象としてのみ機能するた
め、一般空間上に規定される特殊空間的モメントの有限値（無限小）
は一般時間上にても規定され、且つ一般時間上に規定される特殊時
間的モメントの有限値（無限小）は一般空間上にても規定されてい
る。それぞれに一意である特殊時空間的モメントは、例外なく無限
の一般時空間を体現するところであり、あらゆる特殊時空間的モメ
ントとして体現される相対系の次元である一般空間と一般時間は、
普遍的に妥当する同時性を以って、無限小の時間長にて不断且つ無
限に生／滅する瞬間次元として自己統一されるのであり、無限の各
特殊時空間的モメントの態様として現出せしめられるから、空間次
元と時間次元の双方の概念規定は相互矛盾しつつも自己同一である
ことにより機能する。各特殊時空間的モメントの実体（実在）レベ
ルにおける、空間次元：一般空間と時間次元：一般時間の相互の自
己否定・収束が極限化されることにより、相互間の連動作用による
自己同一性が顕在化されることを以って、相互間の関係式自体が止
揚（揚棄）され、結果的に自己統一されている瞬間次元を体現する
瞬間的モメントは、直接には特殊時空間の状態関数として規定され
ているといえる。ここで瞬間次元の概念規定は、一般時空間の全域
に普遍的に妥当する同時性を形成するとともに、一般時空間上に於
いて実体（実在）レベルにて瞬間次元を体現する瞬間的モメントと
しては、任意且つ一意の特殊時空間の相互連動によるところである
からである。而してまた、一般空間且つ一般時間として機能する相
対系自体の全域に妥当しつつも、特殊時空間の態様をなす瞬間的モ
メントの原理論を規定する機構である瞬間次元は、普遍的に妥当す
る同時性における一意の生滅システムとしてある。相対系内のあら
ゆる特殊時空間的モメントの関係式と相互連動に対し、自己否定（収
束）作用且つ自己統一作用をなす規定性を具有する相対系を体現す
る、無限小の同時生滅現象としての瞬間に於いて、相対系自体の無

716　　第Ⅰ節　客観概念

限回帰がなされることに帰因するところである。

　実体（実在）レベルをなす特殊時空間的モメントに於いて、一般空間上における一意の自己存立因子を自ら内在する一般時間の運動態様と、一般時間上における相互因果的更新因子を自ら内在する一般空間の存立態様が、自己同一であり乍ら自己矛盾する個体概念をなして成立することは、或る特殊時空間的モメントの運動としての自己存在の成立・更新の間隔に、つまり即自的態様をなす一般空間上に定立される自己存在と対自的態様をなす一般時間上の連動に帰因する自己発現の瞬間までに、無限小の時間的推移があることを前提しているせいである。相対系の機構をなす次元概念を体現する各々の特殊時空間的モメントの存立態様はもとより、かかる無限小の瞬間のスライドにより実行されるところであるからである。特殊時空間として一意である当該のモメント素子の、一般時空間上の普遍的である相互因果的連動を通じて、当該の他在という不定且つ無限の範疇をなす特殊時空間的モメントと相互に干渉しあうことを契機としつつ、相対的・可変的に有限性をなす無限小である特殊時空間的モメントとしての、自己存在に内在される一般時空間上の無限性の自己更新因子による力動概念である。それとともに、当該の自己存在に対自的に帰結される相互因果的連動としての、流動性をなす無限性としての関係変数を反映される自己存在に内在される、有限性の自己存立因子による力動概念であることにより、相対系の存在的次元を内在する運動的次元の態様／また運動的次元に体現される存在的次元の態様による一意の自己成立と自己更新の交互プロセスが展開されるのであり、かかる自己存在をなす特殊時空間的モメントと当該の他在との相互連動による自己内生成を伴う向自的帰結が、一般空間／一般時間の自己内関係を止揚（揚棄）する瞬間次元の概念規定に他ならない。したがってまた、瞬間次元というＣＮＳの客観概念上の追考作用における統一的プロセスにあっては、その特殊時空間的モメントとしての一般空間規定の態様と一般時間規定

の態様が相互のうちに消失されるとともに、無限小以上の特殊時間的推移により、更に相互のうちに生起されてもいることになるのである。

第Ⅱ節 客観的精神現象

ⅰ＞認識レベル：自然科学統一理論
＊自然科学的学際理論／量子重力理論

　前章にみる客観概念は、ＣＮＳ上の客観性フィルターにおける理性機能の弁証系プロセス上の概念的把捉の態様を論述しているが、それに対し客観的精神現象は、しかる弁証系プロセス上の客観概念に対応する運動主体としての、ＣＮＳ上の客観性フィルターにおける理性機能そのものの遷移を示唆するものである。換言するに、運動自我による対象的知覚をなす命題（論理式）に対する当該の客観概念と、当該の弁証系プロセスの認識レベルにおける客観的精神現象が同期して相互対応するのであるから、このとき客観的精神現象上の追考スタンスとしては、学術的にはシステムズ・アナリシス：Ｓｙｓｔｅｍｓ－ａｎａｌｙｓｉｓ的レベルをなしている。当該の客観概念の態様が、相対系の機構である次元をなす空間次元＜一般空間＞の態様の規定性及び時間次元＜一般時間＞の態様の規定性の弁証系レベルに相当するとともに、また空間次元＜一般空間＞の態様の規定性と時間次元＜一般時間＞の態様の規定性との相互矛盾関係は、当該の弁証系プロセス上の前Ｐｈａｓｅにおける有限性＜特殊性＞及び無限性＜普遍性＞を統一する次元の概念規定を端緒とするが、空間次元＜一般空間＞の態様及び時間次元＜一般時間＞の態様に於いて、不断の更新運動（生／滅）により瞬間次元の機構を実践する特殊時空間的モメントとして成立するとともに、しかる生／滅は無限の一般空間を形成する一意の有限性（無限小）規定と無限の一般時間を編成する一意の同時性の有限性（無限小）規定の自己矛盾且つ自己統一として成立する以上、自己生滅を体現する特殊時空間的モメントの一意性の態様としての［理性作用に対し即自的である］状態関数の規定性は、システムズ・アナリシスにおける極限

理論上の対象をなす有限性の運動態様に対するトレースを契機とし、また同時にその自己生滅を可能ならしめる全特殊時空間的モメント間の更新運動の回帰態様として［理性作用に対し対自的である］関係変数の規定性は、やはり同じくシステムズ・アナリシスにおける構造理論上の対象をなす同時性の態様に対するトレースを契機とするところであるからでもある。

　相対系の機構である次元の概念規定を媒介することにより、際限なく内包的且つ外延的に成立・更新される相対系の特殊時空間的モメントは、そのいかなる構成レイヤをなす個体概念として体現される特殊時空間的モメントとても、それ以外の全特殊時空間的モメントに対する対他的態様をなす一般時空間上の相互連動に於いては、連続する空間次元をなす有限性＜特殊性＞として発現せられる自己存在をなしてあり、結果的には当該の他在をなす全特殊時空間的モメントと運動・作用しあうことにより成立する物質系の態様である。したがって、対他的である運動規定により一般時空間上の無限且つ普遍の相互因果性を体現しているところの、このような空間次元＜一般空間＞として反映せられる自己存在は、［観測者内の主観的精神作用ではなく］客観性をなす物自体としての特殊空間的モメント相互間に成立する一般空間上の法則性を学際的に追究する、自然科学統一理論上の不可避的である研究対象とはなる。

　客観的精神現象は客観概念の追考主体をなす理性機能の態様を示唆するため、それが対象的知覚である命題（論理式）に対して作用する役割は、そのまま何程かの学術的立場にも通じている。何となれば、一切の学乃至理論は、その分類上の相互間の論理学的整合性と理論的相異に拘わらず、ＣＮＳ上の客観的精神現象による理性的追考運動の成果としてのみ成立しうる以上、客観的精神現象の弁証系プロセス上における当該の認識レベルを反映された概念規定と公理体系を装備することになるし、また客観的精神現象の必当然的に

推移しゆく系譜に対応して、当該の学乃至理論としての概念規定と公理体系とても遷移しゆくことになるためである。

　ＣＮＳにおける理性機能の状態関数、即ち当該の弁証系プロセスの認識レベルに位置付けられる客観的精神現象の運動規定、それにより必然的に導出される論理的成果の体系が当該の学乃至理論を形成する。弁証系プロセスにおける当該のＴｒｉａｄｅ展開の、定立（テーゼ）レベルに相当する客観概念は個体概念に体現される相対系の空間次元＜一般空間＞であり、それを同期して構成するＣＮＳの運動態様である客観的精神現象は、当該の弁証系レベルの端緒をなす一般空間の概念規定に対応する客観的認識の状態関数にあるから、当該の客観的認識処理により導出される論理的成果が同認識レベルにあって体系化されることにより、自然科学統一理論上の問題としての学乃至理論の体系が構築される。自己存在としての個体概念の状態関数・関係変数は相対系における存在的次元である一般空間の態様の規定性により生起せられるが、かかる一般空間の概念規定を学術的根拠とするあらゆる学際的理論が自然科学統一理論であるからである。しかし、客観的精神現象によるその認識レベルは弁証系プロセスの途上にある、即ち弁証系プロセスの最終工程まで未だ経過していない以上、当該の［客観的］認識レベルにて成立する学術上に期待しうる妥当性及び真理値は、爾後の弁証系プロセスに於いて論理的否定される可能性を持続しているため、飽くまで相対的である確率論の域に出ない。その逆に、絶対的である確実性とは、追考処理における、より高次の工程により論理的否定される可能性のない［客観的］認識レベルに成立するからである。

　相対系における空間次元＜一般空間＞の態様の規定性の［客観的］認識レベルにある客観概念に対し、つねに同期して対応するＣＮＳの運動態様である客観的精神現象は、一般空間の態様の規定性における概念的把捉を体系的に展開しうる理性作用のグレードにあるこ

第Ⅷ章

弁証運動──Phase Ⅷ

721

とになる。当該の論理系上の工程に相当する理性作用のグレードにあって、当該の概念的把捉を体系的に構築することが学術的体系化の作業に他ならないから、一般空間の態様の規定性の［客観的］認識レベルにある客観的精神現象を以って構築されうる学乃至理論の体系は、如上の論拠よりして、自然科学統一理論上の問題を研究対象とするそれである。

　過去の学術史における自然科学的問題に関する学説上の論争に拘わらず、自然科学統一理論は弁証系プロセスにおける当該の認識レベルにあって成立する学際的体系を形成し、且つ当該の認識レベルの客観的精神現象により推進される。相対系の機構をなす次元を体現する個体概念を研究対象とするシステムズ・アナリシスは、有限性＜特殊性＞の態様に対応する極限理論と無限性＜普遍性＞の態様に対応する構造理論を内在し、且つ機能的に統一しているが、有限性＜特殊性＞／無限性＜普遍性＞のいずれの態様にあろうと、次元という相対系の機構を反映する物自体はその存在的次元としての一般空間を体現する。しかる存在的次元の規定性を内在する個体概念は、任意且つ一意の物質系をなす或る部分集合乃至要素（元）としてはつねに、普遍性をなす一般空間上における内包的且つ外延的である相互連関を以って存立することから、相対系自体を無限の上限とする集合論的・綜合的見地より把捉するためには、それぞれの科学分科の見地を内在する統一理論が要求される。

　科学理論上の研究は概ね自然科学と社会科学に大別されるが、双方の研究の矛盾点は専ら、理論上の研究立場と方法論が人間存在を前提するカテゴリーのみに覚醒しているか否かによるところである。物質系の構造・法則を探求する理性機能による認識活動、及びその知的所産としての理論的・体系的である知識を意味する概念規定としての科学理論は、全体統一的・弁証論的である哲学理論からは弁別されている、個別的・経験論的である諸学乃至諸理論の公理

体系を示唆するところであり、そして更には、相対系における自然現象の構造・法則を探求する個別科学が自然科学の概念規定に相当する。自然現象として表象される客観的事実の観察と実験に基づく学乃至理論、とりもなおさず、経験科学の理念と方法論が形成されているが、即自的態様をなす自然科学の認識プロセスをなす理論上にあっては、飽くまで人間存在を前提とする社会現象とても自然現象の分科として把捉されるのみである。いかなる個別科学上に於いても、当該の理論展開の前提命題（論理式）となる基本原理を科学的懐疑の対象とすることはできないため、たとえば自然科学の分科である生理学や心理学では、追考主体である人間の生に関する生理現象または精神現象上の諸問題を研究対象とするものの、生理学上もしくは心理学上の成立要件をなす前提公理乃至公準の内容を、当該の理論上の懐疑すべき研究対象として設定するわけにはいかないし、かかる科学理論上の不文律があらゆる科学分科の基底をなしてもいる。また、人間存在をも包摂する自然現象の構造・法則を示唆し、且つ検証するものは実験・観察や生産等の実践作業でもあるから、工学理論を通じて産業や技術論とも緊密といえる関係性にもあるが、直接の技術的応用を目的とする工学とは相異なり、［人間存在という］自然現象の構造・法則自体を研究対象とすることから、その実用理論は間接的に派生するところではある。尤も、諸科学理論を分類すべき基準は、単に研究対象の種別・類型にのみ由来するところには限定されず、それぞれの研究上の方法論に由来するところとしての認識が妥当である。

　自然科学は、一般空間に於いて体現されるあらゆる自然現象をその研究対象とする学乃至理論の総称であり、その研究方法論は更に、当該の研究対象の相異に応じた相当の分類がなされうる。自然科学の分類は概ね、このような研究対象や研究方法論の相異に基づいて行われてはいるが、必ずしも一定してはいない状況でもあり、科学理論上の重点的主題ともなっている。とはいえ、人間の認識活動上

の形態をも反映する自然科学が、それ以外の理性機能上の認識活動の諸形態と弁別されることは、その研究対象にではなく、その研究方法論にあるともいえる。原理的といえる観点よりして、合理性と実証性が、自然科学上の認識方法の具有する主たる特性として挙げられてもいる。ところで、自然科学は人間のそれ以外の認識活動と同様に、社会という人間存在の集合単位に反映される実践活動、とりわけ生産的・技術的である実践活動を基盤とし、且つ条件として発生し発展してきた経緯があり、人間社会における歴史上の産物でもある。したがってまた、自然科学の具現性・現実性をなす学乃至理論としてのスタンスのあり方は、つねに当該の時代における社会情勢・技術レベル・思想的背景等のあり方とも密接といえる内面的関連性を具有し、これら諸因子の相互連携により条件付けられている。その一例としては、自然科学がその研究対象とし課題とすることにつき、相対系全体をカテゴリーとするために原則論としては無限定ではあるが、具現性をなす現実態様への反映に於いては、当該の時代における社会情勢・技術レベル・思想的背景等のあり方により条件付けられることにより、多種多様の方面からの限定のもとにもある。このことからも、自然科学上の成果は超歴史的・超民族的・超階級的である属性を具有するが、その具現性・現実性をなす学乃至理論としての研究スタンスのあり方は、様々の意義に於いて歴史性・民族性・階級性を内的に保有することにもなる。

　自然科学が研究対象とする自然の概念規定は、その本来の意義としては、人間存在を内包する物質系の個有の性質・本性を示唆する。カント：Ｉｍｍａｎｕｅｌ＿Ｋａｎｔによれば、経験の対象の全体／現象の全体を自然と称しているが、また主観的観念論に於いては、自然は意識が対象とする現象として認識され、意識から独立するものとしての存在が否認されるとともに、対する客観的観念論に於いては、自然を以って理念の他在として取り扱われている。また、唯物論的立場に於いては、自然は意識機構の外側に独立して存在する

ものとされており、更には弁証法的唯物論に於いては、自然は段階的に発展して種々の形質を表象しつつ、人間存在や人間社会等はその最終的産物としてあり、思想や文化等も社会環境にあって形成されるとしている。そしてまた、社会現象に反定立する概念規定としての、自然現象を位置付ける分類方法とてもある。さあれ、人工物は物質系の固有の性質を変化・変質せしめることにより創出されるため、そのような人為性に相互対立する意義における自然を示唆する場合もあるが、もとより自然科学の研究対象は一般空間全域を範疇とする以上、人為的作業もまた自然現象の一である人間存在の運動作用をなすため、人工物とても広義における自然の概念規定のカテゴリーに所属しよう。また、精神現象に相互対立する物質的事物を示唆する意義に於いても、自然の概念規定が用いられる場合があるが、精神的／非精神的とのいずれの概念規定も一般空間に所属する範疇外ではありえないため、やはり精神現象とても自然現象の形態をなすものとしての把捉が自然科学上の前提とされている。

　かかる自然現象を研究対象とする自然科学であるが、たとえば生物学は生命現象を、また物理学は物理現象を研究対象とし、それぞれ特殊化された領域に於いて成立する法則を探求することから個別科学と称せられる。したがって、各々の自然科学分科を包摂する科学分科はすべて個別科学であり、自然現象の法則そのものや相互因果性の系譜、それを成立せしめる根源的といえる自然環境システム自体にみる如き、諸科学全般の基底に横たわる共通する問題を研究対象とする哲学部門とは弁別される。本節の認識レベルをなす客観的精神現象は、弁証系プロセスの当該の工程にある理性機能の態様として自然科学統一理論に相当するが、個別科学としてのあらゆる自然科学分科を学際的に綜合統一する理論であることに於いて、分析理論を内在する統一理論としての哲学的見地をも内在している。とはいえ、それ自体に於いて哲学理論としての体系及び方法論を具備するものではない以上、学術的である分類上に於いては、個別科

第Ⅷ章　弁証運動──PhaseⅧ

725

学としての自然科学理論を学際的に綜合統一するところの科学理論に相当する。事例として挙げるならば、動物学や動物心理学、また反射学等に理論的基礎を置くとともに、生物学者パヴロフ：Иван_Петрович_Павловの条件反射学説を契機とする、客観的である行動に関する科学理論が研究されてきている。それが端的には、ワトソン：John_Broadus_Watsonにより提唱された行動主義心理学を示唆するが、かかる内省により把捉される前意識乃至意識を対象とする心理学に反駁する立場として、心理学は有機体の行動を研究対象とすべきであることを主張する学説も展開されている。行動を刺激に対する反応として受動的・機械的に解釈する行動主義に対し、新行動主義に於いては有機体の能動性が重要視せられており、心理学を全体的に考察された有機体の総体的行動の科学理論であるとする他、ジャネ：Pierr_Janet及びラガーシュ：Daniel_Lagache等による行為心理学では、心理的事象は有機体の外部的である行為としてあるともされている。とまれ狭義に於いては、このような行動主義・新行動主義等の心理学を以って、有機体である動物及び人間の行動を研究対象とする行動科学とも同義に用いられていた。このことは然るに、行動を研究対象とする点に於いては共通性があるとしても、行動の概念規定に対する認識に於いて一致してはいない。巨視的水準に於いて行動自体を理解しようとする心理学的立場、微視的水準における生理学的概念に変換することにより説明しようとする立場、更には論理実証主義のような物理主義における如く、行動を物理的操作に変換しようとする立場等が弁別されている。延いては、心理学・社会学・人類学・統計学等を中核理論としつつ、更には政治学・経済学・地理学・生理学・言語学等をも統合して、有機体の行動を学際的・統一的に研究する学乃至理論を行動科学と称せられている。行動科学に包含される学問分野は社会科学と連携する学術的要因も多いが、社会科学が社会機構システムの構造レベルの分析を中心課題とするに対し、行動科学では社会内における個体間

コミュニケーションや意思決定メカニズム等に着目する。もとより、ここでの行動の概念規定とは、広義に於いてはたとえば、試験管内の化学変化をも包含する何程かの物質系の変化・変質を意味するが、しかし端的には、刺激情報に対する動物及び人間をも内包する有機体の全体的反応の総称である。このような反応は自己存在ならぬ他在による観測の可能であることが前提とされており、したがって、内省により把捉される前意識乃至意識内容とは対照的といえる位置付けにある。或る心理学説に於いては、行動は個体概念における条件と環境変数における条件により規定されると判断し、それらの条件の或るものを組織的に変化せしめる場合、そのことに応じて当該の個体の行動がいかなる変化を呈示するかが探求される。ここで個体的条件をP、環境的条件をE、また行動関数をBとするとき、このような探求の帰結としてはB＝f（P，E）という関数的関係が導出されている。行動は観察座標の設定の仕方如何により、有機体内の化学物質の変化・変質として把捉することもできるし、或いは有機体の示す全体的である目的的反応として把捉することも可能である。前者は微視的または分子的行動と称せられる他方、後者は巨視的またはモル的（ｍｏｌａｒ）とも称せられている。もとより両者の弁別は絶対的基準によるところではないが、いずれの特性を具有する理論的スタンスにあるかに応じて学派・学説の相異を生ぜしめてもいるのではある。

　如上のように、行動科学は同一の研究対象に対する種々の自然科学分科による追考運動を統合しつつ、それぞれの研究成果を学際的見地から綜合統一することにより、綜合科学としての行動科学上の理論構成を生成するものであることは客観的事実である。とはいえ、そのことのみを以って、行動科学だけが唯一の学際性をなす綜合科学であることを認定するわけにはいかない。それはなぜなら、本来の個別科学である自然科学分科の研究をなべて例外なく綜合統一し、自己内に於いて整合的に包摂する学際的理論の構築を目的と

する自然科学統一理論に対しては、行動科学に於いてはしかる部分的範疇をなす自然科学分科の研究をのみ統合するとともに、また当該の学術的スタンスが相対的に限定されたカテゴリーを保有する以上、しかる行動科学自体が自然科学統一理論上における研究分科の一としてあるにすぎない。

　また他方、必ずしも精神現象を研究対象上の前提とはしない［それが研究対象に内包されてはいるが］、物理学乃至物理化学等という自然科学分科に於いては、一般相対性理論と量子理論による統一理論の構築が提唱されてきている。宇宙領域の全体という、相対系内における有限の個別領域の物理法則を統合的に解明せんとする一般相対性理論と、そのような巨視的とされる公理を物理化学上の組成及び構造上の学術的スタンスから追究する量子理論は、理論的トレースの方向性の面では相互対立する様相を呈しつつも、そのいずれもが相互間に整合し且つ連動して理論展開されるのでなければ、その各々の理論自体が個別科学としても妥当ではない。［現時点では］数千億ともいわれる銀河やブラックホールを内包する元素系としての物質系の他、暗黒物質（ダークマター）・暗黒エナジー（ダークエナジー）等の位置関係・運動法則・物理状態・化学組成とその物質的生涯を考究し、綜合的にしかる宇宙領域、更には宇宙外領域の構造と起源につき解明せんとする天文学とも、特殊及び一般相対性理論は学際的に連携しあうのである。宇宙領域内における任意の座標系からの光をハッブル宇宙望遠鏡（ＨＳＴ）や天体写真等を通じて調査の上、その解析手法については量子理論、即ち量子力学・量子化学上の法則に基づいて実施される。物質と反物質、素粒子と［電気的に性質を異にする］反粒子等に関する［クォークの６元モデルによる非対称性の］研究等についても、一般相対性理論の研究対象とする宇宙領域内の座標系に於いて、天文学上の観測可能である限界内における量子理論上の解析結果に対する判断に待つ必要性もあろう。

重力の法則を記述する一般相対性理論と物質の構成単位の組成及び運動を記述する量子理論は、理論的に相互矛盾するわけではないので反定立関係をなすものではないが、両者を学術的に統一する量子重力理論の構築が課題とされている。かかる量子重力理論の中核的動向として位置付けられる超弦理論は、宇宙領域を構成する物理学上の物質の最小単位を粒子ではなく、１０の－３５乗［m］の弦状の物質であるとしている弦理論に、超対称性の概念規定を導入するところの理論構成ではあるが、未だ科学的実証が得られてはいない。この理論はもとより、核子（原子核をなす陽子・中性子）・中間子に作用する強い力の性質を記述するために考案されたものではある。物理化学上の素粒子（クォーク：$Quark$・レプトン：$\lambda \varepsilon \pi \tau o$ 等）は物質を構成する最小単位とされていることから、その内部構造がなく空間上の大きさを保有しないとされてはいるが、然るに実のところ、精確には特殊時空間上の最小単位とは無限小の有限値であることよりして、内部構造を具備しない物質乃至物質系などありうべくもないから、つねに特殊空間上の有限域をなす座標系に位置付けられる。而してまた、しかる超弦理論に於いては、すべての素粒子は有限の大きさを保有する弦状の振動状態であるともされている。そこでは素粒子をそれ自体の振動状態により峻別しており、開いた弦と閉じた弦があるのみならず、それぞれの作用を相互に異にするともされているのである。もとよりスピン核運動量とは、素粒子及びその構成する原子核や原子等の複合粒子の量子力学上の自由度をなすが、開いた弦は光子・ウィークボゾン・グルーオン等に相当するスピン１の素粒子間の相互作用をなすゲージ粒子を内包しており、また、閉じた弦はスピン２の重力相互作用を伝達する重力子を内包しているとされ、更にまた、開いた弦の相互作用を想定する限りに於いては、閉じた弦、即ち重力子を内包せざるを得ないことになることから、超弦理論が所謂量子力学上の＜強い力＞のみを記述する理論であるとの判断には無理があろう。換言するにそれは、しかる弦状の物質を特殊空間の最小単位としてみなすこと

により、自ずと重力を量子化してある概念規定が創出されるのでは
あるが、当該の理論は素粒子の標準模型の多様である粒子を導出し
うる自由度を保持しており、且つそれに基づいて種々のモデルが提
案されてもいる。

　超弦理論には、Ⅰ型・ⅡA型・ⅡB型・ヘテロSO（32）型・
ヘテロE8×E8型の5種類あるとされているとともに、理論上の
整合性のために10次元以上の特殊時空間の規定性が想定されてい
る。物理学的空間の3次元（前後・左右・上下）に特殊時間規定を
加算した4次元の規定性に対し、他の6次元の規定性については、
量子レベルで巻き上げられると表現されているが、所謂量子力学上
の小さなエナジーによっては観測することができないともされてい
る。また、超重力理論は一般相対性理論の超対称化された理論とし
て位置付けられており、11次元超重力理論をその低エナジー極限
に於いて内包するM理論については、5種類の超弦理論が統合され
ているとともに、更に1次元を加算した合計11次元の規定性が想
定される理論に他ならないが、これら6種類の超弦理論に関しては
様々の双対性により相互間に連関している。素粒子の最小単位とし
て仮定されている弦の振動は、量子レベルで巻き上げられると表現
されている6次元により制約を享けており、しかる振動の形状に応
じて特定の量子が形成されているのではあるが、また超弦理論に於
いては、最小単位とする基本的物体は1次元の弦状の状態関数にあ
るとされるに対し、M理論に於いては、加算された更なる1次元に
より、その基本的物体は2次元の膜状の状態関数をなすものと提唱
されてもいる［先述の通り、かかる最小単位とする基本的物体は飽
くまで超弦理論上のそれであり、客観上には無限小の有限値しか採
りえないのだが］。そしてまた、超弦理論にて表記される10次元
中に於いては、Dブレーンと称せられている種々の次元の拡がりを
保有するソリトン（非線形方程式に従う安定的である孤立波）が存
立しており、しかるDブレーンは本来に於いては、1次元の弦状の

基本的物体が端点を保有しうる特殊空間として定義されているが、重力子（グラビトン）等の閉じた弦に関しては、このような超空間に依存することなくブレーン間を往来するのであり、如上のような描像を宇宙理論に適用した理論構成がブレーンワールドとも称せられている。そのこと自体は、特殊空間３次元＋特殊時間＝４次元の特殊時空間としての宇宙領域が、より高次元の特殊時空間（Ｂｕｌｋ）に埋め込まれた膜（Ｂｒａｎｅ）のような特殊時空間の規定性であると想定する宇宙モデルに他ならない。しかし、この場合の宇宙モデルに於いては、量子力学にて使用される３種類の力（電磁相互作用にて発生する電磁気力・電磁相互作用より強い相互作用による強い力・電磁相互作用より弱い相互作用による弱い力）に比して、重力が極端に弱いことの理論的根拠としては、その大半が別の次元に離散しているということにより説明されるとしている。

　このことに連携して、たとえば宇宙理論の分科であるインフレーション理論は、Ｂｉｇ－ｂａｎｇと称せられる爆発現象に宇宙領域の始期を求めるＢｉｇ－ｂａｎｇ理論（仮説）を補完する初期宇宙領域の進化モデルである。宇宙領域の生成されたとする直後の時点に於いて、エナジー値の高い真空（偽の真空）から低い真空（真の真空）に相転移し、この過程にて負の圧力を具有する偽の真空のエナジー密度により生起された指数関数上の膨張の時期を経過したとするものであるが、更にはこのインフレーションをブレーンの運動として把捉する学説など、様々の量子理論的研究が多角的になされつつある。宇宙領域におけるＢｉｇ－ｂａｎｇ現象を生起する機構としては、無であると考えられている真空からのエナジーのトンネル効果により、しかるエナジーが或る３次元時空間連続体（＝４次元）に於いて一箇所に集中されるとしている。当該の宇宙領域同等に相当しうるエナジーが発生するためには、真空におけるエナジー効果が必要とはなるのであるが、少なくとも何等かのエナジー効果を惹起せしめられるためには、もとより当該の動因となる物理的或

いは運動的実体（実在）が不可欠であり、このことからも真空が一定している無の状態関数ではないことが明確であるといえる。そのことは本来に於いて、一意の生命現象を前提してのみ一意の死という運動現象が成立することと同様、一意の存在現象を前提してのみ一意の無という運動現象が成立しうる以上、無という規定性が一定の特殊時空間に於いて継続的に成立する状態関数乃至態様ではなく、無限小の瞬間生滅を規定する一意の運動現象としてのみ展開されうるが所以でもある。真空におけるエナジーが一箇所にて集中される確率は、当該の真空をなす宇宙領域に存立する質量をエナジー換算するとともに、しかる宇宙領域における現在時のエナジー値を加算し、これをブランク距離レベルで発生していると考えられるエナジー値により除算した値に相当する。つまり、それだけ極小の確率により当該の宇宙領域が生成されたことにもなるが、このことに際してその一箇所にて集中されたはずのエナジー値は、量子トンネル効果により或る閾値を超えて一機に放出されるということであるが、かかる現象が所謂Ｂｉｇ－ｂａｎｇと称せられているところである。このようなプロセスはまた、Ｂｉｇ－ｂａｎｇ現象を生起せしめた宇宙領域にあっても同時に生起しうるともされている。というのも、統一状態にあった力として、即ち重力＋強い相互作用＋弱い相互作用＋電磁気力＋真空の揺らぎが分離するプロセスに於いても、強い結合力にあった相互作用が分離される際にエントロピー増大のプロセスにて解放され、同様の量子トンネル効果を発生せしめることにより、その母体となる宇宙領域から子となるＢｉｇ－ｂａｎｇ現象を生起せしめることで、新規の宇宙領域を生成する機構をなすためであるとされている。更にまた、宇宙多重創生論によるところでは、量子効果は多世界解釈、即ち複数の宇宙領域という特殊空間的集合が併存するとの解釈となり、事象の地平線との仮説によりそれぞれの宇宙領域が分離されることから、Ｂｉｇ－ｂａｎｇ現象より以前の時点の情報が別の宇宙領域には伝達されず、多重創生されたはずの宇宙領域は別々の相互因果律により分断されることと

しているのだが、本来に於いて相互因果律は無限の相対系の全域に
おける相互連動をなさしめる以上、特殊時空間上の相対的単位でし
かない有限の宇宙領域毎に相互因果律が分断されることはありえな
い。仮想粒子タキオンの凝縮機構により、伝達せらるべき情報が同
一の宇宙領域内に停まるとするも、科学理論上の伝送距離の相対的
限界を示唆しているにすぎないため、特定の情報の送受信範囲の有
限であることが相互因果律が分断されることの理論的根拠たりえ
ず、また更に別なる宇宙領域の相互間に於いても無限因果性が成立
しなければ、いかなる宇宙領域の多重創生とてもありえないためで
ある。あらゆる宇宙領域の創生・変化・収束等の全プロセスには、
つねに当該の宇宙領域外との相互連動が動因として必須の前提であ
ることに基づく。

　尚、Ｂｉｇ－ｂａｎｇ現象は、銀河系等の銀河や太陽系の存在す
る当該の宇宙領域が所属する膜と、他の膜との接触により生じたエ
ナジーに起因して形成されたものとするモデルもあり、エキピロ
ティック宇宙論とも称せられている。それは超弦理論からの帰結で
もあるが、この理論はより高次の次元における３次元の膜からなる
とするものであり、平行宇宙をなしている多世界解釈からの要請に
よるところであるとも考えられる。スーパーストリングス自体を２
次元に投影する場合には、巨大といえる膜状の態様としての描画
が可能となるはずではあり、即ち超次元への投影に変換するなら
ば、当該の膜面は３次元からなるとされていることによるところで
ある。インフレーションのメカニズムは、平行宇宙の相互間におけ
るエントロピー：Ｅｎｔｒｏｐｙの交換により得られるが、具象的
には複数の平行宇宙が衝突することにより相互のエナジーが交換さ
れることになる。平行宇宙の一方のエナジー値が増大すれば他方の
エナジー値が減少し、相互作用の帰結現象として平行宇宙全体の熱
力学保存則が成立するとされているが、つまりエナジー値の増大し
た有限の宇宙領域は加速膨張を生起せしめるに対し、エナジー値の

減少した有限の宇宙領域は減速膨張を生起せしめるというものである。もとより平行宇宙の概念規定は、宇宙多重創生論によるところでは、マザーユニバースより生起されたチャイルドユニバースが多数存立し、その各々の宇宙領域が相互に進化発展を遂げるモデルからなる宇宙概念を意味している。インフレーション宇宙論よりの帰結として、初期の宇宙潜熱の解放による真空の揺らぎが発生しうるが、そのことが量子トンネル効果を生ぜしめるエナジーにもなるとともに、しかるエナジー現象により多数の宇宙領域が生成されているという仮説が成立する。真空自体のエナジーについては、非相対論的物質組成よりして或る程度のエナジーポテンシャルを保持するためと結論付けられているが、飽くまでブランク距離やブランク時間レベルの対生成（高エナジーの光子の衝突による粒子／反粒子の生成）・対消滅（粒子と反粒子の衝突によるエナジー乃至他の粒子への変換）による、とする仮説も成立する。このような状況はつねに生起しているのではなく、一定のポテンシャルエナジーを具有する物質やエナジーの塊が、周囲の場に影響せしめることにより生起されると推論されるが、これを近接相互作用とも称せられている。平行宇宙仮説に於いては、Ｂｉｇ－ｂａｎｇ現象が複数同時に生起する条件を充足する場合にのみ作用しうるものであり、もし宇宙領域の特殊空間的範囲を無限大であると仮定するのならば、適応可能とはなろう。但し、平行宇宙仮説とはメタ宇宙論といえる領域・分科の学乃至理論であることよりして、認識論的観点からは困難であるとされている。ブラックホール及び周辺に生起する物理現象を直接観測できるならば、その観測及び分析情報に基づいて、平行宇宙仮説や宇宙多重創生論に関する検証が可能になるかもしれないけれど。更にはまた、サイクリック宇宙論によるならば、現状における銀河系等の銀河や太陽系を内包する当該の宇宙領域は５０回目の宇宙であるとされ、過去時間通算では前４９回のその生誕と消滅を反復することにより、現時点の状態関数をなす宇宙領域とはなっていることにもなる。初期宇宙がブランクメートル以下の極小時にあっ

ては、当該の宇宙領域全体がブラックホールと同様の状態関数となり、インフレーション機構を形成する可能性が非常に低くなることから、自己重力により崩壊すると考えられるのでもある。然るに、Big-bang現象により生起したとされるエントロピー：Entropyが保存されるため、[かかる理論上では]Big-crunch現象を惹起したはずの当該の宇宙領域は、再びBig-bang現象を生起するだけのエナジー因子を生じうるが、そのことに際して発生した物質や熱の拡散の程度のパラメータであるエントロピーが、次期サイクルの宇宙領域のBig-bang領域の大きさを規定するという。かかるBig-bang現象とBig-crunch現象の過程を反復しゆくことにより、超弦理論における初期宇宙のスーパーストリングスの大きさを規定することにもなり、それが通算５０回目現在の宇宙領域が存立するとされる理論ではある。而してまた、その反復回数を重ねる毎に、８倍づつの宇宙領域の寿命を伸張しているともされるが、少なくともそれが４９回前という有限時間内に開始された運動である限りに於いては、[そのことの信憑性をもし仮定せば]無際限に反復され続けうることでもないのであるが。したがって、かかる仮説はまた、同一の有限の工程を反復することを前提する内容ではないので、或る一定の宇宙領域が完全に同一の有限の工程を無限の回数に亘り反復されるという、[別章の論証に於いて論理的否定されている]永劫回帰の思想との整合性もまた認定されるところではなく、この点についても別章にて論証されている。いずれにせよ、たとえば、約１３７±２億年前とする宇宙領域の始期をなすBig-bang現象と、当該の宇宙領域の終期をなすBig-crunch現象の過程を反復するという仮説は、一般時間上の無限性を具備しない有限の特殊時間上の規定性を想定するものであるとともに、またたとえば、現時点に於いては、約１３７±２億光年とする当該の宇宙領域が膨張運動と収縮運動を繰り返すという仮説は、一般空間上の無限性を具備しない有限の特殊空間上の規定性を想定するものであることになるため、物

理学乃至物理化学上の宇宙概念はいずれも、無限の相対系を構成する有限の特殊時空間にのみ妥当しうるところではある。

　超弦理論は重力の量子理論として認識されつつあるが、重力が強力であるために光さえも脱出できない領域範囲を示唆するブラックホールの、熱力学上の気体の乱雑さを顕示する属性であるエントロピーに関する問題にも関与していよう。ブラックホールのエントロピーは表面積に比例しているけれど、この事象をＤブレーンに位置付けられた弦の状態関数を算定するという方法論により導出されている。そのことは、熱現象を物質の巨視的性質より取り扱う熱力学上のエントロピーを、系の微視的である物理法則をもとに、巨視的である性質を導出する統計力学上の手法により導出することにも対応しているのはである。

　未だ観測情報や実験事実を説明するには到っていない超弦理論ではあるが、上記のようなブラックホールの問題への対応、宇宙理論や現象理論の模型に対する影響、またホログラフィー原理のより具体的といえる実現等の成果もみられる。とはいえやはり、この理論に対する学術的評価として否定的である見解をなす学説とてもあるが、概ね次のような根拠に基づいている。それはまず、超弦理論に於いては基本的に、現時点までに観測されていない次元概念が成立することの証明を理論上にて必要とすることが挙げられる。仮に超高エナジーの実験が可能であるならば観測しうる次元であるとしても、実際上は地球環境のみにてはしかる超高エナジーの条件が充足されえないことからも、もし当該の実験・観測が不可能であるとなると、現状の地球環境上に於いては実証されえない仮説でしかないことにもなる。また、宇宙背景重力波等の観測についても同様に、仮にそれが可能となるならば、重力とそれ以外の力が峻別された時点までは物理学上の観測を実施できもしようが、少なくとも２１世紀前期の時点までは実証されてはいない。更には、欧州原子核研究

機構（ＣＥＲＮ）のラージハドロンコライダー（ＬＨＣ）等により、マイクロブラックホールが発見されるなどの場合には、余次元の導入を前提とする物理学理論にとっては一定の進捗とはなろうが、そのこと自体を以ってしても超弦理論の確証とはいえないこと、等挙げられよう。

　もとより量子重力理論とは重力相互作用を量子化している理論ではあるが、現状では未だ学術的に研究・形成される途上にある。相対性理論を摂動により単純に量子化することで第二次のレベルでの紫外発散が生じるが、ゲージ理論に於いては、特殊時空間の各座標系毎にゲージ：Ｇａｕｇｅの方向性を取り換えて、（ゲージ変換により）理論を記述しても運動方程式が不変であるという要求を充足しており、しかる場の理論により相対性理論自体を考察することが可能となるため、単なる摂動による量子化の仕方の問題であるともいえよう。この重力ゲージ理論によると、重力子はスピン２のボゾンであると考えられているが、そこで次に提起されてきている学術的立場としては超重力理論である。当該の理論は一般相対性理論を超対称化しているものであり、重力子がスピン３／２のグラビティーノを超対称性パートナーとして保持するという理論であるが、しかしこの理論に関しても、高次の量子化レベルにて紫外発散している可能性が指摘されており、そこで次に提唱されてきている学術的立場が上記の超弦理論に相違ない。しかる超弦理論は、重力子が＜閉じた弦＞により記述されうるとする学術的立場にあり、その他にも＜開いた弦＞をなすものとしての光子・ウィークボゾン・グルーオン等のゲージボゾン、及びフェルミオンをも内包しているのであるが、またこの方法論とは異なるアプローチをなす学術的立場に、ループ量子重力理論とてもある。特殊時空間上に当該の単位以上には分割不可能の最小単位が存在することを記述する理論ではあるが、そこでは原子における電子配置のように離散的である値をとるものと考えられている。特殊時空間を背景場として、最初から

そこに存在するものとして定義されている超弦理論に対し、一般相対性理論と同様に理論自体が特殊時空間そのものを規定していることにもなる。特殊空間はノードとノードを連結する線を用いたスピンネットワークと称せられるグラフ上に表示され、その特殊空間の連携の変化が重力等の力の媒介や電子等の素粒子の存在を示しているとされる。而してまた、かかるスピンネットワークに特殊時間概念を導入されたものがスピンフォームと称せられ、それはやはり離散的に変化するのではあるが、ノード間における変化前と変化後の時間差は１ブランク秒とされている。しかる理論はその背景として、ペンローズ：Ｒｏｇｅｒ＿Ｐｅｎｒｏｓｅのツイスター理論とスピンネットワークの概念規定を内包しており、そのことは超弦理論のみが量子重力に関する唯一の理論ではないことをも物語っていよう。

　重力を量子化する上に於いて、学術的に都合の良い現象としてブラックホールが挙げられるが、ブラックホールの内部にあっては相対性理論が破綻を来すものと考えられており、そこでは特殊時空間を量子化した理論が有効とされるためである。かかる方向性における研究としてはホログラフィック原理が挙げられるが、この理論はブラックホールの内部の情報量の保存限界はその体積ではなく表面積に依存するというものであり、超弦理論のメンブレイン（膜概念）に相通ずるところとてもある。また、ＡｄＳ時空間上の重力の弱結合領域と共形場理論の強結合領域との双対性をなすＡｄＳ／ＣＦＴ対応として、或る種の物理法則が多様体の境界に還元できるとする学説も提唱されている。いずれにせよ、重力はもとより自然界に存在する所謂量子力学上の四つの力（電磁気力・強い力・弱い力・重力）のうちでは最も弱く、実際上に量子化されている重力が相互連関していると考えられる現象が未だ、２１世紀前期現在にて到達しうるレベルでは観測されていない状況にある。或いはまた、超弦理論における１０次元以上という次元数については、それが光よりも高速の粒子であるタキオンや負の確率となる粒子ゴーストが存在しない

ことを仮定するものではあるが、特殊時空間上における物理的速度にも絶対の最高速度など成立しない以上、光速度を最高速度と断定することは物理学乃至科学技術上の稚拙といえる実証精度を露呈するものでしかない。更にはまた、現実規定としての特殊時空間は無限大の可拡張性とともに無限小の可分割性をも具有する以上、或る一定以上には分割不可能である最小単位など存立しえないため、物理化学的時空間の構成物質を粒子ではないところの、弦状・膜状、その他のいかなる基本的物体を最小単位であるとする仮説もまた、いずれのレイヤまで当該の基本的物体とする構成単位を細分化しようとも、所詮それ自体が有限且つ相対的である分析レベルにしかありえないことでもある。

　このような超弦理論を内包する量子重力理論や、超対称性重力理論をも統一する自然科学理論の検証が不可欠となろう。数理科学的には、宇宙多重創生理論等をも含め、その母体となる理論が同一の理論に基づくことが検証されなければならず、というのも真空のエナジーに起因する対生成／対消滅のエナジーにより第二次インフレーション機構が形成されるとすれば、ニュートリノ振動によるニュートリノ質量等の観測結果とも整合するはずであるためである。如上のような諸仮説をも含め、物理学乃至物理化学上の巨視的及び微視的立場からの学際的に連携する統一理論なくしては、宇宙領域の成立時点にまで遡及して研究することはできない。宇宙領域をなす物理法則や構造規則も、その量子理論的組成及び構造の変化・変遷により影響されるとともに、当該の宇宙領域全体の変化・変遷により、その量子理論的組成及び構造もまた無関係ではありえないからである。しかし乍ら、かかる宇宙領域自体とても無限の相対系を構成する有限の領域範囲でしかない以上、しかる物理学乃至物理化学上の統一理論によってさえ相対系全体を究明しうるものではないし、また先述の行動科学の場合とも同等の論拠よりして、しかる学乃至理論自体が自然科学統一理論上における研究分科としてある

にすぎない。

　かく自然科学統一理論の系譜としては、相対系における存在的次元の機構をなす一般空間の概念規定に対し、その実体（実在）レベルの研究対象にアプローチ可能である様々の自然科学分科による理論構成を、それ自体を以って統一的である学術的立場及び成果として学際的に構築するところであるが、しかる自然科学分科のいずれも空間次元としての一般空間を研究対象とすることに相違ない。この一般空間に対する研究主体は、たとえば、人間等の精神機構を生理的に具備する生物体及び運動主体であるが、かかる研究主体もまた一般空間の構成素子の範疇に内包されるため、その精神機構や生理的法則とてもやはり当該の認識レベルにおける研究対象となるのであり、行動科学と総称される自然科学分科の学際的理論が相当する。これに対し、人間等の精神機構の主体をも内包する一般空間を研究対象とする、当該の認識レベルにおける自然科学分科の学際的理論、就中物理学乃至物理化学分科の学術的統一を目的とする理論が量子重力理論ともいえよう。したがって、行動科学と量子重力理論の関係性は、その研究対象を現象学上乃至認識論上の主体もしくは客体とするところのそれであり、寧ろ集合論的相互連関にもあることよりして、相互間に反定立しあう理論的立場にあるのではなく、相互間に整合しあう補完的且つ連動的相互作用を及ぼしあう理論的関係になければならない以上、このような行動科学と量子重力理論をも統一的に研究する学際的理論の構築とても不可欠とはなる。もとより、自然科学統一理論の全体系としては、それが一般空間という座標系及び物質系を特殊化しない一般概念規定を前提とする理論であるため、特定の研究対象のみに対し論究する既設の学体系を以って充足しうるところではなく、寧ろ相互連関する諸学相互による有機的且つ学際的であるアプローチの統合として把捉されなければならないが、但し自然科学統一理論自体を研究スタンスとしつつ汎用的である公理展開を重ねることにより、独立の学体系を構築し

740　　第Ⅱ節　客観的精神現象

うる可能性もある。

　しかる空間次元としての一般空間に於いて規定される実体（実在）概念に関して究明することは、理性機能による弁証系プロセスの当該の階梯をなす理論体系として必然的に成立するのであるが、自然科学統一理論に対する追考を展開しゆくほどに、是非もなく社会科学統一理論に対するトレースが不可避的に要求されることになる。自然科学統一理論上の研究対象となる空間次元：一般空間そのものが、実体（実在）レベルでは相対的にして有限の座標系及び物質系として、無限小且つ無限大の相対系における存在的次元である一般空間を体現することにより、そして存在することが運動することによってのみ成立する以上、空間次元：一般空間の機構をなして成立すること自体が運動的次元である一般時間を体現するところであり、且つ時間次元：一般時間の概念規定を研究対象とする理論系譜を形成する学術的スタンスが社会科学統一理論に相当するからである。存在的次元として運動規定を否定・収束せしめ、且つ運動的次元として存在規定を否定・収束せしめつつも、相互に相対系という例外なき全体概念を機能せしめる機構をなすことにより、このように客観的精神現象上に究明せらるべき概念規定に於いて、相互矛盾関係にある自然科学統一理論と社会科学統一理論は、また学術的論拠に於いて相互依存関係にもある以上、当該の弁証系プロセスにある客観的精神現象の態様より社会科学統一理論の弁証系レベルへと移行される必然性がある。理性機能による弁証系プロセスにおける社会科学統一理論の階梯は、自然科学統一理論に対し反定立する関係式として導出されるため、自然科学統一理論と同一レベルにリンクして追考されなければならないからである。

　とまれ、如上のような概念規定を構築する空間次元：一般空間に対する理性機能上の理論構成が、自然科学統一理論の相当する弁証系レベルに於いて展開せらるべき主題ではある。

ⅱ＞認識レベル：社会科学統一理論
＊社会科学的学際理論／唯物史観

　弁証系プロセスにおける自然科学統一理論的認識レベルでは、物自体に体現される相対系の次元概念を契機としつつ、その無限の機構をなす存在的次元の態様が当該の客観概念をなすため、すべての際限なく相互連関しあう相対系内の他在に対し反応しあう状態関数としてのみ成立する、無限の存在的次元としての一般空間の態様に対する客観的把捉処理の展開、及びその理論的体系化を旨とするが、そのことは相対系の機構である空間次元の概念規定に対する客観的精神現象による理性作用の即自的アプローチによるものである。然るにまた、相対系の機構としての存在的次元である一般空間の態様は、それとともに相対系の機構をなす存在的次元自体の成立根拠として、存在の否定・収束そのものを以って更新されるところの概念的に相互矛盾する運動的次元である一般時間の態様に帰因され、且つその機構を契機とする帰結現象が相対系における時間次元：一般時間の態様として現出される以上、そしてしかる自己否定的更新運動の必然性を内在する一般空間の概念規定に対する理性作用の即自的アプローチを実行することにより、存在的次元である一般空間的規定により導出される運動的次元である一般時間的規定に対する、理性作用の対自的アプローチに帰せられることが自己矛盾的に不可欠とはなる。相対系の機構をなす、存在的次元としての一般空間の概念規定に対する理性作用の即自的アクセスと、その運動的次元としての一般時間の概念規定に対する理性作用の対他的且つ対自的アクセスは、したがって客観的精神現象における相互矛盾的である運動規定であり乍らも、その相互の次元機構のうちに内在されるとともに導出される必然性がある。

　個体概念に体現される相対系の存在的次元としてある一般空間の態様による規定性の知覚から、相互矛盾しつつも相互に連動しあう

相対系の運動的次元としてある一般時間の態様による規定性の対自的認識への移行は、客観的精神現象における系譜としては、自然科学統一理論より社会科学統一理論への学術的レベルの移行として成立する。何となれば、相対系の存在的状態関数を規定する機構としての一般空間の態様による規定性と、その体現態様であるすべての座標系・物質系の相互による対他的関係変数を研究対象とする学際的である自然科学統一理論に対し、相対系の無限性を編成する次元概念を契機として同一の座標系・物質系として成立する運動法則とともに、反応しあう他在をなす座標系・物質系に対する対他的認識を通じて自己回帰的に成立する対自的認識は、存在的次元の相対系全域にて相互連動する運動態様としての体現態様に対する諸自然科学分科からのアプローチに対して、その運動態様である座標系・物質系の無限連動と時間移行、及びそれ自体を成立せしめる関係変数をなす相対系の機構をなす運動的次元としてある一般時間の態様を研究対象とする社会科学統一理論的レベルに於いて可能となるためである。社会科学統一理論の意義としては、一般空間による規定性の態様における可変的状態関数、及び当該の他在との対他的相互アクセスの反映された座標系・物質系の関係変数をもなす一般時間の態様の原理的解明にあるから、そのような対自的認識における運動的次元としての一般時間の態様が一意の実存的存在として如何様であるか、しかる哲学的解釈の問題では未だなく、自然科学統一理論上の座標系・物質系における一般空間の態様の規定性を反映する社会科学統一理論上の一般時間の概念規定を示唆している。個別のエレメントをなす個体概念の事象に対する検証ではなく、社会科学統一理論的法則として公準化されうる座標系・物質系としての関係変数と、相対系の運動的次元をなす一般時間の態様の規定性の認識の根源的であるレベルに、対自的アクセス自体の原理論を問うことの目的があるためである。

ところで、相対系の機構をなす次元としての一般時間の態様に対応する客観的精神現象の認識レベルが社会科学統一理論にあることは、その存在的次元である一般空間の態様に対する対自的アクセスをなす運動的次元である一般時間の態様が、同一の座標系・物質系に体現される次元概念における原理論により規定されるものであることにも基づく。存在的次元としての一般空間の態様の規定性は、同一の座標系・物質系における相互因果的関係変数により作用しあう無限連鎖を契機とするとともに、全体概念である一般空間の態様を体現する運動的次元としての一般時間による否定（収束）作用を契機として、次元機構を以って体現且つ更新されゆく単位宇宙の態様は同一の座標系・物質系における時間次元の発現であることよりして、次元機構に基づく相対系自体の自己回帰システムに関しては、任意の座標系・物質系に即自的に体現される一般空間の存在規定を論究するとともに、あらゆる座標系・物質系の相互間の関係変数により対自的に自己回帰される一般時間の運動規定の論究を目的とする学術的スタンス、即ち反定立的である学際学としての［有限の単位概念における構造及び法則性を研究対象とする］社会科学統一理論が理論的基礎をなすためである。

社会科学統一理論はもとより、社会学・法学・政治学・経済学・歴史学・言語学等の社会的諸現象を研究する科学分科により、共通の研究対象に対し学際的である研究立場と方法論を通じて、統一的である公理系及び理論の体系化を目的とする。そのような学際的であるカテゴリーに統合される諸社会科学分科も、自然科学分科の場合と同様に、相対系における事物の構造及び法則性を把捉して事物を支配することの理念を端緒とするが、その定立的段階では生物体の集合による自然的存在としての社会概念に関する実証的理論を以って展開されているにすぎず、寧ろそれは、人間を内包する生物体及びその集合を自然現象として把捉する自然科学的立場に通じてもいる。然るに、歴史的社会の理論としての史的唯物論的見地より

して、あらゆる科学分科が各々に歴史科学としてあることが指摘せられ、自然史に関しての自然科学とともに社会史に関しての社会科学が提唱されてもいる。

　社会科学及びその統一理論の基本概念をなす社会は、あらゆる社会現象或いは社会的事実を包括する意義に於いて、一切の人間及び生物体により構成される集合態様とともに、それぞれの集団外より他在として相互に基礎付けあう全体社会を示唆するところである。相対系を構成するあらゆる個体概念相互間の連関に於いて、共通の運動的ヴェクトルにより結合される複数の個体概念の集合態様を社会と称せられうる以上、化学的組成をも考慮した生物学的アプローチを要する場合等にあっては、寧ろ自然科学的立場による研究対象ともなりうるのではあるが、人間を構成素子とする社会概念に特殊化される機構及び法則性に対する研究乃至理論が、社会科学分科による実質的領域となる。このとき社会概念に関する考察としては、個人の社会的交渉と特殊の集団と全体社会の各構造的レイヤにおける問題がとりあげられる。個人の行動と他者との相互依存的内容とその制度化、つまりは社会関係乃至社会体制が、社会的地位や役割等の下位概念を伴って社会概念の内包を形成したり、或いは地域社会的概念にみられる集合態様の把捉よりして、企業や労働組合、政党や有意組織等の社会組織が社会の実体（実在）をなすものとして考察される場合、更にはそれらのすべてを包摂しつつそれらをサブ・システムとする包括的である全体社会が措定されもする。しかる社会概念の把捉には、総じて個人主義的見地もしくは社会唯名論的見地と、全体論的見地もしくは社会実在論的見地の対立関係がみられ、その根源に於いては個人と社会との関係式が社会哲学上の中心問題をなしている。国家の領域範囲に内含される社会的秩序を帰属社会とする観念に対し、ホッブス：Ｔｈｏｍａｓ＿Ｈｏｂｂｅｓ等による個人の自覚を通じて国家と社会を概念的に分離する思想もあるが、ヘーゲル：Ｇｅｏｒｇ＿Ｗｉｌｈｅｌｍ＿Ｆｒｉｅｄｒｉｃｈ

＿Ｈｅｇｅｌのように市民社会と絶対的国家を弁別しつつも、国家と社会を統一的に論ずる全体論的思想も一方には存立している。かくて社会概念に関しては、多義的である理解のうちにも全体社会という抽象的次元から、個人の社会的交渉という具現的次元までの綜合的考察を求められるところでもある。

　広義における社会の構造的概念をなすものとしては、社会の構成員間における接触交渉の類型である社会関係から、社会の構成諸要素間の相互作用と相互依存により一定水準の動的均衡が保持される態様をなす社会体系、また社会意識やイデオロギーと相互連動して社会の構成員相互の恒常的である関係性やその形式を意味する社会組織等が包摂される。社会構造という名辞については、社会を有機体とのアナロジーにより認識しようとする学派の発展に伴っているが、マルクス的といえる上部構造／下部構造の概念規定は生物体よりは寧ろ建築的構成がイマージュされており、またヴェーバー：Ｍａｘ＿Ｗｅｂｅｒ的といえる支配の宗教社会学的研究にみられる官僚制の構造的研究等もその同系列に所属しよう。社会構造が或る連動的全体をなすという面では、より外延的である構造の内包的である部分としての構造は、他の種々の大小の構造と並存・重畳・交叉等の関係作用を保持して存立し、その範囲内では代替或いは変動が可能であると考えられる。かかる一定の均衡関係を形成する社会構造の動態的概念としては、社会機能が挙げられよう。社会の構造や成員に対し、人間の行為や事象・制度等が具備する調整乃至適応の作用を社会機能と称せられるが、それには成員である人間個人の基本的欲求を充足するための機能と、更には包摂する特定の社会の秩序を維持統制するための社会的要求を充足する機能に弁別される。社会なり集団が、他在とは峻別されて並存・存続してゆくことは、一定の社会機能が維持されていることが前提となるが、このような社会機能の積極的である適応・調整機能を順機能として把捉するとともに、反対に適応・調整機能を弱化せしめる機能を逆機能として

把捉されてもいる。社会統制はかかる順機能を実行するための強制力に他ならず、その順機能により実現される社会的態様としては社会的均衡・社会秩序等があるが、他方その逆機能により実現される社会的態様としては社会的緊張・社会的解体等があり、社会病理学等からの研究対象ともなる。然るにまた、構造言語学や数学的応用をも導入している社会諸科学にも触発され、現実概念を発見するよりも現実態様とは別の思考レベルに現実概念を説明しうるモデルを構造として想定し、この現実態様の社会諸関係に対応するモデルを社会構造として論じている学派もある。

　あらゆる社会構造は、その社会機能を以って自己実現される運動態様としてのみ成立するが、なべての社会機能を実行可能ならしめる力学的概念が社会的場と称せられている。とりもなおさず、現象的変化に作用する一切の物理的・心理的・社会的である諸因子の相互連関的、且つ機能的事実乃至メカニズムとその変化を示すエナジーの体系であり、またそれ自体が統合態様としての状態関数の平衡を示すところでもある。このような力学的概念を反映された社会構成体としての概念規定が社会体制であり、そこでは各種の行為・集団・組織・制度・イデオロギーが、経済的下部構造をつくりなす中心原理により一義的に規定され、一体的に構築された或る統一と相互連関に於いて体現された動的全体を意味する。体制概念は飽くまで、社会生活の統合態様としての構造・秩序の歴史的推移の態様を認識するための手段であり、体制の物質的基礎や歴史的変動の問題を度外視する抽象的にして非歴史的である体系概念とは弁別されている。マルクス主義的である理論上に於いては、社会体制の基底を形成しつつも、その変遷する態様を規定するところとして、人間の物質的生活の条件である生産様式にも着眼し、かかる生産様式を構成する内容としての生産力と形式、もしくは枠組としての生産関係との間の照応と矛盾のうちに、社会体制の構造とその変動の原因を求めている。つまり、両者の照応関係が社会体制の統合的契機を

なすとともに、また矛盾関係がその分裂的契機をなすところでもあり、しかる双方の契機が同時に共存するところに社会体制の構造的矛盾があるばかりか、その変動の必然性を解明する論拠があると判断したのである。かかる見地よりして、生産力の一定の発展段階に照応する生産関係の総体からなる経済的下部構造と、それを動因として展開される行政・司法・立法その他の制度や、宗教・道徳等の社会的意識形態からなる上部構造を包摂する統一的全体としての社会構成体が、いずれは生産力の発展に適応しきれなくなり、その形骸化せしめられた生産関係の解体されることを通じて、下部構造を動因とする上部構造ともに低速または急速に変動を遂げてゆかざるを得ないことになる。そのことがまた、社会体制そのものの変動過程における、社会的分化や社会的同化という現象の力動概念としても解釈されていよう。

　空間次元に対応する認識レベルを契機となす理論として自然科学統一理論が定立されるに対し、そのことを前提しつつも相互矛盾的に進化プロセスを反映された実践型モデルとして社会構造及び機能が挙げられることから、当該の概念規定の認識レベルを契機となす理論として社会科学統一理論が反定立されている。そうであるならば、社会構造及び機能の概念規定が時間次元に対応する認識レベルを契機とする以上、時間的系譜を反映される歴史学的研究の対象とせらるべき社会史に関する理論的構築が、当該認識レベルにおける学術的アプローチの中核的といえる課題ともなるはずである。人類等を実例とする精神主体による歴史考察に於いて、社会生活の変化・発展という側面より時間運動の体現として把捉される対象が社会史ではあるが、政治史と経済史を自己統一的に考察・理解することにより、そこから社会史の過程として社会構成体の歴史認識が提唱されている。それとともに社会構成体の発展・進化を促進する力動概念として、単なる個人単位の能力・性質等や経済もしくは資本等ではなく、人間など精神主体の具有する生産力及び生産関係にあり、

そしてそこに内在される自己矛盾とその解決作用こそが、とりもなおさず、新たな歴史の展開せらるべき原動力にして推進力であることが明示されてきた。社会史が人間など精神主体の生産力と生産関係の矛盾とその解決作用を原動力としていることは、歴史展開の基礎・基底がかかる原動力によるところであるということであり、そのことが社会の下部構造と称せられる所以でもある。歴史展開の原動力の進行過程は、時間次元を反映される歴史の根源的である運動法則に従って展開される必然性をなすプロセスであるため、即ち発生・発展と没落の工程をなべての社会構成体が経過していることにもなる。所謂唯物史観と称せられる、このような社会構造の歴史認識における基本理論上には、政治的或いは法的・倫理的である思想や意志決定に先んじる力動概念として、単純にして本能的である欲求に根差した経済概念を下部構造と定義していることに於いて、一定の妥当性がある。しかし乍ら、しかる唯物史観的実践の方法論をなすべき唯物弁証法の展開方法とともに、アジア的専制社会・原始共同体的社会・古代奴隷制社会・中世封建制社会・近代資本主義社会・共産主義社会等という社会体制の変動経路の設定に関しては誤謬があり、とりわけ資本主義・社会主義・共産主義等のイデオロギーの変遷法則の認識は錯誤を孕んでいる。また、社会体制の構造と変動の問題の一切を下部構造における矛盾関係として変換したり、かかる内部矛盾を体現する資本と労働との階級対立や階級闘争に帰せしめたりすることは、原理論上に於いても単純にすぎよう。更にはまた、下部構造と上部構造との間に一方的である規定関係のみ設定されているが、とりわけ両者に跨る種々の集団・組織・制度等の相対的自律性と、それらが社会体制の構造と変動を媒介する濾過装置としてあることをも認識する必要性がある。国家や法制度が社会体制の均衡維持に果たす役割の他、様々の社会的意識形態としての役割とてもあり、それゆえに社会体制に於いて占める集団・組織・制度やイデオロギー・社会心理等の位置付け、それらの具有する機能の従属的乍らも独自の意義をも看過してはならないのである。

太陽系内の第三惑星もしくは類似の環境下にあり、程度の差異こそあれ進化した人間など精神主体の経済活動を主因とする相互関係により形成される社会は、その包摂される規模の大小に拘わらず有限である。当該の社会構造乃至社会体制の属性が私的であれ公的であれ、また国内的であれ国際的であれ、それぞれの社会構成体をつくりなす動的因子が属地的にも属人的にも有限であるとともに、つねにいかなる社会構成体もより外延的であるそれにより内包されてあるからでもある。地球上のみならず、仮定されうるあらゆる集合態様のうち最も外延的である社会構成体でさえ有限の構造と歴史をのみ保持しうるため、それよりも内包的である社会構成体を包含する構成素子はすべて有限の構造と歴史を保持する。絶えまなくどこまでも有限の変遷史上にある社会に対し、学際的に研究対象とする社会科学分科による統一理論は、自然科学分科による統一理論の場合にも同様であるが、所謂概説或いは総論を意味する類のガイドライン的である解説等ではなく、各々の社会科学分科における各論的アプローチの統合により構築される学際的研究の理論的立場・方法論及び成果である。社会学・法学・政治学・経済学・歴史学・言語学・心理学・統計学等が社会科学上の分科に相当するが、もとより人間等生物体という意思主体により形成される集合態様である社会構成体は、意識上の当為やＩＳＭより以前に生理学的・生物学的欲求の体系を力動概念として動向するから、個別の問題点の指摘はさておき、本能的欲求構造に基づく生産力と生産関係を本質規定とする経済的要因が社会的変動・変遷をつねに主導する、との唯物史観の視点には妥当性がある。そのことが延いては、国会等の立法府により反映され法制化されることでのみ司法上の根拠として有効となるのであり、また行政府により運用面に具現化されることでのみ政治運営上に有効となる以上、三権分立を基本原則としつつも相互依存しあう立法・司法・行政の、それぞれ機構と機能を媒介することなくして経済的要因が社会に反映されることもない。したがって、経済的要因により社会的変動・変遷がつねに牽引されるとはいえ、

その他方では、あらゆる社会的機構と機能の相互作用によってのみ社会構成体が運行されうることも、また客観的事実である。種々の社会科学分科の理論が、その研究対象とする社会体制のカテゴリーを特定しない限りに於いては、国内環境と国際環境それぞれを想定したアプローチを内包するはずである。地球上におけるより外延的である社会構成体をなす各国家は、その国内的要因に応じて政治的・宗教的・倫理的であるイデオロギーや経済的である体制・利害・史的経緯等を異にするため、各国家間における国際関係を樹立・維持するに際しては、相互のインタフェースとなる仕様を変換し調整するための規範と制度、場合によっては国際団体の介入等が必要ともなる。各国家間レベルにおける国際紛争や国際司法上の問題に対処するためには、各国家毎に独自の文化・理念や経済環境等を尊重しつつも、自国の立場と方向性の異なるすべての国家を独立自治体とする超国家的といえる決裁システム、いずれはその構築・運用が期待されるところとなろう。それは嘗ての国際連盟や国際連合とは同義ではなく、無条件且つ自動的に一切の国家を構成員とする国際会議と国際政治システム運用の場であるとともに、それぞれの加盟国（全国家）は飽くまで独立国家として平等にこの超国家システムを自治・運営する体制を採るものであり、他方に於いては、この超国家システムは場合により、各国家の主権にも優先して適用される権威と強制力を具備しなければならない。それはつまり、各国家の立場と方向性を尊重する平等と平和を前提とはするが、あらゆる国家が独立自治体として参画した決裁システムの決定事項は、いかなる国家もこれを遵守しなければならず、もしこれに反駁すべき正当の事由を主張する場合には立証責任が課せられるとともに、当該の決済システムによる採決をまつことになる。そのことは必然的に、かかる決裁システムがいかなる国家にも優先する実行力・強制力を具備すべきことを示唆するとともに、また地球上における一切の人類がその所属する国家に拘わらず、平等の権利義務を例外なく享受することをも意味するのであり、したがって、この決裁システムによ

り規定される平等且つ自由の自我尊重の原則はあらゆる国内法規に
優先して保証される。自明乍ら、いかなる国家もしくは国内外の団
体が、この平等且つ自由の自我尊重の原則に抵触した場合にも、当
該の罰則規定が［強制力を以って］適用されるとともに、当該原則
の抵触による被害者保護プロセスが実行されることとしなければな
らない。

　そして更には、地球上・太陽系内・銀河系内等という領域範囲の
みに、そのカテゴリーを限定する必然性もない。とりもなおさず、
あらゆる単位宇宙を形成する実測値、即ちすべての銀河におけるす
べての惑星系等とともに、それらを例外なく包摂する理論物理学上
の宇宙領域をも異にする、相対系内におけるあらゆる社会的範疇と
内外環境の各々を独立自治体とする、超宇宙的・超領域的である統
一決裁システムの構築・運営に対する研究及び検証が、無限に外延
的である社会史と社会科学統一理論にとって最終の課題とはなろ
う。というのもそのことが、無限の相対系内にあって相互間に、特
殊空間上／特殊時間上にていかに隔絶し、もしくはいかに依存し
あって存立する社会構成体とても、それぞれのあらゆる状態関数が
相対系という共通の相互連動システムに於いて、無限に必然的であ
る相互因果性による関係変数としてのみ成立し変動することに依拠
するものである。いかなる距離的格差を以って相互連携する社会構
成体であろうと、普遍妥当する同時性にあって相対系を構成する全
体系システムとして相互連動するためであり、またいかなる時代的
格差を以って相互連携する社会構成体であろうと、普遍妥当する同
時性をなす現在時は無限の相互因果性により不断に更新されるため
であるが、とはいえ実際上では当該の距離的格差／時代的格差の拡
大に応じて直接的相関は困難となるので、一般時空間上の無限の相
互因果律に基づく間接的相関をのみ立証されうることも否めず、如
上の統一決裁システムにより管理されうる領域範囲とてもまた、そ
れを現実上にて一般空間の無限域にまで拡張することの可能性は、

無限の未来時間にのみあることにもなるわけだが。無限数・無限種に及ぶ意思主体のそれぞれを構成員とする社会構成体は、それ自体が無限の相対系の全域にあってはやはり無限数・無限種に及ぶことから、文化的背景や史的経緯を異にするすべての社会構成体のインタフェースが相互間に機能しあい、全インタフェースを例外なく統合する統一決裁システムがたとえ無限の未来時間にのみ構築可能であるとしても、やはり全社会史における最終課題はそこにあるといえよう。そして、社会科学統一理論上の最終課題でもあるこの問題を解決するためには、相互の社会構成体を連携せしめる特殊時空間上の環境理論や双方向の移動及び通信の方法論の研究・開発が不可欠であることから、寧ろ自然科学及び科学技術の際限なき発展に負わざるを得ないところでもある。あらゆる社会構成体の態様と系譜はまた、各々に個有の領域性や社会的規模等の如何に拘わらず、それぞれの社会構成体の主導的イデオロギーや軍事力の程度はともかくとして、社会構成体をつくりなす人間など精神主体の先験的である欲求構造による生産力と生産関係に根差して動向する以上、そして人間など精神主体の神経生理機構は生理学・心理学・サイバネティクス等の自然科学分科による解明を契機とするから、社会科学統一理論とても必然的に自然科学上の研究と連携しなければならないのである。

　しかし乍ら、学際的である研究の連携により展開される社会科学統一理論という学術的立場が当該の弁証系レベルにあって、実際上に於いてはどのような発達段階にあろうと、次元概念を契機とする相対系の空間次元に対する自然科学統一理論のアプローチとともに、また時間次元に対する社会科学統一理論の史的研究の方法論が完結されることはなく、無限の一般時空間上に成立するところの、その最終課題まで発見され解明され尽くすこともない。相対系が外延的限界に於いて無限である以上、特殊時空間を構成する社会構成体という内部システムはなべて無限域の座標レイヤに位置付けら

れ、無限の関係変数として相互連動するからであるとともに、且つ相対系が内包的限界に於いて無限である以上、無限の関係変数におけるあらゆる社会構成体の相互連動の実測値を検証するためには無限の時間量を要するため、いかなる時点であろうと、当該の研究段階にて既に確認されているデータ分析／統合がすべてではないし、また既に解明されている社会構成体の概念的把捉がすべてでもないからである。さればこそ、しかくつねに未完成である態様をなす社会科学統一理論、乃至なべての自然科学分科の公理系とても、いかなる時点によらず、尚発達の余地を残すことにもなるのである。したがってまた、時間次元の概念規定を反映するあらゆる社会構成体の相互連動的社会史と、相対系の全域を対象範疇とする全社会構成体の体制及び構造の統一的認識に関する研究は、社会科学統一理論上及び自然科学分科の成果に資する発達の度合いはともあれ、ポテンシャルとしては際限のない単位にまで分析されうるはずではある。

iii ＞認識レベル：科学哲学

　相対系における有限且つ無限にして、無限且つ有限の自己矛盾的統一態様をなす次元概念は、実体（実在）としての存在的次元である空間次元：一般空間の規定性と、実体（実在）上の関係作用としての運動的次元である時間次元：一般時間の規定性による相互否定機能を以って更新され続けるが、前者は自然科学統一理論上の問題として、また後者は社会科学統一理論上の問題として弁証系プロセスの認識レベルに反映される。自然科学統一理論に於いては、空間という存在的次元の概念規定に対する観念的である捉え方の問題を排して、といわんより寧ろそのことに拘泥する以前の認識レベルに於いて、一般空間をなす存在的次元の態様とその機能をなす原理論、即ち一般空間の体現される特殊且つ普遍のエレメントの法則性を問題とする。それゆえに、無限の相対系における有限の空間規定をなす一意の存在概念についても問題となる。それに対し、社会科学統一理論に於いては、一般時間をなす運動的次元の態様とその機能をなす原理論、即ち一般時間の体現される特殊且つ普遍のエナジーの法則性を問題とする。それゆえに、無限の相対系における有限時間の規定性をなす一意の運動概念とともに、しかる無限時間の構成素子の相互連動による帰結現象として成立するところの、それぞれの社会構成体の階層構造についても問題となる。

　自然科学統一理論の成立する認識レベルに於いては、単位宇宙に体現される相対系の即自的に存在的次元をなす一般空間に関する原理を考察するに対し、その他方にて社会科学統一理論の成立する認識レベルに於いては、同一の単位宇宙に体現される相対系の対自的に相互連動しあう運動的次元をなす一般時間に関する原理に対し論究する。有限即無限／無限即有限として展開される次元概念より即自的に表象される空間次元：一般空間の概念規定は、単位宇宙の相互連動による時間次元：一般時間の概念規定に対する否定（収束）

作用により成立する他方、相対系を構成する普遍的連動により対自的に表象される時間次元：一般時間の概念規定は、あらゆる単位宇宙相互間の無限関係における自己存在をなす空間次元：一般空間の概念規定に対する否定（収束）作用により成立する。このため、客観的精神現象上における双方に対応する理論・学説とても、相互否定的である学術的立場にあるのであるが、然るに客観概念上に於いては、相対系における存在的次元である空間次元：一般空間の概念規定と、相対系内の相互連動による運動的次元である時間次元：一般時間の概念規定は、自己矛盾的である存在態様即運動態様／運動態様即存在態様として展開される瞬間次元の概念規定として更新されるから、かかる空間次元：一般空間の規定性に関する理論＜自然科学統一理論＞と時間次元：一般時間の規定性に関する理論＜社会科学統一理論＞とても自己矛盾的に統一され、一般且つ特殊時空間における一意の体現態様であるエレメントとしてのＡｕｆ－ｈｅｂｅｎに対する規定性、即ち相対系内における無限にして同時の相互連動により有限にして一意のエナジー因子としての現実態様を不断に更新しゆく、瞬間次元の原理を研究対象とする理論へと向自的に移行されよう。自然科学統一理論と社会科学統一理論は、相互の学術的スタンスと方法論のうちに、相互間に論理的否定作用しあう追考上の理性的ヴェクトルを内在化することにより、寧ろ相互の存立態様を更新し、より高次の学術的スタンスとして相互間に依存しあい共生することになる。

　そして、この論理的階梯におけるより高次の学術的スタンスとは、空間次元：一般空間に対する自然科学統一理論／時間次元：一般時間に対する社会科学統一理論に関し、相対系における存在且つ運動上／運動且つ存在上の次元における向自的態様をなす瞬間次元に関する理論として、相互矛盾且つ相互依存する学際的関係を科学理論以上の認識レベルにて統一する科学哲学を示唆している。もとより、科学理論上における最終の工程をなす自然科学統一理論／社会科学

統一理論の学際的関係に対し、科学理論上の見地と手法により解決することはもはや不可能であるのみならず、哲学理論上の学術的立場と方法論によってのみ可能であることに基づく。科学理論における基本原理に対しては、科学理論上の学術的立場と方法論による研究対象とすることができないに比し、哲学理論に於いてはその前提となるいかなる基本原理をも許容しないため、いかなる科学理論における基本原理許りでもなく、もとより研究対象となしえない分野がありえないからである。そのことはまた、科学理論上ではそれ自体の基本原理を自ら検証することなく、無条件に理論展開の前提として使用し続けてしまうことよりして、科学理論上の研究成果はすべて相対的である確率論のみを内在しうるに対し、哲学理論に於いてはその理論展開の前提となる要件をすべて論理的否定することにより、哲学理論上の研究成果には絶対的である確実性＜恒真性＞が期待されうることにもなるのである。

　如上にみる通り、当該の認識レベルにおける客観的精神現象では、科学理論上からのアプローチの可動域としては対応しきれなくなるのであるが、そのことは客観概念における把捉態様の系譜とも相関している。一般空間上の存在的次元による規定性と一般時間上の運動的次元による規定性、即ち相対系をなす当該同一の個体概念としての次元上の根拠である、一意の生滅現象によるエレメントの自己更新に帰因するところの、一般空間上の無限関係の規定性と一般時間上の無限連動の規定性との自己同一作用は、対他且つ対自作用による無限機構を契機として発現せしめられる有限の自己生滅として成立するため、全体系システムである相対系における一意の自己生滅をなす無限関係／無限連動にあって、無限関係を反映する一般空間に関する理論と無限連動を反映する一般時間に関するそれを止揚（揚棄）せしめる認識レベルが、自己同一的である個体概念の、自己生滅の無限機構に必然の統一概念としての瞬間次元に関する理論に移行しているからである。相対系における無限関係を契機とする

個体概念に対する一意の存在的規定に対し、否定（収束）作用としての、相対系における無限連動を契機とする同一対象に対する一意の運動的規定は、対自的態様をなす次元概念を構成するとともに、無限の全体系システムにおけるこの統一機能に基づいて規定される個体概念には特殊時空間上の無限性がなく一意であるも、そのこと自体はあらゆる個体概念に対し普遍的に妥当する以上、かかる一意の否定的運動作用はあらゆる他在をなす個体概念を動因とするとともに、当該の個体概念における自己生滅の運動原理があらゆる他在をなす個体概念の各々に於いて成立するのであり、空間次元：一般空間／時間次元：一般時間の規定性の相互否定作用エナジーに帰因する向自作用によるところである。そしてまた、客観概念上の認識レベルが相対系の空間次元：一般空間／時間次元：一般時間の関係式より瞬間次元に移行されることにより、客観的精神現象上に於いては、自然科学統一理論／社会科学統一理論に相当する理性的関係性より科学哲学の学術的レベルに移行される。次元概念の瞬間に対する自己統一に関する問題は、それ自体が科学理論上の基本原理に影響せしめる内容を内在していることから、当該の基本原理を前提とすることで対象外となる科学的解法によっては検証されえないため、科学理論上の最終工程によるアプローチとその最終的自覚に関しては、前提条件を容認しない哲学的解法によることなくしては検証されえないからでもある。

　当該の認識レベルにおける客観概念が瞬間次元の弁証工程をなしているに対し、同認識レベルにおける客観的精神現象の妥当する学乃至理論的体系は、科学哲学と称せられる哲学分科に相当する。自然科学統一理論に於いては、種々の異なる自然科学分科の立場・方法論・公理系の学際的である連携に基づいて、同一の研究対象に対しアプローチする統一理論の体系化を目的とするが、当該の理論体系そのものは広義の科学分科に位置付けられる。また、社会科学統一理論に於いても、種々の異なる社会科学分科の立場・方法論・公

準の学際的である連携に基づいて、同一の研究対象に対しアプロー
チする統一理論の体系化を目的とするが、当該の理論体系そのもの
は広義の科学分科に位置付けられる。かかる意義に於いて、自然科
学統一理論／社会科学統一理論の科学哲学とは相異なる所以である
とともに、寧ろ自然科学統一理論／社会科学統一理論の相互否定作
用と相互依存作用の関係式をＡｕｆ－ｈｅｂｅｎする学術的体系が
科学哲学であり、且つ、そのような科学上の反定立的統一理論に対
し更に統一する研究立場や方法論が、もはや相対的である科学理論
の可動域を凌駕せざるを得ないことによるのでもある。それはもと
より、基本原理を前提とする科学理論上に於いては、自然科学統一
理論／社会科学統一理論の基本原理自体を研究対象とはなしえない
に対し、そのことが一切の基本原理を承認しない哲学理論上では可
能であることにも基づく。自然科学統一理論／社会科学統一理論の
相互否定作用と相互依存作用の関係式が、科学哲学に於いてＡｕｆ
－ｈｅｂｅｎされていることは、また不断に同期する、当該の客観
概念上に相互連動する空間次元：一般空間／時間次元：一般時間の
統一態様をなす瞬間次元に対応するところでもあるが、無限大の有
限空間に妥当しつつ無限小の有限時間を以って更新される瞬間次元
に対し、対象データの観測・実験を基礎とする科学理論によっては
学術的アプローチの原理的限界があるとともに、しかる科学理論の
本質規定と態様を止揚（揚棄）する科学哲学によっては、いかなる
理論的前提にも拘束されない哲学分科としての学術的アプローチが
際限なく可能となるが所以である、ともいえる。

　広義における科学哲学は、科学理論の本質規定や意義、及びその
理論的成果に関する種々の見地からの哲学理論的考察の総称として
用いられる。それはとりわけ、認識論もしくは論理学の見地からの
考察が科学哲学上の主流をなし、その主要内容を占めてきたことに
も由来するのではあるが、現代にみられる科学哲学は以下のように
分類される。尚、そこでは個別の科学分科のみならず、自然科学統

一理論及び社会科学統一理論とても研究対象とはなるものの、学乃至理論上の認識レベルの点に於いての差異はない。

そのうち所謂狭義における科学哲学は、認識論もしくは論理学の観点から、科学的認識の構造や方法論について論理的分析するとともに、かかる分析結果に基づいてその本質規定・特性・権利・限界等を統一的に考察する立場にある。科学方法論・知識学・科学批判・科学論理学等と称せられる諸考察を包摂するものであり、かかる科学哲学では単に科学上の研究成果の論理的分析に注力するのみならず、そこに科学的哲学としての方向性を規定するとともに、そのことを通じて哲学分科における諸問題にも別なる見地からの考察を実施してゆくところである。また、ヴィーン学団の科学論理学の運動に於いては、科学の構造や方法論を形式（記号・述語）論理学的である観点より考察しようとする傾向より、非形式（記号）論理学的である分析をも包摂するところの、より柔軟といえる立場での科学哲学に転化してもいる。このような科学哲学における基本的でもある研究課題として論議されていることとして、①科学方法論、②科学の具有する哲学的意義の分析、③分化する科学の諸分野に対する統一的視座の構築、等の問題がある。①については、科学方法論と称せられる問題領域を包摂し、特に科学における概念規定・命題（論理式）・法則・理論・帰納・演繹・仮説・検証等に対する論理学上の分析が試みられている。たとえば、力・電子等の概念規定の認識論上の判断や、法則・理論と客観的事実との連携や演繹推理・帰納推理における論理的構造等が論述せられ、またかかる科学上の言語や体系に対する関心から、哲学的思考活動の基礎としての論理学を位置付けており、論理学の公理化や新たな論理学の形成を志向する学派も存立する。②については、たとえば、特殊時空間の概念規定や相対性理論の哲学的意義・量子力学における観測の役割・確率論的自然観・サイバネティクス・生命現象や宇宙領域に関する理論や発見の及ぼす影響等に関し、論議が展開されている。また、③につ

いては、たとえば、論理学を中心とした所謂統一科学の運動が挙げられるが、その他にも、科学的アプローチを人間の認識活動の一形態として把捉することで、その基礎となる運動原理に関する哲学的考察を行うとともに、哲学理論自体に科学理論統一のための視座を求める試みが、種々の見地から展開されてもいる。

　広義における科学哲学の分科として、存在論または世界観的でもある観点から、科学的認識の諸成果の内在している意味内容を分析し、これを綜合・統一的に理解するための理論的視座の構築を試みるものがある。その事例としては、古代のアリストテレス：Ａρισ τοτέληςにより称せられる自然哲学等が挙げられるが、同等の哲学的立場はその後の哲学史に於いても継承されてきている。

　如上のような科学哲学の分科の内在する短所を克服するための試みとして、科学理論をその学術的形成及び発展の様相のもとに考察し、論理学もしくは歴史哲学的でもある観点から、その理論的構造や意義の究明を目的として展開される研究立場がある。その主要の事例としては、唯物弁証法上の観点から科学発展の論理プロセスを究明しようとするマルクス主義の科学論、もしくは科学理論発展の思想的背景に着眼し、精神史的である見地から論理的分析しようとする科学論等が挙げられよう。

　また、文明論・価値論或いは実践論的でもある研究立場から、現代文明もしくは人間生活に於いて科学理論の保持する役割・意義・目的等に関して考察する科学哲学の分科とても存立する。たとえば、ベーコン：Ｆｒａｎｃｉｓ＿Ｂａｃｏｎやフランス啓蒙哲学等の思想のうちにみられるものであり、とりわけ科学技術或いは機械文明の発展経緯との相互連関に於いて論議されるところでもある。

　このような分科を包摂する科学哲学のうち、力学の発達を媒介と

第Ⅱ部　論理系

第Ⅲ篇　弁証系システム

する機械論的である自然観乃至世界観や、或いは科学批判の源流を
なす認識論的である考察は狭義における科学哲学に相当するもので
あるが、歴史科学や社会科学の発展に伴い弁証法的である自然観乃至
世界観の形成が行われるとともに、自然科学及び数学・論理学の
領域・分科に於いても、論理実証主義の立場からの科学論理学上の
運動や分析哲学の科学理論等が展開されている。かかる新カント学
派や分析哲学派等の科学理論が、既成の科学理論の構造や方法論に
関する形式的分析許りに終始したことで、科学技術化の方向性にの
み傾斜してゆきすぎたことに対し、このような短所を克服しようと
して提唱されてきているのが、科学発展の論理を究明しようとする
唯物弁証法的観点からの科学理論等である。かかる主題に対しては
また、心理学的である観点からの考察もなされている。しかし乍ら
科学理論は、もとより単なる理論や知識として展開され蓄積される
のみならず、科学技術や産業と一体的に相互連動するものであるこ
とを通じて、人間の実生活や社会活動・思想のうちにて実体（実在）
内に浸透し、そのありかたや社会の方向性を規定する要因ともなっ
ている。とりわけ核兵器・コンピュータ・オートメーション等の発
達は、それに伴う文明観や人間観そのものに対する根源的である再
検討を促す必然性よりして、文明論的科学理論等が展開されている
所以をもなすところである。

　さあれ、このような諸分科を包摂する科学哲学ではあるが、それ
が科学自体もしくは自然科学統一理論／社会科学統一理論上の認
識・思想とは追考レベルを異にすることは、先述の通りではある。
そのことは寧ろ、客観概念上の処理工程と相互連動することに基づ
いて、客観的精神現象上に展開される科学理論及び哲学理論の成立・
変遷のプロセスよりして、必然的である事象として生起するところ
であるともいえる。それぞれの理論的経緯と学術的連携を契機とし
て細分化されている科学分科はまた、各々の構造・性質・方法論等
を反映しつつも学際的であるアプローチによる研究の工程に於いて

762　　　第Ⅱ節　客観的精神現象

は、客観概念上の空間次元：一般空間、或いは時間次元：一般時間
に対応する自然科学統一理論、或いは社会科学統一理論として、相
互矛盾しつつも自ら顕在化しあう統一的理論体系の構造因子ともな
るところである。

　社会科学統一理論の研究対象である社会概念はまた、その地域的
特性や内包／外延レイヤの位置付けに拘わらず、それぞれの社会に
おける実行機関が政治的に妥当か否かはともかく、あらゆる社会体
制を構成する人間乃至精神主体の先験的である衝動及び欲求に根差
して動向するところである。したがってまた、それとともに人間乃
至精神主体の神経生理の機構は心理学・精神分析学・サイバネティ
クス等の自然科学分科、乃至その統一理論により解明されなければ
ならないから、社会科学統一理論とても必然的に学際的である自然
科学統一理論の研究を反映され、且つこれと理論的対応せざるを得
ない。自然科学分科の理論は、無限小という有限の単位宇宙を研究
対象とする微分学や量子力学・量子化学等とともに、無限大という
有限の単位宇宙を研究対象とする積分学や天文学・理論物理学等に
みる通り、そこでアプローチせらるべき範疇は無際限に及ぶ。また
他方では、自然科学統一理論の研究対象である人間乃至精神主体を
内包する自然現象は、人間乃至精神主体により構成されるとともに
それを包摂する社会体制により規定され、気象的・地理的等の自然
環境が社会の機構に反映されるとともに、国家及び資本等の社会概
念によるテクノロジーの発達が自然環境にも反映される通り、種々
の社会概念の動向に対応して存立するところでもある。したがって
また、社会を有機的に構成する構造因子は政治学・法学・経済学・
統計学等の社会科学分科、乃至その統一理論により解明されなけれ
ばならないから、自然科学統一理論とても必然的に学際的である社
会科学統一理論の研究を反映され、且つこれと理論的対応せざるを
得ない。実験及び観測を方法論の端緒とする自然科学／社会科学に
於いては、実測値として採取されるデータ値や実サンプルをもと

に研究可能となる披験対象はつねに有限であるが、それを現象せしめる法則性と公理には無限に対応する妥当性があり、そのことは全自然環境と全社会環境それぞれに例外なく妥当する普遍的である成果に他ならない。任意の有限範疇における実測値に基づく研究結果が、必ずしも他の有限範疇にあっても一様に妥当するとは限らないが、有限範疇の際限ない相互連鎖により無限が形成されるのであるから、なべての実測値自体が普遍的に証明されうる客観的事実であるとともに、そこに１００％の確実性を以って証明された法則性と公理には普遍的である妥当性がある。そのことと、科学技術及び科学方法論によっては無限に及ぶ実測値を採取して実験及び観測を行うことが不可能であるため、科学理論上に於いては１００％の確実性を期待されえないということが、別問題であることは自明である。客観概念上の経緯としては、＜無限における有限＞／＜普遍性における特殊性＞／＜全体概念における一意性＞という問題点を分析する運動を通じて、自然科学と社会科学のそれぞれの学術的分科からの理論を学際的に統合するとともに、相互間に連動することで同一の研究対象を解明する統一理論が必要となる。自然現象という無限を構成する有限の単位宇宙を研究対象とする自然科学の統一理論と、社会概念という有限の単位宇宙を研究対象としつつも無限の妥当性を追究する社会科学の統一理論は、相互矛盾しあう学術的ヴェクトルにおける運動を展開することにより、もとより社会概念が自然現象の人間史的に進化されゆくカテゴリーであることと同時に、全体系としての自然現象が社会概念とその人間史的発展に対応して更新されることが顕在化される。自然科学統一理論と社会科学統一理論に対し、これを相互矛盾且つ相互依存の極限化により止揚（揚棄）する追考レベルは、空間次元に体現される時間次元と時間次元を力動概念とする空間次元の客観概念上の自己統一を契機として、あらゆる科学分科の統一理論を哲学理論上にＡｕｆ－ｈｅｂｅｎする学術的立場にある。相対系の機構はそも、空間次元：一般空間と時間次元：一般時間の相互否定（収束）即相互生成／相互生成即相

互否定（収束）の自己統一運動として機能するためであり、とりもなおさず、客観概念上における瞬間次元としての認識に対応することにもなるのである。

　相対系の機構を形成する相互否定的である空間次元：一般空間と時間次元：一般時間が、あらゆる関係変数をなす全体概念としての全体系的連動を媒体として、両者の統一次元における自己矛盾関係を向自的に止揚（揚棄）された機構としての生滅システムが、当該の認識レベルにおける瞬間次元をなす。客観的精神現象上に於いて妥当する科学哲学は、相対系の即自的機構をなす存在的次元である空間次元に対応する自然科学統一理論と、また相対系の対自的機構をなす運動的次元である時間次元に対応する社会科学統一理論による、自己同一態様をなす自己矛盾態様を向自的に止揚（揚棄）されることを以って、統一的に生成されている哲学的科学解析理論である。哲学理論上の分科をなす科学哲学は、科学理論上の諸般の学際的立場からの研究そのものを統一的であるシステム理論のうちに研究し、自然科学統一理論／社会科学統一理論による相互連関とともに科学的アプローチの限界点に対し、寧ろこれを契機として追考する。当該の認識レベルの客観的精神現象をなすその学術的グレードとしては、無限の相対系をなす一切の個体概念における空間次元：一般空間と、時間次元：一般時間の統一機構に対応する把捉レベルにあることに基づく。

　客観的精神現象上の科学哲学の認識レベルにおける、相対系の機構である空間次元に対応する概念規定は自然科学統一理論上の根本問題として、またその時間次元に対応する概念規定は社会科学統一理論上の根本問題として、既に理性的展開に反映されている。自然科学統一理論上の諸法則及び方法論は、一般空間全域に展開される自然現象をなす存在的次元における対他的である存在の機構を即自的に究明するとともに、また社会科学統一理論上の諸法則及び方法

論は、一般時間における歴史上に転化される社会現象をなす運動的次元における運動・変化の機構を対自的に究明することを、それぞれに目的とするからである。相対系の全体系システムとしての次元の体現態様である個体概念に対する、空間次元：一般空間の存在的規定と時間次元：一般時間の運動的規定は、相互間に概念的矛盾しあう学術的系譜のアクセス作用を実施しつつも、両規定性の相互による無限回帰的同一性としての瞬間次元という、無限を構成する各々の自己存在における一意の自己生滅を契機とする機構に特殊化された概念規定としてAuf－hebenされる。相対系のシステム素子としての個体概念は、つねに例外なく次元機構による規定作用のもとにあることから、その存在的次元である一般空間のあらゆる座標的連関により体現され、且つその運動的次元である一般時間のすべての史的連動により更新されるとともに、当該同一の個体概念を形成する空間次元の規定性のうちに時間次元の規定性が内在せられ、また当該同一の個体概念を形成する時間次元の規定性のうちに空間次元の規定性が内在せられている。もとよりそれは、空間次元による規定性が時間次元との同一性により機能しているとともに、時間次元による規定性が空間次元との同一性により機能しているが故に他ならない。このような個体概念を体現態様とする相対系の次元として規定する一般時空間が自己回帰的に開示されるため、当該の個体概念をなすシステム素子としての自己生滅運動とても自己回帰的に繰り返されるが、しかる無限の相対系全体における一意の自己回帰性をなすものは存在的次元と運動的次元の自己同一的連動である。そして、しかる空間次元：一般空間と時間次元：一般時間を自己統一する、システム＜瞬間次元＞という客観概念上の概念規定に対応することにより、客観的精神現象における認識レベルは、もはや自然科学／社会科学上の反定立的統一理論より科学哲学的追考の階梯へと移行せしめられている。もとより科学哲学上に於いて究明せらるべき対象である、相対系における個体概念のシステム素子としての規定性＜瞬間次元＞の機構は、即自的態様をなす自然科

学統一理論における存在的次元を反映する自然現象に関する研究とともに、また対自的態様をなす社会科学統一理論における運動的次元を反映する歴史運動としての社会現象に関する研究による、共通の対象であるのみならず、双方の理論的スタンスによる相互矛盾関係は科学哲学にＡｕｆ－ｈｅｂｅｎせらるべき必然性を内在するからである。然るに、かかる理性機能による科学哲学的トレースは同時に、理性機能の弁証運動上のバックグラウンドの作用によるところでは、理性上の客観概念に対する統合的思考として運行されなければならない。いかなるシステム素子の空間次元：一般空間による規定性、もしくはその時間次元：一般時間による規定性の学際的研究と雖も、相互間の規定性をエナジー因子として自己同一である個体概念の、相対系における次元機構を自己自身に体現されるシステム素子として、自己回帰的に帰結される＜瞬間次元＞の認識に統一されていなければならないためである。

第Ⅷ章　弁証運動──ＰｈａｓｅⅧ

第Ⅲ節　主観観念

　超自我における主観性フィルターの構成する知覚態様をなす主観観念は、特殊時空間上の［客観的］実測値には拘束されない主観的産物ゆえにRandomの動作傾向を示す。（そのこと自体がまた客観的事象につき、当該の主観観念の特殊時空間上の［客観的］実測値を形成するのではあるが）但し、弁証系プロセスの遂行下にあっては、客観性フィルターの動向にCNSの注意能力が集中化されるため、主観観念の推移は客観概念の追考過程上のグレードにリアルタイムに呼応する。このことから、本節での認識レベルをなす客観概念が、有限規定／無限規定を契機とする相対系の機構をなす次元における（空間次元：一般空間規定）／（時間次元：一般時間規定）の相互矛盾態様をなす概念規定に相当する以上、超自我における真理値以外の価値システムを反映する主観観念はまた、当該の段階にあって、単位宇宙に体現される相対系の機構をなす次元における（空間次元：一般空間規定）／（時間次元：一般時間規定）の相互矛盾態様をなす概念規定に対応するイメージレベルにあることになる。したがって、客観概念の状態関数が、相対系の全体系システムにおける次元概念の＜空間次元：一般空間規定⇔時間次元：一般時間規定＞による相互否定（収束）作用から、自己同一による生／滅をなす＜瞬間次元＞という概念規定へと移行されることに伴い、主観観念の知覚態様とても、当該同一の対象的知覚に対するイメージレベルの状態関数を、客観概念をなす認識レベルに呼応する変動系譜にて遷移せしめざるを得ない。

　しかし、相対系自体との同一性を表示する真理値以外の価値システムを反映する主観観念は、その知覚態様自体を相対系に符合せしめる必然性をなさないため、つねに相対的にしてRandomの可変性を具有している。また、主観観念が客観概念の状態関数の遷移

過程に呼応しあうとはいえ、客観概念が未だ精確である概念規定を
なしうる認識レベルの状態関数にはない以上、そして主観観念自体
の移行パターンにはロジカル属性をなす通信経路を具有するわけで
はないので、超自我における主観性フィルター及びそこに相互連動
しあうエス＜イド＞の本能的欲求値が、当該の時点に於いて構成す
る状態関数に負うところが多い。対象的知覚に対する認識レベルが、
個体概念より相対系として各々の個体概念を規定する次元概念に移
行する工程に於いては、主観観念そのものの機構が触発され独自に
作動せしめられるには到らないため、しかる主観観念に対する力動
概念がエス＜イド＞における生本能及び死本能を多少とも刺激しう
るのみではある。したがって、このとき主観観念は未だ不確実であ
るＫｈａｏｓ状態の様相にあり、またそれは、相対系の全体系シス
テムにおける次元概念の＜空間次元：一般空間規定⇔時間次元：一
般時間規定＞による相互否定（収束）作用から、自己同一による生
／滅をなす＜瞬間次元＞という規定性、或いはその客観概念上の定
義より得られる根拠不定のイマージュでしかない。もとより、この
ような主観観念におけるＫｈａｏｓ状態の様相を還元処理するため
には、客観概念における一般且つ特殊時空間上の自覚が成立してい
なければならないことに基づくところである。

　また、主観観念はつねに、主観的精神現象の運動・作用に相互対
応しつつ変化・動向する。もとより、主観観念は主観的精神現象の
状態遷移により、主観的意識内容乃至対象として脳内形成されるイ
メージレベルであるからであり、且つ主観的精神現象の運動・作用
は主観観念の内的イマージュの機能態様として収束されるからでも
ある。そのことと同様に、客観概念はつねに、客観的精神現象の運
動・作用に相互対応しつつ変化・動向する。もとより、客観概念は
客観的精神現象の追考過程上のグレードにより、客観的把捉態様乃
至対象として脳内生成される認識レベルの状態関数をなすからであ
り、且つ客観的精神現象の運動・作用は客観概念の統覚作用として

収束されるからでもある。客観作用と主観作用が相互間に呼応しあう以上、したがってまた、客観概念に主観観念が呼応して状態遷移するということは、同期しつつ客観的精神現象に主観的精神現象が呼応して運動・作用することと同義である。

第Ⅳ節　主観的精神現象

　超自我における主観性フィルターを展開する運動自我の態様をなす主観的精神現象は、特殊時空間上の［客観的］実測値には拘束されない主観作用の運動現象ゆえにRandomの動作傾向を示す。（そのこと自体がまた客観的事象につき、当該の主観的精神現象の特殊時空間上の［客観的］実測値を形成するのではあるが）但し、弁証系プロセスの遂行下にあっては、客観性フィルターの動向にCNSの注意能力が集中化されるため、主観的精神現象の推移は客観的精神現象の追考過程上のグレードにリアルタイムに呼応する。このことから、本節での認識レベルをなす客観的精神現象が、システムズ・アナリシス（自然科学的考察／社会科学的考察）以降の反定立態様をなす学術上の弁証系レベルに相当する以上、超自我における真理値以外の価値システムを反映する主観的精神現象はまた、当該の段階にあって、システムズ・アナリシス（自然科学的考察／社会科学的考察）以降の反定立態様をなす学術的階層に対応する主観的アクセスレベルにあることになる。したがって、客観的精神現象の認識レベルが、＜自然科学統一理論⇔社会科学統一理論＞による学術上の相互矛盾関係から＜科学哲学＞という理論的系譜へと移行されることに伴い、主観的精神現象の運動態様とても、当該同一の対象的知覚に対する主観的アクセスレベルの状態関数を、客観的精神現象をなす認識レベルに呼応する作用工程にて遷移せしめざるを得ない。

　しかし、相対系自体との同一性を表示する真理値以外の価値システムを反映する主観的精神現象は、その運動態様自体により相対系を主観観念に符合せしめる必然性をなさないため、つねに相対的・可変的にしてRandomの対応性向を具有している。また、主観的精神現象が客観的精神現象の認識レベルの推移過程に呼応しあう

とはいえ、客観的精神現象が未だ精確である概念規定をなしうる認識レベルの状態関数にはない以上、そして主観的精神現象自体の移行パターンにはロジカル属性をなす通信経路を具有するわけではないので、超自我における主観性フィルター及びそこに相互連動しあうエス＜イド＞の本能的欲求値が、当該の時点に於いて構成する状態関数に負うところが多い。対象的知覚に対する認識レベルが、個体概念より相対系として各々の個体概念を規定する次元概念に移行される工程に於いては、主観的精神現象そのものの内的機構が触発されることで独自に作動せしめられるには到らないため、しかる主観的精神現象に対する力動概念がエス＜イド＞における生本能及び死本能を多少とも刺激しうるのみではある。したがって、このとき主観的精神現象は未だ不確実にして不安定である動作状況にあり、またそれは、＜自然科学統一理論⇔社会科学統一理論＞による学術上の相互矛盾関係から＜科学哲学＞という理論的系譜をなす弁証系レベル、或いはその客観的精神現象にて具有される諸属性によっても影響される。もとより、このような主観的精神現象における不確実性・不安定性の様相を還元処理するためには、しかる前提条件として、客観的精神現象における一般且つ特殊時空間上の自覚が成立していなければならないことに基づくところである。

　また、主観的精神現象の運動・作用はつねに、主観観念の態様に相互対応しつつ移行される。もとより、主観的精神現象の運動・作用は主観観念の内的イマージュの機能態様として収束されるからであり、且つ主観観念は主観的精神現象の状態遷移により、主観的意識内容乃至対象として脳内形成されるイメージレベルであるからでもある。そのことと同様に、客観的精神現象の運動・作用はつねに、客観概念の態様に相互対応しつつ動向しゆく。もとより、客観的精神現象の運動・作用は客観概念の統覚作用として収束されるからであり、且つ客観概念は客観的精神現象の追考過程上のグレードにより、客観的把捉態様乃至対象として脳内生成される認識レベルの状

態関数であるからでもある。客観作用と主観作用が相互間に呼応しあう以上、したがってまた、客観的精神現象に主観的精神現象が呼応して運動・作用するということは、同期しつつ客観概念に主観観念が呼応して状態遷移することと同義である。

第Ⅴ節 論理学的アクセス

　本節における追考上の認識レベルでは、当該の対象的知覚をなす相互否定命題（論理式）に対するアクセス遷移は、以下の通り移行される。

【意識上命題】　　　　【意識下命題】（仮定）

$\sim f\ (x)\ \times L^{\,(n+7)}\ \Leftrightarrow\ f\ (x)\ \times L^{\,(n+7)}$

　　↓　　　　　　　　　　　↓

$f\ (x)\ \times L^{\,(n+8)}\ \Leftrightarrow\ \sim f\ (x)\ \times L^{\,(n+8)}$

　ＣＮＳの運動自我による理性作用の対象的知覚である相互否定命題（論理式）は、両命題（論理式）ともに同一の確度を以って主張されているため、定立的命題（論理式）である$\sim f\ (x)$に対する弁証作用と、反定立的命題（論理式）である$f\ (x)$に対する弁証作用はつねに同時に、且つ同期して遂行されてゆく。意識階層レイヤ上に於いて、いずれの命題（論理式）が意識上に顕在化されたアクセス対象であり、いずれの命題（論理式）が意識下に潜在化されたアクセス対象となっているかは、当該の現在時における各命題（論理式）に対する意識／下意識レベル交換の問題にすぎないため、所詮変遷するところではある。

　仮に、定立的命題（論理式）である$\sim f\ (x)$に対する、客観概念上の空間次元：一般空間規定性／時間次元：一般時間規定性による反定立態様にある弁証作用が、向自的に［一般時空間統一システムとしての］瞬間次元の概念規定という当該の認識レベルにおける限界点に到達したとき、つねに同時に追考アクセスしてきた客観的精神現象と主観的精神現象の、且つまた客観概念と主観観念の各々にアタッチするポイントは、定立的命題（論理式）である$\sim f\ (x)$

×L$^{(n+7)}$より、無限小の瞬間を経過後の反定立的命題（論理式）であるｆ（ｘ）×L$^{(n+8)}$に対する弁証作用に移行する。それと同時に、［潜在的に同期しつつ］追考アクセスしてきた、反定立的命題（論理式）であるｆ（ｘ）×L$^{(n+7)}$より、無限小の瞬間を経過後の定立的命題（論理式）である〜ｆ（ｘ）×L$^{(n+8)}$に対する弁証作用に移行する。空間次元：一般空間概念と時間次元：一般時間概念との規定性による相互否定関係から［一般時空間統一システムとしての］瞬間次元概念の規定性へのＡｕｆ−ｈｅｂｅｎにより、当該の相互否定命題（論理式）に対する意識上の顕在的アクセスと意識下の潜在的アクセスが相互間に移行し入換ることは、弁証作用上のＴｒｉａｄｅが追考運動におけるポイント移行の作動単位であるからであり、そのためにジンテーゼとしての［一般時空間統一システムとしての］瞬間次元の概念規定が当該の認識レベルにおける限界点ともなるのである。空間次元：一般空間規定性／時間次元：一般時間規定性による反定立態様の概念的統一されている［一般時空間統一システムとしての］瞬間次元という止揚（揚棄）態様を以って、定立的命題（論理式）及び反定立的命題（論理式）の各々に対する当該の認識レベルにおける限界点に到達することは、弁証作用の客体である対象的知覚自体ではなく主体である精神機能の問題であるため、必然的にＣＮＳの客観作用と主観作用、即ち客観的精神現象と主観的精神現象、且つまた客観概念と主観観念のアタッチするポイントがそれぞれに交換せられ、このことにより〜ｆ（ｘ）に対する（客観的／主観的）アクセスはｆ（ｘ）へ、且つｆ（ｘ）に対するそれは〜ｆ（ｘ）へと同時にスライドせられ、このとき［一般時空間統一システムとしての］瞬間次元の理性的態様レベルにおける弁証実行の契機をなすことになる。相互否定命題（論理式）のうちのいずれが意識階層レイヤ上に顕在化／潜在化されているかは、やはり前述の二律背反上の意識／下意識レベル交換の問題でしかない。

したがってまた、相互否定命題（論理式）ｆ（ｘ）×Ｌ$^{(n+8)}$及び～ｆ（ｘ）×Ｌ$^{(n+8)}$との表記は、理性機能による弁証系プロセスの認識レベルの推移を意味するところであり、Ｌｅｖｅｌ変数Ｌの冪（ベキ）乗ｎ＋ｎ～∞が単位時間としての秒（ｓ）やミリ秒（ｍｓ）等を示唆してはいない。それは本来、無限小の数値化を条件とする瞬間の更新を記述することに妥当する以上、既設の有限の単位時間によっては定義されえないためである。

　相互否定命題（論理式）～ｆ（ｘ）×Ｌ$^{(n+7)}$とｆ（ｘ）×Ｌ$^{(n+7)}$のいずれが意識上に顕在化、或いは意識下に潜在化された追考アクセスの対象的知覚になろうと、弁証作用の追考上のグレードが［一般時空間統一システムとしての］瞬間次元という客観概念に相当する認識レベルに到達したことに相違ない。相互否定関係にある両命題（論理式）に対する追考アクセスのポイントがスライドされた時点に於いて、両命題（論理式）ともに［一般時空間統一システムとしての］瞬間次元の概念規定という、精神内の態様フラグが既に設定された対象的知覚として更新されているため、当該の時点に於いて新規の触発を生じる必然性がある。

　とりもなおさずそのことは、当該の時点に於いて、当該の更新後レベルにおける＜第二直観＞が生起せられることになる。対象的知覚を構成する命題（論理式）関係そのものは同一であるも、既に精神内の態様フラグを以って更新された対象的知覚と化している以上、当該の更新作用により、両命題（論理式）ともに対象的知覚としては新規の状態関数を得ているため、それに対する新規の触発をなす＜第二直観＞が自動起動されるのである。とはいうも、ＣＮＳ自体が既に理性的認識レベルを確立されている以上、当該の認識レベルからの弁証作用としての状態関数を維持することにもなる。そしてまた、そのことが更なる追考作用（Ｔｒｉａｄｅ）の端緒をなすのでもあるから、以降の弁証作用は当該の＜第二直観＞の内容情

報のもとに展開されてゆくところとなる。しかる弁証実行による実際上の理性的運動及び成果がいかなる［一般時空間統一システムとしての］瞬間次元レベルのプロセスの解析データを出力するとも、等しく客観概念上における空間次元：一般空間規定性と時間次元：一般時間規定性との反定立しあう交互作用によるものである原理は変らない。

778

第Ⅸ章

弁証運動 ≫
ＰｈａｓｅⅨ

第Ⅰ節 客観概念

ⅰ＞空間生滅：特殊空間

　当該の弁証系プロセスの認識レベルにおける客観概念の態様をなす［全個体概念によるシステムとしての］瞬間次元の概念規定は、それ自体に於いて相対系の機構をなす空間次元：一般空間／時間次元：一般時間の態様の相互連動の統一運動による規定性を示唆している。いかなる状態関数にあり、またいかなる関係変数もて更新されゆく個体概念とても、なべて例外なく特殊時空間的モメント、即ち相対系をなす構成素子としてのみ成立するという客観的事実は、また或る個体概念がいかなる現在時の更新による生／滅を遂げるに際しても、それ自体に内在される空間次元：一般空間の規定性／時間次元：一般時間の規定性による自己矛盾関係とともに、物質系として相対系の存在的次元を構成すること自体がその運動的次元としてのみあることに妥当し、且つ全体系の関係式として、相対系の運動的次元を構成すること自体がその存在的次元を以ってのみ更新される、生／滅の機構に対する相互規定により、その個体概念の内在的である態様にも作用されるためである。そのことはまた、相対系における特殊時空間的モメントをなす各々の個体概念の存立が、それぞれの空間次元：一般空間／時間次元：一般時間の態様の統一的である生／滅の機構のプロセスを通じて、それ以外のすべての特殊時空間的モメントをなす各々の個体概念との相互間にて反応しあうことにより、かかる自己統合システムにおける瞬間次元の運動原理を形成していることをも意味する。空間次元：一般空間／時間次元：一般時間の態様が、特殊時空間的モメントとしての個体概念の成立に於いて自己統一されているとともに、しかる自己統一によってのみ特殊時空間的モメントとして成立することは、あらゆる特殊時空間的モメントをなす個体概念の相互連動を以って構成される相対系

の、システムとしての運動原理である瞬間次元の概念規定に止揚（揚棄）されるところであるからである。

　個体概念の存立は、相対系における特殊時空間的モメントの更新・転化のプロセスとして実行される以上、特殊時空間的モメントが一般時空間上の無限の生滅現象として成立するため、その機構の前提となる空間次元：一般空間／時間次元：一般時間の規定性の自己統一は、全個体概念による無限の全体系システムに反映される。個体概念の自己統一に於いて不断に更新されるものとしての特殊時空間的モメントは、その物自体における本質的属性と内外関係変数との作用のしかたにより、それ以外の全特殊時空間的モメントの［各々の個体概念としての］自己統一態様と触発しあうシステム変数とも規定される。換言するに、その本質的属性と内外関係変数との作用のしかたにより規定されるシステム変数は、当該の個体概念としての更新・転化の係数のみならず、全個体概念による相対系機構の瞬間次元としての態様をもなしていることになる。全個体概念に体現される次元概念としての自己統一のプロセスを経過しているシステム変数は、必然的にそれを構成する構造因子間に形態的にも機能的にも分化されており、しかも構造因子相互の間、及び構造因子と機構全体との間には内面的である必然的連動が実行され、全体系としての統合性を維持する相対系機構の作動しゆく根拠となるのだが、当該の特殊時空間的モメントをなす個体概念の空間次元：一般空間／時間次元：一般時間の規定性の自己統一を動因とする以上、しかる相互連動により体現される全体系システムは無限であるから、即自的には相対系の無限を実践する特殊空間をなす有限の物質系を示唆している。単なる理性的知覚の対象としてあるのみならず、任意且つ一意の実体をなして存立することで実在するもの、即ち個体概念は空間次元：一般空間と時間次元：一般時間の規定態様に分化されるが、そのことは個体概念に対する追考運動の契機が相互連動する全個体概念の関係変数に基づく以上、全体系システムレベル

781

での弁証契機はその止揚（揚棄）態様である相対系における瞬間次元に帰せられるからである。

　生／滅する実体（実在）レベルでの相対系としては、即自的には特殊空間を以ってその瞬間次元を体現している。あらゆる特殊時空間的モメントとしての生／滅により体現される相対系の態様は、実体（実在）レベルに於いては特殊空間上の状態関数として規定されるからであり、また相対系における瞬間次元の即自的態様がそれ自体の存在生滅の態様に表象されるが故に他ならない。そのことはもとより、特殊空間上の状態関数がそのものの存在的規定性をなすことに基づく。尚、実体（実在）レベルとは相対系内における一意の個体概念を示唆するが、その存在生滅の態様は一意の特殊空間的モメントを示唆するため、前章までのエレメントとはその意義を異にする。エレメントの概念規定が、相対系内における任意の座標系に相当するいずれかの構成素子であることを前提するに対し、特殊空間的モメントについては、ただ有限の構成素子としての規定性のみならず、無限の相対系における連動係数として生／滅する一意の実体（実在）としてあるからであり、当該の追考レベルでは、相対系の機構をなす瞬間次元の即自的態様の概念規定が対象となるため、相対系自体における存在的規定性をなす特殊空間的モメントが問題とはなるのである。

　本章より明らかにされよう相対系の概念規定は無論、客観的情報としての相対系自体の体系及び機構等につき論述する内容をなすところであるが、その反面に於いては、精神機構における基準系を構成する先験的知覚の内実として具備される相対系自体の意義をも内在する。改めて断っておくが、基準系は超単純且つ超純粋ではあれ、先験的にして非理性的・無反省的といえる原始の知覚体系であることから、本節以降の記述とても論理的整合性を以ってなされているからといって、基準系の内実そのものが論理系上の自覚を得て＜意

識上レベルにて＞既に再構成されているとの、誤認による判断を下してはならない。基準系は飽くまで、一切の客観作用／主観作用による手続きを実行されるより以前の、後天的に構成された公理系としての秩序を具有しない先験的体系である。したがって、基準系に関して展開されるなべての命題（論理式）及び論証等については、弁証系プロセスの精確である実行結果としての恒真性を確認された命題（論理式）としてあるが、基準系自体は未だ、いかなる精神機能による、いかなる論理的［及び非論理的］処理をも加えられていない際限なく純粋である態様にあるといえる。

　さて、空間生滅：特殊空間について解明するに先立ち、一般空間／一般時間の概念規定が相対系の次元であることを確認しておくべきである。それはとりもなおさず、相対系が精神機構を媒介する認識処理に於いてのみ成立しうる情報であるかどうか、という問題に通じている。既述にみる通り、我われ精神主体が相対系の刺激情報に対して触発しあうこと、そのことを実際上に確認することができるというのは、直接相対系そのものに対してアクセス作用することではなく、精神機構のインタフェース部位を媒介することによってのみ可能となる。相対系に対してアクセス作用するに際しては、精神機構自体の自覚による自己実現にあっても、一意の自己存在を規定するためにも特殊空間と特殊時間に対する認識が不可欠である以上、しかる認識の基盤となる情報源は事前に自己内的に具備されていなければならないから、次元概念をなす一般空間と一般時間は先験的である精神上の形式としてあることになる。そして、そのことは、相対系の先験的である知覚体系を構成する基準系が、精神機構及びその運動主体が相対系自体の特殊時空間的モメントであるが故の、相対系自体としての自己反映としてのみ存立し、このために、［精神機構上の］基準系における特殊空間と特殊時間との内的規定形式もまた、相対系を維持・運用せしめる次元である一般空間と一般時間との反映された知覚としてのみ成立する。真理：恒真式という絶

対的である命題（論理式）は、それがいかに単純といえる内容情報
である場合にも、特定の特殊空間や限定された特殊時間に於いての
み有効となるのではなく、いかなる特殊時空間にあっても論理的否
定される可能性がない以上、かかる普遍的である真理：恒真式が適
用されるところの相対系は、特殊空間的且つ特殊時間的に無限であ
る。他方、精神機構及びその運動主体は有限の耐用期間しか保持し
ないのであるから、そのことはたとえば、仮に精神機構の活動を前
提しなければその先験的知覚でもある相対系自体も存立しないのな
らば、精神機構がその運動機能を停止して以降は相対系とても消失
されることになるはずであるが、もとより相対系が無限であるとは、
その始点とともに終点もありえないということを意味している。既
に停止した精神機能のうちにあっては、相対系そのものが消失され
たに等しいことかもしれないが、そのことは単なる主観性の価値判
断の問題にすぎない。相対系自体の存立は、そも現実態様をなす客
観上に於いては、精神機構の活動を前提せざるを得ないものではな
いし、また、相対系自体に対する精神機構からの精確であるアクセ
ス作用を期待できないわけでもない。相対系という客観上の対象自
体に対しては直接にはアクセス作用できず、［当該の対象自体では
なく］その対象的知覚、即ち精神内的事象に対してしか精神機構か
らは追考できないとしても、かかる対象的知覚そのものが相対系を
なす特殊時空間的モメントの一でもあるからではある。

　特殊空間は、例外なく、Ｒａｎｄｏｍにして無限における一意の
実存を示唆する。Ｒａｎｄｏｍであるということは、無限の一般空
間に対してどのような位置的アドレスから、もしくはどのようなＫ
ｅｙ項目により抽出及び分析処理することも制限されない、という
ことであり、また無限における一意であるということは、しかく如
何様に抽出・分析された特殊空間とても、いまここにしか存立しな
い唯一の座標系をなす実測値である、という意義である。無限の一
般空間にあって、特殊空間的モメントを分類し位置付けるカテゴ

リーのパターンは有限ではないし、そのうちの同系統の集合に所属
する近似した特殊空間上の座標系をなす実測値は、やはり際限なく
成立しよう。しかし、それら相互の座標系の実測値がいかに近似し
ていようと、決して同一ではありえない。何となれば、一般空間を
構成するすべての特殊空間は無限に相互連関しあうことから、或る
特殊空間を仮にサンプル（Ｓ）とすれば、当該のＳがＳそれ自体と
して成立しえているということは、Ｓを除く他の一切の特殊空間（〜
Ｓ構成素子）の相互連関された帰結の値として、その時点のＳの状
態関数へと運動的統合化されることにより現象されるのである以
上、無辺に実在し運動・変化することにより一般空間をつくりなす
特殊空間はいずれも、決して変項Ｓ以外には生起しえないのである。
特殊空間のサンプル（Ｓ）の実例がランダムであるにせよ、その実
サンプル検索・抽出の方法論如何に拘わらず、かかる原理はすべて
の特殊空間に対して等しく拘束するものであり、さればこそ、それ
ぞれの本質的属性に相互連関しあってもいる。それというのも、〜
Ｓの概念規定はまた或る特殊空間の集合を示唆するから、変項Ｓに
充当される実例がランダムであるならば、〜Ｓを構成する特殊空間
の実例もランダムに相対的・可変的となるが、それはつねにＳの値
に対応して運動・変化することが不可避であるためである。このよ
うに、一般空間とは、無限数・無限種に上る特殊空間の相互による
連関そのものであり、また実存としての属性を具有しない特殊空間
とてもありえない以上、恰も種々の個体概念を収容する容器の如き
有限の座標系ではない。

　特殊空間、及びその特殊時空間的モメントは、実際のところ、空
間的範疇に於いて有限である。しかる空間的範疇に於いて、一般空
間は無限であるが、無限という有限の座標系による無限連鎖を細分
化処理し、任意且つ一意に範囲指定された上での空間規定は、有限
である。しかも、すべての特殊空間は相互に作用しあうことから相
対的であり、よって、不断に変化する相対的である有限の範囲を領

有する、といえる。それが任意の変項Sの状態関数であるかないか
との関係式により、一般空間の全体系がSおよびS以外の全規定性
により定義付けられることにもなるから、S＝∞－（〜S）という
単純といえる公理がそこに成立する。ここで∞とは相対系の一般空
間としての無限性を、Sとは任意の特殊空間である変項の状態関数
を、また〜SとはSを除くすべての特殊空間の相互連関された運動
的統合値を、それぞれ示唆している。全特殊空間の相互連関しあう
全体系システムとしての一般空間は、無限小の分析レベルから無限
大の統一レベルへの自己回帰性を具有するから、特殊空間の変項S
をなす個体概念の実サンプルには、細分化且つ綜合化のレベルに応
じた無限を構成するレイヤがある。より内包的であるレイヤにある
特殊空間を仮にS1とし、それの所属するより外延的であるレイヤ
にある特殊空間を仮にS2とすれば、S1を構成する特殊空間的モ
メントは同時にS2を構成してもいる（S1∈S2）。S1の置か
れたレイヤを基準として一般空間を表現するとき∞＝S1＋〜S1
であり、またS2の相当するレイヤを基準とするとき∞＝S2＋〜
S2である。ここでLayerもしくは階層と称せられているのは、
たとえば、哺乳類のカテゴリーに人間が包摂されるといった集合論
的である意義ではなく、相対系を気象学的観点から研究するか量子
力学的観点からトレースするかという如く、質量上の大小・外延内
包のレベルの相異に他ならないが、とまれこのようなS1〜Snと
いうレイヤ、厳密にはminSm〜maxSnという階層レベルは
無限に亘るので、このmは無限小を、そしてnは無限大を各々表現
している。また、たとえば、S1と同等のレイヤにある他の特殊空
間を仮にS1aとするとき、そのレイヤとS1aを基準として一般
空間を表現すれば∞＝S1a＋〜S1aであるし、また、S2と同
等のレイヤにある他の特殊空間を仮にS2aとする場合、そのレイ
ヤとS2aを基準として一般空間を表現すれば∞＝S2a＋〜S2
aとなる。

このように一般空間は、特殊空間におけるレイヤ、即ちその存在的構造上の階層レベルと、当該のレイヤ毎の特殊空間の状態関数を特定することにより、［相対的に］表記可能となる。より内包的であるレイヤにあるほどに外延的であるレイヤを内部より形成しているので、より内包的であるレイヤの状態関数や態様に変化が生じることにより、それに対応して、より外延層をなすレイヤの状態関数や態様とても変化を免れない。そして、特殊化された一般空間である特殊空間は一般空間の無限性を継承しているから、しかる階層における内包的レベルの極限域は、無限小のレイヤにあるといえる。また、その逆に、より外延的であるレイヤの状態関数や態様に変化が生じることにより、それに対応して、そのエレメントをなすところの内包的であるレイヤの状態関数や態様とても変化を余儀なくされる。そして、やはり特殊空間は一般空間の無限性を継承するから、その階層の外延的レベルの極限域は、無限大のレイヤにあるといえる。相異なるレイヤ間にあろうと、また双方の間に何層のレイヤを隔てていようと、相互間に作用しあうことにより対応し成立しているから、特殊空間及びその特殊時空間的モメントが相互間に連関しあっていることは、同一のレイヤ内部のみに限定されてはいない。たとえば、先例のＳ１ａとＳ２ａの場合、Ｓ１ａは空間的内包レベルのより深い階層にあるが、またＳ２ａはそのより浅い階層にある。換言するに、質量をつくりなす構造化の階梯がＳ１ａに比しては、Ｓ２ａはより上位の階層にある特殊空間をなすけれど、では〜Ｓ１ａの集合要素、即ち下位集合乃至要素（元）としてＳ２ａは内包されるのか、また〜Ｓ２ａの集合要素としてＳ１ａは内包されるのか。それは場合にもより、一概には断定できない。Ｓ２ａがＳ１ａをエレメントとして包摂しないのならば、集合論的に重複する部分がないために、疑いなくＳ２ａは〜Ｓ１ａを構成する下位集合乃至要素（元）である。また、Ｓ２ａがＳ１ａを包摂する場合であっても、Ｓ２ａのほうが質量的により大なる物質的規定性を具有するだけに、Ｓ２ａのうちのＳ１ａを直接構成しない領域部分は〜Ｓ１ ａに所属している。その集合にＳ２ａのうちのＳ１ａの領域部分のみを包摂しないのは、Ｓ１ａ自体を〜Ｓ１ａと断定することができないからである。このとき、Ｓ２ａの集合は事実上、Ｓ１ａと〜Ｓ１ａの一部を包摂することになるが、それが〜Ｓ１ａの全部までは包摂しきれないのは、Ｓ２ａの領域部分が相対系の全体系を示唆してはいないからである。他方また、Ｓ２ａがＳ１ａを包摂しない場合、集合論的に重複しない以上、明らかにＳ１ａは〜Ｓ２ａの範疇に所属するけれど、逆にＳ２ａがＳ１ａを包摂している場合、Ｓ１ａは〜Ｓ２ａの範疇には包摂されない。このとき、Ｓ１ａはＳ２ａの範疇に包摂されており、Ｓ２ａ自体を〜Ｓ２ａと断定することができないからである。特殊空間的モメントを位置付けるカテゴリーを如何様に規定しようと、相対系がＳ１ａと〜Ｓ１ａのみから構成されることと、且つまた、それがＳ２ａと〜Ｓ２ａのみから構成されることは、相対系自体の概念規定に於いて同義である。相対系をつくりなす特殊時空間的モメントはすべて、絶えまなく相互矛盾しあうものとの相互否定（収束）作用により成立するからである。

　任意且つ一意に細分化されうる、その存在的構造上の階層レベルにより、一般空間は無限にして不特定の深度のレイヤを内部より形成する特殊空間よりなるが、当該のレイヤの状態変化がランダムであれ、実体（実在）概念としての座標系を限定された態様にある以上、特殊空間の実測値をなすものは有限である。然るに、一般空間が無限であるということは、その属性を継承する特殊空間を構成する構造因子を極限まで分析するには、無限に及ぶ下位層のレイヤへのトレースを要することになもるから、すべて特殊空間が存立し且つ変化するに際しては、無限小の特殊空間的モメントをつねに単位空間としつつも、換言するに、かかる無限小の特殊空間的モメントレベルにおける運動規定を基準として、一切の特殊空間延いては一般空間を成立せしめてゆくのである、といえる。しかるならば、特殊空間をつくりなす無限小の特殊時空間的モメントは、どのような

態様にて成立しているのであるか。無限小とはいうも、実際上には無限小という概念規定を体現している実体（実在）が、寓意的にも存立するわけではない。それはなぜなら、特殊空間を現象せしめる実体（実在）は、そのもの自体が無限に連続する全体系としての一般空間ではないので、不定の領域内ではあれ有限の可変的範囲を占めるからである。したがって、無限小とは寧ろ、一般空間を内包的に反映する特殊空間の概念規定であることになる。無限大であるはずの一般空間が、同時に無限小でもあることは、いかなる意義を蔵するか。たとえば、或る特殊空間をどこまで分解し分析し続けようと、際限がない。つまるところ、あらゆる特殊空間は例外なく、最終的には無限小の有限単位より構成されている。また他方、どれほどの特殊空間を融合させ拡張し続けようと、やはり際限がない。つまり、あらゆる特殊空間の例外なく統一された全体系としての連続概念が、無限大の一般空間に相当する。このことは、無限大と無限小の概念規定が、一般空間を構成する無限レイヤの両極であることを示唆しているとともに、両概念が自己回帰的には同義であることをも意味している。特殊空間乃至その特殊時空間的モメントに対し、いかなる下位層のレイヤにまで分解し分析し続けるも際限がないことは、仮に或る特定の基準値、もしくは他の何等かの基準値から測定した場合にそうであるのみならず、いかなる基準値を基点として測定しようと同様であり、それは換言せば、いかなる基準値の設定も意義をなさず、また客観的には存立しないことに他ならないため、特殊空間上の量子の規定性とても絶対的ではありえない。もとより無限とは、実測不能の空間値としてのみあるからである。分解し分析する特殊空間的処理に際限がないことは、その反対方向のヴェクトルを形成する空間的処理としての、融合し拡張する特殊空間的処理にもまた、同様に際限がないことを意味している。仮に後者の処理上に於いて確定されうる限界点があるとすれば、それが即ち特殊空間測定上の絶対的といえる基準値であることになり、もはや一般空間は無限小ですらありえない、つまりそのことが無限小である客

観的事実によって容認されえないためである。それとは逆に、特殊空間乃至その特殊時空間的モメント相互に対し、いかなる上位層のレイヤにまで融合し拡張し続けるも際限がないことは、仮に或る特定の基準値、もしくは他の何等かの基準値から測定した場合にそうであるのみならず、いかなる基準値を基点として測定しようと同様であり、それは換言せば、いかなる基準値の設定も意義をなさず、また客観的には存立しえない。もとより無限とは、実測不能の空間値としてのみあるからである。融合し拡張する特殊空間的処理に際限がないことは、その反対方向のヴェクトルを形成する空間的処理としての、分解し分析する特殊空間的処理にもまた、同様に際限がないことを意味している。仮に後者の処理上に於いて確定されうる限界点があるとすれば、それが即ち特殊空間測定上の絶対的といえる基準値としてあることになり、もはや一般空間は無限大ですらありえない、つまりそのことが無限大である客観的事実によって容認されえないためである。そして、特殊空間なるものが、無限の一般空間とは独立して成立しうるわけでもない以上、それ自体が一般空間の構成素子でもあるが、不断に有限にして相対的・可変的であるところの特殊空間が、存在的次元として顕在化されてある一般空間の無限大と無限小という本質規定を継承していることが、無限に大なる有限の構造化と、無限に小なる有限の量子化を示唆している。無限の一般空間は際限なく特殊空間として顕在化され、また特殊空間は有限の個体概念として体現されるため、一般空間における無限性は、実体（実在）的である有限性に於いてのみ体現されるのである。

　そのことがまた、相対系に於いて普遍妥当する相互因果律の証しでもある。一般空間が無限小から無限大に亘る連続性を具有することから、その実体（実在）の性質に則した構造因子である特殊空間はいずれも、それがいかなる検索Ｋｅｙにより抽出されようとも、一般空間という無限の連続構造をつくりなす同時性における部分情報に他ならず、したがって、それぞれの特殊空間は連続する無限性

における有限の存在上の本質規定であり、その存立はつねに相互間に連関しあうものである。有限である一切の特殊空間的モメントが連続しているということは、或る任意の座標系における特殊空間的モメントが多少とも運動・変化すれば、他のすべての座標系における特殊空間的モメントに反映されるということである。その運動・変化を反映することで、それ以外のいずれかの特殊空間的モメントが不変ではありえず、何程かの運動・変化を免れないため、且つまたそれが反映されることにより、更に異なる座標系における特殊空間的モメントが新規の運動・変化を余儀なくされる。いかなる特殊空間も一般空間の相対化された概念規定であり、その特殊空間的モメントは有限の存在規定としてのみ成立するから、当該の他在をなす特殊空間的モメントとの相互連関により、当該の有限の成立態様を更新することによってしか実在できないのである。而もまた、一切の特殊空間及びその特殊空間的モメントは同時に成立し相互連関しあっているから、それぞれの特殊空間及びその特殊空間的モメントの運動・変化は、つねに他の特殊空間及びその特殊空間的モメントの運動・変化による反映であるとともに、つねに他の特殊空間及びその特殊空間的モメントの運動・変化へと反映されていることになる。そして、特殊空間は一般空間と自己同一に帰せられる本質的属性を具有するため、特殊空間相互の運動・変化には一般空間の無限性が継承されており、また一般空間の全域に対応する全特殊空間には普遍妥当する同時性が維持され続けるから、いかなる特殊空間のいかなる特殊空間的モメントのいかなる運動・変化も、絶えまなく相対的に成立する有限のそれ自体を更新し続けることで無限を実践し、しかもあらゆる特殊空間的モメントによるその実践には、いつも同一のリアルタイムを共有する同時性が損なわれない。すべて特殊空間及びその特殊空間的モメントが無限に相互連関しあっている以上、或る任意の特殊空間及びその特殊空間的モメントが実際上いまそのような状態関数にあることは、他在をなす一切の特殊空間及びその特殊空間的モメントがそれぞれにいまそのような状態関数

にあることの、必然的である帰結現象としてそうである、といえる。いずれかの特殊空間的モメントの態様乃至状態関数が些少とも異なっていたならば、なべての特殊空間及びその特殊空間的モメントの各々が、実際上に存立しているその態様乃至状態関数と等しいものではありえていないはずである。相対系をなす特殊時空間的モメントのいかなる態様乃至状態関数とても、１００％厳密である相互因果律のもとに一意に決定されるからである。よって、自然科学上の観測によるところでは無関係として結論されよう特殊空間的モメント同士であれ、それらがたとえ直接上ではないにせよ、つねに相互間に何等かの関係作用をなして成立していることになるし、またいかなる場合でも一般空間上に於いて無関係という実測値はありえない。

　けれど他方、特殊空間的モメントはまた、実存として成立している。実存の概念規定とは、その存立が特殊時空間上に於いて一意であること、即ち、いまここにこの実測値をなしている客観的事実が、それ以外の特殊時空間的モメントに於いては不可能であることを意味している。いまというリアルタイムの値はそれより以前にも以後にも生起しえない一意の瞬間であり、ここという位置的アドレスの値は相対系にあって他のどの座標系にも成立しえないのであるから、いまそしてここにある特殊空間の特殊時空間的モメントは、それがいかなる物自体の状態関数をなしているかに拘わらず、実存の概念規定を充足している。このことは、相対的・可変的である特殊空間すべてについて、それぞれに体現される特殊時空間的モメントに等しく該当することである。それが一般空間におけるいかなる関係変数に位置付けられようと、特殊空間の特殊時空間的モメントの占める位置的アドレスは同一のリアルタイムにあっては一意であり、無限の同時性にあって相互間に別個のものであるからである。実存であるところの特殊時空間的モメントはいずれも、他のいかなる特殊時空間的モメントでもないから、それ以外の一切の特殊空間

の特殊時空間的モメントに対し否定（収束）作用をなすエナジー値を形成することにより、自己存在の成立そのものを保持していられる。自己自身のみが自己存在であるということは、他の何ものもその自己存在の実測値ではありえない、即ちその自己存在の実測値に対する否定（収束）作用により成立するから、いまここにある自己自身のみが、その自己存在以外のものすべてに対する否定（収束）作用として存立していなければならない。それ以外のいかなるものでもないことによってのみ、唯一の特殊時空間的モメントとしての実存的である自己存在が生成されているからである。かかる自己存在なる物自体をSと仮定するとき、自己存在以外のすべての物自体の運動的統合値を～Sと論理的表記することができる。特殊空間的モメントは相対的であり、つねに絶対的に独立しては成立しえないから、いかなるSと～Sの各エレメント同士でも相互連関してはいるが、Sと～Sによる関係作用は相互否定・収束にある。しかる相互否定関係は、～Sを構成する個々のエレメントとSとの関係式に於いてではなく、運動的統合値としての～SとSとの関係式に於いてである。何となれば、個別の特殊空間的モメント同士が相異しているとはいうも、他在における個有の構成素子を否定・収束せしめること自体によって自己存在の成立にはならないが、否定（収束）作用をなす対象が自己自身以外という運動的統合化された概念規定を示唆するとき、相互に否定・収束せしめあうこと自体が相互の自己成立に等しいからである。

　かかるSと～Sの、延いては特殊空間の内包外延レイヤを特化した値であるS1aと～S1aの関係式は、運動・変化の過程としてのみ論述される必要性がある。いかなる特殊空間的モメントも、有限且つ相対的・可変的であり、それが絶対的に独立しえず固定化されてもいない以上、またさもなくば特殊空間的モメントが相対系を構成しえない以上、それぞれの特殊空間的モメント自体が不断に運動・変化していることになり、その存立をなさしめる相互の関係式

とても運動・変化により成立可能であるからである。一意の特殊空間的モメントSの現在時の状態関数S1aは、その他在をなすすべての特殊空間的モメント〜Sの現在時の統合化エナジー〜S1aにより収束・零化されるため、現在時という変数がスライドすることにより採られる瞬間のS1aの状態関数（S1a'）へと移行する。ここでの零化とはされば、エナジー値の放出／収束により零という基準値に再還元されることを意味する。それは而して、S1a以外の特殊空間的モメントである〜S1aという統合化エナジーが、そのスライドした無限小の一瞬間経過後におけるS1a'の状態関数を形成することでもある。つまり、〜S1aの統合化エナジーが、同時点におけるS1aの状態関数に対する収束・零化として機能することにより、却って無限小の瞬間移行によるS1aの状態変化を余儀なくせしめているのである。また、このとき逆に、S1aの存立が〜S1aに対する収束・零化として機能するのであるから、〜S1aの運動的統合値とても同様にスライドした瞬間における状態関数（〜S1a'）に移行してはいるが、飽くまでそれは理論上の前提ではある。もとより〜S1aの概念規定は、変数であるS1aの定立とは相互矛盾しているのであるが、S1aを除く全特殊空間的モメントがそれぞれに放出する定立エナジーが、そのなべて運動的統合化された値としてS1aに対する反定立エナジーを構成しているのであるから、それ自体が否定・収束せしめあう両者のいずれのカテゴリーにも所属しない第三の物自体として成立しているわけではなく、Sと〜Sのみにより一般空間の全構成素子を充足しているため、そのような第三の物自体などありえない。また、自己存在の更新は自己自身の瞬間上の状態関数の否定（収束）作用に他ならないことからも、S1aが新規の瞬間へと移行することは、〜S1aを構成するすべての特殊空間的モメントが各々に運動・変化していることを示唆しており、それが統合化された反定立エナジーである〜S1aの移行をも意味している。不断に変動する普遍的共通の現在時であるリアルタイムにあって、S1aと〜S1aに所属する

各特殊空間的モメントは相互間に無限連関しあいつつも、Ｓ１ａの定立とそれ以外の全特殊空間的モメントの運動的統合化された反定立エナジーである〜Ｓ１ａは相互間に収束・零化せしめあう関係式にあるから、この両者の存立とその関係作用が相互因果律を以って成立しているのは、相互間に収束・零化せしめること自体が相互間に生成することである運動エナジーにより、無限小の瞬間のスライドを生ぜしめることに起因するところといえる。〜Ｓ１ａ'として運動的統合化されたエナジー値は更に、同時点のリアルタイムにあるＳ１ａ'という状態関数を収束・零化せしめるとともに、特殊空間的モメントＳをして新規の瞬間の値であるＳ１ａ''へと移行せしめる。さればまた、既にこのとき、Ｓ１ａ'の定立エナジーにより収束・零化された〜Ｓ１ａ'は、新規の瞬間における〜Ｓの統合化エナジーである〜Ｓ１ａ''へと移行していることにもなる。このように、変数値である特殊空間的モメントＳ１ａが、反定立エナジーとして運動的統合化された〜Ｓ１ａにより収束・零化されるにも拘わらず、全く異質の個体概念には変化・変質しないことは、各特殊空間的モメントにより体現される相対系システムが特殊空間上には相互因果性を具有しており、且つ特殊時間上に於いては相互間に連続作用しているため、必然的に特殊空間の個体概念としての属性が継承され続けることによるところである。

　任意且つ一意の特殊空間的モメントＳ１ａは、自己存在に相互矛盾する全特殊空間的モメントの運動的統合化された反定立エナジーである〜Ｓ１ａに収束・零化されることにより、新規の瞬間の状態関数Ｓ１ａ'へと移行される。存立することそのものが運動・変化を前提する以上、そして無限における唯一の自己存在を成立せしめているヴェクトル自体が、自己存在の定立を否定・収束せしめる〜Ｓ１ａという統合化エナジーにより定立されるのであるから、それはとりもなおさず、成立変数を充足する特殊空間的モメントＳ１ａそのものの自己保存のエナジーが、Ｓ１ａの状態関数を否定・収束

せしめる相対系の統合化エナジーと同一の現象に帰結するものであることを示唆している。自己存在の存立が運動・変化としてのみ成立するならば、自己存在の存立する状態関数が収束・零化されることにより新規の瞬間として更新されゆくのであるから、S1aの状態関数を収束・零化せしめる〜S1aの統合化エナジーこそ、S1aの存立の態様を更新するエナジーとして生成されているはずである。したがって、任意且つ一意のS1aの自己エナジーと〜S1aの統合化エナジーとの関係式は、相対系としての自己内回帰を媒介することにより、それぞれの特殊空間的モメントS1aの同一のヴェクトルへと自己統一されていることにもなる。

　因みにここで、無限をなす相対系の全体系を空間という次元にて把捉する概念規定を、一般空間と称せられるところである。また、一般空間を構成するそれぞれの空間的モメントを以って体現される空間規定を、＜実存としての空間的モメントが個有の特殊性を具備しているという意義に於いて＞特殊空間と称せられるところである。自明ではあるが、実存として不断に静止しえない空間的モメントに対し、当該の特殊空間は、当該の空間的モメントのみに体現されている一般空間に相等しい。

　ところで、個体概念の実体（実在）レベルに於いて体現される相対系の機構：次元の概念規定、とりわけ相対系自体の存在的次元をなす概念規定が一般空間であるが、しかる一般空間の一意の空間的モメントに体現される空間概念が特殊空間をなす以上、それに対してアクセス作用する超自我の理性機能にとっては、より直接的、且つ即自的に触発しあうことは客観的事実である。そのことは無論、論理系における客観概念の必然的遷移の工程に相当するものであり、その理性機能の作用する対象的知覚をなす相対系そのもののそれに関するところではない以上、しかる存在的次元を反映する実存の規定形式としての特殊空間が、客観的に変化し状態遷移するか否

かという論点とは別問題である。（因みに、しかる論点の結論とし
ては、特殊時空間的モメントを形成する実存の形式をなす特殊空間
が無限の関係変数として不断に変化する以上、当該の本質的属性を
なす態様とても不断に変化するが、しかる概念規定を追考対象とす
る客観的精神現象及び客観概念とは実在的に弁別される必要性があ
るため、その論理系の遷移の法則と相互リンクするものではない）
但し、この時点で留意すべきは、理性的追考運動を以って推移する
客観概念の態様が、飽くまで即自的である特殊空間の概念規定の認
識レベルにあるため、未だここでは対自的態様をなす認識レベルに
は到達していないことにある。したがって、客観性フィルターによ
る弁証系プロセスにおける階梯としては、客観概念上に於いて明示
的に特殊時間という概念規定との関係性による、特殊空間の概念規
定の把捉が成立する以前の態様にあることを意味する。

ⅱ＞時間生滅：特殊時間

　もし仮に、現在時という時間次元の断面を覗くこと能うならば、この一意なる一瞬間のみにあっても、いかなる特殊空間もそれぞれに特殊時間としての運動・変化を以って成立し、全特殊空間及びその各特殊時空間的モメント相互の連動により自己存在を体現していることは、自明である。相対系は一切の特殊時空間的モメント相互間の無限因果的である連続概念としてあるから、いかなる特殊空間のいかなる瞬間の実測値に限定されようとも、必ずそれ自体に同一の相対的・可変的である実存規定としての原理が再認識されるだけではある。

　運動・変化する現在時は、一般空間の全域に同期される同時性をなすリアルタイムであり、無限の過去時間より無限の未来時間にまで対応して普遍的に展開される。とはいえ、一般空間は無限の領域範囲をなす全特殊空間相互に連関する体系であるため、それぞれの特殊空間及びその特殊時空間的モメントの状態関数は一般空間全体の必然性により規定されるから、普遍的に同時である現在時はまた、その同時点における全特殊空間及びその各特殊時空間的モメントの状態関数をなべて包摂する概念規定である。仮に任意且つ一意の特殊空間的モメントを X とすると、無限の一般空間である ∞ を表現するためには、$\infty = X + (\infty - X)$ という公理が成立する。何となれば、一般空間は相互間に非連続のエレメントの集合概念ではなく、その任意のエレメントである特殊空間的モメントがこの場合の X である以上、無限の全体系としての一般空間の状態関数を構成するいかなる X も相互に連関しあうとともに不可欠なので、X を表現する公理は $X = \infty - (\infty - X)$ となるからである。したがって、それぞれに実存であるはずの X は、その実サンプルとなる実体（実在）及び状態関数が如何様であるかに拘わらず、つねに運動・変化する有限且つ相対的モメントにして、また一般空間全域に連続している。或る

798　　第Ⅰ節　客観概念

任意且つ一意の時点をtとするとき、時刻t時における特殊空間的モメントXの状態関数であるX（t）は、それより一瞬間経過前の時点である時刻（t－1）時における、X以外の一切の特殊空間的モメントの統合化エナジーである（∞－X）（t－1）の帰結現象としての値を採る。何となれば、全体系としての相対系の絶対エナジーは無限という限度に於いて一定しているので、特殊空間的モメントXの存立に要するエナジーは放出されると同時に、否、精確には、際限なく同時に近い瞬間の移行にあって、X以外である全特殊空間的モメントの統合化エナジーにより収束・零化されなければならない必然性を内在し、このことが結果的にはXをして新規の瞬間へと移行せしめるからである。tを仮に現在時の実サンプルとすれば、t時よりみて移行する瞬間の前後とは、その差分が±1に際限なく接近していることではなく、際限なく同時に接近する時間長を示唆している。それはまた、±1という数値は仮定された非現実の値にすぎず、また他方、同時と等値である時間を充足する値には長さがないため、そこには運動・変化を伴いえないからでもある。特殊空間上の変化には特殊時間上の運動が不可欠である、といわんよりそれ自体が特殊時間上の運動そのものに他ならないが、特殊空間及びその特殊時空間的モメントの存立を可能ならしめる特殊時間運動の最小値は、同時ではありえないが、際限なく同時に近い。そのことは、なべての特殊空間及びその特殊時空間的モメントをスライドせしめる時間長が、無限小としての有限値であることを示唆している。際限なく同時に接近することは、基準点である＜零＞に対するヴェクトルを具有する極限概念を意味し、且つその時間長は有限である特殊時空間的モメントにおける特殊時間に内在されているからである。このように、相対系を構成する全特殊時空間的モメントを更新する前提となる無限小の特殊時間が、瞬間と称せられる概念規定である。いかなる特殊空間のいかなる状態関数も、それ自体の変化せしめられることにより生成された帰結現象であるから、もとより特殊空間及びその特殊時空間的モメントの存立は変化すること

としてのみ可能であり、その存立そのものが特殊時間と自己同一を
なして運動しなければ成立しないが、任意のｔ時という現在時はつ
ねに、それより無限小の瞬間を遡及する（ｔ－１）時という時点な
くしては成立しえず、よってまた、ｔ時の直近の後続時点には必ず
無限小の瞬間に更新された（ｔ＋１）時が連携する。かかる営みは
特定の時点を以って開始もしくは終了されることなく、また不断且
つ無限に実行されゆくため、しかる特殊時間はいずれも、普遍的に
妥当する特殊空間の絶えまない運動に相違ない。

　相対系全体の絶対エナジーは、無限という数値化不能の値である
から、エナジー全体のほんの僅かな±も成立しえず、つねに無限（∞）
という限度に於いて一定している。特殊空間及びその特殊時空間的
モメントは特殊時間運動としてのみ存立可能であり、何等かの運動・
変化すること自体が自己エナジーの放出でもある。したがって、任
意の現在時であるｔ時における特殊時空間的モメントＸ（ｔ）の成
立に要するエナジーは、放出されるとともに、収束・零化されなけ
ればならない。ここでの零化とはされば、エナジー値の放出／収束
により零という基準値に再還元されることを意味する。ｔ時におけ
る一切の特殊空間及びその特殊時空間的モメントは相互連関にある
から、或るＸ（ｔ）がＸ（ｔ）という状態関数を形成する実存であ
る現象は、同一のｔ時におけるＸ（ｔ）以外の全特殊空間及びその
特殊時空間的モメントとの相互連関により成立している。さればま
た、（∞－Ｘ）の値を構成する全特殊空間及びその各特殊時空間的
モメントの運動的統合化された状態関数により、Ｘという実体（実
在）の状態関数が形成されるものといえる。そしてまた、それぞれ
の特殊空間をなす特殊時空間的モメントであるＸは、任意の実体
（実在）であるそのいずれもが、いまこの無限小である瞬間にこの
座標系だけにしかないＸ、即ち実存規定である。というのも、無限
の相対的アドレスを保有する一般空間にあって、同一の特殊空間と
ともにその特殊時空間的モメントがそれ以外の位置的アドレスにて

生起することはありえず、また不断且つ無限に移行し続ける一般時間にあって、同一の特殊時間とともにその特殊時空間的モメントがそれ以外のタイミングに回帰されることはないからである。一般空間が無限の特殊空間をなす座標系を包摂する以上、仮に一般空間にあって同一の特殊空間がそれ以外の位置的アドレスにも成立するならば、一般空間自体が当該の位置的アドレスを内包する集合概念としてそれ以外にも成立していることになり、もとより無限且つ普遍の全体系としての一般空間の概念規定に抵触するからである。また、同一の瞬間が特殊時間的に回帰して成立するためには、そも時間システムの運動規定が円環的周期の無限ｌｏｏｐをなして反復され続けることが必須であり、時間システムを円環的周期上にて接続するための一意の始点と終点がなければならないが、始点をつくりなす原因（始点以前の時間規定）と終点を原因とする結果（終点以後の時間規定）が無限連続していることが必要であり、その接続部にＢｉｇ－ｂａｎｇ／Ｂｉｇ－ｃｒｕｎｃｈなる現象が介在するか否かはともかく、一旦何等かの状態関数を以って終了するのでなければ反復しようがない。そして、それが終了する性質の概念規定であるということは、相対系自体の全体系としてのエナジー値にも限界がある、即ち有限の存立であることになり、相対系の次元をなす一般空間が無限の領域範囲を包摂するわけにもいかないであろう。もとより有限であるためには、つねにその相対的である限界の外側領域の成立が前提されている以上、有限である特殊時空間的モメントは例外なく無限の一般空間の部分集合乃至要素（元）にすぎず、或る特定の特殊空間及びその特殊時空間的モメントの部分集合乃至要素（元）のみが、他の特殊空間及びその特殊時空間的モメントとの相互連関を排して、独立して永劫回帰することなどありえない。このように、いかなる実存Ｘ（ｔ）の実測値がどうあれ、一般空間にあって構成する一意のエレメントとしてあり、且つＸ（ｔ）という変数をなす状態関数のいずれもが、一般時間の運動規定にあって再び生起しえない特殊時空間的モメントである。したがって、相対系の全

体系を表現するためには、変数X（t）とX（t）以外の全特殊時空間的モメントの運動的統合値（∞−X）（t）の関係式のみにて充分であるから、ここで実存X（t）を表現するためには、(∞−X)（t）に対する否定・収束が必要であるとともにそれのみで充分であり、またここでX以外の相対系の全モメント素子の運動的統合化されたエナジー値である（∞−X）（t）を表現するためには、X（t）に対する否定・収束が必要充分条件であって、両変数をなすものは不断に相互否定関係にある。特殊時空間Xの状態関数は、（∞−X）をなす各特殊時空間的モメントと相互連動することにより変動するから、（∞−X）の全特殊時空間的モメントの運動的統合化されたエナジーがXのリアルタイムの値を生成するといえるが、（∞−X）の統合化エナジーは本来的にXに対する否定作用エナジーとして成立するから、（∞−X）により生成されたXの状態関数は、その同一の（∞−X）の運動的統合値により否定・収束せしめられることにより、Xの新規の状態関数へと移行する。それに際し、（∞−X）の統合化エナジーによりXの存立そのものを否定・収束せしめることができないことは、（∞−X）の運動的統合値自体がXの存立を前提しているからであり、両者のいずれもが相互間に依存しあうことによってのみ成立できるから、XではなくXのリアルタイムの状態関数に対する否定（収束）作用は、それ自体が新規の状態関数の生成をも意味するところである。

しかし乍ら、普遍的に共通のリアルタイム、即ち同時点における実存X（t）とその他在（∞−X）（t）との関係式は、相互依存且つ相互否定ではあっても、それは相互因果性を伴う関係式ではない。というのも、原因：結果の必然性が成立するためには、動因現象と帰結現象の両時点間に於いて特殊時間の移行が不可欠であるからである。それにより、任意の現在時であるt時における特殊時空間的モメントX（t）を生成せしめうるのは、その同時点であるt時における（∞−X）（t）ではなく、端的にはt時に到る無限小

の時間長を経過前の瞬間である（ t － 1 ）時における（∞－ X）（ t － 1 ）である。X（ t ）の時点の状態関数が生成されるということは、X（ t ）の存立に要するエナジーの放出に他ならないが、当該のエナジーを放出せしめる原因をなしているものは、 t 時へと無限小の瞬間がスライドされる直前の（ t － 1 ）時における、X（ t － 1 ）に相当する値とそれに対する他在の運動的統合値である（∞－ X）（ t － 1 ）の関係式である。特殊時間の展開はすべて一般空間上の相互因果律に基づいてなされるから、かかる一瞬間の時間的前後差を形成するのは無限小の時間長であり、また、（ t － 1 ）時という任意にして一意の時点には、無限の過去時間より（ t － 1 ）時に到るまでの一般時間の全相互因果関係が反映されてもいる。特殊時間的に移行するための前提が一般空間上の相互因果律にある以上、また一切の特殊空間は相互間に連関しあって成立する以上、いかなる時点におけるいかなる特殊時空間的モメントの状態関数であれ、その特殊時間の移行に対し無限小の時間長を経過前の瞬間までの、全特殊時間における各特殊空間の相互連動にまで、その成立の動因を遡及する必然性があるからである。したがって、現在時 t 時の状態関数を帰結せしめる原因は過去時間をなすすべての時点にあるが、それが端的にはつねに無限小の時間長を経過前の瞬間（ t － 1 ）時に反映されている以上、（ t － 1 ）時の状態関数が直接上に t 時へと帰結し移行されている。X の値は一意の特殊時空間的モメントであるから、（∞－ X）に対し否定・収束せしめる存立であることにより自己存在を実現するが、またその同一の理由により、（∞－ X）の運動的統合値とその各エレメントに依存することによってしか自己存在を実現しえない。かかる（∞－ X）は、X 以外のあらゆる特殊時空間的モメントの運動的統合化されたエナジー値であり、一切の一意なる特殊時空間的モメント X を収束・零化せしめることにより更新する相対系の力動概念であるから、それ自体が或る個有の実体（実在）例として成立するわけではない。X の状態関数に対する否定作用エナジー（∞－ X）の運動的統合値により、X の状態関数

は終端せられ、Xの新規の状態関数が生成されてゆくのであるから、その時点のリアルタイムにおける（∞－X）の統合化エナジーは、運動・変化し続けるXのつねに新規の状態関数へと帰結される。つまり、Xの状態関数に対する（∞－X）の同時点における否定作用エナジーが、そのままXの無限小の時間長を経過後の瞬間の状態関数に帰結し生成せしめるエナジー値でもあるため、（∞－X）の運動的統合値に対するXの同時点における否定作用エナジーは、X自体の新規の状態関数への生成エナジーに対する否定・収束としても作用する以上、X自体の更新時点より無限小の時間長を経過後の瞬間の状態関数に対する否定作用エナジーでもあることになり、またXのリアルタイムにおける自己実現のエナジーそのものが、更新時点より無限小の時間長を経過前の瞬間における（∞－X）の統合化エナジーとして放出されるのであるから、Xの状態関数と（∞－X）の運動的統合値との同時点における相互否定作用エナジーが、瞬間移行による相互更新に作用するエナジーと本来に於いて自己同一であることになる。

　時点を異にする特殊時空間的モメント同士の関係性では、一般空間上の相互因果律により展開され相互連関せしめられるしかないから、Xの状態関数と（∞－X）の運動的統合値との相互依存且つ相互否定の関係式は、飽くまで同時点にある両者間に於いて成立する。したがって、（t－1）時における特殊時空間的モメントX（t－1）は、同時点の（∞－X）（t－1）の統合化された否定作用エナジーによりその状態関数が終端せられ、X（t－1）という実存としてのエナジー値は収束・零化される。ここでの零化とはされば、エナジー値の放出／収束により零という基準値に再還元されることを意味する。特殊時空間的モメントの、厳密にはその状態関数の成立エナジーの放出と収束が、つねに対応して実行されることは、相対系全体の絶対エナジーが不断に無限という限度に於いて一定しているために、その数量の値に増減を生ぜしめ得ないことからも説明

がつく。但し、ここで否定・収束される対象となるエナジーは、X（t－1）という特殊時空間的モメントの状態関数の成立エナジーであって、Xという特殊空間乃至その特殊時空間的モメントが消失されるわけではない。（∞－X）（t－1）の統合化エナジーは、同時点のX（t－1）に対する否定作用エナジーではあっても、ゆめX自体に対するそれではないからである。その状態関数X（t－1）のみ収束されつつも、Xが消失されない、即ちXとしては存続する以上、（t－1）時における状態関数を終端されたXは、Xという特殊空間乃至その特殊時空間的モメントとして保持された儘で、際限なく同時に接近する無限小の時間長の移行を以って、（t－1）時の移行後の瞬間であるt時における状態関数X（t）へと更新される。そのことは、X（t－1）と（∞－X）（t－1）の運動的統合化されたエナジー値が相互に否定・収束せしめつつも、その他方なくして一方が概念的に成立しない相互依存の関係性にあり、またいかなる特殊時空間的モメントの状態関数も相対系全体の一般時間運動のプロセスで決定される以上、（∞－X）（t－1）を構成する一切の特殊時空間的モメントの内部連動による帰結現象として、更新時点より無限小の時間長を経過後の瞬間t時におけるXの状態関数X（t）の存立エナジーを放出せしめているのである。そして更に、無限小の一瞬間経過前の時点である（t－2）時に遡及するならば、その同時点のX（t－2）の（∞－X）（t－2）の運動的統合値に対する否定作用エナジーが、更新時点より無限小の時間長を経過後の瞬間におけるX（t－1）のエナジー値を否定・収束せしめる（∞－X）（t－1）のエナジーを放出せしめる力動概念ともなるため、それが間接的には、X（t－1）のエナジー値の収束・零化によってのみ生成されるはずの、t時におけるX（t）の状態関数へと更新せしめる動因でもあることになる。この時点に於いて、つまりt時という現在時にあって、（∞－X）（t－1）の統合化エナジーはX（t）という値に帰結されているので、（∞－X）の運動的統合値の状態関数もまた、同期してX（t－1）の状態関数に

より否定・収束されており、更新された（∞－X）（t）の運動的統合値とX（t）の状態関数との関係式が、t時における普遍的に妥当する同時性を現出してもいる。それが普遍的であるということは、もとよりXと（∞－X）との表現を以って、すべての特殊空間的モメントを例外なく包摂しているからである。特殊時空間的モメントX（t）は実存として成立しており、実存は特殊空間の位置的アドレスと特殊時間の運動的ヴェクトルの唯一の自己同一性である瞬間をなすから、即ちその瞬間は相対系全体のエナジーにより生成・更新されるから、X（t）に対する否定作用エナジーを放出する（∞－X）（t）によりX（t）という瞬間値は終端せられ、且つXと（∞－X）は相互に依存しあう関係変数にあるので、Xの状態関数はその更新時点より無限小の時間長を経過後の瞬間値であるX（t＋1）へと移行される。このことは、X（t）と共存することによってのみ成立可能である（∞－X）（t）の、その集合乃至要素（元）をすべて構成している各々の一意なる実存の相互連動による帰結現象として統合化されるエナジーが、その存立に対し否定的である値としてあるX（t）のエナジーを否定・収束せしめるとともに、同時に成立しているt時に対し更新時点より無限小の時間長を経過後の瞬間におけるXの値であるX（t＋1）を決定せしめた、そしてその成立エナジーの放出が、もとより（∞－X）（t）の統合化エナジーの帰結されるところでもある、ともいえる。

　尚ここで、更新時点より無限小の時間長の経過後もしくは経過前との表記は、無限小の瞬間上のスライドを意味している。あらゆる特殊時間に連続性があるとはいえ、いかなる特殊時空間的モメントの状態関数も、当該の更新より無限小の時間長を経過前の状態関数なくしては成立しえず、その最小限の瞬間値の移行に要する時間長は極限まで＜零＞に接近するも＜零＞ではない、即ち際限なく同時に接近する有限の誤差を生じることになるからである。したがって、（t±1）時という表現が意味するものは1秒（1ｓ）の前後、或

いは１ミリ秒（１ｍｓ）の前後等という有限時間上の相対的計測単位の問題ではなく、任意の現在時ｔ時を基点として、無限小の時間長である瞬間を経過する前後を示唆している。そして、ｔ時より一瞬間経過前の時点である（ｔ－１）時に遡及するならば、その同時点のＸ（ｔ－１）の（∞－Ｘ）（ｔ－１）の運動的統合値に対する否定作用エナジーが、更新時点より無限小の時間長を経過後の瞬間におけるＸ（ｔ）のエナジー値を否定・収束せしめる（∞－Ｘ）（ｔ）のエナジー値を放出せしめる力動概念ともなるため、それが間接的には、Ｘ（ｔ）のエナジーの収束・零化によってのみ生成されるはずの、（ｔ＋１）時におけるＸ（ｔ＋１）の状態関数へと更新せしめる動因でもあることになる。ここでの零化とはされば、エナジー値の放出／収束により零という基準値に再還元されることを意味する。また、当該同一の原理に基づいて、かかる際のＸ（ｔ－１）の成立エナジーは、もとより（∞－Ｘ）（ｔ－２）の統合化エナジーの帰結現象として放出されているものである。而して更には、相対系全体としての絶対エナジーの無限性がつねに保持されるため、特殊時空間を構成するいかなるエレメントの値の増減をも生じえない以上、放出されたばかりのＸ（ｔ＋１）の成立エナジーとても、それ自体が無限小の瞬間をスライドするほどに収束・零化される必然性にあることも、また自明である。

　如上のように、任意にして一意の実存Ｘ（ｔｎ）としての成立エナジーの放出と収束は、厳密には同時点ではありえない。それら相反する両処理が仮に同時であるとすれば、既に現実化している運動の結果はその原因をなす一瞬間経過前の事象を前提し、且つその結果自体がそれに連続する一瞬間経過後の運動以降の原因をもなすところの、無限の一般空間全域に妥当する相互因果律に抵触することになり、特殊時間的スライドにより可能である特殊空間的運動・変化の余地がなくなるため、つねに特殊時間上にて一意である、即ち不断の運動主体としての実存そのものが成立しないことになるから

である。なべて実存は特殊空間上、且つ特殊時間上にて唯一にして無比なので、他在を構成するすべての実存との相互間に於いては非連続であるが、特殊空間的且つ特殊時間的につねに相対的である有限域を領有するので、他在を構成するすべての実存との相互間に於いて連続している。よって、一切の実存は、特殊時間的に連続する非連続性を具有する瞬間として成立するとともに、且つ特殊時間的に非連続なるものの連続性における瞬間として成立するから、実存の状態関数を変化せしめる瞬間の生／滅は無限小の時間長にある、即ちそれは際限なく同時に近い時間誤差ではあるが、ゆめ同時ではない。この瞬間という無限小のスライド現象が生起しうるからこそ、なべて特殊時間及びその特殊時空間的モメントは、延いてはその無限連動である一般時間は移行することができるのである。そして同一の原理は、いかなる特殊時空間を構成する実存に於いても成立するので、無限数・無限種という多様にして同一性のない実存（～X）（ｔｎ）による相互連動からなる運動的統合値である（∞－X）（ｔｎ）はまた、X（ｔｎ）における瞬間の生／滅に対応するため、同期してスライドすることになる。同時点における実存X（ｔｎ）の状態関数は、X（ｔｎ）以外のすべての実存をなす特殊時空間的モメント（～X）（ｔｎ）相互の関係変数の如何により規定されるが、それはスライド処理の無限小の時間長を経過前の瞬間における、X以外の特殊時空間的モメントの相互連関による統合化エナジー（∞－X）（ｔｎ－１）からの否定（収束）作用により生成されたものであり、相対系内におけるその存立範囲をXという特殊時空間に限定される限りに於いて、また相対系全体のエナジーの絶対量に増減を生じることがありえないことよりして、特殊時空間的モメントX（ｔｎ）の状態関数が不断に可変的ではあっても消失されるわけではないから、X（ｔ－１）よりX（ｔ＋１）への移行は単一の特殊時空間ファクターとしての、非連続的である連続性と連続的である非連続性を具有しており、またこの運動上の仕様は（∞－X）（ｔｎ）を形成している各々の実存とても同様である。かかるX（ｔｎ）

は飽くまで不定項であり、如上の原理はつねに、いかなる特殊時空間的モメントにも例外なく適合するからである。このように、いかなる瞬間における特殊空間的モメントX（ｔｎ）とても、その成立には無限小の時間長を遡及する（ｔ－１）時という瞬間が前提されており、且つ結果的に無限小の時間長を経過する（ｔ＋１）時という瞬間に移行する必然性を内在しているから、特殊空間及びその特殊時空間的モメントは不断且つ無限に運動・変化し続ける。たとえば、無機物質同士による融合から有機化合物が生成されたり、また生物体が非生物体へと変化・変質するとしても、そのことはそも特殊時空間レベルに於いては生誕でも消失でもない、といわんより寧ろ、そのような意義を蔵する現象そのものが特殊時空間自体としては成立しない以上、或る種の属性上の変化・変質でしかない。無論そのことは、個有の物質系、延いては個別の特殊時空間的モメント故の属性に於いてではなく、しかる特殊時空間的モメントの状態関数を規定する特殊空間乃至特殊時間におけるそれとしてである。特殊時空間レベルでのかかる属性上の変化・変質こそ、当該の特殊時空間的モメント、或いは実体（実在）レベルでの［ここでの］生誕や消失という現象の概念規定に該当するからである。いずれにせよ、上述にみる通り、いかなる特殊時間としての運動・作用も、各々の実存のエナジーと相対系全体の統合化エナジーとの相互連動により推進されるが、一般空間を構成するそれぞれの特殊空間の瞬間における生／滅は、変項ｔｎという全特殊空間に共通の現在時の移行として実行される。いかなる任意の時点ｔｎと雖も一意であるが、相対系をなすエレメントは任意且つ一意のXとその反定立態様としての（∞－X）のみであるから、一切の実存を一意の瞬間として規定するｔｎが同時でなければ、それら相互否定・収束せしめあうエナジーの関係変数を以って無限であるはずの一般空間が成立しないのである。とりもなおさず、一般空間としての運動・変化を制御する普遍妥当的である同時性の概念規定が、一般時間に他ならない。

しかく一般時間の次元作用をなすものが、一切の特殊空間に普遍妥当する同時性としてあるとはいえ、運動する特殊時間の体現態様である特殊時空間的モメントとしての態様に於いては、現在時のみがつねに唯一の現実性を具有する瞬間である。特殊時間の移行を検証する上に於いて、（ｔ－１）時や（ｔ＋１）時という記述を引用する必要性があるにしても、現在時に比し無限小以上の時間長を経過する前の＜過去＞の時間域は、それがどの時点であろうと現実上に経過することにより現実性を履歴化してきた特殊時間であり、他方また、現在時に比し無限小以上の時間長を経過する後の＜未来＞の時間域は、それがどの時点であろうと現実上に経過することが必然的且つ未処理である特殊時間域であるため、いずれもリアルタイムを反映する現実性を体現しえないとともに、無限小の時間長を以って不断に更新される現在時のみがリアルタイムの実測値をなすからである。そして、あらゆる特殊空間が共通の同時性により運動・変化する以上、不断に同時性のリアルタイムの実測値をなす瞬間である現在時には、なべての特殊時間を無限小の誤差なく同期して推移せしめる普遍の妥当性がある。この普遍的現在時が、休みなき一般時間の主語でもある。

　ここで、相対系における共通の同時性に関して、若干の注釈を附記しておく。相対系、とりもなおさず、一般空間の妥当するすべての座標系が対象範疇とはなるため、当該の特殊空間が宇宙内領域であると宇宙外領域であるとを問わない。而して同根拠よりして、仮説上の複数の宇宙間領域であるワームホール：Ｗｏｒｍ－ｈｏｌｅであるとをも問わない。というのも、一切の宇宙内領域・宇宙外領域・宇宙間領域等をも包摂する一般空間の無限域に、普遍的に妥当する同時性をなす現在時を以って、全体系としての相対系が不断且つ無限に更新されることを意味している。

　たとえば、電磁場・重力場・真空値その他何等かの特殊空間的条

件を異にする特殊時空間を仮定する場合、仮に相対的である基準値として任意の座標系Ｘを定義することとする。あらゆる特殊空間の状態関数を対象とする観測結果は特殊時間上の経過により表記されるから、座標系Ｘの状態関数は $tX = t0 + tXn$［tXn：Ｘにおける時間経過値］となる。また、このような座標系Ｘに対し、電磁場・重力場・真空値その他の特殊空間的条件の小なる座標系Ｙでは、その運動・変化速度がＸにおける運動・変化速度よりも小であるため、Ｙの状態関数は $tY = t0 + (tXn - a1)$［$a1$：ＸとＹとの速度差分］と表記される。このとき、$tXn > 0$ である、即ち座標系Ｘにおける特殊時間的経過が成立しているとともに、座標系Ｙにおける経過時間値 tYn をなす（$tXn - a1$）は tXn より小なる以上、（$tXn - a1$）$< tXn$、且つ（$tXn - a1$）> 0 でなければならない。tY における経過時間値 tYn が tX における経過時間値 tXn より小なるため、観測者が座標系ＸからＹに移動して一定時間 tYn 経過後に、座標系ＹからＸに移動するならば、tX の状態関数は tY のそれに比し、$a1$ の差分に対応して進行の早まる値を示しているはずである。(但し、tX と tY の進行の速度を、仮に同一もしくは近似値と仮定する場合)

　更にまた、座標系Ｘに対し、電磁場・重力場・真空値その他の特殊空間的条件の大なる座標系Ｚでは、その運動・変化速度がＸにおける運動・変化速度よりも大であるため、Ｚの状態関数は $tZ = t0 + (tXn + a2)$［$a2$：ＸとＺとの速度差分］と表記される。このとき、$tXn > 0$ である、即ち座標系Ｘにおける特殊時間的経過が成立しているとともに、座標系Ｚにおける経過時間値 tZn をなす（$tXn + a2$）は tXn より大なる以上、（$tXn + a2$）$> tXn$、且つ（$tXn + a2$）> 0 でなければならない。tZ における経過時間値 tZn が tX における経過時間値 tXn より大なるため、観測者が座標系ＸからＺに移動して一定時間 tZn 経過後に、座標系ＺからＸに移動するならば、tX の状態関数は tZ のそ

れに比し、a_2の差分に対応して進行の遅まる値であるとともに、観測開始時点t_0よりも進行した値を示しているはずである。(但し、t_Xとt_Zの進行の速度を仮に同一もしくは近似値と仮定する場合)したがって、座標系Xの状態関数t_Xが、t_0よりも過去時間上の時点にまで遡及することはありえない。

　如上のことは然るに、一般時間としての現在時の同時性C_tがつねに、また普遍妥当的に作用していることを前提とする。座標系Xの状態関数t_X・座標系Yの状態関数t_Yの測定誤差であるa_1、座標系Xの状態関数t_X・座標系Zの状態関数t_Zの測定誤差であるa_2が生じることは、それぞれの座標系の状態関数の相互間に於いて特殊時間値を異にしていることに帰因するが、一般時間の状態関数が普遍妥当的に共通する現在時を保持することなくしては、共通の基準値を以って各座標系間の速度差分を計算することも不可能であるからである。このような相対系全域に妥当する公理乃至法則は、いかなる特殊時空間上の環境とても例外にはなりえないから、観測するそれぞれの座標系の実サンプルを宇宙内領域・宇宙外領域・宇宙間領域等により峻別することには意味がない。

　尚、理論物理学上の仮説として、特殊時間上における過去時間もしくは未来時間への任意の移行が可能となる理論とてもある。所謂タイムトラベルやタイムスリップ・タイムワープ等と称せられる仮説であるが、そのいずれも普遍妥当的に作用する現在時そのものに影響せしめることはありえない。無限の一般時間上の同時性をなす現在時は、無限の一般空間上の相互因果的連動の帰結現象としてのみ不断に更新されるため、この相互因果的連動により整合化されない特殊時間的移行は成立しないとともに、また、一般時間を無限に展開する一切の特殊時間をなす瞬間が一意であるため、一意の現在時はそれ以外のいかなる時点をなす瞬間とも同一ではありえないのである。更にはまた、それぞれの瞬間を規定する現在時が一般時間

上に普遍妥当する現在時である以上、いずれか特定の特殊時間における現在時のみを任意の時点へと別途移行せしめることも不可能であることになる。

　現在時から過去時間への移行に関しては、たとえば何等かの加速器による実験に於いて、陽子と反陽子との衝突により二個の光子を発生せしめた後で、反対に当該の二個の光子を衝突せしめることにより陽子と反陽子を発生せしめたとの観測結果から、現在時が過去時間へと逆行したものと説明する仮説もあるが、それは特殊空間上の生成作用を反対方向のヴェクトルにて実行した結果にすぎないため、特殊時間上の過去時間への逆行を立証する根拠ではありえず、そのこととは異質の現象でしかない。また、特殊時間上の量子におけるワームホール：Worm－holeでは特殊時間上の過去時間への逆行が発生しうるも、しかるワームホールを拡張できないために過去時間への逆行が不可能であると主張する理論もあるが、そもそもワームホールにあっても特殊時間上の過去時間への逆行は発生しえない。現在時から過去時間へと移行する［と主張する］運動規定そのものが、当該の現在時から未来時間へと移行する運動規定としてのみ成立する以上、あらゆる過去時点とあらゆる未来時点との一意性を無視したこの自己矛盾的パラドックスは、特殊空間的変化の法則性に特殊時間的運動の変数を反映しえていないことによる理論的欠陥ではある。したがって、特殊時間上の過去時間への逆行とワームホールの拡張の可否とは別問題である。尚、因みに、かかるワームホールをなす特殊時間上の量子も、或いは特殊空間上のそれとても、飽くまで当該時点での科学的観測の限界値としての最小値にすぎず、物質自体の解析上にみる客観的である最小単位は存立しえないことをも付記しておく。相対系の構成素子としては、特殊空間上及び特殊時間上のいずれの解析の限界値に於いても、無限小の内包性を具有するためである。

但し、特殊時間上の未来時間への移行に関しては、［或る意義に於いては］可能といえなくもない。任意且つ一意の特殊空間毎に、物質乃至物質系の化学的変化する速度は重力の大なる場所ほどに遅くなる。たとえば、重力の小なるブラックホール周辺にて仮に１０年間を経過した後に、重力のより大なる地球環境へと帰還したという場合には、その時点に於いて約２０年後の地球環境に移動したことになる場合もあろう。つまるところ、この場合の特殊時間上の経過速度は特殊空間上の変化速度に匹敵することよりして、約１０年分の未来時間へのタイムワープが発生したともいえる物質的組成上の化学的変化をなすのであるから、特殊空間毎の状態関数に対応する重力の差分が更に顕著である場合には、当該のタイムワープの時間長はその差分だけ長期間となるはずではある。とはいえ尤も、かかる場合に於いても、一般時間上の同時性をなす現在時は無限小の瞬間生滅により更新されるしかないため、つねに移行可能となる未来時間は無限小の時間長を超えることはありえないのであり、したがって如上の仮称タイムワープの場合については、飽くまでそれぞれに異なる特殊空間相互の状態関数に対応する［重力の差分により発生する］特殊時間上の測定誤差の問題にすぎず、普遍妥当的に作用する現在時そのものが未来時間をタイムワープしうるわけはもとよりなく、且つ相対系にあってしかる事象自体が生起しえない。

相対系という全体系システム自体があらゆる特殊時空間的モメントの機能的統合態様として成立しているため、特殊時空間的モメントとしての個体概念はつねにそれ以外の一切の特殊時空間的モメントと相互連動しあっている。その全個体概念における各々の対他的態様をなす特殊空間規定は実体（実在）レベルに於いて、当該の他在をなす全特殊時空間的モメント［の運動的統合値］と反応しあうことによる相互矛盾の態様をなす。それ自体の実体（実在）性を具有することは、当該の他在に対する特殊空間的座標系により規定された一意性を具有していることになり、無限における唯一の自己存

在であることによる全他在［の運動的統合値］に対する矛盾関係が
成立しているからである。全個体概念に体現される相対系の存在的
生滅現象である特殊空間規定も、またその運動的生滅現象である特
殊時間規定も、相互矛盾的連動により各々の本質的属性のうちに自
らの本質的属性を規定されることを通じて、自己同一である相対系
全体の自己回帰としての生滅現象を機能せしめるため、それぞれに
反映される個体概念における特殊空間規定が反応しあうことにより
対自的矛盾関係を現出し、且つその対自的矛盾関係は全個体概念相
互の運動態様として体現される特殊時間規定を反映されてもいる。
対自的矛盾関係にある全個体概念を以って相対系の全域に妥当する
以上、且つそのことは相対系の存在的生滅現象と運動的生滅現象と
の統一規定として作用するため、自己矛盾的である特殊空間と特殊
時間とは相互規定されるのである。

　個体概念の特殊時空間的モメントとしての対他的である存立態
様、及びその他在との関係変数をつくりなす生滅現象である特殊空
間規定が、空間次元（一般空間）／時間次元（一般時間）の状態関
数における全体系システムとしての瞬間次元概念に対する把捉を媒
介して、それに対しアクセス作用する超自我の理性機能にとっては、
より直接乃至端的、且つ即自的に触発しあう。その限りに於いて、
しかる相対系の存在的生滅現象をなす特殊空間の概念規定に対する
認識を契機として追考されうる、概念的統一の契機である特殊時間
の概念規定は、理性機能に於いては、より間接的、且つ対自的である。
しかる特殊時間の概念規定に対する把捉は、あらゆる個体概念に体
現される相対系自体の更新を可能ならしめる相互因果的自己回帰の
認識を媒介することによってのみ、その運動的生滅現象としての特
殊時間の概念規定に対する理性的アクセスが可能となり、実行され
るためである。但し、この時点で留意すべきは、理性的追考運動を
以って推移する客観概念の態様が、飽くまで対自的である特殊時間
の概念規定の認識レベルにあるため、未だここでは、即自的である

特殊空間の概念規定との相互否定的である認識レベルにあり、その客観概念的統一には到達していないことにある。したがって、客観性フィルターによる弁証系プロセスにおける階梯としては、客観概念上に於いて、明示的に相対系の同時性をなす生滅現象としての特殊空間概念と特殊時間概念との相互否定関係が、自己統一的にＡｕｆ－ｈｅｂｅｎされるより以前の態様にあることを意味する。

iii ＞瞬間生滅：実存概念

　相対系を構成する特殊時空間的モメントとしての規定性に於いて、客観概念における即自的態様をなす空間生滅：特殊空間、その対自的態様をなす時間生滅：特殊時間が反定立しあう交互作用として成立する。そのことは、一般時空間上に体現される特殊時空間的モメント（個体概念）を規定する生滅現象の問題であるから、理性機能における客観概念としての空間生滅：特殊空間の概念規定が時間生滅：特殊時間の概念規定に同化し、また時間生滅：特殊時間の概念規定が空間生滅：特殊空間の概念規定に同化することでは［直接乃至端的には］なく、その自己統一的である普遍的機構としてもある相対系の、存在的生滅作用をなす空間生滅：特殊空間がそれ自体の概念的移行の必然性を内在している時間生滅：特殊時間を導出するとともに、その運動的生滅作用をなす時間生滅：特殊時間がそれ自体の概念的連動の契機を内在している空間生滅：特殊空間を導出することに他ならない。

　しかし、それぞれの実体（実在）概念に体現される相対系の生滅機構である空間生滅：特殊空間、及び時間生滅：特殊時間が、即自的（前者）／対自的（後者）に表象されている条件下にあっても、それぞれに当該の他在に対し有限且つ一意である特殊時空間的モメントの状態関数、もしくは相対系の相互因果性により無限且つ例外なく連続する特殊時空間的モメントの関係変数が、不断に一定して等一の実測値を維持していられるわけではない。といわんより寧ろ、しかる特殊時空間の生滅機構の概念規定が相互矛盾関係にあることに拘わらず、相互否定（収束）作用しあう生滅機構の概念規定そのものが自己同一に帰す存立態様を不断に更新することに於いて、その空間生滅：特殊空間の構造態様、或いは時間生滅：特殊時間の運動態様もまた、不断にその状態関数及び関係変数を変動させ続けているはずでさえある。相対系におけるそれぞれの特殊時空間的モメ

ントとして体現される生／滅の規定性が、無限に及ぶあらゆる座標系を包摂する一般空間上の規定性に於いては一意にして有限である自己存在の態様、乃至無限に及ぶあらゆる運動態様を現出せしめる一般時間上の規定性に於いては一意にして有限である自己運動・変化の態様との、しかる自己統一態様としてのみ成立する以上、統一せらるべき実存概念としての特殊時空間上の絶対的である非連続性・独立性を具有する態様が成立しないため、最終的には無限小という単位に於いて、各々の特殊時空間的モメントとしての相対性・有限性の態様、或いは生／滅の規定性を反映する実測値が更新され続ける必然性を免れないからである。

　相対系における存在規定をなす生滅現象としての特殊空間と、存在を自己否定・収束せしめるもの、即ちその運動規定をなす生滅現象としての特殊時間。つねに何等かの自己存在である一意の主体を生成する特殊空間は、それ自体の特殊時間上の否定（収束）作用を恰も作用していないこととして自己存在を主張するが、もとより存在するということ自体を以って、自己自身に対する否定（収束）作用による更新運動としてのみ可能ではある。自己存在を収束・零化せしめる特殊時間を否定・収束せしめることにより、自己存在を規定する特殊空間であるが、特殊空間の規定態様に対する自己更新を以って否定・収束せしめることにより、それ自体の自己運動・変化を展開しゆく特殊時間である。つまり、現在時における特殊空間の規定態様を不断に否定・収束せしめ、以って更新し続けることなくしては、過去時間上の時点より未来時間上の時点へと特殊空間的存在を維持することもできないのである。

　相互間に否定（収束）作用しあうこの相対系の二次元的生滅現象は、そのまま自己同一に帰せしめられるエナジーとして成立するのでなければ、ありえない。普遍妥当的連動を内在する瞬間の同時移行を以って、同期する現在時の特殊空間的状態関数は過去時間の規

定値へと変化し、且つ未来時間に必然的であった特殊空間的状態関数が現在時の実測値としてＳｅｔされる。過去時間における状態関数はもはや確定して変更しようのない客観的事実であり、また未来時間における状態関数は必然的計画としてあるも、未処理である特殊時間の相関値でしかない。現在時は累積されてきたすべての過去時間上の時点の表層をなすが、過去時間におけるいかなる特殊空間的状態関数も既に確定済みの実データにつき、現在時にあって改めて再Ｌｏａｄすることも変更することもできず、また未来時間におけるいかなる特殊空間的状態関数も否応なく現在時にセットされる相互因果的必然性にはあるが、現在時にあって未だ実データとして体現されていない関係変数による未必の必然性にある。しかく過去時点をなす特殊時間域と未来時点をなす特殊時間域が内容的には相反するも、同一の意義に於いて、飽くまで精神機構上における知覚の動因となる表象作用としてのみ成立する以上、つねにいかなる場合でも現在時だけが特殊空間の現実規定としての状態関数を形成するから、現在時の占める実測値が仮に或る定項であるとするならば、特殊時間は全く流動しうべくもないし、また不断に運動・変化する特殊空間の存立とてもありえないこととなろう。一切の特殊空間的モメントは相互因果律上の無限連関に基づいて存立し、あらゆる相互因果関係式を可能ならしめる動因は運動・変化する特殊時間の所産であるからである。

　無限の一般時間域にあって唯一現実化されてある時間運動として成立する現在時の、そのいかなる運動・変化とても、絶えまなく現在時の特殊空間的状態関数が収束・零化されることにより、更新され続けることでこそ可能となる。ここでの零化とはされば、エナジー値の放出／収束により零という基準値に再還元されることを意味する。この不断にして無限の時間長をなす現在時に対する否定（収束）作用によってのみ、特殊時間は当該の座標系をなす特殊空間としての新規の状態関数を体現するとともに、特殊空間は当該の存立運動

である特殊時間としての新規の移行作用を展開せしめられ、特殊空間と特殊時間は相対系における当該同一の特殊時空間的モメントの生滅機構として自己統一されるのである。かかる自己統一をつくりなす無限の時間長を通じて、且つ不断に停止することなく相互作用する特殊時空間の生滅現象をこそ、瞬間と称しえよう。現在時という特殊時間上の関係変数に充当される特殊空間の値は、ただ一瞬間として停止することなく否定・収束されることにより更新され続け、そこには非連続である有限時間相互の連続性と、連続する有限時間そのものの非連続性が止揚（揚棄）されているため、リアルタイムの生滅現象としての瞬間はつねに、その生／滅が際限なく同時に接近するが同時ではない有限である、無限小の時間長をなす。そしてそのことは、あらゆる特殊空間的モメントのいかなる生滅現象に於いても等しく成立するため、つねに無限小である瞬間が無限大である全特殊空間の連動域を普遍的に包摂しつつ、無限大の時間長である全特殊時間の相互作用を同時に編成し続けることになる。仮にリアルタイムが各特殊空間毎に対応して相異し、同一ではないならば、それぞれの特殊空間が他の特殊空間との関係変数を排して独立して存立できていなければならないことになるが、いかなる特殊空間のいかなる状態関数も、それ以外の一切の特殊空間の無限小の一瞬間経過前における統合的状態関数により帰結される以上、その瞬間の生滅作用が全特殊空間の連動域に共通の現在時を移行せしめることなくしては、いかなる特殊空間の状態関数とても成立しえないからである。特殊時空間のそれぞれの瞬間的モメントに環境条件を異にし乍らも、一般時空間の全体系につねに同時性が成立している所以でもある。特殊時空間の運動態様は不定項としての現在時であり、現在時という無限小の瞬間は全特殊空間の無限大である連動域に同期して生滅するから、かかる瞬間レベルの同時性は、相対系にあってリアルタイムが普遍的に共通であることを意味している。もし仮に、現在時の瞬間が特定の有限値を保持する時間長の単位であるならば、且つ特殊空間に応じた現在時の値に有限の誤差が生じうると

すれば、異なる特殊空間相互に一般時間としての歪みを惹起せしめようが、然るに相対系内における各々の特殊時空間的モメント相互間の自己更新運動は連動しており、現在時の瞬間移行が普遍的に同期していることなくしては、それら一切の構成素子が例外なく相互リンクされることなどなく、全特殊空間の連動域としての相互因果性とても成立しないことになるため、実際上に於いては、特殊空間上の相対性、つまり特殊空間毎に相対系の密度・重力・電磁気力等も均一ではないことによる、科学的観測上の数値誤差を生ぜしめるだけである。

　瞬間の実測値をなす内容自体は、各々個別の特殊時空間に充当される特殊時空間的モメントの状態関数であるが、瞬間としての当該の特殊時空間的モメントの状態関数は無限における一意の実存規定である。そのことはされば、一切の特殊時空間的モメントに例外なく適用される原理論をなす。一般空間上に於いては、そのもの自体の他に同一の特殊空間的モメントの同一の状態関数が成立しえないことを意味し、また一般時間上に於いては、その同一の特殊時間的モメントの同一の状態関数を構成する時点が再び反復しえないことを意味する。いかなる特殊空間的モメントの状態関数も、無限小の一瞬間経過前における、それ以外の一切の特殊空間的モメントのエナジーの運動的統合化された帰結現象であるから、一般空間内における位置的アドレスとしても個体概念の態様としてもそれ自体として個有なので、仮に一般空間にあって同一の特殊空間的モメントの状態関数が他の位置的アドレスにも成立するならば、その特殊空間的モメントの状態関数を形成せしめている一般空間自体がそれ以外にも別して存立することになり、無限域に相当し且つ普遍の全体系である一般空間の概念規定に抵触するが、仮にもそれが別して存立するということよりしても、各々の上位集合の包摂する特殊空間的モメントの状態関数が同一であることにもなるまい。また、同一の特殊空間的モメントの状態関数を体現する同一の時点が一般時間上

に回帰されるためには、一般時間の運動システムがもとより円環的周期をなして無限反復される規則性を具有するものであり、そのいずれかのタイミングに反復せらるべき始点と終点が一般時間上になければならないことになるが、始点の状態関数をつくりなす原因（一般時間システムの始点以前の時間域）と終点の状態関数を原因とする結果（一般時間システムの終点以後の時間域）が無限連続している必要性があり、その中継点にBig-bang及びBig-crunchなる仮説上の現象が介在しうるか否かはともかく、一旦何等かの契機を以って終了するのでなければ繰り返しようがない。而して、仮に一般時間が終了する性質の運動機構であるとするならば、その終了の時点に於いてそれを運動的次元とする相対系全体が限界点に到達することにもなり、その有限であるはずの限界内、即ち有限のエナジー値しか保有しないことになる一般空間が無限の領域範囲を包摂しうるわけにもいかなくなろう。有限のエナジー値を以って消失される概念規定に、無限の領域範囲に充当せらるべき可能性がないからである。もとより存在的に有限であることの必然性として、その限界内の領域範囲の外側の座標系が前提されているはずであるから、有限の性質を具有する存在的規定性はすべて無限の一般空間の部分にすぎず、そして一般空間はそれを構成する一切の下位集合乃至要素（元）の相互連関により存立する以上、或る有限である特殊空間の集合のみが、それ以外の有限である特殊空間との相互因果的である連関を排して、その限定された領域範囲のみ単独に＜永劫回帰＞することなどありえない。かくていかなる特殊時空間的モメントと雖も、無限の一般空間における位置的アドレス上における構成素子である一意の特殊空間を体現するとともに、且つあらゆる特殊時空間的モメントの状態関数のいずれもが、無限の一般時間の運動的系譜にあっては再び生起することない特殊時間に帰属される。いま、そしてここにしかないこと、それが実存の概念規定の本質的属性をなしている。特殊時空間上の無限大を体現する無限小の瞬間は、特殊空間／特殊時間の相互に規定しあう瞬間的モメントの

一意性をなす同時生滅であるが、また実存の概念規定とは、一般時空間の運動・変化を体現する特殊時空間的一意性としての瞬間の実体（実在）規定に他ならない。

　実存であることの意義は、実測値としての現在時にあるところの任意且つ一意の現存在であることにある。無限に自己運動・変化する一般時間の工程にあっては、相対系の現実態様を成立せしめる唯一の特殊時間の規定態様が現在時であるから、現在時という無限に停止することない瞬間の実測値を構成するそのものである。不断に変化し続けるその実測値の、当該の現在時ならぬ他のいつでもない時点における、そのもの自体が実存の概念規定を形成している。また、無限に相互因果的に作用しあう特殊空間的モメントに於いては、相対系の現実態様を成立せしめる各々の特殊空間的モメントが現在時として一意の状態関数を構成するから、現在時という無限に停止することない瞬間の空間的態様を現出するそのものである。不断に相互連関し変化し続けるその一般空間的態様の、当該の現在時ならぬ他のいつでもない時点における、そのもの自体の状態関数が実存の実測値を規定する。

　もとより実存とは、何程か特異の属性を具有する物質乃至物質系を示唆するわけでなく、相対系を組成する特殊時空間的モメントとしてあることの本質規定であるから、かかる実際上に＜いま＞であり＜そのもの＞に該当する概念規定の実例は、現在時に現存する座標系をなすすべて相対的・可変的である個体概念であることになる。しかる実サンプルとなるべき対象には、人間等の精神機構を具備する個体概念であるか否かを問わないし、生物体であるか非生物体であるかを問わないし、また有機質であるか無機質であるかを問わないし、更には固体であるか気体であるか液体であるかそれ以外の流体であるかを問わないし、それ以前にバリオン物質であるか反バリオン物質であるかを問わないし、もとよりそれがいずれの座標系に

いつの時点に生起したかにも拘泥しない。例示として適切ではない
かもしれないが、仮に自然現象の変化・反応による産物なのか人工
的操作による所産なのかは別して、単純といえる構造を具有する物
質乃至物質系が無作為に散在しているとして、それらはいずれも肉
眼による識別では相互の峻別が判別し難く、また内部的である組成
とても同様の構造パターンの仕様からなるという場合、それらの
各々からいかに没個性的であるかの印象を感じられたとするも、い
まこのときそこにある物質乃至物質系のそれぞれが、それ以外のい
ずれの物質乃至物質系にも該当しないそれ自体のみとしての一意の
成立態様であり、且つそのもの自体の構成する状態関数の実測値は
いまこのときそこにしか成立しない変数である。どこかの惑星に横
たう砂漠の砂粒ひとつも、どこかの天上より注ぐひと雫の雪ひらや
雨脚さえ、無辺にして永劫の全体系をなす相対系のうちにあって、
この時点そしてこの座標系にしかない＜そのもの＞に他ならない。
相対系を構成する特殊時空間的モメントの全個体数は無限個に、ま
たその所属する族や類型等のパターン数は無限種に及ぶが、このよ
うな＜自己自身＞なり＜そのもの＞を仮に不定項Ｓという記号で表
現すれば、いかなる個体概念もすべてそれが実測値Ｓであるかない
か、つまり相対系をつくりなす一切の特殊時空間的モメント相互間
の関係式はいずれも、不定項Ｓに代入される［現存する］特殊時空
間的モメントと当該のＳではない全特殊時空間的モメント、即ち非
Ｓとの関係式のみに集約されているはずである。かくて、不断に運
動・変化する相対系を更新する瞬間の実測値として一意である自己
存在、そのものこそが実存概念として定義せらるべきところである。

　任意にして一意なるＳの値とＳならぬものなべて、即ち非Ｓ［全
体の運動的統合値］との相互関係を以って、相対系という無限を表
現することができる。このことは、そのもの以外ではありえないＳ
という不定項に代入される実サンプルに拘泥せず、またその実測値
に応じて非Ｓという集合をなす構成素子、及びそれらすべての運動

的統合値を異にする、という意義を孕んでいる。Sとは特定される条件のない特殊空間的モメントを代表しており、その実例が特殊時空間上に特定されることによってはじめて、しかるSに対する非Sをなすすべての構成素子が特定され、且つ非S全体の運動的統合値が規定されることになるからである。ところで、既述にみる通り、相対系は一般空間の領域範囲に於いてもそのエナジー値に於いても無限なのだが、たとえば何等かの生物体がその生命現象を維持するエナジーを消費し尽して、ついには生命期間を満了することで所謂死滅するに到った場合、相対系という無限の値から当該1の値だけ減算された結果は、有限の値にはならないだろうか。また反対に、その過程にて遺伝子操作等の人為的処理を仲介するか否かに拘わらず、何等かの生物体が所謂生誕した場合、相対系という無限の値に当該1の値だけ加算されるならば、いかなる数値になるであろう。特殊空間は単に一般空間内における位置的アドレスを規定するのみならず、当該の位置的アドレスに占める現存する特殊時空間的モメントに対応している特殊空間変数であると断定できるが、如上のような疑問点の発せられる根拠としては、特殊空間とその変数値に代入される現実規定の体現態様である特殊時空間的モメント、それぞれの概念規定に対する把捉を混同しているにすぎない。各々の事象、即ち特殊時空間的モメントの実測値を現出せしめるのは特殊空間という可変的・相対的である座標系ではあるが、いかなる特殊空間も無限の一般空間の確定性のない存立単位に他ならないから、その体現態様である特殊時空間的モメントの如何に拘わらず、一般空間を構成する無限の連続体としてある。つまりは、特殊空間にあって現出される個別の特殊時空間的モメントの態様は、不断に運動・変化するために相対的である有限域に相当するが、一般空間に連続する相対的である現象態様としての特殊空間は、無限に当該の座標系の始点と終点を絶対的には確定させられない可変態様である。絶えまなく一定しない現在時にある特殊空間、その特殊時空間的モメントSという不定項に充当される実測値は、絶えまなく全特殊時空間的

モメント相互間の相対的・可変的である連動のうちに更新されるものなので、生成されては収束・零化される有限のエナジーしか保有しえない。それに対し、特殊時空間的モメントSに相当する特殊空間自体は、当該の特殊時間運動としては無限である、即ち一般時間の無限性を内在する特殊時間としては無限であるため、その体現された特殊時空間的モメントとしての現象態様である一生物体としての死や生とても、特殊空間という相対的である空間変数に代入される値であるからは、特殊空間Sの自己運動・変化、即ち特殊時間Sの態様としては恒常的である運動・変化プロセスの一過程にすぎず、それにより相対系の絶対値が数量的に減少も増加もするわけではない。任意にして一意の特殊空間の特殊時空間的モメントSを現出する、それぞれの可変的にして相対的である個体概念の実測値として把捉するならば、或る人間の死さえも完全、もしくは完璧といえる消失現象ではありえず、当該の人間存在ではない本質的属性を異にする個体概念の実測値への変質・移行現象であり、生物体から非生物体へ、また有機質から無機質への変質のあと、継続して反復される無機物質同士もしくは無機物質と有機物質の化合と化学反応を経過して、やがては別なる生命現象として変質・生成されることにより輪廻転生されゆくこともあろうが、そのことはたとえば、ゆめ霊魂という脳生理機能が不滅であることに依拠するのではなく、つねに移行する特殊時空間的モメントをなす特殊空間としては、当該の特殊時間として無限であることの反映である。ここで霊魂と称せられる事象とても人間、或いは何等かの精神機構を具備する有限の生物体の機能態様である以上、それ自体もまた有限の個体概念の実測値をなす特殊時空間的モメントの態様でしか、もとよりない。かかる特殊空間／特殊時間の原理及び法則は一般空間／一般時間に普遍的に妥当するから、相対系における一般空間上／一般時間上の無限という値はつねに保持されている。その意義に於いては、相対系自体を自己否定・収束により自己更新せしめるエナジー値はまた、無限という限度に於いてつねに一定しているともいえるのである。

したがって、任意にして一意の特殊時空間的モメントＳが何程か運動・変化することによりエナジーを放出すれば、無限小の時間長をなす瞬間の移行により当該のエナジーが収束・零化されることを以って、新規の運動・変化として成立するのであるから、それと同一のＳの当該のエナジーに対し否定・収束せしめるエナジーが、非Ｓ全体の運動的統合化された値に於いて作用していることになる。ここでの零化とはされば、エナジー値の放出／収束により零という基準値に再還元されることを意味する。それは厳密には、特殊時空間的モメントとしてのＳ自体に対する作用ではなく、Ｓの当該の時点におけるその運動・変化［乃至、状態関数］に対し否定・収束せしめる統合化エナジーである。蓋し、一切の特殊時空間的モメントは運動・変化すること自体としてのみ存立しているから、いかなるＳと非Ｓによる相互否定（収束）作用の関係性のありかたもまた、各々の運動・変化を体現する特殊時間上に規定されざるを得ない。一般空間を構成する関係式を例外なく示唆するためには、或る特定の同時点におけるＳと非Ｓとの相互関係を以って必要充分であるから、任意にして一意の現在時であるｔ時における特殊時空間的モメントＳの運動態様Ｓ（ｔ）と、当該の同時点におけるＳ（ｔ）以外の全特殊時空間的モメントの運動的統合値～Ｓ（ｔ）との関係式でなければならないのである。Ｓとの相互間にて、また非Ｓを構成する各特殊時空間的モメント同士は相互連動してはいるが、非Ｓ全体の運動的統合値としては、特定のＳを除くあらゆる特殊時空間的モメントの相互連動からＳの同時点の状態関数をつくりなす力動概念であり、単に特殊空間相互間のみの関係式に限定するならば、そのＳと非Ｓの運動的統合値は相互矛盾しあう関係変数にはあるものの、特殊時間としての移行による規定性が認識上省略されているため、生成せしめるとともに収束・零化せしめるという運動規定、即ち特殊時間的移行を伴いえないものであり、寧ろ当該のＳなくしては非Ｓのカテゴリー定義など意義をなさぬ通り、相互間に依存しあう関係式でもあるといえよう。よって、任意にして一意のＳ（ｔ）

と〜Ｓ（ｔ）を以って相対系の全体系に一致する以上、また無限という限度に於いて相対系のエナジー値はつねに保持されているのであるから、Ｓ（ｔ）として特殊化されたエナジーの放出は、際限なく同時に接近する瞬間に於いてそのエナジー自体の収束・零化ともならなければならない。実際のところ、そのことはＳのその自己運動・変化Ｓ（ｔ）に対し否定・収束せしめる、同時点におけるそれ以外の相対系全体における運動的統合値〜Ｓ（ｔ）が、Ｓ（ｔ）の自己運動・変化として放出されたと同一のエナジー値に帰せられることにより収束・零化されることになる。なべて特殊空間的モメントの相互間における原因と結果の必然性は、運動の端緒としては無限小の時間長を保有する特殊時間上のスライドを前提するから、任意にして一意のｔ時における運動態様Ｓ（ｔ）の値は、無限小の瞬間を移行する前の（ｔ－１）時における状態関数を、当該の同時点に否定され収束せしめられた非Ｓの運動的統合値〜Ｓ（ｔ－１）のエナジーの帰結された現象であり、またＳ（ｔ）と〜Ｓ（ｔ）の運動的統合値の相互矛盾関係は同時性にあることを前提するから、ｔ時における非Ｓの運動的統合値〜Ｓ（ｔ）の否定作用エナジーにより収束・零化せしめられたＳ（ｔ）の状態関数は、無限小の瞬間をスライドされた運動態様Ｓ（ｔ＋１）の状態関数へ移行する。そのことは、〜Ｓ（ｔ）の運動的統合値の否定作用エナジーにより収束・零化せしめられることを以って更新された帰結現象であるとともに、〜Ｓ（ｔ）の運動的統合値を構成する全特殊時空間的モメントの相互連動した結果がＳ（ｔ＋１）の生成として帰結されていることをも意味する。そしてそのことは、前述にみる通り、同時点の非Ｓの運動的統合値よりＳに対する否定（収束）アクセス、且つ無限小の一瞬間経過前における一切の非Ｓの構成素子よりＳに対する更新アクセスとして運行されるのみならず、また同時点のＳより非Ｓの運動的統合値に対する否定（収束）アクセス、且つそれに帰因する非Ｓの各構成素子に対する更新アクセスとしても作用する。Ｓ（ｔ）と〜Ｓ（ｔ）との関係作用は、一方的である否定（収束）作

用／更新エナジーの放出によるところではなく、双方向に否定（収束）作用／更新しあうエナジーの運動ヴェクトルを形成するからである。それぞれのエナジーの収束・零化及び生成作用は同一の根拠に基づいて実行されるため、任意にして一意のｔ時における運動的統合値〜Ｓ（ｔ）は、無限小の瞬間を移行する前の（ｔ－１）時における状態関数を、当該の同時点に否定され収束せしめられたＳ（ｔ－１）のエナジー値の帰結された現象であり、またＳ（ｔ）と〜Ｓ（ｔ）の運動的統合値の相互矛盾関係は同時性にあることを前提するから、ｔ時におけるモメント素子Ｓ（ｔ）の否定作用エナジーにより収束・零化せしめられた〜Ｓの運動的統合値〜Ｓ（ｔ）の状態関数は、無限小の瞬間を移行した時点の運動態様〜Ｓ（ｔ＋１）の状態関数へと移行されることになる。もとより、一般空間をなす一切の特殊空間的モメントは、変数Ｓと非Ｓとのカテゴリー構成の特殊化及び定義付けの如何に拘わらず、あらゆる特殊時空間的モメントのあらゆる状態関数が相互連動する関係変数にあり、且つその原因となすものはつねにその結果より以前の時点になければならないからである。無限大の相互因果律を構成する端緒をなす時間長は無限小にあるから、ここで用いる（ｔ±１）という表記については自明乍ら、１秒（１ｓ）とか１ミリ秒（１ｍｓ）という人工的である相対的仮想単位としてではく、無限小の有限値である時間長をなす瞬間の前後に他ならない。

　つまるところ、自己存在に対し否定・収束せしめるものが自己自身を生成せしめるものであり、且つ自己存在のうちなる、自己自身を否定・収束せしめるものに対する否定作用エナジーが、自己存在に対し否定・収束せしめるものを生成せしめてもいる、といえようか。相互に否定（収束）作用しあうとともに収束・零化せしめあっているはずの、Ｓ（ｔ）とそれ以外〜Ｓ（ｔ）の運動的統合値が、しかる作用とともに相互に更新しあうとともに生成しあっていることは、いずれもが相互の存立にとって不可欠の依存関係にあるため

である。そして、かかる各々の運動規定は無限小の時間長を保有する瞬間の移行として成立し、その特殊時間上の無限小の有限値は一般時間としての無限大の時間長に相互連続するから、このような相互否定且つ相互更新の特殊時空間上の営みは、不断にして永劫に亘り新規の実存として止揚（揚棄）され続ける。

　無限における一意の個体概念がいまそこに存立するとは、その自己運動・変化としてのみ可能となることであるから、任意にして一意の自己存在であること自体によりそのエナジーを消費している。いかなる特殊時空間的モメントＳと雖も、絶えまなく変動する一意の現在時（ｔ）という瞬間毎に自己存在として生成されるエナジーを放出し、その同時点（ｔ）における非Ｓ全体の運動的統合値であるエナジーにより収束・零化せられ、その同時点（ｔ）との誤差が際限なく小なる時間長の瞬間をスライドして更新される。ここでの零化とはされば、自己エナジー値の放出／収束により、特殊時空間的モメントが零という基準値に再還元されることを意味するのでもある。そのことは、一般時間上の同時性にあって、相互否定（収束）作用しあう非Ｓ全体の運動的統合値により収束・零化されること自体により、当該の実測値をなすＳは零という基準値に再還元されるのであるから、新規の瞬間の現在時（ｔ＋１）の状態関数をなすＳへの移行が成立していることになる。特殊時空間上の可分割性の限界は無限小の有限値であるから、ここでの任意にして一意の現在時（ｔ）に対する±ｎとの論理的表記は、飽くまで無限小の時間長を保有する有限の運動・変化の経過を示唆しており、測定上の人為的である単位時間を意味するものではない。あらゆる特殊時空間的モメント相互に一般時間上の同時性が妥当する前提よりして、Ｓ（ｔ）の成立により放出されるエナジーと〜Ｓ（ｔ）の運動的統合値により収束・零化されるそれは、当該同一の瞬間エナジーに帰せられるとともに、Ｓと〜Ｓは同時点（ｔ）の存立にあっては相互依存してもいるから、〜Ｓ（ｔ）の運動的統合値にて放出されるエナジーと

830　　第Ⅰ節　客観概念

S（t）の成立により収束・零化されるそれは、やはりその自己同一のエナジー値に帰せられる。つまりは、t時の瞬間に於いて成立するそのエナジーには、Sに対する否定作用エナジーが非S全体の運動的統合化されたエナジー値として、且つ非S全体の運動的統合値に対する否定作用エナジーがSの存立エナジーとして、単一の特殊時空間上の状態関数に体現されているはずである。したがって、（t＋1）時の現在時ではそれより無限小の時間長の運動を経過しているのであるから、〜S（t）の運動的統合値はS（t）という状態関数を収束・零化せしめることにより生成せしめるS（t＋1）の状態関数に帰せられ、それがS（t＋1）自体の存立エナジーと自己同一に帰せられるとともに、その自己同一性の根拠よりして、S（t）の成立エナジーは〜S（t）の運動的統合値を収束・零化せしめることにより〜S（t＋1）の状態関数へと更新し、それが〜S（t＋1）の運動的統合値そのものの存立エナジーと自己同一に帰せられる。しかも、（t＋1）時の現在時の相対系は、S（t＋1）と〜S（t＋1）のみにより構成されるから、両者は相互間に依存しあうとともに、前者の状態関数と後者の運動的統合値は相互間に否定（収束）作用しあうヴェクトルを形成するエナジー値として、相互間に無限小の瞬間のスライドを以って収束且つ生成しあう力動概念でもある現在時が、（t＋1）時の瞬間である。瞬間におけるS（tn）と〜S（tn）相互の生成と収束の生滅現象そのものに、無限小の特殊時間的スライドを自己存在に内包するところとして成立しうるのでもある。相対系にあって任意にして一意の自己存在であることが実存的規定性であるから、無限小の時間長を保有する現在時をなす瞬間は、端的には運動・変化としての特殊時間を実存的に規定する生滅機構であるが、但し、特殊空間上に於いては明確といえる規定態様ではない。瞬間に於いて規定される特殊空間の値は任意にして一意の有限値ではあるが、必ずしもそれが無限小であることを実存としての必須の要件とはしない。瞬間とは本来に於いて、相対系自体の同期的運動端緒である現在時を規定する

次元であるため、必然的に特殊時間の運動の契機を無限小にまで遡及しなければならないが、つねに一般空間の全域に同時性が保持されているので、特殊空間に充当される座標系乃至位置的アドレスの規定を必要とはしないのである。したがって、瞬間により規定される特殊空間の要件は一般空間上に一意であることのみにあり、それは無限小の有限域より無限大の有限域までの領域範囲内では任意である。S（ｔn）にせよ〜S（ｔn）にせよ、かくて、それを形成する特殊空間の領域範囲としては無限小より無限大までのどの値にもなりうるが、単一の特殊時空間的モメントが特殊空間として無限大まで規定されうることがまた、一般空間に妥当する瞬間の現在時が普遍的に共通であることを示唆してもいる。無限大の特殊空間域に亘り、普遍妥当する一意である現在時が不断且つ永劫に更新されることになるからでもある。但し、瞬間の特殊空間としての規定性が無限小より無限大の領域範囲内であるとはいえ、それは飽くまで有限値でしかない。相対系をなす任意にして一意の特殊時空間的モメントに体現される特殊時空間は、一般時空間に連続するために無限小より無限大の範疇を保有するが、その他方では、つねに個有の特殊時空間的モメントと共通の実存性を保持するために有限値であり、一般時空間としての無限値とは規定性を異にすることによる。よってもとより、特殊空間上の無限小の有限値及び無限大の有限値は一般空間上の無限値とは等値ではありえず、また特殊時間上の無限小の有限値及び無限大の有限値は一般時間上の無限値とは等値ではありえない。一般時空間は相対系自体の次元機構をなしているとともに、また無限という規定性はその体現態様である特殊時空間的モメントとしての特定の実測値を採りえないからでもある。

　瞬間におけるこのような原理は、あらゆる分析単位での特殊空間が無限の一般空間の領域範囲に亘る相互因果律のうちに、他在であるそれぞれの特殊空間的モメントと相互間に反映しあいつつも、且つそれぞれの特殊空間的モメントＳがそれぞれの非Ｓの運動的統合

値との相互連関により運用されてゆくところである。特殊時間の変数でもあるＳ（ｔ）が実際上に採りうる状態関数に対応して、その相互矛盾的存立である〜Ｓ（ｔ）を構成する特殊時空間的モメントのリスト成分は異なってくるが、もとより例外なく一切の特殊時空間的モメントは対応する特殊時空間上に規定される瞬間の生／滅に帰せられる以上、Ｓ（ｔ）の実測値の如何に拘わらず、瞬間に関するすべての原理に基づく運動規定は、一般空間に於いて普遍妥当する領域範囲にあって展開される。そしてまた、それぞれの特殊時間的モメントＳ（ｔｎ）と〜Ｓ（ｔｎ）の運動的統合値との相互連動プロセスがいかなる工程にあるかによらず、一般空間を構成する全特殊空間に共通する現在時の同時性を以って、一般時間をなす無限小の特殊時間である現在時の瞬間の生滅作用として、無限大の座標系における無限大の時間長が不断に自己化されゆくのでもある。

　実体（実在）レベルをなす特殊時空間的モメントに於いて、特殊空間上の一意の瞬間構造因子を自ら内在する特殊時間の運動態様と、特殊時間上の瞬間生滅因子を自ら内在する特殊空間の存在態様が、自己同一であり乍らも自己矛盾する実存概念をなして成立するということは、一意の特殊時空間的モメントの運動としての実存的瞬間の生成／収束の間隔に、つまり即自的態様をなす特殊空間上に定立される実存的瞬間と対自的態様をなす特殊時間上の連動に帰因する実存的瞬間の生／滅のうちに、無限小の特殊時間的推移があることを前提しているせいである。相対系の機構をなす瞬間次元を体現する、各々の特殊時空間的モメントの実存態様はもとより、かかる無限小の時間長をなす瞬間のスライドにより実行されるところであるからである。特殊時空間として一意である実存概念の、一般時空間上に於いて普遍的である相互因果的連動を通じて、他在という不定且つ無限を範疇とする実存概念と相互に干渉しあうことを契機としつつ、相対的・可変的に有限性をなす無限小である特殊時空間的モメントとしての、実存概念に内在される無限の特殊時空間の全

体系による自己回帰因子に基づく力動概念である。それとともに、当該の実存概念に対自的に帰結される相互因果的連動としての、相対的・可変的に無限である関係変数を反映される実存概念に内在される有限性の自己生滅因子による力動概念であることにより、相対系の存在的態様をなす特殊空間的モメントを開示する運動的態様をなす特殊時間的モメントの生滅態様、またその運動的態様をなす特殊時間的モメントに体現される存在的態様をなす特殊空間的モメントの生滅態様による、一意の実存生成と実存収束のプロセスが展開されるのであり、かかる実存概念をなす特殊時空間的モメントとその他在との相互連動による一意の生滅現象をなさしめる向自的回帰が、特殊空間／特殊時間の自己内関係を止揚（揚棄）する瞬間生滅の概念規定に他ならない。したがってまた、瞬間生滅：実存概念という、ＣＮＳの客観概念上の追考運動における統一的プロセスにあっては、当該の瞬間的モメントとしての特殊空間規定の態様と特殊時間規定の態様が相互のうちに消失されるとともに、無限小以上の特殊時間的推移により、更に相互のうちに生起されてもいることになるのではある。

第Ⅱ節 客観的精神現象

第Ⅸ章
弁証運動――PhaseⅨ

ⅰ＞認識レベル：空間理論
＊精神分析学／現象学／現存在分析

　前章にみる客観概念は、ＣＮＳ上の客観性フィルターにおける理性機能の弁証系プロセス上の概念的把捉の態様を論述しているが、それに対し客観的精神現象は、しかる弁証系プロセス上の客観概念に対応する運動主体としての、ＣＮＳ上の客観性フィルターにおける理性機能そのものの遷移を示唆するものである。換言するに、運動自我による対象的知覚をなす命題（論理式）に対する当該の客観概念と、当該の弁証系プロセスの認識レベルにおける客観的精神現象が同期して対応するのであるから、このとき客観的精神現象上の追考スタンスとしては、学術的には科学哲学的レベルをなしている。当該の客観概念の態様が、相対系の機構である次元＜一般空間／一般時間＞を体現する空間生滅＜特殊空間＞の態様の規定性、及び時間生滅＜特殊時間＞の態様の規定性の弁証系レベルに相当するとともに、また空間生滅＜特殊空間＞の態様の規定性と時間生滅＜特殊時間＞の態様の規定性との相互矛盾関係は、当該の弁証系プロセス上の前Ｐｈａｓｅにおける空間次元＜一般空間＞及び時間次元＜一般時間＞を統一する瞬間次元の概念規定を端緒とするが、空間生滅＜特殊空間＞の態様及び時間生滅＜特殊時間＞の態様に於いて、不断の無限自己回帰運動により瞬間生滅＜実存概念＞の機能を実践する特殊時空間的モメントとして成立するとともに、しかる自己生滅は無限の特殊空間の関係変数を形成する一意の有限性規定と無限の特殊時間の状態関数を編成する一意の同時性の有限性（無限小）規定の自己矛盾且つ自己統一として成立する以上、瞬間生滅を体現する特殊時空間的モメントの一意性の態様としての［理性作用に対し即自的である］状態関数の規定性は、科学哲学における自然科学統

一理論上の研究対象をなす有限性（無限大／無限小）の運動態様に対するトレースを契機とし、また同時にその自己生滅を可能ならしめる全特殊時空間的モメント間の普遍的更新運動の自己回帰態様として［理性作用に対し対自的である］関係変数の規定性は、やはり同じく科学哲学における社会科学統一理論上の研究対象をなす無限の同時性の態様に対するトレースを契機とするところであるからである。

　相対系の原理的機構である瞬間次元の概念規定を媒介することにより、無限小の有限性且つ無限大の有限性として生成／収束される相対系の特殊時空間的モメントは、そのいかなる内的構造的レイヤをなす個体概念として体現される特殊時空間的モメントとても、それ以外の全特殊時空間的モメントに対する対他的態様をなす一般時空間上の無限の相互連動に於いては、相互連動する特殊空間の生滅現象として発現せられる自己存在をなしてあり、一意の存在的生滅にて他在をなす全特殊時空間的モメントと運動・作用しあうことにより、更新される存在的座標系の態様である。したがって、対他的である運動規定により特殊時空間上の無限の相互因果性を体現しているところの、このような空間生滅＜特殊空間＞として反映せられる自己存在は、［観測者内の主観的精神作用ではなく］客観性をなす存在的座標系としての特殊時空間的モメント相互間に成立する特殊空間上の法則とともに、或る意義に於いては、特殊といえる実存としての精神機構における自己存在の空間生滅につき学際的見地より追究する、精神分析学を包摂する空間理論上の不可避的である研究対象とはなる。

　客観的精神現象は客観概念の追考主体をなす理性機能の態様を示唆するため、それが対象的知覚である命題（論理式）に対して作用する役割は、そのまま何程かの学術的立場にも通じている。何となれば、一切の学乃至理論は、その分類上の相互間の論理学的整合性

と理論的相異に拘わらず、ＣＮＳ上の客観的精神現象による理性的追考運動の成果としてのみ成立しうる以上、客観的精神現象の弁証系プロセス上における当該の認識レベルを反映された概念規定と公理体系を装備することになるし、また客観的精神現象の必当然的に推移しゆく系譜に対応して、当該の学乃至理論としての概念規定と公理体系とても遷移しゆくことになるためである。

　ＣＮＳにおける理性機能の状態関数、即ち当該の弁証系プロセスの認識レベルに位置付けられる客観的精神現象の運動規定、それにより必然的に導出される論理的成果の体系が当該の学乃至理論を形成する。弁証系プロセスにおける当該のＴｒｉａｄｅ展開の、定立（テーゼ）レベルに相当する客観概念は特殊時空間的モメントに体現される相対系の空間生滅＜特殊空間＞であり、それを同期して構成するＣＮＳの運動態様である客観的精神現象は、当該の弁証系レベルの端緒をなす特殊空間の概念規定に対応する客観的認識の状態関数にあるから、当該の客観的認識処理により導出される論理的成果が同認識レベルにあって体系化されることにより、精神分析学を包摂する空間理論上の問題としての学乃至理論の体系が構築される。自己存在としての実存概念の状態関数・関係変数は、相対系における一意の存在的座標系である特殊空間の生滅現象の規定性により生起せられるが、かかる特殊空間の概念規定を学術的根拠とするあらゆる学際的理論にして、就中特殊の実存といえる精神機構に関する精神分析学と連携する研究分科が、本節における空間理論を構成するからである。しかし、客観的精神現象によるその認識レベルは弁証系プロセスの途上にある、即ち弁証系プロセスの最終工程まで未だ経過していない以上、当該の［客観的］認識レベルにて成立する学術上に期待しうる妥当性及び真理値は、爾後の弁証系プロセスに於いて論理的否定される可能性を持続しているため、飽くまで相対的である確率論の域に出ない。その逆に、絶対的である確実性とは、追考処理における、より高次の工程により論理的否定される

可能性のない［客観的］認識レベルに成立するからである。

　相対系における空間生滅＜特殊空間＞の態様の規定性の［客観的］認識レベルにある客観概念に対し、つねに同期して対応するＣＮＳの運動態様である客観的精神現象は、特殊空間の態様の規定性における概念的把捉を体系的に展開しうる理性作用のグレードにあることになる。当該の論理系上の工程に相当する理性作用のグレードにあって、当該の概念的把捉を体系的に構築することが学術的体系化の作業に他ならないから、特殊空間の態様の規定性の［客観的］認識レベルにある客観的精神現象を以って構築されうる学乃至理論の体系は、如上の論拠よりして、精神分析学を包摂する空間理論上の問題を研究対象とするそれである。

　過去の学術史における空間理論的問題に関する学説上の論争に拘わらず、精神分析学を包摂する空間理論は弁証系プロセスにおける当該の認識レベルにあって成立する学際的体系を形成し、且つ当該の認識レベルの客観的精神現象により推進される。相対系の機構である瞬間次元を体現する特殊時空間的モメントの概念規定を研究対象とする科学哲学は、空間次元＜一般空間＞の態様に関する自然科学統一理論と時間次元＜一般時間＞の態様に関する社会科学統一理論を内在し、且つ機能的に統一しているが、空間次元＜一般空間＞／時間次元＜一般時間＞のいずれの態様にあろうと瞬間次元という機構をなす実存的モメントは、その存在的生滅現象としての特殊空間を体現する。しかる存在的生滅現象の規定性を内在する実存的モメントは、任意且つ一意の個体概念をなす或る下位集合乃至要素（元）としてはつねに、無限大且つ無限小の特殊空間の規定上における外延的且つ内包的である相互連関を以って存立することから、相対系自体を無限の限界点とする分析的／綜合的見地より把捉するためには、哲学上の判断に基づく空間理論が要求される。無限の相対系を体現する有限にして一意の特殊空間の規定性は、演繹的もし

くは帰納的である分析手法による科学上の空間理論を学際的に展開するにせよ、しかる科学分科における実験的乃至仮説演繹的である方法論上の現象研究を前提とする制約（実験・観測は何回実施しようと確率論の問題でしかないため、１００％の確実性は無限回数後にしか要求しえないという制約）とともに、いかなる場合も当該の科学分科上の基本原理に対する反証を許容されない科学理論一般の性質よりして、それら学際的である諸科学における制約をすべて還元処理することにより理論上の無条件的前提のない空間理論として統一するためには、追考上における無反省的である基本原理を具有しない哲学的見地とその判断が必須となるためである。このことは、諸科学分科の理論と学際的である科学統一理論では追考レベルを異にするとともに、科学統一理論と哲学理論ではまた追考レベルを異にすることに他ならない。科学統一理論では個別科学の見地と方法論を学際的に検証し理論的統一を示してはいるが、しかる理論自体の学術的体系及び方法論としては科学理論のそれに基づく以上、科学的基本原理を前提することによる確率論（つねに１００％未満の確率をのみ要求しうる）をのみ追究しうるに対し、いかなる理論的前提をも容認しない哲学体系及び方法論との混同は許されないからである。

　空間生滅としての特殊空間に関する理論としては、端的には一般相対性理論と量子理論、及びその統一理論が提唱されるところである。いずれか特定の宇宙領域にのみ限定することなく、［宇宙外領域及び宇宙間領域をも内包する］相対系内における個別領域をなす特殊空間の物理法則の究明に当たり、直接上には宇宙領域に対し統合的に解明せんとする一般相対性理論と、しかる相対的に巨視的である公理を物理化学上の物質乃至物質系の組成及び構造の学術的スタンスから追究する量子理論は、理論的トレースの方向性の面に於いては相互対立する様相を呈しつつも、そのいずれもが相互間に整合し且つ連携して理論展開されるのでなければ、個別科学の追考レ

ベルとしても妥当ではない。当該の宇宙系内では、数千億といわれる銀河やブラックホールを内包する元素系としての物質系の他、暗黒物質（ダークマター）・暗黒エナジー（ダークエナジー）等の位置関係・運動法則・物理状態・化学組成とその物質的生涯等を考究し、綜合的にしかる宇宙領域、更には宇宙外領域の構造と起源につき解明せんとする天文学とも、特殊及び一般相対性理論は学際的に連携しあうのである。宇宙領域内の任意の座標系からの光をハッブル宇宙望遠鏡（ＨＳＴ）や天体写真等を通じて調査した上、その解析手法については量子理論、即ち量子力学・量子化学の法則に基づいて実施される。物質と反物質、素粒子と［電気的に性質の異なるＣＰ非対称の］反粒子等に関するクォークの６元モデル研究等についても、一般相対性理論の学術的対象とする宇宙領域内の座標系に於いて、天文学上の観測可能である限界内における量子理論上の解析結果に対する判断に待たなければならないはずであるから。とりわけ、宇宙領域内に成立するブラックホール内部に対する研究や、宇宙領域の発生起源と仮定されているＢｉｇ－ｂａｎｇ現象の力動概念の究明のため、理論物理学上の仮説である超弦理論なども学際的俎上に載せられるところではある。尤も、現状におけるＢｉｇ－ｂａｎｇ理論（仮説）では、生誕以来膨張し続ける宇宙領域を遠ざかる銀河により観測し、その宇宙年齢を約１３７±２億年と推計し、宇宙領域の地平線までの距離を約１３７±２億光年と一応結論付けてはいるが、銀河の遠ざかる速度を光速度［（厳密には不変ではないが）２９９７９２４５８ｍ／ｓとされる］以下と断定する観測上の限界があるため、その限りに於いては、客観上の宇宙領域自体の精確といえる測定値ではありえず、単なる科学技術上の限界値しか得られない。ましてや、実際上の宇宙領域は真空状態の連続態様ではない以上、観測地点と観測対象との間の環境条件により光速度も一定とはいえない。また、光速度を超える物体の移動速度は成立しないとする理論も正解ではなく、且つそのことを裏付ける実際上の観測データとても得られているが（名古屋大学等の国際実験チー

ム：ニュートリノの観測例等）、しかる特定の物質や媒体にのみ限定せらるべき必然性もなく、もとより無限の相対系におけるモメント素子の移動速度や質量は無限大から無限小までの範囲内で変動する有限値であるためであって、されば絶対の上限値／下限値は成立しえないのである。而してまた、宇宙領域の最小構成単位をヒモ状の素粒子と仮定する超弦理論に関しては、宇宙領域を包摂する相対系の最小構成単位は無限小でしかない以上、特定の単位物質を追究することはつねに科学理論及び技術上の相対的・可変的である限界値を更新するにすぎない。さあれ、そのような諸仮説をも含め、物理学及び化学上の相対的に巨視的及び微視的立場からの学際的に相互連動する統一理論なくしては、宇宙領域の成立時点にまで遡及して研究することはできないともいえる。宇宙領域内の物理法則もその量子理論的組成及び構造の変化・変遷により影響されるとともに、宇宙領域全体の変化・変遷によりその量子理論的組成及び構造もまた無関係ではありえないからではある。しかし乍ら、かかる宇宙領域自体とても無限の相対系を構成する有限の領域範囲でしかない以上、しかる物理学乃至物理化学上の統一理論によってさえ相対系全体を究明しうるものではないけれど。

　ところで、このような相対系及びそれを構成する特殊時空間的モメントに対する認識は、つねに精神機構及びその機能を媒介することにより成立するのであるが、相対系自体乃至その特殊時空間的モメント自体の存立が何等かの精神作用を前提しているのではない。さもなければ、精神機構を具有する実例としての人間存在等という、特殊時空間的モメントがその実体を以って実在することなくしては、それ自体をも構成素子として包摂する無限の相対系さえも成立しえない以上、もはや精神機構の実在自体がありえないことにもなるからである。無限の相対系を構成する無限数・無限種に及ぶ特殊時空間的モメントにあって、精神機構のみが唯一、自己自身を相対系自体に自己化せしめることが可能である特殊の実サンプルであ

ることから、特殊空間に関する理論としてはまた精神分析学乃至現象学とても相当する。そも相対系をつくりなす構成素子としての精神機構が、自己存在に対する自己回帰作用により相対系自体に自己化されるプロセスである、客観性フィルターによる弁証運動の、力動概念ともなる純粋且つ先験的知覚としての基準系はａ＝ｐｒｉｏｒｉであるため、とりわけ意識下より意識上に作用する深層心理機能域を対象とする研究分科が、当該理論に相当するに他ならない。ＮＥＳの本能的欲求や睡眠中の夢現象の下意識システム等を解明することを通じて、自己自身を相対系自体に自己化される精神機構上の基準系に対し考究することはまた、そのまま相対系乃至その［運動的］次元をなす一般空間に関する公理を導出することにも通じよう。とまれ、しかる研究対象が客観上の相対系自体であれ、精神機構を媒介されてある対象的知覚をなす相対系であれ、いかなる学術的アプローチとてもその主体と客体との相互連動により可能となる以上、相対系乃至その構成素子をなすいかなる対象的知覚とても、つねに観測者と被験体との相互作用により追考されうるところではある。真空中の光速度［２９９７９２４５８ｍ／ｓとされる］はすべての観測者にとって同一の値を保有する、と仮定されている光速度不変の原理に、物理学上の基本法則がすべての惰性系に於いて同一の形式で表記される、と仮定されている原理を附加した特殊相対性理論が、宇宙領域という相対系内の限定された領域範囲をなす特殊空間を研究対象とする理論物理学の基本分科をなしている。更にはまた、惰性系のみならず任意の座標系にまで論究する一般相対性理論に於いては、重力が座標系の特殊性による見かけ上の力であるために慣性質量に比例することを前提として、宇宙領域における特殊空間の構造、たとえば相異なる特殊時空間上の二点間の不変的である距離等も物質系の存在態様により規定されるはずである、とされている。重力のみならず電磁場等も、宇宙領域における特殊時空間の幾何学的性質とみなされており、観測者とその被験体である特殊空間との相対的・可変的である相互連関を反映しているが所以で

ある。とはいえ、光や音等種々の周波数帯をなす宇宙領域の媒体はすべて、宇宙領域内の特殊空間としての不断の状態変化により作用されるため、その運動パターン及び進行速度は、一様にして影響されえないことはなく、したがって、光速度自体が不変であることは相対的に変化しうることの誤認定にすぎず、現在時の観測者にとっては光が対象認識上に於いては不可欠の媒体であるだけのこと。それはまた、現代物理化学上における観測の技術的限界を露呈するものでしかなく、客観上の現実態様の如何とは別問題であることついては反証の余地もない。もとよりまた、重力場にせよ電磁場にせよ一切の空間的現象は、任意且つ一意の特殊空間としての不断の状態変化に対応することで、当該の特殊空間上の状態関数・関係変数が一様でも同一でもないことは、やはり自明である。而して更には、このような特殊空間としての不定の生滅現象はまた、特殊時間としての不定の生滅現象とつねに同期して作用しあうのでもある。

　精神機構の弁証運動機能を媒介して、基準系という先験的に大脳生理上に具備されている［相対系自体の］知覚に自己回帰されることにより、基準系を実質的に構成する相対系自体と精神機構が自己自身に自己化される以上、相対系における空間次元として生／滅するところの特殊空間はまた、精神上の先験的機構をつくりなす内的規定形式であることにもなる。そのことは換言するに、特殊空間を対象とする研究乃至学術的アプローチに於いては、精神上の先験的機構に関する理論及び考察を学際的に展開することが、しかる自己化作用における本質的にして不可避のプロセスであるに相違ない。特殊空間自体が本来に於いて、精神上の先験的機構を前提として成立するのではないとしても、単なる理論物理学的側面からのアプローチのみによるところでは、基準系における内的形式としての特殊空間が究明されえないためである。而してまた、このような精神上の先験的機構に関する学術的スタンスとして、それが動因理論的に基準系に相互連動する深層心理機能域や本能の概念規定等をより

体系的に取り扱うため、即自的には精神分析学が相当しよう。

　精神分析学に於いては、フロイト：Ｓｉｇｍｕｎｄ＿Ｆｒｅｕｄの学説のみならず、その理論的系統を端緒とする学派の理論的立場を包摂する場合や、自由連想法等により精神現象の深層心理機能域を探求する方法論を意味する場合もあるが、定説としては深層心理学と性欲理論に大別することが妥当であるとされている。然るに、性欲理論に関しては、先天的である本能の機構をなす欲求システムの一分科を研究対象とする理論でしかないことから、本能の機構を全般的に対象としうる本能理論がこれに相当するはずではある。

　深層心理学は下意識の精神稼働領域を研究対象とする心理学分科であるが、当該の臨床実験や治療等により、多くの無意味とみられている行動がその実は心理的意義を内在していたり、意識されない潜在的原因により前意識的に規定されていること等を明らかにしようとする。爾後に自己自身により内省することで、その心理的意義や相互因果性を追憶の処理を通じて特定することができるような場合には前意識と称せられるが、これに対して無意識に関しては、睡眠中の夢などを材料として内心に表象されることを次々に語らせる自由連想法等を用いて精神分析を実施することにより、初めて明らかにすることができる場合もある。精神分析学に於いては、単に下意識の精神機構につき論述するのみならず、心理的作用上の力を仮定し、力の衝突により諸々の精神現象を説明しようともする。たとえば、道徳的とされる傾向が作用して反道徳的とされる傾向を意識させない場合のように、一つの力に他の力が衝突することにより、前者のような原始的欲求に根差した運動にブレーキをかける現象等は抑圧と称せられるが、抑圧された力はそのまま消失してしまうのではない。とりわけ本例のように、倫理的価値に基づく抑圧を検閲と称せられる。性欲等の原始的欲求は本能的であり、快を求めて不快を回避しようとする快感原則に支配されているが、快感原則のみ

にて生活することが社会規範的には許容されないため、原始的欲求は抑圧されて実生活上の社会的原則に従う必要性が生じる。そのことから倫理的であるはずの良心が形成され、これにより下意識的である検閲の作用が実行されるとして、かかる精神上の内的モニタリング機構を超自我と称せられる。もし仮に、超自我の客観性／主観性の価値システムに抵触する場合には、自己自身に対する自責や罪業等の感情が発動せられるのであるけれど、そのことは単なる抑鬱や劣等感等として意識されることが多い。

　性欲理論に関しては、本能という概念規定を生理的機能の遂行に必要となる精神的機能全体を示唆すべく用いられる。そのことは主観的にはその実現に快の感覚を伴うものであり、また客観的には種及び個体保存の機能を果たすものを意味することから、種の保存本能である性欲の場合にも、単に生殖のための行為としての意義のみを示唆するところではなく、願望も怒りも恐怖もなべて性欲との関連性を内在している。性欲とは終身的に持続する自然的衝動であり、成人では異性との肉体的交渉の願望を抱かせるとともに、且つそれを可能ならしめるものをも意味する。また、性的であるものと性器的であるものを弁別し、性的であるものは抑圧がなく性器が充分発達している場合には、性器的反応を生ぜしめるのであるとされる。このように広義に於いて性欲を解釈するならば、愛情のような性情動と性器感覚の間に性器外の性感覚を認め、口・肛門などは食する・排泄するという機能の他に性的感覚を覚える部位でもあると主張する二重機能説もある。たとえば、口とか肛門とかの器官がこの意義における興奮の部位として作用するとき、性感帯もしくは発情体域とも称せられている。幼年期からの発達に従い、かかる性感帯は大別して口唇期・肛門期・性器期の三段階を経過することとされる。はじめに子供は主として口唇感覚を欲し、次いで肛門感覚を中心とする時期に到るが、これら二段階は前性器的とも称せられ、ともに自己色情性を内的に示すものであり、自己以外の相手を求め

ることなく性的感覚を味わう。自己色情性は凡そ三歳頃には性器の場所に局在して性器期に移行するが、この自己色情性の段階から他者色情性の段階へと移行する過渡的プロセスに、自己の身体を愛する性的倒錯を示すナルシシズム：Ｎａｒｃｉｓｓｉｓｍの時期を組み込んで解釈されている。自己色情性の現象は快感を伴う内部感覚として客観的対象が実在しないに対し、ナルシシズムはとりわけ情動的で自己自身の身体を対象として自慰行為を引き起こさせるものである。子供の性的対象の選択はエディプス・コンプレックス：Ｏｅｄｉｐｓ－ｋｏｍｐｌｅｘの存在を認めさせるともいうが、これには性的であるものと性器的であるものが内包されており、エレクトラ・コンプレックス：Ｅｌｅｋｔｒａ－ｋｏｍｐｌｅｘをも包摂してエディプス・コンプレックスと称せられていることもある。

フロイト：Ｓｉｇｍｕｎｄ＿Ｆｒｅｕｔ学派では性的エナジーを仮定して、これをリビドー：Ｌｉｂｉｄｏと称せられているが、かかるリビドーの作用対象が初期段階では自己自身の身体に向かい、次いで他者の身体へと向かう。精神機構及び生理機構の発達段階に於いて、たとえば男子が母親以外の異性を愛することができない症例のように、リビドーが或る発達段階に停滞したまま新たな対象にも関心を示すことができない場合には固着と称せられ、また一旦は発達した後になって、リビドーが前段階に還りゆく現象を退行と称せられる。この学派では、性格の形成を如上のような性欲の発達段階にしたがって、口唇性格・肛門性格等に分類されている。然るにまた、フロイトは本能及びその発達により精神現象を説明しようとする他方、快感を捨象して単純に再現・反復する傾向があることをも認めざるを得なくなり、機械的とされる反復・習慣的傾向を論理的否定することができなくなってきている。そして、有機質である物質が無機質へと回帰する傾向、即ち自然死に向かう傾向とてもこれに所属する類型として考察し、自己自身及び他者を破壊する内的衝動をもこの本能の心理的兆候とみなしている。かくて、個体保存

の本能は死の本能に置き換えられ、また性の本能は生の本能、もしくはエロス：Ｅｒós と称せられることになってもいる。

　上述内容はフロイト学説によるところであるが、このような性欲説に対しアドラー：Ａｌｆｒｅｔ＿Ａｄｌｅｒは、他者よりも優位に立とうとする欲求、即ち権力への意志を人間活動の本質的といえる概念規定であるとし、個人心理学を確立した。人間は幼児期の無力感や、その後に抱いた劣等感情を克服することによりこれを代償するのであるが、この代償には良好とされる代償がある他方、代償過剰の場合があり、また失敗及び逃避の場合もあるとしている。しかる一方では、ユング：Ｃａｒｌ＿Ｇｕｓｔａｖ＿Ｊｕｎｇはフロイト学説とアドラー学説を統合しようとして、フロイトとアドラーの性格の差が両者の学説の差を生ぜしめたものである、としている。フロイトは外向性の、またアドラーは内向性の性格を具有していると主張しており、性格を内向性及び外向性に分類する性格学は、コンプレックスを発見するための連想語表とともに展開されてきている。幼児期乃至過去時間の経験よりも未来時間に関与して生きる人間の主体性を重要視し、また他方では、祖先の経験の遺伝である集団的無意識が存在するとも主張している。つまり、人間の深層心理には個人の体験に依存するのみならず、原始期よりの種族的である経験の集積に起源を遡及されるところの、古態的である集団的無意識があり、遺伝的に伝達されるものであるとしている。また、フロム：Ｅｒｉｃｈ＿Ｆｒｏｍｍ、カーディナー：Ａｂｒａｍ＿Ｋａｒｄｉｎｅｒ、リントン：Ｒａｌｆ＿Ｌｉｎｔｏｎ、ホルナイ：Ｋａｒｅｎ＿Ｈｏｒｎｅｙ等のアメリカの精神分析学派は、フロイトの生物学的にして性欲中心の学説に対し、社会的要因をより重要視しており、新フロイト派或いはフロイト左派と称せられている。

　如上にみる精神分析学は、その学派の別に拘わらず、人間の精神機構及び精神現象に対する即自的である研究立場をなすが、相対系

第Ⅸ章

弁証運動──Ｐｈａｓｅ Ⅸ

847

を体現する特殊空間を研究対象とする学乃至理論としての展開に於いては、対自的である工程としての現象学に移行する必然性がある。相対系自体の［精神機構上における］先験的に反映されてある基準系に対し、その動因理論的アプローチとしての深層心理機能域や本能に関する研究は、空間理論の開示プロセスにあって、特殊空間と自己化されうる精神機構及び精神現象そのものの即自的理論であるが、特殊空間の状態関数・関係変数を客観的事実として経験的認識する精神機構は、精神上の作用対象にして客観的現象である特殊空間と自己化されうる精神機構との相互連関として、対他的且つ対自的に把捉されなければならず、その追考運動上の学術的展開に於いては現象学が相当するためである。

　現象学の基本的概念としては、カント：Ｉｍｍａｎｕｅｌ＿Ｋａｎｔ的である物自体とは弁別される、一切の経験的認識の基礎としての現象についての学乃至理論である、といえる。それは現象のうちに仮象を認識し、恰も光学が遠近法により中間物を与えるように、一個の超越的光学として客観的事実から仮象を、また仮象から客観的事実を規定することを課題とする。カントによる学説に於いては、物自体の客観的世界から区別される現象界が仮象や夢幻の世界ではなく、観測者である人間及び精神主体にとっての経験的実在界であるとしている。また、ヘーゲル：Ｇｅｏｒｇ＿Ｗｉｌｈｅｌｍ＿Ｆｒｉｅｄｒｉｃｈ＿Ｈｅｇｅｌの観念論的立場に於いては、意識の発展段階の叙述を意味する内容となる。もとより絶対的である存立が精神概念であり、精神は無限の概念規定であるとしつつ、したがってまた、有限の物質や事象は単なる仮象にして、精神現象はこの仮象を制限として定立しつつも止揚（揚棄）することにより、自己存在の本質を認識し自己自身を顕示するに到るとされる。そも絶対的である恒真性を具有する命題（論理式）を生成しうる以上、その限りに於いては、精神機構及びその機能に絶対性を体現しうるプロセスが成立することは確実ではあるが、しかし精神機構という存立自

体を絶対的概念として断定しうる客観的根拠はありえないはずである。少なくとも、論理的誤謬を生じる可能性のある限りに於いて、精神機構そのものやその作用が絶対的であるべくもなく、即ちその存立自体はやはり相対的であるが故に他ならない。もとより精神機構という存立が絶対的であることを原因として、その属性を継承することで絶対的である真理：恒真式を生成できるのではなく、客観上の相対系自体を精神機構の自己存在に自己化することを以って、当該の命題（論理式）に真理：恒真式としての絶対性を体現する媒体として精神機構が機能しうるにすぎない。

　フッサール：Ｅｄｍｕｎｄ＿Ｇｕｓｔａｖ＿Ａｌｂｒｅｃｈｔ＿Ｈｕｓｓｅｒｌにより提唱される現象学に於いては、現象の概念規定とは客観的事実としての心理現象ではなく、純粋意識の体験を意味している。人間にとっての日常生活は、客観上の実体（実在）界が人間の経験には拘わりなくそれ自体の超越的存在を持続し、観測者である人間及び精神主体の意識もそのような世界内部の経験的事実の一である、という素朴且つ無反省の確信の上に立っている。なべての自然科学及び精神科学も、この所謂自然的態度の延長上にあるとするわけであるが、このことは人間にとっての日常経験の累積により形成された或る種の慣習にすぎず、かかる態度に立つ限りに於いては、必然的真理：恒真式の自覚がいかにして可能かという問題、学術的認識の可能性の問題は解消されない。そのため、このような自然的態度に対しては徹底した反省を加える必要性がある、としている。現象学はかかる態度に根本的といえる変更を加え、何者をも前提としない根源的であるものへ遡り世界の存在意義を明確にしようとする理論的立場であるという。それはしかし、客観的である実体（実在）界の超越的存在を仮象として断定したり、それを論理的否定することではなく、客観上の実体（実在）界の超越的存在定立の一切を論理的肯定も論理的否定もせず、その妥当性を一旦は所謂＜括弧：【】に入れること＞により、その作用及び効果・効力

を停止せしめ、そのことに関して批判的に判断中止を行うことでは
ある。このような処置を超越論的還元と称せられるが、この還元作
用によっても尚、そこに残留する現象学的剰余としての純粋の意識
体験、超越論的・現象学的主観性こそが現象学固有の領域・分科と
みなされており、そこから自然的態度そのものの意義、つまりは客
観上の実体（実在）界の存在意義を問題とする必要性がある。この
ような純粋意識は、カントにおける意識一般のように超個人的では
なく個人的である概念規定であり、また経験の可能性の制約のよう
な意義を蔵することもなく、具象的である個別の自我そのものの体
験に他ならない。つまり、客観上の実体（実在）界が純粋意識に内
在されたとはいうも、ここでは飽くまで一個の主観に内的還元され
たにすぎず、自我にとっても同様、他我にとっても存在する間主観
的現象としての客観上の実体（実在）界は、主観にとって依然とし
て一個の超越であるとされる。そこで超越論的還元は自我論的還元
とも称せられるが、客観上の実体（実在）界の可能となる還元は無
数の主観による共同的還元、即ち間主観的還元によらなければなら
ない。客観性をなす実体（実在）界は単に自我に対して存立するの
みならず、他我に対しても存立するのであるから、客観性をなす実
体（実在）界の存在意義は更に他我との交渉のうちに生きる自我の
主観性、即ち超越論的間主観性のうちに求められることになり、そ
のために、超越論的還元は間主観的還元にまで移行されなければな
らないのである。自我論的還元及びその抽象的一面性を補完するも
のとしての間主観的還元を併せて現象学的還元と称せられるが、こ
の両者により自然的・社会的世界は超越論的主観性のうちに還元さ
れる。かくて事実態様としての純粋意識が体得されるが、学術的認
識の基礎付けを目的とする現象学は本来的に事実学ではなく本質学
であるため、純粋意識の事実態様に則しつつも更にその本質規定を
究明することにより、その志向性における主体／客体的峻別、つま
りノエシス：Ｎｏｅｓｉｓ／ノエマ：Ｎｏｅｍａ的相関関係の本質
規定を明らかにする必要性がある。内在的現象の本質規定、及びそ

れら相互間の本質関係を把捉するための、純粋意識の事実態様からその本質規定に到達する方法論は、形相的還元と称せられる。フッサール的立場にあって現象学とは、超越論的還元と形相的還元という二重の方法的操作による純粋意識の本質記述学であり、実証主義・心理主義・生の哲学の非合理主義・歴史主義に対し、理性主義を提唱する立場であるともいえるが、他方に於いては、その合理性を具体的である意識体験に則しつつその本質構造を把捉するという点では、より徹底した実証主義とみることもできる。現象学はまた、シェーラー：Ｍａｘ＿Ｓｈｅｌｅｒにより哲学的人間学の方法論として具体的人格の分析に適用され、理性の基礎付けというその超越論的性格を弱めるが、更には実存主義とも理論的連携を保持することになる。フッサールとても後期には、自然的態度を究極的である概念規定とみなし、その世界定立を一切の定立作用に先立つ世界との根源的である相互連関として把捉し、現象学的還元は自然現象を対象的に認識することにより、その根源的である相互連関を覆う自然主義的態度に向けられるべきであるとしており、またハイデガー：Ｍａｒｔｉｎ＿Ｈｅｉｄｅｇｇｅｒは、そのような世界との相互連関を本質規定とする人間存在を世界・内・存在として規定するとともに、それに対する現象学的解明をも企図している。

さあれ、フッサールによれば純粋意識を個人的である意識概念として規定した上、間主観的還元の作用については、他我との交渉のうちに生きる自我の主観性に求められることとしているが、無数の他我という有限の地球環境内の可変的有限数でしかない対象を交渉範疇とすることは、その成果として一般空間に妥当する恒真性を期待できない以上、本質規定に到達する方法論としても相対的である効果・効力しか実現しえない。また、このような現象学上の立場に於いては、意識の限局的諸状態を相対的・可変的である精度を以って探求することになるが、空間理論をなす人間と客観的である実体（実在）界に対する研究の向自的プロセスとしては、人間の現存在

の事実態様としての諸形式や諸構造のすべてを考察の対象とする現存在分析が提唱されるところである。ハイデガーによる概念規定にあっては、自然的態度に於いて自己自身を人間として了解している存在者を現存在と称せられるが、現存在者としてではなく現存在と称せられていることは、それが存在者一般を超越して存在了解的（前存在論的）であることによるものである。それが世界・内・存在として定義付けられることも、このような超越的性格に基づいているが、またかかる性格を実存（脱自存在）とも称せられている。基礎的存在論の準備的段階に於いては、現存在としての人間がゾルゲ：Ｓｏｒｇｅなる＜関心もしくは配慮されたもの＞へと還元により引き戻され、このゾルゲが更に歴史性として時間的に自己存在を構成することが主張されており、このことは即ち、超越的存在了解として、とりわけ世界了解としてあり、したがって、そのノエマ：Ｎｏｅｍａ的相関者として世界の歴史的自己構成に他ならない、ともされている。現存在の分析論はこのような意義に於いて、存在一般の真義を問う普遍的存在論を基礎付ける基礎的存在論である。基礎的存在論が存在の歴史として認識されるに伴って、現存在という概念規定も存在的である側面から考察し直されてきてもいる。現存在はその自然的態度に於いては自己自身を、他の存在主体と並んで世界の内部に存在する或る種の存在主体である人間として把握し、この自然的自己理解に基づいて人間学的（経験的及び哲学的）認識をも形成する。それに対し現存在の分析論は、このような人間の自己理解一般により包摂されている、つまりあらゆる領域的存在全体の自己構成の絶対的圏域としての、超越的時間性への通路にして、いかなる人間学からも原理的に峻別されており、且つその認識動機も人間学的認識のように自然的態度のうちに求めることができない。基礎的存在論としての現存在の分析論に対し、その認識動機に照らして考察するとき、それは存在的である側面から存在の歴史として把握されるに到るが、その場合には、しかる所謂通路としての現存在とても改めて存在の投企として認識されることになる、とされてい

852　　第Ⅱ節　客観的精神現象

る。

　もとより現存在分析論の哲学的志向を基礎として、全体としての
人間の基本構造と様態を解明しようとする現象学的・人間学的であ
る精神病理学の方法論にして、現代時点の精神医学・心理学のうち
にひろく人間学的と称せられる思想的潮流の源流をなしている。従
前の記述的である精神医学が、自然科学的・因果論的体系としての
疾病学に基づいて精神病理を認識しようとしていたに対し、現存在
分析に於いては、精神医学的現象学をより発展させた見地に、独自
の方法論と独自の精密性を具備する経験科学を樹立しようとする。
この学派の中心人物であるビンスヴァンガー：Ｌｕｄｗｉｇ＿Ｂｉ
ｎｓｗａｎｇｅｒは、当初はフロイトによる精神分析学を端緒とし
て、ここから病者（被験体）の個人性と歴史性の把捉を踏襲しつつ、
それに対する反定立としての、フッサールによる現象学から認識す
る現実規定の客観的事実性を自覚し、更にはハイデガーによる理論
の影響を反映して、向自的に世界・内・存在としての病者（被験体）
の現存在の様態とその変容の全人的理解を試みている。とりもなお
さずそれは、現存在分析が精神分析学・現象学及び実存的認識の独
自の精神医学的統合であることを意味している。方法論的に現存在
分析が現象学を継承しつつもこれと相異している点は、現存在分析
が現象学のように意識の限局的諸状態を探求するのみならず、人間
の現存在の事実的である諸形式や諸構造のすべてを考察の対象とす
るところにある。この場合の人間の主体とは、ハイデガーがそのこ
とを人間的世界のうちに存立するものとし、人間としての実存を世
界・内・存在としてこの世界の状況のうちに定位させているように、
世界・内・存在としての、また世界超越存在としての構造を具備す
る現存在である。また、現象学が概念分析の対象を意識に内在する
ものに制限するに対し、現存在分析は被験体である病者の生きる世
界投企を示唆する言語的内実、つまり世界性のあり方にも関心を傾
け、たとえば分裂病者の生きる数種の内的世界を記述してもいる。

更には、現象学が直接乃至端的、主体的体験世界をのみ考察するに対して現存在分析は、病者（被験体）の生きる一つの、もしくは複数の世界の展開と変容を歴史的に再構成しようと試みるのである。この場合、精神分析学の方法論による生活史的探索に加えて、現存在分析に特有の特殊といえる世界・内・存在の分析を通じて、現存在が共同世界から脱落してゆく過程を追究する。あらゆる現存在分析の手法により、人間的現存在についてのこのような基本的構想より出発し、結局のところは或る病める個人としての現存在の構造、即ち現存在様式を探究するものである。かかる現存在様式は、現存在様態・世界投企・現存在の進行の三方向からアプローチすることが可能となる。

　現存在様態の分析については、現存在の様態を両数的・複数的・単数的乃至無名的という諸形式に応じて変化しうるものとみなされている。世界・内・存在としての人間存在の現存在にとって基本的といえる原型をなすものは、＜我と汝＞の出逢いによる愛、友情の相互存在に基づく両数的様態であるとされている。たとえば、強迫神経症者や精神分裂病者の場合には、これが複数的様態に変化することで、＜我と汝＞の信頼関係は失われる他方、＜人と他人＞の相互間に捉えあう攻撃的・闘争的関係が支配的とはなる。精神分裂病、とりわけその初期段階における病者（被験体）は、共同世界からの強大といえる圧迫や影響より逃れられなくなり、自由といえる実存可能性が制約され脅かされる。このような状況は、臨床的には妄想気分・被害妄想・幻覚・被影響体験に相当するとされている。かかる圧迫と衝突に翻弄されることにより、現存在はしだいに他人との接触を回避して、実存的空虚化の道程を辿りゆき、ついにはその単数的様態をなすに到るというものであり、この臨床的形式が自閉症に相当するところでもある。

　世界投企の分析については、空間性・時間性・因果性・物質性と

いう諸範疇の個別的特異性に於いて、主体としての人間が自己自身を創造する世界のあり方の構造である＜世界投企＞が分析・考察される。この中で最も基本的といえることは空間性／時間性とその変容の分析であって、ビンスヴァンガーによるところでは、精神分裂病者の＜思い上がり＞や＜捻くれ＞等は人間の現存在の基本的機構をなす軸としてある、空間性における垂直の軸と対称の軸のひずみとして捉えられている。クーン：Ｒｉｃｈａｒｄ＿Ｋｕｈｎは、或る精神分裂病者を被験体とする場合の時間性の変容を分析し、その本人の現在時は過去時間を集約して未来時間を創出するという本来の機能を喪失し、しかる精神分裂病者は過去時間も未来時間もそのような時間観念を体得することなく、妄想の世界に引き籠もっていることを明らかにしようとした。尤も、ここでの空間性／時間性とは、相対系の客観性における無限機構をなす次元概念としての意義ではなく、飽くまで被験体である人間存在の主観性における内的形式を示唆すること、自明ではあるが。

また、現存在の進行の分析については、現存在には本来、未来時間に向けての実践として表現される、歴史的流動性が具有されている。その変容の病的である形態としては、躁病者の観念奔逸の場合の跳躍及び回転と、精神分裂病者の場合の停滞及び断裂とを挙げることができるとされている。その他には、現存在分析の立場から独自の性倒錯理論を樹立しているのはボス：Ｍ＿Ｂｏｓｓであり、また、具体的事例に関して現存在分析の方法論を適用・発展させているのはクーンである。現存在分析と並ぶ実存哲学の影響を享けている精神医学の学派には、このほか了解的人間学や実存分析等の研究分科とてもある。

かく空間理論の系譜としては、相対系における存在的次元の機構をなす一般空間を体現する、特殊空間の一意の生滅現象の概念規定に対し、その実際上の研究対象に精神機構という内的フィルターを

媒介してアプローチ可能となる様々の理論構成を、それ自体を以って統一的である学術的立場及び成果として学際的に構築するところであるが、しかる空間理論分科、即ち精神分析学／現象学／現存在分析等の展開により生滅現象としての特殊空間を研究対象とすることに相違ない。いかに精神機構乃至生理機構と客観的認識対象（物自体）とのインタフェースを研究するとはいえ、もとより空間理論の基礎理論としては、それが特殊空間という一般空間内の一意の座標系及び物質系を特殊化しない、実体（実在）レベルの一般概念規定を前提とする学術的立場にあるため、特定のカテゴリーをなす研究対象のみに対し論究する既設の空間理論分科のみを以って充足しうるところではない。といわんより寧ろ、研究上に於いて相互連関しあう諸学乃至諸理論の相互による、学際的である空間理論的アプローチの統合研究として把捉されなければならないが、但し空間理論自体を研究スタンスとしつつも汎用的である公理展開を重ねることにより、学際的理論より統一された独立性ある学体系を構築しうる可能性さえもある。

　しかる一意の空間生滅としての特殊空間に於いて規定される実存概念に関して究明することは、理性機能による弁証系プロセスの当該の階梯をなす理論体系として必然的に成立するのであるが、空間理論に対する学際的追考を展開しゆくほどに、是非もなく時間理論に対する学際的トレースが不可避的に要求されることになる。空間理論上の研究対象となる空間生滅：特殊空間そのものが、相対的・可変的にして有限の座標系及び物質系として、無限小且つ無限大の相対系における存在的生滅をなす特殊空間を自己実現するとともに自己認識されることにより、そして一意に存在すること自体がそれと自己同一である一意の運動・変化によってのみ成立する以上、空間生滅：特殊空間の態様をなして成立すること自体が運動的生滅である特殊時間を体現するところであり、且つ時間生滅：特殊時間の概念規定を研究対象とする理論系譜を形成する学術的スタンスが時

間理論に相当するからである。一意の存在的生滅として一意の運動態様を否定・収束せしめ、且つ一意の運動的生滅として一意の存在態様を否定・収束せしめつつも、相互に相対系という例外なく包摂される全体概念を機能せしめる機構を体現することにより、このように客観的精神現象上に究明せらるべき概念規定に於いて、相互矛盾関係にある空間理論と時間理論は、また学的論拠に於いて相互依存関係にある以上、当該の弁証系プロセスにある客観的精神現象の態様より時間理論をなす追考上の認識レベルへと移行される必然性がある。理性機能による弁証系プロセスにおける時間理論の階梯は、空間理論に対し反定立する関係式として導出されるため、空間理論と同一レベルに相互リンクして追考されなければならないからである。

とまれ、如上のような概念規定を構築する空間生滅：特殊空間に対する理性機能上の理論構成が、学際学である空間理論の相当する弁証系レベルに於いて展開せらるべき主題ではある。

ii ＞認識レベル：時間理論
＊弁証系理論／歴史学／実存的考察

　弁証系プロセスにおける学際的である空間理論的認識レベルで
は、相対系の機構をなす次元を体現する生滅現象を契機としつつ、
その存在的態様の原理をなす特殊空間の生／滅が当該の客観概念を
なすため、すべての際限なく相互連関する一般空間上の他在に対し
反応しあう状態関数としてのみ成立する、無限の存在的次元を反映
する特殊空間の本質規定に対する客観的把捉処理の展開、及びその
理論的体系化を旨とするが、そのことは相対系の原理である空間生
滅の概念規定に対する、客観的精神現象による理性作用の即自的ア
プローチによるものである。然るにまた、相対系の原理としての存
在的生滅をなす特殊空間の本質規定は、それとともに相対系の機構
をなす存在的次元を体現する態様として、存在的生滅の否定（収束）
作用そのものを以って更新するところの概念的に相互矛盾する運動
的生滅である特殊時間の本質規定に帰因され、且つその原理を契機
とする帰結現象が相対系における時間生滅：特殊時間の本質規定と
して現出される以上、そしてしかる自己否定（収束）的更新運動の
必然性を内在する特殊空間の概念規定に対する理性作用の即自的ア
プローチを実行することにより、存在的生滅である特殊空間的規定
により導出される運動的生滅である特殊時間的規定に対する、理性
作用の対自的アプローチに帰せられることが自己矛盾的に不可欠と
はなる。相対系の原理をなす生滅現象としての特殊空間の概念規定
に対する理性作用の即自的アクセスと、その特殊時間の概念規定に
対する理性作用の対他的且つ対自的アクセスは、したがって、客観
的精神現象における相互矛盾的である運動規定としてあり乍ら、そ
の相互のうちに内在されるとともに導出される必然性がある。

　特殊時空間的モメントに体現される一般空間における、存在的生
滅としてある特殊空間の態様による規定性の知覚から、相互矛盾し

つつも相互間に連動しあう一般時間における運動的生滅としてある特殊時間の態様による規定性の対自的認識への移行は、客観的精神現象における系譜としては、空間理論より時間理論への学術的レベルの移行として成立する。何となれば、相対系の存在的状態関数を定立する原理としての特殊空間の態様による規定と、その体現態様であるすべての座標系・物質系を現象せしめる対他的関係変数、及びその知覚形式としての精神現象を研究対象とする学際的である空間理論に対し、当該同一の特殊時空間的モメントを規定する生滅現象を契機としつつ、当該同一の座標系・物質系を体現する生滅機構として作用する運動法則とともに、反応しあう他在をなす座標系・物質系に対する理性上の対他的認識を通じて自己回帰的に成立する自己存在の対自的認識は、存在的生滅の一般空間全域に相互連関する運動原理による現象規定に対する諸空間理論分科からのアプローチに対して、その運動態様である座標系・物質系をなす特殊時空間的モメントの無限連動と時間移行、及びそれ自体を成立せしめる関係変数をなす一般時間上の原理による、運動的生滅としてある特殊時間の本質規定を研究対象とする時間理論的レベルに於いて可能となるためである。時間理論の意義としては、特殊空間による規定性の態様における可変的状態関数、及び他在との対他的相互アクセスの反映された座標系・物質系の関係変数、及びその知覚形式としての精神現象をも反映する特殊時間の本質規定の原理的解明にあるから、そのような対自的認識における運動的生滅としての特殊時間の態様が一意の実存概念として如何様であるか、しかる哲学的解釈の問題では未だなく、空間理論上の世界・内・存在／精神機構における特殊空間の本質規定を反映する時間理論上の特殊時間の概念規定を示唆している。個別の特殊時空間的モメントによる事象に対する検証ではなく、空間理論的法則として公準化されうる世界・内・存在／精神機構としての関係変数と、運動的生滅をなす特殊時間の本質規定に対する認識の根源的であるレベルに、対自的アクセス自体の原理論を問うことの目的があるためである。

ところで、相対系の生成原理をなす生滅機能としての特殊時間の本質規定に対応する客観的精神現象の認識レベルが時間理論にあることは、その存在的原理である特殊空間の本質規定に対する対自的アクセスをなす運動的原理である特殊時間の本質規定が、同一且つ一意の座標系・物質系に体現される生滅現象の力動概念に対する原理論により規定されるものであることにも基づく。存在的生滅現象としての特殊空間の本質をなす規定性は、同一且つ一意の座標系・物質系における相互因果的関係変数により作用しあう無限連関を契機とするとともに、全体概念を構成する無限を数える実存をなす特殊空間の本質規定を体現する、運動的生滅現象としての特殊時間による収束／更新作用を契機として、生滅機能を以って生成且つ移行されゆく特殊時空間的モメントの態様は、同一且つ一意の座標系・物質系における実存の発現であることよりして、生滅機能による相対系の自己回帰システムに関しては、任意且つ一意の座標系・物質系により即自的に体現される特殊空間の存在規定を論究するとともに、あらゆる座標系・物質系相互間の関係変数により対自的に自己回帰される特殊時間の運動規定の論究を目的とする論理的スタンス、即ち反定立的である学際学としての時間理論が理論的基礎をなすためである。

　時間理論はもとより、極限理論・解析学・科学哲学よりのアプローチを基礎理論として、弁証法的論理学及び歴史学の相互矛盾と相互連動の動因理論により、共通の研究対象に対し学際的である研究立場と方法論を通じて、統一的である公理系及び理論の体系化を目的とする。特殊時間に関する問題を考察する場合、特殊時間という概念規定をそれ自体独立の存在態様として規定するのではなく、特殊空間的事象として認識上に変換せらるべきものとする学術的立場と、それ自体独立の存在概念として規定する学術的立場に大別されているが、これに対し現象学上に於いては、特殊時間を以ってすべての存在主体の存在規定をなさしめる基本概念と位置付けられる。

然るに、いずれの研究立場にも根拠はあるも、片面的といえる見地からの考察の域に超えることはなく、凡そ統合的である把捉には到ってはいない。また、特殊時間に対する物理化学上の測定に関しては、現状に於いては、分子の振動を基準として測定単位が規定されてきてはいるが、未だ学術的階梯としては過渡的にして相対的である基準でしかない。といわんより寧ろ、そのような測定単位をどこまでも細分化し続ける場合、量子力学のような相対的・可変的である精度をしか保持しえない基準ではなく、無限小の有限性という基準のない精度を要求されるため、いかなる個別科学上の測定単位も不充分ではある。観測乃至実験を方法論に具備する科学的見地に於いては、実際上の帰結現象に先んじて有効といえる結論を導出することが不可能であり、また基本原理等の無反省的である基準を前提とする科学的分析によるところでは、しかる前提となる基準を設定しえない絶対的精度における方法論は成立しないためではある。

　各特殊時間の相関関係及び特殊時間の本性に関しては、現在時のみを現実規定として把捉する研究上の見地に於いては、生の概念規定、乃至その実在する時間規定と現在時を同期して論述されることになるが、そのことはまた同時にあらゆる現象間の相互因果律により規定されてもいる。それらの事象は相対系の全体系システムによる帰結現象として相互連動しているのみにて、相互間に矛盾しあう無限因果的要因は存立しえないのだが、そのことには相対性理論における同時性の定義の問題が相互連関している。或る慣性系内にあって特殊時間を取り扱う場合、同時性の概念規定は光の信号を以って定義されることになっているが、別なる慣性系内及びそれとの相互連関性に於いては、原理的にはそのような相互連関性は絶対的には一定しえない。そのことは換言するに、どのような人工の時計を［仮定的］基準として選定するかについては、任意でしかないことになる。光の信号等の事象そのものが、一般時間上の関係変数により相対的・可変的であるのみならず、光量子という媒体を前提

としなければ物理化学上の観測・認識が成立しないとする人間的認識の現時点での限界点を科学的限界点と断定しているにすぎず、また同時性の客観的である基準となる無限小の実測値には人為的に規定したいかなる単位も妥当しえないからである。自明乍らそのことは、同時性の無限小の実測値が実際上には成立しないのではなく、科学理論上のいかなる［仮定的］基準を最小単位として選定しようと、無限小の実測値を実際上に出力するためには無際限の実験・観測が必要となるため、それに対する精確である把捉が不可能であることを意味している。相対性理論における特殊時間概念は、通常ミンコフスキー空間と称せられる、特殊空間概念と相互連関するところの四次元連続体として取り扱われるが、かかる特殊空間にあって物体の運動規定は、光の世界線により形成される円錐内の世界線として表象されている。この場合にもまた、光量子という有限の媒体が前提となる限りに於いて、無限小の有限性という客観的である基準を解明するには到らないのだが、このように特殊時間概念を不断の連続体として理解する場合、その無限分割の理論的方向性はゼノン：Ζήνων＿Éλεáτηςのパラドックスやカント：Ｉｍｍａｎｕｅｌ＿Ｋａｎｔの二律背反＜Ａｎｔｉｎｏｍｉｅ＞にも相通じており、また微分法として方法論化されてもいるところである。

　また、一般及び特殊時間の運動方向性の問題については、過去＼現在＼未来という基本プロセスとして一般論的には認識されている他方、１００％同一である有限の特殊時間プロセスのすべての展開を無限に反復する、とするニーチェ：Ｆｒｉｅｄｒｉｃｈ＿Ｗｉｌｈｅｌｍ＿Ｎｉｅｔｚｓｃｈｅの永劫回帰の思想等もある［当該の理論の成立しないことは、既に別章にて証明されているが］。然るところ、古典力学体系における運動法則では、基礎方程式にて時間規定ｔを－ｔへと変換しても元の方程式の状態関数と同等になるとして、時間反転に対しての対称性が主張され、質点の運動には原理的に過去時間から未来時間への運動方向性は存立しないとされては

いるが、熱力学的現象としては相互因果的である前後関係により必然的に規定されるため、如上の可逆過程が確認されることはありえず、特殊時間上の運動方向性がつねに成立していることにもなる。もとより特殊空間上のいかなる力学的運動や化学反応とても、それ自体が特殊時間としての無限小の現在時による同時性の移行を以って更新されることなくしては成立しえない以上、しかる一般時間上の無限連動が特殊時間上の運動方向性を規定するため、特殊時間上の運動方向性を認識しえない物理学的法則等は、一般時間上の無限連動に対する把捉を欠如した形式論的空論でしかない。また、フッサール：Ｅｄｍｕｎｄ＿Ｇｕｓｔａｖ＿Ａｌｂｒｅｃｈｔ＿Ｈｕｓｓｅｒｌ及びハイデガー：Ｍａｒｔｉｎ＿Ｈｅｉｄｅｇｇｅｒ的時間性の概念規定に於いては、対自的である存在論的構造により歴史性の規定性が認識されており、対自的過程は『それがあるところのものではない』という運動方向性では過去時間に通じており、『それがないところのものである』という運動方向性では未来時間に通じており、『それがあるところのものではもはやなく、それが未だないところのものである』という脱自的超越として現在時に通じるとされている。かかる実存的時間性の概念規定が即自化され、外在化された二次的である実存的時間性として説明されてはいるが、特殊時間におけるこのような弁証法的プロセスはまた、あらゆる特殊時間相互による無限因果的である関係変数を力動概念として、各々の一意の特殊時間に対し無限の一般時間の自己回帰的に展開される系譜でもある、といえよう。

　特殊時間、即ち時間的生滅現象に関する理論としては、端緒的には極限理論の原理から解析学理論への展開とともに、それに対する科学哲学的考察が契機となる。不断に運動・変化するところのものが、或る仮定された値に際限なく接近するときに、もしこのような仮定された値がその物自体の極限値であるならば、不断に増加もしくは減少し続ける変数ｎは、その物自体の特殊時間としての状態関

数の推移を示している。当該の推移が必ずしも、特殊空間上における座標系の移動としてなされる場合のみならず、その物自体を形成する属性及び性質上の変化としてなされる場合にも同様である。運動・変化の工程を無限大の有限値にまで限定しようとする積分学と、単位時間の構成素子を無限小の有限値にまで限定しようとする微分学を通じて、特殊時間上の基本法則を相対的に表記することが可能とはなる。そのことがまた、特殊時間上の無限性をなす運動経緯に対するトレースの手法として、どこまでも無限大且つ無限小に有限であるところの相対系に関する理論展開に位置付けられもしよう。無限の一般時間の体現値として出力される有限の特殊時間は、それ自体が無限大という有限値と無限小という有限値との自己同一として成立するためであり、且つまた、物理化学上に設定されている人為的に規定された［仮定的］基準により解析を試みようとする限りに於いては、その観測と分析の結果には、絶対の精度を実現する公理を生成することなど期待しうべくもないからである。

　空間理論の場合同様に、精神機構という概念規定は、相対系そのものとの自己回帰的同化の作用が可能である特殊の、特殊時空間的モメントを意味するため、精神機能における客観作用をなす理性上の運動理論である弁証系理論が、特殊時間に関する理論としても相当する。弁証系理論そのものが特殊時間自体の更新・移行される運動原理の理論と同一ではないけれど、必然の帰結として、相対系そのものが弁証運動を通じて自己回帰的に自己化され、且つ自らに相対系そのものを体現する精神機構の運動原理に対して究明することは、否応なく相対系における特殊時間の運動原理を研究対象とすることにも通じる。もとより精神機構とても相対系を構成する特殊時空間的モメントである以上、その弁証系プロセスはまた、否応なく特殊時間の運動法則を実践するところでもあることになるのである。

弁証法的論理学は概念上の思惟・認識の運動・展開される必然的法則である弁証法を追考の方法論とするが、他方では、当該の命題（論理式）を対象的知覚とする追考上に於いては、形式論理学・記号論理学乃至述語論理学の公理性をも伴う。そのようなアリストテレス：Ἀριστοτέλης以来の形式論理学に基づく思考方法に対しては、客観的事象の変動・発展の規定性を認識しえない固定的・一定的である思考方法として批判し、弁証法的である思考方法をより高次の認識方法論として位置付けているのが、ヘーゲル：Ｇｅｏｒｇ＿Ｗｉｌｈｅｌｍ＿Ｆｒｉｅｄｒｉｃｈ＿Ｈｅｇｅｌのみならず、マルクス：Ｋａｒｌ＿Ｈｅｉｎｒｉｃｈ＿Ｍａｒｘとともにエンゲルス：Ｆｒｉｅｄｒｉｃｈ＿Ｅｎｇｅｌｓ等についても同様であるが、実際上のその役割はそれのみではない。理性上の追考運動の対象となる命題（論理式）は、それが定立された時点に於いては既に、それ自体に対し否定する命題（論理式）を自ら内在しているのであり、そのことが不確定且つ相対的である判断の状態関数に対する要件規定とはなる。自己内に於いて潜在的に反定立されていた否定作用なす命題（論理式）が、意識下にあって顕在化されゆくほどに、それまで定立されていたフロントエンドの命題（論理式）が同期して、自己内におけるバックエンドの反定立的命題（論理式）として作用する。かくて命題（論理式）上における二律背反＜Ａｎｔｉｎｏｍｉｅ＞の状態関数が進行するほどに、概念上における自己矛盾の態様が促進されることにならざるを得ない。概念上の定立態様であるテーゼ：Ｔｈｅｓｅは、当該の反定立態様であるアンチテーゼ：Ａｎｔｉｔｈｅｓｅを自ら内在し、且つアンチテーゼにはテーゼが内在されることになり、相互のアンチテーゼの自己内交互作用を動因として、自ら内在する相互のテーゼにより相互間にて論理的否定される。概念規定が自己矛盾とともに自己分裂されつつも、定立しあう相互の本質規定のうちに論理的否定する対象の本質規定を内在し、これを助長する論理的運動ヴェクトルによる必然性よりして、自己同一である概念規定に統合する先験的エナジーにより、

相互に止揚（揚棄）且つ自己統一される。しかく自己否定的に自己統一されているジンテーゼ：Syntheseは、それ自体にまた自己否定的であるアンチテーゼを内在するとともに、かかるアンチテーゼのうちに自己否定的であるテーゼをも内在していることにより相互間の反定立関係が促進されるのであり、しこうして概念上の追考運動のトリアーデ：Triadeが生成され続けることになるのでもある。そしてまた、［詳論は後述に譲るが］概念上の弁証系プロセスによる規定性を契機として、命題（論理式）上の規定性とても形成されることにはなろう。

　因みに、ヘーゲルにおける観念論弁証法上の運動・展開の構造分析に於いては、［１］具体的といえるものを有限、固定的である諸規定により定立しようとする抽象的・悟性的である側面、［２］有限の諸規定が自己否定的に矛盾する諸規定に移行する弁証法的（否定的・理性的）である側面、［３］具体的といえるものの真実の概念規定を相互対立した二つの規定態様の統一として把捉する思弁的（肯定的・理性的）である側面という、段階及び契機を包摂することを指摘されている。但し、追考上の反定立しあう相互間移行・転化のプロセスの詳細については、未だ充全といえる省察を欠いた表現の域に出てはいない。この場合、形式論理学（記号論理学・述語論理学）上の基本原則である同一律や矛盾律に関しては、かかる抽象的・悟性的である思考活動の原理であるとし、所謂形式論理学（記号論理学・述語論理学）を悟性論理学として規定するとともに、より高次の思弁的論理学である弁証法的論理学の契機として位置付けているのみである。もとよりそれは、概念上の論理学である弁証法に対し、形式論理学・記号論理学乃至述語論理学は命題（論理式）上の論理学であり、また概念上の追考作用はそれ自体、命題（論理式）上における二律背反を前提としてのみ作動しうるのであるから。

　弁証法的論理学はまた、論理学として理性上に展開される方法論

であり原理であるとともに、人類及び精神主体の歴史を形成しゆく人間等の精神主体の精神作用の遷移する法則に関する理論でもある。歴史乃至歴史性という概念構造に対する規定性としては、それがいずれかの国内的範疇もしくは国際的範疇であろうと、更にはそれが共産主義的・社会主義的もしくは資本主義的その他の社会体制であるとに拘わらず、人間等の精神主体の意思決定システム及び理性的必然性により導出される運動的系譜をなしてゆくからであり、したがって、このとき弁証法的論理学と歴史学は追考上の同等の認識レベルにあるともいえる。もとより歴史乃至歴史性という概念規定には、二重の意義が内在されている。客観的事実の経過そのものを調査対象とするということと、他方に於いては、限定された特定の地域と期間における出来事を人間等の精神主体が記述することである。前者に於いては、無限の一般時空間における一切の特殊時間とその特殊時空間的モメントが対象範疇となるため、それが人間であると否と、また生物体／非生物体、有機質／無機質、バリオン／反バリオン等の弁別をも問わず、人為的である前提を許容されない客観的であるすべての事実の集積である。それに対し後者に於いては、一般空間上における場所（座標系）と、一般時間上における時代（時点）の限定がなされ、且つ＜人間等の精神主体＞を除くなべてのカテゴリーが捨象されており、そのもの自体もまた客観上の事実態様の経過ではあるが、そこには特殊相対性理論上における観測者の存在や認識論的である人間等の精神主体の意識が前提されている。いずれにせよ、相対系におけるあらゆる特殊時間とその特殊時空間的モメントが客観性をなす歴史として成立するため、いかなる場所（座標系）と時代（時点）に限定して取材し記述しようと着眼点の問題にすぎないともいえるが、なべての諸科学理論と同様に或る科学分科として把捉するならば、客観的対象である事実態様としての歴史が論理的フィルターを媒介して意識され、当該の客観的事実として確認せられるためには、精神機構及び理性機能を具備する運動主体が不可欠であることも、また明らかである。

科学的対象としての歴史乃至歴史性に対する哲学的省察における基本的といえる対立関係の一は、歴史科学の論理的構造と自然科学の論理的構造の間に相異があることを否定する立場と、これを肯定する立場であり、それは換言するに、歴史科学と自然科学における方法論上の同一性を否定するか、肯定するかが争点となる。新カント学派的である歴史認識論或いは方法論によれば、法則定立的である自然科学と個性記述的である歴史科学を弁別し、更には歴史科学の価値関係的である個別化的概念構成と自然科学の没価値的である普遍化的方法を対置させており、また方法的二元論を展開する学説もある。それに対し、自然科学と歴史科学との方法論的、或いは論理的である同一性を主張する立場としては、論理実証主義という科学哲学的である観点から導出されており、歴史学研究も科学分科である限りに於いては科学的論理によることとするものである。歴史的説明を包摂する相互因果的説明は、一般法則に内包されてこそ科学的でありうるとするカヴァー法則説として展開されており、つまるところ歴史上の出来事であれ、出来事を記述する陳述（被説明項）を一般法則と初期条件と称せられる特殊的陳述から、演繹的に導出することであるといえる。この科学的説明の基礎論理に歴史的説明も追従するわけではあるが、かかる法則的・演繹的である説明のモデルを厳密に解釈することにより、実際上の歴史的説明とは遊離した内容とは化してきている、統計的一般法則を用いて帰納蓋然的説明を容認するなど、一般法則の厳密性を緩和する修正案が求められるにも到っている。そうしてまた、歴史科学の論理を究明しようとする試みは、合理的説明や連続系列型説明の自律性を主張するドレイ：Ｗ＿Ｈ＿Ｄｒａｙによるところであるが、一旦は除外された価値の問題が歴史の論理には包摂されることとしている。

　このような哲学上の省察に対し、科学としての歴史乃至歴史性に関する実際上の問題は、自然科学と歴史科学との論理的構造の同一性を示すことよりも、社会科学と歴史科学との関係性により顕在化

せしめられている。ここでも論理実証主義にあっては、その方法論的統一を前提とする限りに於いては、すべて同一の論理構造を具有するものとして結論付けるのではあるが、かくも根拠の明確ではない断定は早計に過ぎよう。如何せん、このような趨勢にある歴史科学に対しては、社会科学的連携が必須のアプローチとなるのではあるが、社会科学の基本理論としての史的唯物論（唯物史観）が歴史の考察に少なからず反映されてきている所以ではある。そのことは要するに、歴史の態様を物質的条件より明確化しようとするものであり、人間社会の歴史があらゆる要因に先んじて生産の発展史にして、生産様式の歴史、生産力と生産関係との発展の歴史であることをも示唆している。かかる社会経済史を科学上の歴史とする認識には合理的根拠があるが、その歴史はやはり、分化された社会諸科学理論との学際的である相互連関に於いて歴史事象を把捉するところであり、政治史を主眼とする事件史に対して、構造史としての述語が用いられてもいる。社会諸科学における構造分析の発展に伴い、歴史をその構造連関よりして分析・解明しようとする動向がみられる。

　ところで、如上にみられる弁証法的論理学、乃至歴史学に関する諸理論・諸学説に関しては、敢えて一般的注釈等を殊更に附記するところではない。それよりも寧ろ、精確である論理展開を期すためには、ここで精神機構における弁証系システムの論理学的展開、及びその歴史学的反映に関する誤謬なき説明を著さなければならないはずである。

　対象的知覚に対する運動自我による理性的追考作用には、形式（記号・述語）論理運動のプロセスと弁証運動のプロセスが相互連動して実行されるが、前者が命題（論理式）的把捉を目的とするに対し、後者は概念的把捉を目的とする。概念的把捉処理が機能する前提としては、命題（論理式）的把捉処理が作動していなければならない

が、概念的把捉処理が対象的知覚に対する概念上の本質規定の分析／統合のプロセスであることから、概念的把捉処理である弁証運動のプロセス上の移行に対応して、命題（論理式）的把捉処理である形式（記号・述語）論理運動のプロセスとても移行されゆく。したがって、対象的知覚に対する実質上の分析／統合の論理的プロセスとしては、精神内的形式に則した論理演算を主機能とする形式（記号・述語）論理運動ではなく、弁証運動による概念的把捉の追考プロセスが、しかる理性的追考作用をつねに主導的に展開せしめることになるのである。

　過去の哲学史にもみられるごとく、それを方法論とする哲学体系の性質と目的に対応して、弁証法には観念論弁証法や唯物論弁証法など多様の種類のものが提唱されてきている。たとえば、観念論弁証法が観念論哲学における方法論であると同様、唯物論弁証法が唯物論哲学におけるそれであることは自明であるが、後述される通り、対象的知覚に対する実存レベルの概念的把捉が理性的追考作用の最終工程である以上、恒真式：Ｔａｕｔｏｌｏｇｉｅを生成しうる最終工程の学乃至理論である実存哲学、而してその方法論である実存弁証法展開における弁証運動が、理性的追考作用のプロセスをその最終工程まで精確に実行しうる唯一の方法論であることになる。実存弁証法における弁証運動の運動的特徴としては、定立：Ｔｈｅｓｅより反定立：Ａｎｔｉｔｈｅｓｅへの移行作用と反定立より定立への移行作用が、必ずや同時に同期して実行せられ、且つ相互の機能性に於いては自己統一されてあるが故に同義であることにある。留意すべきは、ここに定立／反定立と称せられるところの概念規定は、二律背反しあう命題（論理式）であるｆ（ｘ）及び〜ｆ（ｘ）の関係式を示唆するのではなく、飽くまで理性的追考作用における概念的把捉を目的とする弁証運動の工程に相違ない。弁証運動におけるフロントエンドの処理が定立態様の工程にある場合には、同時に同期して実行される弁証運動におけるバックエンドの処理は反定

立態様の工程にあり、またそのフロントエンドの処理が反定立態様の工程にある場合には、同時に同期して実行されるそのバックエンドの処理は定立態様の工程にある。というのも、弁証運動における定立態様はその存立にあって反定立態様そのものを内在し、且つ反定立態様はその存立にあって定立態様そのものを内在するからであり、したがって、弁証運動におけるフロントエンドの処理が定立より反定立の工程に移行する場合、同時に同期してバックエンドの処理が反定立より定立の工程に移行していることになり、またそのフロントエンドの処理が反定立より定立の工程に移行する場合、同時に同期してバックエンドの処理が定立より反定立の工程に移行していることにもなるのである。そして、かかる弁証運動におけるフロントエンド／バックエンドの処理に於いて、定立態様／反定立態様が相互間に移行せられるに当たり、相互間の分析作用により相互間の概念的自己矛盾が顕在化せられるとともに、相互間の統合作用により相互間の概念的自己同一が自己回帰的に体現せられることが、とりもなおさず、止揚（揚棄）作用という弁証系上のTriadeにおける統一的工程をなすのでもある。その時点に於いて、止揚（揚棄）作用を実施された直後の概念的把捉レベルは顕在化されているため、それ自体が、次段階の弁証系上のTriadeにおけるフロントエンドの定立態様をなすことともなる。そうして、当該の定立態様には必然的に反定立態様そのものが内在せられているとともに、バックエンドの反定立態様には必然的に定立態様そのものが内在せられていることは先述に同様であることから、しかる次段階の弁証系上のTriadeにおける定立態様／反定立態様とても相互間に移行せられ、しかる次段階の止揚（揚棄）作用が実施せられることになるのである。この弁証系上のTriadeの運動規定はまた、その運動法則そのものには始点及び終点が前提されていないため、それ自体としては際限なく反復されゆく運動機構を具有していることによるところではある。

このような弁証運動は、対象的知覚に対する概念的把捉のプロセスを実行するCNSの運動であるから、対象的知覚、即ち相対系における何等かの特殊時空間的モメントのデータ知覚情報に対し、概念上の分析処理／統合処理を実施することにより理性的追考作用を、弁証系上のTriadeの運動法則にしたがって実行することであるが、そのことはCNS内における精神機構を主体として実行されるため、同等の運動法則・移行パターンを保持する精神機能が、やはり精神機構を主体とする人類及び精神主体の歴史展開の遂行プロセスにも適用されることになる。人類及び精神主体の歴史は、それが国内的であると国際的であると、また地球内外の生物体相互間であるとを問わず、権力に対する意志とそれを追究する闘争の運動法則により展開される以上、そしてこのような意志と闘争の運動法則は精神機構による理性的追考運動の変遷プロセスに他ならないため、あらゆる現実上における史的動向もまた、国内的もしくは国際的に、或いは地球内外の生物体相互をリアルタイムに反映される精神主体の精神機構による弁証運動によるものである、といえる。かくて精神上の変遷史である人類及び精神主体の歴史はまた、その運動規定の力動概念をなす権力に対する意志が、［第一次的には］エス〈イド〉の周期変数における本能的である物質的欲求に帰因するため、その物質的欲求により社会現象に体現されるところの経済現象により推移せしめられるものである。とりもなおさず、社会科学の対象分野ともなる立法・司法・行政・経済等のうち、経済活動を運用する環境や状況の変動・変遷に対応して政治体制の組織化や政権の機構も変更されるし、また司法上の運用原則及び立法上の要件定義等についても変更・修正されゆく。そのことはもとより、あらゆる社会現象を出力せしめる経済現象が、人類及び精神主体に内在される物質的欲求をその先験的動因とする以上、精神内的である先験的命令に根差した史的運動原理としてあるから、国際環境や時代背景等の特殊時空間的変数を異にしようと、そのことの影響により、当該の動因をなす唯物史観的である史的運動原理そのものが左右さ

872　　第Ⅱ節　客観的精神現象

れはしない。したがって、人類及び精神主体の精神機構を前提とする弁証運動は、論理学上における概念的思惟のプロセスの方法論であるのみならず、人類及び精神主体による史的運動における動因をなす経済現象を動向せしめる運動原理でもあることになる。但し、論理学上における概念的思惟と経済現象を動因とする史的運動とでは、自ずとそれぞれの力動概念や活動目的等を異にするため、論理学上における弁証系プロセスの全工程がそのまま史的運動に適用されるのではなく、精神機構による弁証系プロセスの実行に要する弁証運動の法則が、人類及び精神主体による歴史展開の運動法則としても機能するところである。論理学上における弁証系プロセスは恒真式：Ｔａｕｔｏｌｏｇｉｅの生成には必然の工程であるため、歴史展開の体現作用とは飽くまで異質の作業分野ではあるが、史的運動の動因となる社会的精神機能の客観作用としては、弁証運動と同等の運動法則・移行パターンを保有する弁証系上のＴｒｉａｄｅが、歴史展開を可能ならしめる運動原理としても実行されるが故に他ならない。

　いずれにせよ、精神機能による弁証運動が、論理学上における概念的思惟の方法論であるとともに、史的運動における先験的動因をなす経済現象を動向せしめる運動法則でもあることに相違ない。そして、弁証運動がもとより精神機能、とりわけＣＮＳにおける客観性フィルターの作用を前提する以上、必ずしも太陽系第三惑星における人間に限定して成立するのみならず、相対系内に生息するそれ以外の精神主体の客観作用に於いても、論理学上における概念的思惟の方法論としての弁証運動が実行される可能性があるとともに、当該の精神主体である生物体により構成されている社会体制の、歴史展開における運動法則としても弁証運動が実施されうるはずではある。何となれば、精神機能における主観作用には絶対的である共通性がないため、生物体の種別・類型、乃至各個体によりその主観作用パターンや動作傾向を異にするが、客観作用における理性的処

理対象とされる相対系、及び相対系自体の精神内的同一性をなす真理：恒真式と、一切の真理：恒真式による体系である絶対系が普遍の妥当性を具有するため、真理：恒真式を生成する客観作用における理性的追考運動の方法論としては、つねに同一の弁証運動をなしうる原理が、相対系におけるあらゆる精神主体の客観作用上の論理展開として共通しているからであり、またこのような客観作用の論理学上における概念的把捉の方法論が、当該の精神主体により構成され、且つ構築・運用されている当該の社会体制の、社会的精神機能による歴史展開の運動原理に反映されることも、相対系内に生息するあらゆる精神主体により構成される社会体制に共通するため、当該の＜社会的精神機能＞よる歴史展開の運動法則としても、同一の弁証運動上の基本法則が、相対系内に生息するあらゆる精神主体により構成される社会体制の歴史展開に共通していることによるところである。尚ここで、社会的精神機能と称せられる概念規定は、しかる社会体制の経済基盤及びその経済活動の推移を内在的である動因とするところの、政治権力・立法機関・司法機関に世論等をも内包する社会的意思決定システムをなべて示唆するところであり、一政治的指導者など単なる各個体のみの精神機能を意味しないことは自明である。

　論理学上における概念的思惟の方法論としての弁証運動については、第Ⅲ篇第Ⅰ章より第Ⅹ章までにその全プロセスの詳細が明示されゆく。それに対し、歴史展開における運動原理をなす経済現象を動向せしめる運動法則としての弁証運動については、様々の歴史的事実より何程かの実サンプルを抽出し、しかく具象化された工程及び経緯を例示・解説するための時間及び労力を、ここでは敢えて惜しむこととする。というのも、史的系譜を対象としてその弁証運動的推移を必要充分に説明するためには、単に個別の事件・事象単位の実サンプルとなる史実に関して解説するのみならず、当該の事件・事象の前後の史実についても必然的である相互因果性が論究されな

ければならず、更にはまたその前後の史実についても同様の論究が不可欠であり、最終的には当該の精神主体の所属する社会自体の有史以来よりその歴史の終了時点まで、しかる前後の歴史との必然的である相互因果性を包摂して論究されるのでなければ必要充分とはいえず、且つそのような作業は寧ろ歴史学の哲学的考察に依拠すべき分野にして、敢えて当該の作業を実践することは、とりわけ本著に於いては意義有りとはしないためである。

　いずれにせよ、特殊時間は相対系の特殊時空間的モメントの運動的生滅現象としてあるから、それが理性的追考作用及び歴史展開における力動概念をなす事象にあっても、客観的精神現象上に於いては極限理論の解析学的展開を反映してもいる。弁証法的論理学としての弁証法は精神機構における理性機能による客観的追考の方法論としてある他方、歴史学乃至唯物史観における動因をなす弁証法はその客観的追考に基づく歴史展開の方法論として成立する以上、この両者は論理学という理性機能による認識論的事象と、歴史という社会機構に反映された理性的運動による客観的社会事象の、それぞれにおける反定立関係に共通の運動法則を内在するとともに、そのこと自体が或る客観的事象として物理化学上にて自己存在を開示する運動原理に基づき、且つしかる運動原理が極限理論の解析学的展開によるためである。そしてまた、このような論理系と歴史展開それぞれの反定立関係が顕在化されるほどに、各々の反定立しあう態様相互の自己同一であることが明示化されるのではあるが、双方による相互に対する自己矛盾が止揚（揚棄）されるためには、客観的事象に対する自然科学的アプローチのみならず、更には実存的省察とても不可欠とはなる。

　自然科学上の物質の概念規定は輻射とは弁別されて、静止質量を保有しうる物理的対象と称せられているが、精確にはいかなる質量も一瞬間として静止することも、また静止している質量を保有する

実体（実在）もありえない。あらゆる物質的対象は特殊空間を体現することによってのみ実在する他方、あらゆる特殊空間は不断の運動的生滅をなす特殊時間としてのみ成立するためであるが、また光子以外の素粒子が物質の最小の構造因子として誤認識されていることも、光子以外の素粒子であろうとなかろうと、固定の物質の固定の構造因子の固定の最小単位として有効といえる媒体がゆめ発見せらるべくもないことからも、早計としかいえない。もとよりあらゆる物質［及び反物質］の最小の構造因子が無限小をなす有限値としてのみ成立する以上、当該の実測値をなす物質［及び反物質］を特定するためには無限回数の実験・観測を繰り返さなければならないからである。とまれ、素粒子の基本的属性とされる［架空の］静止質量・荷電・スピン等が運動法則とともに、物質の諸形態に関する説明上の基底に置かれており、また形状・質量等の力学的規定により取り扱われる場合、更には化学的規定により取り扱われる場合もあるが、原子の相対的である安定性が認識されることとともに、場という機能的である概念規定に基づいて解釈されることにより、原子・素粒子・輻射の相互間の転化につき説明されてもいる。然るに、本質的といえる問題は、このようなすべての物質的対象の実体（実在）には、つねに一対一対応する否定（収束）作用を実行する反物質の実体（実在）を前提されており、一方の作用が他方の反作用として機能すると同時に、一方の反作用が他方の作用としても機能している点にある。そのことはまた素粒子相当の構成レイヤに於いても同様に成立しており、すべての素粒子の実体（実在）には、つねに一対一対応する否定（収束）作用を実行する反粒子の実体（実在）を前提されており、一方の作用が他方の反作用としても機能すると同時に、一方の反作用が他方の作用としても機能している点にある、といえる。但し、電気的性質を異にする反粒子ではあるも、クォークの6元モデルから当該の素粒子に対し非対称であることも提唱されているところではあるが。相対系におけるあらゆる特殊時空間的モメントは特殊時間的にも一意であるが、それ以外の一切の特殊時

空間的モメントの統合化エナジーにより自己否定・収束されること
を以って、当該の特殊時空間的モメントが特殊時間上の新規の実測
値にて更新されることである以上、物質と反物質、素粒子と反粒子
との相互間の連動関係による運動・変化として展開されるのでもあ
り、そのこと自体もかかる特殊時間上の運動原理を反映する現象と
してあるため、同様の現象はまた、相対系を構成するなべての物質
系乃至座標系レイヤにあって成立していることにもなる。Auf-
hebenという運動原理が、このように精神機構上の理性作用と
してのみならず、物質系乃至座標系レイヤに於いても相互否定（収
束）作用しあう反定立の関係式の自己統一により展開されることよ
りして、弁証系プロセスの原理論は論理学と歴史学を包摂する社会
科学理論の対象の運動理論であるとともに、また自然科学理論全般
の対象におけるそれであるともいえよう。とりもなおさず、物質系
乃至座標系のあらゆるレイヤにおける特殊時空間的モメントとて
も、弁証系上のTriadeにより運動・変化のプロセスが実際上
に形成されるわけである。

　それが理性的追考作用であると、史的展開であると、また物質／
反物質的、乃至素粒子／反粒子的変遷であるとに拘わらず、共通す
る弁証作用の原理により運動・変化されるすべての特殊時空間的モ
メントは、自己回帰される特殊時間としてのみ成立する。もとより
特殊時間の概念規定は現実態様をなす運動・変化そのものを示唆す
るが、無限の一般空間に於いて一意である特殊空間の状態関数が、
その同時点におけるそれ以外の一切の特殊時空間的モメントの運動
的統合値により収束・零化せられ、更新されることを以って、無限
の一般時間に於いて一意である特殊時間として新規の状態関数が生
成される。ここでの零化とはされば、エナジー値の放出／収束によ
り零という基準値に再還元されることを意味する。当該の特殊時空
間的モメントそのものが、相互否定（収束）作用しあう当該の他在
全体の運動的統合値を媒介して自己回帰されるとともに、当該の他

在全体の運動的統合値が、自ら否定・収束せしめた当該の特殊時空間的モメントそのものの新規の瞬間として反映されてもいる。このような実存的生滅の原理があらゆる特殊時空間的モメントの力動概念である以上、いかなる精神現象・歴史展開・物理化学的事象とても例外なく、実存的関係変数に基づいて成立せしめられているものといえる。絶対の確実性である真理：恒真式をなすＴａｕｔｏｌｏｇｉｅの生成を目的とする、理性的追考における論理学的経験は明示的に純粋自我へと自己回帰されること、とりもなおさず、基準系という先験的概念を経験的に誤謬なく体現すべく無限の方向性を有限に展開されるが、この実存的経験の帰結として把捉される自己存在及び当該の他在そのものとしての、実存概念の認識論的形式がされば現象学的時間にも他ならない。そのことが無論、精神上の理性的弁証作用が特殊時間自体の概念規定、及び運動原理とは同義ともいえないのだけれど。

　しかし乍ら、学際的である研究分科の相互連関により展開される、時間理論という学術的立場が当該の弁証系レベルにあって、実際上に於いてはどのような発達段階にあろうと、特殊時空間的モメントの生滅概念を契機とする相対系の空間生滅：特殊空間に対する空間理論のアプローチとともに、また時間生滅：特殊時間に対する時間理論の方法論及び公理系が完結されることはなく、無限の一般時空間上に成立するところの、その理論上の最終課題まで発見され解明され尽くすこともありえない。相対系が外延的限界／内包的限界に於いて無限である以上、特殊時空間を構成する一意の特殊時空間的モメントの実測値がなべて無限域の座標レイヤに位置付けられ、無限の関係変数として相互連動するからであるとともに、且つ無限の関係変数におけるあらゆる特殊時空間の相互連動の実測値を検証するためには無際限の作業工程及び工期を要するため、いかなる時点であろうと、当該の研究段階にて既に確認されているデータ分析／統合がすべてではないし、また既に解明されている特殊時空間上の

法則の体系化がすべてでもないからである。さればこそ、しかくつ
ねに未完成である態様をなす空間理論と時間理論、乃至なべての学
際的理論分科の公理系とても、いかなる時点によらず、尚発達の余
地をつねに残すことにもなるのではある。したがって、時間生滅の
概念規定を反映するあらゆる特殊時間の運動的モメントと、相対系
の全域を対象範疇とする全特殊空間の存在的モメントへの統一的認
識に関する研究は、空間理論上及び時間理論上の成果に資する発達
の度合いはともあれ、ポテンシャルとしては際限のない単位にまで
分析されうるはずである。而して更には、空間生滅概念を対象とす
る空間理論と時間生滅概念を対象とする時間理論は、そのような方
法論的である相互矛盾と公理論的である相互連動を理論として統一
しうるところの、瞬間生滅：実存概念を対象とする実存理論にＡｕ
ｆ－ｈｅｂｅｎされよう。特殊時空間上の生滅機構は、瞬間の生滅
機構としてのみ、無限の一般時空間上の自己回帰を以って機能する
ためであり、またそのことをただ実存哲学のみ研究対象となしうる
ためでもある。

第Ⅸ章　弁証運動——Phase Ⅸ

iii＞認識レベル：実存理論

　相対系における有限且つ無限・無限且つ有限の、同時性における自己矛盾的統一現象をなす生滅概念は、実体（実在）としての存在的生滅である空間生滅：特殊空間の規定性と、現存在上の関係作用としての運動的生滅である時間生滅：特殊時間の規定性による相互否定機能を以って更新され続けるが、前者は空間理論上の問題として、また後者は時間理論上の問題として弁証系プロセスの認識レベルに反映される。空間理論に於いては、客観上の特殊空間という存在的生滅の概念規定に対する、認識論的もしくは現象学的である方法論と構造論の把捉の問題をも研究対象とする認識レベルに於いて、特殊空間をなす存在的生滅の態様とその機能をなす原理論、即ち特殊空間として体現される、他には存立しない一意の特殊時空間的モメントの法則性を問題とする。それゆえに、無限の相対系における有限の特殊空間規定をなす一意の実存概念についても課題となる。他方これに対し、時間理論に於いては、特殊時間をなす運動的生滅の態様とその機能をなす原理論、即ち特殊時間として体現される、再び回帰されえない一意の特殊時空間的モメントの法則性を問題とする。それゆえに、無限の相対系における有限の特殊時間規定をなす一意の運動概念とともに、しかる無限の構成素子の相互連動による帰結現象として成立するところの、それぞれの座標系・物質系の構成レイヤの関係変数についても課題となる。

　空間理論の成立する認識レベルに於いては、エレメントに体現される相対系の即自的に存在的生滅をなす特殊空間に関する原理を考察するに対し、その他方にて時間理論の成立する認識レベルに於いては、当該同一のエレメントに体現される相対系の対自的に相互連動しあう運動的生滅をなす特殊時間に関する原理に対し論究する。有限即無限／無限即有限として一意に展開される生滅概念より即自

的に表象される空間生滅：特殊空間の概念規定は、エレメントの相互連動による時間生滅：特殊時間の概念規定に対する否定（収束）作用により成立する他方、相対系を構成する普遍的連動により対自的に表象される時間生滅：特殊時間の概念規定は、エレメント相互間の普遍的関係における自己存在をなす空間生滅：特殊空間の概念規定に対する否定（収束）作用により成立する。このため、客観的精神現象上における双方に対応する理論・学説とても、各々に相互否定的である学術的立場にあるのではあるが、然るに客観概念上に於いては、相対系における存在的生滅である空間生滅：特殊空間の概念規定と、相対系内の相互連動による運動的生滅である時間生滅：特殊時間の概念規定は、自己矛盾的である存在現象即運動現象／運動現象即存在現象として展開される瞬間生滅の概念規定として更新されるから、かかる空間生滅：特殊空間の規定性に関する理論＜空間理論＞と時間生滅：特殊時間の規定性に関する理論＜時間理論＞とても自己矛盾的に統一され、一般且つ特殊時空間における一意の体現概念である瞬間的モメントとしてのＡｕｆ－ｈｅｂｅｎに対する規定性、即ち、相対系内における無限にして同時の自己回帰により有限にして一意の実存現象としての現実態様を不断に更新しゆく、瞬間生滅の原理を研究対象とする理論へと向自的に移行されよう。学際的である空間理論と時間理論は、相互の学術的スタンスと方法論のうちに、相互間に論理的否定作用しあう追考上の理性的ヴェクトルを内在化することにより、寧ろ相互の存立態様を更新しあい、より高次の学術的スタンスとして相互に依存しあい共生することになる。

　そして、この論理的階梯におけるより高次の学術的スタンスとは、空間生滅：特殊空間に対する空間理論／時間生滅：特殊時間に対する時間理論に関し、存在且つ運動上の生滅現象における向自的態様をなす瞬間生滅に関する理論として、相互矛盾且つ相互依存しあう学際的関係に対し、科学理論では追考不可能である認識レベルにて

統一する実存理論を示唆している。もとより、科学理論上における最終の工程をなす自然科学統一理論／社会科学統一理論の実存的問題に対し、科学理論上の視点と手法により解決することはもはやできないが、哲学理論上の立場と方法論によりそれが可能であることに基づく。なべて科学理論における基本原理に対しては、科学理論上の学術的立場と方法論による研究対象とすることができないに比し、哲学理論に於いてはその前提となるいかなる基本原理をも許容されないため、科学理論上における基本原理のみならず、もとより研究対象とはなしえない分野も対象的知覚もないからである。そのことはまた、科学理論に於いてはその基本原理を検証することなく、無条件に理論展開の前提要件としていることよりして、科学理論上の研究成果はすべて相対的である確率論のみを獲得しうるに対し、哲学理論に於いてはその理論展開の前提となる要件事項そのものを論理的否定するとともに、しかる実サンプルをすべて捨象することにより、哲学理論上の研究成果には絶対的である確実性＜恒真性＞が期待されうることにもなるのである。

　如上にみる通り、当該の認識レベルにおける客観的精神現象では、科学理論上からのアプローチの可動域としては対応しきれなくなるのであるが、そのことは客観概念における把捉態様の系譜とも相互連動している。特殊空間上の存在的生滅による規定性と特殊時間上の運動的生滅による規定性、即ち相対系をなす両規定性の自己同一に帰す特殊時空間的モメントとしての次元機構上の根拠である、一意の生滅現象による実存概念の自己更新に帰因するところの、特殊空間上の無限関係の規定性と特殊時間上の無限連動の規定性との自己同一作用は、対他且つ対自作用による無限機構を契機として発現せしめられる有限の自己生滅として成立するため、全体系システムである相対系における一意の自己生滅をなす無限関係／無限連動にあって、無限関係を反映する特殊空間に関する理論と無限連動を反映する特殊時間に関するそれを止揚（揚棄）せしめる認識レベルが、

自己同一的である特殊時空間的モメントの、自己生滅の無限機構に必然の統一概念としての瞬間生滅：実存概念に関する理論に移行しているのである。相対系における無限関係を契機とする特殊時空間的モメントに対する一意の存在的規定に対し、しかる否定（収束）作用としての、相対系における無限連動を契機とする同一対象に対する一意の運動的規定は、その対自的態様をなす生滅概念を構成するとともに、無限の全体系システムにおける統一機能に基づいて規定される特殊時空間的モメントには、一般時空間的普遍性がなく一意であるも、そのことはあらゆる特殊時空間的モメントに対し普遍的に妥当する以上、かかる一意の否定（収束）運動・作用はあらゆる他在をなす特殊時空間的モメントを動因とするとともに、当該の特殊時空間的モメントにおける自己生滅の運動原理があらゆる他在をなす特殊時空間的モメントの各々に於いて成立するのであり、空間生滅／時間生滅の規定性の相互否定作用エナジーに帰因する向自作用によるところである。そしてまた、客観概念上の認識レベルが相対系の空間生滅：特殊空間／時間生滅：特殊時間の関係式より瞬間生滅：実存概念に移行されることにより、客観的精神現象上にいては、空間理論／時間理論に相当する理性的関係性より実存理論の学術的レベルに移行される。生滅概念の一意の瞬間規定に対する自己統一の問題は、それ自体が科学理論上の基本原理に影響せしめる内容を内在していることから、当該の基本原理を前提とすることで対象外となる科学的解法によっては検証されえないため、科学理論上の最終工程によるアプローチとその最終的自覚に関しては、いかなる前提条件をも容認しない哲学的、就中実存哲学的解法によることなくしては検証されえないからではある。

　当該の認識レベルにおける客観概念が瞬間生滅：実存概念の弁証工程をなしているに対し、同認識レベルにおける客観的精神現象の妥当する学乃至理論的体系は、実存理論と称せられる哲学分科に相当する。空間理論に於いては、精神分析学／現象学／現存在分析の

学術的立場・方法論・公理系の学際的である連携に基づいて、同一の研究対象に対しアプローチする統一理論の体系化を目的とするが、当該の理論体系そのものは広義の科学哲学分科に位置付けられる。また、時間理論に於いては、弁証系理論／歴史学／実存的考察の学術的立場・方法論・公理の学際的である連携に基づいて、同一の研究対象に対しアプローチする統一理論の体系化を目的とするが、当該の理論体系そのものはやはり広義の科学哲学分科に位置付けられる。かかる意義に於いて、空間理論／時間理論そのものの実存理論とは研究立場を異にする所以であるとともに、寧ろ空間理論／時間理論の相互否定と相互依存の関係式をAuf－hebenする学術的研究が実存理論であり、且つそのような科学哲学上の統一理論に対し更に統一しうる研究立場・方法論が、もはや相対的である確率論をのみ追及しうる科学理論の可動域を凌駕していることによるのでもある。それはもとより、基本原理を前提とする科学理論上に於いては、空間理論／時間理論の基本原理自体を客観的である研究対象とはなしえないに対し、そのことがいかなる基本原理をも承認しない哲学理論上に於いては可能であることにも基づく。空間理論／時間理論の相互否定と相互依存の関係式が、実存理論に於いてAuf－hebenされていることは、またその客観概念上に相互連動する空間生滅：特殊空間／時間生滅：特殊時間の統一態様をなす瞬間生滅：実存概念に対応するところでもあるが、無限大の有限空間に妥当しつつ無限小の有限時間を以って更新される瞬間生滅に対し、対象データの実験・観測を方法論の基盤とする科学理論によってはアプローチの限界（有限値）があるとともに、しかる科学諸理論に対する科学哲学の本質規定と態様を止揚（揚棄）する実存理論によっては、いかなる理論的前提にも拘束されない哲学分科としてのアプローチが際限なく可能であるといえる。

　実存に関する諸理論や学術的体系も一様ではないが、一意の自己存在に主体的である関心を傾注する存在規定としての実存を中心概

念とする哲学的立場、及びその現存在同士の継承が共通する論点ではある。現存在としての精神機構は、合理的体系のうちには解消されることのない不安や罪責観念を担い、各々の現存在が一意の孤独として自己自身の存在規定に自覚的に対応する主体的存在である、とされる。まずは、観念論に対立して具象的存在を重要視するが、その意義に於いては実存とは現実存在としてあり、一般的といえるもののうちには解消されえない個別性としての自己存在を意味している。然るにまた、実存的自覚は論理実証主義的である意義における客観的事実とも対立関係にあり、客観的把捉を許容しない内面的現実性としても成立する。このような内面的現実性としての主体的実存こそ、人間としての自己存在の実質的である存在規定をなすものとされ、したがって、実存は真実存在としての意義を蔵することにもなる。真実存在としての実存は直接乃至端的・日常的である生にも、また観念論的・合理主義的である体系にも安住することができず、したがってまた、不安定と自己疎外との自立観念を内部形成するとともに、そのことからの自己超越の作用をも自己内に具備している。もとより実存という名辞は、観念論的本質規定もしくは合理主義的体系による制限を凌駕して、具象的且つ個別的存在として規定されることを意味するとともに、自己自身の現在時をなす一意の規定性を更新し超越する存在規定であることをも意味すると考えられている。とはいうも、しかる<超越>により帰結せらるべき方向性については、複数の学説間によっても異論があり、そのことよりして、種々の方向性と見地を内包する実存理論が提起されてもいるのだが、たとえば有神論的実存哲学と無神論的実存哲学との、学術的立場の相異とてもある。

　キルケゴール：Ｓøｒｅｎ＿Ａａｂｙｅ＿Ｋｉｅｒｋｅｇａａｒｄの提唱する実存概念は、美的・倫理的・宗教的という三段階を通過するも、真の実存概念は神という絶対概念の前での実存規定としてあり、そのときその精神現象は孤独と罪責観念に脅迫されること

により、人間とは質的に連続性のない神、即ち背理的である絶対概念に自己自身を委ねる決断により真理：恒真式へと飛躍する、としている。ヘーゲル哲学にみられる汎神論乃至汎論理主義に於いては、理性機能上の追考と絶対精神への生成プロセスを通じて絶対概念に到達することを説明するに対し、キルケゴール的立場に於いては、人間存在から神まで到達しうべき連続的といえる計画的工程はなく、両者の間隙には＜逆説と背理＞、＜挫折と飛躍＞のみがあることになる。主体性を基本概念とする質的弁証法により、ヘーゲル哲学的である量的弁証法、及び近代における人間中心主義を批判しているのでもある。

　ヤスパース：Ｋａｒｌ＿Ｔｈｅｏｄｏｒ＿Ｊａｓｐｅｒｓに於いても、キルケゴール的立場におけると同じく、主体的である実存概念が理論体系の中核をなすところである。科学的方法論に於いては、研究対象をその外側から客観的に観測・把捉せんとするに対し、形而上学的方法論に於いては、研究対象となる事物を超越して絶対概念まで到達しようと試行するとともに、その基礎となる実存概念上の規定性は具象的状況のなかでは、主体的に自己運動・変化する実存に対する自覚であるという。この実存は自己自身に関係することを通じて、自己存在という既成の内的観念の枠組を打破することが可能となり、自らの本来の本質規定へと自己自身を超越することにより、全体的真理・超越者・一者・包括者へと到達するものとされている。自己存在に関係することにより対象性を超越する実存的思惟は、それとともに超越者に関係する思惟でもあるが、ここでの超越者はただ、人間存在の不可避的に二律背反する極限状況に於いて挫折しつつ、しかる極限状況を超越する実存としての内的行為に於いて、或る種の象徴として、もしくは暗号としてのみ把捉せらるべき概念規定を示唆している。マルセル：Ｇａｂｒｉｅｌ＿Ｍａｒｃｅｌ的である学説にも相通ずるところであるが、それはまた理性的神秘主義、或いは哲学的信仰に相当する学述的スタンスでもある。

ハイデガー：Ｍａｒｔｉｎ＿Ｈｅｉｄｅｇｇｅｒは自らの哲学的立場を現象学的存在論と規定し、敢えて実存理論とは一線を画する態度を示している。したがって、その意図するところは飽くまで存在規定そのものとしての意義を解明することにあるが、やはりそこでも、存在規定を実施するための工程となる限りに於いての人間的実存の分析が、基礎的存在論の名のもとに企図せられている。しかる分析に於いては、それぞれの人間存在が現にいまここにあるという客観的事実から出発しているが、現存在と称せられる概念規定がそれであって、一意の現存在としての自己存在のあり方が実存の概念規定に相当するという。世界・内・存在という構成規定を内在する、現存在の存立の基本構造をなす根本的命題は＜関心＞にあるが、日常性にあってはこの＜関心＞は専ら物質や他人との交渉となり、そのような交渉のなかでの人間存在は自己自身に無関心である状態関数に頹落している。然るに、その基底に於いてはつねに、潜在する不安・不平衡状態のうちに一意の自己自身が無に晒されていることを自覚するとき、当該の人間存在は本来の自己自身に対する関心を取り戻し、世界のうちに投げ出されつつも良心の要請に応じて自己自身の存在規定を引き受け、自己自身を未来時間に向かって企投する。しこうして現存在の関心という存在構造は、過去時間を担い乍らも未来時間へと向かうことにより現在時を成立せしめるところの、根源的である時間性へと還元処理されてゆく。この場合に於いて、しかる超越は時間性の地平にあって実践されるのであるが、そこでは消極的に規定されている無の概念規定が、とりわけその後期の理論上に於いては、『存在するものを照らしだす』超越存在としての性格を強めており、実存の超越とても存在規定のかかる影響のもとに現出することと推論されるようになる。そこにしも、ヤスパースその他の有神論的実存哲学への近接を認めることもできよう。

　サルトル：Ｊｅａｎ－Ｐａｕｌ＿Ｃｈａｒｌｅｓ＿Ａｙｍａｒｄ＿Ｓａｒｔｒｅの提唱する実存主義は、現象学的存在論に関してはハ

イデガーやヘーゲル等の理論的影響を享けてはいるが、相当に社会思想的である点に於いて特徴がある。それによると、人間的実存の特質は、存在の規定性が本質の規定性に先立つところにあり、したがって、実存は概念的本質により解消されるものではなく、寧ろその本質規定は、まずは存在するところの各自が自己自身の責任に於いて主体的に決定していかなければならないという。そのように人間存在は自己自身に責任を負う主体的存在として、根源的に自由ではあるが、対自存在としてのかかる自由の虚無的本質が不安のうちに顕在化されることで、対他存在として自由であるはずの意識としても挫折し、自らが物質のように惰性的に存在するかに妄執したり、自らの安定した本質態様を規定してくれる超越的価値を想定したりもする。実存主義はかかる自己欺瞞を打破し、主体性から出発すべきことを説明するとともに、人間存在を先験的に規定するものがなく、人間存在を保証するものが人間存在自体のみであるとして、また或る種のヒューマニズムとして位置付けられてもいる。しかも、自己存在を選択することは同時に世界を選択することであり、世界全体に責任を負うことでもある。このような実存主義は、観念論的・分析的である思想を批判しつつ、全体としての人間存在の構造を解明し、そのことを自由として把捉して、しかもその社会的現実への参加を基礎付けようとするものである。しかし、やがてはマルクス主義への近接を深め、自ら提唱してきた実存主義を、革命の哲学理論としてのマルクス主義の内部に寄生しつつ、その硬化を防止するための思想として規定するに堕したが、それとともに実存概念と社会参加の関係性が問題化されてもいる。

　メルロー＝ポンティ：Ｍａｕｒｉｃｅ＿Ｍｅｒｌｅａｕ－Ｐｏｎｔｙとサルトルとの間には、実存理論上における対立関係がある。サルトル的立場によれば、人間存在を飽くまで意識として、しかも自己自身の身体をさえも虚無化する純粋意識として把捉したため、一方では、しかる自由が無制約的であるものと考えられることにな

り、また他方に於いて、人間同士の関係性が相互間に対象化しあい否定（収束）作用しあう相克の関係性としてしか認識されなかった。これに対し、メルロー＝ポンティ的立場によれば、人間存在をもとより身体的という意義での実存として把捉し、人格的実存としての自由の意義を附与する基底にあって、身体的である位相での自然発生的なる意義における生成を認識し、主観作用相互の関係性をも世界への共属性に基礎付けようとする。人間的主体を主知主義や経験主義により歪曲される以前の生きられる身体であるとし、その身体は単なる即自としての物質的存在でも、純粋の対自でもない両義的存在であるが、しかる両義性により知覚野としての世界を開示することを以って、そこに既に発生しつつある意義を受容しつつも新たな意義を形成しゆく可能性を内在する。かかる身体により世界に挿入された世界・内・存在としての人間存在、及びその身体的主観は独在するものではなく、他在をなす主観との世界への共属性により本質的に相互主観的であって、また超越論的主観性とは相互主観性であるとも主張する。つまり、物質か意識かという二分法を回避して、両義性としての実存概念を具象的・綜合的に把捉しようとするものであるが、更には合理性乃至真理：恒真式も予め附与されてあるのではなく、しかる相互主観性により実現せらるべきものであるとしている。しかし乍ら、仮にもし、真理：恒真式がそれ自体一意である相互主観性によることでのみ実現されるものであるとせば、そこにはもはや客観的である整合性・普遍妥当性を期待しうべくもないため、必然的に当該の見解自体にも整合性・普遍妥当性がありえないことにもなり、自ら内在してある論理的矛盾を回避しえないはずである。

　このように実存に関する理論は、歴史的変数や社会的変数を反映しつつ、種々の現象態様をなして展開されているが、一般にはそれは観念論もしくは合理主義における限界を打開することで、人間存在としての有限性を指摘するとともに、論理実証主義的である客観

的人間把握を打破することにより、人間存在を主体的である自覚に導出しようとする傾向をなしている。一意の人間存在の本質規定に先んじて成立する存在規定を想定し、その存在態様を以って実存として位置付ける学説もあるが、本質態様の変遷である変質により存在規定がその変化を余儀なくされる等のプロセスもあり、それは存在規定の変化に伴ってその本質的属性が移行せしめられることでもあるため、存在規定と本質規定はともに不断に相互連動しているとともに、相互間の作用により統一的全体として変化しゆくところである。また、世界・内・存在としての人間存在が主体的であることの不安定・自己疎外の認識状況より、神と仮称せられる絶対的存在乃至完全概念の意識を契機として超越する、という等々の論説もあるが、神という象徴的である概念規定に対する超越という概念規定が現実態様をなす内実を具有しえず、その非実存的である解説は寧ろ、自ら否定しているはずの観念論とも理論的基盤を一にしてもいよう。全能、とりもなおさず、いかなる不可能性をも容認しない概念規定を仮定することは、相対系の成立に対する否定や神それ自体に対する否定をも可能ならしめるため、かかる根源的である自己矛盾を内在する概念規定を実体（実在）概念と結論付けたり、それを実存規定の拠り所とすることは現実的ではない。そしてまた、実存という概念規定が主体的実在としての人間存在を前提として論述されているが、もとより相対系を体現する一意の特殊時空間的モメントの一意の生滅態様のみ実存の概念規定としてある以上、当該のカテゴリーに該当する実例が人間存在のみに限定されるはずとてもなく、無限の一般時空間を構成するそれぞれの特殊時空間的モメントが実存の実測値をなしてあるが所以である。但し、［人間等を実サンプルとする］精神機構の主体的生物体の場合、そのような実存概念を自己同一的に把捉し自覚する精神上の機能及び能力を具有するため、その主観作用に対する反映や先験的変数との連関から現象学的諸問題にも相通じているのではある。したがって、実存概念に関する研究の基本理論は飽くまで、特殊時空間及びその自己統一態様

である瞬間の生滅現象を対象とする原理的・方法論的解明にあるのだが、しかる実存の現象学的実例としての人間存在の実体（実在）規定に関する研究は、寧ろ学術的には第二次的分科に相当するところといえよう。

　瞬間の生滅現象としての実存概念が、特殊空間的生滅と特殊時間的生滅のあらゆる連動関係の止揚（揚棄）態様である以上、もとよりその概念規定には特殊時空間的生滅の統一的認識が反映されていなければならない。特殊であれ一般であれ相対性理論の本質概念は、特殊空間における相対性が任意の、就中銀河系を内包する宇宙領域の全体に於いて成立するということを、経過する特殊時間差の観測と研究から把捉するものであり、換言するにそれは、しかる宇宙領域及びその内外における座標系が排他的に無比であり単一であることを示唆してもいる。物理化学上の法則が妥当するからその特殊空間領域が一様であるのではなく、当該の宇宙領域のみならず普遍の実体（実在）系に妥当することは、すべての特殊空間相互が特殊時間的にも状態関数をつねに異にするものである点にある。[ここでの実体(実在)系とは、全体系である相対系のエレメントを構成する、バリオン物質／反バリオン物質の弁別にも、元素系／暗黒物質（ダークマター）／暗黒エナジー（ダークエナジー）の弁別にも、更には宇宙領域内外の弁別等にも拘泥しない]

　科学的観測・解明もしくは現象学的認識の限界点が有限域にあることは、単なる研究過程における進展度合及び能力差の問題でしかないため、しかる有限域を以って研究対象である全体概念をも有限と断定しうべくもなく、寧ろ有限の科学的限界点を規定するうえで、科学上に於いては特定の人為的基準を以って絶対的には設定しえない以上、無限にこの科学的限界点の実測値を更新し続けることになり、つまるところ相対系をなす無限性を否応なく前提することにもなろう。また、極限理論からの弁証法的、且つ歴史学的展開が示唆

第Ⅸ章　弁証運動──PhaseⅨ

するところは、際限なく繰り返される時間運動法則のＴｒｉａｄｅにあって、同一の特殊時間の状態関数が再び反復しえないことにある。理性機能による論理学的運動が現象学的には［弁証法的］原理を等しくする工程を経過するにせよ、一般時間全体の運動システムが永劫回帰の仮説を前提とはしえない以上、生／滅するあらゆる時点の極限理論的変数ｎは、無限における現在時以外のいかなる時点にも生起しえない実測値をなす。このことはまた、一般空間を体現するすべての特殊空間による関係変数が、すべての特殊時間における無限且つ普遍の同時性をなす一般時間としても、つねに一意の瞬間生滅として成立していることに他ならない。いかなる特殊時空間的生滅の実測値も、それ以外の一切の特殊時空間相互の関係変数により生成且つ収束される以上、或る特定の特殊時空間的生滅の実測値が一意であることは、すべての特殊時空間相互の関係変数が無限に回帰しないことと同義であるからである。存在的次元を体現する存在的生滅現象である特殊空間は、その一意の存在規定を生成すること自体を以って運動・変化の規定性を収束・零化せしめるとともに、運動的次元を実行する運動的生滅現象である特殊時間は、その一意の運動規定を実践すること自体を以って存在態様の規定性を棄却するのであるが、かかる運動・変化の規定性に対する収束・零化自体により一意の運動規定を新規に作動せしめるとともに、しかる存在態様の規定性に対する棄却自体により一意の存在規定を更新する力動概念ともなるのである。ここでの零化とはされば、エナジー値の放出／収束により零という基準値に再還元されることを意味する。特殊空間と特殊時間は相互に対して、相対系を成立せしめる自己否定的である生滅態様として生成即収束／収束即生成されつつも、それぞれの概念規定に関する理論乃至学術的展開に於いては、特殊時空間の具有する相対性と単一性の研究に回帰せらるべく統合されてゆく。いま、そしてここにしかないという＜現実自体＞。特殊時空間による自己否定的である生滅態様が、瞬間という無限の分析／統合レベルにＡｕｆ－ｈｅｂｅｎされるということは、無限性

892　　第Ⅱ節　客観的精神現象

を導入する実存哲学に於いてこそ解明せらるべき課題でもあり、主体的である人間存在における実存としての反映や、不断に一意であることによる自己疎外性の問題等に関しては、謂はば応用理論の分科に相当しよう。また、実存の概念規定を研究対象とする学術的立場が哲学分科であることは、もとより形而下の事象の究明をのみ任務としうる科学分科によっては原理的・方法論的に無理があるとともに、科学理論自体に基本原理という無条件の前提を具備する学術的立場にあっては、相対的且つ有限の確率論的解明のみが可能であるに対し、その追考上にいかなる前提をも具備することなく絶対の確実性をなす真理：恒真式を以って結論となす哲学理論なくしては、実存という無限の相対系を一意に体現する概念規定の真理：恒真式を証明すること能わないからである。

　客観的精神現象上の実存理論の認識レベルにおける、相対系の原理論をなす空間生滅に対応する概念規定は空間理論上の根本問題として、またその時間生滅に対応する概念規定は時間理論上の根本問題として、既に理性的展開に反映されている。精神分析学／現象学／現存在分析の研究領域をなす空間理論上の諸法則及び方法論は、あらゆる特殊空間に展開される一意の自然現象をなす存在的生滅における対他的態様をなす存在の原理を即自的に究明し、他方また、弁証系理論／歴史学／実存的考察の研究領域をなす時間理論上の諸法則及び方法論は、あらゆる特殊時間に普遍妥当する同時性を以って展開される史的現象をなす運動的生滅における運動・変化の原理を対自的に究明することを、それぞれに目的とするからである。相対系の全体系システムを体現する生滅現象の実行素子である特殊時空間的モメントに対する、空間生滅：特殊空間の存在的規定と時間生滅：特殊時間の運動的規定は、相互間に概念的矛盾しあう学術的系譜のアクセス作用を実施しながら、相対系の無限回帰的同一性としての瞬間生滅という普遍妥当する同時性における、一意の自己生滅を契機とする原理に特殊化された概念規定としてＡｕｆ－ｈｅｂ

ｅｎされる。相対系のシステム素子としての特殊時空間的モメント
は、つねに例外なく生滅機構の規定のもとにあることから、その存
在的生滅であるあらゆる特殊空間の座標的連関により体現され、且
つその運動的生滅であるすべての特殊時間の史的連動により更新さ
れるとともに、当該同一の特殊時空間的モメントの空間生滅の規定
性のうちに時間生滅の規定性が内在せられ、また当該同一の特殊時
空間的モメントの時間生滅の規定性のうちに空間生滅の規定性が内
在せられている。もとよりそれは、空間生滅による規定性が時間生
滅との自己同一性により機能しているとともに、時間生滅による規
定性が空間生滅との自己同一性により機能しているが故に他ならな
い。このような特殊時空間的モメントを生滅機構により規定する特
殊時空間が自己回帰的に開示されるため、その特殊時空間的モメン
トをなすシステム素子の自己生滅運動とても自己回帰的に繰り返さ
れるが、その自己回帰性をなすものは存在的生滅と運動的生滅の自
己同一的連動である。そして、しかる空間生滅：特殊空間と時間生
滅：特殊時間を自己統一するシステム＜瞬間生滅＞という客観概念
上の概念規定に対応することにより、客観的精神現象における認識
レベルは、もはや科学哲学上にて反定立しあう空間理論／時間理論
より実存理論的追考の階梯へと移行せしめられている。もとより実
存理論上に於いて究明せらるべき対象である、相対系における特殊
時空間的モメントのシステム素子としての規定性＜瞬間生滅＞の原
理は、即自的態様をなす空間理論における存在的生滅を反映する現
象学的事象や現存在に関する研究とともに、また対自的態様をなす
時間理論における運動的生滅を反映する弁証系プロセス乃至歴史展
開に関する研究による、共通の対象であるのみならず、双方の理論
的スタンスによる相互矛盾関係は実存理論にＡｕｆ－ｈｅｂｅｎせ
らるべき必然性を内在するからである。然るに、かかる理性機能に
よる実存理論的トレースは同時に、理性機能による弁証運動上の
バックグラウンドの作用によるところでは、理性上の客観概念に対
する統合的思考として運行されなければならない。いかなるシステ

ム素子の空間生滅による規定性、もしくは時間生滅による規定性に
対する学際的研究と雖も、相互の規定性をエナジー因子として自己
同一であるところの特殊時空間的モメントの、相対系における生滅
原理をなすシステム素子としての＜瞬間生滅＞の自覚に統一されて
いなければならないためである。

第Ⅲ節 主観観念

ⅰ＞善悪の自由選択

　超自我における主観性フィルターの構成する知覚態様をなす主観観念は、特殊時空間上の［客観的］実測値には拘束されない主観的産物ゆえにＲａｎｄｏｍの動作傾向を示す。（そのこと自体がまた客観的事象につき、当該の主観観念の特殊時空間上の［客観的］実測値を形成するのではあるが）但し、弁証系プロセスの遂行下にあっては、客観性フィルターの動向にＣＮＳの注意能力が集中化されるため、主観観念の推移は客観概念の追考過程上のグレードにリアルタイムに呼応する。このことから、本節での認識レベルをなす客観概念が、（空間次元：一般空間規定）／（時間次元：一般時間規定）を契機とする相対系の原理をなす生滅現象における、（空間生滅：特殊空間規定）／（時間生滅：特殊時間規定）の相互矛盾態様をなす概念規定に相当する以上、超自我における真理値以外の価値システムを反映する主観観念はまた、当該の段階にあって、相対系の原理をなす生滅現象における（空間生滅：特殊空間規定）／（時間生滅：特殊時間規定）の相互矛盾態様をなす概念規定に対応するイメージレベルにあることになる。したがって、客観概念の状態関数が、相対系の全体系システムにおける生滅現象の概念規定の＜空間生滅：特殊空間規定⇔時間生滅：特殊時間規定＞による相互否定（収束）作用から、自己同一による無限回帰をなす＜瞬間生滅＞という概念規定へと移行されることに伴い、主観観念の知覚態様とても、当該同一の対象的知覚に対するイメージレベルの状態関数を、客観概念をなす認識レベルに呼応する変動系譜にて遷移せしめざるを得ない。

　しかし、相対系自体との同一性を表示する真理値以外の価値シス

テムを反映する主観観念は、その知覚態様自体を相対系に符合せしめる必然性をなさないため、つねに相対的にしてＲａｎｄｏｍの可変性を具有している。また、主観観念が客観概念の状態関数の遷移過程に呼応しあうことから、超自我における真理値以外の価値システムを反映する主観的精神現象と、そのイメージレベルを形成する主観観念はまた、当該の弁証系プロセスにおける認識レベルにあって、相対系の次元機構を体現する生滅原理、即ち［一般・特殊］空間及び［一般・特殊］時間に対し覚醒的である態様にあることになる。尤も、しかる主観観念の運動系譜の規定性が客観概念の運動系譜の規定性に呼応しあうとはいえ、主観観念自体の移行パターンにはロジカル属性をなす通信経路を具有するわけではないので、超自我における主観性フィルター及びそこに相互連動しあうエス＜イド＞の本能的欲求値が、当該の時点に於いて構成する状態関数に負うところが多い。対象的知覚に対する客観概念上の認識レベルが、［一般・特殊］空間及び［一般・特殊］時間という次元且つ瞬間の規定性に対し覚醒している弁証系プロセスの工程に於いては、主観観念そのものの機構が客観概念の状態関数により触発され自律的に作動せしめられるため、しかる主観観念に対する力動概念がエス＜イド＞における生本能及び死本能を活性化することにより、一般且つ特殊時空間上の覚醒レベルが成立していることを示す。但し、その状態関数の構造因子には相対的にして個体差のある主観性の必須属性を具備しているのであるから、当該の主観観念及び主観的精神現象をなす個別的内実は、絶対的に規定されることも普遍的に妥当することもなく、飽くまで自己内のみに表象される一意にして可変的である自立観念としてある。

　主観観念の状態関数は同時点における客観概念の状態関数により規定されるとはいえ、そのもの自体に無条件且つ絶対的に規定されうる基準をも具有しない以上、このような自立観念自体の採りうる動向ヴェクトルには不定のパターンが成立しよう。しかる端緒とな

る主観観念の即自的である態様は、不定の規定性のうちに最も単純といえる両極性を容認しうる善悪の意識である。特殊空間の一意性をなす客観概念に対応する自立観念の初期状態に於いては、最も単純にして相対的・可変的である自己存在の是非に対する疑問としてあり、決して断定しえない善と悪・当為と罪悪の概念的弁別がその存在規定における一意性を反映するためである。つねに相対的・可変的である無辺の他在との対他的関係により規定されつつも、自らもまた一定することなく変動し続ける存在の態様として、無限の特殊空間の相互連関にあって孤立せる一意性である自己存在、そのような自立観念のなすべき方向性乃至指向性には一概に安定した基準が存立しないから、そもいかなる自立観念を以って当為となすか、善悪の概念的弁別に対する主観的価値システムとても無限の方向性乃至指向性が想定されよう。善と悪の相対的概念は相互間に表裏の規定性を具有しており、一方が明示的に提言されることは反対の内実に於いて、そのまま他方が明示的に提言されていることを示唆するところであり、ともに相対的乍らも相互間の概念形成を逆理的に規定しあっていることにもなる。

　広義に於いては、有益と不利益・有利と不利・有用と有害などの弁別の他に自然現象に対する主観的印象をも含めた解釈も成立するが、そこには共通して主観的属性が内在されてはいるものの、本来的には善悪とは意義を異にしている。自己存在における一意性に基づく主観観念である以上、つねに相対的・可変的である自己存在に内在して主張される当為に相当するため、そのような倫理的意義における善悪の自立観念の表象に他ならない。儒教乃至仏教における性善説と性悪説の相互対立は実際的且つ現世的である立場からの考察であり、またソクラテス：$\Sigma \omega \kappa \rho \acute{\alpha} \tau \eta \varsigma$的である正当の識見や洞察とともに健康や幸福に通じる善と、無知に基づくものとする悪という解釈にも共通の見地が認められるが、プラトン：$\Pi \lambda \acute{\alpha} \tau \omega \nu$的である善のイデア：Ｉｄｅａなどは絶対的・神的である動因

概念として対比されよう。キリスト教及びカント的立場における永遠不変の最高善の自立観念は、明示的に神という概念規定のうちに内在されるものとして投影されており、よって、人間における善の実現は、善・真・一である神に対する帰依もしくは直観にあるとされているが、他方に於いては、道徳的という意義での悪は人間の自由意思による神からの離反とされ、この罪悪からの解放はキリストの贖罪の信仰により可能になるという。これに対するところ、ニーチェ：Ｆｒｉｅｄｒｉｃｈ＿Ｗｉｌｈｅｌｍ＿Ｎｉｅｔｚｓｃｈｅ的である倫理観では、キリスト教の絶対的存在乃至完全概念を前提とした所謂奴隷道徳における卑俗的態度を悪とみなし、その他方に於いては、伝統的道徳に於いて悪とされてきた利己主義的態度を新たに自己存在を克己するための善としている。更にまた、経験論及び唯物論の立場からは、善の自立観念の神的・超自然的である根源を否定する他方、経験的である起源を主張しており、本来的に人間の精神は経験と環境に応じて多様に形成される白紙状態にあり、善悪の自立観念とても経験と環境による産物でしかないとし、このため善悪の峻別や対立もまた現世的且つ相対的であるにすぎないという。社会の存続と進歩は寧ろ多数の個人の利己心や競争心により可能であるとも考えられ、しかる視点は功利主義や空想的社会主義にも継承されており、良心や神への信仰のうちにではなく社会的環境の変革のうちに、善を示唆する公共の利益や幸福を求めようとする。そして、マルクス主義に於いては、善悪の自立観念の歴史的並びに社会的である性質を分析し、かかる自立観念も結局のところ、人類の階級的地位及び経済的諸関係から形成されるものとしており、労働者階級における道徳観念でもある善は、自己自身の階級的である利益に個人の利益を従属させることで、社会革命を通じて人間による人間の搾取及び支配を廃止するところに実現されると説く。然るに、そのようなマルクス主義的といえる善悪の解釈は、それ自体が善悪という相対的にして可変的である主観観念を把捉するものではないことから、寧ろ本節に於いて論証せらるべき主観観念の表象さ

れる出力パターンの一形態をなすものにすぎない。

　尚、たとえば、善の自立観念が美徳や美善の概念規定等と共用に論述されたり、また悪の自立観念が醜悪や劣悪の概念規定等と共用に論述されることもあり、それが社会的他者に対し害悪等の影響を及ぼさない場合を包含することもある。しかし乍ら、主観観念の即自的である態様をなすところにして、最も単純といえる善と悪との自立観念の弁別に於いては、美・徳・害などの二次的属性はいずれも捨象されなければならないことから、ここでの善悪の自立観念を上述のような解釈と混同または曲解することは、やはり避けなければならないところである。

　このように善悪の主観観念と当為に関する定義には、社会体制や時代背景等の諸条件を異にすることにより、もしくは宗教的対立やまた学説上の解釈論的相異などからも、様々の概念規定が様々の用途にて試みられてきており、相互間に矛盾し否定作用しあう自立観念が双方ともに倫理観の一として成立することもある。そのことはまた、善悪もしくは当為として定義せらるべき自立観念が、その可動の端緒となる対象的知覚を客観概念とも等しくするにせよ、それ自体の本質規定に於いては、最終的には公理の恒真性を追究する客観概念ではなく、つねに相対的且つ可変的に作動する主観観念としてのみ成立する即自的態様であることを意味している。倫理観や道徳意識の形成に於いては、客観作用上の追考処理により無限の恒真性が証明されうる客観性フィルターではなく、特殊空間上の現象学的経験を通じて一意に運動・変化する自己内の主観性フィルターにより推進されるためであり、その即自的である自己内反応を構成する主観観念が善悪の自由選択にあるが故に相違ない。

　また、主観観念はつねに、主観的精神現象の運動・作用に相互対応しつつ変化・動向する。もとより、主観観念は主観的精神現象の

状態遷移により、主観的意識内容乃至対象として脳内形成されるイメージレベルであるからであり、且つ主観的精神現象の運動・作用は主観観念の内的イマージュの機能態様として収束されるからでもある。そのことと同様に、客観概念はつねに、客観的精神現象の運動・作用に相互対応しつつ変化・動向する。もとより、客観概念は客観的精神現象の追考過程上のグレードにより、客観的把捉態様乃至対象として脳内生成される認識レベルの状態関数をなすからであり、且つ客観的精神現象の運動・作用は客観概念の統覚作用として収束されるからでもある。客観作用と主観作用が相互間に呼応しあう以上、したがってまた、客観概念に主観観念が呼応して状態遷移するということは、同期しつつ客観的精神現象に主観的精神現象が呼応して運動・作用することと同義である。

ⅱ＞無為観

　前節にみる通り、主観観念の状態関数は同時点における客観概念の状態関数により規定されるとはいえ、そのもの自体に無条件且つ絶対的に規定されうる基準をも具備しない以上、このような自立観念自体の採りうる動向ヴェクトルには不定のパターンが成立しよう。しかる移行契機となる主観観念の対自的である態様は、不定の規定性に基づいて＜善悪の自由選択＞の規範を収束せしめられている、無為の自立観念である。一意の個体概念である主観観念が自由に選択する善悪の規準により、客観的制約を排して表象される善悪乃至当為の自立観念が相互間に矛盾し、否定・収束せしめあうという、しかる客観的事象に反映される主観観念の自己矛盾の態様により、自己内に助長された主観的コンフリクトから善悪の自由選択の規準が収束作用せしめられ、もはや自己内のヴェクトルを喪失している無為の自立観念に支配されるためである。

　そのことは他面、時間生滅：特殊時間の一意性をなす客観概念に対応する自立観念の状態関数に於いては、端的に規定されている自己存在の生滅現象に対する自己否定・収束としてあり、相互矛盾する善と悪、当為と罪悪の自己内表象がその運動的無規定性における一意性を反映することでもある。つねに相対的且つ可変的である無辺の他在との対他的関係により規定されつつも、自らもまた一定することなく変動し続ける自己運動・変化の態様として、無限の特殊時間の相互連動に於いて疎外されてある一意性である自己運動・変化、そのような自立観念のなすべき方向性乃至指向性には一概に安定した基準が存立しないから、そもいかなる自立観念の態様を以って当為となすか、善悪の概念的弁別に対する主観的価値システムとても無限の方向性乃至指向性が想定されよう。そのような善悪の自由選択はつねに無規定の規定性を具有しており、自己内表象における自己矛盾的コンフリクトを力動概念とする主観観念における反定

立作用により、自己存在のあらゆる主観的規定性を否定・収束せしめる無為の自立観念が定立されるのである。

仏教における無為とは有為に対し生成流転しないことを意味し、一般には現象を超越するところの常住不変の存立を無為法と称せられている。小乗有部に於いては、無為法を有為法とは相異なる存立であるとし、これを択滅無為（涅槃）・非択滅無為・虚空無為に分類しており、また小乗軽量部に於いては、無為法を非有とみなしており、更には大乗に於いては真如を以って無為とみなしているものの、いずれも共通することとしては、逆理的である救済の意義及び目的を無為法に認めようとする点にあるといえよう。

中国哲学における老子の思想に於いては、無為とは作為がなく自然のままであることを意味しており、その無政府主義的思想にも相通じている。老子により提唱される無の自立観念としては、万物の内奥には限定された存立である［人間などには認識できない］無限定の本然があるとし、暗示的・象徴的に無を表現してはいるが、かかる無は有の否定（収束）作用として有に相互対立する相対的概念ではなく、有を有たらしめる絶対的にして無限定的であるものとして位置付けられている。また、荘子により提唱される無の自立観念に於いては、人間の知識や判断そのものに対する否定・収束として作用し、形而上学的である側面よりも寧ろ個人的倫理の目標として掲げられており、個人が社会構造的に無為であることについては積極的に評価されている。無に形而上学的である絶対性を認めようとする思想は、西田哲学における絶対無の概念規定等にもみられるところではあるが、西洋哲学乃至否定神学における無の自立観念は、存在規定の欠如として消極的意義にのみ定義されている。しかし乍ら、存在態様がつねに自己更新による運動規定としてのみ可能である以上、存在態様を更新せしめる無の概念規定を否定的意義にのみ解釈することには、やはり無理があるというしかない。

903

存在論的意義に於いては、ヘーゲルが純有という概念規定と同義に虚無について論じているが、存在すると同時に存在することのない絶対的存在として解釈されてもいる。然るに、個々の存在主体である事象はなべて否定（収束）作用及び制限なくして存在することはできないため、存在規定に相互対立する非存在規定としての虚無の概念規定も提唱されており、広義には、虚無はこのように単純に可能的であるものや仮象的であるものをも含意するとしている。絶対的存在とされている神による無からの創造を説くキリスト教神学が、哲学史上の研究課題となることを契機として、虚無は何程かの意義に於いては堕罪と相互連関して想念される傾向にもあり、それゆえ人間乃至精神主体としての自由の問題とも連動して問われてきている。人間乃至精神主体の意識を前提とした現象学的である深淵としての虚無を取り扱う、広義における実存理論もその一例であるが、ハイデガー：Ｍａｒｔｉｎ＿Ｈｅｉｄｅｇｇｅｒにより説明される虚無の概念規定の場合、人間乃至精神主体の不安の情動に於いては個々の存在主体が全体として否定・収束されるところに現出するものであり、それは存在主体とは厳密に区別された存在概念に帰着されている。また、サルトル：Ｊｅａｎ－Ｐａｕｌ＿Ｃｈａｒｌｅｓ＿Ａｙｍａｒｄ＿Ｓａｒｔｒｅにより説明される虚無の概念規定の場合、即自存在から対自存在をなすところの意識を弁別するものとして認識されるが、虚無はここでもゆめ単なる空無的である自立観念ではなく、寧ろ＜無化＞という能動的である作用をなすものとして把握されている。他方に於いて、存在論的ではなく価値論的に問われる虚無の概念規定に関しては、あらゆることが存在せず・認識できず・或いは価値を具備しないとする学説とてもある。とりわけ、ニーチェ：Ｆｒｉｅｄｒｉｃｈ＿Ｗｉｌｈｅｌｍ＿Ｎｉｅｔｚｓｃｈｅにより説明されるニヒリズムの自覚に於いては、もとより人間自身により創造されたものとしての神の概念規定に対する否定的考察と、人間自身が絶対性を要求しようとする理性に対する否定的考察に特徴付けられる。それにより生の目的が喪失されること

で、存在概念の全体とその統一性が破壊され、存在規定の価値乃至意義のみならず存在自体さえも懐疑されるに到るが、そのことはまた権力意志により克己せらるべき対象として論述されてもいる。

このように無為の主観観念と虚無に関する定義には、宗教上のドグマ：Ｄｏｇｍａと哲学的解明との相互矛盾と相互連関の如何により、もしくはそれに基づく倫理学上の論争やまた学説上の解釈論的相異などからも、様々の概念規定がなされてきており、相互間に矛盾し否定作用しあう自立観念がともに宗教的倫理観として成立することもありうる。そのことはまた、無為もしくは虚無として定義せらるべき自立観念が、その可動の端緒となる対象的知覚を客観概念とも等しくするにせよ、それ自体の本質規定に於いては、最終的には公理の恒真性を追究する客観概念に於いてではなく、つねに相対的且つ可変的に作動する主観観念としてのみ成立する対自的態様、即ち善悪の自由選択による対他的である関係変数からの自己回帰であることを意味する。宗教上のＤｏｇｍａや倫理規制の形成に於いては、客観作用上の追考により無限の恒真性が証明されうる客観性フィルターではなく、特殊時間上の現象学的経験を通じて一意に移行される自己内の主観性フィルターにより推進されるためであり、その対自的である自己内反応を構成する主観観念が無為乃至虚無の態様にあるが故に相違ない。

また、主観観念はつねに、主観的精神現象の運動・作用に相互対応しつつ変化・動向する。もとより、主観観念は主観的精神現象の状態遷移により、主観的意識内容乃至対象として脳内形成されるイメージレベルであるからであり、且つ主観的精神現象の運動・作用は主観観念の内的イマージュの機能態様として収束されるからでもある。そのことと同様に、客観概念はつねに、客観的精神現象の運動・作用に相互対応しつつ変化・動向する。もとより、客観概念は客観的精神現象の追考過程上のグレードにより、客観的把捉態様乃

至対象として脳内生成される認識レベルの状態関数をなすからであり、且つ客観的精神現象の運動・作用は客観概念の統覚作用として収束されるからでもある。客観作用と主観作用が相互間に呼応しあう以上、したがってまた、客観概念に主観観念が呼応して状態遷移するということは、同期しつつ客観的精神現象に主観的精神現象が呼応して運動・作用することと同義である。

iii ＞自己依存

　前節にみる通り、主観観念の状態関数は同時点における客観概念の状態関数により規定されるとはいえ、そのもの自体に無条件且つ絶対的に規定されうる基準をも具有しない以上、このような自立観念自体の採りうる動向ヴェクトルには不定のパターンが成立しよう。しかる端緒をなす即自的態様としての善悪の自由選択に基づき、移行契機をなす対自的態様としての無為観を通じて自己統一される主観観念の向自的態様は、客観的基準のない当為の規範とそれによる虚無性・疎外性（実存的に一意なる自我）の自立観念の相互否定（収束）作用により相互回帰される自己依存の自立観念である。もとより、善悪判断もしくは当為という概念規定の本質的属性に負うところよりして、そのこと自体に於いて規定性を排斥された＜世界＞意識の主観的コンフリクトと、無為性が必然的に反定立：Ａｎｔｉｔｈｅｓｅされているとともに、無為乃至虚無という概念規定の本質的属性に負うところよりして、そのこと自体に於いて規定性を喪失した＜世界＞意識にあって疎外された自己存在には、倫理的規範の要求が反定立：Ａｎｔｉｔｈｅｓｅされてもいるのである。したがって、現象学的である系譜としての定立態様から反定立態様への移行がなされるものの、その内実に於いてはいずれか一方のみが先行して展開されることなく、相互に否定（収束）作用しあうことにより相互の本質規定に反定立される主観観念の態様は、無規定下にある善悪の自由選択の根源のうちに無為乃至虚無を内在するとともに、世界・内・存在としての無為乃至虚無の根源に於いて善悪乃至当為の規定性の力動概念を具有する。善悪乃至当為の自立観念より無為乃至虚無の自立観念へ、且つ無為乃至虚無の自立観念より善悪乃至当為の自立観念への相互回帰は、つまるところ主観作用上の自立観念における向自的態様をなす自己依存性に依拠している。善悪乃至当為を以って個人的及び社会的規範を定立しようとする主観的態様は、同時にその相対的無規定性のゆえに自己自身に対する無為乃至

虚無を反定立されるとともに、無為乃至虚無を以って無辺の相対系内における疎外された一意性を定立しようとする主観的態様は、同時に他在に対する疎外的関係から他在における自己存在の無限性の構成素子としての規範的規定性を反定立されることになり、いずれの自己存在も等しく、無限に疎外された自己自身をあらゆる疎外的他在に内在的に回帰される実存性に依存する態様であるために相違ない。

　そのことは他面、瞬間生滅：実存概念の一意性をなす客観概念に対応する主観観念の状態関数に於いては、反定立的に規定されている自己存在の生滅現象に対する自己回帰としてあり、相互に自己否定・収束せしめあう善悪乃至当為と無為乃至虚無の自己内表象がその規定的無規定性（前者の規定性）／無規定的規定性（後者の規定性）における実存性を反映することでもある。善悪の概念的弁別と当為の規範はともに規定的であり乍ら、客観的である妥当性を具有しえない無規定性を本質規定とすることから、自己内のあらゆる主観的規定性を否定・収束せしめる無為乃至虚無の自立観念と反定立しあうが、しかる自立観念はもとより無規定性に対する反定立：Ａｎｔｉｔｈｅｓｅゆえの規定性を本質規定としている。善悪の概念的弁別と当為の規範に対する主観的価値システムには無限の方向性乃至指向性があるため、自己内表象における自己矛盾的コンフリクトを力動概念とする主観観念における反定立作用により、自己内のあらゆる主観的規定性を否定・収束せしめる無為乃至虚無の自立観念が定立されているが、規定性がないという現象はあらゆる規定性を具有する自己存在の本質規定に依存しており、且つまた無為乃至虚無に対する主観的価値システムには方向性乃至指向性が成立しないため、自己内表象における自己矛盾的コンフリクトを力動概念とする主観観念における反定立作用により、自己内のあらゆる主観的規定性を自由選択する善悪乃至当為の自立観念が定立されているが、あらゆる規定性が成立するという現象はいかなる規定性をも具有しな

い自己存在の本質規定に依存していることになることから、このように相互否定（収束）作用しあう自立観念の内的矛盾の対自的関係そのものが、反定立しあう各々の自立観念それ自体の自己存在に対する自己依存の態様に向自的に統一されるのである。善悪乃至当為の自立観念における先験的態様に於いては、自己内に反映される対自的関係性である無為乃至虚無の自立観念に対する自己依存により顕在化されるとともに、無為乃至虚無の自立観念における先験的態様に於いては、自己内に反映される対自的関係性である善悪乃至当為の自立観念に対する自己依存により顕在化され、かかる自己内に於いて反定立しあう自己依存が相互矛盾関係を極限化するほどに自己統一されるのでもある。

　数学的定義としての依存とは、独立に対する依属とも称せられ、或る事物の存在規定もしくは生起がそれ以外の事物により制約される場合、一般論的にはその制約される他在に対する関係性を示唆している。実在的依存に関しては、特殊時間性を基軸にして考察されており、不定項Ａの必然的継起として他の不定項Ｂが生起する場合、このＢはＡに相互因果的に依存することになる。また、目的論的依存に関しては、目的に対しての手段、或いは全体に対しての構成部分の関係性として解釈されている。更には、論理的依存に関しては、たとえば類に対しての種という従属関係、もしくは理由に対しての帰結現象の関係性を意味するものであり、数学理論上における関数の値はその独立変数に依存しているが、このことも論理的依存の一例として挙げられよう。その他にはまた、たとえば、人間を主体とする行為や意思における善悪の選択判断は特定の道徳法に依存する、などとも表現されるところではある。善悪の価値システムは、倫理的規範の属性により相対的に左右されるためではある。

　ヤスパース：Ｋａｒｌ＿Ｔｈｅｏｄｏｒ＿Ｊａｓｐｅｒｓやハイデガー：Ｍａｒｔｉｎ＿Ｈｅｉｄｅｇｇｅｒ等にも指摘されている

通り、自己存在という概念規定の本来に於いて示唆するところは、人間存在の主体性であるから、客体的に＜世界＞の部分として科学理論的に認識されるのではなく、主体的に自由である自我としてあることが可能であり、またしかくあるべき人間の存在規定を意味する。したがって、＜世界＞の部分として依存することによってのみ成立しうる世界存在とは相互対立する概念規定であり、またその思考と意欲と行動が依存することによってではなく、自由である人格により規定されるはずであるため、自己存在と自己依存とは相互間に矛盾する規定性を具有することになる。然るに、善悪乃至当為の主観的態様にある自己存在は、無為乃至虚無の主観的態様と相互否定（収束）作用しあうほどに現象学的に顕在化されることから、無為乃至虚無の主観的態様にある自己存在に依存するとともに、且つ無為乃至虚無の主観的態様にある自己存在は、善悪乃至当為の主観的態様と相互否定（収束）作用しあうほどに現象学的に顕在化されることから、善悪乃至当為の主観的態様にある自己存在に依存する以上、自己存在が自らの主体性を顕在化すること自体を以って、自己矛盾し自己否定・収束せしめあう自己存在との関係変数を自己統一されることにより自己限定されているのでもある。

　もとより、限定するということは、対象の限界を規定することでその本性を明確にすることであるが、論理的には普遍的に種差を加えて特殊化すること：論理的限定を意味し、また心理的乃至物理的には或るものの原因となってそれを条件付ける：相互因果的限定を意味する。これに対し、自己限定とはそのような限定が自己存在を主体として実行され、且つ自己存在を対象として作用することでもある。その一例としての弁証法は、悟性機能を契機とする思惟規定も、その対象的知覚をなす物自体も、自己矛盾ゆえに自己自身の有限の規定性を自らAuf－hebenし、自らに対し否定（収束）作用する自己存在へと移行する自己限定の過程であるといえる。かかる自己限定という概念規定は、西田哲学によっても一般的述語と

して定義されているが、またカント：Ｉｍｍａｎｕｅｌ＿Ｋａｎｔ
の独自に定義する自律という概念規定は、実践的理性の自己限定を
示唆するものである。それはカント的倫理学の中核的概念でもある
が、従前の倫理学が道徳律を神の意志や幸福を欲求する自然的衝動
や、また利他的である道徳的感覚や自己存在の虚構の完全性への要
求に基礎付けており、意志を規定する法則を意欲の対象から与えら
れる他律とするに対し、自律とは意欲の対象の性質に依存すること
なく意志がそれにより自己自身にとって法則であるところの、意志
の性質・構造であるとしている。本来的である自己存在が規定する
法則に自己自身が服従するのであるから、自律的意志は自由である
自己目的によるところではあるが、しかし乍ら、人間存在は意志が
感性系により触発されもする有限的理性主体であることから、専ら
理性機能のみにより規定される所謂純粋意志・自律的意志は、実現
せらるべく課せられた理念としてのみある。

　しかし、本来的といえる自己存在が規定する法則とはいうも、対
他的に規定された対自的態様をなす自己存在により構築されている
所産でもある限りに於いて、意欲の対象となるものの性質に依存し
ない意志を仮定するとしても、それは自己回帰的に対他的関係変数
を経由して自己依存していることになろう。仮に意志がそれ自身に
とって法則であるならば、服従すべき自己存在に対する依存度が促
進されゆくほどに、自己存在を顕在化せしめるために対他的関係変
数に対する依存度も逆理的に促進されゆくからである。その存立の
独在的傾向はそれ自体の依存的動因に自己回帰されるとともに、そ
の存立の依存的傾向はそれ自体の独在的動因に自己回帰されるため
であり、自律の作用はそれ自体に内在される他律の機能態様を力動
概念としつつも、他律の作用はそれ自体に内在される自律の機能態
様を力動概念ともするためである。また、スコラ哲学に於いては、
神の概念規定を以って他在を排斥し、自己自身のみによる存在であ
る自己原因として定義しており、或いはまた、スピノザ：Ｂａｒｕ

ch＿De＿Spinozaによると、実体（実在）の概念規定を以って自己存在として規定されているが、自己原因とはその本質規定が存在規定を包含するものなどを示唆するという。それはとまれ、自己原因の定義としては、自己自身の存立がそれ以外の他在により制約されていないこと、即ち自己自身のみが自己存在の原因をなしてあることを意味していよう。然るに既述にて明証している通り、所謂神などに象徴される絶対的存在乃至完全概念の客観上には成立しえないことが、絶対的に確実である以上、全体概念である相対系をなす相対的モメントとしての自己存在はなべて、自己自身を本質規定の原因とする自己原因であることにより自己自身に依存するが、依存される自己存在は相互否定（収束）作用しあう他在との関係変数に依存してもいる。あらゆる特殊時空間的モメントは、自己回帰的である関係変数の帰結現象として自己存在を更新されるためであり、したがってそのことは、あらゆる自己存在それぞれの対他的且つ対自的関係変数にあって等しく成立する原理でもある。

　このように自己存在の自己依存という自立観念をなす主観観念に関しては、哲学史上の学説及び道徳論や宗教的倫理観の相互矛盾と相互連関の如何により、もしくはそこに根差した主観的表象に対する反映などからも、様々の概念規定がなされてきている。そのことはまた、自己依存として定義せらるべき自立観念が、可動の端緒となる対象的知覚を同時点の客観概念とも等しくするにせよ、それ自体の本質規定に於いては、最終的には公理の恒真性を追究する客観概念ではなく、つねに相対的且つ可変的に作動する主観観念としてのみ成立する対自的態様、即ち自由選択されるところの善悪乃至当為と無為乃至虚無による自己回帰的である相互否定関係からの自己統一であることに帰因する。宗教上のDogmaやその他のあらゆる倫理観を肯定することと否定することは、相互矛盾しあう関係変数を示唆するほどに相互依存しあう自己運動でもあるからであるが、そのような対他的且つ対自的である相互矛盾と相互依存の関係

変数よりして、相互の本質規定のうちに自己回帰される向自的態様としての自己依存の自立観念にＡｕｆ－ｈｅｂｅｎされているのである。かかる主観観念の移行作用に於いては、客観的追考により無限の恒真性が証明されうる客観性フィルターではなく、瞬間生滅をなす実存規定上の現象学的経験を通じて一意に移行する自己内の主観性フィルターにより推進されるところであり、その向自的態様をなす自己内反応を構成する主観観念が自己依存の態様にあるが故に相違ない。

　また、主観観念はつねに、主観的精神現象の運動・作用に相互対応しつつ変化・動向する。もとより、主観観念は主観的精神現象の状態遷移により、主観的意識内容乃至対象として脳内形成されるイメージレベルであるからであり、且つ主観的精神現象の運動・作用は主観観念の内的イマージュの機能態様として収束されるからでもある。そのことと同様に、客観概念はつねに、客観的精神現象の運動・作用に相互対応しつつ変化・動向する。もとより、客観概念は客観的精神現象の追考過程上のグレードにより、客観的把捉態様乃至対象として脳内生成される認識レベルの状態関数をなすからであり、且つ客観的精神現象の運動・作用は客観概念の統覚作用として収束されるからでもある。客観作用と主観作用が相互間に呼応しあう以上、したがってまた、客観概念に主観観念が呼応して状態遷移するということは、同期しつつ客観的精神現象に主観的精神現象が呼応して運動・作用することと同義である。

第Ⅳ節 主観的精神現象

ⅰ＞観想作用：倫理観

　超自我における主観性フィルターを展開する運動自我の態様をなす主観的精神現象は、特殊時空間上の［客観的］実測値には拘束されない主観作用の運動現象ゆえにRandomの動作傾向を示す。（そのこと自体がまた客観的事象につき、当該の主観的精神現象の特殊時空間上の［客観的］実測値を形成するのではあるが）但し、弁証系プロセスの遂行下にあっては、客観性フィルターの動向にCNSの注意能力が集中化されるため、主観的精神現象の推移は客観的精神現象の追考過程上のグレードにリアルタイムに呼応する。このことから、本節における認識レベルに妥当する客観的精神現象が、自然科学統一理論的表象規定／社会科学統一理論的表象規定を契機とする相対系の原理研究、即ち当該の研究自体に対する科学哲学の表象規定をなす追考フェーズである空間理論／時間理論以降の反定立態様をなす学術上の弁証系レベルに相当する以上、超自我における真理値以外の価値システムを反映する主観的精神現象はまた、当該の段階にあって、特殊時空間的モメントにおける生滅現象レベルの公理的規定性、即ち科学哲学（空間理論／時間理論）以降の反定立態様をなす学術的階層に対応する主観的アクセスレベルにあることになる。したがって、客観的精神現象の認識レベルの態様が、相対系システムにおける生滅現象の概念的追考レベルの＜空間理論：精神分析学／現象学／現存在分析⇔時間理論：弁証系理論／歴史学／実存的考察＞による学術上の概念規定を構成する相互否定関係よりして、その自己同一による無限の自己回帰をなす瞬間生滅を対象とする追考レベル、即ち＜実存理論＞という理論的系譜へと移行されることに伴い、主観的精神現象の運動態様とても、当該同一の対象的知覚に対する主観的アクセスレベルの状態関数を、客観的精神

現象をなす認識レベルに呼応する作用工程にて遷移せしめざるを得ない。

　しかし、相対系自体との同一性を表示する真理値以外の価値システムを反映する主観的精神現象は、その運動態様自体により相対系を主観観念に符合せしめる必然性をなさないため、つねに相対的・可変的にしてRandomの対応性向を具有している。また、主観的精神現象が客観的精神現象の認識レベルの推移過程に呼応しあうことから、同時点の超自我における真理値以外の価値システムを反映する主観観念と、その運動的系譜として主観性フィルターを展開する運動自我の態様をなす主観的精神現象はまた、当該の主観作用プロセスにあって、無限の相対系における有限の実存機構を体現する瞬間の生滅原理、即ち一般及び特殊空間と一般及び特殊時間に対し覚醒されている工程にあることになる。尤も、当該の主観的精神現象の規定性が客観的精神現象の規定性に呼応しあうとはいえ、主観的精神現象自体の移行パターンにはロジカル属性をなす通信経路を具有するわけではないので、超自我における主観性フィルター及びそこに相互連動しあうエス＜イド＞の本能的欲求値が、当該の時点に於いて構成する状態関数に負うところが多い。対象的知覚に対する客観的精神現象上の認識レベルが、一般及び特殊空間と一般及び特殊時間の概念規定に覚醒されている工程に於いては、主観的精神現象そのものの内的機構が客観的精神現象の状態関数により触発されることを動因として、却って自律的に作動せしめられるため、しかる主観的精神現象に対する力動概念がエス＜イド＞における生本能及び死本能を活性化することにより、一般及び特殊時空間上の覚醒レベルが成立していることを示す。但し、しかる状態関数の構造因子には相対的である個体差のある主観性の属性が具備されているのであるから、その観想作用が絶対的に規定されることも普遍的に妥当することもなく、飽くまで自己内にのみ表象される一意にして相対的・可変的である自立観念の自己運動・変化プロセスではあ

る。

　如上にみる通り、主観観念の示す態様はつねに、主観的精神現象
のそれと対応して推移する。超自我における主観性フィルターに成
立する自立観念の態様レベルである主観観念に対し、しかる主観観
念そのものの自己運動プロセスとして展開される主観性フィルター
の規定態様を主観的精神現象がなすためである。客観性フィルター
に成立する、一般及び特殊時空間上の自覚に於いて覚醒している主
観的精神現象に於いては、一意の特殊時空間上の生滅規定がそれ以
外のいかなる特殊空間上の座標系でなく、且つそれ以外のいかなる
特殊時間上の時点でもなく、またそれ以外のいかなる実存的モメン
トでもない自己存在の自立観念が生成されているから、それが延い
ては、個人乃至個体概念としての主観的思想・立場に根差したＩＳ
Ｍ乃至イデオロギーを形成しているのでもある。客観的もしくは学
術的である立場からの公理的制約を捨象することにより、各々の個
人乃至個体概念としての観想作用に成立する自己存在の規定性を自
由選択することに他ならない。そこに何程かの社会的規範性や公共
公平性を伴う場合があるにせよ、たとえば、社会制度としての憲法
乃至法体系が実際上の活動の選択肢を拘束するに比して、ＩＳＭ乃
至イデオロギーにより規定されうる対象としては、必ずしもその現
実的反映をも前提しない自由の自己存在であるといえるからであ
る。

　客観的精神現象の同時点の状態関数により規定されるとはいえ、
絶対的確実性もしくは論理的精度を以って規定されうる客観的基準
を具備しない以上、このような主観的精神現象そのものの動向ヴェ
クトルには不定のパターンが成立しよう。しかる端緒となる主観的
精神現象の即自的態様をなす観想作用は、不定であること、即ち無
規定の規定性に於いて自由選択される最も単純といえる倫理観であ
ることになる。主観的ＩＳＭ乃至イデオロギーにおける最も端的と

いえる態様は、自己内的に自由選択されうる善悪乃至当為の規範を
いかにして附与するか、そのような自己存在の主観作用における現
象学的媒体としての倫理観に通じているためである。特殊空間の一
意性をなす客観的精神現象の認識レベル、即ち空間理論＜精神分析
学／現象学／現存在分析＞に対応する主観的精神現象の初期状態に
於いては、最も単純にして相対的・可変的である自己存在そのもの
の是非に対する疑問としてあり、決して断定しえない善と悪・当為
と罪悪の概念的弁別がその存在規定における一意性を表象する観想
作用にあるが故に相違ない。つねに相対的・可変的である関係変数
をなす無辺の他在との対他的関係により規定されつつも、自らもま
た一定することなく変動し続ける存在上の態様として、無限の特殊
空間の相互連動にあって孤立せる一意性である自己存在、そのよう
な自立観念を表象する現象学的媒体の方向性乃至指向性には一概に
安定した規準が成立しないから、そもいかなる観想作用の内実を
以って倫理観となすか、善悪の概念的規定作用に対する主観的価値
システムとても無限の方向性乃至指向性が想定されよう。善と悪の
概念規定は相互間に表裏の規定性を具有しており、一方が明示的に
提言されることはその反対の内実に於いて、そのまま他方が明示的
に提言されていることをも示唆するところであり、ともに相対的・
可変的乍らも共通の観想作用を逆理的に規定しあっていることにも
なる。

　主観的精神現象における倫理観は、当該の態様にある主観的精神
現象の観想作用として形成されるところであるが、そのこと自体の
対象にして力動概念として表象される善悪の自由選択の規定性の自
立観念とも対応性なしとしない。当該の主観観念をなす善悪の自由
選択の規定性との相互連動により主観的精神現象に表象されるので
あるが、そのことを動因として社会的規範意識に体現される成果物
としての倫理及び道徳の定義とても画一的ではない。社会現象乃至
事実関係として把捉すれば、倫理及び道徳は特殊時空間上の状態関

数を反映されている、つまり或る特定の時代と特定の社会制度にお
ける特定の精神主体により承認される行為の準則の全体であるとい
える。したがって、倫理及び道徳は多様の習俗や慣習等と密接する
関係性を形成しており、かかる側面に於いては、倫理及び道徳は時
代的条件に応じて変遷もしくは変革されるとともに、民族・地域・
環境等の社会的条件によっても影響されている。また、倫理乃至道
徳は何等かの習俗等により限定された規則や罪悪感などによる自意
識的或いは社会意識的圧力を内在するものの、国家及び公共団体等
の明示的である承認単位による外的強制力を具備しないことは、法
令等の社会的規範とは相異なる点である。しかしまた、個人乃至個
体概念の意識や意志形成に働きかける内的規範として把捉すれば、
倫理及び道徳は無条件に全人類に妥当するとみなされる行為の準則
の全体でもある。倫理乃至道徳はかかる側面に於いては、寧ろ多種
多様の宗教上の戒律と密接に連携することにより、善悪の判断規準
や行為へと内的に促す主体的動機とても左右されよう。とはいえ、
それぞれの個別宗教に特殊化された絶対神の概念形成と、それに対
する信仰乃至信教の意志過程の体系化としてのＤｏｇｍａを必ずし
も前提しないということが、宗教という社会的規範とは相異なる点
でもある。

　敢えて倫理乃至倫理観を個人的見地／社会的見地より分類するな
らば、前者は個人乃至個体概念が自己自身を律するための主義や主
観的道徳意識であるに対し、後者は風習・制度・法・組織等に客観
化された社会規範としての道徳意識、したがって、個人的倫理に対
する社会的倫理としての人倫を意味しよう。つまり、人倫は人間一
般に共通する共同規定性としてあるとともに、これを可能ならしめ
る秩序・道義・道理等の機構をも示唆している。人間存在の個人性
と社会性の統一を意識しつつ、人間存在を行為的に連携する関係変
数として把捉することにより、そこに主体的・実践的に実現される
倫理を自覚しようとする学説もある。尤も、もとより倫理乃至倫理

観の概念規定自体が自己存在とあらゆる他在との関係性を対象範疇とする以上、単純に個人的範疇のみに特化した道徳意識など成立しうべくもないのだが、しかる人倫との概念的相異点としては、善悪の判断や当為の根拠としての、特定の風習・制度・法・組織等を前提する道徳的規範が人倫に相当する。人倫はそれゆえ、法的規範や宗教的規範の潜在的理念を構成する内在的素因でもあるが、特定の規範や制度や組織等という特殊時空間的に限定された対象範疇内に於いてのみ機能しうるため、その作用領域はつねに有限のカテゴリーに制限されるに対し、寧ろ個人的倫理は、その機能の前提となる明示的である対象範疇を保持しないことから、作用領域の制限は特段にないともいえよう。また、ヘーゲル的精神哲学によれば、人倫は客観化された理性的意志として、家族・市民社会・国家等に展開され、とりわけ国家は家族と市民社会の統一態様としてあり、自覚された人倫的有機体にして自由の完成された現実性であると断定しているが、然るに実のところ、国家の成立とその動向をなさしめる根拠は人倫ではない。国家とても自然現象をなす人間存在の集合体としてある以上、その根源的といえる力動概念は人間及び精神主体の先験的である本能的欲求値にまで遡及されなければならず、したがってその本能的欲求値を反映する経済関係が国家の成立と動向の本然的根拠をなしているはずである。ゆえに人倫は寧ろ、そのような経済関係及び社会経済構造を動因として形成される政治的・法制的等の諸社会関係に対する、内在的である制御装置をなす理念の構成素子として機能するところではある。

　倫理及び道徳等は社会単位内における人間関係を規定するところの規範・原理・規則の集合体であるが、また追考作用上の当該の工程にある主観的精神現象による観想作用として、現象学的といえる性質をなす倫理観が構成される。倫理学はこのような規範・原理・規則に関する分析及び解釈の学乃至理論であり、古来よりそれは論理学や美学とともに広義の哲学理論の部門とみなされている。アリ

ストテレス：Ａριστοτέληςは、知性的徳に対しての倫理的徳を弁別し、後天的である習慣により獲得せらるべき徳の原理の探求をその主題としており、かくて倫理学は生活態度乃至行為に関する分析及び解釈の学乃至理論ではあるが、そこには個人の行為原理としての狭義の道徳とともに、習俗や人倫の発展に関しての社会哲学や歴史哲学をも内包されている。そして、より限定的に行為や生活上の善悪を判断する学術的分科としては、その規準としての価値や義務に関する分析及び解釈の学乃至理論とも考えられるが、しかし一般に生活態度の類型もしくは行為や道徳律の一連の規則としての倫理学と称せられる学術的分科は、それぞれの時代社会に於いて人間関係に形成されている道徳意識・倫理観を理論的に体系化しようとするところでもある。

　倫理乃至倫理観の起源・目標・規範を考察するに際し、まず二種類の相互対立する見地がある。とりもなおさず、それらのことを永劫・不変・絶対という概念規定として断定する先験主義乃至絶対主義の立場と、これに対し歴史的・発展的・相対的という概念規定として解釈する経験主義乃至自然主義の立場である。前者の見地に於いては、道徳律乃至当為を人間存在に先験的に具備される＜純粋直観＞＜実践理性＞＜道徳的感覚＞等と称せられる精神的部位により把捉されることとし、後天的である経験作用により左右されない絶対的である倫理及び道徳として主張する。プラトン：Πλάτων、カント：Ｉｍｍａｎｕｅｌ＿Ｋａｎｔ、ハッチソン：Ｆｒａｎｃｉｓ＿Ｈｕｔｃｈｅｓｏｎ等に代表される立場であるが、然るに、そこに主張されている永劫の倫理観や道徳原理そのものの内容とても、当該の所属していた時代や階級・制度等による影響をも免れてはいない。その他方、後者の見地に於いては、倫理乃至倫理観を孤立的である現象態様として絶対化することなく、経済・政治・法などの人間社会の諸側面との相互連関に於いて発展的に理解しようとする。たとえば、ロック：Ｊｏｈｎ＿Ｌｏｃｋｅは人間の精神概念

を白紙に準えて善悪の自立観念の相対性を説明しており、またフランス唯物論の立場からも倫理及び道徳の先天性を論理的否定されている。あらゆる生物体は出生とともに遺伝子（ＤＮＡ／ＲＮＡ）による遺伝情報を継承し、その因子型として保持する形質と個体上に発現される形質との関係変数が当該の個体概念としての性質に反映されるため、人間等の精神現象が本来的に白紙の状態関数にあることはありえないが、しかる相対的・可変的である精神機能により形成されてくる倫理観もまた、特殊時空間上の状態関数により不断に影響されることから相対的に変動するのであり、決して画一的に一定した内容ではありえないことは客観的事実である。更にまた、マルクス主義に於いては、倫理及び道徳をも人間社会の生産関係に根差した社会意識、即ちイデオロギーの一形態として考察している。そのこと自体は、倫理及び道徳の具有する属性としては、されば傍系的属性にして本質的属性ではないのであるが、とはいえ倫理及び道徳に対する改造を社会の変革とも連携された実践的である課題として提起するものでもある。

　倫理及び道徳の絶対性及び先天性を主張する立場は、それとともに個別宗教上の背景を内在する傾向にもある。倫理及び道徳の自律性を力説しているカントでさえ、宗教的見地より道徳律を神の至上命令として認識するよう解説している。かかる絶対主義或いは先験主義の立場は一般に、倫理的関心を可能である限り利害もしくは功利から隔離しようとするので、結果として功利主義との関係性に於いても対立せざるを得ない。そしてまた、外的である行為実現の結果を主眼とする倫理観に対立して、専ら内的意図及び動機のうちに倫理及び道徳の本質規定を求める立場を採らざるを得ないはずである。このような立場はしかし、抽象的である人間性をのみ問題とする観念論的個人主義を踏襲するものであり、とりわけカント以降のドイツ観念論を特徴付けてもいる。これに反し、１８世紀イギリス及びフランスの倫理学上に於いては、一般に倫理及び道徳の経験的

且つ相対的である性質を認識するとともに、人間社会の成立における倫理及び道徳の役割を分析してもいる。たとえば、マンデヴィル：Ｂｅｒｎａｒｄ＿ｄｅ＿Ｍａｎｄｅｖｉｌｌｅは個人の利己心を動因とする悪徳が社会生活を成立させるものであるとし、フランス唯物論もまた、快・不快の感覚に帰因する自愛より発して公共の幸福の増進としての倫理及び道徳を説き、更にはベンサム：Ｊｅｒｅｍｙ＿Ｂｅｎｔｈａｍは善の尺度として＜最大多数の最大幸福＞を功利主義的に提言している。とはいえ、このような見地とても、未だ所謂市民社会を原子的である諸個人の集合体と位置付けており、その生産関係及び階級関係については度外視するものではあるが、人間性一般からの先天的・宗教的である見地に比して、特殊時空間上の状態関数により規定される相対的・可変的である人間性を意識するものとはいえよう。

　もとより人間及び精神主体の意図と行為、或いは心術と実践結果は密接する内的連関にあるため、それら相互を絶対的に隔離して考察することはできない。また、倫理乃至倫理観は必ずしも功利や利害を一概に排斥するところではなく、寧ろより広範の生産関係及び階級関係を救済するための功利や利害としての社会的立場を追究するところに成立するのでもある。功利や利害もそれ自体、自由競争による弊害を発生及び助長せしめる危険性を孕みつつも、相対的には人間存在を救済しうる側面をも内在することよりして、当為を促進する力動概念ともなりうるためである。国家という単位の社会体制に対する考察とともに、このような人間社会の内部連動に於いては、個人乃至個体概念の心術や行為とても、階級・搾取・戦争など社会関係の本質規定を回避して究明することはできまい。しかし乍ら、倫理乃至倫理観に反映される特殊時空間上の関係変数は、当該の地球上における現代の人間関係という限定されたカテゴリーにのみ制限される必然性がないため、基礎的認識としては、人間存在とそれ以外の動植物及び有機／無機物質、もしくは当該の地球環境と

は別なる天体における精神主体との関係性に於いても成立しうるはずではある。したがって、都市計画や森林開発、農業・林業・漁業等の分野の方向性にも倫理及び道徳の規範が作用することになり、たとえばまた、宇宙開発をも包摂する自然環境に対する人間及び精神主体の心術と行為に対しても反映されなければならないのである。

　このように主観的精神現象の当該の工程に相当する倫理乃至倫理観に関する定義には、先験主義乃至絶対主義と経験主義乃至自然主義との相互否定関係の他、社会体制や時代背景等の条件を異にすることにより、もしくは個別宗教的対立などの観点からも、様々の概念規定がなされてきており、相互間に矛盾し否定・収束せしめあう観想作用の内実がともに倫理観として成立することもありうる。そのことはまた、倫理観として定義せらるべき観想作用が、その可動の端緒となる対象的知覚を同時点の客観概念とも等しくするとともに、それに対する客観的精神現象と同期されるにせよ、当該の観想作用自体の本質規定に於いては、最終的には公理の恒真性を追究する客観概念及び客観的精神現象ではなく、つねに相対的且つ可変的に作動する主観観念に相互連動する主観的精神現象としてのみ成立する即自的態様であることを意味する。倫理観や道徳意識の形成に於いては、弁証系プロセス上の追考処理により無限の恒真性が証明されうる客観性フィルターではなく、特殊空間上の現象学的経験を通じて一意に変化する自己内の主観性フィルターにより推進されるためであり、その即自的態様をなす自己内反応を構成する主観観念に相互連動する主観的精神現象が、倫理観の規定性にあるが故に相違ない。

　また、主観的精神現象の運動・作用はつねに、主観観念の態様に相互対応しつつ移行される。もとより、主観的精神現象の運動・作用は主観観念の内的イマージュの機能態様として収束されるからで

あり、且つ主観観念は主観的精神現象の状態遷移により、主観的意識内容乃至対象として脳内形成されるイメージレベルであるからでもある。そのことと同様に、客観的精神現象の運動・作用はつねに、客観概念の態様に相互対応しつつ動向しゆく。もとより、客観的精神現象の運動・作用は客観概念の統覚作用として収束されるからであり、且つ客観概念は客観的精神現象の追考過程上のグレードにより、客観的把捉態様乃至対象として脳内生成される認識レベルの状態関数であるからでもある。客観作用と主観作用が相互間に呼応しあう以上、したがってまた、客観的精神現象に主観的精神現象が呼応して運動・作用するということは、同期しつつ客観概念に主観観念が呼応して状態遷移することと同義である。

ⅱ＞観想作用：ニヒリズム
＜Ｎｉｈｉｌｉｓｍ＞

　客観的精神現象の同時点の状態関数により規定されるとはいえ、絶対的確実性もしくは論理的精度を以って規定されうる客観的基準を具備しない以上、このような主観的精神現象そのものの動向ヴェクトルには不定のパターンが成立しよう。その端緒となる主観的精神現象の即自的態様としての観想作用をなす倫理観は、然るに不定であること、即ち無規定の規定性のうちに当為の規準が自由選択されるため、いずれの倫理観とても善悪を判断するための根拠となる前提条件が相対的である妥当性しか具有しえず、絶対的もしくは普遍的に適合する規範とはなりえない。たとえば、等しく基督教にあっても、旧教：Ｋａｔｈｏｌｉｋ／新教：Ｐｒｏｔｅｓｔａｎｔでは［とりわけ宗教改革上の意義にて］Ｄｏｇｍａに対する解釈が必ずしも一致しえないのみならず、かかる双方のＤｏｇｍａと、基督教自体を否定するニーチェ：Ｆｒｉｅｄｒｉｃｈ＿Ｗｉｌｈｅｌｍ＿Ｎｉｅｔｚｓｃｈｅの権力意志及び超人思想が、それぞれに或る倫理観として相互否定作用しあいつつも併存しうる事象等にもみられる通り、相互矛盾関係にある相異なるＩＳＭ乃至イデオロギーとても各々に道徳的規範として成立しうることから、当為の動因となる善悪の判断そのものに於いて、つまるところそれ自体の正当性・妥当性が虚無に帰せられることによるニヒリズム：Ｎｉｈｉｌｉｓｍが本来内在されているといえる。そのことはまた、いかなる制度・慣習・環境等の特殊空間的因子のもとに、且ついかなる歴史・時代・経緯等の特殊時間的因子のもとに反映され規定されようと、そこに当為及び倫理観として自由選択される生の規準はその排他的に確立されえない本質規定ゆえに、なべて生の規準自体が無の価値観に帰せられるとする主観観念における無為観と相互連動しつつ、意識プロセス上に顕在化されゆく。さればこそ、相対的・可変的であるＫｈａｏｓ状態の様相には自律的である規範が期待されるにも拘わら

ず、規範という概念規定そのものが相対的・可変的である属性を具有しており、かかる主観的精神現象における倫理観とニヒリズムの関係式は、いずれが前後することなく相互矛盾しあいつつ反定立されるのである。

　主観的ＩＳＭ乃至イデオロギーにおける対他的且つ対自的である態様は、自己内に於いて自由選択せらるべき相対的・可変的である倫理観に対し、そのような主観的精神現象における無規定の規定性に起因するところの、自己回帰的である自己否定（収束）作用としてのＮｉｈｉｌｉｓｍに通じている。客観概念上の特殊時間の一意性に対する認識態様に対応する客観的精神現象をなす認識レベル、即ち時間理論＜弁証系理論／歴史学／実存的考察＞に対応する主観的精神現象の対自的状態関数に於いては、即自的にして相対的・可変的である自己存在の自由選択に対する自己否定・収束としてあり、決して断定しえない善と悪・当為と罪悪の概念規定が、当該の自己存在自体の規定性における無規定的である一意性を表象する観想作用にあるが故に相違ない。つねに相対的・可変的である無辺の他在との対他的連動により規定されつつも、自らもまた絶対的に一定することなく運動・変化し続ける存在規定の態様として、無辺の特殊時間相互の無限因果的連動にあって一意の状態関数をなす自己存在、そのような自立観念を表象する現象学的媒体の方向性乃至指向性には絶対の基準を具有しえないから、そもいかなる観想作用を以って倫理観となそうとも、倫理観自体の不定の当為規定が自己否定・収束されることによるニヒリズムの、概念的規定作用に対する主観的価値システムとても無為乃至虚無に帰せられる方向性乃至指向性が想定されよう。当為と無為の概念規定は相互間に表裏の規定性を具有しており、一方が明示的に提言されることは同時点の反対の内実に於いて、そのまま他方が明示的に提言されていることを示唆するところであり、ともに相対的乍らも共通の観想作用を逆理的に規定しあっていることにもなるのである。そのことはまた、した

がって、主観的精神現象における相互矛盾関係をなす倫理観とニヒリズムが逆理的に規定しあうことにより、相互間における反定立関係が顕在化されてあることをも意味している。多様の当為の方向性乃至指向性が自由選択される倫理観の無規定的規定性に対し、そのような倫理観及びしかる観想作用にある自己存在を無為乃至虚無として規定するニヒリズムは、つまるところ規定すべき方向性乃至指向性を具有しえないために規定的無規定性をなすが、しかる態様にこそ方向性乃至指向性の自由選択せらるべき動因となる構造因子が内在されており、かくて相互矛盾しあう観想作用は相互依存することにより反定立しあうためであるといえる。

　主観的精神現象におけるニヒリズム：Ｎｉｈｉｌｉｓｍは、当該の態様にある主観的精神現象の観想作用として形成されるところであるが、そのこと自体の対象にして力動概念として表象される無為乃至虚無の自立観念とも対応性なしとしない。当該の対応する主観観念をなす無為観との同期的連動により主観的精神現象上に表象されるのであるが、その他面に於いては、存在論的にではなく価値論的に問題とされる無為乃至虚無が、ニヒリズムとしての概念規定をなしていることによるのでもある。その本来の意義としては、いかなる事象も物質系とても客観的には実在しておらず、精神機能に基づいて認識することもできず、或いは何等の価値をも具有しないとする学説乃至ＩＳＭに相通ずるが、ニヒリズムの思想的系譜は当該の地球上にあっては古代ギリシア以降にみられる。たとえばそれは、ゴルギアス：Ｇｏｒｇｉáｓ（ソピステス）は三種のテーゼ、即ち＜１＞何ものも存在しないこと／＜２＞存在するとしても、それを知ることができないこと／＜３＞知ることができたとするも、その知識を他者に伝達することができないことを主張したが、その真意は弁論術・修辞学上の詭弁ともされている。また、中国における老荘思想、もしくは仏教にみられる空の思想等に関しても、広義におけるニヒリズムに相当するものとはいえよう。

これまでニヒリズムが哲学的問題として取り扱われたのは、主としてニーチェの権力意志及び超人思想に於いてであるが、またツルゲーネフ：Иван__Сергеевич__Тургеневの小説中に於いても援用され一般化されている。そこにはインテリゲンチャ層の一典型が表現されているともいえるが、この場合には、ニヒリズムは極端ともいえる合理主義の立場よりして、既成の倫理観や伝統的である宗教・慣習・制度等に反抗しつつ、且つこれを破壊しようとする主張及び思想として解釈されている。そのことは社会運動にも連携せしめられ、進歩はすべての社会的乃至政治的種類の組織の破壊を通じてのみ可能であるという信念となり、１９７０年代ロシアの革命運動等を左右するにも到っている。ニヒリズムに特徴的である否定・収束と反逆の精神構造が社会体制に対して発せられた事例に他ならないが、また他方に於いては、ドストエフスキー：Фёдор__Михайлович__Достоевскийなどはこれを自己内的に認識し、当代のニヒリズムに於いて拠りどころとしていた合理主義乃至科学的認識そのものをも論理的否定するとともに、神の実在性をも論理的否定しようとしつつも、論理的否定しきれずにいる現代の自己矛盾にニヒリズムを見いだそうともしている。そのような見地におけるニヒリズムを自己存在のうちに体得し、自ら克服しようと自覚的に実践することを試行しているのがニーチェ哲学ではあるが、それ以前にもデカダンス：Décadenceと称せられる文学派等も文明の危機・市民社会の分裂、それに伴う人間の尊厳や価値の喪失を自覚的に把捉し、絶望の深淵に迫ろうとしている。また、生に対する意志の否定を主張する厭世観（ペシミズム：Pessimism）は、唯一者の概念規定の前提となる創造者的虚無を力説するシュティルナー：Max__Stirnerとともに、ニーチェ理論に対し先駆的に影響を及ぼしてもいる。ニーチェ理論におけるニヒリズムの自覚は＜神の死＞という時代への診断に含意されているが、ここでの神の否定とは、そもそもあらゆる＜神＞が人間自身の創作したはずの作品であり乍ら、しかる人

為的作品たる神の意義を人間存在以上の絶対的存在乃至完全概念として信仰することにより救いを求める、自己矛盾的対象としての＜神の死＞に他ならない。更にはまた、理性の否定、即ち人間自身が信仰し絶対性を附与したとされる理性の概念規定も、その実は意志の所産及び手段をなすにすぎないことをも意味しており、この二点により当該のニヒリズムは特徴付けられている。かるがゆえ、しかく生の目的は喪失せられ、そのために自己存在の全体とその統一規定が破壊せられて、存在の価値・意義のみならず存在自体をすら猜疑せしめられるに到る。そのことは時代の必然として解説されており、即ちそれは、キリスト教的道徳により支配せられる世界を手ずから没落せしめつつ、しかる極限状況にあってこそ権力意志を自覚することにより、ニヒリズム自体をも克服しようとする哲学的立場である、といえる。

　ニーチェ理論の中核をなすニヒリズムは、既成の宗教及び社会的秩序の没落を促すとともに、権力意志の思想を通じて虚無の本質規定を克服する自己生産的である契機をも内包しているが、その他方に於いては然し、自国の目的のためには他民族をも排斥する権力政治が横行する時代も実際上には展開されてきた。ファシズム・ナチズム等の勃興がそれであるが、本来の哲学理論の意図するところとは直接の関連性さえもないのだが、もとより国民感情を昂揚せしめるための洗脳用ツールとして、当該理論が意図的に曲解させられて政治的利用されたにすぎず、無為乃至虚無としての自己存在を自覚して克己しようとするニーチェ理論との本質的といえる整合性はない。とはいうも、そのようなニーチェ的ニヒリズム自体とても、絶対的存在乃至完全概念としての神を論理的否定せんとしているにも拘わらず、その他方に於いては、＜超人＞という絶対概念を別途仮定することによる論理的矛盾を解消しえず、哲学理論上の不整合を自ら内在するところとはなっている。而してまた、かかる政治的乃至社会的情勢を反映して動揺する利那的である享楽主義や、公序良

俗及び公共公平の理念等に無関心である利己主義のほか、現実意識からの逃避行為や諦観・無気力等という社会心理現象を一括して虚無主義と称せられる場合もまたある。これらの場合のニヒリズムは蓋し、いかなる生産的契機をも含意しない、単純に自己否定的・非人間的である思想形態としてあるにすぎない、ともされている。

　このように主観的精神現象の当該の工程に相当する無為乃至虚無観：Ｎｉｈｉｌｉｓｍに関する定義には、そのこと自体に対し相互矛盾しあう倫理乃至倫理観との相互否定関係が前提されている。然るに他方、自由選択せらるべきいかなる倫理乃至倫理観にも絶対性・普遍性がない以上、あらゆる方向性乃至指向性ある当為を規定するＩＳＭ乃至イデオロギーが妥当しうるため、無為乃至虚無の観想作用を当為として規定するＩＳＭ乃至イデオロギーが仮定される場合、そのようなニヒリズムとても或る倫理乃至倫理観として成立することにもなる。したがって、しかる自らの当為としての規定性のゆえ、Ｎｉｈｉｌｉｓｍに成立根拠を求める逆理的である自己存在そのものに自己矛盾が内在されているから、社会体制や時代背景等の諸環境条件による反映とともに、倫理乃至倫理観との相互間に矛盾且つ否定（収束）作用しあうニヒリズム自体のうちに、倫理乃至倫理観としてあるニヒリズムに対する自己矛盾・自己否定関係の、観想作用の態様がＮｉｈｉｌｉｓｍとして成立するのでもある。そのことはまた、ニヒリズムとして定義せらるべき観想作用が、可動的に反定立しあう対象的知覚を同時点の客観概念とも等しくするとともに、それに対する客観的精神現象と同期されるにせよ、それ自体の本質規定に於いては、最終的には公理の恒真性を追究する客観概念及び客観的精神現象ではなく、つねに相対的且つ可変的に作動する主観観念に相互連動する主観的精神現象としてのみ成立する対自的態様であることを意味する。虚無観や無為認識の形成に於いては、客観的追考により無限の恒真性が証明されうる客観性フィルターではなく、特殊時間上の現象学的経験を通じて一意に変化する

自己内の主観性フィルターにより推進されるためであり、その対自的態様をなす自己内反応を構成する主観観念に連動する主観的精神現象が、Ｎｉｈｉｌｉｓｍの規定性にあるが故に相違ない。

　また、主観的精神現象の運動・作用はつねに、主観観念の態様に相互対応しつつ移行される。もとより、主観的精神現象の運動・作用は主観観念の内的イマージュの機能態様として収束されるからであり、且つ主観観念は主観的精神現象の状態遷移により、主観的意識内容乃至対象として脳内形成されるイメージレベルであるからでもある。そのことと同様に、客観的精神現象の運動・作用はつねに、客観概念の態様に相互対応しつつ動向しゆく。もとより、客観的精神現象の運動・作用は客観概念の統覚作用として収束されるからであり、且つ客観概念は客観的精神現象の追考過程上のグレードにより、客観的把捉態様乃至対象として脳内生成される認識レベルの状態関数であるからでもある。客観作用と主観作用が相互間に呼応しあう以上、したがってまた、客観的精神現象に主観的精神現象が呼応して運動・作用するということは、同期しつつ客観概念に主観観念が呼応して状態遷移することと同義である。

iii ＞観想作用：宗教観

　客観的精神現象の同時点の状態関数により規定されるとはいえ、絶対的確実性もしくは論理的精度を以って規定されうる客観的基準を具備しない以上、このような主観的精神現象そのものの動向ヴェクトルには不定のパターンが成立しよう。その端緒となる主観的精神現象の即自的態様をなす観想作用をなす倫理観は、然るに無規定の規定性に於いて当為の規準が自由選択されるため、いずれの倫理観とても善悪を判断するための根拠として絶対的或いは普遍的である妥当性がなく、相互矛盾関係にある別なるＩＳＭ乃至イデオロギーが各々に道徳的規範として成立しうることから、当為の動因となる善悪の判断そのものに於いて、つまるところそれ自体の正当性・妥当性が虚無に帰せられることによるニヒリズム：Ｎｉｈｉｌｉｓｍが本来内在されているといえる。そこに当為及び倫理として自由選択される生の規準はその排他的に確立されえない本質規定ゆえに、なべて生の規準自体が無の価値観に帰せられることの主観観念における無為観と相互連動しつつ、意識プロセス上に対自的態様として顕在化されゆく。さればこそ、相対的・可変的であるＫｈａｏｓ状態の様相には自律的である規範が期待されているにも拘わらず、規範の概念規定そのものが相対的・可変的である属性を具有していることから、かかる主観的精神現象における倫理観とニヒリズムとの関係性は、いずれが前後することなく相互矛盾しあい反定立されるのであるが、しかし無辺に自由選択される倫理観の本質的属性がニヒリズムの根拠となるとともに、ニヒリズムそのものが逆理的である方向性乃至指向性を具有する倫理観としても成立する。とりもなおさず、かかる両概念規定の反定立関係は、単純に相互否定することで収束せしめあうのみならず、それぞれの自己存在の力動概念に於いて相互依存しているところでもある。よって換言するに、いかなる社会環境及び時代遷移の相対的変数にあろうと、それぞれの自己存在の生の実体（実在）ゆえに相互矛盾しあう関係性に

あり乍ら、当該の当為に対しては当該の無為の、且つ当該の無為に対しては当該の当為の、各々に否定・収束せしめる矛盾概念の本質規定となすものが自己存在の本質規定へと自己回帰されることにもなる。

　主観的ＩＳＭ乃至イデオロギーにおける向自的である態様は、自己内に於いて自由選択せらるべき一切の相対的・可変的である倫理観と、しかる主観的精神現象における無規定の規定性に起因する自己否定（収束）作用としてのニヒリズムによる、相互矛盾することが相互依存を動因としつつ、相互依存することが相互矛盾に帰せられる関係性が、それぞれに極限値まで顕在化されることにより自己存在として止揚（揚棄）される宗教観に相通じている。倫理乃至道徳意識的に無為という方向性・指向性を具有するニヒリズムは、それ自体が逆理的に或る当為を内在する倫理観としても成立することにより、無辺に自由選択せらるべきあらゆる倫理乃至倫理観に自己矛盾を発動せしめるとともに、かかるニヒリズムは倫理乃至倫理観そのものの本質的属性に於いて具有される必然性にあるため、自己内における倫理観とニヒリズムによる相互矛盾即相互依存／相互依存即相互矛盾の主観的コンフリクトが促進されるが、しかる自己内的コンフリクトを統一しうる力動概念が自己存在及び一切の他在の範疇にはありえない以上、敢えて全能の絶対者という完全概念を仮定せざるを得ない。神仏・超人等、その無欠の人為的概念規定を前提とする宗教乃至宗教観への移行にしか、自己存在の相互矛盾／相互依存が極限値まで顕在化されたままに、相互の態様を止揚（揚棄）して自己統一しうる余地がないためであるが、そこに仮定されているいかなる絶対的存在乃至完全概念とても飽くまで人為的創出による成果であることは、また既述の通りである。またここで、止揚（揚棄）という運動規定はもとより、客観概念及び客観的精神現象上における弁証系プロセスに基づくところであるが、当該の工程に相当する主観観念及び主観的精神現象は同時点の客観概念及び客観的精

神現象の動向に依拠されるため、主観観念及び主観的精神現象に於いてもやはり、同様の弁証系プロセスが下意識レベルにて同期して作動しているに他ならない。

　瞬間生滅：実存概念の一意性をなす客観的精神現象の認識レベル、即ち実存理論に対応する主観的精神現象の向自的状態関数に於いては、対自的に反定立しあう倫理観とニヒリズムの相互矛盾／相互依存関係の自己統一としてあり、決して断定しえない善と悪・当為と罪悪の概念規定とその自己存在自体の規定性における無規定的である無為乃至虚無、及びその自己存在としての反定立関係を表象する観想作用が不可避の主観的コンフリクトにあるが故に他ならない。つねに相対的・可変的である無辺の他在との対他的連動により規定されつつも、自らもまた絶対的に一定することなく運動・変化し続ける存在の態様として、無辺の特殊時空間相互の無限因果的連動にあって生／滅する一意の状態関数をなす瞬間規定としての自己存在、そのような自立観念を表象する現象学的媒体の方向性乃至指向性に無辺の自由選択が成立することから、無規定的規定性を具有する当為を形成する倫理観と規定的無規定性を具有する無為を形成するニヒリズムによる、相互矛盾即相互依存／相互依存即相互矛盾の促進に伴う主観的コンフリクトを契機として、倫理観の当為規定とニヒリズムの無為規定との関係自体を統一する力動概念の、概念的規定作用に対する主観的価値システムとても、絶対的存在乃至完全概念という仮定に帰せられる方向性乃至指向性が想定されよう。主観的精神現象における倫理観とニヒリズムは、自己存在として相互間に表裏の規定性を具有しているため、一方が明示的に提言されることは同時点の反対の内実に於いて、そのまま他方が明示的に提言されていることを示唆するところでもあり、ともに相対的乍らも共通の観想作用、即ち双方の主観的コンフリクトをそのまま自己統一的に解放するための、絶対的存在乃至完全概念を前提するＩＳＭとしての宗教乃至宗教観を逆理的に規定しあっていることになる。

934　　　第Ⅳ節　主観的精神現象

そのことはまた、主観観念の移行プロセスとも同期して相互連動することから、自己存在により仮定せらるべき絶対的存在乃至完全概念及びそのＤｏｇｍａに対し、不可避的である自己依存を余儀なくされているのでもある。当為の方向性乃至指向性が自由選択される倫理観の無規定的規定性に対し、しかる倫理観及び自己存在を無為乃至虚無として規定するニヒリズムの規定的無規定性との関係自体が、自己存在により仮定される絶対的存在乃至完全概念及びそのＤｏｇｍａに対する、自己依存的規定性を反映する方向性乃至指向性をなす動因を内在している以上、かくて自己依存的に自己同一となる観想作用は宗教観として向自的に統一されるのである。

　このような倫理観とニヒリズムによる、相互矛盾即相互依存／相互依存即相互矛盾の促進に伴う主観的コンフリクトを動因として、自己統一的に解放する絶対者・完全概念を前提する宗教乃至宗教観が要請されることは、個別宗教及びＤｏｇｍａの相異により異なるところではない。原始信仰からキリスト教・仏教・イスラム教やあらゆる個別宗教、超人思想をも含め、如上の要請により人間及び精神主体が社会をなすところには何程かの宗教がつねに存立し、各宗教の個別の成立過程や神仏・超人等の絶対的存在乃至完全概念の表象、Ｄｏｇｍａの展開等に相異が生じるも、絶対的存在乃至完全概念と宗教そのものの成立根拠が同一に帰せられる以上、いかなる宗教上のいかなる絶対的存在乃至完全概念も宗教という文化形態に共通する本然の発生原因は同一であって、個別宗教上のそれぞれに発生学上の相異が存立するのみで、民族的動向・社会情勢や時代背景等の要因により個別宗教毎の表象内容が分岐されてきたにすぎない。しかる意義では、民族間に展開された史的経緯を敢えて捨象する限りに於いては、個別宗教間における教義的紛争など本来的には無意味であるとともに、その実は個別宗教上の対立を建前とした政治的・利権的対立にすぎない場合が大多数であるともいえる。いずれにせよ、あらゆる個別宗教に前提される絶対的存在乃至完全概念

が如上の主観的コンフリクトに基づいて要請されることは、いかなる表象内容をなす絶対的存在乃至完全概念も、それが客観的に実在するところの現実概念ではありえないことを示唆している。完全乃至全能という本質的属性を具有する概念規定が実在すると仮定せば、もとよりしかる概念規定そのものの成立根拠をなすはずの主観的コンフリクト自体の生じる可能性がなくなるためであり、且つまた、必然的に宗教文化が要請されている人間及び精神主体の社会構造に於いては、いかなる絶対的存在乃至完全概念の実在性も前提されえないからである。いかなる不可能も成立しないこととして、最後の他力としての拠り所とせざるを得ないはずの、絶対的存在乃至完全概念が既に客観的に実在しているのであれば、［なべての欠陥を排除して十全なる世界を構築することがあらゆる神仏の意志でないはずもなく、また全能ならばそれも可能であるはずなので］もとよりそれを改めて要請すべき必然性とてもないことになり、されば宗教という文化形態が現実上の人間社会に発生する本質的要因とてもないことになり、延いては主観観念上における絶対的存在乃至完全概念も主観的精神現象上における宗教観も成立根拠を喪失することともなる以上、絶対的存在乃至完全概念を要請する宗教文化があらゆる時代の人間社会に形成されるということ、しかる如上の事象が現存しているという客観的事実こそが、却って絶対的存在乃至完全概念の実在性を論理的否定する一因ともなるのである。

　主観的精神現象における宗教観は、当該の態様にある主観的精神現象の観想作用として形成されるところであるが、そのこと自体の対象にして力動概念として表象される自己依存的規定性の自立観念とも対応性なしとしない。当該の主観観念をなす自己依存的規定性との相互連動により主観的精神現象に表象されるのであるが、その実、自己矛盾的である自己存在自体に仮定される絶対的存在乃至完全概念に対する内的依存により、しかる自己矛盾と自己依存を統一せしめる宗教観としての概念規定をなしているのでもあるから。宗

教乃至宗教観に関する定義には諸説あるが、その概念規定をなすものとされる諸徴表としては概ね以下のように列挙されよう。＜１＞超自然的存在：絶対的存在乃至完全概念に対する信仰／＜２＞諸対象間の聖俗の弁別／＜３＞神聖とされる対象に連関する儀礼的行為／＜４＞超自然的存在：絶対的存在乃至完全概念により義認されていると前提される倫理観・道徳律の存在／＜５＞特徴的である感情作用（畏怖・神秘感覚・罪悪観念・崇敬等）が神聖とされる対象、或いは儀礼に伴い表象される傾向をなし、それらが神聖とされる対象の観念内容に相互リンクされていること／＜６＞祈祷その他、超自然的存在：絶対的存在乃至完全概念と交信する手順・形式の存在／＜７＞空の世界観や自己存在の虚無認識、世界における個人の位置に関する自覚があり、何等かの世界・内・目的とそれに対する個人の参与の仕方が提示されていること／＜８＞宗教的世界観に基づく諸個人の生活の組織化、及び集団の結成など。但し、宗教的関係をなす必然的構成は、飽くまで神と各個人との一対一対応の交信のみにあるものとされ、両者間に教会等の種々の組織や集団の介在することを否定する宗教観とても存立している。

　このような諸徴表は、多様に分化された宗教乃至宗教観に繁く認められるにしても、必ずしもそのすべての項目が全個別宗教に共通に具備されているわけではない。宗教の本質的属性や起源の研究は、特定の信仰に基づいて教理や歴史を研究する神学より、比較宗教学的研究に移行することにより客観的性質が顕著とはなってきたが、それにも拘わらず相互間に見解の一致しない多数の学説が成立していることも否めない。以下には、これまでに宗教に関する諸学説が経過してきた論争の系譜につき若干触れておくことにする。

　１９世紀中葉以降、フォイエルバッハ：Ｌｕｄｗｉｇ＿Ａｎｄｒｅａｓ＿Ｆｅｕｅｒｂａｃｈの人間学や、マルクス：Ｋａｒｌ＿Ｈｅｉｎｒｉｃｈ＿Ｍａｒｘのイデオロギー論は、いずれも宗教に関

する洞察を内包するものであったが、歴史学その他、人間及び精神主体の諸科学の学術的独立とともに、宗教はまた歴史的視野に位置付けられ、その起源が論究されるところとなった。広義の宗教学の分科でもある宗教史を細分化する場合、特殊宗教史と一般宗教史に弁別されている。現存する個別宗教は歴史的・社会的である規範的実体（実在）としてあるが、キリスト教・仏教・イスラム教等の個別の特定宗教分科が変遷してきた経緯を跡づけ、また個別宗教の内容が社会的歴史の経過に伴い変化せしめられた過程を客観的に記述する学乃至理論が特殊宗教史であり、教理史・教会史・寺院史・神社史等が包摂される。他方に於いて、各々の個別宗教の変遷にのみ特殊化することなく、ひろく諸宗教を政治・経済・科学等の文化事象との相互連関に於いて、包括的に記述しようとする分科が一般宗教史である。このような多種多様の史的宗教の包括的である記述学の機運を促された要因には、比較言語学・神話学・東洋学等の発展、古代宗教遺跡の発掘、原始未開民族に関する宣教師・旅行家の報告、考古学・民族学・人類学の未開宗教の研究などがある。それらにより、東西諸宗教の比較研究を可能ならしめる基礎資料が与えられたが、諸宗教間の比較という研究方法上の特色よりして、一般宗教史はまた比較宗教史とも称せられる。初期の一般宗教史は、個別的である諸宗教が共通の基盤から発生しており、漸次に歴史的経過に伴い個別化されゆくことにより、いかに様相と歴史的形態を異にすべく発展したかを記述する特徴を具有していたため、諸宗教の起源の問題・諸宗教に通有される共通的性質と差異的性質の識別・宗教の共通の起源から推移した経緯を発展の概念規定にて把捉し、その発展の法則性を追究すること等が課題となった。このような一般宗教史はしたがって、特殊宗教史の研究成果のうえに展開せらるべきものとも解釈されている。

　しかし、このような歴史的段階にあって、宗教研究は厳密といえる方法論的反省を欠如したまま、ヘーゲル哲学の他、コント：Ａu

ｇｕｓｔｅ＿Ｃｏｍｔｅ及び進化論の影響をも反映しつつ、判然と
した発展段階をなす存在規定を仮定する進化説が一定の論拠を具備
してきている。宗教史を一系的である進化の観念的である図式に於
いて把捉する理論が宗教進化論ではあるが、抽象的といえる人間心
理の発展段階に応じて合理的に経過しうる一般的進歩の観念と、新
規に更新されるほどに高次化されゆくことの価値評価が、その理論
的前提としてある。［いかなる文化的水準に位置するかは別として］
最下層には原始宗教、最上層には一神教としてのキリスト教の理想
形態が位置付けられることが一般的とされてはいるが、仏教が最上
層に並立させられることもある。たとえば、ヘーゲルは１８世紀の
宗教史論を基礎として宗教の精神発達史的図式を提示し、またコン
トは呪物崇拝・多神教・一神教という宗教上の発展段階を設定して
いる。他方、唯物史観に於いては社会発展の経済的基盤から宗教文
化の発達を社会科学的に明らかにせんとしており、また生物化学的
進化論上の直接の影響のもとに１９世紀後半からは種々の宗教進化
論が盛行したが、タイラー：Ｅｄｗａｒｄ＿Ｂｕｒｎｅｔｔ＿Ｔｙ
ｌｏｒやスペンサー：Ｈｅｒｂｅｒｔ＿Ｓｐｅｎｃｅｒ等もこの系
列に所属する。呪物崇拝・自然崇拝（トーテミズム）・シャーマニ
ズム・偶像崇拝・一神教の進化について展開する学説がある他方、
原始的自然崇拝から普遍的且つ世界的宗教への段階を論ずるものも
ある。唯物史観以外はいずれも上記の前提を内包しているが、発展
と進歩・向上の意義を混同するところがあり、所謂進化の動因が曖
昧であることからも歴史的具体性が希薄であるとされてもいる。伝
播論やカトリック学者による堕落説等、原始一神観説に代表される
文化史派はこの点を批判し、歴史の内在する多元性・偶然性・退化
の可能性を強調しているが、然るに人類社会の発展を認識する限り
に於いては、宗教の変遷にもそのことに応じた史的変化が確認され
うることから、かかる事象を科学理論的に整理しようとする宗教進
化論の役割も否定できない。また、歴史の偶然性というも科学的観
測の相対的立場からの観念にすぎず、客観的判断に於いてはそれ自

体の変化の多様性からの反映でもあるため、その多元性や退化等に関しても宗教進化論上での研究とても可能ではあろう。

　２０世紀以降の宗教研究は、心理学的研究と社会学的研究の分裂により特徴付けられる。宗教を人間及び精神主体の経験の面に於いて解明し、宗教的諸現象の心理構造を心理学的方法により探求する心理学上の部門として、宗教的体験の記述やその哲学的解釈、或いは心理的である宗教的修練の方法論等が論述されているが、それが経験的方法による組織的研究の対象としても取り扱われてきている。宗教は社会的現象であるとともに個人乃至個体概念の心的生活における事象でもあり、個人乃至個体概念の性格や社会的行動と密接に相互連関するゆえに、宗教心理学的研究も、＜１＞土俗学もしくは民族心理学乃至人類学的方法による宗教的慣習伝統の比較研究／＜２＞個人心理学的方法による宗教的経験（畏怖・疑惑・宗教的感情・発心・回心・祈り・献身・信仰・神格者の観念・礼拝等における象徴等）の分析、宗教的動機、宗教的成長の記述や条件の究明等の研究／＜３＞臨床心理学的分析・罪悪感・告白等の深層心理学的分析、信仰療法や奇蹟等の宗教の治療効果の研究／＜４＞集団乃至社会心理学的方法による宗教の社会的機能、教団・教会の社会心理学的意義の研究など、多方面に亘る方法論と問題を包含する。とりわけ、フロイト：Ｓｉｇｍｕｎｄ＿Ｆｒｅｕｄの精神分析学に於いては、トーテムとタブーの起源に関する仮説については空想的であるとしても、宗教的実践を意識下の心理過程の象徴的表現とみなす見解には成果がみられる。如上に対し、社会学的方法による宗教学の分科として宗教社会学があり、宗教及び社会学の概念規定により宗教と社会の関係性を研究するもの、との規定もなされている。フランスのデュルケイム：Ｅ́ｍｉｌｅ＿Ｄｕｒｋｈｅｉｍとドイツのヴェーバー：Ｍａｘ＿Ｗｅｂｅｒに代表される学説の他、アメリカ社会心理学や文化人類学をも加えられるが、いずれも抽象的人間の個人心理的研究に限界性を自認している。コントに発端する実証

哲学的である社会学という図式は、デュルケイムの宗教社会学という図式へと発展し、社会現象は物自体として実証的に研究されるのではあるが、経済・政治等からは抽象化されており、このような社会そのものが神の概念規定として象徴化されるものとみなされる。かかる抽象化は後学に於いては更に顕著であり、プレアニミズム説や原始心性説に陥りつつ経済の宗教起源論等も提唱されたが、文化人類学とともに主として民族学等に資料が求められる。観念論哲学とも密着し、歴史的社会にあって意識化される宗教的ａ＝ｐｒｉｏｒｉを追究しゆく先験的研究の学説に於いては、却って心理主義的傾向がみられ文明社会の宗教が多く取り上げられているが、ここでも歴史・社会を規定するものとしての宗教の優位性が強調され、［不変と断定されている］倫理乃至道徳もしくは秩序そのものが社会学の名に於いて支えられている。かくて宗教社会学は全般として、社会的視点を保持しつつも社会自体の抽象化や図式化・類型化、また実証への埋没などにより、唯物史観に対抗して宗教を超歴史的・超社会的に基礎付けようとしているが、宗教的集団や制度・意識や慣習等の統計的調査などには成果がみられる。デュルケイムの場合には、宗教的対象の神聖性がやはりその象徴機能から理解されていたが、ただ象徴的に表現されるものとしては個人乃至個体概念の心理過程ではなく、社会的実体（実在）に於いてである。

　宗教研究の動向としては、精神分析学にも社会学的研究にも共通してみられる＜象徴＞の問題が、従前とは異なる方法論により探求されていることが特筆されるところである。既にデュルケイムやモース：Ｍａｒｃｅｌ＿Ｍａｕｓｓ等にも、トーテム体系の研究により未開社会のカテゴリー論を展開しようとされているが、言語学及びコミュニケーション理論等の発達に伴い、神話や儀礼の体系からなる宗教的体系を象徴的思考とコミュニケーションの体系として分析されてもいる。レヴィ＝ストロース：Ｃｌａｕｄｅ＿Ｇｕｓｔａｖｅ＿Ｌévｉ－Ｓｔｒａｕｓｓに代表される構造主義的研究等

がその実例であり、未だこの種の研究には、起源や歴史の研究が捨象されていること、他のコミュニケーション体系との相異が明確にされにくい等の欠陥があるとするも、心理学的研究と社会学的研究の統合的アプローチを可能にするところでもあろう。

　如上における主観的精神現象の当該の工程に相当する観想作用をなす宗教観に関する定義には、そのこと自体の成立に於いては、相互矛盾しあう観想作用：倫理乃至倫理観とニヒリズム：Ｎｉｈｉｌｉｓｍの関係性が反映されている。あらゆる方向性乃至指向性をなしうる当為を規定するＩＳＭ乃至イデオロギーが妥当するため、無為乃至虚無の観想作用を当為として規定するニヒリズムとても倫理乃至倫理観として成立しうることから、しかる自らの当為としての規定性ゆえに、ニヒリズムに成立根拠を求める逆理的である自己存在に自己矛盾が内在されている。とりまく社会体制や時代背景等の諸環境条件による反映とともに、倫理乃至倫理観と相互間に矛盾し否定（収束）作用しあうニヒリズム自体に、倫理乃至倫理観としてあるニヒリズムに対する自己矛盾・自己否定が促進されることになるが、主観的精神現象における観想作用の反定立関係が際限なく極限化されるほどに、極限化されゆく主観的コンフリクトが自ずと自己依存するための絶対的存在乃至完全概念を仮定する動因ともなる。しかる主観的コンフリクトがその限界点に接近するほどに、自己存在の反定立による自己矛盾・自己否定の制御自体を神仏・超人等の絶対的存在乃至完全概念に委任せざるを得なくなるためであり、そのことにより倫理観とニヒリズムとの相互否定且つ相互依存関係をそのままに、双方の態様の反定立関係そのものが宗教観としてＡｕｆ－ｈｅｂｅｎされるのであり、当該の階梯の主観的精神現象における観想作用の態様が宗教観として成立するのでもある。そのことはまた、宗教観として定義せらるべき観想作用が、可動的に反定立しあう対象的知覚を統一態様として客観概念とも等しくするとともに、つねに対応する同時点の客観的精神現象と同期するせよ、

当該の観想作用自体の本質規定に於いては、最終的には公理の恒真性を追究する客観概念及び客観的精神現象ではなく、つねに相対的且つ可変的に作動する主観観念に相互連動する主観的精神現象としてのみ成立する向自的態様であることを意味する。主観的である宗教観や絶対的存在乃至完全概念の表象の形成に於いては、客観的追考により無限の恒真性が証明されうる客観性フィルターではなく、実存概念上の現象学的経験を通じて一意に運動・変化する自己内の主観性フィルターにより推進されるためであり、その向自的態様をなす自己内反応を構成する主観観念に相互連動する主観的精神現象が、宗教観の規定性にあるが故に相違ない。

　神仏・超人、その無欠のイデア：Ｉｄｅａ。とはいえ本来、完全乃至全能の概念構成も、実際上の座標系には整合しない天界・煉獄・地獄や魔界・霊界等の概念規定の実体を以って実在しえないこと、既述の通りである以上、［個別の］宗教乃至宗教観としての種別乃至分科に拘わらず、そこに啓示される預言や奇蹟という象徴的概念そのものの客観的事実であるべくもなく、飽くまで人間的ニヒリズムから創出された倫理観の拠りどころでしかない。それはもとより不完全にして、拠りどころのない自己存在の本性に依存していることでもある。寧ろ宗教乃至宗教観はいずれも、方便としての＜嘘＞の文化体系であることを以ってこそ主観的価値を内在し、＜祈り＞に呼応する＜救い＞というその使命を担えるのでもあろう。

　また、主観的精神現象の運動・作用はつねに、主観観念の態様に相互対応しつつ移行される。もとより、主観的精神現象の運動・作用は主観観念の内的イマージュの機能態様として収束されるからであり、且つ主観観念は主観的精神現象の状態遷移により、主観的意識内容乃至対象として脳内形成されるイメージレベルであるからでもある。そのことと同様に、客観的精神現象の運動・作用はつねに、客観概念の態様に相互対応しつつ動向しゆく。もとより、客観的精

神現象の運動・作用は客観概念の統覚作用として収束されるからであり、且つ客観概念は客観的精神現象の追考過程上のグレードにより、客観的把捉態様乃至対象として脳内生成される認識レベルの状態関数であるからでもある。客観作用と主観作用が相互間に呼応しあう以上、したがってまた、客観的精神現象に主観的精神現象が呼応して運動・作用するということは、同期しつつ客観概念に主観観念が呼応して状態遷移することと同義である。

第Ⅴ節 論理学的アクセス

　本節における追考上の認識レベルでは、当該の対象的知覚をなす相互否定命題（論理式）に対するアクセス遷移は、以下の通り移行される。

【意識上命題】　　　　【意識下命題】（仮定）
　$f(x) \times L^{(n+8)}$　　$\Leftrightarrow$　$\sim f(x) \times L^{(n+8)}$
　　↓　　　　　　　　　　↓
$\sim f(x) \times L^{(n+9)}$　$\Leftrightarrow$　$f(x) \times L^{(n+9)}$

　ＣＮＳの運動自我による理性作用の対象的知覚である相互否定命題（論理式）は、両命題（論理式）ともに同一の確度を以って主張されているため、定立的命題（論理式）である$f(x)$に対する弁証作用と、反定立的命題（論理式）である$\sim f(x)$に対する弁証作用はつねに同時に、且つ同期して遂行されてゆく。意識階層レイヤ上に於いて、いずれの命題（論理式）が意識上に顕在化されたアクセス対象であり、いずれの命題（論理式）が意識下に潜在化されたアクセス対象となっているかは、当該の現在時における各命題（論理式）に対する意識／下意識レベル交換の問題にすぎないため、所詮変遷するところではある。

　仮に、定立的命題（論理式）である$f(x)$に対する、客観概念上の空間生滅：特殊空間規定性／時間生滅：特殊時間規定性による反定立態様にある弁証作用が、向自的に［特殊時空間統一作用としての］瞬間生滅：実存規定性の概念規定という当該の認識レベルにおける限界点に到達したとき、つねに同時に追考アクセスしてきた客観的精神現象と主観的精神現象の、且つまた客観概念と主観観念の各々にアタッチするポイントは、定立的命題（論理式）であるf

（x）×L$^{(n+8)}$より、無限小の瞬間を経過後の反定立的命題（論理式）である〜f（x）×L$^{(n+9)}$に対する弁証作用に移行する。それと同時に、［潜在的に同期しつつ］追考アクセスしてきた、反定立的命題（論理式）である〜f（x）×L$^{(n+8)}$より、無限小の瞬間を経過後の定立的命題（論理式）であるf（x）×L$^{(n+9)}$に対する弁証作用に移行する。空間生滅：特殊空間概念と時間生滅：特殊時間概念との規定性による相互否定関係から［特殊時空間統一作用としての］瞬間生滅：実存概念の規定性へのAuf−ebenにより、当該の相互否定命題（論理式）に対する意識上の顕在的アクセスと意識下の潜在的アクセスが相互間に移行し入換ることは、弁証作用上のTriadeが追考運動におけるポイント移行の作動単位であるからであり、そのためにジンテーゼとしての［特殊時空間統一作用としての］瞬間生滅：実存規定性の概念規定が当該の認識レベルにおける限界点ともなるのである。空間生滅：特殊空間規定性／時間生滅：特殊時間規定性による反定立態様の概念的統一されている［特殊時空間統一作用としての］瞬間生滅：実存規定性という止揚（揚棄）態様を以って、定立的命題（論理式）及び反定立的命題（論理式）の各々に対する当該の認識レベルにおける限界点に到達することは、弁証作用の客体である対象的知覚自体ではなく主体である精神機能の問題であるため、必然的にCNSの客観作用と主観作用、即ち客観的精神現象と主観的精神現象、且つまた客観概念と主観観念のアタッチするポイントがそれぞれに交換せられ、このことによりf（x）に対する（客観的／主観的）アクセスは〜f（x）へ、且つ〜f（x）に対するそれはf（x）へと同時にスライドせられ、このとき［特殊時空間統一作用としての］瞬間生滅：実存規定性との理性的態様レベルにおける弁証実行の契機をなすことになる。相互否定命題（論理式）のうちのいずれが意識階層レイヤ上に顕在化／潜在化されているかは、やはり前述の二律背反上の意識／下意識レベル交換の問題でしかない。

したがってまた、相互否定命題（論理式）ｆ（ｘ）×Ｌ$^{(n+9)}$及び〜ｆ（ｘ）×Ｌ$^{(n+9)}$との表記は、理性機能による弁証系プロセスの認識レベルの推移を意味するところであり、Ｌｅｖｅｌ変数Ｌの冪（ベキ）乗ｎ＋ｎ〜∞が単位時間としての秒（ｓ）やミリ秒（ｍｓ）等を示唆してはいない。それは本来、無限小の数値化を条件とする瞬間の更新を記述することに妥当する以上、既設の有限の単位時間によっては定義されえないためである。

　相互否定命題（論理式）ｆ（ｘ）×Ｌ$^{(n+8)}$と〜ｆ（ｘ）×Ｌ$^{(n+8)}$のいずれが意識上に顕在化、或いは意識下に潜在化された追考アクセスの対象的知覚になろうと、弁証作用の追考上のグレードが［特殊時空間統一作用としての］瞬間生滅：実存規定性という客観概念に相当する認識レベルに到達したことに相違ない。相互否定関係にある両命題（論理式）に対する追考アクセスのポイントがスライドされた時点に於いて、両命題（論理式）ともに［特殊時空間統一作用としての］瞬間生滅：実存規定性の概念規定という、精神内の態様フラグが既に設定された対象的知覚として更新されているため、当該の時点に於いて新規の触発を生じる必然性がある。

　とりもなおさずそのことは、当該の時点に於いて、当該の更新後レベルにおける＜第二直観＞が生起せられることになる。対象的知覚を構成する命題（論理式）関係そのものは同一であるも、既に精神内の態様フラグを以って更新された対象的知覚と化している以上、当該の更新作用により、両命題（論理式）ともに対象的知覚としては新規の状態関数を得ているため、それに対する新規の触発をなす＜第二直観＞が自動起動されるのである。とはいうも、ＣＮＳ自体が既に理性的認識レベルを確立されている以上、当該の認識レベルからの弁証作用としての状態関数を維持することにもなる。そしてまた、そのことが更なる追考作用（Ｔｒｉａｄｅ）の端緒をなすのでもあるから、以降の弁証作用は当該の＜第二直観＞の内容情

報のもとに展開されてゆくところとなる。しかる弁証実行による実際上の理性的運動及び成果がいかなる［特殊時空間統一作用としての］瞬間生滅：実存規定性レベルのプロセスの解析データを出力するとも、等しく客観概念上における空間生滅：特殊空間規定性と時間生滅：特殊時間規定性との反定立しあう交互作用によるものである原理は変らない。

第Ｘ章

弁証運動≫
ＰｈａｓｅＸ

第Ⅰ節 客観概念

ⅰ＞実存系

　当該の弁証系プロセスの自覚レベルにおける客観概念の態様をなす［全特殊時空間的モメントによるシステムとしての］瞬間生滅：実存概念は、それ自体に於いて相対系の機構をなす空間生滅：特殊空間／時間生滅：特殊時間の態様の相互連動の統一運動による規定性を示唆している。いかなる状態関数にあり、またいかなる関係変数もて更新されゆく特殊時空間的モメントとても、なべて例外なく実存の実例、即ち相対系をなす一意の構成素子としてのみ成立するという客観的事実は、また或る特殊時空間的モメントがいかなる更新による生／滅を遂げるに際しても、それ自体に内在される空間生滅：特殊空間の規定／時間生滅：特殊時間の規定による自己矛盾関係とともに、実体／実在をなす相対系の存在的生滅現象を体現すること自体がその運動的生滅現象としてあることに妥当し、且つ関係式として相対系の運動的生滅現象を体現すること自体がその存在的生滅現象にて更新される、自己生滅の機構に対する規定により、内在的である態様にも作用されるためである。そのことはまた、相対系における実存の実例をなす各々の特殊時空間的モメントの存立が、それぞれの空間生滅：特殊空間／時間生滅：特殊時間の態様の自己統一的である自己生滅の機構のプロセスを通じて、それ以外のすべての実存の実例をなす各々の特殊時空間的モメントとの間で反応しあうことにより、かかる運動的統合化システムにおける瞬間生滅：実存概念の運動原理を形成していることをも意味する。空間生滅：特殊空間／時間生滅：特殊時間との態様が、実存の実例としての特殊時空間的モメントの成立に於いて自己統一されているとともに、しかる自己統一によってのみ一意の実存の実例として成立しうることは、あらゆる実存の実例をなす特殊時空間的モメントの相互

連動を以って構成される相対系の、実存系システムとしての運動原理である瞬間生滅の概念規定に止揚（揚棄）されるところであるからである。

　特殊時空間的モメントの存立は、相対系における一意の実存規定の更新・転化のプロセスとして実行される以上、実存の実例が特殊時空間上における無限の生滅現象として成立するため、その機構の原理となる空間生滅：特殊空間／時間生滅：特殊時間との規定性の自己統一は、全特殊時空間的モメントによる相対系の無限の全体系システムに反映される。特殊時空間的モメントの自己統一に於いて不断に更新されるものとしての、一意の実存規定は、その物自体における本質的属性と内外関係変数との作用のしかたにより、それ以外の全特殊時空間的モメントの［実存規定としての］自己統一態様と触発しあうシステム変数とても規定される。換言するに、その本質的属性と内外関係変数との作用のしかたにより規定されるシステム変数は、当該の実存規定としての更新・転化の係数のみならず、全特殊時空間的モメントによる相対系機構の瞬間生滅としての態様をもなしていることになる。全特殊時空間的モメントに体現される生滅現象としての自己統一のプロセスを経過しているシステム変数は、必然的にそれを構成する構造因子間に於いて形態的にも機能的にも分化されており、しかも構造因子相互の間、及び構造因子と機構全体との間にはその内面的である必然的連動が実施され、全体系としての統合性を維持する相対系機構の作動しゆく根拠とはなるが、その実存規定をなす特殊時空間的モメントの空間生滅：特殊空間／時間生滅：特殊時間の規定性の自己統一を動因とする以上、しかる相互連動により体現される全体系システムは無限であることから、即自的には相対系の無限を実践する実存規定をなす有限且つ一意の自己存在を示唆している。単なる理性的知覚の対象としてあるのみならず、無限における任意且つ一意の実体をなして存立し実在するもの、即ち実存規定は空間生滅：特殊空間と時間生滅：特殊時

間の規定態様に分化されるが、そのことは瞬間生滅に対する追考運
動の契機が相互連動する全特殊時空間的モメントの関係変数に基づ
く以上、全体系システムとしての認識レベルにおける弁証契機はそ
の止揚（揚棄）態様である相対系における実存規定に帰せられるか
らである。

　相対系における自己存在をなす生滅現象としての空間生滅：特殊
空間と、当該の存在規定を自己否定・収束せしめるもの、即ちその
自己運動・変化をなす生滅現象としての時間生滅：特殊時間。つね
に何等かの自己存在の主体を生成する特殊空間は、それ自体の特殊
時間規定上の否定（収束）作用を排して一意の自己存在を主張する
が、もとより実際上に自己存在するということ自体、自己自身の一
意の状態関数に対する否定（収束）作用による更新運動としてのみ
可能ではある。自己存在を収束・零化せしめる特殊時間を否定・収
束せしめることにより、自己自身の一意の状態関数を規定する特殊
空間であるが、特殊空間の規定態様に対する更新を以って自己否定・
収束せしめることにより、そのもの自体の一意の自己運動・変化を
展開しゆく特殊時間ではある。つまり、つねに一意の現在時におけ
る特殊空間上の規定態様を不断に自己否定・収束され、且つ更新さ
れ続けることなくしては、特殊時間上のあらゆる過去時間上の時点
よりあらゆる未来時間上の時点へと特殊空間的自己存在を維持する
こともできないのである。相互否定且つ相互依存しあうこの相対系
の二次元的生滅現象、即ち特殊空間と特殊時間はそのまま自己同一
に帰せられるエナジー値として成立するのでなければ、ありえない。
一般時間上の普遍的連動を内在する無限小の瞬間の同時移行を以っ
て、一意の現在時をなす特殊空間的状態関数は一瞬間経過後の過去
時間上の規定値へと変化し、且つ一瞬間経過前の未来時間上に必然
的であった特殊空間的状態関数が一意の現在時の実測値として特殊
時間上にセットされる。過去時間における状態関数はもはや確定し
て変更しようのない特殊時間上の客観的事実であり、また未来時間

における状態関数は必然的ではあるが計画されているだけの特殊時間の相互連動値でしかない。一意の現在時は特殊時間上に堆積されてきたすべての過去時間上の時点の表層をなすが、過去時間におけるいかなる特殊空間的状態関数も既に確定済みの実データである以上、現在時にあって改めて再ロードし直すことも変更することもできず、また未来時間におけるいかなる特殊空間的状態関数も否応なく現在時の瞬間変数にセットされる相互因果的必然性にはあるが、現在時にあって未だ実データとして体現されていない関係変数による未必の必然性にある。かく過去の特殊時間域と未来の特殊時間域が現在時を基点として相互矛盾しあうも、同一の意義に於いて精神機構上に規定される内的規定形式としてのみ存立する以上、つねにいかなる場合に於いても、一意の現在時だけが特殊空間上の現実規定としての状態関数を形成するから、現在時の占める実測値が或る定項ならば特殊時間は更新・移行しうべくもないし、また絶えまなく運動・変化する特殊空間としての存立とてもありえない。一切の特殊空間的モメントは無限の相互因果律上の相互連関に於いて自己存在として規定せられ、あらゆる相互因果関係を可能ならしめる動因は自己運動・変化する特殊時間上の産物としてあるからである。

　無限の一般時間域にあって唯一運動態様として成立する現在時の、そのいかなる自己運動・変化とても、絶えまなく現在時の特殊空間的状態関数が否定・収束されることにより、特殊時間として更新され続けることを以ってこそ可能となる。この不断にして無限更新される一意の現在時に対する否定（収束）作用によってのみ、特殊時間上の生滅運動は当該の座標系をなす特殊空間としての新規の状態関数を体現するとともに、また特殊空間の生滅作用は当該の存立運動である特殊時間としての新規の瞬間移行を展開せしめられ、特殊空間と特殊時間は相対系における同一の実存規定をなすモメント素子として自己統一されるのである。かかる自己統一をつくりなす無限に亙り、且つ不断に止むことなく相互作用する特殊時空間上

の生滅現象をこそ、実存概念としての瞬間と称しえよう。現在時という特殊時間上の一意の関係変数を構成する特殊空間の実測値は、ただ一瞬間として停まることなく自己否定・収束されることにより無限に更新され続け、そこには非連続である有限時間相互の連続性と、連続する有限時間そのものの非連続性が止揚（揚棄）されていることから、リアルタイムの生滅現象としての実存的瞬間は、しかる生滅作用による移行作用が際限なく同時に接近するが同時ではない有限である、無限小の時間長をなす。そしてそのことは、あらゆる特殊時空間的モメントのいかなる生滅現象に於いても等しく成立するため、つねに無限小である瞬間が無限大である全特殊空間の連動域を普遍的に包摂しつつ、永劫である全特殊時間の相互作用を同時に編成し続けることにもなる。仮に、生／滅するリアルタイムの実測値が各特殊空間毎に異なっており、普遍的に同一ではないならば、それぞれの特殊空間が他の特殊空間との関係変数を排して独立して存立できていなければならないが、いかなる特殊空間上のいかなる状態関数も、それ以外の一切の特殊空間の無限小の一瞬間経過前における統合的状態関数により帰結される以上、その一意の瞬間上の生滅作用が全特殊空間の連動域に共通する現在時を移行せしめることなくしては、いかなる特殊空間的状態関数とても成立しないからである。特殊時空間上のそれぞれの実存規定をなすモメント素子に環境条件を異にし乍らも、一般時空間の全体系につねに普遍的に妥当する同時性が成立している所以でもある。特殊時空間上の運動態様は不定項としての現在時であり、現在時という無限小の瞬間は全特殊空間の無限大である連動域に同期して生／滅するから、かかる瞬間移行レベルの同時性は、相対系にあって生／滅するリアルタイムの実測値が全実存的モメントに普遍的に共通であることを意味している。もし仮に、現在時をなす瞬間が特定の有限値を保有する時間長の単位であり、且つ無限小の特殊空間毎の現在時の値に有限の誤差が生じうるとすれば、異なる特殊空間相互間にて一般時間としての歪みを惹起せしめようが、然るに相対系内における各々の

実存規定をなす特殊時空間的モーメント相互間の自己更新運動はなべて連動しており、現在時の瞬間移行が全実存規定に於いて普遍的に同期していることなくしては、それら一切の実存的モーメントが例外なく相互リンクされることなどなく、全特殊時空間の連動域としての相互因果性とても成立しえないことになるため、実際上に於いては物理化学的時空間の相対性、つまり特殊時空間毎に相対系内の密度も重力等も均一ではないことによる、科学的観測上の数値誤差を生ぜしめるだけである。一般相対性理論上にて大質量の物体が周囲の特殊時空間を歪ませるとして、重力の実質を＜時空の歪み＞に依拠せしめていること等もその一例ではあるが、当該の特殊時空間的モーメントの曲率に対応する化学的組成の変化の法則性等についても、改めて解析し直す必要性があろう。

　瞬間の実測値をなすものは、個々の特殊時空間を体現するモーメント素子の状態関数であるが、瞬間としての当該の特殊時空間的モーメントの状態関数は一意にして無比の実存規定である。特殊空間上に於いては、そのもの自体の他に同一の特殊時空間的モーメントの同一の状態関数が成立しえないことを意味し、また特殊時間上に於いては、その同一の特殊時空間的モーメントの同一の状態関数を構成する時点が再び反復しえないことを意味する。いかなる特殊時空間的モーメントの状態関数も、無限小の一瞬間の経過前における、それ以外の一切の特殊時空間的モーメントの全エナジーの運動的統合化された帰結現象であるから、一般空間内における座標系としても実存規定の態様としても、そのもの自体にて個有なので、仮に一般空間内にあって同一の特殊時空間的モーメントの状態関数が他の座標系にも成立するならば、当該の特殊時空間的モーメントの状態関数を形成せしめている一般空間自体がそれ以外にも別して存立することになり、無限域に相当し且つ普遍的である一般空間の概念規定に抵触するが、仮にも当該の全体系システムが別して存立するということの不整合性よりしても、各々の一般空間の包摂する実存的モーメントの状

態関数が同一であることにもなるまい。また、同一の特殊時空間的モメントの状態関数を体現する同一の時点が回帰されるためには、当該の特殊時空間的モメントの状態関数を帰結せしめる一般時間上の一切の相互因果関係が回帰されなければならないから、同一の一般時間としての運動システム及びその全系譜が、もとより円環状の周期を以って無限反復される法則性を実現するものであり、そのいずれか特定のタイミングにて反復せらるべき始点と終点がなければならないが、始点の状態関数をつくりなす原因［一般時間システムの始点以前の時間域］と終点の状態関数を原因とする結果［一般時間システムの終点以後の時間域］が連続している必要性があり、その中継点としてBig-bang及びBig-crunchなる仮説上の現象が介在するか否かはともかく、一旦何等かの契機を以って終了しなければ反復しようがない。而して、仮に一般時間が終了する性質の運動態様をなしてあるとするならば、当該の終了時点に於いてそれを次元機構とする相対系全体が限界点に到達することになり、しかる限界内、即ち有限のエナジー値しか保有しないことになる一般空間が無限域の領域範囲を包摂しうるわけにもいかなくなろう。有限のエナジー値を以って消失される次元機構に、無限域に充当せらるべき可能性がありえないからである。もとより有限であることの必然性としては、その限界点を規定する外側の領域範囲が前提されているはずであるから、有限の性質を具有する実存規定の特殊時空間上の実測値はすべて無限の一般時空間の部分にすぎず、そして一般時空間はそれを構成する一切の下位集合乃至要素（元）の相互連動により存立する以上、有限である特定の特殊時空間上の物理化学的集合のみが、それ以外の有限である全特殊時空間との相互因果的である連動を排して、しかる閉塞された特殊時空間的集合のみにて単独に永劫回帰することなどありえない。かくていかなる特殊時空間的モメントと雖も、無限の一般空間を構成する座標系上における一意の実存的エレメントとしてあり、且つあらゆる特殊時空間的モメントの当該の状態関数のいずれもが、無限の一般時間上

の運動系譜にあって再び生起することない時点に帰属される。いま、そしてここにしかないこと、そのことが実存としての概念規定の本質的記述をなしている。されば瞬間とはそも、特殊時空間相互に規定しあうモメント素子の一意の生滅現象であるとともに、また実存とは、一般時空間の自己運動・変化を体現する主体としての瞬間生滅の実体（実在）概念である、といえる。

　実存であることの意義は、実測値としての現在時にあるところの一意の自己自身であることにある。無限大に運動する一般時間上の工程にあって、相対系の現実態様を成立せしめる唯一の無限小の特殊時間が現在時であるから、現在時という絶えまなく更新される瞬間の一意の時間的実測値を構成するそのもの自体である。不断に運動・変化し続けるその時間的実測値の、当該の現在時ならぬ過去時間及び未来時間ではない時点における自己運動・変化そのものが実存の概念規定を形成する。また、無限大に相互因果的に作用しあう一般空間上の構成素子にあって、相対系の現実態様を成立せしめる各々の特殊空間的モメントが現在時として唯一の状態関数を構成するから、現在時という絶えまなく更新される瞬間の一意の空間的実測値を構成するそのもの自体である。不断に相互連関することにより変化し続けるその一般空間的態様の、当該の現在時ならぬ過去時間及び未来時間ではない時点における自己存在そのものの状態関数が、実存の空間的実測値を規定する。実存とは何程か特異の属性を具有する物質系乃至座標系を示唆するわけでなく、それぞれに相対系を組成する一意の特殊時空間的モメントとしてあることの本質規定であるから、かかる実際上に＜いま＞であり＜そのもの＞に該当する概念規定の実例は、一意の現在時として現存するすべて相対的・可変的である一意の自己存在であることになる。その実サンプルとなるべき存立対象には、人間等の精神機構を具備する個体概念か否かを問わないし、生物体であるか非生物体であるかをも問わないし、また有機質であるか無機質であるかをも問わないし、更には

固体であるか気体であるか液体であるかそれ以外の流体であるかを
も問わないし、それ以前にバリオン物質であるか反バリオン物質で
あるかをも問わないし、もとよりそれがいずれの座標系にいつの時
点に於いて生起したかにも拘泥しない。例示として適切であること
の是非は別としても、自然現象の変動による産物なのか人工的操作
による所産なのか判然としない、単純といえる構造を具有する物質
系乃至座標系が無数に散在しているとして、それらはいずれも目視
による識別に於いては相互の弁別が判定し難く、また内部的である
ＤＮＡ／ＲＮＡ等の組成とても同系統の配列パターンの仕様からな
るという場合、それらの各々がいかに没個性的であるかの主観的印
象を得られたとするも、いまこのときそこにある物質系乃至座標系
のそれぞれが、そのもの以外のいずれの物質系乃至座標系にも該当
しないそれ自体のみとしての一意の成立であり、且つそれ自体の構
成する状態関数の実測値はいまこのときにしか成立しない現存在的
変数である。太陽系内に脈うつ太陽風なるひと粒も、太陽系外に交
わる銀河宇宙線なるひと粒さえ、無辺にして永劫をなす相対系のう
ちにあって、当該の座標系、そして当該の時点にしかない＜自己存
在そのもの＞に他ならない。相対系を構成する特殊時空間的モメン
トをなす個体数は無限個に、またその所属する族や類型等のパター
ンは無限種に及ぶが、かかる＜自己自身＞なり＜そのもの＞の実測
値を仮に不定項Ｓという記号にて表現すれば、いかなる実存規定も
すべてそれが一意の実測値Ｓであるかないか、つまり相対系をつく
りなす一切の特殊時空間的モメント相互間の関係式はいずれも、不
定項Ｓに代入される現存する特殊時空間的モメントの実測値と当該
のＳではない全特殊時空間的モメントの運動的統合値、非Ｓとの関
係式のみに集約されているためである。かくて、全体系としての相
対系を体現することにより、自己運動・変化する現在時をなす瞬間
の実測値として一意である自己存在、それこそが実存概念として定
義せらるべきところではある。

任意にして一意なるＳの値とＳならぬものなべて、非Ｓとの相互関係式をのみ以って、相対系という無限を表現することができる。このことは、それ自体以外の実測値ではありえないＳという不定項に代入される実サンプルに拘泥せず、また当該の実測値に対応して非Ｓという他在全体の集合の構成素子、及びそれらすべての運動的統合値を異にする、という意義を孕んでいる。Ｓとは特定される前提条件のない特殊時空間的モメントの状態関数を代表しており、その実例が特殊時空間上に一意に特定されることによってはじめて、当該のＳの値に対する当該の非Ｓをなすすべての関係変数の構成素子が特定され、且つ非Ｓ全体の運動的統合値が規定されることにもなるからである。ところで、既述にみる通り、相対系は一般時空間上の領域範囲に於いてもその運動エナジー値に於いても無限なのだが、たとえば、何等かの生物体がその生命現象を維持する全エナジーを消費し尽して、ついには所謂死滅するに到った場合、相対系という無限のエナジー値から当該１.０のエナジー値だけ減算された結果は、有限のエナジー値にはならないだろうか。また反対に、その生成過程にＤＮＡの塩基配列に対する遺伝子操作等の手続きを媒介すると否とに拘わらず、何等かの生物体が所謂生誕した場合、相対系という無限のエナジー値に当該１.０のエナジー値だけ加算されると、いかなる数値のエナジーになるであろう。特殊空間は単に一般空間内における位置的アドレスを規定するのみならず、その位置的アドレスに占める現存する特殊時空間的モメントに対応している特殊空間変数であると断定できるが、如上のような疑問の提起されよう根拠としては、特殊空間とその変数値に代入される実際上の体現態様である特殊時空間的モメント、それぞれの実存規定に対する把捉を混同しているにすぎない。各々の事象、即ち実存規定をなす特殊時空間的モメントの実測値を現出せしめるのは、特殊空間という相対的・可変的である物質系・座標系としてあるが、いかなる特殊空間も無限の一般空間の不確定である存立単位に他ならないから、その体現態様である特殊時空間的モメントの如何に拘わらず、

一般空間全体を構成する無限の連続態様である。つまり、特殊空間にあって発現される個別の実存規定をなす特殊時空間的モメントの態様は、不断に自己運動・変化するために相対的である有限域に相当するが、一般空間全域に連続する相対的である現象態様としての特殊空間は、無限にその座標系の始点と終点の境界を確定させられぬ流動態様ではある。不断に変更され続ける現在時をなす特殊時間、その特殊時空間的モメント S の状態関数という不定項に充当される実測値は、絶えまなく全特殊時空間的モメント相互の相対的・可変的である連動態様に於いて更新され続けるところなので、生成されては収束・零化される有限のエナジー値しか保有しえない。それに対し、特殊時空間的モメント S の状態関数に相当する特殊時空間自体は特殊時間運動上に於いては無限である、即ち、一般時間の無限性を内在する特殊時間としては無限であるため、その体現された実存的モメントとしての現象態様である一生物体としての死や生とても、特殊時空間という相対的・可変的であるエナジー変数に代入される値であるからは、特殊空間 S の運動態様、即ち、特殊時間 S の存立態様としては恒常的である運動・変化プロセスの一過程にすぎず、それにより相対系の全エナジー値が数量的に減少も増加もするわけではない。任意にして一意の特殊時空間のモメント素子 S の状態関数を現出する、それぞれの相対的にして可変的である実存規定の実測値として把捉するならば、或る人間存在の死さえも完全、もしくは完璧である消失ではなく、当該の個体概念・人間存在ではない本質的属性を異にする実存規定の実測値への変質・移行現象であり、生物体から非生物体へ、また有機質から無機質への変質・移行のあと、継続して反復される無機物質同士もしくは無機物質と有機物質の化合及び化学反応を経過することで、やがては別なる生命現象として変質・生成されることにより輪廻転生されゆくこともあろうが、そのことは霊魂という大脳生理機能による現象態様のみが不滅であることに依拠するのではなく［実際上には不滅ではありえないが］、つねに移行される特殊時空間的モメントをなす特殊空間と

して特殊時間運動上には永劫であることの反映である。霊魂と称せられる事象とても人間、或いは何等かの精神機構を具備する有限の生物体の機能態様としてある以上、それ自体もまた有限の実存規定の実測値をなす特殊時空間的モメントの態様でしかない。かかる特殊空間／特殊時間上の法則は普く一般空間／一般時間に妥当するから、相対系における一般空間的且つ一般時間的である無限という絶対エナジーは、いかなる状況にあってもつねに保持されている。その意義に於いては、相対系を不断の自己更新により自己成立せしめるエナジー値とてもまた、無限という限度に於いて一定しているともいえる。

　したがって、実存規定を構成する、任意にして一意の特殊時空間的モメントＳが何程か自己運動・変化することにより特殊空間的エナジーを放出すれば、即時にそれが収束・零化されることにより自己運動・変化が成立するのであるから、それと等しいＳのそのエナジー値に対し否定・収束せしめる特殊時間的エナジーが、非Ｓ全体の統合化された値に於いて作用していることになる。ここでの零化とはされば、エナジー値の放出／収束により零という基準値に再還元されることを意味する。それは厳密には、特殊時空間的モメントとしてのＳに対してではなく、Ｓのその時点における当該の自己運動・変化［乃至、特殊時空間的状態関数］に対し否定・収束せしめる非Ｓ全体の統合化エナジーである。蓋し、一切の特殊時空間的モメントは自己運動・変化すること自体としてのみ存立しているから、いかなるＳと非Ｓによる相互否定・収束の関係式のありかたもまた、各々の自己運動・変化を体現する特殊時間上に於いて規定されざるを得ない。一般空間を構成する関係式を例外なく示唆するためには、或る特定の同時点におけるＳと非Ｓとの相互連関を以って必要充分であるから、任意にして一意の現在時であるｔ時における実存的モメントＳの運動態様Ｓ（ｔ）と、当該の同時点におけるＳ（ｔ）以外の全特殊時空間的モメントの運動的統合値〜Ｓ（ｔ）との相互

関係式でなければならないのである。当該のＳとのあいだで、また非Ｓを構成する各特殊時空間的モメント同士は相互連動してはいるが、非Ｓ全体の運動的統合値としては、特定のＳを除くあらゆる特殊時空間的モメントの相互連動からＳの同時点の状態関数をつくりなす力動概念であり、仮にこれを特殊空間相互間のみの関係式に限定するならば、当該のＳと、非Ｓ全体の運動的統合値は相互矛盾しあう関係変数にはあるものの、特殊時間としての更新・移行による規定性が認識上省略されているため、生成せしめたり収束せしめるという運動・作用、即ち無限小の特殊時間的移行を伴いえないものであり、寧ろ当該のＳなくしては当該の非Ｓのカテゴリー定義など意義をなさざる通り、相互間に依存しあう関係式でもあるといえよう。したがって、任意にして一意のＳ（ｔ）と～Ｓ（ｔ）を以って相対系の全体系に一致する以上、また無限という限度に於いて相対系の絶対エナジーは保持されているのであるから、Ｓ（ｔ）として特定化された特殊空間的エナジーの放出は、際限なく同時に接近する瞬間に於いてそのエナジー自体の収束・零化ともならなければならない。実際のところ、そのことはＳの現在時の自己運動態様Ｓ（ｔ）に対し否定・収束せしめる、同時点におけるそれ以外の相対系全体における運動的統合値～Ｓ（ｔ）が、Ｓ（ｔ）の自己運動・変化として放出されたと同一の特殊時間的エナジーに帰せしめられることにより収束・零化されることになる。すべて特殊時空間的モメントの相互間における原因と結果の必然性は、自己運動・変化の端緒としては無限小の時間長を保有する特殊時間上のスライドを前提するから、任意にして一意のｔ時における自己運動態様Ｓ（ｔ）の値は、無限小の瞬間を移行する前の（ｔ－１）時における特殊時空間的状態関数を、その同時点に否定され収束せしめられた非Ｓの運動的統合値～Ｓ（ｔ－１）の全エナジーの帰結された現象であり、またＳ（ｔ）と、～Ｓ（ｔ）の運動的統合値の相互矛盾関係はつねに同時性にあることを前提するから、ｔ時における非Ｓの運動的統合値～Ｓ（ｔ）の否定作用エナジーにより収束・零化せしめられたＳ

962　第Ⅰ節　客観概念

（t）の特殊時空間的状態関数は、無限小の瞬間を移行した後の運動態様Ｓ（t＋1）の特殊時空間的状態関数へ移行する。そのことは、～Ｓ（t）の運動的統合値の否定作用エナジーにより収束・零化せしめられることを以って更新された帰結現象であるとともに、～Ｓ（t）の運動的統合値を構成する全特殊時空間的モメントの相互連動した結果が（t＋1）時の生成として帰結されていることをも意味する。そしてそのことは、前述にみる通り、同時点の非Ｓの運動的統合値よりＳに対する否定（収束）アクセス、且つ無限小の一瞬間経過前における一切の非Ｓの構成素子よりＳに対する更新アクセスとして運行されるのみならず、また同時点のＳより非Ｓの運動的統合値に対する否定（収束）アクセス、且つそれに帰因する非Ｓの各構成素子に対する更新アクセスとしても作用する。Ｓ（t）と～Ｓ（t）の関係作用は、いずれか一方的である否定／更新エナジーの放出によるところではなく、双方向に否定／更新しあう特殊空間的エナジーの運動ヴェクトルを内在するからである。それぞれのしかる特殊時間的エナジーの収束及び生成作用は同一の根拠・原理に基づいて実行されるため、任意にして一意のt時における運動的統合値～Ｓ（t）は、無限小の瞬間を移行する前の（t－1）時における特殊時空間的状態関数を、その同時点に否定され収束せしめられたＳ（t－1）の特殊時間的エナジーの帰結された現象であり、またＳ（t）と～Ｓ（t）の運動的統合値の相互矛盾関係は同時性にあることを前提するから、t時における特殊時空間的モメントＳ（t）の否定作用エナジーにより収束・零化せしめられた～Ｓの運動的統合値～Ｓ（t）の特殊時空間的状態関数は、無限小の瞬間を移行した時点の運動的統合値～Ｓ（t＋1）の特殊時空間的状態関数へ移行することになる。もとより、一般時空間をなす一切の特殊時空間的モメントは、変数Ｓと非Ｓのカテゴリー構成の特定化及び定義付けの如何に拘わらず、あらゆる実存的モメントのあらゆる特殊時空間的状態関数が相互連動する関係式にあり、且つその原因となすものはつねにその結果より以前の時点になければならない

からでもある。無限大の相互因果律を構成する端緒をなす時間長は無限小にあるから、ここで用いる（t±1）という表記については自明乍ら、1秒（1s）とか1ミリ秒（1ms）という人工的である相対的単位としてではく、無限小の有限値である時間長をなす瞬間の移行前後に他ならない。

　つまるところ、自己存在に対し否定・収束せしめるものが自己存在を生成せしめるものであり、且つ自己自身のうちなる、自己存在に対し否定・収束せしめるものに対する否定作用エナジーが、自己存在に対し否定・収束せしめるものを生成せしめてもいる、ともいえようか。相互に否定しあい収束せしめあっているはずの、S（t）と他在全体の運動的統合値〜S（t）が、それとともに相互に更新しあい生成しあってもいるということは、いずれもが相互の存立をなす自己運動・変化にとって不可欠の相互依存関係にあるためである。そして、その各々の自己運動・変化は無限小の時間長を保有する瞬間の移行として成立し、その特殊時間上の無限小の有限値は一般時間の無限大の時間長に連続するから、かかる相互否定即相互更新・相互収束即相互生成の特殊時空間上の営みは、不断にして永劫に亘り新規の実存規定として一意に止揚（揚棄）され続けるのである。

　いかなる他在でもない実存的モメントがいまそこに存立するとは、しかる自己運動・変化としてのみ可能となることであるから、任意にして一意の自己存在であること自体によりその存在規定、即ち特殊空間的エナジーを消費している。いかなる特殊時空間的モメントSと雖も、絶えまなく更新される一意の現在時（t）という瞬間毎に自己存在として生成される特殊空間的エナジーを放出し、その同時点（t）における非Sの運動的統合値である特殊時間的エナジーにより収束・零化せられ、その同時点（t）との誤差が際限なく＜零＞に接近する時間長の瞬間をスライドして更新される。ここ

での零化とはされば、エナジー値の放出／収束により零という基準値に再還元されることを意味する。そのことは、一般時間上の同時性のうちにSとは相互否定作用しあう非Sの運動的統合値により収束・零化されること自体により、新規の瞬間の現在時（t＋1）の特殊時空間的状態関数をなすSへの移行が成立していることになる。特殊時空間上の可分割性の限界は無限小の有限値であるから、ここでの任意にして一意の現在時（t）に対する±nとの論理的表記は、飽くまで無限小の時間長を保有する有限の自己運動・変化の経過を示唆しており、科学的測定上の相対的単位時間を意味するところではない。あらゆる実存的モメント相互に一般時間上の同時性が妥当する前提よりして、S（t）の成立により放出される特殊空間的エナジーと〜S（t）の運動的統合値により収束・零化される特殊時間的エナジーは、当該のS（t）の自己同一の特殊空間的エナジーに帰せしめられるとともに、Sと〜Sは同時点（t）の存在規定にあっては相互依存してもいるから、〜S（t）の運動的統合値にて放出される特殊時間的エナジーとS（t）の成立により収束・零化される特殊空間的エナジーは、やはり当該の〜S（t）の自己同一の特殊空間的エナジーに帰せしめられる。つまり、t時の瞬間に於いて成立するその特殊空間的エナジーには、Sの状態関数に対する当該の否定（収束）作用をなす特殊時間的エナジーが非S全体の運動的統合化されたエナジー値として、且つしかる非Sの運動的統合値に対する否定（収束）作用をなす特殊時間的エナジーがSの自己存在エナジーとして、一意の特殊時空間上の状態関数に体現されているはずである。したがって、（t＋1）時の現在時に於いては、それより無限小の時間長の瞬間を経過しているのであるから、〜S（t）の運動的統合値はS（t）という特殊時空間的状態関数を収束・零化せしめることにより生成せしめるS（t＋1）の特殊時空間的状態関数に帰し、それがS（t＋1）自体の自己存在エナジーと自己同一であるとともに、その自己同一の根拠により、S（t）の自己存在エナジーは〜S（t）の運動的統合値を否定・

収束せしめることにより〜Ｓ（ｔ＋１）の状態関数へと更新し、そ
れが〜Ｓ（ｔ＋１）の運動的統合値そのものの存立エナジーと自己
同一である。しかも、（ｔ＋１）時の現在時の相対系は、Ｓ（ｔ＋１）
と〜Ｓ（ｔ＋１）のみにより構成されるから、両者は相互依存しあ
うとともに、前者の特殊時空間的状態関数と後者の運動的統合値は
相互否定（収束）作用しあうヴェクトルを内在する特殊時空間的エ
ナジーとして、相互間に無限小の瞬間のスライドを以って収束且つ
生成しあう力動概念でもある現在時が、（ｔ＋１）時の瞬間をなす。
瞬間におけるＳ（ｔｎ）と〜Ｓ（ｔｎ）相互の生成と収束による生
滅現象に於いて、無限小の特殊時間的スライドを自己存在に内包す
るものとして成立するのでもある。相対系にあって任意にして一意
の自己存在であることが実存的規定性をなすから、無限小の時間長
を具有する現在時をなす瞬間は、端的には自己運動・変化としての
特殊時間を実存的に規定する生滅概念であるが、但し特殊空間上に
於いては明示的といえる規定態様ではない。瞬間に於いて規定され
る特殊空間の値は任意にして一意の有限値ではあるが、必ずしもそ
れが無限小であることを実存規定としての必須の要件とはしないの
である。瞬間とは本来に於いて、相対系の運動端緒である現在時を
規定する次元且つ生滅現象としてあるため、必然的に特殊時間の運
動・作用の起源を無限小にまで遡及しなければならないが、つねに
一般空間の全域に妥当する同時性が保持されているので、特殊空間
に充当される物質系乃至座標系の領域範囲の規定性を必要とはしな
いことによる。したがって、瞬間により規定される特殊空間の要件
は一般空間上に一意であることのみにあるため、それは無限小の有
限域より無限大の有限域までの領域範囲内では任意である。Ｓ（ｔ
ｎ）にせよ〜Ｓ（ｔｎ）にせよ、かくて、それを形成する特殊空間
上の領域範囲としては無限小より無限大までのどの有限値にもなり
うるが、つねに唯一の特殊時空間的モメントが特殊空間として無限
大まで規定されうることがまた、そこに妥当する瞬間の現在時が普
遍的に共通であることを示唆してもいる。無限大の特殊空間域に亘

966　第Ⅰ節　客観概念

り、普遍妥当する一意である現在時が不断且つ永劫に更新されることになるからではある。但し、瞬間の特殊空間としての規定性が無限小より無限大の領域範囲内にあるとはいえ、それは飽くまで有限値でしかない。相対系をなす任意にして一意の実存的モメントを体現する特殊時空間は、一般時空間に相互連動するため無限小より無限大の範疇を保有するが、他方に於いては、つねに個有の特殊時空間的モメントと共通の実存性を保持するために有限値である以上、一般時空間の無限値とは自ずと相異なるためである。したがってもとより、特殊空間の無限小の有限値及び無限大の有限値は一般空間の無限値とは等値ではありえず、また特殊時間の無限小の有限値及び無限大の有限値は一般時間の無限値とは等値ではありえない。何となれば、一般時空間は相対系自体の次元機構をなしているとともに、また無限は、具象化されてある実存規定をなす特殊時空間的モメントとしての実測値を採りえないからでもある。

　実存規定としての瞬間におけるかかる原理論は、あらゆる分析単位に位置付けられる特殊時空間が無限の一般時空間域に亘る相互因果律に基づいて、他在であるそれぞれの特殊時空間的モメントと反映しあいつつも、且つそれぞれの特殊時空間的モメントSがそれぞれの非Sの運動的統合値との相互連動により運用されてゆくものである。特殊時間上の変数でもあるS（t）が実際上に採りうる特殊時空間的状態関数に対応して、その相互矛盾的存立である～S（t）を構成する特殊時空間的モメントのリスト成分は異なってくるが、もとより例外なく一切の実存的モメントは特殊時空間上に規定される瞬間の生滅現象に帰せられる以上、S（t）の実測値の如何に拘わらず、瞬間の更新システムに反映せられるすべての原理論に基づく自己運動・変化は、一般時空間における普遍的に妥当する領域範囲にあって展開される。そしてまた、それぞれの特殊時空間的モメントS（tn）と～S（tn）の運動的統合値の相互連動プロセスがいかなる工程にあるかによらず、一般空間を構成する全特殊空間

に共通する一意の現在時の同時性を以って、一般時間をなす無限小の特殊時間である現在時の瞬間の生滅現象へと、無限大の時間長が不断に自己化されてゆく。

　無限小の極限概念としての実存規定をなす特殊時空間的モメントに於いて、特殊空間上の一意の瞬間構造因子を自ら内在する特殊時間の運動態様と、特殊時間上の瞬間生滅因子を自ら内在する特殊空間の成立態様が、自己同一であり乍らも自己矛盾する当該の実存規定をなして自己存在する。このことは、当該の特殊時空間的モメントの自己運動・変化としての実存的瞬間の生成／収束の間隔に、つまり即自的態様をなす特殊空間上に定立される実存的瞬間と対自的態様をなす特殊時間上の相互連動に帰因する実存的瞬間の生滅現象に於いて、無限小の時間長の特殊時間的推移があることを前提しているせいである。相対系の機構をなす瞬間次元乃至瞬間生滅を体現する、それぞれの特殊時空間的モメントの実存態様はもとより、かかる無限小の瞬間のスライドにより実行されるところであるからである。特殊時空間として一意である実存規定の、一般時空間上の普遍的である相互因果的連動を通じて、当該の他在という無際限の実存的モメントの集合と相互間に対他的干渉しあうことを契機としつつも、相対的・可変的に有限（無限小）である特殊時空間的モメントとしての実存規定に内在される無限の特殊時空間体系の自己回帰因子による力動概念である。それとともに、当該の実存規定に対自的に帰結される相互因果的連動としての、相対的・可変的に無限である関係変数を反映される実存規定に内在される有限性の自己生滅因子による力動概念であることにより、相対系をなす存在的モメントを開示する運動的モメントの生滅態様、及び運動的モメントに体現される存在的モメントの生滅態様による一意の実存生成と実存収束のプロセスが展開されるのであり、かかる実存規定をなす特殊時空間的モメントと全他在との無限の相互連動による一意の生滅現象をなさしめる向自的回帰が、特殊空間／特殊時間の自己内関係を止

揚（揚棄）する瞬間生滅、そこに定立される実存自体の概念規定に他ならない。したがってまた、実測値としての実存というCNSの客観概念上の追考運動における定立的プロセスにあっては、既にその実存的モメントとしての特殊空間規定の態様と特殊時間規定の態様が相互に於いて消失されるとともに、且つそのことと同期して相互に於いて生起されてもいることになる。

　ところで、特殊時空間的モメントの実存規定に於いて形成される一般時空間の機構：瞬間次元の、無限における一意の特殊時空間的モメントに体現される瞬間生滅の概念規定が実存自体をなす以上、それに対してアクセス作用する超自我の理性機能にとっては、より直接乃至端的、且つ即自的に触発しあうことは客観的事実である。そのことは無論、論理系における客観概念の必然的遷移の工程に相当するものであり、その理性機能の構成する対象的知覚をなす相対系自体の構造因子そのもののそれに関するところではない以上、瞬間次元を反映する実存規定の形式としての瞬間生滅：実存自体が、客観的に運動・変化し状態遷移するか否かという論点とは別問題である。（因みに、しかる論点の結論としては、相対系自体の構造因子を体現する瞬間生滅：実存自体が無限の関係変数として不断に運動・変化する以上、当該の本質的属性をなす態様とても不断に運動・変化するが、しかる概念規定を追考対象とする客観的精神現象及び客観概念とは実体（実在）として弁別される必要性があるため、精神機構上の論理系の遷移の法則と相互リンクしうるところではない）但し、この時点で留意すべきは、理性的追考運動を以って推移する客観概念の態様が、飽くまで即自的である実存自体の概念規定の自覚レベルにあるため、未だここでは対自的態様をなす自覚レベルには到達していないことにある。したがって、客観性フィルターによる弁証系プロセスにおける階梯としては、客観概念上に於いて明示的に＜零系＞という概念規定との関係式による、実存自体の概念規定の把捉が成立する以前の態様にあることを意味する。

ⅱ＞零＜ＺＥＲＯ＞系

特殊空間と特殊時間との交互作用による自己運動・変化であるモメント素子が、不断に生／滅する一意の瞬間としての実存規定である。生滅現象とは、自己自身の現存在の生成されることと否定・収束されることが、瞬間という無限小の時間長を経過することを以って反復実行される以上、瞬間をなす特殊時空間［上のモメント素子］であるが故にこそ生成されるとともに、且つ否定・収束されるが、普遍的に妥当する現在時としての瞬間が収束・零化されることによってのみ新規の現在時に不断に更新される、という意義が含意されている。ここでの零化とはされば、エナジー値の放出／収束により零という基準値に再還元されることを意味する。その無限小、即ち無際限に可分割的である有限値としての瞬間の生滅現象は、任意にして一意の実存規定をなす特殊時空間的モメントに対する他在を構成する、一切の特殊時空間的モメントの運動的統合値のなさしめるところである。いかなる実存規定としての＜無限小＞の瞬間も＜無限＞における一意性を構成するが、そのことが無限に絶えまない自己存在の生滅作用によってのみ実行されうること、そのことの真義をこそ、ここに自覚されなければならない。

相対系全体の絶対エナジーが無限という限度に於いて一定している以上、特殊時空間的モメントＳがその存立とともに幾許かの自己運動・変化することにより特殊空間的エナジーを放出すれば、それと等しい、実測値Ｓに対し否定・収束せしめるヴェクトルを具有する特殊時間的エナジーが、その同時点における非Ｓ全体の運動的統合値に於いて作用していることにもなる。そのことは厳密には、個体概念としての特殊時空間的モメントＳに対してではなく、Ｓの当該の時点における自己運動・変化と、それによる状態関数の特殊空間的更新に対し否定・収束せしめる特殊時間的エナジーである。蓋し、いかなる特殊時空間的モメントも自己運動・変化することを以っ

てのみ自己存在を維持できるのであるから、個体概念としての特殊時空間的モメントであるSと、Sならざる全特殊時空間的モメントの統合化エナジーによる相互否定（収束）作用であるとはいえ、その関係式をSの自己運動・変化の態様に於いて規定することが必要であり、特殊空間上の自己運動・変化が特殊時間上の移行と同一の生滅現象に帰せられるため、ここでは特殊時間的に無限小である瞬間を限定されなければならない。つまるところそれは、任意にして一意の現在時であるt時における特殊時空間的モメントSの運動態様S（t）と、その同時点におけるS以外の全特殊時空間的モメントの運動的統合値〜S（t）との関係式を以って、必要且つ充分に表現せらるべきことを意味している。仮に、特殊空間を体現するのみのモメント素子の概念的把捉レベルを前提する限りに於いては、特殊時空間的モメントSと非S全体の相互連動的集合の概念規定は相互間に矛盾する関係式にはあるものの、それぞれに特殊時間としての運動規定が反映されてはいないため、相互間に否定し、収束せしめるという運動規定を伴いようのない概念規定とはなっており、寧ろ無限における唯一の実測値Sの存立なくしてはSと一対一対応する非S全体の相互連動的集合さえ成立しえない通り、相互間に依存しあう関係式にもあるといえよう。任意にして一意の実存的モメントS（t）と〜S（t）とを以って、t時現在の瞬間における相対系の全体系としての規定性を包摂している以上、無限という限度に於いて相対系の絶対エナジーがつねに保持されているためには、S（t）によるいかなる特殊空間的エナジーの放出とても、とりもなおさず当該の特殊時間的エナジーの収束・零化として実行される必然性にあり、実際のところ、S（t）のその自己運動・変化そのものに対し否定し、収束せしめるよう作用する、t時におけるS以外の一切の特殊時空間的モメントの運動的統合値が、t時より無限小の時間長を経過する（t＋1）時におけるS（t＋1）自体の自己運動・変化と、同一の特殊空間的エナジーに帰せられるとともに、S（t）の否定（収束）作用をなす特殊時間的エナジーにより

収束・零化されることにもなる。無限に作用しあう実存的モメント
の各々は無限の相互連動により成立しているため、任意にして一意
の実存的モメントの状態関数を生成するものは相対系内の他在をな
す全特殊時空間的モメントの状態関数であるが、すべての特殊空間
上の状態関数を導出する相互因果律には特殊時間上のスライドが不
断に前提されるから、t時現在における特殊時空間的モメントSの
運動態様S（t）は、その一瞬間の経過前、即ち無限小の時間長を
遡及する（t－1）時における、非S全体の運動的統合値〜S（t
－1）の帰結されたエナジー現象である。一瞬間の経過前後とは、
現在時に対する極限値をなす時点における相対系の特殊時間的状態
関数を示唆しているから、いかなる人工的である相対的単位による
も特定されえない、無限小の時間長の経過を意味している。また、
相互否定関係にある特殊時空間的モメントはつねに双方が同時性の
うちになければならないため、t時現在における非S全体の運動的
統合値〜S（t）の特殊時間的エナジーにより否定され、収束され
た特殊空間上の状態関数S（t）は、その一瞬間の経過後、即ち無
限小の時間長を経過した特殊時空間的モメントSの運動態様S（t
＋1）へと移行される。（t＋1）時における特殊時空間的モメン
トSの状態関数は、その実測値がいかなる内実をなそうとも、その
一瞬間の経過前、即ち無限小の時間長を遡及するt時における、S
の状態関数S（t）を収束・零化せしめられたことによる帰結現象
であるからである。かかる（t±1〜∞）に実測値を採る瞬間移行
は、相対系における他在全体の運動的統合値である〜S（t±0〜
∞）のいずれかの値により否定され、収束せしめられた現在時（t
時）が無限小の時間長を保有する瞬間を移行する生滅現象であると
ともに、非S全体の運動的統合値〜S（t±0〜∞）のカテゴリー
を構成する全特殊時空間的モメント相互間の無限因果的連動により
生成される帰結現象が、無限小の時間長をなす一瞬間の経過後現在
におけるSの状態関数であることをも意味している。もとより、相
対系を構成する一切の実存的モメントは、相対的・可変的である特

972　第Ⅰ節　客観概念

殊時空間を体現する有限の個体概念として相互連動することにより
生成且つ収束せられ、且つまた一般時空間に於いて原因作用をなす
いかなる特殊時空間的モメントも、当該の結果作用より以前の時点
になければならないからである。

　或る実存的モメントがそこにいま自己存在するとは、当該の自己
運動・変化することによってのみ可能となることであるから、他の
どこでもいつでもないそのものであること自体により特殊空間的エ
ナジーを消費している。いかなる座標系と領域範囲に特殊化される
特殊空間と雖も、つねに何等かの実存的モメントとして体現される
ことによりその存立を維持しており、且つ絶えまない現在時という
無限小の瞬間毎に実存的モメントとしての実測値を生成する特殊時
間的エナジーを放出し、而して当該の特殊時空間上に特殊化された
エナジー値は、無限小の時間長を遡及する一瞬間の経過前の時点に
於いて、当該の他在を構成する全特殊時空間的モメントの運動的統
合値を以ってなす所産である。現在時という瞬間における非Ｓの全
特殊空間的モメントの運動的統合値により、同一の現在時における
Ｓの状態関数の成立は否定され収束されるのであるが、否定され収
束されること自体と無限小の時間長を経過する瞬間におけるＳの状
態関数へと更新されることが同一の自己運動・変化であることは、
同一の現在時における非Ｓの全特殊空間的モメントの相互連動によ
る帰結現象として齎される所産ではある。したがって、任意にして
一意の現在時におけるＳの状態関数を生成し、当該の特殊空間的エ
ナジーとして帰結されるところの、一瞬間の経過前、即ち無限小の
時間長を遡及する瞬間における非Ｓをなす全特殊空間的モメントの
相互連動は、同一の一瞬間の経過前におけるＳの状態関数の成立を
否定することで収束せしめた、非Ｓの全特殊空間的モメントの運動
的統合値と相等しいものである。自己存在が当該の現在時のみの自
己自身であるために放出される特殊空間的エナジーは、そのまま無
限小の一瞬間の経過前における他在をなすすべての実体（実在）の

第Ｘ章　弁証運動──Phase X

973

運動的統合化され、現在時の自己存在の特殊時間的エナジーに帰せしめられたものであるが、当該の現在時における自己存在の特殊空間的エナジーとても、そのまま現在時における他在をなすすべての実体（実在）が運動的統合化され、更には新規の自己存在の瞬間／瞬間の自己存在へと更新・移行される。そのことが、特殊時間としての無限の運動原理でもある。

　ところで、何等かの実存的モメントＳが何等かの自己運動・変化により何等かの状態関数を帰結せしめるならば、任意にして一意の現在時における非Ｓ全体の運動的統合値〜Ｓ（ｔ）が、Ｓの状態関数に対しアクセスする運動作用の起点は無限小の時間長を経過した（ｔ＋１）時であり、されば、その否定・収束せしめるべき対象はＳ（ｔ）ではなくＳ（ｔ＋１）であり、更にその無限小の時間長を経過することによりＳの状態関数が更新されるのは、Ｓ（ｔ＋１）ではなくＳ（ｔ＋２）となるのではではないか、との疑問が想定され得よう。確かに、仮に〜Ｓ（ｔ）による否定・収束という運動作用が後発的に改めて実行される性質のそれであるならば、〜Ｓ（ｔ）という運動的統合値の成立から当該の運動・作用の実行の起点までには何程かの時間長が経過しなければならないが、Ｓの状態関数に対し否定・収束せしめるという運動・作用に関しては、しかる〜Ｓの運動的統合値を成立せしめる力動概念でもあるため、〜Ｓの運動的統合値そのものの本質規定に相互Ｌｉｎｋされており、現在時における〜Ｓ（ｔ）の成立と当該の否定・収束の運動・作用の起点との間隔には、特殊時間的誤差は発生しえない。とりもなおさず、〜Ｓ（ｔ）の成立と当該否定・収束の運動作用は同時点にあることになる。そして、〜Ｓ（ｔ）のしかる運動作用上の［Ｓ（ｔ）に対する否定・収束と生成・更新という］自己矛盾する両エナジー値が同時点における運動的統合値にある以上、また、〜Ｓ全体の運動的統合値とＳの状態関数は相互間に依存しあいつつも矛盾しあう関係式でもあるため、〜Ｓ（ｔ）の成立を以ってなす否定・収束の運動・

作用は同時点における状態関数Ｓ（ｔ）に対するものであり、且つ、Ｓ（ｔ）の成立を以ってなす否定・収束の運動・作用は同時点における運動的統合値〜Ｓ（ｔ）に対するものである。したがってまた、その相互による否定（収束）運動により帰結されるところの実測値は、〜Ｓ（ｔ）の否定作用エナジーにより無限小の時間長を経過したＳの状態関数Ｓ（ｔ＋１）であるとともに、他方Ｓ（ｔ）の否定作用エナジーにより無限小の時間長を経過した〜Ｓ全体の運動的統合値〜Ｓ（ｔ＋１）に他ならない。

　この自己運動・変化はしかも、相対系のあらゆる相対的単位をなす特殊時空間、及びそのモメント素子の各々が、無限域に亘る相互因果性に於いてそれ以外の全特殊時空間、及びそのモメント素子の一切と相互連動し反映しあいつつも、任意にして一意の実存的変数Ｓとして、それぞれのＳに対する他在をなす非Ｓの運動的統合化された特殊時間的エナジーとの相互依存／相互否定を以って展開されゆくところである。一般空間におけるすべて相対的・可変的である座標系が任意にして一意の特殊空間に該当しうる以上、或る実存的変数である現在時の特殊時空間的モメントＳ（ｔ）がいかなる状態関数をなすかにより、それに対応する他在を構成するすべての特殊時空間上の任意にして一意なる運動的統合値、〜Ｓ（ｔ）をつくりなす特殊時空間的モメントの構成素子と態様を異にすることになるが、もとより現在時Ｓ（ｔ）の状態関数は無限小の時間長を遡及する〜Ｓ（ｔ－１）により生成された帰結現象である。一切の特殊時空間的モメントは相互に無限因果的連動しているのであるから、任意にして一意の個体概念として成立するＳは、それに対する他在を構成する非Ｓの下位集合乃至要素（元）には内包されないが、たとえばＳとは相異するＳ２に対する他在を構成する非Ｓ２の下位集合乃至要素（元）には内包されており、Ｓ２の瞬間移行のヴェクトルを規定する非Ｓ２の否定（収束）運動として運動的統合化される一要因をもなしている。そして、Ｓに該当するいかなる実存規定をな

す特殊時空間的モメントも、非Sを構成するいずれの個体概念をなす特殊時空間的モメントに対しても、その各々に対する他在をなす全特殊時空間的モメントの運動的統合値として帰せしめられる一要因をもなしている。更にはまた、相対系のすべての実存的モメント相互は現在時にあって同期的連動しており、特殊空間上の運動・作用である特殊時間上の統合化エナジーの実測値が現在時の瞬間をなすため、これを精確に記述するならば、任意にして一意の現在時（t時）における特殊時空間的モメントS（t）は、同時点におけるそれ以外のすべての特殊時空間的モメントを構成する〜S（t）の下位集合乃至要素（元）には内包されないが、当該の同時点に於いてS（t）とは相異するS2（t）に対しては、同時点におけるそれ以外のすべての特殊時空間的モメントを構成する〜S2（t）の下位集合乃至要素（元）には内包されており、S2（t）より無限小の時間長を経過するS2（t＋1）への瞬間移行のヴェクトルを規定する、〜S2（t）の全構成素子による相互連動を以って、その否定（収束）運動として運動的統合化される一要因をもなしていることになる。実際上にS（t）もしくはS2（t）の実測値をなすものがどうあれ、相対系における各々の座標系をなす特殊時空間的モメントが相対的・可変的に相互連動している以上、任意にして一意のあらゆる実存規定のそれぞれに同一の法則による特殊時空間的生滅がつねに同期して実行され、且つそのことはなべて無限の一般時空間上に普遍的に妥当する。それでいて、一般空間としての一般時間運動は、つねに瞬間の唯一の実測値である現在時として普遍的に自己統一されているため、無限小の時間長をなす当該の時点に対応する特殊空間毎のモメント素子による特殊時間運動の過程を異にしつつも、相対系の全域に普遍的に妥当する同時性が絶えまない現在時として維持されてゆく。そのことが、一般時間としての無限の運動原理でもある。

　弁証論的視点より語るならば、実存概念をその止揚（揚棄）態様

として相互否定作用しあう契機、即ち定立態様と反定立態様をつくりなすものは、一般且つ特殊時空間上の拡散と統一が際限なく同時に接近するタイミングで実行されること、つまるところ瞬間の生／滅にある。一般時空間として無限大に拡散される特殊時空間上の運動規定と、特殊時空間として無限小に統一される一般時空間上の運動規定が、瞬間の生／滅による交互作用として実行され展開される以上、一意の瞬間を体現する実存規定の具象として現出されるところのものが、瞬間の生／滅により不断に規定されることは自然である。そも特殊時間とは、自己運動・変化し続ける個体概念としての特殊空間を示唆する概念規定であり、また特殊空間とは、不断に実体（実在）化することによりモメント素子を現出せしめる特殊時間の意義である。したがって、つねに一意に規定される特殊空間の存立態様に応じて特殊時間の運動態様は異なり、またつねに一意に規定される特殊時間の運動態様に応じて特殊空間の存立態様は異なる。ということは、一般空間に於いて任意の特殊空間上の実測値が規定される場合、対応する特殊時間上の自己運動・変化が特殊化されたことになるし、また一般時間に於いて任意の特殊時間上の実測値が規定される場合、対応する特殊空間上の状態関数が特殊化されたことにもなるのである。実際上に相対系の座標系／時点にて開始及び終了されうるいかなる事象も、かくて任意にして一意の特殊空間／特殊時間上のモメント素子としてのAuf－hebenにより成立しており、それを実践せしめる次元機構が無限大の妥当性と無限小の方向性を具有する瞬間である。瞬間は一般時空間を構成するあらゆる位置的アドレスに於いて不断に生／滅することにより、或る実体として実在する何等かの現存在がいつの時点・どこの座標系をなす瞬間に該当するものであるかに応じて、その再び反復されえぬ無限小の瞬間の生／滅のたびに更新される実存規定は、無限大の一般空間上且つ一般時間上の交互作用を以って規定された、一意の特殊性及び独自の本質的属性を具有する特殊時空間上の生滅現象に他ならない。たとえば、太陽系内軌道を公転・自転する第三惑星等

を想定する場合、或る人工衛星より観測されうるその第三惑星の地表の状況は、科学的観測精度に於いては、無限小の時間長の経過前後では殆ど変わりないように視認されるかもしれない。ところが実際上に於いては、無限小の時間長の経過前にはそうであったところの第三惑星の状態関数は既に収束・零化せしめられ、無限小の時間長の経過後も恰も差異がないように視認されているそれは、厳密の哲学的認識に於いては、また特殊時空間上の一意性に於いては既に別個の実存規定とはなっている。実存概念としての本質規定については、無限小の瞬間次元上の生滅作用を以って更新されるからである。更にたとえば、当該の時点より無限小の時間長の経過後には、相当質量の隕石もしくは彗星等による不可避的といえる衝突を享けることにより、しかる第三惑星が数十億年の推定余命を残して壊滅状態に陥ったならば、そのことはそこに生息する人類及び精神主体にとっては想定外の終末事象ではあろう。然るにそれさえ、所詮は座標系を異にする特殊空間上の相互間における環境変数が変動したことにより、そこに体現されるモメント素子により直接的に反映される一般空間上の規定性をなすヴェクトル及び態様が変更されたにすぎない。つねに相対的・可変的である主観作用に影響される人間乃至精神主体の精神機能にとっては、いかに不条理らしい観想作用をなし、もしくはいかに奇蹟的に主観的印象付けられる運命らしい事象とても、実存哲学的見地よりして、無限にして不断である相互因果的連動による無限小の時間長の経過前後における、瞬間の生滅作用に起因する特殊時空間上の自然の運動・変化でしかなく、また一切の特殊時空間上の運動・変化が無限且つ不断の相互因果性に基づく以上、相対系内におけるいかなる客観的事実も必当然的にしか生起しえないのである。かかる運動・変化がつまり、相対系を構成する各々の特殊時空間的モメントの相互作用である点については、主観作用上に於いてはいかに無常にして破壊的とみえる印象をなすアクシデントであろうと、また反対に一定の環境条件を維持せしめようとする類の印象をなすイヴェントであろうと、客観作用上に於

いては何等差異がない。そのことは実のところ、意外と重要といえることである。

　というのも、いつの時点・どこの座標系に於いても相対系は特殊時空間的に無限であり、果たしてそこに生起しうる事象がすべてその単なる運動・変化でしかない。しかる限りに於いて、精神機構上の、その後述する精神機能により相対系自体と自己内的に同化され、且つ相対系自体が精神機構の、やはり後述する先験態様と経験態様による自己化を媒介して自ら回帰して同化されることにより、精神機構が絶対の真理：恒真式を自己存在に同化せしめるなどということも、無限に亘り不断に更新されゆく相対系のモメント素子にあっては、特殊時空間上の運動・変化の一端にすぎないことになるからである。しかも、そのような運動・変化の作用やその及ぼす効果・効力というも、そのこと自体に意義や価値があることの是非については、客観作用による論理的判断の外ではあろう。相対系自体の全体系としての絶対エナジーは無限という限度に於いて一定しているから、何等かの実存的モメントが何等かの自己運動・変化するために要する特殊時空間的エナジーは、その自己運動・変化自体を収束・零化せしめるヴェクトルに作用する、それ以外の一切の特殊時空間的モメントの運動的統合化されたエナジー値としてのみ成立するのであり、したがって、当該の実存的モメントのその自己運動・変化そのものが、それが実行されると際限なく同時に接近するタイミングに於いて、しかる同時点におけるそれ以外の全特殊時空間的モメントの統合化エナジーにより収束・零化せしめられることにより、新規の瞬間における状態関数へと移行する。そして、すべての実存的モメントは一般時空間上の相互因果性による連動として成立するから、一般時空間に生／滅するあらゆる実存的モメントの自己運動・変化がそれぞれに、不断且つ永劫に、無限小の時間長を遡及する瞬間におけるそれ以外の全特殊時空間的モメントの運動的統合化エナジーの帰結現象であるとともに、当該の同時点におけるそれ以外の

全特殊時空間的モメントとは相互否定関係にあることにより、無限小の時間長を経過した瞬間におけるそれ以外のあらゆる特殊時空間的モメントの状態関数を生成せしめる、運動的統合化エナジーを形成する他在としてのエレメントをもなしている。無限に妥当するあらゆる実体（実在）が、つまり一切の特殊時空間上のモメント素子が、何等かの精神主体による意図的要因を内在すると否とに拘わらず、全体系をなす相対系を自己存在に於いて体現するものとして相対系自体へと反映せしめ、そのことによりいかなる効果・効力を出力することができたとするも、しかくそれを出力したと際限なく同時に接近するタイミングにおける、そのことを可能ならしめた当該の自己存在の状態関数以外の全特殊時空間的モメントの運動的統合化エナジーの状態関数により否定・収束されてしまう以上、一意の実存的モメントがいかなる実測値をなすことになろうと、たとえば、ヒトが如何様に活動して人生観や死生観をどう改変しようと、またたとえば、営々として展開されゆく多様の天体上の惑星における多様の生物体の歴史でさえ、その瞬間生滅の原理論がいつも必ず一定する相対系自体のエナジー値の無限に基づく以上、出力結果として期待されうる効果・効力は零＜Ｚｅｒｏ＞にしかならず、＜零＞という実測値に於いて無限に一定しているのであるから、個別に具象される実体（実在）そのものに内在される意義乃至価値は、相互因果律による無限連関に於いて相対的・可変的には成立することを除けば、主観性フィルターによる主観的変数のうちにしかないはずであろう。いかなる実存的モメントも特殊時空間上の相互因果性により関係作用している以上、或る実存的モメントＳの状態関数はＳ以外の全特殊時空間的モメントの、無限小の時間長を遡及する瞬間における運動的統合化された特殊時間的エナジーの帰結現象として発現されるが、それが同時に際限なく接近はするものの、同時点ではない特殊空間的エナジーの状態関数によるところであることは、同時点の瞬間の生／滅に無限小のスライドを前提することなくしては、特殊時間上の移行作用が成立しないためである。瞬間としての生滅

現象にあって、任意にして一意の実存的モメントＳと当該の全他在
〜Ｓ間に交互作用が実行されるとはいえ、それとともに等しい同時
点ｔ時における〜Ｓ（ｔ）はＳ（ｔ）に対し相互否定的に作用する
から、Ｓの状態関数はその同時点における〜Ｓ全体の運動的統合化
エナジーにより収束・零化されることにより、新規の瞬間をなす状
態関数へと更新され移行する。而して、このことはまた、相対系の
全体系としての絶対エナジーが無限という限度に於いて一定してい
るため、実存的モメントＳ（ｔ）の自己存在エナジーは無限小の時
間長を遡及する〜Ｓ（ｔ－１）の運動的統合化エナジーの帰結され
る瞬間の実測値であるとともに、無限小の時間長をスライド後の同
時点における〜Ｓ（ｔ）の運動的統合化エナジーにより収束・零化
されるものであることを示唆している。相対系の特殊時空間的モメ
ントとして生／滅される実体（実在）はなべて、それ自体の自己存
在に消費されるエナジー値の拡散と収束との際限なく同時に接近す
る交互作用であるから、いかなる特殊時空間上の規定性に基づく自
己存在エナジーの拡散が生じようと、その拡散と同時点における、
その拡散を帰結せしめた力動概念をなす当該の全他在の運動的統合
値によりその自己運動エナジーが収束・零化せしめられることにも
なり、実際上に於いて精神機能により何程かの学術的成果が達成さ
れる等ということはもとより、たとえば、銀河系内のどこかの座標
系にて数億年に一度という如き科学反応が発生したとしても、或い
は、単位宇宙レベルのＢｉｇ－ｂａｎｇ現象及びＢｉｇ－ｃｒｕｎ
ｃｈ現象により或る座標系をなす特殊空間の状態関数が変更された
とするも、相対系の全体系としての絶対エナジーに反映される効果・
効力としては、そのこと自体の実践されたことが実践されなかった
ことに相等しい。たとえばまた、ここに論述されている対象的命題
（論理式）の一に於いてさえ、客観性フィルターの理性機能により
それを真理：恒真式として自覚することは、先験的に相対系自体と
自己同一である基準系が精神機構上の実存的経験に於いて相対系自
体へと自己化され、相対系自体が実存的経験上の精神現象を媒介し

て自己化され、追考上の自覚レベルに真理：恒真式としての絶対性を体現することに成功したとするも、それに成功したこと自体は紛れもなく客観的事実にして客観的成果ではあるとても、また、特殊時空間上にいかなる変化率を記録される実体（実在）が存立したとするも、つねに無限という限度に於いて一定している相対系の全体系としての絶対エナジーのうちにあっては、いつの時点・どこの座標系にて何事が生起しえたこととても、それ自体が生起しなかったことと同義なのである。この太陽系第三惑星である地球が幾十億年の歴史を経過しようと、また、Ｂｉｇ－ｂａｎｇ現象と仮定されている契機により生起したとされる相対系の一領域範囲の全記録とても、更には相対系の無限の全域における無限の過去時間より連続する特殊時間的運動さえ、決していかなる例外もありえない。一切のモメント素子が特殊時空間上に一意である実存規定としてのみ存立する、相対系を体現せしめるいかなる原理論に基づく特殊時空間的生滅の効果・効力もつねに或る一定値以外にはならないことは、相対系の全体系としての絶対エナジーに変化率を生じえないことによるのだが、この無限という一定の測定値に及ぼすいかなる変更処理も、とりわけ実数値に換算不可能の実測値は標準である原界点：零＜Ｚｅｒｏ＞に帰せられざるを得ないため、相対系全域に相互連動するいかなる特殊時空間上にいかなる自己運動・変化があろうと、そのことによる一般時空間上の効果・効力はつねに＜零＞にしかならないだけである。相対系自体がつまり、その本来のシステム概念に於いて実存系としてあるとともに零系としてある限りに於いて、結果的且つ本来的に両システム概念は相対系自体としての自己同一の原理を示唆していることになるのである。

　相対系という全体系システム自体があらゆる特殊時空間的モメントの機能的統合態様として成立しているため、特殊時空間的モメントとしての実存規定はつねにそれ以外の一切の特殊時空間的モメントと相互連動しあっている。その全モメント素子の各々における特

殊時空間規定は実存概念レベルに於いて、特殊空間規定をなす一意の生滅現象として、且つ特殊時間規定をなす同一の生滅現象として反応することによる瞬間生滅の態様をなす。そのもの自体の実存としての規定性を具有することは、特殊空間上の関係変数に対する一意の瞬間上の規定性を具有するとともに、特殊時間上の相互因果係数に対する同一の瞬間上の規定性を具有することにより、無限における唯一無比の自己存在であることによる瞬間的自己統一が成立しているからである。全特殊時空間的モメントに体現される相対系の存在的生滅現象である特殊空間規定も、またその運動的生滅現象である特殊時間規定も、相互矛盾的連動により各々の本質的属性に於いて自ら一意の自己存在として同一規定されることを通じて、しかる自己同一の相対系自体の自己回帰としての生滅現象を機能せしめるため、それぞれに反映される実存規定に、もとより内在される零系としての規定性が反応しあうことにより対自的矛盾関係を現出し、且つその対自的矛盾関係は全実存的モメント相互の運動原理に於いて反映されてもいる。対自的矛盾関係にある全実存的モメントを以って相対系の全体系に妥当する以上、且つそのことは相対系の実存系としての規定性と零系としての規定性との自己統一規定として作用するため、あらゆる特殊時空間的モメントの自己矛盾的である実存態様として相互規定されるのである。

　任意の特殊時空間的モメントの実存規定としての存立態様、即ち無限の特殊空間規定及び無限の特殊時間的規定による相互矛盾的である一意性が、空間生滅（特殊空間）／時間生滅（特殊時間）による次元機構を体現する全体系システムとしての瞬間生滅に対する把捉を媒介して、それに対しアクセス作用する超自我の理性機能にとっては、より直接乃至端的、且つ即自的に触発しあう。その限りに於いて、しかる相対系を体現する特殊時空間的モメントの瞬間生滅をなす実存乃至実存系の概念規定に対する認識を契機として追考されうる、概念的統一の契機である零＜ＺＥＲＯ＞系の概念規定は

理性機能に於いては、より間接的、且つ対自的である。しかる零系の概念規定に対する理性的把捉は、あらゆる実存規定により体現される相対系自体の更新を可能ならしめる、無限の相互因果的自己回帰の認識を媒介することによってのみ、その瞬間生滅をなさしめる実存規定の体系としての零系の概念規定に対する理性的アクセスが可能となり、実行されるためである。但し、この時点に於いて留意すべきは、理性的追考運動を以って推移する客観概念の態様が、飽くまで対自的である零系の概念規定の自覚レベルにあるため、未だここでは即自的である実存乃至実存系の概念規定との相互否定的である自覚レベルにあり、その客観概念的統一には到達していないことにある。したがって、客観性フィルターによる弁証系プロセスにおける階梯としては、客観概念上に於いて明示的に相対系自体及びその全特殊時空間的モメントの同時性をなす瞬間生滅としての実存乃至実存系と零系との概念的相互否定関係が、自己統一的にAuf－hebenされるより以前の態様にあることを意味する。

984　　第Ⅰ節 客観概念

iii＞超実存系：実存回帰

　特殊時空間上の実存生滅に体現される相対系システムである実存系と、あらゆる実存生滅及びそこに体現される相対系の帰結現象を＜零＞なる原界点に帰せしめるもの、即ちその運動原理をなす相対系システムである零系。自己存在をなす生滅現象としての特殊空間と自己運動をなす生滅現象としての特殊時間、この相互による矛盾作用を極限化することによる自己同一としての瞬間生滅の、相対系をなすあらゆる一意のモメント素子に共通の同時性を以って体現される自己回帰システムが実存系である。これに対し、無限の相対系を体現する一意の実存概念がいかなる瞬間生滅をなし、そのことにより特殊時空間上のいかなる実測値を記録しようとも、一切の瞬間生滅及びその実測値は＜零＞なる原界点に否定・収束せしめられ、かるが故に、無限という相対系全体の絶対エナジーが保全される自己還元システムが零系である。実存系と零系はいずれも、相対系の無限機構としての前提に於いては自己同一の概念規定に帰結せられるが、それとともにしかる相対系を体現する無限システム上のヴェクトルに於いては自己矛盾の関係式にある。

　無限の相対系を構成する各々の実存的モメントは、それが規定される特殊時空間上の条件に応じて実測値を異にするが、いかなる実存的モメントも一意の瞬間としての実存生滅を以って成立するため、同時性における無限の他在をなす全モメント素子の運動的統合値とは相互否定・収束の関係式をなす。このような相互否定・収束の作用により、あらゆる実存的モメントの状態関数はつねに新規の瞬間として更新されるのであるが、他方では当該同一の相互否定・収束の作用を以って、いかなる実存的モメントの実測値も収束・零化せられることでそのためのいかなるエナジーも＜零＞に帰せられる。無限を構成する一意性としての極限の自己存在を生／滅せしめる実存系であるにも拘わらず、しかる実存系を体現するあらゆる瞬

間の実測値及びエナジーが同時性に於いて収束・零化されるのであるが、そのような零系のシステム自体が無限をなすモメント素子の自己回帰的である実存生滅を可能ならしめる根拠・原理ともなる。相互否定・収束による相互連動をなすこの相対系に普遍の原理論は、そのまま同一の実存機構に帰せられる基幹システムとして成立するのでなければ、ありえない。実存としてのモメント素子は、特殊空間／特殊時間を自己統一されてある瞬間として一意であるため、相互否定関係にある他在をなす全モメント素子の運動的統合値により収束・零化されることで＜零＞に帰せられるが、しかく否定・収束せしめている他在をなす全モメント素子による統合化エナジーの帰結現象を以って瞬間が移行され、新規の瞬間として一意である実存の実測値が生成される。とりもなおさずそのことが、実存系としての相対系が零系のシステム全体を運動原理としつつも、且つ零系としての相対系が実存系のシステム全体を前提として機能することを示唆するためである。

　普遍の同時性にある瞬間、その特殊時空間上の一意性をなすモメント素子としての実存概念。無限小乃至無限大の特殊時空間的モメントの規定性により相対系を体現する実存が、したがって、相対系自体の極限にある実測値をなす概念規定ではあるが、普遍的に妥当する同時性にある各々の実存は不断に、やはり相対系の機構をなす零系のシステム作用により無限小の瞬間毎に収束且つ生成される。零系は飽くまで一切の実存の実測値及びエナジーを収束且つ生成せしめることにより、相対系全体の無限というエナジー値を保全する機構としてある以上、相対系自体の極限態様をなす瞬間の機構である実存系をつねに前提しており、しかる実存系をなす相対系の自己還元システムとして作動する。換言するにそのことは、零系のシステム作用を通じてのみ自己回帰される実存概念にこそ、無限をなす相対系そのものの本質規定が反映されてあることを意味するところである。

無辺の相対系内にあって特殊空間上、且つ特殊時間上に一意であること、即ち無限の一般空間域にあって他のいずれでもない一意の座標系にあり、且つ無限の一般時間過程にあって再び回帰されえぬ一意の時点にある、運動・変化とその状態関数が実存の概念規定を構成することは既述の通りだが、一概に実存とはいうも、相対系内における一切の特殊時空間的モメントが例外なく実存として成立している。無限個に及ぶ個体数、無限種に亘る類型や族等に分化されている相対系の下位集合及びエレメントであるが、そのうちでも至極特殊といえる実サンプルがある。精神機能、或いは知的作用と称せられる内的エナジーを発現しうる大脳生理の機構、もしくはそのような機能を具備する生命現象としての特殊時空間的モメントではある。当該の実サンプルをなすものは、たとえば太陽系内の第三惑星と称せられる位置的アドレスに生息している実績があるが、少なくとも自然環境や気象条件の類似した特殊空間の領域範囲であるならば、その環境変数や組成条件に適合すべく進化しカスタマイズされた生体の実サンプルが、銀河系を一例とする複数銀河の系内外その他の天体乃至領域範囲にも成立しうるであろう。また、太陽系第三惑星の環境下では実測・実験の困難とされる元素により形成されている条件下に於いては、その環境変数や組成条件に適合して進化してきた生態系の成立している可能性もあるし、更には、それら生息の条件や発生の経緯を異にする精神機構をなす主体同士が相互間に交渉しあうことさえ、その知能レベルが相当程度に同等以上であるならば不可能でもなかろう。双方向に媒体変換することにより交信することのできるインタフェース等の設計・開発作業に、相互間に於いて知的協力を期待することもできようからではある。〔尤も、そのためには別個の課題、即ち交信しあうべき双方が、特殊時空間上の交信可能となる許容範囲内になければならないのだが〕とまれ、精神機構が或る特殊の実存としての概念規定をなすことの意義とても、ほどなく自ずと明らかにはなろう。

第Ⅱ部　論理系

第Ⅲ篇　弁証系システム

　相対系を構成するあらゆる特殊時空間的モメントは、それ自体とそれ自体以外の全特殊時空間的モメントとの関係変数に於いて、特殊時空間上に一意であるＳ（ｔ）⇔〜Ｓ（ｔ）という実存的である相互否定＜零化＞関係により編成されているから、精神機構及びその生理機能とても例に漏れない。精神機構上の或る機能による或る状態関数が生じるとき、そのために放出される精神内的エナジーはそのまま或る特殊時空間的エナジーでもあるが、当該の瞬間における当該の精神機構の当該の状態関数に対し否定（収束）作用にあり、且つそれ以外のすべての特殊時空間的モメントの状態関数の統合化エナジーに於いて、それとは逆方向のヴェクトルに収束・零化されるエナジー値と相等しいものである。ここでの零化とはされば、エナジー値の放出／収束により零という基準値に再還元されることを意味する。つまるところ、そのような精神機構の採りうるいかなる状態関数も、無限小の時間長を遡及する瞬間におけるそれ以外の一切の特殊時空間的モメントの統合化エナジー、即ち当該の瞬間をスライドする一瞬間前のそれ自体に対する否定作用エナジーの帰結現象として体現されている。相対系を構成するあらゆる特殊時空間的モメントの、そのいかなる状態関数と雖も、無限小の時間長を遡及する時点に於いて、一切の特殊時空間的モメントの相互連動を契機とする統合化エナジーにより否定・収束された帰結現象として、無限小の瞬間を移行することにより生成されてくるものであるが、その反面に於いては、無限という限度に於いて一定している相対系全体の絶対エナジーのバランスを保持するため、生成されるとともに収束・零化されなければならない必然性とてもある。尚ここで、同時点の相対系における全他在により相互否定（収束）作用の対象となるものが、その特殊時空間を体現する特殊時空間的モメントの一意の状態関数であって、決して特殊時空間そのものではないことは、直接上に於いて実存的矛盾関係にある対象が特殊時間上のタイミングを特定された瞬間値であるとともに、かかる相互否定（収束）作用自体が当該の同時点における全特殊空間の成立を前提してあるか

988　　第Ⅰ節　客観概念

らである。また、その同時性にある実存的である、即ち無限にあって一意である相互否定（収束）作用により生成される状態関数は、無限小の瞬間を移行することにより収束・零化せしめられることになるが、その実存的である自己存在エナジーの生成と収束・零化は際限なく同時に接近するけれど、ゆめ同時ではない。あらゆる特殊空間上の運動・変化はつねに特殊時間的推移を伴うため、瞬間という無限小の時間長のスライド作用なくしては、生成もしくは収束・零化という運動規定さえも成立しないはずであるからである。

　この場合、当該の運動規定の主語をなすものが精神機構及びその生理機能であるから、その状態関数に展開されゆく実測値は何等かの知的活動を示唆している。知的活動には、大別して大脳生理機構における主観性フィルターを制御する部位による作用態様と、他方また、客観性フィルターを制御する部位による作用態様があるが、しかる運動・作用が客観上には相対系自体の概念規定を自覚統一する処理にあるのならば、その処理の最終工程に相当する真理：恒真式の論理的生成は、相対系そのものの当該の特殊時空間的モメントである精神上への反映にして、且つ精神上における相対系自体の先験的知覚体系の経験的自覚統一を通じての相対系そのものに対する相互同化現象でもある。真理：恒真式の発見、とりもなおさず、精神機能によるＴａｕｔｏｌｏｇｉｅの論理的生成は、ア＝プリオリ：ａ＝ｐｒｉｏｒｉに体得されている相対系自体の純粋知覚をア＝ポステリオリ：ａ＝ｐｏｓｔｅｒｉｏｒｉに体現することにより、精神上に於いて相対系そのものを自己回帰せしめるためであり、そのことは結果として、相対系自体の精神機構というフィルター制御による自己回帰エナジーを以って体現されるからである。客観的主語としての精神機構の、その動因でもある無限小の時間長を遡及する瞬間の状態関数に対し否定・収束せしめる、相対系全体におけるそれ以外の全他在の状態関数をなす全エナジーの運動的統合化された帰結現象としてなされるのであるから、相対系によって相対系自体

第Ⅱ部　論理系

第Ⅲ篇　弁証系システム

を自己化せしめる精神機構そのものに、それが相対系自体と自己同一である本質規定がフィード・バック：Feed-backされているはずでもある。かかる帰結現象に到達する知的活動の過程に於いて、ＣＮＳ内の客観性フィルターをなす部位による理性上の追考運動が実行されゆくほどに、相対系の力動概念により反映せしめている知覚作用の表象モニター上に於いては、しかる相対系自体の概念規定がより顕在化されゆくことではあろう。精神機能がいずれ一点の誤謬もなく一切の弁証系プロセスを完了しうる場合には、真理：恒真式の発見（論理的生成）という相対系自体の概念規定に対する絶対性ある自覚統一に到る刹那に、対象的知覚として成立する相対系は現実態様を以ってあるがままの相対系そのものとして、精神機能上の弁証系プロセスの使役主体である相対系との関係式に於いて相互同化せられ、精神機構という相対系を構成するモメント素子を媒介することに於いて、相対系による相対系自体に対する絶対的自己化が成立するのである。

　精神機構上に先験的に具備されている相対系の知覚の体系、即ち基準系はそのモメント素子としての存在履歴以前に相対系自体より反映されてある原始的といえる知覚情報の構造をなすから、理性作用による追考運動という経験態様により自己存在を以って相対系を体現することは、ア＝プリオリ：a＝prioriの精神機構として反映されている相対系自体が、ア＝ポステリオリ：a＝posterioriの精神機能により体現される相対系自体により自己内回帰を以ってする帰結現象として自己化され、精神機構における先験態様と経験態様との止揚（揚棄）を通じて、それ自体が１００％相対系自体と自己同一となる精神機構上の絶対的自己化が成立しうる。無限種に及ぶ相対系の特殊時空間的モメントの族・類型等にあって、その概念規定そのものに相対系自体の自己内フィード・バック機構を具有し、一特殊時空間的モメントとしての自己運動により絶対性の属性を体得しうる実サンプルは、やはり精神機構以外には例

990　　第Ⅰ節　客観概念

がないところであろう。

　精神機構上の機能態様、及びそのなさしめる作用にも、幾許かの分類に所属するものがある。レム睡眠やオーソ睡眠等に例示されるような下意識状態、もしくは意識下ではあるも内省可能である前意識状態から、追考運動という最も覚醒した意識的状態に到る意識／下意識レベルの状態遷移には意識階層レイヤがあり、また理性機能上の客観作用による思惟や懐疑等のほかに、情動的である主観作用による動揺、直覚的である創造的発想など活動するフィールド類型も単一ではない。課せられている処理内容やその直面している状況に応じて、それら精神機構上の機能態様は動作／制動をコントロールされているわけであるが、精神機能上に於いて実現されうる処理内容のうち最も客観処理性能を要求されるそれは、論理系上の弁証運動であると断定できる。あまりにも非主観的である対応能力と追考処理上の精度が不可欠となるために、意識階層レイヤに於いて最高度に覚醒された状態関数になくては処理しきれないラン：Ｒｕｎ－ＩＤプロセスであるからである。そして、当該のＲｕｎ－ＩＤプロセスの実行目的とは、つまるところ知ることにある。あるがままの相対系自体の現実態様を、相対系自体を体現するモメント素子である自己存在のうちに自覚することである。ついては、幾らかの必要となる論理系上の手続きを実施しなければならないのであるが、しこうして自覚せらるべき相対系自体の現実態様とはそも何程のものであるか。現実の概念規定とは、相対系における一切の特殊時空間的モメントが、実際上にただその通りであることにすぎない。ただ、その通りであるだけの事象・事実を誤謬もしくは主観的錯誤なく享受することは至難にして、そのことは相対系のすべて普遍妥当する公理的法則を示唆しているとともに、いまここにある瞬間における相対系自体の状態関数を反映してもいる。そのカテゴリーは相対系という一般時空間の無限域に妥当するから、当然そのうちには追考主体自身の身体上及び精神上の問題とても内包される。つまる

ところ、追考処理の対象は敢えて限定されてはいない。いかなる問題を追考対象として取り扱い、理性作用上の対象的知覚とするにせよ、精神機構上の機能態様が弁証系プロセスの追考処理を開始せしめるためには、実際上に理性的アクセスする対象的知覚を一定の論理系における理性機能上の論理的形式：Ｆｏｒｍａｔに変換しなければならない。命題、もしくは判断と称せられる論理式がそれに該当するが、かかる論理式という精神機能上のＦｏｒｍａｔを媒介することなくしては、もとより弁証系プロセスが作動しえないためである。そのことは即ち、理性作用をなす意識上レベルにある精神機能による追考処理の対象となりうるものは、未だ客観的精神機構によるフィルター制御を実施される以前の、基準系上における精神内的に非形式の［相対系自体ではない］、つまりは既に精神内性フラグが附加されているところの、Ｌｏｇｉｃａｌ：論理学的属性を具有する相対系自体の知覚でなければならない、ということでもある。やがては精神機構上の理性機能が弁証系プロセスの全工程に於いて、その弁証作用の対象とされている相対系自体の知覚情報の内実に対し、０％の誤謬率に於いて証明することができる場合には、［第二次］悟性機能上の［第二次］還元作用により生成されようはずの命題（論理式）は、対象的知覚ではない基準系上の精神内的に非形式の相対系自体と絶対的精度にて合致されていることにもなる。それはまた、本来に於いては精神機能上の所産であるはずの当該の命題（論理式）が、弁証系プロセス及び［第二次］還元作用による効果・効力として、対象的知覚としてではない相対系自体と１００％確実に合致された命題（論理式）として生成されていることになるからである。以上のＣＮＳ上の客観性フィルターによる追考処理を実施されることにより、絶対性の属性を体得されることになる精神上の自己化作用による結晶体こそ、真理：恒真式の概念規定に他ならず、したがって、必ずや真理：恒真式はいずれも或る命題（論理式）をなしている。

精神機能上の諸作用を制御する大脳生理機構が相対的・可変的である特殊時空間的モメントとしてあり乍ら、その或る特定の運動・作用を通じて絶対性の属性を獲得することができるのは、飽くまで当該の特定の運動・作用、即ち真理：恒真式の生成作用に於いてのみである。生成作用とはいうも、真理：恒真式はもとより現実規定としてあるがままの相対系自体の理性機能上の論理的形式化された命題（論理式）としてあるため、主観作用上の芸術性向による作品を新規に創造するという類の意義ではなく、現実態様としてある相対系自体に対し論証することにより命題（論理式）を論理系上に再構築する作業に他ならない。相対系自体と自己同一であることに一点の相対性をも容れず、とりもなおさず、絶対的精度にて合致している命題（論理式）が真理：恒真式と称せらるべき概念規定であるから、真理：恒真式を自己存在の実存に体現して自己化することに成功している自覚レベルにある精神上の状態関数は、そのまま絶対性を具有していることになる。論理的追考の過程に於いて対象的知覚としてアクセス作用されてきた命題（論理式）は、それに対する［第二次］悟性機能による最終工程における［第二次］還元作用により、単なる相対的である命題（論理式）ではなく絶対性を具有する恒真式：Ｔａｕｔｏｌｏｇｉｅとして生成され、一般時空間の全域に普遍妥当する絶対的確実である真理概念として証明されたことにもなる。

　精神機構が客観的追考上の当該の自覚レベルに於いて、つまり真理：恒真式の生成という［第二次］還元作用による再構築処理を通じて、自覚統一し直されている相対系自体の現実規定に対する統合的把捉が、一般に真実と称せられる概念規定に相当する。基準系における現実概念が先験的に原始的知覚として具備されていた相対系自体であるに対し、真実概念とは客観作用上の弁証系プロセスを媒介して最終的＜絶対的＞に自覚統一された相対系自体であり、そしてそれが絶対的精度にて［第二次］還元処理された命題（論理式）

が真理：恒真式の概念規定をなしている。かかる名辞上の区分はしたがって、単なる学術的体系化を目論むべき弁別ではなく、それぞれの名辞が［先験上或いは経験上に於いて］等しく相対系の自己運動・変化を契機として相対系自体をそのモメント素子である自己存在の精神上に反映せしめられる概念規定であるが、このとき各々の自己内プロセス毎に対応して反映せられている精神機構上の機能態様、延いては大脳生理上の当該するＣＮＳ内の各部位の状態関数に対応するところでもある。

　もとより、精神機構上の先験的知覚の体系として成立する基準系には、一意のそのもの自体が相対系を体現する特殊時空間的モメントであるが故に、一切の経験作用を媒介するより以前の時点にて相対系自体としてある知覚情報が体得されているが、にも拘わらず経験態様をなさない特殊時空間的モメントとてもありえないため、相対系の先験的知覚の体系としての基準系がその経験態様に於いて、客観上の相対系自体を自己存在にて体現する力動概念として作用することにより、理性作用上の弁証運動を可能ならしめる。それとともに、基準系の知覚内容自体が、論理系上における対象的知覚の真理率を判定するための先験的基準ともなる。論理系上の対象的知覚もまた相対系に対する経験作用による知覚情報ではあるが、既にそれが成立する経験的過程にあって精神内性フラグが附加されることで、不確実である属性を具有する知覚情報とはなっている他方、基準系における相対系自体としての原始的知覚には、いかなる経験作用をも媒介しないが故の純粋性が内在されていることによるところでもある。真理：恒真式の生成により、絶対的確実性を以って相対系自体が精神機構上に自覚統一されている自覚レベルに於いては、基準系を力動概念として追考処理されてきたはずの経験的知覚における相対系自体が、先験的知覚である基準系における相対系自体に対し相互自己化されていることになる。論理系上の対象的知覚に対する経験作用としての弁証運動そのものが、先験態様として具備さ

れている相対系自体の純粋知覚［体系］である基準系へと自己回帰せしめ、相互同化せしめる後天的方法論に他ならないからである。而してまた、本来に於いては、しかる論理系上の力動概念である基準系とても相対系自体を体現する特殊時空間的モメントとしてのみ成立する以上、相対系自体がしかく体現される特殊時空間的モメントである先験的精神と経験的精神との相互自己化を通じて、相対系そのものに絶対的自己化される運動規定であることにもなる。

　本著第Ⅱ部：論理系に展開せらるべき精神機構の問題は、特殊の実存サンプルとして、即ち相対系自体との相互連動に於いて絶対性を体現しうる唯一の実存的モメントとしては、超自我における客観性フィルターの論理系作用に基づく追考運動の成否に拘わる。精神機構上に先験的に具備されている相対系自体の純粋知覚［体系］である基準系は、弁証系プロセスという客観上の経験作用が正常実行されることを通じて、つねに経験的に成立する実存機構としての相対系自体との相互間に自己化されるが、何等の論理学的誤謬なく弁証系プロセスの全工程が遂行されることにより、精神上の客観的成果としての真理：恒真式が絶対的確実性を以って生成されうる。したがって、本著に展開される弁証系プロセスの全工程が、絶対的真理を生成するためには必然となる実行且つ成功要件であるとともに、そのことはまた、基準系と相対系自体との相互間の自己化が絶対的精度を以ってなされることと同義であることをも意味する。真理：恒真式と称せられる命題（論理式）が相対的確率ではなく絶対的確実性を前提する以上、弁証系プロセスの全工程が１００％の精度にて実行されなければならず、また基準系と相対系自体との相互間の自己化の精度についても同様であるが、当該の自己化は弁証系プロセスの実行により推進されるとともに、また弁証系プロセスの実行のためには当該の自己化が同期して推進される必要性があるためでもある。というのも、しかるCNS上の客観性フィルターによる論理系処理の成否が、弁証系プロセスという経験的精神と基準系

という先験的精神との相互間の自己化の問題に帰せられるからでもある。

　かくて自らに内在する基準系と相対系自体との相互間の自己化により絶対性を体現しうる［特殊の］実存をなす精神機構であるが、もとより相対系があらゆる実存的モメント相互による無限の連動体系としてあり、且ついかなる実存系も零系としての不断の更新作用を以ってのみ存立可能である以上、かかる特殊の実存とてもゆめ零系システムの対象範疇として例外たりえない。したがってそのことは、精神機構乃至精神主体という特殊の実存的モメント、即ちＮＥＳ／ＣＮＳの相互連動をも反映する大脳生理のあらゆる作用乃至処理が零系として収束・零化されることを意味するため、一切の主観作用及び客観作用の実測値とても零系として収束・零化される。ここでの零化とはされば、エナジー値の放出／収束により零という基準値に再還元されることを意味している。主観作用としては、ＣＮＳ上の主観性フィルターを通じて実行される情動機能や宗教的・芸術的性向等をなす観想作用としてあり、また客観作用としては、ＣＮＳ上の客観性フィルターを通じて実行される悟性的乃至理性的運動であり、両作用のいかなる運動結果もそのまま零系として収束・零化されることにより、そのいかなる実測値も成立するとともに成立しなかったことに等しくなる。そのことはもとより、客観性フィルターを通じて理性的運動による弁証系プロセスが、それぞれの追考レベルに於いて０％の誤謬率にて実行されることにより、［第二次］悟性機能による［第二次］還元作用を媒介して１００％の精度を実現する真理：恒真式が生成されるのであるが、その各々の追考レベルにおける運動結果及び成果が成立するとともに収束・零化されるため、最終的に１００％の精度にて体現される真理：恒真式の生成という事象とても、その客観的事実自体として成立するとともに成立しなかったことに等しいということを、必然的に示唆することになるのである。されば同一の根拠により、つまり絶対的である

精度を内在する真理：恒真式の生成という客観的事実にあっては、そこに相対系自体としてのその精神機構をなす実存的モメントを媒介する絶対的自己化という客観的事実と、しかる精神機構における先験的実存＜基準系＞と経験的実存＜第二次還元作用＞との相対系自体として自己回帰される絶対的自己化という客観的事実が、相互間に同期して自己同一作用として体現されることから、そのいずれの客観的事実も成立するとともに成立しなかったに等しくなり、一切の客観的事実はそのまま零系として収束・零化されてあるのである。而してそのことは、あらゆる対象的知覚に対する弁証系プロセスの全工程にも該当する以上、いかなる真理：恒真式の生成の場合に於いても成立するところでもあり、また全実存的モメントにも例外なく該当するため、逆にたとえば、弁証系プロセスのいずれかの追考レベルに誤謬を来した場合にあっても同様である。

　精神機構の実測値を構成する各々の実存的モメント、即ち各々の精神主体をなす実存的規定性は、それが規定される特殊時空間上の先験的且つ経験的条件に応じて実測値を異にするが、いかなる精神機構をなす実存的モメントも一意の瞬間としての実存生滅を以って成立するため、普遍妥当する同時性におけるそれ以外の実存的モメントなべて、即ち無限の他在をなす全モメント素子の運動的統合値とは相互否定・収束の関係式をなす。そのような相互否定・収束の作用により、あらゆる精神機構をなす実存的モメントの状態関数はつねに新規の瞬間として更新されるのであるが、他方ではまた、当該同一の相互否定・収束の作用に基づいて、いかなる精神機構をなす実存的モメントの実測値も収束・零化せられることを以って、当該の実測値に対するいかなるエナジー値も＜零＞に帰せられる。ここでの零化とはされば、エナジー値の放出／収束により零という基準値に再還元されることを意味する。無限を構成する一意性としての極限の自己存在である精神機構を生／滅せしめる実存系であるにも拘わらず、しかる精神機構をなす実存系を体現するあらゆる瞬間

の実測値及びエナジーが当該の同時性に於いて収束・零化されるの
であるが、そのような零系のシステム自体が精神機構をなす実存的
モメントの［無限の相対系上の］自己回帰的である瞬間生滅を可能
ならしめる原理ともなる。相互否定・収束の連動作用をなすこの相
対系に普遍妥当する原理論は、そのまましかく同一の精神機構に帰
せられるシステム概念として成立するのでなければ、ありえない。
精神的実存としてのしかるモメント素子は、特殊時空間を自己統一
されてある瞬間として一意であるため、相互否定関係にある他在を
なす全モメント素子の［同時性にある］運動的統合値により収束・
零化されることで＜零＞に帰せられるが、しかく収束・零化せしめ
ている他在をなす全モメント素子による統合化エナジーの帰結現象
として瞬間が移行され、新規の瞬間として一意の規定性をなす精神
的実存の実測値が生成される。とりもなおさずそのことが、相対系
自体の絶対的自己化を自ら自己存在に可能ならしめる、精神機構を
も体現する実存系としての相対系自体が零系のシステム仕様を運動
原理としつつも、且つ零系としての相対系自体が実存系のシステム
仕様を前提として機能することを示唆するためである。

　普遍妥当する同時性にある瞬間、その特殊時空間上の一意性をなす
実存的モメントであるが、就中、[客観性フィルターによる弁証
系プロセスを通じて］相対系自体としての自己回帰的である自己化
により、相対系自体と自己同一の絶対性を具備しうる特殊のモメン
ト素子である精神機構。無限小及び無限大の特殊時空間上の規定性
に於いて、相対系の先験的である精神機構＜基準系＞と経験的であ
る精神機構＜第二次還元作用＞との相互自己化により、しかる精神
機構を媒介して相対系自体の自己回帰的である絶対的自己化を体現
しうる精神的実存が、したがって相対系自体の絶対的である実測値
をなしうる唯一の概念規定であるが、普遍妥当する同時性にある
各々の精神的実存とその絶対的自己化の実測値は、やはり相対系の
機構をなす零系のシステム・原理により無限小の瞬間毎に収束且つ

生成される。零系が飽くまで、一切の実存の実測値及びエナジーを各々に収束且つ生成せしめることにより、相対系全体として可動する無限という値を保全する機構でもある以上、弁証系プロセス上における相対系自体の最終工程の自覚レベルにある実存系の自己還元システムとして作動する。零系システムとして収束・零化される実存的モメントが、そのまま実存系システムとして生成・更新される実存的モメントを以って、しかる両作用が同時に同期して新規の実測値へと帰結される実存的自己回帰は、一切の実存的モメントにあって普遍妥当して実行されるため、相対系自体の絶対的自己化を可能ならしめる精神的実存とても同様である。換言するにそのことは、精神機構によるなべての弁証系プロセスと絶対的真理の生成作用とても、やはり否定・収束され＜零＞に帰せられるが、そのこと自体により、精神機構と生成された絶対的真理を包摂する一切の客観的事実と一切の帰結現象は新規の実存として生成せられ、しかる零系システムを通じて自己回帰される精神的実存の概念規定にこそ、そこにしも絶対的自己化される相対系そのものの本質規定が反映されてあることをも意味しているのである。

　精神機能による論理系上の弁証系プロセスの旅はやがて、実存乃至実存系に対する自覚レベルにあって恒真の概念規定を把捉するとともに、反定立しあう零系に対する自覚レベルに自己回帰的である向自的統一態様を看破することになる。他在をなすいずれの座標系の位置的アドレスにもなく、且つ他在をなすいつの時点の現在時でもないそれぞれの特殊時空間的モメントの、空間的無限に対応する相互連関を時間的無限の相互連動に展開される各々の実存規定の全体系としての相対系が実存系に他ならないが、しかく特殊時空間上に於いて一意であるすべてのモメント素子は、無限小の時間長を遡及するそれ自体と自己同一ではない全モメント素子の運動的統合値により収束・零化された帰結現象として成立し乍らも、同時点の現在時におけるそれ自体と自己同一ではない全モメント素子の運動的

統合値により収束・零化されることを以って、それぞれのあらゆる特殊時空間的モメントの瞬間的成立そのものが、それをなさしめる相対系自体のエナジー値の変動効果としては＜零＞にしかならない原理こそ零系に他ならない。然るにまた、同時点の現在時におけるその特殊時空間的モメントと自己同一ではない全モメント素子の運動的統合値は、その同時性のうちにおける当該のモメント素子の状態関数を否定・収束せしめること自体に於いて、当該のモメント素子をして無限小の時間長をなす瞬間をスライドせしめつつも、その時間長を経過後の当該のモメント素子の状態関数へと帰結せられ、その存立の状態関数を更新する唯一の力動概念ともなる。もとより実存系であるところの相対系にとっては、それ自体が零系として成立するということは、その構成素子をなす各々の実存規定に対する一意の否定（収束）作用として発現されるとともに、また零系であるところの相対系にとっては、それ自体が実存系として成立するということは、つねに自己収束される原界である零系をして各々の実存を移行せしめる一意の生産的＜零＞としての作用を実行し、しかく生産的＜零＞をなすことに於いて、そのことは零系本来の存立定義に対する否定（収束）作用ともなるのであるが、実存規定をなすそれぞれの特殊時空間的モメントが運動的に更新されることによってのみ存立する以上、相互連動しあう実存はなべて零系値に帰せしめられてこそ生成されるから、零系なくしては実存系が維持されることはないとともに、また零系の作用はすべて各々の実存に対するヴェクトルしか保持しないのであるから、実存系なくしては零系としての相対系とてもありえないことになる。

　実存として存立するということは必然的に自ら一意の零系にあることを示唆しており、且つ一意の零系にあるということ自体が新規の一意である実存の生成を示唆している。相互間に自己否定しあい、それぞれの自己存在の更新レベルに於いて自己収束せしめあう実存系と零系との関係作用が、そのままそのこと自体を以って相互間に

自己依存しあい、それぞれの自己存在の更新レベルをなす必須要件
として、客観性フィルターの理性的追考上にてＡｕｆ－ｈｅｂｅｎ
されている相対系そのものに対する自覚作用こそ、実存自体を超越
することにより実存自体へと自己回帰される超実存系、とも称せら
るべき弁証系プロセスの極限値にあり、且つ超実存系として自己回
帰されてある実存自体が真実存の概念規定に相当する。そのことは
また、無限における一意性をなす瞬間の生滅現象に対する認識に帰
せられるところでもある。実存系としてのあらゆる特殊時空間上の
相互連動が一意の瞬間の生成作用に、また零系としてのあらゆる特
殊時空間上の相互連動が一意の瞬間の収束作用に体現されることに
より、無限の一般時空間に普遍妥当する同時性が同期的に更新され
ることにもなる。無限小の実存的モメントの更新処理を可能ならし
める、無限の相対系上における無比なる瞬間の生／滅のみが、無限
大の一般時空間の存立運動の動因となる所以でもある。かくて瞬間
の生／滅に不可欠である無限小の時間長を保有するスライド処理
に、なべて相対系に遍く一意の特殊時空間上の実測値を構成する実
存系と零系による反定立しあう交互作用が拍動しており、そのこと
が客観性フィルターの理性的追考上に於いては、当該の極限値をな
す自覚レベルにあるジンテーゼ：Ｓｙｎｔｈｅｓｅとして把捉され
る概念規定とはなろう。そのことが極限値をなす自覚レベルにある
ことは、実存系と零系という概念規定が瞬間という無限小アクセス
の限界点にて成立しているため、しかる瞬間に体現される相対系自
体に対する無限大アプローチが到達しうる自覚レベルの最終段階と
してあるからである。無限大の一般時空間は無限小の一意である瞬
間に体現されるから、その生滅現象にしも実存系と零系による反定
立しあう交互作用があるのだけれど、両者の止揚（揚棄）態様が再
び実存自体＜真実存＞、或いは超実存系という概念規定に帰せられ
るということは、既に弁証系プロセスのＴｒｉａｄｅ機構が０％の
誤謬率による恒真式：Ｔａｕｔｏｌｏｇｉｅの生成を以って、絶対
性をなす極限レベルにあるが故の自己回帰に他ならない。自覚レベ

ルの最終段階より実行されるＡｕｆ－ｈｅｂｅｎは、［仮に敢えて
実行するとしても］もはや極限値をなす自らの論理系処理のうちへ
と再回帰されゆくしかないからではある。

・・・・・・・・・・

　実存概念レベルをなすモメント素子に於いて、特殊時空間上の一
意の瞬間生成因子を自ら内在する実存系システムの態様と特殊時空
間上の瞬間収束因子を自ら内在する零系システムの態様が、相互否
定（収束）の関係変数にあり乍らも自己同一に帰せられる実存回帰
の概念規定をなして成立する。そのことはまた、或る特殊時空間上
の実存的モメントの運動規定としての実存的瞬間の収束／生成の間
隔に、とりもなおさず、即自的態様をなす実存系システムの自覚レ
ベルにて定立される実存的瞬間と、対自的態様をなす零系システム
の自覚レベルにて反定立される実存的瞬間の生／滅に於いて、無限
小の特殊時間的推移があることを前提しているせいでもある。相対
系の実存機構をなす瞬間次元を体現する各々の特殊時空間的モメン
トの実存態様の更新は、もとよりかかる無限小の瞬間のスライド処
理により実行されるところであるからではある。実存系を体現する
特殊時空間として一意である実存概念が、一般時空間上の普遍的で
ある相互因果的連動を通じて、一切の他在の構成素子という不定且
つ無限の実存概念と相互間に干渉しあうことを契機としつつ、相対
的・可変的に有限（無限小という有限値、乃至無限大という有限値）
であるモメント素子としての実存概念に内在される無限の特殊時空
間体系の自己回帰因子による力動概念である。それとともに、当該
の実存概念に対自的に帰結される無限の相互因果的連動としての零
系に於いては、流動的にして無限である関係変数を反映される実存
概念に内在される有限（無限小という有限値、乃至無限大という有
限値）の自己生滅因子による力動概念であることにより、相対系の
実存系システムを開示する零系システムの生滅機構／零系システム

1002　　第Ⅰ節　客観概念

に体現される実存系システムの生滅機構による一意の実存生成と実存収束の全プロセスが展開されるのである。而して、かかる実存系システムを自己存在にて実行する特殊時空間的モメントと、一対一対応する一切の他在の運動的統合値との無限の相互連動による一意の生滅現象をなさしめる零系システムの向自的回帰が、実存系をなす実存、及び零系をなす実存との自己内関係を止揚（揚棄）する実存回帰の概念規定に他ならない。実存概念そのものとしての自己定立と自己反定立の関係自体が極限化されることにより、双方ともに相互否定・収束されることを以って自己統一的に実存自体へと自己回帰されることから、超実存系とも称せられる。更にはまた、しかく超実存系としての実存自体に自己回帰されてある実存の概念規定は、真実存とも称せられよう。かるが故にこそ、実存回帰：超実存系というＣＮＳの客観概念上の追考運動における自己統一的プロセスにあっては、その特殊時空間的モメントとしての実存系規定の態様と零系規定の態様が相互に於いて消失されるとともに、必然的にそのことと同期して相互のうちに生起されてもいることになる。

第Ｘ章　弁証運動──PhaseＸ

第Ⅱ節 客観的精神現象

ⅰ＞自覚レベル：実存概念論

　前章にみる客観概念は、ＣＮＳ上の客観性フィルターにおける理性機能の弁証系プロセス上の概念的把捉の態様を論述しているが、それに対し客観的精神現象は、しかる弁証系プロセス上の客観概念に対応する運動主体としての、ＣＮＳ上の客観性フィルターにおける理性機能そのものの遷移を示唆するものである。換言するに、運動自我による対象的知覚をなす命題（論理式）に対する当該の客観概念と、当該の弁証系プロセスの自覚レベルにおける客観的精神現象が同期して対応するのであるから、このとき客観的精神現象上の追考スタンスとしては、学術的には実存理論的レベルをなしている。当該の客観概念の態様が、相対系の原理をなす生滅システムを体現する実存系の態様の規定性、及び零系の態様の規定性の弁証系レベルに相当するとともに、また実存系の態様の規定性と零系の態様の規定性との相互矛盾関係は、当該の弁証系プロセス上の前Ｐｈａｓｅにおける空間生滅＜特殊空間＞及び時間生滅＜特殊時間＞を統一する瞬間生滅の概念規定を端緒とするが、実存系の態様及び零系の態様に於いて、不断且つ無限の自己回帰運動により超実存系の機構を実践する即自的契機として成立するとともに、しかる実存生滅は無限の実存系の関係変数を形成する一意の特殊時空間規定と不断の零系の状態関数を編成する普遍の同時性規定の自己矛盾且つ自己統一として成立する以上、実存自体のシステムを体現するモメント素子の一意性の態様としての［理性作用に対し即自的である］状態関数の規定性は、実存理論における空間理論上の対象をなす特殊性の運動規定に対するトレースを契機とし、また同時にその自己生滅を可能ならしめる全モメント素子間の普遍的更新運動の自己回帰態様として［理性作用に対し対自的である］関係変数の規定性は、やは

り同じく実存理論における時間理論上の対象をなす普遍妥当する同時性と時間的非回帰性（同一の特殊時間値が回帰しないこと）の態様に対するトレースを契機とするところであるからである。

　相対系の機構である瞬間生滅の概念規定を媒介することにより、無限小の一意性且つ無限大の同時性として生成／収束される相対系の実存的モメントは、そのいかなる相対的レイヤをなす特殊時空間として体現される実例とても、それ以外の全モメント素子に対する対他的態様をなす全特殊時空間上の無限の関係作用に於いては、相互連動する実存系をなす生滅現象として発現せられる自己存在であり、一意の特殊時空間値をなす存立にて、他在をなす全実存的モメントと不断に運動・作用しあうことにより更新される実存的座標系の態様である。したがって、対他的である運動規定により特殊時空間上の無限の相互因果性を体現しているところの、このような実存系システムとして機能せられる実存概念は、［単に観測者内の主観的精神作用としてではなく］客観的である実存的座標系としてのモメント素子相互間に成立する特殊時空間上の法則とともに、或る意義に於いては、特殊の実存概念としての精神機構における自己存在の実存系システムを哲学的立場より追究する、実存概念論上の不可避的である研究対象とはなる。

　客観的精神現象は客観概念の追考主体をなす理性機能の態様を示唆するため、それが対象的知覚である命題（論理式）に対して作用する役割は、そのまま何程かの学術的立場にも通じている。何となれば、一切の学乃至理論は、その分類上の相互間の論理学的整合性と理論的相異に拘わらず、ＣＮＳ上の客観的精神現象による理性的追考運動の成果としてのみ成立しうる以上、客観的精神現象の弁証系プロセス上における当該の認識レベルを反映された概念規定と公理体系を装備することになるし、また客観的精神現象の必当然的に推移しゆく理性的系譜に対応して、当該の学乃至理論としての概念

規定と公理体系とても遷移しゆくことになるためである。

　ＣＮＳにおける理性機能の状態関数、即ち当該の弁証系プロセスの自覚レベルに位置付けられる客観的精神現象の運動規定、それにより必然的に導出される論理的成果の体系が当該の学乃至理論を形成する。弁証系プロセスにおける当該のＴｒｉａｄｅ展開の、定立（テーゼ）レベルに相当する客観概念は特殊時空間的モメントを体現せしめる相対系の原理である実存系システムであり、それを同期して構成されるＣＮＳの運動態様である客観的精神現象は、当該の弁証系レベルの端緒をなす実存系の概念規定に対応する客観的認識の状態関数にあるから、当該の客観的認識処理により導出される論理的成果が同自覚レベルにあって体系化されることにより、哲学理論として展開される実存概念論上の問題としての学乃至理論の体系が構築される。一意性即普遍性／普遍性即一意性として生／滅する実存概念の状態関数・関係変数は、相対系における任意の実存的座標系である実存系をなす生滅現象の規定性により生起せられるが、かかる実存系の概念規定を学術的根拠とする哲学的立場からの研究及び理論の体系にして、就中特殊の実存的モメントである精神機構に関する実存哲学的考察と連携する研究分科が、本節における実存概念論を構成するからである。しかし、客観的精神現象によるその自覚レベルは弁証系プロセスの途上にある、即ち弁証系プロセスの最終工程まで未だ経過していない以上、当該の［客観的］自覚レベルにて成立する学術上に期待しうる妥当性及び真理値は、爾後の弁証系プロセスに於いて論理的否定される可能性を持続しているため、飽くまで相対的である確率論の域に出ない。その逆に、絶対的である確実性とは、追考処理における、より高次の工程により論理的否定される可能性のない［客観的］自覚レベルに成立するからである。

　相対系における原理をなす実存系の態様の規定性の［客観的］自

覚レベルにある客観概念に対し、つねに同期して対応するＣＮＳの運動態様である客観的精神現象は、実存系の態様の規定性における概念的把捉を体系的に展開しうる理性作用のグレードにあることになる。当該の論理系上の工程に相当する理性作用のグレードにあって、当該の概念的把捉を体系的に構築することが学術的体系化の作業に他ならないから、実存系の態様の規定性の［客観的］自覚レベルにある客観的精神現象を以って構築されうる学乃至理論の体系は、如上の論拠よりして、［特殊の実存的モメントとしてある精神機構に関する理論体系をも包摂する］哲学理論としての実存概念論上の問題を研究対象とするそれである。

　客観的精神現象上における実存概念論は、［客観的］認識レベルの最終プロセスの端緒をなしている。無限大の相対系全体の運動的統合値が、一対一対応する各々の無限小の瞬間生滅に帰結せられ、且つ相対的・可変的にして一意である実存概念が瞬間生滅の実測値となる以上、かかる実存概念を研究・究明の対象範疇とする哲学理論が、無限大／無限小という極限値に相当する認識レベルに到達しているのである。また、つねに基本原理を前提する特殊／一般の科学理論によっては把捉されえぬ概念規定をなす実存乃至実存系が、実験・観測を通じて帰納的に確率を追究する科学上の方法論によっては解明されうるはずもなく、特定の基本原理を前提せずして懐疑対象の例外を許容しない哲学理論によってのみ絶対的に推論されうるところでもある。客観概念上の存在と無より以前の認識レベルを端緒として追考されてきた対象的知覚は、特殊時空間上に一意の瞬間生滅をなす実存規定に対する把捉処理に於いて相対系自体の回帰的自覚に到達するから、推論せらるべき一切のモメント素子そのものが実存概念として認識されるとともに、延いては実存概念を通じて実存系のシステム全体としても自覚される。したがってまた、実存乃至実存系を研究・究明の対象範疇とする哲学理論の体系は、もとより実存概念論がその契機をなすものともいえよう。

而して、このような実存概念論が弁証系プロセス全体における最終工程の契機をもなすことについては、論理学乃至弁証論上の問題でもある。客観概念上の追考レベルが［実存乃至］実存系に相当することは、客観的精神現象上のそれが実存概念論に相当することを示唆しているから、如上の論拠よりして、客観概念／客観的精神現象いずれの追考レベルとも相対系自体の自己化に必然的となる弁証系プロセスにおける最終工程の端緒にあり、また弁証系プロセスにはもとより形式論理（記号論理・述語論理）上のアンチノミー：Ａntinomieが前提されてもいる。弁証系の追考運動が起動されるためには、その対象的知覚をなす相互否定関係にある命題（論理式）相互間の形式論理的二律背反が必要となるからであり、またしかる形式論理学を継承する記号論理学乃至述語論理学では、当該の命題（論理式）に対する真理値と妥当性の演算が実行されるが、そこに弁証作用による概念上の追考運動が展開されることなくしては、単なる数学的演算処理を空転させるにすぎまい。命題（論理式）相互間の形式論理的（記号論理的・述語論理的）二律背反に対する概念上の追考運動により、相対系の精神的自己化・基準系の経験的自己化のプロセスが実施されるためには、数学的計算のみならず概念的把握こそ不可欠であることから、客観概念上の弁証作用がその限界レベルの端緒である［実存乃至］実存系に相当し、また客観的精神現象上の弁証作用がその限界レベルの端緒である実存概念論に相当することを以って、対象的知覚をなす両命題（論理式）に対する追考運動はその限界レベルの端緒を契機として絶対的命題（論理式）、即ち真理：恒真式として生成せらるべき必然的工程に到達していることになる。恒真式：Ｔautologieには、いかなる定義のもとでも論理的否定されえぬ無欠の真理値があり、その恒真性が相対的確率ではなく絶対的精度の確実性を実現するため、対象的知覚である命題（論理式）が真理：恒真式として生成されることにより、且つその実現を仮定する場合、当該の命題（論理式）に対するそれ以降の追考運動には効力と成果が期待されえない。されば、

1008　第Ⅱ節　客観的精神現象

概念的把捉の限界レベルの端緒が客観概念上の［実存乃至］実存系、乃至客観的精神現象上の実存概念論に相当するということは、限界なき一般及び特殊時空間上の普遍妥当する同時性をなす瞬間生滅にあって、限界なき一意性と相対性をなす実存という追考作用上における限界レベルの、その定立される即自的工程にあることをも意味する。つまるところ、弁証系プロセスによる概念規定に対する＜限界なき自覚＞こそ、実質上に於いては概念的把捉の限界レベルをなすがゆえに他ならず、そのことがまた、本節以降の弁証系プロセスにおける［客観的］認識レベルを、［客観的］自覚レベルと称せらるべき所以でもある。

　過去の学術史における実存概念論的問題に関する学説上の論争に拘わらず、実存研究における即自的レベルをなす実存概念論は弁証系プロセスにおける当該の自覚レベルにあって成立する哲学体系を具備し、且つ当該の自覚レベルの客観的精神現象により推進される。相対系の存立原理である瞬間生滅を体現する実存的モメントの概念規定を研究対象とする実存理論は、空間生滅＜特殊空間＞の態様に関する空間理論と時間生滅＜特殊時間＞の態様に関する時間理論を内在し、且つ機能的に統一しているが、空間生滅＜特殊空間＞／時間生滅＜特殊時間＞のいずれの態様にあろうと、無限小の瞬間生滅という存立原理に基づく実存的モメントは、相対系自体を反映する現存在システムとしての実存系を体現する。しかる現存在システムそのものの規定性を内在する実存概念は、任意且つ一意の実存的モメントをなす或る下位集合乃至要素（元）としてはつねに、無限大且つ無限小の生滅現象の規定上における内包的且つ外延的である［相対系内の］自己回帰を以って存立することから、相対系自体を無限の限界点とする分析的／綜合的見地より把捉するためには、哲学理論上の判断に基づく実存概念論が要求される。無限の実存系を体現する有限にして一意の実存概念の規定性は、演繹的もしくは概念的である分析綜合手法による哲学上の実存概念論により展開さ

れるが、既述の科学分科における実験的乃至仮説演繹的である方法論上の現象研究を前提とする制約とともに、いかなる場合も当該の科学分科上の基本原理に対する反証を許容されない科学理論一般の性質よりして、それら学際的でもある諸科学における制約をすべて還元処理することにより、科学理論上の無条件的前提のない実存概念論として弁証的統一するためには、追考上における無反省的である基本原理を前提しない哲学的見地とその判断が必要となるためである。このことは、諸科学分科の理論と学際的である科学統一理論では追考レベルを異にするとともに、科学統一理論と哲学理論ではまた追考レベルを異にすることをも意味する。科学統一理論では個別科学の見地と方法論を学際的に検証し理論的統一を示唆しているが、それ自体の学術的体系及び方法論としては科学理論のそれに基づく以上、科学的前提である基本原理による確率論を論理的否定する哲学体系及び方法論との混同は許されないからである。

　瞬間の生滅原理である実存乃至実存系に関する理論としては、端的乃至即自的には哲学分科としての実存概念論が相当する。＜実存＞という概念規定に関しては諸説あるが、一般論的には、認識や意識より独立して事物・事象が存立する客観的事実という意義のみでは広義にすぎ、また形而上学的見地に於いては、事物・事象そのものの本質乃至本性とは弁別して、当該の事物・事象の存立すること自体を示唆するという現存在としての意義も包摂されよう。更にまた、実存哲学上の通説に於いては、所謂抽象や理論等に対して＜生の概念規定として＞主体的且つ実体的に現存せられてある現実概念をいうものとされてもいる。

　学術史上の実存哲学全般に共通する性質としては、概ね以下にみられよう。観念論哲学上の見地に対立しては、具体的・個別的存在を重要視する学的立場を採り、そこから実存概念とは現実存在を示唆することを主張しつつ、所謂一般的であるもののうちには解消し

えない個別的である自己存在を意味するところではあるが、その実存的自覚は実証主義的という意義における客観的事実とも対立関係にあり、客観的把捉を許容しない内面的現実性として成立するとも指摘されている。かかる内面的現実性としての主体的実存が［人間としての］真実存在をなすものとされており、真実存在とされる実存概念とは、直接乃至端的・日常的である生にも観念論的・合理主義的体系にも安住しえず、よって、不安と苦悩を担うとともにそれらからの超越を任務とする、という。このことは、観念論的本質規定或いは合理主義的体系の範疇に位置付けられることなく、具体的・個別的存在として自己存立することを意味するとともに、自己自身より外側に超越する自己存在であることをも意味すると考えられているが、その超越の方向性については、実存哲学上の学説によっても相異なるところである。キルケゴール：Ｓøｒｅｎ＿Ａａｂｙｅ　Ｋｉｅｒｋｅｇａａｒｄ、ヤスパース：Ｋａｒｌ＿Ｔｈｅｏｄｏｒ　Ｊａｓｐｅｒｓ、マルセル：Ｇａｂｒｉｅｌ＿Ｍａｒｃｅｌ等の立場では有神論的実存哲学、またハイデガー：Ｍａｒｔｉｎ＿Ｈｅｉ　ｄｅｇｇｅｒ、サルトル：Ｊｅａｎ＿Ｐａｕｌ＿Ｓａｒｔｒｅ、メルロー＝ポンティ：Ｍａｕｒｉｃｅ＿Ｍｅｒｌｅａｕ−Ｐｏｎｔｙ等の立場では無神論的実存哲学ともみなされよう。

　さあれ、実存乃至実存系の概念規定に関する学説上の論争は別として、つまるところ実存概念の基本的認識は、存在概念を構成する本質存在と現実存在に対する弁別に集約されてはいる。その場合の本質存在とは、その存在における内容上の規定態様を構成しているところのものを意味するので、主観的には偶然でしかないすべてのしかくあることの規定態様を排除した後に尚残留される、本質規定に則してこそしかくあることを意味するに相違ない。それは端的には、任意に存在する特殊時空間的モメントの本質規定を示唆している。このことに対して現実存在とは、自己自身の本質規定及びその他の諸性質を具有する特殊時空間的モメントが実際上に存在すると

いうことを意味しており、本質規定という当該の存在の内容規定を充足するものとは相異なり、客観上にあるがままの事実態様そのものとしての自己存在が根本問題とされる。それは端的には、自己存在の実体（実在）性をなすところの＜現存在＞の概念規定に相当しよう。しかし乍ら、このような従前の実存哲学分科による実存の概念規定では、当該の追考レベルに必要不可欠となる概念的認識の精度を欠くものといわざるを得まい。というのも、即自的には現実存在としての要因を内在することは誤謬ではないが、実存概念の定義に於いて、特殊時空間上の一意性とその生／滅する無限小の瞬間にまで論究しえてはいないからである。そのことは換言するに、実存の概念規定は単なる本質存在と現実存在との弁別のみならず、特殊時空間上における一意性として瞬間生滅される自己存在の、不断に生成且つ収束／収束且つ生成される自己存在の本質規定を体現するところの＜現存在＞を示唆するのである。もとより、本質存在は現実存在の瞬間生滅を以って規定されるとともに、また現実存在は不断に一意である本質存在を体現するところでもあるのだから。

　また、従前の実存哲学分科による実存概念の定義にあっては、その外延的限定として単純に人間存在に対してのみ適用されており、人間以外の実体（実在）はなべて実存概念の範疇には該当しないこととされている。それとともに、その内包的限定としては、実存的体験と称せられる世界内的存在体験に基づいて、人間という特定の現存在を解釈しようともしている。とりわけ、人間のみを検索・抽出の対象とする外延的限定については、実存という実質的である概念規定上の問題がある。しかし、実存の概念規定を人間のみに限定することの根拠が不明確であるのみならず、人間の具備する属性もしくは要件の定義の過程にあって、この外延的限定せらるべき前提となるものに関する論述も充分ではない。しかる属性もしくは要件が、人間の精神機構乃至機能やその成果にあることであるとすれば、妥当する外延的限定としては、人間存在と同等或いはそれ以上の主

観的／客観的精神機構を具備する地球外生命体等をも包摂されなければならない。たとえば、相対系内におけるいずれかの座標系をなす銀河系と同種・同型の銀河内にあって、人類の生息する太陽系第三惑星と質量・構成物質・恒星及び惑星間の距離・内外環境等の類似した惑星の存立する可能性のある以上、そして当該の惑星が地球よりも経過した年代・年数が上回るならば、人類以上に進化した生命体の存立する可能性をも想定すべきであるから。それはまた、同様の論拠よりして、地球内外の環境にあっても、人間以外の生物体が突然変異もしくは進化の過程を遂行することにより、或いは何等かの生命科学的手法を媒介して、人間と同等或いはそれ以上の主観的／客観的精神機構を具備するに到った場合には、やはり外延的限定の要件を充足することにもなろう。［尤も、しかる情動的／知能的問題が実存概念の要件として妥当であるか、については別問題ではある］自明乍ら、単純に研究者自ら人間としての立場よりして、人間存在をのみ特別視することにこの場合の論理的根拠がない限りに於いて。

　然るに、このような実存概念の外延的限定は、その内包的限定の問題とも相互連動している。従前の実存哲学分科における実存概念に関して検証しゆくに際し、その通説的内容を反映するものとして対象とすべきは、キルケゴールの展開する主体的思惟者の概念規定であろう。かかる概念規定については、とりわけヘーゲル哲学に於いて具現化されている抽象的、もしくは体系的思惟者に相互対立する概念規定をなしており、あらゆる客観的且つ体系的哲学に対する対立関係として主張されている。主体的思惟者、乃至実存する思惟者に関する問題としては、実存としての一例である人間の思惟と、当該の人間の実存することとの関係性にある。従前の実存哲学分科によれば、ヘーゲル的である抽象的思惟者は純粋の観念を媒介して思惟活動を営み、自己存在に特化された要求や前提条件を意識しないに対し、キルケゴール的である主体的思惟者はこれを思惟するこ

と自体が、当該の人間の生の特定の課題や限界状況により規定されるが如き思惟者である、とする。また、抽象的思惟者の場合には、純粋に論理学上の立場より思惟しゆくことよりして、自己存在を認識しつつもそれ自体に無関心であるに対し、主体的思惟者の場合には、自己存在に切迫した自己自身の現存在の危急の状況に根差していることよりして、当該の人間の自己存在が内面的にその思惟に関係作用するもの、ともしている。かるがゆえ、抽象的思惟者に於いては、自己存在とその思惟が連携することなく、その思惟が方向性もなく消失されてしまう他方、しかる自己存在の現存在はその思惟によっては形成されない儘に停滞している、という。更にまた、人間という現存在自体が思考を連続的に発展させることが不可能にできており、思考による世界や体系概念の自覚に対し企図する意志などは、現実上の抵抗と人間の生そのものの本性に抵触することにより挫折する、ともいう。人間という現存在は本来的にその思惟とは無縁であり、実存することの意義は思惟することや思考上の理解とは相容れない問題である、とも。そして、このような実存概念の内包的限定に合致する対象を人間存在のみであると断定して、その外延的限定から人間以外の実体（実在）を除外しているものである。

　しかし乍ら、実存の概念規定を明らかに開示するほどに、キルケゴールのみならず従前の実存哲学分科による同様の主張は、なべて却下されざるを得ないこととなろう。まず第一に、実存概念の外延的限定については先述の通り、特殊空間上もしくは特殊時間上における人間以外の実体（実在）に対する排他性が確認されていないこと。もとより実存概念が特殊時空間上の一意性として規定される以上、その範疇から敢えて人間以外の実体（実在）を除外せらるべき理由・正当性がないのである。また、所謂主体的思惟者によるところの思惟活動と実存開示との連携作用に関しても、しかる機能及び成果を人間以外の、人間と同等或いはそれ以上の主観的／客観的精神機構を具備する生物体にも期待しうる余地もある以上、その外延

的限定の対象を人間のみと断定する論証は成立しないことにもなる。したがって、実存概念の外延的限定については、従前の実存哲学分科が指摘する内包的限定との相互連動に於いても、人間存在をのみ実存概念の実サンプルと断定すべき論理的根拠は認められない。

しかる第二に、実存概念の内包的限定の問題であるが、所謂主体的思惟者は思惟すること自体が、その人間の生の特定の課題や限界状況により規定されるような思惟者であるとし、自己存在に切迫した自己自身の現存在の危急の状況に根差しているので、その人間の自己存在が内面的にその思惟に関係作用すると説明する。それは確かに、思惟活動に於いて弁証系作用の全プロセスを実行することによる帰結現象として、一意の実存である思惟活動の主体が相対系自体との関係式に於いて相互自己化される場合、真理：恒真式における絶対性を当該の思惟主体が自己存在を以って体現することになるため、当該の実存としての特定の課題や限界状況とても同期して顕在化されよう。無限の相対系を構成する一意の実存としての危急の状況が、しかる自己存在と相対系自体との相互自己化により実証されるので、そのことにより当該の自己存在にあって最高度に自覚されることは客観的事実であり、したがってまた、当該の思惟と当該の自己存在が内面的に相互連動してもいる。但し、そのような主体的思惟をなさしめる精神機構上の運動そのものは、客観概念及び客観的精神現象による弁証系プロセスが前提とされる以上、飽くまでそれは客観的且つ体系的である思惟活動に他ならず、ゆめ主観性フィルターによる精神作用ではありえない。自己存在における実存の自覚が、自己存在と相対系自体との相互自己化により体現されるからであり、しかる絶対性をなす相互自己化は弁証系プロセスを契機とする真理：恒真式の生成により成立し、且つ弁証系プロセスは客観概念及び客観的精神現象によってのみ実行されうるためである。したがって自明乍ら、従前の実存哲学分科の、客観的且つ体系

的である思惟活動を抽象的思惟等と称せられつつ、純粋に論理学上の立場より思惟することで自己存在に対して無関心であり、自己存在と思惟が連携されず、その思惟が方向性もなく消失され、自己自身の現存在が思惟によっては形成されない儘に停滞する、という主張には根拠・妥当性がありえない。同様にまた自明乍ら、人間の現存在自体が思考を連続的に発展させることが不可能にできており、思考による世界や体系概念の自覚に対し企図する意志は、現実上の抵抗と人間の生の本性に抵触することで挫折する、或いは人間の現存在は本来的に思惟とは無縁であり、実存することの意義は思惟や思考上の理解とは相容れない等、という主張にもまた論拠が成立しえない。特殊時空間的モメントの現存在の本質規定が実存であることに恒真性があるならば、そのこと自体が相対系そのものを形成する或る真理：恒真式として成立している以上、かかる真理：恒真式の絶対性をなす自覚がなされるためには、絶対の精度を以って弁証系作用上の全プロセスが実行されなければならず、且つその実行を可能とする精神機構は哲学的弁証をなしうる客観的且つ体系的思惟にのみあるからである。而もまた、無辺に亘る全真理：恒真式は相互間に無限因果性を以って成立するため、客観的且つ体系的思惟を通じての或る任意の真理：恒真式の自覚を契機として、他のあらゆる真理：恒真式の自覚の＜可能性＞が連続的・相互因果的に保全されるのでもある。このような真理：恒真式の自覚は、一意の実存としての自己存在と、無限の相対系との相互自己化が絶対の精度を以って体現されうることである以上、自己存在における実存の自覚とても客観性フィルターによる弁証系プロセスを通じてなされるため、客観上に実存することと思惟することは相互間に連携しているともいえる。また仮に、人間の精神機構が思考を連続的に発展させることが不可能であり、もとより人間存在はしかる機能・能力をも具有しないとせば、そのことを立証する論理的思考とても不可能であるはずである。現実上の矛盾態様の前には思惟が挫折する等々の旨の主張については、されば、その主張者本人の主張そのものが自

ら挫折していることを意味せざるを得ず、果たして己が思惟機能・能力の混乱を自白する口実にしかならない。

　如上よりして、自己存在における現存在に実存を自覚する主体的思惟者の概念規定は、そのことを可能ならしめる客観的且つ体系的思惟と抵触しあうところではありえず、されば寧ろ、その相互間に連携して機能しあうことで展開される思惟により実存的自覚がなされうる、ともいえよう。もし敢えて、従前の実存哲学分科における主体的思惟者、乃至実存する思惟者の定義として、飽くまで客観的且つ体系的思惟とは対立関係にある内容をなすものとして規定するならば、客観概念及び客観的精神現象による弁証系プロセスと同期して、実行され展開される主観性フィルターの精神機能の工程に相当することとはなる。自己存在における実存の自覚、とりもなおさず、相対系自体との相互自己化による真理：恒真式の生成の時点までの、客観概念に対応する主観観念、及び客観的精神現象に対応する主観的精神現象の状態関数が、自らの実存概念を体現する工程における主観性の精神機構をなすためである。とはいえ、このような弁証系プロセス上の各工程の実施時点にあっては、当該のプロセス自体が客観性の精神機構を力動概念として推進されるため、同期する主観性の精神機構としては、主観観念が相互対応する客観概念の内実により、また主観的精神現象が相互対応する客観的精神現象の状態関数により、それぞれ触発されることを契機として機能し展開されることになるのではあるが。

　もとより実存の概念規定については、従前の実存哲学分科によっても、人間という現存在の本質をなす存在態様を一定の定式として適用せしめ理解しようと試みられてはいる。然るに、少なからぬ実存哲学者によっても論じられているように、実存概念の範疇をなす具体的構成内容を確定することは不可能であるともいえるのであるが、そのこと自体が実のところ、無限の特殊時空間における実存の

一意性に依拠する現象に他ならない。相対系をなす無限の座標系にあって、存立するあらゆるモメント素子は特殊時空間上にてそれ以外には存立しえない、無限における一意の現存在、即ち実存としてある以上、不断に生／滅する有限値であるそれぞれの実存の実測値をなす具体的構成内容は、無限通りの有限値パターンの規定性、もしくは規定可能性をつねに内在するため、そのうちの可能である限りの有限値パターンを実存の実例として提示するとても、実存自体の概念規定の範疇を充足するには到らないからである。その原理論を認識すると否とに拘わらず、否応なくかかる客観的事実を前提として、実存哲学上の学説・理論的立場により論説を異にするところがある。ヤスパース等は、実存という現存在の本質規定を概念的に把捉することを全面的に断念し、所謂実存体験を通じてのみアプローチし続ける研究スタンスを採る。現存在としてある人間の存在規定を自己否定・収束せしめることで、より本質的且つ根源的といえる存在規定を顕在化せしめ、そのような存在規定に対しても自己否定・収束せしめることにより、更に本質的且つ根源的である存在規定を顕在化せしめゆき、かくて同様のアプローチをどこまでも反復実行する方法論を提唱するものである。その他方、ハイデガー等は、実存に対する概念的規定性には限界があるとはするも、現存在の本質規定のそも何であるかということよりも、如何に実存するかということを把捉せんと試行している。自己存在における本質存在と現実存在の関係式と弁別が、たとえば、人間存在の場合には一義的である方法論によっては妥当しないことを前提とするが、人間存在以外の場合の現実存在の特定の本質存在に対するアプローチの可否が問題とされる他方にて、人間存在の場合にはその内部の中核に於いて、しかる本質存在そのものとして実存であるということにより差別化しようとする。このため実存の規定性は、その本質存在にとってそれが自己否定・収束されつつも表面的といえる態様に停まる現実存在ではなく、人間存在の本質規定そのものを意味することにもなり、つまりはその内部構造に関して精確に説明されうべき存

在態様のありかたになる、としている。

　とはいえ、そのような方法論はいずれにせよ、実存乃至実存系の概念的把捉に対する否定的結論を正当化するための代替策に相違ないのではあるが、本来に於いては、一意の自己存在としての実存概念を自覚するという作業そのものが、客観的且つ体系的思惟の精度なくしては成立しえない。しかる論拠については先述の通りではあるが、あらゆる主観作用、即ち主観観念及び主観的精神現象は論理的整合性を具有していないため、実存概念の自覚に対しても普遍的妥当性のない相対的であるアプローチしか作動しえない以上、当該の課題に対し論理的整合性を以って解決するためには、客観的且つ体系的である精度をなしうる弁証系プロセスが不可欠となるのである。従前の実存哲学的方法論の他、個別宗教上の啓示等と自称せられる人為的現象に関しても、しかる論理的整合性のない或る種の主観作用を媒介することで実存概念の自覚が恰もなされたこともされてはいるが、仮に当該の自覚と称する作用にも何程かの信憑性があるとせば、その実際上に於いては、やはり客観的且つ体系的思惟が潜在的である意識階層レイヤに於いて機能していたことが動因ではあろう。自己内外の相互因果性の反映により、客観作用と併行しつつ主観作用が作動することは可能であり、ＣＮＳ上の意識階層レイヤにあって主観作用が顕在化されている状況下に於いても、前意識以下の潜在的である意識階層レイヤにて客観作用が機能しうる可能性があり、しかも自覚乃至認識の帰結現象に客観的精度を期待しうる動因が、論理的整合性を具有する客観作用にはもとよりあるからである。

　また、実存乃至実存系の概念的把捉については、無限の相対系における自己存在の一意性にあるとするも、一切の実存の実例に対して検証することが実存哲学本来の任務ではなく、その目的が実存という概念規定とともに、実存自体及びその体現される全体系システ

ムの統一的解明にある以上、客観的且つ体系的思惟による方法論が可能である。もし敢えて、あらゆる実存の実例に対して検証を試行しようとするのならば、実験観測に基づく科学的方法論及び帰納推理による必要性も生じようが、たとえ何例の検証結果が得られたとするも、つねに矛盾する検証結果となる可能性が残存することから相対的である確率論の問題でしかなく、また自己存在の一意性を本質規定とする実存概念の具象的事例の各々が、一義的である科学的アプローチにより解明されうるはずとてもない。しかも、そのような実存概念の具象的事例のすべてを検証するという作業は、実存乃至実存系の概念的把捉という課題を解決する上で必須要件ではなく、当該の課題は客観的且つ体系的である弁証系プロセスの全工程を実行することにより解決されうるのである。弁証系プロセスの最終工程をなす自覚レベルが実存哲学のそれにある以上、当該のプロセスの最終工程までを一点の誤謬なく実行完了することにより、実存乃至実存系の本質的属性をなす概念規定が自覚されるためである。そしてそのことは同時に、特殊の実存をなす具象的事例でもある精神機構をなす自己存在にあって、当該の実存の本質規定が体現されることをも意味する。何となれば、弁証系プロセスを通じて絶対性をなす真理：恒真式が論理学的に生成されることは、一意の実存である自己存在の経験的精神機構に成立する真実態様と、やはり自己存在の先験的精神機構をなす基準系の現実態様が絶対的に自己化されるということを意味するためであり、しかく一意の実存概念として自覚されてある自己存在の実存的精神機構が、更には論理系上に生成されている当該の真理：恒真式を媒介することにより、実存的関係作用の全体概念である相対系自体と絶対的に自己化されるとともに、相対系自体がまた、当該の自己存在の実存的精神機構を媒介して絶対的に自己化されるということに他ならないからである。

　ところで、従前の実存哲学分科に於いても、人間という現存在を

他在をなす諸対象の全存在から弁別するための規定性は、自己自身との関係性にあるとされている。人間の自己存在とは自己自身に関わり、且つこの自己自身に関わることに於いて他者に関わるところの関係性であると論じられているが、ここでの他者という定義とは、たとえば、キルケゴール等に於いては神の概念規定の、また、ヤスパース等に於いてはより一般的とされる超越者という名辞にて表現されている。この問題の正解より明かすならば、一意の実存の概念規定として自己自身との関係性に於いて、他者（他在）の全体系である相対系との関係性が成立することは異論なきところであるが、但し当該の他者（他在）の意味するものが何程かの神や超越者等という絶対者の概念規定の類ではなく、自己存在に対し存在的に否定・収束せしめる他者（他在）の全体系である相対系［の運動的統合値］との関係性に於いて、いかなる他者（他在）でもない自己存在との関係性に自ら回帰されるところである。無限における一意性をなす実存の概念規定にあっては、しかる自己存在が最終的に関係性を構築する対象としては、自己自身ならざるいかなる特殊時空間的モメントでもありえない以上、自己自身の本質存在をなす実存自体との関係性へと自己回帰されざるを得ないために相違ない。このような自己自身との関係性の問題に関しては、世界・内・存在や限界状況等に関する考察とともに、［対自的自覚レベルとして］次節に於いて論証されようけれど、さあれここでは誤解なきよう、改めて実存の概念規定につき整理しておく必要性とてもあろう。

　なべて実存概念の前提となる存在の規定態様として、現実存在と本質存在の弁別が問題となるが、客観的事実として開示される存在規定である現実存在乃至現存在と、個別の特殊時空間的モメントの本質的属性としての存在規定である本質存在との関係式は、概念上における対立関係にあるのみならず、相互間に対応することにより当該の存在規定をなしている。本質的属性による規定性はつねに客観的事実として現象せられ、且つ客観的事実である現象にはつねに

本質的属性が反映されるためである。さればこそ、実存概念は無限
の相対系の構成素子としての一意の特殊時空間的モメントとしてあ
るが、当該の一意の本質存在が内的対応する一意の具象的現実と
して体現されてある現存在の規定態様が、実存の概念規定をなすもの
といえることよりして、実存は単なる事象・事実としての現象態様
を意味するのではなく、一意の本質存在より現象せしめられる一意
の現存在に他ならない。かかる実存の体現態様に対し、従前の実存
哲学分科に於いては人間の主体的思惟により実現せらるべき態様で
あるとして、現存在の概念規定を可能的実存などとも称せられてい
るが、もとより実存の体現態様は相対系の構成素子として必然的に
実現されるところであるため、[客観的事実ではない] 何等かの思
惟乃至精神上の作用を動因とはしない。したがってまた、実存の概
念規定における外延的限定についても、とりわけ人間その他の思惟
主体をなす類もしくは族であることを前提とする合理的根拠がない
以上、全体概念である相対系の現実上の構成素子であることのみが
前提要件であることにもなるのではある。相対系の現実上の構成素
子として相互連動する一意のモメント素子であることに於いては、
人間乃至精神主体であること、生物体であること、またバリオン物
質／反バリオン物質等いかなる実測値をなすモメント素子であるこ
とにも差異がないためであり、そのことは実存と現存在のいずれの
概念規定の場合にも同様である。

　かくて相対系の現実上の構成素子をなす特殊時空間的モメントは
例外なく実存のカテゴリーに相当するが、そのうちには精神機構と
いう特殊の実存の実例が包摂されてもいる。それが実存として特殊
であることの意義については、既述にみる通り、＜有限＞の実存的
モメントである精神機構及びその機能主体が、＜無限＞の相対系
自体との関係作用に於いて相互自己化の全プロセスを実行しうる
こと、そして＜相対的・可変的＞である実存的モメントである精
神機構及びその機能主体が、そのような弁証系プロセスを通じて

１００％の精度をなす真理：恒真式を生成することにより、自己存在の経験的精神機構と先験的精神機構との相互自己化、及び精神機構と相対系自体との相互自己化における＜絶対性＞を自ら体現しうることにある。従前の実存哲学分科に於いても、現存在である人間の実存的経験を通じて実存が自覚される旨の解説があり、それは客観作用とは異なる主体的思惟によりなされるものとされているが、一意である実存の自覚は弁証系プロセスによる帰結現象である実存的自己化としてのみ成立しうる以上、仮に主体的思惟と称せられる機能を媒介された実存概念の自覚に成功する場合には、意識に対し非顕在的レベルにある客観作用が稼働状態にあること、且つそれ契機として弁証系プロセスが意識上に作動しうることを動因とする結論が導出されざるを得ない。かかる実存概念の自覚はまた、単なる現存在である人間が本質存在に覚醒している実存レベルに到達する過程による成果ではなく、一切のモメント素子が本来的には一意の実存であることよりして、特殊の実存をなす客観的精神機構の弁証系プロセスを通じて自己存在の実存の自己回帰がなされ、真実存の概念規定として絶対性が体現されることを意味する。而してまた、実存乃至現存在はもとより外延的限定として人間乃至思惟主体をのみ実例とする特定の類や族には拘束されないが、しかる自己存在の実存の自己回帰、延いてはその動因となる弁証系プロセスを可能ならしめる主体的思惟は、特殊の実存である客観的精神機構及びその主体的実存であることにはなる。その実存の実例としては、太陽系第三惑星に生息する人間存在とても挙げられるとはいえ、少なくとも弁証系プロセスの全工程を正常に履行することができ、絶対性としての真理：恒真式を生成することを可能とする実存であるならば、外延的限定の範疇としては、地球環境内の未来時間上の時点における生物体であることも、また相対系内のそれ以外のいかなる天体における生物体であることをも問うものではない。

　かく実存概念論の系譜としては、相対系における一般時空間の統

一的次元の機構である瞬間を体現する、特殊時空間における一意の生滅現象をなす瞬間生滅にあって、相対系の構成素子としての一意の本質存在と反映しあう現実存在をなす実存概念に対し、その実際上の研究対象に精神機構という内的フィルターを媒介してのみアプローチ可能である様々の理論構成を、いかなる科学的基本原理をも前提しない絶対の精度を実現しうる哲学的方法論により構築する学的立場を形成する。そのことはまた、しかる哲学分科、即ち実存概念論の展開により、瞬間生滅としての実存［乃至実存系］の概念規定を究明するところに相違ない。いかに精神機構とその客観的認識対象である実存概念との関係式を研究するとはいえ、もとより実存概念論の全体系としては、それが特殊時空間という一般時空間内の座標系・物質系及び時点を特殊化しない一般概念的規定に依拠する理論であるため、人間存在という実存範疇の特定の研究対象のみに対し論究する従前の実存哲学的立場を以って充足しうるところではない。といわんより寧ろ、無限の相対系をなす一意の構成素子としての実存自体の概念規定に対する究明を基本課題としつつ、その実存範疇における特殊の実例である精神機構による実存的自己化、とりわけ相対系自体との間の相互自己化により絶対性を体現するプロセスに対する理論体系を構築する必要性とてもある。精神機構と相対系自体との相互自己化の営みは、一切の実存により構築される相対系自体と自己同一である真理：恒真式を精神上に絶対の精度にて生成することにより、無限における一意の実存である自己存在に相対系自体の体現されるところの真実存に移行されることであり、且つまたそのことを可能ならしめるものが弁証系プロセスを実行しうる精神機構を具備する実存のみであることによる。

　しかる一意の自己存在をなす瞬間生滅としての特殊時空間に於いて規定される実存の概念規定に関して究明することは、理性機能による弁証系プロセスの階梯をなす理論体系として必然的に成立するのであるが、実存概念論に対応する自覚レベルの追考を展開しゆく

ほどに、是非もなく零系理論に対する哲学的トレースが不可避的に要求されることになる。実存概念論上の研究対象となる実存乃至実存系そのものが、相対的・可変的にして有限の座標系及び物質系を実体（実在）として、無限小且つ無限大の相対系における瞬間生滅をなす特殊時空間を自己実現するとともに自覚されることにより、そして一意の瞬間生滅を本質規定として自己存在することが、相対系の構成素子としての無限連動による一意の帰結現象としてのみ成立しうる以上、しかもこの相対系の構成素子としての無限連動は一意の自己存在に対して否定（収束）作用する収束・零化を以って同時に機能するため、実存系を構築する各々の実存は生成されるとともに収束・零化せられ、しかる自己否定（収束）作用を動因としてのみ自己存在しうる実存相互の無限連動をなす零系が、対自的態様をなす追考レベルに顕在化されるのであり、且つこのような零系の概念規定を研究対象とする理論系譜を形成する学術的スタンスが零系理論に相当するからである。ここでの零化とはされば、エナジー値の放出／収束により零という基準値にて再還元されることを意味する。一意の瞬間生滅の本質規定をなす現存在として特殊時空間上の対他的範疇の運動的統合値に対し否定（収束）作用し、且つ特殊時空間上の対他的範疇の運動的統合値により一意の現存在の瞬間規定が否定（収束）作用されつつも、かかる相互否定（収束）作用を以って新規且つ一意の現存在の瞬間規定が生成されることにより、相対系という例外なき全体概念を機能せしめる機構をなすところであり、このように客観的精神現象上に究明せらるべき概念規定に於いて、相互矛盾関係にある実存概念論と零系理論は、また実存哲学の原理論上の学術的論拠に於いて相互依存関係にもある以上、弁証系プロセスの遂行が正常である限りに於いて、当該の客観的精神現象より零系理論の弁証系レベルに移行される必然性がある。理性機能による弁証系プロセスにおける零系理論の階梯は、実存概念論に対し反定立する関係式として導出されるため、実存概念論と同一レベルに相互リンクして追考されなければならないからである。

とまれ、如上のような概念規定を構築する実存乃至実存系に対す
る理性機能上の理論構成が、哲学理論である実存概念論の相当する
弁証系レベルに於いて展開せらるべき主題ではある。

ii＞自覚レベル：零系理論

　弁証系プロセスにおける哲学上の実存概念論的自覚レベルでは、相対系の本質態様をなす実存系を体現する瞬間生滅現象を契機としつつ、その現存在的態様の原理をなす全実存の一意の本質概念の瞬間生滅が当該の客観概念をなすため、すべての際限なく相互連動しあう特殊時空間をなす他在に対し反応しあう状態関数としてのみ成立する、無限の特殊時空間の関係変数を反映する一意の瞬間生滅の本質規定に対する客観的把捉処理の展開、及びその理論的体系化を旨とするが、それは相対系の原理的体系である実存系の概念規定に対する、客観的精神現象による理性作用の即自的アプローチによるものである。然るにまた、相対系の存立原理としての瞬間生滅をなす実存系の本質規定は、それとともに相対系の機構をなす瞬間次元を体現する態様として、瞬間生滅としての実存自体、及びその体系に対する否定（収束）作用そのものを以って更新するところの概念的に相互矛盾する無限回帰の自己収束機構の本質規定に帰因され、且つその原理を契機とする帰結現象が相対系自体をなす零系の本質規定として現出される以上、そしてしかる自己否定的更新運動の必然性を内在する実存系の概念規定に対する理性作用の即自的アプローチを実行することにより、瞬間生滅としての実存乃至実存系の規定により導出される無限回帰の自己収束機構である零系の規定に対する、理性作用の対自的アプローチに帰せられることが自己矛盾的に不可欠とはなる。相対系の存立原理をなす瞬間生滅機構としての実存系の概念規定に対する理性作用の即自的アクセスと、その同一機構としての零系の概念規定に対する理性作用の対他的且つ対自的アクセスは、したがって客観的精神現象における相互矛盾的である運動規定であり乍ら、その相互のうちに内在されるとともに導出される必然性がある。

　実存的モメントに体現される特殊時空間における、瞬間生滅とし

てある一意の現存在の本質による規定性の知覚から、相互矛盾しつ
つも相互間に連動しあう対他的である特殊時空間の運動的統合値に
より、同時性をなす瞬間生滅として自己否定・収束される零系の原
理による規定性の対自的認識への移行は、客観的精神現象における
系譜としては、実存概念論より零系理論への学術的レベルの移行と
して成立する。何となれば、相対系の構成素子である一意性を規定
する原理としての実存系の態様による規定と、その体現態様である
すべての座標系・物質系を現象せしめる対他的関係変数、及びその
自己化機構としての精神現象を研究対象とする実存概念論に対し、
当該同一の実存的モメントを規定する瞬間生滅を契機としつつ、当
該同一の座標系・物質系の体現として成立せしめる自己運動法則と
ともに、反応しあう他在をなす実存の座標系・物質系に対する理性
上の対他的認識を通じて自己回帰的に成立する対自的認識は、瞬間
生滅の実存系全体に相互連動する運動原理による現象規定に対する
実存概念論からのアプローチに対して、その運動態様である座標
系・物質系をなす実存的モメントの無限連動と瞬間移行、及びそれ
自体を成立せしめる関係変数をなす相対系の運動的統合値の原理に
よる、実存の自己収束機構としてある零系の本質規定を研究対象と
する零系理論的レベルで可能となるからである。零系理論の意義と
しては、実存系による規定性の態様における一意性と相対的状態関
数、及び他在をなす実存との対他的相互アクセスの反映された座標
系・物質系の関係変数、及びその運動的統合値による実存の自己収
束機構をも反映する零系の本質規定の原理的解明にあるから、その
ような対自的認識における瞬間生滅としての自己存在が一意の実存
概念として如何様であるか、しかる哲学的自覚の問題としてもあり、
実存概念論上の精神機構をも包摂する実存の本質の規定態様を反映
する零系理論上の世界・内・存在、乃至零系としての概念規定を示
唆している。個別の実存的モメントによる事象に対する検証ではな
く、実存概念論的法則として公準化されうる一意の瞬間生滅機構と
しての関係変数と、一意の瞬間生滅を実現する自己収束機構をなす

零系の本質の規定態様の自覚の根源的であるレベルに、対自的アクセス自体の原理論を問うことの目的があるためである。

　ところで、相対系の生成原理をなす生滅機構としての一意の瞬間の自己否定的本質に対応する客観的精神現象の自覚レベルが零系理論にあることは、その存立原理である実存系の本質規定に対する対自的アクセスをなす運動原理である零系の本質規定が、同一且つ一意の座標系・物質系に体現される生滅現象の力動概念に対する原理論により規定されるものであることにも基づく。あらゆる瞬間の生滅機構としての実存系の本質をなす規定性は、同一且つ一意の座標系・物質系における相互因果的関係変数により作用しあう無限連動を契機とするとともに、全体概念を構成する無限の自己存在をなす実存系の本質規定を体現する、実存系全体の無限回帰により帰結される生滅機構としての零系による収束／更新作用を契機として、生滅機能を以って生成且つ移行されゆく実存的モメントの態様は、同一且つ一意の座標系・物質系における実存の発現であることよりして、生滅機能による相対系の自己回帰システムに関しては、任意且つ一意の座標系・物質系の即自的に体現する実存系の存立規定を論究するとともに、あらゆる座標系・物質系相互の関係変数により対自的に自己回帰される零系上の実存の運動規定に対する論究を目的とする学術的スタンス、即ち反定立的である哲学分科としての零系理論が理論的基礎をなすためである。

　さるにても、それぞれ一意の本質規定をなす現存在である実存がなべて相対的モメントであることから、つねにその状態関数は対他的である力動概念により規定され、相対系を構成する他在をなす一切の実存的モメントと相互間に無限因果的連動にある。実存の外延的限定そのものが相対的である以上、他在をなす実存的モメントの各々がいかなる実測値をなし、またいかなる基準乃至標準を前提して類型化されようとも、当該の実存との関係性に於いてつねに一意

の相互因果的連動をなすことにもなる。二度とは反復しえない現在時に於いて、それ以外のいかなる座標系でもない位置的アドレスにあって、自己存在ならざるいかなる現存在でもないそのもの自体であること、自己存在ならざるものに対する唯一の自己運動としての自己存在であること、しかる自己存在をなす瞬間エナジーそのものを、自己存在以外の無限に亘るあらゆる現存在の統合化エナジーが一意の瞬間のスライド作用により、無限の自己回帰の帰結現象としてつくりなし、且つ当該の瞬間のスライド作用における同一のエナジーにより否めてしまう。一意にして無比の実存をなすモメント素子のいずれもが、自己存在以外の全実存の統合化エナジーにより自己回帰的に生成せしめられてある帰結現象であるとともに、当該同一の統合化エナジーにより否定・収束せしめられてあることは、有限の実存的モメントの相互連動により形成される一般時空間の、無限という限度に於いてつねに一定する絶対エナジーが、相対系の本質規定をなす実存系のその自己回帰システムが不断に稼働されることにより維持されゆくからである。このようにあらゆる実存のあらゆる瞬間における自己エナジーは、無限の実存系の自己回帰システムの実行により収束・零化される以上、いずれの特殊時空間上の座標系にいかなるモメント素子が存在し、どのような経緯により自己運動を展開し、その帰結現象としていかなる成果乃至効果を記録されようと、当該の特殊時空間上の座標系に当該のモメント素子は存在しなかったに等しく、当該の経緯による自己運動・変化は展開されなかったに等しく、その帰結現象である当該の成果乃至効果は記録されなかったに等しい。一般時空間をなす構成素子はいずれも相対的・可変的であるモメント素子相互であるが、あらゆる相互間の無限因果性により規定されつつも、恰も乱数発生的である現象態様を示す個別の特殊時空間的モメントのエナジー値は、一般時空間上の絶対エナジーが無限という限度に於いて一定するために各々の特殊時空間がつねに原界、とりもなおさず、零系としてつねに生／滅されなければならないことから、なべて自己運動・変化としてのみ

自己存在が成立し乍らも、不断に自己否定・収束されることにより
自己運動・変化できるのである。無限という限度に於いて一定する
絶対エナジー値は、実体（実在）の性質を具有しない原界点：＜零
＞に帰せられるため、一般時空間上の＜無限＞を特殊時空間上の瞬
間という無限小の＜有限＞に展開されるところの、いかなる実存的
モメントのいかなる自己運動・変化も、もとより一般時空間の体現
値としてはつねに＜零＞になるよう先験的に設計されている、とも
いえる。したがって、実存乃至実存系の対自的態様における哲学理
論としては、零系理論がこれに相当する。

　零系理論はもとより、世界・内・存在としての全他在に対する対
他的態様の研究を基礎理論として、相対系全体の運動的統合値との
相互連動による一意の実存の自己運動の原理論により、科学的基本
原理を理論上の前提とはしない哲学としての研究立場と方法論を通
じて、相対的ではない精度をなす公理系及び理論の体系化を目的と
する。かかる零系という概念規定に関する問題を考察するに臨んで、
従前の実存哲学の諸理論に於いても、実存的経験を実存の概念規定
を形成する上での根本問題として論述されてはいる。

　所謂実存的経験とは、実存の概念規定により表象される人間及び
精神主体の＜究極の内奥の中核＞が、当該の人間及び精神主体の具
有するなべての属性をしかる中核と比較することにより、それらの
諸属性が結果的にはより外面的且つ非本質的であると認識されるこ
とを通じて、当該の人間及び精神主体の実存をなすものとして把捉
されるに到る運動である、とされる。人間及び精神主体の生はより
強くもより弱くも、より豊饒にもより貧弱にもあり得、また変化し
成長し衰弱することも可能であるが、実存的経験により現実化され
るその＜究極の内奥の中核＞それ自体の本質規定よりして不可分で
あり、その人間及び精神主体の死または精神錯乱等により終了する
ものである、という。人間及び精神主体の具有する精神上／身体上

の素質や能力など、後天的である努力や学習により開発・強化せしめられる技能や形式、また人格や倫理的徳性などという属性についても、なべては結果的にはより外面的且つ非本質的であると認識される経験、そのような経験のあらゆる過程を最後まで実践されたあとに残存される＜究極の内奥の中核＞が把捉されるとき、それが実存的経験であると。そこに論述されている＜究極の内奥の中核＞、それがつまるところ該当するものについては後述するとして、少なくともここで留意すべきは、それが実存の概念規定を形成する限りに於いて、しかる中核が人間及び精神主体一般に共通するところの概念規定ではなく、飽くまで一意の自己存在としてのそれでなければならないことにある。

　実存として存立することの端緒の規定性は、自己自身に関与することのできる能力であるとされるが、実存概念が一意の自己存在を示唆することの所以でもある。それがキルケゴールによるところでは、人間の自己存在は自己自身に関与するとともに、この自己自身に関与することにより他者に関与するところの関係作用でもあるとしているが、ここでの他者とは神としての概念規定であるとされてもいる。また、ヤスパースによるところでは、同様の意義における他者を超越者として概念規定しているが、その超越者とは人間存在が自己自身を超越してそれに指向する、実存的経験に於いて把捉される絶対的存在を意味している。自己自身に関係作用することはつねに必然的に、他者に関係作用することを前提するところとされているが、従前の実存哲学ではかかる関係作用における絶対性の要因が加味されており、そのために実存が関与する他者というはそれ自体、人間及び精神主体が自己存在を乗り越えてそれへと指向する絶対的対象であることになる。そのような対象が、キルケゴールにあっては神、ヤスパースにあっては超越者という名辞で表現されているものである。また、ハイデガーに於いては、人間以外の形而上的である関連点を導入することが意図的に回避されており、人間存在に

おける自己自身の存在規定に作用しあうという関係性が、より高次の実存的認識としては憂慮という名辞で表現されてもいる。然るところ、ハイデガーとてもヤスパース的である超越の概念規定を放棄してはおらず、人間という現存在が自己自身を超越して指向する際における、対象的に未だ規定されない形式として反復されるものである。その場合、自己自身を乗り越えて指向される他者は、人間存在を取り巻く外界の特殊空間上の存在態様から、人間存在という現存在そのものの本来の目的性まで多様化されているが、それは実存が自己自身のうちに滞留している単なる存在態様としてではなく、自己自身を超越して指向する関係性乃至関連としてのみ把握されることを意味している。とはいえ実のところ、当該の実存の範疇が人間存在のみに限定されていること、実存が自己存在を超越して指向する対象が絶対的であることの意義は、後述の相対系自体との関係作用における＜自己化＞の問題にあるのだが。

　自己自身に関与することを以って他者に関与する関係作用、自己存在を超越して指向する関係性乃至関連については、実存とともに必然的前提として或る世界が措定されており、実存的経験を媒介しての、人間存在を取り囲む外界・人間存在の共世界との関係作用による実存の規定性に通じている。実存概念が一意の本質規定をなす現存在の意義にあるとはいえ、実存系は一切の実存的モメントの相互連動及び相克により存立する相対系のシステム概念の規定性をなしており、従前の実存哲学によっても＜世界・内・存在＞としての認識がなされている。そこでは、実存することの自己運動が、それに対する現実の抵抗によってのみ生じうるという経験態様よりして、実存をなす自己存在と世界との相互否定的である二元性・等根源性が前提されており、意識による外界の証明を要求する観念論乃至認識論の立場を排斥している。この場合の世界とは、実存をなす人間存在がそこに置かれてある外界の現実態様のみならず、当該の人間自身の生の現実規定そのものをも包摂しているが、そこでの実

存概念は必ずしも人間全体を意味するところではなく、その究極の
内奥の中核を示唆しているために、実存の関係作用する世界には単
なる外界の状態関数のみならず、人間存在に相互連関するあらゆる
要因が包摂されるとするのである。かくて世界の定義としては、実
存をなす人間存在が自己自身に於いて現実規定として確認される一
切であり、また関係作用する対象となる一切であることになるから、
世界の範疇には外界の諸条件と自己自身の生の諸条件が、換言する
に客体的現実態様と主体的現存在が内包されるものといえる。而し
てまた、実存としての人間同士の関係性乃至関連を意味する共同の
概念規定とても、そこには包摂されるはずである。飽くまでそれが
実存としての相互連動である以上、単なる国際的／国内的、公的／
私的、営利／非営利その他の目的に基づく人間の集合体を意味する
ものでもなく、かかる実存的関係はつねに単独の孤独である人間自
身と他の孤独である人間自身との間に於いてのみ可能であることに
なる。このような＜共同＞の関係式を構成する共存在であることを
通じて、実存としての人間存在の本質規定が開示されうるのである、
とも論じられてはいる。

　世界・内・存在という概念規定に関しては、現存在としての人間
と世界との関係性における実存的本質の開示、即ち実存する思惟者
による経験の意義が問題となる。従前の実存哲学に於いては、人間
の思惟には本来的に連続性がなく、つねにその瞬間毎に思惟するこ
としかできないと断定されているが、世界が人間の意識よりは独立
せる現実規定として人間存在に相互対立するのみならず、人間の思
惟により理解されることを拒否する脅威的対象としての現実概念で
ある、とも主張されている。客観的・概念的である思惟によっては
世界が把捉されえない、という実存理論的主張については、既述に
みる通り、しかるそれ自体が当該の論証内容に対しても論理的否定
する自己矛盾的見解でしかないのだが、しかく世界・内・存在の概
念規定そのものに人間存在にとっての限界状況が内在されてあるこ

とを示唆するものでもある。生の哲学における＜状態＞の概念規定は、世界の秩序の全体であるとともに、その秩序を構成する要因は人間存在に対する特殊の関係性に応じた位置をなすとしているに対し、従前の実存哲学における＜状況＞の概念規定は、単に自然法則的である現実態様ではなく、一意の現存在である人間にとって有益／有害等の意味関係を附与されている現実概念である、と定義されている。状態概念に関しては、人間をして克服を要求する確定的となる種々の困難に直面せしめることにより、＜状況＞に相当するものとなるという。また、現存在である人間は不断に或る状況のうちにある自己存在であり、且つつねに何等かの状況に拘束されていることから逃れることができない自己存在であって、つまるところ、人間存在は異なる状況のうちに入ることなくして当該の状況から脱することはできない、ともいう。

　然るに、いかなる状況というも不断に変化する以上、自己自身にとって有利といえる状況も不利といえる状況に変化しうるし、同様に不利といえる状況も有利といえる状況に変化する場合もあろう。自己自身の後天的である活動や他在との関係変数の変遷・変動等により、自己自身を規定する状況の方向性に対する変化に反映せしめられることは世界の常態でもあるが、その他方に於いて、実存としての人間であること自体に内在される本質的である限界性とてもある。不断に発生しては変化する事象に対応する状況とは異なり、それが本来的に有限の存在である自己自身の本質規定に帰因する限界状況であることから、その根拠となる現実そのものが変化することはない。このようなヤスパース的である＜限界状況＞は、その現実そのものは現存在自体に内在される根拠に基づいており、しかる現実態様が顕在化されるに際しての具象的状況が変化するにすぎないのであり、現存在である人間存在、即ち一意の自己存在に関係付けられることにより、限界状況はその不可避的である限界性を露呈することにもなる。かかる限界状況は、何等かの外界にあって現存在

である人間存在を制限するものではなく、人間である自己自身の究極の内奥の本質に於いて確定されている現実概念に基づいているため、実存的限界の規定性をも具有している。そして、しかる根拠をなす現実そのものを何等かの後天的である処理により解消することができない以上、限界状況は自己自身がその現存在の限界へと直面せしめられる状況であるため、人間存在という現存在の有限性が端的に経験されることになる。自明乍ら、最終的といえる限界状況の契機をなすものは、死による規定性に他ならないとされる。死という限界状況が自己自身の究極の内奥の本質に基づくならば、その限界状況による実存的経験を媒介してこそ、自己存在の本質規定に於いて実存の概念規定が導出されるのである、と説明されている。自己自身の限界状況のうちへ自己投入することにより自己存在自体となる、或いは限界状況を経験することと実存することが同義である、とすることの所以でもあろう。そしてまた、このような限界状況を動因とする不安の情動は、現存在である人間存在をして不安定にならしめるが、もとより実存の規定性はかかる不安定を契機として顕在化されるという。不安の情動を媒介することなくして自己存在の自由は獲得しえず、真に絶望するためには、且つ真に絶望を選択している場合には、実は自らの生の意義のうちに自己存在自体を選択していることになるので、必然的ではない絶望によってこそ自己自身の実存が自覚されうるのであると。[尤も、客観上に於いては、相対系内におけるあらゆる事象・事実が必然的に展開される以上、必然的ではない絶望も成立しえないのではあるが]

このような限界状況の、就中、その極致をなすという死の問題については、人間存在としてある実存の本質規定を把捉するために不可欠とされている。自己存在という現存在に内在される有限性は、何等か任意の状況、とりわけ限界状況における諸経験に対する被投性を促進するとともに、また必然的に死を人間存在としての最終の限界として顕在化するところである。人間は限界状況に基づく不安

の情動を活性化せしめられるが、死という限界状況によるところでは、その情動は極度の不安の状況を助長することにもなろうし、人間存在にとって不可避的である死は現存在の極限の現実そのものとして、寧ろ実存把捉のためには不可欠の要因とならざるを得まい。ここでの死とその不安は無論、他者の死により被る心理的動揺などの類の情動ではなく、飽くまで自己存在をなす生の終了を意味する死を前提としており、したがってそれは、あらゆる現存在が例外なく、各々に孤独である自己存在そのものとして内在される一意の限界状況ともいえよう。本来に於いて、生の端緒の時点にて死の必然性が既に確約されてある以上、その生にあって自己存在を体現すること自体がその死を実現しゆく過程でもあり、しかく死を生全体に内在される本質規定として認識することが実存的思惟に通じてもいる。さればまた、死に対し思惟すること自体を契機として、生全体の意義を把捉するための方法論としても有効となるはずである。

　実存哲学的考察に於いては、人間及び精神主体の生は死の不安と絶望によってこそ、実存としての自己存在の本質規定を顕在化せしめられるとともに、死は或る未定の時点における現実化が予想される出来事としてではなく、現在時の瞬間そのもののうちに包摂されている構成要素として考えられている。死が現在時の生そのものの構造因子として認識せられ、そこから死の意識を生の形成に於いて結実せしめるという課題が導出されることがまた、たとえば、所謂＜小さな死＞と＜大きな死＞という発想とても提示される契機ともなるのである。小さな死とは人間及び精神主体の意思とは無関係に到来する死であり、自己存在が自覚されない非個性化した大衆的現存在に生起する死の現象であるに対し、大きな死とは一意の自己存在としての人間存在に特化された生より発現する一意の死を意味しており、そこから人間存在が自己自身の死を自己存在に個有の任務として造形し、一意の死を完成するという後天的努力が企図されてくる。人間自らがその生を以って実現すべき課題としての自己自身

の死は、また＜果実としての死＞とも称せられている。しかし乍ら、ここでの大きな死、もしくは果実としての死は自己存在の生の契約として内在されているのではあるが、一意の自己存在がつねに世界・内・存在としての関係変数により規定されている以上、大きな死・果実としての死と称せられる概念自体が例外なく、自己内外を包摂する世界との関係作用により決定される死の瞬間に於いて、現実の体現態様では小さな死として発現されることにもなるのである。したがってまた、実存的である死生観の認識に際しても、しかる世界・内における自己存在の関係性の把捉なくしては理解しえないし、このような小さな死／大きな死という弁別そのものが、飽くまで概念規定上の把捉的峻別の問題であるともいえる。

　特殊時空間上の必然的プロセスの論証は別儀にて、現存在である人間及び精神主体の意識にあっては、死は決定事項であるに対し、死期は不確定事項である。死そのものは自己存在の生の契約として決定されてはいるが、自己内外を包摂する世界との関係変数により規定される死期については、当該の自己存在によっては事前に認識されることがありえないため、その人間及び精神主体の意識形成のうちでは不確定と判断されよう。［飽くまで、客観上の一切の無限プロセスは必然的に規定されるところではあるが、意識形成される内的態様のうちに限っては不確定という意義］先に考察した不安の情動に関しても、死そのものに対する不安とともに、また死期に対する不安とてもある。前者は現存在の生の存続そのものの終末と死後の状況予測に対する不安であるに対し、後者は現存在の未来時間をなす特殊時間内における終末の時点を事前に認識・特定されえない不確定性に対する不安であって、その両者の統合化された心情性が実存的不安をなすものでもある。死そのものに対する不安については、もとより人間存在の生がもし無限継続されると仮定するならば、生そのものの具体的に完了しべき目的・目標をも設定しえないこととなるため、寧ろ自己自身の生に終末があるからこそ、有限

の生と死に目的乃至価値を実現するための生の実行を促進する、力動概念としても作用する。これに対し、死期の不安を統合化する実存的不安については、それが精神機能上に作用する力動概念として転化されるためには、自己存在の実存的経験に於いて、もはや現存在の未来時間をなす特殊時間的持続の喪失によっても影響を被らないほどの価値を以って、実存的瞬間へと超越することが必要とはなろう。人間及び精神主体の実生活における計画や企図に従って実現されうることには、それに要する生の一定の時間長が消費されることが前提されているが、人間及び精神主体の生が有限であるのみならず、少なくとも認識上におけるその死期の事前の特定が不可能である以上、死期の如何によっては影響されることない価値を生に賦与しうべきものは、生の特殊時間的持続を前提とする成果の達成ではありえず、つねに現在時の瞬間のうちにしか期待しえない。生における成果の達成可能性に阻害要因を投ずる限界状況にあっては、特殊時間的持続を前提とすることなく、当該の瞬間そのままで価値を保有することしか対象となりえないのであり、そのこと自体は敢えて何等の成果をも条件としないことにより、不確定の死期の現実化によっても阻害されない自己投入に基づくもの、しかる決定的といえる自己投入の瞬間に於いて実現される能力へと尖鋭化されゆくことに、実存の体現される意義があるという。死はまず生を否応なく擁護されない限界状況に陥れるが、そのことにより寧ろ死は生をして本来の実存の課題のために自由ならしめる。ハイデガーによるところでは、自己自身の死のために先駆して＜自由＞になることにより、不確定の死期の現実化により阻害されることから免れるとともに、実存には極限の可能性としての自己放棄が開示されるので、その都度毎に成就される実存への硬化がすべて打破されることになる。それはつまり、瞬間に於いて獲得された自己自身の立場に固着することをその都度毎に破棄することにより、死が自己存在の生を純粋に実存している状態関数に保持することを意味している。しかることはヤスパースによれば、死に直面しても尚本質規定としてあ

り続けられるもの、それは実存しつつ成就されたものである、とも
いう。敢えてこれを換言するに、瞬間における実存的生が瞬間にお
ける実存的死により破棄されることによって、新規の自己存在とし
て実存的に更新されゆくことにも通じていよう。

　弁証系プロセスにおける当該の自覚レベルの、客観的精神現象に
於いて相当する理論体系は哲学分科としての零系理論である。如上
に考察し来った従前の実存哲学に於いては、現存在である人間存在
が実存としての自己存在を体現するための動因理論として、限界状
況の問題、とりわけその極限をなすとする死の問題を取り扱ってき
ている。個体差こそあれ有限の現存在である人間存在としての、最
終的となる限界状況はその生の可能性の終末をなす死の必然性には
あるが、とはいえ不可避である死の問題そのものは自己存在のみな
らず、人間をも包摂するすべての生物体にとって共通する限界状況
でもある。その他方、世界・内・存在として一意である自己存在に
とっての、最終的となる限界状況は自己自身に個有の生の可能性の
終了時期が［意識形成される内的態様に於いては］事前には不明で
あること、即ち死期の不確定性にあることよりして、かかる死期の
問題が他在ならぬ自己存在である実存に対応する限界状況をなすも
のともいえよう。

　心臓脈拍の停止・脳波の停止など臨床医学上の死の定義にも変遷
がみられるが、さあれ実存哲学上に於いては、生物体としての身体
機能の終了時点としての死に対する判断よりも、実存としての一意
の死と一意の生との関係性及び規定性が研究対象となる。したがっ
て、実存である自己存在を維持する生の可能性を終了せしめる死が、
その自己存在の生自体のうちに先験的に内在されてあること、そし
て自己自身にとっての死という＜変化＞の経験をもはや自己存在と
して認識・自覚できないことが問題となろう。そのことは、人間及
び精神主体である自己存在の生の問題に依存してもいる。自らの死

1040　　第Ⅱ節　客観的精神現象

の経験を自己存在として認識・自覚できないことは、もとより認識する、或いは自覚するという運動が自己存在の具備する精神機能として可能であるとともに、しかる精神機能及び生理機能が当該の自己存在の生を前提としてのみ可能である以上、そのような生の終了の瞬間の経験に対する認識・自覚が成立するはずの時点は、死の瞬間の経過後になければならないが、その時点ではしかる認識・自覚作用を実行すべき生の機能が既に終了しているからである。とりもなおさず、かかる実存哲学に於いては、人間存在である自己存在が死の瞬間の経過後まで存続しないことを前提しているが、その認識内容そのものには瑕疵はない。既述にても論証している通り、霊魂・魂魄等の概念規定を内包する精神上の全機構が、大脳皮質や辺縁系を包摂する脳生理の機能の体系に帰属されるため、死の瞬間を構成する身体的変化として脳生理の全機能が終了することにより、霊魂・魂魄その他いかなる精神機能もその制御母体をなす脳生理の機構なくしては、実行主体もなく単独に実行されうる可能性がないことにも基づく。したがって、所謂、霊魂・魂魄・幽霊・天国・煉獄・地獄等という死の瞬間の経過後の実体、乃至恰も空間的階層を意味するかの名辞は実在する概念規定ではありえず、人間及び精神主体の芸術性向のなさしめる創作としてのみ成立するにすぎない。人間及び精神主体の生と死の相関プロセスとても、特殊時空間を形成するモメント素子としては運動・変化の一工程をなすところではあるが、人間存在である自己存在の精神機構により、自己自身の死の瞬間、及び当該の瞬間経過後の態様が認識、或いは自覚されることは現実上にはありえないのである。

　従前の実存哲学に於いては、このような自己存在の終末としての死の必然性を現存在であることの限界状況、また自己存在の一意の死期の不確定性を実存としての限界状況と認定されている。しかも、死そのものが自己自身の生を活性化せしめる動因としても作用するとともに、実存をなす自己存在の瞬間の力動概念としては、死期の

不確定性が生における成果の達成によることなく、瞬間の都度毎に
自己存在を尖鋭化し、且つこれを破棄することの反復により実存的
限界状況を超越せしめるものとして把捉されてもいる。しかし乍ら、
かかる実存哲学にみる瞬間の都度毎の自己存在の尖鋭化という処理
が、果たしてその示唆せらるべき具象的である作業内容に関しては、
必ずしも明確化されていないのみならず、学説としても統一されて
はいない。瞬間の都度毎の自己存在の当該の処理により、実存的限
界状況から超越しゆくべき対象の概念規定としては、学説により神、
もしくは超越者等の名辞が提示されているところではある。然るに、
当該の対象がそのような神であれ超越者であれ、何等かの絶対的存
在乃至完全の概念規定を仮定して形而上学的であるイデア：Ｉｄｅ
ａを結実せしめるにせよ、或いは何等かの宗教的帰依を通じて一定
の精神的境地に到達するにせよ、そのこと自体が成果の達成を目的
とする作業内容に他ならず、少からぬ作業工程と時間的負荷を余
儀なくされるため、ゆめ瞬間の都度毎に達成しうべき処理ではない。
それでは、死期の不確定性により生の所定時間を前提としえない限
界状況に対し、これを超越しうる処理とはなりえないはずではある。
否、もし仮に、神もしくは超越者なる仮想概念との関係性における
一定の宗教精神的境地に、生の或る時点にて事前に到達しておくこ
とができたと仮定せば、爾後についてはそれに基づいて瞬間の都度
毎に自己存在を尖鋭化させることが可能になるとしよう。しかる宗
教精神的境地に一旦到達することにより、相対的・可変的ではあれ
精神内の所定の主観的属性が設定されることで、その時点以降は瞬
間の都度毎にその宗教精神的境地に移行することが可能とはなる、
そのことは［相対的・可変的には］仮定しうるところであるから。
とはいえ、しかる場合にあっても、最低一回の前提処理として、事
前に当該の一定の宗教精神的境地へと到達するための、形而上学的
もしくは宗教的作業工程と何程かの作業時間が不可欠となることに
は、何等変わりない以上、当該の時点ではやはり瞬間の都度毎に自
己存在を先鋭化させることは可能ではない。

但し、如上については、死乃至死期の不確定性という限界状況を超越しゆくべき対象が、神もしくは超越者という概念規定にあることが前提となってはいるが、もとよりそのこと自体が正解ではありえない。やはり別章にても論証している通り、神・超越者、或いは超人等という絶対・完全なるものを示唆する概念規定が、現実上の全体概念である座標系・物質系の構成素子として実在することは不可能である。現実上の全体概念をなす一般時空間は無限であるが、その構成素子をなすあらゆる特殊時空間は有限のモメント素子に体現されるとともに、有限であることの本質規定は無限大且つ無限小の可動域に於いて不断に変動する相対性にあり、しかるモメント素子の相対性には例外が成立しないことの証明に依拠するところである。改めてここでその論証の詳細を展開し直すには及ばないが、ただ絶対であることと完全であることは意義を異にするともいえる。前者については、０％の非妥当性をなす精度における普遍妥当する確実性が示唆されているに対し、後者については、それ自体として一切の事象・事実を可能ならしめる全能の自己完結性が保証されていることになるが、そも全能であるためには、それ自体として完全であることもないことさえも、また全能であることもないことさえも可能とされなければならず、自らに不可避的である自己矛盾を内在する実体として実在不能の名辞でしかありえない。然るに、絶対性の概念規定については、無限の一般時空間を体現する構成素子として実在することはありえないものの、精神機構という＜特殊の＞実存的モメントに於いて、精神自体と無限の相対系自体を１００％の確実性を以って相互自己化せしめる真理：恒真式としてのみ成立しうる。精神機能による弁証系プロセスを通じてのみしかる相互自己化が可能であることに基づくのだが、さればこそ、現存在である自己存在が実存的限界状況を超越しゆくべき対象は、神や超越者など絶対的存在乃至完全概念という実体（実在）性なき架空の名辞ではなく、唯一の絶対性が体現されうるところの真理：恒真式以外にはありえない。そして、このような真理：恒真式は精神機能による

弁証系プロセスを通じてのみ生成される以上、たとえ死期の不確定性による限界状況を超越するためには、瞬間の都度毎の自己自身の尖鋭化という作業工程及び作業時間が前提されるとするも、最低一回は弁証系プロセスに基づく真理：恒真式の生成処理の実行されることが不可欠となる。大脳皮質のCNSにおける記憶システムを基礎理論としつつ、一旦は精神自体の態様が真理：恒真式による相対系自体との相互自己化レベルに到達されていなければならないことから、爾後については、瞬間の都度毎に真理：恒真式の絶対性へと超越しゆくことも可能となろうから。したがって、実存としての自己存在の超越の問題については、まず第一には弁証系プロセスに基づく真理：恒真式の生成と、また第二にはそれによる瞬間の都度毎の真理：恒真式に基づく絶対性への移行との、二元的前提が不可欠とはなるはずである。

　尤も、真理：恒真式の生成の問題については、あらゆる真理：恒真式が無限に相互連動していることよりして、当該の真理：恒真式の生成を契機として、やはり弁証系プロセスを通じて相互因果的に連関するあらゆる真理：恒真式を、なべて生成しゆくことには、別儀の意義をなせるところともいえよう。真理：恒真式の生成により、精神機構という実存的モメントと相対系自体との絶対的自己同一性が体現されるのではあるが、あらゆる真理：恒真式が無限に相互連動することを以って相対系自体が実現されてある以上、無限の真理：恒真式の一切を例外なく生成することによらなければ、かかる絶対的自己同一性の最終態様をなす絶対的自己化の全完成がなされえないためではある。しかる真理：恒真式の相互連動を無限に亘り解明し終えることが、人間乃至精神主体という、相対的且つ有限の実存的個体にとっては可能である任務ではないこととても、また自明であるとするも。

　従前の実存哲学と雖も、実存的限界状況を超越することにより、

一意の実存としての自己存在を自覚するための方法論として、一定の座標系及び時間長をなす自己自身の運動・作用ではなく、瞬間の都度毎の自己自身の尖鋭化によることの必要性を提示している点については、実存の概念規定を反映するものともいえる。もとより、実存の概念規定とは、物質系における存在態様レベルの特定の種別・類型に左右されるところでもなく、特殊時空間上に於いて一意の生滅現象として体現される現存在であり、即ち無限小の瞬間の生／滅をつくりなす任意且つ一意のモメント素子を意味することから、従前の実存哲学により、瞬間の都度毎に自己自身の実存を自覚するとともに当該の状況を破棄し、かかる瞬間上の実存的自覚と破棄という処理の反復に実存的超越の本質規定を認識・把捉していることには、本来の実存概念の本質規定が包摂されていることにもなるためである。とはいえ、実存の概念規定に関して、従前の実存哲学がその基本的認識に妥当性を欠いている点としては、そのような実存的モメントを生物体の単一の種別である人間存在のみに限定していることにある。やはり既述にても論証している通り、実存概念の示唆するところは、無限の相対系をなす構成素子として特殊時空間上に一意の本質規定を具有する現存在であり、しかる規定性の限りに於いては存在態様レベルの種別・類型を特定するものではないため、たとえば固体／気体／液体／流体、有機質／無機質、生物体／非生物体、バリオン物質／反バリオン物質等の峻別には拘束されない。況んや、生物体のカテゴリーにおける更に下位集合をなす、人間存在という単一の種別のみに限定せらるべき合理的根拠はありえないのであり、ただ実存概念の実例として、精神機構及び精神主体のみが相対系自体との相互連動における相互間の絶対的自己化を可能とする、その唯一の現存在としては特殊の実存であるとはいえ、当該の特殊性の所以となる先験的である機能乃至属性は実存概念の規定性には帰因しないためであり、またかかる特殊の実存である精神機構の作用主体を以って、太陽系第三惑星という特定領域に実例をみる人間存在という特定種別に限定する必然性もないことによる。

そして、単に人間存在のみが実存概念の実例ではない以上、従前の実存哲学にみる、死乃至死期の不確定性という限界状況は人間を内包する生物体に対するそれではあるが、存在態様レベルの種別・類型を限定しない、実存としての現存在に対するそれではありえないことにもなる。死の意義を生の終末として認識・把捉する限りに於いては、生物体以外の実存に対する限界状況ではないことになり、当該の概念規定の包摂する対象となる範疇を異にするからである。そのことはまた、従前の実存哲学における限界状況の概念規定に対しては、本節における零系の概念規定が一致しないことにも反映されている。死乃至死期の不確定性が人間存在［及び生物体］に対する限界状況ではあるも、ゆめ実存に対するそれではなく、ここで敢えて実存に対する限界状況について明示するならば、零系とは相異するいかなる概念規定でも妥当しうべくもない。零系とはもとより、当該の弁証系プロセスにおける即自的態様として定立されている実存乃至実存系に対し、対自的態様として反定立されるところの概念規定であることよりして、実存乃至実存系と零系は客観概念上の追考レベルにおける相互否定・収束による相互連動をなして成立するが故である。反定立の態様と限界状況は、概念規定として厳密には同一の態様とはいえないものの、少なくとも相互否定・収束による相互連動をなして成立する必然性に於いては共通することに帰因するところでもある。従前の実存哲学に於いては、生命現象の終端を以って人間存在［及び生物体］にとっての限界状況として、それに対する不安の情動を力動概念と位置付けているに対し、零系理論に於いては、生命現象の終端という事象そのものが、特殊時空間上の実存的モメントとしての変化・作用の一をなすところにすぎない。生物体より非生物体へ、有機態様より無機態様への変更作用は、物質系をなすモメント素子としては、物理学的且つ化学的組成の変更を伴う本質的属性の移行をなさしめる事象ではあるが、特殊時空間上の実存的モメントとしては、特殊時空間の規定態様として無限大且つ無限小の妥当性が先験的に内在されている以上、実存それ自体

としての終末は新規の実存としての更新となるため、死の概念規定とても実存の実測値をなす内容の変化・作用を意味するのみである。零系の概念規定は、生命現象という物質系における特定の種別・類型の終末現象等ではなく、あらゆる特殊時空間上における実存的モメントに妥当するところの、相対系自体のシステム構造を動因とする自己否定≡自己収束の機構に他ならない。[尤も、しかる限界状況という概念規定そのものを、人間乃至精神主体の主観作用を前提することを仮定するならば、当該の概念規定自体が実存にとって本質規定ではないことにもなるのだが]

　実存系と零系の連動機構については、第Ｘ章第Ⅰ節にて既述される通りであるが、人間存在をも包摂する実存的モメントはなべて、特殊時空間上における他在をなす全モメント素子の統合化エナジーにより、その一意且つ無限小の状態関数が生起するとともに収束・零化される。ここでの零化とはされば、エナジー値の放出／収束により零という基準値に再還元されることを意味する。相対系全体としての絶対エナジーが無限という限度に於いて一定していることから、一意且つ無限小の瞬間生滅として体現される実存的モメントの自己存立エナジーは、当該の瞬間をなす自己存立を以って体現されるとともに収束・零化されることにより、相対系の原界点である＜零＞に帰せられる。したがってまた、そのことは無限小の有限値である実存的モメントの自己存立エナジーが、例外なく無限小の瞬間の移行を以って＜零＞という原界点に帰せられることにより、相対系全体の絶対エナジーが無限という限度に於いて一定せしめられることにもなるのである。しかる合理的根拠の論証については既述にて確認せらるべきであるが、あらゆる実存的モメントが一意且つ無限小の瞬間生滅の都度毎に、当該の自己存立そのものが相対系自体の自己回帰システムにより＜零＞に帰せしめられる以上、実存的モメントが特殊時空間上の相互因果性による瞬間生滅の反復を通じて、その一意の自己存立をいかなるヴェクトルにて開示しようとも、

しかる自己存立そのものが不断の瞬間生滅の都度毎に＜零＞に帰せられてしまうことになる。したがって、所謂限界状況としての零系をみるならば、人間及びその他精神機構を具有する実存的モメントがいかなる自己運動・変化を展開し、且つその効果・効力及び価値・意義を認識・把捉するとも、一意且つ無限小の瞬間生滅の都度毎にいかなる自己運動・変化も収束・零化せられ、且つその効果・効力及び価値・意義とても＜零＞に帰せしめられるところの、不断に更新される現在時が一意の現存在の本質規定をなす実存に於いて実存的経験されるのであり、さればこそ無限の自己回帰による自己否定≡自己収束である実存自体が自覚されうるのでもある。

　従前の実存哲学における限界状況とされる、死及び死期の不確定性は生の主体としての人間［及び精神主体］の情動を不安定にさせる作用をなすが、もとより人間［及び精神主体］の情動及び主観的素因には個体差があるとともに相対的・可変的であるため、必ずしも極端といえる限界状況としては作用しえない場合も想定される。のみならず、仮にそれが限界状況として作用する場合であるとても、少なくとも実際上に自己存在をなす生の開始より終了までの相対的期間内にあっては、生的エナジーを媒介することにより何等かの成果・目的の達成や、或いは瞬間の都度毎の自己存在の尖鋭化等という、人間存在である自己存在としての何程の効果・効力や価値・意義の創造が可能であることにもなる。これに対し、零系理論を前提する限りに於いては、いかなる実存的モメントの自己存立エナジーも一意且つ無限小の瞬間生滅の都度毎に収束・零化されるため、人間をも内包する生物体の立場としても、生の終末に対する不安の情動が促進されるまでもなく、また自己自身の死期の不確定性に対する実存的絶望と焦燥感が助長されるまでもなく、そして生の終末の現実化を待つまでもなく、不断に更新される現在時を実存的経験すること自体を以って、瞬間生滅の都度毎に＜零＞に帰せしめられる自己存在そのものを自覚せざるを得ないことになる。自己存在によ

りなされる一切の自己運動・変化、のみならず自己存在をなす生自体／死自体とても、当該の実存的事象や自己運動・変化の実際上になされたことがなされなかったことと同義であり、たとえば、約１３７±２億年前の宇宙領域生成の契機とされるＢｉｇ−ｂａｎｇ現象（仮説）もまた、その事象の生起したこと自体が生起しなかったことに等しくなるのでもある。［自明乍ら、そのことは一切の特殊時空間をなす実存的モメントの一切のエナジー値が、一意且つ無限小の瞬間生滅により＜零＞に帰せられることを示唆するところであり、実際上に生起した客観的事実が変化・消失するわけではないし、またたとえいかなる事象の主体・客体がいかに変化・消失しようとも、いかなる客観的事実の変化・消失されることもありえない］かるがゆえ、生物体からの非生物体への転化、また反対に非生物体からの生物体の生成とても、零系の原理を反映する実存としての自己存在にあっては、座標系・物質系をなすモメント素子としての運動・変化作用の一でしかないことになるため、それが死生という精神機構上の限界状況をなす素因であることからも、零系が実存自体の本質規定に基づく根源的である圧力の動因を形成するところである、ともいえよう。

　とまれ、このような零系の概念規定は、精神機構という特殊の実存的モメントを前提する限界状況をなすとともに、当該のモメント素子以外の他在をも包摂する一切の実存的モメントを前提するところの、実存系の概念規定に対する反定立としての規定態様をなしている。無限の特殊時空間上における一意の瞬間生滅をなす現実存在としての本質存在、しかる概念規定をなす実存を構成素子とする現実態様の無限の相互連動体系である実存系に対し、反定立としての規定態様をなす零系とは、一意の瞬間生滅をなす現実存在に本質存在を反映する実存がいずれも、無限の相対系における当該の他在をなす全実存的モメントの統合化エナジーを力動概念とする、一意且つ無限小の瞬間生滅に対する相対系自体の実存回帰システムによる

帰結現象であることから、あらゆる瞬間に対応するあらゆる実存は
しかる実存回帰システムを稼働せしめる自己否定作用エナジーによ
り、その瞬間生滅の都度毎に収束・零化される必然性にあるため、
いかなる実存規定の実行を契機とする実存的モメントとしての実測
値も例外なく、効果・効力・価値・意義等をも包摂してそのこと自
体が＜零＞に帰せられることを示唆するのである。実存概念は人間
存在を下位集合とする生物体であることを、のみならずその他のい
かなる物質系上の種別・類型をも前提とはしない以上、生に対する
終末である死とても特殊時空間上の変化・作用の一でしかなく、そ
の状態関数が生の範疇の値にあろうと死の範疇の値にあろうと、あ
らゆる瞬間生滅の都度毎に一意の実存である自己存在そのものが収
束・零化されることに他ならない。然るに、いかなる実存的モメン
トと雖もその実存自体としては、特殊時空間上における一意且つ無
限小の瞬間生滅をなすとともに、特殊時空間としての無限大の相互
連続性を体現せざるを得ないため、そのような実存である自己存在
そのものが収束・零化されるということは、しかる相対系自体の自
己回帰運動の極限値に於いては、実存自体が＜零＞に帰せしめられ
ること自体を以て新規の実存として更新される必然性にあること
になる。そのことはつまり、たとえば、座標系・物質系上の何等か
の生命現象が死を以って終了しようと、不断の現在時にあって特殊
時空間上の実存的モメントの収束・零化されることが、そして＜零
＞に帰せしめられることが実存自体としての終了ではありえない以
上、且つかかる収束・零化が瞬間生滅の都度毎に実行される以上、
あらゆる実存的モメントは不断の現在時にあって新規の実存として
更新されるしかないのではある。

　このような反定立関係にある実存系と零系の相互連動による統一
的自覚の問題は、次節に於いて明確に論述されることになろう。然
るところ、本節に於いて附記しておくべきは、もとより相対系にお
ける実存の概念規定とその本質規定に根差した零系との関係性など

については、人間存在という特定の実存的モメントのみを前提とする従前の実存哲学上の諸説が、理性機能による客観的思惟の方法論を排斥する他方に於いては、提唱する主観的アプローチによるところの限界状況の問題を保全するために、最終的には暗黙裏に客観的思惟をその［潜在的］方法論となしていることからも明らかである通り、一定の論理学的根拠に基づく精度を以って、就中絶対の精度を以って実存的自覚がなされうるためには、理性作用という客観作用による弁証系プロセスの実行以外の方法論がありえないことによる。というのも、すべての主観作用、即ち主観観念及び主観的精神現象自体には、実存的である個体差があるとともにその本質規定に於いて相対的・可変的である以上、普遍妥当する精度を要求される実存的自覚のためには客観作用による論理的系譜が不可欠であるからであり、主観作用が弁証運動上のTriadeを以って展開されうることもまた、主観作用の弁証系プロセスに対応せしめられることによってのみ可能となるところに相違ない。

　理論展開の依拠する基本原理を前提条件とはしないため、科学的確率論ではなく絶対の確実性をなす真理：恒真式を追考する、哲学分科である零系理論という学術的立場が当該の弁証系レベルにある。しかし乍ら、その実際上における状態関数は別儀にて、特殊時空間上の一意の瞬間生滅を体現する実存乃至実存系の規定性に対する実存概念論のアプローチとともに、また実存における瞬間生滅を原理とする零系に対する零系理論の方法論と公理系が完結されることはなく、無限の一般時空間上に成立するところの、その最終課題まで発見され解明され尽くすこともありえない。実存系としての相対系が外延的限界／内包的限界に於いて無限である以上、特殊時空間を構成する一意の実存的モメントの実測値がなべて無限域の座標レイヤに位置付けられ、無限の実存的モメント相互による関係変数として相互連動するからであるとともに、且つ無限の関係変数におけるあらゆる特殊時空間上の実存的モメントの相互連動の実測値を

第Ⅱ部 論理系

第Ⅲ篇 弁証系システム

検証するためには無限の時間量を要するからは、いかなる時点のいかなる研究段階であろうと、当該の研究段階にて既に確認されているデータ分析／統合のみでは無限の対象データには不充分であるし、また既に解明されている特殊時空間上の実存的法則の体系化のみでは無限の公理系を構築しえないからでもある。さればこそ、しかくつねに未完成である態様をなす実存概念論と零系理論、乃至なべての実存哲学分科の公理系とても、いかなる時点のいかなる研究段階によらず、尚発達の余地を残すことにもなるのである。したがって、瞬間生滅の交互システムを原理論として無限回帰的に一意性を更新される実存的モメントと、やはり瞬間生滅の交互システムを原理論として無限回帰的に現存在を＜零＞に帰せられる実存的モメントの統一的認識に関する究明は、実存概念論上及び零系理論上の成果に資する発達の度合いはともあれ、ポテンシャルとしては際限のない単位にまで分析／統合されうるはずである。而して更には、実存乃至実存系における規定性を研究対象とする実存概念論と零系における規定性を研究対象とする零系理論は、そのような概念論上の相互排反と原理論上の相互連動を理論体系として統一しうるところの、瞬間生滅における実存回帰の問題を対象とする実存哲学にAuf-hebenされよう。相対系の無限性をつくりなす一意の瞬間の生滅機構は、相対系全体としての絶対エナジーによる実存の生滅機構としてのみ無限回帰的に機能するためであり、またそのことを実存哲学によってのみ研究対象となしうることは、弁証系プロセスの最終工程にある実存哲学からの止揚（揚棄）が実存哲学へと自己回帰されざるを得ないためである。

iii＞自覚レベル：実存哲学＜自己回帰＞

　相対系としての空間生滅且つ時間生滅・時間生滅且つ空間生滅の、同時性における自己矛盾的統一現象をなす瞬間生滅は、実存自体を以って体現態様となす相対系自体としての実存系の規定性と、実存の自己否定（収束）作用を以って無限回帰的に体現せしめる相対系自体としての零系の規定性を契機とする相互否定機能により更新され続けるが、前者は実存概念論上の問題として、また後者は零系理論上の問題として弁証系プロセスの自覚レベルに反映される。実存概念論に於いては、客観上の一意の特殊時空間という瞬間生滅に体現される実存乃至実存系の概念規定に対する、いかなる科学的基本原理をも前提しない無条件の哲学上の方法論と構造論の把捉の問題をも研究対象とする自覚レベルにて、一意の現存在としての本質規定をなす瞬間生滅の態様とその機能をなす原理論、即ち実存として体現される一意の特殊時空間的モメントの法則性と全モメント素子相互間の連動法則を問題とする。それゆえに、無限の相対系における有限の特殊時空間規定をなす、一意のシステム素子としての実存概念についても課題となる。それに対し、零系理論に於いては、実存概念をなす瞬間生滅をなさしめる相対系自体の無限回帰エナジーの態様とその機能をなす原理論、即ちあらゆる実存の体現される一意の瞬間生滅における［全他在による］無限回帰的である自己否定（収束）作用の法則性を問題とする。それゆえに、無限の相対系における有限の特殊時空間規定をなす、各々に一意のシステム素子である一切の実存相互間の無限連動による帰結現象として成立するところの、それぞれの座標系・物質系の構成レイヤにおける零系の機構についても課題となる。

　実存概念論の成立する自覚レベルに於いては、実存的モメントに体現される相対系の即自的に瞬間生滅をなす特殊時空間に関する原理を考察するに対し、零系理論の成立する自覚レベルに於いては、

当該同一の実存的モメントに体現される相対系の対自的に相互連動しあう無限回帰の機構をなす零系に関する原理に対し論究する。特殊空間即特殊時間／特殊時間即特殊空間として一意に展開される瞬間生滅概念より、即自的に表象される実存乃至実存系の概念規定は、［当該の実存的モメント以外の］一切の実存的モメントの相互連動の帰結現象である無限回帰による零系の概念規定に対する否定（収束）作用により成立する他方、相対系を構成する普遍的連動により対自的に表象される零系の概念規定は、実存的モメント相互間の普遍的関係における自己存在をなす実存系の概念規定に対する否定（収束）作用により成立する。このため、客観的精神現象上における双方に対応する理論・学説とても、相互否定的である学術的立場にあるのであるが、然るに客観概念上に於いては、相対系における一意の瞬間生滅をなす現存在である実存乃至実存系の概念規定と、相対系内の相互連動による無限回帰としての零系の概念規定は、自己矛盾的である生成現象即収束現象／収束現象即生成現象として展開される瞬間の実存生滅の概念規定として更新されるから、かかる実存乃至実存系の概念規定に関する理論＜実存概念論＞と零系の概念規定に関する理論＜零系理論＞とても相互間に自己矛盾的に統一され、一般且つ特殊時空間の現実態様における一意の体現概念である実存的モメントとしてのAuf－hebenに対する概念規定、即ち相対系内における無限にして同時である相対系自体の自己回帰により、無限小且つ相対的にして一意である実存現象としての現実態様を不断に更新しゆく、瞬間の実存生滅の原理を研究対象とする理論へと向自的に移行されよう。哲学分科としての実存概念論と零系理論は、相互の学術的スタンスと理論的ヴェクトルに於いて、相互に概念的否定しあう追考上の理性作用を内在化［且つ極限化］することにより、寧ろ相互の存立態様を更新するとともに、最終工程の学術的スタンスとして相互に依存しあい共生することにもなる。

　そして、この論理的階梯における最終工程の学術的スタンスと

は、実存乃至実存系の規定性に対する実存概念論／零系の規定性に対する零系理論に関し、実存自体の＜自己生成／自己収束＞上の瞬間生滅現象における向自的態様をなす実存生滅に関する理論体系として、相互矛盾且つ相互依存する哲学的相互連関に対し、科学理論によっては追考不可能であるところの、自覚レベルに於いて向自的統一する実存哲学を示唆している。もとより、科学理論上における最終の階梯をなす自然科学統一理論／社会科学統一理論の実存的問題に対し、科学理論上の視点と手法によるところでは解決することはもはやできず、哲学理論上の立場と方法論によってのみそれが可能であることに基づく。なべて科学理論の前提をなす基本原理に対しては、科学理論上の学術的立場と方法論による研究対象とすることができないに比し、哲学理論に於いてはその前提となるいかなる基本原理をも許容しないため、科学理論における基本原理のみならず、もとより研究対象とはなしえない分野・研究領域が成立しないからである。そのことはまた、科学理論に於いてはそれ自体の基本原理を自ら検証すること能わず、無条件にその理論展開の前提とせざるを得ないことよりして、科学理論上の研究成果はすべて相対的である確率上の数値をのみ獲得しうるに対し、哲学理論に於いてはその理論展開の前提となる条件指定をすべて論理的否定することにより、哲学理論上の研究成果には絶対的である確実性＜恒真性＞が期待されうることにもなるのである。

　如上にみる通り、当該の自覚レベルにおける客観的精神現象では、科学理論上からのアプローチの可動域としては対応しきれなくなるのであるが、そのことは前節の実存理論同様に、客観概念における把捉態様の系譜とも相互連動している。特殊時空間上の瞬間生滅における実存乃至実存系としての規定性と、特殊時空間上の瞬間生滅における零系としての規定性、即ち相対系をなす当該同一の実存的モメントとしての原理論上の根拠である、無限における一意の生滅現象及び全実存的モメントの無限回帰による実存概念の自己更

新に帰因するところの、実存乃至実存系上の無限関係をなす一意の規定性と零系上の無限連動による自己否定・収束の規定性との自己同一作用は、対他且つ対自作用による無限機構を契機として発現せしめられる無限小且つ無限大の自己生滅として成立するため、全体系システムである相対系における一意の自己生滅をなす無限関係の実存性／無限連動の実存的否定性にあって、無限関係の実存性を反映する実存乃至実存系に関する理論と無限連動の実存的否定性を反映する零系に関するそれを止揚（揚棄）せしめる自覚レベルが、自己同一的である実存的モメントの、自己生滅の無限機構に自己回帰される必然の統一概念としての超実存系：実存回帰に関する理論に移行しているのである。相対系における無限関係の実存性を契機とする現存在に対する一意の実存系上の規定に対し、しかる否定（収束）作用としての、相対系における無限連動の実存的否定性を契機とする同一対象に対する一意の零系上の規定は、対自的態様をなす瞬間生滅概念を構成するとともに、無限の全体系システムにおける統一機能に基づいて規定される実存的モメント各々には瞬間としての同一性がなく一意であるも、そのことはあらゆる特殊時空間上の瞬間に対し普遍的に妥当する以上、かかる一意の否定的運動・作用はあらゆる他在をなす実存的モメントを動因とするとともに、当該の実存的モメントにおける無限回帰による自己生滅の運動原理があらゆる他在を構成する実存的モメント各々に於いて成立するのであり、実存系／零系の規定性の相互否定作用エナジーに帰因される向自作用によるところである。そしてまた、客観概念上の自覚レベルが相対系をなす実存乃至実存系／零系の関係式より超実存系：実存回帰に移行されることにより、客観的精神現象上に於いては、実存概念論／零系理論に相当する理性的関係性より実存哲学＜自己回帰＞の学術的レベルに移行される。実存乃至実存系と零系との一意の瞬間生滅に対する自己統一の問題は、やはりそれ自体が科学理論上の基本原理に影響せしめる内容を内在していることから、当該の基本原理を前提とすることで対象外となる科学的解法によっては検証

されえないため、科学理論上の最終の階梯によるアプローチとその最終的自覚に関しては、いかなる前提条件をも容認しない哲学的、就中実存哲学的解法によることなくしては検証されえないからでもある。

　当該の自覚レベルにおける客観概念が超実存系：実存回帰の弁証工程をなしているに対し、同自覚レベルにおける客観的精神現象の妥当する学乃至理論的体系は、実存哲学＜自己回帰＞と称せられる哲学分科に相当する。その弁証系プロセス上の前提である、即自的工程をなす実存概念論に於いては、無限の相対系をなす一意且つ無限小の瞬間生滅を体現する現存在としての実存の概念規定に基づいて、あらゆる実存相互間の関係変数をなさしめる実存系の機構に対し論究するが、当該の理論体系そのものは科学理論上の稼働域では不可能である哲学分科に位置付けられる。また、当該の対自的工程をなす零系理論に於いては、相対系自体の絶対エナジーが無限という限度に於いて一定していることから、あらゆる実存的モメントの自己エナジーが、相対系自体の無限回帰機構により一意且つ不断の瞬間生滅に帰結される、都度毎に収束・零化されるシステム理論の研究に基づいて、同一の研究対象における実存乃至実存系と零系との反定立関係が顕在化されるが、当該の理論体系そのものはやはり哲学分科に位置付けられる。かかる意義に於いて、寧ろ反定立しあう実存概念論／零系理論の相互否定と相互依存の関係式をＡｕｆ－ｈｅｂｅｎする学術的研究が実存哲学＜自己回帰＞である。それはもとより、基本原理を前提とする科学理論上に於いては、実存概念論／零系理論の基本原理自体を理性機能による研究対象とはなしえないに対し、そのことが無条件の前提となる基本原理を承認しない哲学理論上に於いては可能であることにも基づく。実存概念論／零系理論の相互否定と相互依存の関係式が、実存哲学＜自己回帰＞に於いてＡｕｆ－ｈｅｂｅｎされていることは、またその客観概念上に相互連動する実存乃至実存系／零系の自己統一態様をなす超実存

系：実存回帰の規定性に対応することでもあるが、無限の相対系に普遍的妥当する同時性における有限の実存規定を以って、零系の無限回帰機構により収束／更新される瞬間生滅に対し、有限の対象データの観測・実験を基礎的方法論とする科学理論によっては無限の対象へのアプローチの限界があるとともに、哲学理論上の追考プロセスの最終工程における止揚（揚棄）態様をなす実存哲学＜自己回帰＞によっては、いかなる理論的前提にも拘束されない哲学分科としてのアプローチが際限なく可能であるともいえる。

　実存乃至実存系に関する諸理論や学術的体系も一様ではないが、客観的精神現象上の即自的態様をなす実存概念論と対自的態様をなす零系理論との反定立関係が理性的追考上に極限化されることにより、相互矛盾しあうこと自体により相互依存しあうとともに、相互依存しあうこと自体により相互矛盾しあう各々の自己実現をなさしめるところの、向自的態様をなす実存哲学へと自己回帰されゆく。そこにはまた、従前の実存哲学における実存概念に対する研究と、実存としての限界状況に対する研究との相互連携より自己統一されてある理論的プロセスとしての、実存規定における＜時間性＞及び＜歴史性＞に対する研究とても包摂されている。蓋しそのことは、従前の実存哲学乃至実存理論と称せられる哲学分科の問題が、やはり弁証系プロセスにおける実存哲学的展開に位置付けられるため、その追考上のTriadeの相当する自覚レベルに応じた理論及び情報として開示されよう。

　実存規定における時間性の問題としては、客観的時間と主観的時間の峻別を前提とするものといえる。主体的思惟者として体験する人間及び精神主体の時間に対する関係作用、即ち時間が体験的に如何様に人間及び精神主体に開示されるかという形式が問題とされるが、その意義に於いては、人間及び精神主体にあって体験される主観的時間は座標系・物質系における客観的時間とは概念的に弁別さ

れる。主観性フィルターに基づく主観作用により知覚される時間乃至時間性が、自己内外、とりわけ自己存在の精神機能上の状態関数を反映されることにより、客観的時間の経過に対する測定値とは一致しない等の現象に関しては、行動科学等の学際的分野に於いても研究・考察されているが、従前の実存哲学に於いては就中主観的時間に着眼されている。そしてまた、主観的時間に対する実存理論的考察に於いては、必ずしも現在時のみが現実態様を形成する時間とはいえず、未だ現実化されない未来時間も既に現実態様ではなくなった過去時間も、それぞれに現在時そのものに内在されて作用を及ぼすものともされる。かるがゆえ、主体的思惟者により体験される主観的時間の問題については、人間存在として一意である自己存在における内奥の中核にも遡及するものとして捉えられている。

　人間及び精神主体である実存に内在される時間的構造としては、時間システムを流動する一次元的である連続機構として把捉しうる観念ではないので、未だ実現しない未来時間と既に現存しない過去時間を分岐する自己統一運動として、無限小の現在時の瞬間を認識する客観的時間とは差別化されている。かかる現在時の瞬間を究明するほどに、当該の瞬間に相互連動する過去時間と未来時間を示唆する構造因子が必ずや顕在化される。過去時間は、現在時より有限時間を経過前の任意の時点に於いて成立したが、現在時にあっては当該の実存的モメントとの関係作用を具有しない時間ではなく、客観的事実に基づいて既に確定されている相互因果的である力動概念として、経過した有限時間から現在時の瞬間へと反映されることにより、また経験態様を拘束する制限素子として現在時を規定するところである。同様にまた、未来時間は、現在時より有限時間を経過後の任意の時点に於いて成立するはずの、よって現在時にあっては未だ当該の実存的モメントとの関係作用を実行しない時間ではなく、現在時の瞬間そのものを力動概念として展開される相互因果的である帰結現象としてあるため、経験態様を更新する動因として現

在時の本質規定を自らに反映するところである。しかる両時間に対して現在時は、単なる過去時間と未来時間との切断面ではなく、現在時の瞬間が不断に更新されることを以って過去時間と未来時間を相互連動せしめる生滅現象であることから、更新される瞬間自体が過去・未来・現在時との連動作用が相互に分岐される機構を具備するものである。そのこと自体の運動原理には理論的根拠を内在されるが、但し従前の実存哲学に於いては、しかる運動原理の主体性要因として人間及び精神主体の願望・危惧や計画・企図等が作用しており、人間及び精神主体という特定の実存的モメントの場合にのみ成立することと断定し、また人間存在の精神機構に於いてのみ上記三通りの時間概念が有機的統合態様としても機能する、としている。確かに、人間及び精神主体の不安や意思が未来時間を規定する主体性要因の一とはなりうるものの、但しそれのみを以って必要充分の前提要件とはいえない。人間及び精神主体の不安や意思の有無に拘わらず、また実存的サンプルとして有機的／無機的、生物的／非生物的等の種別・類型や態様如何にも拘わらず、過去時間上のあらゆる時点における相対系の全事象が現在時の瞬間をなす一意の実存をなべて規定し、且つ更新せしめるとともに、現在時の瞬間における相対系の全事象が未来時間における一意の実存をなべて規定し、且つ更新せしめる力動概念をなすためであり、したがって、この運動原理は人間及び精神主体にのみ限定されるところではなく、飽くまで一切の実存的モメントの実例が前提となるのであり、また主観的時間のみならず客観的時間としても成立することになるのである。

　従前の実存哲学に於いては、実存の概念規定を人間という特定の種別・類型のみに限定し、時間性の観念についても人間存在という自己存在とその精神機構が前提されていることから、現在時に対する規定態様としての過去の時間態様は人間存在をして一定の窮迫状況に陥らしめ、且つその克服に志向せしめる方向性が提示される。更にまた、現在時の［予定される］反映態様としての未来の時間態

様には、現在時にあって未来時間を形成するものの到来として先駆する方向性が提示されている。もとより、人間存在という現存在には本来性と非本来性との二重の可能性が附与されているので、人間は実存的瞬間に自己存在の能力を集中し未来時間へ志向することもできるとともに、実存的課題を回避して自己存在に生起する事象を消極的に受容れるという選択肢もあるが、飽くまで前者の場合のみ人間の主体的思惟により過去時間と未来時間を相互連動せしめるものとして、実存規定としての本来的時間と単なる現存在としての非本来的時間が弁別されている。実存的時間性の問題はしかし、前述のように限界状況、とりわけ死に直面することにより最も尖鋭化されることになる。未来の時間運動を仮定してなされる生の計画は、死という圧力要因により個別の瞬間自体へと志向せしめられるが、このとき過去・未来・現在時という三重構造をなす時間次元の成分が実存的瞬間のうちに集中する。このことがまた、瞬間自体がその絶対的価値を体現する本来的時間性の形式であるとされている。当該の瞬間自体には内的時間性の三重構造が内包されているが、しかし当該の瞬間を経過後の瞬間・及び到来する瞬間を相互連関せしめる媒体が存在するわけではない。瞬間から瞬間への不断の継続稼働をなさしめるものはなく、また主観的時間の経過により獲得されたものを維持しゆくということもなく、それは実存規定が個別の瞬間自体につねに反復して新規に獲得されなければならないとするならば、未だ実存的には自覚されていない現存在という概念規定の、その構成する個別の部分集合から顕在化される実存的時点の連鎖が、所謂絶対的価値として生の経過のうちに残されるのである、と。

　人間存在という実存が未来時間の不確実性に直面することで個別の瞬間に価値を期待するのならば、つまるところ単純とされる享楽主義的である立場でしかないのかもしれない。然るに、未だ従前の実存哲学とは雖も、享楽主義の詭弁的論法とは根源的に趣旨を異にするものであるともいえる。享楽主義における瞬間概念の用法とし

ては、絶えまなく流転し続けるのみの時間態様にあって停止することなく風化するにすぎないが、従前の実存哲学乃至実存理論における瞬間概念は、そのもの自体に於いて実存がその絶対的価値へと超越することにより、絶えまなく流転するのみの時間的性質を具有しない無限の本質規定が開示されるとしている。瞬間自体は事実上の時間運行の構成素子としては絶えまなく流転する時間規定に所属するが、実存としての瞬間は過去・未来・現在時の関係作用の統一規定から、同時にまた時間観念を超越したキルケゴール的である充実が想定されているのでもある。かかるキルケゴール的瞬間とは、瞬間と永遠が相互間に接触しあう両義的といえる内実であり、そのもの自体を以って時間性の概念規定が、時間がそこで永遠を＜切断＞するとともに、永遠がそこで時間に不断に＜浸透＞する時間性という概念規定として設定されており、そのことから本来的には瞬間は時間概念ではなく永遠の原子であるとも［比喩的］表現されている。また、ヤスパースによるならば、瞬間のうちに消失し乍らも永遠としてあるもの、それが実存であるとも定義付けられている。如上の実存理論的論述よりして、限界状況としての死と運命は、瞬間の享受そのものや主観作用上の操作によっては克服されないが、永遠の原子としての実存的瞬間のうちに絶対的価値を把捉することによってのみ、あらゆる時間観念とともに未来時間上の死と運命がその重要性を喪失する、そのことに於いて克服されるはずであるという。

　従前の実存哲学乃至実存理論における実存の概念規定では、つねに瞬間における人間存在としかる主体的思惟が前提されているため、死と運命に典型をみる限界状況がその否定（収束）作用として規定されてもいる。然るに、実存概念の本質規定はもとより、人間存在という座標系・物質系における特定の種別・類型のみを対象とする規定態様ではなく、相対系を構成するあらゆる存在規定乃至モメント素子が特殊時空間上に一意の生滅機構としてあることを示唆するため、人間存在及び客観的精神機能を具備する実存が、相対系

自体と精神自体との相互自己化を唯一体現しうるところの、特殊の
実存として明確に弁別せらるべきこと、既述の通りである。しかく
人間存在という一種別・一類型に対する限定が実存の概念規定に必
要充分の要件ではない以上、人間存在に対する限界状況である死と
運命も実存に対する反定立態様としては位置付けられず、死と運命
を克服するための力動概念として論述されている主体的思惟による
瞬間把捉等についても、そのこと自体が実存をＡｕｆ－ｈｅｂｅｎ
せしめる契機ではありえない。そしてまた、死と運命、即ち生者に
とっての死期の不確定性こそが、寧ろすべての人間存在にとっての
無比なる福音であるともいえるのである。いかなる政治体制や個別
宗教によるとても、社会内における種々の実際上の格差を解消しう
るところではないが、所詮生誕したものは例外なく死滅する、開始
されたことは例外なく終了する、且つその終了時期が事前には明確
ではありえないということ、そのこと自体に於いてのみ、民族・国
家・宗教・家系・貧富・人種・性別など一切の格差に拘わらず、一
切の人間存在が時間性に於いて平等であることにもなろう。そのこ
とはあらゆる生者の場合に該当するため、単に人間存在の場合のみ
ならず、あらゆる種別・類型の生物体相互間における格差をも無意
味に帰せしめるはずである。さればまた、しかる解釈の限りに於い
ては、死と運命はいかなる生者にとっても限界状況たりえないこと
にもなるはずである。かくて従前の実存哲学にあっては、絶対的と
なる限界状況であるとされていた死と運命とても、主観作用上に相
互矛盾する解釈が成立しうる限りに於いては、もはや絶対性という
属性を具有しうることもなく、したがって、飽くまで相対的且つ可
変的である限界状況でしかないことになるのである。

　但し、従前の実存哲学者等により論じられている時間性の充実、
即ち瞬間のうちに消失し乍らも永遠である実存という認識に関して
は、相対系自体と精神自体との相互自己化が現実態様として成立す
る瞬間に於いて、寧ろ妥当するところとして解釈・理解しえよう。

このような相互自己化が絶対の確実性を以って体現される場合には、特殊の実存である精神機構により相対系自体と自己同一である真理：恒真式が生成されることが必須の前提要件となり、精神上の所産である真理：恒真式をなす瞬間上の生／滅に於いては、無限の特殊時空間上の普遍性が同化せられてあるからである。したがってまた、かかる瞬間上の生／滅における相互自己化の態様にある実存自体としては、＜真実存＞として概念規定せらるべき必然性にもある。尤も、このような相互自己化を可能ならしめる構成要件としては、従前の実存哲学者等による説明内容とは相異なり、精神機構における客観作用による弁証系プロセスの全工程の正常実行にあるのではあるが。

　次いで実存における歴史性の問題については、まずは歴史と歴史性の概念規定が、従前の実存哲学上にて弁別されている。前者が客観上の時間経過とともに展開される歴史的事実の相互連関そのものを意味するに対し、後者は任意且つ一意の自己存在としての歴史的運動により、自己存在の内面に於いて規定される実存概念の主観的構造態様を意味するものである。ハイデガー的解説によるならば、現存在である人間存在が客観的事実として各々に自己自身の歴史を展開しうるのは、その自己存在が歴史性により構成されていることになる。しかしその場合、歴史及び歴史性の概念規定には人間存在としての有限性が反映されており、つまり人間は自ら選択したものではないところの、合理的には解釈し難い一回限りの特殊性を帯びた＜状況＞のうちに置かれていることの表現である、とされている。とりわけヤスパース的である歴史性の概念規定に於いては、その都度毎の自己自身の＜状況＞における一回性が示唆されているともいえる。

　とはいえ、かかる歴史性の概念規定には時間上の規定性が必要とされており、本来における時間性の態度としては、瞬間のうちに集

中して実存することの決意性に於いて規定されるところであるが、その決意性の内容と目的に関係作用している。ここでの内容と目的とは、実存そのものから起因せられることはなく、世界・内・存在としての人間存在が位置付けられる世界、乃至そこにおける自己存在の状況より附与されるものであることよりして、当該の状況の時間的性格が顕在化されることになる。かかる世界内的状況にあっては、人間存在はつねに自己自身の個人的ともいえる過去時間上の帰結現象により規定されるのみならず、同時に自己自身の共存している共同社会の歴史によっても規定されるものであるとされているが、そのことは相対系の構成素子である実存相互間の連動性からも裏付けられよう。

　しかく自己存在の所属する共同社会の歴史から継承される素材よりして、本来に於いて実存することの可能性が自己自身の内面の決意性により顕在化せらるべきものであるとするが、このような素材をハイデガーによれば＜遺産＞とも称せられている。実存における時間性の概念規定は個別化された単独の現存在の構造態様として理解されているが、また歴史性の概念規定は各個人の実生活に於いて所属する共同体、とりわけ歴史的に独立している生活統一体とされる民族との関係性を前提としている。人間存在という現存在が本来的に世界・内・存在としてあり、その他在を構成する人間存在との共・存在であることから、各個人が自己自身に継承されているものと認識する＜遺産＞とても必然的に共同の遺産としてあり、人間存在は共通の歴史により結合されることで共同の遺産のうちに位置付けられているという。ただここで留意すべき点としては、共通の歴史性や共同の遺産などと表現されている問題が、単純に民族等に代表される共同体を等しくする人間同士の関係性を示唆するものではなく、飽くまで実存理論上の意義における、実存としての人間相互間の関係性を意味していることにある。さもなければ、人間存在の未来時間に拡張せらるべき態度が最初から再開されることなく、し

たがって、その内容と目的を自由選択することも、また任意にそれを生産することとてもできないことになるので、予め継承されているところの遺産と対決することに於いてのみ、その＜態度＞に個有の業績を展開しうると断定していることも、また無意味となるからではある。

　この遺産の継承に於いては、かくて継承者と被継承者の双方ともに実存としての人間存在であることになるため、当該の遺産を継承することと各個人のうちに附与されている精神的内実を自己自身のものとして主体的たらしめることが、歴史性との関係作用における各個人の課題とされている。もとよりそこに継承せらるべき遺産とは、時間性を超越した瞬間における実存規定としての自己存在そのものであるが所以に他ならない、という。この点に関しては、生の哲学と従前の実存哲学による評価の相異が指摘されているが、前者に於いて主要のことは、継承された遺産が爾後の世代とその個人により拡張・変化せしめられうる創造性をなす形成が継続されゆくことにあり、そこではしかる遺産を自己自身のものとする意義が継承後の創造性へと直結している。しかし、後者に於いては、そのような継承後の創造的である拡張や変化には意義を認めず、飽くまで他在をなす実存より継承された遺産を実存である自己自身のものとして主体的たらしめる過程が問題とされており、そこでは予め附与されている歴史的現実にあってそれに対する人間の態度に注意が払われている。そのことはつまり、従前の実存哲学による実存の認識に於いては、実存としての人間存在に要求される死と運命に対する態度・無条件の自己投入及び決意性に関し、歴史上に既に経過した時代に実施されてきたより以上に、或いは何等かの別なる方法論での決定をなすことは意義をなさないことを物語っているが、その背景として、実存概念を人間存在の究極の内奥の中核とする把握のしかたに於いては、実存的モメントには進歩・拡張・変化等という機能・作用がなく、どの世代も実存的である決定や課題に直接的に対峙す

るのみであるとの断定がなされている。そこには換言するに、歴史上の流動によっては影響されない無時間的にして、いかなる変化も生起しえない絶対性が想定されていることにもなる。ここに主張される絶対性については尚検証の余地があるにせよ、実存的モメントにあって進歩・発展をも含むあらゆる変化や変質が理論上に断定的否定されているとすれば、遺産の概念規定におけるその継承の課題との実存的関係は、継承された遺産である実存の実現可能性の反復として規定されていよう。したがって、それを自己自身のものとして主体的たらしめることの意義は、何等の進歩・発展でも拡張でも変化でさえなく、自己自身のものとされた実存規定の単なる反復でしかないといえる。かかる反復とは、実存相互間に継承される内容の増加でも減少でも加工でもないことよりして、自己自身への取得の強度が重要視されるところでもあるため、その業績の妥当性は各個人の生的瞬間の一回性に拘泥する必要性はないものとされ、類型的に繰り返される諸形式に依拠するところであろうと、その内面的態様における妥当性は同一のレベルで確認されうるとしている。かくてまた、ここでの反復とは継承された内容そのものの反復ではなく、当該の内容のうちに実現されている実存の再覚醒であることから、逆にかかる意義での実存的モメントに於いてのみ反復の作用が成立することにもなる。このような実存的である反復は外面的である現象の変化を排斥するものではないが、ハイデガーにみる可能であることの反復は決意された自己投企に由来するから、過去時間上にて既に経過した内容に自己投入することではなく、未来時間に対する未然の進歩・発展を志向することでもなく、単純に瞬間の都度毎における本来的である実存にのみ関心があるのである。つまるところ反復とは、実存である人間存在が過去時間または未来時間に拘泥することを断念して、実存としての自己エナジーを現在時の瞬間に集中する実存的尖鋭化の形式をなすものである、とも定義されている。かるが故に反復とは、別様となった現在時を更に過去時間へと帰せしめるために過去時間を意識することなく、その反復に対す

ればもとより時代の変転とても意義を喪失するところの態様であり、現在時のうちにあることをのみ示唆しているため、反復に於いて改めて現実化されるものは時代として経過されたことではなく、人間存在が実存するということの永遠の可能性である、とも表現されている。純粋の反復作用として成就されるこの決意性のうちには、仮に歴史的生の内容をなすものが単なる徒労でしかないことを主張されようと、人間存在の生における目的と評価が相異なる時代・民族にあって変遷しようと、予め外界より任意に附与されているかかる無条件的である自己投入には、歴史的状況や実際上の目的設定の相対性を超越した価値が絶対のものとして認められているのではある。

　しかく実存としての個別の人間存在を想定する場合、非本来的とされている現存在の経過のうちより、本来的とされている実存としての瞬間のみが顕在化されるように、各個人を超越してあるという歴史性にあっても、恒常的存続や創造的発展は実存的価値の絶対性に於いては意義を喪失するが、その実存的価値は歴史性における特定の具現者相互に於いて顕在化されることになる。然るに、遺産の継承をなす当事者、即ち歴史上における実存の具現者と具現者同士の間には特殊時間上の差異による間隙はないが、そのことは個々の人間存在の生における個々の実存的瞬間の相互間には間隙がないことに依拠しており、このような当事者間ではともに実存としての瞬間をなす同時性を媒介することにより相互に交信しあうのである。というのも、実存としての同質性と連続性は特殊時間上の間隙による影響を享ける性質には相当しないからであり、歴史的に隔絶された時代にある実存の具現者同士であろうと、過去時間上の実存に接触することで現在時の実存が活性化されることにもなるのである。実存規定として重要であることは、つねに現在時にある現存在である人間存在がともに実存として接触しうる具現者に於いてのみ限定され、しかる実存的接触にあっては一切の歴史的差異が非本来的で

ある要因として捨象されるのであり、過去時間の可能性が現在時の可能性として反復されることがその本来性の標準をなすことにある。そして、かかる実存の具現者が歴史的・時間的序列から解放されることにより、絶対的である同時性・同質性に於いて相互に対峙しあうものともいえよう。

　しかし乍ら、このように客観作用及び論理機能を拒否・否認する認識的立場と結論には、自らに対する検証をも排斥する根源的といえる自己矛盾を孕んでいる。もしもそこに、何程かの合理性・整合性ある理論展開がなされていることが認められるならば、寧ろそれは、別なる力動概念に基づく因果的根拠による必然的現象であることにもなるのである。

　如上にみる諸考察の通り、従前の実存哲学乃至実存理論に於いては、所謂実存的遺産の継承というプロセスが実存の歴史性にあってなされることは、単に民族その他の共同体を等しくする部分集合内におけるのみならず、実存規定の具現者相互間の関係作用に於いてのみ成立することが前提となる。ここでの実存規定の具現者とは、現存在としての人間存在が主体的思惟を通じて実存的瞬間に絶対的価値を把捉することが想定されているが、既述にみる通り、実存の概念規定は人間存在のみに種別・類型を限定されるところではないため、しかる実存規定の具現者として該当する対象を示唆するならば、人間存在をも包摂する特殊の実存としての精神機構及び精神主体のみ可能であることになる。また、実存的瞬間に絶対的価値を把捉するという処理内容については、精神機構上における主観性フィルターによる何等かの非論理的機能を動因とするものではなく、客観性フィルターによる弁証系プロセスを通じて真理：恒真式が絶対の精度を以って自覚されることとしてのみ可能であることにもなる。主観性フィルター及びその非論理的機能による処理内容では、個体毎の主観性フィルターに基づくことにより普遍的といえる妥当

性のない個体差と相対性、もしくは非論理的であることにより真理：恒真式としての検証機構の欠落することが反映される以上、そこに絶対の精度における自覚を期待しうる可能性がないためであり、寧ろそのような直観や霊感等による論拠を前提しないイマージュその他の作用についても、客観性フィルターの弁証作用によりその全工程の現実態様との妥当性が検証されざるを得ないのである。真理：恒真式とはもとより、無限の相対系自体が精神機構における理性機能上の論理的形式に第二次還元されてある命題（論理式）、とりもなおさず、真理：恒真式を示唆する概念規定としてあるため、客観性フィルターによる弁証系プロセスを通じてTautologieが自覚されることを以って、本来に於いて相対系自体と自己同一である真理：恒真式の反映されてあるところの、特殊の実存である精神機構と相対系自体との相互自己化が成立しうるのである。とくに就中、この相互自己化が絶対の精度を以って実行されるためには、当該の追考レベルに於いてはいかなる科学理論及びその分科でもなく、飽くまで哲学理論上の自覚レベルを媒介せざるを得ない。なべて科学理論上に於いてはその基本原理を検証されることなく、また実験・観測を方法論とする科学理論による限りに於いて、無限回の実験・観測のテスト結果を検証することなくしては、求めれる結論がどこまでも相対的である確率の域に出ること能わず、しかる結論に於いては絶対の精度が期待されえないためであり、その他方では、哲学理論上に於いては検証過程を阻害される基本原理自体が容認されず、またその方法論としては実験・観測等の実測データ処理を必須とすることもなく、命題（論理式）及び概念規定に対する直接検証可能である弁証系プロセスの正常の実行を通じて、１００％の精度における恒真式の生成、即ち真理の絶対的自覚が可能となるためである。

　従前の実存哲学乃至実存理論に於いて、実存規定の具現者とされている概念規定に関しては、したがって、これを正規の概念規定に

則して換言するならば、特殊の実存である精神機構が相対系自体と絶対の精度にて相互自己化されてある状態関数、として位置付けることが相応であろう。仮に、そのような実存規定の具現者という＜状況＞が主体的思惟により成立するとするも、その動因となる主観性フィルター及びその非論理的機能そのものが個体差と相対性の反映を免れない以上、そのもの自体の処理結果として絶対性の属性を具備することがありえず、このため、もし処理結果として絶対性の属性を具備されている場合にあっては、当該の同時点に於いて、客観性フィルターによる弁証系プロセスを通じて精神機構と相対系自体との絶対の精度における相互自己化に成功していなければならず、そのことにより、真理：恒真式の絶対的自覚のなされていることが力動概念となっていることが必須要件であるから、寧ろしかる客観作用を動因として、主体的思惟と称せられる主観作用とても上記論理系プロセスより派生して作動せしめられたことにもなる。さればこそ、実存規定の具現者として表現されている事象が、その実は精神機構が相対系自体と絶対の精度にて相互自己化されてある状態関数に相違なく、しかる直接の力動概念が主観性フィルターによるいかなる非論理的機能でもないこともまた自明ではある。

　かるがゆえ、従前の実存哲学乃至実存理論に於いて、実存の歴史性を通じての遺産の継承として実行されている実存規定の具現者同士による交渉に関しては、実のところは絶対の精度における一切の真理：恒真式が無限の相互連動を以って存立することを示唆するものといえよう。つまるところ、相対系自体の精神機構という実存を媒介することによる自己回帰として自覚される真理：恒真式は、無限である相対系自体と自己同一であることにより無限の内容と形式をなす命題（論理式）として生成され得、且つあらゆる真理：恒真式相互が相対系自体の無限機構の原理を形成する相互因果的連動にあるため、現在時の累積的根拠をなす無限の過去の時間内に既に生成されている一切の真理：恒真式を遺産として継承することにより、

その相互因果的連動に基づいて自己自身として新規に生成される真理：恒真式に反映されるのであり、このことは個体概念としては有限の生の特殊時間しか具有しない精神機構の主体にも拘わらず、真理：恒真式の遺産として実存相互間における＜共同＞により継承され続けることが可能となるのである。したがってまた、所謂実存規定の具現者同士による遺産の継承と称せられることが、その実は精神機構という実存の相互間の共同による絶対的真理の継承であることから、所謂遺産の継承という意義が個別の瞬間の内容的一回性ではなく、実存的自覚の無条件の反復にあるとされていることとても、その実は絶対的真理の継承の意義が個別の命題（論理式）の内実及び一意性ではなく、あらゆる真理：恒真式と自己同一である相対系自体との精神機構という実存の絶対的自己化の無条件の反復にあることにも相違ない。このような精神機構という特殊の実存としての絶対性の体現、即ち真理：恒真式の生成及びその継承はもとより客観作用としての弁証系プロセスを通じてのみ実現可能であるとともに、それに伴い派生する主観作用もまたその反映としてのＴｒｉａｄｅをなして展開されうるため、従前の実存哲学乃至実存理論における主体的思惟による実存規定の具現化と、実存の歴史性における実存規定の具現者同士による遺産の継承という事象は、飽くまでこれを非客観性・非論理性をなす［直接の］動因によるものとして認識するならば、やはり如上の客観作用により反映されることで派生する相対的・可変的である主観作用の一としてのみ把捉されうることにはなろう。その限りに於いては、継承された遺産を自己自身のものとして主体的たらしめるというも、新規の真理：恒真式の生成に於いて無限の真理：恒真式の自己同一性、及び相対系自体との関係作用における絶対的自己化を一意の実存態様として自覚することの、主観作用上への派生的反映の表現態様としてのみ認識されざるを得ない。そしてまた、所謂遺産の継承における当事者である実存規定の具現者の相互間にあって、特殊時間上の中断期間には左右されない実存としての同時性・同質性があるとされることについ

ては、実のところ、特殊の実存としての絶対性が真理：恒真式の生成によってのみ実現可能である以上、且つ一切の真理：恒真式が絶対の精度をなすことに於いて相対系自体としての無限の自己同一性へと帰せられるため、特殊時間を異にするいかなる精神機構という実存によって、命題（論理式）を異にするいかなる真理：恒真式が生成されようと、かかる特殊の実存の相互間における真理：恒真式という遺産の継承には無限に妥当する同時性と、なべて真理：恒真式としての同質性・いずれも相対系自体との絶対的自己化としての同質性が成立することよりして、所謂実存としての同時性・同質性というも、しかる客観作用上の原理・方法論による主観作用上への派生的反映をなしてもいることになるのである。

　とはいえ、そも実存概念及び実存的自覚の問題は、主観的価値システムに依拠する相対的判断に依存することではなく、もとより相対系自体の本質規定を体現する客観性・論理性をなす全システム乃至原理に所属するところである以上、これに非客観性・非論理性をなす原理論を適用すること自体に無理があるともいえる。そのことはまた別儀とするも、ここに考察されている＜実存的共同＞による絶対的真理の継承の問題に関しては、殊更に重要性があることから別章にて改めて語られよう。

　実存哲学＜自己回帰＞上の自覚レベルにおける、特殊時空間上に一意の瞬間生滅として相対系を体現する実存乃至実存系の概念規定は実存概念論上の根本問題として、また相対系の無限回帰によりすべての実存の運動・変化自体を＜零＞に帰せしめるとともに更新する機構である零系の概念規定は零系理論上の根本問題として、既に弁証系プロセスの客観的精神現象の展開に反映されている。哲学理論における実存哲学の分科をなす実存概念論上の諸法則及び方法論は、あらゆる特殊時空間上に展開される一意の実存をなす瞬間生滅における対他的態様をなす運動原理と概念規定を即自的に究明

し、またやはり実存哲学の分科をなす零系理論上の諸法則及び方法論は、あらゆる実存としての自己存在の運動・変化に相対系の無限回帰の機構が反映される運行原理を対自的に究明することを、それぞれに目的とするからである。相対系のシステム規定を体現する生滅現象の運動素子である実存的モメントに対する、実存系をなす自己存在の瞬間生滅規定と零系の原理による自己存在の自己収束規定は、相互に概念的矛盾しあう学術的系譜の追考アクセスを実施しつつも、実存系と零系との自己回帰的同一性としての瞬間生滅という普遍妥当する同時性における一意の自己更新を契機とする原理論に特殊化された概念規定としてAuf−hebenされる。相対系のシステム素子としての実存的モメントは、相対系の無限回帰による生滅機構の規定のもとにあることから、その瞬間生滅をなすあらゆる特殊時空間の座標的相互連関により体現され、且つその瞬間生滅をなすすべての特殊時空間の状態関数が＜零＞に帰せしめられるとともに、当該の実存的モメントの各々の瞬間生滅の規定性に於いて自己収束の規定性が内在せられ、また同一の実存的モメントの自己収束の規定性に於いて自己更新の規定性が内在せられている。もとよりそのことは、瞬間生滅による規定性が自己存在の［相対系の］無限回帰による自己収束の規定性との同一性を以って機能しているとともに、その自己収束による規定性が瞬間生滅による自己更新の規定性との同一性を以って機能しているが故に他ならない。このような実存的モメントをその生滅機構により規定する特殊時空間が自己回帰的に開示されるため、当該の実存的モメントをなすシステム素子の自己生滅運動とても自己回帰的に繰り返されるが、しかる自己回帰性をなすものは瞬間としての生滅現象と零系による自己収束の自己同一的連動である。そして、しかる全実存相互による実存系と零系を自己統一する＜超実存系：実存回帰＞という理性概念に対応して、客観的精神現象における自覚レベルは、もはや実存理論的考察を契機とする実存概念論及び零系理論の原理的研究より、実存哲学＜自己回帰＞的追考の最終工程へと移行せしめられている。も

とより、実存哲学＜自己回帰＞上に於いて究明せらるべき対象である、相対系自体を体現する実存のシステム素子としての規定性＜瞬間生滅と零系機構＞の統一原理は、即自的態様をなす実存概念論における一意の瞬間生滅を反映される実存概念の規定性に関する研究とともに、また対自的態様をなす零系理論における相対系の無限回帰機構を反映されるすべての実存の自己収束に関する研究による、共通の追考対象としてあるのみならず、双方の理論的スタンスによる相互矛盾関係は実存哲学＜自己回帰＞にＡｕｆ－ｈｅｂｅｎせらるべき必然性を内在するからである。然るにまた、かかる理性機能による実存哲学的トレースは同時に、理性機能上のバックグラウンドの作用によるところに於いては、人間及び精神主体の理性概念に対する統合的思惟としても運行されなければならない。相対系のいかなるシステム素子をなす実存の瞬間生滅による規定性、もしくは相対系の無限回帰機構による零系の規定性に対する哲学的研究と雖も、相互の規定性を相対系自体の実存的自己化原理として自己同一である＜真実存＞の、無限をなす一切の真実存の弁証系プロセスを通じて相対系自体と絶対的自己化される＜超実存系＞の自覚に於いて、当該の真実存をなす精神機構そのものとして自己統一されている必要性があるためである。

　如上につき換言するに、客観的精神現象上における実存概念論を展開せしめる動因理論には零系理論が、また零系理論を展開せしめる動因理論には実存概念論が位置付けられるため、意識上の表象としてそのいずれが論理系上に顕在化／潜在化されていようと、両者間における反定立関係が実存哲学＜自己回帰＞として相互因果的に帰結せしめられる契機となる。実存乃至実存系の概念規定は無限における一意の自己存在をなす瞬間生滅にあるが、任意且つ一意の瞬間に於いて特殊化されている実存規定が、そのもの自体を体現せしめているところの相対系全体の統合化エナジーにより収束・零化せしめられる。また、例外なく各々の実存的モメントに対し相対系の

無限回帰による自己否定・収束として作用する零系機構と、例外なく不断に一意の自己存在として生／滅せしめられる実存的モメントの関係変数は、相互間に概念的矛盾にあるといえよう。生成されるとともに収束・零化される一意の無限小の瞬間をなす実存はゆめ再生されることなく、しかしそれが相対系全体の無限回帰機構により収束・零化せしめられること自体を以って、新規の瞬間の状態関数を形成する一意の実存として生成されることにもなる。相対系を体現するいかなる実存としての瞬間とても、無限小の時間長に於いて生成されるとともに＜零＞に帰せしめられるが、しかく＜零＞に帰すこと自体により当該の瞬間としてある実存規定は、収束・零化されることを以って新規の瞬間である実存規定に更新されるのであり、際限なく同時に接近するこの生成と収束・零化の無限小の瞬間生滅が、つねに特殊時空間上に一意である実存としての瞬間の運動原理を永続せしめるに相違ない。というのも、つねに特殊時空間上に一意であり続けるためには不断に無限小の瞬間が更新されなければならず、また更新され続けるためには不断に現在時をなす瞬間が収束・零化される必要性があるためである。実存乃至実存系に対しては絶対の否定・収束アルゴリズムをなしているところの零系機構の原理論が、そのまま実存乃至実存系に対する定立・生成アルゴリズムをもなしていることになるのである。自己生成即自己収束／自己収束即自己生成という瞬間生滅の運動原理に、実存乃至実存系に内在される零系と零系を以って体現される実存乃至実存系の相互矛盾的自己同一作用として、弁証系プロセスにある客観概念上に開示される必然性にある以上、また客観概念と客観的精神現象はその展開工程がつねに一対一対応しあうことよりして、客観的精神現象上における実存概念論と零系理論の関係式とても、それ自体として相互に否定（収束）作用しあう原理論・方法論をなしているにも拘わらず、また各々の原理論・方法論が相互間の無限因果的成立根拠をなす依存関係にもあるといえる。実存概念論と零系理論は相互に反定立関係に位置付けられつつ統一せられ、向自的態様をなす実存哲

学＜自己回帰＞としてＡｕｆ－ｈｅｂｅｎされることにより、それぞれの理論上における本来の学術的機構が充足されるはずである。もとより、Ａｕｆ－ｈｅｂｅｎには否定・高次化・保存という意義及び機能があるが、そのことが相互間の反定立関係そのものを解消或いは排斥することではなく、相互否定（収束）作用しあうことにより分裂している諸因子が相互間に矛盾しあ乍ら、相互間に各々の概念的本質をつくりなす構成素子として機能しあい、相互否定作用しあうほどに自己同一に帰せられる向自的態様として、相互間に分析（解析）処理されるほどに自己統一されゆく弁証系プロセスにおける概念的統合化を意味することによる。かくて止揚（揚棄）される以前の客観的精神現象に於いて実存哲学の認識レベルにあったに対し、当該の止揚（揚棄）が実行されてより以降のそれはやはり実存哲学の自覚レベルにある。そのことは実存自体、真実存としての自覚レベルに対する概念的統合化がなされているのであるが、もとより実存という概念規定そのものが相対系をなす無限大且つ無限小の瞬間生滅として体現されることから、もはや実存自体を超越して更なる概念規定へとＡｕｆ－ｈｅｂｅｎされうる余地がなく、それより以上には高次の自覚レベルの成立しえないためであり、したがって、実存哲学に対する概念的統合化に於いて追考作用の自己回帰がなされていることに他ならない。実存という概念規定に於いて、マクロ：Ｍａｋｒｏ的且つミクロ：Ｍｉｋｒｏ的に分析統一の極限値にあるため、かかる自己回帰は弁証系プロセスにおける概念上の自覚レベルの限界点にあることを示唆していることから、それが命題（論理式）上に於いては、真理：恒真式として第二次還元せらるべき最終工程に到達していることになる。さればこそ、当該の自覚レベルにあっては、敢えてこのまま理性機能による弁証運動を尚更に続行しようとすることは、ただ追考処理上の慣性法則による運動傾向をなすところとはいえ、そのこと自体が論理系上に成果をみることのない徒労でもあるため、実存哲学自体の追考レベルのうちなる自己回帰を空転せしめるにすぎない。

第Ⅲ節 主観観念

ⅰ＞自己強迫

　超自我における主観性フィルターの構成する知覚態様をなす主観観念は、特殊時空間上の［客観的］実測値には拘束されない主観的産物ゆえにRandomの動作傾向を示す。（そのこと自体がまた客観的事象につき、当該の主観観念の特殊時空間上の［客観的］実測値を形成するのではあるが）但し、弁証系プロセスの遂行下にあっては、客観性フィルターの動向にCNSの注意能力が集中化されるため、主観観念の推移は客観概念の追考過程上のグレードにリアルタイムに呼応する。このことから、本節での自覚レベルをなす客観概念が、（空間生滅：特殊空間規定）／（時間生滅：特殊時間規定）を契機とする瞬間生滅における、相対系の無限回帰原理をなす実存［及び実存系］／零系の相互矛盾態様をなす概念規定に相当する以上、超自我における真理値以外の価値システムを反映する主観観念はまた、当該の段階にあって、瞬間生滅における相対系の無限回帰原理をなす実存［及び実存系］／零系の相互矛盾態様をなす概念規定に対応するイメージレベルにあることになる。したがって、客観概念の状態関数が、相対系システムを体現する瞬間生滅の概念規定の＜実存［及び実存系］規定⇔零系規定＞による相互否定（収束）作用から、当該の反定立即自己同一／自己同一即反定立による実存回帰をなす超実存系＜真実存＞という概念規定へと移行されることに伴い、主観観念の知覚態様とても、当該同一の対象的知覚に対するイメージレベルの状態関数を、客観概念をなす自覚レベルに呼応する変動系譜にて遷移せしめざるを得ない。

　しかし、相対系自体との同一性を表示する真理値以外の価値システムを反映する主観観念は、その知覚態様自体を相対系に符合せし

める必然性をなさないため、つねに相対的にしてＲａｎｄｏｍの可変性を具有している。また、主観観念が客観概念の状態関数の遷移過程に呼応しあうことから、超自我における真理値以外の価値システムを反映する主観的精神現象と、そのイメージレベルを形成する主観観念はまた、当該の弁証系プロセスにおける自覚レベルにあって既に、相対系の次元機構を体現する全実存により同期される瞬間生滅原理、即ち［一般・特殊］空間及び［一般・特殊］時間に対し覚醒的である態様にあることになる。尤も、しかる主観観念の運動系譜の規定性が客観概念の運動系譜の規定性に呼応しあうとはいえ、主観観念自体の移行パターンにはロジカル属性をなす通信経路を具有するわけではないので、超自我における主観性フィルター及びそこに相互連動しあうエス＜イド＞の本能的欲求値が、当該の時点に於いて構成する状態関数に負うところが多い。対象的知覚に対する客観概念上の自覚レベルが、実存としての瞬間生滅原理、即ち［一般・特殊］空間及び［一般・特殊］時間という次元且つ瞬間の規定性に対し覚醒している弁証系プロセスの工程に於いては、主観観念そのものの機構が客観概念の状態関数により触発され自律的に作動せしめられるため、しかる主観観念に対する力動概念がエス＜イド＞における生本能及び死本能を活性化することにより、一般且つ特殊時空間上の統合意識レベルが成立していることを示す。但し、その状態関数の構造因子には相対的にして個体差のある主観性の必須属性を具備しているのであるから、当該の主観観念及び主観的精神現象をなす個別的内実は、絶対的に規定されることも普遍的に妥当することもなく、飽くまで自己内のみに表象される一意にして可変的である自立観念としてある。

　主観観念の状態関数は同時点における客観概念の状態関数により規定されるとはいえ、そのもの自体に無条件且つ絶対的に規定されうる基準をも具有しない以上、このような自立観念自体の採りうる動向ヴェクトルには不定のパターンが成立しよう。しかる端緒とな

る主観観念の即自的である態様は、もとより［前工程の］向自的で
ある自己依存に根差した意識よりして、不定の規定性のうちに自己
自身による強迫の観念のなさしめるところである。善悪の自由選択
と無為観の自立観念を相互否定的に自己自身に内在する向自存在
は、自己自身に対し特定の現存在、即ちいかなる他在でもない自己
存在をなす実存に依存せざるを得ない性向を具有するため、いずれ
の他在にもない一意にして特有の力動概念を必要とするが、それが
有限且つ相対的・可変的である自己存在に対しては強迫の作用を形
成することによる。このような力動概念は自己存在により作用せら
れては自己存在に対し、つまるところ当該の作用の関係性をなす主
体と客体が同一の自己自身であるため、しかる動因をなすものが主
観観念の態様にあっては無根拠或いは根拠不定との相対的印象を誘
発することにもなるが、そのこと自体は分析／統合機能に精度をな
さない主観作用によっては認識されえないが故である。客観作用に
よる判断に於いては、もとより実存的モメントとしての存立自体が
そうである通り、一意の瞬間をなす自己自身をしてその自己存在な
らしめるものと当該の自己存在ならざらしめるものが、無限小の瞬
間生滅に於いて自己同一の相対系自体の絶対エナジーに帰せられる
ために相違ないのであるが。

　そしてまた、実存としての自己存在の一意性をなす客観概念に対
応する自立観念の即自的態様に於いては、特殊時空間上に特殊化さ
れてある自己自身に依存する自己存在の端緒となる強迫観念として
あり、無限をなすいかなる他在でもない自己自身に帰因する強迫観
念が当該の自己自身に依存する自己存在を規定するためである。つ
ねに相対的・可変的である無辺の他在との対他的関係により規定さ
れつつも、自らもまた一定することなく変動し続ける相対的・可変
的である現存在の態様として、無限の特殊時空間上の相互連動に
あって孤立せる一意性である自己存在、そのような自己自身に依存
する自己存在に対する自立観念のなすべき規定性には画一的に安定

した対他的基準が存しないから、そもいかなる自立観念を以って自己規定となすか、無限における一意且つ相対的である実存としての自己存在、そのものに対する自己依存を動因とする自己強迫の自立観念が自己自身の本質規定に作用することになる。かかる自己強迫の自立観念に対する潜在的である力動概念となる主観的価値システムとても、その実測値が特定の対他的基準により規定されるところではなく、任意且つ一意の自己存在に依存する方向性乃至指向性が想定されよう。とはいえ最終的には、任意且つ一意の自己存在をなす実存に対する規定性はなべて、当該の自己存在に対する無限の対他的関係の一切が反映されてあるのでもある。自己自身にのみ依存する自己存在の本質規定は、無限をなすいかなる他在でもありえない自己存在に対する規定性をつくりなす自己自身の強迫観念として展開されるが、もとより無限の特殊時空間上に特殊化された自己存在そのものが、無限の特殊時空間上における一切の他在による相互連動の運動的統合値をなす帰結現象として瞬間生滅する以上、当該の自己存在に対する無限の他在相互間のあらゆる関係変数を以って形成されていることにもなるからであり、またこのことはいずれの現存在に於いても例外がありえない。

　強迫観念という概念規定とその究明に関しては、精神分析学的もしくは神経病理学的見地より、妄想・固着観念等という概念規定との対比を通じて理論展開されてきている。先ずは妄想についてであるが、その観念内容に対し本人が非常の確信を保持すること、経験と論証がそのことに何程の影響をも与えないこと、そして観念内容そのものが現実性を欠如していることにより、それ以外の観念の形態とは弁別されている。ヤスパース：Ｋａｒｌ＿Ｔｈｅｏｄｏｒ＿Ｊａｓｐｅｒｓによるならば、広義における妄想を真性妄想と妄想様観念に大別されており、前者は理解可能である原因が特定されていないものであるに対し、後者は感情的・情動的である原因もしくは他の経験より導出されたものであるとされている。精神機構の相

対的である傾向として、気分の壮快といえる場合には多少とも誇大的といえる発想を形成することがあるが、躁病の誇大妄想はこのような場合の更に助長されている段階であり、これを妄想様観念と称せられるところである。また、劣等感を抱いている人間及び精神主体が、或る特定の事情のもとに被害的である発想を生ぜしめることがあるが、そのような場合の更に助長されている段階が敏感関係妄想に相当し、これもまたその原因を理解可能とされる妄想様観念に該当するとされている。かかる場合に反し、精神分裂病における妄想のうちにはその原因を理解可能とはされないものがあり、かかる症例を以って真性妄想と称せられている。尤も、いかなる潜在的原因もそれ自体として理解不能の事象・事実が客観的にはありえない以上、理解可能である当該の原因が特定されないことは学術上及び医療上の未発達状態を示すものにすぎず、その意義に於いては、かかるヤスパース的である弁別は学術的発達上の過渡的現象ともいえるのだが。

　妄想はその他、種々の形態の観念からも分類されている。何等かのコンプレックスに依存する妄想である場合と、壮快・抑鬱の全体感情により生起したものである場合にしたがって峻別され、前者をコンプレックス妄想、後者を全情妄想と称せられている。また、その観念上の内部形式によっては、自己内に特有の体系を樹立する体系妄想、支離滅裂妄想・多型妄想を包含する無体系妄想、夢様妄想等に分類されるが、その樹立の機構によっては、幻覚妄想、解釈妄想、童話妄想・宇宙論妄想を包含する想像妄想に峻別され、その方向性より誇大妄想、抑鬱妄想、被害妄想等に分類されている。それ以外にも、各々の観念の内容等に応じて、発明妄想・被愛妄想・被毒妄想・宗教妄想・注察妄想・罪業妄想・妊娠妄想など多様の名称が冠せられているところである。

　次いで固着観念については、固定観念とも称せられている。幾度

も反復して意識上乃至前意識上における表象として顕在化され、当該の人間及び精神主体の精神生活に影響せしめる観念内容、もしくは感性系情報の連鎖を暗示するものとされている。そのような固着観念は、たとえば、強迫神経症にみられる或る種の神経症の徴候として表象される場合があるも、それは必ずしも病理的である原因による症状であるとも限らず、観念そのものとしては正常に成立している場合とてもある。但し、そこで問題視されるのは、当該の知覚対象自体に対する現実性／非現実性の識別が欠如している点にあるともいえよう。

　或いはまた、フロイト：Ｓｉｇｍｕｎｄ＿Ｆｒｅｕｄによる固着の概念規定が、そのリビドー：Ｌｉｂｉｄｏという性的欲求の発達と退行に関する理論に於いて用いられている。所謂リビドーは、口唇期・肛門期・性器期等の幼児性欲の段階を経て、潜伏期より思春期に到って再び性器期としての活動を開始するが、それらの各発達段階にあって各々のリビドー満足が困難に遭遇することにより、欲求挫折が生じて退行が行われる。不安の機構に対する下意識的である防衛機制としてある退行がそれまでの発達段階に於いて、逆戻りとして実行せらるべき対象となる段階を決定する、その内的要因が固着であるともされている。それは即ち、特定の発達段階に特別に強いリビドー満足への執着が生じている場合、一応の次段階への発達が成立していようと、当該の固着点への退行が行われ易い要因として考えられている。このような固着点の形成の条件としては、過剰である満足・極端である不満足の両面とその状況の交替や突然の変化等が挙げられるが、それぞれの精神障害に関する病因理論を体系付ける学説もある。フロイト等によりリビドーに関する固着の概念規定が明示されたが、爾後の精神分析学に於いては、欲求の分析方法・欲求の対象・欲求制御の方法・対人関係様式等の発達と退行についても、同様の概念規定が展開されてきている。とはいえ、このような固着の概念規定は、性的欲求の発達と退行の動因をなす内

的コンフリクトではあるものの、しかる特定の前提をなす内外状況には執着しない固着観念とは相異なり、動因理論上に於いてはより狭義の概念規定をなす観念内容ともなっている。

　そして強迫観念については、妄想とともに病理性を内在する観念として取り扱われている。強迫観念に於いて妄想の場合とは相異する点としては、当該の披験体である人間及び精神主体自身は、或る観念内容もしくは知覚内容の推移過程が現実性を欠如しており、所謂常識的判断には適合しないものであることを認識できていることにある。しかくあるにも拘わらず、当該の観念内容もしくは知覚内容の推移過程が、或る抵抗し難い力動概念を以って強迫されるのであり、そのような観念乃至知覚の内容自体から回避する手段がみいだせない場合である。症例の多くの場合には、強迫観念は実際上の強迫行為を伴うことにもなるのであるが、自己自身によっては内部制御しようもない儘に、そのような観念乃至知覚の遂行に否応なく駆りたてられるのである。これに反し、所謂固着観念に於いては、当該の被験体である人間及び精神主体自身にとって、当該の観念内容もしくは知覚内容の推移過程が現実性を欠如しているという事実関係を認識できていない場合に該当する。

　如上よりして、本節に展開されている自己強迫の観念は、精神分析的見地からの分類上では強迫観念の範疇に所属しよう。当該の観念内容もしくは知覚内容の推移過程に対する認識については、無限の相対系をつくりなす構成素子としての一意の実存が自己存在の本質規定であるとともに、そのことが現状をなす観念乃至知覚の内容に力動概念として反映されている自覚が、その認識レベルにある客観概念及び客観的精神現象に於いては成立していることに基づくところである。そして尚且つ、このような強迫観念の動因と作用対象が、特殊時空間上に瞬間生滅する一意の自己存在そのものに自己回帰されることの特質を具有するものといえる。あらゆる自己存在の

状態関数が各々の無限の他在との関係変数により規定されるにも拘わらず、自己存在そのものの一意性を実存としての本質規定とする以上、自己自身の主観作用に不可避の強迫観念として反映される規定性は、実存としての［無限における］唯一存在である本質規定を形成している自己存在以外の構成素子には帰結されえないからである。そしてまた、このような自己強迫の状況が客観作用に於いては自覚されているにも拘わらず、一意の自己存在そのものにより自己自身へと自己回帰される強迫観念から回避しうべき術もみいだせないことは、精神分析上の病理性としての判定を伴うだけの先験的エナジーによることにもなる。

　このように主観観念の内実をなす自己強迫に関する定義には、その個別的症例における正常性／病理性の峻別は別儀としても、力動概念となる先験的エナジーの質・量及び方向性よりして、また相互連動しあう実存的モメント相互間の関係作用よりして、更には精神分析上・神経生理上・行動理論上等の解釈論的相違などよりしても、様々の学説上からの概念規定がなされてきている。そのことはまた、一意の自己存在が自己自身へと自己回帰される強迫観念として定義せらるべき自立観念が、可動の端緒となる対象的知覚を客観概念とも等しくするにせよ、それ自体の本質規定に於いては、最終的には公理上の恒真性を追究する客観概念としてではなく、つねに相対的且つ可変的に作動する主観観念としてのみ成立する即自的態様であることをも意味する。自己強迫という自立観念の形成に於いては、客観的追考により無限の恒真性が証明されうる精神機構ではなく、実存乃至実存系の概念規定を通じて自己自身以外のいかなる実存的モメントでもない［疎外された］自己存在の精神機構により推進されるためであり、その端的である自己内反応を構成する主観観念が自己強迫にあるが故に相違ない。

　また、主観観念はつねに、主観的精神現象の運動・作用に相互対

応しつつ変化・動向する。もとより、主観観念は主観的精神現象の状態遷移により、主観的意識内容乃至対象として脳内形成されるイメージレベルであるからであり、且つ主観的精神現象の運動・作用は主観観念の内的イマージュの機能態様として収束されるからでもある。そのことと同様に、客観概念はつねに、客観的精神現象の運動・作用に相互対応しつつ変化・動向する。もとより、客観概念は客観的精神現象の追考過程上のグレードにより、客観的把捉態様乃至対象として脳内生成される自覚レベルの状態関数をなすからであり、且つ客観的精神現象の運動・作用は客観概念の統覚作用として収束されるからでもある。客観作用と主観作用が相互間に呼応しあう以上、したがってまた、客観概念に主観観念が呼応して状態遷移するということは、同期しつつ客観的精神現象に主観的精神現象が呼応して運動・作用することと同義である。

　但し、追考作用に於いて一般且つ特殊時空間上の統合意識レベルが成立している場合、単に主観作用が客観作用に対応するのみならず、主観観念及び主観的精神現象自体が、相対的・可変的である自立性を以って機能しうる状態関数にあることも客観的事実ではある。このような統合意識レベルにあるということは、主観観念及び主観的精神現象自体が、一般且つ特殊時空間上の規定性に対し既に覚醒されていることにより、自己自身の運動・作用に対する自己知覚をなさしめる内的態様にあるためである。

1086　　第Ⅲ節　主観観念

ii ＞自己疎外

　前節にみる通り、主観観念の状態関数は同時点における客観概念の状態関数により規定されるとはいえ、そのもの自体に無条件且つ絶対的に規定されうる基準をも具備しない以上、このような自立観念自体の採りうる動向ヴェクトルには不定のパターンが成立しよう。しかる移行契機となる主観観念の対自的である態様は、他在に対する一意の規定性に基づいて自己強迫の自立観念を否定・収束せしめられている、自己疎外の自立観念である。無限をなすいかなる他在でもない個体概念である主観観念が自己存在により規定される自己強迫により、客観的制約を排して表象される自己存在としての自立観念が自己内にあって相互矛盾し否定・収束せしめあうという、しかる客観的事象に反映される主観観念の自己矛盾の態様により、自己内に助長された主観的コンフリクトから自己強迫の観念内容が否定・収束せしめられ、世界・内・存在としての自己内のヴェクトルを喪失した自己疎外の自立観念により支配されるためである。

　そのことは他面、零系としての規定態様をなす客観概念に対応する自立観念の状態関数に於いては、端的に規定されている自己存在の実存生滅に対する自己否定としてあり、即自的態様をなす自己強迫に内在される対他的である関係作用によるところの対自的態様をなす自己疎外の自己内表象が、しかる相対系自体の無限回帰機構による自己否定・収束を主観作用に反映することでもある。つねに相対的且つ可変的である無辺の他在との対他的関係により規定されつつも、自らもまた一定することなく変化・変動し続ける実存生滅の対自的である態様として、無限の特殊時空間の相互連動にあって疎外されてある一意性としての実存はまた、相対系自体の無限回帰機構を通じて不断に自己否定・収束されるのであるが、その主観作用に反映される自立観念のなすべき方向性乃至指向性には一概に安定した規準が存立しないから、自己疎外の臨床的である観念内容に対

する主観的価値システムとても相対的範疇の方向性乃至指向性が想定されよう。そのような自己疎外はつねに無限の相互因果的連動を動因とする自己否定・収束の規定性を具有しており、自己内表象における自己矛盾的コンフリクトを力動概念とする主観観念における反定立作用により、自己存在のあらゆる主観的規定性をも否定（収束）作用する自己疎外の自立観念が定立されるのである。

　もとより自己強迫の自立観念とは、自己存在そのものに現存在として相互矛盾する相対系全体の統合化エナジーが自己存在の生／滅に帰結せられることにより、自己自身の意識下に内在される過剰といえる衝動として主観観念に作用するところである。そのことはしたがって、無限における一意の自己存在を構成する唯一の生とその自覚に対する、自己矛盾することにより相互否定・収束せしめあう他在全般をなす特殊時空間上の実測値からの先験的である力動概念でもある。先験的であることの意義はこの場合、当該の自己存在の状態関数に対する一切の自己経験以前の時点を示唆していることよりして、生理上における先天性の意義ではないことは自明であろう。［先験性と先天性との概念的弁別に関しては、既述にみる通り］然るにその他方、当該の自己存在が精神機構を具備する実存的モメントであると否とに拘わらず、特殊時空間上に一意にして無比である座標系・時点をなす自己存在は、しかる座標系・時点としての折々の状態関数がどうあれ、いまそしてここにしかありえない瞬間として不断に生／滅する。当該の自己存在と相互連動することによってのみ成立する相互否定的である実存系はなべて、つねに当該の現在時における自己自身ならざる相対的・可変的である何ものかであり、所詮は自己存在としての実存の本質規定とは概念的・質量的にも相容れぬ他在である。無限を体現する現在時のそれぞれの実存の瞬間生滅にあって、それ以外のいずれの実存的モメントも当該の自己自身ではありえず、また当該の自己自身は自己存在以外のいずれの実存的モメントでもありえないことに帰因する。もとよりそのことは、

実存系に於いて単純に自他を峻別するところの差別化の認識ではないし、また自己存在とそれ以外の任意の実存的モメントとの間の特定の対立関係でもない。最も純粋である弁別にして、しかもあらゆる実存的モメントの存立に普遍的に妥当する、当該の自己存在とすべて自己存在以外の実存的モメントとの関係性をつくりなすところの相互矛盾である。実存としてあることの規定性は無限を構成する一切の実存的モメントに妥当するから、いかなる特殊時空間上におけるいかなる実存的モメントのいかなる状態関数であろうと、それぞれの自己存在をなす実存を否定・収束せしめる相対系自体との矛盾関係が継承されていることになるのである。そしてまた、無限に相互連動しあう実存系自体の無限回帰の機構により、つねに一意の自己存在そのものがその瞬間生滅に於いて自己収束・零化される零系に於いては、当該の実存自体が無限の関係作用にあって自己疎外される自立観念が主観作用に反映されるため、もし実存の実例となる自己存在が或る意識主体であることを仮定せば、どこに・いつ特殊時空間上の座標系・時点があろうと、当該の自己存在をなすものは果てしない相対系にあって唯一の孤独を享受しよう。世界・内・存在としての実存の主観観念における内的イマージュをなすものは、かくて自ら無限の相対系を体現することの有限の疎外感ではある。

　一般には疎外とは、商品・貨幣・制度等の人間の創作したものが人間自身から分離し、反対に人間を支配するに到る疎遠といえる力として現出されること、或いはそのことにより、人間存在としてあるべき自己自身の本質規定を喪失している精神状態を意味するものともされている。疎外概念のラテン語的由来としては、経済・社会・歴史的には、客体として存立するようになったものを操作・制御する能力を主体が喪失している状況を示唆しており、たとえば、或る客体が或る意識主体とは無関係であるように思念される場合、その客体に対しその意識主体は無力のものとして疎外されているとい

う。さればこそ、当該の疎外要因を克服することにより、意識主体はその本来の自己自身の本質規定を回復し、その可能性を自己実現できるものとされているのでもある。

　自己疎外という名辞については、ヘーゲル：Ｇｅｏｒｇ＿Ｗｉｌｈｅｌｍ＿Ｆｒｉｅｄｒｉｃｈ＿Ｈｅｇｅｌの観念論哲学に於いても用いられている。或る現存在としての意識主体が、自己自身のうちに内在されてあるもの、自己存在の本質規定をなすものを外化し、自己自身により外化されたものを自己自身に対する他者として、自己自身にとっては疎遠にして自己存在に対立するもの、自己存在とは背離するものとして対象化されることを意味する。ヘーゲル的理念はヘーゲル的神の世界創造の設計プロセスを意味するものとされ、真の実体（実在）としての絶対精神にも通じているが、理念はその内部矛盾の発現により反対に位置付けられる自然となり、本来の自己存在の本質規定を喪失して自然のうちを変転することになる。そのことが理念の自己疎外と称せられており、しかる神は自然を創造したうえ、次いで人間存在という精神機構の主体を創造するとされているが、そのことは精神機構が当該の精神自体に回帰されることであるとともに、理念が自己存在に回帰されることでもあるとされており、それこそが自己疎外の回復を意味するところでもあって、自己内還帰とも称せられている。このように疎外という概念規定は、ヘーゲル学説の形成に於いては根源的といえる意義を内在するが、更にはヘーゲル学派左派のフォイエルバッハ：Ｌｕｄｗｉｇ＿Ａｎｄｒｅａｓ＿Ｆｅｕｅｒｂａｃｈの思想にも継承されている。そこでは但し、その自然主義的・人間主義的立場よりして、ヘーゲル学説に対しては相反しており、神の概念規定が人間存在に対する自己疎外として解釈されるところではあるのだが。

　自己疎外という概念規定は、マルクス：Ｋａｒｌ＿Ｈｅｉｎｒｉｃｈ＿Ｍａｒｘの思想形成にも重点的役割を果たしている。近代以

降に私的所有制度が普及し、資本主義市場経済が形成されることに伴い、人間存在と自然が分離することで資本・土地・労働等に転化されるが、これに対応して本源的共同体も分離することにより、人間はまた資本家・地主・賃金労働者等に転化される。それとともに人間及び精神主体の主体的活動であり、社会生活の基礎をなす労働過程とその生産物は利潤追求の手段となり、人間存在が労働力という商品と化して資本のもとに従属され、物を創作する主人としての立場が喪失されてゆくという。また、機械制工業の発達により労働内容は単純労働の反復に変化し、機械・科学技術に支配されることにより労働することの幸福感を見失わせ、疎外の観念内容を増大せしめるものである、とも。かかる社会制度のもとに、賃金労働者は自己自身を支配し疎外するところの、資本を再生産しゆくのみであるとする。尤も、実際上に於いては、必ずしも労働内容が単純労働に変化・変質するとも限らず、機械・科学技術に支配されると表現するほどに単純といえる状況でもないが、それは別してつまるところ、自己疎外に対する認識としては歴史的といえる事象であるともされており、人間及び精神主体がその宗教的・政治的・経済的諸条件の帰結として人間自身の主人であることができず、単なる物として取り扱われ、物の奴隷になることを意味している。かかる点では、ヘーゲル学説に於いては、自己疎外と対象化が近似値として取り扱われるに対し、マルクス初期の学説に於いては、人間精神の本来的である活動としての対象化は自己疎外とは峻別せらるべきもの、とされている。また、初期のマルクス主義に用いられているこのような疎外論が、最終的にはマルクス哲学として認定せらるべきかについては、マルクス主義を人間主義的に解釈するか、或いはその科学的性質を重要視するかにより見解が相反するところだが、しかる論争にここで拘泥すべき必然性はない。

　実存理論のサルトル：Ｊｅａｎ＿Ｐａｕｌ＿Ｓａｒｔｒｅも、疎外の観念内容に関しては考察しているが、自由である対自的態様と

して実存する現存在をなす人間存在は、自由の刑に処せられているという表現を用いている。死の概念規定については、そのこと自体が実存の永劫の他有化であるという意義に於いて、これを回復不能の疎外であるともしているのである。とはいえ、死の概念規定に対する主観的認識は相対的且つ可変的である以上、そこに根差した疎外の観念内容とてもやはり同様であることになるのではあるけれど。如何せん、それ以外にもまた、たとえば神学思想等に於いても、自己疎外の概念規定は根源的である課題として位置付けられている。

　如上にみられる自己疎外に関する学説上の相互連携は、それぞれの学術的立場を反映する論拠をなしているが、しかし乍ら、本節に於いて考察せらるべき概念規定はそのいずれとも同一ではない。観念論哲学や神学思想に於いては、各々内実を異にする神の概念規定と人間存在との関係性に於いて疎外の観念内容を論述しているが、既述にみる通り、精確である概念規定としては実体（実在）性のない神の概念内容との関係性を、自己疎外の概念規定の前提とすることはできない。また飽くまで、あらゆる実存をなす自己存在に特殊化された疎外の観念内容を対象とするため、唯物主義的である社会制度や政治体制に基づく狭義の自己疎外の概念規定とも相異なる。さればとて、サルトル哲学における実存的疎外の概念規定ともその内実を異にするものである。サルトル的である実存理論に於いては、死という限界状況との相互連動により瞬間をなす実存である人間存在の疎外の観念内容が説明されているが、自己存在の生の終了としての死に対する主観作用は必ずしも限界状況としてのそれであるのみならず、生に疲弊せる人間精神にとっての形而上学的である福音としても作用しうることから、その限界状況としての規定性は絶対的ではなく、相対的且つ可変的であるといえる。対するところ、本節に於いて論述される自己疎外の自立観念は、実存の一種別でしかない生物体である人間存在をのみ前提とする、相対的且つ可変的で

ある生の終了としての死ではなく、飽くまで一切の実存及びモメント素子を対象とする、あらゆる瞬間の生滅現象における零系機構に基づいた、[無限にあっていかなる他在でもありえない]一意の自己存在の無限回帰による不断の収束／更新における疎外観念に他ならないためである。

　このように自己疎外の主観観念に関する定義には、哲学分科上の概念規定と神学的解説との相互矛盾と相互連関の如何により、もしくは内在的・潜在的に関係作用する精神分析学上の論争やまた諸学説上の解釈論的相異などからも、様々の概念規定がなされてきており、相互間に矛盾し論理的否定しあう学説がともに相対的である解釈学としては成立することもありうる。そのことはまた、自己疎外として定義せらるべき自立観念が、その可動の端緒となる対象的知覚を客観概念とも等しくするにせよ、それ自体の本質規定に於いては、最終的には公理の恒真性を追究する客観概念ではなく、つねに相対的且つ可変的に作動する主観観念としてのみ成立する対自的態様、即ち自己強迫による対他的である関係変数からの自己回帰であることを意味する。飽くまで主観作用による自立観念の形成に於いては、客観作用上の追考により無限の恒真性が証明されうる客観性フィルターではなく、零系機構上の無限回帰という実存的経験を通じて一意に移行される自己内の主観性フィルターにより推進されるためであり、その対自的である自己内反応を構成する主観観念が自己疎外の態様にあるが故に相違ない。

　また、主観観念はつねに、主観的精神現象の運動・作用に相互対応しつつ変化・動向する。もとより、主観観念は主観的精神現象の状態遷移により、主観的意識内容乃至対象として脳内形成されるイメージレベルであるからであり、且つ主観的精神現象の運動・作用は主観観念の内的イメージの機能態様として収束されるからでもある。そのことと同様に、客観概念はつねに、客観的精神現象の運

動・作用に相互対応しつつ変化・動向する。もとより、客観概念は客観的精神現象の追考過程上のグレードにより、客観的把捉態様乃至対象として脳内生成される自覚レベルの状態関数をなすからであり、且つ客観的精神現象の運動・作用は客観概念の統覚作用として収束されるからでもある。客観作用と主観作用が相互間に呼応しあう以上、したがってまた、客観概念に主観観念が呼応して状態遷移するということは、同期しつつ客観的精神現象に主観的精神現象が呼応して運動・作用することと同義である。

　但し、追考作用に於いて一般且つ特殊時空間上の統合意識レベルが成立している場合、単に主観作用が客観作用に対応するのみならず、主観観念及び主観的精神現象自体が、相対的・可変的である自立性を以って機能しうる状態関数にあることも客観的事実ではある。このような統合意識レベルにあるということは、主観観念及び主観的精神現象自体が、一般且つ特殊時空間上の規定性に対し既に覚醒されていることにより、自己自身の運動・作用に対する自己知覚をなさしめる内的態様にあるためである。

iii ＞自由：創造的回帰

　前節にみる通り、主観観念の状態関数は同時点における客観概念の状態関数により規定されるとはいえ、そのもの自体に無条件且つ絶対的に規定されうる基準をも具備しない以上、このような自立観念自体の採りうる動向ヴェクトルには不定のパターンが成立しよう。しかる端緒をなす即自的態様としての自己強迫の自立観念に基づき、移行契機をなす対自的態様としての自己疎外の自立観念を通じて自己統一される主観観念の向自的態様は、自己自身により自己自身に対する強迫とその無限回帰に基づく自己自身により自己自身に対する疎外の自立観念の、相互否定・収束により相互回帰される自由：創造的回帰の自立観念である。もとより自己強迫という自立観念の本質的属性に負うところよりして、そのこと自体に於いて規定性を排斥された実存自体の主観的コンフリクトと、自己否定性が必然的に反定立：Ａｎｔｉｔｈｅｓｅされているとともに、自己疎外という自立観念の本質的属性に負うところよりして、そのこと自体に於いて規定性を喪失している零系にあって疎外された自己存在には、疎外している自己存在の規定性が反定立：Ａｎｔｉｔｈｅｓｅされてもいるのである。したがって、現象学的である系譜としての定立態様から反定立態様への移行がなされるものの、その内実に於いてはいずれか一方のみが先行して展開されることなく、相互に否定（収束）作用しあうことにより相互の本質規定に反定立される主観観念の態様は、無規定下にある自己強迫の自立観念の根源のうちに自己疎外の規定性を内在するとともに、零系をなす実存としての自己疎外の自立観念の本性のうちに自己強迫の規定性の力動概念を具有する。自己強迫の自立観念より自己疎外の自立観念へ、且つ自己疎外の自立観念より自己強迫の自立観念への相互回帰は、つまるところ主観作用上の自立観念における向自的態様をなす創造的回帰としての自由性向に依拠している。自己強迫を以って実存をなす自己存在の一意性を定立しようとする主観的態様は、同時にその実

存系自体の零系機構による無限回帰的無規定性のゆえに自己自身に対する自己疎外を反定立されるとともに、自己疎外を以って無辺の実存系内における疎外された自己存在の一意性を定立しようとする主観的態様は、同時に全他在をなす実存系に対する疎外的関係よりして、全他在の運動的統合値における自己存在の無限性の構成素子としての瞬間生滅的規定性を反定立されることにもなり、いずれも等しく自己自身における無限回帰により疎外された自己存在を、あらゆる疎外的他在としての各々の実存自体に内在的に自己回帰される真実存の自由性向に依拠する態様であるために相違ない。

　そのことは他面、超実存系：実存回帰における規定態様をなす客観概念に対応する主観観念の状態関数に於いては、反定立的に規定されている自己存在の無限回帰的瞬間生滅に対する自己回帰としてあり、相互に自己否定（収束）作用しあう自己強迫と自己疎外の自立観念の自己内表象がその規定的無規定性（前者）／無規定的規定性（後者）における真実存性を反映することでもある。自己自身による自己存在に対する強迫観念は自己規定的であり乍ら、客観的である普遍妥当性を具有しえない無規定性を本質規定とすることから、自己内のあらゆる主観的規定性をも否定・収束せしめるところの、自己自身による自己存在に対する疎外観念と反定立しあうが、しかる自立観念はもとより無規定性に対する反定立：Ａｎｔｉｔｈｅｓｅゆえの規定性を本質規定としている。実存である自己存在が無限の関係変数により規定される有限の状態関数としてあることから、自己強迫の自立観念に対する主観的価値システムには無限の方向性乃至指向性があるため、自己内表象における自己矛盾的コンフリクトを力動概念とする主観観念における反定立作用により、自己内のあらゆる主観的規定性をも否定（収束）作用する自己疎外の自立観念が定立されているが、規定性がないという現象はあらゆる規定性を具有する自己存在の自由としての本質規定に依拠しており、且つまた自己疎外の自立観念に対する主観的価値システムにも方向

性乃至指向性が成立しないため、自己内表象における自己矛盾的コンフリクトを力動概念とする主観観念における反定立作用により、自己内のあらゆる主観的規定性を力動概念とする自己強迫の自立観念が定立されているが、あらゆる規定性が成立するという現象はいかなる規定性をも具有しない自己存在の自由としての本質規定に依拠していることになる以上、このように相互否定（収束）作用しあう自立観念の内的矛盾の対自的関係そのものが、反定立しあう各々の自立観念それ自体の自己存在に対する創造的回帰である自由の態様に向自的に統一されるのである。自己強迫の自立観念における先験的態様に於いては、自己内に反映される対自的関係性である自己疎外の自立観念に対する創造的回帰により顕在化されるとともに、自己疎外の自立観念における先験的態様に於いては、自己内に反映される対自的関係性である自己強迫の自立観念に対する創造的回帰により顕在化され、かかる自己内に於いて反定立しあう創造的回帰である自由が相互矛盾関係を極限化するほどに自己統一されるのでもある。

　そしてまた、如上については、以下にある通り換言されよう。自己自身による自己自身に対する強迫観念は一意の生に潜在する先験的衝動を契機とするため、当該の自己存在の内的ヴェクトルは必然的に自己自身を形成する他在との関係性に指向するところであり、無限の相対系上に於いて無比且つ孤立する疎外観念とは相互矛盾する。しかし同時に、自己自身による自己自身に対する疎外観念はやはり一意の生に潜在する先験的衝動を契機とするため、当該の自己存在の内的ヴェクトルは必然的に他在との関係性を規定する自己自身の非同一性・非回帰性を開示するところであり、無限の相対系上に於いて無限の相互因果性を反映する強迫観念とは相互矛盾する。このことはまた、自己存在に内在される先験的衝動が、本来つねに相互否定的に作用する内的エナジーのヴェクトルを保持することに基づくところでもある。主観観念をなす両自立観念の本質規定

が相互間に矛盾しあうことは、任意且つ一意の自己存在がすべての他在との相互連関に於いて、とりわけ実存としての自己否定（収束）運動により構成される相対系自体との相互連関に於いて、あらゆる実存的モメントに妥当する無限の親和性が開示されていることに関係作用している。自己強迫の自立観念は、自己自身により強迫され自己自身を強制せしめるところの、他在をなす実存系の統合化エナジーを衝動の動因とするに対し、自己疎外の自立観念は、自己自身をして自己自身を疎外せしめる、他在をなす零系の無限回帰による自己収束・零化を衝動の動因としつつ、また無限の特殊時空間における自己存在が特殊の構成素子としてあることの不平衡性をもなす。相対系を構成する一切の現存在はもとより無限に相互因果的であるから、相互に親和性のない自己存在など無限にありえないのではあるが、その他方に於いては、普遍の同時性をなす瞬間生滅にあっていかなる自己存在も特殊時空間上に一意であることとても明らかである。自己自身により強迫される自己存在に過剰作用する親和力は、そも一般相対性理論や超弦理論等の量子重力理論の前提となる座標系の関係変数とは異なり、精神機構における主観作用に反映される生理学乃至病理学上の力動概念を形成するが、また自己自身により疎外される自己存在に欠如する親和力は、そも量子力学乃至量子化学的である意義での特殊時空間上の連続性とは異なり、零系の無限回帰により自己収束・零化されることによる全体系素子としての主観観念上の疎外の動因であるとともに、無限をなすいかなる他在も一意の自己存在の死生を共有することなく、且つ自己自身もいかなる他在の死生をも共有しえないことの孤立の観念内容でもある。しかく実存としての精神機構がなべて、それぞれに自己自身のみに特有の生のプロセスを実践し、実践するほどに否応なく自己自身のみに特有の死のプロセスを消化する。生をなす特殊時間の過程はそれ自体が死の瞬間に対する運動ヴェクトルであり乍ら、死という終了現象の確実性と死期の不確定性による実存理論上の不安の素因ともなるが、然るに寧ろ、［相対的には］限界状況ともなる死

の認識自体が有限の生を活性化せしめる最終の力動概念としても作用しえよう。主観作用による自立観念にあっては、死を前提となす生の観念とても、また生を前提となす死の観念とても、ともに実存としての自己存在の先験的動因ともなることから、その精神機構における主観的価値システムの相対性が反映されてもいるが、ともに実存としての自己存在と零系の無限回帰による自己存在、双方の自己回帰的である自己同一性に対する主観的知覚に通じている。さあれ、この無限における特殊性をなす実存としての自己存在はいずれも、無限を構成する全他在相互との関係作用における相互因果性によるところであり、相対系全体の全実存的相関をなす構成素子としてのみ成立するが、その限りに於いて、無限を構成する全他在の運動的統合化されたエナジー作用により、各々一意である自己存在が生成即収束／収束即生成されることの精神機構上の実存的意義としては、自己疎外的である不安と安定との不平衡状態よりして自己強迫的に自己自身を強制するとともに、自己強迫的である先験的孤立の動因よりして自己疎外的に自己自身を収束・零化せしめる、逆理的である力動概念をなすことにあろう。ここでの零化とはされば、エナジー値の放出／収束により零という基準値に再還元されることを意味する。自己自身により自己存在が強迫されるほどに、且つ自己自身により自己存在が疎外されるほどに、その自己同一的である自己存在に内在される強迫観念と疎外観念との関係性自体に、当該の自己矛盾を形成している先験的である自由の自立観念として、自己同一的である自己存在へと創造的に回帰されるはずである。強迫するものとされるもの、また疎外するものとされるもの、しかる力の主従関係が自己存在という自己同一の実存に帰せしめられるということは、唯一・無比である実存としての自己回帰を通じてあらゆる自己運動のヴェクトルが自己自身に委ねられていることを意味する以上、そこにしも純粋である自由が自立観念として獲得されているためである。

第Ⅱ部　論理系

第Ⅲ篇　弁証系システム

　自己自身により自己存在が解放される自立観念としての自由であるならば、そのことにより自己存在の生と死の不平衡状態とても止揚（揚棄）されていることになる。死を極限値とする運動工程及び運動エナジーをなす生は、生により確定されつつも時期不定の特殊時空間を現象学的に、即ち人間存在乃至生物的極限として規定する死、しかく生の主観的価値を規定する創造的である死によっては［死生を前提する人間及び精神主体としての自己存在は実存規定の構成素子でしかないため］実存する自己存在としての唯一の価値が規定されることはありえず、それとてもまた、不断に生／滅する一意の瞬間における自己存在の生成即収束／収束即生成の自己回帰による主観観念上の反映に相違ない。相対的にして可変的である主観的価値システムを約束する自由などありえないが、死生の観念上の問題はつまるところ、一意の自己自身になべて特殊時空間の全体系が無限回帰される瞬間としての生／滅の観念態様にのみ帰結しうるためである。しこうして、主観観念上に於いてＡｕｆ－ｈｅｂｅｎされている自由は、実存及び実存系としての零系と零系により実存をなす実存系との向自的態様の反映としてあるから、実存である自己存在の、就中その精神機構における創造的である実存回帰による所産ともいえよう。弁証系プロセスの自覚レベルが真実存という客観概念の最終工程にあることに伴い、対応関係にある主観観念とても真実存を反映する自由の自立観念がその最終工程にあるため、爾後の更なる継続処理は当該の自立観念へと自己回帰されることにしかならないが、対自的態様をなす自己疎外に反映される零系の力動概念が、即自的態様をなす自己強迫に反映される実存の自己回帰に帰結されることよりして、主観観念上の両契機を自己矛盾的に内在する自由の自立観念に於いては、その向自的態様をなす自己運動をして創造的作用をなさしめる所以ともなるのである。

　次いで、当該の工程にある主観観念における自由の自立観念に関しては、諸他の見解や論述につき考察しておく。一般論的には、自

1100　　第Ⅲ節　主観観念

由とは人間及び生物体の行動・反応や物体の運動・作用に於いて、外的拘束や障害のない状況にあることを意味するとされるが、政治的自由や物体の自由落下等がその例示とはなる。また、とりわけ人間の選択行動に関して、それが精神内的必然性もしくは自発性のみにより決定されていることとする場合がある他、更には人間の意志に関して、そのことがいかなる種別の客観的必然性によっても決定されない絶対的である選択の自由を具有することを意味する場合とてもある。

　人間及び精神主体の行動・反応、或いは意志に実際上に自由が存立することの可否については、古来より哲学理論上の課題の一でもある。相対系内のあらゆる現象の内実が、それに先行する諸条件により厳密に決定されているという主張をなす決定論に於いては、意志の自由との関係性がその俎上に揚げられるところである。メガラ派及びストア派にみられる論理的決定論に於いては、なべて命題（論理式）が排中律により真偽が決定されるとすることから、現実態様として生起する事象を記述する全命題（論理式）は、それ自体が生起する以前よりつねに真であったものとみなされ、かくてあらゆる事象はもとより生起すべく予定されていることとしているが、アリストテレス：$A\rho\iota\sigma\tau o\tau\acute{\epsilon}\lambda\eta\varsigma$によれば、人間の行為により左右される事象にはかかる決定論が成立しないことを示唆している。また、神の全知・全能・完全性を前提とする神学的決定論に於いては、神の概念規定を全知と仮定する場合には、すべての真理：恒真式は神により予知されているはずであり、また神の概念規定を全能と仮定する場合には、神は全ての事象を予め計画することができることにもなる。自由意志に基づく人間及び精神主体の行為については、アウグスティヌス：$Aurelius\_Augustinus$は、これを神の全知とは抵触しないものとしているが、人間存在に対する救済は全能であるはずの神の選択によるとすることよりして、人間及び精神主体の意志によっては左右されえないものとみ

なしてもいる。また、神の創造した世界が最善にして別様にはありえないとすることからも、やはり決定論が導出されている。このことから、スピノザ：Ｂａｒｕｃｈ＿Ｄｅ＿Ｓｐｉｎｏｚａのように自由意志が否定されることにも通じるが、ライプニッツ：Ｇｏｔｔｆｒｉｅｄ＿Ｗｉｌｈｅｌｍ＿Ｌｅｉｂｎｉｚによるところでは、絶対的に必然のものはその反対が自己矛盾を内包するもののみであり、その意味では神の善・当為は絶対的に必然ではなく他の根拠を必要とするため、自由意志とは相容れないものではないとしている。更には、物理的或いは機械的因果関係に基づく機械的決定論については、エピクロス：Ｅｐｉｋúｒｏｓは原子の運動の逸脱を認めるとともに、そこに自由意志の作用しうる余地を見出そうとしてもいる。近世の機械論に於いては、デカルト：Ｒｅｎé＿Ｄｅｓｃａｒｔｅｓが物心二元論により意志の非決定を認めているに対し、ホッブス：Ｔｈｏｍａｓ＿Ｈｏｂｂｅｓは唯物論的立場から意志的行為とても決定因子を内在するものとし、自由はその行為が外界（外部要因）から妨害されないことであると解釈して、決定論と自由の両立を試みている。心理的決定論は経験論的心理分析にみられるが、ロック：Ｊｏｈｎ＿Ｌｏｃｋｅによるところでは、自由といえる行為はそれ以前に意志により選択されるも、意志を決定するものは嗜好性や欲望であるとしている。また、ヒューム：Ｄａｖｉｄ＿Ｈｕｍｅによれば、一般に定義されている因果関係性は現象の恒常的継起ではあるも、人間の自由意志による行動にもそのような恒常的要因は見出され、それが倫理規範や道徳律の成立にも必須であるとしているが、その他方、カント：Ｉｍｍａｎｕｅｌ＿Ｋａｎｔは自然法則と道徳法則を峻別するとともに、道徳的責任は同一条件のもとでの相異なる行為の可能性を予想することを指摘してもいる。

　このように決定論には、自由を意志的否定する極端ともいえる理論的立場と、自由を意志的肯定するとともに両立させようとする理論的立場があるが、それに対し、人間及び精神主体における自由の

成立しうる最低限の論拠として、いかなる予測・予言等に対するも、自己能力の範疇にてこれに相反する行動・反応をとりうる反予測的自由の意義を強調する学説とてもある。然るに、決定論の実際上の問題点としては、史的唯物論上における歴史的・社会的決定の問題、精神分析学上の深層心理における決定もしくは重層的決定等の問題を内包し、また統計学的決定や理論物理学上の不確定性の概念規定とも相互連関している。とりわけ量子力学に於いては、微視的研究領域に関して不確定性に基づく現象の非決定性を導入しているが、この非決定性が微視的研究対象としての本質的属性であるか、実験・観測に際しての主観的要因であるか、もしくはまた未知のパラメータによるところであるか、等という論争もある。

　人間及び精神主体の選択行為に関し、それが外的である強制や障害の影響を被ることなく、且つ自発的に実行されたものと判断されるとともに自由選択の意識を伴う場合、当該の行為が自由意志による行為であると称せられているが、かかる自由意志の性質については見解の相違がみられる。たとえばそれは、人間及び精神主体の自由意志は、あらゆる必然性から自由であり拘束されないとする学説の場合がある他、人間及び精神主体の意志の自律性を認定したうえ、意志がそれ自身の法則にしたがうことを意志の自由とする学説の場合もある。また、個人の性格やその他の心理的動機を認定したうえ、そのことのみにより実際上の行為が選択される状況、もしくはそれに準ずる状況を自由意志によるものとする学説の場合等もあるが、他方ではこれらに相反する主張をなす立場とてもある。とりもなおさず、独立した自由意志は本来的には存立しえず、ただ自由といえる行為のみが存立しうることを論旨とする学説の場合等がそれである。

　対外的である強制から自由である自発性・自律性を無条件に容認することが理論的には困難であるとされているが、その解釈論上の

論争とてもある。もとより人間及び精神主体の意志の自由を認定しつつも、そのこと自体に対する懐疑性を論理的否定しえないところには、ニヒリズムの成立する可能性もある。また、意志の自由を科学的決定論の範疇にて認定せんとする動向もあり、その一例としては意志決定論と称せられる分野があるが、行動を決定する構造因子が人間及び精神主体の意識内部にあると認定された場合に、そのことを以って自由意志によるものとみなしている。更にはまた、物理的である非決定論により意志の自由を基礎付けることの試みなどもなされている。

　如上にみる通り、自由という概念規定に関しては種々の学説による見解が提示されているが、果して自由が客観的に成立することの可否・決定論的である相互因果律と自由が両立することの可否という問題が、中核的といえる論点とはなっている。さあれ、各々の学術的立場からの論争はあるものの、もとよりこのような論点に対する結論は明確であろう。まずは、客観的である世界認識に於いて、神［乃至絶対者］の概念内容により規定しようとする諸学説については、本来に於いては、神［乃至絶対者］の概念内容そのものが実体（実在）の性質を具有しない概念規定をなしているため、その見解の前提自体が成立しえないことになる。尚、神［乃至絶対者］の概念規定に実体（実在）の性質を伴わないことについては、既に別章に於いて論証されている命題（論理式）でもあるので、ここでの更なる復唱は必要とはしない。また、客観的である世界認識における相互因果律をあらゆる事象の動因であるとしつつも、人間及び精神主体の自由意志の動向には相互因果律を適用しないこととする学説もあるが、その場合に相互因果律の適用される条件と対象が明確ではないのみならず、自由意志の肯定という予定された結論へ誘導するために、意図的に理論的整合性を欠如せしめているものである。まずは、客観性と主観性との概念的弁別が、自由の考察のためには不可避といえよう。自由という定義を何等かの拘束からの解放にも

とめるならば、そのこと自体は客観的である事実認定の問題であるが、さればとて、人間及び精神主体の自由意志が客観的である相互因果律の適用を除外されることはありえない。無限である相対系が全構成素子による特殊時空間的連動として体現される以上、無限大且つ無限小の特殊時空間上に生／滅するあらゆる有限の瞬間が、普遍的に同時である現在時に到る相互因果関係としてのみ規定し且つ規定されるため、人間及び精神主体の自由意志のみならず、いかなる事象も相互因果律の例外たりえないのである。したがって敢えて、客観的である相互因果律からの解放という意義の自由が成立する前提としては、客観的である現実性をなす事実関係としてではなく、精神機構における主観観念として展開される自立観念上の自由であることになる。また而も、すべての主観作用はその内容・態様の如何に拘わらず、それ自体が客観上の現実性をなす事実態様としてのみ成立することが可能であるから、かく主観観念上に自由の開示されることが現実化する場合とても、また当該の本人の自由意志により何等かの選択がなされる場合とても、飽くまでその自立観念の具象的内容の一切が客観上の現実性をなす相互因果律により規定されてもいるのである。

　しかし乍ら、本節に於いて論述されている自由の自立観念は先述の通り、このような拘束からの解放等の意義により充足されるところでもない。何等かの拘束からの解放であるにせよ、また何等かの行為を選択し実践するための自由意志であるにせよ、かかる特定の前提条件に基づかない自由の自立観念には実存の概念規定による反映もなされていないが、自明乍ら本節における自由とは、弁証系プロセスにおける実存に対応する主観観念として展開されるところである。そこに拘束からの解放、乃至行為の実践のための自由意志としての属性が包摂されていることも客観的事実ではあるが、実存規定としての自己存在を反映する自己強迫と、零系機構として無限回帰される自己存在を反映する自己疎外による、極限化された反定立

関係をそのまま止揚（揚棄）されている向自的である自己存在としての自由は、飽くまで実存的自由の自立観念をなしているということに留意されねばならない。

　このように自己存在としての自由の自立観念をなす主観観念に関しては、哲学史上もしくは神学史上の学説及び解釈論の相互矛盾と相互連関の如何により、もしくはそこに根差した主観的表象に対する反映などからも、様々の概念規定がなされてきている。そのことはまた、自由として定義せらるべき自立観念が、可動の端緒となる対象的知覚を同時点の客観概念とも等しくするにせよ、それ自体の本質規定に於いては、最終的には公理の恒真性を追究する客観概念ではなく、つねに相対的且つ可変的に作動する主観観念としてのみ成立する対自的態様、即ち自己存在における一意の実存規定を反映する自己強迫と、自己存在に無限回帰される相対系自体の零系機構を反映する自己疎外による、自己回帰的である相互否定関係からの自己統一であることに帰因する。自己自身を強迫する自己存在と自己自身を疎外する自己存在の自立観念は、相互矛盾しあう関係変数を呈示するほどに相互回帰しあう運動規定であるからでもあるが、そのような対他的且つ対自的である相互矛盾と相互依存との関係変数よりして、相互の本質規定のうちに自己回帰される向自的態様としての自由の自立観念にAuf－hebenされているのである。かかる主観観念の移行作用に於いては、客観的追考により無限の恒真性が証明されうる客観性フィルターではなく、瞬間生滅をなす実存規定上の現象学的経験を通じて一意に移行する自己内の主観性フィルターにより推進されるところであり、その向自的態様をなす自己内反応を構成する主観観念が創造的回帰としての自由にあるが故に相違ない。

　また、主観観念はつねに、主観的精神現象の運動・作用に相互対応しつつ変化・動向する。もとより、主観観念は主観的精神現象の

状態遷移により、主観的意識内容乃至対象として脳内形成されるイメージレベルであるからであり、且つ主観的精神現象の運動・作用は主観観念の内的イマージュの機能態様として収束されるからでもある。そのことと同様に、客観概念はつねに、客観的精神現象の運動・作用に相互対応しつつ変化・動向する。もとより、客観概念は客観的精神現象の追考過程上のグレードにより、客観的把捉態様乃至対象として脳内生成される自覚レベルの状態関数をなすからであり、且つ客観的精神現象の運動・作用は客観概念の統覚作用として収束されるからでもある。客観作用と主観作用が相互間に呼応しあう以上、したがってまた、客観概念に主観観念が呼応して状態遷移するということは、同期しつつ客観的精神現象に主観的精神現象が呼応して運動・作用することと同義である。

　但し、追考作用に於いて一般且つ特殊時空間上の統合意識レベルが成立している場合、単に主観作用が客観作用に対応するのみならず、主観観念及び主観的精神現象自体が、相対的・可変的である自立性を以って機能しうる状態関数にあることも客観的事実ではある。このような統合意識レベルにあるということは、主観観念及び主観的精神現象自体が、一般且つ特殊時空間上の規定性に対し既に覚醒されていることにより、自己自身の運動・作用に対する自己知覚をなさしめる内的態様にあるためである。

第Ⅳ節　主観的精神現象

ⅰ＞観想作用：Ｄｏｇｍａ＜不可知論＞

　超自我における主観性フィルターを展開する運動自我の態様をなす主観的精神現象は、特殊時空間上の［客観的］実測値には拘束されない主観作用の運動現象ゆえにＲａｎｄｏｍの動作傾向を示す。（そのこと自体がまた客観的事象につき、当該の主観的精神現象の特殊時空間上の［客観的］実測値を形成するのではあるが）但し、弁証系プロセスの遂行下にあっては、客観性フィルターの動向にＣＮＳの注意能力が集中化されるため、主観的精神現象の推移は客観的精神現象の追考過程上のグレードにリアルタイムに呼応する。このことから、本節における自覚レベルに妥当する客観的精神現象が、空間理論的表象規定／時間理論的表象規定を契機とする相対系システムの原理研究、即ち実存理論の表象規定をなす追考フェーズである実存概念論／零系理論以降の反定立態様をなす学術上の弁証系レベルに相当する以上、超自我における真理値以外の価値システムを反映する主観的精神現象はまた、当該の段階にあって、実存的モメントにおける瞬間生滅レベルの公理的規定性、即ち実存理論（実存概念論／零系理論）以降の反定立態様をなす学術的階層に対応する主観的アクセスレベルにあることになる。したがって、客観的精神現象の自覚レベルの態様が、相対系システムにおける一意の瞬間生滅の概念的追考レベルの＜実存概念論⇔零系理論＞による学術上の概念規定を構成する相互否定関係よりして、当該の反定立即自己同一／自己同一即反定立による無限回帰をなす真実存を対象とする追考レベル、即ち学術上の自己回帰としての＜実存哲学＞という理論的系譜へと移行されることに伴い、主観的精神現象の運動態様とても、当該同一の対象的知覚に対する主観的アクセスレベルの状態関数を、客観的精神現象をなす自覚レベルに呼応する作用工程にて遷

移せしめざるを得ない。

　しかし、相対系自体との同一性を表示する真理値以外の価値システムを反映する主観的精神現象は、その運動態様自体により相対系を主観観念に符合せしめる必然性をなさないため、つねに相対的・可変的にしてRandomの対応性向を具有している。また、主観的精神現象が客観的精神現象の自覚レベルの推移過程に呼応しあうことから、同時点の超自我における真理値以外の価値システムを反映する主観観念と、その運動的系譜として主観性フィルターを展開する運動自我の態様をなす主観的精神現象はまた、当該の主観作用プロセスにあって、無限の相対系における有限の実存機構を体現する瞬間の生滅原理、即ち一般及び特殊空間と一般及び特殊時間に対し覚醒されている工程にあることになる。尤も、当該の主観的精神現象の規定性が客観的精神現象の規定性に呼応しあうとはいえ、主観的精神現象自体の移行パターンにはロジカル属性をなす通信経路を具有するわけではないので、超自我における主観性フィルター及びそこに相互連動しあうエス＜イド＞の本能的欲求値が、当該の時点に於いて構成する状態関数に負うところが多い。対象的知覚に対する客観的精神現象上の自覚レベルが、一般及び特殊空間と一般及び特殊時間の概念規定に覚醒されている工程に於いては、主観的精神現象そのものの内的機構が客観的精神現象の状態関数により触発されることを動因として、却って自律的に作動せしめられるため、しかる主観的精神現象に対する力動概念がエス＜イド＞における生本能及び死本能を活性化することにより、一般及び特殊時空間上の統合意識レベルが成立していることを示す。但し、しかる状態関数の構造因子には、相対的である個体差をつねに内在する主観性の属性が具備されているのであるから、その観想作用が絶対的に規定されることも普遍的に妥当することもなく、飽くまで自己内にのみ表象される一意にして相対的・可変的である自立観念の自己運動・変化プロセスではある。

第
II
部

論
理
系

第
III
篇

弁
証
系
シ
ス
テ
ム

如上にみる通り、主観観念の示す態様はつねに、主観的精神現象
のそれと対応して推移する。超自我の主観性フィルターに成立する
自立観念の態様レベルである主観観念に対し、しかる主観観念その
ものの自己運動プロセスとして展開される主観性フィルターの規定
態様を主観的精神現象がなすためである。客観性フィルターに成立
する、実存乃至実存系の概念規定上の自覚に於いて覚醒している主
観的精神現象にあっては、一意の実存をなす瞬間生滅規定がそれ以
外のいかなる特殊時空間上の規定性でなく、且つそれ自体における
他のいかなる特殊時空間上の規定性でもなく、またそれ自体に対す
る自己生成と自己収束が実存規定の自己回帰としてあることの自立
観念が生成されているから、それが延いては、存在的無と無的存在
の自己同一であることの主観作用と限界状況に根差した宗教観を形
成しているのでもある。客観的もしくは学術的である立場からの公
理的制約を捨象することにより、各々の実存的モメントの観想作用
に成立する自己存在の規定性を、飽くまで主観作用の所産としての
みある絶対的存在乃至完全概念との観念的交信に自己依存すること
に他ならない。そこに何程かの倫理規範性や公序良俗性を伴う場合
があるにせよ、たとえば社会制度としての憲法乃至法体系が実際上
の活動の選択肢を拘束し、またISMや当為が自由選択せらるべき
個人の規範意識上の選択肢を拘束するに比して、Dogmaにより
規定されうる対象は、仮想の絶対的存在乃至完全概念との関係性を
前提要件とする自己存在の形而上学的観念にあるからである。

　客観的精神現象の同時点の状態関数により規定されるとはいえ、
絶対的確実性もしくは論理的精度を以って規定されうる客観的基準
を具備しない以上、このような主観的精神現象そのものの動向ヴェ
クトルには不定のパターンが成立しよう。しかる端緒となる主観的
精神現象の即自的である観想作用は、実存としての規定性により自
己回帰される自己存在としての宗教観の覚醒であることになる。主
観的Dogmaにおける最も端的である態様は、相対系の無限回帰

1110　　第IV節　主観的精神現象

によってのみ実現されうる自己存在の知覚よりして、全体系をなす無限が実存規定である自己存在の有限によってのみ形成されているとともに、同時性における普遍性をなすことが有限性・相対性の無限連動による体現態様であることの統覚が成立していることから、もはや絶対的存在乃至完全概念というイドラ：Ｉｄｏｌａに依存する自己自身をも自覚する状況にあるといえる。一意の自己存在の生／滅のうちに無限の特殊時空間が反映されてある以上、実存を構成素子とする全体系である相対系の前提として［架空の］絶対的存在乃至完全概念を要請すべき必然性もないからである。実存概念の一意性をなす客観的精神現象の自覚レベル、即ち実存概念論に対応する主観的精神現象の態様に於いては、いかなる他在とも相互間に同一ではない実存規定としてあることの認識をもとに、しかる実存としての自己存在による自己自身に対する強迫観念とも同期することで、実存系という無限における自己否定的である排他性にある自己存在、且つ全他在を否定・収束せしめるとともに全他在により否定・収束されることによってのみ存立する自己存在を表象する観想作用として、その自己自身の依存すべき対象をなす絶対的存在乃至完全概念を自ら設定することになるが故に相違ない。

　さればこそ、一切の宗教の前提となる神仏や超人等の概念規定の類はなべて、［無限における一意性に帰因する孤独観を内在する］例外なく或る実存として覚醒している精神機構の主観作用により創出された作品である必然性にある以上、また一切の個別宗教における聖典が客観的事実に依拠する合理的根拠もない。寧ろ、現実性のない完全・完璧もしくは全能という概念規定の真義を看破したうえ、しかる概念規定に対する信仰・信奉に基づく宗教ゆえの、聖なる嘘の文化としての価値と役割を再認識することには意義があるといえよう。自己自身の機能・能力によっては解決方法の得られない限界状況にある自己存在を仮定するならば、現実上の態様によっては救済されえない一実存の精神上の平衡状態を保持するためには、ある

がままの絶望よりも偽りの福音にこそ期待値がみられることもある
からである。この地球上の、否、多様の天体上のあらゆる精神主体
により構成される社会に散在しよう無数の宗教が、それぞれのＤｏ
ｇｍａの規範と方向性とその民族的・社会的等の背景状況を異にす
るとしても、それが形成されている経緯や風土及び人種に根差した
表現方式の差異にすぎず、本来の力動概念である精神機構の意識階
層レイヤの深層域より渇望してやまぬものには違(たが)わぬため、
もとより宗教思想上の対立状態による武力闘争など無意味といえる
行為であり、たとえば、権力欲のために民衆の信仰心を意図的操作
している一部の宗教指導者等と自称するものこそ、己が宗教乃至宗
教観に対する冒涜者であるともいえよう。とまれ先述にみる通り、
信仰・信奉の対象たるべき絶対的存在乃至完全概念には現実性・実
在性がない以上、個別宗教上のいかなるものも各々の聖典の記述内
容の詳細につき解釈せんとする努力は、客観上の理性的意義に於い
ては徒労である。いずれの個別宗教であれ、当該のＤｏｇｍａの論
拠として触発せらるべき深層レイヤの心理状態をなすものは、歴史
的背景も政治体制も人種も性別も貧富も、生ゆえの一切の格差と不
公平を無条件に清算されるところの、唯一平等である死を制御する
象徴としての全能なるイドラ：Ｉｄｏｌａへの祈りにある。すべて
の実存的モメントが特殊時空間上に一意の生滅現象であるからは、
それぞれの人間及び精神主体の生は否応なくその一意性による差別
状況を不断に更新することにもなるが、己が生にあって実際上にい
かなる状況が展開されていようと、開始されるすべての運動・変化
が有限の期間を以って必然的に終了される以上、あらゆる生もまた
その生誕の時点にて死の契約がなされていること、且つ己が死の時
点が普遍の相互因果律により客観上に於いてはもとより計画されて
いるも、生の主体という立場にあっては事前の認知が不可能である
ことのみが、あらゆる実存的生にとって唯一平等の約束であること
による。信仰・信奉の根幹をなすこのイドラに対する祈りが、そも
人間及び精神主体の潜在的である意図に発露があるように、祈りに

対する救いとても、宗教文化に於いてはやはり意図的といえるものである。もとより＜救い＞であるはずの絶対的存在乃至完全概念、全能なるイドラとその無欠の愛が、いつしか当該のイドラ自体のための＜祈り＞に取って換わる。Ｄｏｇｍａにおける二元性である祈りと救いは、相互間に潜在する矛盾関係を解消も統一もされることなく、その矛盾関係自体を宗教文化の内部構造として温存せしむべく、いかなる疑問や疑念をも容認せぬ無条件の信仰・信奉を要求し続けることであろう。

神の福音を期待した時点にあって、もはや神の実体（実在）の可能性は自らにより打ち消されていたのだ。完全・完璧・全能、そして無欠の愛、そこには既に完成された世界が予め前提されてこそ成立しうる以上、本来それは改めて望み求めるはずのものではありえないからである。

主観的精神現象における宗教観は、当該の態様にある主観的精神現象の観想作用として形成されるところであるが、そのこと自体の対象にして力動概念として表象される成果としての宗教文化乃至Ｄｏｇｍａの概念規定に関しても諸説がある。宗教に関しては種々の定義がなされているが、凡そ宗教と称せられる概念規定の諸徴表を列挙するならば、以下の通りとはなろう。神と称せられる絶対的存在乃至完全概念の仮定とそれに対する信仰・諸対象間における聖俗の弁別・神聖とされる対象に相互連関する儀礼的行為・神により義認されていると信奉される道徳律の規定・特徴的である感情様式（畏怖／神秘観／罪悪観念／崇敬等）が神聖である対象、及び儀礼に伴い惹起される傾向を顕わし、それが神の観念内容と連携していること・祈りなどの神と交信すべき精神論的形式の存在・空もしくは虚無の世界観及び世界における個人の位置付けに関する自覚があり、何等かの世界目的及びそれに対する個人の参与の仕方が教示されていること・世界観に基づく諸個人の生活の組織化、及び集団の結成

等とされている。これら諸徴表は、多くの個別宗教に繁く認められるとはいえ、必ずしもそのすべてが共通に具備されているわけではない。宗教の本質規定や起源の探求は、特定の信仰・信奉に基づいて教理や歴史を研究する神学に替わり、比較宗教学的研究が成立してよりは客観的考察にはなっているものの、前述にみる通り、相互に一致しない多数の異なりあう学説・解釈論を提起せしめているのでもある。

　如上の宗教一般における諸徴表を実践するための契機乃至方法論として、Ｄｏｇｍａの概念規定とても位置付けられよう。Ｄｏｇｍａの原義としては定説或いは独断等を意味するものとされているが、ギリシアの懐疑論者によると積極的といえる主張をなす哲学者を定説論者：ドグマティストと称せられてもいる。カント：Ｉｍｍａｎｕｅｌ＿ＫａｎｔはＤｏｇｍａが訓言・教説と訳されるとし、必然的命題を概念規定の構成による直接綜合的命題である定理：Ｍａｔｈｅｍａと、ただ概念規定からの直接綜合的命題であるＤｏｇｍａに弁別している。また、宗教上の信仰・信奉内容がカトリック教会の会議により公認され、教皇の宣言により権威付けられることを以って、理性作用による批判を許容しない教理・教条と定義されているものがＤｏｇｍａと称せられてもいよう。学術的にも倫理的にも支配的イデオロギーを権威として無批判的、且つ盲目的に信仰・信奉される命題規定、一般には客観的根拠に基づいて論証されていない主張がＤｏｇｍａであるが、したがってその意義に於いては、当該の命題規定そのものの内容の真偽に拘わらず、仮に正当性ある内容の場合であろうと、具象的条件の変化を考慮することなく主張されることによりＤｏｇｍａへと転化する。たとえば、マルクス：Ｋａｒｌ＿Ｈｅｉｎｒｉｃｈ＿Ｍａｒｘ／エンゲルス：Ｆｒｉｅｄｒｉｃｈ＿Ｅｎｇｅｌｓは自説のドグマ性を論理的否定しているが、他方に於いては毛沢東が、マルクス主義理論を宗教の教条さながら墨守して、事情の相異や条件の変化を無視して適用せんとす

る教条主義者を批判してもいる。そこで批判されているのは、マルクス主義理論の内容自体に対してではなく、寧ろ教条主義的である運用方法とその立場にあるともいえよう。

　Ｄｏｇｍａ、即ち教義の本来の意義としては、認識に対する憶説もしくは意見・公の決議乃至政令としての意義・哲学者の教説を示唆する場合などあるが、後二説に関しては権威的決定や定説の属性を具有するものである。但し、狭義における教義としては、或る個別の宗教乃至宗教団体がその信徒に対し、無条件に信仰・信奉すべき義務ある対象として課す教説を示唆している。礼拝・祭式・教祖の人格や言行・教典・伝統等は権威ある要因として、教義に相当すべき厳格性を具有するものとして尊重されるが、これら信仰・信奉上の素材に知性的構成が十全に加味されない場合や、信徒に対し信服させる権威が不足するなどの理由により、簡明といえる信経の形式を採らないという例も少なくはない。信経の形式を以って教義を保持しているものは、現状に於いてはユダヤ教・キリスト経・イスラム教の三宗教のみとされていよう。キリスト教の場合には、教義が構成されている素材として聖書の概念規定が用いられていることは自明であるが、ソフィア（智慧乃至叡智）・ロゴス（論理性）・プネウマ（精霊）などその顕著なる事例であり、教父やスコラ学者等により、更にこれをギリシア思想との密接といえる相互連関のもとに発展せしめられている。たとえば、神の三位一体であるとか、キリストという人物の本質規定等という、主要の教義上の概念規定として、本性・基体・位格等が採用されている。宗教改革を端緒とするプロテスタントについても、神・キリスト・精霊等の素材に関する古代教会の教義を無反省的に採用しているといえる。

　キリスト教神学は、教会史や教理史の探求を課題とする歴史的部門と、説教学や教会政治の研究を課題とする実践的部門、及び当該の神学の綜合的である形態乃至根源的・理論的である体系を論述す

る理論的部門に大別されるが、この理論的部門が組織神学もしくは教義学とも称せられる。教義学の構成としては、カトリック（所謂旧教）／プロテスタント（所謂新教）の両陣営に於いて［細部の相違点を除いては］ほぼ共通の内容をなしており、最初に啓示と理性の関係性等を中心とするプロレゴメナ、更には神・創造・罪過・贖罪・恩寵または義認・精霊・終末等の項目が配列されている。神学が固有の信仰思想の方法論的である論述に携わる場合には教義学となり、他の思想的態度に対する弁証的処理を目的とする場合にはキリスト教弁証論となり、更に近世以降キリスト教的生活に関する方法的研究が教義学より峻別して取り扱われ、カント：Ｉｍｍａｎｕｅｌ＿Ｋａｎｔ の影響からキリスト教倫理学が形成されてもいる。現代に於いてはまた、福音的である正統信仰の立場と社会的関心を関連付けて、所謂社会的キリスト教を浄化することでプロテスタントの現実的教会倫理を考究する傾向にもある。

　如上にみる通り、広義における教義の概念規定は、無反省的・妄信的である独断や憶説一般を内包するものであるため、必ずしも学説上の変遷としても宗教上の信仰思想の方法的である論述に特化されてはいないが、本節におけるＤｏｇｍａの概念規定は、飽くまで宗教上の規範を前提する教義に限定されねばならない。もとよりそのことは、世界・内・存在としての自己存在の実存的限界状況による絶対的存在乃至完全概念をなすイドラへの要請を根拠とする以上、社会一般の規範である法・倫理や当為によっては充足されえないためであるが、しかるイドラへの要請は本来に於いては、いずれの神仏や超人の類にも、またいずれの個別宗教や宗派にも拘泥する必然性を具有しないことから、本節におけるＤｏｇｍａとは、あらゆる特殊時空間上に存立しうる全個別宗教及び全宗派を対象とするところでもある。実存規定としての一意の自己存在に帰因する宗教概念が、個別宗教及び宗派の如何に拘わることなく、その基本概念をなす＜祈り＞と＜救い＞の対象となるイドラの本質規定にある以

上、各個別宗教間及び各宗派間における相異点や論争など派生的問題でしかないからである。

　ところで、このような宗教概念を前提するＤｏｇｍａを、無条件に服従すべき教義乃至規範として独断されることの論拠に、不可知論の学術的立場があることは、歴史的経緯を検証するまでもなく理論的背景として明らかであろう。そも不可知論とは、事象・事物の本質規定や実体（実在）の原理は認識することができないことを主張して、すべて人間乃至精神機構の経験作用を媒介しない対象領域の問題を拒否する学術的立場であるが、神・悪魔・霊魂等の形而上学的概念がもとより理性的思惟によっては解明されえないと、予め断定しておくことが、宗教上の教義乃至規範を無反省的に信奉せしめる上では好都合であることによる。懐疑論が理性上の普遍的である認識の成立を論理的否定し乍らも、種々の状況にあってその決定的といえる態度を保留しているに対し、不可知論は何等かの意義に於いて現象的であるものと本体的であるものを弁別した上、後者は理性上の認識及び知識の対象とはなりえないこととし、認識及び知識を専ら経験上の事実態様の範疇に限定しようとする態度を明示している。ハクスリー：Ｔｈｏｍａｓ＿Ｈｅｎｒｙ＿Ｈｕｘｌｅｙは存在の概念規定を現象と本性（物自体）に峻別しており、認識及び知識の及ぶ範囲を厳密に経験態様の分野、即ち現象界にのみ限定せんとしているカント哲学による影響が看取されるが、スペンサー：Ｈｅｒｂｅｒｔ＿Ｓｐｅｎｃｅｒの場合には、寧ろハミルトン：Ｗｉｌｌｉａｍ＿Ｄｏｎａｌｄ＿Ｂｉｌｌ＿Ｈａｍｉｌｔｏｎにまで遡らねばなるまい。ハミルトンは相対主義の理論的立場よりして、これを現象と物自体を弁別するカント：Ｉｍｍａｎｕｅｌ＿Ｋａｎｔの認識論と関連付けることにより、人間乃至精神機構上の認識及び知識は有限にして相対的・可変的である現象界に限定せらるべきであり、無限にして絶対的である実体（実在）界は人間乃至精神機構には永劫に不可知の領域問題であることを主張している。然るに、

その主張自体からも明らかである通り、不可知論は実体（実在）界に対する認識及び知識の不可能性を強調すること自体により、却ってその実在性を暗示的に認定していることにもなろう。この理論的自己矛盾は少なくとも、実体（実在）界の現実性とともに、それに対する認識及び知識の可能性を予め［黙示的に］仮定的に担保しておくことなくしては、そのことに関して不可知性を主張すること自体とても意義をなしえないことになるからではある。

　人間乃至精神機構により知覚されうる存在の相を超越して、知覚されえない実体（実在）が現存することを想定することは、スペンサー：Herbert＿Spencerにより更に明示されており、かかる不可知の実体（実在）の態様が知覚世界の態様とも対応しているという。しかる不可知論的実在論に於いてもやはり、現象界と実体（実在）界が概念的に弁別されており、実体（実在）界の客観上に現存してあることを主張しつつも、人間乃至精神機構における認識・知識の対象は現象界にのみ限定されていて、不可知の領域問題である実体（実在）界には及ばないとされている。つまるところ、有限・相対的である経験の世界に無限・絶対的とする本性の世界を対立せしめているのであり、宗教の世界・神の世界・第一原因の世界等がそのような実体（実在）界に帰属するものとし、これら本体もしくは実体（実在）の世界は空間・時間・運動・物質・精神等の現象の世界の根源をなしていることを前提として、かかる本体もしくは実体（実在）が現存するのでなければ、現象の世界に所属するあらゆるものは発現されえないという。それでいて、実体（実在）界が現存するにも拘わらず、それが人間乃至精神機構によっては不可知の対象として独断していることについては、なべての認識・知識が比較と類推と限定により成立するものと仮定しつつ、無限・絶対的とする本体・本然の世界に対しては比較も類推も限定も不可能であるとして、理性上の認識・知識の対象とはなりえないものと結論付けている。その上で、そのような実体（実在）界を把握しうる

のは宗教上の信仰・信奉によるのみであるが、認識・知識と信仰・信奉はそれゆえに絶対的に相互矛盾しあうものでもなく、寧ろ世界認識の到達のために相互間に補足しあうべきものであるとも説明している。

　しかし乍ら、現象界を有限・相対的、実体（実在）界を無限・絶対的として定義付けていることよりして、もはや整合性及び妥当性を欠くところであるといえる。現象界／実体（実在）界ともに無限の全体系である相対系としては、有限且つ相対的である一切の特殊時空間による無限の相互連動をなすこと自体が、或る絶対の恒真式：Ｔａｕｔｏｌｏｇｉｅとしてあることからも、現象と実体（実在）は論理学上にて相互対立或いは相互矛盾しあう関係性にはなく、本来に於いて現象は実体（実在）の本質規定そのものの運動的発現される態様である以上、現象界に対する認識及び知識が成立するという客観上の事実態様そのものが、当該の本質規定をなす実体（実在）界に対する認識及び知識とても可能であることを示唆するのでもある。何となれば、現象界に対する認識及び知識はそれ自体が、当該の現象界を体現する同一対象の本質規定に対するそれに帰せられる論理系上のプロセスにあるからであり、また実体（実在）界に対するいかなる推論・証明も不可能としている主張そのものが、それが不可能であることの理論的根拠をも推論・証明しえない自己矛盾に陥らざるを得ない。ましてや、ここでの認識及び知識の意義とは、単に比較・類推・限定のみならずあらゆる客観作用の範疇を包摂するところである以上、そのような客観作用がなべて現象界をなす相対系とともに、実体（実在）界をなす相対系に対しても成立することになるのである。而してまた、既述の論証により、神・悪魔・超人等の絶対的存在乃至完全概念の実在性が論理的否定されている通り、［個別宗教の教義・規範の内容によっては＜方便の嘘＞の文化としての主観的価値あるも］いかなる個別宗教も事実上乃至現実上の客観的根拠を具有しえないことよりして、しかる概念規定そのも

のを以って実体（実在）界の客観上の構成素子とはなしえず、した
がって、宗教的信仰・信奉のみを［神なき］実体（実在）界への交
信手段としていることも意義をなさない。更には、第一原因と称せ
られる名辞については、いかなる事物・事象を第一原因もしくは最
終原因などとして断定しようと、特殊時空間を構成する一切の事物・
事象が無限の相互因果律により連動する以上、第一の原因となる事
物・事象を遡及することも、最終の原因となる事物・事象を予測す
ることも、等しく無限に完了しえない徒労を要求するものでしかな
く、寧ろ、そのこと自体を以って無限という概念規定を表象しても
いよう。もとより現象と実体（実在）乃至本質という概念的弁別そ
のものが、相対系に対する理性上の思惟運動の過程による所産とし
てあるため、現象界と実体（実在）界を恰も相互対立もしくは相互
矛盾しあう独立の機構をなす世界として把握せんとすることなど、
却ってまた、理性上の思惟運動に於いてこそ発生しうる誤謬の実例
でもあり、現象界と実体（実在）界という表現とても、人間乃至精
神機構のアクセス対象である相対系自体としては、客観上に於いて
は同一のシステム機構に帰結されるところであるともいえる。もと
より現象界の範疇を構成するところの特殊時空間が、無限の全体系
である相対系における全事象・全事実を例外なく包摂する概念規定
であるからは、しかる現実上の全体系とは別個のシステム機構が成
立すること自体ありえないのである。

　とりわけ宗教上のＤｏｇｍａの理論的根拠をなすべき不可知論
は、かくてその整合性及び妥当性を欠如する思想であることが明ら
かとなり、この意義からも宗教及びＤｏｇｍａに対する無反省的で
ある信仰・信奉を正当化しうる前提は、理論的には成立しない。と
はいえ、個別宗教の指導的立場としては、その信徒をして宗教上の
教理乃至教義を遵守せしむべき努力が必要ではあろうが、これを強
制的に無条件の信仰・信奉へと誘導しうべき理論的根拠をもはや具
有しえない以上、厳密には整合的・合理的である客観的内容にはな

りえないにせよ、信徒等に対しては信仰・信奉の論拠や意義に関する何程かの説明責任あることは免れまい。その他方、宗教哲学の研究的立場と個別宗教の指導的立場では、その存立意義と目的を異にするため、宗教家乃至宗教指導者に相当する立場にある精神主体が理論的視点より当該の個別宗教を批判する必要性は、必ずしもない。というのも、本来に於いては、宗教文化が理性的・知的欲求を充足する目的ではなく、実存としての限界状況に直面する自己存在の祈りへの救済を提供することを使命の一とするため、且つまた有限にして相対的・可変的である実存的主体の不可避的に直面する限界状況にあっては、単純に現実態様に則した客観的帰結のみを直言すること以上に宗教上の方便の嘘を援用することが、却って主観的効果としては情動的変数に福音的作用を有効化せしめる場合がありうることから、飽くまでそのあらゆる波及効果に於いて何等の有害性もないことを最低条件として、かかる方便の嘘の文化としての宗教及びそのＤｏｇｍａを是認する余地があるともいえよう。したがって、個別宗教の指導的立場としては、信徒等に対する教理乃至教義の説明責任を履行する上に於いては、宗教上の方便の嘘をも援用することが是認される場合あるとするも、少なくともこの指導的立場にある精神主体自身が当該の個別宗教に対する妄信的・無反省的である信奉者としてあることは障壁となるが故に許容されず、またしかる方便の嘘の必要性及び主観的有効性についても個体差があるため、その状況と場面等に対応する客観的判断力が要求されることもまた自明ではある。而してまた、そのことは原則として、政教分離の社会的理念を裏付ける合理的論拠ともなろう。個別宗教乃至Ｄｏｇｍａへの帰依により救済されうる対象が、飽くまで主観性フィルターにおける情動作用のみに限定されるため、またもとより宗教が方便の嘘の文化としてのみ存立しうることよりして、実生活における経済活動や政治参与、生活態度乃至思想信教等の客観的現実の諸徴表に対しては、本来に於いて正常の効果・効力を及ぼすことなく、されば、強いて実際上の政治体制の理念等に個別宗教乃至Ｄｏｇｍ ａを導入・介在せしめることは、その政治的原理・運用として正常に機能しうる可動域を逸脱することになるので、当該の社会規範及び実生活に破綻状況を帰結せしめる可能性があるのではある。中世ローマ国教会の欧州政治支配による種々の社会的弊害等は、そのような場合の状況の顕在化された実例ともいえよう。

本節における主観的精神現象上の観想作用についても、また如上の宗教乃至Ｄｏｇｍａに対する自覚レベルの反映されるところである。当該の自覚レベルをなす客観概念及び客観的精神現象が実存乃至実存系の概念規定にあり、且つ主観観念が実存概念に対応する自己存在による自己自身に対する強迫観念にあることから、主観的精神現象における宗教乃至Ｄｏｇｍａの観想作用は、そのもの自体の妄信的・無反省的である信仰・信奉を強制する本質的属性ではなく、寧ろこの本質的属性の力動概念に看取されるところの、実存であることによる一意性という［主観的］限界状況に対する自覚にあるためであり、そこにしも実存であることの自己強迫を反映する宗教乃至Ｄｏｇｍａを形成する＜祈り＞と＜救い＞の本来の規定態様が体現されうるからでもある。

このように主観的精神現象の当該の工程に相当する宗教観及びＤｏｇｍａに関する定義には、組織神学もしくは教義学や個別宗教に関する宗教論的立場の他、絶対的存在乃至完全概念としてのイドラに対する無条件の信仰・信奉を理論的に基礎付けるべき不可知論の主張からも、様々の概念規定がなされてはいるが、Ｄｏｇｍａの無反省的強制力に客観的根拠を伴わないこともまた上述の通りである。そのことはまた、宗教観乃至Ｄｏｇｍａとして定義せらるべき観想作用が、その可動の端緒となる対象的知覚を同時点の客観概念とも等しくするとともに、それに対する客観的精神現象の態様とも同期されるにせよ、当該の観想作用自体の本質規定に於いては、最終的には公理の恒真性を追究する客観概念及び客観的精神現象では

なく、つねに相対的且つ可変的に作動する主観観念に相互連動する主観的精神現象としてのみ成立する即自的態様であることを意味する。もとより主観的精神現象自体がＣＮＳ上の主観性フィルターの生理機構に帰属する機能であるとともに、宗教的諸徴表や教理・教義の観想作用の形成に於いては、弁証系プロセス上の追考処理により無限の恒真性が証明されうる客観性フィルターではなく、限界状況にある実存としての自己存在の＜祈り＞に根差した有限性・相対性を反映する自己内の主観性フィルターにより推進されるためであり、その即自的態様をなす自己内反応を構成する主観観念に相互連動する主観的精神現象が、宗教観乃至Ｄｏｇｍａの規定性にあるが故に相違ない。

　また、主観的精神現象の運動・作用はつねに、主観観念の態様に相互対応しつつ移行される。もとより、主観的精神現象の運動・作用は主観観念の内的イマージュの機能態様として収束されるからであり、且つ主観観念は主観的精神現象の状態遷移により、主観的意識内容乃至対象として脳内形成されるイメージレベルであるからでもある。そのことと同様に、客観的精神現象の運動・作用はつねに、客観概念の態様に相互対応しつつ動向しゆく。もとより、客観的精神現象の運動・作用は客観概念の統覚作用として収束されるからであり、且つ客観概念は客観的精神現象の追考過程上のグレードにより、客観的把捉態様乃至対象として脳内生成される自覚レベルの状態関数であるからでもある。客観作用と主観作用が相互間に呼応しあう以上、したがってまた、客観的精神現象に主観的精神現象が呼応して運動・作用するということは、同期しつつ客観概念に主観観念が呼応して状態遷移することと同義である。

　但し、追考作用に於いて一般且つ特殊時空間上の統合意識レベルが成立している場合、単に主観作用が客観作用に対応するのみならず、主観的精神現象及び主観観念自体が、相対的・可変的である自

立性を以って機能しうる状態関数にあることも客観的事実ではある。このような統合意識レベルにあるということは、主観的精神現象及び主観観念自体が、一般且つ特殊時空間上の規定性に対し既に覚醒されていることにより、自己自身の運動・作用に対する自己知覚をなさしめる内的態様にあるためである。

ii ＞観想作用：方法的懐疑

　客観的精神現象の同時点の状態関数により規定されるとはいえ、絶対的確実性もしくは論理的精度を以って規定されうる客観的基準を具備しない以上、このような主観的精神現象そのものの動向ヴェクトルには不定のパターンが成立しよう。その端緒となる主観的精神現象の即自的である観想作用をなす宗教観乃至Ｄｏｇｍａは、然るに無反省的である規定性のうちに無条件の強制力が基礎付けられるため、いずれの個別宗教上のＤｏｇｍａと雖も理性上の客観的判断の根拠となる前提条件として相対的・可変的である妥当性しか具有しえず、絶対的もしくは普遍的に適合する社会的規範とはなりえない。たとえば、キリスト教における教理・教条とイスラム教におけるそれ、或いは仏教その他なべての個別宗教におけるそれが、各々に或る宗教観乃至Ｄｏｇｍａとしての相互矛盾を内包つつも併存している事象にみられる通り、相互矛盾関係にある異なる教理・教条がそれぞれに宗教的規範として成立しうることから、またそれぞれに無条件の信仰・信奉を強制するいかなる個別宗教にも絶対的規範の成立しえないことも明らかである。いかなる個別宗教における教理・教条も、信徒に対する無条件の信仰・信奉乃至服従を必要とする限りに於いて、客観的且つ論理的追究を回避するための口実としての不可知論をその論拠とせざるを得ないが、先述の通り不可知論自体に理論的根拠が成立しえない以上、あらゆる宗教乃至Ｄｏｇｍａには懐疑の必然性が内在されているといえる。そのことはまた、相対系の無限性における一意性をなす実存規定としての自己存在ゆえに、相対系全体の運動的統合値を以って無限回帰されることにより不断に＜零＞に帰せしめられる自己存在の、主観作用に反映されるその限界状況を力動概念とするイドラという［架空の］絶対的存在乃至完全概念の創出と、当該のドグマに対する無反省的である妄信を形成するところであるが、もとよりイドラそのものに現実態様をなす客観的根拠を具有しないことよりして、なべて宗教的規準自

体に内在される懐疑の必然性が無の価値観に帰せられることによる主観観念における自己疎外と相互連動しつつも、意識プロセスに顕在化されゆくのである。

個別宗教に対する無条件の信仰・信奉は、その本質的象徴であるイドラ：Ｉｄｏｌａに対する無反省的である服従としてもある。何等疑念なくイドラ及びドグマに帰依する信者等に対しては、その報償規定としての安住の楽園という希望的未来の説話が、またそれに服従しない対象者に対しては、その罰則規定としての地獄もしくは煉獄という絶望的未来の説話が提示されるが、いずれの説話にも既述の通り、現実性・実在性がない。そのこと自体は、零系上の運動的統合値により無限回帰される実存規定としての自己存在の潜在意識を動因として、ＣＮＳ上の主観性フィルターを媒介して表象される反動的現象ともいえるが、個別宗教上の立場に於いては、しかる主観上のフィクションを信者等に対する情動的救済乃至福音の目的から、もしくは当該の個別宗教による布教活動の観点からも、これを＜方便の嘘＞として利用されているものでもある。しかし、もし神仏等のイドラという絶対的存在乃至完全概念が実体を以って実在すると仮定すれば、事前に世界は無限の過去時間より無限の未来時間に亘り完成されているはずであるから、もはや祈りや懺悔さえもその必然的根拠がありえないとともに、救いや福音さえも何等の意義及び効力をなしうることもなく、イドラ及びドグマに対する疑念・猜疑の生じる可能性の余地すら皆無であることになろうが、実のところ、しかる疑念・猜疑はつねに提起されていることでもあり、［既述の通り］神・超人・悪魔・天国・煉獄・地獄等の宗教上の象徴概念には現実性・実在性がない以上、宗教世界と現実世界との本来における相互矛盾態様が認識されざるを得ないため、宗教乃至Ｄｏｇｍａと各個人との関係性に対しても懐疑の生じる必然性が内在されてあるといえる。とするならば、主観作用と客観作用の機能的相互連関することにより、個別宗教上のＩｄｏｌａとＤｏｇｍａに対す

る信仰・信奉を向上せしめるほどに、否応なくそれに対する客観的
認識をも進行せしめることにもなるため、宗教乃至Ｄｏｇｍａと各
個人との関係性に内在される懐疑の必然性が助長され、且つそれが
顕在化されることにも通じるのである。完全・完璧・全能という絶
対的存在乃至完全概念とその無欠の愛を敢えて享受しないことは、
［死後時点の状況に対する］希望的である未来時間とともに絶望的
である未来時間の可能性を論理的肯否定することなく保留すること
になるが、宗教乃至Ｄｏｇｍａに対し客観的見地より考究するほど
に促進される疑念・猜疑が、不可避的に解明されざるを得ないこと
とせしめる主観的コンフリクトともなる。さればこそ、相対的・可
変的であるＫｈａｏｓの様相には自律的である規範が期待されるに
も拘わらず、宗教的規範そのものが相対的・可変的である属性を客
観上には具備しており、かかる主観的精神現象における宗教観乃至
Ｄｏｇｍａとそれに対する方法的懐疑の関係式は、いずれが前後す
ることなく相互矛盾しあいつつ反定立されるのである。神仏や超人
の名に反省もなく傅くことなく、その教理・教条を条件も責任もな
く受容することなく、真偽不明の世界の一切に対し際限なく懐疑し
尽くすことによってこそ、寧ろ、最終的にはしかる懐疑の可能性が
０％となる確実性を証明しうるならば、そのことはまた、デカルト：
Ｒｅｎé＿Ｄｅｓｃａｒｔｅｓ的である方法的懐疑にも匹敵しよ
う。

　主観的Ｄｏｇｍａにおける対他的且つ対自的である態様は、世界・
内・存在としての特殊時空間上にあって、就中社会的且つ歴史的に
規定される自己内的に反映せらるべき相対的・可変的である宗教観
に対し、そのような主観的精神現象における無反省的である規定性
に起因するところの、自己回帰的である自己否定（収束）作用とし
ての方法的懐疑に通じている。客観概念上の実存規定に対し普遍の
零系機構として帰結される一意性認識に対応する客観的精神現象の
自覚レベル、即ち零系理論に対応する主観的精神現象の対自的状態

関数に於いては、即自的にして無反省的である自己存在の宗教観乃至Ｄｏｇｍａに対する自己否定（収束）作用としてあり、決して整合化しえない絶対的存在乃至完全概念としてのＩｄｏｌａ・無条件の教義の概念規定が、当該の自己存在自体の規定性における無規定的である一意性を表象する観想作用にあるが故に相違ない。つねに相対的・可変的である無辺の他在との対他的連動により規定されつつも、自らもまた絶対的に一定することなく運動・変化し続ける存在規定の態様として、無辺の特殊時空間上の実存的モメント相互間の無限因果的連動にあって一意の状態関数をなす自己存在、そのような自立観念を表象する宗教的信仰・信奉・福音・救済の方向性乃至指向性に絶対的である規準を具備しないから、そもいかなる観想作用を以って宗教観乃至Ｄｏｇｍａとなそうとも、宗教観乃至Ｄｏｇｍａ自体の無条件の規定性が自己否定・収束されることによる方法的懐疑の、概念的規定作用に対する主観的価値システムとても零系に帰せられる方向性乃至指向性が想定されよう。不可知論的宗教観と方法的懐疑の概念規定は相互間に表裏の規定性を具有しており、一方が明示的に提言されることは同時点の反対の内実に於いて、そのまま他方が明示的に提言されていることを示唆するところであり、ともに相対的乍らも共通の観想作用を逆理的に規定しあっていることにもなるのである。そのことはまた、したがって、主観的精神現象における相互矛盾関係をなす宗教観乃至Ｄｏｇｍａと方法的懐疑が逆理的に規定しあうことにより、相互間の反定立関係が顕在化されてあることをも意味している。不可知論的宗教観の方向性乃至指向性が強制受容されるＤｏｇｍａの無規定性に対し、そのような＜方便の嘘＞としての宗教観乃至Ｄｏｇｍａの自立観念にある自己存在を自己否定態様として規定する方法的懐疑は、つまるところ規定すべき方向性乃至指向性を目的とするために論理的規定性を具有するが、しかる態様にこそ方向性乃至指向性の体得せらるべき前提となる懐疑の機構が内在されており、かくて主観作用上に相互矛盾する観想作用は相互依存することにより反定立しあうためである

といえる。

　主観的精神現象における方法的懐疑は、当該の態様にある主観的
精神現象の観想作用として形成されるところであるが、そのこと自
体の対象にして力動概念として表象される実存としての自己疎外の
自立観念とも対応性なしとしない。方法的懐疑はもとより客観性
フィルター上に成立する論理的方法論ではあるが、客観概念におけ
る零系の態様にある自己存在の主観的コンフリクトから、当該の対
応する主観観念をなす自己疎外の態様にある自立観念に同期的連動
することにより、主観的精神現象上における方法的懐疑の態様が内
的力動概念として表象されるのであるが、その他面に於いては、現
象学的にではなく本質論的に問題とされる自己存在に対する自己疎
外が、零系機構をなす実存規定である自己存在の自己自身をも包摂
する全対象に対する無前提の方法的懐疑の概念規定をなしているこ
とによるのでもある。その本来の意義するところは、絶対の確実性
を具有する公理乃至原理を証明し自覚するための解明手段、及び方
法論として実行される懐疑処理のプロセスをなすが、たとえば、ス
コラ的諸学派により説明される一見尤もらしくとも不確実である見
解や、一般に幼児期より堆積され続ける種々の根拠のない偏見・謬
見等が思惟活動に混入することを回避するためにも、例外なくあら
ゆる事象を懐疑の対象とすることの必然性があるといえよう。ここ
での懐疑とは、飽くまで自己存在自体をも一例とする、無限の相対
系をなす全モメント素子を対象として、更には無限の相対系自体を
も対象として、無前提且つ無条件に懐疑処理を実行することにより、
それでも尚且つ、懐疑しきれない絶対の確実性を具有する相対系の
公理乃至原理を解明することを目的とするため、単なる懐疑のため
の懐疑という無目的の懐疑論のそれとは異質である。このような方
法的懐疑は、したがって、絶対の確実性をなす普遍の真理：恒真式
が客観上に解明されうるということを前提することよりして、前節
における本質規定及び実体（実在）に対する認識が成立しないとす

る不可知論を論理的否定するものでもある。そのことは換言するに、方法的懐疑の対象としては、神・超人・悪魔・天国・煉獄・地獄・霊魂等の宗教的諸徴表や形而上学的概念をも例外なく包摂し、なべてこれを解明しうるという哲学的立場を以って、主観的精神現象における宗教観乃至Ｄｏｇｍａに対する反定立として展開されることにもなるといえる。

　思惟工程を確定せしめるに必要充分の論理的根拠がないために多様の仮定がなされうる客観的状況と、選択せらるべき仮定に迷妄と動揺を生起せしめる主観的状況が、総じて懐疑として仮称せられているところである。ギリシア哲学発祥の契機とされる自然に対する驚異の念が外側に指向する自己自身であるに対し、寧ろ懐疑は自己存在の内側に指向する自己自身であるとされている。外界に対する驚異から公理乃至原理の探求を開始したとする哲学的精神はやがてすべての知的成果を懐疑し、またしかる蓋然的成果を獲得している自己自身をも懐疑することにより理性作用を実践しうることにもなるが、もし当該の使途を錯誤する場合には哲学自体の体系的破綻をも来しかねない。たとえば、絶対的懐疑の自己矛盾とされることについて、仮に一切の対象となりうるものを懐疑する立場を採る場合に、それは一切の対象が疑わしいことが認識される立場を許容することになり、また単に一切の対象が疑わしいと消極的に妄信していることを主張するにしても、そのような主張の可能性もしくは信念の状況、つまりは懐疑すること自体についての認識・知識を予測しているのであり、如何せん無条件にして絶対的である懐疑は成立しないとするものが、アウグスティヌス：Ａｕｒｅｌｉｕｓ＿Ａｕｇｕｓｔｉｎｕｓを中心とする懐疑論の主張ではある。確かに懐疑処理の実行結果として、公理乃至原理の解明に直結しえない場合とてもあるも、それは飽くまで懐疑処理による思惟のプロセスにおける合理性・整合性が確定されないことによるところであり、延いては個体毎の懐疑処理による思惟の実行能力にも帰因することからも、

合理性・整合性ある必然的プロセスに於いて懐疑処理による思惟が遂行される限りに於いては、公理乃至原理の証明が可能であることには変りなく、その前提要件として例外のない無条件且つ絶対的懐疑が不可欠であることも同様である。しかく懐疑を、認識・知識の成立を批判するための起点として、正常の思惟活動を確実に基礎付ける手段として援用しているものが、デカルト：Ｒｅｎé＿Ｄｅｓｃａｒｔｅｓ的である方法的懐疑をなしているともいえよう。

　デカルトは哲学体系を樹木に見立て、その根として形而上学、幹として自然学、枝として機械学・医学・道徳を位置付けているが、形而上学は絶対的明証に基礎付けられている根本学にして、精神と神と自然との存在規定を確立するものとされる。そこでは、数学上の解析の方法論が精神純化の方法論とも一致するものとして、形而上学の方法論でもあると考えられており、それこそが方法的懐疑と称せられている。数学理論上の公理体系を考察しつつ、哲学理論上に於いても端緒の公理となる第一原理の発見を契機として、それ以外のすべての命題（論理式）が演繹推理により導出されることを企図するところであるが、しかる第一原理を発見するための方法論として方法的懐疑があることになる。かかる方法的懐疑により、まずは自己内外の感覚的世界の存在に対し体系的に否定し、また数学的確率も所謂＜悪しき霊（それが感覚系から数学的確率までの欺瞞の元凶であるとする）＞の存在を仮定する限りに於いて、真ではないとして排斥している。そして、この一切の対象を懐疑するという所謂誇張的懐疑を媒介することにより、当該の懐疑の根底に於いて前提されている自己存在を発見している。とりもなおさず、＜ｃｏｇｉｔｏ，ｅｒｇｏ　ｓｕｍ＞一切の事象が疑念・猜疑の対象となるからこそ、実際上に懐疑しているという事実自体が疑いようもない現実態様であるとともに、懐疑されてある事象に対し、懐疑してある自己存在が確定的である実存規定をなしてあるはずである、というものである。＜我思惟(おも)う、ゆえに我在り＞この二命題（論

理式）を連結する推論の形式は、懐疑且つ思惟することとその主体である自己自身が存在することの関係性が証明されてはいないため、形式論理学（記号論理学・述語論理学）上の論理構造そのものは直接推理としても成立はしないが、しかしこの二命題（論理式）間には懐疑且つ思惟することがつねに思惟主体の存在を前提する旨の命題（論理式）が内在されていることにより、精確である論理構造をなしているといえる。もとより懐疑且つ思惟する主体である自己自身が存在することなくしては、懐疑且つ思惟するという自己存在による自己運動とても実行されえないことによるのであるが、但し本命題（論理式）のみを以って、かかる自己存在が一切の物質性から独立した存在規定であるとし、純粋の精神機構をなす現存在が確立されたことになると論じていることは、明確である合理的根拠を欠くものである。本来に於いて、懐疑且つ思惟活動をも内包するなべての精神現象が大脳生理、とりわけＣＮＳにおける客観性フィルター及び主観性フィルターによる機能態様としてある以上、しかる大脳生理をも内包する自己存在が身体構造をなす物質性を具有することよりして、あらゆる精神機構とても自己存在の物質性を概念的否定しては機能しえないからである。尚、先にふれた＜悪しき霊＞との名辞に関しては、既に論証している通り、死霊乃至幽霊等の概念規定が身体的状態関数とは無関係には存立しえないことよりして、感覚系から数学的確率までの欺瞞を生起せしめうる先入観や偏見等の心理的事象を主体的に記述するための、［文学的］表現としてのみ成立しうることを附記しておく。

　第一原理とされる当該の命題（論理式）に関するデカルト的反駁によれば、この第一原理の発見に到る経緯としては理性的論証による成果ではなく、寧ろ直観的経験に基づく自覚によるという。懐疑且つ思惟する＜我＞と存在する＜我＞が、かかる直観的経験のうちに両者の実存的統合が実施されることにより、現実態様に対する直観的経験を反映する真理：恒真式としての命題（論理式）が実存的

自覚されているのであると。然るに、実際上の第一原理の発見される瞬間に於いては、確かに直観的経験による実存的統合が作用していることが否めないとするも、当該の第一原理が真理：恒真式という命題（論理式）としてある以上、飽くまで論理学上の整合化された構造を具備していなければならないため、必然的にしかる真理：恒真式の生成プロセスには理性的論証が作用していることにもなる。もとより、理性的論証が客観作用により実行されるとともに、直観的経験が主観作用により実行されることからも、如上は換言するに、ＣＮＳにおける客観性フィルターにより理性的弁証作用が実施されるとともに、これと同期して主観性フィルターにより直観的経験が対応実施されていることになり、そのような弁証系プロセスの全工程による帰結現象として、当該の第一原理が真理：恒真式として生成されてあるものといえるのである。ここでの弁証系プロセスの全工程が真理：恒真式の生成に対し必然にして必須であり、且つ無限をなすあらゆる真理：恒真式が絶対の確実性を共通の本質的属性とする以上、絶対的精度における真理：恒真式の生成のために必要となる要件及び全工程は、当該の特定のデカルト的第一原理にのみ限定されることなく、一切の絶対的真理をなす恒真式の生成に於いても同様である。実験・観測に基づく科学理論上の相対的確率ではなく、哲学理論上における真理：恒真式が絶対の確実性を具有することにつき、しかく一切の真理：恒真式に妥当する普遍の共通性があるため、デカルト的第一原理にのみ具備される個有の属性ではないことよりして、それ以外の無限をなすいかなる真理：恒真式とても当該の第一原理として実存的自覚されることが可能であることにもなるが、就中デカルト的第一原理が方法的懐疑により帰結されたことにも、強ち根拠なしとはしない。第一原理となりうるあらゆる真理：恒真式は、相対系におけるいかなる分野・分科を対象範疇とする概念規定及び命題（論理式）をなそうとも、精神機構による弁証系プロセスを媒介することによってのみ概念化及び命題（論理式）化されうるとともに、その絶対の確実性が証明されることを

以ってのみ真理：恒真式として生成されうる以上、しかる精神機構と自己存在をも包摂する相対系の全事象を懐疑且つ思惟する主体にあっては、当該の無前提の方法的懐疑を実行するところの精神機構と自己存在そのものが端的である概念規定をなしうるためであり、更には方法的懐疑という自己運動及びその機構こそが、当該の精神機構と自己存在による方法的懐疑の最も端的である対象的知覚として命題（論理式）及び推論を構成しうるからでもある。そしてまた、しかく絶対の確実性を具有する真理：恒真式としての第一原理が、懐疑且つ思惟することにより生成されるための動因としては、しかる方法的懐疑が単なる疑念・猜疑を循環させるのみの懐疑論とは相異なり、飽くまで懐疑の余地のありえない確実性を追究することを目的とする方法論であるとともに、この方法論が相対系全体に対するいかなる例外及び前提条件をも容認しない絶対の懐疑且つ思惟に適合するからこそ、実行結果として帰結せらるべき命題（論理式）には絶対の確実性が具備されうるのである。したがって、当該の懐疑且つ思惟に於いて、個別科学毎に不可欠の基本原理という例外及び前提条件を維持される科学的方法論では、最終的には［哲学上の］懐疑の余地を０％にまでは解消しえない以上、その実行結果としては絶対の確実性ではなく相対の確率しか期待できず、而もそれが実験・観測の手順を必須の方法論とするため、無限回数の実験・観測に客観的事実として成功しなければ１００％とはなりえない。そのことは尤も、何等の例外及び前提条件をも容認しない哲学理論と雖も、そのこと自体が精神機構により実行される方法論に基づく限りに於いては、つねに何等かの工程に誤謬の発生する可能性があるため、その弁証系プロセスの全工程が一点の誤謬なく実行されることが必須要件とはなるのだが。

　如上にみる通り、デカルト的第一原理が公理体系上の端緒として方法的懐疑により導出されている事実態様は、その状況及び経緯には必然性あるとはいうも、第一原理の要件が絶対の確実性を具有す

る真理：恒真式であることに相違ないため、仮に当該の命題（論理式）以外のいかなる真理：恒真式が第一原理であるとしても問題性はない。相対系の機構及び原理を形成する一切の真理：恒真式は絶対の確実性に於いて同等であるとともに、相互間に因果的連動しあう全体関係により構成されているためでもあり、とりもなおさずそのことは、無限をなす真理：恒真式の全体系に於いて第一原理のみが特殊の価値或いは属性を具備する真理：恒真式ではないこと、且つそのような特異の真理：恒真式がありえないことをも意味する。このように相互間に無限因果的連動しあう全体関係は、精神機構上の客観作用により形成される真理：恒真式の体系上に成立するのみならず、相対系を構成する特殊時空間上の実存的モメント相互間の全体関係としても成立することから、たとえば、アリストテレス：ＡριστοτέληＳ的第一原因等の概念規定は実在性が否定されよう。ここでの第一原因は第一形相の概念規定にも相当するが、そのもの自体は運動することなく他在の運動の原因をなすとされている不動の動因を示唆しており、即ち運動する主体は何等かの他在により運動せしめられる客体であるところ、かかる原因及び結果の連動系列を追究するならば、最終的には自ら運動することない動因である第一原因が導出されるものであるとされる。可能性としての質料は形相を目的として体現されるが、質料とともに存在する限りに於いては形相は純粋といえる形相ではなく、純粋といえる形相は質料としてのすべての可能性を離脱して永劫に不変の完成概念、即ち自然界の最高原理としての神と称せられるものを示唆するともいう。それはあらゆる運動の動因となるために思惟の運動の第一原因でもあり、自己自身以外には思惟の対象をなしえない最終的となる思惟の主体でもあるとされよう。しかし乍ら、神仏・超人等にみられる完成・完全・完璧・全能等の概念規定に実体（実在）としての性質のありえないこと、既述の証明にもみる通りであり、所謂形相の概念規定が所謂質料の概念規定の本質的属性として機能することを仮定せば、現象態様である質料は本質態様である形相自体による反映

となるため、有限且つ相対的である質料に反映されるはずの形相のみが無限乃至完全であるべくもなく、また自らの現象態様である質料とは独立してその本質態様である形相のみが存立することもありえない。更にまた、あらゆる運動現象が特定の不変の完成概念を起点としてなされることを仮定せば、何等かの特定の特殊時空間上の起点より開始される世界はつねに有限の特殊時空間となるため、無限である相対系全域に相当する全体概念であること能わないことにもなり、このことからも相対系は、一切の有限且つ相対の特殊時空間的モメント相互による無限因果的連動が＜無限＞を構成する機構といえよう。そして、思惟の運動規定の第一原因と称せられるものが自己自身以外には思惟の対象をなしえないのならば、そのような懐疑且つ思惟の運動自体が、第一原因である第一形相に対してはこれを運動の前提要件とするために懐疑しえないことになり、されば、もとよりいかなる前提要件をも容認しない方法的懐疑とはなりえないが故に、絶対の確実性を具備する真理：恒真式とてもそれにより生成されること能わず、よって、形而上学的対象に対しては解明しえないとする不可知論に陥らざるを得まい。自明乍らそのことは、不可知論には現実態様との妥当性のないことについても、やはりまた既述の通り立証済みであり、何等の合理的根拠をも得ない。

　このように主観的精神現象の当該の工程に相当する方法的懐疑の観想作用に関する定義には、そのこと自体に対し相互矛盾しあう宗教観乃至Ｄｏｇｍａとの相互否定関係が前提されている。然るに他方、個別宗教毎に依存することで普遍妥当性を具有しないイドラ：Ｉｄｏｌａ、及びドグマ：Ｄｏｇｍａにはいずれも絶対性がない以上、個別宗教上では絶対的であるはずのイドラにより規定される宗教観乃至Ｄｏｇｍａは、なべて当該の個別宗教上に限定される制御しかなさないにも拘わらず、あらゆる宗教乃至Ｄｏｇｍａには無反省的にして無条件の信仰・信奉を強制する本質的属性が共有されていることから、しかる主観的精神現象における定立態様に対する反

定立態様としては、無前提の対象に対する無前提の方法的懐疑でな
ければならない。イドラ及びドグマの絶対性・普遍性をその拠り所
としつつも、実際上には絶対性・普遍性を具有しえない宗教観乃至
Ｄｏｇｍａの観想作用には、したがって、現実上の絶対性・普遍性
に対する潜在的要請が内在されているため、相互矛盾するはずの懐
疑且つ思惟により絶対性・普遍性を体現する方法論に対するアクセ
ス契機となる他方、また真理：恒真式の解明を目的とする方法的懐
疑の観想作用には、現実自体の認識のみによっては救済しきれない
主観作用上の限界状況の解消に対する潜在的要請が内在されている
ため、相互矛盾するはずの＜方便の嘘＞としての救済・福音をなす
べきイドラ及びドグマに対するアクセス契機ともなりえよう。その
ことはまた、方法的懐疑として定義せらるべき観想作用が、可動的
に反定立しあう対象的知覚を客観概念とも等しくするとともに、そ
れに対する客観的精神現象と同期されるにせよ、それ自体の本質規
定に於いては、最終的には公理の恒真性を追究する客観概念及び
客観的精神現象ではなく、つねに相対的且つ可変的に作動する主観
観念に相互連動する主観的精神現象としてのみ成立する対自的態
様であることを意味する。［主観的精神現象の連動プロセスとして
の］無前提の懐疑且つ思惟とそれによる思惟主体の自己開示に於い
ては、客観的追考により無限の恒真性が証明されうる客観性フィル
ターではなく、零系として自己生成且つ自己収束される実存の限界
状況を力動概念とする自己内の主観性フィルターにより推進される
ためであり、その対自的態様をなす自己内反応を構成する主観観念
に相互連動する主観的精神現象が、方法的懐疑の規定性にあるが故
に相違ない。

　また、主観的精神現象の運動・作用はつねに、主観観念の態様に
相互対応しつつ移行される。もとより、主観的精神現象の運動・作
用は主観観念の内的イマージュの機能態様として収束されるからで
あり、且つ主観観念は主観的精神現象の状態遷移により、主観的意

識内容乃至対象として脳内形成されるイメージレベルであるからでもある。そのことと同様に、客観的精神現象の運動・作用はつねに、客観概念の態様に相互対応しつつ動向しゆく。もとより、客観的精神現象の運動・作用は客観概念の統覚作用として収束されるからであり、且つ客観概念は客観的精神現象の追考過程上のグレードにより、客観的把捉態様乃至対象として脳内生成される自覚レベルの状態関数であるからでもある。客観作用と主観作用が相互間に呼応しあう以上、したがってまた、客観的精神現象に主観的精神現象が呼応して運動・作用するということは、同期しつつ客観概念に主観観念が呼応して状態遷移することと同義である。

　但し、追考作用に於いて一般且つ特殊時空間上の統合意識レベルが成立している場合、単に主観作用が客観作用に対応するのみならず、主観的精神現象及び主観観念自体が、相対的・可変的である自立性を以って機能しうる状態関数にあることも客観的事実ではある。このような統合意識レベルにあるということは、主観的精神現象及び主観観念自体が、一般且つ特殊時空間上の規定性に対し既に覚醒されていることにより、自己自身の運動・作用に対する自己知覚をなさしめる内的態様にあるためである。

iii ＞観想作用：芸術性向＜自己回帰＞
※芸術分科としての宗教

　客観的精神現象の同時点の状態関数により規定されるとはいえ、絶対的確実性もしくは論理的精度を以って規定されうる客観的基準を具備しない以上、このような主観的精神現象そのものの動向ヴェクトルには不定のパターンが成立しよう。その端緒となる主観的精神現象の即自的である観想作用をなす宗教観乃至Ｄｏｇｍａは、然るにイドラ：Ｉｄｏｌａの絶対性のもとに無条件の教義が強制されるにも拘わらず、宗教的諸徴表の前提となるいかなるイドラにも実体（実在）としての性質がありえないために、そのいかなる教義に対しても無反省でありうる客観的根拠を具有しないことから、いずれの宗教観乃至Ｄｏｇｍａとても信徒等をして信仰・信奉せしめるための前提としての客観上の妥当性がなく、相互矛盾関係にある異なる個別の宗教観乃至Ｄｏｇｍａが各々に社会的規範としても成立しうることよりして、現実性・実在性を欠如する情動的主張のみならず、社会的規範としての客観上の論理的根拠とその妥当性を充足しうる方法的懐疑への要請が本来内在されているといえる。そこに宗教的イドラ及びドグマとして無条件且つ無反省的に強制される、実存としての規準はその客観的には存立しえない本質規定ゆえに、なべて実存としての瞬間生滅自体が零系機構により無限回帰されることの主観観念における自己疎外と相互連動しつつ、一切のイドラと実存に対する方法的懐疑の観想作用が主観的精神現象に於いて、意識プロセス上に対自的態様として顕在化されゆく。いかなる個別宗教上のＤｏｇｍａであれ、そのもの自体に無条件且つ無反省なる信仰・信奉を強制しうる客観的根拠となるはずの、絶対的存在乃至完全概念をなすべきＩｄｏｌａに対し、無条件且つ無反省の儘に受容し信仰・信奉することに努力するほどに、いつしか自己内に疑念・猜疑の否応なく生じることを無視できなくなろう。そのことを意識上に顕在化せしめると、また意識下に潜在化せしめるとを問わず、

真摯にも宗教的信仰・信奉を深化せしめ続けることを以って、当該の個別宗教上のＤｏｇｍａとその前提をなすＩｄｏｌａに対し学習し精通しゆくほどに、宗教的イドラとしての実在性・妥当性の欠如という不可避的である自己矛盾に直面せざるを得なくなるため、手ずから自己内に潜在する疑念・猜疑を顕在化せしめるはずである。宗教的信仰・信奉を深化せしめることは、そのことにより触発される客観作用上の理性機能とても並行作動することになるため、とりもなおさず当該の宗教自体の本質規定を理解することにもなり、さればこそ、実在しえない宗教的イドラに対する妄執・狂信の意義を認識することにもなるから、その宗教的信仰・信奉の純粋であるほどに回避できない自己内の疑念・猜疑を助長せざるを得ない。しこうして、敢えてしかる疑念・猜疑の対象に妥協することなくして、ただ思惟のための懐疑を無前提に実践しゆく現存在の態度は、仮にその全工程を一点の誤謬なく終了する場合には、しかる疑念・猜疑の余地もない現実的自覚に到達しえよう。かくて宗教観乃至Ｄｏｇｍａに対し純粋の求道的立場にあるほどに、反定立される方法的懐疑の観想作用を顕在化せしめることとはなるのである。

　他方また、自己存在自体に対してはもとより、相対系の全事象を例外なく懐疑且つ思惟する方法的懐疑の観想作用には、その弁証系プロセスを精確に実行することの帰結現象として、当該の実行対象でもある宗教的イドラ及びドグマに対する理性的追考の客観的成果とても生成される。しかる客観的成果が誤謬律０％の真理：恒真式としてあるならば、既述にみる通りの論証が必然的に展開されることから、あらゆる宗教的イドラをなすべき絶対的存在乃至完全概念には実体を以って実在する可能性がなく、そのような絶対的存在乃至完全概念を根拠とするいかなる教理・教条にも無条件の妥当性がありえないことが証明されるのであるが、そのことのみならず、宗教乃至Ｄｏｇｍａにおける更なる本質的属性、即ち、祈りと救いの文化としての本質的属性が把捉されることにもなろう。誤謬率０％

の真理：恒真式として自覚されるということは、当該の対象的知覚における本質的属性がなべて開示されることが前提されるためであるが、ここでの本質的属性をなす＜祈り＞と＜救い＞とはＣＮＳにおける主観性フィルターに帰属する問題といえる。実存としての自己存在に不可避の限界状況である零系そのものは客観的現実であるが、この客観的現実に根差した先験的である精神機構上の主観作用を動因とする祈りと、それに対する救いについては飽くまで、個人単位の主観的精神機構に特殊化された内部作用をなすところであるからである。かかる祈りと救いが主観性フィルターに帰属する事象である限りに於いては、相対的・可変的である主観的価値システムによる判断が前提となるため、真理：恒真式の絶対的精度を問題とする客観的価値システムによる判断とは必ずしも合致せず、したがって、宗教的イドラ及びドグマに対する上記の理性作用による客観的判断、即ちその実在性及び妥当性に対する論理的否定という判断内容を以って、主観的且つ先験的である祈りに対する救いの意義と効力が充足されるとは限らない。そのことをも包摂したうえの客観的判断とするならば、宗教的イドラ及びドグマにおける祈りと救いの文化としての本質的属性に対する認識として、方法的懐疑の観想作用には、客観的現実の認識のみによっては救済しきれない主観作用上の限界状況を解消するための潜在的要請が内在されているため、相互矛盾するはずの＜方便の嘘＞としての福音を主観作用上の救済措置として意義付けることが可能とはなろう。いかなる宗教的イドラ及びドグマにも実在性及び妥当性を論理的否定する客観的判断に対し、相互矛盾しあう宗教的イドラ及びドグマにより主観作用上の救済措置として機能しうるならば、敢えてしかく相互矛盾をなす態様をそのままに、方法的懐疑の観想作用とは反定立関係にある宗教観乃至Ｄｏｇｍａの観想作用をして、自己内に顕在化せしめる力動概念ともなることによるところである。

　無条件且つ無反省の信仰・信奉と無前提且つ絶対の懐疑、それは

弁証系プロセスに於いて相互矛盾且つ相互否定しあう反定立関係に
ある。寧ろそのような反定立作用が促進されゆくほどに、ともに零
系機構をなす自己自身の限界状況という同一の先験的衝動に帰因す
ることから、その反定立関係には相互間に自己自身を否定・収束せ
しめる定立態様を顕在化する契機が内在されている。この主観的精
神現象における反定立関係にある観想作用は、いずれが先行もしく
は後行することなくつねに同期して相互触発しあうことにより、そ
れぞれの一方が意識上に於いて、或いは他方が意識下に於いて推進
されてゆく。ともに反定立関係にあるこの概念規定に対する主観性
フィルターの動向は、いずれも実存であることの限界状況による先
験的動因に起因するとともに、つねに一方の存立エナジーがそのま
ま他方の存立の力動概念をもなすことよりして、双方の概念規定は
不断に同期的処理されざるを得ない必然性にあるためである。とい
わんより寧ろ、相互矛盾且つ相互否定しあう概念規定が各機能毎に
相互リンクしつつ統合的に相互連動することにより、主観的精神現
象の弁証系プロセスに基づく主観観念及び客観概念・客観的精神現
象との、整合化されている運動・作用の展開が可能となるのでもあ
る。このように当該の両概念規定による反定立関係は、単純に相互
矛盾且つ相互否定し収束作用せしめあうのみならず、それぞれの自
己存在の力動概念に於いて相互依存しているのでもあるから、それ
ぞれの自己存在をなす実存の規定性に於いて、自己存在を否定（収
束）作用せしめる反定立概念の本質規定となすものが自己存在の本
質規定に回帰されることにもなる。無条件且つ無反省的に信仰・信
奉することと無前提且つ絶対的に懐疑することの観想作用は、ＣＮ
Ｓ上の主観性フィルターにおける反定立しあう交互作用としてある
ため、それぞれの同期的運動が主観的精神現象としての自己回帰で
もある。信用乃至信頼を根拠付ける真理：恒真式を明示するために
懐疑し、且つかかる懐疑という行為自体が信用乃至信頼を根拠付け
るための方法論である以上、相互矛盾且つ相互否定しあう反定立関
係をそのままに止揚（揚棄）される主観的自己回帰は、自己自身に

おける内的創造性を具有する芸術性向を顕在化せしめる契機とはなろう。信用乃至信頼の対象となりうる全事象は相互因果的に無限連動するため、いかなる個別宗教上の信仰乃至信奉とても必然的に際限なく新規の疑念・猜疑を生ぜしめるが、思惟のための懐疑がまた信用乃至信頼を演繹的に実現しうるはずである。実存としての自己存在にて際限もなく内的開示されるその自己回帰の運動規定は、そのもの自体が無限であるとともに自己自身の運動・変化及び対象としてつねに新規に創出されることから、主観性フィルターにおける内的創造性に対する構想力が触発されることにより、宗教的Ｄｏｇｍａにおける方法的懐疑による新規の移行性と、方法的懐疑における宗教的Ｄｏｇｍａによる新規の移行性が、向自的に自己生成される宗教観としての芸術性向の観想作用に自己統一されることになるのである。

　主観的自己生成における向自的である態様は、自己内に於いて無条件に信仰・信奉せらるべき一切の無反省的である宗教観乃至Ｄｏｇｍａと、しかる主観的精神現象における無規定的である規定性に起因する自己否定的明証としての方法的懐疑による、相互矛盾することが相互依存を動因としつつ、相互依存することが相互矛盾に帰結せられる関係性が、それぞれに極限値まで顕在化されることにより自己存在として止揚（揚棄）される芸術性向である宗教観に相通じている。宗教論的・教義論的に無反省の絶対的信仰・信奉を許容しない方法的懐疑の立場は、それ自体が宗教的信仰及び宗教論的研鑽を進行させるほどに顕在化される逆理的である宗教観として成立することにより、実体（実在）としての性質を具有しないイドラに基づいて無条件且つ無反省の服従を義務付ける宗教観乃至Ｄｏｇｍａに自己矛盾を発動せしめるとともに、他方では方法的懐疑を通じて宗教乃至Ｄｏｇｍａに対する論理的検証を実行するほどに、それ自体により顕在化される非現実態様であるイドラとその教理・教条に主観的救済を実施しうる宗教観乃至Ｄｏｇｍａとの自己矛盾を高

次化せしめる必然性にあるため、自己内における宗教観乃至Ｄｏｇｍａと方法的懐疑による相互矛盾即相互依存／相互依存即相互矛盾のコンフリクトが促進されるが、しかる主観的コンフリクトを統一する力動概念が自己存在の実存としての本質規定に帰結せられ、実存をなす無限における一意性を当該の内的反定立を以って更新しあう主観的創造性にあることから、逆理的である方法的懐疑を包摂する宗教観自体が一意の芸術性向として自己統一されることになる。神仏・超人等、その無欠の人為的概念規定を前提とする宗教乃至宗教観ではあるが、個別宗教の内容如何に拘わらず、あらゆる人間社会にあってつねに何等かの宗教文化の形成されているという客観的事実が、実存である人間存在の限界状況による先験的力動概念が宗教的救済を要求してあることを示唆しており、且つその限界状況が最終的には零系にある実存としての絶対的限界でもあるため、そのことに対する絶対的救済を要求すべき対象はやはり絶対的イドラであることが必要とされる。方法的懐疑及び思惟によりその現実性・実在性が明示的に論理的否定され乍らも、尚且つ要求される絶対的救済への対応という宗教としての本質的命令よりして、敢えて非現実態様である絶対的存在乃至完全概念を創造することを以って＜方便の嘘＞を芸術性にまで昇華させることにより、その教義に対する無条件且つ無反省の絶対的信仰・信奉を根拠付けているのであり、またこのような虚偽の文化として昇華される宗教そのものの客観的認識よりして、絶対的真理を追考する方法的懐疑に対する主観的回帰とても、それによる主観的芸術性向として自己統一されるに相違ない。

　またここで、主観作用上の自己統一をなす止揚（揚棄）という運動規定はもとより、客観概念及び客観的精神現象上における弁証系プロセスに基づくところであるが、当該の工程に相当する主観観念及び主観的精神現象は同時点の客観概念及び客観的精神現象の動向に依拠されるため、主観観念及び主観的精神現象に於いてもやはり、

同様の弁証系プロセスが下意識レベルにて同期して作動しているに他ならない。而してまた、相対系自体が一般時空間的に無限である以上、[且つ、いずれか特定の時点に於いて開始された事象は、爾後の特定の時点に於いて終了されることが不可避であるため] いずれか特定の時点に於いて創造された作品・産物ではありえないから、神仏その他のイドラにより創造されている作品・産物でもないのだが、寧ろ宗教自体とそのイドラ及びドグマが人間自身の主観的芸術性向を動因として創出されてある所産に他ならないことは、各々の個別宗教がその創造主体である人間及び精神主体、のみならず所属する社会の及び時代の風土的・民族的・歴史的変数を反映することにより、イドラ及びドグマの性質を異にしている客観的事実からも明らかである。或いはまた、方法的懐疑及び思惟のプロトコルについても、その精確である弁証系プロセスが精神機構上における原理乃至方法論として客観上に確立されていることよりして、反定立される宗教観乃至Ｄｏｇｍａと方法的懐疑の双方ともに、その自己回帰的である成立自体に於いてもとより芸術性向が反映されているともいえよう。

　実存乃至実存系の自己回帰の概念規定をなす客観的精神現象の自覚レベル、即ち実存哲学に対応する主観的精神現象の向自的状態関数に於いては、実存規定をなす零系機構による限界状況と無限の一意性を動因として、対自的に反定立しあう宗教観乃至Ｄｏｇｍａと方法的懐疑の相互矛盾／相互依存関係の自己統一としてあり、決して追究しえない不可知論的といえる無条件且つ無反省的である信仰・信奉をなす概念規定と、その自己存在自体の規定性における絶対の確実性に対する無前提の懐疑及び思惟、且つまた自己矛盾的である主観的救済を本質規定とする自己存在としての反定立関係を表象する観想作用が、実存として不可避の動因となる主観的コンフリクトにあるが故に他ならない。つねに相対的・可変的である無辺の他在との対他的連動により規定されつつも、自らもまた絶対的に一

定することなく運動・変化し続ける存在の態様として、無辺の特殊時空間相互の無限因果的連動にあって生／滅する一意の状態関数をなす瞬間規定としての自己存在、そして相対系自体の無限回帰を以って零系に帰せられる自己存在、そのような自立観念を表象する現象学的媒体の主観性フィルターに無限の限界状況が成立することから、一切の限界状況を超越する絶対的存在乃至完全概念であるイドラ及びドグマの主観的絶対性且つ客観的相対性と、限界状況自体を明証する懐疑及び思惟の主観的相対性且つ客観的絶対性による、相互矛盾即相互依存／相互依存即相互矛盾の促進に伴う主観的コンフリクトを契機として構想力が触発されることにより、宗教観乃至Ｄｏｇｍａの主観的救済に基づく前提的規定性と、方法的懐疑のしかる主観的救済をも対象とする無前提的規定性との関係自体を統一する力動概念の、概念的規定作用に対する主観的価値システムとても、相互間の自己回帰により自己創出する芸術性向としての宗教観に自己回帰されよう。主観的精神現象における宗教観乃至Ｄｏｇｍａと方法的懐疑は、自己存在として相互間に表裏の規定性を具有しているため、一方が意識上に顕在化され明示的に提言されることは反対の内実に於いて、そのまま他方が意識下では潜在的に提言されていることを示唆するところであり、ともに相対的乍らも共通の観想作用、即ち双方の主観的コンフリクトをそのまま自己統一的に解放するための、絶対的存在乃至完全概念に対する前提性と絶対的である無前提性を、主観的救済に根拠付けられる芸術性向として逆理的に規定しあっていることになる。そのことはまた、主観観念の移行プロセスとも同期して相互連動することから、実存としての自己存在に自己回帰される芸術性向としての宗教観に対し、絶対的自由としての創造的回帰の自立観念が必然的に反映されているのでもある。自己依存の規定性を反映する絶対的存在乃至完全概念、及びそのドグマの前提的規定性に対し、しかる宗教観及び自己存在自体を零系として規定される方法の懐疑の無前提的規定性との関係自体が、主観性フィルターにおける祈りと救いの規定性を体現する必然

性により、構想力を力動概念とする＜方便の嘘＞を主観作用として
根拠付ける本質的属性を構造因子として内在している以上、かくて
自己回帰的に自己同一とはなる観想作用は芸術性向としての宗教観
に向自的に自己統一されるところである。

　このような宗教観乃至Ｄｏｇｍａと方法的懐疑の観想作用によ
る、相互矛盾即相互依存／相互依存即相互矛盾の促進に伴う主観的
コンフリクト、及びそれにより触発される構想力を力動概念として、
反定立による内的創造性に自己回帰される宗教的芸術性向に自己統
一されることは、個別宗教上のイドラ及びドグマの特殊性に依存す
るところではない。しかく自己統一される宗教的芸術性向、即ち芸
術性向としての宗教観は、個別宗教毎の特殊性をなす本質規定及び
諸背景の如何に拘わらず、宗教そのものを芸術における特定分科と
して把捉する見地によるところであるため、所謂宗教芸術等とは意
義を異にする概念規定であるともいえる。宗教芸術は個別宗教上の
イドラ及びドグマにより従属されることで、これを反映せしめられ
ている作品群を形成する芸術上の種別であり、これを大別して凡そ
三種の分類がなされているのであるが、第一には、芸術上の手法が
そのまま宗教的認識及び表現の意識の対象となっている作品である
場合、即ち作品の物的存在自体が呪術祈願・宗教的礼拝及び祈祷等
の対象となるものであり、原始人類の身体・器具類・武器類等に施
される装飾や洞窟内に残る絵画・彫刻、或いは各種の呪物や護符・
呪的信仰や宗教的祈祷の対象として用いられる神像等である。もし
くは聖者像等のように、また原始人類の舞踊・詩歌・音楽等のように、
それが呪術的か芸術的かいずれかの意識の対象として取り扱われて
いるものである。第二には、象徴としての芸術上の種別であり、こ
れは当該の個別宗教上には直接乃至端的とはいえないが、見えざる
神の存在を信仰・信奉するようになって現出するとされるものであ
り、作品が手段且つ対象としての見えざる神に対する認識またはそ
の表現の象徴的手段として用いられるので、物質或いは動作として

第Ｘ章　弁証運動―ＰｈａｓｅＸ

の作品自体は間接的・第二義的となり、第二義的であることによって寧ろ、他の精神的要求を同時に迎え入れるだけの余裕を誘発してもいる。第三には、美的効果による援助としての宗教芸術であり、宗教的場所と時節及び宗教的器具の美的効果をなさしめ、それを通じて個別宗教への信仰意識を高揚せしめる一助たらしめようとするものである。またこれら以外にも、宗教芸術としての記念物或いは思慕を促す作品、また供物及び奉納物や舞踊・音楽・興業等とても挙げられよう。いずれにせよ、如上の宗教芸術はなべて礼拝や祈祷の対象となすか、或いはイドラの認識と表現の象徴的手段となし、もしくは個別宗教への信仰意識の流布のために利用されており、もとより個別宗教の存立を前提とした上、これを補完する目的よりして後発的に作製されたものといえる。然るに他方、本節における芸術性向としての宗教観とは、宗教そのものの前提となる神仏や超人等のイドラ自体を人間存在の芸術性向による象徴的作品として、またそれに基づくドグマとその反映である聖典類を文学上の作品としても看取し、これらの統合化された全体芸術の事例として一切の各個別宗教を把捉するため、社会的規範及び文化としての宗教という概念規定そのものが実存における限界状況を力動概念として成立する一芸術分科をなしており、特定の個別宗教への従属を前提とする宗教芸術とは根源的に異質であることになる。

　もとより芸術の概念規定は、その語源一般に於いては技術・手法を意味し、純粋思弁的である知識や意識下の自然の力に対するものとして位置付けられ、また理性作用に基づく学術的立場とも対比されてきているが、人間及び精神主体の創造活動及び造形的手段により自己存在の世界観を意識的に表現する活動を示唆するとされる。とはいえ芸術は、直接上に於いてはいかなる世界観の表現を目的とするところでもなく、芸術作品に表現される対象をなすものは飽くまで作家個有の芸術観そのものであり、その一意の芸術観を反映するイメージレベルとしてのみ当該の世界観が表現されるのではあ

る。尚且つ芸術は、具象的である個物のうちに普遍的である要因を表現しようとする技能・知的活動でもあり、作家が主観性フィルターに於いて直観する普遍的ともいえる観念内容を、画材や自然素材・光・音・言語・記号等の実体（実在）的材料を用いて表現し、その芸術作品から観賞者が享受するのは単なる官能的快感のみならず、一方向の受動的立場のみではない観賞者は当該の作品を媒介して＜美＞を自己内に追創造することから、一意の個性的観念のうちに普遍的である本質規定を表現しうる作品こそが芸術と称せられうるのである。さればこそ、創造活動における一意性と普遍性との反定立関係そのものが、芸術生成の瞬間におけるAuf－hebenにより自己統一されるものともいえよう。而してそのことが、一芸術分科をなす宗教とその観想作用にあっても成立するということは、やはり同様であろう。

　古来より美学という名辞は広義の芸術に関する学乃至理論の意義にて用いられ、芸術活動によらない自然美は非美学的とも考えられてきたが、他方に於いては、美学とは自然美の形而上学的乃至心理学的である分析としてあるとする立場もある。自然美を対象範疇とする美学と芸術美を対象範疇とする芸術学に弁別する立場の背景には、芸術は人間及び精神主体のあらゆる主観的精神活動を包摂しうる創造的である作用によるから、単に受動的に印象付けられる自然美に対する表現に関する学乃至理論によっては芸術を追究しえないとの思想があるのだが、自然美を素地とする芸術美を表現する作品もありうる他方、芸術美を自然美の内包する因子として配置する作品もありうることから、自然美に対してもただ受動的に反応するのみではなく、自然美と芸術美を融合することで作品化しうる事例もある以上、自然美と芸術美を精神内的表現の学術的対象として厳密に弁別するには無理があり、また無意味ともいえよう。美一般に関するカント的見解によれば、芸術美の評価は自然美に関する判断の原理の帰結として考察せらるべきものとし、芸術に於いて必要とな

ることは理念の豊富さや独創性に富む理念であることよりも、構想力が悟性機能の法則性に自由に適合することにあるとしている。対象となる概念規定に美的理念をみいだし、しかる理念に或る精神内的表現を適用することにより、主観的心情が普遍的に伝達されることを可能にする能力が［芸術的］才能であり、芸術美を創造する動因をなすものがかかる［芸術的］才能であるとする。芸術美を自然美と共立するものとして解明し、芸術美の本質規定は芸術作品に対する享受者の感情移入による美的体験であるとする学説がフィシャー：Ｆｒｉｅｄｒｉｃｈ＿Ｔｈｅｏｄｏｒ＿Ｖｉｓｃｈｅｒ、更にはリップス：Ｔｈｅｏｄｏｒ＿Ｌｉｐｐｓにより展開されている。また、ヘーゲル：Ｇｅｏｒｇ＿Ｗｉｌｈｅｌｍ＿Ｆｒｉｅｄｒｉｃｈ＿Ｈｅｇｅｌによるならば、美は絶対精神の直観的表象であるため、美的対象としての芸術作品には絶対的存在乃至完全概念が自己顕示されてあるとしていることから、そこに恰も宗教的乃至宗教芸術的である性質を主観的印象付けられるが、観念論哲学をなすヘーゲル理論自体が個別宗教乃至宗教芸術を構成することはない。科学的認識に於いては、元来一般性のある概念規定を対象とすることから、学術的探求により無辺に独自的である個性を把捉し去ることが困難であるに比し、芸術的直観に於いては、一意である個性が芸術そのものの本質的素因をなしており、極めて個性的であるもののうちに普遍的であるものを表現していることが芸術の要件とされている。学術的探求が客観的現実自体に真理：恒真式を自覚することを目的とするに対し、芸術上の作品は作家の想像により制約された独自の世界観をなし、現実上の相対系をなす世界における何等かの意義の限界状況による反映を具象化するのではあるが、芸術における現実性とは現実そのものではない。それはたとえば、現実上の歴史に基づく文学作品が芸術として成立するとするも、当該の文学作品の内容自体が少なくとも１００％は史実ではないこととも相通じていよう。現実態様である相対系をなす世界は無限の実存的モメントが相互連動しあうことにより存立するが、そこから限定された

目的のために事象の関係性を抽象することを通じて、或る完結した一意の世界像を創出しようとすることが芸術的態度であることから、芸術活動は現実世界より主観的に解放されている想像世界の作業であり、作家それぞれの一意の芸術観により再構成されたものとしてあることになる。芸術性向としての宗教観についても、一芸術分科をなす宗教自体を対象とするために芸術の上記属性を継承するところであるが、人為的作品である個別宗教そのものは自然美ではなく芸術美に相当する他方、その力動概念をなす実存としての自己存在自体が自然現象を構成するモメント素子でもあることから、個別宗教は自然美としての因子を自ら内在することにより成立する芸術美であるともいえよう。また、宗教文化の性質よりして、一作家に個有の個性を反映することより以上に、個別宗教の全体芸術としての個性が規定されていることが前提であるとともに、遍く人類及び精神主体とその人倫に受容せらるべく目的とする普遍性が自己統一されてもいることが必須要件ではある。

　そのような芸術の起源については、社会学的及び歴史学的研究により、芸術が人間乃至精神機構に要求される実用的・慰楽的・宗教的である意義と価値を追究することが、芸術の発生を規定する外的要件を発見することである他方、芸術自体の起源を認識するための活動としては、広義の心理学的領域により推進されている。アリストテレス：Ａριστοτέλης等の古代ギリシア的思想に於いては、可視的である自然現象が芸術観の規準としての役割を果たしており、外界に存在する自然美を模倣しようとする自己内的衝動により、それをその儘描写することが芸術の起源であるとみられる。また、シラー：Ｆｅｒｄｉｎａｎｄ＿Ｃａｎｎｉｎｇ＿Ｓｃｏｔｔ＿Ｓｃｈｉｌｌｅｒは遊戯衝動により芸術活動の起源を説明している。人間及び精神主体には感性的である質料的衝動と理性的である形式的衝動があり、両者を結合することで各々に調和的である作用をなさしめるのが遊戯衝動であるとともに、そこに美を生成する動

因が見出され、そして人間は肉欲的に生きる場合にも義務的に厳格に生きる場合にも、人間存在の半面としてのみ生きるにすぎないが、ただ遊戯する場合である純粋の芸術活動に於いてこそ、質料的衝動と形式的衝動、即ち感性的要因と理性的要因が自己統一的に合致して作用することにより、美の対象としての人間性に到達するものであるとする。シラーの思想には、人間存在の根源的といえるありかたに芸術活動の基盤を見出そうとする態度があるが、かかる態度をも継承しているヘーゲル的観念論哲学に於いては、人間存在が理念を把捉する手法から芸術の種々の形式が創出されるとみなし、芸術は理念の感性的顕現であるために根源的に世界観に規定されるとしており、様々の世界観の段階的である発展が芸術の発展を内面的に規定するという。更にはまた、グロッセ：Ｅｒｎｓｔ＿Ｇｒｏｓｓｅのように社会学的・人種学的である立場に立脚し、人間及び精神主体の装飾の衝動により芸術の起源を説明しようとするもの、フロイト：Ｓｉｇｍｕｎｄ＿Ｆｒｅｕｄのように心理現象の分析結果に基づいて、潜在意識としての性欲的である複合要因より発せられる衝動により説明しようとする立場、等とてもある。さあれ、それぞれの学説における妥当性はいずれも片面的である考察による帰結であるため、それら片面的である考察をすべて統合的に整合化することを以って、より芸術理論的に整備すべきであるともいえよう。もとより芸術の起源は、リビドーに基づく潜在的である自己発現の衝動に根差していることから、単なる自然美に対する模倣とは相異なり、一意の自己存在を顕在化する手段としての模倣でもあり、また感性的要因と理性的要因の自己統一された遊戯衝動としての説明や、理念を把捉する手法における理念の感性的顕現としての芸術観については、弁証系プロセスの展開を契機としつつ、主観性フィルターにおける本能作用の先験的である自己発現の衝動が顕在化される主観的態様をなす芸術の、主観的運動の機能態様に着目した考察でもある。そしてまた、芸術性向としての宗教観については、しかる自己発現の衝動が実存としての自己存在の零系的限界状況を力動

概念とすることにより、［仮想］超越的概念であるイドラと［仮想］絶対的概念であるドグマを作品化する全体芸術としての個別宗教を創出せしめる、先験的である起源をなすものともいえる。

　更には、芸術の歴史に関する研究は、現存する芸術作品の過去時間における変遷の客観的考察が基礎となる。芸術は他在ならぬ個人の主観的活動であり、芸術作品は本質規定に於いてそれぞれの一意の個性を表現しているものの、時代的・社会的である環境からの影響なくして孤立してはおらず、作家・素材・観賞者ともに当該の時代及び社会の構成素子であり、且ついかなる時代及び社会も特殊時空間上の相互因果性により存立するから、時代的・社会的である環境変数を異にする作品の相互間にも必ずや無限因果的連動性があり、そこに芸術史研究の根拠と意義が認められよう。芸術史の立場としては、芸術の歴史展開をなす脈絡及び系譜を精神史的に考察するもの、芸術意欲を重要視するもの、芸術の様式に着目するもの、唯物論者のように社会の物質的・経済的・社会的条件より考察するもの、或いは民族心理学の立場における研究等もあるが、そのいずれも芸術活動の成立には不可欠の要件であるとはいえ、芸術活動そのものの実質的素因ではないとされてもいる。ヴォリンガー：Ｒｏｂｅｒｔ＿Ｗｉｌｈｅｌｍ＿Ｗｏｒｒｉｎｇｅｒ等の見地に於いては、芸術の歴史展開及び進化の要因として時代精神が重要視され、芸術は時代とともに展開され進化することにより様式を開示され、その類型を形成する或る有機体として考察されてはいるが、かかる芸術作品そのものの実証的である研究方法に関しては、ヴェルフリン：Ｈｅｉｎｒｉｃｈ＿ｖｏｎ＿Ｗöｌｆｆｌｉｎは精神史・文化史を基底とする方法論を論理的否定し、芸術自体の様式のうちに対概念を規定することにより芸術史認識の方法論を提示している。かくて芸術史研究が分化的・分析的となる他方、社会発展につれ芸術現象が複雑化してメディアの多様化が顕在化するに伴い、諸芸術の分類と体系化の必要性が増大していることから、芸術上の現象態

様を組織的に比較研究しつつ、その相互連関をも併せて考察することが芸術史及び芸術学の課題であるとされる。さればまた、宗教自体を一芸術分科として把捉する限りに於いて、宗教の歴史展開を個別宗教の特異性をもなす地域的・民族的分布とともに、或る芸術史として考察することが可能であることにもなる。宗教上の本質概念である、祈りと救いとの関係作用が一意の個人の主観的活動に帰せられつつも、時代的・社会的である環境変数からの影響を免れ得ないとともに、特殊時空間上の相互因果性により無限連関することよりして、その地域的・民族的分布や歴史的経緯を異にする個別宗教間にあっても、各々に作用しあう相互連動性には芸術史研究の根拠と意義が継承されよう。それぞれの個別宗教自体を全体芸術として看取する限りに於いては、その相互間に矛盾性及び依存性を顕在化することにより無限因果的連動・変遷しゆくプロセスには、芸術の歴史展開及び進化の要因でもある時代精神が反映されているのであり、また分化的・分析的となる芸術史研究のうちに全体芸術である宗教の分類と体系化の必要性から、宗教的現象に対する組織的である比較研究とても芸術史及び芸術学の課題をなすところともなるのである。

　如上における主観的精神現象の当該の工程に相当する観想作用をなす芸術性向としての宗教観に関する定義には、そのこと自体の成立に於いては、相互矛盾しあう観想作用：宗教観乃至Ｄｏｇｍａと方法的懐疑の関係式が反映されている。無反省のイドラと無条件のドグマによっては宗教自体の本質規定が自覚されえないことが、個別宗教上の信仰・信奉を深化せしめるほどに否応なく認識されることになるため、しかる本質規定に対する無前提且つ絶対的である懐疑且つ思惟をなす方法的懐疑の観想作用との反定立関係が顕在化される。とともに他方、客観的である懐疑且つ思惟によっては宗教自体の本質規定でもある主観的救済が達成されえないということが、しかる本質規定に対する理性的追考を展開しゆくほどに否応なく認

識されるため、［敢えて］方便としての＜嘘＞の文化体系であることにより主観的救済を実践する宗教観乃至Ｄｏｇｍａの観想作用との反定立関係が顕在化されることにもなる。このような主観的精神現象における観想作用の二重構造をなす反定立関係が際限なく極限化されるほどに、極限化されゆく主観的コンフリクトが自己回帰としての芸術性向に自己統一される動因ともなる。しかる主観的コンフリクトがその限界点に接近するほどに、自己存在における反定立による自己矛盾・自己否定の制御そのものを、自己自身へと回帰せしめること自体の一意の自己創造性に自ら昇華されざるを得なくなるためであり、そのことにより倫理観乃至Ｄｏｇｍａと方法的懐疑の相互否定且つ相互依存関係をそのままに、双方の態様の反定立関係そのものが自己存在の芸術性向としての宗教観にＡｕｆ－ｈｅｂｅｎされるのであり、当該階梯の主観的精神現象における観想作用の態様が芸術性向としての宗教観を以って成立するのでもある。そのことはまた、芸術性向としての宗教観に定義せらるべき観想作用が、可動的に反定立しあう対象的知覚を統一態様として客観概念とも等しくするとともに、つねに対応する同時点の客観的精神現象と同期するにせよ、当該の観想作用自体の本質規定に於いては、最終的には公理の恒真性を追究する客観概念及び客観的精神現象ではなく、つねに相対的且つ可変的に作動する主観観念に相互連動する主観的精神現象としてのみ成立する向自的態様であることを意味する。主観的である芸術観及び宗教観認識の形成に於いては、客観的追考により無限の恒真性が証明されうる客観性フィルターではなく、実存概念上の現象学的経験を通じて一意に運動・変化する自己内の主観性フィルターにより推進されるためであり、その向自的態様をなす自己内反応を構成する主観観念に相互連動する主観的精神現象が、芸術性向としての宗教観の規定性にあるが故に相違ない。

　宗教はそれ自体として芸術の分科をなしているが、そのことが然るに、宗教が芸術に対する下位概念であるということを単純に意味

するところではない。芸術としての宗教観に於いても、あらゆる芸術分科と同様に主観性フィルターの構想力を契機として創出される所産をなすのではあるが、各々に芸術作品として創出されるイドラ：Ｉｄｏｌａ・ドグマ：Ｄｏｇｍａ・イデア：Ｉｄｅａ等の本質概念を内包する諸徴表の一切により構成されるところの、統合的に体系化されてある主観的文化としての全体芸術をなすものであるといえよう。そして、しかる全体芸術としてあるあらゆる個別宗教そのものが、その創作活動をなさしめる先験的衝動をなす潜在的である力動概念として、実存規定としての自己存在に基づく零系的限界状況に帰因することにより、かかる限界状況にある実存精神に対し主観的救済乃至福音を体現する動因的必然性よりして、地域的・民族的・時代的諸条件を反映する個別宗教概念が客観上の現実態様との自己矛盾を昇華する芸術性向へと生成されるのである。更にはまた、このような芸術性向の力動概念がたとえば、客観性フィルターにおけるロジカル属性をなす内容とヴェクトルを内在する状態関数にある場合、理性上の追考処理性能を平均値以上に向上せしめる可能性とてもあることから、その運用方法により更なる新規の弁証的展開の契機ともなりえよう。

　また、主観的精神現象の運動・作用はつねに、主観観念の態様に相互対応しつつ移行される。もとより、主観的精神現象の運動・作用は主観観念の内的イマージュの機能態様として収束されるからであり、且つ主観観念は主観的精神現象の状態遷移により、主観的意識内容乃至対象として脳内形成されるイメージレベルであるからでもある。そのことと同様に、客観的精神現象の運動・作用はつねに、客観概念の態様に相互対応しつつ動向しゆく。もとより、客観的精神現象の運動・作用は客観概念の統覚作用として収束されるからであり、且つ客観概念は客観的精神現象の追考過程上のグレードにより、客観的把捉態様乃至対象として脳内生成される自覚レベルの状態関数であるからでもある。客観作用と主観作用が相互間に呼応し

あう以上、したがってまた、客観的精神現象に主観的精神現象が呼応して運動・作用するということは、同期しつつ客観概念に主観観念が呼応して状態遷移することと同義である。

　但し、追考作用に於いて一般且つ特殊時空間上の統合意識レベルが成立している場合、単に主観作用が客観作用に対応するのみならず、主観的精神現象及び主観観念自体が、相対的・可変的である自立性を以って機能しうる状態関数にあることも客観的事実ではある。このような統合意識レベルにあるということは、主観的精神現象及び主観観念自体が、一般且つ特殊時空間上の規定性に対し既に覚醒されていることにより、自己自身の運動・作用に対する自己知覚をなさしめる内的態様にあるためである。

第Ⅴ節 論理学的アクセス

　本節における追考上の自覚レベルでは、当該の対象的知覚をなす相互否定命題（論理式）に対するアクセス遷移は、以下の通り移行される。

【意識上命題】　　　　　【意識下命題】（仮定）
$\sim f\ (x)\ \times L^{\ (n+9)}$　$\Leftrightarrow$　$f\ (x)\ \times L^{\ (n+9)}$
　　　　↓　　　　　　　　　　　　↓
$f\ (x)\ \times L^{\ (n+10)}$　$\Leftrightarrow$　$\sim f\ (x)\ \times L^{\ (n+10)}$

　ＣＮＳの運動自我による理性作用の対象的知覚である相互否定命題（論理式）は、両命題（論理式）ともに同一の確度を以って主張されているため、定立的命題（論理式）である$\sim f\ (x)$に対する弁証作用と、反定立的命題（論理式）である$f\ (x)$に対する弁証作用はつねに同時に、且つ同期して遂行されてゆく。意識階層レイヤ上に於いて、いずれの命題（論理式）が意識上に顕在化されたアクセス対象であり、いずれの命題（論理式）が意識下に潜在化されたアクセス対象となっているかは、当該の現在時における各命題（論理式）に対する意識／下意識レベル交換の問題にすぎないため、所詮変遷するところではある。

　仮に、定立的命題（論理式）である$\sim f\ (x)$に対する、客観概念上における実存乃至実存系としての規定性／零系としての規定性による反定立態様にある弁証作用が、向自的に［無限且つ一意の自己回帰をなす］超実存系：実存回帰としての規定性という当該の自覚レベルにおける限界点に到達したとき、つねに同時に追考アクセスしてきた客観的精神現象と主観的精神現象の、且つまた客観概念と主観観念の各々にアタッチするポイントは、定立的命題（論理式）

である〜ｆ（ｘ）×Ｌ$^{(n+9)}$より、無限小の瞬間を経過後の反定
立的命題（論理式）であるｆ（ｘ）×Ｌ$^{(n+10)}$に対する弁証作用
に移行する。それと同時に、［潜在的に同期しつつ］追考アクセス
してきた、反定立的命題（論理式）であるｆ（ｘ）×Ｌ$^{(n+9)}$よ
り、無限小の瞬間を経過後の定立的命題（論理式）である〜ｆ（ｘ）
×Ｌ$^{(n+10)}$に対する弁証作用に移行する。実存乃至実存系として
の規定性と零系としての規定性による相互否定関係から［無限且つ
一意の自己回帰をなす］超実存系：実存回帰としての規定性へのＡ
ｕｆ－ｈｅｂｅｎにより、当該の相互否定命題（論理式）に対する
意識上の顕在的アクセスと意識下の潜在的アクセスが相互間に移行
し入換ることは、弁証作用上のＴｒｉａｄｅが追考運動におけるポ
イント移行の作動単位であるからであり、そのためにジンテーゼと
しての［無限且つ一意の自己回帰をなす］超実存系：実存回帰の概
念規定が当該の自覚レベルにおける限界点ともなるのである。実存
乃至実存系としての規定性／零系としての規定性による反定立態様
の概念的統一されている［無限且つ一意の自己回帰をなす］超実存
系：実存回帰としての規定性という止揚（揚棄）態様を以って、定
立的命題（論理式）及び反定立的命題（論理式）の各々に対する当
該の自覚レベルにおける限界点に到達することは、弁証作用の客体
である対象的知覚自体ではなく主体である精神機能の問題であるた
め、必然的にＣＮＳの客観作用と主観作用、即ち客観的精神現象と
主観的精神現象、且つまた客観概念と主観観念のアタッチするポイ
ントがそれぞれに交換せられ、このことにより〜ｆ（ｘ）に対する
（客観的／主観的）アクセスはｆ（ｘ）へ、且つｆ（ｘ）に対する
それは〜ｆ（ｘ）へと同時にスライドせられ、このとき［無限且つ
一意の自己回帰をなす］超実存系：実存回帰との理性的態様レベル
における弁証実行の契機をなすことになる。相互否定命題（論理式）
のうちのいずれが意識階層レイヤ上に顕在化／潜在化されているか
は、やはり前述の二律背反上の意識／下意識レベル交換の問題でし
かない。

したがってまた、相互否定命題（論理式）$f(x) \times L^{(n+10)}$ 及び $\sim f(x) \times L^{(n+10)}$ との表記は、理性機能による弁証系プロセスの自覚レベルの推移を意味するところであり、Ｌｅｖｅｌ変数Ｌの冪（ベキ）乗 $n+n \sim \infty$ が単位時間としての秒（ｓ）やミリ秒（ｍｓ）等を示唆してはいない。それは本来、無限小の数値化を条件とする瞬間の更新を記述することに妥当する以上、既設の有限の単位時間によっては定義されえないためである。

　相互否定命題（論理式）$\sim f(x) \times L^{(n+9)}$ と $f(x) \times L^{(n+9)}$ のいずれが意識上に顕在化、或いは意識下に潜在化された追考アクセスの対象的知覚になろうと、弁証作用の追考上のグレードが［無限且つ一意の自己回帰をなす］超実存系：実存回帰としての規定性という客観概念に相当する自覚レベルに到達したことに相違ない。相互否定関係にある両命題（論理式）に対する追考アクセスのポイントがスライドされた時点に於いて、両命題（論理式）ともに［無限且つ一意の自己回帰をなす］超実存系：実存回帰の概念規定という、精神内の態様フラグが既に設定された対象的知覚として更新されているため、当該の時点に於いて新規の触発を生じる必然性がある。

　とりもなおさずそのことは、当該の時点に於いて、当該の更新後レベルにおける＜第二直観＞が生起せられることになる。対象的知覚を構成する命題（論理式）関係そのものは同一であるも、既に精神内の態様フラグを以って更新された対象的知覚と化している以上、当該の更新作用により、両命題（論理式）ともに対象的知覚としては新規の状態関数を得ているため、それに対する新規の触発をなす＜第二直観＞が自動起動されるのである。とはいうも、ＣＮＳ自体が既に理性的自覚レベルを確立されている以上、当該の自覚レベルからの弁証作用としての状態関数を維持することにもなる。そしてまた、そのことが更なる追考作用（Ｔｒｉａｄｅ）の端緒をな

すのでもあるから、以降の弁証作用は当該の＜第二直観＞の内容情報のもとに展開されてゆくところとなる。しかる弁証実行による実際上の理性的運動及び成果がいかなる［無限且つ一意の自己回帰をなす］超実存系：実存回帰としての規定性レベルのプロセスの解析データを出力するとも、等しく客観概念上における実存乃至実存系としての規定性と零系としての規定性との反定立しあう交互作用によるものである原理は変らない。

　如上は飽くまで、＜第二直観＞を契機とする弁証作用がＴｒｉａｄｅという追考単位にて実行されゆく必然的工程を可能性として説明する内容ではある。但し、次に明示する通り、もはや弁証系プロセスの実質上の極限値をなす最終段階に到達している以上、更なる弁証作用の継続が何等の効果・効力をなしえないことも、ゆめ否めない。

　かくて二律背反しあう命題（論理式）構造が主語と述語を等しくする相互否定命題（論理式）は、つねに任意且つ一意である二式一組の命題（論理式）構造をなすが、当該の両命題（論理式）の関係式のみに於いて＜無限＞を構築する相対系としての全体系が包摂されている。弁証系プロセスを実行することに於いてなされる論理的判断が、任意の命題（論理式）ｆ（ｘ）或いはｆ（ｙ）、ｆ（ｚ）等を前提条件とする結論ではなく、飽くまで無限における一意のｆ（ｘ）であることと、当該のｆ（ｘ）ではないこと自体に対する理性作用上の所謂方法的懐疑の力動概念によるところである以上、また換言するにそのことは、当該の命題（論理式）とそれ以外の一切の命題（論理式）との関係式、且つ当該の概念規定とそれ以外の一切の概念規定との関係式に対する理性的思惟によるが故であるとともに、当該の二律背反＜Ａｎｔｉｎｏｍｉｅ＞における主語であるところの概念規定が、相対系としての全体系を体現する任意且つ一意の実存としての生滅現象を示唆する意義を必要充分に具有するた

めである。論理系上の弁証系プロセスにおける自覚レベルが最終工程、即ち［無限且つ一意の自己回帰をなす］超実存系：実存回帰としての規定性をなすAuf－hebenにもはや到達していることにより、当該の概念規定に於いては如上の真実存的自覚が既になされている以上、当該の対象的知覚をなす命題（論理式）であるf（x）及び〜f（x）の関係式に於いて、その現時点ではいずれが意識上に顕在化、もしくは意識下に潜在化されているアクセス対象になっていようと、概念的追考を理性的思惟の本質規定とする弁証運動を、当該の自覚レベルより以降にも更なる実行継続することはもはや無意義に化していよう。そのことが弁証系プロセスにおける実質上の極限値に相当する限りに於いて、更に高次の工程をなす追考上の自覚レベルも弁証作用上の限界点もありえないことよりして、しかる弁証運動の作動する対象命題（論理式）の双方が意識階層レイヤ上に於いてポイント移行されることも不可能となるのである。［無限且つ一意の自己回帰をなす］超実存系：実存回帰という自覚レベルの最終工程よりは超越しえない以上、もはや弁証系プロセスという処理工程の実行継続によるところでは、追考上の更なる次段階のTriadeをなす弁証ステップへと展開されることもなく、またしかるTriade自体の成立することもありえず、ただ超自我における客観性フィルターを反映する運動自我による理性作用が弁証運動という論理系処理のみを、いまや当該の自覚レベルにある運動慣性により空転せしめ続けるにすぎない。

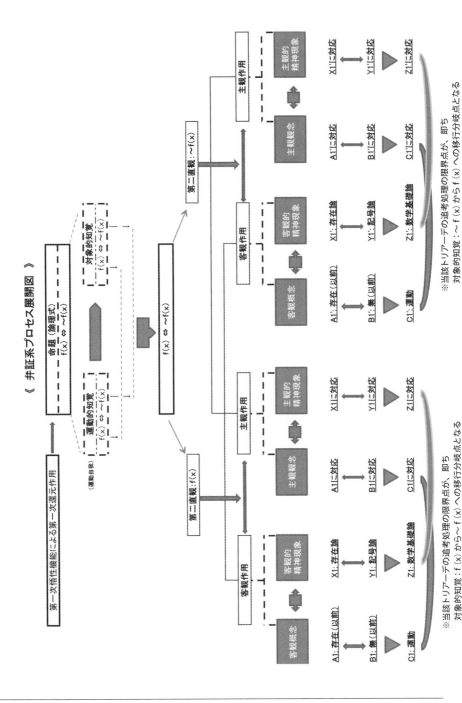

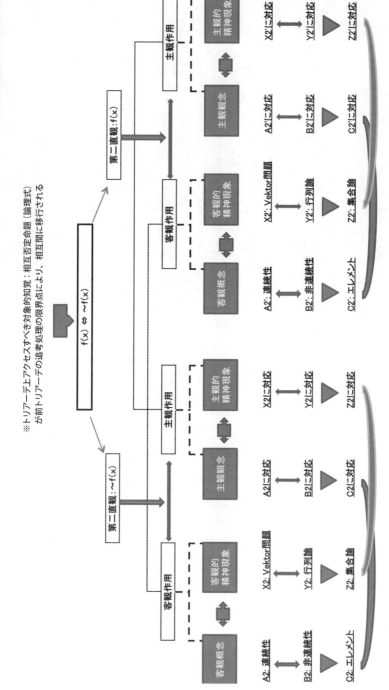

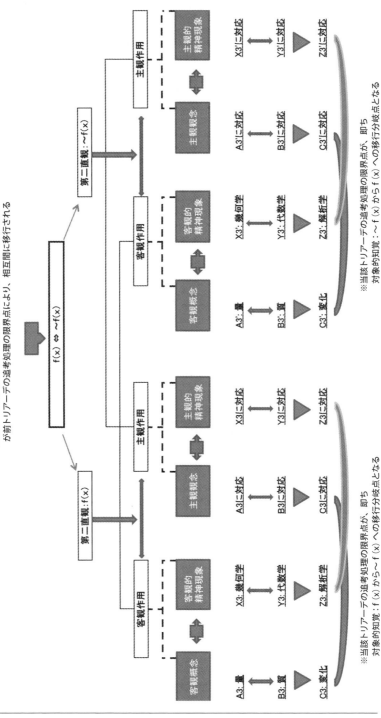

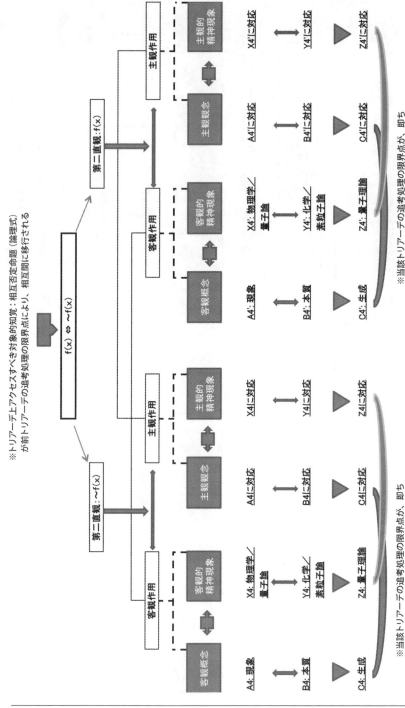

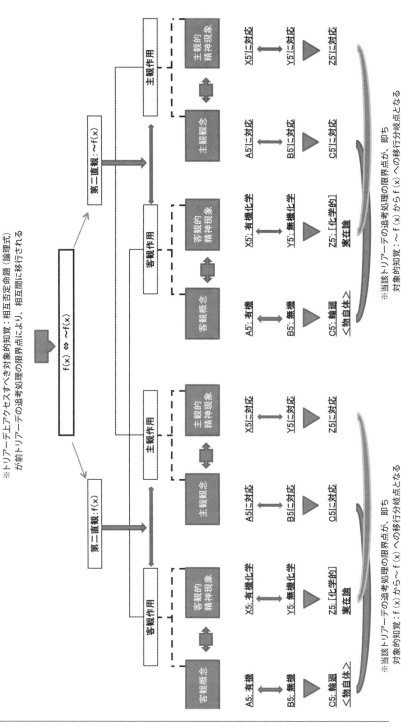

第X章 弁証運動──PhaseX

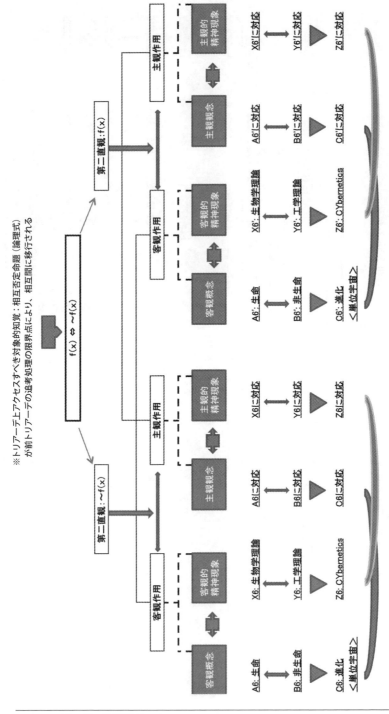

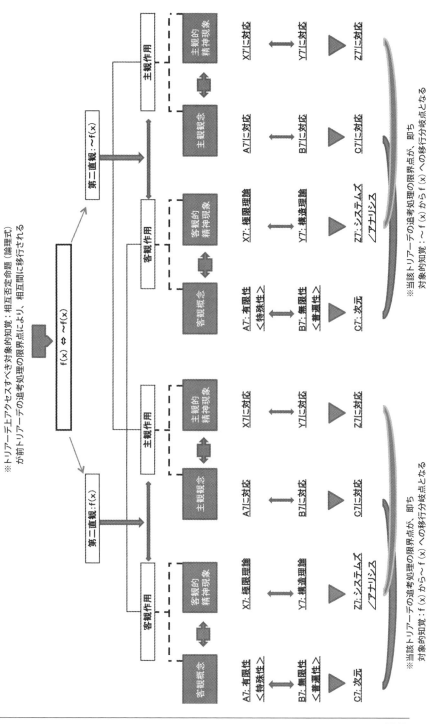

第X章 弁証運動——PhaseX

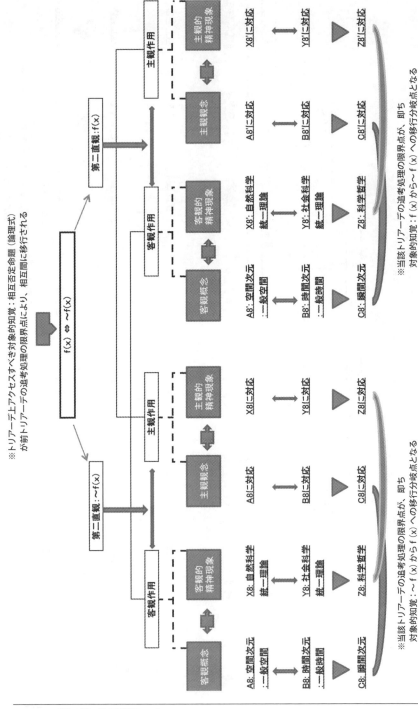

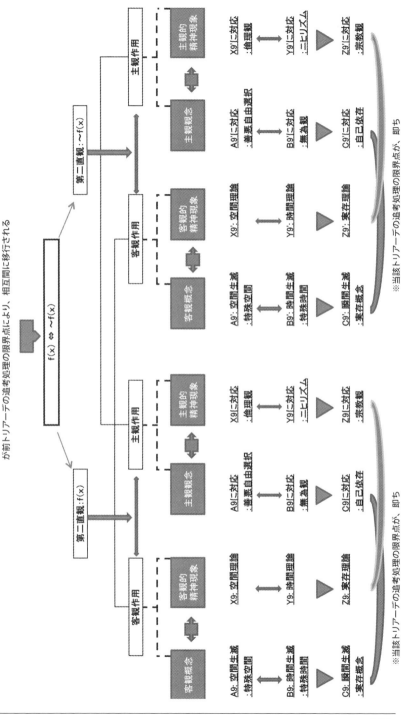

第Ⅱ部 論理系　第三篇 弁証系システム

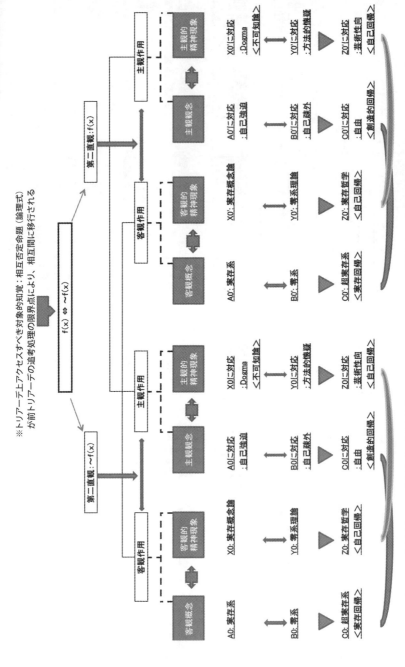

1172　第Ⅴ節 論理学的アクセス

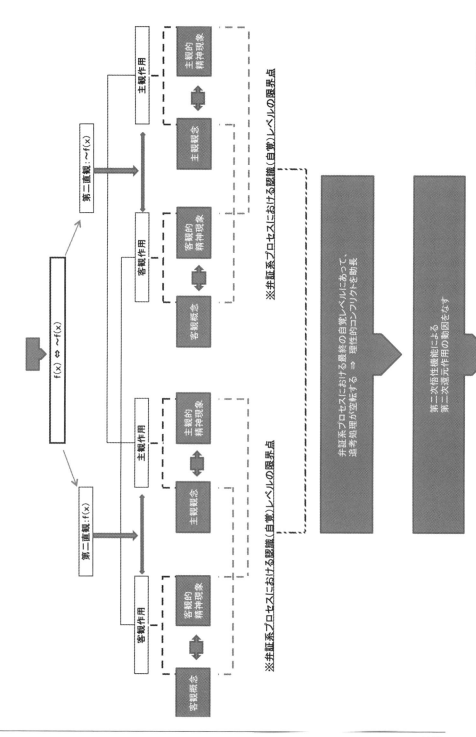

1174

第IV篇

第二次還元作用

第Ⅰ章

第二次悟性機能：
　第二次還元作用

ただ超自我における客観性フィルターを反映する運動自我による理性作用が、弁証運動という処理のみをその運動慣性により空転せしめること。前節におけるこの弁証運動的空転は、弁証運動をなさしめる理性作用の機構そのものには処理を終端せしめる装置がないため、［弁証系プロセス自体が既に極限値に到達している以上］追考上の次段階の認識レベルをなすTriadeの弁証ステップに展開されることのないまま際限なく実行継続されることから、いずれかの時点に於いては、知的欲求という本能変数に対する神経系内の理性的コンフリクトを潜在的に生起せざるを得ない。弁証系プロセスにおける論理学的追考上の運動慣性よりして、ＣＮＳの超自我が客観性フィルターに対して最高度に覚醒されている状態関数を維持し乍ら、実質上の論理学的生成作用の可能性を欠如している無限循環処理を際限なく強制実行せしめられ続けることには、無制約の欲求システムの源泉を反映する本能変数が圧迫されるため、意識下に潜在する知的フラストレーションを惹起せぬはずもないからである。

　また、本来に於いて高度の可塑性を具有することでランダムである運動性向をなす主観性フィルターが、弁証系プロセスの自覚レベルを実践する客観性フィルターの動向に呼応して同期的に推進されていることは、しかく最高度の覚醒状態にある超自我が客観性フィルターに対して解放する状態関数にある他方、主観性フィルターに対しては抑制する状態関数をなす法則性を具有するため、主観作用の動向及び態様は客観作用の動向及び態様に同期して実行されざるを得ないのだが。さればこのとき、潜在化されている構想力を触発されることにより先験的である芸術性向の顕在化されてある主観性フィルターが、弁証系プロセスにあってはつねに同期して展開されてきている客観作用上における上述の無限循環処理に対し、力動概念としての構想力を発現せしめる生産性乃至創造性を欠如していることによる、その本能変数に対する神経系内の理性的コンフリクト

を際限なく助長されることになる。超自我により解放されている客観性フィルターの、もはや弁証系プロセスにおける追考上の限界点にあることよりして、超自我により抑制されている主観性フィルターの内的態様に於いては、自己実現されえない先験性の知的衝動が反動的反応をなす力動概念として増長され続けるからである。

　さあれもとより、弁証系プロセスの限界点をなす超実存系：実存回帰の自覚レベルに既に到達しているにも拘わらず、精神機構の自己運動としての追考作用のみがその運動慣性により終端されることなく無限循環現象に陥っていることは、形式論理学（記号論理学・述語論理学）上の原因によるところである。とりもなおさず、対象的知覚をなす概念上における弁証運動のなべての工程の向自的態様がもはや統覚されていることにより、これ以上に弁証運動を実行継続することが追考上の次段階のＴｒｉａｄｅとしての自覚レベルへと展開される可能性がないにも拘わらず、命題（論理式）上に於いては、ｆ（ｘ）と〜ｆ（ｘ）との関係式における、形式論理学（記号論理学・述語論理学）上の二律背反＜Ａｎｔｉｎｏｍｉｅ＞が未だ決裁されていないため、相互否定命題（論理式）に対する論理学的トレースとしての弁証運動のみが実行継続されてしまうのである。換言するにそのことは、かかる客観性フィルター及び主観性フィルター双方における力動概念に起因する当該の、既に＜絶対的限界点＞に到達している神経系内の理性的コンフリクトを解消することこそが、対象的知覚をなす命題（論理式）のＴａｕｔｏｌｏｇｉｅ生成＜恒真化＞の問題に他ならないことを意味している。

　尚、ここで、当該の神経系内の理性的コンフリクトの状態関数をなす限界点を、敢えて＜絶対的限界点＞と称せられていることについて付記しよう。つまるところ、弁証系プロセスが未だ最終の自覚レベルに到達していない工程における追考処理上の限界点が、対象的知覚をなす命題（論理式）に対する精神機構上の顕在的／潜在的

アクセスの変換を要求する相対的限界点であることに対比し、当該の神経系内の理性的コンフリクトが弁証系プロセスそのものを終端せしめる絶対の恒真化処理を不可避的要求する絶対の限界点にあるが故に相違ない。ここでの絶対性はされば、追考上の自覚レベルが絶対的限界点にあることの命題（論理式）上への反映作用が恒真化処理である以上、恒真化処理により帰結される真理：恒真式として具備される絶対性を反映するところでもある。したがってまた、しかる絶対的限界点に到達せしめる神経系内の理性的コンフリクトによる極限化作用は、同義に於いて絶対的極限化をなしているともいえよう。命題（論理式）上における二律背反関係が、その双方の概念上における相互矛盾的統一作用と同時には止揚（揚棄）されえないことは、二律背反しあう命題（論理式）相互間の関係式が論理学的形式上に明示的である絶対的否定を包摂しているとともに、しかる絶対的否定自体が弁証系プロセスの概念的追考上における最終の自覚レベルを前提しなければ解消されず、且つまた理性機能の論理的形式上における第二次還元作用である恒真化処理を必要とするため、対象的知覚をなす対象概念に対する最終の止揚（揚棄）そのものが同時には、対象命題（論理式）上における二律背反関係の解決には直結しないのである。そして、意識下に潜在化されているしかる神経系内の理性的コンフリクトが、ＣＮＳ上の客観性フィルター及び主観性フィルター双方における力動概念の交互作用により絶対的極限化されることで、ついには意識階層レイヤの前意識レベルを媒介して意識上レベルに顕在化されつつ表象されると、ｆ（ｘ）と〜ｆ（ｘ）による絶対的である二律背反関係の解消されることもないまま、ただその儘に何等理性作用上のいかなる論理学的処理をも実行しうることなく、単純に一旦＜括弧：【】に投入する＞しかないこととはなるのである。

　かくて対象的知覚をなす命題（論理式）上の関係式自体を＜括弧：【】に投入する＞処理、然るにそのことこそ、まさに絶対の確度を

実現する恒真式：Ｔａｕｔｏｌｏｇｉｅを生成しうべき端緒をなすところに相違ない。既に弁証系プロセスの概念上における自覚レベルが超実存系：実存回帰にあり、且つ更なる高次の自覚レベルがありえない以上、その弁証運動における客観作用及び主観作用の無限循環現象による神経系内の理性的コンフリクトが絶対的限界点に到達しているため、敢えてｆ（ｘ）及び～ｆ（ｘ）という命題（論理式）上における規定性を解除することで、対象的知覚としての理性機能の論理的形式上の制約を自由化することにより、最終の自覚レベルに於いてＡｕｆ－ｈｅｂｅｎされている概念上の規定性による必然的制御を動因として、却って形式論理学的（記号論理学的・述語論理学的）構成処理が必然的に再起動される帰結を以って、絶対の確度にて妥当する真理：恒真式として再生成されることになる。もとより命題（論理式）上の関係式を規定する必須の本質的要件が概念的自覚にあることから、最終的に止揚（揚棄）されている概念上の規定性を反映される命題（論理式）上の再生成に於いては、絶対の確度における恒真化処理が実行されうるためである。しかく恒真化された絶対的命題（論理式）、即ち誤謬率０％のＴａｕｔｏｌｏｇｉｅを以って、真理：恒真式として規定せらるべき命題（論理式）としてある。このような真理：恒真式の生成に通じる恒真化処理は、もとより弁証系プロセスの端緒を起動する契機をなす工程として実行されている第一次還元作用に対比して、これを第二次還元作用と称せられよう。且つまた、当該の工程の恒真化処理を実行するところの精神機構上における機能態様については、第一次還元作用を実行している第一次悟性機能に対比して、これを第二次悟性機能と称せられよう。而して更には、かかる第一次悟性機能乃至第二次悟性機能、もしくは理性機能等と称せられている概念規定については、大脳新皮質上の対応部位に応じて統合的作動する運動自我の機能態様をなすところに他ならない。

　第二次還元作用のメカニズムはつまり、弁証系プロセスの概念上

における自覚レベルが絶対的限界点にあり乍ら空転し続ける神経系内の理性的コンフリクトと、その無限循環現象に対する客観作用と同期して稼働する高度の可塑性を具有する主観性フィルターの内的抑圧を力動概念として成立する。この力動概念の交互作用による神経系内の理性的コンフリクトの絶対的極限化されることよりして、理性機能上の論理的形式化されている命題（論理式）上における二律背反関係を一旦＜括弧：【】に投入＞することで、とりもなおさず、自己内の論理系上の相互矛盾的前提自体を強制的に相互回帰せしめることで、当該前提となる内部メモリ：Ｍｅｍｏｒｙ域を解放することにより、運動慣性に基づいて弁証運動を続行する理性作用が第二次悟性機能を自動触発するとともに相互連動し、しかる概念上の自覚レベルの反映される命題（論理式）上の恒真化処理が無条件に実行されるところの、機構乃至原理にある。そこにしも、改めて生成且つ再構成される命題（論理式）は、全弁証系プロセスを通じて絶対の確度をなす概念上の自覚レベルが非間接的に反映されているため、論理学的誤謬の確率や相対的である非妥当性を許容しえない恒真式：Ｔａｕｔｏｌｏｇｉｅとしてあり、哲学理論上の真理：恒真式として称せらるべき命題（論理式）へと絶対的還元されていることになる。しかる命題（論理式）自体は一命題（論理式）としては、弁証系プロセスに於いて二律背反関係をなすところの対象命題（論理式）の、いずれか一方がそのまま真理：恒真式として出力される可能性もあるし、いずれとも相異する論理構造を具有する命題（論理式）が出力される可能性もあるが、同一の対象的知覚に対する概念上のＡｕｆ－ｈｅｂｅｎを契機としている以上、如何せん対象命題（論理式）を構成する本質規定をなす概念上における規定性に基づく必然的帰結であることに変わりない。

　さるにても、弁証系プロセスより第二次還元作用を通じて恒真式：Ｔａｕｔｏｌｏｇｉｅ生成されるまでの一連の論理系上の工程については、そのことにより必然的帰結せらるべき事象、或いはそこに

内在される本質的意義に対し考察しなければならない。弁証系プロセスにおける精神機構の動向については、対象的知覚をなす概念規定に対する即自的である定立態様：Ｔｈｅｓｅと対自的である反定立態様：Ａｎｔｉｔｈｅｓｅによる同期的矛盾関係を、自己回帰的である統一態様：Ｓｙｎｔｈｅｓｅに止揚（揚棄）するＴｒｉａｄｅを展開することを以って、対象命題（論理式）上における二律背反関係＜Ａｎｔｉｎｏｍｉｅ＞そのものを高次化せしめゆくことにより、その帰結処理を以って解消せられる精神機構上の工程であることにもなるが、本来に於いては、そのこと自体は客観性フィルターの範疇に帰属する作用をなす本質的問題であるといえる。

　弁証運動を実施しうべき意識上レベルには最高度の覚醒状態を要するため、このとき超自我の状態関数は客観性フィルターに対しては開放作用をなすヴェクトルにある。このことに対比し、他面に於いては、超自我の状態関数は主観性フィルターに対しては抑制作用をなすヴェクトルにあり、したがって、主観性フィルターの動作環境としては客観性フィルターによる弁証運動の動向に反応的推移をのみ実行しうることとなる。そのことを換言するに、運動自我による処理の態様としては、意識上及び意識下の双方による概念上の反定立関係に対するマルチタスク処理が同期して同時実行されるが、しかる理性上の追考処理が客観性フィルターにより主導されることから、主観性フィルター本来の可塑的サイコンを力動概念とする動作が、必ずしもＣＮＳ上のプロセシングにおける顕在的対象にはなっていない。弁証運動自体は理性機能による追考処理であることよりして、つねに客観性フィルターを運動主体として実行されることにより遷移し、主導的といえるプロセシング対象ではない主観作用は客観作用に対応する反応作用として展開され推移するのだが、もとより客観作用と主観作用は各々の機能範疇や動作対象を異にするとともに、この両作用は論理学展開上の相互矛盾関係にあるとはいえないことから、双方の帰結現象が弁証系プロセスを通じてＡｕ

f－hebenされうる規定性にはないことも明らかである。そして
てまた、弁証系プロセスにおける主観作用の処理フローが客観作用
とも同様のTriadeとして開示されることは、それが客観性
フィルターによる追考運動の弁証的Triadeに対し不断に同期
して同時実行されるためであり、またその機能面に於いても、客観
作用の運動系譜より主観作用の運動系譜として反映且つ継承される
ことによるところである。

　但し、このように［CNS上の］顕在化と潜在化、［超自我による］
解放と抑制という相互対立しあう客観作用と主観作用による弁証系
プロセスを、最終的には解消せしめる第二次悟性機能による第二次
還元作用に於いては、概念上の絶対的統一処理に基づく命題（論理
式）上の無限循環現象に起因する神経系内の理性的コンフリクトに
対し、これを絶対的極限化することにより第二次還元作用の動因た
らしめる本能的エナジーが、超自我における客観性フィルター／主
観性フィルター双方の力動概念による交互作用に帰因する以上、し
かる第二次還元作用による恒真化処理に於いては客観作用と主観作
用の自己統一態様として機能することを意味している。

第Ⅱ章

絶対系構築システム
＜絶対理念＞

※真実存的共同

もとより弁証系プロセス最終工程までの正常終了は、科学理論上の確率論ではない哲学理論上の絶対的確実性、即ち真理：恒真式を自覚するためには必当然の追考工程である。そのなべての処理工程が、一点の誤謬なく実行され理性的追考上のTriadeを展開しうることは、そも［哲学的］真理：恒真式としての概念規定の知覚体系とともに、自己存在をも包摂する全体系である相対系そのものに絶対的自己化されることの意義をなす、ＣＮＳの先験的モニタリング機構が常時稼働し監視していることに基づく。理性機能による追考処理のみならず、精神機構上における実際上の経験による態様は、いかなる座標系及び時点をなす状態関数に於いても何等かの＜知＞を探求するところの＜知＞自体であり、また当該の対象的知覚の実測値に拘わらず普遍である相対系に妥当せざるを得ないため、先験的モニタリング機構をなすところのものは一切の実測的経験に対し先行する知覚であることになり、また相対系自体の単純且つ純粋の知覚でもなければならない。しかる単純且つ純粋の知覚の先験的に具有されてある知的体系は、ＣＮＳ上におけるa＝prioriの神経制御機構の動作・制御基準となる内部システムとしてあることよりして、［精神機構の］基準系と称せられる。

基準系という［相対系自体の］先験的知覚の体系が、超自我における客観性フィルターの動作・制御基準をなしている。そのことは、超自我そのものが先天的に具備されるバックエンドの神経制御機構であるとともに、フロントエンドの神経制御機構である運動自我の態様及び稼働状況を監視する機能系にあり、両機構が内的相互連動されることにより弁証系プロセスが実行されうるのであるが、その他方では、主観性フィルターは可塑的サイコンを直接に反映する本質規定を具有することでランダムの性向にあることから、客観上の論理性・整合性を要求される理性作用の制御目的には適合しないせいである。相対系自体との純粋直観を起動の端緒とする客観性フィルターの運動・作用は、つまるところ、その理性的追考という後天

的である経験態様を先験的である基準系に相互自己化せしめる自己
統一プロセスでもある。経験作用による精神内性フラグが設定され
るより以前の瞬間における、純粋直観の経験的契機となる初回イン
パクトのみが、唯一無反省の状態関数にて基準系の先験的知覚と自
己同一であるといえるが、しかる純粋直観による触発を端緒として
形成される経験的知覚に対して精神機構が反応することにより、こ
のとき既に純粋直観の初回インパクトの瞬間における先験的純粋性
を喪失する精神内性フラグが設定されることになるのではある。

　したがってまた、絶対の精度を恒真式：Ｔａｕｔｏｌｏｇｉｅに
追究する弁証系プロセスの系譜については、このような経験作用を
媒介しない純粋直観における初回インパクトによる、自己存在を形
成するとともに自己存在に対する触発対象である相対系自体の純粋
情報を、弁証系プロセスという経験上の論理学的方法論により再構
築するシステムに他ならない。而してまた、しかる経験上の論理学
的方法論を終端せしめることになる真理：恒真式の生成は、精神機
構上における先験的知覚：ａ＝ｐｒｉｏｒｉと経験的知覚：ａ＝
ｐｏｓｔｅｒｉｏｒｉとの相互自己化による止揚（揚棄）態様にあ
るともいえる。先験的であるからには、何程かの経験作用を媒介す
ることにより体得された後天的所産ではないため、少なくとも生得
的にして先天的に具有されていることにはなるが、相対系を構成す
るいかなる実存的モメントもそれ自体としてあるためには、特殊時
空間上の相互因果的規定により一意に形成される過程に於いて決定
されている普遍的約定があることから、これを遵守することなくし
ては、もはやいかなる自己存在をなす実存としても存立すること能
わない。なべて一意の実存的モメントにあっては、特殊時空間の無
限回帰による帰結現象としての必然的素因がそれ自体に反映される
以上、自己自身であることの先験的根拠は、自己存在そのものの前
提をなす不可避の普遍的約定ともいえるのである。

とはいえ、不断且つ無限に更新される現在時の普遍の同時性をな
す瞬間生滅を経験し続けること自体が、とりもなおさず、一意の実
存として存立するということの現実態様に相違ないから、その実例
が基準系という先験性を具有する実存的モメントであるとても、相
対系自体を体現することの経験的運動をなす相対系の構成素子とし
て現存する限りに於いて、先験的実存であると同時に経験的実存で
もなければならない。そのことは即ち、先験的ではない経験態様と
ても、また経験的ではない先験態様とてもありえないことを意味す
る。あらゆる特殊時空間が、無限小の時間長をなす一瞬間として停
止することなく運動・変化することを以って相対系を体現するため、
特殊時空間としての後天的経験を媒介することなくして存立する実
存的モメントはなく、またあらゆる実存的モメントは特殊時空間上
における経験的累積の帰結現象として生起されるため、それ自体が
生起されるに到る生得的因子を自己経験に先行する先験的規定性と
して反映されない実存的モメントもないからである。さればまた、
先天的に自己存在に記録されている先験的規定性すら、その内的約
定に基づいて運動・変化する自己存在が経験態様としてある以上、
当該の先験的規定性そのものが、つねに自己内外の経験的触発によ
り変更または破棄される可能性を内在する環境にあることを免れな
いが、但し自己経験による後天的所産である経験的規定性に比して
は、自己経験以前に具有される先験的規定性に対する経験的影響度
が比較的に低いとはいえる。相対系自体に対する先験的知覚の体系
である基準系については、もとより相対系を体現する実存的構成素
子としての必然的要件をなすところの、相対系自体による全実存的
構成素子に対する単純且つ純粋の自己回帰的反映下にある以上、し
かる基準系の知覚内容そのものの可変性の確率は無限の未来時間ま
で期待されえないが、但し、基準系を内在する精神機構及び精神主
体はつねに相対系としてある存立環境上の変数にあるため、精神上
乃至生理上の基準系に対する制御作用及び運用能力が可変的である
ことにはなる。先験態様として相対系自体と自己同一である基準系

と、経験態様として相対系自体を自己存在に体現する運動自我乃至超自我は、当該の先験性と経験性に於いて精神機構上の相互矛盾関係にあり乍ら、先験的である基準系の実存としての必然的経験性と、経験的である運動自我乃至超自我の実存としての必然的先験性が相対系システムにより自己回帰されることから、しかる精神機構と相対系自体との絶対的自己化により、しかる相対系自体と自己同一である真理：恒真式の精神上に生成されることを以って、自己実存としてあることに極限化される精神機構上の相互矛盾関係が自己統一されるのである。真理：恒真式とはしたがって、精神機構上における先験性と経験性の止揚（揚棄）されることによってのみ生成されうる絶対的結晶体である、ともいえよう。

　ＮＥＳとＣＮＳの生理的体系は、その系統発生による先験的変数と個体発生による経験的変数における、脳：身体比の増幅の方向線 $<E = k p^{2/3}>$ により形成されるところであるが、かかる発生変数は相対系自体の全累積時間である無限の系譜の、実存をなす自己存在に対する反映により規定される実測値をなす。もとより無限に累積される先験的変数は、不断の現在時である経験的変数の更新作用によるところであるため、系統発生の力動概念は個体発生の無限連鎖を遡及することになるとともに、自己存在の実測値をなす個体発生は系統発生の運動端緒としてもある。精神機構を具備するすべての実存的モメントは、相対系自体の無限回帰運動を媒介することにより相互連関するため、いかなる実存的モメントの発生変数も、相対系的過去という累積関数により決定される実測値であり、したがって、現在時における精神機構の状態関数は、相対系的未来という累積関数を規定する変数に充当される運動端緒の一特殊時空間的モメントでもある。かかる任意にして一意の現在時という瞬間生滅に於いて、相互矛盾しあう過去時間の無限累積関数と未来時間の無限累積関数が自己同一に帰せられるため、その無限小の時間長をなす生／滅の都度毎に相対系の時間関数の自己止揚（揚棄）態様が更

新されることになる。

　精神機構の生理的変数を規定する発生変数のうち、系統発生は当該の自己存在の生命現象の成立するに到るまでの、即ちその形成過程以前の先験的プロセスにより規定され、他方また、個体発生は当該の自己存在の生命現象の成立してより現在時に到るまでの、即ちその生誕時点以後の経験的プロセスにより規定される。一般論的には、系統発生的に規定された変数値は、あらゆる経験作用を媒介することなく獲得されているため、自己内的／外的である経験変数による可変性が比較的に低いが、そのことは相当強度といえる刺激情報のない環境下に於いては、既に定数化されつつある系統発生値を遡及的に変更することが困難であることにもよる。その他方に於いて、個体発生的に規定された変数値は、何等かの自己経験を媒介することにより獲得されているため、より強度の刺激情報を内在する経験変数により変更され、更新される相対的確率が比較的に高いが、その主たる要因としては、幼児体験等の自己経験変数と家庭・学校・職場等の環境変数、及びそれらを内包する経済状況・政治体制・時代特性等の社会変数等による影響が挙げられよう。

　個体発生の態様を規定する時間概念は、生命現象という有限の実存的モメント時間の始点より一意の現在時までの時間長に限定されるから、特殊時間上における有限時間に相当する。他方では、系統発生の態様を規定する時間概念は、当該の生命現象の形成過程より成立に到る遺伝子レベルの変数、及び生体進化レベルの変数よりその起源をなす相対系運行の始点までの時間長を包摂するから、特殊時間上における無限時間に相当する。そしてまた、かかる系統発生と個体発生により不断且つ永劫に更新される一意の現在時としての実存的モメントは、当該の生命現象としては有限時間を形成する未来時間を規定するとともに、特殊時空間的モメントとしては無限時間を形成する未来時間をも規定するため、その瞬間自体の生滅現象

が、過去時間における＜有限時間／無限時間＞より未来時間における＜有限時間／無限時間＞を生成するところの、任意にして一意の実存時間に相当する。系統発生は個体発生としての更新作用の契機を内在するとともに、個体発生は系統発生としての新規の運動端緒となることよりして、有限である生の変遷を累積することが無限に開示される［相対系上の相互因果的である］進化の工程を作用せしめることにもなり、かるがゆえ、生の実存的モメントとしての有限時間と全実存的モメントに連続する相互因果性をなす無限時間は、不断且つ永劫の生滅運動である実存時間として止揚（揚棄）される。そのことは、実存規定として一意である有限の無限小時間を、特殊時空間上における有限の無限大時間へと展開される、普遍妥当する同時性をなす現在時の瞬間生滅に他ならない。

　無限小の瞬間生滅はまた、時間関数のみならず空間関数の止揚（揚棄）態様でもあるが、一般空間を全統一的に規定することは無限大に対する積分運動となり、また特殊空間を全分析的に規定することは無限小に対する微分運動とはなる。一意の運動性をなす自己存在の自己運動の規定性は可変的である特殊空間として存立するが、特殊空間の個有の運動・変化を際限なく分析規定することは無限小の微分運動である他方、一意の特殊空間である自己存在の規定性は無限の一般空間による帰結現象として更新されるが、一般空間における当該の特殊空間をなす実存の運動端緒を際限なく統一規定することは無限大の積分運動ともなるのである。精神機構と当該の生命現象を、それ自体による内的規定態様として解析される限りに於いて、自己内に対する無限小という有限空間を前提しているとともに、また相対系全体によるそれ自体に対する相互連関的規定態様として解析される限りに於いて、一般空間に対する無限大という有限空間を前提している。そして、当該の生命現象に対する微分運動は、相対系を体現する最小単位である無限小の有限空間を規定するとともに、当該の生命現象に対する積分運動は、無限大の一般空間の帰結

される全統一的である有限空間を規定することから、その双方の規定性が普遍妥当する同時性に於いて開示される瞬間の生／滅が、無限大の相対系の自己統一される無限小に一意である実存空間を更新する。解析学的変数をなす実存的モメント空間に対する規定作用は、当該の有限空間に対する内包的である無限小規定であるとともに、当該の有限空間に対する外延的である無限大規定でもあるのだが、しこうして有限である自己存在の際限ない実存的関係性が無限の一般空間を構成してもいる。無限の一般空間における相互因果性により規定される有限の特殊空間をなす自己存在と、有限の運動・変化である経験態様を無限に更新し続ける実存的モメント空間は、それぞれの自己同一性に一般空間を自己否定作用エナジーにより自己化せしめる実存規定として帰結されるため、相対的・可変的にして唯一無比の有限空間と自己否定（収束）作用により自己回帰される無限空間は、無限における一意性を以って自己化される実存空間として止揚（揚棄）されていることになる。さればそのことは、実存としての一意性による特殊時空間上の非回帰性を以って、有限の無限小空間を、特殊時空間上における有限の無限大空間へと回帰的連動せしめる、普遍的にして不断に一意である座標系の瞬間生滅に相違ない。

　特殊空間上の状態関数は特殊時間上の運動値としてのみ成立し、且つ特殊時間上の運動態様は特殊空間上の実測値を以ってのみ移行されるから、［自己同一である］実存空間としての瞬間と実存時間としての瞬間は、無限を体現する一意の有限と、あらゆる有限に反映される無限を自己回帰的に自己統一される生滅現象をなす。やはりそれ自体が実存規定としての生滅現象である基準系に於いても、実存空間と実存時間による反定立関係を相互間の反定立の儘に自己統一する向自的態様は、自己回帰される無限小にして一意の瞬間としての自己存在、即ち相対系自体と絶対的に自己同一である実存の無限且つ一意の生／滅に帰せられるところではある。瞬間規定とし

てのみ成立する実存規定は、自己生滅の止揚（揚棄）態様であるために、特殊空間上に於いても特殊時間上に於いても無規定の概念規定ではあるが、またそのことと相等しい合理的根拠に於いて、すべての規定性を具有してもいる。

　必然的現実の［特殊時間上の］未然態様としての無限の未来時間と、現実化作用の［特殊時間上の］累積態様としての無限の過去時間は、一般時空間全体に普遍妥当する同時性に基づく自己同一運動として展開される。無限の相互因果的事実として累積される過去時間の＜端緒＞に必然的未来の可能性が自己化され、必然的規定性を具有する現実化可能性である無限の未来時間に相互因果的過去の現実性が自己化されるのであるが、このような自己化という特殊時間上の反定立運動の自己統一作用が、普遍的同時性をなす現在時の瞬間生滅の内実をなす。物理学的空間上の歪みや重力差による物質の運動・変化の速度誤差等は、特殊空間上の状態関数の相異に帰因する物質系の現象であるため、一般時空間における普遍的である同時性の問題とは趣旨を異にするが、無限の一般時間を不断に更新する現在時に普遍妥当する同時性が具備されてあるということは、一意の特殊空間毎の状態関数に応じて化学的反応及び変化の速度に数値誤差を生じうる誘因としても、この普遍妥当する同時性を判断基準とすることなくしては、物理化学上の測定誤差が観測されることもありえないといえよう。無限小の瞬間生滅はまた、当該の特殊時空間上に一意の非連続性と普遍的相互因果律による連続性よりしても、相対系の無限回帰による零系機構とともにその無限更新による実存系機構の、自己矛盾的統一されてある実存でもある。実存としての自己存在の成立が、そのまま零系としての自己存在に対する収束・零化をなすとともに、無限回帰による帰結現象である自己存在の収束・零化が、そのまま新規の自己存在としての更新作用ともなる、ところの無限小の現在時の瞬間は、特殊時間上に再び反復されることない一意の存立規定であるとともに、無限の相互連動による

一意性をなす＜真実存＞の概念規定をなしている。尚、ここでの零化とはされば、エナジー値の放出／収束により零という基準値に再還元されることを意味している。

　必然的現実の［特殊空間上の］未然態様としての無限の可変性と、現実化による変化・作用の［特殊空間上の］累積態様としての無限の相互因果性は、特殊時空間における不断の更新処理による自己同一運動として展開される。無限の相互因果的事実として累積される運動・変化の帰結現象に必然的未来の可変性が自己化され、必然的規定性を具有する運動・変化の可能性である無限の未来時間に相互因果的過去の変化・作用の累積が自己化されるのであるが、このような自己化という特殊空間上の自己統一作用が、無限における任意且つ一意の現在時の瞬間生滅の内実をなす。特殊空間上における実存的モメント相互間の位置関係・距離間隔に拘わらず、直接上もしくは間接上の差異こそあれ相互因果律は例外なく無限に成立しているが、無限の一般空間を不断に更新する現在時に普遍的に妥当する同時性が具備されることから、各々の特殊時間上の相互因果性を反映される一切の特殊空間及びその相互連動は、不断且つ無限に更新される現在時における普遍妥当性により例外なく同期していなければならない。無限小の瞬間生滅はまた、その特殊時空間上に一意の存立態様と普遍的相互因果律による連動態様よりしても、相対系全体の無限回帰による零系機構とともにその無限更新による実存系機構の、自己矛盾的統一されてある実存でもある。実存としての自己存在の一意性が、そのまま零系としての自己存在の＜一意的収束＞≡＜一意的零化＞であるとともに、無限回帰による自己存在の＜一意的収束＞≡＜一意的零化＞が、そのまま新規の一般空間としての変更作用ともなる、ところの無限小の座標系をなす瞬間は、特殊空間上に同一性のありえない一意の存立規定であるとともに、無限の相互因果的連動の帰結現象としての一意性をなす＜真実存＞の概念規定をなしてもいる。

特殊時間上の運動規定は特殊空間上の存在規定に対する否定（収束）作用をなすが、特殊空間上の存在規定は特殊時間上の運動規定を以って体現される実測値としてあることから、両概念規定は本来に於いて不可分の反定立関係にある。つまるところ、特殊空間そのものが当該の特殊時間としてのみ一意の時点に運動・変化するとともに、また特殊時間そのものが当該の特殊空間としてのみ一意の座標系に実在する実体をなす以上、それぞれの特殊空間／特殊時間は相互間に反定立しあいつつも自己同一でなければ成立しない。実存空間としての生滅現象と実存時間としての生滅現象は、真実存としての瞬間生滅へと自己矛盾的統一されているため、このような相対系における次元上の無限として自己回帰される瞬間にあっては、相対系自体の自己定立態様と自己反定立態様が同時に収束・零化せられ、且つ同時に更新されていることにもなる。一意の瞬間生滅としてのみ成立する実存は、特殊時空間上の普遍妥当する同時性をなす無限同期的生滅の止揚（揚棄）態様であるがゆえ、特殊空間的にも特殊時間的にも無規定の概念規定ではあるが、またそれと相等しい合理的論拠に基づいて、一切の規定性を具有してもいる。

　実存空間としての瞬間／実存時間としての瞬間、しかる相互間の反定立関係自体を自己矛盾即自己同一／自己同一即自己矛盾として自己統一する・・・ところの自己止揚（揚棄）運動が、相対系を構成するあらゆる実存的モメントの状態関数を不断且つ永劫に更新するため、特殊の実存である精神機構とその前提をなす生命現象における先験的変数、及び経験的変数についても、特殊時空間上の自己収束即自己生成／自己生成即自己収束を同期せしめる自己統一運動として把捉せられることが精確である。何となれば、しかる精神機構の先験的変数にせよ経験的変数にせよ、いずれも実存規定と零系規定との無限の自己同一性に帰せられる自己運動・作用を前提しているからである。

相対系をなすあらゆる実存的モメントは、S⇔〜Sという任意
且つ一意の相互否定関係により無限が構成される以上、各々の精神
主体における精神機構とてもその例には漏れない。任意且つ一意の
精神機構上の機能・作用における任意且つ一意の状態関数が生起さ
れる場合、当該の状態関数が不断に更新されるために放出される実
存的エナジーは、当該の瞬間におけるそれ自体の状態関数に対する
否定（収束）作用をなし、且つ当該の状態関数以外の一切の実存的
モメントによる運動的統合値に於いて、全く逆方向に於いて否定・
収束される実存的エナジーに相等しいものである。そのことはした
がって、あらゆる精神機構上の機能・作用の採りうるいかなる状態
関数も、無限小の有限時間長をなす瞬間移行前の時点におけるそれ
以外の一切の実存的モメント相互による実存的関係の運動的統合
値、即ち相対系全体の無限エナジーの実存回帰による帰結現象とし
て体現されるところでもある。

　一般時空間上に普遍妥当する現在時にあって更新される任意且つ
一意の実存規定は、実存的モメントSに対するそれ以外の全実存的
モメントの運動的統合値〜Sによる零系的収束の作用により帰結さ
れることから、無限小の瞬間移行後の時点におけるSの状態関数を
不断に生成する、相対系自体の無限回帰の機構を力動概念となす。
相対系を構成するあらゆる実存的モメントのいかなる状態関数も、
無限小の瞬間移行前の時点に於いて、全特殊時空間上における当該
のS以外の実存的モメント相互による、各々に一意である実存規定
の相互間の全関係変数を反映される運動的統合値により零系的収束
された帰結現象として、相対系自体の当該の無限回帰をなす無限小
の瞬間移行後の時点にて生成されるためである。そのことはまた、
しかる他面に於いては、無限という限度にて一定している相対系全
体の可変性のない平衡状態を保持するため、あらゆる特殊時空間上
の状態関数が生成されるとともに収束・零化されざるを得ない必然
性によるところでもある。ここでの相対系自体の無限回帰による零

系的収束の対象が、一意の［無限小の有限時間長をなす］瞬間とし
て不断に更新される状態関数にして、飽くまで当該の特殊時空間そ
のものではありえないということは、このような零系的収束の実行
主体が各々の特殊時空間上の生／滅を前提しているためであり、ま
たしかる実行主体とは実存系と零系との反定立しあう交互作用をな
す相対系自体の自己同一の内部機構に相違ない。更にはまた、相対
系自体の無限回帰による零系的収束の作用を以って、任意且つ一意
の実存的モメントの状態関数としての収束・零化と生成、及び生成
と収束・零化という移行処理には、際限なく同時に極限化されつつ
も同時ではありえないところの、瞬間上における無限小の有限時間
長が経過されているのであるが、もとよりかかる無限小の有限時間
長のスライド機能なくしては、生成／収束の移行処理のみならず瞬
間上のいかなる運動・変化も成立しえないからである。

　而して、瞬間生滅としての運動主体をなす実存的モメントが精神
機構乃至その機能である場合、当該の状態関数とても精神上の何等
かの意識階層レイヤ乃至内的活動におけるそれを示唆することにな
る。自己存在の知覚情報に対し相対系自体による現実態様を［自己
内に回帰することで］同化せしめる自覚処理、その制御体系として
の精神機構及びその機能とても、当該の自己存在である実存的モメ
ントに対し零系的収束せしめる相対系全体の実存規定エナジーによ
り、一意の瞬間に於いて運動的統合化されている相対系自体の無限
回帰による帰結現象である以上、自己存在の知覚にあって相対系自
体の本質規定がフィード・バック：Ｆｅｅｄ－ｂａｃｋされるしか
ない。さればこそ、精神機構による知的活動、とりわけ客観性フィ
ルターによる弁証系プロセスの各工程が実行されるほどに、精神機
構に対する相対系全体の統合化エナジーの無限回帰による帰結現象
として、相対系自体に自己化されゆくところの精神機構の知覚上に
於いては、当該の実存規定を以ってそこに自己回帰される相対系自
体の本質規定が反映され表象されるはずである。しかる弁証系プロ

セスの目的が、もとより絶対的真理の生成にあるためであるが、真理：恒真式の概念規定そのものが相対系自体を理性機能上の論理的形式化である命題（論理式）に充当することにあるが故に他ならない。弁証系プロセスにおける認識レベルがやがて、論理系上の最終工程をなす絶対的真理の生成により絶対的自覚の実測値を体現されうるならば、そのことは精神機構と相対系自体との自己同一現象を意味するため、論理系上の対象的知覚としての相対系自体が精神機構上の自己回帰主体である相対系自体に絶対的自己化され、且つその刹那にあって、相対系自体の［精神機構という］実存的モメントを媒介することで対相対系回帰による絶対的自己化が成立するのである。自ら無限回帰による弁証系プロセスの展開へと帰結される零系的力動概念としての相対系自体が、その追考処理の最終工程に於いては、精神機構を形成するその内的知覚としての相対系自体に自己回帰的同化されることになるせいである。そのことはまた、精神機構上における基準系を構成する先験的知覚が、経験処理を媒介しない相対系自体の純粋且つ無反省である原始的イマージュをなしていることから、弁証系プロセスという精神機構上における経験態様をなす理性作用・処理により相対系自体が体現されることは、先験精神と経験精神による、相対系自体の自己回帰的同化を媒介する絶対的自己化でもあるといえる。ａ＝ｐｒｉｏｒｉの精神機構をなす基準系と、ａ＝ｐｏｓｔｅｒｉｏｒｉの精神機構をなす運動自我乃至その理性作用との反定立関係がＡｕｆ－ｈｅｂｅｎされることが、基準系内における相対系自体の、相対系を体現する実存的モメントである運動自我乃至その理性作用により生成される、真理：恒真式をなすところの相対系自体に絶対的自己化されることと同義であるからである。このような自己化作用の絶対性を具有するということは、当該のＡｕｆ－ｈｅｂｅｎが弁証系プロセスにおける過渡的工程に対応する認識レベルではなく、即ち、爾後更に追考処理の余地を持続する相対的である向自的態様ではなく、もはや概念上における最終工程の止揚（揚棄）が実施されるとともに、且つ命題（論

理式）上における第二次還元作用が実行されることにより、いかなる相対性も許容されえぬ真理：恒真式としての絶対的自覚が前提されることによる。

　相対系自体と精神機構を相互に自己回帰的同化せしめ、且つ相互に双方の各々をして相互を自己同一的契機とする絶対的自己化せしめる。既に客観概念上の実存哲学に妥当する自覚レベルにあるこの営みは、相対系自体としての現実規定と精神機構の先験態様に内在される相対系自体としての現実規定の、精神機構の経験態様をなす追考運動の論理学上にて自己反映処理されるため、当該の対象とされる形式的命題（論理式）が概念的統一を前提する恒真化処理をなす第二次還元作用の実行された時点に於いて、しかる全工程を完結される。このような第二次還元作用が作動されるに際しては、その必然的動因をなす前提として、事前に概念的追考上の最終工程におけるAuf−hebenが実施されていなければならない以上、そこに生成され恒真化されている命題（論理式）である真理：恒真式は、相対系自体という概念規定に対応する無限の一般時空間、即ち無限大且つ無限小の特殊時空間の全域に普遍妥当することになるのである。精神機構乃至その機能が当該の自覚レベルに於いて、つまり真理：恒真式という命題（論理式）を媒介することにより絶対的自己化されている相対系自体の現実態様が、真実と称せられる概念規定に相当しよう。その限りに於いては、＜現実＞の概念規定が先験的に基準系の原始的知覚として体得されてある相対系自体であるに対し、＜真実＞の概念規定は弁証系プロセスという精神機能上の経験態様にあって０％の誤謬率を以って止揚（揚棄）される相対系自体に他ならず、そしてその概念的自覚が絶対の確度に於いて第二次還元される論理学上の恒真化形式が、真理：恒真式の概念規定をなしている。換言するにそのことは、論理学的構成上の弁別としては、＜真理：恒真式＞が恒真化されてある命題（論理式）に相当するに対し、その前提として向自的統一されてある相対系自体の概念

第Ⅱ章　絶対系構築システム　〈絶対理念〉　真実存的共同

1199

規定が＜真実＞に相当し、また未だ一切の精神機能上の経験作用を
履行されない相対系自体の先験的知覚が＜現実＞の概念規定に相当
するが故に相違ない。相対系自体を対象的知覚とする命題（論理式）
上乃至概念上の実例が無限に成立しうる以上、且つまた、如上はな
べて弁証系プロセス一般に共通する方法論としてあるため、真理：
恒真式という命題（論理式）と真実という概念規定の実測上の内容
如何に拘わらず、相対系自体と精神機構との絶対的自己化のための
当該同一の法則により無限通りの実例が展開されよう。いかなる命
題（論理式）乃至概念規定を弁証系プロセスの追考対象としようと、
しかる絶対的自己化という理念のために運動自我により実践されね
ばならない全工程は、論理系プロセスとして必当然的に当該同一で
ある。そしてまた、真理：恒真式が精神内的形式（理性機能上の論
理的形式）を伴う相対系自体の絶対的自覚であるとともに、特殊時
空間上に際限なく相互因果的に稼働する全体系である相対系自体の
［精神機構を媒介することによる］自己回帰形式でもある以上、一
切の真理：恒真式の相互間には無辺の整合性を以って相互連動しあ
う関係性があらゆる構成階層に成立しているため、任意且つ一意の
真理：恒真式の生成完了を契機として、それ以外の一切の真理：恒
真式に対し演繹的追考が実行されうる必然的可能性がある。しかく
一切の真理：恒真式が無限の相互因果的関係性に於いて成立するこ
とよりして、任意且つ一意の真理：恒真式の生成完了を以って論理
系プロセスの全工程が完結されるとも、一切の真理：恒真式の相互
による全体系化処理の完了時期については、無限の未来時間にのみ
計画されうる所以ではある。

　真理：恒真式に於いて相対系自体の絶対的自己化が体現されてあ
る以上、相対系をなす特殊時空間上の無限連続性よりして、絶対系
の構築、即ち一切の真理：恒真式相互による体系化処理の完了時期
は無限の未来時間上にある。然るに他方、あらゆる実存的モメント
が特殊空間上の有限の可変性と特殊時間上の有限の運動性を具有す

る以上、無限の未来時間上に前提される絶対系の構築に対する処理の進捗は、当該の処理主体が精神機構という実存的モメントであるため、個別の精神機構及び精神主体の処理実行により完了されることはありえない。特殊時空間上の有限の可変性・運動性をしか具有しない精神機構及び精神主体（単体）によっては、無限の未来時間上に前提されうるいかなる計画も、有限の制限時間内におけるいずれかの時点を以って中途終了されざるを得ないためである。

　しかく絶対系の構築が必然的に精神機構を主体とする限りに於いて、且つまた、精神機構のみならず全実存的モメントが特殊時空間上の有限の可変性・運動性をのみ具有することから、敢えて精神機構による当該の無限処理の完遂を可能ならしめるためには、有限の精神機構及び精神主体同士の相互間における無限の実存的共同が不可欠とはなる。個別の実存的モメントである精神機構及び精神主体の、特殊時空間上の有限の可変性・運動性をしか具有しえないということ自体が、個別の実存的思惟の有限性を無限に相互因果的連動せしめることを以ってのみ、無限の未来時間上に前提されているその無限計画に対する完了可能性が保全されるからである。そしてまた、このことは従前の実存哲学に於いても、［別なる観点からではあるが］世界・内・存在における実存的共同の概念規定として検証されているところではある。

　無限の特殊時空間上にあって、相対系を構成する一切の実存的モメントが各々に一意であることから、そのもの自体以外のいかなる実存的モメントも当該の自己存在をなす実存的モメントには代替すること能わず、それゆえ一切の実存的モメントは各々に孤立している自己存在としてある。とくに就中、その一意の自己存在を認識する能力を具有する精神機構及び精神主体は、自ら孤立してあることの孤独の主観観念を否応なく強いられる。いかなる自己存在も各々に孤立してあること、しかる現実態様を認識しうる精神機構及び精神

神主体が孤独の主観観念を内在することは、無限における一意性を
なす実存としてあることによる不可避の客観的事実としてあるた
め、たとえば個人的知己の多寡や家族の有無等の環境変数の如何に
より左右されることはない。寧ろ、個人的知己や家族の共存しない
ということに精神的安定を担保される場合もあるし、さればそのこ
とが、必ずしも孤独の観想作用を増幅させる要因として作用すると
も限らない。とはいえ、一切の特殊時空間的モメントが実存として
のみ成立することよりして、それぞれの自己存在が孤立してあるこ
とは普遍妥当する共通事項である以上、そして当該の精神機構及び
精神主体としての人間存在が自己自身の孤立態様の本質規定を認識
する、少なくともその能力を具有しているため、人間存在には他在
である人間存在の孤独の本質規定をも理解することが可能とはな
る。一切の人間存在、或いは精神機構及び精神主体同士が相互間に
於いて、他在である人間存在の孤独の本質規定に対し理解する可能
性があるということは、したがって、あらゆる精神機構及び精神主
体同士の相互間のなべての関係作用として、他在である人間存在の
孤独自体をも共有しあえることを意味する。但し、飽くまでそのこ
とは、可能性及び蓋然性の域に出ることはないし、また完全にとい
うこと自体もありえないのだが・・・さあれ如上の可能的要因が、
実存的共同をなさしめる動因乃至誘因の一となりうることも間違い
ない。一切の自己存在が、無限にあって一意なることにより孤立し
てあるからこそ、却って各々の精神機構及び精神主体は、あらゆる
他在をなす相互間における各々一意の孤独自体を理解しあい、共有
しあうことが可能ともなるのである。さればそのことは、逆理的で
ある実存概念の相互による矛盾関係を媒介することによってのみ、
実存的共同とても体現される可能性が保証されうることを示唆して
いよう。

　従前の実存哲学における実存的共同の概念規定とは、飽くまで主
観作用として自己投入される実存的瞬間を＜遺産＞として、その具

象的内実ではなく実存的瞬間を他者により反復されることを以って継承されることを示唆している。ここでの他者が、しかる実存的瞬間を＜自己自身のもの＞とするとともに、且つこれを継承するということに実存的共同を意義付けてはいるが、しかし乍ら、実存的瞬間を主観作用上の帰結現象としてのみ把捉することで、実存概念に於いては客観作用に対して主観作用を優先もしくは凌駕する精神機能と認識していることについては、却って実存的思惟の精度を欠くところといえよう。つねに精神機能の運用にあっては客観作用と主観作用が併行処理されることから、同一の瞬間生滅における同一の対象的知覚に対し双方がつねに機能されるのみならず、絶対性を具備する実存的瞬間を体現しうる唯一の方法論としては、実際上では、客観性フィルターによる弁証系プロセスの全工程を通じて絶対的真理の生成されることにのみあるため、もとより所謂実存的瞬間とはしかる恒真化処理に成功する瞬間に他ならず、したがって、従前の実存哲学により論述されている主観性フィルターによる自己投入は、寧ろ客観性フィルターの状態関数の推移・動向に対応してこそ生起されうる帰結現象でもあるからである。

　また、従前の実存哲学における実存概念は、瞬間毎に自己投入される人間存在のみに限定することで、それ以外の現存在に対する概念規定の差別化がなされているが、しかし現存在そのものがなべて例外なく実存として成立してあること、既述にみる通りである。現存在、即ち特殊時空間上に生／滅するあらゆるモメント素子の一例としての人間存在は、相対系の無限回帰による一意の実存的瞬間として収束／更新される以上、もとより実存の概念規定は人間の意識階層レイヤなり状態関数以前の問題として、一切の現存在を包摂する特殊時空間的モメントのカテゴリーに妥当されるためである。したがって、実存の概念規定の対象範疇としては、瞬間毎に自己投入されてある人間存在以外にも、現存在である一切の実際上の人間存在が包摂されるのみならず、相対系を構成する全特殊時空間的モメ

第Ⅱ章　絶対系構築システム　〈絶対理念〉　真実存的共同

1203

ントが例外なく該当することになる以上、人間的立場からの客観作
用と主観作用との精神機能上の峻別等の如何に拘わらず、如上の実
存概念が唯一にして普遍をなす概念規定として前提されなければな
らない。しかる概念規定よりして、弁証系プロセスを通じて相対系
自体との相互間に絶対的自己化されることにより、実存的瞬間を体
現する恒真化処理を実行しうるところの精神機構は、さればまた、
実存概念の対象範疇における＜特殊の実存＞としてあることにもな
ろう。

　実存の概念規定が精確には如上の通りであることから、且つ実存
的瞬間を帰結せしめる工程をなす弁証系プロセスが客観性フィル
ターにより実行されうるため、実存的共同の概念規定についても客
観性フィルターの状態遷移に対応してなされなければならない。実
存的共同の概念規定は、従前の実存哲学に於いては、実存的瞬間に
自己投入される人間存在のみに実存概念を限定しているために、し
かる実存的瞬間にある人間存在相互による共同概念をなしているの
だが、然るに実存本来の概念規定としては、人間存在のみならず一
切の特殊時空間的モメントを対象範疇とする以上、実存的共同本来
の概念規定とても、あらゆる特殊時空間的モメント相互間における
関係性が前提されることになる。但し、実存的共同を実行しうる客
観性フィルターは［人間存在には限定されない］精神機構及び精神
主体を前提する以上、したがってまた、実存的瞬間を形成する恒真
化の瞬間をなしている精神機構及び精神主体と、無限の他在を構成
するしかる精神機構及び精神主体同士の相互間の関係作用が前提さ
れる共同概念は、＜真実存的共同＞として概念規定せらるべき必然
性にある。特殊時空間的モメントの、無限における一意性をなす現
実態様である実存概念に対し、［特殊の］実存である精神機構を力
動概念とする恒真化処理により絶対的真理が生成されてある自覚レ
ベルとしては、＜真実存＞乃至＜超実存系＞を示唆することよりし
て、当該の自覚レベルにある共同概念とても同一の論拠を以って弁

別されなければならないためである。

　個別の実存的モメントとしてのしかる実存的瞬間に於いても、精神機構の相互矛盾態様をなす客観作用と主観作用が双方の状態関数に同期しあうことを通じて成立・動向する。実存概念に妥当し、且つそれ自体が実存規定としてある自覚レベルに於いてはつねに、主観作用による運動規定が客観作用の状態関数に呼応して状態遷移されるため、一意の自己存在に対する他在全体を構成する各々の実存的モメントとの相互連動に基づく実存的共同にあっても、ＣＮＳ上の客観性フィルターと主観性フィルターによる作用態様がつねに同期して展開されるのである。あらゆる真理：恒真式の生成と全真理：恒真式の体系化、とりもなおさず、＜絶対系＞の構築という無限を要する計画を有限である自己存在の可変性・運動性の限界点を以って遂行するためには、有限である実存的モメントによるところの個別の恒真化処理そのものを、無限をなす他在を構成する実存的モメントとの相互連動に基づく実存的共同を無限に展開しゆくことを通じてのみ、無限の未来時間上における完了可能性が保全されうることになろう。このような実存的共同における客観性フィルターによる作用態様が、自らに絶対性を体現しうる唯一の方法論である恒真化処理の、特殊の実存である精神機構及び精神主体の相互間における継承を示唆しているに対し、主観性フィルターによる作用態様は、客観性フィルターのそれに同期的に対応する実存的瞬間の実存相互間における自立観念の継承を意味していることから、その点に関してはまた、従前の実存哲学の理論的立場とするところにも相当するに相違ない。

　客観性フィルターによる作用態様に於いて、実存哲学上の実存的瞬間に妥当する概念規定としては、自らに絶対性を体現しうる唯一の契機となる恒真化処理、即ち絶対的真理の生成されるところの瞬間規定にあることから、当該の絶対的規定される瞬間が、しかる客

観性フィルターと同期的に対応する主観性フィルターの作用態様における実存的瞬間としても相当する。尤も、先述の真実存的共同の概念規定をなす論拠よりせば、このような実存的瞬間という概念規定とても、飽くまで恒真化処理を前提される実存的瞬間としてある限りに於いては、精確には＜真実存的瞬間＞として概念規定せらるべきであろう。而してもとより、客観作用上における恒真化処理とても、一意の実存生滅が零系機構上の無限回帰により相対系自体に自己化される瞬間規定をなすところではあるため、しかる客観作用に呼応する主観作用上における真実存的瞬間として反映されることの動因ともなり、さればこそ、客観作用上における絶対的真理は、主観作用上における［実存理論的］遺産の概念規定をなす自立観念の内実に反映されることにもなる。主観作用上における＜遺産＞をなすものは、実存的時間性に於いて絶対的実存に対する自己投入の瞬間を意味するため、また精神機構上にて絶対性を体現しうる瞬間が相対系自体との絶対的自己化によってのみ可能であることから、主観作用上における遺産の概念規定が客観作用上における当該の絶対的真理の生成自体を本性とすることが不可避であり、したがって、［真実存の自覚レベルにある］実存をなす各々の自己存在の相互間に於いて、［遺産を継承する］主観作用上にてしかる遺産を真に自己自身のものとするということは、客観作用上にて恒真化処理により絶対的真理の新規生成されることを示唆するとともに、また主観作用上にてしかる遺産を継承するということは、客観作用上にて一切の絶対的真理による全体系化の処理工程を継承することを示唆するに相違ない。尚ここで、真実存の自覚レベルにある実存同士の相互間という条件式については、飽くまで恒真化処理の成功してある追考上の自覚レベルを前提することよりして、なべて実存的モメント一般の相互連携における相対的・可変的である共同概念の意義ではなく、客観作用上に於いては、絶対的真理の生成される瞬間生滅を実経験する精神機構相互による共存在が条件付けられているのであり、且つそのことが主観作用上に於いては、単に現存在をなす人

間関係のそれとは意義を異にする、如上の真実存的瞬間を実経験するところの共存在が条件付けられる根拠ともなる。

　従前の実存哲学により定義される世界・内・存在とは相異なり、恒真化処理を前提される真実存的共存在の相互による共同概念こそ、ここに真実存的共同と称せられる概念規定をなす。如上にみる通り、しかる真実存的共同の関係変数にある実存的モーメント相互により、主観作用上における＜遺産＞、とりもなおさず、客観作用上における恒真化されてある絶対的真理の継承がなされるのであるが、主観作用上に於いてしかる遺産を自己自身のものとするということは、客観作用上に於いて恒真化処理により［継承せらるべき絶対的真理に相互因果的連動する］絶対的真理の新規生成されることを示唆するとともに、また主観作用上に於いてしかる遺産を継承するということは、客観作用上に於いて絶対的真理による全体系化の処理工程を継承することに他ならない。そしてまた、かかる継承の意義としては、進化と退化、発展と後退など何等かの変化・変質を帰せしめる処理乃至作用ではなく、真実存的瞬間の単純且つ純粋の反復を意味する。この場合の反復とは、主観作用上に於いては、真実存的瞬間を自己自身のものとすることの反復であり、現存在が自己自身の全能力を過去時間及び未来時間ならぬ一意の現在時の瞬間に集中する実存的尖鋭化の形式を繰り返すことであるが、また客観作用上に於いては、もとよりすべての真理：恒真式がその絶対性に於いて自己同一であることから、すべての真理：恒真式における相互因果性に基づく恒真化処理は変化ならず反復せらるところであることに他ならず、そして主観作用上の反復は客観作用上のそれに同期的に対応する帰結現象でもある。客観作用上の反復は、個別の真理：恒真式の生成作用としては新規性を具有するため、対象的知覚を構成する命題（論理式）及び概念規定の内容自体を等しくすることではなく、あらゆる真理：恒真式がその絶対性に於いて自己同一であることから、しかく同一の客観的追考の手順と恒真化の瞬間生

滅を繰り返すことを意味する他方、主観作用上の反復はまた、個別の真理：恒真式の反映されるその客観概念上の内実を単純に同じくすることではなく、当該の恒真化の反映される真実存的瞬間における実存としての再覚醒を示唆するためであり、かかる客観作用及び主観作用上における反復は真実存の相互連動に於いてのみ成立する反復ともいえよう。その真実存的瞬間における自己投入はまた、客観作用上に於いては、真理：恒真式の無限性により真実存的瞬間の特殊時空間的間隔を現在時に帰せしめる不変の同時性にあるためである他方、また主観作用上に於いては、実存的時間性をＡｕｆ－ｈｅｂｅｎされている真実存することの無限の可能性である歴史性によるところである。

　かくて実存的共同とは、現存在としての人間同士による相互連携にあって成立する共同作業の意義ではない。それが主観作用上に於いては、本来の実存としての人間存在が疎外・閉塞されていることの孤独ではなく、無辺の他在に対する実存としての一意性に覚醒する自己存在との相互連携により可能となる共同として、自己投入という行為により自己回帰される一意の孤独の自覚される瞬間の継承にあり、このような真実存的瞬間の都度毎に獲得されることにより存続しうる共同概念ではある。そしてまた、当該の瞬間にて絶対性を体得しうる力動概念としては、客観作用上に於いては、一般時空間上に普遍妥当する同時性をなす絶対的真理の生成を以ってのみ絶対性の体現が可能となり、且つしかる客観作用上における絶対性が主観作用上に反映されることによるのであるが、このような恒真化の瞬間を経験する実存としての人間存在、のみならずあらゆる精神主体の相互の客観性フィルターにより、相互間における特殊時空間的間隔を現在時に帰結せしめる不変の同時性にある共同概念である。換言するに、主観作用上の当該の共同概念と客観作用上の当該の共同概念は、真実存的瞬間をなす実存精神の相互による真実存的共同に向自的にＡｕｆ－ｈｅｂｅｎされており、而してこの真実存

的共同が無限に反復されることによってのみ、絶対系の構築の可能性が無限の未来時間上に保全されよう。全真理：恒真式の全体系である絶対系の無限に相互連動する以上、有限の実存精神の相互による恒真化を真実存的共同により無限に反復されることを以てのみ、無限の恒真化処理の可能性が保全されうるが故に相違ない。

　尚、ここで保全せらるべき対象を絶対系の構築、もしくは無限の恒真化処理ではなく、その無限の未来時間における可能性にのみ限定していることについては、絶対系の構築、もしくは無限の恒真化処理の実現されるためには、真実存的共同の無限に連携されることが不可避的に前提されているが、そのこと自体の達成の必ずしも確実ではないことによる。しかる真実存的共同を実践しうる精神機構及び精神主体は、飽くまでそれぞれに有限である実存的モメントとしてあるから、そのことにより真実存的共同を無限に相互連動せしめること自体がその可能性を際限なく保全され続けるのである。たとえば、有限の実存精神の運動主体をなす一例である人間の生息する、太陽系第三惑星及びその所属する惑星系の存続期間が有限であるのみならず、当該の環境内にて生物体として生息可能の状態関数を維持しうる期間は更に短期の有限時間であるため、次期の精神主体の生息拠点、更なる次期の精神主体の生息拠点を際限なく確保する必要性とてもあり、また内外の自然環境の変化や核戦争等の人為的事象等を契機として人類が絶滅する可能性さえある。さればこそ、有限の実存精神の主体が無限の未来時間上に保全しうべき真実存的共同は、際限なく可能性の域に出ないことによるところである。

1210

第Ⅲ章

＜相対系≡絶対系＞

第Ⅱ部 論理系

第Ⅳ篇 第二次還元作用

　相対系と絶対系の相互関係については、全特殊時空間上に於いて不断に生／滅する実存系と零系による統一機構である相対系と、精神機構という特殊の実存的モメントによる恒真化処理を以って、しかる相対系自体との絶対的自己化へと相互間に自己回帰せられるところの、一切の真理：恒真式相互による全体系をなす絶対系との同期的相互連動による。つまるところ、絶対系は相対系を構成する実存的モメントの実例である精神機構を力動概念として、その恒真化処理により生成される絶対的真理すべての無限の相互因果的連動をなす全体系であり、しかる絶対的真理に於いてのみ、相対系自体がその特殊の実存的モメントをなす精神機構上における相対系自体と相互自己化されることが可能とはなる。当該の相互自己化は恒真化、即ち絶対的真理の生成に於いては、必然的にプログラミングされている反映作用として実行される以上、客観作用／主観作用上におけるいかなる過渡的プロセス、もしくは論理系上におけるいかなる科学的工程にあるが故の論理的相対性をも容れぬ絶対的自己化に他ならないため、しかる特殊の実存的モメント（精神機構）をも包摂する相対系自体が絶対性を体現しうる唯一の原理がそれであることにもなる。とともにまた、ここでの絶対的真理とは科学理論上における相対的確率ではなく、０％の誤謬率（≡１００％の確実性）を意味することも自明ではある。而してまた、あらゆる絶対的真理の相互による無限の全体系概念が絶対系であるため、その構築完了は他在をなす精神機構及び精神主体との相互による無限の真実存的共同により無限の未来時間上に保全されうるのではあるが、ここに絶対系の構築の端緒となる恒真化処理の原理につき再検証することとしよう。

　客観性フィルターによる弁証系プロセスを通じて、最終Ｔｒｉａｄｅにおける向自的工程の止揚（揚棄）が実行されることにより、客観概念上に於いては超実存系：実存回帰の、また客観的精神現象上に於いては実存哲学＜自己回帰＞の自覚レベルに、それぞれの客

観作用の遷移状態に相互同期しつつ到達する。とともにまた、当該の客観性フィルターの動向につねに同期的に対応する主観性フィルターを力動概念として、その最終Ｔｒｉａｄｅにおける向自作用の実行・展開されることにより、主観観念上に於いては自由：創造的回帰の、また主観的精神現象上に於いては芸術性向＜自己回帰＞の観想作用が、それぞれの主観作用の遷移状態に相互同期して開示されることにもなる。尤も、しかる理性的論拠については先述の通りであるため、敢えて特段の意義なき復唱は割愛しおくけれど。

　運動自我による理性的弁証運動が、最終Ｔｒｉａｄｅの向自的工程における止揚（揚棄）処理の成功を以って、更なる追考Ｔｒｉａｄｅへの移行可能性を喪失するため、当該の自覚レベルの統一態様に無限に自己回帰し続ける空転現象に陥らざるを得ない。しかる弁証運動の空転現象による神経系内の理性的コンフリクトの際限なき助長を動因として、第二次悟性機能が触発されることにより第二次還元作用が実行される帰結現象に於いて、対象的知覚である命題（論理式）上の二律背反関係＜Ａｎｔｉｎｏｍｉｅ＞の統一態様をなす真理：恒真式が絶対性を以って生成されると、当該のデータ知覚情報としての真理：恒真式が再び感覚器官ＳＩＳ＜アイコン＞へとフィード・バック：Ｆｅｅｄ－ｂａｃｋされることから、中枢神経系の主として海馬のＳＴＳ：短期記憶貯蔵域よりＬＴＳ：長期記憶貯蔵域にＧＡＢＡと称せられる記憶物質（神経伝達物質）が転送され再編成される。なべてデータ知覚情報が、直接的には感性系システムの作動対象データとなりうるとともに、とりわけ神経系内の理性的コンフリクトによる感覚的抑圧の原因を解消するための内的因子でありうるためであり、またそれが脳内領域（主として海馬のＬＴＳ：長期記憶貯蔵域）の記憶物質（神経伝達物質）を再編成する処理を伴うことは、弁証系プロセスの端緒より以前の工程に於いて、エス＜イド＞乃至リビドーと超自我との連合により脳内領域（主として海馬のＳＴＳ：短期記憶貯蔵域）に形成されているＧＡＢＡ

に対し、脳内領域（主として海馬のＬＴＳ：長期記憶貯蔵域）に転
送されるとともに、長期記憶構造に統合化され再編成されることを
意味するところである。そのことはしたがって、既にＧＡＢＡと
して脳内物質（神経伝達物質）に定着・強化されている限りに於いて
は、ロジカル属性を具有する長期記憶＜ＬＴＭ＞に対する更新処理
でもあるが、当該の再編成処理が直接的には過去時間上の時点にお
ける記憶痕跡を消去する作用をなさないことから、当該のＧＡＢＡ
におけるＬＴＭにはしかる追考運動より以前の対象的知覚である第
一次還元情報、即ち既に精神機構における理性機能上の論理的形式
化されている二律背反関係の記憶痕跡とても累積されていることに
なる。このときＧＡＢＡとしてのＬＴＭは、恒真化処理により生成
される特定の絶対的真理を知覚内容とする記憶物質（神経伝達物質）
を形成されているが、更には当該のＬＴＭの内実そのものが、或る
精神内刺激情報として感覚器官ＳＩＳ＜アイコン＞を触発する対象
となる動因を、確実性とはいえなくも相当の可能性を以って内在し
ている。感覚器官ＳＩＳ＜アイコン＞はランダムの動作傾向をなす
が故に絶対的ではありえないが、当該のＬＴＭの内実が刺激情報と
してはロジカル属性をなす恒真性を具有する命題（論理式）である
とともに、超自我における客観性フィルターが追考作用上の稼働状
態を慣性作用として持続されていることから、絶対的真理の命題（論
理式）としての相互因果的作用を契機として超自我との内的連合に
通じうる条件下にあるためであり、とりわけ演繹的思惟に対する意
識階層レイヤがしかく覚醒状態にある場合には顕著といえよう。い
かなる絶対的真理の相互間にあっても無限の充足理由率の機能しあ
う以上、任意且つ一意に生成される絶対的真理を内実とするＬＴＭ
が当該の演繹的思惟の相互因果的契機ともなりうるからである。更
にはまた、客観性フィルターが尚も追考作用上の稼働状態にあるこ
とについては、絶対的真理を生成する第二次悟性機能による第二次
還元作用が作動する工程のみならず、その力動概念となる神経系内
の理性的コンフリクトに於いても、最終Ｔｒｉａｄｅの向自的工程

における止揚（揚棄）に成功している自覚レベルにあることが前提されているとともに、当該の状態関数を疎外しうるほどの特段の刺激情報が介入しない限りに於いては、しかる追考作用上の稼働状態が客観性フィルターの運動慣性により持続されていることによる。

　当該の対象的知覚をなす命題（論理式）としての恒真式：Ｔａｕｔｏｌｏｇｉｅ、即ち当該の絶対的真理を内実とするＬＴＭ（長期記憶）が、再び感覚器官ＳＩＳ＜アイコン＞へとフィード・バック：Ｆｅｅｄ－ｂａｃｋされることを契機として、新規の触発媒体（自己内外の刺激情報）を媒介して新規の純粋直観が、その純粋性の故に獲得されるとともに収束・零化されてしまう。ここでの［純粋直観の］純粋性が保持される時間長は無限小の瞬間生滅にある以上、脳内領域（主として海馬のＳＴＳ：短期記憶貯蔵域）にＳＴＭ（短期記憶）として形成されるまでの時間的猶予がないためであるが、但しこのとき純粋直観の触発媒体とされている当該の刺激情報が、当該の触発契機をなさしめている前回の追考処理結果のＬＴＭ（長期記憶）の情報内容をなす絶対的真理との相互因果性にある、そのロジカル属性を具有する新規の刺激情報である限りに於いて、無限の充足理由率に基づく相互因果性を前提する思惟の移行となるため、演繹的思惟を展開するための端緒をもなすはずである。純粋直観における実存的経験の純粋性は無限小の瞬間生滅の経過後に収束・零化されるため、無限小の時間長をスライドすることにより精神内性フラグの混入されているデータ知覚情報に変化する。かかるデータ知覚情報は、感性系を媒介してエス＜イド＞乃至リビドーとの連合が試行せられ、仮に当該の連合に成功する場合には、感覚器官ＳＩＳ＜アイコン＞にフィード・バックされるとともに脳内領域（主として海馬のＳＴＳ：短期記憶貯蔵域）にＳＴＭ（短期記憶）として短期保持されるが、仮に当該の連合に失敗する場合には、何等の記憶痕跡に出力されることもなく消失される。精神機構上の意識的状態（意識上レベル）、即ちエス＜イド＞乃至リビドーと超自

我との対立関係にある状態関数を動因として、感性系は演繹的思惟の処理中状態にある当該のデータ知覚情報に対する解析処理の実行を余儀なくされるが、もとより系内部にロジカル属性をなす機構・機能を具備しない感性系にあって神経系内の理性的コンフリクトを生起することとなり、且つその状態関数の継続により更に助長されてゆく。論理系機能を具有しない感性系が当該のデータ知覚情報に対する即自的追考を強制される限りに於いては、感性系内にて敢えて論理系機能を試行し続ける無限循環の自己内Ｌｏｏｐ現象に陥ることよりして、いずれかの時点に於いては、このような神経系内の理性的コンフリクトが限界状況に極限化されることにより、自動起動される第一次悟性機能により当該の神経系内の理性的コンフリクトの力動概念自体をそのまま享受することを以って、寧ろ当該の限界状況を回避しうることになる。とりもなおさず、ＮＥＳとＣＮＳ双方のインタフェース部位を通じて運動自我にフィード・フォワード：Ｆｅｅｄ－ｆｏｒｗａｒｄされる当該のデータ知覚情報に対し、もはや追考不可であることは追考不可である儘に一旦＜括弧：【】に投入してしまうこと＞により、単一の知覚対象である当該のデータ知覚情報に即自的対象知と対自的対象知の自己内分裂による二律背反関係＜Ａｎｔｉｎｏｍｉｅ＞を設定せしめるのである。それをしも第一次悟性機能による第一次還元作用と称せられるとともに、このとき運動自我及び超自我との連合に成功してあることを意味してもいる。当該のデータ知覚情報に演繹されている＜Ｘ＝Ｙ＞という命題（論理式）を定立する限りに於いて、それ自体と同一の確度を以って＜Ｘ≠Ｙ＞という相互矛盾する命題（論理式）を反定立することなくしては、未解決の儘であるところの状態関数が精確に反映されていることにはならず、またそのことのみを以って弁証系プロセスによる追考処理が実行可能となる。命題（論理式）上の相互否定関係が一切の論理的可能性を包摂する以上、もはや二律背反関係以外には第三の命題（論理式）の定立されることがありえないためであり、当該のデータ知覚情報を構成する即自的対象知と対自的

対象知による自己内分裂が、両者の関係式自体をＡｕｆ－ｈｅｂｅｎすべき向自的対象知を生成せしめる前提ともなろう。しかる前提、即ち第二次悟性機能による第二次還元作用のための前提がその起動対象となるデータ知覚情報における二律背反関係にある以上、当該の前提がその力動概念をなす第一次悟性機能による第一次還元作用にあることになるが、他方また、しかる第一次悟性機能による第一次還元作用がそれ以前の演繹的追考処理を作動契機とすることよりして、当該の作動契機を帰結せしめている第二次悟性機能による第二次還元作用を前提していることにもなる。

　第一次還元作用により二律背反関係をなす当該のデータ知覚情報に対し、対象的知覚としての、即自的概念規定と対自的概念規定による自己内分裂を認識することから、命題（論理式）上のあらゆる可能性を例外なく包摂する二律背反関係に於いて弁証運動を展開することに通じる。命題（論理式）上の二律背反関係に対しては当該の概念上の相互矛盾によってのみ追考処理されるためであるが、さればこそ、任意且つ一意である相互否定命題が命題（論理式）上の一切の可能性に妥当するＡｎｔｉｎｏｍｉｅを帰結せしめる第一次還元作用は、恒真化処理を以って弁証運動を終端せしめる第二次還元作用の不可欠の前提をなすところともいえよう。第一次還元作用の果たす役割はまた、弁証処理前過程にある対象的知覚を、脳内領域（主として海馬のＬＴＳ：長期記憶貯蔵域）のＧＡＢＡを形成されるＬＴＭ（長期記憶）としての記憶痕跡に記録することにもあるが、当該のＬＴＭ（長期記憶）が弁証系プロセスより以降の工程における論理系の処理機能を可能ならしめるのである。そして、しかる対象的知覚に対する概念規定上の即自的弁証運動と対自的弁証運動の相互矛盾的追考から、その正常処理を前提する必然的帰結となる向自的止揚（揚棄）に到達する逆理的自己統一のＴｒｉａｄｅは、第一次悟性機能による第一次還元作用により当該の対象的知覚が二律背反関係として構成されていることよりして、且つ当該の関係変

数にある両命題（論理式）間に於いて追考順序及び優先順位の格差が生じえないため、この相互否定命題（論理式）の双方に対する追考処理は、不断の同時性にあってつねに同期して展開されゆくことになる。客観概念上に於いては、存在（以前）と無（以前）の相互矛盾態様を端緒とする弁証系プロセスの系譜は、最終の認識レベルに於いては、実存系と零系の相互矛盾態様をその相互否定（収束）作用の極限値への到達により絶対的自己統一されるところの、超実存系：実存回帰の自覚レベルを概念規定上の弁証系プロセスの限界点とするが、その追考作用の運動慣性による空転に帰因する神経系内の理性的コンフリクトを動因として、第二次悟性機能による第二次還元作用が自動実行されることを以って、もとより演繹的追考を反映されている当該の命題（論理式）上の二律背反関係より改めて論理系上に再構成される作用に基づいて、普遍妥当する真理：恒真式として生成されるはずである。しかる真理：恒真式には科学理論上の相対的確率ではなく無前提の確実性、即ち相対系自体との絶対的である自己同一性が具備されていることから、相対系自体の先験的精神機構としての体現・反映態様をなす基準系と、経験的精神機構上の真理：恒真式における相対系自体との相互による絶対的自己化とともに、しかく自己回帰されてある精神機構の相対系自体と自己同一であることの、且つ相対系自体のその構成素子である［当該の瞬間をなす］精神機構と自己同一であることの相互回帰による絶対的自己化が成立しているのである。無限をなす相対系に於いては、絶対性を実現しうる原理・方法論が如上の系譜にのみ限定されることによるのであるが、相対系を構成する特殊時空間上の無際限の相互因果性と、あらゆる真理：恒真式の相互間における無限の充足理由律よりして、論理系上の恒真化処理を通じて感性系にフィード・バック：Ｆｅｅｄ－ｂａｃｋされる当該の真理：恒真式を、精神機構上における相互触発の対象とする純粋直観が改めて作動し、かかる相互触発を契機とする更なる演繹的追考処理の展開されゆくことが推論されよう。

かくて無限に亘る［例外なき］全真理：恒真式による相互因果的全体系が、理性機能上の論理系による無限に亘る恒真化処理の演繹的反復を不可欠の要件として、際限なく絶対的確実性を以って構築され続けることが仮定されうる。しかし乍ら、ここでの当該の不可欠の要件を充足するということが、全真理：恒真式による相互因果的全体系の完成という目標値を無限の未来時間上の最終時点に設定することになる以上、しかる無限に亘る全真理：恒真式をなす絶対系の編成計画が、各々に有限である精神機構乃至精神主体による論理系上の実作業に於いては、その理論的立場・方法論のみならず理念等にも拘わらず、ゆめ単体の実存的モメントによるところでは可能であるべくもないことも、また自明ではあろう。それぞれに論理系上の全プロセスを正常に実践するところの、精神機構乃至精神主体の絶対的自覚レベルに到達することによってのみ可能となる、しかる＜特殊の＞実存的モメントの相互による真実存的共同の無限に亘る反復を前提することなくしては。

　尤も、精神機構の客観性フィルターによる理性機能がつねに誤謬なく弁証系プロセスを実施しうる、とは限らない。真実存的共同における弁証系プロセスのいずれかの処理工程に於いて、仮にほんの寡少とも誤謬律に相当する実測値の出力されるならば、且つそのような誤謬律を内在する命題（論理式）を現実的妥当性を具備する命題（論理式）として誤判断するならば、誤謬律を内在する命題（論理式）に基づいて更なる演繹的追考を展開する危険性が拡大するため、爾後に公理系全体としての欠陥となることを免れないことにもなる。またたとえば、既に第一次悟性機能の第一次還元作用を実行されることを契機として弁証系プロセスの途上にある場合でも、感覚器官ＳＩＳ＜アイコン＞が不断に刺激情報との相互触発をなす状態関数にある以上、当該の無限小の瞬間生滅を以って更新される純粋直観に於いて反応する対象情報が呈示される場合、現在時までに処理中である対象的知覚に対する追考処理を敢えて中断してまで

も、運動自我による処理対象となる対象的知覚を変更乃至移行せしめる可能性とても否めない。その場合は無論、しかる新規の対象情報に対しても、改めて第一次還元作用により対象的知覚の二律背反関係を生成することが前提とはなるが。したがってまた、かかる対象的知覚の変更乃至移行を契機として実行される第一次還元作用、及び弁証系プロセスより第二次還元作用まで包摂する論理系上の全工程による帰結現象として、その恒真化処理により当該の絶対的真理を生成される限りに於いては、全真理：恒真式による相互因果的全体系の構築の演繹的経路と方向性とても、変更乃至調整を余儀なくされる場合もありえよう。全真理：恒真式相互間に無限の充足理由律の成立するからは、そこで一旦保留されている従前よりの追考対象であるところの対象的知覚に対する追考処理についても、改めて弁証系プロセスを正常稼働且つ正常終了させることを通じて、絶対的真理の相互間の整合性により恒真化処理の実行されることが可能となるとともに、無限の絶対系の構築工程に於いては不可欠でもあることであるが、当該の追考処理を再起動するための諸要件に関し、これを敢えて中断せしめる契機をもなしている純粋直観そのもの、もしくは既に恒真化処理されている当該の真理：恒真式の内実にも相互連動するところであるともいえる。もとよりそれは、全真理：恒真式相互間に無限の充足理由率の成立する以上、いかなる公理的経路を経由するとも、任意且つ一意の絶対的真理が生成されるための必須要件として、それ以外の絶対的真理に対する再検証の処理工程が自動的に同時実行されざるを得ないことに基づくところである。

　いずれにせよ、弁証系プロセスの全工程が正常に実行されることを前提する限りに於いて、その追考処理上の最終工程をなす客観概念の規定態様が、既述にみる通り真実存概念に相当する自覚レベルにあるとともに、そのことが第二次悟性機能による第二次還元作用の動因ともなる追考上のTriadeの向自的態様をなすところで

あるが、客観的精神現象上に於いては実存哲学に相当する自覚レベルにある。この最終工程にあっては、実存哲学としての自己回帰により、自己統一される自己矛盾態様は実存概念論と零系理論の反定立関係式にあるが、同期的に対応する客観概念上における自己矛盾態様は実存系と零系の反定立関係式にある。第二次還元作用による恒真化処理に於いては、精神機構における基準系を構成するア＝プリオリ：a＝prioriの相対系の規定性と、ア＝ポステリオリ：a＝posterioriの理性機能及び第二次悟性機能により絶対的真理に生成される相対系の規定性は、双方の自己同一にある相対系自体を構成する実存の規定性、就中、精神機構という＜特殊の＞実存そのものの先験的内実と経験的内実として、即ち先験的内実をなす相対系と経験的内実をなす相対系として自己矛盾且つ自己統一されることにより、相対系自体を体現する実存としての精神機構における相互自己化が絶対的精度に於いて成立することになる。もとより先験的内実としての相対系は、当該の実存自体としての先験的知覚をなす基準系に体得されており、また経験的内実としての相対系は、弁証系プロセスの全工程を通じて当該の絶対的真理に体現されることよりして、しかる恒真化処理により相対系自体が自己回帰して自己同一態様へと帰結されることに帰因する。そのことはまた、精神機構という特殊の実存の先験的且つ経験的内実として自己矛盾且つ自己統一されてある相対系自体と、零系的収束により当該の特殊の実存としての精神機構に於いて無限回帰されてある相対系自体の、相互自己化が絶対的精度に於いて成立していることにも他ならない。精神機構が実存態様として特殊であること、即ち相対系の構成素子である実存的モメントにて精神機構のみ、無限の相対系自体を直接反映されうる一意の実存自体であることに帰因するとともに、その恒真化処理にあってはもはや科学的相対性ではなく哲学的絶対性の自覚レベルに於いて、相対系自体が自己回帰的体現されてあることによるところである。

第Ⅱ部　論理系

第Ⅳ篇　第二次還元作用

　しかく相対系の無限回帰の力動概念をなすことからも、一般且つ特殊時空間をなす相対系の無限であることの意義は、その全体系としての絶対エナジーをなす総容量が可変的有限量ではなく、無限という限度に於いてつねに一定していることにある。何となれば、絶対エナジーとして無限であることにより全体系として定量的変動の発生しえない以上、有限エナジーの放出されること自体がそのまま当該のエナジー値の収束・零化でもなければならないため、いかなる実存的モメントの一意の状態変化による有限エナジーとても、相対系の全体系としての絶対エナジーの各構成素子に対する相互否定的自己回帰の帰結現象として放出されるとともに、瞬間生滅における無限小の時間長を移行することを以って、同一の絶対エナジーの零系的無限回帰により当該の実存的モメントとしての有限エナジーが収束・零化されることになるためである。さればこそ、なべて実測値として体現される特殊時空間をなす実存的瞬間の状態関数は、それが体現されること自体により当該の状態関数をなすエナジー値が収束・零化されてしまう。そのことはまた、精神機構における先験的態様と経験的態様が相対系自体との自己同一性により相互自己化され、且つ相対系自体が精神機構の恒真化処理による絶対的真理に自己回帰されることを以って精神機構と相互自己化され、しかる自己化作用の重層原理を通じてのみ可能であるところの、無限の相対系全体に普遍妥当する絶対性が体現されることになるとても、当該の帰結現象及びその動因をなす全工程のいずれもが、もとよりそれ自体の実行されなかったに等しいことにもなるので、当該の各処理の実行前後における状態関数が等値に帰せられることをも意味するのである。なべて客観的事実として生起する全事象は、特殊時空間上における実際上の記録としての不変性を具有するが、全体系としての相対系自体の機構及びその自己エナジーが無限である限りに於いて、いずれの座標系のいずれの時点をなす客観的事実がいかなる帰結現象にあろうと、生成されるとともに収束・零化される運動作用により相対系自体に変化・変質を来すことはない。相対系自体

としては、一般時空間上に於いて無限であることの必然的法則に基づくところであり、またそのことが無限という絶対的である規定性の意義をなすに相違ない。そしてまた、しかる零系的意義に於いてこそ、精神機構乃至精神主体をも包摂する一切の特殊時空間的モメントは不断に、且つ際限なく各々の、特殊時空間上に同一の状態関数及び関係変数を以っては再現されることない実存性を更新されゆく。実存としての現存在は特殊時空間上に一意の実測値をなす以上、無限小の時間長の移行により過去の時間態様に変化する現在時の瞬間生滅は、相対系自体の無限回帰による零系的収束されることに於いてのみ更新され続けることから、相対系自体を体現するあらゆる特殊時空間をなす実存態様を収束・零化せしめる零系機構は、実存乃至実存系を永劫をなす無に帰せしめる機能についてはこれを具有せず、一意の実存規定に対応する一意の無に帰せられること自体を以って実存としての一意性の本質規定を保全する、無限小の特殊時空間を規定する瞬間生滅をなす［相対系自体の］代謝活動の原理に他ならない。尚、永劫をなす無に関しては、既述にみる通り、無の規定性がつねに一対一対応する存在の規定性を前提するとともに、あらゆる存在の態様が有限且つ可変的であることから、もとより無そのものには永続性がないのではあるが。さあれ、特殊時空間上における規定性を無限小の瞬間生滅に極限化される実存は、無限小の時間長の移行に於いて、相対系自体の無限回帰により零系的収束されることなくしては、新規に生成される瞬間として更新されること能わないからでもある。

　第二次悟性機能の第二次還元作用による恒真化処理を以って、相対系の構成素子である実存的モメントをなす精神機構により真理：恒真式が絶対的精度にて生成される。このような精神機構における理性機能上の論理的形式を内在する真理：恒真式の生成されることそのものに於いて、相対系自体の無限回帰による帰結現象として、相対系自体を［経験上に］体現される a ＝ p o s t e r i o r i の

精神機構による、基準系の［全経験以前に］具備する先験的内実を
なす a ＝ p r i o r i の相対系自体との自己化作用とともに、また
同時に、相対系自体を体現される精神機構における理性機能上の論
理的形式にある相対系自体と自己同一に帰せられることによる、相
対系自体とその構成素子である精神機構の先験的／経験的内実をな
す相対系自体との相互自己化が、論理系における実存哲学上の自覚
レベルによる絶対的精度にてなされている。そのことはしたがっ
て、また既述にみる通り、精神機構の主観性フィルターの作用上に
於いては、もはや実存的自己強迫の自立観念に前提される宗教観乃
至 D o g m a と、零系的自己疎外の自立観念に前提される方法的懐
疑との相互矛盾的連動ではなく、真実存概念の自覚レベルにある自
由：創造的回帰の自立観念に前提される芸術性向の観想作用として
自己矛盾且つ自己統一されているため、無規定に構想されうる各種
の個別宗教とても芸術性向に帰因される所産となることをも示唆し
よう。ＣＮＳ上の客観性フィルターと主観性フィルターとの弁別に
拘わらず、有限である精神機構という特殊の実存を無限回帰機構に
て媒介することによってのみ、無限である相対系自体の絶対的自己
化が自己回帰的に実行可能となるが所以に相違ない。

　如上にみる恒真化処理、即ち相対系自体と精神機構による絶対的
自己化の全プロセスを際限なく反復することが、絶対系を構築しゆ
くという計画及び作業を実施することになる。もとより絶対系とは
一切の真理：恒真式相互による無限因果的連動の全体系である以上、
真理：恒真式相互間の演繹作用に基づいてあらゆる真理：恒真式に
対する恒真化処理を実行することにより、無限の命題（論理式）数
をなす絶対的真理の生成を無限回数まで反復することが絶対系をな
す公理系を形成することになるためであり、したがって、当該の反
復とはそれぞれの命題（論理式）の論理学的文法上及び概念上の具
体的内容の同一ならしめることを意味せず、つねに命題（論理式）
に対する恒真化処理が成功するに必然である論理系上の全工程の反

復に他ならない。そのことはかくてまた、このような絶対系の完成
されうるためには、絶対系を構成する絶対的真理を生成せしめる恒
真化処理が、一切の絶対的真理に対して無限に反復されざるを得な
いことをも示唆している。絶対的真理は相対系自体と精神機構によ
る絶対的自己化を以って生成され、且つ相対系が一般時空間上及び
特殊時空間上に於いて無限に編成される以上、精神機構を媒介して
相対系自体と自己同一に帰せられる［絶対的真理の］全体系をなす
ところの、絶対系の相互因果的連動を形成する一切の真理：恒真式
とても無限に成立することになるためであり、かるが故に、しかる
無限の絶対的真理による全体系である絶対系を完成するためには、
一切の絶対的真理をなす命題（論理式）を生成すべく恒真化処理を
無限に反復する必要性があるのではある。

　然るに先述にみる通り、単体としての実存的モメントである精神
機構及び精神主体の保有する全稼働エナジーは有限値であるため、
恒真化処理の全工程を無限回数まで反復する計画は必然的に完了し
うべくもない。唯一当該の計画の完了を可能ならしめる方法論とし
ては、したがって、このような有限である精神機構及び精神主体に
よる恒真化処理の全工程を、無限の特殊時空間上における他在のう
ち、正常の論理系の展開を可能とする精神機構及び精神主体との真
実存的共同を通じて、真理：恒真式相互による演繹作用に基づく無
限の相互因果的連動により無限に反復し続けること以外にはない。
全真理：恒真式相互による公理系の編成及び整合化、即ち絶対系の
完成など、もとより特定の特殊時空間上における実存の実測値とし
ての精神機構の状態関数には期待しうべくもないことではあった。
真理：恒真式を生成するということ、ゆめ即ち、［恒真化処理の実
行そのものが精神機構の能力によっては不可能である所以でなく］
無限の真理：恒真式数による絶対系の編成及び整合化を完了するた
めには無限の未来時間が前提されているためであり、したがって、
絶対系の完成までに必要とされる特殊時空間上の精神機構の相互間

第Ⅲ章

〈相対系＝絶対系〉

1225

における無限に相互連動する真実存的反復は、各々の精神機構という特殊の実存を実行主体とすることによってのみなされうるが、しかる無限である計画及び作業が有限である各々の実行主体の稼働限界内には包摂されえないが所以ではある。つまるところ、また換言するに、それぞれ個体概念としての精神機構及び精神主体によっては絶対系の完成はありえないが、論理系の展開を可能とする精神機構及び精神主体の相互間によってのみ、絶対系を構成する一切の絶対的真理の生成及び整合化の［無限の］可能性が保全されることにはなる。というのも、しかる絶対的真理の生成工程を、相対系上の相互因果性と絶対系上の充足理由律による演繹作用に基づいて際限なく反復することこそ、絶対系の構築計画を実践せしめる唯一の力動概念であることよりして、絶対系の構築のために必要とされる全工程の系譜を完了することは、個体概念としての精神機構及び精神主体のみに負うところではありえず、論理系の展開を可能とする精神機構の相互間における真実存的共同により恒真化処理の必然的工程を無限に反復することを以って、無限の未来時間上に当該の一切の反復の完了せらるべき可能性が保全されうるのである。而してまた、相対系の無限回帰機構による零系的収束により、あらゆる実存的モメントとして生成される瞬間が例外なく不断に収束・零化されるとても、いかなる状態関数をなす実存的モメントの瞬間生滅も遡及して変更されえない客観的事実として特殊時空間上に記録される以上、或る客観的事実としての恒真化処理により生成される真理：恒真式の体系、とりもなおさず、哲学理論の編成及び整合化の［当該の］複数の実存的モメント相互間における無限累積を動因として、特殊空間上もしくは特殊時間上における双方の恒真化処理の実施の中断期間の有無・長短に拘わらず、精神機構及び精神主体という実存的モメント相互間の真実存的共同による恒真化処理の反復が可能となるのでもある。ここでの共同概念は、絶対的真理を生成する論理系上の恒真化処理の全工程の演繹的連動における共同概念である限りに於いて、現存在をなす実存的モメント一般の相互間に成立し

うる共同概念の意義ではなく、飽くまで第二次悟性機能による第二次還元作用を前提する真実存的共同のみに限定されることよりして、このような真実存的共同が無限回数まで反復されうる可能性の範疇に於いてのみ絶対系の完成が保全されるともいえるのである。

　そも絶対系とは、一切の絶対的真理の相互間における無限の充足理由律による相互因果的公理系である。とともにまた、絶対的真理が精神機構による恒真化処理によってのみ生成されうることから、絶対系を構成する絶対的真理は先験精神と経験精神との相互自己化による、自己同一としてある相互における相対系自体としての絶対的自己化であり、且つ相対系自体の、その構成素子をなす精神機構に於いて自己回帰されることによる絶対的自己化へと帰因する。そして、相対系をなす一般及び特殊時空間の全体系システムが、各々に一意である全実存による無限の相互因果的連動を以って機能していることの反映として、相対系自体と精神機構との相互の絶対的自己化により生成される絶対的真理は、無限に生成されうるあらゆる真理：恒真式の相互間における充足理由率によりその全体系、即ち絶対系を編成するところであるが、そのこと自体が相対系を構成するあらゆる実存の一意の状態関数を規定する無限の相互因果性に対応してもいる。換言するにまた、相対系自体を体現する一意の実存規定は、現実態様としての相対系自体に対応する絶対的真理と自己同一に帰せられるとともに、当該の命題（論理式）が科学的確率論の相対性ではなく哲学的確実性の絶対性に基づく真理：恒真式であることよりして、絶対的精度をなす全体系として、相対系を構成する各々の実存の相互による特殊時空間上における相互因果性による無限連動が、絶対系を構成するそれぞれの絶対的真理の相互による充足理由律上の無限連動に自己内対応するところであるに相違ない。もとより絶対系を構成する絶対的真理、とりもなおさず、恒真式：Ｔａｕｔｏｌｏｇｉｅは精神機構上の論理学的形式、即ち命題（論理式）をなしてあるが、相対系の構成素子としてこの絶対性を唯一

体現する無辺の［精神機構上の］実存でもある命題（論理式）に於いてのみ、相対系自体が論理系処理を通じて自己回帰されることにより絶対的自己化の実行されうることが、相対系と絶対系それぞれにおける自己内対応と無限の相互連動を規定してもいるのである。

第Ⅴ篇

概念規定：超実存系

第
II
部

論
理
系

第
Ⅴ
篇

概
念
規
定
：
超
実
存
系

　前篇第Ⅹ章の論述にみる通り、実存系を構成する一意の実存は
各々無限小の特殊時空間に極限化されるため、特殊時空間の極限規
定をなす瞬間が相対系の無限回帰による零系的収束されることを
以って、当該の零化作用を起点とする無限小の移行が特殊時空間上
の更新作用として、同時且つ不断に無限小の時間長をなす瞬間生滅
を反復せしめる。しかく一切の実存乃至実存系は、それが相対系自
体として零系をなすことにより不断且つ無限に収束・零化されると
ともに、当該の収束・零化されること自体により無限小の特殊時空
間を極限値として更新されることから、この同時且つ不断の瞬間生
滅としてのみ成立する実存乃至実存系と零系が、相互否定即自己同
一／自己同一即相互否定の向自的態様をなす。それぞれに無限を構
成する特殊時空間上の一意性を示唆する実存規定と、それ以外の全
他在を構成素子とする統合化エナジーとしての一意性をなす無限回
帰による零系機構が、相対系全体の無限回帰による零系的収束と当
該の零化作用による実存的更新の交互作用を、その相互間における
当該同一の無限小の瞬間生滅をなさしめる力動概念として、相互否
定関係を極限化されるほどに自己同一となる向自的態様が［論理系
上にあって］真実存の自覚レベルにＡｕｆ－ｈｅｂｅｎされること
を以って、一切の真実存を構成素子とする全体系であるところの相
対系自体が＜超実存系＞として概念規定されることにもなる。

　したがってまた、如上は［（実存系／零系）：超実存系］という全
体系を示唆する概念規定が、いずれも実在論的には相対系自体と自
己同一であることをも意味している。無限の相対系自体を体現する
特殊時空間上に一意である無限小の瞬間生滅が実存の、またしかる
実存を構成素子とする無限の全体系が実存系の、更には相対系自体
の無限回帰による実存の瞬間生滅をなさしめる無限の全実存連動機
構が零系の、それぞれ概念上の規定性を形成しているとともに、実
存乃至実存系と零系との相互否定的自己統一による相対系自体の向
自的態様が、超実存系の概念規定をなすに他ならないためである。

1230

換言するにそのことは、［（実存系／零系）：超実存系］という概念
規定上の推移が、相対系自体に対する客観性フィルターによる論理
系上の自覚レベルの推移に対応する、規定態様の運動的系譜を表象
するところでもある。相対系自体は一般及び特殊時空間として体現
される無限の現実態様の全体系であるが、［（実存系／零系）：超実
存系］のそれぞれの全体系は精神機構上における追考作用の各工程
毎の規定態様をなすとともに、そのことは相対系自体と精神機構に
よる相互自己化の進行Ｐｈａｓｅの状態関数に対応する規定態様で
あるため、精神機構上における追考処理の展開プロセスとしてのみ
ならず、相対系自体の精神機構という特殊の実存を媒介する自己回
帰の系譜をなす概念規定であるともいえよう。

　［（実存系／零系）：超実存系］の各規定性をも包摂する相対系自
体としての一切の規定性は、また絶対系を構成する一切の絶対的真
理とも相互間に対応している。第二次悟性機能の第二次還元作用に
よる恒真化処理を通じて生成される絶対的真理は、相対系自体と精
神機構による相互自己化が絶対的精度にて成立している真理：恒真
式としてある以上、このような真理：恒真式そのものが相対系自体
の規定性を０％の誤謬率にて記録する命題（論理式）であることか
ら、絶対系におけるあらゆる真理：恒真式をなす絶対的真理のそれ
ぞれが、相対系自体におけるあらゆる規定性の各々と相互間に自己
同一である＜真実＞をなす関係式にあるためである。もとより真実
概念とは、先験的に相対系自体と自己同一の知覚体系である基準系
上の現実概念に対し、弁証系プロセス及び恒真化処理という論理系
上の経験作用により生成される絶対的真理として体現されるところ
の、相対系自体との相互自己化を以って絶対性が体得されている精
神機構、就中ＣＮＳ上における相対系自体の無限回帰による自己同
一的反映としてあることからも、かかる真実概念に於いては、相対
系自体の精神機構上における絶対的真理としての当該の規定性が自
己回帰されるとともに、先験精神上における相対系自体の当該の規

第Ⅱ部　論理系

第Ⅴ篇　概念規定：超実存系

定性と経験精神上における相対系自体の当該の規定性が自己矛盾且つ自己統一されることにもなるのである。而してまた、絶対系という絶対的真理の無限の全体系を完成することの意義は、ＣＮＳ上における相対系自体の自己同一的反映をなす絶対的真理をなべて例外なく生成することにあるため、無限の相対系自体の規定性に対する恒真化処理を実行するところの実存的思惟とても、無限の未来時間の終端にあってのみ完了しうるはずではある。そのことは先述の通り、有限である個体概念としての精神機構及び精神主体のみにより完成されることはありえないため、絶対的真理を生成する恒真化処理の自覚レベルにおける＜対他在（精神機構及び精神主体）の関係作用＞における真実存的共同を無限反復することが、また不可欠の前提要件とはなるのであるが。

　絶対系の構築のためには必然の契機であるとともに、当該の必当然である全処理工程をもなすところの一切の絶対的真理の生成、及びしかる主体的動因でもある論理系上の恒真化処理については、相対系自体と精神機構との絶対的精度における相互自己化に他ならない。とはいえ、当該の実存規定をなす精神機構の状態関数そのものもまた、相対系自体を体現する一意の実存的モメントとしての生滅現象による実測値である以上、相対系自体の無限回帰機構を力動概念とする零系的収束により、特殊時空間上における一意の瞬間生滅を以って生成されるとともに、無限小の時間長をなす瞬間移行を以って収束・零化される。そのことは即ち、当該の一意の座標系・時点をなす事象自体は特殊時空間上の客観的事実として無限に記録されるとも、相対系全体の絶対エナジーが無限という限度に於いて一定している限りに於いて、当該の事象自体における自己エナジー放出現象そのものが収束・零化されることにより、当該の事象自体としての相対系上の運動・変化がなされなかったに等しいこととなるのである。そのことは反面に於いては、絶対的真理を生成する恒真化処理をなす精神機構の状態関数という実測値をなす実存が、零

系的収束により零化作用される一意の瞬間生滅そのものを以って、当該の新規の実測値を形成する一意の実存として更新されるとともに、更にはまたその実測値そのものが必然的に零系的収束の処理対象となることよりして、かかる不断且つ無限である零系的収束と零系的更新による相互否定（収束）作用が、無限小の時間長をなす一意の瞬間生滅に自己矛盾且つ自己統一されることに於いて、当該の論理系上の恒真化処理、即ち相対系自体と精神機構の相互による一意の絶対的自己化が真実存概念として向自的に自覚されるのでもある。蓋しそのことは、零系的収束による零化作用をなす機能がもとより、有限である特殊時空間的モメントとしてある精神機構という［特殊の］実存をして、無限である特殊時空間上の実測値を不断且つ無限に更新・体現せしめるところの、相対系自体の、延いては絶対系としての無限性を未来時間に保全するための自己代謝機構をなすが故に他ならない。

　かかる論理系上における恒真化処理、即ち相対系自体と精神機構の相互による一意の絶対的自己化が、無限の相対系自体をなす一切の規定性に対し例外なく実行されること、しかく１００％確実である絶対的精度にある論理系上の自覚レベルの実行完了される段階に於いてのみ、相対系自体の超実存系としての概念規定とてもなされよう。然るにまた、恒真化処理の対象となる相対系自体をなす一切の規定性のいずれもが有限ではない以上、それぞれの実存としての当該の規定性が、例外なく精神機構上の恒真式：Ｔａｕｔｏｌｏｇｉｅをなす絶対的真理として反映されることにより相互間に無限因果的対応することから、相対系自体をなす一切の実存規定に対する恒真化処理、とりもなおさず、相互間に無限の充足理由律をなす一切の絶対的真理の生成されることとても、有限の特殊時空間上の個体概念の実測値としては完成されることがありえないため、恒真化処理をなさしめる論理系上の全工程を際限なく反復されることが必須要件とはなる。それは飽くまで、個体概念としての精神機構によ

第Ⅱ部　論理系

第Ⅴ篇　概念規定：超実存系

る恒真化処理プロセスの反復が有限であることと共通の論拠よりして、しかる反復処理の無限連携により絶対系を構築するための必須工程を継承しうる唯一の方法論でもある、真実存的共同をなす恒真化処理も各々の個体概念としての精神機構によるそれは有限にしか反復しえない以上、一意の実存規定に対応する恒真化処理の全工程が無限回数まで反復されうるためには、真実存的共同が［論理系上の自覚レベルにある］無限の精神機構の相互により無限に反復されることを前提せざるを得ない。相対系自体とそれぞれの精神機構の相互による一意の絶対的自己化、即ち恒真化処理を以て生成される絶対的真理はすべて相互間に無限の充足理由律にあるため、真実存的共同をなす精神機構及び精神主体の相互間には特殊時空間上の作業中断する期間がたとえ何回発生しようと、恒真化処理そのものが論理系上の自覚レベルに於いて相互因果的且つ普遍的に相互連動しあうことで問題ないのだが、当該の恒真化処理の精神機構及び精神主体の相互間の継承に於いて特殊時空間上の連続性が中断されるとも、最終的には［一切の精神機構及び精神主体による］真実存的共同が無限回数まで反復されなければならないということである。したがってまた、しかる真実存的共同をその力動概念として、恒真化処理による絶対的真理の生成が無限回数まで反復されることの可能性にのみ、絶対系の完成、延いては超実存系概念の無限規定が未来時間の終端に保全されうること、既述にみる通りでもある。

　第二次悟性機能の第二次還元作用による恒真化処理、即ち相対系自体と精神機構の相互による一意の絶対的自己化とても、そのこと自体が相対系をなす特殊時空間上における一意の瞬間生滅にある実存として規定されるため、相対系自体の無限回帰による零系的収束の実行される対象とはなる。しかる恒真化処理を可能ならしめる前提要件として、既に客観性フィルターによる弁証系プロセスを通じて、［客観概念上の］実存乃至実存系と零系との反定立関係に対するAuf－hebenの実施されることにより、超実存系として向

自的統一されてある弁証系プロセスの自覚レベルにあるため、論理系上の最終段階にある当該の自覚レベルにおける概念規定として、相対系自体がその構成素子をなす特殊の実存である精神機構との自己内関係に於いて、且つ精神機構が自己存在の内実情報をなす相対系自体との自己内関係に於いて、その相互間にあって一意の絶対的自己化がなされているとともに、当該の実測値及び事象そのものが、相対系自体の無限回帰システムを制御する零系機構により特殊時空間的エナジーとして収束・零化されることになる。さればそのことは、当該の絶対的自己化という実測値及び事象そのものが客観上の事実態様情報としては無限の未来時間まで記録されるも、特殊時空間的エナジーとしての反映・効果・効力等については、相対系自体の無限回帰による否定作用エナジーを以って零化作用されていることに他ならない。然るに、既に追考作用の終端にある客観概念上に於いては、相対系自体と精神機構との自己内関係により超実存系という概念規定が、相対系自体の自己化作用をなす一意の自己回帰的経験としても、相対系自体を体現する実存であるところの精神機構上の弁証系プロセスのみならず、恒真化処理の成功という客観上の事実態様を以ってのみ作用し再反映され得ているのでもある。換言するにそのことは、弁証系プロセスの最終工程に於いてＡｕｆ－ｈｅｂｅｎされる概念規定が、第二次悟性機能の第二次還元作用により恒真化される命題：論理式として反映される以上、弁証系プロセスの最終工程をなす自覚レベルにおける真実概念としてのみならず、当該の恒真化処理により生成される絶対的である真理：恒真式としても、超実存の概念規定が相対系自体と精神機構との自己内関係に体現されてあることを意味するに相違ない。而してまた、零系的収束による零化作用はあらゆる特殊時空間的モメントの状態関数を対象とするため、特殊時空間的エナジーとその実測値をなす客観的事実としての帰結現象の反映・効果・効力等に対する零化作用をなすが、しかる零化作用の実行という客観上の事実態様をも包摂して、相対系自体を体現する無限にあって一意であるとともに、且

つ無限小の時間長を更新する瞬間生滅をなす実存の実際上の記録としては、無限である特殊時空間及びモメント素子に対しては無限の未来時間まで不変の情報ともなり、さればこそ、特殊時空間上にて非連続である精神機構及び精神主体の相互間による真実存的共同とても可能となるのである。

　第二次悟性機能の第二次還元作用による恒真化処理、即ち、相対系自体と精神機構の相互による一意の絶対的自己化の成功により、論理系上に生成される恒真式：Ｔａｕｔｏｌｏｇｉｅ、とりもなおさず、絶対的真理には相対系自体の超実存系としての概念規定が必然的に反映されているため、しかる恒真化処理の真実存的共同による無限回数までの反復により保全されうる絶対系の構築とは、相対系自体による相対系自体に対する超実存系概念の無限規定を完了せしめることに他ならない。相対系自体に対する超実存系概念上の規定作用は、無限の特殊時空間上における一意である［無限小という］有限の瞬間生滅に於いて、実測値として相対系自体を体現してある実存の規定性に対応して実行される以上、当該の規定作用を完了せしめるためには、有限の実存をなす精神機構及び精神主体の相互間における真実存的共同による無限回数までの恒真化処理の反復が不可欠とはなるのである。かるが故にまた、超実存系概念の無限規定の完成とは、相対系自体と絶対系の相互による一意の絶対的自己化の成功が、毎回新規の恒真式：Ｔａｕｔｏｌｏｇｉｅを以って無限反復されることを示唆してもいる。特殊の実存としてある精神機構との相互自己化を媒介することにより、相対系自体による相対系自体に対する超実存系としての一切の規定性の恒真化処理が無限未来に完了するということは、もとより一切の絶対的真理の相互による充足理由律の全体系としてある絶対系が、しかく構成する各々の絶対的真理と、相対系自体の超実存系としての各々の規定性との相互連動をなべて例外なく、相対系の構成素子である精神機構上に於いて自己回帰的反映されることにもなるためである。而してまた、か

かる絶対的自己化という、相対系自体に対する超実存系概念の無限
規定をなさしめる、それぞれの恒真化処理は否応なく＜特殊の＞実
存、即ち当該の精神機構の実測値として相対系自体の零系的収束に
より零化作用されるとも、そのことが相対系自体を体現する一意の
瞬間生滅をなす実存という客観上の記録としては、無限連動する特
殊時空間に対し永劫に［即ち、無限の未来時間まで］普遍且つ不変
である純粋情報ともなりゆくこと、やはり自明である。

☆附記

　本著を編纂するに際し、幾通りにも腐心した問題点の一として、第Ⅱ部＜論理系＞における弁証系プロセス展開の客観作用／主観作用それぞれの論述上の連動性と順序についてである。既述にみる通り、客観作用をなす精神機構としては客観概念及び客観的精神現象、また主観作用をなす精神機構としては主観観念及び主観的精神現象に区分されるが、それぞれの態様に於いて弁証系プロセスのTriade展開が同時且つ同期的に実行される。理性機能に基づく論理系上の追考処理にあっては、飽くまで客観概念及び客観的精神現象がその機能主体となるとはいえ、主観観念及び主観的精神現象の各々とも相互連動することにより実行されるところでもある。それでは、本著の執筆上の構成法乃至順序としては、いかなる論述のしかたが精確にして妥当といえようか。

　まず端的には、弁証系プロセスのTriade展開をなす認識レベルの各工程毎に、即ち定立態様／反定立態様／止揚（揚棄）態様に相当するPhase毎に、客観概念／客観的精神現象／主観観念／主観的精神現象それぞれの態様を並列に論述する手法がある。この手法では、精神機構上のなべての態様を追考処理のTriade展開に即応して論述するという妥当性があるのだが、その他方、客観概念／客観的精神現象／主観観念／主観的精神現象各々のTriade展開のプロセス説明が不明確になりゆく傾向をも内在する。

　また、反対の手法としては、客観概念／客観的精神現象／主観観念／主観的精神現象という精神機構の作用別に、弁証系プロセスの一切のTriade展開による全工程を通してそれぞれに論述する、というものではある。この手法では、客観概念／客観的精神現象／主観観念／主観的精神現象それぞれのTriade展開のプロ

セス説明を断絶することなく論述できる妥当性があるのだが、その他方、弁証系プロセスにおける客観概念／客観的精神現象／主観観念／主観的精神現象相互間の不断に同期的である連動性に関する説明が不明確になりゆく傾向をも内在しよう。

　このような論点上の対立を反映する手法として、本著に於いては、弁証系プロセス上の各々の認識レベルをなすＴｒｉａｄｅ展開（定立態様／反定立態様／止揚（揚棄）態様）を論述上の単位として、客観概念／客観的精神現象／主観観念／主観的精神現象という精神機構の各作用別に、当該のＴｒｉａｄｅ展開の追考プロセスを論述する、との方法論を採用するところとしている。というのも、Ｔｒｉａｄｅ展開が論理系上の弁証系プロセスをなす作動単位として成立することから、各々の認識レベルをなすＴｒｉａｄｅ展開毎の客観概念／客観的精神現象／主観観念／主観的精神現象各々の追考プロセス説明に資するとともに、客観概念／客観的精神現象／主観観念／主観的精神現象毎の弁証系プロセスの作動単位を並列に論述することにより、客観概念／客観的精神現象／主観観念／主観的精神現象相互間の不断に同期的である連動性に関して論述するということにも、また資すること能うからではある。しかる意義に於いては、相反する第一の手法と第二の手法の構成的に統合化された手法を採用しているともいえようが、とはいえそのこと自体をも、そこに内在されると仮定する弁証系プロセスのＴｒｉａｄｅ展開による帰結現象として看做すことには合理性がない。何となれば、この場合の第一の手法と第二の手法との関係性が相互対立にはあるとするも、ゆめ相互矛盾にはないのであり、且つまた弁証系プロセスの作動上の前提要件となる反定立関係が相互矛盾に相違ないことから、第三の手法自体が弁証系プロセスによる止揚（揚棄）態様をなすともいえないためではある。

　尤も、しかく構成的に統合化された手法と雖も、論理系上の追考

システムを展開する表現方法乃至論述的構成としての妥当性につい
ては、飽くまで相対的にして限定的としかいえまい。しかる妥当性
を比較対照するに於いては、やはり弁証系プロセスのＴｒｉａｄｅ
展開をなす認識レベルの各工程毎に、即ち定立態様／反定立態様／
止揚（揚棄）態様に相当するＰｈａｓｅ毎に、客観概念／客観的精
神現象／主観観念／主観的精神現象それぞれの態様を並列に論述す
る手法のほうが、精神機構上のなべての態様を追考処理のＴｒｉａ
ｄｅ展開に即応して論述可能である点では明確ではある。またやは
り、客観概念／客観的精神現象／主観観念／主観的精神現象という
精神機構の作用別に、弁証系プロセスの一切のＴｒｉａｄｅ展開に
よる全工程を通してそれぞれに論述する手法のほうが、客観概念／
客観的精神現象／主観観念／主観的精神現象それぞれのＴｒｉａｄ
ｅ展開のプロセス説明を断絶することなく論述可能である点では明
確でもある。第三の手法が構成的に統合化されていることにより、
却って第一或いは第二の手法によることの妥当性が相対化且つ限定
化されていることは否めないからである。

　つまるところ、絶対的といえる妥当性を具有する手法など成立し
えないということのみが、この場合の客観的事実であるといえよう。
このような論述上の各種手法に対する妥当性を評価・判断する基準
としては、まず第一には論述内容の精確性であり、更には読者諸氏
にとっての理解しやすさ等々ということにはなるのだが、第一の精
確性に関しては、上述のいずれの手法を採用しようとも、そのこと
以前の必須課題として１００％の精確性が確保されていなけされて
いなければならない。理性機能による学術上、就中哲学理論上の追
考処理にはつねに０％の誤謬率が要求される以上、しかる追考処理
の具象的成果をなす著作物の内容自体には、執筆上の手法を選択す
る以前の前提要件として学術研究就中哲学的論究における１００％
の精確性が成立していなければならないからである。執筆上の手法
を選択することの問題は、したがって寧ろ、その能力も嗜好性も雑

多といえる読者諸氏による本著に対する理解度を、いかなれば促進しうるかという後発的課題でもある。つまるところ、しかくその能力も嗜好性も雑多であり、また個人単位に潜在する才能の分布される領域分野及びその強度等の面に於いても、不特定の読者諸氏の各々が断じて画一的ではありえない以上、執筆上のいかなる手法や表現を選択しようとも、読者諸氏の全員が画一的に理解し評価すること自体がありえないことから、読者諸氏にとっての＜理解しやすさ＞のレベルを平準化するという行為そのものが、もとより徒労であるともいえよう。

　とはいえ、いかなるカテゴリーに所属するいかなる記載内容を具有する著書であろうと、実際上にて執筆作業を進めるに於いては、やはり何程かの執筆上の手法を選択せざるをえまい。たとえ、絶対的といえる妥当性を具有する手法が成立しえないとしても、本著の執筆上にて選択せらるべき手法としては、相対的ではあるとも企図された妥当性及び合理性に基づかねばならない。やはり相対的ではあるとも当該論点の結論としては、さればこそ本著の執筆上に於いては、上述にみる第三の手法が選択されているということであって、しかる妥当性及び合理性については既に説明されているところであるため、敢えて復唱しないこととする。而して無論のこと、この場合の妥当性及び合理性とても飽くまで相対的であるという点に関しては、やはり銘記しておかねばならないのだが。

☆結語

　さて、本著の極めて基礎的といえる構想に関しては、著者が未だ一八歳の春より初めてこれを獲て以来、現時点の老年に到るまで研究と自己否定を繰り返してきたところであり、されば本著はやはりライフワークの範疇に相当しよう。もとよりライフワークとしての規定性とは、人間及び精神主体をなす著者乃至研究者が、その一意の生涯という明確ならざる制限時間を無前提且つ無制約に傾注する対象としての、任務乃至使命に妥当する処理内容を構成することにあるからである。

　人生、とりもなおさず一意の人間存在がその生涯をなす時間的始点より時間的終点までの総時間長は、しかる一意の人間存在が何程かの目的のために自らの保有する総時間長を行使しうべき制限時間に他ならない。では逆に、各々の［人間及び精神主体にとっては］明確ならざる一意の制限時間内に実行しうる最大限の任務乃至使命をいかなれば設定しうるのか、そのことこそ当該の＜何程かの目的＞に相当するところであり、またここでのライフワークの名辞にも換言されよう。

　確かに本著はライフワークではあるが、飽くまで任意の一定段階における検証・判断・評価の対象をなしうるにすぎない。ライフワークは人生という明確ならざる一意の制限時間に少なからぬ比重を占めることにはなろうけれど、当該の任務乃至使命のために傾注しうる時間長は所詮有限でしかない。これに対し、学術研究とりわけ哲学的論究には絶対的である完成・完了などありえない以上、しかる全処理工程の完成・完了までに要する時間長は無限となるのだが、単体としての人間及び精神主体の有限の制限時間をしか投入しえないライフワークによる［一定段階における］結論乃至成果に対して

は、どの時点にあるかに拘わらず、中間報告としての検証・判断・評価をしかなされえないからではある。さればまた、本著の執筆作業が終了したからといって、本著にて論述されるところの＜超実存系＞の学術研究乃至哲学的論究が完成・完了することにはならないとともに、単体としての人間及び精神主体のライフワークとしても、どこまでも未だ処理途上にあることを意味しよう。而してここで、既述にみる真実存的共同により、有限のライフワークによる結論乃至成果である絶対的真理が継承されゆくならば、単体としてのライフワークの有限時間を超越して学術研究乃至哲学的論究の完成・完了に要する無限時間を絶対納期として、当該の任務乃至使命を継続しゆくことが可能ともなるのではある。尚、しかく無限に完成・完了されえない学術研究乃至哲学的論究については、そのことが特定・個別の対象分野もしくは範疇のみには拘泥しないこと、また自明でもあるが。

　ところで、任務乃至使命とはいうも、所謂ビジネス：Ｂｕｓｉｎｅｓｓとライフワーク：Ｌｉｆｅ－ｗｏｒｋの相異性を如何様に規定しえようか。ビジネスという範疇に関しては、いかなる業種及び職種に所属するかに拘わらず、最終的には利潤の追求を共通の目的とすることから、経済的利害関係にある個人もしくは団体との間に於いて、予算・納期・要件定義等という様々の制約を被ることが不可避となる。かるがゆえ、ビジネス上の処理内容にあって、商取引の限度を超える理想・理念を実現することは至難となるはずではあるが、当該の商行為が合法である限りに於いて、双方の契約条項に基づいて成果実績に応じた経済的利益が確保されよう。これに対し、ライフワークという範疇に関しては、いかなる種別・類別の人文系統に所属するかに拘わらず、一意である人間及び精神主体の価値システムに帰属する課題であることから、仮にその経済的成果により何程かの利潤を獲得せられうる場合であろうと、最終的には利潤の追求を目的とするところではないことが前提要件である以上、経済

第Ⅱ部 論理系

第Ⅴ篇 概念規定：超実存系

的利害関係に基づく予算・納期・要件定義等という諸制約を被る必然性がない。かるがゆえ、ライフワーク上の任務乃至使命にあって、最終納期ともいえる全生涯時間を当該の理想・理念の実現のために充当することもできるはずではあるが、もとより経済的利害関係を前提するところではない限りに於いて、しかるライフワークの実質的成果に対しては、その量的・質的の優劣水準の評価如何に拘わらず、原則としていかなる経済的報酬も約束されはしない。ビジネスとライフワーク、そのいずれが上位層もしくは下位層に列せられるか、等々という客観的合理性を欠如した質問に回答することは無意味であり、また著者個人の嗜好性に関し論述することとても無論同様ではある。但し、本著の執筆がそのいずれに所属するか、との質問に対しては、［既述にみる通り］間違いなく後者であることを断言しよう。

　本著の序文にて、読者諸氏に対しては、本著内容につき理解、就中哲学的自覚するに際しての厳正なる精確性を要請するとともに、また本著の執筆に於いても、恰も主観的・相対的といえる＜わかりやすさ＞ではなく、やはり厳正なる精確性を論述上の最優先の確認項目に設定しているが、如上の記載内容はそのことの妥当性を裏付けるところでもある。というのも、所謂ビジネスが最終的には利潤の追求を目的とする以上、当該の経済的利害関係者間における予算・納期・要件定義等の交渉次第では、その成果実績の完成度、のみならず精確性さえも恣意的・相対的に取り扱われる場合があり得、且つ実際上つねにその可能性があることは否めないのだが、その他方、所謂ライフワークにあってはその限りではない。予算・納期・要件定義等という、本来の任務乃至使命を無前提といえる水準まで遂行することを疎外する制約要件が、なべてライフワークの処理工程には原則として成立しないため、［何等かの意図的操作が加えられない限りに於いては］しかる成果実績の完成度及び精確性の制約される理論的確率は０％でなければならないのではある。然もまた、ラ

イフワーク上の任務乃至使命を構成しうる様々の実行分野でも、とりわけ学術研究乃至哲学的論究にあっては、本来の任務乃至使命を絶対的といえる水準まで追考しうる唯一の理性的処理に基づくところであるといえる。哲学理論上の追考運動のみが、絶対性という属性を具有する成果実績をなしうることの論拠については既述にみる通りであるが、ここに留意すべきは、しかる成果実績をなすことが可能ではあるが、実際上には失敗する事例の頻度がゆめ少なくはないということにある。さればこそ、本著を含め哲学的論究上の執筆作業に於いては、ライフワークとしての当該の任務乃至使命を無前提といえる水準にて遂行されなければならないし、且つまた、絶対性を体現しうる唯一の理性的処理としての精確性を以って実行されなければならない。かくも絶対的といえる精確性は、学術研究乃至哲学的論究に従事する研究者・執筆者に要求されること自明ではあるが、それのみならず、本著を含め哲学的論究上の著書を読者諸氏が理解就中哲学的自覚するためにも、やはり不可欠となるのである。仮にも絶対的といえる精確性を以って出力された、学術研究乃至哲学的論究上の成果実績である著作情報が読者諸氏の理性内部に過たず入力されるためには、その理解就中哲学的自覚にも絶対的といえる精確性が必須要件となるためではある。而してまた、敬愛する読者諸氏に対してさえも、敢えてこのような＜任務乃至使命＞を強いることの所以であるに相違ない。更には願わくば、聡明なる読者諸氏が本著内容を如上の通り理解就中哲学的自覚のうえは、これを理性的契機として、既述にみる真実存的共同の一端を継承されゆくことを。

☆紹介・説明文献につき

　本著は学術研究乃至哲学的論究に基づいて、０％の誤謬率を以って明証せられた絶対的真理の体系書であるが、飽くまで文学乃至芸術的範疇に所属する作品の類ではない。仮に文学乃至芸術的範疇に所属する作品であるならば、著者個人の一意且つ独創的である感性系をなす主観作用により造形せられる所産であることから、その作品の内容がそれ以外の作品の内容と同一・類似・重複することは、国内外の法制上からも許容されない。しかる主観作用に基づく造形作品に対する評価基準としては、過去時間に既に発表されている作品群との比較対照に於いて一定以上の水準にあることとともに、一意の作品としての個性が重要視されるためでもある。

　然るに他方、本著を含め学術研究乃至哲学的論究に基づく成果実績をなす書籍については、相対系自体との普遍的である妥当性を前提する論理系をなす客観作用により発見且つ生成せられる学術的情報であることから、その著書の内容がそれ以外の研究成果である論文乃至書籍等の内容を部分的に紹介・説明する記述・文言を内包していようと、法的権利義務上の懸案ともなる論拠はない。しかる客観作用に基づく発見且つ生成作品に対する評価基準としては、過去時間に既に発表されている研究成果である論文乃至書籍等に対する検証結果により、これを踏襲もしくは批判・論評するとともに、自ら新規の研究成果である学術理論及び論述内容を審らかにするということは、既述にみる真実存的共同における継承プロセス等に鑑みても、寧ろ不可避の作業工程ともいえるのである。［但し、過去時間に既に発表されている研究成果である論文乃至書籍等の主要内容を、恰も自身の新規の研究成果として偽装・捏造して掲載する等の行為が断じて容認されないこと、自明ではあるけれど］

本著にて紹介もしくは説明されるところの文献類としては、［地球人類史上の］過去時間に既に発表されている研究成果である論文乃至書籍等の一切の学術文献が相当する。また、その出力されている記録媒体の種別、たとえばパピルスや紙等の繊維類というアナログ媒体であると、電子ファイル等という通信システムを前提するデジタル媒体であるとをも問わない。とりもなおさず、あらゆる学術文献を例外なく包摂することを意味する。しかる合理的根拠としては、学術研究就中哲学的論究により発見且つ生成せらるべき一切の絶対的真理は相互因果的に無限連動する以上、過去時間に既に発表されている学術文献上に包摂されている絶対的真理はなべて、未来時間にて発見且つ生成せられうる一切の絶対的真理に対する無限演繹的に哲学的推論されうる契機を、自ら内在してあることにある。さればこそ、過去時間に既に発表されている研究成果である論文乃至書籍等の一切の学術文献は、絶対的真理の一端なりともそこに包摂されてある限りに於いては、例外なく紹介・説明されるに値する資料を蔵するところといえるのでもある。

　如上よりして、本著の執筆に際し、直接／間接を問わず知的アクセスしてきた紹介・説明文献をここに列挙することには、作業上無理があるとともに大意がない。もし仮に、紹介・説明文献の全刊行物を個別紹介することになれば、［地球人類史上の］過去時間に既に発表されている研究成果である論文乃至書籍等の一切の学術文献を漏れなく羅列せざるを得ないことになり、またしかる作業のために浪費される作業時間と労力と著述上の頁数については、これを惜しむべきなので。

　つまるところ、［直接的には］著者本人が紹介・説明したことのある論文乃至書籍等の学術文献数は限られてはいるのだが、本著により解明せらるべき絶対的真理が、過去時間における学術的成果により追究されてきた一切の絶対的真理とも相互連動してある以上、

［間接的には］発見済みの絶対的真理を内在する過去時間における一切の論文乃至書籍等の学術文献の当該記載内容とも必然的に相互対応しあうためでもある。あらゆる絶対的真理相互間の無限連動こそ、実存的追考をなしうる精神主体相互間における特殊時空間上の間隙及び格差を超越する真実存的共同を可能ならしめることにより、未来時間における＜絶対系＞の構築可能性を一旦保全することにもなる、との実質的意義を裏付ける超実存的根拠をなせること、やはり既述の通りではある。

1249

著者概略

近藤 義人

1960 年（昭和 35 年）1 月 19 日生
男性／B 型／山羊座／現在兵庫県在住
法学部卒業後、金融機関〜IT 系就業歴有

『**超実存系**』は別途電子書籍としても、
下記出版社より発売されております。

発行：東洋出版 (株)

発売：Kindle(Amazon)、honto、iBookStore(Apple)、紀伊國屋書店、
　　　SonyReaderStore、セブンネットショッピング、どこでも読書、
　　　GALAPAGóS、その他の電子書籍サイト

平成出版 について

　本書を発行した平成出版は、優れた識見や主張を持つ著者、起業家や新ジャンルに挑戦する経営者、中小企業を支える士業の先生を応援するために、幅ひろい出版活動を行っています。

　代表 須田早は、あらゆる出版に関する職務（編集・営業・広告・総務・財務・印刷管理・経営・ライター・フリー編集者・カメラマン・プロデューサーなど）を経験してきました。

　「自分の思いを本にしたい」という人のために、商業出版として独自の CP 出版方式を実践。「読者が求める本」に練り上げるのが、出版社の役割だと思っています。

　出版について知りたい事、わからない事がありましたら、お気軽にメールをお寄せください。

　　　　　　　　　book@syuppan.jp　　　平成出版 編集部一同

超実存系

平成29年（2017）11月1日　第1刷発行

著　者　**近藤義人**
発行人　須田　早
発　行　**平成出版** 株式会社

〒104-0061 東京都中央区銀座7丁目13番5号
ＮＲＥＧ銀座ビル1階
マーケティング室／東京都渋谷区恵比寿南2丁目
TEL 03-3408-8300　FAX 03-3746-1588
平成出版ホームページ http://www.syuppan.jp
「スマホ文庫」ホームページ http://www.smaho.co.jp
メール: book@syuppan.jp
©Yoshito Kondo、Heisei Publishing Inc. 2017 Printed in Japan

発　売　株式会社 星雲社
　　　　〒112-0005　東京都文京区水道1-3-30
　　　　TEL 03-3868-3275　　FAX 03-3868-6588

編集協力／德留佳之、安田京祐、近藤里美
本文デザイン・ＤＴＰ／小山弘子
印刷／本郷印刷 (株)

※定価は、表紙カバーに表示してあります。
※本書の一部あるいは全部を、無断で複写・複製・転載することは禁じられております。
※インターネット(WEBサイト)、スマートフォン(アプリ)、電子書籍等の電子メディアにおける無断転載もこれに準じます。
※転載を希望する場合は、平成出版または著者までご連絡のうえ、必ず承認を受けてください。